KB034378

중국고대 복식연구

中國古代服飾研究

저자

선충원 沈從文, 1902~1988

본명은 심악환(沈嶽煥), 자는 숭문(崇文), 필명은 휴운운(休芸芸), 갑진(甲辰) 등 여러 개가 있다. 호남 봉황현(鳳凰縣) 사람이다. 중국의 저명 작가이자 역사문물연구가이다. 1924년부터 문학 창작을 시작하여 『장하(長河)』, 『변성(邊城)』 등 여러 권의 소설을 썼다. 그중에 『변성』이 우리나라에 번역 출간되었다. 1931년 칭다오대학(青島大學)을 시작으로 1946년 베이징대학 등에서 강의했으며, 중국역사박물관과 중국사회과학원 역사연구소에서 일하면서 중국 고대 역사와 문물에 대해 연구했다. 고대 역사, 문물 관련 가장 유명한 저작이 바로 본서 『중국고대복식연구』이다. 1988년 북경에서 향년 86세로 세상을 떴다.

역자

심규호 沈揆昊, Shim Kyu-ho

1959년 서울 출생. 한국외국어대학교 중어과 졸업, 동대학원에서 석사와 박사학위를 받았다. 1992년 제주산업정보대학 전임으로 시작하여 교수를 거쳐 총장을 역임했고, 퇴직 후 석좌교수가 되었다. 2003년 중국 양저우대학 초빙교수를 역임했으며, 한국 중국학연구회, 한국중국문학이론학회 회장을 맡았고, 현재 제주중국학회 회장을 맡고 있다. 저서로 『육조삼가창작론연구』, 『한자로 세상읽기』, 『연표와 사진으로 보는 중국사』 등이 있고, 역서로 『중국문화답사기(文化苦旅)』, 『개구리(蛙)』, 『일야서(日夜書)』, 『중국사강요』, 『완적집』, 『마오쩌둥 평전』, 『덩샤오핑 평전』, 『중국사상사』, 『중국문학이론소사』, 『독성기』 등 70여 권이 있다.

감수자

이민주 李民周, Lee Min-joo

성균관대학교 의상학과를 졸업하고, 동대학원에서 석사, 박사학위를 받았다. 1989년 상명대학교 패션디자인학과 겸임교수를 시작으로 성균관대학교와 배화여자대학교 겸임교수를 거쳐 한국학중앙연구원 왕실문헌연구실 책임연구원으로 재직하고 있으며, 경기도 문화재위원으로 있다. 주요 논저로 『조선왕실의 미용과 치장』, 『조선사대부가의 살림살이』, 『용을 그리고 봉황을 수놓다』, 『치마저고리의 욕망』, 『조선궁중의 잔치, 연향』(공저), 「『기완별록』을 통해 본 연행복식 연구」, 「〈긔묘년 조대비 일궐일기〉에 나타난 혼례복식–처자에서 세자빈이 되기까지」 등이 있다.

중국 고대 복식 연구

초판인쇄 2022년 12월 20일 **초판발행** 2022년 12월 30일

지은이 선충원 **옮긴이** 심규호 **감수** 이민주

글자수 760,000자

펴낸이 박성모 **펴낸곳** 소명출판 **출판등록** 제1998-000017호

주소 서울시 서초구 사임당로14길 15 서광빌딩 2층

전화 02-585-7840 **팩스** 02-585-7848

전자우편 somyungbooks@daum.net **홈페이지** www.somyong.co.kr

값 75,000원

ISBN 979-11-5905-840-0 93910

吉林教育出版社协同翻译出版。
본 도서는 지린교육출판사의 협조를 통해 번역 출판되었습니다.

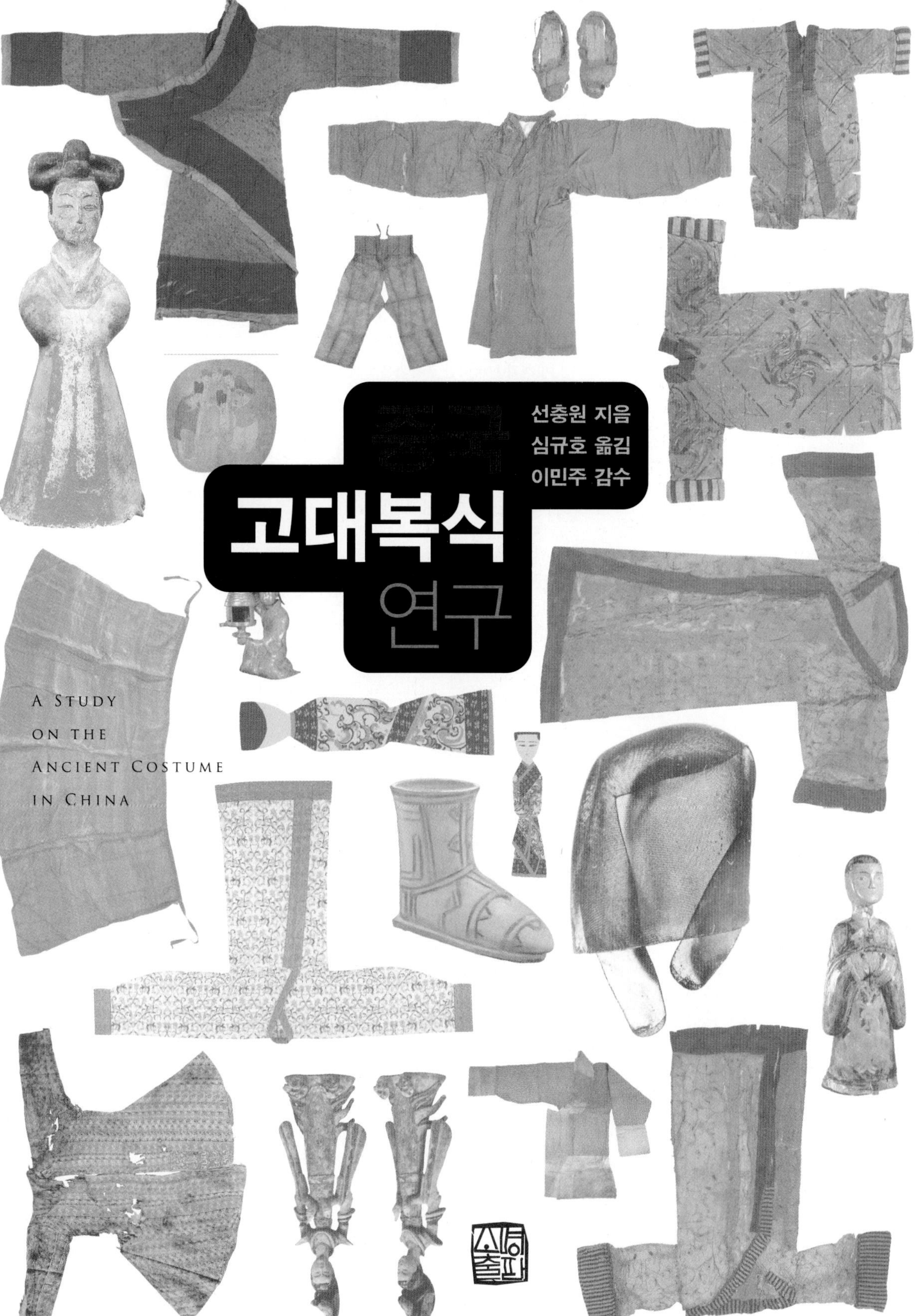
고대복식 연구
선충원 지음
심규호 옮김
이민주 감수
A STUDY ON THE ANCIENT COSTUME IN CHINA

차례

들어가는 말

선충원

중국 복식에 관한 문헌자료가 상당히 많기는 하지만 구체적인 문제를 연구하는 데 서로 차이점이 적지 않다. 그래서 순수하게 문헌 자료에서 출발한 설명과 도해로 얻을 수 있는 지식만으로 단정하기 어렵다. 예컨대 송대 사람의 〈삼례도三禮圖〉가 좋은 예인데, 관청에서 판각한 영향이 지대하여 이후 천 년 동안 오히려 잘못 전해진 것이 적지 않다. 근년에 대량으로 출토된 동, 옥, 벽돌, 돌, 나무, 칠기, 각화刻畫 등과 일일이 대조해보면 관련 연구를 새로 착수해야 할 정도라는 것을 쉽게 알 수 있다. 한나라 이래로 각 조대의 사서史書에 있는 「여복지輿服志」, 「의위지儀衛志」, 「교사지郊祀志」, 「오행지五行志」 등을 보면 복식에 관해 언급하지 않은 것이 없다. 하지만 내용이 주로 상층부 통치 계급의 조회朝會나 제사, 연회 및 방대한 관료집단의 조복朝服이나 관복 등에 국한되어 있다. 기록이 비록 상세하나 대부분 이전의 기록을 그대로 계승한 것에 불과하여 실용적인 부분은 그다지 볼 수 없다. 복식에 관해 개인이 저술한 책은 110여 종이 채 되지 않는데, 『서경잡기西京雜記』한대 유흠劉歆 찬撰, 『고금주古今注』진晋 최표崔豹, 『습유기拾遺記』전진前秦 왕가王嘉, 『유양잡조酉陽雜俎』당대 단성식段成式, 『자곡자炙轂子, 자곡자잡록』만당晩唐 왕예王叡, 『사물기원事物紀原』송대 고승高承, 『청이록淸異錄』송대 도곡陶谷, 『운선산록雲仙散錄』후당後唐 풍지馮贄 등이 대표적이다. 이런 것들은 대부분 소설가 부류의 것으로 신화나 전설에 관한 내용이 적지 않고, 한나라나 당나라 사람들이 쓴 글을 부연한 것에 불과하여 확실한 증거를 찾기 어렵다. 묘장분묘에서 출토된 도자기, 토용, 목용, 석용, 동용銅俑 등 인형 등은 시대가 매우 명확한 것 같지만 사실 반드시 그런 것만은 아니다. 다만 상대적으로 그러할 따름이다. 사회습관은 지속적으로 계승되기 마련이다. 통상 정치적인 면에서 볼 때 전대 왕조의 관리가 새로운 왕조에서 계속 일하는 경우가 허다하기 때문이다. 그렇기 때문에 새로운 탐색은 다방면의 이해가 우선되어야만 하며, 그래야 새로운 인식이 가능해진다.

본인은 박물관에서 오랫동안 재직하면서 고대 실물, 그림, 벽화, 묘용墓俑, 분묘에서 나온 인형을 접할 기회가 비교적 많았으며, 여러 문물을 직접 손으로 만지고 눈으로 볼 기회가 그만큼 넓었다. 그래서 상식적인 수준에서 여러 재료를 서로 대조하고 비교하면서, 도상圖像 위주로 문헌과 결합하여 탐색하고 종합적으로 분석하여 새로운 인식과 이해를 할 수 있었으며, 이를 근거로 새로운 문제를 제기할 수 있었다. 다만 출토된 문물이 수도 없이 많고, 특히 복식과 관계된 유물 역시 모두 정리할 수 없을 정도로 많은 데다 유물이 국내외에 분산되어 있기 때문에 개인의 견문만으로 한계에 봉착할 수밖에 없었다. 이로 인해 놓친 부분이 적지 않아 득실에 아쉬움이 있다. 다만 연구 대상이 비교적 실제와 부합하기 때문에 여기서 출발하여 날로 축적된 성과를 통해 비교적 실사구시적인 새로운 길을 개척할 수 있었다. 이에 본서를 출간하기에 앞서 본서에서 중점적으로 다룬 부분을 간략하게 소개하여 국내외 학자, 전문가들의 가르침을 얻고자 한다.

본서에서 상대商代 부분은 비교적 많은 자료를 이용하여 서로 다른 의복형태를 반영하는 상대 인형을 수록했다. 다만 문자 설명은 그리 많지 않다. 필자가 생각하기에 이런 인형들은 상조商朝의 서로 다른 계층을 반영하는 것으로 갑골문에서 흔히 볼 수 있는 정벌과 연관된 부분을 포함하고 있는데, 당시 상조가 주변의 여러 부족, 예를 들어 서북의 인방人方, 귀방鬼方, 동남의 서徐, 회이淮夷, 서남의 형荊과 초楚, 파巴와 복濮 등의 일반 백성의 모습을 보여준다. 청동과 옥, 도기, 돌 인형 등이 모두 포함된다. 특히 청동 병기나 기타 기물에 반영되어 있는 형상은 주로 주변의 이족이나 강적强敵일 가능성이 매우 크다.

서주와 동주는 자료가 그리 많지 않은데, 이는 두 가지 해석이 가능하다. 첫째, 농업을 중시하고 비교적 절검했기 때문에 왕조 전기에는 대형 분묘가 적고, 또한 동기나 옥기 등 기물에 관한 제도는 주로 상대의 양식을 따랐다. 예제용 옥玉이 주요한 위치를 차지하고 완상용 옥기는 많지 않았다.[1] 둘째, 흙이나 나무로 만든 용俑을 순장하는 제도가 아직 형성되지 않았다. 수레는 실용을 중시하여 화려한 것이 드물고 일정한 제도가 있으며, 수레 장식물로 청동 인형만 보일 뿐이다. 옷깃은 갈고리鉤식 굽은 형태로 아래로 내려오는데, 위로 상대를 계승하고

---

1 原주 근년에 호남, 운남 등지에서 대량의 상대 옥기가 출토되었는데, 이른바 분봉分封을 위한 보옥寶玉으로 공적이 있는 신하들의 상황과 관련이 있다. 상대 도망한 노예주의 유물이라는 설도 있는데 논의가 필요하다.

아래로 전국에 이르기까지 매우 중요한 형식이었다.

또 다른 청동 그릇 아래쪽 두 개의 문 사이에 자리한 사람 형상은 형태만 대략 갖추어져 있고 크기가 작지만 매우 중요한 자료이다. 근년에 강남에서 출토된 동주시대 표주박형태의 그릇 잔해의 세각細刻 문양에서 볼 수 있는 당시 생활 상황에 비춰볼 때 제작도 간단하고 소박한데, 동시대 청동기 문양에만 보일 뿐이다. 춘추·전국시대에 이르러서야 자주 사용하는 중요 장식 도안이 되었다.

춘추·전국시대는 제후들이 서로 겸병하면서 자연스럽게 기술 교류가 이루어졌다. 그래서 주대에 "주옥이나 비단은 시장에서 팔지 않는다珠玉錦繡不鬻於市"는 법규도 이미 무용지물이 되어 주옥이나 비단이 시장의 특별한 상품으로 부상했다. 그래서 진류陳留, 양읍襄邑의 채색 비단彩錦, 제齊와 노魯의 가늘고 가벼운 견직물과 수를 놓거나 금사나 은사로 상감양감鑲嵌하는 공예工藝, 값어치가 엄청난 주옥珠玉,[2] 정밀하게 제작되어 사용하기 편리하고 가벼운 채색 칠기 등이 제후들의 빙문聘問, 예를 갖춰 방문함 예물로 사용되거나 신흥 시장의 특종 상품으로 등장했다. 옷가지나 복식[3]의 문채가 화려하고 찬란했으며, 차승車乘, 마차나 수레, 거마 등을 말한다의 장식도 화려해졌는데, 이는 당시 시가나 산문에서도 살펴볼 수 있다.

또한 후장厚葬 풍조가 성행하고 보존 기술도 고도로 발전했는데, 이는 근년에 출토된 문물이 증명하고 있다. 예를 들어 삼문협三門峽 괵묘虢墓 출토 유물, 신정新鄭 출토 유물, 하남 신양信陽 초묘楚墓에서 출토된 유물과 안휘安徽 수현壽縣 채후묘蔡侯墓 출토 유물, 휘현輝縣 유리각琉璃閣 출토 유물, 금촌金村 한묘韓墓 출토 유물 등이 있으며, 특히 근년에 호북湖北 수현隨縣 증후을묘曾侯乙墓에서 출토된 유물이나 하북 중산왕묘中山王墓에서 출토된 유물은 수량이 많을 뿐만 아니라 제작기술이 정밀하여 지금까지 보지 못한 전대미문의 것이 아닐 수 없다. 특히 이번 역사 단계(신시기를 말한다)에서는 각종 기기를 사용하여 당시 사람들의 생활 형상을 보다 실제에 가깝게 재현하고 복식의 다양화를 반영하여 우리의 안목을 더욱 넓힐 수 있게 되었다.

---

2 원문은 '가치연성價值連城'이다. 전국시대 조趙나라 혜문왕惠文王이 화씨벽和氏璧을 얻었다는 소문을 듣고 진秦나라 소왕昭王이 15개의 성과 바꾸자고 한 고사에서 연유했다.

3 원문은 '의착복식衣着服飾'이다. 의복과 의복 장식 및 장신구를 모두 포함하는 말이다. 역문은 의복과 장식을 모두 포함하는 '복식', '의착'은 '의복', '옷'으로 번역한다.

이전 사람들이 거듭 언술하거나 묘사한 바 있으나 제대로 이해하기 어려운 점이 있었다. 그러나 새로 출토된 문물을 통해 우리는 초보적이기는 하나 비교적 정확한 이해가 가능하다. 어떤 형상조각·그림에 나오는 형상은 사서나 시문과 교차 비교하면서 증명할 수 있으며, 문헌의 부족한 부분을 보완하기에 충분하다. 그러나 유물의 형상이 반영하는 것이 많다고 할지라도 자료가 전국에 분산되어 있고, 또 어떤 것은 외국으로 반출되어 쉽게 볼 수 없기 때문에 여전히 일정 부분 한계가 있음을 밝히지 않을 수 없다. 게다가 사조絲綢, 비단, 견직물, 금수錦繡, 수놓은 비단 등은 오랜 세월이 경과함에 따라 잔유물만 남아 본래 모습을 보존하고 있는 경우가 흔치 않다. 그렇기는 하지만 출토된 양이 상당히 많고, 분포 면적이 넓어 또 한 부의 중국 고대 물질 문화사가 여전히 지하에 잘 보존되어 있다고 말할 수 있다. 향후 생산 건설이 계속되면서 보다 다방면에 걸친 새로운 발견이 지속되어 각 분야의 발견 유물을 종합하고 개별 연구를 통해 얻은 지식은 틀림없이 과거 문헌 위주의 역사 연구방법에 비해 무한히 넓은 세계를 펼쳐보여 줄 것이다. 문물학文物學, 우리의 문화재학과 동일함은 장차 참신한 독립학문으로 발전하여 당연히 중시될 것이다. 따라서 보다 많은 인적, 물적 역량을 투입할 가치가 있으며, 분야별 연구를 통해 기술발전사, 미술사, 문화사에 비할 바 없이 풍부한 새로운 자료를 제공하게 될 것이다. 이를 제대로 응용한다면 새로운 성취를 얻을 수 있다는 것은 능히 예상할 수 있으니, 세계 어느 나라도 이처럼 풍부하고 완정한 물질 문화 유산이 지하에 보존되어 있는 나라가 없기 때문에 더욱 그러하다.

요즘 사람들은 전국戰國시대를 일러 "백가쟁명, 백화제방百家爭鳴, 百花齊放"이라고 말하길 좋아한다. 약간 엄격하게 말하자면, 주로 앞에 나오는 네 글자인 '백가쟁명'을 중시하는 듯하다. 이는 제자백가들이 각기 나름의 저술을 통해 각자 주장에 힘썼다는 것을 가리킬 뿐이다. 이에 반해 뒤에 나오는 네 글자는 마땅히 받아야 할 관심에서 벗어나 있으며, 이에 대한 인식도 모호하다. 아마도 백공百工, 온갖 장인의 예업藝業 성취에 대한 관심이 많지 않기 때문일 것이다. 만약 당시 물질 문화의 성취에 대해 깊이 연구하여 정통하고 제대로 운용할 수 없다면 '백화제방'의 의미를 실제로 깊이 체득할 수 없다. 예를 들어 당시 응용공예의 어떤 분야의 성과에 대해 말하자면 그야말로 사람을 오색에 미혹되게 만들어 감탄을 금할 수 없도록 하기 때문이다. 사실 의복 재료만 본다면 형상 면에서 명확하고 완전한 인상을 얻기가 쉽지 않다. 하지만 근래 하북에서 출토된 중산왕묘의 청동 유물과 호북 수현 증후묘에서 출토된 관곽棺槨의 채색 칠기 문양, 그리고 당시 시문이나 사부辭賦에서 묘사된 복식의 화려함은 실제로 그리 다르지 않을 것이다. 춘추전국에서 진나라 통일에 이르기까지 근 3세기에 걸쳐 시간과 공간, 족속과 관습 등이 서로 같을 수 없으며, 문헌자료도 검증하기에 부족하다. 현재 실물 형상자료는 비록 구체적이긴 하나 여전히 물방울이 떨어지듯 조금일 뿐이다. 다만 기본적인 양식에 대해서는 이미 파악하고 있다. 예를 들어 의복이 폭이 넓고 헐렁헐렁한 것은 주로 사회 상층부의 것이고, 노예나 종복은 소맷부리가 좁은 짧은 상의短衣[4]가 일반적이다. 또한 호복胡服 관련해서 비교적 확실한 것은 그들의 의복이 일정한 양식에 구애받지 않고 예법의 구속에서 벗어남이 특징이라는 점이다.

동일한 형식으로 각기 다른 기물을 가공하는 경우, 예를 들어 금이나 은으로 도금한 기물은 생활, 문무文武, 남녀가 서로 비슷한 점이 있다. 현재 우리의 지식으로는 단지 다음과 같이 추측할 따름이다. 우선 이러한 기물은 같은 지역에서 나왔을 것이며, 당시 특별한 예물이나 상품으로 사용되었기 때문에 각지에 분포되었을 가능성이 크다. 이로 인해 이러한 의복은 각지마다 모두 일률적이고 실제 상황과 틀림없이 차이가 있을 수밖에 없다. 우리는 이를 통해 춘추전국시대 공예품은 당시 사람이나 생활을 주제로 삼은 신제품이며, 동시에 일부 사회 현실을 반영하고 있다는 사실을 확인할 수 있다. 만약 일률적으로 출토지의 사회 생활을 반영한다고 단정하거나 의복도 해당 지역민의 의복 특징만을 반영한다고 말하기에는 여전히 증거가 충분치 않다.

진나라가 중국을 통일한 후 "수레의 굴대를 같게 하고, 문서의 글자를 같게 했다"는 기록이 있기는 하지만 당시 의복에 관해서는 진대는 검은색을 숭상했으며, 죄수들의 옷은 붉은색이었다囚徒衣赭는 것 외에 우리는 거의 무지나 다를 바 없을 정도로 아는 것이 없다. 근년에 들어와 시황제 황릉 앞에서 대형의 부녀자

4 단의短衣는 일반적으로 무릎까지 내려오는 상의를 말한다. 이하 단의는 짧은 상의, 또는 웃옷으로 쓴다.

좌용이 발견되면서 비로소 소매가 작고 좁으며 말굽은은정銀錠방식으로 머리를 빗어 발계髮髻[5]를 내려뜨린 형태가 휘현에서 출토된 전국시대 작은 동인銅人의 모습과 비슷하고 초나라 백화에 나오는 부녀자의 발계髮髻와 거의 차이가 없음을 알게 되었다. 가장 중요한 발견은 의복이 대부분 요금繞襟[6]을 빙글 돌려 아래로 내려오게 하는 형태라는 점이다. 동기의 평면 형상은 비록 그다지 구체적이지 않지만 목도채용木陶彩俑이나 청동, 옥기로 만든 인형 등 입체적인 형상에 반영되는 것은 훨씬 명확하다. 특히 요대腰帶 언저리에 직조된 채색 장식물은 우리가 상상한 것보다 훨씬 문양이 정교하다.

이러한 제도는 한대까지 지속되었으며, 전국적으로 널리 퍼졌다. 『방언』에서 "금衿, 옷깃자락을 두른 것을 군(치마)라고 한다繞衿謂之裙"는 말이 정확하다는 것을 알 수 있다. 역대로 문자학의 시각에서 '영衿'을 의령衣領으로 해석했는데, 이는 정확한 것이 아니며 마땅히 의금衣襟으로 해석해야 한다.[7] 만약 도상圖像, 그림에서 당시 의금 제도를 명확하게 이해할 수 없었다면 끝내 정확한 해석을 할 수 없었을 것이다. 이런 의복은 원래 대금大襟[8]에서 옆구리를 거쳐 뒤쪽으로 돌려 아래로 내려뜨린 형태이다. 그 중에 한 가지는 등 뒤에서 곧 바로 아래로 내려뜨리고, 다른 한 가지는 앞쪽까지 완전히 돌린다. 옛날에 "옷에 수繡를 놓고 가장자리를 비단으로 장식한다衣作繡, 錦爲緣"는 말과 밀접한 관련이 있다.

마왕퇴에서 발굴된 서한 초기의 분묘에서 대량의 실물과 채색 목용이 출토되면서 비로소 이처럼 한 것이 예술 효과보다 실용 가치를 중시했기 때문임을 알

5 발계髮髻는 두발 형태를 말한다. 한자 '계髻'는 상투 또는 쪽으로 풀이한다. 하지만 우리나라의 두발 형태에서 쪽은 뒷목덜미에 있는 것으로 한정되어 있어 머리 위에 묶는 상투와 차이가 있다. 또한 상투 역시 우리나라 고유의 형태가 있기 때문에 상투라고 말할 수 없다. 따라서 여기서는 두발 형태로 풀이한다.

6 요금繞襟은 중국 의관 체계에서 심의深衣의 옷차림에서 나온다. 심의는 의거衣裾, 옷자락로 금襟을 돌리는지 여부에 따라 직거直裾과 곡거曲裾로 나뉜다. 직거심의는 옷자락인 거裾가 수직으로 지면을 향하기 때문에 직거라고 한다. 곡거심의는 옷섶을 길게 이어 삼각 형태로 만들어 뒤로 한 바퀴 돌려 다시 앞섶에 이르게 한 다음 허리를 큰 띠로 묶어 삼각 옷섶 부분衽片의 끄트머리를 가린다. 요금심의는 이렇게 채색 비단으로 만든 깃을 두른 심의를 말한다. 『예기』에 '속임구변續衽鉤邊, 옷깃을 이어 붙여 가장자리를 감쳐 꿰맨다'이라는 말이 나오는데, 여기서 '임衽'은 의금衣襟이니 '속임續衽'은 의금을 길게 붙인다는 뜻이다. '구변鉤邊'은 요금繞襟의 양식을 형용하는 것이다.

7 본서 36장을 참조하시오.

8 대금對襟은 중국옷에서 섶이 없이 앞길의 좌우가 가운데에서 만나는 옷차림을 말한다.

수 있게 되었다. 대량의 도상 비교를 통해 이런 의복의 재단 방식이 전국시대부터 양한을 거쳐 진대에 끝났음을 알 수 있다. 『동궁구사東宮舊事』[9]와 묘장墓葬에 순장된 송목鬆木 간독簡櫝에 보면 모두 '단군單裙'이나 '복군復裙'이란 말이 적혀 있다. 홑옷衣衫을 언급할 때면 항상 어떤 옷 및 어떤 결영結纓, 옷고름이란 글자가 나오는데, '결영'이란 옷을 여밀 때 단추 대신에 사용하는 일종의 옷고름을 말한다. 옷자락에 단을 나누어 고정시키는 역할을 한다(의군衣裙이 분별된다는 것은 비록 근년에 북경 유리하琉璃河에서 출토된 서한시대 조옥雕玉 무녀舞女의 모습에서 분명하게 반영되어 있으나 동한 말년 삼국시기에 비로소 유행하던 것이다. 그림은 『여사잠女史箴』에 거울을 보며 화장하는 부분보다 훨씬 분명하다).

진대의 출토 인형은 주로 전차와 기사들인데, 그 수량은 거의 8천여 개에 달한다. 인물의 면모도 매우 사실적이고 의갑衣甲이나 기물 역시 실제 그대로인데, 유독 전사의 상투 처리가 상당히 번잡하여 종잡을 수가 없다. 당시 어떻게 처리했으며, 또한 어떻게 원래 상태를 오랫동안 지속하게 할 수 있었을까? 상투가 한 쪽으로 치우쳐 있는데, 등급의 구별이 있는 것은 아닐까? 풀기 어려운 문제가 아닐 수 없으니 보다 새로운 발견을 기다려야만 할 것이다.

양한은 왕조가 오랫동안 지속되어 변화 또한 심했으며, 특히 사서에 여복輿服, 수레와 복식에 관한 내용이 실려 있다. 관冠과 수綬 두 가지는 관작官爵의 등급과 밀접한 관련이 있어 기록 또한 매우 상세하다. 다만 대량의 석각이나 채색 그림과 비교해보면 일치하지 않는 것이 적지 않다. 그 주요 원인은 문헌에 기록되어 있는 관제冠制, 관에 관한 제도가 주로 조회나 연회, 천지에 대한 제사, 고위급 통치자의 예의禮儀 때 착용하는 제도인 데 반해 석각 등에 반영된 것은 주로 연거燕居, 평상시나 한가할 때를 말함 생활이나 노복들의 노동 등 일반인들의 활동을 반영하고 있기 때문이다. 게다가 서한의 상황은 주로 동한 시대에 기록했으니 시간적으로 한계가 있을 수밖에 없고, 또한 수綬, 즉 인끈을 만드는 기술이 전란으로 인해 실전되어 동한 때 많은 상금을 걸고 기술자를 찾은 후에야 비로소 회복될 수 있었다. 서한 시절

9 『구당서舊唐書』에 따르면, 『동궁구사東宮舊事』 11권의 저자는 장창張敞이다. 진晉 태자의 의례儀禮와 풍속에 관해 기록했다. 이미 실전되었으나 명대 도원의陶元儀가 편찬한 총서 『설부說郛』100권에 실려 전해지고 있다.

의 가공 기술이 상당히 복잡했음을 알 수 있는 대목이다.

근 반세기 동안 출토된 석각이나 채색 도상이 비록 많기도 하고 보존 상태도 비교적 좋기는 하지만 인끈을 제작하는 기술에 관해서는 별로 알려진 바가 없다. 또한 동한 시대 석각 벽화에 나오는 양관梁冠의 경우도 그러하다. 기록에 따르면, 양梁의 숫자는 작위와 밀접한 관련이 있다. 예를 들어 제왕은 반드시 구량九梁을 쓴다. 하지만 석각에 나오는 양관은 양이 하나 또는 세 개일 뿐이니 기록과 서로 인증하기가 어렵다. 양한의 관은 서로 차이가 있다. 서한의 관건冠巾은 두발만 묶을 뿐 이마까지 감싸지는 않는다. 이마까지 감싼 건책巾幘은 동한 시절에 비로소 등장한다. 포복袍服은 동한 시절에 일정한 형제形制가 마련되었으며, 서한 때는 엄격하게 통일되지 않았다. 근년에 장사 마왕퇴에서 출토된 실물을 살펴보면 보다 명확하게 알 수 있다. 또한 제왕이나 그 인척의 경우 예제에서 가장 중요한 것은 동원비기東園祕器 28종 가운데 하나인 금은루옥의金銀縷玉衣, 금사나 은사로 옥을 꿰어 만든 옷이다. 『한지漢志』의 기록에 따르면, 이러한 옥의는 물고기 비늘처럼 겹쳐져 있고, 정강이는 길이가 1자 정도인 옥찰玉札로 감는다. 하지만 근래에 비교적 많이 출토된 실물을 보면, 전신의 옥의는 장방형의 옥편을 이어 만들고, 발바닥은 큰 옥편으로 감쌌다. 왕후의 상장喪葬 예의조차 사서의 공식 기록과 사실에 부합하지 않으니 그 나머지는 신뢰하기 어렵다는 것을 알 수 있다.

이외에도 한나라 시절 숙손통叔孫通이 차여車輿의 등급 제도를 제정한 바 있으나 상업이 발전하면서 부유해진 상인들에 의해 수많은 금령이 유명무실해지고, 더 이상 법률의 구속을 받지 않게 되었다. 이는 가의賈誼의 말대로 제왕은 보수黼繡, 도끼 모양으로 수를 놓음의 의복을 입었는데, 상인은 이러한 문양으로 담벼락을 장식했고, 어린 노복도 사리絲履, 명주실로 만든 신를 신었다.

동한 사회의 상부 계층의 경우 포복의 제도화는 전한시대보다 훨씬 통일된 것 같다. 무씨武氏 석각은 대부분 도안圖案 형태이기는 하지만 제도에 대한 설명이 상당히 구체적이다. 특히 관작의 등급을 상징하는 수綬의 경우 엄격하게 구별되었으며, 색채나 길이, 서두緖頭의 굵기 등에 따라 관품에 따른 지위가 달랐다. 무씨 석각에 나오는 수의 형상이나 위치는 이를 비교적 분명하게 반영하고 있다. 한말에 이르러 양관에서 양을 제거한 평건책平巾幘이 등장하면서 귀천을 가리지 않고 일률적으로 사용하기 시작했다. 삼국시대에는 군사적인 원인으로 인해 주로 건도巾幗, 두건을 이용한 모자로 대체되었다. 문인은 두건으로 명사 풍류를 드러냈고, 군사를 주관하는 장수들, 예를 들어 원소袁紹, 최균崔鈞 등 역시 복건幅巾, 비단 두건으로 고아함을 표시했다. 제갈량이 윤건綸巾을 쓰고 깃털 부채를 들고 군사를 지휘했다는 이야기는 지금까지도 널리 알려져 있다. 당시 두건으로 '절각건折角巾', '능각건菱角巾', '자륜건紫綸巾', '백륜건白綸巾' 등의 명칭이 전해지고 있는데, 장각이 기의했을 당시 썼던 두건은 황건黃巾이었다. 이렇듯 형태나 재료, 색채 등이 각기 달랐는데, 이런 기풍은 진대를 거쳐 남북조시대까지 계속 이어졌다.

이렇듯 다양한 두건의 양식이 있지만 이를 당시 또는 이후의 실물 그림이나 형상과 연계시키지 않으면 명확하게 파악할 수 없다. 사실 고변古弁의 형태를 모방하여 합장한 것처럼 생긴 두건은 '갑帢'이라 하고, 물결처럼 주름진 것은 '도幍'라고 해야 마땅하다. 이후 진대晉代 사람 대규戴逵, 326~396년, 자는 안도安道가 그린 〈열녀인지도列女仁智圖〉나 근년에 남경 서선교西善橋에서 출토된 〈죽림칠현도竹林七賢圖〉, 제량 시대 사람이 그린 〈착금도斲琴圖〉 등을 보면 이러한 것들이 비교적 명확하게 반영되고 있음을 알 수 있다.

다음으로 양진兩晉의 의복 특징은 다음과 같다. 우선 관직에 있는 남자는 머리에 작은 관을 쓰는 것이 유행이었다. 사실 이는 기존의 평건책을 조금 작게 만든 것으로 "두발을 감쌀 뿐 이마까지 두르지는 않았다". 일반 평민이나 종복들은 남자의 경우 머리 뒤편 약간 치우친 방향으로 봉긋하게 솟구친 형태로 머리두건을 썼으며, 나중에는 꼭대기가 솟아 있는 전모氈帽, 털로 짠 모자를 썼다. 이는 남북이 동일했다. 다음으로 부녀의 경우 간보干寶, ?~336년의 『진기晉紀』나 『진서晉書』「오행지五行志」에서 말하고 있다시피 "상의는 작고 짧았으며 하의는 크고 넓었다上儉而下豐". 계髻, 머리카락을 끌어올려 남자의 상투처럼 높이 세운 두발 형태는 가발을 덧대 두드러지게 하는 것이 특징이었다. 계는 지나치게 무거워 항상 쓰는 것은 아니었으며, 평상시에는 걸개에 걸어놓았다. 분묘에서 발굴된 묘용墓俑을 살펴보면, 서진西晉 때는 십자식十字式으로 지나치게 크지 않았다. 동진시대에 이르면, 양쪽 귀밑머리가 눈썹을 가릴 정도로 내려왔다. 동진 말년에서 제량齊梁 교체기로 넘어서면서 두발 위에 고리 형태로 볼록 솟은 쌍환雙環을 만드는 것이 유행이었는데, 이를 '비천계飛

天紒, 하늘을 나는 듯한 두발 형태'라고 했다. 등현鄧縣에서 출토된 남조 시대 화상전에 보이는 부녀의 머리가 전형적인 예로 불교의 영향을 받은 것이 분명하다. 북방의 경우 양홍梁鴻과 맹광孟光 부부의 거안제미擧案齊眉[10] 고사를 새긴 석각, 공양하는 사람을 새긴 천룡산天龍山 석각 등을 보면 머리가 모두 이러한 두발 형태를 띠고 있으며, 여러 가지 종류로 다양하게 발전했음을 알 수 있다. 다만 북조의 남자 관복 형태는 남조와 차이가 있다. 북조 남자들은 진나라 남자들처럼 작은 관을 쓴 것 외에도 대롱처럼 생긴 통자식筒子式으로 꼭대기가 평평한 칠사롱관漆紗籠冠을 썼다. 이를 통해 세상에 전하는 〈낙신부도洛神賦圖〉의 제작 시기가 원위元魏, 386~534년, 중국 북조의 나라 이름으로 일명 북위北魏가 낙양을 도읍지로 정하기 이전보다 빠를 수 없음을 알 수 있다.[11] 역대로 고개지顧愷之, 대략 345~406년가 그린 그림으로 알려져 있으나 그림에 나오는 복장으로 보건대 보다 늦은 시대에 그려졌을 것이다.

수隋가 전국을 통일한 후 문제 시절 사회 생활은 비교적 검소했다. 돈황 벽화에 나오는 향을 바치는 귀족부터 분묘에서 출토된 청백유青白釉 여시용女侍俑을 비교해보면 옷차림이 거의 비슷하다. 특징은 좁은 소매에 긴 치마를 입고, 치마의 앞단이 가슴까지 올라온다는 것이다.

당대의 복식은 문헌 설명이 구체적이고 자료도 풍부하며 관련 논술도 많다. 그래서 본문에서는 전대 사람들이 미처 언급하지 못한 것에 대해 약간 보충할 따름이다. 첫째, 당대 초기 이수李壽의 무덤에서 출토된 기악伎樂 관련 석각 회회와 현존하는 〈보련도步輦圖〉에 나오는 궁녀의 모습을 통해 초당 시절 의복은 여전히 수대의 것을 그대로 이어받아 변화가 크지 않으며 기악은 좌식과 입식으로 나뉘어져 있었다는 비교적 새로운 지식을 얻을 수 있다. 둘째, 신강에서 근년에 출토된 묘용 및 장안지금의 서안을 말함에서 새롭게 발굴된 당대 영태공주永泰公主와 의덕태자懿德太子의 능묘 벽화에서 보건대, 당대 호복胡服은 전후 두 시기로 구분되는 듯하다. 전기는 서역, 고창高昌, 구자龜茲, 쿠차에서 온 것으로 페르시아의 간접

---

10 양홍은 후한 시절 은사이고 맹광은 그의 부인이다. 양홍은 직접 농사를 지으며 가난하게 살았으나 절의를 숭상하고 학문에 열중했다. 그의 부인은 밥상을 들고 들어올 때 눈썹 높이로 가지런하게 들어 공손한 예를 다했다고 한다. 여기서 나온 말이 '거안제미'이다. 남편에게 공손하게 예를 다한 부인을 일러 '양홍처'라고 한다. 고대 중국 남성 위주의 사회에서 부덕婦德을 찬양하기 위해 즐겨 인용하던 이야기이다.

11 현존하는 〈낙신부도〉에 칠사롱관을 쓴 이들이 등장한다.

영향을 받았다. 머리에 혼탈모渾脫帽를 쓰고 좁은 소매에 둥근 옷깃원령圓領이나 열린 깃번령翻領, 안단이 보이도록 뒤집어 꺾어 접은 깃. 일명 라펠, 웃옷과 줄무늬에 바지 밑단이 말려있는 권구고卷口褲를 입었으며, 구멍이 뚫리고 바닥이 부드러운 비단 장화금요화錦鞦靴를 신었고, 말을 탈 때는 반드시 유모帷帽[12]를 착용한 것이 특징이다. 문헌에 따르면, 개원, 천보 연간에 성행했다고 하는데, 실제는 당대 전기 110년 동안 지속되었다. 후기는 백거이의 신악부新樂府「시세장時世妝」[13]에서 읊은 형태와 같다. 그 특징은 머리를 둥글게 쪽지거나 몽치 모양으로 높이 세웠으며추계椎髻, 눈썹은 팔자八字 모양으로 그리되 끄트머리를 아래로 내렸고, 얼굴에는 황색 분을 바르고, 입술에 진흙 같은 오고烏膏, 연지의 일종를 칠했다. 이는 토번吐蕃의 영향이다.

그림은 현존하는 〈궁락도宮樂圖〉, 〈권수도倦繡圖〉가 대표적인데, 원화元和 연간의 작품이다. 개원, 천보 연간의 그림으로 현재까지 전해지는 것이 매우 많은데, 그 안에 나오는 의복은 호복과 그다지 관계가 없다. 후세 영향이 비교적 큰 것으로 특히 언급할 가치가 있는 것은 유모帷帽이다. 역대로 북제北齊의 멱리冪羅, 일명 멱라冪羅에서 전해진 것으로 원래는 온몸을 가리는 것이라고 하나 현재로서는 믿을 만한 증거나 그림이 없다. 유모가 개원, 천보 연간에 폐지되었다고 하는데 사실이기는 하나 그렇다고 완전히 사실에 부합하는 것은 아니다. 왜냐하면 궁정의 귀족들은 더 이상 사용하지 않았다고 할지라도 민간에서는 여전히 유행하여 송대나 원대 그림에도 나타나기 때문이다.

또한 사회 상층부에도 일부 흔적이 남아 있는데, 이마 앞에 작고 네모난 마미라馬尾羅, 이마가 비치는 비단이란 뜻에서 투액라透額羅라고 부름가 그것이다. 도상에 반영된 것은 개원 연간에 제작된 〈악정괴부인행향도樂廷瓌夫人行香圖〉에서 향을 바치는 여인의 친

12 망사처럼 얼굴을 가려 먼지나 모래 등이 들어오지 못하도록 만든 모자. 본서 제70장 참조.

13 백거이, 「시세장時世妝」: "요즘 유행하는 여인네 화장법, 성 안에서 나와 사방으로 전해진다. 유행은 멀고 가까운 것 따지지 않으니 뺨도 붉게 물들지도 않고 분도 바르지 않나니. 진흙 같은 오고烏膏 입술에 칠하고 눈썹은 팔자처럼 양쪽 끄트머리 내려 그린다네. 예쁘거나 추하거나 희거나 검거나 본래 모습 잃은 채 화장 끝내고 보면 우는 모습일세. 둥근 트레머리에 살쩍이 없어 상투 튼 것 같고 머리에 꽃 꽂고 얼굴은 온통 홍갈색이네. 듣기로 이전 사람들 머리 풀어헤쳐 신유가 그것을 보고 오랑캐가 어떠한 줄 알았다 하니. 그대 원화 연간의 화장법을 적어두시게 상투머리와 붉은 얼굴 중원 풍속 아니니(時世妝, 時世妝. 出自城中傳四方. 時世流行無遠近, 腮不施朱面無粉. 烏膏注唇唇似泥, 雙眉畫作八字低. 妍媸黑白失本態, 妝成盡似含悲啼. 圓鬟無鬢堆髻樣, 斜紅不暈赭面狀. 昔聞被髮伊川中, 辛有見之知有戎. 元和妝梳君記取, 髻堆面赭非華風)."

척 또는 시녀 3명의 모습이다. 이마 사이에 있는데 위치나 양식이 분명 그것이다. 후대에 '투액라'라는 명칭은 더 이상 사용되지 않고, 송대의 경우 어파륵자漁婆勒子, 어촌의 아낙네가 사용했다는 뜻에서 나옴 또는 모륵帽勒이라는 이름으로 불렸지만 명·청대까지 계속 사용되었다. 상층부 부녀자는 유모를 사용하지 않았지만 대신 머리에 얇은 비단을 뒤집어썼으며, 이를 '개두蓋頭'라고 불렀으며, 송대에는 붉은색 비단을 사용하여 '자라개두紫羅蓋頭'라고 했다. 북송 상층부 부녀자의 개두가 반영된 작품은 〈화석사녀도花石仕女圖〉가 대표적이고, 농촌 부녀자의 경우는 남송의 유명 화가 이숭李嵩이 그린 〈화랑도貨郎圖〉에 나오는 몇 명의 부녀자가 쓴 얇은 비단인 사라紗羅이다. 일반적으로 말해서 미관을 위해 장식하는 용도뿐만 아니라 실용적인 가치도 있었기 때문에 계속 사용되었다.

부녀자들이 쓰는 화관花冠은 당대에 처음 보이며 송대에 성행했다. 명칭은 같아도 착용 방식이 크게 다르다. 당대 화관은 모자처럼 머리에 쓰며 두발 끝까지 내려오는데, 〈궁락도宮樂圖〉, 〈권수도倦繡圖〉에 매우 구체적으로 묘사되어 있다. 송대 화관은 나백羅帛, 능라비단으로 진짜 꽃을 본떠서 만든다. 송대 여인들은 높이 틀어 올린 두발 형태인 고계高髻, 높은 올림머리로 번역함를 좋아했는데, 위로 석 자나 솟구칠 정도가 되자 조정에서 황우皇祐 연간에 법률로 금지시키기까지 했다. 당시 화관을 진짜 꽃으로 만드는 경우가 많았기 때문이다. 송대 사람들은 모란과 작약을 특히 좋아했다. 『낙양화목기洛陽花木記』에 따르면, 꽃봉오리가 겹으로 피어 높이가 두 자나 되는 것도 있어 '중루자重樓子'라고 칭했는데, 자주요瓷州窯에서 생산된 묵회墨繪 자침瓷枕, 도자기 베개의 문양으로 흔히 사용했다. 이외에도 「낙양화목기」, 「모란보牡丹譜」, 「작약보芍藥譜」에 보면 '누자樓子', '관자冠子'라고 부르는 것이 수없이 많다. 송대 사람이 그린 〈화석사녀도花石仕女圖〉에 보이는 것이 중루자 화관이다. 따라서 후세에 전해진 〈잠화사녀도簪花仕女圖〉는 사람 형태나 의복으로 볼 때 원본은 개원, 천보 연간에 만들어졌음을 알 수 있다. 흐트러진 머리카락을 정리하여 그 사이에 취금보요채翠金步搖釵[14]를 끼워 넣는 것이 당시 표준 양식이다. 만

14 취금보요채翠金步搖釵는 걸을 때마다 흔들리는 여자의 머리 장식물로 금과 비취가 섞여 있다. 금실로 꽃가지를 만들고 구슬처럼 달아 쪽 밑에 꽂는다. 채釵는 잠簪이나 계笄와 마찬가지로 여성의 머리에 꽂아 두발을 고정시키는 장식인 비녀이다. 다만 잠이나 계는 가느다란 막대 하나로 이루어지지만 채는 두 갈래로 나뉘어져 있다는 점이 다르다. 우리나라는 이처럼 걸을 때마다

약 여기에 생화를 꽂아 넣으면 뱀을 그리면서 다리까지 그려 넣는 것처럼 이것도 저것도 아닌 꼴이 되고 만다. 이런 머리 장식품은 당대에는 보기 드물었지만 송대에는 거의 일반적이었다. 송대에 경사스러운 날이나 명절에 즐겨 사용했으며, 제왕이 출행할 때는 공경백관은 물론이고 시종하는 위사衛士들도 꽃을 꽂지 않는 경우가 없었다. 제왕 본인도 예외가 아니었다. 꽃의 모양이나 사용 재료도 모두 기재되어 있는데 구별이 명확했다. 그림에서 이를 확인할 수 있다.

당대 관복의 채색 비단 꽃문양은 여섯 가지이다. '지황교지地黃交枝'가 식물인 것을 제외하고 나머지는 모두 조류가 꽃을 물고 있는 모습이다.[15] 동경銅鏡이나 띠판대판帶板에 있는 형상으로 확인할 수 있다. 다만 도안이나 실물은 오히려 극히 적어 향후를 기대할 수밖에 없다.

송대 부녀자들은 머리카락을 높이 틀어 올린 고계올림머리를 하고, 큰 비녀를 꽂았다. 이는 송대 부녀자 머리 장식의 시대적 특징이기도 하다. 이외에도 송대 옷차림에서 특기할 만한 것이 있다. 북송 시기에 송나라 방식으로 웃옷의 양 섶이 겹치지 않고 단추를 채우는 맞깃대금對襟[16]을 하고 그 위에 영말領抹, 花邊, 테두리 문양을 한 짧은 외투인 선오旋襖[17]를 걸쳤으며, 하의는 치마를 입지 않고 허벅지까지 올라오는 긴 양말長統襪褲만 착용하는 '조돈복吊墩服', 즉 후대에 '해마장解馬裝'이라고 불렀던 복식이 사회 상층부를 중심으로 퍼졌다는 점이다. 이는 거란족 의복의 영향을 받은 것으로 법률로 금지할 정도로 크게 유행했다. 다만 기악인伎樂人의 옷차림은 관례에 따라 법령의 제한을 받지 않았기 때문에 잡극雜劇 예인을 그린 그림에서 외래 복식의 형상을 흔히 볼 수 있다.

남자의 조복朝服은 웃옷이 넓고 소매가 크다. 관복은 당대 원령복圓領服 제도를 답습했으나 원령 안에 친령襯領을 더했다는 점에서 확연하게 차이가 난다. 이는

흔들리는 머리 장식을 떨잠 또는 떨철반자라고 부른다.

15 예를 들어 3품 이상은 채색 비단에 송골매가 서초瑞草를 물고 있거나 기러기가 수대綬帶를 물고 있거나 두 마리 공작이 수놓였다. '지황교지'는 4품이나 5품이 있는 관복이다.

16 대금유군對襟襦裙은 중국 고대 한족의 전통 복장으로 저고리와 치마로 이루어진 유군襦裙의 일종이다. '대금'이라고 한 것은 윗옷인 상유上襦가 곧은 깃직령直領으로 이루어져 옷깃이 대칭적이기 때문에 대금유군이라고 한다. 참고로 깃은 형태에 따라 곧은 깃직령, 깃 둘레가 사각형으로 파인 방령方領, 곧은 깃이나 여며지지 않고 맞닿는 대금對襟 등 세 종류가 있다.

17 선오旋襖는 무릎까지 내려오는 짧은 가죽 웃옷을 말한다.

오대五代부터 시작된 것인데, 돈황 벽화에서 확인할 수 있다. 송대 종복從僕은 물론이고 아들이나 조카 등 어린이들은 윗사람을 보면 반드시 손을 맞잡고 존경을 표하는 '차수시경叉手示敬'의 예를 올려야만 했다. 근년에 대량으로 출토된 벽화를 살펴보면, 요遼나 금金나라 분묘의 벽화에 나오는 남관南官이나 한인漢人 수행원의 경우 예외 없이 이처럼 공경하는 자세를 보여주고 있다. 또한 송원 연간의 각본인 『사림광기事林廣記』는 이에 대해 도안을 섞어가며 해설하고 있다. 이러한 복식이나 장식 제도制度에서 출발하여 전래되고 있는 명화의 창작 연대를 발견하거나 재검토할 가치가 있다. 예를 들어 한황韓滉, 723~787년, 당대 화가의 〈문원도文苑圖〉는 송대 화가가 그린 것으로 보는 것이 보는 것이 마땅하다. 원령복에 친령이 등장하여 아무리 빨라도 오대십국五代十國 이전에는 나올 수 없는 작품이기 때문이다. 인물화의 걸작으로 한희재의 집안에서 열린 연회를 그린 〈한희재야연도韓熙載夜宴圖〉[18]에 보면 두 손을 맞잡고 인사를 하는 사람과 스님 한 사람이 나온다. 이는 필시 남당南唐이 송나라에게 항복한 이후 빠르면 순화淳化 2년991년, 송 태종 시기 이전의 작품일 것이다. 그림에 나오는 이들이 녹색 복장을 하고 있기 때문이다. 「송대조령집宋大詔令集」에 보면 순화 2년에 반포한 조령詔令이 실려 있는데, "남당에서 투항한 관원은 일률적으로 녹색 관복을 입어 송조 관원의 붉은 관복과 구분되도록 하라南唐降官一律服綠, 今可照原官服朱紫"고 했기 때문이다. 따라서 〈야연도〉의 창작 시기는 남당정권이 무너진 이후부터 태종 순화 2년 이전이었음을 알 수 있다. 이욱李煜, 937~975, 남당의 마지막 황제과 주문구周文矩, 생몰 미상, 사녀화仕女畫에 뛰어난 남당 화가가 합작한 것으로 알려진 〈중병회기도重屏會棋圖〉의 경우도 좋은 예이다. 그림에 보면 산발한 아동이 보이는데 '차수시경', 즉 윗사람에게 공손히 인사를 하는 모습이다. 그렇다면 송대에 그려진 것으로 보는 것이 타당하다. 역대로 그림이 창작된 시대를 감정하는 전문가들은 주로 제왕의 제발題跋이나 대대로 전해지고 있는 단서端緖, 수장자 등 세 가지 원칙을 척도로 삼는다. 물론 이는 크게 나무랄 수 없다. 하지만 사물과 관련한 제도의 시대적 특징을 간과하고 있다는 점이 문제이다. 현존하는 염립본閻立本, 601~673년, 당대 초기 화가의 〈소익잠난정화蕭翼賺蘭亭圖〉는 아무도 의심할 수 없는 명작이다. 그런데 그림에서 차를 끓이는 부분에 연잎 모양

18 중국 남당南唐, 937~975년, 고굉중顧閎中, 910~980년이 그린 것으로 알려져 있다.

의 작은 찻잎 뚜껑이 있다는 사실을 간과하고 있다. 이런 형태의 뚜껑은 송원시기 자기에서 흔히 보이는 것인데, 어떻게 당나라 초기에 나올 수 있었을까? 옛 사람이 말하길, "은미한 말에도 이치에 맞는 것이 있어 얽혀 있는 문제를 풀 수 있다"[19]고 했다. 그림의 흔적화적畫跡을 다른 자료와 상호 검증하거나 다른 기물로 방증하는 연구 방법을 활용하여 전문가의 인정을 받거나 또는 후일을 기다리는 것도 좋을 듯하다.

원몽元蒙 왕조 통치는 채 한 세기가 되지 않아 끝났으나 세계에 끼친 영향력은 막대하다. 큰일도 많았고, 전문적인 저서도 많지만 본서에서는 통치권 내에서 일어났던 작은 일 가운데 전대 사람들이 간과했거나 사서 기록이 부족한 점에 대해 약간의 문제를 제기하고 이에 대해 서술하고자 한다. 첫 번째는 이발理髮과 관련한 법령 가결歌訣이고, 두 번째는 원대 남녀 귀족들이 상의로 사합여의운견四合如意雲肩을 착용하고 매년 궁정에 모여 '지손연只孫宴'[20]을 거행하기 위해 정교하게 제작한 '지손복只孫服'의 운견雲肩 양식에 관한 것이다. 세 번째는 전국에서 대량으로 직조된 납석시직금금納石矢織金錦이 이미 완전히 실전되었는지 여부에 관한 것이다. 마지막 네 번째는 당시 여성들의 머리에 썼던 고고관罟罟冠, 姑姑冠이 어떻게 응용되었는가에 관해 비교 검토하는 것이다. 과연 새로운 지식을 얻을 수 있을까?

명청 양대는 시기적으로 가깝고 자료도 지나치게 많다. 그래서 시간적으로나 공간적으로 일부 그림이나 도안 자료를 인용하여 관방과 재야의 여러 기록들과 대조하면서 설명하고자 한다.

비단이나 금수錦繡에 관해서는 사람들 나름대로 알고 있는 바가 있기 때문에 관련 대목은 역사시기 방직품의 눈부신 성과에 대한 개략적인 소개만 할 것이다. 현재 국가 박물관에 수장된 실물은 거의 10만여 점을 헤아리지만 본서에서 열거한 것은 그야말로 손으로 모래를 잡다가 아래로 떨어지는 잔모래처럼 사소한 것인지라 극히 일부를 살폈을 따름이다.

---

19 사마천, 『사기』 「골계열전」, "談言微中, 或可以排難解紛".

20 지손연只孫宴은 몽골말로 지순 연회라는 뜻이다. 지순은 한어로 색깔이다. 동일한 색깔의 의관을 입고 연회에 참가하기 때문에 이런 말을 썼다.

전체적으로 볼 때, 이번 작업은 필자가 반평생 해온 문학창작 방법이나 태도와 상통하는 점이 있다. 기간은 1년 남짓으로 개인적인 시각과 이해에서 출발하여 실물 도안을 위주로 했으며, 각기 다른 방식을 택해 비교적 체계적으로 종합적인 첫 번째 작업을 진행했다. 내용이나 자료가 연속성이 있기는 하지만 해석이나 설명은 통일성이 떨어진다. 그래서 전체적으로 보면 장편소설과 같은 규모이나 내용은 오히려 풍격이 서로 다르고 나뉘어져 있는 서사 산문에 가깝다는 인상을 줄 것이다. 또한 매 장마다 객관적인 자료를 예거하면서 서술하였는데, 이는 괜찮은 방법일 수도 있지만 방법을 바꾸어 다른 길을 찾는다면 또한 적절한 진전이 있을 수 있을 것이며, 작업 방법이나 결론도 독자의 인정을 받을 수 있을 것이다.

다행히 국내에서 복장 문제에 대해 많은 전문가들이 각기 다른 각도에서 연구하여 뚜렷한 성과를 보이고 있다. 어떤 이는 문헌에서 착수하여 비할 바 없이 풍부한 지식을 갖추었고, 또 어떤 이는 도안이나 실물에서 출발하여 매우 자세하게 논술하고 있다. 개인적인 견해에 의하면 이 분야는 확실히 보다 많은 전문가들이 연구할 만한 가치가 있다. 온갖 골짜기에서 모인 물이 대하를 이루듯이 함께 나아간다면 반드시 '백화제방'의 참신한 기록 갱신을 이룰 수 있을 것이다.

필자가 개인적으로 진행한 작업을 통해 도달하고자 하는 목표는 그저 한 명의 병졸이 길을 탐색하여 참호 하나를 개척하는 임무를 완성하는 것일 따름이다.

001 구석기 시대에 출현한 봉제와 장식품

중국 복식의 역사적 연원에 관해 고대 전적에 여러 가지 전설이 남아 있다. 의복의 발명이나 그 연혁에 관한 이야기는 아무래도 견강부회를 면할 수 없는데, 다른 발명품의 경우와 마찬가지로 명분상 관례대로 삼황오제三皇五帝에게 공로를 돌리고 있기 때문이다.

복장을 발명했다는 전설은 주로 전국시대 사람이 찬술한 『여람呂覽, 여씨춘추呂氏春秋』과 『세본世本』에 나오는 기록이 가장 널리 알려져 있다. 이에 따르면 황제 시절에 "호조가 옷을 만들었다胡曹作衣"고 하거나 "백여와 황제가 의상을 만들었다伯余黃帝制衣裳"고 한다. 이후 서한 시대 유안劉安은 『회남자』에서 좀 더 부연하여 설명했다. "백여가 처음에 옷을 만들 때는 삼을 찢어 비끄러매어 실을 꼬고, 손으로 감아 손가락에 걸어 만드니 그 모양이 그물과 같았다. 후세에 베틀과 북을 만들어 편리하게 사용하면서 백성들이 몸을 가리고 추위를 막을 수 있었다."[1]

백여에 관한 이야기만 뺀다면 완전히 날조된 것은 아닌 듯하다. 아마도 별도로 들은 이야기가 있을지도 모른다. 『회남자』의 내용은 다음과 같은 역사적 상황을 반영하고 있다. 대략 원시적인 방직 기술이 발명되기에 앞서 손으로 직물을 만들어 옷을 해 입는 단계가 있었다. 이는 믿을 만할 뿐만 아니라 매우 중요하다. 현재 서안 반파半坡나 절강 하모도河姆渡와 전산앙錢山漾, 강소江蘇 초혜산草鞋山 등 신석기 시대 유적지에서 출토된 유물에서 지금으로부터 5, 6천 년 전

그림1 구석기 시대 봉제 도구와 장식품
❶ 북경 주구점 산정동인의 골침骨針

1 『회남자』「범론후氾論訓」, "伯余之初作衣也, 緂麻索縷, 手經指掛, 其成猶網羅. 後世爲之機杼勝復, 以便其用, 而民得以揜形禦寒".

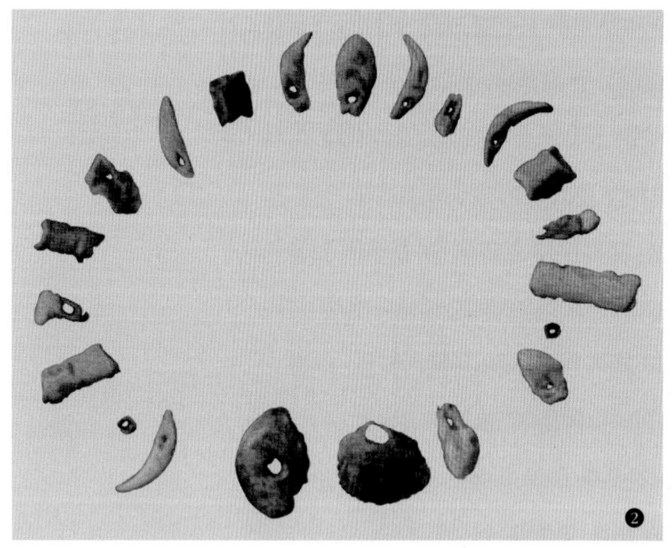

에 이미 천연재료를 사용하여 손으로 만든 직물이 광범위하게 응용되었으며, 동시에 원시적인 방직 수공업이 출현했음을 실증하고 있기 때문이다. 앞서 언급한 전설은 아마도 이러한 물질 조건에서 생겨난 것일 터이다.

의복 발명을 이야기하자면 당연히 방직 기술과 연계시킬 수밖에 없다. 최초로 옷을 제작한 이들은 마포麻布, 즉 삼베로 만든 것일 가능성이 크다. 그러나 삼베를 "손으로 감고 손가락에 걸어" 만든다면 조악한 형태일 수밖에 없다. 사실 역사가 옷을 만들 수 있는 재료인 방직물을 생산할 정도로 발전했을 때는 이미 가죽을 기본 재료로 한 원시 의복이 일정한 규모를 갖추거나 심지어 정형화에 이르렀을 것이다. 그러나 여기서 새로운 문제에 직면하게 된다. 과연 인공으로 생산한 새로운 재료를 운용하여 새로운 형태의 옷을 가공해낼 수 있었는가라는 문제이다. 이런 단계는 아마도 "처음 옷을 만들었다"고 하는 시기와 수천 또는 수만 년의 격차가 있을 것이다. 따라서 방직사의 측면에서 볼 때 앞서 언급한 전설은 나름 의미가 없는 것은 아니나 이를 근거로 복식의 기원을 단정하고자 한다면 단계가 모호하여 신뢰할 수 없다.

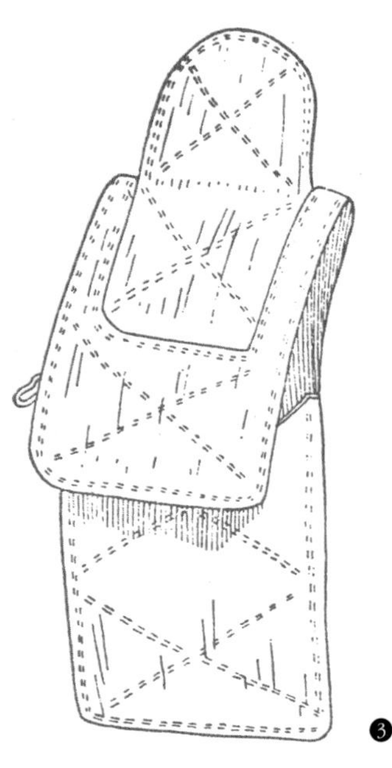

그림1 구석기 시대 봉제 도구와 장식품
❷ 북경 주구점 산정동인의 목걸이 장식
❸ 운남 율률족傈僳族이 이전에 사용하던 가죽 갑옷皮甲(양홍楊泓, 『중국고병기논총』)

만약 출토 문물을 고증하고 현대 고고학과 고인류학의 성과에 근거하여 살펴본다면 중국 복식 문화의 원류는 원시 사회 구석기 시대 말기로 거슬러 올라갈 수 있다. 당시 원시인들은 신인류 단계로 진입하면서 돌로 만든 도구의 정형화·소형화를 이루었으며, 예리한 타제 석기를 만들 수 있었다. 여러 유적지에서 갈아 만든 마제 골기와 대량의 장식품이 발견되었다는 것은 당시에 이미 갈고 구멍을 내는 기술을 터득했다는 뜻이다. 이어서 그들은 화살촉을 만들고 가죽을 꿰매어 옷을 만들기 시작했으며, 인공으로 불을 얻는 방식을 발명했다. 이렇듯 문화 발전의 속도는 이전의 어느 시기보다 빨랐다. 이 시대를 대표하는 것이 바로 산정동인山頂洞人의 문화이다.

산정동인은 하북성 주구점周口店 북경원인北京猿人의 유적지인 산 정상 동굴에서 발견된 고대 인류이다. 1933년과 1934년까지 3차례 발굴을 통해 완전한 형태의 두골 3구, 일부 유골 및 치아 한 개가 발견되었다. 적어도 남녀노소를 포함하여 전체 8명의 유골로 알려졌으며, 체질 형태는 현대인과 거의 일치했다. 산정동인은 유강인柳江人, 자양인資陽人과 더불어 초기 황인종을 대표한다.

산정동인이 살았던 사회는 모계 씨족사회로 어로와 수렵이 중요 생업이었다. 산 동굴에서 불에 탄 재와 탄화된 회색과 검은색의 짐승뼈가 발견되었다. 숫자가 가장 많은 것은 먹고 버린 사슴류, 타조류, 양시류 등의 잔해였다. 이에 근거해보면 수렵 대상이 주로 붉은 사슴, 얼룩사슴, 만주노루만주조록滿洲麞鹿, 들소, 멧돼지, 영양, 오소리, 여우, 산토끼 등 크고 작은 들짐승과 타조였다는 것을 알 수 있다. 이외에도 어류와 민물조개 등이 발견되었다.

도구 중에는 약간의 석기 외에도 복식과 관련된 유물이 발견되었다. 간골기마제골기磨製骨器로 골침과 141개의 장식품(그림1) 등이 있으며, 이외에도 굽거나 평평한 부분에 점선 문양을 새긴 마제골각기骨角器가 있다.

골침骨針 길이는 대략 82mm이며 가장 큰 것은 직경이 3.3mm이다. 전체적으로 잘 갈았고, 좁고 작은 구멍이 나 있으며, 앞부분이 뾰족하고 예리하다. 의심할 바 없이 골침이 발견되었다는 것은 산정동인이 지금으로부터 대략 2만 년 전후로 이미 동물의 가죽을 꿰매어 옷을 만들어 입었음을 뜻한다. 이는 중국 복식 문화사의 첫 번째 장章인 셈이다.

특히 주목할 것은 골침의 발명과 더불어 산정동인이 이미 초보적인 무두질 기술을 지녔을 지도 모른다는 점이다. 동물의 가죽을 통째로 걸치거나 두르는 방식의 '복장服裝'을 만들지라도 통가죽 자체를 연화軟化시켜 늘리는 작업이 필요하다. 예를 들어 현재도 일부 소수민족은 타액을 사용하여 침윤시키는 방법에 따라 직접 가죽을 질겅질겅 씹어 동물의 가죽을 부드럽게 무두질한다. 이렇게 무두질한 후에 예리한 돌칼로 재단하고, 골추骨椎나 골침으로 바느질하여 가죽을 연결시켜 말끔한 사슴가죽옷이나 오소리가죽옷, 여우가죽옷 등을 만들었다. 바느질할 때 필요한 실은 동물의 내장이나 인대靭帶 섬유로 만들거나 식물의 인피섬유靭皮纖維, 식물 줄기의 형성층의 바깥쪽에 있는 섬유를 꼬아 실을 만들었을 것이다. 이러한 인피섬유는 당시 활에 연결한 줄이나 나무 구멍을 뚫어 불을 얻기 위해 당기는 밧줄로 활용하면서 기술이나 재료 가공 면에서 상호 조건과 경험을 제공하여 봉제 공예의 발달을 도왔다.

의복은 처음에 맹수를 사냥하면서 날카로운

동물의 발톱과 화살이나 돌로 인해 다치지 않도록 하거나 전쟁에서 위장이나 위협이 필요했기 때문에 생겨났을 것이다. 사람들은 동물의 단단한 가죽이나 갑각류의 비늘 등에서 나름 힌트를 얻었을지도 모른다. 이른바 '부갑자어孚甲自禦'[2], 즉 씨앗이 껍데기 안에서 자신을 보호하는 방식을 따랐다는 뜻이다. 골침으로 이런 원시적인 군사복, 즉 흉갑이나 사구射韝, 화살을 쏠 때 사용하는 깍지 등의 국부적인 의복(그림 1:3)을 만들어 사용하고, 여기서 더 나아가 일상복을 만들게 되었다. 생명을 보호하고 형체를 가리거나 추위를 막으며, 자신을 장식하는 것이 의복의 가장 중요한 효용이기 때문이다.

장식품 구멍 뚫린 작은 돌구슬이 7개가 발견되었는데, 흰색이고 형태는 불규칙하지만 크기는 일치했다. 자갈로 황록색 달걀 모양으로 둥근 형태이며, 양면이 납작하다. 이외에도 구멍이 관통하고 있는 바다다슬기 껍질海蚶殼, 청어의 안상골眼上骨, 눈을 둘러싸고 있는 뼈, 꼬치처럼 꿰어 쓸 수 있는 물고기 척골脊骨, 무늬를 새긴 조류의 골관骨管, 뼈로 만든 대롱 등이 발견되었다. 특히 구멍을 뚫은 사슴, 여우, 오소리 등의 송곳니가 많았다. 그중에서 25개를 적철광 분말적철광은 광물 착색공예에 사용되는 가장 오래된 재료이다로 붉게 물들인 것이 특히 눈길을 끌었다. 추측컨대, 이처럼 알록달록한 구멍 뚫린 소품은 가죽으로 꿰어 옷에 달거나 목이나 손목에 묶어 장식하기 위한 것으로 먼 옛날 선인들의 원시 공예미술품이라고 말할 수 있다.

산정동山頂洞, 산꼭대기 동굴 아래쪽 공간에서 식종飾終, 망자를 위해 치장하는 장식 유적이 발견되었다. 매장된 유골에 적철광 가루어쩌면 의복 장식에서 물들은 것일 수도 있다가 묻어 있고, 부장물로 부싯돌과 돌구슬, 구멍 뚫린 동물의 이빨 등 장식품이 놓여 있었다. 남녀노소 간에 차이가 없다는 것은 씨족 구성원의 동등한 관계와 혈족에 대한 감정을 그대로 드러낸다. 하지만 여전히 모계 씨족공동체 시기였음에도 남자들에게 장식이 오히려 성행했으며 모종의 원인으로 인해 장식품의 수량이 부녀자보다 남자들에게 많았을 가능성이 크다. 산정동인의 장식품으로 전체 141점이 발견되었는데, 짐승의 치아와 송곳니가 125점으로 절대적인 비율을 차지하고 있으니 당연히 무의미한 현상은 아닌 것으로 보인다. 처음에 짐승의 송곳니를 뽑아 기념으로 지녔던 것이 나중에 점차 장식품으로 진화했을 것이다. 젊은 남성이 이를 몸에 달고 다닌다는 것은 그가 근면하고 용감하다는 것을 나타내며, 또한 승리의 상징일 수도 있다. 이에 반해 작은 돌구슬 같은 것을 만드는 것은 여성의 재능이 뛰어나다는 표현일 수 있다. 비록 장식품이 구멍을 뚫는 것 외에 자연 형태를 그대로 유지하고 있기는 하지만 분명 노동과 창조의 심미적 정감이 충만했을 것이니, 후세처럼 부유함을 과시하거나 존귀함을 자랑하는 관념은 존재하지 않았다. 모계사회가 쇠퇴하면서 장식은

---

2 부갑孚甲의 '孚'는 갈대 줄기 속의 얇은 막인 '부莩'와 통한다. '甲'은 초목의 종자를 감싸고 있는 껍데기이다.

여성들에게서 날로 증가하여 심지어 상상할 수 없을 정도로 많아졌으며, 오랜 세월 부녀자들을 억압하는 주옥珠玉의 족쇄가 되었다.

산정동인이 출현하기 전인 구석기 시대 중기나 그보다 이전 시대 선민들은 과연 어떤 형태의 옷을 입었을까? 이에 관한 전설이 적지 않다. 예를 들어 『역사繹史』에 인용된 『고사고古史考』에 이런 기록이 나온다.

> 태고 시절엔 사람들이 이슬을 마시고 풀이나 나무 과실을 먹었으며 들판에 구멍을 파고 살았다. 산에서 살 때는 짐승을 먹고 깃이나 가죽옷을 입었으며, 짐승의 털을 뽑거나 피를 씻지도 않고 먹었다. 물가에서 살 때는 물고기나 자라, 소라나 조개를 먹었으나 아직 불을 사용하지 않았다.[3]

『백호통白虎通·호號』에도 이와 유사한 기록이 남아 있다.

> 사람들은 어미는 알지만 아비는 몰랐다.……배가 고프면 먹을 것을 찾고 배가 부르면 남은 것을 버렸다. 짐승의 털을 뽑지도 않고 피를 씻지도 않고 먹었으며, 가죽이나 갈대를 옷으로 삼았다.[4]

아마도 이는 초기 원시사회의 모습과 유사했을 것이니, 아직 인류가 불을 사용하는 방법을 몰랐을 때였다. 인용문에서 "깃이나 가죽옷을 입었으며", "가죽이나 갈대를 옷으로 삼았다"는 말은 자연 형태 그대로 짐승의 통가죽이나 조류의 깃털, 풀 등을 몸에 두르거나 걸쳐 맨몸을 가렸다는 뜻이다. 이는 사실에 가까운 추측으로 당연히 일종의 진보였다. 만약 이를 의복의 발명이라고 생각한다면 좀 더 논의할 필요가 있다. 이는 마치 북경원인이 자연 동굴을 이용하여 비바람을 피했다고 그들이 가옥을 발명한 것처럼 말할 수 없는 것이나 마찬가지이다. 상식적으로 생각하면 아무리 누추할지라도 일단 인공이 가미된 건축물이어야 하고, 매우 간단한 옷일지라도 사람이 직접 가공하거나 재봉해야만 비로소 건축 또는 의복이라 할 수 있기 때문이다. 따라서 추론컨대 4,50만 년 전 북경원인이 이미 의복과 장식을 발명했다고 볼 수 있다. 다만 현재 자료로 고찰하기에 실질적인 근거가 아직 부족하다.

산정동인의 문화 유물은 복장역사에서 획기적인 의의를 지닌다고 할 정도로 매우 중요하다. 중국은 구석기 시대 말기에 북방 선인들이 이미 봉재, 즉 바느질 가공을 특징으로 하는 복식 문화를 창조했기 때문이다. 사람들이 착용한 옷이 단순히 자연 재료를 그대로 이용했던 이전과 달랐으며, 초보적이긴 하나 자연물을 개조하여 인류의 생활에 맞게 새로운 구조 형태로 변형시켰다. 이러한 원시 의복의 모습이 구체적으로 어떠

---

3 (청) 마숙馬驌 편찬, "太古之初, 人吮露精, 食草木實, 穴居野處.山居則食鳥獸, 衣其羽皮, 飮血茹毛. 近水則食魚鼈螺蛤, 未有火化".

4 반고班固, 『백호통白虎通』「호號」, "民人但知其母, 不知其父, ……饑即求食, 飽即棄餘, 茹毛飮血, 而衣皮葦".

했는지는 정확히 알 수 없지만 그렇다고 그 흔적을 전혀 찾을 수 없는 것은 아니다. 모든 사물이 그렇듯이 오늘의 사물은 어제에서 발전한 것이니 가장 기본적인 사물은 지금까지도 여전히 유전되어 사라지지 않았기 때문이다. 예를 들어 배자[5]나 잠뱅이褌襠, 무릎을 덮는 폐슬蔽膝, 앞치마 불市, 슬갑 불芾, 폐슬 불韍, 폐슬 필韠 등, 사냥할 때 손에 끼는 깍지射韝, 경의脛衣, 정강이에 감아 입는 의복의 종류로 행전이나 각반과 유사하다 등이 아마도 고대 복장의 유제遺制일 것이다. 현대 시각으로 보면 그저 전형적인 의복 장식의 일부분에 불과할뿐더러 매우 조잡하고 여전히 소재 면에서 자연 형태를 많이 간직하여 가공 부분이 상당히 적을 수도 있다. 하지만 이는 분명 인류가 만들어낸 진정한 복장이다. 이에 맞춰 원시적인 장신구와 광물을 이용한 역색 등의 기술이 응용되기 시작했다. 이러한 각종 성과는 구석기 시대 말기 사회의 진보와 발전을 나타내며, 보다 발전한 신석기 시대의 도래를 예시함과 동시에 후세 아름답고 찬란한 중화민족 복식 문화의 효시가 되었다.

5 배자는 상의의 일종으로 오자襖子, 대수의大袖衣, 선오旋襖에서 변화한 것이다. 곧은 깃을 연계해 아래로 늘어뜨리되 반은 걸치고 반은 입는다. 소매가 없거나 반소매로 된 것이 있으며, 겨드랑이 아래 양쪽이 터져 있다.

002 신석기 시대 회화와 조소彫塑 인형 및 복식 자료

신석기 시대 복식 문제는 흥미롭기는 하되 여전히 난제로 남아 있다. 실물 보존이 어렵고 도안이나 문물이 구석기 시대보다 많기는 하지만 여전히 드물기 때문이다. 그래서 본문은 근 50년에 걸친 고고학적으로 발굴된 몇 가지 유물과 유적에 대한 초보적인 탐색을 통해 당시 복식 문화, 화장이나 치장 등에 대해 개략적인 이해를 돕고자 한다.

앙소仰韶 문화의 반파半坡 유형 시기의 인형 채색은 서안 반파, 임동臨潼 강채姜寨에서 출토된 채도분彩陶盆, 채색 질그릇, 채도발彩陶鉢, 채색 밥그릇에 장식된 문양이 가장 중요하다그림 2 참조. 문양의 공통적인 특징은 둥근 인면人面을 도안화하여 두 눈을 감은 형태로 그린 그림이 많다는 것이다. 눈을 동그랗

그림2 앙소문화 인면 문양
❶ 인면 문양과 그물 문양이 그려져 있는 채도분(서안 반파 출토)

❶

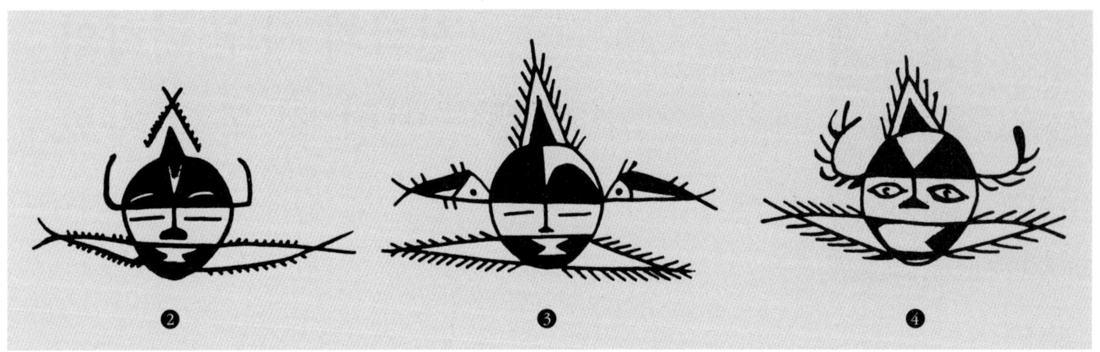

그림2 앙소문화 인면 문양
❷❸ 반파 채도 인면 문양 ❹ 강채 채도 인면 문양(임동 강채 출토)

게 뜬 사람은 단 한 가지 예에서만 볼 수 있는데, 도안에서 볼 수 있다시피 입을 벌리고 있다. 인면의 도안을 보면, 입과 귀 가장자리에 대칭으로 두 마리의 물고기나 물고기 꼬리를 장식하고 있으며, 머리 위에도 물고기 꼬리 모양의 뾰족한 모자를 그려 넣었다. 전문가들의 논의에 따르면, 반파에 사는 이들의 토템 문양이거나 원시 종교의 신지神祇일 가능성이 크다. 전체 채도분의 도안을 살펴보면, 엄숙한 대칭의 분위기가 풍긴다. 그중에서 이른바 '그물무늬網紋'는 단순한 그물이 아니라 무구巫具 또는 무구와 결합된 형상으로, 골격은 십자형十形을 취하고 있다. 이는 이후 갑골문에 정형화된 무巫자이다. 이러한 도안은 초기 상나라 장식 문양에도 반영되고 있으며, 종교적 미신과도 관련이 있다. 주지하다시피 중국 문자의 발명과 응용은 처음부터 무巫, 무당나 점복占卜과 떨 수 없는 인연을 맺고 있다. 반파의 채도분에 나오는 '◆' 도안과 인면 문양을 조합해보면

그림3 마가요 문화 채도분. 변발에 꼬리 장식을 하고 춤을 추고 있다.(청해 대통현大通縣 상손가채上孫家寨 출토)

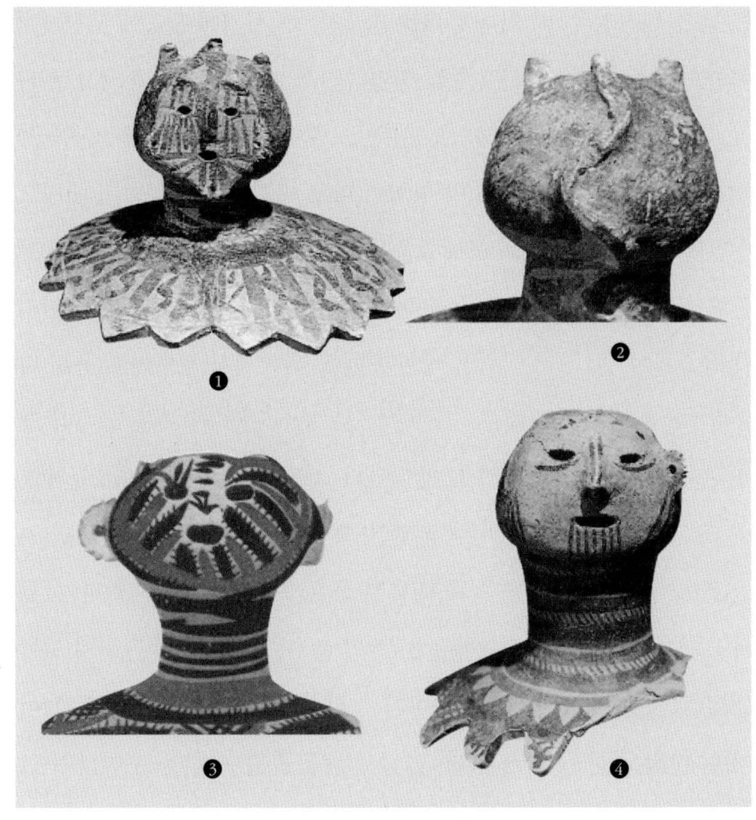

그림4 ❶-❹ 마가요 문화 변발에 사람 머리 형태를 만든 기물의 뚜껑(인두기개人頭器蓋)(청해 대통현 상손가채 출토)

무와 축祝의 의미를 체현하고 있음을 알 수 있다.

인면 문양의 원래 모습은 무당이 연희굿할 때 쓰는 가면일 수도 있다. 당시 반파에 거주하던 사람들은 주로 어로나 수렵 생활이 상당한 비중을 차지하고 있어 사슴이나 인면, 물고기 문양을 기물에 사용한 것은 어로나 수렵을 위한 제사 활동과 밀접한 관련이 있기 때문이다. 따라서 그 모습이나 형태가 6천 년 전의 일반적인 것은 아닐지라도 당시 무축의 모습은 능히 짐작할 수 있다.

이러한 예는 감숙甘肅 마가요馬家窑 문화文化 반산半山 유형의 채도 인형 가운데 세 점의 채색 인두기개人頭器蓋가 대표적이다.그림4 참조 실물은 1920년대 해외로 유출되었다.

머리 부분의 입과 눈은 누공鏤空 기법으로 표현했고, 귀는 반원형으로 구멍이 뚫려 있다. 사람 얼굴에는 서로 다른 방향으로 규칙적인 문양이 들어가 있는데, 이는 얼굴 문신의 구체적인 모습이다.마창형馬廠型 인두人頭 채도권彩陶罐 얼굴에도 분명하게 표현되어 있다. 그림5：6 참조 반산형 소상塑像의 두발 형식을 보면 뒷머리는 평평하고 머리카락이 목까지 내려오지 않았으며그림4：2 앞이마 위쪽에 두 개의 뿔이 솟아 있는데, 위쪽에 구멍이 뚫려 있어 장식할 수 있다. 특이한 점은 머리 뒤편에 뱀 한 마리가 누워있는데, 꼬리가 목덜미를 넘어 어깨까지 굽이치고 있는 모습이 마치 가늘고 길게 땋은 머리인 발변髮辮과 비슷하다는 점이다. 일반적인 견해에 따르면, 지금으로부터 4천여 년 전 고강인古羌人은 무녀이거나 종교적 우상이다. 강인은 "왼쪽에 동정호, 오른쪽에 범려호左洞庭, 右彭蠡"[1]가 있는 곳에 살던 삼묘三苗와 관련이 있다. 그래서 고고학

1 『사기』「오기열전」, "옛날에 삼묘씨는 왼쪽에 동정호, 오른쪽에 범려호가 있는 곳에서 살았다昔三苗氏, 左洞庭, 右彭蠡". 이외에도 『통감通鑑』, 『사략史略』, 『박물지博物志』 등에도 동일한 내용이 적혀 있다.

적 발굴에 따르면 형초荊楚 문화에는 뱀을 부리거나 뱀으로 귀를 뚫은 신령하고 괴이한 형상이 자주 발견된다.

1973년 감숙 태안현秦安縣 대지만大地湾에서 보기 드문 진품인 인두형人頭形 뚜껑이 달린 채색 도기병이 출토되었다. 시대는 앙소문화 묘저구廟底溝 유형에 속하며 지금으로부터 대략 5천여 년 전의 기물이다. 두상은 원조식圓雕式, 둥글게 입체적으로 조각하는 방식으로 정교하면서도 질박한 아름다움을 지녔으며, 특히 두발 양식이 매우 구체적으로 표현되어 있다. 앞이마는 두발이 눈썹까지 내려오고, 뒤쪽은 머리카락이 단정하게 목까지 내려왔는데, 빗질을 한 것처럼 매우 가지런했다. 5천여 년 전에 도대체 어떤 도구로 이처럼 단정하게 손질할 수 있었는지 알 수 없다. 이런 형태의 두발 모양은 상당히 오랜 기간 광범위한 고강인 지역에서 보편적으로 존재했다. 동일한 예를 태안秦安 사주寺嘴에서 출토된 사람 머리 뚜껑 홍도병紅陶瓶, 무채색, 동향東鄉 동원림가東塬林家에서 출토된 사람 얼굴 문양 채도분 잔편 및 감숙 영창永昌 원앙지鴛鴦池에서 출토된 마가요 문화, 채도통형관彩陶筒形罐의 사람 얼굴에 그려진 문양그림 5:1~4에서도 볼 수 있다. 앞서 언급한 사람 머리 형상의 두발 모양은 공통된 양식을 지니고 상商, 주周까지도 계속 이어졌다. 본서 삽도 3(본서 70쪽)에 나오는 유호유乳虎卣의 모양처럼 일부 희생犧牲이 되거나 징벌을 받는 인형의 두발 형식도 머리카락이 목까지 가지런하게 내려온 모습이다. 갑골문의 기록에 따르면, 은상殷商 시기에 서쪽에 있는 융戎과 강羌을 정벌하면서 포로를 잡아 희생으로 사용하기도 했다. 그렇다면 당시 잡혀온 강족고강족의 두발 형식이 바로 머리카락이 목까지 내려오는 형태였음을 알 수 있다. 안양安陽 부호묘婦好墓에서 출토된 옥석인玉石人의 경우 가늘고 긴 머리카락을 땋아 오른쪽 뒤편에서 정수리로 올린 다음 모고帽箍, 모자테로 묶어 관처럼 쓰는 상나라 형식과 크게 다르다. 가장 유명한 것은 무도문舞蹈紋, 춤추는 문양 채도분彩陶盆, 그림3, 마가요문화으로 1973년 가을 청해 대통현 상손가채에서 출토되었다. 그릇 내벽에는 3조組의 춤추는 대형隊形이 그려져 있는데, 매 조마다 다섯 명이 손을 잡고 횡렬로 늘어서 있다. 그림은 춤을 추는 순간을 포착하여 그린 것이나 명쾌한 리듬과 가뿐한 몸놀림을 잘 표현하여 원시사회의 서정적 분위기가 가득한 문화생활의 일면을 보여주고 있다. 그릇이 세면도구로 쓰였다면 적당한 수면에 위아래가 어우러져 마치 연못가에 그림자가 비치는 것처럼 아취가 있어 탁월한 디자인이 돋보인다.

인물에 반영된 장식에 대해 전문가들은 머리를 땋아 장식한 꼬리飾尾로 보고 있다. 『산해경』에 나오는 서왕모西王母는 사람 얼굴에 호랑이 이빨과 꼬리를 가지고 있거나 호랑이 이빨에 표범 꼬리를 지니고 있다. 이는 원시인들이 꼬리까지 남아 있는 짐승의 가죽을 뒤집어쓰고 있는 모습이다. 이러한 식미악무飾尾樂舞, 장식한 꼬리를 달고 추는 춤 복식은 운남 석채산石寨山에서 출토된 청동 전인滇人

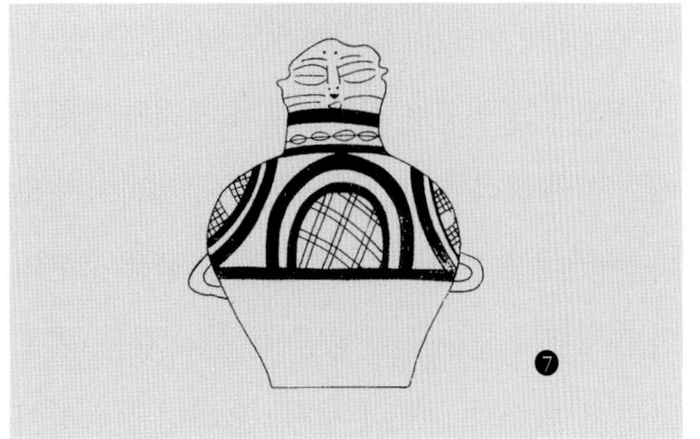

그림5 두발 형식과 얼굴 문신, 그리고 장식

❶❷ 단발의 사람 얼굴人面 뚜껑이 달린 채도병(감숙 태안 대지만 출토)

❸ 단발의 사람 얼굴 문양이 있는 채도분 파편(감숙 도향 동원림가 출토)

❹ 단발한 사람의 얼굴에 문신이 들어가 있는 채도 인면문人面紋(감숙 영창 원앙지 출토)

❺ 두발을 장식한 도기 얼굴(감숙 예현 고사두 출토)

❻ 문신한 사람 머리로 뚜껑을 만든 채도관(청해 악도 유만 출토)

❼ 목걸이 장식을 한 사람 머리로 뚜껑을 만든 채도관(청해 악도 출토)

무녀에서 더욱 사실적이고 구체적으로 표현되었다. 어떤 것은 호랑이 꼬리를 사용하고 또 어떤 것은 표범 꼬리 형태이지만 실제 동물의 꼬리 길이보다 약간 짧다.삽도 38 : 1,2 문헌 기록은 『후한서後漢書』「남만서남이열전南蠻西南夷列傳」과 번작樊綽의 『만서蠻書』에 보인다. 여기서 우리는 지금으로부터 2천여 년 전 고대 민족의 이주와 문화적 상호 계승과 영향을 엿볼 수 있다.

가죽으로 장식한 꼬리가 달린 복장은 기원이 상당히 오래되었다. 원시인들은 먹고살기 위해 큰 짐승을 쫓아다녀야만 했다. 짐승이 적어도 화살의 사정거리 내에 있을 때까지 접근해야만 했고, 활을 발명하기 전에는 짐승들 사이에 섞여 있거나 아주 가까이 매복해야만 짐승을 효과적으로 잡을 수 있었다. 그래서 꼬리까지 달린 짐승 가죽을 뒤집어쓰는 것이 매우 필요한 위장술이었을 것이다. 지금도 악륜춘인鄂倫春人, 중국 흑룡강성에 살고 있는 소수민족으로 인구가 1만 명이 채 되지 않는다은 수렵할 때 포두모麅頭帽, 큰사슴 머리 모자, 미나공米那共를 쓰는 관습이 남아 있다. 이처럼 위장하고 행하는 수렵 활동은 연극적 요소가 풍부하기 때문에 장식꼬리 복장은 수렵 활동을 표현하는 무용에 그대로 남아 있을 뿐만 아니라 일상복에도 영향을 주었다.

춤을 추는 인물은 실루엣으로 처리하기 때문에 두발의 형식은 윤곽만 잡힐 뿐 구체적이지 않다. 예컨대 땋은 머리변발辮髮의 경우 묶은 부분이 비교적 낮아 고추를 한 움큼 쥔 것과 같은 '일조초一抓椒' 방식과 다르다.삽도 1 : 3 오히려 결발하여 말꼬리처럼 아래로 늘어뜨린 결발수소結髮垂髾 방식지금의 말꼬리 방식(馬尾式)과 같음일 가능성이 크다. 다만 결발이나 수소는 모두 당시 산발한 머리의 전통과 맞지 않는다. 화면에 나오는 인물 형상으로 볼 때, 젊은 소년이나 소녀의 머리 형식이거나 또는 춤출 때 주로 분장하는 형식이지 성년 부녀자의 전통적인 머리 형식이 아니다.

신석기 시대 원시인의 얼굴 장식을 반영하는 자료는 도기 인형의 예에서 볼 수 있다. 감숙 예현禮縣 고사두高寺頭 앙소 유적지에서 출토된 도소인두陶塑人頭, 그림5는 사람의 머리 형태로 기물의 뚜껑을 만든 인두기개人頭器蓋의 잔해 일부일 가능성이 크다. 표면은 등황색橙黃色, 오렌지색이고, 윗부분에 작은 구멍이 뚫려 있다. 앞이마에는 뒤쪽까지 반원 형태로 퇴소堆塑[2] 방식을 통해 도드라진 진흙 띠를 두르고 있으며, 띠에는 끊긴 흔적이 있어 꿰미 장식찬식串飾으로 머리카락을 눌렀다는 것을 알 수 있다. 도인陶人의 입과 눈은 누공鏤空, 투각透刻했고, 두 귀에는 구멍이 뚫려 있다. 머리카락이 흘러내리지 않도록 누르는 찬식의 재료는 아마도 구슬이나 대롱管이었을 것인데, 아마도 조개꿰미패찬貝串를 상징한 듯하다. 이러한 장식 형식은 내몽고 초기 상나라 분묘에서 발굴된 두개골에서도 발견된다.[3] 이후 상나라 때 시작된 모자

2 퇴소堆塑는 퇴첩堆貼, 소첩塑貼, 퇴조堆雕라고도 하며, 입체적인 문양 장식을 기물 바탕에 붙이는 일종의 장식 방법이다.

3 〈원주〉 현재도 소수민족 가운데 이러한 장식이 유전되고 있는데, 그중에서 율률족傈僳族 부녀자들은 앞이마에 머리카락을 누르는 패대식貝帶飾, 조개 띠 장식을 하는데, 원형

테두리帽箍 관식에서 명청 시대 차미륵자遮眉勒子[4]에 이르기까지 일맥상통한다.

목 부분의 목걸이 장식은 청해 악도樂都에서 출토된 마가요 문화 인형 채도관그림 5:7이 대표적이다. 얼굴 표정은 여성스러우면서도 자긍심이 묻어난다. 귀에는 구멍이 뚫려 있고, 목에 타원형의 조개 장식 또는 구슬 장식이 둘러져 있다. 옷깃에 붙어 있는 것처럼 보이지만 이는 마치 옹기 항아리의 장식 무늬가 띠를 형성한 것처럼 착각하는 것과 같다.

이상에서 거론한 인형 조각품은 양쪽 귀에 구멍이 뚫린 것이 압도적으로 많은데, 이는 5천여 년 전에 이미 귀걸이 장식이 존재했음을 보여주는 예증이다.

신석기 시대 장식품으로 발견된 것들 중에서 돌, 옥, 도기, 뼈, 뿔, 이빨 등 비교적 내구성이 강한 재료로 만든 고리, 구슬, 대롱, 추墜, 계笄 등이 가장 흔하다. 출토 지역도 광범위하고 수량이나 종류 또한 상당히 많다. 아래에서 몇 가지 예를 들어 살펴보겠다.

계笄:『설문說文』에 따르면, "비녀다簪也" 머리카락에 꽂는 기물이라는 뜻이다. 앞서 말한 바대로 앙소문화보다 이른 하북 자산磁山 유적에서 뼈로 만든 계가 출토되었다.그림 6:1 형태는 두 가지이다. 하나는 뾰족하고 둥근 젓가락 모양으로 길이는 18cm이고, 다른 하나는 버들잎처럼 생긴 비녀로 10cm이다. 지금으로부터 7,8천 년의 역사를 지녔다.

이후 앙소문화시기로 들어서면 서안 반파 유적에서 출토된 실물이 수량이나 형식면에서 대표적이다.그림 6:2,3 1천 9백여 점의 각종 머리 장식, 귀장식, 목장식, 손장식, 허리장식, 그리고 감식嵌飾[5] 중에서 석도石陶 비녀와 뼈 비녀가 매우 큰 비중을 차지하여 전체 715점에 달한다. 이는 크게 세 가지 종류, 즉 막대기 형태봉식棒式, 양쪽이 뾰족한 형태, 정자丁字 형태 등으로 나눌 수 있다. 대부분 실용적이고, 조형이 단순하다. 의도적으로 장식을 위해 제작한 것은 감숙 영창永昌 원앙지鴛鴦池 유적에서 출토된 골계骨笄, 그림 6:4가 가장 뛰어난데, 대략 지금으로부터 4천여 년 전의 유물이다. 비녀의 머리 부분은 접착제또는 수지樹脂 혼합체로 타원형을 만들고, 표면에 36매의 백색 대롱 구슬을 박아 넣었으며 비녀 머리끝에 타원형의 뼛조각을 붙이고, 그 위에 동심원으로 다섯 개의 동그라미 문양을 새겼다. 매우 독창적인 공예품이 아닐 수 없다. 이에 반해 동부쪽 대문구大汶口 문화의 경우 석질石質이 다수를 점하는데, 머리

에 가장 가까운 예이다.

4 미륵眉勒 또는 늑자勒子라고 한다. 만주족의 머리 장식이다. 긴 비단수건을 눈썹 위쪽 이마에 맨다. 주로 겨울에 착용하는데 검은색 모직물이나 비단 등으로 만들며, 검은 실로 짠 것도 있다. 일반 부녀자들이나 노인은 주로 추위를 피하기 위해 착용하는데, 귀부인의 경우 앞쪽에 보석을 박아 장식한다.

5 감식은 양감鑲嵌장식을 말하는데, 우리나라에서는 상감장식이라고 한다. 금속이나 도자기 등의 겉면에 무늬를 새기고 거기에 금, 은, 자개 등 다른 재료를 끼워 장식하는 것을 상감이라고 하는데, 여기서는 뼈에 무늬를 집어 넣은 것을 말한다.

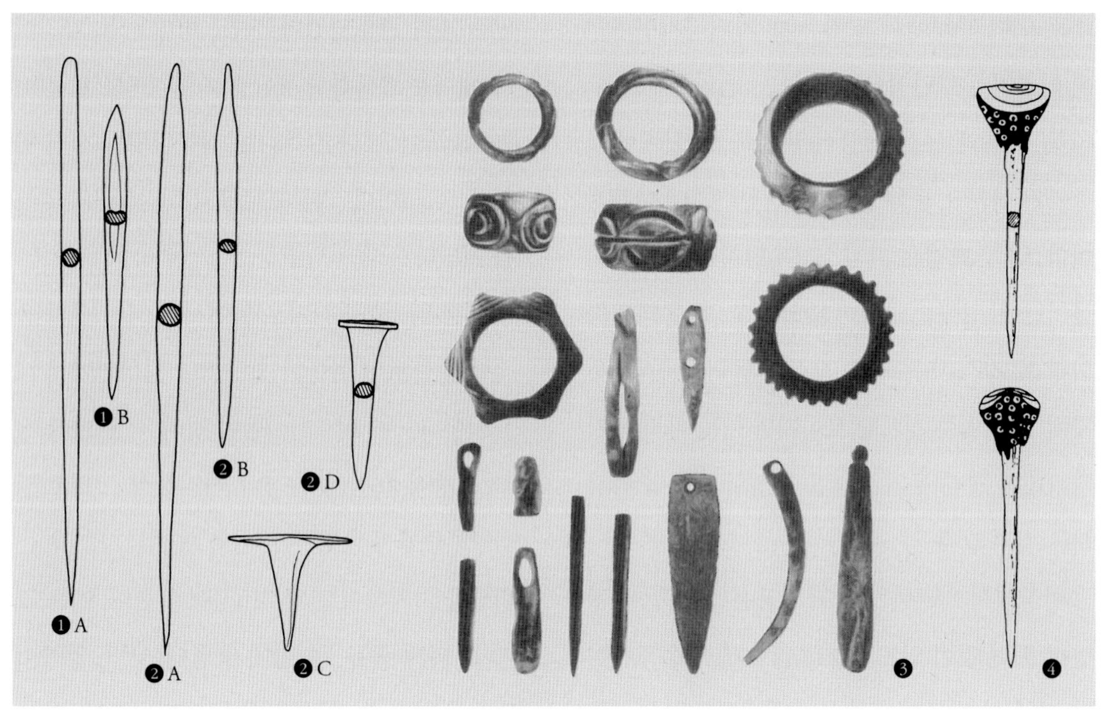

그림6 비녀와 장식품

❶ 둥근 젓가락 형식圓箸式(A)과 버들잎 형식柳葉式(B) 뼈 비녀骨笄(하북 자산 출토)

❷ 막대기 형식(A), 양쪽이 뾰족한 형식(B), 정자식(C,D) 돌과 뼈, 도기로 만든 비녀(서안 반파 출토)

❸ 둥근 장식環飾, 길게 떨어뜨린 형식墜式의 비녀(서안 반파 출토)

❹ 양감 뼈 비녀(감숙 영창 원앙지 출토)

그림7 상아 빗象牙梳(산동 대문구 출토)

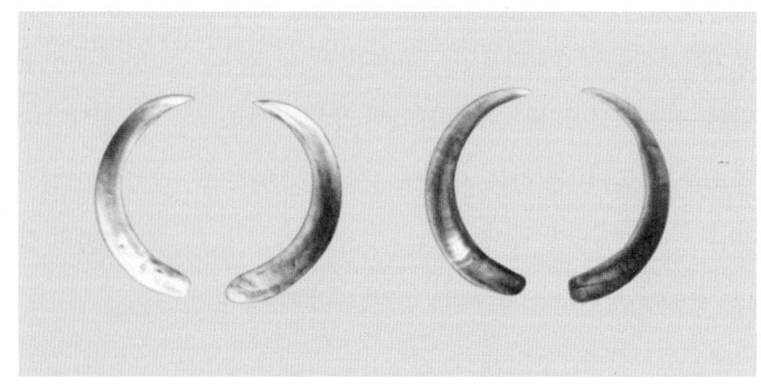

그림8 노루 송곳니獐牙**로 만든 머리 장식**(산동 대문구 출토)

쪽에 대견臺肩[6]이 나와 있어 계모笄帽의 장식으로 삼은 듯하다. 어떤 비녀는 화살촉 형태인데, 고대에는 화살촉을 비녀로 사용하기도 했다. 이러한 유물은 형제 민족여기서는 소수민족을 뜻한다의 유물에서 그 흔적을 찾아볼 수 있다. 예를 들어 〈황청직공도皇淸職貢圖〉본서 그림 239 참조에 나오는 요족 부녀자傜婦의 반발관전盤髮貫箭이 그것인데, 3, 5, 7지枝가 서로 다르다. 서남 장족 사냥꾼도 쇠뇌의 화살을 두발에 꽂아 비녀처럼 사용하는데 나름 격식이 있다.[7] 이러한 정황은 『시경』에 나오는 '육계六笄', '육가六珈', 진대晉代 '오병채五兵釵'와 서로 관련이 있다.

계의 응용은 당시 중원 화하민족의 결발結髮 형식과 밀접한 관련이 있다. 두발을 묶어 상투를 틀거나 두발을 땋아 소반모양으로 틀어 올리는 방식이든 아니면 이후 머리 위에 두발을 묶고 모종의 관冠을 쓰는 방식이든 간에 모두 비녀笄를 사용해야만 고정시킬 수 있다. 단발斷髮이나 피발披髮, 산발散髮 등의 형식에는 비녀가 전혀 쓸모없을 수도 있고, 설사 있다고 할지라도 응용 범위가 넓지 않다. 고고학적 발굴에 따르면, 변두리 지역은 비녀가 출토되는 경우가 비교적 적으며, 서쪽에서 동쪽 황하 중류로 갈수록 점점 더 많아진다. 이는 은연중에 역사적으로 민족끼리 융합하고 풍습을 숭상하는 상황을 보여준다. 안양 은허 5호묘의 경우 매장자인 부호婦好 한 사람의 수장품으로 아름다운 옥비녀 20여 점과 꽃문양을 조각한 골계骨笄 490여 점 등이 발굴되었다. 비녀를 꽂는 형식도 상당히 복잡하여 나름 신경을 많이 썼음을 알 수 있다. 당시 노예주의 호화로운 생활을 엿볼 수 있는 유물들이다.

비교적 체계적인 두면頭面 장식품은 산동 대문구 유적지에서 발굴된 유물이 가장 뛰어나다. 120여 기의 무덤에서 가장 많이 발견된 머리 장식품은 방륜紡輪이거나 농기구였다. 이는 당시 사회가 이미 남경여직男耕女織의 시기에 이르렀다는 것을 반영함과 동시에 생산에서 여성의 지위가 상당히 낮았음을 보여준다.

당시에는 남녀 모두 머리를 묶고 비녀를 꽂았으며, 머리에 꽃문양을 투각한 상아빗을 착용하기도 했다.그림 7 하지만 오직 부녀자만 이마에 조각달 또는 뿔처럼 생긴 장식그림 8을 하고 있는데, 멧돼지의 날카로운 이빨 두 개를 묶어 만든 것을 매달기도 했다.(이처럼 특이한 장식품은 지금도 대만의 아미족雅美族 사이에서 유행하고 있는데, 오히려 남자들의 장식품으로 사용되고 있으며, 머리가 아니라 가슴 앞에 고리처럼 두세 개를 연결시켜 착용한다.) 이러한 분장은 후세 중산국中山國에서 출토된 옥인玉人의 머리 위 뿔처럼 생긴 장식과 서로 통하는 점이 있을 것이다. 부녀자들은 두 개나 네 개 또는 한 개를 꿰어 만든 머리 장식이나 목걸이 장식을 착용했다. 전자의 경우는 백색 대리석 조각이나 대롱처럼 생긴 구슬을 꿰어 만들었고, 후자는 불규

6 대견은 무엇인지 확실치 않다.

7 (원주) 낙극洛克, 『중국서남부 고대 납서 왕국中國西南部的古代納西王國』, 그림 202 참조.

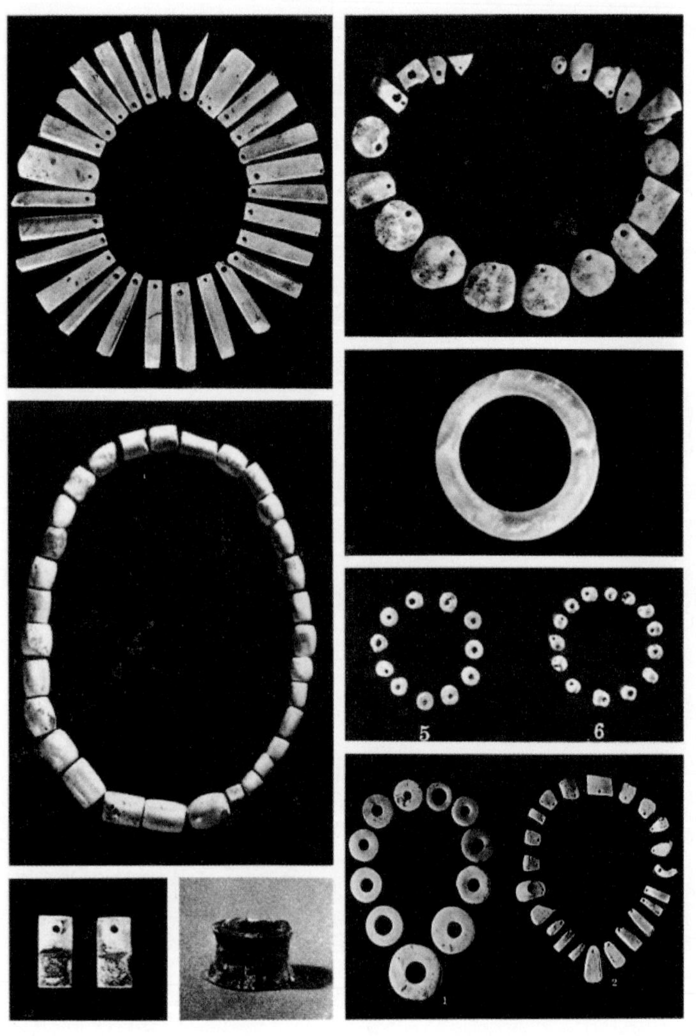

그림9

칙한 녹송석綠松石을 꿰어 만든 골돌자骨突子[8]로 꼬치 형태의 목걸이다.그림9 여기에 상아 조각 귀걸이를 달고, 오른쪽 손목에 옥팔찌를 착용했으며, 손에는 옥으로 만든 둥근 반지를 꼈다. 수장품은 이외에도 옥도끼, 조각한 상아통象牙筒 등의 장식품이 발견되었으며, 유골 주변에 대략 2cm 두께의 검은 재가 덮여 있었다. 아마도 이는 의복과 머리 장식의 부속품 유적遺跡일 가능성이 크다.

이렇듯 당시 장식품은 이미 호화스럽다고 할 정도이다.

그 기간에 팔 장식비식臂飾의 발전이 흥미롭다. 처음에는 가죽을 무두질하여 팔을 가리는 옷에서 영향을 받았을 것인데, 다양한 통 형태의 팔 장식이 만들어졌다. 예를 들어 감숙 원앙지 등지에서 출토된 팔 장식품은 가죽에 접착제로 뼈 조각 등을 붙여서 만들었으며, 옥석기로 만든 둥근 형태의 팔 장식도 같이 출토되었다. 이는 농업이 발전하여 수렵 활동이 점차 줄어들면서 통 모양의 팔 장식이 점차 사라지거나 길이가 줄어들면서 결국 손목 장식인 팔찌수탁手鐲가 생겨나고, 이후 재료도 금은으로 대체되었다고 할 수 있다.

신석기 중엽에 이르면 옥기 공예가 오랜 석기 생산 경험에 힘입어 크게 발전하기 시작했다. 아마도 전문적인 분업이 이루어져 대량의 옥석, 마노瑪瑙로 만든 구슬, 대롱, 추墜, 매다는 옥기, 결玦, 둥근 형태로 한 부분이 비어 있는 옥기, 황璜, 반원형의 옥기, 환環, 둥근 고리 형태의 옥기, 벽璧, 평평하고 둥근 형태에 가운데 구멍이 뚫린 옥기, 종琮, 안쪽은 둥글고 밖은 각진 원통형 옥기, 탁鐲, 방울처럼 생긴 옥기 등 고급 장신구가 생산된 듯하다. 생산량도 상당하여 남부 북음양영北陰陽營[9]에 발굴된 묘지

8 골돌자骨突子는 구슬을 꿰어 만든 목걸이의 일종이다.

9 북음양영北陰陽營 문화는 중국 장강 하류의 신석기 시대

문화이다. 남경시 북음양영에서 유적이 발견되었기 때문에 이런 명칭을 썼다. 대략 기원전 4000~3000년의 유적이다.

한 곳에서만 마노, 옥기 등 3백여 점의 유물이 발견되었다. 근년에 동북 요녕성 서부의 홍산문화紅山文化에서 옥관玉冠과 옥패玉佩가 발견되었으며, 남방 장강 하류 태호太湖 인근에서 양저良渚 문화에 속하는 옥 관식冠饰과 옥으로 만든 팔 장식품, 옥 목걸이 및 종琮, 벽璧, 환環, 황璜 등 다양한 옥기가 발견되었는데, 전체 20여 종에 3천 2백여 점이다. 이와 상응하여 당시 복식 문화도 고도로 발전했으니, 그 중요성은 굳이 두말하지 않아도 될 것이다.그림10 이를 통해 은상 시대에 더욱 더 옥공예가 발전할 수 있는 기술, 예술적 토대가 마련되었다.

신석기 시대의 복식 실물은 거의 남아 있는 것이 없다. 무엇보다 지금까지 보전되기가 힘들기 때문이다. 하지만 이후 매우 건조한 지역이나 습한 지역의 지층에서 실물을 발견할 가능성이 전혀 없는 것은 아니다. 또한 현존하는 실물에서 간접적인 복식 관련 형상 자료를 찾을 수도 있다.

우선 모자의 경우 반파 인면문人面紋에 나오는 뾰족한 형태의 모자인 첨상모尖狀帽 외에도 1978년 섬서 임동臨潼 등가장鄧家莊에서 출토된 도기 인형에서 5천 년 전 모자를 착용한 사람의 모습을 찾아볼 수 있다.그림 11:2 앙소 문화 시기에 속하며, 그 형태는 털모자전모氈帽나 모피 모자에 가깝다. 역사적으로 상고시대는 혈거하거나 들판에서 살면서 "털옷을 입고 가죽벙거지를 썼다."[10] 이를 '피모皮帽' 또는 '피관皮冠'이라고 한다.[11][12]

신발에 관한 형상자료는 뜻밖에도 요녕 능원시淩源市 우하량牛河梁 홍산문화기원전 3500년 유적에서 발견된 나체 소녀의 홍도紅陶 소상에서 볼 수 있다. 애석하게도 머리 부분과 오른쪽 발은 사라지고 크기도 10cm 정도로 매우 작다. 그런데 왼쪽 발에 짧은 요화靿靴, 즉 가죽신을 신고 있는 모습이 확연하다.그림 11:1 또 다른 유물은 감숙 옥문시玉門市 화소구火燒溝의 사패四壩문화[13]기원전 2000년 유적

10 『후한서後漢書』「여복지輿服志」, "上古穴居而野處, 衣毛而冒皮, 未有制度".

11 『좌전』 소공 20년, "제나라 경공이 패沛 땅으로 사냥을 나가 활을 흔들어 우인虞人을 불렀지만 오지 않았다. 경공이 그를 잡아 까닭을 물어보자 그가 말했다. '과거 우리 선군께서 수렵을 하실 때면 대부를 부르실 때 깃발을 흔들고, 사士는 활을 흔들며, 우인은 피관을 벗어 흔들었습니다. 신은 피관을 보지 못했기 때문에 감히 오지 않은 것입니다.' 경공이 그를 풀어주었다齊侯田於沛, 招虞人以弓, 不進. 公使執之, 辭曰, 昔我先君之田也, 旃以招大夫, 弓以招士, 皮冠以招虞人. 臣不見皮冠, 故不敢進. 乃舍之". 『좌전』 양공 14년, "위나라 헌공이 손문자와 영혜자와 식사하기로 약속하자 두 사람은 예복을 입고 조정으로 나갔으나, 해가 저물어도 그들을 부르지 않았다. 그때 헌공은 제후의 동산에서 기러기를 쏘고 있었다. 두 사람이 쫓아가니, 헌공은 피관가죽 모자을 벗지도 않고 그들에게 다른 말을 했다. 두 사람은 성을 냈다衛獻公戒孫文子, 寗惠子食, 皆服而朝, 日旰不召. 而射鴻於囿. 二子從之, 不釋皮冠而與之言. 二子怒".

12 〈원주〉 상고시대에 사냥할 때 쓰던 모자이다. 후세 나라의 왕이 수렵 활동을 하면서 이러한 옛 유습을 그대로 따랐다. 이와 관련하여 우인虞人, 왕의 산택이나 동산을 관리하는 하급 관리에 관한 이야기와 춘추시대에 위나라 헌공獻公이 손문자, 영혜자와 식사 약속을 했다가 사냥을 하느라 늦게 돌아오면서 피관을 쓴 채로 그들을 만나자 그들 두 사람이 화를 냈다는 이야기가 전해지고 있다.

13 감숙甘肅 산단山丹 사패탄四壩灘 유적 문화로 지금으로부터 3900~3400년 전의 하대 말기와 상대 초기 문화이

❶A ❶B ❶C ❷C ❷A ❷B

그림10 옥 장식

❶ 홍산문화. A. 옥관, B. 옥룡-패玉龍佩, C. 갈고리 구름구운勾雲 옥패 및 옥팔찌

❷ 낭저문화. A. 관처럼 생긴 옥 장식, B. 용머리 옥팔찌, C. 옥 띠고리옥대구玉帶鉤

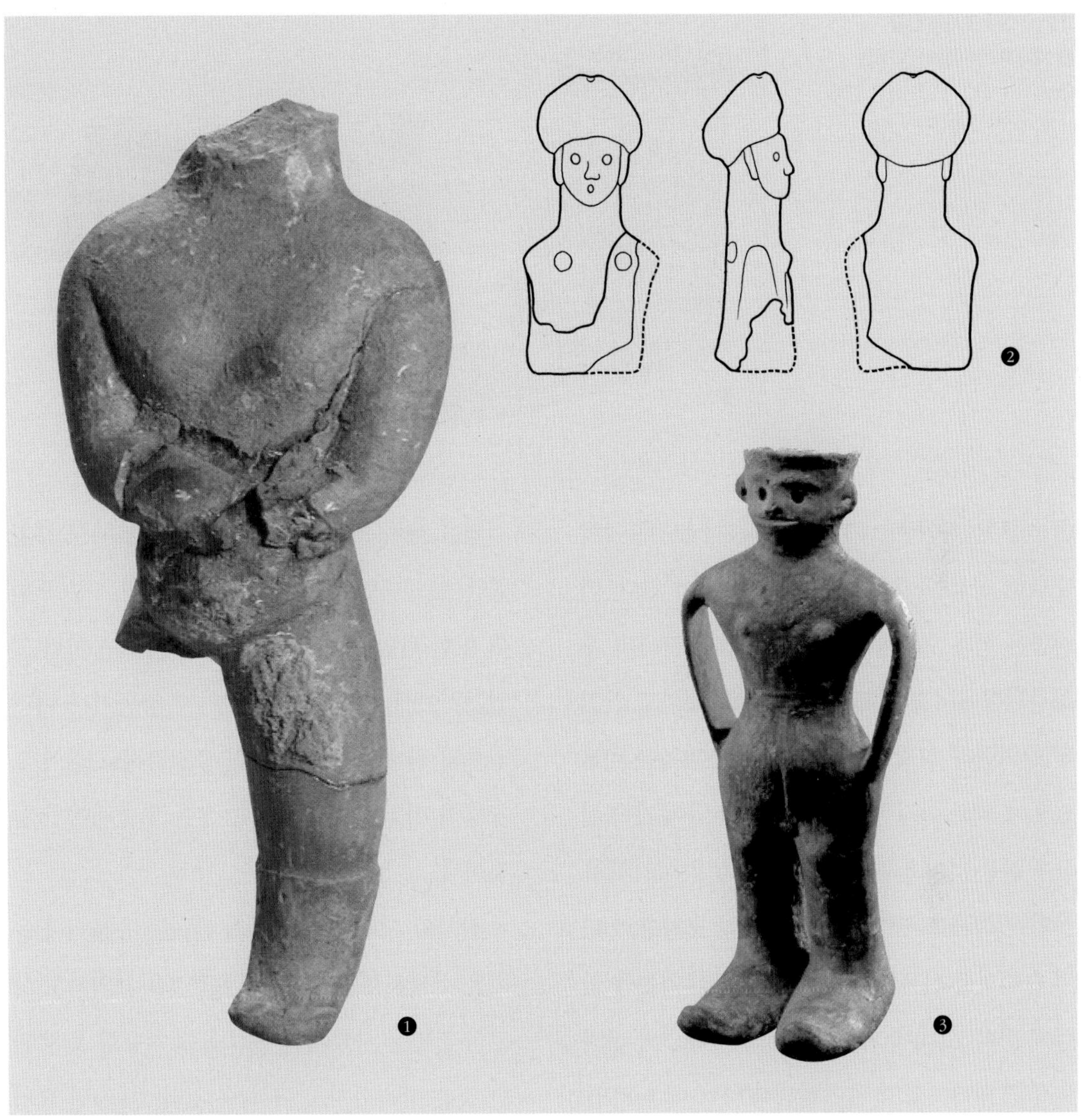

그림11 모자와 신발
❶ 홍산 문화 신발을 신은 도인陶人 잔해(요녕 능원시凌源市 우하량牛河梁에서 출토. 요녕 고고연구소 소장)
❷ 도인상陶人像(임동 원두 등가장 출토)
❸ 신석기 시대 만두처럼 앞쪽이 약간 솟구친 교두翹頭 신발을 신은 인형채도관人形彩陶罐

지에서 발견된 채도 인형호人形壺인데, 이 역시 가슴을 그대로 드러낸 여자의 모습으로 뾰족한 머리에 큰 신발을 신고 있다. 신발 머리 부분은 뾰족하고 예리하며 바닥이 낮은 형태이다. 이는 『급취편急就篇』에서 말한 '삽靸'과 비슷하다.

젊은 여성이 벌거벗은 채 신발을 신고 있는 것은 당시 모종의 사회 풍습이나 종교적 원인에서 비롯된 옷차림인 듯하다. 이보다 좀

다. 산단현성山丹縣城 남쪽 5km 떨어진 석구하石溝河 동쪽에 있다.

그림11 (계속) 모자와 신발
❹ 채도화彩陶靴(청해 낙도 출토)
❺ 홍산 문화 도기 옷 장식 잔해
(요녕 객좌喀左 동산취東山嘴 출토)

더 늦은 시기의 예로 1989년 청해 낙도樂都에서 출토된 신점辛店, 기원전 1400년 채도 신발이 있다. 이 신발은 현대 고무장화와 모양이 거의 같은데, 우하량牛河梁에서 발굴된 도기 신발 형태와도 완전히 일치한다. 신발은 앞쪽은 둥글고 뒤쪽은 네모졌으며, 띠와 삼각형 문양이 그려져 있어 가죽 실물을 본뜬 것이 분명하다.그림 11 : 3,4 같은 시기의 유물인 인족채도관人足彩陶罐은 특이한 모양으로 마치 슬리퍼를 신은 것처럼 보이며 여러 가지를 연상케 한다. 고대에 가죽신을 뜻하는 靴화의 본자는 '鞾화'이다. 『석명釋名』「석의복釋衣服」에 따르면, "화는 타넘는다는 뜻이다. 두 발을 벌려 말을 타는 것이다鞾, 跨也. 兩足各以一跨騎也". 『운회韻會』에 인용된 「설문說文」에 따르면, "제는 가죽신이다. 호인들이 정강이까지 올라오게 신는 신발긴통처럼 생긴 신발을 낙제라고 한다鞮, 革履也. 胡人履連脛(有長筩)謂之絡鞮". 『수서隋唐』「예의지禮儀志」에도 "화는 호족의 신발이다靴, 胡履也"라고 했다. 이상의 문헌을 보면 긴통처럼 생긴 가죽신이 북방 선민들에서 유래된 것임을 보여주는데, 이는 출토된 자료와도 부합한다. 그렇다면 연대가 이처럼 오래되고 분포 범위 또한 광범위하니 북방은 하나의 족속이란 말인가? 이에 관해서는 여러 가지 명목이나 여러 민족의 관계에 대해 세밀하게 점검하고 깊이 고찰하여 비교적 실질적인 결론을 도출해야만 할 것이다.

신석기 시대 의류 형상과 관련된 유물이나 유적을 검색해보면, 앞서 언급한 것을 제외하고 고고학적 발굴 자료에서 직접 몸에 착용한 옷에 관한 것은 아직까지 찾아볼 수 없다. 1979년 요녕 객좌 동산취 홍산 문화 유적지에서 도기 인체 잔해가 출토된 적이 있는데, 아쉽게도 옷을 입지 않은 나체 형태였다. 또 다른 도기 잔해그림 11 : 5는 의복을 입은 도기 인형의 일부로 매우 사실적일 뿐만 아니라 질감이 뛰어나다. 띠를 양쪽으로 당겨 매듭으로 묶은 것으로 추측컨대 가죽으로 만들어 허리춤을 묶는 일종의 혁대인 것 같다. 그렇다면 그 의복은 앞을 가리고 뒤를 덮는 불巿이

그림12 신점 문화 도기에 그려진 인형 그림

나 발韍 또는 이른바 '적패횡군赤髀橫裙'[14]의 옷 장식일 수도 있으나 실물이 과연 어떠했는지는 단정 짓기 어렵다. 다만 이는 적어도 5천 년 전 북방의 옷 장식의 구조를 보여주고 있기 때문에 구석기 시대부터 계속 이어져 온 피위皮韋 복식에 대한 구체적인 인상을 남겨주고 있으며, 향후 고고학적 발굴에 대한 희망을 갖게 해준다는 점에서 의의가 있다.

원시 방직물이 등장한 이후 복식 형태의 경우 신석기 시대의 관련 자료가 극히 부족하기 때문에 우리는 연대가 비교적 늦은 유물이나 유적에서 참고할 만한 자료나 단서를 찾을 수밖에 없다. 예를 들어 신점 문화의 도기에 그려진 인형 그림그림 12이나 각지 암화岩畵, 돌에 그려진 그림에서 볼 수 있는 초기 인형 그림 및 민족학 관련 참고 자료 등이 그것이다.

신점 문화는 원시사회 말기의 청동문화로 감숙 조하洮河 하류, 대하하大夏河, 그리고 청해青海를 포함하는 황수湟水 유역에 자리하고 있다. 연대는 중원의 은과 주의 교체기에 해당한다. 도기는 간단한 흑색 도안이 특색이며, 간간이 둥근 형태나 새 형태, 사슴이나 개 등 동물의 문양이 그려져 있기도 하다. 특히 일부이기는 하나 사람의 형체가 그려진 도기도 있다. 하지만 대부분의 수집품이 20세기 20년대 중엽 이후로 국외로 반출되어 그 신뢰도가 어느 정도인지 전문가들 중에도 의문을 제기하는 이가 있다.

1950년대 이후 각지에서 암벽화가 많이 발견되었다. 비교적 중요한 것은 60년대 운남 창원滄源, 70년대 감숙 흑산黑山, 정원靖遠 오가천吳家川 및 내몽고 서부 낭산狼山 지역에서 새롭게 발견된 고대 암벽화 등이다. 보도에 따르면, 그 연대는 전국시대나 진한秦漢 연간의 것이 많으나, 어떤 것은 시대를 뛰어넘어 비교적 장기간에 걸친 것도 있다고 한다. 비교적 초기의 것에 반영된 복식, 머리 형태 및 개별적인 부호나 도형을 비교해보면, 대략 신점 채도에서 보이는 인형의 문양이나

14 적패횡군赤髀橫裙은 부족 이름으로 반호만槃瓠蠻 부족의 속칭이다. 무릉武陵, 장사長沙, 여강군廬江郡 등 오계五溪 인근지금의 호남 지역에 거주한다.

그림13 암벽화에 반영된 원시 의복

❶-⓭ 내몽고 음산, 감숙 흑산, 운남 창원 등지의 암벽화에서 보이는 사람 형상

⓮ 내몽고 음산 암벽화 사람 형상

⓯ 운남 창원 암벽화 사람 형상

표현 수법전영剪影이나 평도식平塗式과 유사하다. 서로 시대가 엇비슷할 수도 있고, 이러한 복식 형태가 오랜 세월 이어가면서 그것들 간의 연계를 보여주는 것일 수도 있다. 공유하고 있는 예를 살펴보면, 머리카락은 목 위까지 내려오고, 묶거나 땋은 머리채가 옆으로 젖혀져 있는 것도 있으며, 좌우로 뿔모양으로 된 것도 있다. 의복은 창원 암벽화에서 보이는 것처럼 어깨가 평평한 짧은 상의를 제외하고, 나머지는 모두 어깨에서 무릎까지 위아래가 평평하고 허리 부분이 가느다란 형태의 긴 옷을 착용하고 있다. 이러한 의복은 신석기 시대 방직물이 출현한 이후 점차 규범화되고 보편적으로 유행했던 옷의 일종일 수 있으며, 사회의 발전 속도가 느린 민족은 예전 그대로 착용했을 것이다.

암벽화에서 보이는 의복은 두 폭의 비교적 좁은 천을 반으로 접어 꿰맨 형태인데, 윗부분은 머리가 나오는 출구를 남기고, 양쪽에 팔을 내밀 수 있도록 구멍을 뚫었다.그림 15 옷깃이나 소매가 없어 재봉이 간편하며 허리를 묶어 노동하기에 편리했다.(허리를 묶지 않고 통으로 내려 입는 옷은 노동하기에 불편하니 아마도 일하지 않는 통치계층이 출현한 이후에 생겨난 것으로 보인다.)

이는 방직품을 사용하는 것에 비해 전혀 낭비가 없고 또한 충분하기 때문에 물질적으로 어려운 원시 사회에서 가장 이상적인 의복이라 할 만하다. 이런 옷을 '관두의貫頭衣'라고 부른다. 『후한서』「동이열전」에 따르면, 왜인倭人, 고대 일본은 "남자 옷은 횡폭橫幅으로 묶어 서로 연결하며, 여인은 머리를 풀어헤쳐 묶어 올리고 옷은 홑옷과 같은데 중앙에 구멍을 뚫어 머리를 넣어 입는다". 같은 책「남만서남이열전南蠻西南夷列傳」에 따르면, 양광兩廣, 광동과 광서 일대의 교지인交阯人은 "목 뒤로 상투를 틀고 맨발로 걸어 다녔으며, 옷감 가운데 구멍을 뚫고 머리를 끼어 입었다". 이외에도 같은 책에서 영창永昌 태수 정순鄭純이 "애뢰인과 약조하기를 읍호는 매년 포관두의 2령을

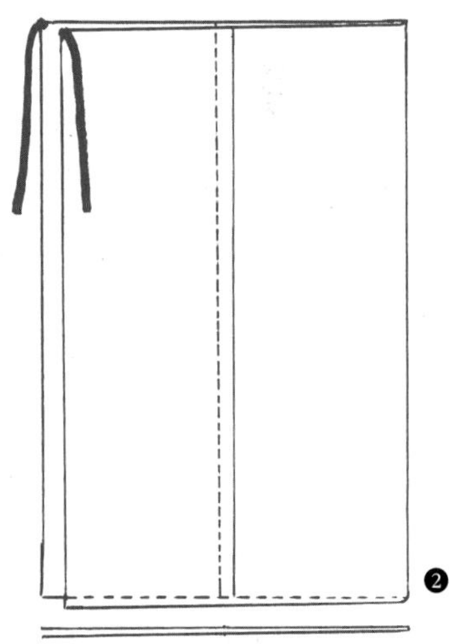

그림14 '둘러 입는 형식피위식披圍式의 장의長衣' 설명도

❶ 왼쪽 어깨를 드러내고 둘러 입는 홑옷 형태

❷ 네 폭이 옷감을 합친 홑옷 형태

바치도록 했다"[15]는 이야기가 나온다. 당시 운남雲南 보산保山 일대 사람들이 이런 옷을 입었음을 알 수 있는 대목이다. 창원 암벽화에 나오는 평견식平肩式 의복 형태는 남방 아열대 지방에서 평소 가볍게 입는 복장 형태이나 신점 채도, 음산 암벽화에 나오는 관두장의貫頭長衣는 형상 자료의 연대가 비교적 늦으나 복식의 원류는 상당히 이른 것으로 보인다. 현대 민족지 자료에 따르면, 이상 두 가지 종류의 민소매 동의胴衣는 중국 대만 고산족들이 여전히 착용하고 있는데, 무릎까지 길게 내려오는 것은 '노고사魯靠斯', 배에 겨우 닿는 것앞쪽은 열고 닫을 수 있는 대금對襟 처리은 '납당拉當' 또는 '탑리리塔利利'라고 부른다고 한다.『중국방직과기사자료中國紡織科技史資料』 6기 재료는 주로 파초나 칡葛, 마포麻布 등이다.

앞서 문헌에서 "남자 옷은 횡폭橫幅으로 묶어 서로 연결하며", "여자의 옷은 홑옷과 같다"고 했는데, 아마도 이는 또 다른 형태의 원시 의복을 가리키는 것 같다. 이런 형태의 의복은 중국 서남 지역 독룡족獨龍族과 노족怒族, 대만 아미인雅美人들에게 유전되고 있는데, 실제는 몇 폭의 옷감을 가로로 합쳐서 마치 홑옷처럼 입는 형태이다.그림 14 옷감을 접어 상부 양쪽 모서리를 오른쪽 어깨에 묶고, 주름 잡힌 한 쪽은 왼쪽 겨드랑이 아래로 돌려 팔이 나올 수 있도록 구멍을 만들고, 다른 한 쪽은 어깨를 그대로 노출시킨다. 일반적으로 무릎까지 걸쳐 입고 허리를 묶어 입는다. 만약 필요하다면 대칭 형식으로 양쪽 어깨를 모두 드러내고 목 뒤편에서 옷끈으로 묶거나 두봉식頭篷式, 망토식으로 몸에 걸칠 수도 있다. 중국 소수민족인 이족彝族의 피풍披風, 망토, 외투인 '찰이와擦爾瓦' 역시 이것과 같은 형식이다. 낮에는 옷처럼 입다가 밤이면 이불처럼 덮고 잘 수도 있다는 것이 장점이다.

재료는 지역에 따라 달랐다. 운장고원雲藏高原은 기후가 한랭하여 줄무늬 모포나 마포麻布를 사용하고 길이도 비교적 길었다. 하지만 남방 온열대 지역은 얇은 소재를 선호했고 허리품도 비교적 짧다. 이런 의복은 다양한 변형된 옷차림과 규칙을 통해 남녀, 연령은 물론이고 씨족 부락의 표지가 되었으며, 사회 풍속을 반영했을 것이다. 이 역시 중국 복식 문화사에서 가장 오래된 형식 가운데 하나로 지금까지 유전되고 있다.

관두의는 지리적 분포로 볼 때 몽고 서쪽에서 남쪽으로 중국 전체의 절반을 차지할 정도로 보편적인 의복이었다. 고대 문헌을 보면, 동쪽으로 일본까지, 서쪽으로 신강 서북쪽 변경 지역인 곽성霍城, 유민裕民, 액민額敏 등지에서도 유사한 암벽화가 발견되었음을 알 수 있다. 그렇다면 다양한 민족이 이와 유사한 옷을 착용했다는 뜻일 터이다. 형상 자료의 시대는 비교적 늦기는 하지만 이는 관두의가 방직품이 출현한 이후 점차 정형적인 의복 형식으로 발전했음을 설명하는 것이

---

15 『후한서』「동이열전」, "男衣皆橫幅结束相連, 女人被髮屈紒, 衣如單被, 貫頭而着之". 「남만서남이열전」, "項髻徒跣, 以布貫頭而着之". "與哀牢人約, 邑豪歲輪布貫頭衣二領".

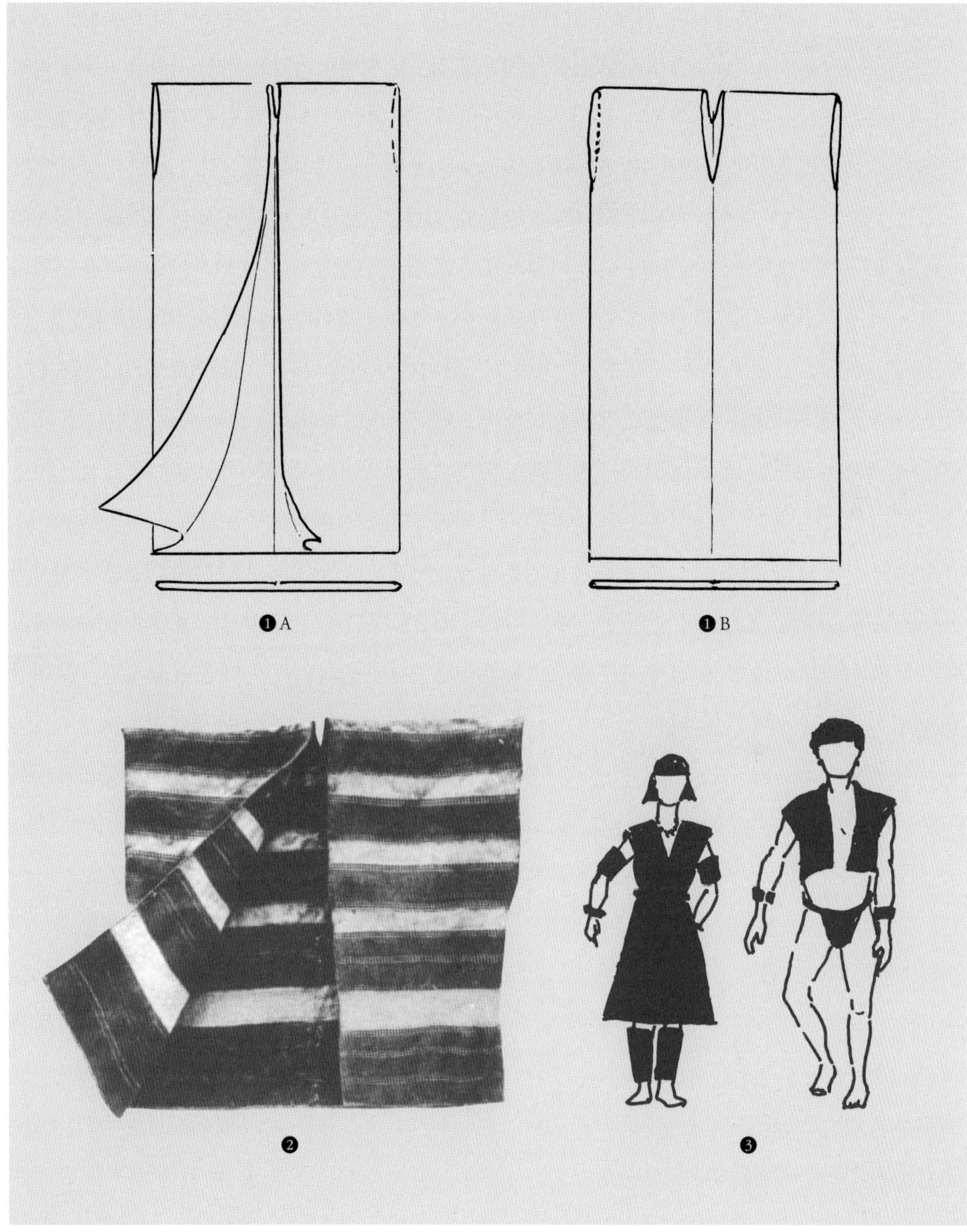

그림15 관두의貫頭衣

❶ 관두의(긴 형태) A, B 두 가지 형태. B식의 전형적인 형태이며, 옷감 두 폭을 봉합하고 팔이나 머리가 들어갈 수 있도록 구멍을 냈다.

❷ 대만 난서蘭嶼 아미인들의 관두식 남자복인 '탑리리'

❸ 머리부터 집어넣어 입는 관두식 장의를 입고 허리를 묶었으며 팔뚝 장식을 하고, 다리에 통筒(대롱처럼 생긴 의복의 일종인 경의脛衣)을 착용한 여성과 짧은 상의를 입은 남성

다. 이렇듯 상당히 오랜 기간 극히 광범위한 지역에서 비교적 많은 민족이 유사한 의복을 사용할 정도로 일반적이었고, 다만 지리적 기후에 따라 의복의 길이나 소재가 바뀌었을 따름이다. 바로 이런 점에서 관두의는 여러 지역과 민족을 포괄하는 보편적인 복장이자 신석기 시대 전형적인 옷 가운데 하나라고 말할 수 있다. 이는 구석기 시대 복장 형식을 변화시킨 것이자 이후 지속적인 변화, 발전 과정에서 기존 의복의 일부분을 조합하거나 융합하여 새로운 옷을 창출한 것이다. 예를 들어 비구臂韝, 팔뚝에 차는 가죽으로 지금의 토시와 유사함를 겨드랑이까지 연장시켜 이어붙임으로써 소매袖가 등장했고, 옷깃을 더해 의포衣袍, 외투가 만들어졌다. 또한 다리에 입는 옷인 경의脛衣가 점차 사타구니 쪽으로 올라가면서 바지과袴로 발전했고, 바짓가랑이 부분을 합치면서合襠 바지고褲가 만들어졌다.[16]

이렇듯 가장 기본적이고 오래된 수많은 복장 양식은 대부분 원시사회 선민의 창조에서 비롯되었으며, 부단한 생산 발전과 문화의 진보에 따라 점차 풍부해지고 향상되어 마침내 중화민족의 의관, 문물제도의 토대가 되었다.

16 이런 바지를 합당고合襠褲라고 한다. 바지통이 좁고 몸에 딱 맞아 활동하기 편한 바지이다.

003

신석기 시대의 방직

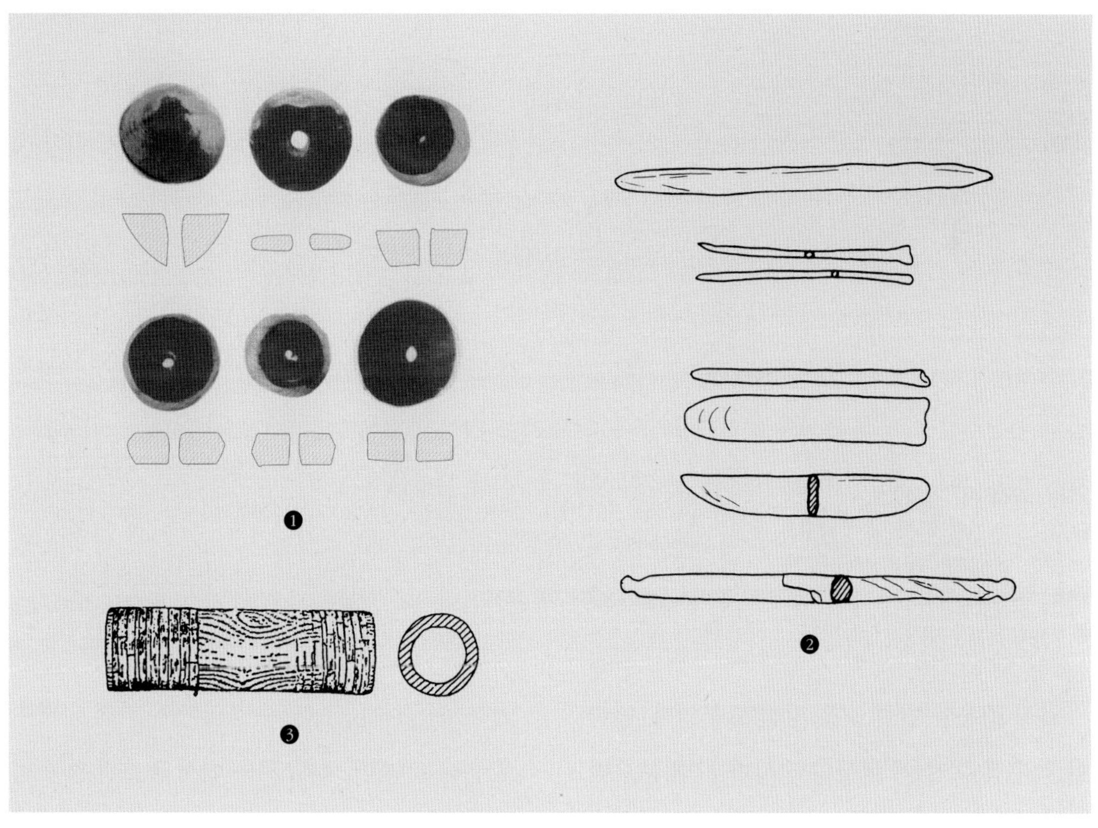

그림16 신석기 시대 방구紡具와 직구織具
❶ 방륜 도기와 석기(서안 반포 출토)
❷ 쑹자오린宋兆麟이 복원한 하모도 거직기(『중국원시사회사』 170쪽)
❸ 목통木筒(간식후종, 하모도 출토)

신석기 시대는 모계 씨족 공동체의 전성시대였다. 황하와 장강 양대 수계의 광활한 지역에서 농업 위주의 종합적인 경제를 영위했으며, 변두리 지역은 목축으로 생계를 유지했다. 도기陶器나 방직 등 원시 수공업이 크게 발전했다. 자연물을 광범위하게 이용했을 뿐만 아니라 인위적으로 가공하거나 재생산하기도 했다. 당시 다양한 직물이 생산되었으며, 더욱 발전하여 초기 복식 봉제 공예에 새로운 소재가 첨가되면서 복식의 형태에도 큰 영향을 끼쳤다.

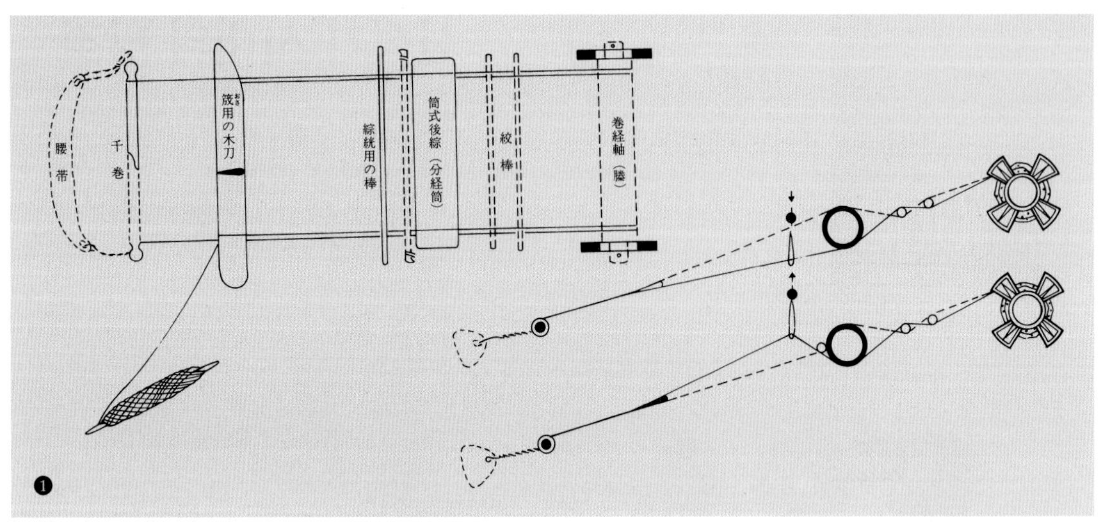

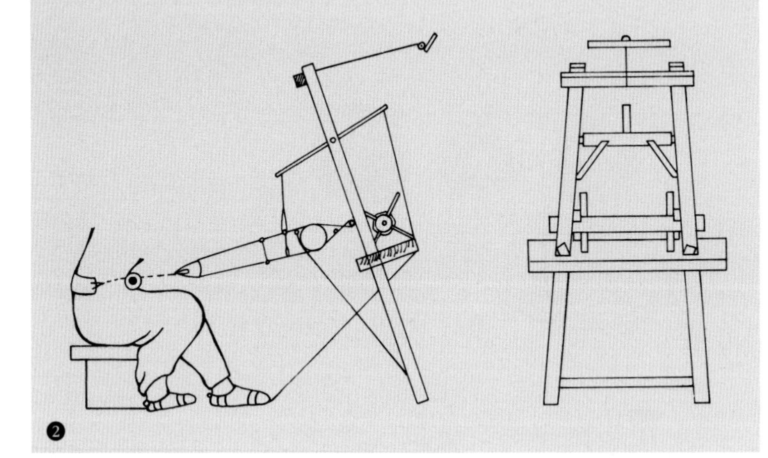

그림17 하모도 직기의 재인식
❶ 하모도 직기와 개구開口 운동 복원도
(왕쉬王抒, 「팔각성문과 기원전 직기八角星紋與史前織機」, 『중국문화』 제2기)
❷ 운남 문산 묘족 사다리식 직기

가장 주목할 만한 것은 방직 도구이다. 이미 발굴된 백 수십 기 이상의 신석기 시대 분묘에서 거의 모두 실을 잣는 데 필요한 방륜紡輪이 출토되었다.그림 16 : 1 비교적 연대가 빠른 실물은 최근 하북 무안현武安縣 자산磁山의 신석기 문화 유적지에서 발견된 네 점의 도기 방륜인데월병 형태로 가운데 구멍이 뚫려 있다 지금으로부터 7천 3,4백 년 전의 기물이다.

이외에도 장강 하류 절강 여요현餘姚縣 하모도河姆渡 유적에서 목제 직기 부품그림 16 : 2이 발견되었다. 연구에 따르면, 수평식水平式 거직기踞織機[1]로 운남 진녕晉寧 석채산石寨山에서 출토된 청동 직구織具 및 저패기貯貝器, 조개를 저장한 기물로 일종의 저금통과 같다 뚜껑에 있는 평직기平織機의 형태와 거의 비슷하다. 다만 똑같이 하모도 유적지에서 출토된 일부 주목받지 못한 실물에서 볼 때 이러한 직기의 구조는 기존의 추측과 달리 훨씬 진보된 것으로 보인다. 예를 들어 제1기 발굴간보發掘簡報, 『고

1 거직기踞織機는 원시시대에 앉아서 베를 짜는 기구로 요기腰機라고도 한다.

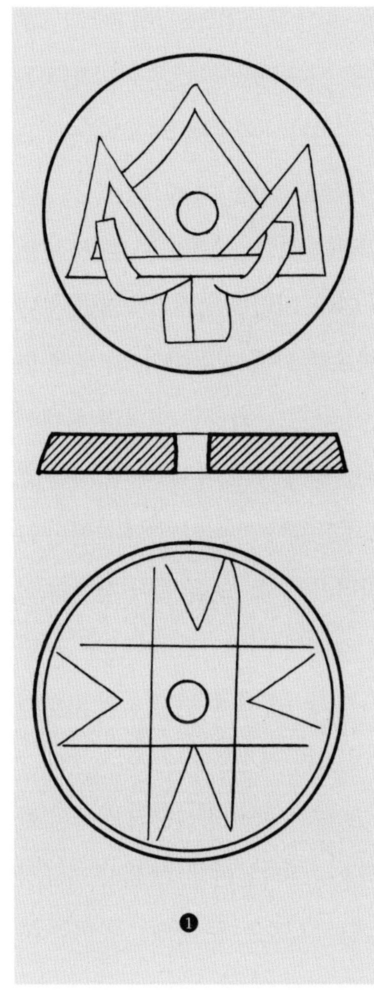

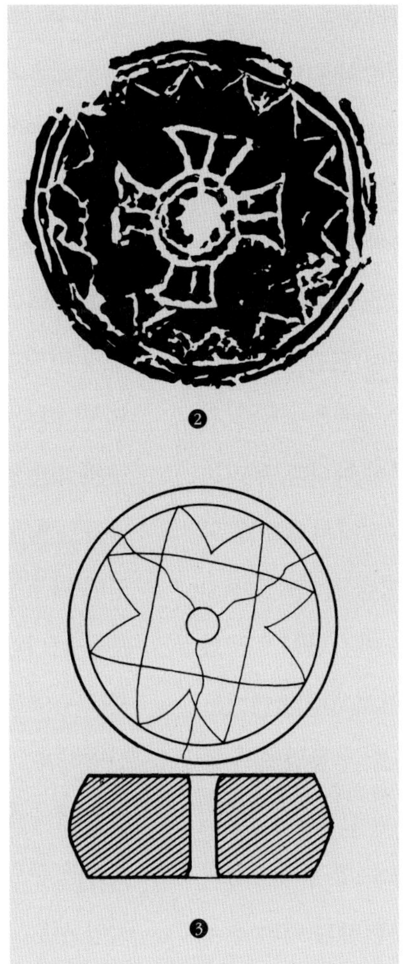

그림18 방륜상의 팔각승문八角滕紋

❶ 팔각승문이 새겨진 도기 방륜(강소 무진 반가당 출토)

❷ 등문이 새겨진 도기 방륜(절강 하모도 출토)

❸ 팔각등문이 새겨진 도기 방륜(강소 비현邳縣 대돈자大墩子 출토)

고학보』 1978년 제1기, 62쪽에서 언급된 목통 7건은 용도는 알 수 없으나그림 16:3 가운데가 비어 있는 모죽통毛竹筒으로 통나무를 통째로 파서 내, 외부를 반들반들하게 다듬었다. 어떤 것의 내벽은 얕게 홈을 파서 넓적하고 둥근 나무로 막았고, 또 어떤 것은 외벽에 넝쿨을 빽빽이 감아 마치 원통을 반듯하게 유지하기 위해 애쓴 흔적인 듯하다. 그림 16:3의 예를 보면, 통의 길이는 32.6cm이고 바깥 지름은 9.4cm, 벽두께는 0.7cm이다. 그 크기나 형태로 볼 때 평직요기平織腰機 또는 좌기坐機에 사용하는 '동식후종筒式後綜'[2]또는 '분경통分經筒'이라고 함일 것이며, 그 사용방식과 규격은 현재 운남 문산文山 묘족苗族이 사용하는 사다리식 직기제가직기梯架織機와 유사하다.그림 17

무엇보다 중요한 것은 문양이 새겨진 방륜인데, 위쪽의 문양 도안은 십자형이고, 중앙의 동그

2 종綜은 날실경사經絲을 아래, 위로 벌려서 씨실위사緯絲이 투입되는 개구開口를 만들어 주는 장치로, 종광綜纊이라고도 한다. 우리나라에서는 상하로 고정된 실경사經絲을 교차하기 쉽도록 조정해 주는 역할을 하는 것을 '잉앗대'라고 부른다. 용두머리의 움직임에 따라 날실을 위로 끌어올리는 역할을 한다.

라미는 구멍이 뚫려 있음을 나타낸다. 이는 직기의 대표적인 부품인 권경축卷經軸[3]의 단면 형상이다.그림 18 경축은 고대나 현재 민간예를 들면 안양安陽에서 모두 '승勝' 또는 '승縢', 즉 잉아라고 부르는데, 십자형 나뭇조각 경축의 양 끝에 있는 당판檔板과 반수搬手는 '승화縢花' 또는 '양각羊角'이라고 부른다. 그것을 옮기면 경선經線, 날실이 단단히 감기거나 느슨하게 감긴다. 이러한 도상圖像이 방륜 위에 장식으로 새겨진 것은 우연이 아니다. 우리는 강소 무진武進 반가당潘家塘 유적지에서 출토된 도기 방륜에서 보다 정확한 도형을 볼 수 있는데, 연대는 하모도보다 약간 늦은 마가빈馬家濱 문화 유형에 속한다. 이러한 문양은 채색 도기에서도 볼 수 있으며, 지리적 분포는 중국 동남에서 동북까지 뻗어 있다.

이는 전형적인 표기 문양으로 방직의 상징이 되었으며, 아울러 이때부터 부녀자의 머리 장식으로 진화하여 남경여직의 분업을 우의적으로 드러냈다. 『산해경』에 묘사된 서왕모西王母의 모습에서 그 흔적을 엿볼 수 있다. "쑥풀처럼 흐트러진 머리에 승을 꽂고 있으며蓬髮載勝", "책상에 기대어 앉아 승을 꽂고 있다梯几而戴勝", "어떤 이는 승을 꽂고 호랑이 이빨에 표범의 꼬리가 달린 채 동굴에 살고 있는데 이름을 서왕모라고 했다有人, 戴勝、虎齒、豹尾, 穴處, 名曰西王母". 주에 따르면 "승은 옥승이다勝, 玉勝也", 『회남자』 「범론훈」에 따르면 "후세에 베틀과 북을 사용하여베를 짜서 승이나 겹옷을 만들었다機杼勝複". 여기서 알 수 있다시피 '승勝'은 곧 '승縢'잉아, 잉앗대이다.[4] 『설문』에 따르면, "승은 베틀에서 날줄을 갖는 것이다縢, 機持經者". 다시 말해 경축經軸이란 뜻이다. 이러한 직기의 부품을 부녀자의 머리 장식으로 사용한 것이니, 기남沂南 한묘漢墓 화상畫像에 나오는 서왕모의 머리 위에서 구체적인 형태를 볼 수 있으며, 북제北齊 시절 효자관孝子棺에 효자 동영董永의 이야기[5]와 관련된 그림에 나오는 직녀가 손에 '승'을 들어 자신의 신분을 나타내는 것에서도 확인할 수 있다. 또 다른 그림에도 직기 뒷부분에 이런 경축의 모양이 선명하게 그려져 있다.그림 19

금이나 옥으로 만든 머리 장신구의 실물이 한漢, 위魏 분묘에서 출토되었는데, 형태가 비교적 작아 서왕모 그림에 나오는 큰 형태는 찾아볼 수 없다.

상술한 자료로 보건대, 하도모 직기에는 동식후종筒式後綜을 장치하여 자연스럽게 직구織口, 올이 풀리지 않도록 식서로 된 부분를 만들고, 평평한 문양의 직물

3 두루마리 경전을 감는 중심축이란 뜻에서 '권경축'이라고 부른다. 베틀의 날실 감개를 말한다. 우리나라에서는 '도투마리'라고 한다.

4 우리나라에서는 '승'은 경사의 올 수를 뜻한다. 1승은 80올에 해당한다.

5 한나라 유향劉向의 『효자전』에 나온다. 동영董永은 어려서 모친을 잃고 부친까지 돌아가시자 장례를 치를 돈조차 없었다. 부잣집에서 돈을 빌려 장례를 치르고 대신 종살이를 하기로 했다. 삼년상이 끝나고 그 집으로 가는 길에 어떤 여인을 만났다. 부잣집 주인은 그에게 종살이 대신 옷감 백 필을 짜도록 했다. 그러자 그의 처가 열흘 만에 다 끝내고 말하길 자신이 천상의 직녀라고 하면서 효성이 지극하여 천제가 도와준 것이라고 말한 후 하늘로 올라갔다.

그림19 후세에 보이는 팔각승문(권경축의 단면) 형상

❶ 북제 효자관에 새겨진 동영 이야기와 관련된 직녀의 손에 들린 경축 형상

❷ 남북조 석각에 나오는 직기의 승장縢杖 형상

❸ 기남 한묘 석각 서왕모 화상에서 머리에 꽂아 장식한 승장 형상

❹ 청대 촉금蜀錦 직기의 경축(승장) 좌우의 승縢(중국 역사박물관 소장품)

을 직조할 때 바디전종前綜로 개구를 들어올리기만 하면 된다. 이것 역시 권경축, 즉 승이 있다.[6] 이는 당시의 직기에 상응하는 형식의 기계 받침대가 있었음을 나타낸다. 가장 간단한 형태는 문산 묘족의 사다리식 직기와 유사했을 것이다. 이러한 형식의 직기는 전혀 상상할 수 없는 것이긴 하나 어쩌면 그 완성도가 우리의 예상을 뛰어넘을지도 모른다. 하모도 유적에서 보이는 목조 기술 수준을 살펴보면 당연할 수도 있는데, 애석하게도 아직까지 이처럼 높은 수준의 목공 도구에 대해 아는 바가 없으며, 연대적으로 기존의 판정에 비해 조금 더 늦은지 여부도 알 수 없다. 다만 의심할 여지가 없는 것은 하모도 직기의 발견이 20세기 70년대 고고학 작업에서 가장 큰 수확 가운데 하나이며, 방직기계사에서 참신한 장을 열었다는 점이다.

직물의 실물은 대부분 천연 유기재료로 만들어 부패하거나 훼손되기 쉽기 때문에 오랜 세월을 거치면서 보존되기가 매우 어렵다. 그런 까닭에 원시 사회의 가죽, 털, 마麻, 비단 등의 유물이 극히 드물다. 전하는 바에 따르면, 섬서 화현華縣 신석기 유적지에서 '주홍색으로 물든 삼베 조각'이 발견되었다고 하는데, 아직 구체적으로 보도된 바 없다. 정식으로 보고된 것으로 서안 반파, 임동 강채姜寨, 화현華縣 천호촌泉護村 및 하남 섬현陝縣 묘저구廟底溝 등지의 앙소문화 유적지에서 마포麻布와 관련된 자료 등이 있는데, 모두 도기에 보이는 흔적들이다.그림 20:2 매 제곱센티미터당 대략 10개의 날실과 씨실이 있는 것으로 측정되었다. 남방 양저문화유적지에는 모시저마苧麻무늬 직물이 출토되었는데, 날실과 씨실의 밀도는 매 제곱센티미터당 30×20개 정도이다. 날실과 씨실은 모두 뜨개질한 형태이나 서로 상반되게 꼬았다. 특히 강소 오현吳縣 초혜산草鞋山 유적에서 발견된 6천여 년 전의 직물 조각이 눈에 띈다.그림 20:1 실물은 검게 탄화했지만 구조는 비교적 선명하게 보존되어 있다. 감정 결과에 따르면, 갈葛, 콩과 등본藤本 식물의 일종의 인피靭皮 섬유로 짠 것으로 보이며, 그 안에 수작업으로 짠 것으로 보이는 모종의 얇은 비단 문양나문羅紋의 직물이 있다. 이러한 형태는 대단히 중요한데, 만약 시대적으로 가까운 반파 유적지에서 발견된 각종 편직물의 흔적그림 20:3과 서로 비교할 경우 우리에게 다음과 같은 새로운 지식과 단서를 제공하기 때문이다.

첫째, 기직機織, 기계, 즉 베틀을 사용한 편직 기술은 보다 오래된 편직 기술에서 비롯되었다는 것에 대해 구체적인 지식을 얻었다. 둘째, 우리의 시야를 넓혀 기계식 편직물이 등장하기 이전에 각종 재료를 손으로 직접 짜서 옷을 만들어 입었다는 것을 알 수 있다. 비록 그것이 얼마나 정교하고 복잡한 과정인지는 문헌을 통해 알 수 없으며, 또한

6 직기의 운동은 개구운동開口運動, Shedding motion, 직물길이에 따라 주행하는 경사를 상하의 2개 층으로 구분하여 개구를 만드는 운동, 위입운동緯入運動, Picking motion, 개구운동에 의해 만들어진 개구 속으로 위사를 직물폭 방향으로 삽입하는 운동, 바디침운동Beating motion, 개구 안에 직물폭 방향으로 가로놓인 위사를 직구織口(Cloth fell)까지 밀어 넣는 운동 등으로 나눌 수 있다.

우리가 제멋대로 상상할 수도 없다. 셋째, 방직과 직기織機는 일반적으로 서로 연관되지만 때로 관련이 없을 수도 있다. 어느 시기에는 모종의 가락바퀴紡輪, 섬유를 꼬아 실을 만드는 기구로 꼬아 만든 실을 재봉에 사용하기도 하고, 손으로 직접 직물을 짜기도 했으며, 베틀에 올려 직물을 제작하기도 했기 때문이다. 이외에 채도의 문양을 보면 당시 직물에 기하학적인 무늬그림 20:4가 있음을 알 수 있다. 물론 이는 대략적인 추론이다.

역사에서 당요唐堯 시대로 칭해지던 시기에는

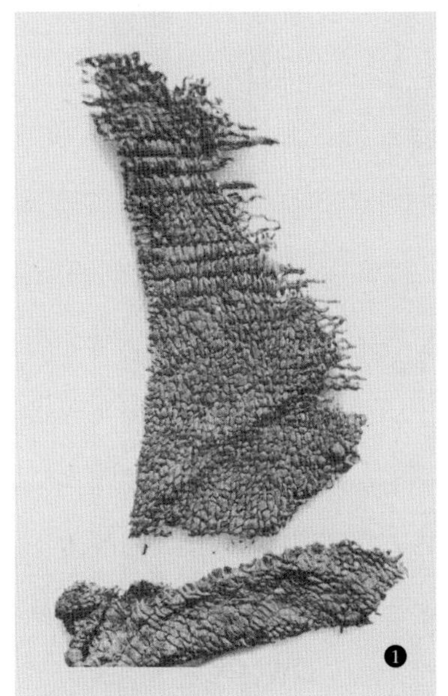

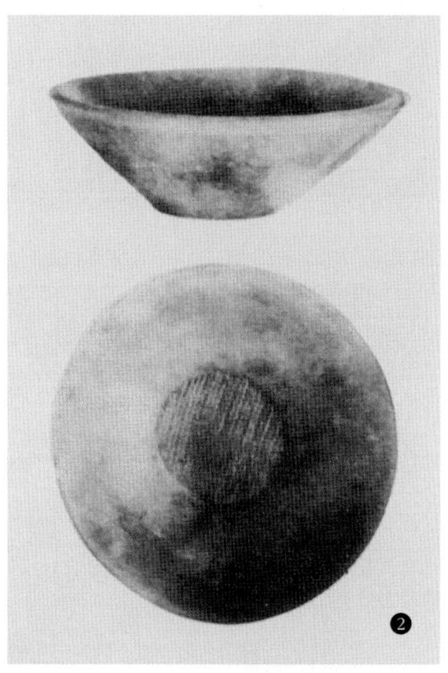

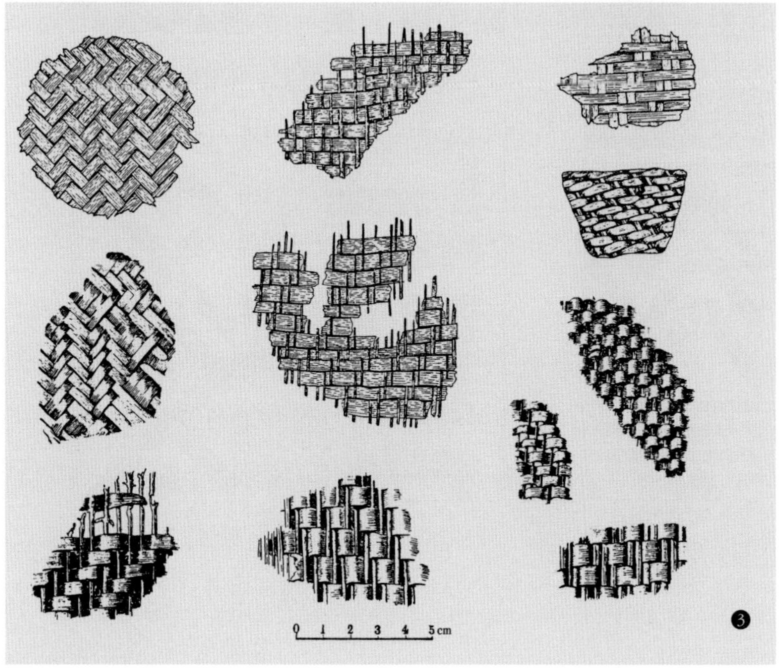

그림20 직물과 편직물 자국
❶ 직물 파편(강소 오현 초혜산 출토)
❷ 도기 발鉢(바리때처럼 생긴 그릇) 바닥에 보이는 직물 자국(서안 반파 출토)
❸ 도기에서 볼 수 있는 편직물 자국

그림20 직물과 편직물 자국

❹ 원시 방직물 문양 예시

"겨울이 되면 모피를 입고, 여름에는 갈옷을 입었다".[7] 실제와 대조해보면, 본바탕백색의 베나 마로 만든 직물이 보편적으로 사용되면서 복장의 재료는 크게 두 가지, 피혁 모피와 식물의 섬유로 짠 방직물로 나뉘었으며, 계절에 따라 나누어 입었다. 특히 비교적 더운 날씨인 남방의 선민들에겐 계절에 따른 의복 구분이 필요했을 것이다. 이는 복식재료사에서 일대 진보이자 전환이라고 할 수 있다. 이후로 옷을 만들 때 자연 모피를 사용하는 일이 서서히 줄어들고, 손으로 짠 직물털이나 베를 개조한 의복이 많아지면서 복식 제조의 응용이 점차 확대되었다. 전설에 나오는 당요 시대는 부계 씨족사회 말기로 대략 4천여 년 전이다. 근 30여 년에 걸친 고고학적 발굴 결과에 따르면, 베나 마직물의 역사는 이미 전설의 시대를 훨씬 넘어 적어도 2천여 년 전으로 소급된다. 베나 마직물은 모계 씨족 사회가 번영하던 시기에 이미 광범위하게 응용되고 있었다는 뜻이다.

비단 역시 신석기 시대에 시작되었다. 비단은 중국 노동자들이 인류의 물질 문명에 기여한 발명품 가운데 하나이다. 그 공적은 당연히 원시사회 모계 공동체의 부녀자들에게 돌려야 할 것이다. 다만 현재 은, 주 이전의 누에를 사용한 비단의 제작 연대에 관해서는 학자들의 견해가 일치하지 않아 아직 결론이 나지 않은 상태이다.

앙소 시기의 고고학 자료로 유일한 증거가 있기는 하다. 1926년 리지李濟 선생이 산서 하현夏縣 서음촌西陰村에서 앙소 유적을 발굴하면서 '반쯤 갈라진' 누에고치잠견蠶繭를 발견했다. 감정 결과에 따르면, 집누에 나방과가잠아과家蠶蛾科에 속하는 야잠野蠶 상황桑蟥의 고치였다. 그러나 중국 고고학계의 학자들은 그간의 발굴 경험에 비추어볼 때 "화북 황토 지대의 신석기 유적의 문화층에서 누에실과 같은 질료의 물건이 이처럼 완전한 형태로 보존될 수 없다"고 이의를 제기했다. 그래서 이처럼 믿을 수 없는 '유일한 증거'만으로 앙소 문화 시기에 양잠업이 있었다는 주장에 찬성하지 않았다.

또 다른 예는 1958년 절강 오흥吳興 전산양錢山漾, 양저良渚 문화 유적지에서 출토된 견사 실과 명주띠, 그리고 견직물 조각이다. 견직물 조각은 황갈색을 띠고 약간 탄화된 상태이나 여전히 인성靭性, 질긴 성질을 유지하고 있었다. 감정 결과 가잠家蠶 장사섬유長絲纖维로 직조되고 평문平紋이었는데, 밀도는 매 제곱센티미터당 씨줄과 날줄이 각각 48개씩이었다. 지금으로부터 대략 4,700여 년 전의 유물로 보존 상태가 믿을 수 없을 만큼 양호했다. 전국시대나 한·당 시기의 견직물의 경우 밀폐된 상태에서 보존이 잘 되었다고 할지라도 단열 부분이 마치 가위로 자른 것처럼 생겼는데, 전상양에서 발견된 견직물 조각은 단열 부분이 여전히 실오라기 상태 그대로였다. 그래서 의심스럽기도 하나 또한 딱히 달리 설명할 방도도 없다. 고고학적 발굴에서 이렇듯 기적적인 일이 벌어지기도 한다.

7 『한비자』「오두五蠹」, "冬日麑裘, 夏日葛衣".

문헌 고찰도 어려움이 적지 않다. 전하는 바에 따르면, 먼 옛날 사람들이 아직 옷을 만드는 방법을 모르고 있을 때 그저 짐승 가죽을 걸치고 풀 등으로 묶곤 했는데, "성왕이 이것이 인정이 맞지 않는다고 여기고 부인들을 가르쳐 명주실과 삼실을 삼아 무명과 비단을 짜서 백성들의 옷을 만들도록 했다"[8]고 한다. 그렇다면 여기에 나오는 성왕은 어느 시대 사람인가? 누구는 신농씨염제炎帝가 "누에 치기와 베 짜는 법을 가르쳐 포백을 만들도록 했다教之桑麻以爲布帛"고 하고, 또 누구는 복희씨伏羲氏, 태호太皞가 "뽕나무 누에를 길러 세백가는 명주을 만들었다化桑蠶爲繐帛"[9]고 한다. 이러한 전설에 따르면, 모계 민족공동체 사회에서 농업이 처음 시작되었을 때의 일인 것처럼 생각되나 인용문에 상마桑麻, 사마絲麻, 포백布帛 등이 병칭되는 것으로 보아 그 내원을 세심하게 살펴보면, 이미 야생 식물 섬유대마나 저마 등 삼와 야생 누에고치 실로 만든 섬유를 이용하기 시작한 초기 단계이거나 심지어 농업 경제가 상당히 발전하여 뽕나무를 심고 삼을 재배하여 누에를 쳐서 실을 뽑고, 삼으로 베를 짜던 남경여직의 상황을 반영한다는 것을 알 수 있다. 이렇듯 전국이나 진한 시기 여러 학자들의 추측과 부연이 섞여 있기는 하지만 분명 나름의 정보, 즉 상잠桑蠶의 역사와 삼을 이용한 방직이 이미 오래 전부터 긴밀하게 맞물려 있었다는 사실을 확인할 수 있다.

은상殷商 시대 고급 비단의 생산과 견직 기술의 성숙도로 미루어보면 은상 이전에 이미 비교적 오랜 발전 과정이 있었을 것이고, 그 시기는 적어도 신석기 시대 중기나 말기에 해당한다는 추론이 비교적 논리에 부합한다. 향후 고고학적 발견을 통해 더욱 많은 정보를 얻을 수 있기를 기대한다.

사주絲綢, 즉 비단의 발명은 신석기 시대 방직 기술의 급속한 발전을 이끌었을 뿐만 아니라 필연적으로 비단옷의 발전을 가져왔고, 동시에 후대 고급스럽고 다채로운 문양이 직물의 성장에 여건을 마련하여 고급 의복에 좋은 소재를 제공했다고 말할 수 있다. 또한 이는 의복뿐만 아니라 실내 장식, 채광, 회화, 서사書寫 등 문화·예술 방면에 큰 영향을 주기도 했다. 이러한 공헌은 참으로 위대하고 다방면에 걸친 것이 아닐 수 없다.

---

8 『묵자』「사과辭過」, "聖王以爲不中人之情, 故作誨婦人, 治絲麻, 捆布絹, 以爲民衣".

9 도교 관련 저작인『황도요기皇圖要紀』에 나오는 말이다.

상대商代 묘장墓葬의 옥玉, 석石, 도陶, 동銅 인형

그림 21은 옥, 돌, 도기 등 서로 다른 재료로 만든 여러 인형으로 상대 분묘에서 출토되었는데, 노예제 사회 초기 분묘에서 출현한 용俑이다. 계급사회에서 신분이 각기 다르기 때문에 옷차림도 각양각색이다.

상대는 노예제 사회로 사람이 죽으면 무덤에 순장용殉葬俑을 집어넣었다. 순장용은 아래와 같이 다양한 신분을 보여주고 있다. 첫째, 노예이다. 노예제 사회에서 모든 물질 문화를 창조한 이가 바로 노예들이다. 둘째, 비교적 작은 부락의 노예주 및 전쟁에서 패해 포로가 되거나 대속代贖하기 위해 붙잡혀 온 인질이다. 셋째, 노예주 곁에서 시중을 드는 비교적 가까운 측근과 신첩, 그리고 유흥을 돋우는 농신弄臣이다. 넷째, 훈계나 경계를 위해 마련한 전대의 망국 인물, 예를 들어 술로 나라를 망친 하걸夏桀과 같은 인물이다. 다섯째, 대노예주 혹은 그의 근신이나 혈족이다.

그림에서 누가 어떤 신분인지 단정하기 어렵기는 하나 형상이나 옷차림을 통해 어느 정도 파악할 수 있다. 예를 들어 손에 차꼬와 수갑을 찬 도용陶俑은 노예이거나 포로 또는 인질이 분명하다.그림 21 : 상부 오른쪽 그림의 아래쪽 백석에 조각한 꿇어앉은 인형은 아름다운 문양의 옷을 입고 머리에 화모花帽를 쓰고 있는데, 노예주 본인이거나 그의 주변 농신 또는 '망국상방亡國喪邦'을 경계하기 위해 마련한 옛 사람의 조각일 수 있다. 세 사람은 모두 술에 취해 제멋대로 향락을 즐기는 모습인 듯하다. 그 가운데 한 명은 높은 모자두건를 쓰고 장포에 지면까지 흘러내린 치마를 입고 있으며, 옷 앞에 가죽으로 만든 필韠, 무릎덮개, 폐슬의 일종이나 또는 비단으로 만든 불韍, 폐슬의 일종을 아래로 내려뜨렸으니 '환살기하圜殺其下'[1]의 인물로 소노예주이거나 지위가 비교적 높은 측근 노예일 것이다.그림 21 : 상부 오른쪽 왜냐하면 고대 노예제 사회와 전기 봉건 사회에는 이런 물건으로 권위를 상징하고, 각기 다른 재료와 형태, 문양으로 본인의 등급을 구분했기 때문이다.

재료 측면에서 옷차림의 양식이 적어도 서너 가지 형태로 다르다는 것을 알 수 있다.

우선 소매가 작고 기장이 발목까지 내려오지

1 환圜은 둥근 것, 살殺은 모난 부분을 떼어낸 것을 말한다. 폐슬蔽膝, 즉 무릎덮개의 형태로 신분에 따라 다르다. 『예기』「옥조玉藻」에 따르면, 임금은 붉은빛, 대부는 흰빛, 사는 검붉은빛의 무릎덮개를 하며, 형태는 둥근 것, 모난 부분을 떼어낸 것, 네모반듯한 것直 등이 있다. '환살기하'는 임금이나 대부보다 아래라는 뜻인 듯하다.

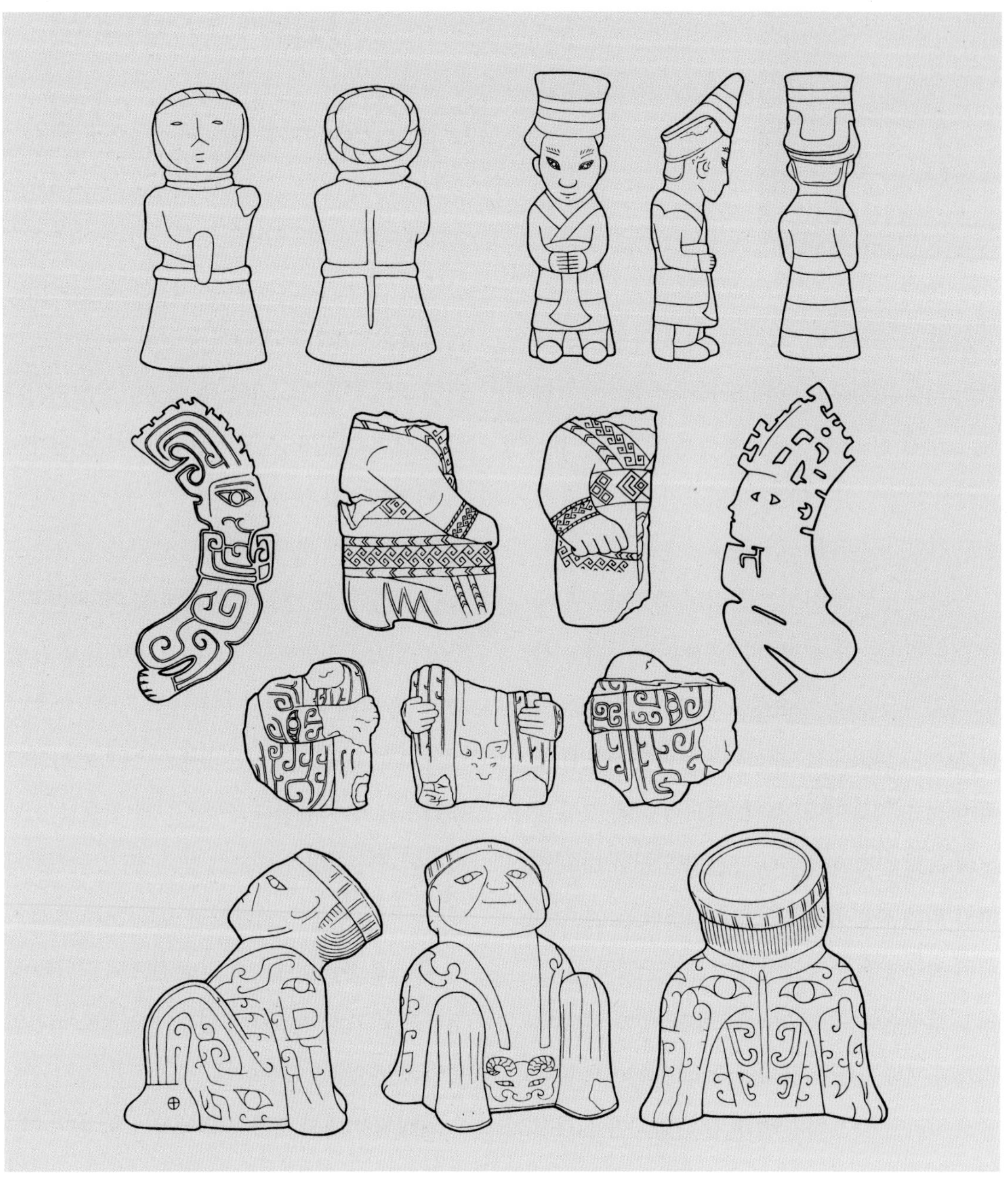

그림21

상부 왼쪽:(상商) 올림머리(반발盤髮)에 손에 쇠고랑을 찬 노예 도용(안양 소둔 출토)

상부 오른쪽:높은 두건 모자를 쓰고 불黻을 내려뜨리고 있는 귀족 옥인玉人(안양 출토)

중간 위쪽:무늬 옷에 요대를 찬 귀족 백석 조각(안양 후가장侯家莊 출토)

중간 아래쪽:무늬 옷을 입은 귀족 백석 조각(안양 소둔 출토)

중간 왼쪽:높은 관을 쓴 인형 옥패(안양 소둔 출토)

중간 오른쪽:높은 관을 쓴 인형 옥패(안양 후가장 출토)

아래쪽:평평한 모자를 쓰고 번령翻領(밖으로 꺾어 넘기도록 만든 옷깃, 열린 깃)차림에 비단 무늬 옷을 입은 백색 조각품(안양 사반마촌四盤磨村 출토)

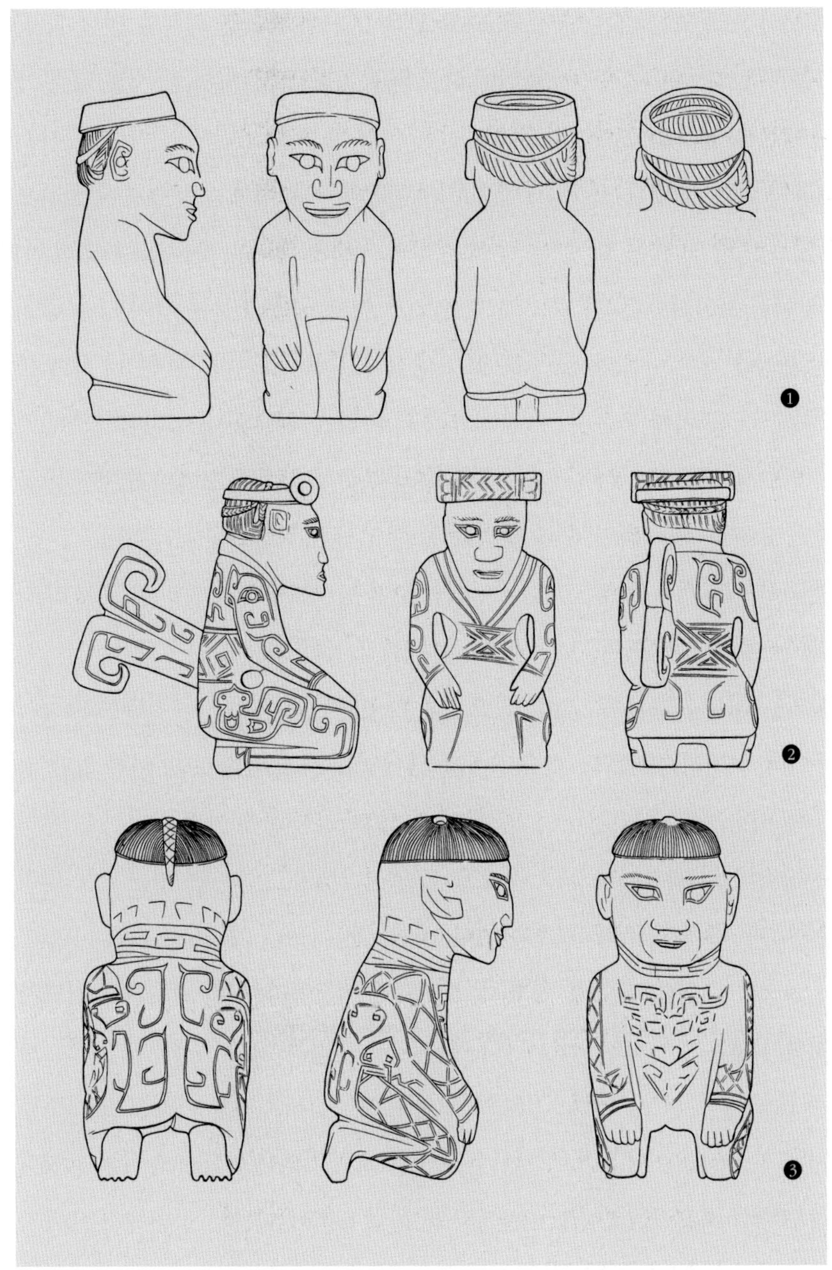

삽도1 안양 은허 5호묘 인형 조각
❶,❸ 석인
❷ 옥인

않으며, 두발은 목 뒤까지 단정하게 잘랐다. 또한 머리카락을 꼬아 땋은 머리를 한 다음 정수리 위로 말아 올렸다.그림 21 : 상부 왼쪽, 삽도 1

둘째, 뒤쪽 옷자락은 발까지 가지런하게 내려왔고, 옷 앞쪽에는 비교적 짧은 도끼 형태의 장식물을 들고 있다. 이는 아마도 가장 오래된 위필韋韠이거나 불韍로 후대 문헌에 자주 나오는 '폐슬蔽膝'위군圍裙일 것이다. 머리에는 뾰족한 모자를 쓰거나 아니면 두건을 싸맨 것으로 보인다.그림 21 : 상부 오른쪽 이후에는 그다지 보이지 않으나 두건을 싸매는 방식은 여전히 서남 묘족 또는 다른 소수민족의 남녀 머리에서 볼 수 있다.

셋째, 무릎까지 내려오는 짧은 상의를 입고 있으며, 옷에는 각기 다른 문양이 있다. 옷깃과 소매 사이, 평평한 테두리가 있는 모자 및 넓은 요대 등은 모두 제화 직물인 것처럼 보인다.[2] 배 쪽에는 짐승의 머리처럼 생긴 문양을 넣은 아름다운 폐슬로 장식했다.그림 21 : 중간 아래쪽 세 번째 옷은 비록 짧기는 하지만 신분이 반드시 낮은 것은 아닌 듯하다. 이 점이 상당히 중요하다. 왜냐하면 일반적으로 노예주나 봉건통치자는 권위를 상징하기 위해 넓은 장포에 큰 소매 옷을 입으며, 무릎까지 내려오는 짧은 상의는 대부분 호복胡服이라고 생각하고 있기 때문이다. 하지만 한대漢代 무씨사武氏祠 석각에 새겨진 옛 사람들의 형상에는 신농, 전욱, 후직, 하우 등 전설상의 제왕이나 공신들이 나오는데, 대부분 좁은 소매에 짧은 상의를 입고 있다. 이는 앞서 언급한 그림에 나오는 인물들이 결코 사회적 지위가 낮은 것이 아님을 간접적으로 방증한다.

이른바 '호복'이란 전국시대에 나온 것으로 무릎까지 오는 짧은 상의에 대구帶鉤를 사용하여 말을 타고 활을 쏘기에 편리한 의복을 말한다. 근년에 출토된 동기나 옥기, 도기 등 서로 다른 재료로 만든 인물 형상을 보건대, 춘추시대 사회 상층부 사람들의 의복 중에는 무릎까지 내려오는 짧은 상의가 적지 않다는 것을 알 수 있다. 이런 옷을 입고 띠로 허리를 묶는 것이 당시 중원의 고유 양식이었다는 뜻이다. 백석이나 옥에 조각된 인형의 머리에 재차 한대 평건책平巾幘에 가까운 정수리 부분이 평평한 모자나 모자테가 등장하는데, 이 역시 매우 중요한 문제이다.

이러한 모자 형식은 상당히 오래전, 아무리 늦어도 상대商代에 이미 등장했으며, 춘추·전국시대 모종의 지역민들이 흔히 사용했다는 방증이기 때문이다. 한대 사서에 따르면, 서한 말년 왕망王莽이 대머리이기 때문에 이를 가리기 위해 처음으로 쓰기 시작했다고 하는데, 이는 맞는 말이 아니다. 실제로는 이보다 1천여 년 전에 이미 머리에 착용하기 시작했다. 이런 형식의 두건모자巾帽가 사서에서 말하는 고대 '무추毋追', '후冔', '장보章甫', '위모委貌' 등 하夏, 상商 이래로 노예주들이 주로 쓰던 관모의 본래 형상인지 여부나 형식면에서 어떤 공동점이 있는지에 대해서는 아직까지 단정할 수 없다. 이외에 몇 점의 옥으로 조각한 여자 두상에 머리 장식이 보이는데, 이것과 상대 분묘에서 대량으로 발견된 새를 조각한 골옥骨玉 비녀笄와 비교하면 당시 부녀자들의 두발 장식에 대한 기본적인 지식을 얻을 수 있다.

현재 고궁북경 고궁박물원에 상대 조옥雕玉 젊은 귀

2 제화提花는 방직물을 씨줄과 날줄을 교차하여 요철이 있는 꽃문양을 말한다. 이른바 자카드로 짠 도드라진 문양이다. 자카드란 말은 19세기 조셉 마리 자카드Joseph Marie Jaquard가 처음 개발한 직조 방식이기 때문이다. 제화를 짜는 기계를 중국에서는 제화기提花機, 일본은 공인기空引機라고 했는데, 우리나라에서는 정확한 명칭이 없어 연산군 10년에 설치된 통직通織에 인문장引紋匠을 근거로 문인기로 가칭하고 있다. 심연옥, 「중국 역대 문직 기술의 발전에 관한 연구」에서 재인용.

족 남녀의 두상 두 점이 소장되어 있다. 모자 형태는 두 명의 남자가 동일하고, 여자는 머리 위에 비녀 한 쌍을 꽂고 귀밑머리가 아래로 내려오다 끝머리에서 전갈 꼬리처럼 위쪽으로 말려 있다. 이 역시 매우 중요한 부분이다. 왜냐하면 조옥 인형의 패珮에 묘사된 남녀 모두 권발수견卷髮垂肩, 즉 고수머리가 어깨까지 드리워진 형상이기 때문이다.삽도 2, 3

상대 사람들은 이미 아주 얇고 세밀한 비단과 몇 가지 제화 직물을 직조할 수 있었다. 우리는 이를 동기나 옥기 등에서 확인할 수 있다. 그림 21에서 볼 수 있다시피 백석에 새겨진 사람 모습을 살펴보면 의대衣帶 사이에서 연속적인 구문矩紋, 사각형 무늬이 보이는데, 이는 동시대의 동기나 백색 도기의 문양에도 반영되어 있으며, 춘추·전국시대 인형의 옷차림이나 조옥 장식 및 진한秦漢 시대 대공심전大空心磚의 테두리 문양과도 상통한다. 이는 자리를 짜는 것織席에서 원시적인 형태의 다채로운 금문錦紋으로 발전한 것이라 할 수 있다.그림 21 : 중간 위쪽

삽도2 은대 옥조玉雕 두상

❶ 높은 관을 쓴 사람 머리 옥 손잡이(인수옥병人首玉柄)

❷ 청옥 여자 노리개(여패女佩)(고궁박물원 소장)

❸ 황옥 매를 잡는 사람 머리 형태의 노리개(응확인수패鷹攫人首佩)(고궁박물원 소장)

발전 과정을 살펴보면, 이러한 채금彩锦은 당대 쌍구금雙矩锦, 송대 청록 삿자리 문금청록점문금青绿簟紋錦 등 일련의 규구規矩 도안圖案 금錦의 전신이라고 할 수 있다. 서남 지역 형제 민족소수민족 중에서 태족, 장족, 묘족, 토가족土家族 등은 지금도 구조가 비교적 간단한 작은 요기腰機[3]를 이용하여 명주, 모毛, 면棉, 마麻 섬유를 날실과 씨실로 삼아 양손으로 제화를 만드는데 소 근골肋骨로 실을 눌러 모면毛棉에 각종 규구規矩 꽃 도안의 화변花邊, 이불, 손가방, 화요대花腰帶, 꽃문양 허리띠 등을 만든다. 연속으로 구문矩紋을 처리한 것은 앞서 인용한 그림의 석각 의복의 문양과 매우 유사하다. 또 다른 석각상石刻像에는 불규칙하게 흩어져 있는 쌍 갈고리 구름 문양쌍구운문雙鉤雲紋이 보이는데, 이는 동시대 전옥碾玉을 만드는 방법과 같은 것으로 회수화문繪繡花紋일 가능성이 크다.그림 21 : 중부 아래쪽

안양 발굴 실물을 보면, 당시 사자死者의 두발 장식 중에 위로 솟구치고 뒤쪽은 기울어져 있는 것이 많은데, 머리 위에 뼈나 옥으로 만든 비녀를 꽂은 것 외에도 하나 또는 몇 매의 고금古琴 형태의 평평한 옥비녀옥잠玉簪, 『주례周禮』에서 말하는 '형衡'과 유사하다와 이마 사이에 늘어선 작은 옥 물고기玉魚를 꽂고 있다. 그림에 두 점의 투조곡황透雕曲璜, 구멍이 뚫리고 굽은 패옥 인형 노리개珮가 나오는데, 인형의 두부頭部가 그야말로 '만두주취滿頭珠翠'[4]하여 뒤쪽으로 약간 경사지게 뻗어나간 형태를 띠고 있다.그림 21 : 중부 왼쪽, 삽도 2 : 1

한대 이래로 천자가 쓰던 권양卷梁[5] 통천관通天冠, 천자의 조현복朝見服인 강사포絳紗袍에 쓰던 관의 초기 형태인 것 같기도 하다. 하지만 한대 수많은 석각에서 보이는 양관梁冠은 모두 앞쪽이 높고 뒤쪽이 낮은 전고후비前高後卑 식이라 증명할 만한 유사한 형태를 찾아볼 수 없으며, 벽화에 등장하는 시대도 훨씬 늦다. 전설에 나오는 동왕공東王公, 서왕모의 경우, 한漢, 진晉代 남방에서 출토된 동경 한두 점에서 이런 관식이 나올 뿐이다. 다만 북조 석각과 당대 돈황 벽화에 머리 뒤쪽으로 약간 경사지게 뻗어나간 형태로 금이나 옥을 매단 관을 쓴 귀족의 모습이 등장한다. 이는 한대 〈여복지輿服志〉에 나오는 관복冠服의 도해圖解와 같다. 근년에 신강의 당대 분묘에서 복희와 여와女媧의 모습이 그려진 비단이불이 나왔는데, 그 안에 그려진 복희와 여와는 뒤쪽으로 구부러진 옛날 방식의 관과 무릎까지 내려오는 짧은 상의를 입었다. 이는 우연한 일치가 아니라 틀림없이 모본母本이 있을 것이다. 수나라가 중국을 통일한 후 여복輿服 제도를 새로 제정하면서 제왕은 권양 방식에 주옥을 상감한 권양주옥제천관卷梁嵌珠玉齊天冠, 또는 통천관을 쓰기 시작했다. 하지만 일반적으로 당대 도교

3 요기는 경사經絲의 장력張力을 허리로 유지하는 직기이다. 원시 직기에 많고 경사傾斜 직기에도 요기류가 있다. 우리나라의 무명, 명주, 베, 모시를 짜는 베틀도 요기의 일종이다.

4 만두주취滿頭珠翠는 구슬진주과 비취가 머리 가득하다는 뜻으로 여인이 성장盛裝한 모습이다.

5 권양卷梁은 고대 관冠 안에 무게를 지탱하기 위해 넣은 구부러진 형태의 가로마루橫脊이다.

에서 제천성수諸天星宿가 이런 관모를 썼을 뿐 이후 1천여 년간 천자 조복朝服의 하나가 되었으니 이 또한 한나라 여복輿服에서 서술하고 있는 관면冠冕 제도에서 유래한 것이다.

한대 석각이나 벽화는 당시 상층부 사람들의 생활을 구체적으로 반영하고 있지만 지금까지 이와 유사한 관식冠式은 발견되지 않았다. 삽도에서 옥편에 구멍이 뚫린 형태의 인형 머리에서 볼 수 있듯이 머리 뒤쪽으로 길게 뻗은 장관長冠은 비교적 이른 시기에 모종의 접착제로 두발을 고정시킨 후 단단하게 묶은 두발 위에 장식을 붙인 것으로 보인다. 입체 옥인玉人의 경우는 이런 모습이 드물다. 또한 남성의 두발 형식은 머리카락을 당겨 땋은 머리채를 머리에 올려놓고 다시 머리띠를 두른 형태인데, 이미 통용되던 형식이다.

일부는 머리카락을 목까지 길러 자르고, 또 다른 일부는 일정한 길이로 자른 후에 둥글게 말아올렸다.삽도 3, 4 갑골문의 기록에 따르면, 은상시대 주요 정복 대상은 서부의 융강戎羌과 동남의 회이淮夷였다. 형만荊蠻이 정벌 대상이 된 것은 시간적으로 나중의 일이다. 그렇다면 옥, 돌, 동기에 보이는 인물 형상은 아마도 당시 적대 세력이나 막강한 세력을 유지하고 있던 서강西羌과 동이東夷의 것일 가능성이 크다. 특히 청동 병기에 나오는 곱슬머리 인형은 그저 우연히 출현한 것이 아니라 모종의 의미를 담고 있는 듯하다.삽도 ❹-6

삽도3 **유호유乳虎卣[6]에 나오는 인형**

6 유호유乳虎卣는 사람에게 젖을 먹이는 호랑이 형태의 술통이다. 일설에는 호랑이가 사람을 잡아먹는 형태라고 하여 호식인유虎食人卣라고 한다. 이는 『좌전』 선공 3년에 나오는 윤문자尹文子의 호랑이 이야기에서 유래한다. 상대 예기禮器이며 호남 안화현安化縣에서 출토되었으나 지금은 일본 천옥泉屋박물관에 소장되어 있다.

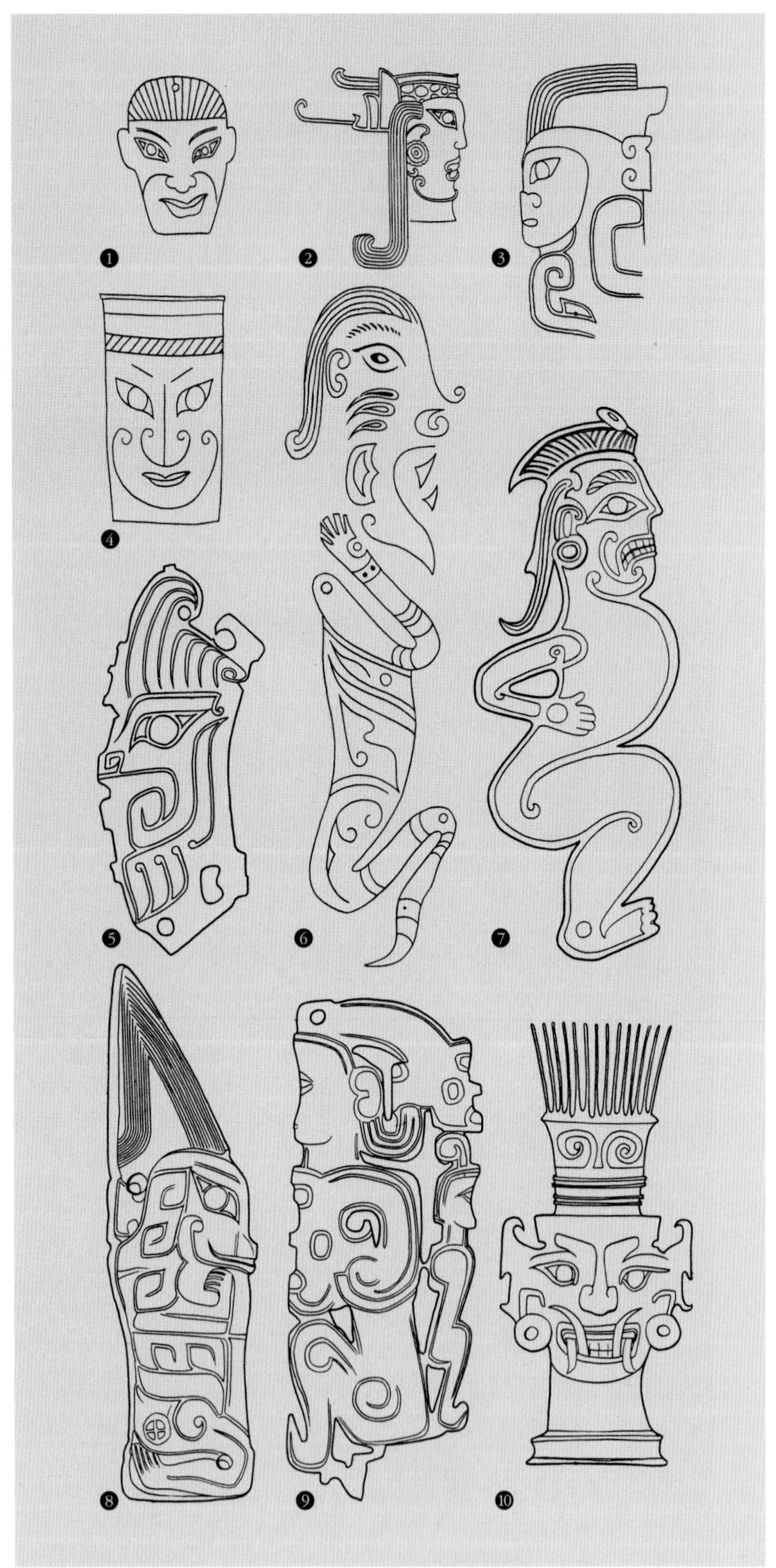

삽도4 은대 다양한 인형

❶❷❸❹❺❿ 인면형 옥 장식

❻ 청동 칼에 새겨진 인형

❼❽❾ 인형 옥 장식

주대周代 조옥 인형

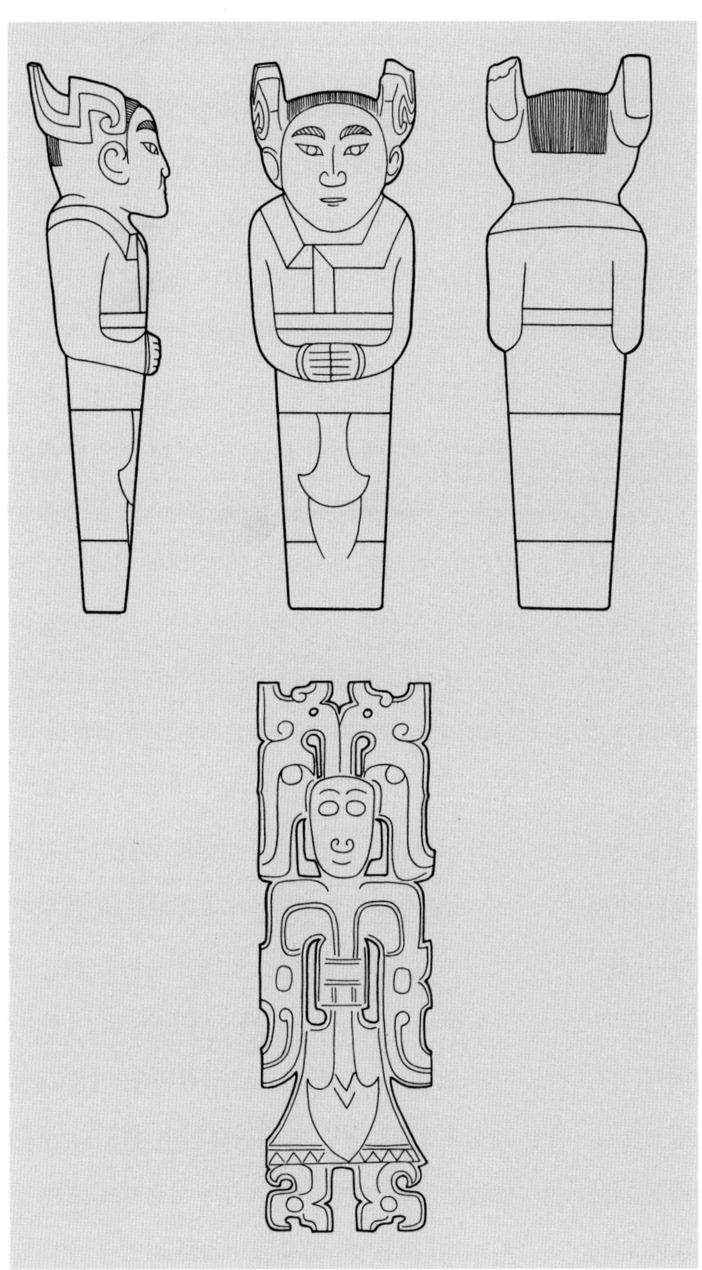

그림22

위쪽 : (서한) 쌍 비녀, 패불佩韍, 네모난 옷깃方領에 곡거의曲裾衣[1]를 입은 옥인(낙양 동쪽 교외 출토)

아래쪽 : 쌍 비녀, 패불, 소매가 큰 옷을 입은 옥인(천진 역사박물관 소장)

---

1 곡거의曲裾衣는 앞자락의 도련이 곡선인 옷. 앞자락 도련이 직선인 옷은 직거의直裾衣라고 한다. 그런데 그림을 보면 곡거의가 아니라 직거의인 듯하다.

그림 22 위쪽의 옥인은 낙양 동쪽 교외 서주 시대 분묘에서 출토되었고, 아래 옥인은 천진 박물관에 소장된 유물로 『문물』 1959년 제7기에 실린 것이다. 전국시대 조옥이라고 쓰여 있으나 시대가 그보다 더 이른 상주 교체기의 것으로 보인다. 무엇보다 상대는 옥을 중시했기 때문인데, 전하는 바에 따르면, 주나라가 상을 정벌했을 때 수많은 옥기를 얻어 주왕紂王이 토벌에 참여한 부족장들에게 골고루 나누어주었다고 한다. 근년에 운남과 호남 지역에서도 대량의 상대 옥이 발견되었고, 광서를 비롯한 여러 지역에서도 산발적으로 상대 옥이 발견되고 있다. 이는 아마도 주나라 초기에 얻은 것일 터이다. 그림 아래쪽 옥인은 의복 처리 방식으로 볼 때 시대가 좀 더 이르다.

두 개의 옥인 머리 장식은 상대 이래로 성년 부녀자들이 상용하던 비녀계笄의 활용과 관련이 있다. 계笄는 고대 부녀자들이 머리에 꽂는 발잠髮簪, 즉 비녀의 일종이다. 예제에 따르면, 여성은 성년이 되어야 비녀를 꽂을 수 있다. 옛날에 '급계及笄'라는 말은 성년이 되어 결혼했음을 뜻한다. 상대 또는 주나라 초기 분묘에서 대량의 뼈로 만든 비녀骨笄가 발견되는데, 제작이 비교적 간단한 것이 골추骨椎, 뼈 뭉치와 거의 차이가 없다.삽도 5 본래는 실제로 사용하기 편한 골추에서 시작하여 점차 두발을 묶는 전용 기물로 발전했다. 남자는 한 개만 사용하여 추발椎髮, 상투 머리을 가로지르거나 작은 관을 상투 위에 씌운 후 뼈 비녀로 관冠 아래 구멍을 관통하여 고정시키는 형태이다. 이에 반해 부녀자는 두 개의 비녀를 사용하는데, 머리 꼭대기 양쪽에 비스듬히 꽂았다. 제작이 간단한 것은 한 쪽 비녀에 볼록한 테두리를 새겨 턱 아래 영유纓綏, 비녀를 묶는 끈, 갓끈와 묶기 편하도록 했다. 이에 비해 제작에 정성을 들인 비녀는 대여섯 푼 크기의 털이 솟구친 물새를 새겼으며, 눈에 아주 작은 송록석松綠石 두 알을 상감했다. 그 형태는 원앙이나 계칙鸂鶒, 오릿과에 속한 물새, 또는 대승戴勝, 후투팃과에 속한 새과 비슷하다.

이처럼 두 마리 새를 이용한 장식물은 청동 북이나 거형車衡, 가로걸이대. 수레의 채를 잡아매기 위해 소나 말의 목에 가로 얹는 둥그렇게 구부러진 막대에서도 발견된다. 뼈나 옥으로 만든 비녀에 이런 장식을 사용한 것은 한 쌍이 되어 영원히 헤어지지 말자는 의미를 담고 있는 듯하다. 백옥을 깎아 만든 용 형태의 비녀도 있는데, 이를 사용한 이는 특별한 신분을 지닌 인물이었을 것이다. 『설문』에 따르면, "비녀 끝에 닭 모양을 새기고부녀자에 한정된 듯하다, 사는 뼈로 만들며, 대부는 상아로 만든다笄端刻鷄形, 士以骨爲之, 大夫以象爲之". 한대 사람들은 서로 다른 비녀의 재료로 등급을 구분하였으니 남자일 것이라고 했는데, 그림에서 이에 대한 확증을 얻기 어렵다. 두발을 묶는 데 사용한 도구비녀가 부녀자들의 머리에서 어떤 위치에 있는지는 대체적으로 명확하다. 인용 그림과 삽도 2를 보면 보다 명확하게 알 수 있다. 무릇 새처럼 생긴 비녀는 두 마리가 서로 마주보는 것이 아니라 나란히 앞쪽을 바라보고 있다. 한대의 금작채金雀釵는 이것에서 발전한 것인데, 『여사잠도』에 예전의 의미가 그대로 보존되어 있다.

이외에도 옥인의 옷은 간략하거나 복잡한 형태로 구분되지만 옷소매의 크기는 분명하며, 옷차림이 비교적 넓고 큰 형태를 띠고 있다. 또한 상의의 옷깃이 네모나고方領, 비교적 넓은 띠로 허리를 묶었으며, 허리 아래 배 쪽에 도끼 형태斧形의 장식을 매고 있다는 점도 같은데, 이는 다른 곳에서 발견된 상대 인형과 대체적으로 상통한다.삽도 6, 8 이런 장식으로 가죽에 두껍게 칠하거나 그림을 그린 기물은 '위필韋韠', 비단에 자수로 문양을 넣은 것을 '불黻'이라고 한다.

금문金文의 명문銘文이나 교령教令에 보면 대노예주가 대신이나 측근에게 동궁彤弓, 붉은 활, 주시朱矢, 붉은 화살, 만기鸞旗, 난새를 그려넣은 깃발, 조과琱戈, 장식을 새긴 창, 적불赤芾, 붉은 폐슬, 주황朱黃을 하사했다는 기록이 나온다. '적불赤芾'은 분명 옷 앞에 가죽이나 비단으로 만든 붉은색 또는 다양하게 수놓은 기물로 특별한 신분을 상징하는 장식일 것이다.(이외에 붉은색으로 채색하거나 금실이나 금박을 붙이고 옥을 상감한 활과 화살, 거마, 옥 놀이개 등도 모두 권위를 상징한다. 이는 고대 계급사회의 중요한 증빙이기도 하다.) 나중에는 이를 '폐슬蔽膝'이라고 불렀는데, 착용하는 위치나 작용을 통속적으로 지칭한 것일 따름이다. 사실 이는 각기 가공을 달리한 위군圍裙, 즉 앞치마로 특별히 정교하게 제작하고 여기에 정치적 의의를 부가한 것일 따름이다. 고대 임금은 반드시 불수黻繡, 도끼 형태의 문양을 수놓은 옷를 입었다. 『고공기』에 따르면, "청색과 적색은 문文이라 하고, 적색과 백색은 장章, 백색과 흑색은 보黼, 흑색과 청색은 불黻이라고 하는데, 이상 다섯 가지 색채를 갖춘 것을 일러 수繡라고 한다".[2] 이는 옷 위의 문양과 장식을 가공하는 것에 대해 언급한 것인데, 원래는 옷 앞의 부분을 가리킨다.

동한시대 경학자인 정현은 이런 형태를 해석하여 "환살기하圜殺其下"라고 했는데, 이는 틀린 말이 아니니 응당 'ㅛ' 형태일 것이다. 하지만 한대 도안은 이미 보기 드물고, 후대 사람들은 이해하지 못했기 때문에 'U' 형태로 오인한 것이다. 불문黻紋은 "두 개의 활이 서로 등지고 있는兩弓相背" 'ㄹㄹ' 형태이다. 2천여 년 동안 제왕은 12개의 문양을 화려하게 수놓은 옷을 입었는데, 불문은 일정한 위치가 있었다. 당대에는 큰 소매 입구에 자리했고, 송대와 명대에는 포복袍服 정중앙이나 용龍 주변 또는 옷깃에 자리했으며, 시종일관 'ㄹㄹ' 형태를 유지했다. 다만 본래 면모는 얻기 힘들다.

금문金文과 비교해보면, 주로 두 마리 용이나 짐승이 서로 대치하거나 서리고 있는 형태로 마치 뱀이나 용이 똬리처럼 몸을 감고 있는 반훼규蟠虺虯 모습이다. 동기銅器에 있는 문양도 이와 유사하다. 칠기나 도기, 금은을 도금한 기물의 문양은 비슷하기는 하지만 완전히 같은 것은 아니다.

옛말에 이르길, "제후의 관에는 반드시 불을 수놓은 옷을 입힌다諸侯之棺必衣黻繡"고 했다. 하남

2 『주례周禮』「고공기考工記」「화궤畫繢」, "青與赤謂之文, 赤與白謂之章, 白與黑謂之黼, 黑與青謂之黻, 五彩備謂之繡".

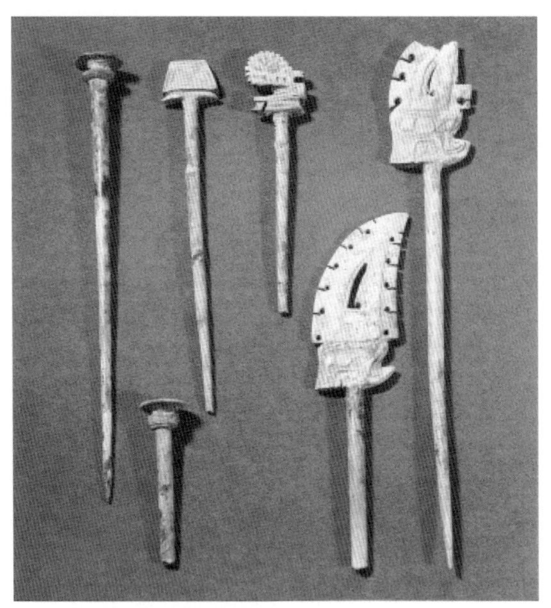

삽도5 뼈 비녀(골계骨笄)(안양 은허 부호묘 출토)

삽도6 인형 청동 수레 굴대 빗장쇠(동거할銅車轄)(낙양 방가구龐家溝 서주 분묘 출토)

삽도7 불문黻紋

❶ 채색 칠관漆棺 무늬(하남 휘현 고위촌固圍村 전국 분묘 출토)

❷ 불문 기와(하북 역현 출토)

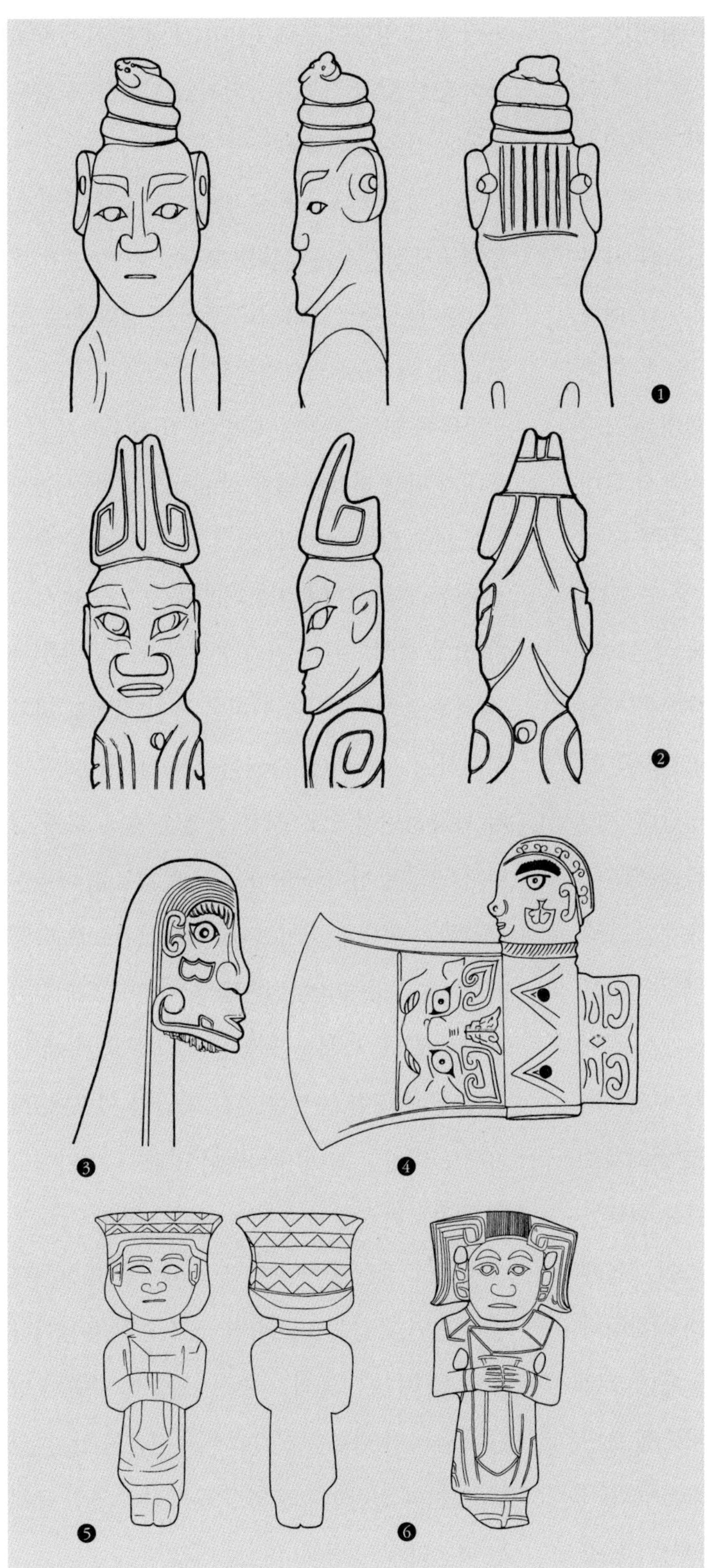

삽도8 서주 다양한 종류의 인형

❶❷ 옥인(감숙 영대靈臺 백초파白草坡 서주 분묘 출토)

❸ 청동 극戟에 달려 있는 사람 머리 장식(감숙 영대 백초파 서주 분묘 출토)

❹ 사람 머리 공월銎鉞(도끼자루 구멍이 뚫린 청동 도끼)

❺❻ 옥인

휘현輝縣에 발굴된 칠관漆棺의 견부肩部 채색 장식이 전형적인 불문黻紋이다. 또한 하북 역현易縣 연하도燕下都에서 대량의 대형 화전와花磚瓦, 문양이 있는 벽돌기와가 발견되었는데, 이 역시 불문黻紋, 보문黼紋이다. 다른 점은 하나는 채색회화이고, 다른 하나는 부조浮雕라는 것뿐이다.삽도 7 그러나 한대 대량의 석각이나 회화를 분석해보면 이처럼 옷 앞에 도끼 장식도 드물고, 그런 문양에 부합하는 자수비단도 거의 발견되지 않는다. 이런 점에서 한대 복식 제도나 예의에 정통했던 숙손통叔孫通도 이에 대한 명확한 지식이 부족했음을 알 수 있다. 그래서 3세기 후 박학다식한 정현에 이르러서야 비로소 불문黻紋에 대해 '양궁상배兩弓相背'라고 주를 달게 되었던 것이다. 수와 당이 전국을 통일한 후 수대의 우홍牛弘, 우세기虞世基, 당대 초기의 장손문기長孫無忌 등이 한인漢人의 삼례三禮: 『의례儀禮』, 『주례周禮』, 『예기禮記』의 구설에 근거하여 양진兩晉 남북조의 관습을 따라 새롭게 봉건 제왕의 면복冕服제도를 부활시켰으며, 나라에 큰일이 있을 때면 반드시 각기 필요에 따라 다른 의복을 착용해야 한다고 주장했다. 예를 들어 대대로 전해져오는 『열제국列帝國』에 보이는 제왕의 면복 형태는 수·당의 여러 대신들이 구설에 근거하여 새롭게 제작한 것이다. 이러한 옷차림은 한대 석각이나 회화 또는 그 이전 통치자들의 형상을 동기나 옥기, 칠기, 비단 등에 반영한 의복과 비교해 보면 서로 공통점이 많지 않다. 다만 당대에서 복식 제도를 제정한 후 송대에 〈삼례도三禮圖〉가 등장하면서 그 영향이 후대 1천여 년 동안 이어졌다. 특히 면복 앞에 거북의 등딱지인 귀배龜背 문양을 수놓은 것은 고대에 패금貝錦, 조개 모양의 문양을 수놓은 화려한 비단에 대한 기록을 의도적으로 모방한 것이고, 뭉게뭉게 상승하는 구름을 묘사한 여의운문如意雲紋은 한대나 전국시대 금은 도금 문양과 서로 통하는데, 이 역시 의도적으로 보불금수黼黻錦繡를 모방하여 만든 것이다. 다만 발전 과정에서 상·주대의 원래 형상과 날로 멀어지게 된 것은 능히 예상할 수 있는 일이다.

춘추·전국시대에 이르러 서주의 농노제 사회가 점차 해체되면서 전기 봉건 사회 종주宗周 왕권 위주로 4, 5세기를 이어온 통일 정권도 점차 쇠퇴하기 시작했다. 왕권이 쇠약해지고 제후들이 득세하면서 크고 작은 전쟁을 통해 토지 겸병과 권력 투쟁이 심화하고 서로 재부를 다투며 과시하는 시대가 이어졌다. 다른 한편으로 다양한 기술이 집중되면서 사회 생산력이 크게 발전하기도 했다. 사서를 포함한 여러 문헌 속에 당시 상황에 대한 풍부한 자료가 남아 있으며, 시가에도 다양한 묘사가 나타나고 있다. 이외에도 현재 출토된 문물을 통해서 우리는 당시 귀족 통치자들이 정권 유지를 위해 군사력을 향상시키면서 병기나 갑옷을 포함한 군사 관련 유물이나 수레 등 여러 기물의 기술적·예술적 수준이 상당이 높아져 새로운 시기에 이르렀음을 알 수 있다. 그러나 일반인들의 일상 옷차림에 관한 문제는 여전히 무지 상태나 다를 바 없다.

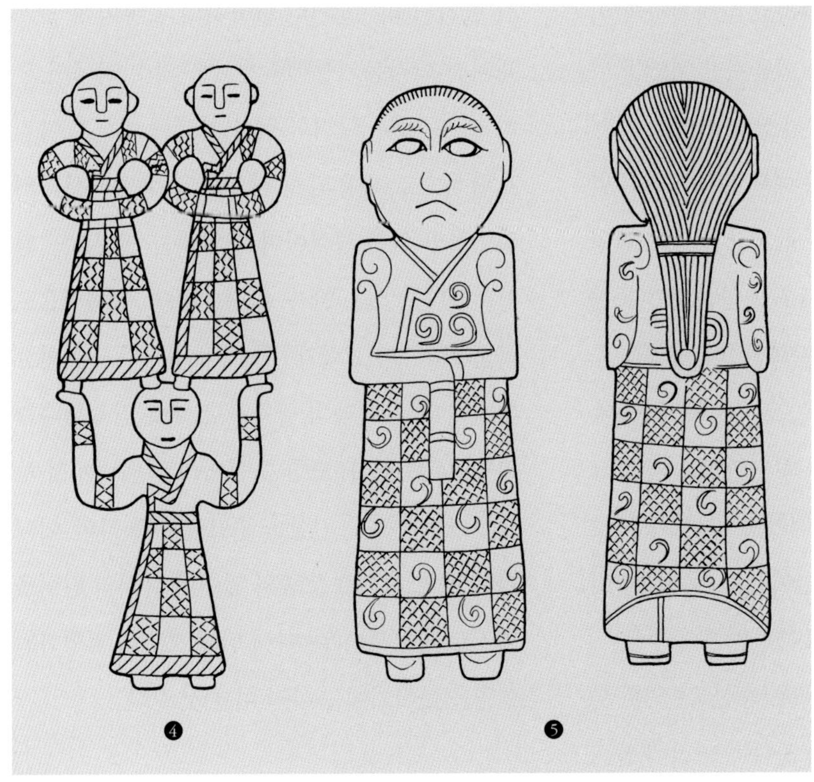

삽도9 춘추전국시대 인형 조상彫像
❶ 백옥 조상(고궁박물원 소장)
❷❸ 옥인(하북 평산 전국 중산왕 분묘 출토)
❹❺ 옥조 인형

이로 인해 한당漢唐에서 18세기에 이르기까지 여러 학자들은 이런 문제에 관해 사람들이 비교적 만족할 만큼 정확하게 설명해주기가 쉽지 않았으며, 오랜 세월 책으로 책을 주석하는 방법을 지속했기 때문에 얻을 수 있는 지식이 명확할 수 없었다. 특히 춘추와 전국 교체하던 시기의 다양한 양태에 대해 우리는 지식의 빈곤을 새삼 느끼지 않을 수 없으며, 양한시대에 대해서도 여전히 이해가 부족한 상태이다. 다행히 근 반세기 전부터 우리는 대량의 출토 유물을 통해 새로운 사실을 얻을 수 있는 기회가 생겨 초보적이긴 하나 복식 방면의 다양화와 전후 계승에 관한 약간의 상황을 분명하게 알 수 있게 되었다.

비록 전기前期, 춘추시대 자료가 여전히 부족하고, 어떤 것은 제작 형태가 초라하고 보잘것없어 어느 하나로 전체를 개괄하기 힘들지만 어쨌든 그 대강을 파악할 수 있으며 특히 상호 비교할 수 있기 때문에 이러한 지식 역시 매우 유용하다고 말할 수 있다. 예를 들어 고궁에 소장된 백옥 인형 조상은 높은 관의 배치가 매우 명확하지만 동한 시대 양관梁冠과는 전혀 공통점이 없다. 옷깃을 등 쪽으로 한 바퀴 돌려 아래쪽으로 내려뜨렸는데, 이런 재단 방식은 근년에 호북 수현隨縣 증후을묘曾侯乙墓에 나오는 종을 든 무사承鐘武士와 매우 비슷하다. 다만 앞에 명주 끈을 늘어뜨려 매는 방법이 다르고, 대구帶鉤의 흔적도 보이지 않는다.삽도 9:1

또한 근년에 하북 평산平山 고중산국古中山國 분묘에서 출토된 옥인 가운데 하나는 머리에 뿔처럼 생긴 관을 쓰고 좁은 소매에 긴 옷長袍을 입었으며, 허리에 대구가 없고 아래에 격자 문양이 있다.삽도 9:2,3 다른 하나는 매우 작은 옥 조각인데, 백희百戲를 하고 있는 세 명의 인물이 보인다. 출토 상황은 명확치 않으나 제작 시대는 서로 비슷할 것이다. 옷차림은 대동소이하며 상·주 이래로 한족들이 주로 입는 곡군금식曲裙襟式이 분명하다.삽도 9:4 이와 유사한 옥조 인형은 격자 문양과 구름 문양을 섞은 치마를 입고 있으며, 여전히 곡군曲裙 방식을 따르고 있다. 다만 머리카락이 아래로 늘어뜨려진 것이 한나라 초기 용俑의 형태와 비슷하다.삽도 9:5

고중산국은 북적北狄에 속한다. 그들이 착용했던 뿔 형태의 관은 산서 후마侯馬 대장간 유적에서 발견된 바 있으며, 전국시대 청동기에 얇게 새겨진 박각동기薄刻銅器 전사戰士의 머리에서 흔히 볼 수 있다. 이러한 실물 자료는 대구가 아직 보편적으로 사용되지 않았던 춘추전국시대의 일반적인 의복 형식이며, 다양화는 필연적인 양상이었다는 것을 알 수 있다. 아울러 전체적으로 곡군제曲裙制와 교령제交領制에서 벗어나지 못하고 여전히 서주 이래의 규격을 그대로 간직했다는 것을 알 수 있다. 또한 옷차림의 형태면에서 우리들에게 새로운 인상을 주고 있기도 하다. 이러한 소량의 재료로 모종의 관이나 복식의 방식을 억지로 명명하는 일, 다시 말해 모종의 정형화된 명칭을 붙이기에는 아직 이른 것 같다.

주대 남녀 인형 도범陶范

그림23

❶❸ 춘추. 명주 끈(사조絲絛)으로 허리를 묶고 무릎까지 낳는 식거直裾 단의短衣를 입은 남자 도범陶範(산서 후마시侯馬市 우촌牛村 출토)

❷ 전국. 명주 끈으로 허리를 묶고 문양을 수놓은 단의를 입었으며, 단검을 찬 청동 무사(산서 장치長治 분수령分水嶺 출토)

산서 후마候馬 동주東周시대 청동 야주장冶鑄場, 금속을 제련하는 곳, 대장간 유적지에서 출토되었다. 그림은 『신중국의 고고 수확新中國的考古收穫』과 『문물』에 전후로 나뉘어 발표된 바 있다.

실물은 청동기물을 주조할 때 사용하는 받침대좌승座承로 동시대 혹은 이후 청동기물에도 모두 발견된다. 중국 역사박물관에 소장되어 있는 좌승 잔해 역시 검을 차고 구름 문양의 옷을 입은 무사의 형태이다. 이러한 인형은 일반적으로 두 손을 치켜 올리고 있는데, 뭔가를 받쳐들고 있기 때문이다.[1]

---

1 〈원주〉 한대 이후로 이런 기물의 받침대는 일률적으로 세 마리 곰웅熊으로 교체되었다. 이는 청동 준尊, 곡斛, 옥렴玉奩, 옥으로 만든 화장 상자, 유도창釉陶倉, 석연石硯에 이르기까지 발견되지 않는 것이 없다.

그림에 나오는 남녀는 무릎까지 내려오는 상의만 입고 있다. 시대가 서로 비슷한 출토기물로 낙양 금촌金村 한묘韓墓에서 발견된 은인銀人, 구칭은 은호인銀胡人이다. 삽도 10, 쌍갈래로 짧게 땋은 머리에 주름이 있는 짧은 치마처럼 생긴 하의를 입고 까치를 들고 있는 청동 여아女兒, 그림 29 : 상부, 금촌 한묘에서 출토되었다는 작은 관을 쓴 몇 명의 청동 촉노燭奴, 등 받침, 그리고 근년에 새롭게 출토된 전국시대 청동 촉노 등이 있다. 이들의 옷차림은 모두 옷이 무릎까지 내려오고, 옷깃을 등 뒤로 돌려 입었으며, 옷끈은 명주로 짠 것이 분명한데 나비형태로 묶었을 뿐 대구帶鉤는 사용하지 않았다. 이러한 복식 형태는 중국 고대에 계급이 형성되던 초기 통치 계급도 아직 노동에서 완전히 벗어나지 않았던 시기에 행동하기에 편하게 만든 형태라는 것을 알 수 있다. 이러한 의복 형태는 상대부터 동주 말년 춘추전국시대에 이르기까지 대략 1천여 년 동안 계속 이어졌으며, 사회 중하층 사람들도 이런 형태의 옷을 입었다. 호복과 관련하여 의복의 형식만 가지고 이야기한다면, 이처럼 좁은 소매의 짧은 상의 차림의 의복 형태는 원래부터 중원의 고유 양식이었으며, 이후 강융羌戎에 영향을 준 것일 가능성이 크다.

대량의 도범 문양과 연계시켜 판단하건대, 몇몇 인형의 제작 시기는 전국시대 조나라 무령왕武靈王이 '호복기사胡服騎射'[2]를 채용한 시기보다 이를 것이다. 사서에서 말하는 호복과 비슷하나 제작 연대는 오히려 이르다는 뜻이다. 왜냐하면 호복은 비록 당시 실물을 찾아볼 수는 없지만 비교적 늦은 시기인 한대 흉노족 청동기물이나 한대 석각에 나오는 비교적 완전한 형태의 실물 역시 좁은 소매에 무릎까지 내려오는 옷을 입고 있기 때문이다. 중국 서북부에서 이런 의복 형식은 시종 큰 변화가 없었으며, 당대까지도 돌궐突厥이나 회골족回鶻族의 옷차림 역시 이와 매우 비슷했다. 어떤 옷깃의금衣襟도 똑같이 오른쪽으로 반듯한 네모 형태로 경사지게 되어 있으며, 겨드랑이 아래까지 내려가지 않는다. 또한 어떤 것은 대금對襟[3] 방식이나 원령圓領, 번령翻領 형태를 따랐는데, 일반적으로 우임右衽[4]이 많다.[5]

그림에 나오는 여러 가지 인형의 옷차림은 하·상대부터 전해진 고유한 양식으로 서북 유

2 호복기사胡服騎射는 전국시대 조趙나라 무령왕武靈王이 군사들에게 호인들처럼 말을 타고 활을 쓰는 방법을 훈련시키는 한편 호인들의 복식을 입고 말을 타도록 한 것을 말한다. 아래 바지를 입고 허리를 혁대로 동여매고 고리로 연결했으며, 가죽 신발을 신도록 했다. 그 결과 조나라는 막강한 군사력을 통해 연燕나라와 더불어 북방의 중심국으로 등장할 수 있었다.

3 대금對襟은 중국 윗도리에서 양쪽 섶이 겹치지 않고 가운데를 단추 등으로 채우게 되어 있는 옷섶을 말한다. 금襟과 임衽은 모두 옷섶의 뜻이지만 약간 차이가 있다.

4 웃옷은 그 여미는 방향에 따라서 좌임左衽과 우임右衽으로 구분한다. 섶이 오른쪽에 있으면 우임이고, 섶이 왼쪽에 있다면 좌임이다. 좌임에서 우임으로 바뀐 이유는 활을 쏘기에 좌임이 불편하기 때문인데, 오히려 좌임을 오랑캐의 복장으로 비하하는 경우도 있다. 근거는 『서경書經』「주서周書」「필명畢命」이다.

5 원주 한조漢朝에서 흉노 군왕에게 준 '금수의錦繡衣'가 그러하다. 이런 형태는 남조 이래로 일정한 제도로 정착하여 특별하게 직조한 '번객금포蕃客錦袍'이다. 당대 서촉西蜀과 광릉廣陵에서 매년 특별히 직조한 번객금포가 출토되었는데, 실물을 보면 그 양식이 시종 비슷했다

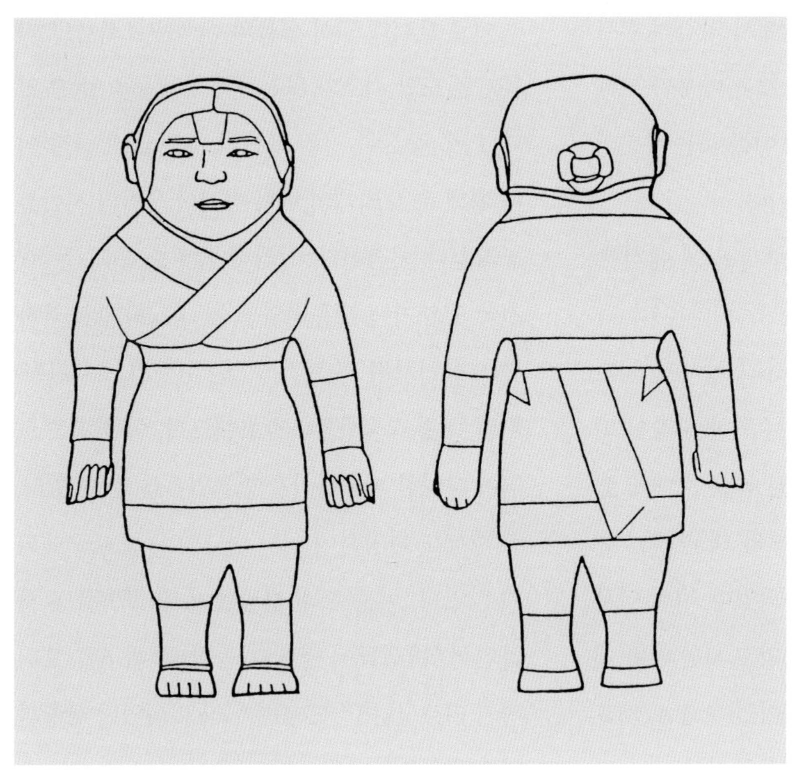

삽도10 낙양 금촌 한묘에서 출토된 것을 알려진 은으로 만든 인형(은인銀人)

목 민족에서 유래한 것이 아니다. 무양武梁 석각에 새겨진 하우夏禹, 전욱顓頊 등 고인들의 도상圖像과 옷차림이 대동소이하기 때문이다. 이러한 석각의 옷차림은 한인들이 억측으로 만든 것이 아니라 분명 모본이 있었을 것이다. 근년에 안양 부호묘에서 새로 출토된 몇 점의 상대 옥석 인형은 좁은 소매에 무릎까지 내려오는 옷을 입고 있는데, 상당히 사실적이고 구체적으로 당시 옷차림을 반영하고 있다. 인형 의복에서 보이는 연속적인 방형 문양矩紋의 견직물 문양은 상대 청동기 및 백색 도기의 문양과 같으며, 모두 당시 두 가지 또는 채색 직조 문양과 근사하다. 이외에도 간격을 둔 줄무늬 방식으로 네모나게 접혀 회전하는 구름 문양간격조자식방절회선운문間隔條子式方折迴旋雲紋이 있는데, 상대 방형 동정銅鼎과 백도호白陶壺에서 이와 동일한 방식의 문양이 발견된다. 이러한 유사성은 결코 우연이 아니다. 그림에 나오는 여러 인형의 허리에 묶여 있는 띠는 가죽으로 만든 혁대에 갈고리처럼 생긴 구鉤를 단 것이 아니라 명주 띠를 나비 형태로 매듭을 졌다. 이 역시 주목할 부분이다. 이러한 매듭 방식은 『시경』에 나오는 "고삐를 잡는 것이 실끈 잡는 듯하다執轡如組"는 말에서 약간의 힌트를 얻을 수 있다. 당시 마차를 끄는 마부가 고삐를 잡는 부분이 그림에 나오는 띠를 묶는 부분과 서로 비슷하다는 뜻이기 때문이다.

춘추·전국 이래로 유가가 주창한 옛 예제禮制가 대두되면서 크기가 넉넉한 옷에 넓은 띠, 즉 관의박대寬衣博帶가 직접 노동하지 않아도 먹고 살 수 있는 통치 계급 남녀의 존귀한 상징이 되었다. 상층 사회 사람들은 점점 좁은 소매에 짧은 상의와 멀어졌으며, 단화短靴와 대구帶鉤는 유목 민족 특유의 양식으로 간주되었다. 사실 이른바 '호복'은 상·주대 노동하여 먹고 사는 일반 백성들과 병사들이 주로 입는 옷이었다. 출토 재료가 상당히 많은 것으로 보아 '호복기사'라는 말은 기병들이 비교적 대규모로 착용하기 시작하면서 그 영향력이 크고 구체적이었다는 점에 착안한 것인지도 모른다.

하남 신양信陽 2호 초묘楚墓에서 출토된 채색 젊은 부녀 목용그림 11 : 정면과 후면, 측면은 조각 기술이 비교적 간단하지만 옷차림을 정교하게 가공한 부분에서 우리들에게 새로운 문제를 던져주고 있다. 예를 들어 옷깃과 소매는 서로 다른 소재를 사용하고 재봉 방법도 달리하여 비교적 뛰어난 예술 효과를 얻고 있다. 허리를 묶는 큰 띠와 옷깃을 돌려 아래까지 내려오는 요금繞襟의 테두리를 장식한 견직물이나 문양도 서로 달라 전체적으로 의복의 문양이 정교하고 엄밀하며 또한 다양하다.

이로 보건대 당시 실물의 배색은 조화롭고 아름다워 도안 직조와 완전히 부합했음을 알 수 있다. 더욱 중요한 것은 목용의 가슴 앞에 달린 여러 형태 옥 노리개의 배합 방식이 우리의 시야를 넓혀준다는 점이다. 이러한 실물을 통해 춘추·전국 교체기에 색유리와 옥에 정교하게 조각하고 꽈배기처럼 꼰 형식마화교식麻花絞式의 치우환蚩尤環 및 대형 옥황玉璜이 출현했으며, 이를 끈으로 엮어 다양한 패용장식을 만들었음을 알 수 있다. 그 형태도 다양하여 어느 하나의 격식에 구애되지 않았다. 이는 후대 사람들이 대구帶鉤를 묘사하면서 "빈객들이 당에 가득한데, 대구를 보니 각기 다르구나賓客滿堂, 視鉤各異"라고 읊었던 상황과 비슷하다.

삼례三禮의 구설에 따르면, 고대 옥 노리개옥패玉珮제도의 표준화, 규격화는 오로지 예제에만 적용할 수 있다. 춘추·전국시대에 이르자 군자君子들은 특별한 일이 없는 한 옥을 몸에서 떼지 않았다君子無故玉不去身. 그것은 한편으로 인격의 상징이었고, 다른 한편으로 일종의 완상물玩賞物이었다. 낙양 금촌金村 한묘의 패옥 한 벌이나 삼문협三門峽 괵국虢國 분묘에서 출토된 패옥 한 벌도 모두 제도에 부합하지 않는다. 전자는 지나치게 간단하고, 후자는 지나치게 복잡하기 때문이다. 특히 하남 휘현에서 출토된 옥물 가운데 조탁이 매우 정교하고 양쪽 짐승의 머리를 움직이게 만든 대형 백옥 용황龍璜과 눈부시도록 아름다운 색유리 및 백옥 치우환이 어떻게 한 벌의 노리개로 조

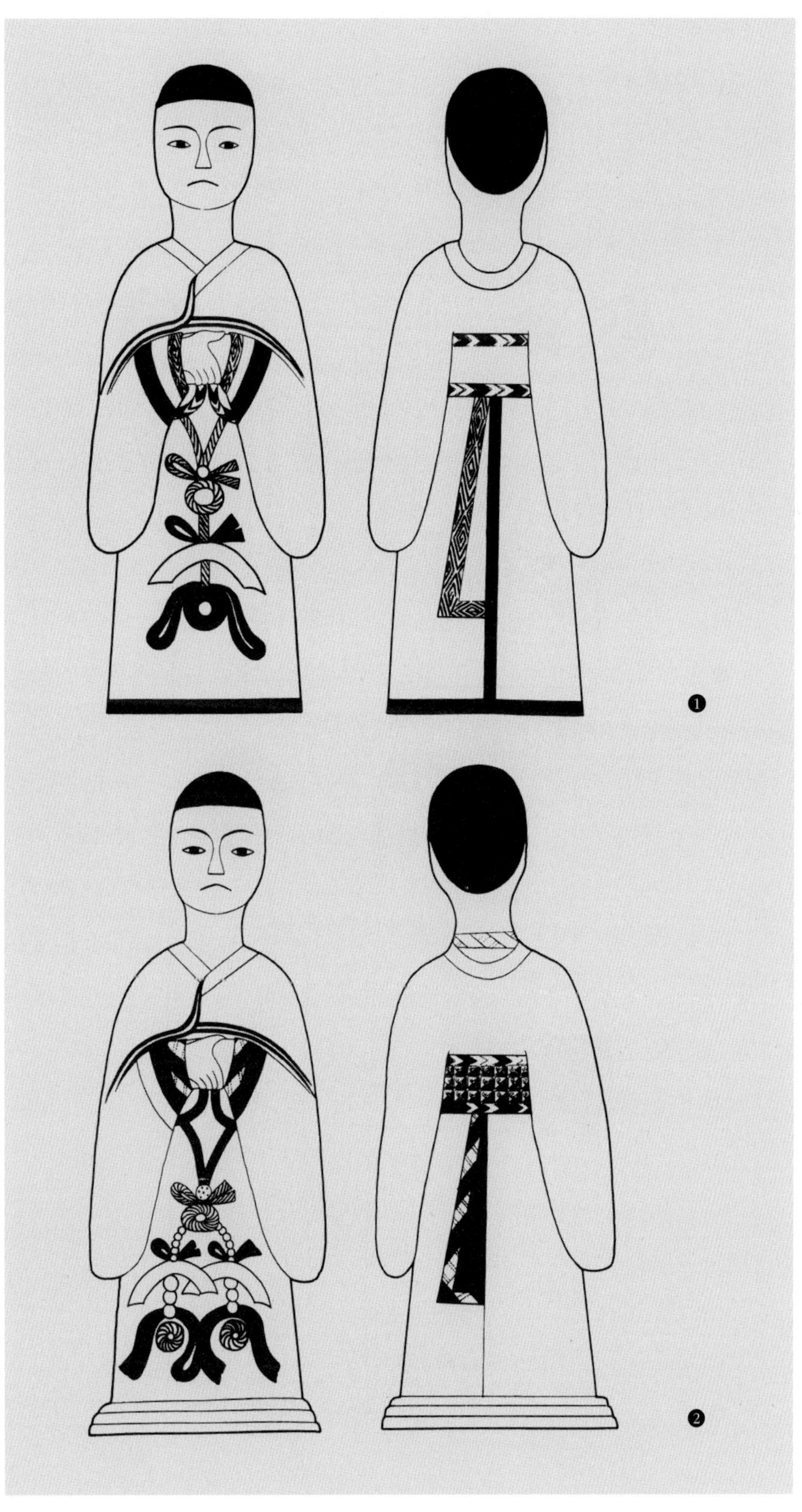

삽도11 초묘 채색 목용

❶~❺ 신양 출토

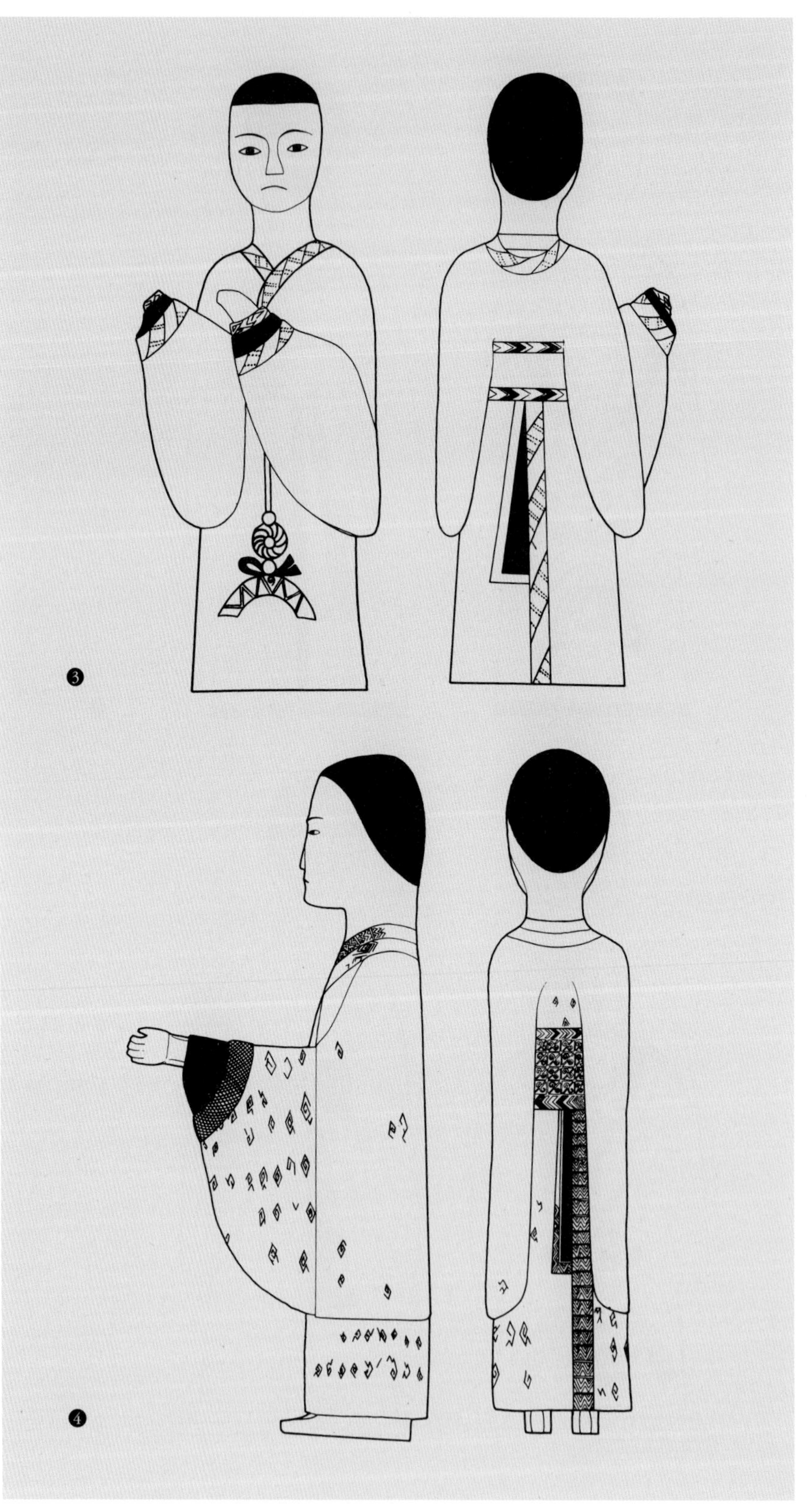

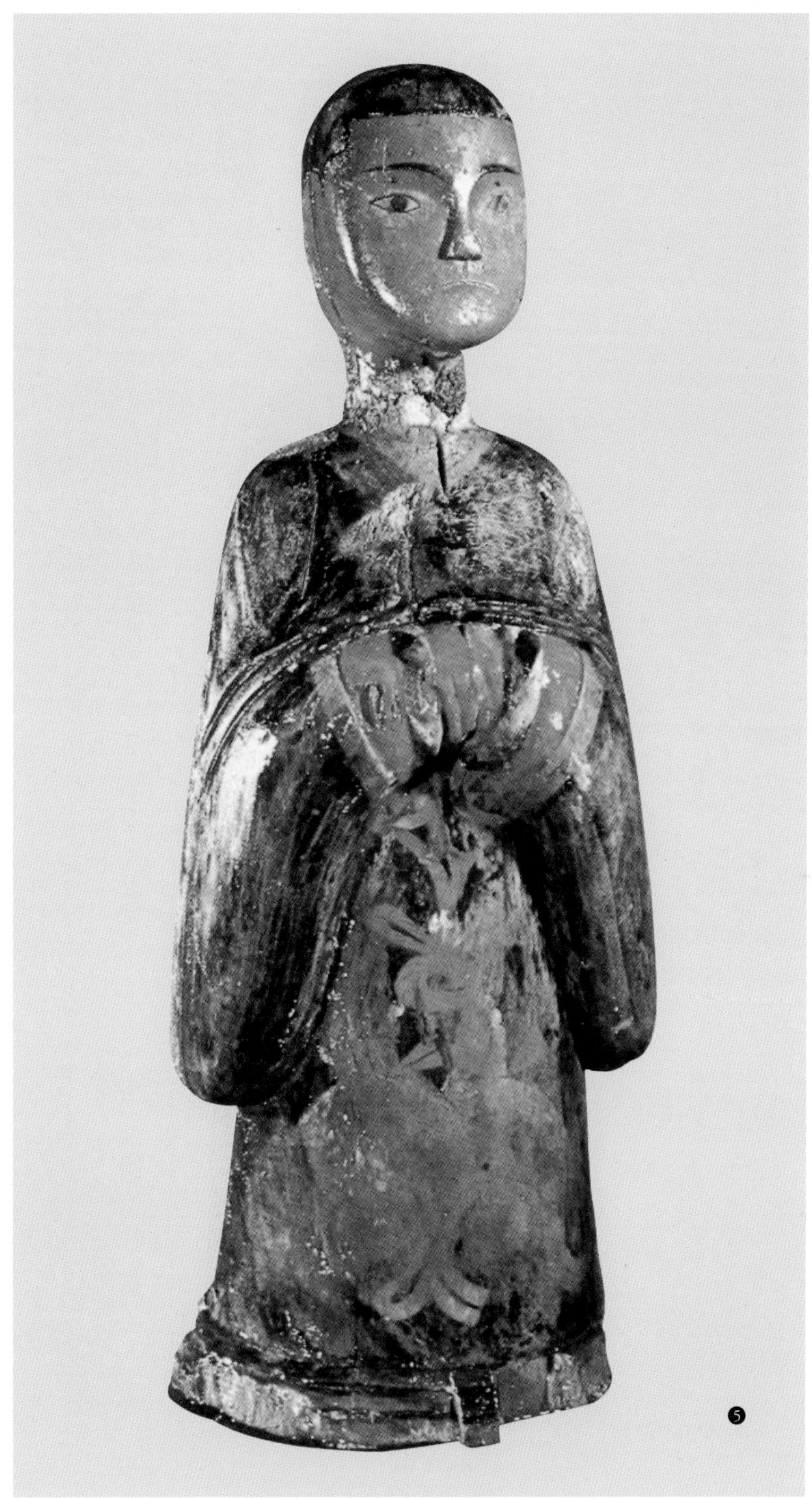

삽도11 초묘 채색 목용
❻ 호북 강릉 출토

합될 수 있는지, 당시 어떻게 사람의 몸에 패용했는지 정말 상상하기 어렵다. 이런 점에서 이번 그림의 예는 진귀한 장식품의 예술적 효과가 결점이 없다고 할 정도로 완미하여 이상적이라는 생각이 든다.

그 가운데 소매가 큰 부녀자의 옷에 달린 장식 문양 일부삽도 11:4는 견직물에 나오는 기아문綺絅紋으로 초묘에서 일부 실물의 잔해가 출토되었다. 이는 전국 초나라 방식의 동경銅鏡 문양과 마왕퇴 한묘에서 출토된 채수의彩繡衣, 화려하게 자수를 놓은 옷의 문양에서도 운기문雲氣紋에 섞여 등장한다. 주더시朱德熙 선생의 의견에 따르면, '기綺' 또는 '아絅'자는 초나라 죽간에도 나온 적이 있다. 이처럼 초나라 문물 중에서 청동, 칠기, 섬유 등에 대량으로 반영되고 있는 특별한 도안은 비교적 이른 시기에 초나라 장인들의 손에서 창조된 것으로 보인다.

또 다른 목용삽도 11:6은 근년에 호북 강릉 초묘에서 출토되었다. 몸매가 늘씬하고 옷맵시가 특이하며, 가슴 앞에 두 벌의 패옥 장식을 병렬로 늘어뜨리고 있는데, 배열이나 묶는 방식이 상당히 구체적이다. 『초사楚辭』에 보면 "네 가지 실로 짠 화려한 비단 끈에 아름다운 옥구슬로 휘장을 꾸몄네",[6] "채색 구름 문양 옷은 치렁치렁 늘어지고, 허리에 매단 옥패는 달랑달랑 흔들리네"[7]라는 구절이 나오는데, 이런 모습과 잘 어울린다. 옷은 옷깃이 서로 교차하고 소매가 좁은 형태이다. 수전의水田衣[8]처럼 옷감 조각을 서로 붙여 만들었는데, 좌우 대칭이나 색깔이 서로 다르다. 중산국 옥조玉雕 인물이 입고 있는 바둑판 문양기격문棋格紋의 옷과 비슷하지만 실제는 다르다.삽도 9:2 이런 형태는 분명 모본이 있을 것인데 춘추시대 '편의偏衣'[9]가 이에 가까운 것 같다. 『좌전』 민공閔公 2년기원전 660년에 진晉나라 헌공獻公이 태자 신생申生에게 군사를 이끌고 동산東山의 고락씨皐落氏를 정벌하도록 했는데, "공이 태자에게 편의를 입고 금결을 차도록 했다公衣之偏衣, 佩之金玦". 주석에 따르면, "편의는 「진어晉語」『국어國語』에서 '편독지의偏裻之衣'라고 한다. '독'은 옷의 뒷길을 맞붙여 꿰맨 솔기, 즉 등솔기를 말한다. …… 여기서 구분하여 좌우를 다른 색깔로 만든 옷을 일러 '편독지의'라고 하며, 간단히 '편의'라고 한다".

하지만 당시 중원 지역에서는 이런 복장이 전통적인 법도에 맞지 않는다고 하여 "색이 뒤섞이

---

6 『초사』「초혼招魂」"纂組綺縞, 結琦璜些". 찬纂은 붉은 끈, 조組는 비단 끈, 기綺는 평직 바탕에 능직으로 무늬를 짠 비단이고, 호縞는 흰색 비단이다. 기황琦璜은 모두 아름다운 옥 이름이다.

7 『초사』「구가九歌」「대사명大司命」, "靈衣兮被被, 玉佩兮陸離(瑠璃)".

8 수전의水田衣, 일명 백납의百衲衣, 두배답斗背褡이라고 한다. 각양각색의 자투리 원단을 이어붙여 만든 옷으로 옷의 색채가 서로 엇갈려 마치 논과 같다고 하여 붙여진 이름이다. 당대에 가사袈裟를 만들 때 많이 쓰였기 때문에 가사의 다름 이름으로 사용되기도 한다.

9 편의는 두 가지 색깔을 합성하여 만든 옷이다. 『사기』「진세가晉世家」, "태자가 군사를 통솔하자 헌공은 그에게 좌우가 서로 다른 편의를 입고 금결을 차도록 했다(太子帥師, 公衣之偏衣, 佩之金玦)".

고 형태가 기이하여 일상적이지 않아尨奇無常" 불길한 일을 초래하는 기이한 복장으로 간주했다. 그래서 『주례周禮』에 따르면, 혼인閽人, 문지기의 직무 가운데 하나는 "기이한 복장에 괴이한 사람은 궁에 들어오지 못하게 하는 것이었다奇服怪民不入宮". 그러나 전국시대 특히 남방에 있는 초나라는 중원과 정황이 달랐다. 문화 수준도 비교적 높고 예제禮制 면에서 금기가 적었다. 예를 들어 삼려대부三閭大夫였던 굴원은 관이 높고 기이한 옷을 좋아하여 나이가 들어서도 마다하지 않았으며, 초 문왕은 해관獬冠, 해치관을 좋아하여 온 나라 사람들이 이를 따라했다. 그래서 복장 방면에서 새로운 시도가 가능했고, 또한 다양하게 발전하고 유행할 수 있었다. 앞서 인용한 초나라 용俑의 경우도 의복의 색채 대비가 강렬하여 멀리서도 쉽게 눈에 띈다. 마치 요즘 등산복이나 스키복이 알록달록하여 눈에 쉽게 띄는 것과 마찬가지이다. 이런 점에서 당시 복식이 얼마나 다양했는지를 알 수 있다.

007

전국戰國 초묘楚墓 칠슬漆瑟에 그려진 수렵, 악부樂部와 귀족

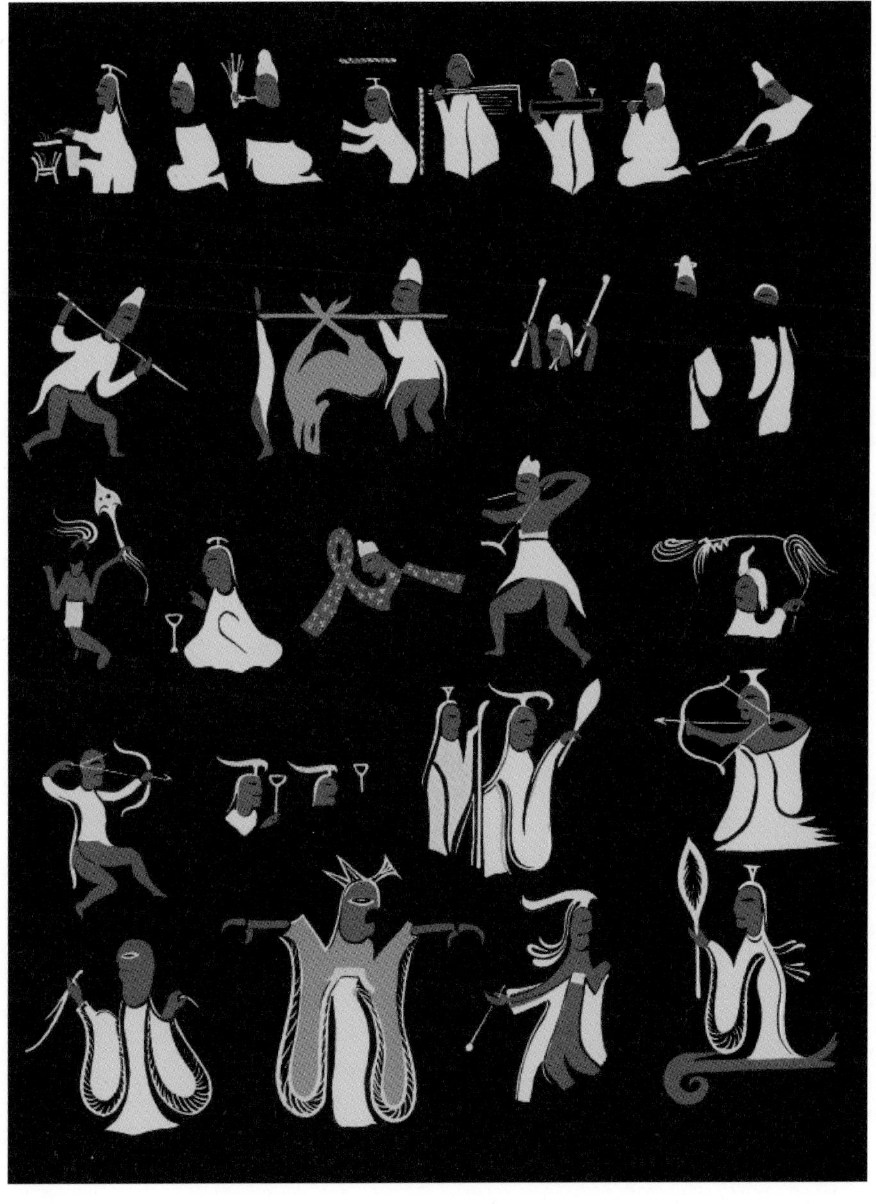

그림24 (춘추전국) 칠금漆琴에 나오는 채색 사냥꾼, 악사, 무사巫師, 귀족(하남 신양 장대관長臺關 초묘 출토)

그림 24는 하남 신양 초묘 발굴보고서에 게재된 것으로 현재 출토된 문물 가운데 채색 칠기에 묘사된 고대인의 비교적 이른 시대 생활상을 보여주는 자료이다. 재료 가공이나 공예 조건의 한계로 인해 인물 형상이 비교적 간단하여 윤곽만 그렸기 때문에 이보다 이르거나 또는 동시대의 옥기, 석기, 도기, 목기의 입체 형상에 비해 구체적이지 않다.삽도 11 하지만 비교 연구에 상당히 중요하며 깨우침을 얻기에 충분하다.

상부에는 수렵, 악무 및 몇 명의 귀족이 등장한다(이외에도 무술巫術이나 시축尸祝하는 모습이 보인다). 그림은 고슬古瑟 상부 네 모서리에 그려져 있는데 일종의 장식이다. 실물은 이미 절반 넘게 훼손되고 채색 부분도 불완전하다. 하지만 지금까지 출토된 고대 인물화 가운데 하나로 당시 사회 생활의 다양성을 반영하고 있다. 시대는 춘추·전국시대이며, 근년에 장사와 강릉에서 발굴된 초묘의 칠기 채색화와 백화帛畫, 삽도 14보다 약간 이르다. 그림에 나오는 인물의 의복은 엽호獵戶, 사냥꾼, 악인樂人, 귀족 등 세 가지 서로 다른 신분을 표현하고 있다.

엽호, 즉 사냥꾼은 일률적으로 짧은 상의단의短衣에 몸에 꽉 끼는 바지를 입고 머리에 송곳처럼 뾰족한 모자또는 붉은색으로 무두질한 가죽모자인 위변韋弁를 쓰고 있다. 악무인의 형태는 일부만 남아 있으나 소맷부리가 길다는 것을 알 수 있다. 이는 한비韓非, 한비자가 "소매가 길면 춤을 잘 출 수 있다"[1]고 말한 것에 부합한다. 여기서 알 수 있다시피 한대 전석화磚石畵, 화상석을 말함에 묘사된 사냥꾼이나 악사의 옷차림 역시 춘추·전국시대 이래의 양식과 서로 같았다. 그림에 나오는 악사는 인원수가 비교적 많은데, 그 중에 한 명이 가로로 놓인 북을 치는 모습이 나온다. 북을 받치는 기둥이 북의 중간을 관통하고 있으며, 상부에 유소流蘇와 우보羽葆[2]가 사방 아래로 늘어뜨려져 있어 바람에 휘날리고 있다. 이는 한대 석각 벽화에서 보이는 그림과 유사하니 한나라 건고建鼓, 궁중에서 사용하는 큰 북의 기본 양식이 기원전 4, 5세기에 이미 초보적으로 만들어졌음을 알 수 있다. 악사 가운데 한 명은 큰 횡적橫笛을 불고 있으며, 다른 한 명은 생황笙簧을 불고 있다. 전하는 말에 따르면, "묵자가 초나라를 지날 때 비단 옷을 입고 생황을 불었다墨子過楚衣錦而吹笙"[3]고 하는데, 이는 어떤 지역에 가면 그 지역의 습속을 따라야 한다는 뜻이다. 이렇듯 생황은 당시 초나라 사람들이 즐겨 연주한 악기였다. 『장사견문기長沙見聞記』[4]에 초묘에서 출토된 포생匏笙, 박으로 만든 생황에 대한 언급이 보이고, 근년에 장사 마왕퇴에서 한나라 초기의 것으로 보이는 대우大竽, 큰 피리와 율관律管, 음의 높이를 정하기 위하

---

1 『한비자韓非子』「오두五蠹」, "소매가 길면 춤을 잘 출 수 있고, 돈이 많으면 장사를 잘할 수 있다(長袖善舞, 多錢善賈)".

2 유소流蘇는 수레나 깃발, 장막 등의 가장자리에 장식으로 늘어뜨리는 술의 일종이고, 우보羽葆는 새의 깃으로 장식한 화개華蓋인데, 여기서는 새의 깃 장식을 뜻한다.

3 『여씨춘추』「귀인貴因」, "묵자가 초나라 형왕을 알현할 때 비단옷을 입고 생황을 분 것은 습속에 순응한 것이다(墨子見荊王, 錦衣吹笙, 因也)".

4 저자가 누구인지 불명이다.

여 쓰던 원통형의 관 일부가 발견되었는데, 보존 상태가 매우 양호하다. 비록 같은 종류의 모형일 뿐이나 당시 음악 제도를 증명하는 데 유효하다. 형태는 지금의 서남 묘족이 즐겨 사용하는 조롱박호로葫蘆처럼 생긴 생황과 거의 차이가 없다. 쟁箏, 거문고 비슷한 13현의 악기이나 슬瑟, 큰 거문고을 연주하는 악사는 악기 부분이 거의 보이지 않을 정도로 훼손된 상태로 악기를 비스듬히 눕혀 연주하는 모습만 보인다. 하지만 한대의 석각에서 이런 연주 자세를 흔히 볼 수 있다.

경磬을 치는 모습도 보이는데, 물체를 매달 수 있는 시렁인 현가懸架 아래 경쇠를 치는 모습이 청동기에서 종鐘이나 경磬을 매달아놓고 연주하는 모습과 같다. 그림은 비록 절반 넘게 훼손된 상태이나 현존하는 그림 가운데 최초로 악무를 반영하는 채색화임에 틀림없다. 이를 장사 초묘에서 출토된 악용樂俑이나 새로 출토된 그 밖의 채색 악사樂師 목 용, 해방 이후 하남, 산동, 사천 등지에서 출토된 박질薄質 동기에 새겨진 종이나 경을 치는 사람들의 형상 및 한 대 석각 그림과 채색 악사용樂師俑의 형상과 비교하면 상당히 유용한 지식을 얻을 수 있다. 춤을 추는 무인舞人은 보통 한 명이거나 많으면 두 명인데, 한대부터 당·송대에 이르기까지 크게 변함이 없었다.종묘나 궁정 등 특별한 경우에는 더 많아졌다.[5] 악사나 사냥꾼이 머리에 쓴 모자는 대부분 송곳처럼 뾰족한 형태인데, 후대의 혼탈모渾脫帽 또는 호공모胡公帽의 형태와 유사하다.

신분이 비교적 높은 통치자는 몸통과 소매통이 넓은 포의박수褒衣博袖 차림으로 혼자 길고 좁은 걸상인 탑榻에 홀로 앉아 깃털처럼 생긴 삽선翣扇을 들고 있다. 관의 형태는 세 가지인데, 하나는 높고 정수리 부분이 평평하며 모자 허리 부분이 가느다란 관으로 원대 귀족 부녀자들이 쓰던 고고관罟罟冠과 비슷하며, 진한秦漢 시절의 공심전空心磚에서 볼 수 있다. 이러한 형태는 북조 말기까지 이어졌으며, 고구려高句麗 고분에 나오는 학을 타고 사슴을 모는 선인 역시 이와 유사한 높은 관을 쓰고 있다.그림 13 한인이 그린 〈열선도列仙圖〉에도 이런 형태의 관을 쓴 선인이 등장한다. 다른 한 종류는 앞쪽에 두 개의 뿔이 있고, 뒤쪽에 까치 꼬리와 같은 것을 늘어뜨린 형태이다. 근년에 발견된 세각문박細刻紋薄 동기銅器를 보면 전사들의 머리에서 이런 형태의 관을 볼 수 있다. 세 번째 형태는 위에 한 마리 새가 자리하고 뒤에 꼬리같은 것이 달려있다. 사서에 보면 '남관南冠'이나 '초수楚囚'라는 말이 나오는데, 죄수를 뜻하는 '수囚' 자를 쓰기는 했으나 딱 보기에도 통치자 신분의 사람이 쓰는 것임을 알 수 있다. 아마도 세 번째 형식의 관이 이와 유사할 것이다.

『묵자』에 보면, "예전에 초나라 장왕은 화려한 관을 쓰고 비단으로 만든 관끈을 매고, 재봉한

---

5 그렇다면 팔일무八佾舞 등은 어떤 경우인지 의문이 든다. 『논어』에서 볼 수 있다시피 제후는 물론이고 대부들조차 집안에서 팔일무를 추었기 때문이다.

넓은 옷을 입고 나라를 다스렸는데, 나라가 잘 다스려졌다"[6]라는 문장이 나오고, 『장자』에 보면, "옛날에 도술을 닦은 사람들 중에 이런 주장을 하는 이들이 있었다. 송견과 윤문이 이런 학설을 듣고 좋아하여 상하 폭이 균등한 화산관華山冠을 써서 자신들의 마음이 그와 같음을 표시했다"[7]라고 했다. 또한 『회남자淮南子』에 보면 "초나라 문왕이 해치관을 쓰는 것을 좋아했는데, 초나라 사람들이 이를 본받았다"[8]고 했다. 해치는 뿔이 하나 달린 신수神獸로 사악한 것을 보면 뿔로 들이받았다고 하여 한대 어사御史들의 관으로 사용하기도 했다. 이외에도 『초사』에 보면 "관이 구름을 가르고 올라갈 정도로 높았다"[9]는 말이 나온다. 이러한 기록에 의하면 초나라 사람들이 머리에 쓰던 관은 다른 지역과 크게 달라 색채가 특히 화려하고 상당히 높았음을 알 수 있다. 그림에 나오는 몇 가지 관의 형식은 비록 명칭을 확정하기 어렵지만 그것이 춘추·전국이래로 초나라 사람들이 흔히 쓰던 관의 모습이었다는 것은 대체로 틀림이 없다. 물론 당시 중원 여러 나라의 습속과 달랐음이 확연하게 드러난다.

그림 24에 보면, 옷의 몸통이나 소매통이 크고 넓은 옷을 입고, 두 손을 높이 쳐들었으며, 손이 새의 발톱처럼 생긴 사람이 나오는데, 아마도 무술을 행하고 있는 듯하다. 관 앞에 두 개의 뿔이 있고, 까치꼬리처럼 길게 삐친 것이 달려있다. 당시 비교적 흔한 양식에 속하는 것 같다. 근년에 산서, 하남, 하북, 강소, 사천 등지에서 출토된 얇은 바탕에 섬세하게 문양을 새긴 동기銅器 및 상감한 동기 등 사회 생활을 주로 반영하고 있는 기물 중에서 똑같은 모양의 관을 쓴 인물상이 많이 나왔기 때문이다. 어떤 것은 음악을 연주하고 사례射禮를 거행하는 것도 있는데, 물론 전사戰士도 있다. 각종 신분이 서로 다른 사람 머리에서 발견되는 것으로 보아 당시 보편적으로 사용하여 지역성이 적었음을 알 수 있다. 한대 석각이나 회화에는 이미 보이지 않으니 필시 진이 전국을 통일한 후에 소멸되었을 것이다. 근인의 발굴 보고에서 이를 '작미관鵲尾冠'[10]으로 통칭하고 있는데 검토할 필요가 있다.그림 30, 31

6 『묵자』「공맹公孟」, "昔者楚莊王鮮冠組纓, 絳衣博袍, 以治其國, 其國治".

7 『장자』「천하」, "古之道術有在於是者, 宋鈃(묵자의 제자)尹文聞其風而悅之, 爲作華山之冠以自表".

8 『회남자』「주술훈主術訓」, "楚文王好服獬冠, 楚國效之".

9 『초사』「구장九章」, "冠切雲之崔嵬".

10 작미관鵲尾冠은 일명 '장관長冠', '재관齋冠'이라고 부른다. 『한서』「고조기」에 따르면, 한나라 고조 유방劉邦이 정장亭長 시절에 죽순 껍질로 만들었다고 하여 '죽피관竹皮冠' 또는 '죽엽관竹葉冠'이라고 부르며, 한나라 유방劉邦이 처음 만들었다고 하여 '유씨관劉氏冠'이라고 부르기도 한다. 하지만 저자는 이에 대해 반대의 입장인 듯하다. 원문에는 이에 대해 "검토할 가치가 있다似值得商討"고 했으나 긍정적인 뜻에서 말한 것이 아니다.

삽도12 기남沂南 한묘 석각 건고建鼓

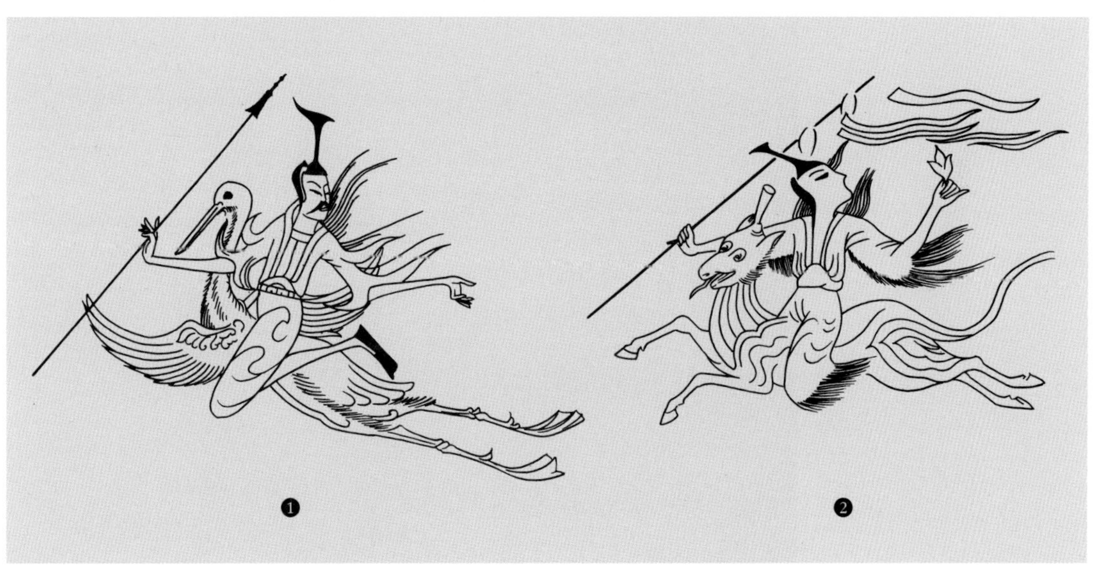

삽도13 집안集安 고구려 분묘 벽화

❶ 학을 타고 있는 선인

❷ 선인과 천록天鹿

전국 백화帛畫 부녀자

그림25 (전국) 구름 문양 수의繡衣를 입고 머리를 틀어 올린 梳髻 부녀자를 그린 백화(장사 진가대산陳家大山 초묘 출토)

삽도14 장사 자탄고子彈庫(탄약고) 초묘 백화

백화는 장사 초묘楚墓에서 출토되었으며 호남박물관에 소장되어 있다. 현재 세계에서 가장 오래된 비단에 그려진 중국 부녀화로 예술적 가치나 역사적 가치가 매우 높다. 삽도 14는 근년에서 새로 출토된 한 자 크기의 백화로 남자가 용을 몰고 하늘로 올라가는 모습을 그렸다. 양자 모두 죽은 사람의 생전 모습인 것으로 보인다.

그림 상부에는 힘찬 날갯짓을 하며 구름을 뚫고 나는 봉새가 그려져 있으며, 앞쪽에는 도마뱀처럼 생긴 용이 자리하고 있다. 용의 다리가 분명치 않아 하나만 그려놓은 것처럼 보인다. 그래서 모사본이 나왔을 때 '기일족夔一足'[1]의 내용을

1 『여씨춘추』「찰전察傳」에 따르면, 황제 시대에 동해에 소처럼 생겼는데 머리에 뿔이 없고 다리가 하나뿐인 괴수가 나타났는데, 이름을 기夔라고 했다. 요 임금 시절에

반영한 것으로 오인하고 잘못 해설했다.삽도 15 사실 원래 그림에는 네 발은 모두 갖추고 있다. 이런 유형의 장식 도안은 춘추·전국시대에 다양한 공예품에 반영될 정도로 보편적이었다. 칠기에 나오는 구름과 용봉龍鳳 도안은 활발하여 생동감이 넘치고 다양하여 예술적 효과가 뛰어나다.

그림에 나오는 부인은 옆모습을 하고 있는데, 의상에 몇 가지 특징이 있어 주목할 만하다.

첫째, 위에 불규칙적인 구름 문양으로 장식하고 옆에 짙은 색으로 넓은 테두리를 더했다. 초묘 남녀용에서 흔히 발견되는 형태로 "옷에 수繡를 놓고 가장자리를 비단으로 장식한다衣作繡, 錦爲緣"는 말에 부합한다. 이는 춘추·전국 및 한대 귀족 남녀 의복에서 흔히 보이는 통상적인 양식이다.그림 26 그림에 나오는 이는 사람이지 신이 아니다. 『이아爾雅』 「석의釋衣」에 따르면, 소매통袖身이 넓은 부분을 '메袂'소매에서 아래쪽으로 주머니처럼 늘어진 부분라고 하고, 소매 입구袖口 오그라진 부분을 '거袪'소맷부리, 옷소매의 아가리라고 한다. 그림에서 보이는 것은 신양 초묘에서 출토된 채색 여성 목용木俑, 삽도 1과 거의 비슷하며 양식도 비교적 표준적이다. 입구가 작은 큰 소매를 비파의 불룩한 모양을 닮았다고 하여 속칭 '비파수琵琶袖'라고 하는데 한대에도 여전히 바뀌지 않고 그대로였다. 나중에 유희劉熙가 『석명釋名』에서 말한 바에 따르면, 소맷부리가 있는 것은 '포袍, 핫옷', 없는 것은 '삼衫, 적삼'이다. 이런 의복은 남녀 구분 없이 통칭하여 '포'라고 한다. 발굴에 참가한 이들이 언급한 것에 따르면, 신양에서 채색 용이 출토될 당시 건즐巾櫛, 수건과 빗을 든 시녀들이 악귀를 쫓기 위해 묘실에 세워둔 대형 괴수 양쪽에 2열 8줄로 나열되어 있었다고 한다. 이는 사람의 모습을 비교적 사실적으로 반영한 것이지 신을 과장되게 표현한 것이 아니다. 백화 그림의 부녀자 역시 예외가 아니다.

둘째, 허리를 견직물로 보이는 큰 띠로 묶었다. 이는 무소의 뿔로 만든 고리인 서비구犀比鉤[2]를 사용한 혁대가 아니다. 장사 초묘 채색 칠치漆卮, 칠기 술잔에 나오는 부녀자의 형상과 비슷한 것으로 보아 당시 사회 풍습을 반영한 것으로 보인다.그림 27 이는 일반적인 모습으로 당시 미적 표준이었다. 마료馬廖, ?~92년의 소疏[3]에 "초나라 왕은 가는 허리를 좋아하여 궁중의 여인들이 굶어죽는

음률에 정통한 이가 있었는데, 그의 이름도 기夔였다. 순임금이 그를 악정樂正에 임명했다. 춘추시대 노나라 애공이 공자에게 악정인 기는 발이 하나뿐이냐고 물었다. 공자는 악정 기가 육률六律을 바르게 하고 오성五聲을 조화롭게 하여 팔풍八風을 통하게 하여 천하가 크게 감복했다고 하면서 기와 같은 이의 재능이라면 한 사람으로 충분하다는 뜻에서 '기일족夔一足'이라고 한 것이지 다리가 하나라는 말이 아니라고 답했다. 이렇듯 기는 원래 다리가 하나밖에 없는 괴수이나 '기일족', 또는 '일기이족一夔已足'이란 말은 능력을 갖춘 사람 하나면 충분하다는 뜻이다. 여기서는 다리가 하나 밖에 없는 괴수의 뜻으로 썼다.

2 서비구犀比鉤는 무소의 뿔로 만든 고리로 지금의 버클과 같은 역할을 한다. 서비구犀毗鉤로 쓰기도 한다. 유목 민족에서 유래했다.

3 구체적으로 어떤 책의 주소注疏를 말하는 것인지 알 수 없다. 이는 한대 민가에 나온다. "오왕은 검객을 좋아하여 백성들이 (칼싸움을 하느라) 상처가 나는 일이 많았고, 초왕은 가는 허리를 좋아하여 (허리를 줄이느라) 궁중 여인들이 굶어죽는 이가 많았다(吳王好劍客, 百姓多瘡瘢. 楚王好細腰, 宮中多餓死)".

삽도15 장사 진가대산 초묘 백화(궈모러郭沫若의 『문사논집文史論集』 도판)

이가 많았다"는 이야기가 인용되어 있는데, 이는 당시 궁정의 현실 일부를 폭로한 것이라 할 수 있다. 하지만 가는 허리는 궁정에만 국한된 것이 아니었다. 새롭게 출토된 금촌의 옥조 무녀 몇 점에서도 확인할 수 있기 때문이다.[4] 삽도 11

셋째, 발계髮髻, 쪽진 머리가 뒤로 젖혀져 후세의 말발굽 형식銀錠式 또는 마안교식馬鞍翹式, 말안장처럼 앞이 튀어나온 형태처럼 튀어나왔다. 시대가 비슷한 부녀자의 머리 형식으로 하남 휘현輝縣에서 출토된 전국시대 동으로 제작된 작은 부녀용婦女俑의 발계 처리 형태와 비슷하다. 여산驪山에서 출토된 진대秦代 대형 도녀용陶女俑과 운남 석채산石寨山에서 출토된 한나라 말기 대형 청동 부녀궤상婦女跪像 및 또 다른 노예주의 형상을 보면, 발계의 위치와 모양이 매우 비슷함을 알 수 있다. 이렇듯 전국 초기부터 서한 말기까지 이러한 여성의 쪽 형식과 위치가 일반적이었다.

4 원주 신양 초묘에서 출토된 채색 용의 모사본을 보면 요대腰帶에 다양한 문양이 있고, 매우 정교하게 제작되었다.

넷째, 눈썹이 짧고 진한 것이 가공한 흔적이 확연하다. 이는 다른 초나라 용과 비슷하다. 『초사』「대초大招」에 보면 "분백대흑粉白黛黑"이란 말로 당시 여인들의 화장을 묘사했는데, 이는 지역적 특성을 반영하되 또한 일반적인 모습이기도 했다.

그림 25에 딸려 있는 또 다른 백화에는 남자가 용을 몰고 하늘로 올라가는 모습이 그려져 있다. 넓고 큰 포의袍衣를 입고 머리에 얇은 비단으로 만든 높은 관을 썼으며, 턱 아래 관끈纓을 맸다. 『한서』「강충전」에 보면 강충이 일상복으로 무제를 알현하는 대목이 나오는데, 이에 따르면, "강충은 자신이 직접 설계한 사곡단의를 입고, 연미복처럼 생긴 치마를 입고 허리 뒤에 장식을 늘어뜨렸으며, 머리에 깃털을 꽂은 보요관步搖冠을 쓰고 새 깃으로 만든 갓끈을 맸다"[5], 어쩌면 이것과 공통성이 있는 듯하다. 이 그림은 원래 황제가 승천했다는 전설에 근거하여 망자를 위해 그린 것이다. 그림에서 용 뒤편에 해오라기노사鷺鷥 한 마리가 서 있고, 앞에 물고기 한 마리가 그려져 있는데, 그저 화면을 장식하고 있는 것에 가까워 어떤 심원한 의미가 있는 지 알 수 없다.

5 『한서』「강충전」, "充衣紗縠禪衣, 曲裾, 後垂交輸, 冠禪纚步搖冠, 飛翮之纓".

전국 초묘 채색 목용木俑

그림26 (전국) 운문雲紋을 수놓고 비단으로 테두리를 한 곡거의를 입은 채색 부녀용(장사 앙천호仰天湖 초묘 출토)

삽도16 전국 초묘 채색용(장쉬엔이蔣玄佁(고고학자), 『장사長沙』)
❶❷ 남자용
❸❹ 여자용
❺ 목용木俑

장사 앙천호에서 출토되었으며, 현재 실물은 고궁박물원에 소장되어 있다.

해방 이래로 장사 초묘에서 대량의 채색 목용이 출토되어 고고학계에 춘추·전국 이래 초인들의 관건冠巾과 의복 및 생활에 관한 중요한 자료를 제공했다. 목용은 대략 네 가지 서로 다른 유형이 출토되었는데, 남녀 시종용侍從俑, 무사용, 기악용伎樂俑, 그리고 귀족용으로 구분할 수 있다. 앞에 세 가지는 망자 생전 노예들이고, 마지막 하나는 죽은 자와 혈연친족이거나 문무 관리이다. 기악용은 훼손 정도가 심해 사람 형상의 윤곽만 남아 있을 뿐이나 악대의 인원수나 악기 배열 상황에 관해 다른 지역에서 발견된 자료를 상호 비교하여 팔음八音을 조화롭게 합주할 수 있는 악기 배치가 이루어졌음을 확인할 수 있다.

무사용은 일부 비교적 완전하게 보존된 것이 있는데, 먹으로 그린 얼굴은 영기가 넘치고 개성이 선명하다. 눈썹은 짧고 진하며 눈은 크고 광대뼈가 돌출되어 있다. 아래턱은 짧고 삼각형처럼 뾰족하며 수염은 위로 치켜 올라간 형태이다. 실물은 비교적 간단하게 조각했으며, 의복의 무늬는 이미 부식되어 구체적이지 않다.삽도 16 다만 소량의 흔적을 통해 무사들이 단을 나눈 조자식條子式, 긴 막대 형태으로 채색한 가죽갑옷을 입었음을 알 수 있는데, 호랑이를 찌르는 모습을 착금한 동경銅鏡의 기사騎士와 비교하면 보다 명확한 인상을 얻을 수 있다.

그중에서 남녀 시종용은 분량이 상당히 많은데 보존 상태가 상당히 완전한 것도 적지 않다. 사서나 문헌의 기록과 대조한다면 분명 보다 유익한 정보를 얻을 수 있을 것이다. 한대 문화는 각 방면에서 초문화의 영향을 받았다. 우선 문학에서는 『초사』의 영향이 분명하고, 의복 분야에서도 '초의楚衣'나 '초관楚冠'의 영향을 무시할 수 없다. 다만 그 특징이 어디에 있는가에 대해서는 아직 말하기 어렵다. 하지만 초용楚俑에서 비교적 구체적인 인상을 받을 수 있다는 점은 분명하다.

동주東周 이래로 제로齊魯의 습속에 따른 몸통이나 소매통이 넓은 옷寬袍大袖과 선명하게 구분된다. 남녀 의복은 늘씬하게 보인다는 것 외에도 옷깃 가장자리領緣가 비교적 넓고 요금繞襟 형태로 옷깃을 빙글 돌려 아래쪽까지 내려오게 입는다는 특징이 있다. 옷에는 특히 붉은색과 녹색을 조화롭게 사용하여 매우 아름답고, 바탕 가득 구름 문양을 깔거나滿地雲紋 군데군데 구름 문양 또는 작은 꽃무더기 문양을 넣었다. 비교적 넓은 옷 가장자리에는 규칙적인 도안을 넣었다. 한 눈에 보기에도 의복에 문양을 넣기 위해 인장으로 찍기印, 그림그리기畵, 자수繡 등 다양한 방식을 활용했음을 알 수 있다. 옷 가장자리에 비교적 두터운 직금織錦을 사용한 것을 보면 문헌에 나오는 "옷에 자수를 놓고 가장자리를 비단으로 장식한다"는 말과 상응한다. 근년에 장사 마왕퇴에서 서한 초기 대형 색채용과 견직물로 만든 포복袍服이 출토되었는데, 세밀하고 얇은 옷감에 아름다운 수를 놓아 이미 상당한 수준에 이르렀음을 알 수 있다.그림 82, 삽도 54, 55

굴원은 자칭하길 "나는 어려서부터 기이한 옷을 좋아했다余幼好此奇服"고 했는데, 아마도 이런 유형의 옷이었을 것이다. 곡거의曲裾衣를 응용한 의복은 춘추·전국시대부터 한대에 이르기까지 계속 사용되었다. 하지만 초묘에서 발굴된 채색용과 실물을 통해서 비로소 재단 방식이 상당히 경제적이고 재료 처리 방식 또한 매우 실용적이었음을 확인할 수 있었다. 중남中南, 중국의 중부 남쪽 지역은 여름이 무덥기 때문에 의복 역시 얇은 기라綺羅나 사곡紗縠을 사용하고, 비교적 넓은 직면織綿으로 테두리를 하여 몸에 감아 입어도 행동하는 데 불편함이 없었다.

양웅揚雄은 『방언』에서 "금을 두른 것을 군이라고 한다繞衿謂之裙"고 했는데, 역대로 주석가들은

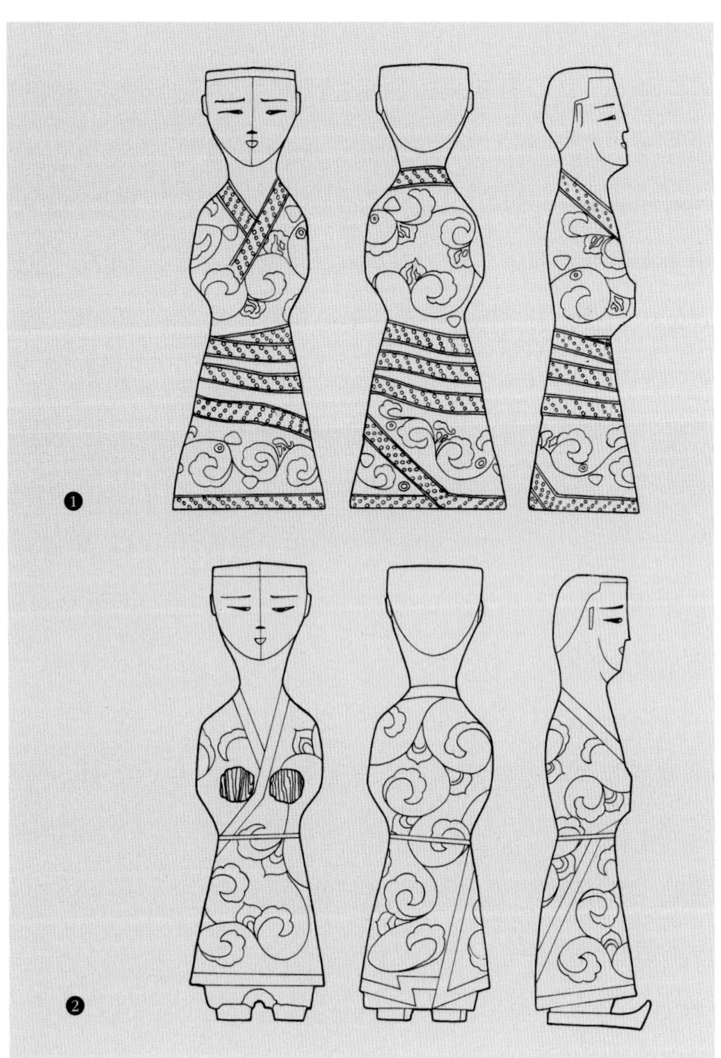

삽도17 운몽雲夢 서한 분묘에서 출토된 두 점의 채색 목용

'영衿'을 의령衣領, 옷깃으로 해석했다. 물론 의금衣襟으로 해석하는 경우도 있지만 의령으로 해석한 경우가 대부분이다. 그러나 실물 그림을 보면 요금繞襟, 즉 옷깃을 둘러 입었다는 것은 의심할 여지가 없다. 이런 옷차림은 한대에도 보편적인 형태였다.삽도 17

그림에 나오는 부녀자의 두발 부분에는 검은색만 남아 있는데, 두발 처리는 바뀐 것이 없는 듯하다. 신양 초묘 채색용과 상황이 비슷하다. 신양에서 출토된 또 다른 용을 보면 흐트러진 머리카락을 한데 모아 등 쪽에 붙이고 끝단을 명주 끈으로 단단히 묶었는데, 아래쪽으로 늘어뜨린 방식은 좀 더 연구해봐야겠지만 조옥 무녀와 비슷하거나 마왕퇴 서한 채색용과 비슷한 것 같다.삽도 18 어떤 일이든 외통수로 고립된 것은 없고 전후상하로 실마리를 찾다보면 나름의 규율이 존재하기 마련이다.

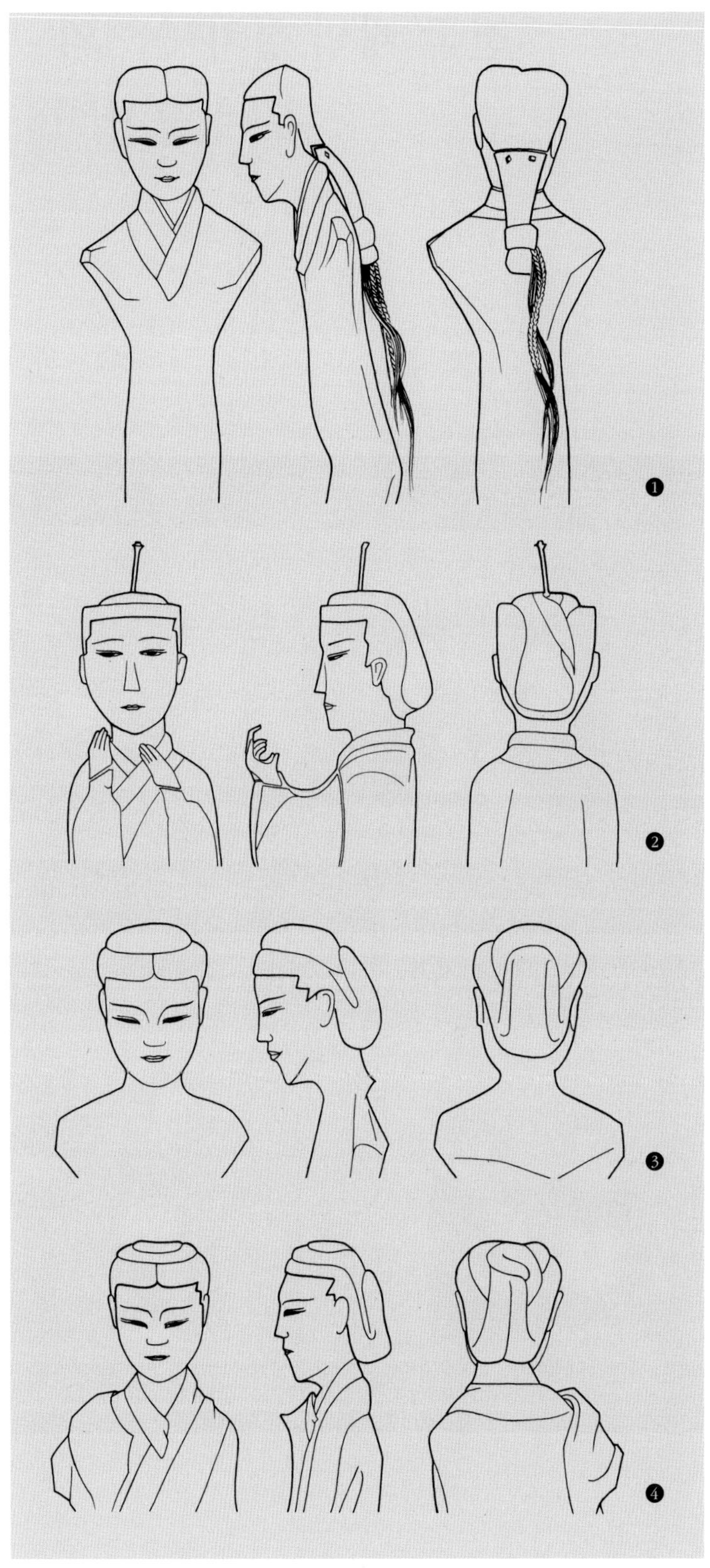

삽도18 장사 마왕퇴 1호 한묘 부녀용의 머리 형태

❶ 옷을 입은 여자 시종용侍從俑
❷ 피리(우竽)를 부는 악사용
❸ 가용歌俑
❹ 옷을 입은 여자 시종용

010

전국 채색 칠치漆卮, 술잔의 부녀 군상群像

그림27 **전국 채색 칠치의 부녀 군상**

옻칠을 입힌 술잔인 칠치漆卮는 장사 초묘에서 출토되었으며, 현재 남경박물관에 소장되어 있다. 앉거나 서 있는 남녀 11명이 그려져 있는데, 통칭 '무녀칠렴舞女漆奩'이라고 부른다.[1] 하지만 그 형태로 보건대 술을 마실 때 사용하는 술잔인 치卮이며, 시대는 늦어도 서한 초기의 것인 듯하다.

근인이 편찬한 『장사에서 출토된 초나라 칠기도록長沙出土楚漆器圖錄』[2]에 복원도가 실려 있다. 서언 5쪽에 보면 그림의 내용이 당시 사녀仕女의 풍속을 반영한 것이라고 적혀 있는데, 나름 이치에 부합한다. 또한 "전국시대 귀족 궁위宮闈, 궁궐의 어두운 일면을 반영하고 있다"고 하면서 "여자들이 대부분 부러질 정도로 가는 허리를 하고 있어 '초나라 왕이 가는 허리를 좋아하여 궁중의 여인들이 굶어죽는 이가 많았다'는 궁정의 잔혹한 상황과 상응하기 때문이다"고 했다. 하지만 이는 좀 더 논의가 필요하다. 그림에 나오는 몇 명은 남자이지 여자가 아닌 것 같다. 그림 오른쪽에 나오는 사람은 좌우로 벌린 두 손 사이에 뭔가 가로로 들고 있는 모습이 마치 가죽채찍을 들고 성내는 모습이기 때문이다. 어쩌면 춤을 가르치면서 무녀들을 학대하는 것처럼 보일 수도 있으나 증명할 만한 것이 부족하다.

실물을 자세히 분석해보면, 이른바 가죽채찍이란 것이 그저 칠기의 파열 흔적일 뿐이다. 부녀의 오른쪽 손은 약간 경사진 상태로 비스듬히 뻗어있다. 옆에 서 있는 여자들은 대부분 손을 모은 상태로 매우 공손한 느낌을 준다. 이는 전국시대 흔히 볼 수 있는 춤사위와 전혀 공통점이 없다. 또한 "사람들은 가벼운 생사素綃로 만든 옷을 입고 있으며, 땅까지 끌리는 긴 치마를 입었다. 의상衣裳은 검은 윗도리黑衫에 흰 옷깃을 하고 있다. 모자 모양은 여러 가지이며, 턱 아래쪽에 끈으로 묶었다". 사실 옷깃과 소매 아래 흰 부분은 면적이 넓고 텁수룩한 느낌을 주어 모피로 만든 것으로 보인다. 사람들이 쓰고 있는 모자로 볼 때 계절은 겨울이고 더운 여름은 아닐 것이다. 이는 또 다른 채색 주치酒卮에 그려진 인물의 옷차림을 통해 인증할 수 있다.삽도 19

칠기에 채색하는 것은 한계가 있기 때문에 옷을 검게 칠했으나 이것이 당시 비단 능금綾衾의 본래 색깔은 아니며, 윤곽만 나타낸 것일 터이다. 그렇기 때문에 백화나 채색목용보다 구체적일 수 없다. 여자들은 모자를 쓰고 끈으로 묶었는데, 이러한 모자 형식은 근년에 출토된 진한秦漢 시절의 무사의 경우와 유사하며, 옷깃이나 소매 가장자리 및 밑단하파下擺, 옷의 가장 아랫부분에 가죽 털을 노출시킨 형태皮毛出鋒는 모두 새롭게 발견된 것으로 사서나 문헌의 부족함을 보완할 수 있다.

앞서 말한 책에서 말한 내용에서 복원도의 그림이 전국, 진한 연간의 사회 생활이나 옷차림을 반영하는 중요한 재료의 일부라고 말한다면 별

1 염奩은 화장 도구를 넣는 상자를 말한다. '무녀칠렴'이라고 통칭한 것은 그것을 화장 상자로 보았기 때문이다. 그러나 저자는 술잔으로 보고 있다.

2 고고학자이자 서예가인 상청쭤商承祚가 편찬한 책으로 1957년 출간되었다.

삽도19 (전국) **겨울 복장으로 말을 탄 인물**
(장사 초묘에서 출토된 차마치車馬卮의 일부 채색 문양)

무리가 없다. 하지만 이를 계급 간의 억압 상황을 반영한 것으로 간주한다면 앞서 말한 사녀의 풍속도라는 말과 상호 모순되니 합당한 이해를 얻기 힘들 것이다.

011 전국 조옥雕玉 무녀舞女

그림28 (전국) **긴 소매에 곡거의를 입은 무녀 옥 조각품**玉雕 (낙양 금촌 한묘에서 출토되었다고 한다.)

하남 낙양 금촌金村 전국시대 한묘韓墓에서 출토되었다고 한다. 일본인[1]이 편찬한 『낙양금촌고묘취영洛陽金村古墓聚英』에 실려 있다. 그림 28에 나오는 대무하는 부녀의 모습은 조열組列, 하나의 끈에 꿰어 배열함 패옥의 일부분이다. 진품은 미국에 있다.

상·주 이래로 옥물玉物을 애호하고 중시했기 때문에 춘추·전국시대 옥공예 기술이 고도로 발전했다. 예제에 따르면, 조열패옥 역시 이 시기에

1 우에하라 스에지梅原末治, 1890~1983년, 일본 고고학자.

완성되었다. 다만 근대에 발굴된 대량의 옥물에 대한 분석에 따르면, 여러 개의 옥구슬을 꿰어 만든 패옥은 각양각색으로 예제의 속박에서 벗어나 있다. 이런 조옥雕玉은 형태가 예제에 부합하지 않으나 배열하는 방식이나 설계가 매우 정교하고, 황금 끈으로 꿰었다. 이는 지금까지 발견된 패옥 가운데 특히 예술 수준이 높고 대표성을 갖춘 패옥이다.

상부 무녀의 옷차림은 소매가 길고 좁으며, 소매 끝에 후대 희극 무녀 의상에서 흔히 볼 수 있는 수수水袖[2]와 유사한 장식을 부착하고 있다. 옷깃, 소매, 아래 다리 부분에 모두 넓은 테두리를 하고 가장자리寬沿를 지니며, 비스듬히 기울어진 치마에 옷깃을 두르고斜裙繞襟, 裙而不裳, 큰 띠로 허리를 동여맸는데, 이는 초나라 용俑과 서로 비슷하다. 이마의 머리카락은 균등하게 잘랐고, 양쪽 귀밑털鬢, 또는 뒷머리은 도마뱀의 꼬리蝎子尾처럼 구부러져 있는데, 상대 옥조 여인도 이미 똑같이 처리하고 있다. 아래 그림은 무녀 한 사람의 정면과 후면인데, 정수리에 모고帽箍[3]를 쓰고 있다. 비교적 앞선 상대 인형이나 이후 초나라 용도 모두 이와 비슷한 형상인 것으로 보아 당시 부녀들이 속발束髮하는 데 공통점이 있었음을 알 수 있다.(고대 관冠에 대해 "엎어진 잔처럼 만들었다制如覆杯"고 했는데, 이와 유사한 양식을 지적한 듯하다.) 두발 형식은 앞뒤로 일부 일정하게 잘랐으며, 뒤쪽으로 땋은 머리를 늘어뜨리고 군데군데 묶었다. 이런 양식은 서한시대 도용에서도 볼 수 있다. 또한 외고리單環를 하고 있는데, 이는 쌍고리를 간단하게 변형시킨 것으로 보인다. 또한 아래 원추형으로 늘어뜨렸다. 이러한 두발 양식 처리는 가무기歌舞伎에서 채용하고 있는 것과 유사하다.그림 20 고개지顧愷之의 『여사잠도』에서 일반 궁녀들의 땋은 머리도 두 갈래 고리를 만들어 뒤에 늘어뜨린 형태이다. 이를 통해 이 그림의 일부가 서한시대 그림을 모본으로 삼아 그린 것임을 알 수 있다. 서진시대 부녀자들은 이미 이런 머리 형태를 하지 않았기 때문이다. 그림에 나오는 춤추는 여인은 나이가 비교적 젊은데, 두발 부분은 가발髢髢을 쓴 듯 더부룩하다.

『관자管子』에 따르면, "하걸夏桀, 하나라 마지막 왕 시절 여악이 3만 명이나 되었는데, 단문端門의 노랫소리며 새벽까지 울리는 음악소리가 대로에서도 들릴 지경이었으며, 아름다운 문양을 수놓은 의상을 입지 않은 이가 없었다".[4] 또한 『국어國語』에 제환공齊桓公의 말에 따르면 제나라 양공襄公은 여색을 좋아하여 "궁중에 아홉 명의 비와 여섯 명의 빈, 신첩 수백 명이 있었는데, 먹는 것은 기장밥에 고기이고, 입는 것은 수놓은 옷이었다".[5] 물론 사서의 기록은 과장되어 실제와 다를 수 있

2 수수水袖는 일종의 한삼이다.

3 모고帽箍는 머리에 둘러매는 끈이나 줄로 모자 대용으로 사용하기도 한다.

4 『관자』「경중갑輕重甲」, "桀女樂三萬人, 端噪晨樂, 聞於三衢, 是無不服文繡裳者".

5 『국어』「제어齊語」, "九妃、六嬪, 陳妾數百, 食必粱肉, 衣必文繡".

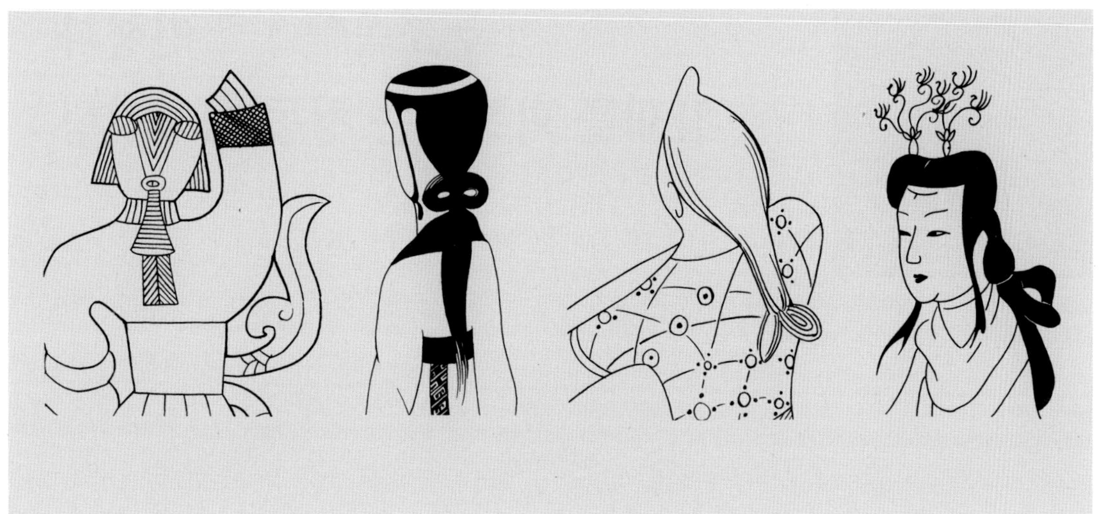

삽도20 머리 장식 설명도

❶ 금촌 옥기 무녀舞女

❷ 초용楚俑 길게 땋은 머리(장변長辮) 중간에 있는 쌍환雙鬟(양쪽으로 쪽진 머리)

❸ 양한 채색 도기 무용舞俑의 쌍환

❹ 『여사잠도』에 나오는 궁녀의 쌍환

다. 최근에 장사 신양 초묘에서 출토된 채색 남녀용을 살펴보면, 노예제 사회가 붕괴하고 봉건 사회가 형성되는 과정에서 상업이 크게 발전하여 물질적으로 더욱 풍요로워졌음을 알 수 있다. 당시 가무나 기악에 종사하던 젊은 여자들은 사회적 지위가 그리 높지 않았지만 옷차림에 상당히 신경을 써서 색채가 선명하고 의복 또한 부드럽고 가벼운 옷감을 사용했다. 『사기』에 따르면, "연나라와 조나라 미녀들은 거문고를 치며 이시利屣[6]를 신고 여러 공경들 사이를 돌아다니며 아부를 떨었다".[7]

이상에서 볼 수 있다시피 봉건 사회 초기 가무에 능한 여인들이 사회 상층부에서 연희 활동을 하면서 예술 문화 방면에 적지 않은 영향을 주었음을 알 수 있다.

---

6 이시利屣: 앞이 뾰족하고 작으며 바닥이 얇고 화려한 문양으로 치장한 무용신발이다.

7 원문은 "燕趙美女揳鳴琴, 躡利屣, 游媚公卿間". 『사기』 어느 편에 나오는지 정확치 않다. 다만 「화식열전」에 이와 유사한 내용이 나온다. "조나라와 정나라 미녀들은 아름답게 화장하고 거문고를 치며 긴소매를 나부끼며 가볍게 발을 놀리며 눈짓으로 유혹하여 마음을 사로잡아 천리를 멀다하지 않고 나갔는데, 나이가 많고 적음을 가리지 않았다. 이는 큰 부를 좇는 것이다(今夫趙女鄭姬, 設形容, 揳鳴琴, 揄長袂, 躡利屣, 目挑心招, 出不遠千里, 不擇老少者, 奔富厚也)." "(중산국) 여자들은 비파를 타고 화려한 신발을 신고 부귀한 이들에게 돌아다니며 아첨하여 후궁으로 들어가니 제후국마다 두루 퍼져 있다(女子則鼓鳴瑟, 跕屣, 游媚貴富, 入後宮, 遍諸侯)."

012

전국 조옥雕玉, 옥 조각 인형과 참새를 희롱하는 청동 여자인형

그림29
상 : (전국) 머리를 쌍갈래로 땋고 참새를 희롱하는 청동 여자아이(낙양 금촌 한묘에서 출토)
하 : (전국) 머리를 양쪽으로 아장귀지게丫角 묶은 조옥雕玉 어린아이(낙양 서쪽 교외 출토)

그림 29 옥 조각은 중국 역사박물관에 소장되어 있으며, 중국과학원 고고학연구소에서 하남 휘현輝縣에서 발굴한 것이다. 『휘현발굴보고』에 게재되었고, 청동으로 제작된 참새를 희롱하는弄雀 여자아이는 낙양 금촌 전국시대 한묘韓墓에서 출토된 것이라고 하는데, 『낙양금촌고묘취영洛陽金村古墓聚英』에 모사된 그림이 실려 있다.

여자아이는 머리를 양쪽으로 땋았으며, 무릎까지 내려오는 옷을 입고 허리띠 사이에 잡패雜佩를 매고 있다. 작은 치마는 세로 방향으로 주름이 잡혀 있는데벽적襞積 후대 원나라 사람들이 입던 변선오자辮線襖子[1] 와 비슷하다. 손에 든 두 마리 참새는 후대 상인들이 위조한 것인지도 모른다. 엇비슷한 시대에 제작된 또 다른 인형 기물과 비교할 때, 여자 아이가 손에 들고 있는 것은 두 개의 휘어진 등주燈柱, 등잔기둥이며, 각기 등잔받침 위에 올려놓은 상태이니 '촉노燭奴'사람 형태로 조각한 촛대 등좌燈座라고 할 수 있다.

고대 어린아이나 아직 성년이 되지 않은 남녀의 두발은 대부분 조그마한 아각丫角이었는데, 이를 '총각總角' 또는 '관각丱角'이라고 부른다. 안양 은허 부호묘에서 출토된 옥에 양면으로 조각된 어린아이의 머리 역시 관각인데, 이는 현재 알려진 가장 오래된 형태이다.삽도 21

1 변선오자辮線襖子는 원나라 시절 몽골사람들이 즐겨 입던 의복이다. 옷깃이 곧고 소매가 좁으며, 주름 잡힌 치마를 합친 형태로 말을 타기에 편리하다. 고려시대 상류층 사람들도 이를 즐겨 입었다. 상의와 하의를 따로 구성하여 허리에 연결시킨 이른바 철릭첩리帖裏, 천익天益, 철익綴翼 등으로 쓰기도 한다이 그것이다. 『고려사』에서는 철릭을 호복胡服, 일색一色, 질손質孫, 지손只孫 등으로 불렀는데, '지순'은 황실 연회에서 문무백관의 의관 등을 한 가지 색으로 통일한 것을 말한다. 그래서 '일색복一色服'이라고도 한다.

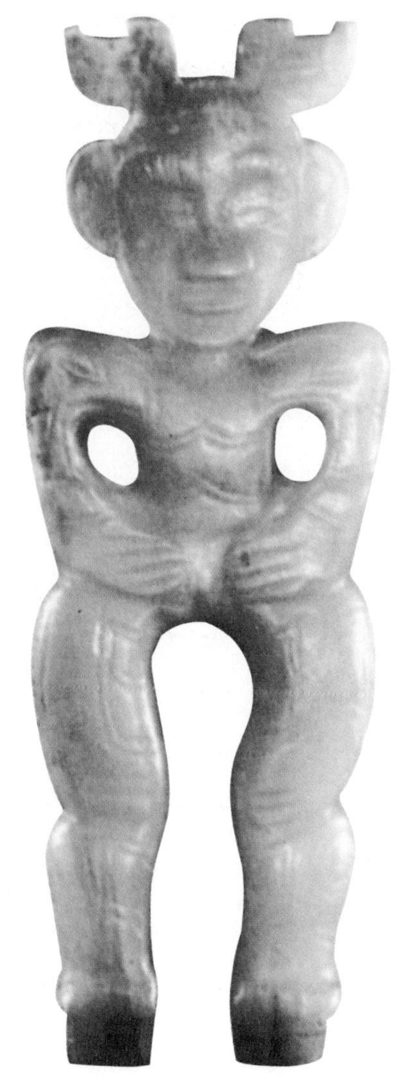

삽도21 안양 은허 부호묘에서 출토된 양면 옥인

안양에서 출토되었다는 또 다른 옥인玉人은 옷차림이 송대 양식이기 때문에 시대를 단정하기 어렵다. 그림 29에서 보이는 것은 전국시대 아이의 모습이다.

관각이 그림에 나오는 예는 동진시대 고개지顧愷之 또는 대규戴逵의 작품으로 알려진 〈열녀인지도列女仁智圖〉에 나오는 아이 모습이다. 그림은 비교적 늦은 시대의 것이나 한대에서 소재를 취했다. 『예기』에 이르길, "아이가 태어난 지 3개월에 머리털을 잘라 추鬌[2]를 만드는데, 남자 아이는 각角, 여자 아이는 기羈를 만든다"고 했다. '각角'에 대해서는 "협창은 머리를 깎지 않은 부분을 상투 모양으로 머리 양쪽에 묶어 뿔 모양을 만든 것인데, 남은 부분은 머리카락을 깎지 않는다"라고 주를 달았고, '기羈'는 "정수리 위에 종횡으로 각기 하나씩 남겨놓은 것으로 서로 이어지도록 한 것이다"[3]라고 주를 달았다. "협창을 각, 우달을 기라고 한다夾囟曰角, 午達曰羈"고 한 것은 이런 까닭이다. 또한 "머리의 먼지를 털고 머리를 묶어 뿔 모양으로 만든다拂髦總角"[4]는 대목에 대해 "머리를 매만져 묶은 것이다收髮結之"라고 주를 달았다.

원주原註의 내용을 현대 한어로 해석하면, 머리카락을 자를 때 남자는 머리 정수리 부분 양쪽에 머리카락 한 움큼을 남기고 빗질한 후에 뿔 모양으로 아각丫角 형태를 만들고, 여자는 정수리 정중앙에 한 움큼의 머리카락을 남겨서 땋은 머리 속칭 '일조초一抓椒 : 한 움큼의 고추라는 뜻', '충천포沖天炮'라고 한다를 만들어 남녀를 구분한다는 뜻이다. 좀 더 자라면 더 이상 머리를 깎지 않고 남자는 상투머리추발椎髻를 만들고 관冠이나 건巾을 쓴다. 『석명釋名』에서 "사인은 관을 쓰고 서인은 건을 쓴다士冠, 庶人巾"라고 한 것과 같다. 여자는 머리카락을 땋아 뒤로 늘어뜨리거나 머리채를 서로 다른 형식으로 묶고 쌍비녀雙笄를 꽂아 성인이 되었음을 나타낸다.

근년에 출토된 문물로 볼 때 이런 해석은 당시 실제 상황과 멀리 떨어져 있지 않다. 다만 쌍계, 즉 쌍비녀를 응용하는 방식은 비교적 광범위했는데, 근년에 상나라 분묘에서 출토된 대량의 옥, 상아, 뼈, 동으로 만든 비녀 실물에서 확인할 수 있다. 그림 29에 나오는 백옥에 조각한 괴수를 탄 어린아이나 부호묘의 옥으로 제작된 어린아이의 관각 모습은 고대 아동들의 머리 형태인 '총각'에 대한 설명이 될 수 있을 것이며, 여자아이가 양 갈래로 머리를 땋아 귀 옆으로 늘어뜨린 모습은 '여기女羈'에 대한 일종의 주석이라고 할 만하다.

위진남북조시대는 세속의 예교에 구속되지 않겠다는 표시로 어른들도 쌍아계雙丫髻 형태를 그대로 유지하는 경우가 있었다. 근년에 출토된 진인晉人 작품 〈죽림칠현도竹林七賢圖〉를 보면 죽림칠현 가운데 한 명인 왕융王戎의 머리가 쌍아계

2 추鬌는 어린아이의 머리카락을 다 깎지 않고 남겨둔 것을 말한다.

3 『예기』「내칙內則」, "兒生三月, 翦髮爲鬌, 男角女羈". 주注, "夾(挾)囟兩旁當角處, 留髮不剪". "留其頂上, 縱橫各一, 相交通達".

4 불모총각拂髦總角은 『소학小學』「명륜明倫」에 나온다.

형태라는 것을 확인할 수 있다.삽도 22:2 〈여사잠도女史箴圖〉에 나오는 쇠뇌를 당기는 사람삽도 22:1, 〈북제교서도北齊校書圖〉에 호상胡床에 앉은 남자의 머리 형태도 모두 비슷하다.

북조北朝는 불교의 영향을 많이 받았다. 전설에 따르면, 부처의 머리카락은 감청색紺青色, 푸른 유리색이며 길이가 1장丈 2척尺인데 오른쪽으로 말아 올린 소라형태螺形라고 한다. 그런 까닭에 '나계螺髻', 즉 트레머리가 크게 유

삽도22 쌍아계雙丫髻

❶ 동진 〈여사잠도〉 쇠뇌를 당기는 사람(구노인彀弩人)

❷ 남조 〈죽림칠현도〉 왕융王戎(234~305년)

❸ 남조 등현 화상전의 시종

❹ 북위 장군 조망희曹望憘 조상造像에 나오는 마동馬童

❺ 북제 〈교서도校書圖〉 시녀

삽도23 나계, 쌍아, 쌍환

❶ 맥적산 석굴에 있는 북위 시절 비구니

❷ 함양咸陽 저장만底張灣 설우薛宇 분묘 벽화에 나오는 사녀仕女

행하여 적지 않은 이들이 머리카락을 '나계' 형태로 말아 올렸다. 맥적산麥積山에 있는 불상이나 하남 용문龍門, 공현鞏縣의 북위北魏와 북제北齊 석각에서 볼 수 있는 진향進香하는 궁정 부녀자들의 머리나 〈북제교서도〉에 나오는 시녀의 머리삽도 22 : 5, 23가 바로 이런 '나계'이다. 두 개의 작은 나계로 나눈 것도 흔히 보인다. 당대에 성인 여성은 일반적으로 쌍아雙丫나 쌍환雙鬟, 양쪽으로 쪽진 머리 형태를 선호했으며, 땋은 머리채를 등 뒤로 내려뜨리는 형태는 거의 없었다. 비녀婢女를 '아환丫鬟'이라고 불렀던 까닭은 그들의 머리 형태가 아각이거나 쌍환이었기 때문이다. 이는 새롭게 발전한 것이라고 할 수 있다. 가장 많이 보이는 것은 두 개의 고리 형태를 이중으로 하고重雙環 아각을 하지 않는 형태이다. 만당晚唐 이후로 두 개의 고리雙環 중간을 은정銀錠, 말굽은처럼 생긴 것 같은 것으로 단단히 묶은 머리 형태가 유행했으며, 송대 부녀자들도 이를 따랐다. 송대 미성년 서동書童은 관각丱角을 하거나 더벅머리 그대로 풀어헤친 상태였다. 원대 성년이 된 몽골 귀족 남자는 머리카락을 한 가닥 또는 여러 가닥으로 고리 형태로 만들어 귀 뒤쪽으로 내려뜨렸는데, 원대 사람이 쓴 『대원신화大元新話』의 기록에 따르면, '연수식練垂式'이라고 말할 수 있을 듯하다.

013

전국 동감銅鑒의 수륙 전투 문양

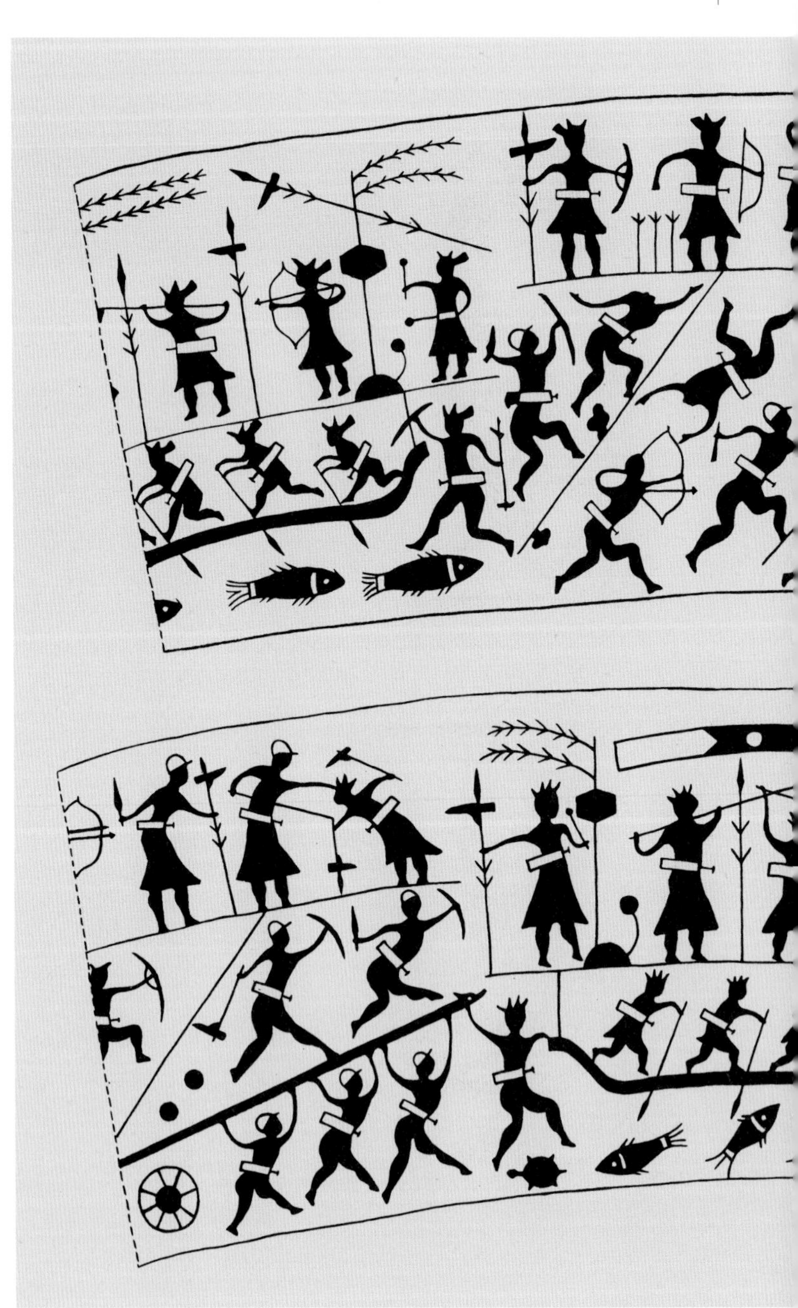

그림30 (전국) **수륙 공방전 문양의 동감銅鑒에 나오는 무사와 전구戰具**(하남 급현汲縣 산표진山彪鎭 출토)

그림 30은 수륙 전투에서 공방전을 벌이는 상황을 묘사하고 있다. 옷차림은 윤곽만 있을 뿐 구체적이지 않다. 하지만 당시의 사회 생활에 관한 여러 가지 상황을 확인할 수 있어 문헌과 상호 인증하거나 문헌에 부족한 점을 보완할 수 있다.

이 그림에 나오는 전사의 병갑兵甲은 대략 세 가지로 나눌 수 있다. 병기는 검劍과 방패, 창의 일종인 과戈, 모矛, 극戟, 활, 뇌석擂石 등이고, 전투할 때 보조 수단으로 사용하는 도하용渡河用 배, 성을 공격할 때 쓰는 운제雲梯, 일명 구름다리 등이 있으며, 이외에도 군사들의 진퇴를 알리는 금金, 징이나 쇠과 북鼓, 군사들의 진격 방향을 알리는 정旌, 휘麾 등 갖추어지지 않은 것이 없다.

고대 갑옷은 무소나 들소의 가죽으로 만들고 그 위에 단칠丹漆을 하고 무늬를 집어넣었는데, 이를 '서시지갑犀兕之甲'이라고 부른다. 상어사어鯊魚 가죽으로 만든 것은 '수서갑水犀甲'이라고 한다.(상나라 가죽 갑옷의 잔편이 발견되었는데, 위에 단칠로 채색했다. 『좌전』이나 『국어』, 『전국책戰國策』에 나오는 것보다 7, 8세기 이전의 것이다.) 이외에 명주실을 꼬아 만든 것은 '조갑組甲'이라고 부른다.(『좌전』 양공 3년에 보면, 초나라 자중子重이 오나라를 정벌하면서 정예군을 선발하고 형산에 이르렀는데, 자중이 장수 등료鄧廖에게 명하여 조갑組甲을 입은 3백 명의 군사로 오나라를 공격하도록 했다. 두예杜預는 주註에서 '갑옷에 옻칠을 하여 무늬를 입힌 것이다漆甲成組文'라고 했는데, 이는 논의할 여지가 있다.)

합사 비단縑帛에 두터운 면綿을 집어넣어 만든 갑옷은 '연갑練甲'이라고 하는데, 문헌에 나오는 '피련지갑被練之甲'이 바로 그것이다. 전국시대 이래로 채색 가죽 갑옷 외에도 쇳조각을 엮어 만든 것도 있는데, 일부 잔편이 남아 있기는 하나 부위가 어디인지 불분명하다. 지난 반세기 동안 출토된 유물 가운데 상대부터 전국시대까지 사용된 청동투구동회銅盔나 철 투구가 있다. 상나라 시절에는 투구 위에 짐승의 얼굴을 주조했다. 그래서 후대에 흔히 말하는 '호랑이 머리 투구호두회虎頭盔'의 내원이 상당히 오래되었음을 알 수 있다.

장사 전국시대 초묘에서 가죽 갑옷과 철갑옷이 발견되었는데, 모두 좁고 긴 비늘 조각이나 버드나무 잎사귀처럼 생긴 조각을 겹겹이 엮었다. 『주례』「고공기考工記」는 고대 갑옷 제도와 그 제작 과정을 다음과 같이 서술하고 있다.

> 함인函人이 갑옷을 만드는데, 무소가죽 갑옷은 일곱 조각을 엮어 만들고, 외뿔소가죽 갑옷은 여섯 조각을 이어 만들며, 두 종류의 가죽을 합쳐 만든 갑옷은 다섯 조각을 이어 만든다. 무소가죽 갑옷은 수명이 백 년이고, 외뿔소가죽 갑옷은 이백 년이며, 다른 종류의 가죽을 합친 갑옷은 삼백 년이다. 무릇 갑옷을 만들려면 반드시 먼저 갑옷의 본을 만들고 그런 다음에 가죽을 재단하는데 허리 위인 상려와 허리 아래인 하려의 균형을 맞추어 무게가 동일하도록 해야 한다. 그 길이로 갑옷 둘레圍를 만든다. 무릇 갑옷을 만들 때 담금질이 극진하지 않으면 견고하지 않고철갑, 무두질을 잘하

면 가죽이 부드러워 잘 구부러진다.[1]

초묘에서 출토된 가죽 갑옷의 잔편 및 채색 갑사용甲士俑은 비록 완전하지는 않지만 갑옷 제도를 확인하는 데 도움을 준다. 이 그림에 나오는 병사들은 채 무릎까지 내려오지 않는 갑옷을 입고 있는데 허리를 단단히 묶고 아래 다리 쪽은 치마처럼 개방되어 있다. 그 형태로 볼 때 그들이 입고 있는 갑옷은 '연갑練甲'으로 두터운 비단으로 기워 만든 것으로 보인다. 전신을 단단히 감싸고 있는 갑옷은 구체적인 명칭을 알 수 없다.

투구는 그림에서 볼 때 두 가지 형태이다. 하나는 요즘 아이들이 착용하는 운동모자에 차양을 붙인 형태이고, 다른 하나는 마치 머리 위에 두 개의 뿔을 매달고 있는 형태인데, 뒤쪽으로 까치 꼬리처럼 길게 늘어뜨린 부분이 달려 있다.문관이나 무사 모두 동일하다 이런 형태의 투구는 신양 채색 칠금에 나오는 투구의 모양과 같으며, 휘현輝縣 박동기薄銅器에 나오는 사대부, 문사文士의 머리에서도 발견된다. 옷은 짧거나 길지만 관모의 형식은 거의 비슷하다. 만약 이것이 당시 보편적인 형태가 아니라면 인물이나 사회 생활을 주제로 한 장식화에서 새롭게 등장한 동기銅器로 원본은 동일한 지역의 장인이 만들었을 가능성이 크다. 그렇기 때문에 그림에 나오는 인물은 문무를 불문하고 옷차림이 서로 비슷하다. 나중에 어느 정도 모방을 했는지는 알기 어렵다. 이런 추론이 정확한지 여부는 새로운 발견을 기다려야만 알 수 있을 것이다. 지금은 여전히 사회 생활을 반영하는 청동기나 생산지에 대해 아직까지 명확한 지식이 부족하기 때문이다.

고대에 전쟁에서는 진격할 때는 북을 울려 병사들의 사기를 진작시키고, 작전을 중지시킬 때는 쇠를 울려 싸움을 멈추고 물러나도록 했다. 문헌에 이에 관한 기록이 분명히 적혀 있으나 구체적으로 어떻게 운용되었는지는 분명치 않다. 춘추시대 전차전의 경우 주장主將은 반드시 북채桴를 잡고 북을 울려 사기를 북돋운다. 그래서 사서에서 이르길, 주장이 중상을 입었는데도 북소리가 끊이지 않았고 승리한 후에야 북에 엎어져 죽었다고 했다. 정황을 보건대 북은 필시 전차 위에 설치했을 것이나 이런 전차 실물 그림은 거의 보이지 않는다. 이 그림은 성을 지키기 위한 방어전을 그린 것으로 긴 창長戈이 북받침 위를 가로지르고 있다. 이는 한대 건고建鼓를 설치하는 방법과 비슷하다.

"쇠를 울려 병력을 철수시킨다鳴金收兵"는 말에서 나오는 '쇠金'는 주로 긴 손잡이가 달리고 종鐘처럼 생긴 악기로 요鐃, 징, 정鉦, 징, 탁鐸, 방울이라고 부른다. 손으로 들고 치는 전담자가 있기 마련이다. 이 그림과 그 밖의 작전 그림에서 볼 때 전국시대 전투에 사용되는 '금金'은 진격을 알리는 북 옆에 작은 방울처럼 생긴 작은 청동제 타악기로

1 『주례』「고공기考工記」, "函人爲甲, 犀甲七屬, 兕甲六屬, 合甲五屬. 犀甲壽百年, 兕甲壽二百年, 合甲壽三百年.凡爲甲, 必先爲容, 然後製革, 權其上旅與其下旅, 而重若一. 以其長爲之圍. 凡甲, 鍛不摯則不堅, 已弊則橈".

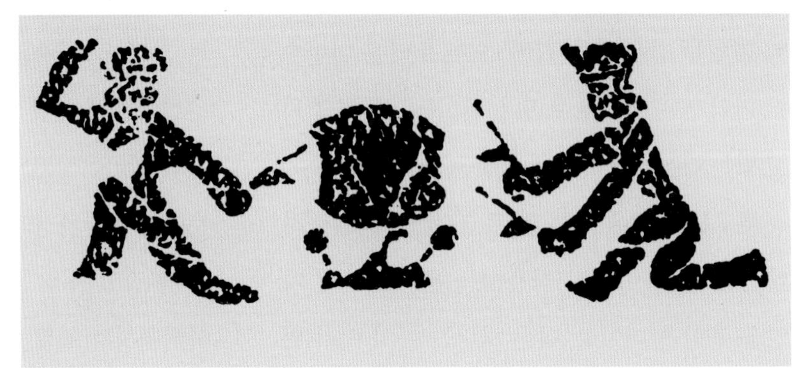

삽도24 **정녕**丁寧

❶❷ 수륙공격전 문양의 거울水陸攻戰紋鑒에 보인다.
❸ 연회, 어로와 수렵, 공격전 문양의 호壺(宴樂漁獵攻戰紋壺)에 보인다.
❹ 성도 백화담百花潭에서 출토된 상감嵌錯된 구리 호壺에 보인다.
❺ 남양 한묘 화상석에 보인다.

그다지 크지 않으며 둥글게 구부러진 2자 남짓의 긴 구리막대 위에 걸려 있다. 구리막대의 다른 한 쪽은 대좌臺座에 고정되어 북과 연결되어 있으니 명칭을 '정녕丁寧'합음合音하면 영鈴이 된다[2]이라고 해야 할 것이다. 전쟁에 사용되는 보조 도구로 지금까지 실물이 출토된 적은 거의 없다. 형태는 현재의 요鐃, 정鉦, 탁鐸 등과 전혀 다른 것이 분명하다. 또 다른 동기銅器에 종경鐘磬, 종과 경쇠로 만든 악기로 지금의 편종과 편경과 유사하다을 연주하는 모습이 그려져 있는데, 악기를 거는 틀인 순거筍簴 아래 종경 부근과 악사 옆에도 고와 정녕이 하나씩 자리하고 있다. 이로 보건대, 북과 정녕은 군사 작전에 응용되었을 뿐만 아니라 궁정의 연회나 종묘제사에서 앞으로 나가거나 물러나는 동작을 표현할 때 사용된 것을 보인다.삽도 24

또한 옛사람들은 종종 "금순과 북을 조화시켰다以金錞和鼓"고 말하는데, 순우금순[3]를 연주하는 방법이 실전되고 진대晉代 학자들이 곡해했기 때문에 그림에서 증거를 찾기 힘들다. 다행히 근년에 운남 석채산石寨山에서 발견된 동고銅鼓 경신敬神 의식 그림에서 구체적으로 묘사되고 있어 실증을

2 정녕丁寧의 한어 발음은 '딩닝', 영鈴은 '링'이다. 정鉦으로 한국의 징과 같은 타악기이다.

3 금순金錞은 전쟁이나 연회 음악에서 북과 호응하여 사용하는 타악기를 말한다. 순우錞于(釪)라고도 하며 구리로 만들며 둥글고 길게 생겼다.

얻을 수 있었다. 이를 살펴보니 두 사람이 동고 줄로 동고 한 쪽 귀를 관통시켜 든다와 호순虎錞, 순우의 일종으로 호랑이 모양의 손잡이인 호뉴虎紐가 달려 있다을 들고 다른 두 사람이 각기 하나씩 나무뭉치를 이용해 친다. 이는 현재까지 유일하게 문헌을 실증할 수 있는 재료이다. 이는 전쟁에 사용한 것이 아니라 신령에게 제사를 지낼 때 사용한 것으로 보인다. 금정金鉦, 쇠징이요나 탁과 같은 타악기로 군용으로 사용된 경우는 거의 보이지 않는다. 한대에 이르면 대라大鑼로 형태가 바뀌고 '금정황월金鉦黃鉞'은 군대의 위용을 드러내는 의장용이나 황제의 하사품으로 사용되었기 때문에 특히 정벌의 의미가 강화되었다. 산동 석각 및 사천 전각磚刻, 동북 동진시대 벽화에서 분명하게 드러난다. 산동과 사천의 경우는 수레에 올려놓고 행진하는 모습이고, 동북에서 발견된 동진시대 벽화는 각기 한 사람은 메고 다른 한 사람은 치면서 의장대 앞에서 길을 여는 모습이다.

병기 가운데 과戈는 모矛와 결합해서 사용했다.[4] 하남 준현濬縣 서주西周시대 분묘에서 실물이 출토되었다. 춘추·전국 이래로 나뉘어 사용되었다. 과극戈戟 상단에는 때로 청동으로 만든 새 모양의 약籥을 달기도 하는데, 풍신자風信子, 히아신스, 洋水仙처럼 자루 끝에 둥글게 묶는다. 과극 자루는 가늘고 긴 나무에 가는 대나무를 단단히 돌려 감고 옻칠하여 만든다. 장사 초묘에서 비교적 완전한 형태의 실물과 잔해가 출토되었는데, 예로부터 전해지는 "대나무를 모아 만든다攢竹而成". 방식에 따른 것이다.송·명대 '전삭창纏矟槍' 역시 이런 방법으로 만들었다 모矛 몸통의 기척起脊 아래에는 끈을 꿰는 작은 구멍이 있는데, 이를 통칭 '코鼻'라고 한다. 상대에는 양쪽에 각기 하나씩 뚫어 '귀耳'라고 불렀다. 『시경』에 보면 "이모중영二矛重英"[5]이란 말이 나온다. 일반적으로 '중영重英'은 두 떨기의 실로 만든 술兩簇絲穗을 창날 아래 부착한 것으로 해석하는데, 이는 창 아래 작은 구멍에 매단 것이라고 보아야 한다. 이는 후세에 붉은 술을 매단 '홍영창紅纓槍'과 같은 것이다. 다만 실제로 비교적 이른 시대의 도안이나 그림에서는 아직 발견되지 않았다. 이 그림에 나오는 과모 자루의 경우 두세 가지 술영수纓穗 장식이 보이는데, 어쩌면 이것이 '중영'에 대한 새로운 해석을 제시할 수도 있을 것이다.

『주례周禮』의 기록을 보면 다음과 같다.

> 사상司常은 아홉 가지 깃발의 물명을 관장하여 각기 소속이 있게 하고 나랏일에 대비한다.……통백通帛으로 전旜을 삼고, 잡백雜帛으로 물物을 삼으며……온전한 깃털은 수旞에 매달고 쪼갠 깃털은 정旌에 매단다.[6]

4 과戈는 머리 부분이 납작하고 칼날이 아래쪽에 있다. '엄厂'자나 '티T'자 형태로 갈고리처럼 좌우로 휘둘러 공격할 수 있으되 찌를 수는 없다. 주로 보병이 기병을 상대할 때 사용한다. 모矛는 자루가 긴 창槍으로 주로 찔러 살상하는 병기이다. 극戟은 과戈를 개선한 병기로 과를 기본으로 하고 위쪽에 예리한 창을 달아 찌를 수도 있게 만들었다. 이외에 도刀는 단검을 말하고, 검劍은 크고 긴 칼을 말한다.

5 『시경』「정풍鄭風」「청인淸人」에 나온다.

6 『주례』「춘관春官」「사상司常」, "司常掌九旗之物, 名各有屬, 以待國事.……通帛爲旜, 雜帛爲物, ……全羽爲旞,

삽도25 산서 후마侯馬에서 출토된 검을 등에 지고 꿇어앉은 인형 주상背劍跪人陶范鑄像[7]

여기서 '통백'은 진한 붉은색大赤一色이고, '잡백'은 비단 바탕에 가장자리를 장식한 것以帛素其側을 말한다. '전우全羽'는 말 그대로 온전한 깃털이고 '석우析羽'는 쪼갠 깃털인데, 모두 오색찬란하여 수旞에 매단다. 그래서 이른바 "깃대 머리에 정을 매단다注旄於干首"라고 했다.

『의례儀禮』「향사례鄕射禮」에 이런 대목이 나온다.

> 정기旌旗는 각기 활을 쏘는 이가 평소에 사용하는 기치가 있기 마련이다. 그것이 없는 이는 흰 깃과 붉은 깃이 섞인 정기를 사용한다. 깃대의 길이는 삼인三仞이고, 이심二尋, 1장丈 6척 이상이 되는 곳에 큰 기러기의 목을 씌운다.[8]

주에 따르면, 정旌은 깃발의 총칭이다. 만약 비단을 사용하지 않는다면 붉거나 흰 깃털을 섞어 사용한다. 자루의 길이는 대략 2장丈, 현재 도량형에 따르면 1장 2,3척 정도이다. 초묘에서 새롭게 출토된 등나무 자루로 만든 긴 모矛와 유사하다이니 마땅히 '도정翿旌'으로 군대의 좌우, 진퇴를 지휘하는 깃발일 것이다.

이른바 '통백通帛'은 비단 한 필로 후인들이 항복을 상징하는 것으로 해석하고 있는 치우의 형

析羽爲旌".

7 금속으로 주조된 청동 예기禮器는 도기로 만든 거푸집을 활용한 도범법陶範法으로 제작했기 때문에 도범주상陶範鑄像이라고 한다.

8 『의례儀禮』「향사례鄕射禮」, "旌各以其物. 無物, 則以白羽與朱羽糅, 杠長三仞, 以鴻脰韜上二尋".

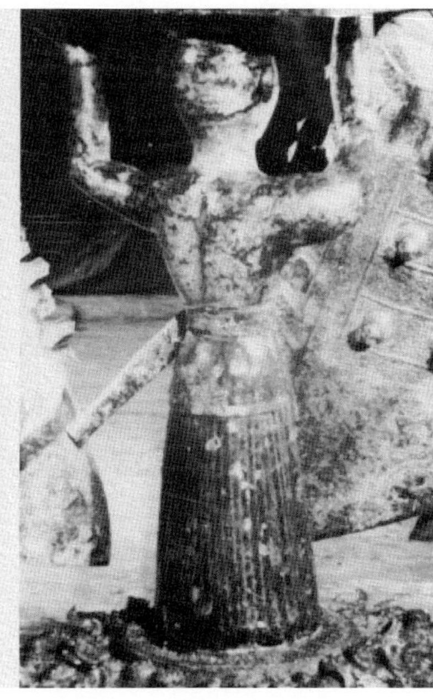

삽도26 (전국) 수현隨縣 뇌고돈擂鼓墩 대묘大墓에서 출토된 편종 좌승座承

상을 그린 치우기蚩尤旗가 "한 필의 비단으로 만들었다制如匹帛"고 한 것과 같다.[9] 그러나 이 역시 대장기인 휘麾이다. 그림에서 볼 수 있다시피 고인들이 '전旜', '수旞'라고 부르던 깃발은 후대에 '정旌'이나 '휘麾'로 통칭되었으며, 주로 군사들이 공격하거나 방어하는 방향을 지휘하는 깃발로 사용되었으며, 쇠나 북으로 진퇴를 결정하는 것과 조화를 이루었다. 그렇기 때문에 고대 전쟁에서 빠뜨릴 수 없는 도구였던 것이다. 그림에서 이를 증명할 수 있다.

9 『사기』「오제본기」에 인용된 남조 송나라 배인裴駰의 집해集解에 따르면, "『황람皇覽』에서 이르길, 치우총蚩尤冢은 동평군東平郡 수장현壽張縣 감향성闞鄉城에 있다. 높이는 7장丈이며 백성들이 매년 10월에 제사를 지낼 때 붉은 기운이 피어올라 마치 진홍색 비단絳帛이 나오는 듯했다. 그래서 백성들이 이를 치우기蚩尤旗라고 불렀다(皇覽曰, 蚩尤冢在東平郡壽張縣闞鄉城中, 高七丈, 民常十月祀之, 有赤氣出, 如匹絳帛, 民名爲蚩尤旗)".

다음으로 검劍은 서주西周시대에 등장했으며, 춘추·전국시대와 광범위하게 운용되었다. 평상시에는 귀족들이 호신용으로 패용하거나 위용을 자랑하기 위해 사용했다. 일반적으로 검의 길이는 그리 길지 않으며, 제작에 심혈을 기울여 매우 정교했다. 예를 들어 오월吳越, 오나라와 월나라의 착금검錯金劍, 칼에 무늬나 글자를 파서 금은이나 보석 등을 상감한 검은 송록석松綠石을 상감했고, 괵묘虢墓에서 상아로 만든 칼집이 출토되기도 했다. 근년에 출토된 월왕越王 구천의 검勾踐劍도 길이가 비슷하여 대략 고척古尺으로 삼척三尺, 지금 도량형에 따르면 2척 정도이다. 전국시대 말기에 들어서면서 검은 실용적인 측면에서 벗어나 귀족의 신변 장식품으로 변하면서 점점 더 길어지고 부가되는 장식도 많아지면서 이른바 '옥구검玉具劍'이 유행하기에 이르렀다.

『사기』에 기록된 바에 따르면, 진나라 시황제

가 차고 있던 검은 길이가 자그마치 7척지금 도량형으로 4척 반에 달했다고 한다. 그런 까닭에 자객이 침입했을 때 검을 꺼내지 못해 기둥으로 몸을 피하다가 좌우 시신들이 놀라 "왕이시어 검을 등에 매소서王負劍"라고 소리치자 그제야 겨우 검을 꺼낼 수 있었다. 『연단자燕丹子』라는 책에도 이와 유사한 내용이 적혀 있다. 진왕秦王이 쟁箏을 듣다가 죽을 지경이 되자 쟁을 타던 여수女四가 "비단 홑옷 가볍게 나풀거리니 한 번 잡아당기면 찢어지고 팔자 병풍은 높지 않아 펄쩍 뛰면 넘어설 수 있네. 녹로 보검은 길다고 하나 등쪽으로 바꿔 차야 꺼낼 수 있네"라고 읊었다. 그제야 깨달은 진왕이 궁전 기둥을 돌아가서 등에 검을 차고 꺼낼 수 있었다.

주옥으로 장식한 '옥보검'은 칼집 중간과 아래쪽, 그리고 칼자루 끝에 대략 네다섯 종류의 옥을 장식한 검을 말한다. 나중에는 여기에서 한 걸음 더 나가 당시 매우 귀중하게 여겼던 유백유리乳白琉璃, 불투명한 흰색 유리를 사용하여 양지옥羊脂玉[10]을 조각하는 방법에 본떠 고부조高浮雕[11]로 자모子母를 새긴 벽사辟邪 장식을 넣었다. 형편에 따라 칼집 중간에 명주실로 가늘고 긴 옥체玉璏, 칼 콧등에 꾸민 옥 장식를 양쪽에 매달고, 작은 갈고리를 요대腰帶에 걸어 검신劍身, 칼의 몸통이 상하, 전후로 이동할 수 있도록 했다. 그래서 한인漢人들은 녹로鹿盧[12]처럼 움직인다고 하여 '녹로검鹿盧劍'이라고 불렀다.

단검短劍이나 비수匕首 역시 매우 정교하게 제작했다. 춘추·전국시대에는 검신을 청동으로 만들었지만 한나라 초기에는 정철精鐵, 담금질을 잘한 좋은 쇠을 사용했다. 칼집은 상아나 황금을 상감하여 화려함을 더했다. 다만 일반 전사들이 사용하는 검은 칼집에 옻칠을 하는 것 외에 다른 장식은 하지 않았다. 그림을 보면 일반적으로 허리에 차고 있다. 그림에 나오는 형상은 비록 간단하지만 구체적이다. 하지만 근년에 산서 후마候馬에서 출토된 단검을 찬 전사의 도범陶範을 보면, 칼집 중간에 장방형의 옥으로 만든 기구玉具를 달아 평상시 허리띠에 매달 수 있도록 했다. 그래서 칼을 빼도 칼집은 그대로 허리띠에 남아 있게 된다.삽도 25 이는 호북 수현에서 출토된 편종의 받침대로 사용하고 있는 무사 인형에서도 볼 수 있다.삽도 26 이로 보건대, 전국시대 초기에 이미 칼집 부근에 장방형의 옥구를 부착하여 칼집을 앞뒤로 이동할 수 있도록 했다는 것을 알 수 있다. 현재 남아 있는 수많은 옥기의 생성 연대에 관해 이전에는 일괄적으로 한옥漢玉이라고 여겼을 뿐 정확한 용도를 모르고 있었다. 새로운 재료를 통해 우리는 이러한 장방형의 옥구가 이미 춘추·전국시대에 생산되었으며, 후대 이른바 '소문대昭文帶'의 전신, 즉 옥구검에 달린 옥체玉璏의 전신이라는 것을 알게

10 양지옥羊脂玉은 양의 기름처럼 매끈하고 흰 옥을 말하는데, 옥중에서도 최상의 옥으로 친다. 양지옥을 조각하는 방식을 모방했다는 뜻이다.

11 고부조高浮雕는 도안을 조각할 때 요철이 있도록 부조하는 하는 조각 기법이다.

12 녹로鹿盧는 옛날에 하관下棺하거나 우물에서 물을 길어 올릴 때 사용하는 도르래활차滑車를 말한다.

삽도27 서한 화상전에 보이는 장검을 든 인물

되었다.

『국어』에 보면, 상사上士, 중사中士, 하사下士가 신분에 따라 패용하는 검의 길이가 달랐다고 했으나 현재 출토된 수많은 실물과 비교해볼 때 그다지 신빙성이 없다. 춘추·전국시대에 검은 실용성을 중시하여 일반적으로 검신은 시척市尺[13]으로 두 자尺, 대략 66cm 정도였다. 그러다가 전국 후기에 들어서면서 점차 길어졌다. 그래서 굴원이 "번쩍이는 장검을 찼다"[14]거나 "장검을 어루만졌다撫長劍"는 등의 묘사가 나오게 된 것이다. 한대에는 특별히 금은을 상감하거나 황금으로 칼집을 만든 단검이 많이 제작되었는데 근년에 출토된 실물이 적지 않다. 한대 화상석에 길이가 길어 아래턱까지 올라오는 장검이 보이기도 하는데, 주로 신분이 낮은 문위門衛, 수위나 정장亭長이 차고 있다. 이런 청동 장검은 서한시대 철환도鐵環刀 제작에 영향을 끼쳤는데 실용적인 면에서 찌르기는 쉽지만 깎거나 자르는 데 불리하여 전국시대에 비해 응용효과가 크게 못 미쳤다.삽도 27

13 시척市尺은 시제市制라고도 하는데, 중국의 전통적 도량형 제도에 미터법의 요소를 가미하여 1929년에 제정한 도량형 제도를 말한다. 이에 따르면, 1자尺는 10치로, 1/3미터에 해당한다.

14 『초사楚辭』「구장九章」「섭강涉江」, "帶長鋏之陸離".

전국 청동 능호陵壺의 채상采桑, 활쏘기, 연악宴樂, 수렵 문양

그림 31은 연악, 어렵, 활쏘기 문양이 그려진 항아리의 모사본이다. 실물은 고궁박물원에 소장되어 있다. 상부에는 뽕나무 잎을 따는 모습과 습사習射, 활쏘기 익히기하는 모습이 보이고, 가운데는 연락宴樂, 궁중 조회나 연회 때 연주하는 음악 모습이다. 하부는 주살로 하늘의 기러기를 사냥하는 모습을 그렸다. 사람들의 신분은 서로 다르고, 옷차림은 그림 30과 거의 차이가 없다.그림 30의 설명 참조 하지만 검토해야 할 부분이 있다. 고대 사회 생활 여러 방면과 관련된 것인데, 문헌을 통해 서로 인증할 수 있을 것이다.

주나라 시절에는 "주옥과 금수錦繡는 시장에서 판매할 수 없다珠玉錦繡不鬻於市"는 교령이 있었다. 고급스럽고 특별한 비단 공예품은 상층부 소수 통치자들이 독점하여 상품으로 민간에서 판매할 수 없게 했다는 뜻이다. 춘추·전국 이래로 철기가 광범위하게 사용되면서 농업과 수공업 발전을 촉진했다. 새로운 통치 계급은 대부분 대지주로 현지 특산물을 독점할 수 있었다. 고급 견직물은 이미 귀중품으로 그들만 향유할 수 있는 귀한 물품이었다. 『좌전』, 『국어』, 『전국책』 등의 기록에 따르면, 제후국들은 서로 간의 모순 관계를 완화하기 위해 사자를 교환하여 예물을 주고받았는데, 귀중한 예물 가운데 아름다운 비단과 백벽白璧, 황금, 문사文駟, 화려하게 장식한 네 마리 말이 끄는 마차 등이 있었다. 이런 귀중품은 화폐가치가 매우 높고 예술적 수준도 그에 상응했다. 진류陳留 양읍襄邑에서 생산되는 대장금大張錦이나 제로齊魯에서 나오는 나환기호羅紈綺縞와 정교한 자수품은 생산 지역 경제에 상당히 중요한 의의가 있었다. 이를 통해 해당 지역 통치권을 더욱 공고하게 만들 수 있었기 때문이다. 『이아爾雅』에 따르면, 누에는 각기 다른 여러 가지 종류가 있으며 서로 다른 식물을 먹고 자라는데, 예를 들면 가죽나무잎저엽樗葉, 멧대추나무잎극엽棘葉, 모감주나무잎난엽欒葉, 쑥잎소애엽蕭艾葉 등이 그것이다. 고대인들은 오랜 경험을 통해 상수리나무작수柞樹는 야잠野蠶, 뽕나무는 가잠家蠶에 적합하다는 것을 알게 되었다. 방직은 본래 부녀자의 일이었기 때문에 뽕잎을 따고 누에를 키우는 것도 반드시 부녀자가 해야만 했다. 이 그림 오른쪽은 잠사蠶事와 관련된 가장 오래된 그림 가운데 하나로 『시경』에서 "여인네는 아름다운 광주리 들고 좁은 길 따라 여린 뽕잎을 찾는다"[1]는 의경

1 『시경』「국풍國風」「빈풍豳風」, "女執懿筐, 遵彼微行, 爰求

그림31 (전국) 청동 호壺에 있는 뽕따는 여인들과 활 쏘는 사람, 악사(고궁박물원 소장)

을 담고 있다.

상부 왼쪽은 활쏘기를 익히는 습사習射 장면이다. 습사는 『주례』에 처음 기록되었다. 고대 통치자들은 일찍부터 습사를 큰일大事로 여기고 격식에 맞춰 행했다. 『고공기』는 활을 만들 때 필요한 대나무, 나무, 아교, 옻칠, 깃털, 뿔 등 여섯 가지 재료를 어떻게 선택하고 제작 과정은 어떠한지에 대해 상세하게 기록하고 있다. 관부에는 활과 화살궁시弓矢를 전담하는 관리를 두고 왕궁王弓, 호궁弧弓, 협궁夾弓, 유궁庾弓, 당궁唐弓, 대궁大弓 등 여섯 가지 서로 다른 명목의 활을 관장했다. 크기나 형태는 물론이고 사용처도 서로 다르며, 등급 구별이 분명하다. 『순자』에 따르면, "천자는 조각한 활, 제후는 붉은 옻칠한 활, 대부는 검은 활을 사용한다天子雕弓, 諸侯彤弓, 大夫黑弓". 천자나 제후가 활쏘기를 익힐 때는 반드시 여러 가지 의식을 구비하고 특설된 활터사포射圃에 마련된 장막 아래에서 진행하는데, 특정한 음악을 연주하고 특별히 만든 술을 마신다. 과녁 아래와 뒤에 흙을 쌓은 곳인 살받이전타자箭垜子는 '후侯, 과녁'라고 부르고, 과녁의 가운데를 '곡鵠'이라고 한다. 『주례』「사인射人」에 따르면, "왕의 대사왕이 주관하는 사례射禮의 일종 때는 이보貍步마다 삼후를 벌려놓는다".[2] 정현鄭玄은 삼후三侯는 곰, 호랑이, 표범을 사용한다고 주를 달았다. 후는 다섯 가지 색깔로 구분하는데, 중심은 붉은색이고, 밖으로 백색, 창색蒼色, 청색, 황색으로 이어지며, 바깥쪽은 검은색이다. 『의례』「향사례」의 설명은 약간 다르다.

> 무릇 후侯, 과녁에 있어 천자는 곰 형태의 과녁에 흰 바탕이고, 제후는 큰 사슴 형태의 과녁에 붉은 바탕이며, 대부는 베로 만든 과녁布侯에 호랑이나 표범을 그렸고 사는 포후에 작은 사슴이나 돼지를 그렸다. 무릇 그림은 단색丹色, 적색赤色보다 옅은 붉은색 바탕에 그렸다.[3]

『공총자孔叢子』는 또 이렇게 말하고 있다.

> 활을 쏘는데 베를 펼쳐 놓은 것사포射布라고 한다을 후라고 하며, 후의 가운데를 곡이라고 하고, 곡의 가운데를 정正이라고 한다. 정은 사방 2자尺다. 정 가운데를 얼槷이라고 하는데, 얼은 사방 여섯 치寸이다.[4]

송대 사람이 편찬한 『삼례도三禮圖』[5]를 보면 크고 네모난 방패처럼 생긴 판과녁 안에 서로 다른 크기의 동그라미가 그려져 있으며, 활터의 한쪽 끝에 세워놓았다.

『삼례도』는 고대 기물제도에 대해 견강부회

柔桑".

2 『주례』「사인射人」, "若王大射, 則以貍步張三侯".

3 『의례』「향사례」, "天已经熊侯, 白質. 諸侯麋侯, 赤質. 大夫布侯, 畫以虎豹. 上布侯, 畫以鹿豕. 凡畫者丹質".

4 『공총자孔叢子』, "射有張布謂之侯, 侯中者謂之鵠, 鵠中者謂之正, 正方二尺. 正中者謂之槷, 槷方六寸".

5 송대 학자 섭숭의聶崇義가 여러 가지 고대 『삼례도』를 참고하여 순희淳熙 2년에 편찬한 『삼례도집주三禮圖集註』 20권을 말한다. 그림 380여 점이 들어가 있다.

한 부분이 적지 않으며 어떤 것은 황당하기도 하다. 이렇게 잘못된 내용이 천 년 이상 지속되어 바로잡기 힘들다. 다만 사후射侯, 과녁의 형상에 관해서는 이 그림에 나오는 것이 오히려 진실에 가까울 것이다.

중간에 있는 그림은 연악宴樂 장면이다.

그림 오른쪽에 다리가 높은 긴 탁자가 있고, 그 위에 두 개의 술독뇌罍이 진설되어 있다. 술독 위에 긴 자루가 달린 술주걱주작酒勺이 가로놓여 있다. 술주걱은 청동제나 목제 실물이 출토되기는 했으나 당시 사용하던 상황을 반영한 것은 이 그림이 유일하기 때문에 나름 새로운 지식을 제공하고 있다. 이 그림에서 중요한 것은 악기 배치와 부속물의 형태와 관련된 부분이다. 고대 제후들이 궁정에서 연회나 종묘 제사를 지낼 때는 반드시 음악을 연주했다. 쇠와 돌, 즉 편종編鐘과 편경編磬을 중심으로 생황이나 금슬琴瑟 등이 부가되어 팔음을 조화롭게 합주했다. 편종이나 편경을 매다는 틀을 '순거筍簴'라고 했다. 고대 문헌에 따르면, 경쇠 소리는 맑고 은은해야 하며 매다는 틀 받침대에는 반드시 난새나 봉황을 조각하고 위쪽 대들보처럼 생긴 가로 막대에도 잘 울고 울음소리가 청량하고 고와 듣기 좋은 종사螽斯, 메뚜기, 여치, 배짱이 등의 총칭를 조각해야 한다. 종이나 북은 소리가 웅장하여 받침대에 포효하는 호랑이나 표범을 조각했는데, 이 역시 종사를 조각한 것과 같은 이치이다. 이런 미의식은 유가의 예악 중시 및 음양가의 '천인합일'설에서 유래했다. 또한 이런 상징성에 대한 발상은 상층부 의식형태이데올로기 각 분야에 광범위하게 영향을 끼쳤다. '순거'의 형태는 얼마 전까지만 해도 증명할 실물이 없었으나 근년에 실물이 계속 출토되면서 악기의 좌승座承, 받침대에 실제로 새나 짐승들이 조각되었음을 확인할 수 있었다. 신양에서 출토된 편종의 받침대 일부 잔해를 보면 비록 『이아』의 기록과 부합하지는 않지만 대고大鼓에 두 마리 호랑이 조각으로 받침대를 삼고, 위쪽에 두 마리 봉새를 설치하여 북을 매달았음을 알 수 있다. 최근에 강릉에서 출토된 27개 청석青石 편종의 앞면에는 매우 정교하게 구름이 피어오르고 그 사이로 봉새가 맴돌며 올라가는 문양이 그려져 있다. 또 다른 대고는 아래에 두 마리 호랑이가 악기를 받치고 위에는 두 마리 봉새가 북을 지탱하고 있다. 나름 다양하게 활용되었음을 확인할 수 있다.

이 그림에서 종경이 매달려 있는 순거 옆에 쇠북금고金鼓이 하나 설치되어 있고, 이를 전담하는 집사도 있다. 이는 연주의 진행과 정지를 지휘하는 도구로 앞선 그림에서 작전에 사용하는 것과 동일한 형태이다. 예제에서 흔히 말하는 '축어柷敔'[6]의 역할을 대체하고 있다. 문헌에도 음악의 시작과 끝을 알리는 타악기 '축어'에 대한 언급이 있기는 하지만 아직 발견된 것이 없다. 이런 점에서 이 그림은 문헌의 부족한 점을 보

6 축어柷敔는 목제 타악기인 축과 어를 아울러 이르는 말이다. 음악의 시작과 끝을 지휘한다. 지금도 국악 연주를 할 때 축柷으로 시작과 끝을 알린다.

완하고 있다. 문헌 기록은 상대적이다. 시간이나 지점, 조건의 차이에 따라 현저한 차이가 난다. 본 그림에서 편종과 편경이 같은 대 위에 동렬로 배치된 것이 한 예이다. 이는 화면의 빈 공간을 고려하여 나누어 처리한 것으로 보인다. 근년에 하남 신양에서 발견된 초묘 및 사천 성도에서 출토된 실물 배열에서 확인할 수 있다.

세 번째 부분은 큰 기러기를 주살로 잡는 모습을 그렸다. 『주례』에 따르면, 하관夏官 사시司矢, 활을 관리하는 관리는 여덟 가지 화살팔시八矢을 관장했다. 그 가운데 증시矰矢, 주살용 화살와 불시茀矢가 익사弋射에 사용된다고 명확히 말하고 있다. 원주原註에 따르면, "화살에 주살용 줄을 묶은 것이 증이다結繳於矢謂之矰". 또한 『고공기考工記』 주에서도 팔시에 대해, "증시는 활에 사용하고, 불시는 쇠뇌에 사용한다矰矢用於弓, 茀矢用於弩"고 했다. 『고공기』는 여러 화살의 명목, 길이, 무게 및 각기 다른 효용 등에 대해 매우 자세하게 설명하고 있다. 기록에 따르면, 증격矰繳은 길고 가는 명주실을 화살촉의 작은 구멍에 꿰어 묶고 하늘 높이 나는 새나 깊은 물속의 물고기를 잡는 데 사용한다. 한인들의 사부辭賦에서 흔히 위로 푸른 구름 위에 걸리고 아래로 깊은 연못까지 들어간다고 묘사되는 것이 바로 그것이다.[7] 엥겔스는 "활의 발명이 인류의 팔을 늘렸다"고 했는데, 익사弋射의 응용과 쇠뇌의 발명이 인류가 자연과 투쟁하면서 나름의 지혜와 능력을 갖추는 데 일조한 것이 분명하다. 마찬가지로 활과 화살은 중국 고대 노동자들이 생산과 자연 정복에 도움을 준 매우 지능적이고 중요한 발명품임에 틀림없다.

하지만 고대에 이러한 선진 생산 도구를 구체적으로 어떻게 운용했는지에 대해 과거에는 거의 무지나 다를 바 없었다. 다행 근년에 들어 전국적으로 관련 실물이 대량으로 출토되면서 이를 일관되게 비교 연구하여 응용 방법이나 기술 발전에 대해 비교적 명확하게 알 수 있게 되었다. 우선 장사 전국시대 초묘에서 출토된 문물 가운데 매우 완전한 형태의 노궁弩弓, 쇠뇌 몇 점이 발견되었는데, 쇠뇌의 자루기비機臂까지 모두 갖춰진 상태였다. 또한 작은 새나 짐승을 쏘기에 적당한 가늘고 작은 화살촉도 같이 출토되었다. 화살촉에는 작은 구멍이 뚫려 있었으며, 동시에 용도를 알 수 없는 실타래가 보전이 잘 된 활 옆에 붙어 있었다. 발굴자는 두 개의 실타래를 활줄활시위이 끊어졌을 경우 다시 맬 수 있도록 예비한 '비현備弦'이라고 생각했다. 그러나 출토 실물을 문헌에 나오는 그림과 비교 인증한다면 흰색 실타래가 증격에서 사용하는 것임을 알 수 있다. 문헌 그림에서 알 수 있다시피 초기 증격은 한 개의 실타래를 활 쏘는 이 옆에 두었을 뿐이다.

그러나 성도 백화담에서 출토된 착금은호錯金銀壺의 익사弋射 부분 그림에 나오는 실타래는 대나무 바구니처럼 생긴 도구를 땅에 고정시켜 자칫하여 화살을 따라 날아가는 것을 방지하고 있다.

7 유사한 내용이 사마상여司馬相如의 「자허부子虛賦」에 나온다. "交錯糾紛, 上干青雲. 罷池陂陀, 下屬江河."

성도에서 발굴된 화상전에도 천아天鵝, 백조류의 총칭나 큰 기러기를 사냥하는 엽사의 모습이 등장하는데, 활을 쏘는 방법은 전국시대의 것과 유사하지만 사용하는 도구는 확실히 진보했음을 알 수 있다. 증격에 사용하는 실타래가 휴대할 수 있도록 '卌' 형태의 대나무나 나무틀에 고정되어 있었기 때문이다. 중경重慶박물관에 관련 도록圖錄 설명문을 보니 이를 '피皉'라고 했는데, 매우 탁월한 견해이다. 후대에 연을 날릴 때 사용하는 실타래 도구를 실을 뽑는 도구라는 뜻에서 '선발자線拔子'얼레라고 부르기 때문이다.

이런 중요한 발명품이 왜 한대 후기에 이르면 드물어지는 것일까? 전국에서 한대 전기까지는 구리 화살촉의 가치가 기러기나 거위 또는 크기가 한 자 정도인 물고기보다 비쌌다. 그렇기 때문에 화살촉을 회수하는 것이 매우 중요했다. 하지만 이후에는 쇠로 만든 화살촉의 값이 물고기나 기러기보다 낮아지는 한편 새나 물고기를 잡는 도구도 이전에 비해 훨씬 다양해졌다. 그렇기 때문에 주살을 활용하는 방식도 시들해지면서 익사弋射와 관련된 도구도 점차 사라지고, 만드는 방법도 실전되고 말았다. 내용이나 그림과 상동한 예로 근년에 성도 백화담에서 출토된 착은동호錯銀銅壺에 나오는 문양과 그림이 있으니 서로 인증할 수 있다.삽도 28

삽도28 연악, 익사弋射(활사냥) 문양

❶ 성도成都 백화담百花潭 은을 상감한 병(착은호錯銀壺) 연악 부분

삽도28 연악, 익사弋射(활사냥) 문양

❷ 호북 수주隨州 증후을묘曾侯乙墓 칠홀漆匱(옷상자) 익사 부분

❸ 백화담 착은호 익사 부분

015

전국시대 갈미관鶡尾冠, 검은 꿩 깃털로 장식한 관을 쓴 기사騎士

그림32 (전국) 금은으로 호랑이를 찌르는 모습을 상감한 거울에 나오는 기사(자호경기사刺虎鏡騎士로 약칭함). 갈미관을 쓰고 연갑을 둘렀으며, 단검을 들고 있다(낙양 금촌 옛날 분묘에서 출토되었다고 한다).

과거 문헌 기록에 따르면, 중국인들이 말을 탈것으로 활용하기 시작한 것은 전국시대 조나라 무령왕武靈王 때부터라고 한다. 하지만 최근 반세기 동안 안양安陽 발굴에 관한 보고서를 보면, 상대에 이미 사람과 말을 함께 순장하였는데 거의 모두 전투마이거나 좌기坐騎, 즉 사람이 타는 말이었다고 한다. 일반 말은 주로 수레를 끄는 데 사용했다.

기병 작전은 고대 유목 민족의 오랜 관습이다. 처음에는 수렵을 하거나 소나 양을 잡아먹으려고 달려드는 늑대 떼를 쫓아낼 때 사용했을 것이다. 전국시대 7개국 사이에서 벌어진 중원中原 전쟁에서 비로소 대규모 신식 기병이 출현하여 춘추 이래 규모가 비교적 작은 전차전兵車戰을 대체하고 얼마 후 작전의 주력군이 되었다. 이런 새로운 장비의 특징은 기동성이 강화되어 속전속결에 유리하다는 것이다. 『순자荀子』「의병議兵」에 따르면, 초군楚軍은 "가볍고 날쌔며, 회오리바람이 몰려드는 것과 같다". 또한 "용병술에 뛰어난 자는 움직임이 황홀하고 신비하여 어디에서 나왔는지 알 수 없다".[1] 『전국책戰國策』「제책1齊策一」에 따르면, 제군齊軍은 "빠르기가 작은 화살 같고, 싸울 때는 번개가 치듯 신속하며 흩어질 때는 비바람처럼 빠르다疾如錐矢, 戰如雷電, 解如風雨". 이는 모두 전쟁에서 신속한 기동성이 중요하여 승리와 밀접한 관련이 있다는 발언이다. 이는 『손자병법』에서 제기한 "적이 방비하지 못한 곳을 공격하고, 적이 예상치 못한 것으로 출병한다", "처음에는 처녀처럼 조용하나……나중에는 도망치는 토끼처럼 빨리 움직인다"[2] 등의 작전 이론과 완전히 부합한다.

당시 7국은 각기 대량의 기병을 양성하여 우회하여 포위하는 작전에 활용했다. 『사기』「백기열전白起列傳」에 따르면, "진나라 기병奇兵, 복병, 기습부대 2만 5천여 명이 조나라 군대의 퇴로를 끊고 다시 1군 5천 명의 기병騎兵이 조나라 군대의 본진과 후속 부대의 통로를 끊었다".[3] 이외에 초나라도 기병 1만 명이 있었다. 이렇듯 기병들은 전쟁의 승패를 가르는 데 매우 중요한 역할을 했다. 중요 전투의 경우 동원된 병력은 10만을 넘었고, 전마戰馬는 1만 필에 달했다. 이로 인해 전투를 지휘하는 것 자체가 고도의 기술이 필요했기 때문에 탁월한 관찰력과 영민한 두뇌, 기회를 놓치지 않는 결단력, 그리고 임기응변에 능한 군사 전문가가 생겨났다. 군사 이론, 특히 『손자병법』에 나오는 중요한 이론 원칙은 이처럼 군사 장비에 큰 변화가 생기고 전쟁이 빈번했던 현실적 상황에서 생겨났다.

다만 초기 기사騎士의 형상이 완전한 상태로 남아 있는 것이 거의 없다. 그림 32에 나오는 기사 역시 간접적인 재료일 따름이다. 호랑이나 표범을 수렵하는 모습이긴 하나 일부 문제를 설명하고 있을 따름이다. 몸통과 팔에는 활동하기 편한 코뿔소 가죽에 채색한 조갑組甲이나 연갑練甲을 입고 있는데, 갑옷의 크기는 산서 장치長治에서 근년에 출토된 기물의 좌승座承으로 동으로 만든 소형 무사와 장사 초묘에서 출토된 채색 목용이 입은 것과 매우 비슷하다. 검의 길이도 산동 후마에서 출토된 도범陶範 전사가 허리에 패용한 것과 그림에서 보이는 형상과 서로 비슷하다. 삽도 25 특히 중요한 것은 투구에 꽂은 두 개의 새깃

1 『순자荀子』「의병議兵」, "輕利僄遬, 卒如飄風". "善用兵者感忽悠闇, 莫知其所從出".

2 손자, 『손자병법』, "攻其無備, 出其不意". "始如處女,……後如脫兎".

3 사마천, 『사기』「백기열전白起列傳」, "秦奇兵二萬五千人絶趙軍後, 又一軍五千騎絶趙壁間".

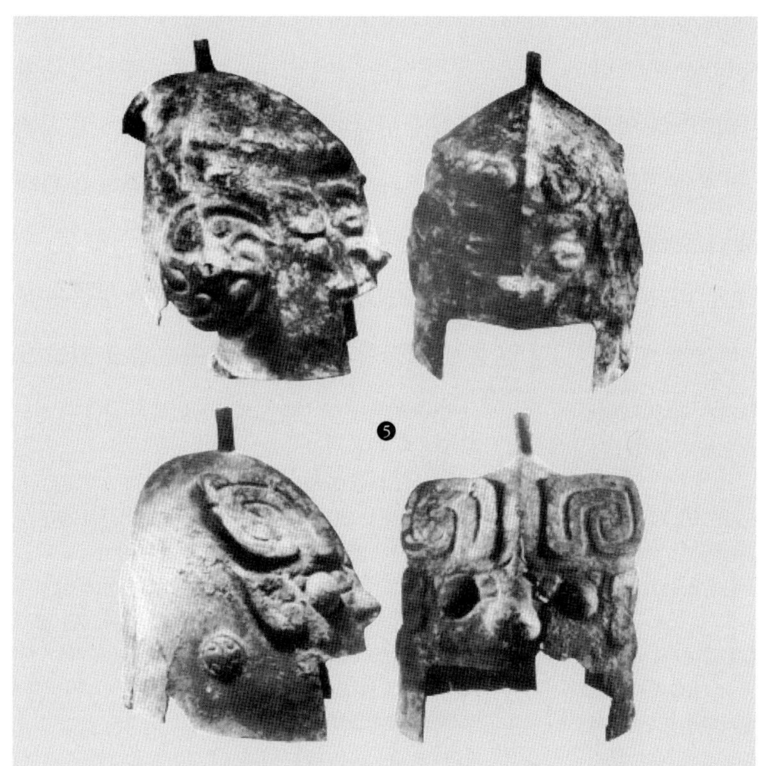

삽도29 갈미관

❶ 자호경기사刺虎鏡騎士 얼굴 부분

❷ 서한시대 벽돌에 나오는 기사

❸ 영무석실화寧懋石室畫에 나오는 문을 지키는 무장

❹ 석채산에서 출토된 동고銅鼓 문양

❺ 안양 후가장 1004 은나라 분묘殷墓에서 출토된 두 점의 구리 투구(동회銅盔)

鳥羽이다. 이는 사서에 전해지는 조나라 무령왕의 '호복기사'에 나오는 '갈관鶡冠'이나 '준의관鵕鸃冠'과 연관이 있거나 또는 서로 통하는 점이 있다. 갈조[4]의 꼬리鶡尾를 사용하는 까닭에 대해 『고금경古禽經』은 "갈관은 무사가 입는 옷으로 용기를 상징한다鶡冠, 武士服之, 象其勇也"라고 말했다. 또한 응소應劭의 『한관의漢官儀』에 따르면, "호분한무제 시절 친위군사은 갈새의 꼬리를 관에 꽂는다. 갈새는 맹금류 중에서도 굳세고 사나운 새이다. 매번 새를 잡으면 발톱을 부러뜨린다. 꼬리는 상당上黨에서 바치는 공물이다".[5] 『속한서續漢書』에서도 "우림군한 무제 시절 금위군禁衛軍의 우두머리인 좌우 우림감羽林監은 무관을 쓰고 두 개의 갈새 꼬리를 꽂는다"[6]고 했다. 이상의 기록은 한대漢代 또는 그보다 이른 시기에 이미 이런 일이 있었으며, 이후 하나의 제도로 정착되어 호분기사虎賁騎士라면 반드시 갈미관을 쓰고 호랑이 문양을 수놓은 바지袴를 입게 되었음을 증명한다. 2천여 년에 걸쳐 무장들이 갈새 꼬리를 꽂은 형태의 관을 썼던 것은 바로 여기에서 유래한 것이다. 시기적으로 비교적 늦은 북조北朝 시절 만수효자萬壽孝子[7] 석실에 새겨진 두 명의 문위門衛, 여기서는 무장武將 모습에서 비교적 완전하고 구체적인 형상을 찾을 수 있다.

일부 중원에서 멀리 떨어진 지역의 경우 현지에서 나오는 화려한 깃털의 꿩을 이용하기도 했다. 그래서 무악이나 종교 의식을 진행할 때 수많은 전사나 노예들이 꿩의 긴 꼬리를 머리에 꽂고 있는 모습을 볼 수 있다. 예를 들어 운남 석채산石寨山 고전인古滇人의 동고銅鼓에 반영된 것이 한 예이다.삽도 29 또한 사천에서 출토된 삼각형 형태의 창과戈에도 꿩의 긴 꼬리 형상이 등장한다. 과戈의 형태로 분석컨대, 제작 시기는 이 절의 그림에 나오는 기사보다 1백여 년 앞선 것으로 보인다. 그래서 당시 사람들은 이를 '파투무巴渝舞'[8] 형상이라고 생각했다. 이 춤의 내원은 두 가지이다. 하나는 유방劉邦이 승리를 자축하기 위해 만들도록 했다는 것이고, 다른 하나는 무왕이 주왕紂王 정벌에 참여한 서남 지역 여덟 개 부족 가운데 파족巴族과 복족濮族과 승리를 경축하기 위해 만들었다는 것이다. '복인濮人', 즉 '북인僰人'은 운남 곤명昆明 일대에 거주했다. 무인舞人 그림을 보면 손에 삼각형의 창과 긴 방패를 들고 있는데,

4 갈조鶡鳥 : 서광徐廣 주에 따르면, "갈은 검은 꿩처럼 생겼고, 상당에서 나온다(鶡似黑雉, 出於上黨)". 성격이 사나운 것으로 알려져 있다.

5 응소應劭, 『한관의漢官儀』, "虎賁, 冠插鶡尾. 鶡, 鷙鳥中之果勁者也. 每所攫撮, 應爪摧碎. 尾上黨所貢".

6 사마표司馬彪, 『속한서續漢書』, "羽需要左右監冠武冠, 加雙鶡尾".

7 원문은 '寧萬壽孝子石室'인데, 탈자가 있다. 정식 명칭은 '영무석실화상寧懋石室畫'이다. 북위 말기의 작품으로 1931년 2월 하남 낙양 북망산北邙山에서 출토되었다. 현산정懸山頂, 지붕이 건물의 측벽에 돌출된 맞배지붕 형식의 목조 건물 벽 안팎에 선을 파서線刻 그림을 그렸다. 여기에 두 명의 무장이 나온다. 석실의 높이는 약 1.5m이다. 실물은 현재 미국 보스턴 미술관에 소장되어 있다.

8 파유무巴渝舞는 전쟁에 앞서 추는 일종의 의식무이다. 항우와 유방이 맞붙은 초한 전쟁에서 처음 나왔다고 하는데, 한 고조 유방이 이렇게 명명했다고 한다. 파유무의 내원에 대해서는 중설이 분분하나 일설에 따르면, 중경 북부 사천 동북쪽 가릉강嘉陵江의 지류인 유유수流渝水, 지금 이름은 유강流江 일대에서 유래했기 때문이라고 한다동기상董其祥, 「파유무원류고巴渝舞源流考」. 이외에 유수 인근에 살았던 요인獠人의 춤이라는 설도 있다.

삽도30 진대 한 발을 세우고 꿇어앉은 준궤식蹲跪式 보병용步兵俑(진시황 병마용갱兵馬俑坑 출토)

그 위에 긴 깃털로 장식했다. 그림에 반영되고 있는 문제가 적지 않다. 안양에서 출토된 상대 구리 투구를 보면 투구 꼭대기에 대롱管처럼 생긴 것이 달려있다. 당대 이래로 투구에 부착한 장식과 비교해보면, 한두 개의 비교적 짧은 갈조鶡鳥의 꼬리나 또 다른 새의 깃털을 꽂아 권위를 상징하거나 군중의 등급을 구분했을 가능성이 크다.삽도 29 : 5

진대 대형 도용陶俑 갑사는 근년에 섬서 임동臨潼 여산驪山 진시황릉 부근에서 출토된 순장품이다. 역사적으로 보기 드물게 규모가 방대하고 수량이 엄청나다. 『사기』「진시황본기」에 따르면, 시황제 즉위 초기부터 여산에서 대규모 공사를 벌이기 시작했다. 전국 여섯 나라를 병합한 후 여러 곳에서 조달한 죄수 70만여 명을 동원하여 아래로 삼천三泉까지 깊이 파고 구리물을 부어 곽槨, 관을 담는 궤처럼 만들고, 그 안에 궁관宮觀, 백관百官의 모형을 만들었으며 기이한 기물이나 진귀한 보물을 운반하여 가득 채웠다. 수은으로 온갖 하천이나 강물, 큰 바다를 만들고 기계를 동원하여 흘러가도록 했다. 위로 천문의 문양을 장식하고 아래로 지리의 모형을 설치했다. 이세황제二世皇帝가 명을 내려 진시황릉 건축에 참여한 모든 장인과 노예들을 순장시켜 기밀이 새어나가지 못하도록 했다.

능묘는 한나라 시절 양을 잃은 목부가 구멍을 발견하고 들어가 횃불을 들고 찾다가 화재를 일으키면서 세상에 알려졌다고 한다. 당시 화재는 수개월이나 계속되었다고 하는데, 불에 타서 훼손된 부분은 나무로 만든 기물이나 건축물이었을 것이고, 그 나머지가 오랜 세월이 흐른 뒤 비교적 온전한 형태로 세상에 드러났다.

진대의 복식 제도는 『사기』를 통해 알 수 있다. 진나라는 음양오행가의 학설을 신봉하여 수덕水德으로 천하의 왕이 되었다고 믿었다. 그래서 의복에서 흑색黑色을 숭상했는데, 아마도 이는 제왕이 교사郊祀 의례에 사용할 때만 그랬을 뿐 일반 백성들과는 무관한 듯싶다. 수만 개에 달하는 도용의 실물에서 볼 때 흑색으로 도색했다는 증거를 찾기 어렵기 때문이다. 도용은 지상에서 가마에 구운 다음에 색깔을 입혔을 것인데, 시황제의 장례가 끝난 후 황릉 안에 넣고 봉했기 때문에 보존 상태가 대단히 좋다.

의갑衣甲의 특징도 상당히 구체적으로 반영되어 있고, 일부 갑옷에는 조대組帶를 둘러 탄력성과 유연성을 강화했다. 갑옷은 비교적 크고 후대의 양당裲襠, 조끼의 일종, 일명 양당兩襠과 같은 형식이다. 어깨 부분에 복박覆膊, 어깨를 덮는 가죽을 붙였는데, 매우 짧아 어깨 부분만 보호하는 역할을 했을 것이다. 전체적으로 볼 때 진시황릉에서 출토된 도용의 의복제도는 비교적 간단하다.삽도 30

신발은 한대 구리鉤履, 형태가 갈고리처럼 굽은 신발, 일명 구리勾履와 비슷하게 앞쪽이 비교적 길고 약간 위로 구부러졌다. 머리에는 다양한 형태의 두건을 썼으며, 투구두무兜鍪는 피혁으로 만든 것에 가까운데, 일종의 관冠인 듯하다. 중·하급 무관의 신분을 나타내는 것인지 여부는 좀 더 분석이 필요하다. 가장 특이한 것은 일반 보병들의 상투가 위쪽으로 솟아 있으되 오른쪽으로 약간 치우쳐 있으며어떤 것은 왼쪽으로 치우쳐 있다, 불가사의할 정도로 독특한 형태로 머리카락을 묶었다는 점이다.삽도 31 당시 군사 조직이나 소속과 관련이 있는 것인지 여부는 정확히 단정할 수 없다. 다만 보졸의 갑옷은 근년에 호북 수현 증후을묘에서 출토된 칠갑漆甲, 하북 만성滿城에서 출토된 한나라 초기 유승劉勝의 분묘의 철갑鐵甲과 비교 연구할 필요가 있다.

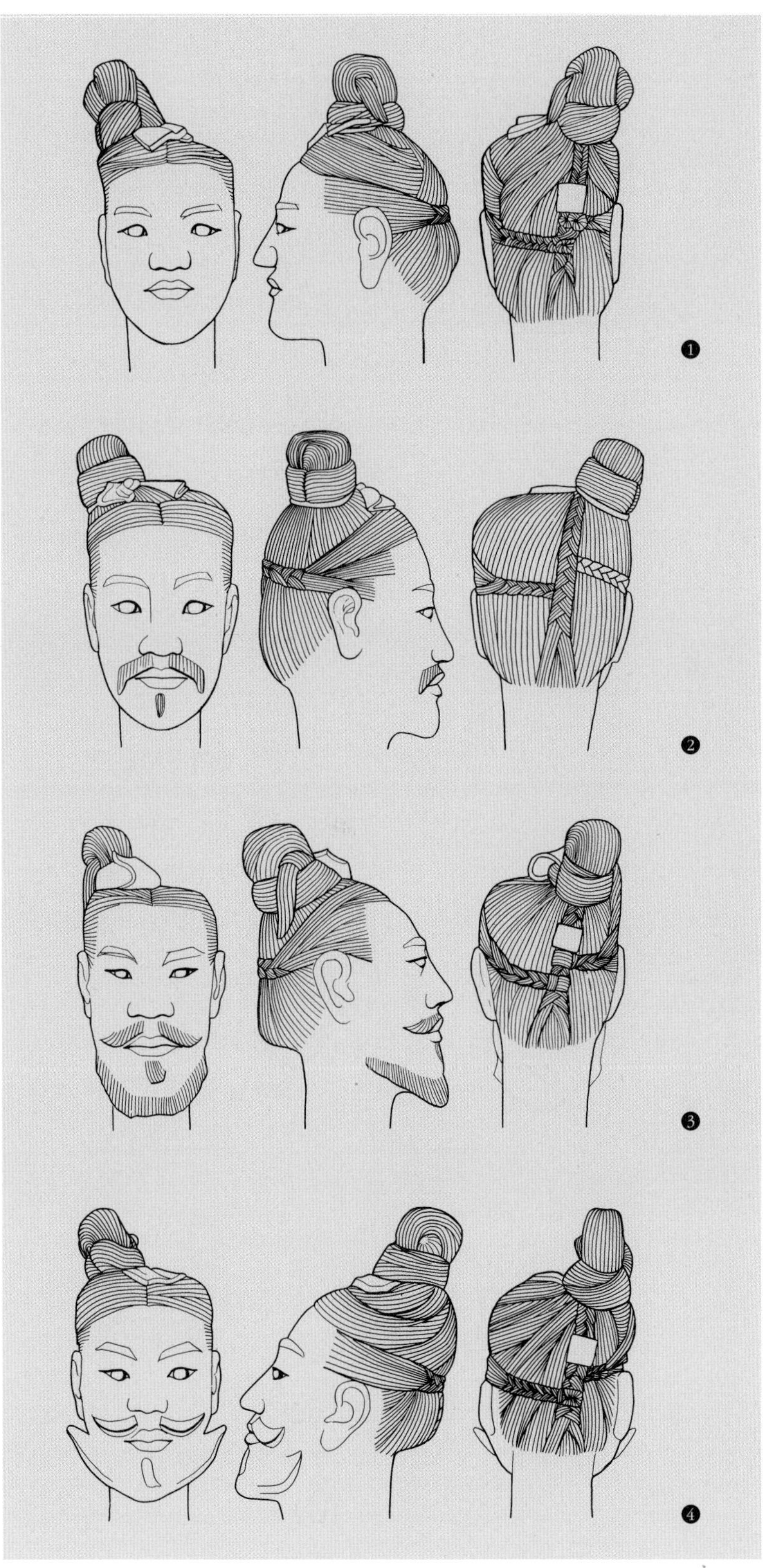

삽도31 진대 병용兵俑에 보이는 두발 형식과 건모巾帽(진시황 병마용갱 출토)

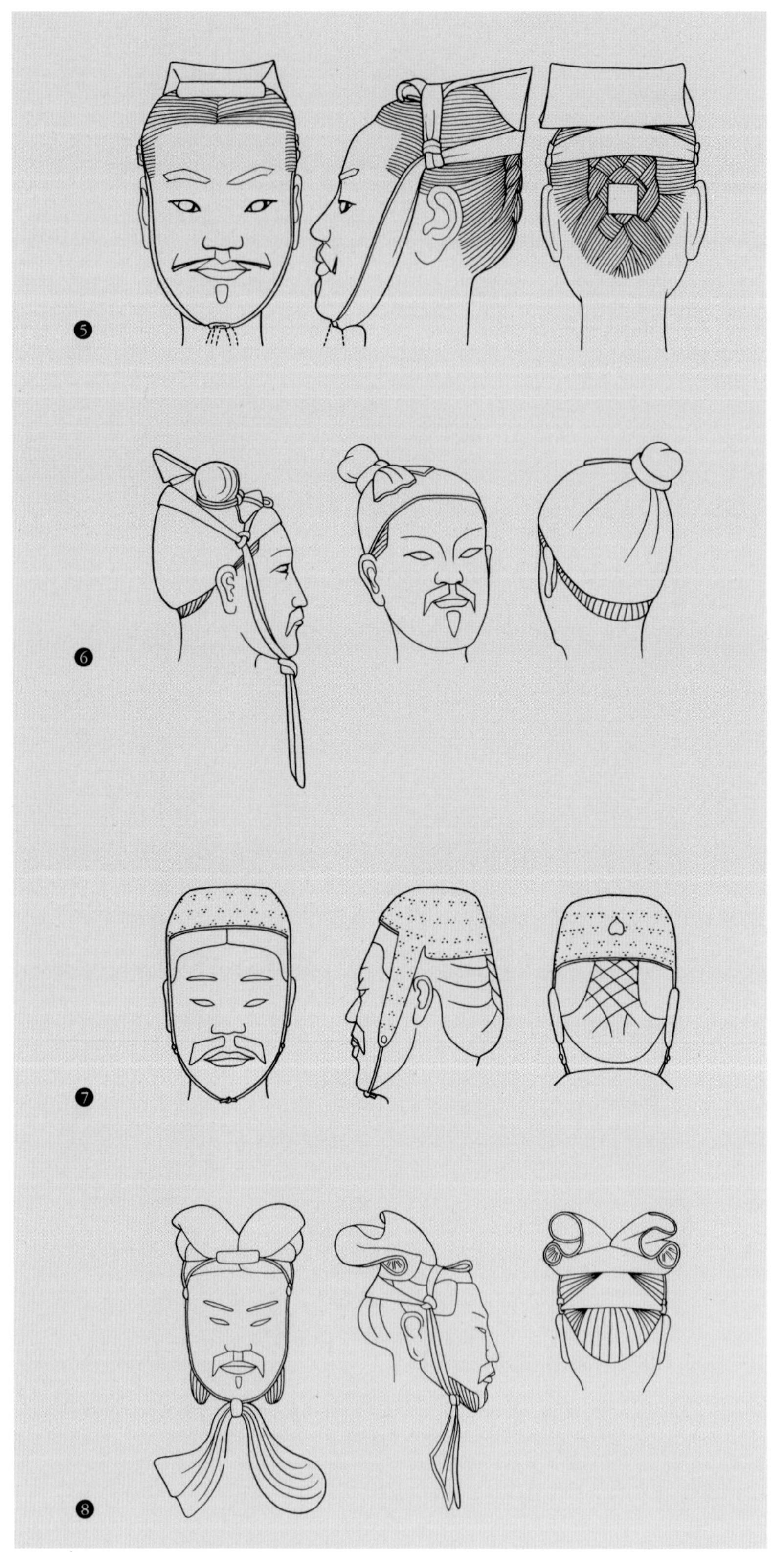

삽도 31(계속) **진대 병용**兵俑**에 보이는 두발 형식과 건모**巾帽(진시황 병마용갱 출토)

전국 패옥佩玉의 유리구슬과 대구帶鉤

상대商代 이래로 경도가 매우 높고 투명도가 좋은 백옥이 발견됨과 동시에 경도가 높은 해옥사解玉砂[1]가 발견되면서 이에 따라 옥공예가 크게 발전하여 선조綫雕, 투조透雕, 고부조高浮雕, 원조圓雕[2] 등 다양한 방식으로 조각한 정교한 예술품이 많이 제작되었다. 『일주서逸周書』의 기록에 따르면, 은상殷商 최후의 노예주[3]인 주왕紂王이 녹대鹿臺에서 타죽었을 때 소장하고 있던 보옥 4천여 점을 함께 태웠다고 하며, "무왕이 상나라의 옥 수백만 점을 얻었다武王俘商舊玉億有百萬"고 한다. 이처럼 수많은 옥을 모았다는 것은 그만큼 재부가 통치자 한 사람에게 집중되었음을 뜻하는 것 외에도 용도가 다양했음을 나타낸다. 동주東周, 춘추전국나 전국시대 사람들이 편찬한 고대 문헌에 따르면, 서주시대 무왕이 주왕을 정벌한 후 보옥이나 귀중한 기물을 전공을 세운 여러 신하들에게 나누어주었다고 한다. 근년에 호남 영릉零陵 지역에서 출토된 상대 동기銅器에서 대량의 상대 옥기가 발견되고 운남 석채산 동기에서도 대량의 옥기가 발견되었는데 이러한 고옥古玉의 출처는 위의 문헌 기록과 일정한 연관이 있는 것으로 보인다. 혹자는 은상 노예주가 도망치면서 가져온 옥이라고 말하기도 하는데, 이는 가능한 일이 아니다.

또한 서주시대는 '예제옥禮制玉'이 확정되어 있었기 때문에 대형 예기인 옥으로 만든 규圭, 장璋, 황璜, 벽璧, 종琮 등은 각기 일정한 용도가 있었다. 천지산하의 신령에게 제사를 지내거나 신지神祇에게 예를 올릴 때는 물론이고, 여러 제후국의 조빙朝聘, 회맹會盟 등의 중요한 일에도 옥은 없어서는 안 되는 귀중한 예기였다. 당연히 옥기 보관을 전담하는 관리를 따로 두기도 했다. 비교적 작은 패옥珮玉은 당시 통치 계급 가운데 지위가 약간 낮은 공경이나 사대부의 곁에 없어서는 안 될 귀중한 장식품이었으며, 본인의 사회 신분이나 관직의 높고 낮음에 따라 사용하는 재료도 각기 달랐다. 춘추 이래로 독서인사대부 등 지식인들의 과장된 문필을 거치면서 옥에 일곱 가지 또는 열 가지 덕德이 있다고 하여 인격의 품덕을 상징

1 해옥사解玉砂는 고대에 옥기를 갈거나 조각할 때 사용하던 모래처럼 생긴 광석광사鑛砂이다. 전옥사碾玉砂, 형사邢砂, 마옥하수사磨玉夏水砂 등으로 부르며 옥석을 연마하는 데 반드시 필요한 광물이다.

2 투조는 앞면에서 뒷면까지 통과하여 모양을 내는 조각법이다.

3 중국 역사학계에 은상을 노예제 사회로 보는 견해가 있다.

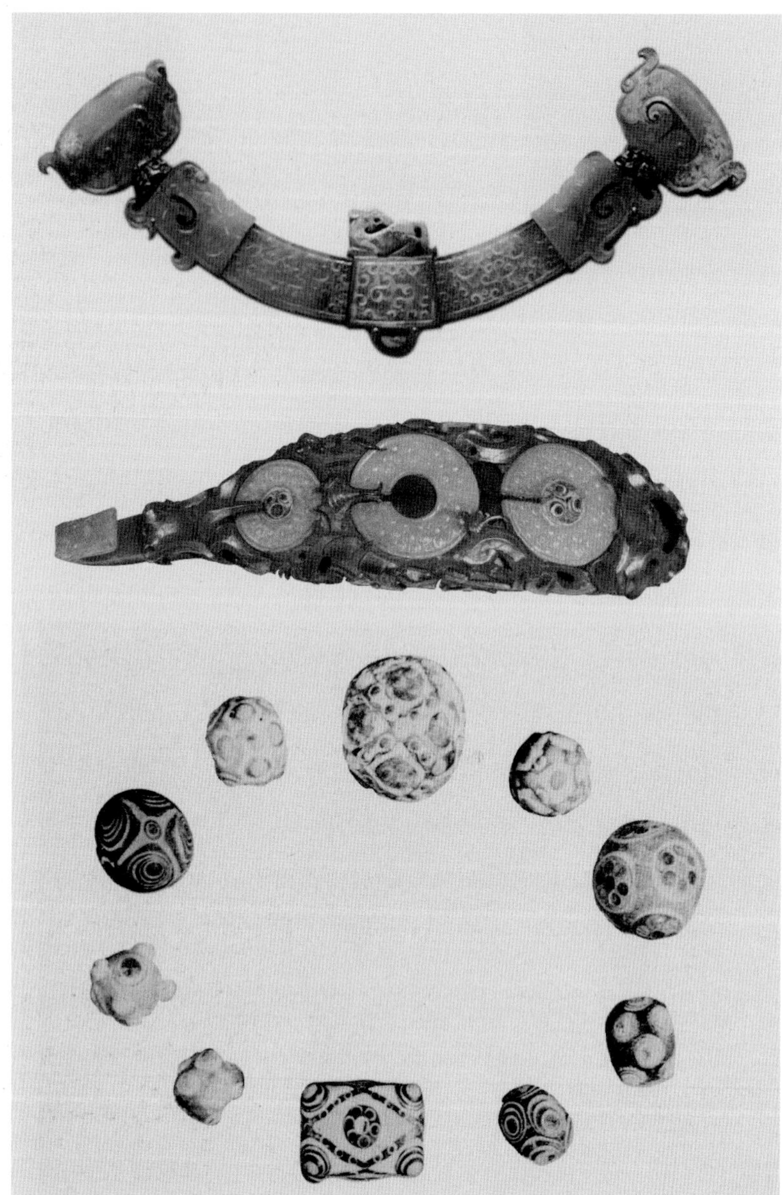

그림33
상. (전국) 옥황玉璜(하남 휘현 고위촌 고위촌 출토)
중. (전국) 은 바탕에 금을 도금하고 옥결玉玦(고리 형태의 옥)과 채색유리를 상감한 옥용두대구玉龍頭帶鉤
하. (전국) 유리구슬

하는 귀물貴物로 간주되었다. 그래서 예제옥 이외의 일반 복식에도 새롭게 널리 사용되기에 이른 것이다.

조옥雕玉 장식이 사회 상층부 사람들의 생활에서 특별한 위치를 차지하면서 공예 또한 다방면에 걸쳐 크게 발전하기 시작했다. 옥을 판별하는 전문가가 생겨났고, 옥을 다듬는 전문 장인도 나타났다. 전국시대 사람들의 과장된 언설에 따르면, 당시 여러 제후국마다 얻기 힘든 귀한 미옥이 있었다고 하는데, 노나라의 번여璠璵, 초나라의 백형白珩 등등이 그것이다. 심지어 어떤 옥은 한 번 보는 데 성城 다섯 개를 주어야만 했다고 한다. 변화卞和가 왕에게 헌상했다는 화씨和氏의 연성벽連城璧은 2천여 년 동안 유전된 유명한 이야기로 널리 알려져 있다.

고례古禮에 따르면, 여러 옥결을 꿰어 만든 패옥佩玉, 꿴 패옥, 성조열패옥成組列珮玉 또는 성조패옥成組佩玉은 반드시 둥근 달 모양의 곡황曲璜, 연결된 소벽小璧이 있어야 하며, 방형으로 치도齒道를 새긴 거우琚瑀, 옥돌로 만든 노리개의 일종, 그 옆에 멧돼지 이빨에서 발전하여 용龍처럼 생긴 충아沖牙를 달며 채색 명주실로 꿴 빈주璸珠를 그 사이에 넣어 장식한 다음 채세彩繐, 채색 명주실를 아래로 내려뜨렸다. 그래서 움직일 때마다 고리 노리개환패環珮가 딸랑거려 절주가 있으니 마치 걸음걸이가 박자에 맞는 듯하다. 옥 소리가 흐트러지면 예의에 어긋나는 셈이다. 하지만 근년에 대량으로 출토된 주옥에 근거해 보면, 패옥 제도는 문헌 기록과 완전히 부합하는 경우가 드문 것 같다. 예를 들어 삼문협三門峽 괵국묘虢國墓에서 영락식瓔珞式, 주옥을 꿰어 만든 목걸이 장식물 형식 옥꿰미옥관玉串가 발견되어 복원한 것을 보아도 문헌과 부합하지 않는다.삽도 32 산동 임치臨淄 제나라 귀족묘에서도 대량의 패옥이 발견되었는데 주옥을 꿴 형태가 훨씬 다양해졌다. 또한 하남 휘현에서 출토된 옥물을 발굴 기록에 근거하여 분석해보니 옥을 조합한 형식은 주로 재료에 따른 것이지 일정한 규범에 근거한 것이 아니었다.

그림 33은 두 점의 대표적인 패옥인데, 하나는 대형 전황典璜이고 다른 하나는 주옥을 상감한 대형 옥 허리띠 고리옥대구玉帶鉤이다. 공예 특징은 조각 문양의 종류가 다양하고 정교하며, 꼰 실의 가늘기가 마치 거미줄과 같아 마음대로 엮을 수 있다는 것 외에도 상대商代의 쌍선전법雙綫碾法에서 더욱 발전하여 젖꼭지처럼乳狀 생긴 돌기突起 곡문穀紋, 잔주름 문양이나 운문雲紋, 구름 문양이 가지런하게 배열되어 있다. 특히 어려운 작업은 둥근 옥 위에 연속으로 선회하는 잔주름 문양細紋을 새기는 일인데, 이를 속칭 '치우환蚩尤環'이라고 부른다. 옥황은 구역을 나누어 조합했다. 양쪽 끝에 각기 짐승의 머리 장식을 조각하여 돌릴 수 있게 만들었으며, 중간에 당나귀가 누운 모습을 투조透雕했는데, 길이는 6, 7분分이 채 되지 않으나 생동감이 넘친다. 판조각 형태板片狀의 투조 옥용패玉龍佩와 그 밖의 것 역시 생기발랄하고 수려한 모습을 하고 있다. 재료나 품종이 날로 풍부해졌다는 것을 알 수 있다. 또한 경도가 높은 마노瑪瑙, 수정을 비교적 작은 구슬로 다듬어 작은 고리와 각종 형태의 곡황을 만들기도 했다. 또한 옥을 모방하여 소조燒造, 가마에 구워 만듦 방식으로 투명하고 맑은 채색 유리구슬을 만들 수 있었다. 당시 사람들의 심미관이나 개인이 취향에 따라 이러한 재료, 색깔, 형태가 다른 구슬을 일정한 형식이 없는 구슬꿰미로 배합하여 허리띠나 목에 걸면 비할 바 없이 아름다웠다. 『한서』 「지리지」

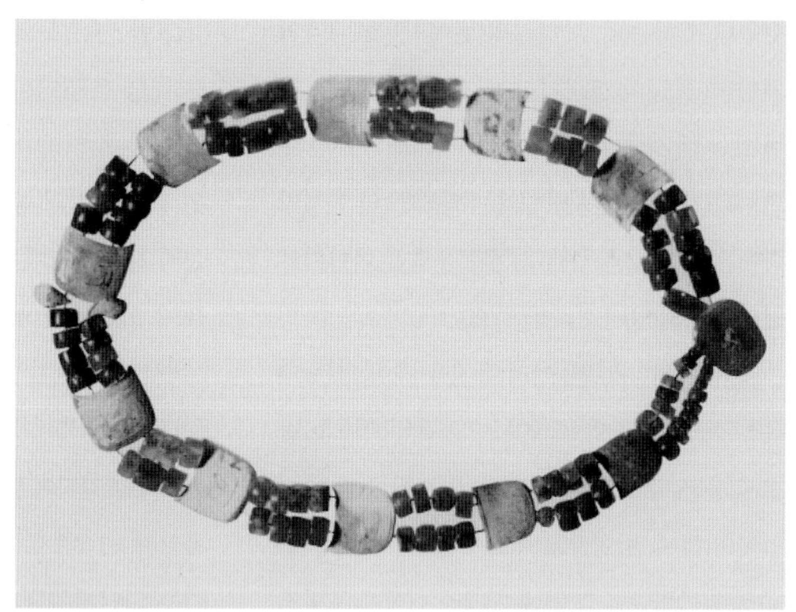

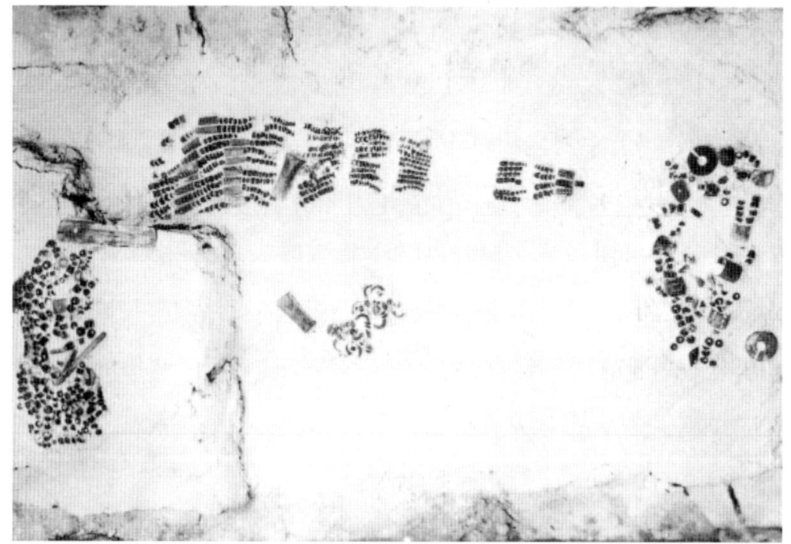

삽도32 줄을 지은 듯 배열한 옥 장식組列玉飾(삼문협 상촌령 괵국묘 출토)

에 보면[4] 한 무제 유철劉徹 시절에 상선商船이 "해시로 들어가 명주, 벽유리를 얻었다入海市明珠、璧琉璃"는 말이 나온다. 비교적 후에 나온 어환魚豢의 『위략魏略』에 보면 "대진국에 적색, 백색, 흑색, 황색, 청색, 녹색, 감색, 옥색, 홍색, 자색 등 열 가지 종류의 유리가 나온다"[5]고 했다.

4 원문은 『사기』 황지국전黃支國傳에 나온다고 했으나 『한서』 「지리지」에 나오는 내용이기 때문에 고쳤다. 아울러 한 무제가 사람을 보냈다고 했으나 상선이 갔을 뿐이기 때문에 바로 고쳤다.

5 어환魚豢, 『위략魏略』, "大秦國出赤、白、黑、黃、青、綠、紺、縹、紅、紫十種琉璃".

예전 사람들은 이에 근거하여 유리가 외국에서 들어온 물품이라고 여겼다. 근대 학자들도 구설을 그대로 따라 더 이상 분석하지 않고 인조주옥이 모두 외래품이라 생각했다. 최근 강릉 초묘에서 출토된 월왕 구천이 사용한 금문검의 칼자루 테두리검이劍珥[6]에 상감된 투명한 벽람색碧藍色, 푸른색의 일종 구슬 두 알이 발견되었다.일반적으로 춘추시대에 참금검은 송록석을 상감했다. 여기서 알 수 있다시피 유리를 소조하는 기술은 아무리 늦어도 춘추·전국시대에 이미 성숙한 상태였다. 근년에 호남 초묘에서 정교하게 제작된 푸른색 유리벽환琉璃璧環 및 광택이 나고 투명한 유리와주琉璃瓦珠가 출토되었으며, 섬서 풍서灃西 기산岐山 서주 분묘에서도 수벽색水碧色, 강물처럼 푸른색 유리구슬이 발견되었다. 은·상 시대에 이미 유약을 칠한 도기유도釉陶가 존재했는데, 유약의 재질이 세밀하여 기물 안에 두 가지 종류의 유약을 사용하여 처리하면 매우 정교하고 아름다운 도기를 구워낼 수 있다. 그런즉 청동기를 주조하기 시작한 지 1천 년 이후인 춘추·전국시대에 중국 장인의 손에서 채색 유리가 생산되었다는 추론은 전혀 이상할 것 없이 자연스럽다.그림 33 : 하

전국시대 초나라 정권이 차지하고 있던 지역에서 발굴된 분묘에는 청창옥青蒼玉에 운문을 가득 조각한 대룡패大龍珮가 종종 발견되는데, 큰 것은 한척漢尺으로 한 자나 되며 일반적으로 쌍으로 이루어져 망자의 가슴 사이에 끼워져 있으나 어떻게 패용했는지 구체적인 방식은 아직 명확하게 밝혀진 바 없다. 혹시 순장용으로만 제작된 것일 수도 있으나, 이 역시 새로운 출토 유물이 있어야 증명할 수 있을 것이다. 이외에도 대형 벽색碧色과 유백색乳白色 투명 유리벽琉璃璧도 끊임없이 출토되고 있다.

당시 세금細金[7] 공예가 크게 발전했으며, 상감象嵌, 상감鑲嵌 기술의 발전도 돋보였다. 야금冶金 장인들은 백은白銀을 제련하는 기술을 익혀 백은으로 제작된 얇은 바탕에 복숭아 반쪽처럼 생긴 주기酒器가 등장했으며, 나무로 만든 노비弩臂[8]에 은실銀絲을 상감한 실물이 발견되었다. 또한 수은을 이용한 도금 기술이 발명되기도 했다. 초기에는 주로 은기銀器에 도금하는 정도였으나 진한 시대에 이르러 여러 기술을 종합적으로 이용하면서 금속공예가 진정한 '백화제방'의 시대로 접어들었다. 금실이나 은실을 사용하면 눈이 부시게 아름답기 때문에 이를 청동기에 상감하면 '금은착金銀錯', 즉 금은이 섞인 수백 수천 종의 아름다운 도안을 만들어 고대 세금공예의 내용을 더욱 풍

6 검이劍珥는 칼자루와 칼날 부분을 구분하는 곳에 자리한 둥근 테를 말한다. 둥근 귀걸이처럼 생겼다고 하여 '이珥'라고 한 것 같다.

7 세금細金은 금은이나 구리를 실처럼 가늘게 만들어 원하는 대로 직조하거나 상감하는 기술을 말한다. 일명 화사상감花絲鑲嵌, 간칭 화감花嵌이라고 한다.

8 쇠뇌弩는 기계의 힘을 이용하여 화살을 쏘는 무기로 노궁, 노비, 노기 등으로 구성되어 있다. 노궁은 활, 노기는 일반적으로 청동으로 제작된 발사기이며, 노비는 노기와 노궁을 연결하는 길고 단단한 목제 부분으로 쇠뇌의 지지대 역할을 한다. 궁비弓臂라고도 한다.

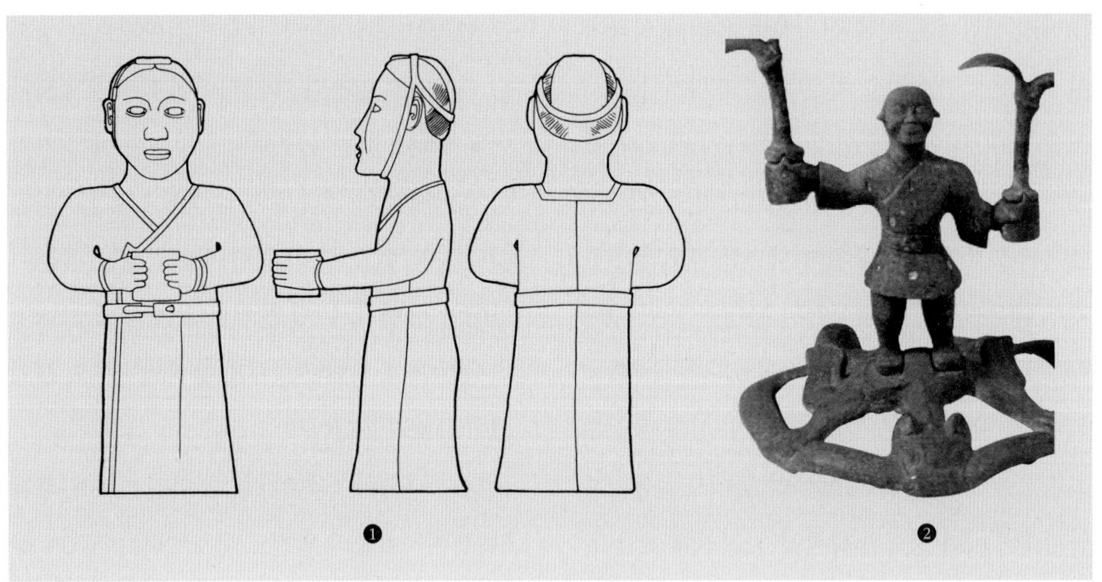

삽도33 대구帶鉤
❶ 전국시대 대구를 찬 청동 촉노燭奴(하북 역현易縣 출토)
❷ 한대 대구를 찬 청동 촉노

부하게 하여 수많은 정교하고 절묘한 공예품을 창조할 수 있었다.

예를 들어 그림 33에 나오는 옥용두대구玉龍頭帶鉤는 휘현輝縣에서 출토되었는데, 은을 두드려 몸체를 만든 다음 황금을 도금하고 그 안에 작고 흰 옥결 세 개를 박아 넣고 그 안에 다시 세 알의 채색 유리구슬을 상감했다. 신양信陽 전국 초기 초묘楚墓에서 발굴된 긴 막대기 모양의 쇠로 만든 큰 대구는 당시 기술로 능히 가능했던 담금질한 좋은 쇠정철精鐵 위에 구역을 나누고 네모난 판에 구름 속에 노니는 용을 새긴 금박과 수정水晶을 상감했다. 이외에도 송록석을 조합하여 각종 아름다운 도안을 만든 것도 있고, 옥룡대구에 채색 유리구슬을 덧붙인 것도 있다. 이처럼 종합적인 처리 방식을 보건대, 당시 고급 수공예품은 제후나 공경대부 등이 아니면 사용할 수 없었을 것이다. 물론 그것을 만든 이는 무명의 장인이다. 거의 2천 4,5백 년 전에 만들어진 것인데, 출토된 후에도 여전히 새 것처럼 완벽했다.삽도 33

대구帶鉤는 조나라 무령왕 시절에 서북 유목 민족이 사용하던 갈고리 형태의 허리 띠고리를 본받은 것이라고 한다. 또는 가슴 혁대胸革帶로 사용하던 청동대구를 가리킨다고도 하는데, 처음에는 갑옷에만 한정되었다가 점차 발전하여 명주끈사조絲縧를 대체하면서 일반 귀족이나 왕공의 포복袍服

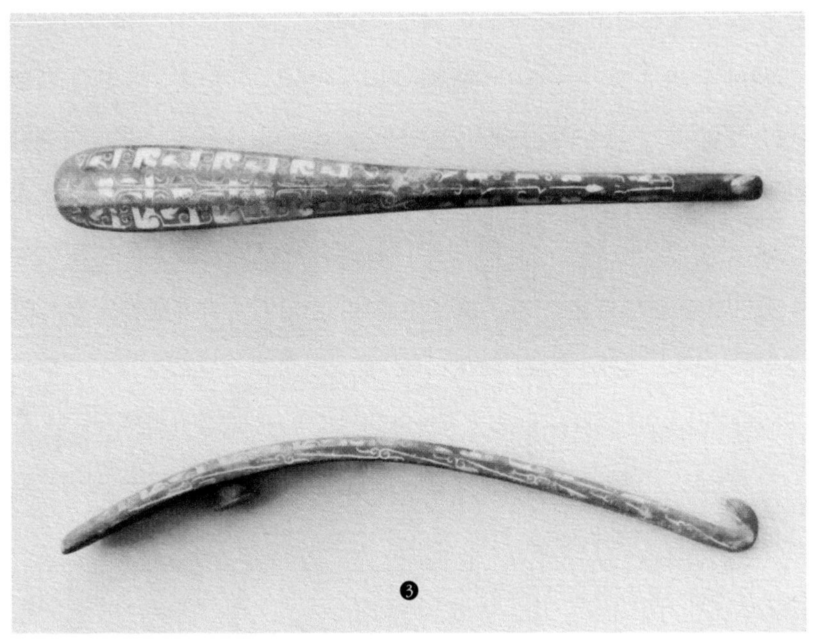

❸

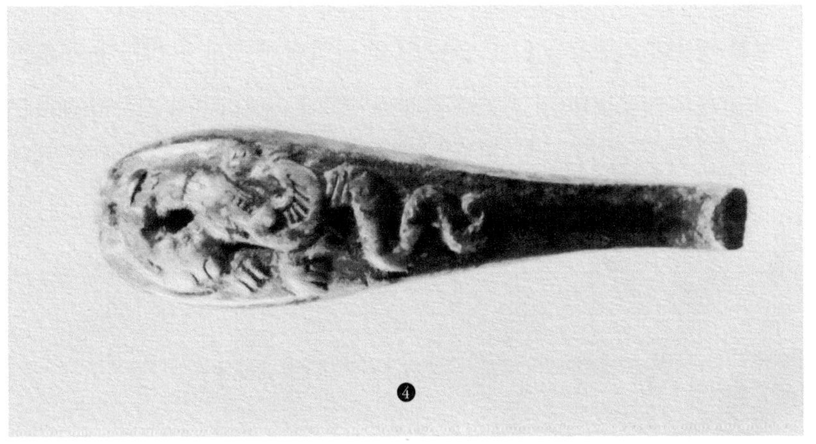

❹

❺

❻

삽도33 대구帶鉤

❸❹❺ 후마侯馬의 전국시대 분묘에서 출토된 금은을 상감한 동대구銅帶鉤와 철대구鐵帶鉤

❻ 착금錯金(금을 상감함)한 철대구

을 묶는 것으로 전용되기에 이르렀다. 한대 사람들은 이를 '사비師比' 또는 '서비犀毗'라고 불렀는데, 일시에 널리 퍼져 "빈객들이 당에 가득한데, 대구를 보니 각기 다르구나賓客滿堂, 視鉤各異"라는 속설이 있을 정도였다. 그래서 사회 상층부에서 크게 유행하던 공예품 가운데 하나가 되었다. 재료나 형태가 각기 달라 수백, 수천 가지로 다양했고, 크기도 달라 작은 것은 겨우 한 치에 불과했으나 큰 것은 길이가 한 자, 너비가 한 치에 달하는 것도 있었다. 지금도 청동, 은, 철 외에도 옥, 뼈, 상아로 제작된 것들도 발견되고 있다. 『사기』나 『한서』에 보면 흉노의 군장君長에게 '황금사비黃金師比'[9]를 하사했다는 기사를 볼 수 있는데, 근년에 들어 순금으로 만들거나 황금으로 싼 실물이 계속 발견되고 있다.

이렇듯 대구는 유목 민족이 사용하던 것을 모방한 것이기는 하나 이후 점차 중원의 특별한 고급 공예품이 되어 역으로 흉노 군장에게 보내는 특별한 예물이 되었음을 알 수 있다. 동한 말기에 새롭게 은 바탕에 아홉 가지 고리를 단 허리띠인 은질구환대銀質九環帶가 나타나면서 기존의 대구는 점차 그 기능을 상실하고 말았다.

---

9 『전국책戰國策』「조책2趙策二」, "(무령왕이) 주소에게 호복 형식의 의관과 조개로 장식한 허리띠인 패대, 황금으로 만든 사비를 하사하고 왕자의 사부로 삼았다(遂賜周紹胡服衣冠, 貝帶黃金師比, 以傅王子也)".

강릉 마산馬山 초묘에서 발견된 의상과 침구

그림은 『강릉 마산 1호 초묘江陵馬山一號楚墓』 보고서에서 인용한 것인데, 발굴에 참여한 팽호彭浩 선생의 연구 성과가 매우 중요하다.

마산 초묘의 연대는 대략 기원전 3, 4세기 즈음으로 전국 중기에서 만기에 속한다. 분묘의 규모는 그리 크지 않지만 유물이 촘촘하게 매장되어 있을 뿐만 아니라 진귀한 견직물이 적지 않게 발견되었는데, 재질이나 색채도 상당히 잘 보존된 상태였다. 그중에서도 특히 비단과 수를 놓은 이불 실물은 근대 고고학 발굴사나 선진先秦 복식사에 참신한 내용을 보충할 정도로 중요할뿐더러 세계문화사에도 매우 중요한 유물이라고 말할 수 있다.

주로 관棺에서 나온 비단 유물은 품종이나 규격이 비교적 복잡하다. 사용한 재료로 말하자면, 평직平織의 각종 견絹과 사紗, 교직絞織 투공透孔의 나羅, 중경重經이나 중위重緯로 문양을 넣은 채금彩錦, 그리고 오직 날실經絲로만 손으로 짜고 바느질침직針織한 화소조花素組, 조縧 및 화려하고 찬란하여 감탄을 금치 못하게 만드는 고급 자수 직물 등 매우 다양하다. 복식 방면에서 출토된 유물 전체를 분류하면 다음과 같다.

우선 홑옷單衣 4벌명의冥衣 한 벌 포함, 겹옷겹의裌衣 한 벌, 면의綿衣 8벌, 홑치마單裙 두 벌, 면바지綿袴 한 쌍, 비단 모자錦帽 한 개, 옻칠 신발漆履 한 켤레, 미투리마리麻履, 삼신 세 켤레, 이불금피衾被 세 채三領, 시신을 덮는 이불인 염금斂衾은 불포함 이외에도 수놓은 베갯잇과 수놓은 경의鏡衣[1] 등 여러 가지 일용품과 가장자리를 장식하거나 매다는 데 사용하는 장식품인 계식繫飾 등을 합쳐 50여 점이 넘는다. 이는 중국에서 출토된 유물 가운데 시대가 가장 오래된 고대 금수錦繡 피복 실물이다.

상술한 10여 점의 의복 중에서 모형으로 만든 명의冥衣만 직령直領, 대금對襟 양식으로 재단했을 뿐 나머지 긴 옷長衣은 일률적으로 교령交領, 우임右衽, 직거直裾, 장수長袖의 양식을 따랐으며, 윗도리上衣와 아래치마하상下裳가 일체로 연결된 형태이며, 비단으로 가장자리를 수놓았다. 이는 다음 몇 가지 유형으로 구분할 수 있다.

---

1 경의鏡衣는 청동 거울銅鏡을 보관하는 둥근 통을 말한다. 1972년 마왕퇴 1호묘에서 발견된 직경 32cm, 깊이 36cm의 서한시대 경의가 유명하다. 현재 호남성 박물관에 소장되어 있다. 이외에 전국시대의 경의도 발견된 적이 있다.

작은 소매식소수식小袖式 작다고 했으나 소매가 좁다는 뜻이기 때문에 '착수식窄袖式'이라고 말하기도 한다.역서는 모두 좁은 소매로 번역했다. 보존 상태가 비교적 좋은 실물은 일련 번호 N-1 소사금의素紗綿衣, 그림 34이다. 관 안에서 찾은 2천 3백 년 전 가장 완전한 형태의 옷이다. 옷의 길이는 대략 148cm, 소매 길이는 216cm이다. 펼쳐놓았을 때 양쪽 소매가 약간 아래로 내려가 있으며, 소매통은 겨드랑이 부분에서 소맷부리수구袖口까지 현저하게 좁아지는 것을 볼 수 있다. 소맷부리의 너비는 21cm이다. 교령은 등 쪽 목선네크라인 부분이 오목하게 들어가 있고, 두루마기 앞면袍面은 극히 얇고 섬세한 평직사平織紗에 도식塗飾 가공을 거친 것 같다. 다만 도식한 부분이 이미 부패했기 때문에 옷을 수습하여 정리할 때는 이미 약간의 흔적만 남은 상태였다. 윗도리와 아래치마는 재봉하여 붙였다. 위아래는 허리솔기요봉腰縫, waistband seam를 경계로 삼았는데, 허리솔기 위는 직물 8폭으로 좌우 대칭이며 사병斜拼[2]으로 처리했다. 옷깃領과 소매 가장자리袖緣는 모두 본래 색깔 그대로의 생사를 사용하여 비스듬히 재봉했는데, 이를 일러 '파연頗緣'[3]이라고 한다.『한비자韓非子』「십과十過」 참조 허리솔기 아래는 8폭의 직물을 세로로 이어 붙였는데, 폭은 모두 균일하게 정재正裁[4]했다. 흰 명주白絹 안에는 풀솜서사면絮絲綿을 넣었다. 옷 안감 재봉은 겉감과 동일하다. 겨드랑이 꿰맨 곳에 감편이 있는데腋縫處有嵌片[5] '소요小腰'를 만드는 것과 같다.나중에서 상세하게 설명하겠다.

이런 옷은 오목한 옷깃에 소매가 좁기 때문에 체구가 작은이에게 적합하다. 옷의 겉감은 원색 원단을 사용하고 화려한 색채를 쓰지 않았다. 『논어』「향당鄉黨」에서 "다홍색과 자주색으로 평상복을 만들지 않았다紅、紫不以爲褻服"고 한 것과 상응한다. 이를 반증하는 것은 몸에 착 달라붙게 입는 동복 소의小衣 또는 내의內衣로 일반적으로 밖으로 노출되지 않는 옷이다. 같은 형식으로 짙은 황색의 견사로 만든 겹의견겹의絹裌衣가 있다. 이외에 다른 하나는 일련 번호 N-22 견사에 수를

2 사병斜拼은 실을 뽑아 조각보를 만드는 방법 가운데 하나이다. 정사각형이든 직사각형이든 다섯 조각의 옷감을 이어 붙여 만든다. 형태가 승라升籮, 식량을 담는 기구인 되와 같다고 하여 '승라저병升籮底拼'이라고 부르기도 한다.

3 파연頗緣은 옷의 가장자리를 비스듬한 문양인 사문斜紋으로 장식한 것을 말한다. 이렇게 사문으로 짠 것, 즉 사문직斜紋織을 능직綾織이라고 하는데, 날실이나 씨실이 계속해서 두 올 또는 그 이상의 올과 위, 아래로 교차되어 이루어지는 조직으로 직물 표면에 사선으로 골이 형성되기 때문에 사문斜紋이라고 한 것이다.

4 중국 전통의복을 재단, 제작하는 방법이다. 강릉 마산馬山 초묘에서 발견된 의상은 정재正裁와 사재斜裁 두 가지 방법을 활용했다. 정재正裁는 식서 방향올이 늘어나지 않는 방향으로 재단하는 것을 말하고, 사재는 바이어스 방향으로 재단하는 것을 뜻한다. 옷은 일반적으로 식서 방향으로 재단하지만 드레이퍼리가 많이 지도록 하거나 신축성이 좋도록 하기 위해 바이어스 재단을 한다. 예를 들어 플레어스커트flared skirt가 바이어스 커팅의 대표적인 사례라고 할 수 있다. 경사 즉 날실이 놓여있는 쪽이 식서 방향이다. 재단 방식을 의미하는 정재나 사재와 같은 용어는 한국복식에는 없다. 왜냐하면 우리나라의 직물은 폭이 좁아서 그대로 경사의 올 방향으로 옷을 만들기 때문에 굳이 식서 방향이나 사선 방향으로 마름질할 이유가 없기 때문일 것이다.

5 우리나라에서 감편에 해당하는 말은 '당'이다. 겨드랑이 아래 빈 부분을 채우기도 하고, 속옷에서 허리 부분을 강화하기 위해 삼각형의 작은 무를 대어 활동에 편리하도록 했다. 일반적으로 삼각형의 조각천이다.

그림34 희고 얇은 비단 안에 솜을 넣은 소사면의素紗綿衣(N-1)

그림35 꽃과 봉새 문양을 수놓은 견면의천화봉문수견면의串花鳳紋繡絹綿衣(N-10)

놓은 무명옷면의綿衣이다. 이는 망자의 겉옷 안에 들어있었다. 형태는 N-1과 비슷한데, 옷 겉면에 채색으로 수놓은 용봉龍鳳 문양이 있다. 『석명釋名』에 이르길, "중의는 소의 밖에 있고, 대의 가운데 있는 옷을 말한다中衣, 言在小衣之外, 大衣之中也"고 했으니 '중의中衣'라고 말해야 할 것이다.

넓은 소매식관수식寬袖式 일련 번호 N-10 관화봉串花鳳[6] 문양이 있는 견면의絹綿衣, 명주솜옷, 그림 35로 매우 정교하고 화려하다. 길이는 156cm, 양쪽 소매 길이는 158cm이며, 소맷부리 너비는 45cm이다. 같은 형식으로 일련번호 N-14 대용봉문대천화수견면의對龍鳳紋大串花繡絹綿衣, 그림 36가 있다. 이처럼 긴 옷의 특징은 모두 짧은 소매에 소맷부리가 넓고, 어깨쪽 소매가 평평하고 반듯하며, 겉면에 고급스럽게 수를 놓은 옷감을 반듯하게 재봉질했다는 점이다. 허리솔기 위쪽은 네 조각가슴과 등 조각은 도려낸다을 모아 합치고, 허리솔기 아래는 아홉 조각이거나 여섯 조각으로 같지 않다. 윗도리와 아래치마는 폭을 같이 하지 않았으며 겨드랑이 아래 '소요'를 가했다. 소견素絹, 흰명주白絹 안에 풀솜을 넣었으며, 옷 안감의 재단과 겉감의 재단이 동일하다.

가장자리 장식緣飾, 테두리 장식은 옷깃이나 소매, 옷 가장자리에 모두 채색 비단인 금錦으로 처리한다. 이는 "옷에 수繡를 놓고 가장자리를 비단으로 장식한다衣作繡, 錦爲緣"는 의복제도와 정확하게 들어맞는다. 비단 테두리 장식은 두텁고 무거워 의복의 골격을 구성하여 복장의 형태나 구조에 안정감을 주고 착용할 때 몸에 잘 맞는 느낌을 준다. 비단 옷깃의 안팎에 가로로 위화조대緯花條帶로 장식했는데, 띠의 너비는 7cm가 채 되지 않으나 그 안에 들어가 있는 도안이나 문양은 놀라울 정도로 다양하다. 극히 작은 면적에 말을 탄 사람이 맹수를 쫓으며 치달리는 장면이 생동감 있게 펼쳐지고 있기 때문이다. 이런 띠는 때에 맞춰 바꿔 차면서 새로운 의미를 부여하거나 일정한 규칙에 따랐을 것이다. 이외에 옷깃 가장자리와 소매 가장자리가 도포와 맞닿는 부분에 편직물 문양을 넣어 과도장식過渡裝飾을 했다. 이는 『후한서』「여복지輿服志」에서 황태후나 황후의 묘복廟服은 "모두 심의의 제도에 따라 은령과 소매 가장자리에 줄무늬를 넣는다皆深衣制, 隱領袖緣以條"는 법도와 일치한다. 여기서 이른바 '은령隱領'이란 옷깃 안에 덧댄 옷깃인 친령襯領인 듯하다.

전체적으로 말하자면, 이처럼 소매통이 짧고 소맷부리가 넓으며, 봉새를 주제로 한 문양을 수놓은 긴 옷은 겉치레 장식을 마다하지 않으니 아마도 당시 사회 상층부 부녀자들의 길복이나 예복이었을 것이다. 그중에서 N-14 면의綿衣는 옷깃이나 소매 가장자리를 줄무늬로 장식하는 것이 일반적이다. 예를 들어 묘주墓主, 여성가 입었던 외투의 옷깃, 소매와 같은 분묘에 들어 있던 가는 허리에 목이 긴 목제 여용女俑의 옷깃과 소매,

---

6 천화봉穿花鳳은 전설에 나오는 기이한 짐승으로 예전에 도자기, 기물, 의복, 금침 등 문양으로 많이 활용했다.

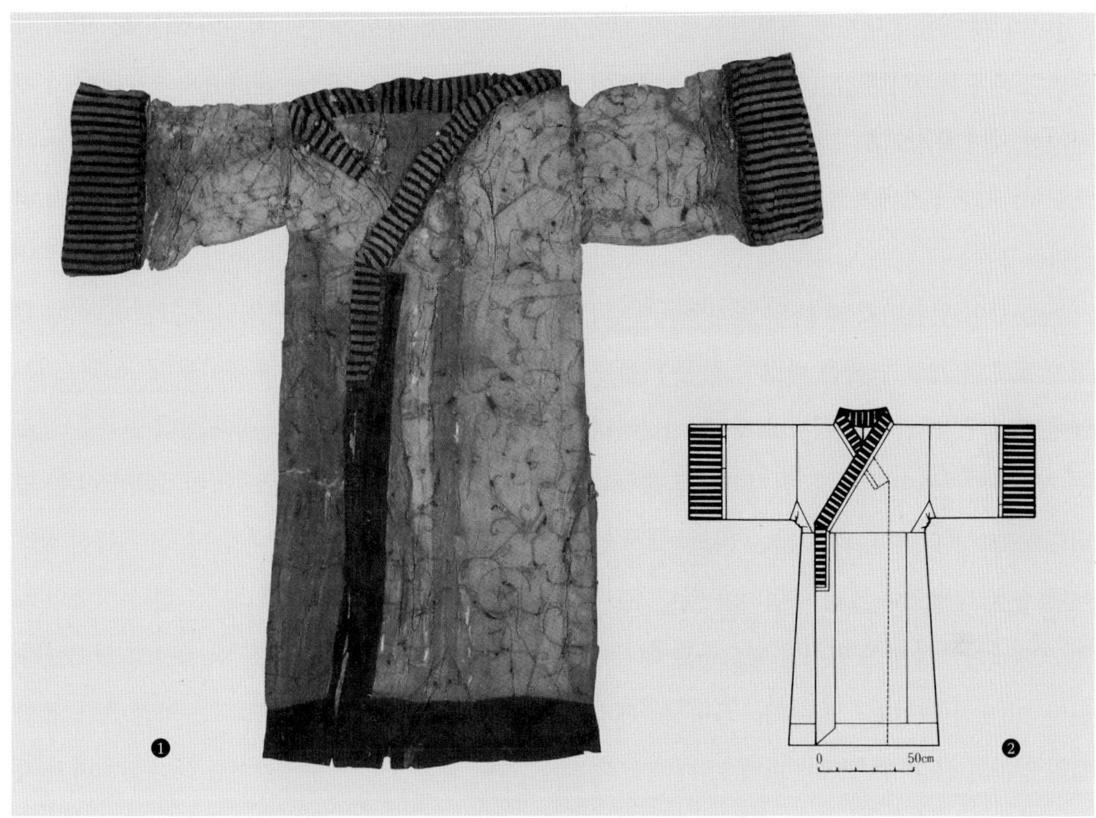

그림36
❶ 용과 봉이 대칭을 이룬 문양에 천화 수를 놓은 견면의對龍鳳紋大串花繡絹綿衣 (N-14)
❷ 대룡봉문대천화수견면의(N-14) 구조도

그리고 장사長沙 진가대산陳家大山 초묘에서 출토된 백화 부녀상의 옷깃과 소매 등은 모두 줄무늬 직물로 가장자리 장식을 했다. 아마도 모종의 상대적으로 고정된 여성복 양식이 출현한 것 같은데, 상당히 오랜 기간 유행한 듯하다. 양한 시절에 부녀자의 의복 장식에 진홍색 비단 테두리 장식강연絳緣을 한 '제우諸于'라는 것이 있었다. 『한서漢書』「원후전元后傳」 주에 따르면, "제우는 옆이 넓게 터진 옷대액의으로 상의上衣의 일종이다諸于, 大掖衣, 即袿衣之類也". 형상이나 구조는 전국시대 부녀자가 입었던 소매가 넓은 관수의寬袖衣와 일맥상통한다.

그 형태는 만성滿城 한묘漢墓에서 출토된 유금鎏金 처리된 장신궁 등녀상長信宮燈女像, 그림 37, 낙양에서 출토되었다는 화상전 부녀상그림 68 : 하, 그리고 강릉 봉황산鳳凰山 167호 한묘 채색 여용女俑 등에서 살펴볼 수 있다.

큰 소매식대수식大袖式 이런 종류의 장의長衣는 홑옷이 무명옷으로 전체 5,

6벌이다. 형상이나 구조는 기본적으로 같으며, 옷의 소매가 특이하게 길고 크며, 양쪽 소매통이 평평한 것이 특징인데, 길이는 250~350cm 정도이다. 그래서 소매가 길다고 하여 '장수식長袖式'이라고 부른다.

예를 들어 일련번호 N-15의 면의綿衣, 그림 39의 경우 도포의 재료는 붉은 바탕에 작은 마름모꼴 문양의 무명綿인데, 옷깃과 소매, 옷 가장자리는 기하문幾何紋의 비단이나 큰 마름모골 문양의 비단錦으로 처리했다. 희고 얇은 비단소견素絹 안에 풀솜을 넣었으나 그리 두텁지는 않다. 길이는 200cm이고 소매를 펼치면 345cm로 대단히 길다. 이는 전국시대 척도로 1장丈 5척尺에 해당하며 망자의 신장골격은 164cm에 비해 1.5배나 크다. 분묘에서 출토된 의복 중에서 옷소매가 가장 긴 옷이다. 구조를 보면, 허리솔기를 경계로 윗도리와 아래치마 두 부분을 봉합縫合하여 일체가 되게 만들었다. 다만 상하의는 재봉질을 같이 하거나 폭을 같이 하지 않았다不通縫、不通幅. 겨드랑이 부분은 '소요小腰'[7] 처리했다.

재단할 때는 상의 몸판正身은 두 폭의 비단을 대칭으로 오린 다음 등솔기背縫[8]에 직접 붙여 허리솔기와 수직이 되게 하며, 허리솔기와 접한 앞가슴 부분은 아래쪽을 비스듬히 마름질하여 겨드랑이의 각도가 75° 정도가 되도록 했다. 상의 옷섶의 각도上襟角는 대략 82° 정도이다. 옷깃의 목둘레는 '우又'자 형태이다. 양쪽 소매는 각기 3폭이른바 삼거三袪를 말한다[9]을 봉접했다. 소매의 너비는 가장 넓은 곳이 64cm이고 바닥솔기저봉底縫는 활이나 물고기 배魚腹처럼 생겼는데, 소매 끝단에 가까워지면 급격히 좁아든다. 소맷부리는 너비가 42cm이다. 아래치마는 다섯 폭을 세로로 합친 것인데, 앞자락前襟과 안자락底襟이 한 쌍이 되게 자르고 상단은 대칭으로 비스듬히 잘라 모서리가 흉금과 잘 맞물리도록 했다. 양측의 폭은 각기 대칭이고 등 쪽은 한 폭으로 처리했다. 각 폭은 모두 아래는 넓고 위는 약간 좁다. 봉합하여 펼친 모습은 부채꼴처럼 생긴 앞치마와 같다.그림 38 옷을 다 만든 후에 접으면 앞자락과 안자락이 겹쳐지면서 서로 가려진다. 허리솔기가 있는 곳은 너비가 68cm이고, 치마의 밑단下擺은 82cm이다. 옷의 안쪽 재단은 겉면과 동일하기 때문에 생략한다.

여기서 주목할 점은 윗도리와 아래치마, 옷깃, 테두리 등 각각의 옷감을 재단한 후에 합쳐놓으면 거의 완전무결하다는 것이다. 얼마 전까지 중국 민간에서 흔히 입던 전통 대금의포大襟衣袍의 옷본을 가져다 재봉만 하면 옷이 되는 것처럼 보

7 소요小腰는 형태가 가는 허리처럼 생겼기 때문에 이런 명칭을 붙인 것 같다. 소요小要라고 쓰기도 한다. 장방형의 '감편嵌片'으로 요즘 입는 소매가 붙어 있는 셔츠인 연수삼連袖衫의 '소매 아래 삽각袖底插角, Gussit'과 유사하다.

8 배봉背縫은 상의 등 중앙의 꿰맨 선으로 등솔기를 말한다.

9 삼거三袪의 '거'는 한 자 두 치이다. 『예기』「옥조玉藻」, "아침에는 현단을 입고 저녁에는 심의를 입는다. 심의의 허리둘레는 소매의 3배이고, 심의 자락의 폭은 허리둘레의 2배이다. 또한 깃은 길게 몸의 좌우에 닿는다(왼쪽 깃이 오른쪽이 덮이도록 입는다)(朝玄端, 夕深衣. 深衣三袪, 縫齊倍要. 衽當旁)".

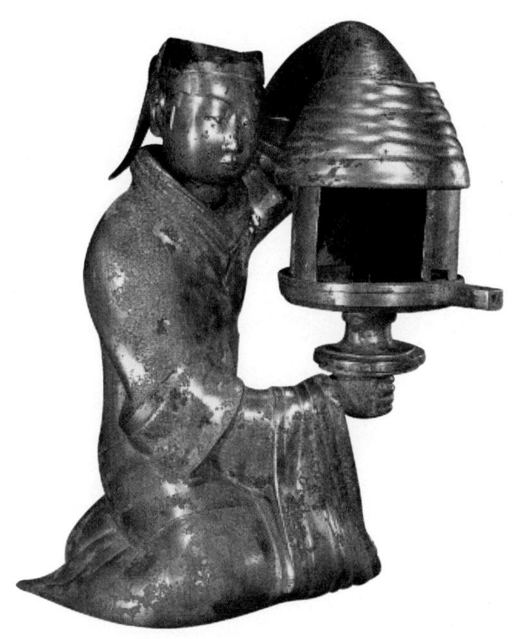

그림37 장신궁의 등을 든 여인상長信宮燈女像(만성 한묘 출토)

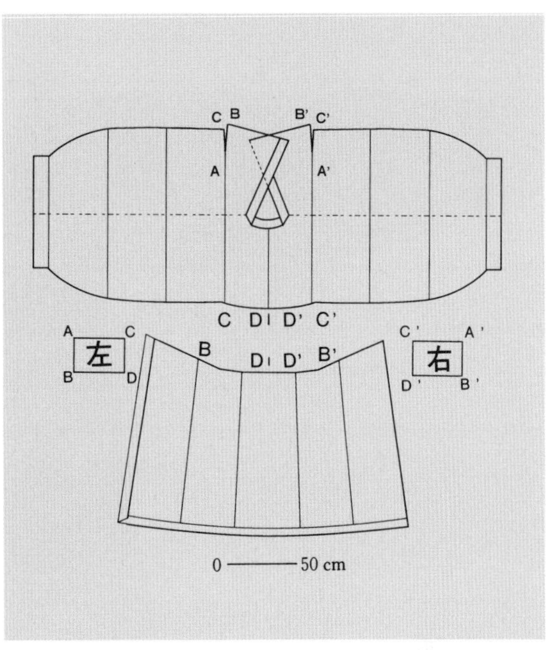

그림38 붉은 바탕에 작은 마름모꼴 문양을 한 금면의小菱紋絳地錦綿衣[10] 재단도면

인다. 하지만 이런 옷을 만드는 방법은 그렇게 간단하지 않다. 이외에 상, 하의를 정재正裁하는 옷감과 크기가 비슷한 직사각형의 옷감인 '감편嵌片'길이는 37cm, 너비는 24cm을 반드시 만들어야 하기 때문이다. 그런 다음에 양쪽 겨드랑이 움푹한 곳, 즉 윗도리와 아래치마, 소매 겨드랑이가 만나는 곳의 실밥 사이에 끼워 넣어 바느질한다. 그것과 이어지는 윗도리나 아래치마 등을 봉접 처리하는 방식이 매우 교묘하기 때문에 봉합 후에 양쪽 짧은 면이 반대 방향으로 비틀려 '감편'을 겨드랑이 아래에 가로로 놓인 채 상의 양쪽 가슴자락흉금胸襟 하부가 중축선에서 10cm 정도 옮겨가면서 가슴둘레의 크기가 커지게 된다. 동시에 가슴자락의 경사로 인해 양쪽 어깨가 팔자식八字式으로 약간 아래로 처지게 된다. 옷을 입고 허리띠를 차면 아래치마 부분이 통 모양으로 변화하고, 윗도리 가슴자락은 볼록하게 부풀어 오르며, 암홀袖窿, 또는 각格[11]이 확장되고 어깨와 등이 약간 뒤로 경사지게 된다. 옷 조각을 평면적으로 봉합했지만 두 개의 '감편嵌片'이 삽입되면서 입체화하여 사람의 형체미를 표현할 수 있게 되는 것이다.그림 40 또한 이렇게 함으로써 양팔을 올리거나

10 금면의錦綿衣는 채색 비단과 무명을 같이 사용하여 만든 옷이다. 무명옷에 채색 비단으로 장식한 것이다. 견면의絹綿衣는 주로 비단 안에 풀솜을 넣어 만든 옷을 말한다.

11 암홀袖窿은 팔이 지나가거나 소매가 달리는 부분의 솔기선이다. 각格은 겨드랑이 솔기라는 뜻으로 겨드랑이 밑의 합쳐지는 부분을 말한다. 웃옷의 소매와 몸통이 맞닿는 부분이다.

그림39 소릉문강지금면의小菱紋絳地錦綿衣(N-15)

뻗는 것이 보다 자유롭고 자연스럽게 된다. 실로 간편하면서도 성숙되고 재기와 지혜가 가득한 의복 설계가 아닐 수 없다.

겨드랑이 아래 '감편'을 재봉하는 기술의 상세한 부분은 우리가 선진시대 복식 제도나 가공예술에 대해 새로운 이해와 지식을 얻게 해준다는 점에서 매우 중요하다. 이러한 실례와 문헌을 상호 비교 연구해보면 그것감편이 고대 심의제도深衣制度에서 쉽게 풀리지 않는 문제였던 '임衽'이라는 것을 알 수 있다. '임'은 일반적으로 교령交領 아래쪽에 옷섶의금衣襟, 옷에서 목을 둘러 앞에서 여밀 수 있도록 댄 부분을 말한다. 예를 들어 왼쪽에 있는 옷섶좌금左襟은 '좌임左衽'이라고 하고, 우금右襟은 '우임右衽'이라고 한다. 여기서 토론할 것은 한대 사람들이 '소요小要, 小腰'라고 말한 좁은 의미의 '임'이다.

예를 들어 『예기』「옥조玉藻」는 이렇게 말하고 있다. "심의의 허리둘레는 소매의 3배이고……임은 몸의 좌우에 닿는다深衣三袪, ……衽當旁." 정현의 주에 따르면, "임이란 위쪽을 덜어내거나 아래쪽을 덜어내어 가는 허리처럼 생겼기 때문에 이런 이름이 붙었다".[12] 그런데 같은 책「단궁상檀弓上」

12 『예기』「옥조玉藻」, "深衣三袪, ……衽當旁". 정현 주, "凡衽者, 或殺而下, 或殺而上, 是以

에 보면, "관을 묶을 때는 세로로 두 번, 가로로 세 번 묶는데, 임은정, 소요은 매 한 묶음에 하나씩이다棺束, 縮二, 衡三, 衽每束一"라는 구절이 나온다. 여기서는 관의 틈새를 봉합하는 나무 장부木榫, 작은 나무자루도 '임衽'이라고 했다. 정현의 주에 따르면 "임은 지금의 소요이다衽, 今小要". 공영달孔穎達은 소疏에서 이렇게 말했다. "그 형태는 양쪽 머리 부분은 넓고 가운데는 작다. 쇠못을 사용하는 관에는 쓰지 않는다. 먼저 관 가장자리 관과 관 뚜껑이 합쳐지는 곳에 구덩이 모양坎形을 파고 소요를 연결시켜 관을 고정시킨다".[13] 문헌 기록과 고고학 발굴 실물에 따르면 관의 틈새를 봉합하는 장부인 '임' 또는 '소요'의 형태 역시 '⧓'처럼 생겼음을 알 수 있다.(후세에는 주로 가는 허리라는 뜻에서 '세요細腰', '제비꼬리 장부燕尾榫', '물고기 꼬리 장부魚尾榫' 또는 '대두장부大頭榫', '은장정銀匠錠'이라고 불렀다. 나무나 석재, 금속 등의 재료를 접합하는 데 두루 사용되었다.)[14] 이것과 N-15 면포綿袍의 '임衽, 소요小要'을 서로 대조해보면 의복에 이처럼 곱자형태矩形의 '감편嵌片'을 소매 겨드랑이에 끼워넣어 꿰매면 양쪽 짧은 면이 상대적으로 90°~180° 비틀어져 '⧓'과 같은 모양으로 변하게 된다. 그런 즉 옷을 반듯하게 펴놓아도 '감편' 중간은 오무라져 마치 허리를 묶은 것처럼 된다. 그래서 정면으로 보든 측면으로 보든 간에 옷섶衣衽의 윤곽이 나무 장부인 '소요小要'와 서로 유사하여용도도 서로 일치한다 "임은 지금의 소요이다衽, 今小要也", "소요는 또한 임이라고 말한다小要, 又謂之衽"『석명釋名』「석상제釋喪制」고 했던 것이다. 물건은 다르지만 명칭은 같은 셈이다. 옷섶의 위치와 구조 관계에서 고찰컨대, 『예기』에서 심의의 형태와 구조에 관해 "옷깃을 이어붙이고 가장자리를 감쳐 꿰맨다續衽鉤邊", "임은 몸의 좌우에 닿는다衽當旁" 등이라고 기술한 것과 부합한다. 이로 보건대, 이처럼 겨드랑이 부분만 꿰매고 옆이 넓게 터진 큰 소매 옷봉액대

그림 40 소릉문강지금면의小菱紋絳地錦綿衣 겨드랑이에 집어넣은 소요小腰(임衽은 회색 부분) 입체 모형

小要取名焉".

13 『예기』 공영달孔穎達 소疏, "其形兩頭廣、中央小也, 既不用釘棺, 但先鑿棺邊及兩頭合際處作坎形, 則以小要連之, 令固棺".

14 우리나라에서는 말발굽은, 즉 은정銀錠이라고 불렀다.

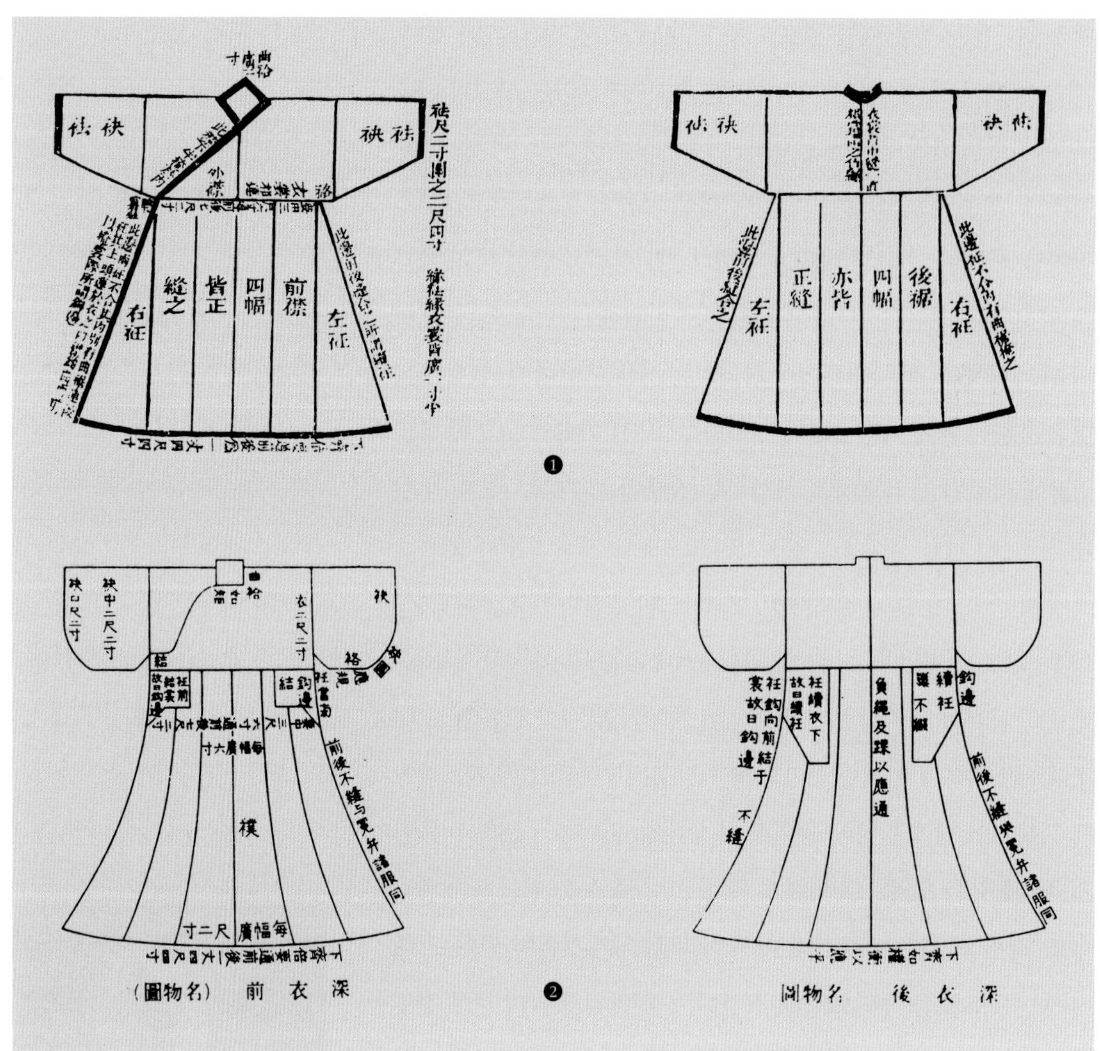

그림41 여러 전문가들이 고증한 심의도深衣圖 예시

❶ (청) 강영江永, 「심의고오深衣考誤」에 있는 심의 복원도(정면 및 배면)

❷ (일본) 모로하시 데쓰지諸橋轍次 『대한화사전大漢和辭典』에 인용한 심의도

수지의縫掖大袖之衣은 전국 이래로 성숙기에 진입한 심의의 일반적인 형식이었음을 알 수 있다. 그러나 서한 이후로 중원지역에 이러한 재단 방식이 전해지지 않았거나 또는 비교적 큰 변화가 발생했다.마왕퇴 한묘에서 출토된 대량의 복식 중에는 이와 같은 예가 보이지 않는다. 그래서 동한 경학자인 정현이 「심의深衣」편에 주注가 보다 구체적이고 정확할 수 없었던 것이다. 이후 특히 청대 학자들이나 현대 국내외 전문가들이 심의의 형태나 구조 등에 대해 광범위하게 고증했으나 유독 '임'에 관해서는 끝내 기존의 한계를 벗어나지 못하거나 그저 어렴풋이 근사치에 다가서고 말거나 애써 옛것들 고집하느라 오히려 더욱 멀어지고 말았다.그림41 다행히 근년에 마산 초묘에서 체계적인 포

❶

❷

그림42 추의緅衣(8-3A)

❶ 정면

❷ 배면

복 실물이 출토되면서 근 2천 년 이래로 심의의 '임'에 대해 문헌만으로 억측하던 것에서 벗어나 심의제도에 대한 총체적인 상황을 좀 더 생생하게 이해할 수 있게 되었다.

묘주의 옷차림 정황으로 볼 때 붉은 바탕에 작은 마름모꼴 문양을 한 소릉문강지금면의小菱紋絳地錦綿衣는 겨울철에 집안에서 입던 평상복인 듯한데, 소재는 나름 신경을 썼으나 그리 화려하지 않은 것이 한가롭게 조용히 지내는 데 중점을 둔 듯하다. 이것이 장례복의 일종인지는 아직 확정하기 어렵다.

직령식直領式 직령식 의복은 한 점에 불과하다. 일련번호 8-3A로 홑옷 형태이다. 출토 당시 작은 대나무 상자에 담겨 있었는데, 가느다란 나무 막대기에 묵으로 '추의緅衣'라고 적혀 있었다.그림 42

옷의 길이는 대략 45.5cm이고 펼쳐놓은 소매 길이는 52cm, 소매너비는 10.7cm이다. 직령直領 대금對襟에 등 쪽 목 부분이 아래로 옴폭하게 들어가 있다. 제작방식은 장괘長褂와 같다.

옷의 겉감은 명주 바탕에 짙은 자줏빛을 띠고, 봉새가 뱀을 쪼는 문양을 수놓았다. 옷깃과 소매는 모두 채색 비단으로 테두리를 했고, 옷섶襟과 밑단은 수를 놓은 견직물로 테두리를 했다. 전체 옷은 너비 51cm 길이 57cm 정도의 한 폭짜리 직물을 잘라 만들었다.그림 43 소재를 충분히 활용하고 동시에 의복의 세세한 부분허리솔기나 요령凹領 등을 잘 표현했다. 비록 명의冥衣, 장례용 의복이기는 하나 일반적인 의복 제작 방식을 따랐기 때문에 평상시 착용하던 복장의 기본 형식과 구조를 반영하고 있다.

발굴 보고서를 작성한 이의 추측에 따르면, 곧은 깃直領 대금對襟 방식인 '추의緅衣'는 "살아 있는 이가 망자의 상례를 돕기 위해조상助喪, 또는 부의賻儀 보낸" '욕의浴衣', 즉 목욕하기 전후에 입는 옷인 듯하다. 고대 상례喪禮에 보면 "상자에 욕의를 둔다浴衣於篋"는 기록이 나오는데, 분묘에서 출토된 유물과 서로 부합하기 때문이다. 그러나 이미 발견된 전국시대 그림이나 조각에 나오는 사람 옷차림에서 예증으로 삼을 만한 것은 거의 보이지 않는다. 다만 장사 인근 오리패五里牌 406호 초묘楚墓와 앙천호仰天湖 25호 초묘에서 각기 한 점의 장의長衣 외에 반수대금식半袖對襟式 무릎까지 내려오는 작의罩衣, 속옷 위에 걸치는 덧옷 차림이 발견되었다. 두 점은 모두 여장女裝인데, 복식 제도로 볼 때 '추의'와 관련이 있는 것이 분명하다. 다만 유감스럽게도 실물 채색 그림에 벗겨진 부분이 많은데다 발표된 사진도 분명치 않아 구체적인 구조나 형상은 좀 더 살펴볼 필요가 있다. 비교적 이른 예로 상대 귀주백석조상貴胄白石雕像에 나오는 인물은 열린 깃번령翻領에 대금對襟 형태인 자수문양의 옷차림삽도 21 : 하을 하고 있는데. 전체적인 격조가 요즘의 양복 옷깃칼라에 근사하나 '추의' 형태와는 다소 거리가 있다. 조금 늦은 자료로 낙양 팔리대八里臺에서 출토된 서한시대 화상전의 채색 부녀의 겉옷그림 68 : 하이 오히려 격식 면에서

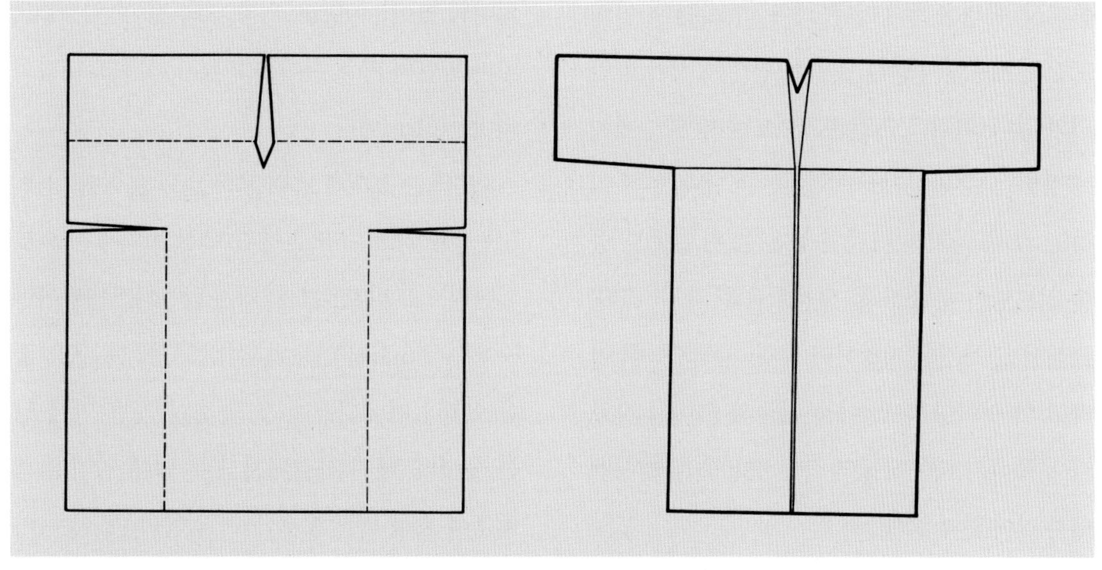

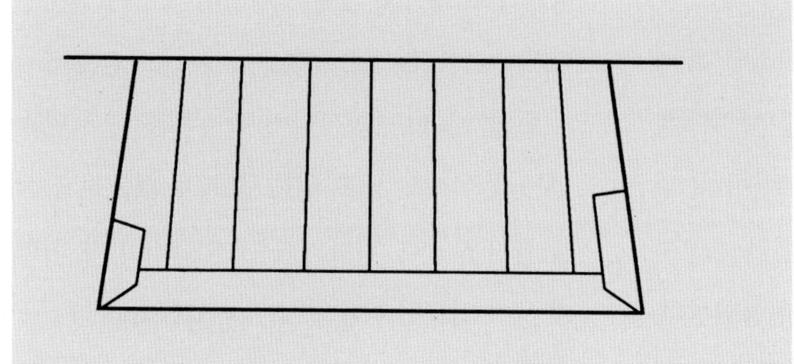

그림43 추의
좌: 옷 조각 재단 안내도
우: 봉합 안내도

그림44 짙은 황색 명주 홑치마深黃絹單裙 (N-17-3) **분폭**分幅(치마폭을 나눔) **구조도**

유사하다. 만약 '추의' 모형을 두 배로 확대해보면, 옷의 길이는 90cm, 소매를 펼친 전체 길이는 104cm 정도로 크기는 약간 차이가 있기는 하지만 긴 소매에 반비半臂, 상의의 맨 위에 입는, 소매가 없거나 짧은 옷 형태로 채색 화상전 부녀의 겉옷과 서로 비슷하다. 이런 복장은 앞서 언급한 '수굴繡裾, 수를 놓은 반비 상의', 즉 양한 시대 유행하던 여성 복식으로 자수 무늬를 넣은 겉옷의 일종이다. 『후한서』「광무기상光武紀上」에 보면 한나라를 찬탈한 왕망王莽이 살해된 후 삼보三輔의 관리들이 동쪽으로 낙양에 이르러 경시更始, 경시제更始帝 유현劉玄를 맞이할 때의 이야기가 적혀 있다. "여러 장수들이 지나가는데 모두 관책冠幘을 쓰고 제우나 수굴 등 부녀자의 옷을 입고 있는 것을 보고 비웃지 않는 이가 없었으며 혹자는 두려워 도망갔다." 주에 따르면, "『전한서음의前漢書音義』에서 말하길, '제우는 옆이 넓게 터진 대액의로 부녀자들이 입는 규의袿衣, 비교적 긴 저고리이다'라고 했다. 자서字書에는 '굴裾' 자가 없으며 『속한서』에는 '굴裾'로 썼다. 양웅의 『방언』에 이르길, '첨유襜褕, 짧은 홑옷'는 짧은 옷인데, 관서關西 지방은 유굴裗裾이라고 한다".[15] 곽박郭璞은

15 『후한서』「광무기상光武紀上」, "見諸將過, 皆冠幘而服婦

주에서 "속명은 굴액이다俗名裾掖"라고 했다. 이로 보건대 제우에 수굴을 덧입은 형태는 지금의 반비와 같다. 이외에도 같은 책 「오행지五行志」에는 '수옹繡擁', 『동관한기東觀漢記』에는 '수옹굴繡擁裾'이라고 썼다. 여기서 이런 수놓은 짧은 겉옷도 양쪽 겨드랑이에 '소요'를 사용했음을 알 수 있다. 그래서 그 특징을 지칭하여 속칭 '굴액裾掖, 屈掖'이라고 한 것이다. 다만 아직 실물과 이미지 자료가 부족하기 때문에 긍정적인 결론을 내리기엔 이른 감이 없지 않다.

이외에도 다음과 같은 것이 있다.

홑치마單裙 두 벌그림 44 모두 흰 명주소견素絹를 재단하여 만든 것으로 사다리꼴제형梯形이다. 위쪽 허리는 좁은 띠로 묶었으며, 아랫단 가장자리는 기하문 채색 비단으로 테두리를 장식했다. 다만 양쪽에 세로로 세워놓은 테두리 덧감수연竪緣 높낮이가 다른데, 아마도 치마를 맬 때 안팎의 구분이 있기 때문인 듯하다. 그중에서 일련번호 N17-3이 비교적 보존 상태가 양호한데, 치마의 높이는 95cm, 위쪽 허리의 가로 길이는 181cm, 치마 밑단의 가로 길이는 201cm, 비단 테두리 덧감의 너비는 13cm이다. 치마는 8폭의 조각을 세로로 이어 붙였는데, 바탕은 황갈색이다. 다른 한 벌은 심하게 훼손되어 분폭이 분명치 않다. 치마의 높이는 99cm, 위쪽 허리 길이는 156cm, 치마 밑단의 가로 길이는 171cm, 테두리 덧감의 너비는 12cm이다.

치마裙는 고대에 남녀 모두 입던 옷이다. '상裳' 또는 '하상下裳'이라고 불렀다. 일종의 속옷으로 일반적으로 밖으로 드러내지 않는다. 『태평어람太平御覽』 권696에 인용된 『석명釋名』에 따르면, "군은 아래치마이다.……또 말하길, 군은 안에 입는 옷이다. 예전 복식에서 군은 밖에 입지 않기 때문에 모두 다른 옷을 둘러 입는다".[16] 이는 마왕퇴 한묘에서 발굴된 홑치마의 정황과 일치한다.[17]

두 벌의 치마는 각기 명주 4폭을 이어 만들었는데, 아래는 넓고 위는 좁으며, 테두리 장식을 하지 않았다. 치마의 높이는 87cm이며, 허리에 묶어 입으면 아랫단이 땅에서 10cm한나라 척도로 대략 반 척尺 정도 떨어진다. 치마 두 벌의 아랫단 가로 너비는 각기 158cm, 193cm이며, 허리 부분의 가로 길이는 143cm, 145cm로 허리를 두 번 휘감을 수 있을 정도의 길이다. 망자의 부장물인 의물衣物은 매우 호화스럽지만 바지고袴 또는 고褲는 보이지 않는다. 민치마禿裙에 테두리를 하지 않은 것不緣은 검약하기 위함이 아니라 일정한 풍습에 따른 것일 터이다. 두 벌의 치마는 몸에 꼭 붙게 입는 설복褻服, 겉으로 보이지 않도록 속에 받쳐 입는 옷, 즉 중군

人衣, 諸于繡韷, 莫不笑之, 或有畏而走者". 같은 책 주, "諸于, 大掖衣也, 女婦人之袿衣. 字書無'韷'字, 『續漢書』作'裾'. 揚雄『方言』曰, '襜褕, 其短者, 自關之西謂之裗裾'".

16 『태평어람太平御覽』 권696에 인용된 『석명釋名』, "裙, 下裳也.……又曰 : 裙, 裏衣也.古服裙不居外, 皆有衣籠之".

17 원주 『장사 마왕퇴 1호 한묘長沙馬王堆一號漢墓』 상上, 69·74쪽 참조.

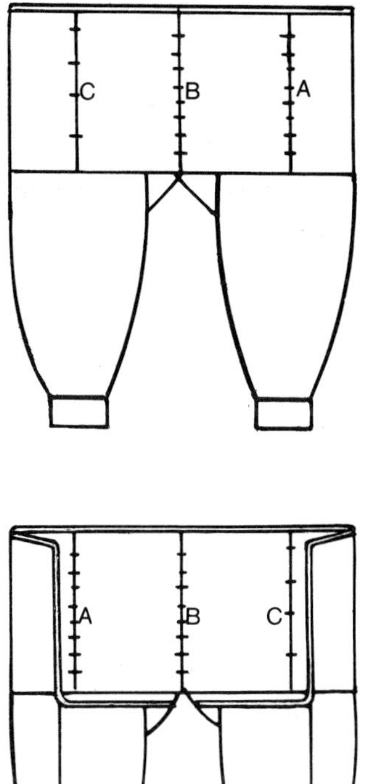

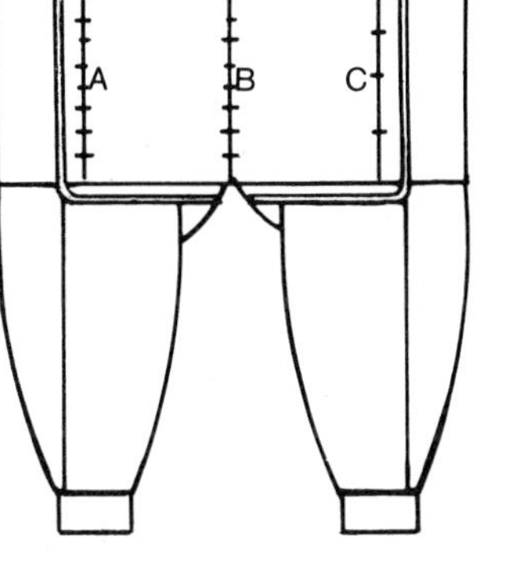

그림45 수견면과繡絹綿袴

그림46 수견면과 구조도

中裙,『사기』「만석장숙열전萬石張叔列傳」「석건시친石建侍親」참조이다. 마산 초묘의 흰색 명주소견素絹로 만든 홑치마와 형태는 비슷하나 분명하게 다른 점이 존재한다. 하나는 치마의 높이가 비교적 길다는 점이고, 다른 하나는 아래 치맛단에 두터운 채색 비단으로 두 겹 테두리를 했다는 점이다. 명주치마를 입은 후에 길이가 길어 땅에 끌리면 깊이 숨기기에 불편하다. 오히려 치마 가장자리를 옷자락 밖으로 드러내 겹치는 장식 효과를 추구한 것일 수도 있다. 혹은 다른 가능성도 있다. 당시 초나라 지역에 바지袴가 유행하면서 더욱 개량되어 널리 입게 되어 속에는 바지를 입고 밖에 치마를 둘러 맨 다음 짧은 옷短衣, 일련번호 N23, 훼손상태가 심각하다. 겹옷(협의裌衣)으로 무릎까지 내려온다을 덧입는 것이 집안에서 입는 일상적인 옷차림이었는지도 모른다.

솜바지綿袴 한 벌 일련번호 N25. 실물은 시신과 달라붙어 있어 훼손이 심했으나 발굴 보고자가 복원도를 그려 그 규모를 알 수 있다.그림45

바지의 전체 길이는 116cm, 폭은 95cm이다. 바지허리와 바지통고퇴袴腿, 그리고 바지 아가리口緣 등 세 부분으로 구성되어 있다. 가운데 솔기중봉中縫를 축선으로 좌우의 형식이나 구조, 옷조각 등이 모두 대칭을 이룬다. 바지허리는 높이 45cm,

길이는 122cm이며, 네 조각 같은 너비의 본바탕색의 비단本色絹을 가로로 이어 붙였으나 뒤쪽은 개방하고 꿰매지 않았다. 바지통은 붉은 비단朱絹 바탕에 봉새와 천지串枝 문양을 수놓았다. 흰 명주를 안감으로 하고 중간에 박서薄絮, 얇은 솜와 사백絲綿, 명주실로 짠 피륙을 넣었다. 길이는 61cm, 너비는 약 37cm이다. 원단 두 조각을 재봉한 후 조대絛帶, 여러 가닥으로 땋은 띠를 덧대어 장식했다. 하단은 주름을 접어 주름잡힌 부분을 줄무늬 비단의 꼬챙이 바지緊口袴 가장자리에 모아 붙였다. 가장자리 테두리는 높이 9cm, 너비는 16cm이다. 상부와 바깥쪽은 바지허리에 붙이고, 안쪽뒤쪽 반폭의 한 조각 상연上沿은 약간 낮은데, 곤변緄邊, 선을 두른 옷단에는 바지허리가 없지만 가랑이襠 가까운 곳에 사방 길이 12cm, 너비 10cm의 명주조각을 끼워 넣어 접으면 중축선을 향해 비스듬히 뻗은 삼각형 가랑이分襠가 만들어진다. 옷을 제작할 때 아마도 양쪽 다리통을 완성한 후 다시 앞쪽 허리부분의 솔기중봉中縫를 조정하여 이어 붙인 것 같다. 요컨대, 이 바지는 하나의 완성된 옷이지만 앞뒤 가랑이가 오므라들지 않고 뒤쪽 허리부분은 넓게 열려 있는 것이 특징이다.

고袴는 한대 문헌에서 '고絝'라고 칭하기도 했다. 『설문說文』에 따르면, "고는 다리에 차는 옷이다絝, 脛衣也". 청대 사람 단옥재段玉裁는 주에서 "오늘날 이른바 투고바지가랑이만 있는 바지이다. 좌우에 각기 하나씩 정강이에 나누어 입는다今所謂套袴也. 左右各一, 分衣兩脛". 또한 『석명釋名』에 따르면, "고는 타넘는다跨는 뜻이다. 양쪽 넓적다리가 각기 다른 살으로 타넘어 들어간다袴, 跨也, 兩股各跨別也". 이런 견해에 따르면, 고袴는 양쪽 정강이에 나눠입는 '고의股衣'라고 할 수 있다. 이상 두 가지 문헌은 비록 고袴가 합당고合襠褲, 고袴, 밑바대를 대어 밑이 막힌 바지와 달리 좌우가 나뉘어 있고 당襠과 요腰가 없는 바지통褲筒이거나 아니면 지금까지 유전되고 있는 민간의 투고套褲로 보고 있는 것 같다. 하지만 이런 해석은 그리 정확한 것이 아니다. 예를 들어 '경의脛衣'는 민족지民族誌 자료에도 형태가 남아 있는데, 무릎 아래 끼워 입는 한 켤레 포통布筒, 베로 만든 대롱처럼 생긴 다리싸개에 불과하다. 지금도 서남 지역 애니족僾尼族이나 묘족苗族의 경우 짧은 치마를 입은 부녀자들은 무릎 아래 경의脛衣를 착용하는데, 수를 놓거나 염색하여 화려하지 않은 것이 없다. 이를 한어로 말하면 '각통脚筒'인데, 산에 올라갈 때 가시덤불에 찔리거나 벌레에 물리지 않기 위해 착용한다. 이는 옛날에 착용하던 '행등行縢'[18]이나 '사폭邪幅'과 근원이 같으며, 가장 오래되고 또한 가장 간단한 정강이를 보호하는 의복 가운데 하나이다. 투고는 '각통'보다 길고 무릎 위까지 올라오며 아래 바지 입구가 평평하며, 윗부분은 비스듬히 잘려 마치 말발굽처럼 생겼다. 꼭대기 끝이 앞을 향하고 가는 띠가 붙어 있어 허리

18 행등行縢은 각반 또는 행전이라고 부르기도 한다. 사폭邪幅은 『시경』「소아小雅」「채숙采菽」에 보인다. "邪幅在下." 정현鄭玄의 전箋에 따르면, "사폭은 지금의 행등과 같다. 정강이를 질끈 동여맨 것인데, 발에서 무릎까지이기 때문에 아래에 있다는 뜻에서 '재하'라고 한 것이다(邪幅, 如今行縢也. 逼束其脛, 自足至膝, 故曰在下)".

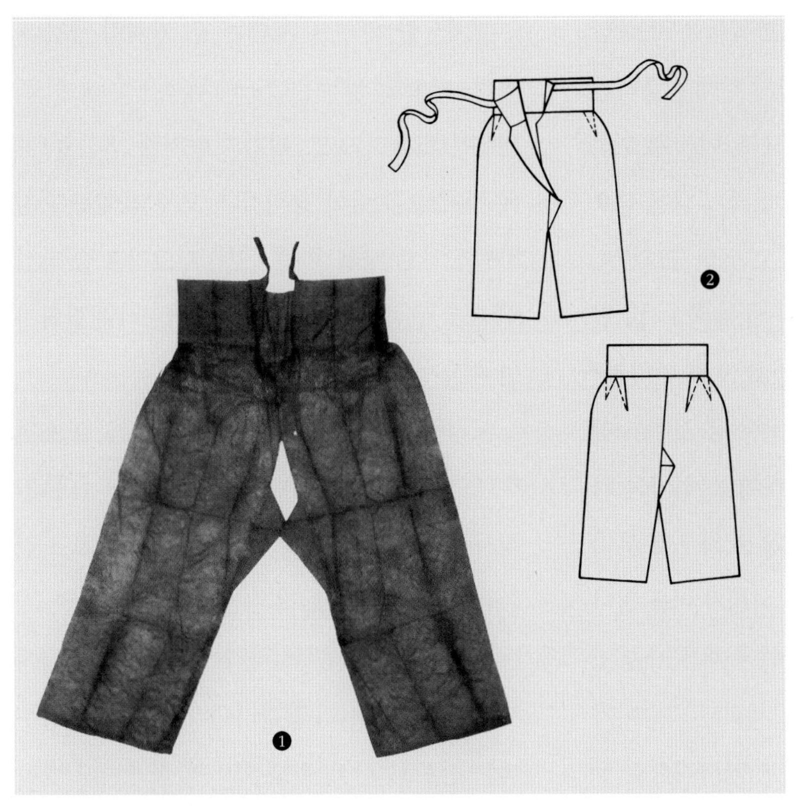

그림47
❶ (남송) 가랑이가 트인 여자 바지開襠女褲 (복주福州 황승묘黃升墓 출토)
❷ (남송) 여자바지 구조도(정면과 배면. 복주 황승묘 출토)

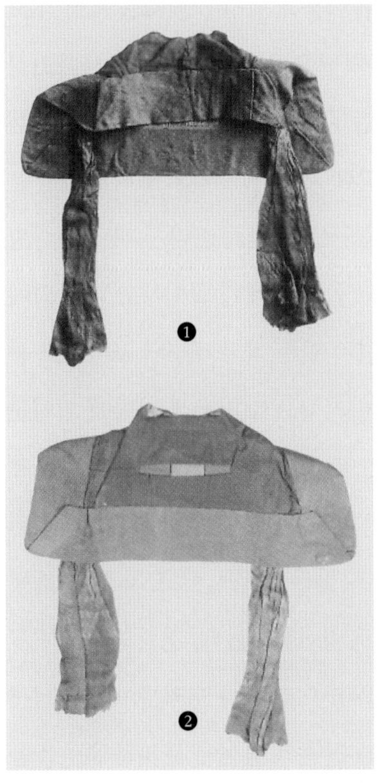

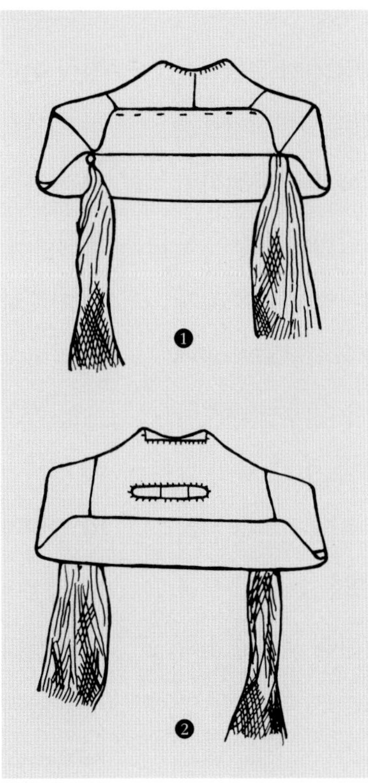

그림48 채색 비단으로 테두리 장식한 명주 모자(금연견모錦緣絹帽)
❶ 정면
❷ 배면

그림49 금연견모 구조도
❶ 정면
❷ 배면

춤에 매달 수 있게 되어 있다. 한족들은 주로 남자들이 많이 사용하는데, 긴 바지 밖에 착용하면 길을 가거나 일을 할 때 편리하다. 이것은 오히려 『석명』에서 "양쪽 넓적다리가 각기 다른 샅으로 타넘어 들어간다兩股各跨別也"고 말한 '고의股衣'에 가깝다. 이를 출토된 실물과 서로 비교해보면 오히려 큰 차이가 있다. 일련번호 N25 면바지綿袴는 이미 상당히 개량된 바지통袴筒을 갖추고 있다. 아래는 꿰매어 결합된 상태이고, 위에는 가랑이분당分襠가 있다. 양쪽 바지통은 좌우로 분리되어 떨어져 있지 않으며, 바지허리가 이를 하나의 옷으로 일체화시켰다. 재단이나 재봉 기술 또한 상당한 수준이다. 이처럼 일체화된 가랑이가 트인 바지인 개당고開襠褲가 바로 역사적으로 상당히 오랫동안 사용된 '고袴'의 전형적인 형식이다. 남송시대 분묘에서 출토된 몇 가지 유물에서 이와 유사한 예를 살펴볼 수 있다.그림 47 이것으로 『사기』「조세가趙世家」의 '조씨고아趙氏孤兒' 이야기에 나오는 "부인이 갓난아기를 속바지 가랑이 사이에 숨겼다匿兒於有腰的袴中"는 말이 합리적이고 가능한 일임을 알 수 있다. 또한 『한서』「외척전外戚傳」 복건服虔 주注에서 '궁고窮袴'가 '전후당前後襠'이 있다고 말한 것도 쉽게 이해할 수 있다. 만약 그저 경의脛衣나 투고套袴의 형태만 떠올린다면 전혀 이해할 수 없을 것이다. 이번 발견을 통해 우리는 양한兩漢 이전 고袴의 형태에 관해 새롭고 정확한 지식을 얻게 되었다.

모자帽 한 개그림 48 형태는 철凸자처럼 생겼다. 높이는 19cm, 앞폭은 25cm, 뒤폭은 40cm이고, 윗부분이 뚫려 있고, 뒤편의 뿔처럼 생긴 두 곳에 각기 술을 달아 장식했다. 모자 전체는 모정帽頂, 모자통의 윗부분, 챙모연帽緣, 모자 테두리, 그리고 술 장식穗飾으로 구성되어 있다. 구조는 비교적 간단하지만 제작 방법은 꽤나 기발하다.

모정帽頂은 자색견赭色絹을 겉감으로 하고 소견素絹을 안감으로 했으며 크기는 똑같이 4대3의 직사각형이다. 겉감과 안감을 포개어 합치고 긴 쪽을 반절로 접는데, 접은 흔적이 곧 중선中綫, 중앙선이다. 중선과 대변對邊 각각 3분의 1 되는 곳에서 45° 로 두 모서리를 잘라낸다.그림 49 : 1, 2 중앙부에는 반드시 시접봉분縫份, 접혀서 솔기 안으로 들어간 부분을 남겨놔야 한다. 이를 봉합하면 빗각뿔 모양의 모정이 된다. 바닥면은 한 변을 오므려 사다리꼴이 되도록 만들며 그런 다음 솔기중봉中縫를 중선의 겹치는 부분에 포갠다. 모자의 뾰족한 부분을 평평하게 잘라 구멍을 만들고 다시 바닥면 상방에 가로로 작고 좁은 틈새를 열어두고, 정중앙에 붉은 비단을 겹쳐 만든 작고 네모난 조각으로 틈새를 막는다. 마지막으로 진홍색 바탕에 기하문양 채색 비단으로 모자 가장자리를 장식하면 모자 챙연광緣框도 비스듬히 기울어 사다리꼴이 된다. 양쪽의 술은 한두 개 바늘로 모자 뒤편 테두리 모서리 안에 박아놓았는데, 견뢰도堅牢度가 그다지 높지 않은 것으로 보아 모자를 매는 '갓끈조영組纓'이 아니라 일종의 장식에 불과하다는 것을 알 수 있다. 이는 관련 사적史籍에서 모자 착용 방법에 대해 설명하면서 언급한 '잠모簪帽'와 비슷하다.

이런 모자는 앞뒤로 덮어쓰는데, 집을 짓듯이 가운데를 세우고 아래 네 모서리를 내려뜨렸으며, 좌우에 두 개의 술을 달았다. 틀림없이 당시에는 널리 통용되는 양식이었을 것이다. 다만 구체적으로 어떤 관을 썼으며, 명칭이 무엇인지에 대해서는 아직까지 확실히 알려진 바가 없다. 대체로 모자의 챙은 앞쪽은 짧고 뒤쪽은 길었다. 정수리에 있는 구멍은 상투를 꺼내놓기 좋도록 만든 것이고, 뒤편에 가로로 난 틈새는 비녀 등을 꽂아 머리에 모자를 안착시키기 위한 것인 듯한데, 이곳을 통해 머리를 위로 말아 올리거나 머리채를 밖으로 끄집어내기 위함일 수도 있다. 처리 방식은 나름의 일정한 제도가 있겠으나 상세하게 알기 어렵고 비교할 만한 형상 자료도 매우 드물다. 다만 서주또는 상대 옥인 조각의 머리 부분에서 한두 가지 유사한 예가 있고삽도 8:5, 장사에서 출토된 채색 옻칠 술잔칠치漆卮에 그려진 부녀의 경우 형태가 다른 모자를 쓰고 있다.그림 27, 아래 중간에 있는 사람 그러나 서로 인증할 수 있다고 보기 어렵다. 옛날에는 모자를 '두의頭衣', 즉 머리에 입는 옷이라고 불렀다. "모자의 이름은 관과 같다. 의미는 머리에 덮어 쓴다는 데에서 취했다帽名猶冠也, 義取於蒙覆其首"『송서宋書』「오행지五行志」.[19] 서진시대 문인인 속석束皙의 「근유부近遊賦」에도 "모자는 네 모서리의 솔기 부분을 끌어내린다帽有四角之降"라는 구절이 나온다.[20]

이외에도 사자死者의 얼굴을 덮는 '명목幎目'일련번호 N18-1) 역시 이 모자와 형태가 같다. 겉감은 갈색 비단종견棕絹, 안감은 흰 비단소견素絹으로 만들었으며, 채색 비단錦으로 장식한 테두리챙는 사다리꼴이다. 챙의 긴 쪽은 40.5cm, 짧은 쪽은 24cm, 너비는 24.5cm이며 뚫린 구멍은 형태가 같으나 술은 보이지 않는다. 의심할 바 없이 이는 실제 사용하는 모자를 펼쳐 망자의 얼굴을 감추기 위한 것이다. 기존에 출토된 '명목'과 다르고 『의례儀禮』의 기록과도 부합하지 않는 것으로 보아 당시 초나라 지역의 습속이거나 변통 방식일 가능성이 높다.

신리履 세 켤레 중에서 일련번호 8-1 옻칠한 신발칠리漆履의 보존 상태가 비교적 양호하다.그림 51 신발 앞부분이 둥글고 발을 끼어넣는 부분혜구鞋口이 방형인데, 직물을 짜서 만든 편직물이다. 바닥의 길이는 대략 24cm, 너비는 9cm이고, 신발 바닥은 가장자리가 약간 튀어나왔고履底略出邊 아래 바닥은 유정乳釘 모양젖꼭지나 못처럼 올록볼록한 모양의 실매듭으로 이루어져 있다. 실매듭은 요즘 고무신 바닥에 있는 치문齒紋, 톱니문양처럼 미끄럼을 방지하기 위함이다. 신발 바닥이나 표면에 비교적 두터운 옻칠을 하여 방수 효과를 누렸다. 이는 현존

19 『송서』「예지5禮志五」에 나온다. 저자의 오기인 듯하다.

20 『태평어람太平御覽』 권687에는 '帽引四角之縫'으로 나온다. 해석은 이에 따랐다.

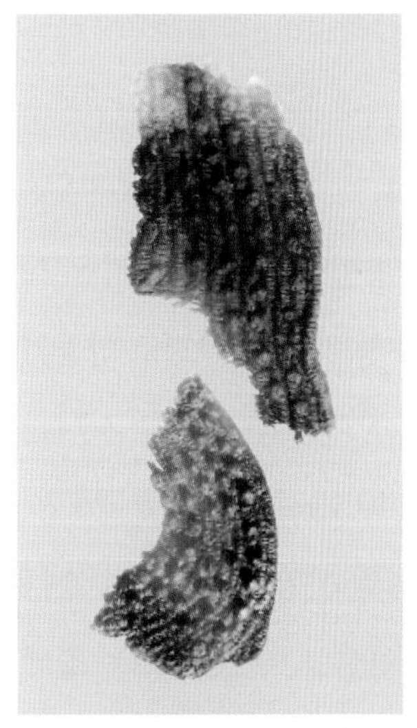

그림50 **톱니처럼 실매듭이 있는 옻칠한 신발 바닥**有齒結漆履底 **잔편**(임치 동주시대 분묘 출토)

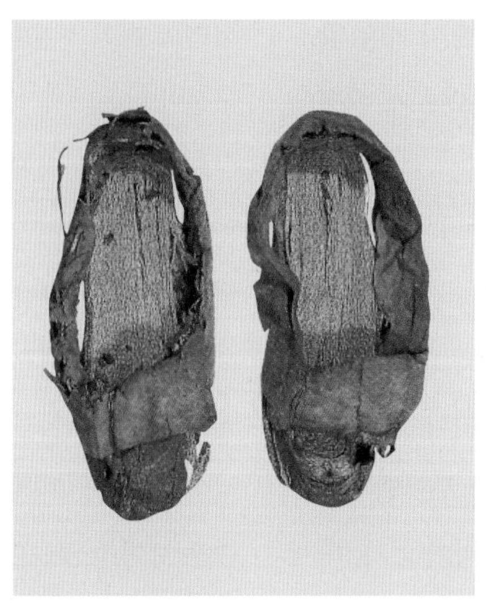

그림51 **비단 바탕에 옻칠한 신발**(8-1) (마산 초묘 출토)

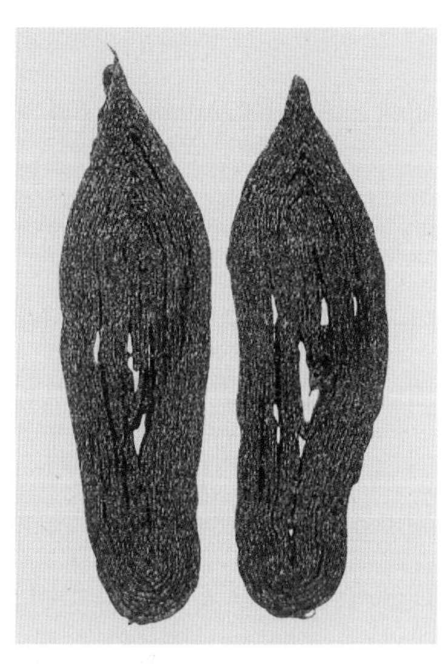

그림52 **갈고리 형태의 신발 바닥**(하남 광산光山 춘추시대 황국黃國 분묘 출토)

하는 가장 오래된 우화雨靴, 우혜雨鞋라고 할 수 있다. 신발의 운두밑창을 뺀 나머지 부분, 특히 신발의 양쪽 볼, 한어로는 혜방鞋幫에는 민무늬 위에 마름모꼴 문양을 넣었다. 하지만 "푸른 헝겊신 테두리에 무늬를 넣는다靑絲履, 偏諸緣"는 말처럼 혜구鞋口 가장자리에 문양을 넣는 방식과 다르며, 오히려 근래 민간에서 복상服喪 때 신는 '표혜褾鞋, 흰 베로 표면을 감싼 신발' 방식에 가깝다. 한말에 이르기까지 여러 시문에서도 이를 볼 수 있는데, 유적劉楨의 「노도부魯都賦」에 보면 이런 구절이 나온다. "곱디고운 비단신발 새로 단장하여 깨끗한데, 신발 겉은 무늬 넣어 짜고 붉은 구슬 꿰었네."[21] 이로 보건대, 비올 때 신는 우화에만 국한된 것이 아니라 비단신발에도 표褾에 꽃무늬 직물로 장식한 것이 비교적 광범위하게 사용되었음을 알 수 있다.

옻칠한 신발이 처음 나온 것은 산동 임치 낭가장郎家莊 1호 동주시대 분묘였다. 실물은 지하에서 불에 타 훼손된 상태로 일부 파편만 남아 있다.그림 50. 『고고학보考古學報』 1977년 제1기, 84쪽 비록 전모를 알 수 없지만 잔편에서 볼 수 있는 둥근 밑창과 톱니모양 흔적 및 도색 흔적으로 볼 때 마산 초묘에서 발견된 완전한 실물과 거의 같다. 따라서 춘추·전국시대에 이미 신발 제작 기술이 성숙 단계에 이르렀으며, 형태가 장기간에 걸쳐 일정한 형태를 유지하여 남방의 형荊, 초楚, 북방의 제齊, 노魯에 이르기까지 2, 3백 년 동안 큰 변화가 없었음을 알 수 있다.

고대에 신발 바닥이 톱니처럼 올록볼록한 신발이나 나막신은 종류나 형태가 다양했으나 바닥이 부드러운 옻칠 신발이 가볍고 편리하여 비

21 유적劉楨, 「노도부魯都賦」, "纖纖絲履, 粲爛鮮新, 表以文組, 綴以朱蠙".

그림53 **용봉 문양을 수놓은 명주 이불**繡龍鳳大花紋絹被(N-2)

교적 널리 유행했을 것이다. 그런 신을 부르는 고유명사가 있었을 터인데 지금까지 전해지는 것이 없다. 다만 양웅揚雄 『방언』에 나오는 곽박郭璞의 주에 따르면, "오늘날 옻칠한 신발에 톱니가 달린 것今漆履有齒者"을 '앙각鞅角'또는 앙각卬角이라고 했으니 이와 같은 종류인 듯하다.

다른 두 켤레는 삼을 엮어 만든 마리麻履로 앞부분이 둥글고 밑바닥이 평평한 신발이다. 양식은 옻칠한 신발과 거의 같다. 최근에 하남 광산에서 발굴된 기원전 648년 전국시대 황국黃國 분묘에서 신발 바닥 한 켤레가 발견되었는데, 실끈을 꼬불꼬불 꿰어 만들었다. 다만 앞부분이 현저하게 뾰족 튀어나와그림 52 신발 운두와 결합시키면 어쩔 수 없이 일부분이 뒤집혀지면서 갈고리처럼 신발 앞부분이 꼬부라진 형태가 된다. 이런 형태는 앞서 언급한 세 가지와 확연하게 다르다.

옷이나 장식 외에도 세 채의 명주솜이불이 발견된 것도 매우 중요하다.그림 53 옛날에는 이를 이불이란 뜻으로 '금衾'이라고 불렀다. 세 채 중에서 가장 큰 것은 길이가 268cm, 너비는 227cm이고, 중간치는 길이 235cm 너비 215cm이다. 완전한 한 폭의 비단에 수를 놓아 이불홑청을 만들었는데, 참으로 장관이다. 비교적 작은 한 채는 일련번호 N-2로 이불 겉감은 옅은 황갈색 명주 바탕에 용봉 문양을 수놓았으며, 등황색과 자주색이 뒤섞여 기이할 정도로 화려하지만 아쉽게도 전체 한 폭으로 만든 것이 아니라 15개 크고 작은 자수 자투리를 조합한 것이다. 이불의 길이는 대략 92cm, 너비는 190cm이다. 주목할 점은 이불깃 중간에 오목하게 들어간 부분이다. 붉은색, 흑색, 황색 세 가지 색깔 줄무늬 고운 비단 기綺로 테두리를 장식하여 이불의 상하를 구분하는 표시로 삼았는데, 안팎 양쪽 테두리에 모두 수를 놓고 흰 명주를 안감으로 삼았다. 상술한 세 채의 이불은 형태가 서로 같으며, 이불깃 중간에 모두 오목하게 들어간 패임요구凹口을 만들었다는 것이 특징이다. 패임의 너비는 대략 42~57cm이다. 이런 제작 형태는 선진 문헌에서 기록을 찾아볼 수 없다. 저자는 강릉 초묘 비단을 소개하면서 이것이 혹시 후세 문헌에 나오는 '원앙금鴛衾'일지도 모른다고 말한 바 있다. 『남촌철경록南村輟耕錄』 권7 「원금鴛衾」조條에 보면 이런 말이 나온다. "맹촉주촉나라 군주 맹창孟昶의 비단 이불은 비단 세 폭의 크기인데 베틀에서 직조한 것이다. 이불깃에 두 개의 구멍이 있는 마치 운판雲板, 구름 모양의 판으로 아래는 둥글고 위는 둥근 T자 형태이다처럼 생겼다. 목 아래까지 이불을 당겨 덮는데, 그 모양이 반령盤領, 둥근 옷깃과 같다. 양측의 남은 비단이불이 어깨를 덮는다. 이를 일러 '원금'이라고 한다."[22] 여기서 말하는 형태는 출토된 실물과 거의 일치한다. 그 원류를 더듬어보면 대략 1천 4, 5백 년 전까지 거슬러 올라갈 수 있다. 아쉽게도 송대 이후로 전해지지 않았다.

22 『남촌철경록南村輟耕錄』 권7 「원금鴛衾」, "孟蜀主一錦被, 其闊猶今之三幅帛, 而一梭織成.被頭作二穴, 若雲版樣, 盖以叩於項下, 如盤領狀, 兩側餘錦則擁覆於肩, 此之謂'鴛衾'也".

018

마산 초묘에서 출토된 비단자수

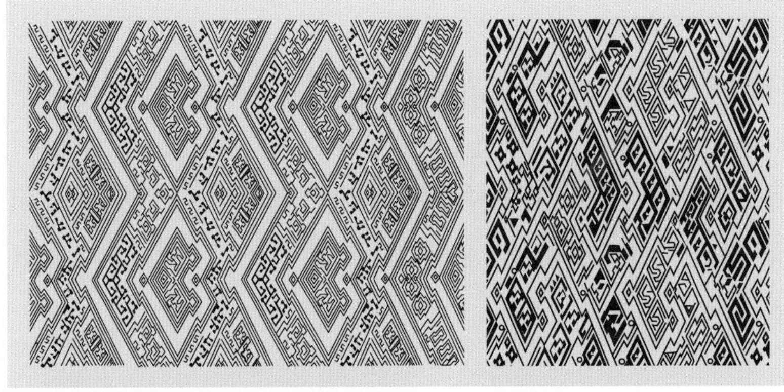

그림54 기하문 비단의 예(마산 초묘 출토)
❶ D자형
❷ E자형

그림55 주사로 염색한 경직금朱砂染經織錦
❶ 좁은 길처럼 긴 줄 사이에 봉새와 오리 문양을 섞어 직조한 비단鳳鳥鳧鴨紋間道錦(N-5)(마산 초묘 출토)
❷ 붉은 날실이 좁은 길처럼 나 있는 비단朱經間道錦 (장사 좌가당 전국묘 출토)

춘추·전국시대는 사회, 경제, 정치 등 여러 방면에서 중대한 개혁이 이루어졌으며, 새로 출현한 철기가 점차 확대 사용되면서 농업이나 수공업 생산 발전에 큰 도움을 주었다. 명주絲와 삼麻을 원료로 사용하는 일반 방직 생산도 크게 발전했고, 고급 비단 공예 기술 또한 비약적으로 향

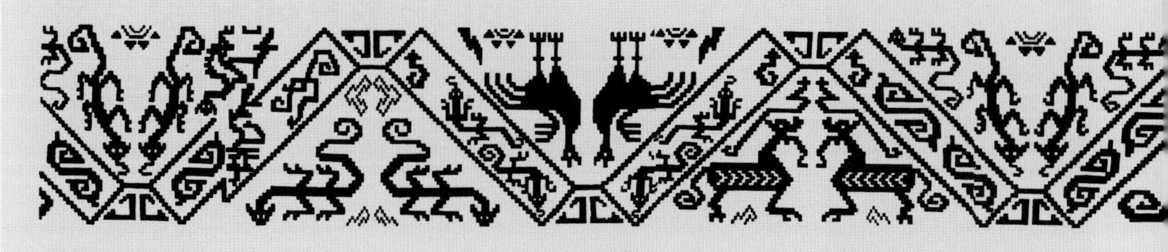

그림56 **두 사람이 대무를 추는 모습과 새와 짐승 모습을 문양으로 넣은 경금**雙人對舞鳥獸紋經錦 (N-4)

❶ 단위 문양單位紋樣[1]

❷ 두 사람이 대무하는 문양 부분

상되었다. 이런 상황은 당시 제후들이 자웅을 다투고 여러 방국邦國들이 정치·경제적으로 극렬한 경쟁 관계에 놓여있던 것과 밀접한 관련이 있다. 당시 사회 상층부 통치자와 그 비빈, 친족, 신하들은 거대한 사치 소비 집단을 형성하여 먹을 것이나 입을 것은 말할 것도 없고 심지어 궁실이나 가축까지도 비단으로 치장하지 않는 경우가 없었으며, 나라와 나라 사이에 사신이 오갈 때도 예물로 값비싸고 화려한 문양의 비단이 대량으로 필요했으니 그 소모량이 얼마나 컸는지 짐작하기 어려울 정도였다.

정치적인 문제 또는 전쟁에 따른 동맹과 강화講和를 위해 방직이나 자수 전문가인 집침執針, 베틀로 직조할 줄 아는 노예나 '여공첩女工妾' 등을 뇌물로 바치기도 했는데, 툭하면 수십, 수백 명에 이르렀다.(『좌전』 성공 2년 초나라가 노나라를 침략했을 때의 일이다. 『국어國語·진어晉語』에서 진晉이 정鄭나라를 침략했을 때도 그러했다.) 이런 분위기 속에서 고급 비단 소비량이 급격히 증가하여 당시 관방과 민간의 방직, 자수 공예품 생산 규모가 날로 확대되고, 관련 장인들의 숫자나 제품의 정교함도 전례 없는 수준으로 향상되었다. 사서에 따르면, 진류陳留 양읍襄邑에서 아름다운 금錦이 생산되며, 제로齊魯의 나羅, 환紈, 기綺, 호縞[2]와 자수는 천하에 명성이 자자했다고 한다. 그러나 과거 우리는 이에 대한 실제 지식이 거의 없었다. 1980년 이전 반세기 동

1 단위 문양單位紋樣, 또는 단위문單位紋은 연속적인 문양은 구성하는 기본 단위 문양을 말한다. 구성이 그리 복잡하지 않으며 때로 완전하지 않을 때도 있다. 하지만 기본 단위 문양을 연속적으로 늘어놓으면 효과가 드러난다.

2 나羅, 환紈, 기綺, 호縞는 모두 아름다운 비단 종류이다. 일설에 따르면, 나는 곡縠, 주름비단, 환은 흰 비단, 기는 무늬가 있는 비단, 호는 염색하지 않은 비단이다.

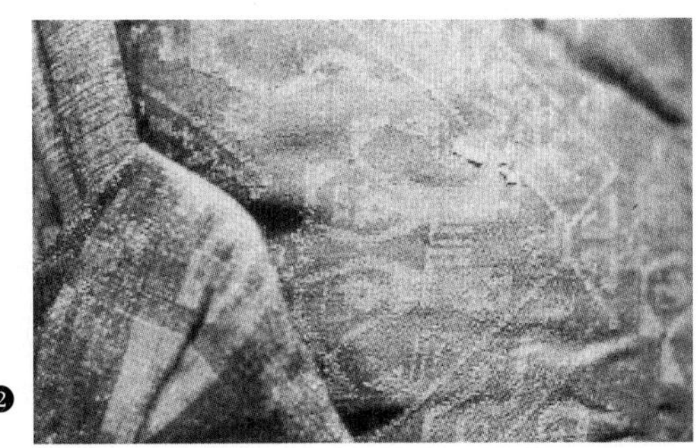

❷

안 비단이나 자수 실물이 소량 출토되기는 했으나 자료가 산발적으로 분산되어 전면적인 인상을 받기 어려웠다.

1982년 호북 강릉 마산 초묘에서 고대 비단 직물이 무더기로 발견되었다. 품종도 다양하여 춘추·전국시대 금錦, 수繡, 편직, 침직針織, 바느질 등 각종 종류나 방식이 모두 포함되어 있기 때문에 공예 기술이나 장식 예술 방면에서 대표성을 갖기에 충분했다.

출토된 채색 비단彩錦은 대략 두 종류로 나눌 수 있는데, 그 중 대다수는 상商, 주周 이래로 날실로 문양을 만드는 '경금經錦'과 일부 변화된 형태이고, 나머지는 씨실로 문양을 만든 좁은 띠 등의 직물이다.

경금經錦 실물의 폭은 보통 45~51cm 정도이다. 대략 당시 2척尺에서 2척 2촌寸 정도로 비교적 표준적인 한 폭의 척도이다. 짙은 색 바탕에 옅은 색 기하문양을 넣은 마름모꼴 문양 비단능문금菱紋錦, 작은 꽃 형태의 규구문規矩紋[3] 비단이 흔히 보인다. 이런 문양은 비교적 오랜 기간 사용되어 서한시대에도 이와 유사한 문양에 따라 제품을 생산했다.그림 54 및 그림 83 : 7 참조 또 다른 형식은 병정문丙丁紋[4] 간도금間道錦[5] 및 봉새와 오리 문양을 넣은 간도금일련번호 N-3 속대束帶, N-5 이불 겉감(衾面)이다. 비단 바탕은 날실을 이용하여 구역을 나누어 색깔을 입혔다. 다시 말해 먼저 날실을 나눠 각기 다른 색깔로 염색하여 줄무늬 형태로 배열한 후 이를 직조하여 문양을 나타내는 방식이다. 염색은 식물 염료 외에도 주사朱砂 등을 사용하기 때문에 직조한 문양의 색조가 선명하고 대비적인 변화가 풍부하다.

1957년 장사 좌가당左家塘 전국시대 분묘에서도 이와 같은 종류의 직금織錦이 발견되었는데, 모두 도료로 염색한 직금의 비교적 이른 표본이다.그림 55 이외에도 괘경법挂經法과 씨실의 북을 바꾸는 방식으로 국부적으로 위화緯花를 만들어 경

3 규구規矩는 지름이나 선의 거리를 재는 그림쇠나 곱자 등의 도구이다. 여기서는 ㄱ, ㄴ, T자 형태의 문양을 말한다.

4 병정문丙丁紋은 어떤 문양인지 정확치 않다. 다만 중국 고대 인끈에 병정문을 사용했다는 기록이 있다.

5 간도금間道錦은 좁은 길처럼 긴 줄 모양이 있는 비단을 말한다.

금의 작은 문양의 표현력을 개선하고 더욱 풍부하게 만들기도 했다. 비교적 두드러진 예는 두 사람이 대무를 추고 새와 짐승 문양이 비단 폭 전체에 큰 문양을 이루는 경금雙人對舞鳥獸紋通幅大花紋經錦이다.일련번호 N-4 이불겉면, 그림 56 도안을 보면, 가로 방향으로 분단分段하여 용, 봉, 호랑이가 쌍으로 마주보고 두 사람이 대무를 추는 등 각기 다른 문양을 직조하여 대단히 화려하게 장식했음을 알 수 있다. 비단 폭 전체에 큰 문양으로 장식한 비단, 즉 통폭대화문직금通幅大花紋織錦은 과거 동한 시대 직물에서도 발견되지만 서한시대 마왕퇴 분묘에서는 발견되지 않았다. 그래서 사람들은 이를 근거로 서한시대에는 한 폭의 큰 문양대화문大花紋 직물이 아직 형성되지 않았다고 생각했다. 하지만 지금은 전국시대에 이미 상당히 완전한 제화提花[6] 장치와 선진적인 직조 공예가 존재했다는 것이 증명되었다. 따라서 문양의 위치가 겹치지 않도록 비껴놓아 비단 한 폭을 직조할 수 있었을 것이다.

위화 기법으로 직조한 좁은 띠 직물위화착대직물緯花窄帶織物 여기서 소개하는 것은 가장자리 장식 옷깃 전용으로 수시로 교환할 수 있는 서너 종의 화려한 장식 직물이다.그림 57

이외 옷 가장자리에 자카드로 짠 도드라진 문양의 침직품針織品, 바느질로 만든 제품도 발견되었다. 발굴 보고자의 연구에 따르면 대바늘봉침棒針로 짠 것이라고 한다. 옛말에 바느질한 흔적이 보이지 않는 옷을 일러 '천의무봉天衣無縫'이라고 했는데, 만약 대바늘로 뜨개질하여 만든 옷이라면 허언이 아닐 것이다. 이는 지금까지 알려진 가장 오래된 바늘로 짠 직물 가운데 하나로 중국 방직기술사에서 새로운 장을 열었다고 할 수 있다.

예로부터 비록 금수錦繡라고 하여 금과 수를 병칭했으나 자수는 완전히 수공 기술로 만들어진 작품이기 때문에 예술 가치나 경제 가치가 당시 직금織錦에 비해 훨씬 높았다. 선진시대 귀족들의 복장은 수를 놓아 존귀를 상징하지 않은 것이 없을 정도였다. 『시경』에 보면 이와 관련된 예가 적지 않다. 특히 『상서尚書』「익직益稷」에서 말한 십이장복十二章服[7]의 이른바 '보불의 문양과 자수의 아름다움黼黻文繡之美'은 역대 통치자들과 여복제도輿服制度를 편찬하는 이들에게 중시되어 왔다. 하지만 서한 서대 사람들은 이를 제대로 알지 못했다. 마산 초묘에서 출토된 유물 가운데 가장 아름다운 것은 역시 큰 문양의 자수품들이다. 전체

6 제화提花는 날실과 씨실을 교차하면서 만든 요철凹凸 문양을 말한다. 우리나라는 자카드Jacquard로 짠 도드라진 무늬라고 풀이한다.

7 십이장복十二章服은 일월성신을 비롯하여 12가지 문양을 넣은 의복을 말한다. 『상서』「익직益稷」에 따르면, 요순舜帝과 대우大禹시대부터 군주가 입은 옷이라고 하나 믿을 수 없고, 늦어도 주나라 초기에 일정한 제도가 마련된 것만은 분명하다. 서주 초기 주공이 주례를 정할 때 일월성신 세 가지 문양을 기치旗幟에 수놓고, 나머지 아홉 가지 문양은 옷 문양으로 삼았다고 한다. 십이장복은 천자만 입을 수 있고, 황태자나 친왕, 세자는 구장복九章服을 입는다. 후세에 황제들은 이를 그대로 본받아 통치이념을 상징하는 12가지 문양을 수놓은 십이장복을 입었다.

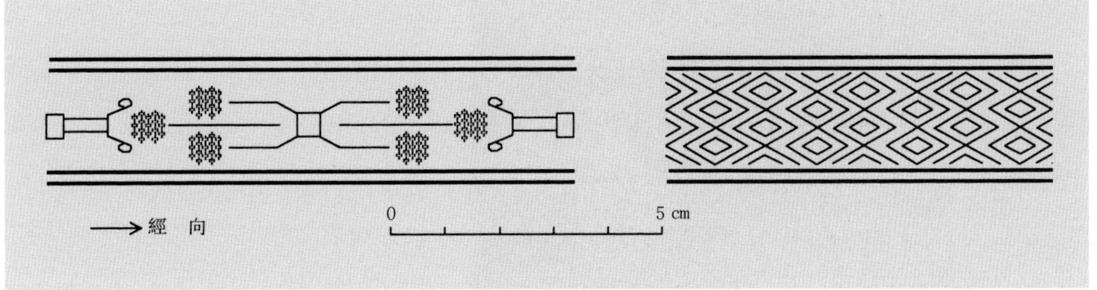

그림57 위화緯花[8] 직물 두 종류 (N-12)

20여 종이 넘는데, 고대 회화나 오색 문양 자수 등에 관해 구체적이고 새로운 지식을 제공한다. 그중에서 몇 가지를 요약하면 다음과 같다.

커다란 용과 봉 문양을 수놓은 채색 비단 문양용봉대화문채수문양龍鳳大花紋彩繡紋樣 일련번호 N-2 이불衾被. 실물은 수를 놓은 조각을 뒤섞여 꿰맨 것으로 문양이 완전치 못하다. 하지만 휘황찬란한 예술적 효과는 여전히 빛을 잃지 않는다. 실물을 모방하여 복원한 후에 비로소 문양의 본래 면모를 볼 수 있었는데, 도안을 만들고 설계한 이의 웅혼한 기세가 돋보인다.그림 58

도안은 용봉을 주제로 삼고 있다. 단위 문양이 좌우로 대칭되어 있으나 색깔은 양쪽이 서로 다르다. 문양을 밀집하는 형식으로 장방형의 괴면塊面[9]을 구성하고 있다. 높이는 대략 80cm, 너비는 45cm이다.그림 58 : 2 대칭축의 한쪽은 상부에 큰 용 문양을 배치했는데, 마치 꽃뱀이 구불구불 기어가는 모습인 듯 궁자弓字처럼 구부러져 있다. 거대한 입과 가는 꼬리, 아가리를 벌리고 혀를 날름거리고 있다. 위쪽 턱이 과장되게 앞으로 뻗은 것이 전형적인 뱀의 모습이다. 머리에는 관冠과 뿔이 있고, 그 뒤에 갈기엽종鬣鬃 같은 것이 세워져 있다. 네 발을 가지고 있고, 발톱은 세 개다. 몸의 전체 길이 96cm이고 형상은 강건하고 생동감이 넘치며 구체적이다. 그 사이에 두 발을 가진 작은 용이 붙어 있는데, 몸을 오그리고 고개를 돌려 호응하

8 위화緯花는 직물을 직조하는 기법이다. 두 개나 그 이상의 씨실을 동일한 날실과 교직하여 직물 정면에 씨실이 약간 도드라지게 만든다. 이렇게 만든 채색 비단을 위화금緯花錦이라고 한다. 이외에도 격직緙織, 재융栽絨, 평직平織 등이 있다.

9 괴면塊面은 중국 조형 예술의 전문 술어 가운데 하나로 입체 도형을 구성하는 평면을 말한다. 다시 말해 입체감이 도드라지는 평면 구성이다.

❶

❷

그림58 용봉대화문채수문양龍鳳大花紋彩繡紋樣

❶ N-2 이불 자수 문양(실물의 문양은 완전치 못함)

❷ N-2 이불을 복원한 후 완전한 문양과 단위 문양 조합(왕아용王亞蓉 연구 복제)

는 모습이다. 두 마리 용의 형태는 십이장복에 나오는 '양기상배兩已相背', '양궁상배兩弓相背'의 불문黻紋의 형태와 유사하다.본서 60쪽 참조

하부에는 큰 봉새를 문양으로 삼았다. 봉새는 긴 관冠에 굽은 목을 하고 있는데, 몸은 곳곳이 세우고 꼬리는 말려 있는데, 깃털을 높이 들어 당장이라도 창공을 향해 날아가려는 듯한 모습이다. 날개 아래 예쁘고 어린 봉새가 따르고 있다.

큰 봉새가 날카로운 부리로 큰 용의 꼬리를 물려고 하니 용은 강렬하게 반응하며 몸부림친다. 이런 정경은 생명과 사투의 역량이 가득하여 세속의 정취와 더불어 연극적인 요소가 가미된 것이다. 이는 후세 '용봉정상龍鳳呈祥'이나 제후帝后의 상징과 내용적인 면에서 전혀 관련이 없다.

문양의 중간 상부는 축선軸線을 타고 있는 한 그루 꽃나무이다. 꽃나무 위에 두 마리 용이 아치 형태로 머리를 맞대고 있는 부분에 선명한 황금색 터빈처럼 소용돌이 치는 와륜문渦輪紋을 박아놓았다. 이것이 태양을 나타내는 것이라면『산해경山海經』에서 "아홉 개의 태양이 아랫 가지에 있고, 태양 하나는 윗가지에 있다九日居下枝, 一日居上枝"는 부상수扶桑樹 이야기와 관련이 있을 것이다. 축선 하단 봉새 꼬리가 있는 부분에 이와 상응하여 옅은 회녹색의 와륜문이 있는데, 둥근달을 형상화한 것으로 보인다.

도안의 색도 복잡하고 다양해 특히 명암 대비가 탁월하다. 지금 볼 수 있는 색깔은 짙은 남색, 종록색棕綠色, 브라운 그린, 회록색灰綠色, 푸른 옥빛, 단청색蛋青色, 옥색, 자홍색紫紅色, 짙은 갈색, 황금색, 담황색粉黄 등 여덟 아홉 가지나 된다. 그중에서도 남색과 자색, 갈색이 가장 잘 보존되었는데, 여전히 짙은 색감이 그대로 드러나 염색에 상당히 신경을 쓴 것으로 보인다.

문양의 배열 관계는 선진이나 양한 시절에 가장 통용되는 구도를 따랐는데, 단위 문양을 거북이 등껍질과 같은 격자 안에 조합하여 표면 장식을 하는 것이다. 비록 형식은 간단하지만 활용은 변화무쌍하여 기이함을 겨룰 수 있다.

용, 봉, 호랑이 문양을 수놓은 채색 문양용봉호문채수문양龍鳳虎紋彩繡紋樣 실물은 수놓은 비단 홑옷으로 일련번호는 N-9이다. 바탕이 반투명 상태이고, 문양의 공간 배치가 넓고 산뜻하여 전체적으로 청동으로 주조하거나 금은을 두들겨 투조透雕나 부조浮雕한 것과 흡사한 효과를 준다. 만약 더 확대하여 건축장식으로 사용한다면 장관일 것이다. 특히 도안 중간에 두 마리 호랑이가 고개를 쳐들고 포효하는 모습이 있는데, 호랑이의 몸통을 붉은색과 검은색 두 가지 색으로 줄무늬의 얼룩덜룩한 모습을 잘 표현하여 용맹하고 수려한 아름다움을 절로 느끼게 만든다. 그야말로 호랑이가 포효하니 바람이 인다는 말을 실감하게 만드는 걸작이 아닐 수 없다.그림 59

도안의 단위 문양 가운데 앞에 있는 것은 작은 봉새 한 마리와 용 두 마리, 그리고 호랑이 한 마리로 구성되어 있다. 높이는 30cm 정도이고 너

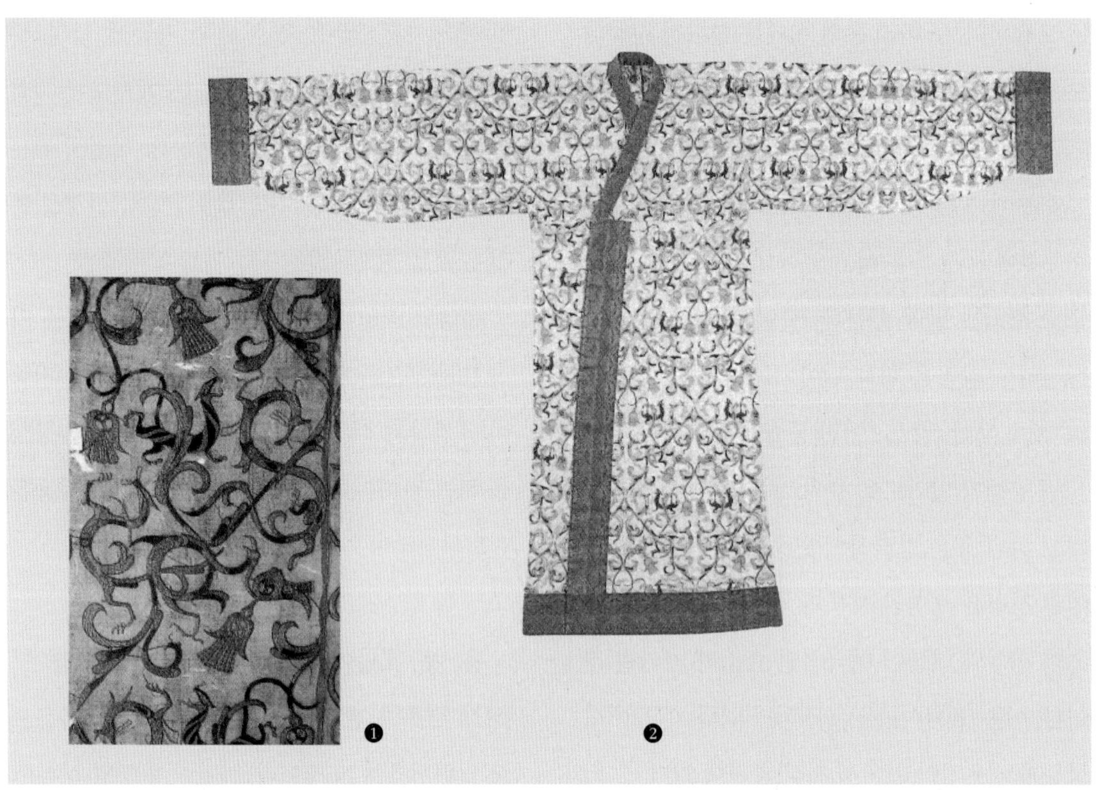

그림59 용봉호문채수문양龍鳳虎紋彩繡紋樣(N-9)
❶ 용봉호문수나의龍鳳虎紋繡羅衣 일부분
❷ 용봉호문수나의 복제도(왕아용 연구 복제)

비는 21cm그림 59:1이다. 색상은 주사, 흑색, 짙은 홍색강홍絳紅, 짙은 갈색, 황토색, 담황색, 미색米色 등 일고여덟 가지를 사용했다. 호랑이 문양은 왼쪽 상단 모서리에 배치했으며, 오른쪽 하단 모서리에는 단위 격자를 뚫고 개나리꽃금종화金鐘花 모양의 봉관이 내던져 있는데 길이는 대략 10cm로 단위 문양 사이를 잇는 연결고리 역할을 하고 있다. 봉새의 양쪽 날개는 일자一字 형태로 활짝 펼쳐져 또 다른 대각선 위에 눌려 있는데, 이것이 교묘한 한 수였다. 단위 문양을 좌우로 대칭시키고 앞뒤로 위치를 바꾸면서 격자망 틀에 따라 조합하여 장식을 완성하면 전체적인 국면이 또 한 번 달라 보이기 때문이다. 봉황이 날개를 펼치면서 생겨난 대각의 큰 사선斜線이 도안을 별도로 분할하여 비교적 큰 연합 단위가 만들어지기 때문이다. 다시 말해 네 개의 기본 단위에서 각기 절반씩 끄집어내어 새로운 큰 마름모꼴 격자를 조성하고 그 사이에 두 마리 호랑이가 서 있는 형상이 그려졌다는 뜻이다. 전체 화면을 살펴보면, 서로 등지고 있는 것 같기도 하고

❶ ❷

그림60 봉조문채수문양鳳鳥紋彩繡紋樣(N-10)
❶ 봉새 채색 수의繡衣(鳳鳥彩繡衣) 일부분
❷ 단위 문양(왕아용 연구 복제)

때로 서로 마주보고 있는 것 같기도 한데, 정말로 산에 사는 맹호처럼 생기가 넘치고 이루 말할 수 없는 미묘한 경지에 이르렀다.

조형문채鳥形紋彩 **문양** 일련번호 N-10 두루마기 겉감이다. 옅은 황색 견직물 바탕에 짙은 남색, 청남색취람翠藍, 짙은 홍색, 주홍색, 황토색, 달빛색月黄, 미색米色 등 여러 색으로 수를 놓았다. 단위 문양은 세로가 긴 직사각형한쪽은 계단형이며 높이는 60cm, 너비는 25cm이다.그림 60 하부 정면에 새의 형상이 보이는데, 양쪽 날개를 활짝 펴고 춤을 추는 듯한 모습이다. 머리 위에는 산개傘蓋[10]처럼 생긴 화관華冠을 쓰고 양쪽에 유소流蘇[11]를 늘어뜨렸다. 마치 아름답게 치장한 여무女巫의 느낌이 든다. 날개 윗부분에 새머리 모양이 있는데, 그중 하나에서 다시 나뭇가지가 길게 말아 올라가더니 정상에서 긴 이삭처럼 생긴 것이 아래로 늘어뜨려져 있다. 마치 긴 갓끈에 매달리 옥패가 육리陸離, 서로 뒤섞여 아름답게 빛남하는 듯 아름답다. 화면은 오색찬란하여 붉게 물들거나 불을 쬐인 듯한데, 강건하면서도 온화한 가운데 기이하

10 산개傘蓋는 우산처럼 생긴 의장儀仗의 일종이다.
11 유소流蘇는 수레, 깃발, 장막, 가마, 옷, 관 따위에 갖가지 실로 매듭짓게 꼬아 다는 술을 말한다.

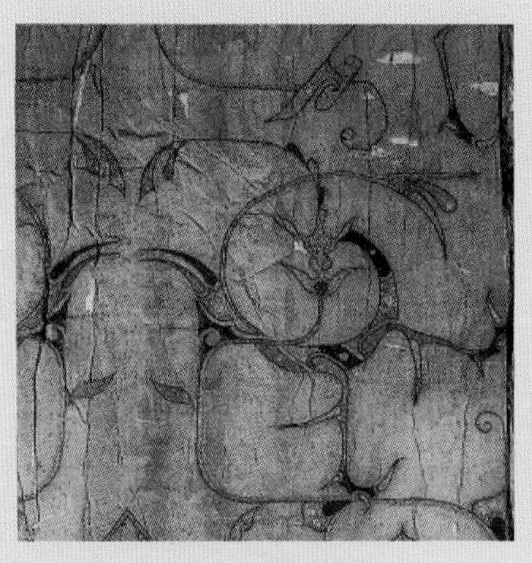

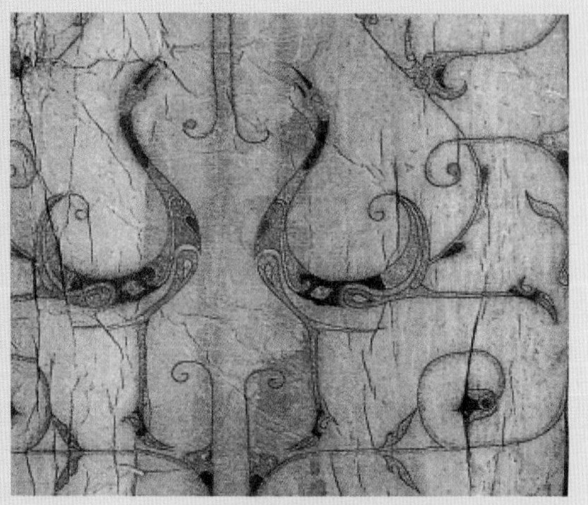

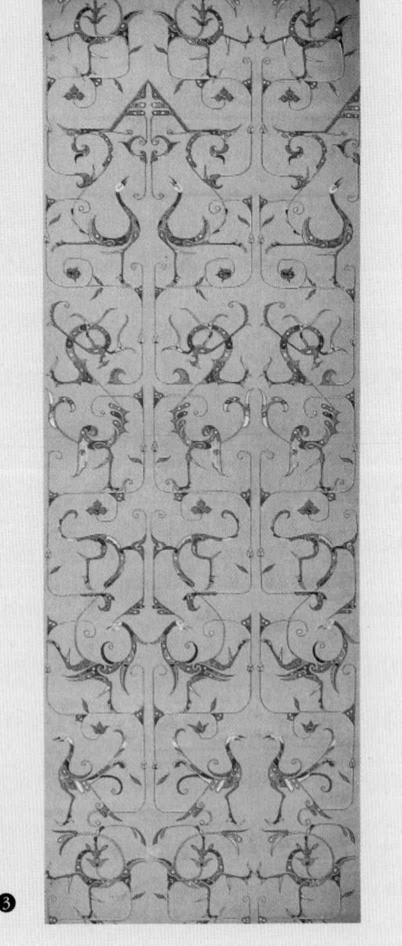

그림61 대용봉대관기채수문양對龍鳳大串枝彩繡紋樣 (N-7)

❶ 대용봉대관기채수문양對龍鳳大串枝彩繡紋樣 일부분의 두 가지 예

❷ 대용봉대관기채수對龍鳳大串枝彩繡를 겉감으로 한 이불

❸ 단위 문양(왕아용 연구 복제)

고 괴상한 분위기를 연출하여 초나라 문화의 매력과 정취를 남김없이 드러내고 있다.

대용봉대관기채수문양對龍鳳大串枝彩繡紋樣 일련번호 N-7 이불겉감에서 볼 수 있다. 이는 공예가 정교하고 아름다울 뿐만 아니라 문양의 크기가 매우 커서 현재까지 출토된 직물 가운데 전례가 없을 정도인 뛰어난 자수 예술품이다.

겉면은 견직물 바탕에 상황색桑黃色, 말굽버섯처럼 짙은 황색을 띠고 있다. 문양의 색채는 짙은 남색, 감색천청天青, 짙은 자색絳紫, 황금색, 옅은 황색, 상아색牙白 등 예닐곱 가지가 뒤섞여 있다. 배색配色에 대비를 중시하여 전체적으로 차가운 색이 주조를 이루면서 극히 전아한 느낌을 준다. 단위 문양은 네 쌍의 봉새 문양, 세 쌍의 용 문양으로 구성되어 있다.

좌우로 대칭하면서 세로 방향으로 식물의 가지덩굴이 S자 형태로 이어져 있고, 상부 축선에 있는 삼각형 문양에서 양쪽 용과 봉이 한데 합쳐져 전체적으로 대칭하면서 세로 길이가 긴 장방형의 대단위 격자를 형성하고 있다. 높이는 181cm, 너비는 45cm이다.그림 61 : 1,2 전체 한 폭의 비단에 수를 놓은 필료匹料, 온전한 한 폭의 비단이다. 사용할 때는 개별 단위 문양을 횡으로 이어 거대한 띠 장식을 만들 수도 있고, 서로 교차하거나 뒤바꾸는 형식으로 면 장식面飾을 만들 수도 있다. 두 폭 사이에 화조花縧[12]가 각봉絡縫[13]되어 있다. 공예의 공교함이 비할 바 없이 아름답다.

도안 설계는 격조가 높을 뿐만 아니라 용봉의 조형이 사실감이 있으면서도 추상성이 돋보인다. 그중에 한 쌍의 용문은 각기 다리와 꼬리가 하나밖에 없는데, 하나의 선으로 한 쌍의 봉새 문양을 서로 이끌며 연결하고 있다. 또한 또 다른 한 쌍의 봉새 문양은 깃과 발톱이 하나씩인데, 중간 허리 부분에서 하나의 선이 나와 상부에 있는 용의 문양과 합쳐진다. 이런 모습은 용의 몸통이나 봉새의 발톱, 봉새의 몸통과 용의 발톱의 예에서도 확인할 수 있다. 예술적 구사의 자유로움과 대담함으로 환상적인 분위기를 만들면서도 운치가 가득하고 격률이 근엄하다. 특히 봉새 문양의 조형은 "다소곳하게 서 있는 날렵한 학이 날듯 말듯한"[14] 모습으로 가냘프면서도 풍채가 빼어난 아리따운 여인의 의태를 잘 표현하고 있다. 사부辭賦의 내용과 용봉의 문양이 서로 같다고 말할 수는 없지만 구성상의 중복이나 조화가 전혀 없는 것은 아니다. 용의 문양은 뱀의 형태에서 벗어나 있으며, 봉새 역시 독수리와 같은 맹금류의 모습과 달리 학이나 해오라기 모습에 가깝다.본서 삽도 14 참조 어쩌면 고문헌에서 "깃털은 광택이 나고 순백색에 학을 닮았다羽毛光澤, 純白似鶴"는 긴 목의 '홍곡鴻鵠' 백조, 천아天鵝인지도

12 화조花縧는 꽃무늬 끈이다.

13 각봉絡縫은 실밥이 사선으로 교차된 줄무늬를 이루게 서로 엉켜 꿰매는 방식이다.

14 조식曹植, 「낙신부洛神賦」, "竦輕軀以鶴立, 若將飛而未翔".

그림62 납수納繡[15]문양(N-10 옷깃)
❶ 차마전렵문납수車馬田獵紋納繡
❷ 차마전렵문 단위 문양(왕서王㐨, 왕아용 연구 복제)

모르겠다. 두 개의 형상이 서로 교직되어 극히 풍부한 리듬감을 드러내면서 문득 떨어졌다 다시 합치고, 즐겁게 노니는 아름다운 모습이 깊은 감동을 자아내 마치 오늘날 피겨 스케이팅의 아름다운 모습을 보는 듯하다. 이를 통해 우리는 조식曹植이 「낙신부洛神賦」에서 "놀란 홍곡鴻鵠처럼 민첩하고 노니는 용처럼 유연하다"[16]고 찬미한 여인의 모습에 대해 새롭게 이해할 수 있을지도 모른다.

15 납수納繡는 중국 자수의 기본 침법 가운데 하나로 무늬가 없는 명주로 짜임이 성근 사紗를 바탕으로 하기 때문에 납사수納紗繡라고도 한다. 소주蘇州 자수에서는 '착사戳紗', 북방에서는 '납사納紗'라고 부른다. 무늬 없는 명주素紗 바탕에 채색 수실로 문양을 가득 채우고 주변에는 명주 바탕으로 그대로 남겨둔다. 납사수의 바탕이 되는 사직물은 짜임이 성글기 때문에 올을 세기가 용이하여 반복적이고 규칙적인 문양을 표현하기에 편리하다.

16 조식, 「낙신부」, "翩若驚鴻, 婉若游龍".

마차로 수렵하는 문양을 넣은 납수차마전렵문납수車馬田獵紋納繡 주로 옷깃 테두리 장식에 전용되며 언제라도 바꾸어 착용할 수 있는 화려한 장식 띠이다. 마산馬山에서 출토된 것은 서너 종류이다. 그 가운데 일련번호 N-10 옷깃 바깥쪽에 있는 것이 가장 아름답고 정교하다.그림 62 자수 문양의 너비는 6.8cm, 문양의 길이는 17cm이다. 대정침對頂針을 사용하여 가로 방향 납수納繡로 문양을 만드는 방법으로 차마전렵 문양을 수놓았다. 한 승乘, 네 마리 말이 끄는 마차의 마차가 전방을 향해 날 듯이 달려가고, 마차를 모는 어수御手는 몸을 꼿꼿이 세우고 고개를 들고 허리를 꽉 졸라맨 채로 단정하게 앉아 마차를 몰고 있다. 그 앞에 서 있는 사수射手는 활을 잡고 시위를 당겨 화살을 날리는 모습이다. 마차 뒤편으로 모래먼지가 휘날리고 마차 앞에는 미친 듯 달리는 사슴과 화살을 맞은 상태에서 고개를 돌리고 있는 맹호가 보인다. 마차 앞 아래쪽 한 용사는 몸을 돌려 방패로 맹호를 치고 있고, 뒤편 아래 있는 용사는 단검 또는 비수를 들고 짐승과 싸우고 있다.

"가파르고 험준한 언덕을 올라 맹수를 향해 화살을 날리고 승냥이와 이리를 잡고 곰과 맞붙으며, 화살을 헛되이 쏘지 않아 한 번 쏘면 짐승의 목에 맞아 뇌수를 부수고, 시위소리가 났는가 싶으면 어느새 짐승이 고꾸라지고 갯벌을 달리던 마차의 바퀴는 찢긴 짐승의 피로 물들었다."[17]

이처럼 자그마한 화폭에 그 옛날 초나라 운몽택雲夢澤에서 이루어졌던 사냥의 모습이 생생하게 담긴 듯하다. 사실적이고 또한 극적인 내용이 규격에 따라 정연한 두 개의 네모난 연속 마름모꼴 격자 안에 잘 안배되어 있다. 그 안에 산과 갯벌, 무성한 숲과 풀 등이 기하학적인 도형으로 상징적으로 표현되고 있으며, 동정動靜의 대비, 리듬감과 속도감이 강렬하게 느껴진다. 색채 운용은 번다한 것 같지만 단순하여 침향색沉香色 바탕에 짙은 갈색, 금색, 청남색 등 세 가지 색실만 사용하여 대단히 화려한 효과를 냈다. 이처럼 수를 놓은 띠는 『한서』에서 가의賈誼가 "제왕의 후복後服은 옷깃 가장자리에 수를 놓는다"[18]고 한 것이나 서한시대 "부자들이나 대고大賈, 대상인는 물론이고 서민들의 자식이나 첩들도 신발 가장자리에 문양을 넣었다富人大賈、庶人孼妾緣其履"고 했던 바로 그 '편제偏諸'[19]일지도 모른다. 당대 사람 안사고顔師古의 주에 따르면, "편제는 요즘처럼 직조하여 만든 것으로 요반腰襻, 허리띠이나 옷깃에 사용한다偏諸, 若今之織成, 以爲要襻及領者也". 특히 그 위에 마차

---

17 사마상여의 「자허부子虛賦」와 「유렵부遊獵賦」의 내용이 섞여 있다. "陵阻險, 射猛獸, 搏豺狼, 鬥熊羆, 箭不苟害, 解脰陷腦, 弓不虛發, 應聲而倒, 割鮮染輪."

18 가의賈誼, 「치안책治安策」, "천자의 후복은 옷깃에 테두리를 하고, 서인들의 자식이나 첩은 신발에 테두리 문양을 한다(天子之後以緣其領, 庶人孽妾緣其履)".

19 편제偏諸는 옷이나 신발, 주렴 따위의 무늬가 있는 테두리를 말한다. 가의, 『신서新書』 「얼산자孼産子」, "수를 놓은 옷이나 명주 신발 가장자리에 문양을 넣어 한가할 때 착용하는 것으로 옛날 천자의 후복이다. 그래서 사당에서 착용하되 연회 때는 착용하지 않는다. 여러 서민들이 이를 얻어 자식이나 첩들에게 입혔다(繡衣絲履, 偏諸緣, 內之閑中, 是古者天子后之服也, 所以廟而不以燕也, 而衆庶得以衣孼妾)".

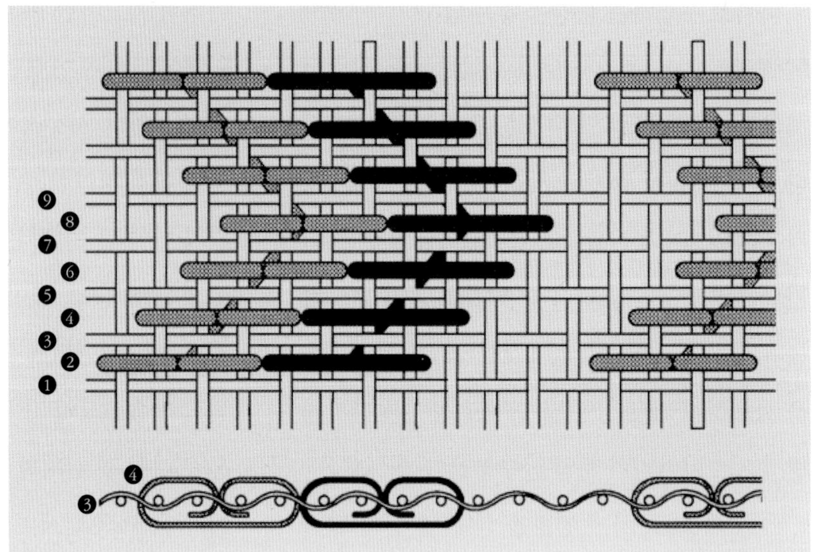

그림63 **차마전렵문 납수침법 설명도**
상. ❷❹❻❽은 씨줄 방향으로 자수한 바늘땀이다.
하 : 자수실로 씨줄 방향으로 한 바퀴 돌려 뜬 자수의 단면이다.

나 말을 탄 사람을 수놓은 것을 일러 '차마식車馬飾'이라고 한다. 자수의 기술 자체는 그리 어렵지 않으나 공예는 특히 정교함을 요구한다.

제작할 때 먼저 합고사合股絲, 두 가닥을 꼬아 한 가닥으로 만든 실로 너비 6.8cm의 띠를 평직平織[20]하며 날실 222개를 배열한다. 매 평방센티마다 경밀經密은 32개 위밀은 18개 정도이다.[21] 씨줄과 씨줄 사이에 씨줄 방향으로 실을 넣어납루納縷[22] 한 번 돌려서요경繞徑 문양을 수놓는데, 이런 자수침법은 표면적으로 보기에 씨실緯綫로 무늬를 내는 직금織錦과 비슷하지만 피복력被覆力, 도료가 발라지거나 염색이 퍼지는 힘이 강하여 무늬가 깨끗하고 선명하다. 띠에 가득 수를 놓기 때문에 과거에는 이를 특수한 위화緯花 직물의 일종으로 오인했다. 하지만 최근에 갈제褐製 N-10 수의繡衣가 발견되면서 이른바 수실을 한 번 돌려서 만드는繞徑 위화 직물은 직기에서 제화방식자카드 직기로 도드라진 무늬를 내는 방식으로 직조할 수 없음을 알게 되었다. 오로지 평직으로 짠 띠에 실을 돌려가며 수를 놓아야 가능하기 때문이다.그림 63

다만 밀도密度가 상당히 높아 자수공예에 뛰어난 시력과 세심함이 요구된다. 실을 정확히 세면서 한 땀이라도 틀리지 않고 빈틈없이 수를 놓아야만 하기 때문이다. 한 단원單元, 전체의 일부 공정에 대략 2,30개의 공정이 필요한데 만약 8개 단원이 필요한 넥타이 하나를 완성하려면 적어도 반년 남짓한 시간이 걸린다. 설계나 구성이 교묘할뿐

20 평직平織은 직조법의 하나로 씨실과 날실을 한 올씩 엇바꾸어 천을 짜는 방법이다. 이외에 대각선 방향의 이랑무늬로 천을 직조하는 능직綾織과 날줄은 적고 씨줄은 많게 하여 옷감을 짜는 방법인 수자직繻子織이 있다. 이상 세 가지가 가장 기본적인 직조법이다.

21 경밀과 위밀은 직물의 일정한 범위 안에 날실과 씨실이 얼마나 들어가 있는지 나타내는 직물의 밀도이다. 경밀은 날실, 위밀은 씨실의 밀도이다.

22 납루納縷는 자수의 방법 가운데 하나로 납금納錦이라고 부르기도 하는데 납사納紗와 같다. 이 역시 수를 놓는 방법이기 때문에 저자는 자수와 동의어라고 했다.

더러 노동량만 계산해도 놀랄 정도이기 때문에 그 값어치가 황금보다 비쌀 수밖에 없다. 외관만 보면 직금과 흡사하거나 직금보다 뛰어나지만 결코 직금이 아니다. 굳이 명명하자면 '납금수納錦繡'나 '납루수納縷繡'라고 할 수 있을 것이다. 왕충王充은 『논형論衡』「정재程材」에서 "자수 전문가는 휘장과 치마를 재봉할 수 있지만 납루의 노동자는 직금을 직조할 수 없다"[23]고 했으니 '납루納縷'를 '자수刺繡'의 동의어로 보거나 명명할 수 있다는 증거로 삼을 수 있다. 침법은 후세의 납사納紗, 착사戳紗 방법과 일정한 관련이 있을 것이다.

이상의 여러 예에서 볼 수 있다시피 전국시대 자수 공예는 기교나 장식 설계에 이르기까지 이미 고도로 성숙 단계에 이르렀다. 특히 문양의 구상이나 창작은 서정적 환상과 생명력이 넘친다. 문양의 구성이나 조형 방면에서 추상에서 구상을 드러내고, 대담하지만 거칠지 않게 곳곳마다 솜씨를 발휘하여 어느 하나 뺄 곳이 없으며, 이견을 달 수 없는 지경에 이르렀다. 자수 문양의 골격은 주로 기자己字나 궁자弓字를 활용하고 대칭과 상호 병합을 주요 형식으로 삼았다. 아마도 이는 앞서 언급한 '보불黼黻' 문양의 기본적인 모습일 것이다.

문양의 전체적인 배치와 세부 처리는 대비를 중시하고 구성의 엄밀함을 추구했다. 예를 들어 문양과 바탕, 깊음과 얕음, 선線과 면面 및 면 속의 점點 등을 처리하는 방법에서 다른 공예의 장점을 적극적으로 받아들였다. 효과적인 면에서 당시 금은 도금 공예와 상통하며, 강릉 등지에서 출토된 전국시대 석경石磬의 채색 문양 풍격과 일치한다. 또한 호랑이 몸통의 회전줄무늬 문양전동선문轉動綫紋을 보면 옥공예로 만든 치우환蚩尤環의 표현 방법을 엿볼 수 있다.

이외에도 도안의 구조 기술도 주목할 만하다. 단위 문양의 조합은 문양을 대칭적으로 배열한 것인데 상·주대 청동기 문양의 지나친 엄숙함이나 우둔함을 피할 수 있다는 것이 장점이다. 일반적으로 먼저 직이直移하여 띠 장식을 만들고, 띠 장식 사이에 2분의 1의 단위벡터를 활이滑移하여 면 장식을 만든다고 이해하면 된다.

또는 대칭을 반전시켜 맞물려 연결하면 종종 새로운 연합 단위의 도형이 형성되면서 변화무쌍한 화면이 펼쳐지기도 한다. 이런 반전대칭反轉對稱 방법은 최소 단위 문양으로 그 몇 배나 되는 문양을 만드는 데 활용한다. 그 기교는 편직이나 방직물의 도드라진 무늬를 만드는 방법에서 발전된 것일 수 있다. 이에서 한 걸음 더 나아가 종합적으로 연구하면 보다 유익한 문화유산을 얻을 수 있을 것이다.

23 왕충王充, 『논형論衡』「정재程材」, "刺繡之師能縫帷裳, 納縷之工不能織錦". 장태염章太炎, 1869~1936년. 나중에 병린炳麟으로 개칭의 『신방언新方言』 6에 따르면, "지금 회남과 오월 지역에서는 뜯어진 베를 당겨 꿰매는 것을 납두라고 하고, 또한 자수를 납수라고 부른다. 직례 지역에서는 가봉을 납이라고 한다(今淮南、吳、越謂破布牽連補綴者為衲頭, 亦謂刺繡為納繡。直隸謂粗縫曰納)". 이를 보건대, 강남 지역에서는 예로부터 자수를 납수라고 불렀던 것 같다.

019

서한 묘벽墓壁의 이도살삼사二桃殺三士 부분

그림64

[서한] 추계椎髻(상투머리), 짧은 도포袍服를 입고 검을 잡은 무사의 그림이다. 높은 관을 쓰고 도포를 입었으며, 황제의 상징인 절節을 휴대한持節 사신은 칠사관漆紗冠을 쓰고 큰 도포를 입었다. 병기를 든 시종관과 다양한 건관巾冠에 대포大袍를 입은 평민도 보인다.(낙양 한대 공심전묘空心磚墓[1] 벽화)

하남 문물공작대문물작업팀의 모사본이 『문물정화文物精華』와 『고고학보』에 실려 있다. 그림은 『안자춘추』에 나오는 '이도살삼사'[2]의 이야기를 형상화한 것이다. 세 명의 용사가 복숭아 두 개를 앞에 두고 서로 먹겠다고 하다가 결국 스스로 목숨을 끊었다는 내용이다. 이야기의 내용을 위주로 묘사하고 있으나 인물의 정신적 면모와 의복 및 두건의 형태 등이 정확하게 표현되고 있다. 세 사람은 모두 제칠齊漆로 염색한 단의短衣에 바지통이

1 공심전묘空心磚墓는 속이 텅 빈 흙으로 구운 벽돌을 사용하여 만든 분묘를 말한다. 중국 전국시대부터 서한시대까지 하남 정주, 낙양 등지의 분묘에서 주로 보인다.

2 이도살삼사二桃殺三士. 춘추시대 안자晏子가 제나라 경공景公을 섬겼다. 당시 경공 호위 장수로 세 명의 뛰어난 무사가 있었는데 무력에 힘입어 안하무인이었다. 그래서 안자는 그들을 제거하기 위해 경공에게 복숭아 두 개를 바치며 대책을 내놓았다. 결국 세 명의 무사들은 서로 먹겠다고 다투다가 스스로 목을 찔러 자결했다.

넓은 바지 대구고大口袴를 입고 장검을 들고 있다. 관은 쓰지 않고 작은 두건으로 두발을 묶었는데 노기가 충천하여 위로 불쑥 솟아 있으며, 수염도 마치 창처럼 옆으로 빳빳하게 펼쳐져 있다. 『장자』「설검說劍」에 이런 구절이 나온다.

> 검사劍士들은 모두 쑥대처럼 머리를 풀어 헤치고 구레나룻 수염을 길게 길렀으며, 관을 눌러쓰고 장식 없는 거친 두건 끈을 사용했다.[3]

주에 따르면, '수관'은 관이 높지 않고 지금의 포건包巾과 같다고 했으며, '만호'는 조로粗魯, 즉 거칠다는 뜻이다. 이런 형상은 양한 시대 일반 화가들이 역사 이야기를 주제로 그린 그림의 인물 표현에 영향을 주었다. 그래서 기남 한묘 석각에 나오는 '열사전' 부분그림 69, 무씨사 석각 '자객전'에 나오는 그림 및 근년에 금작산 한묘에서 출토된 백화의 무사 형상 등은 모두 고대 열사烈士나 의사義士의 모습을 반영한 것으로 공통적인 부분이 많다.삽도 34, 35 참조

채질蔡質은 『한관전직漢官典職』에서 이렇게 말했다. "상서가 명광전에서 황제에게 아뢰었는데 성상서성에 옛 열사의 그림이 그려져 있고, 행서로 찬贊이 적혀 있었다."[4] 『한서』「경십삼왕전景十三王傳」에 보면, 광천廣川 혜왕惠王 월越, 유월劉越의 "궁전 문에 경축慶祝 그림이 있는데, 짧은 옷과 큰 바지, 장검 등이 그려져 있다". 이상에서 알 수 있다시피 서한 이래로 왕에게 정사를 아뢰는 궁전 벽이나 궁전 문에 이러한 그림이 그려져 있었다. 그 안에 그려져 있는 의복은 삽도의 형태와 대동소이하다.

『사기』「숙손통전」에 따르면, "통유通儒의 차림새를 한나라 왕유방劉邦이 싫어한다는 것을 알고 복식을 바꾸어 초나라 식으로 짧은 옷을 입자 한나라 왕이 기뻐했다". 여기에 나오는 '단의短衣', 즉 짧은 옷은 초나라의 옛 차림새로 서한 사람들도 그대로 착용했다. 그림에서 비교적 키가 큰 관리는 봉숭아를 건네주는 사신이거나 안영晏嬰의 모습일 것이다. 손에 정절旌節을 잡고 3단의 수수垂穗, 이삭처럼 생긴 술를 달았다. 이는 비교적 초기의 정절 형태로 〈열녀인지도〉나 〈낙신부도〉에서 보이는 정절과 비교할 수 있다. 관은 매우 작은데 정수리에 자리하고 있다. 근년에 장사 마왕퇴에서 새로 발굴된 질후軑侯의 친족들과 서한 초기 분묘에서 나온 비교적 큰 채색 용俑의 머리에 있는 관의 형태와 유사하다. 또한 송대 사람 이당李唐이 그린 〈진문공복국도晉文公復國圖〉에 나오는 인물의 관식冠式이나 정절과 상통한다. 이를 비교해보면, 〈진문공복국도〉가 비록 송대 사람이 그린 것이긴 하나 인물이나 의복의 형태를 억측으로 날조한 것이 아니라 옛 전적의 그림이나 설명에 근거하여 모사한 것임을 알 수 있다. 〈열녀인지도〉의 경우도 마찬가지일 것이니, 원본이 남

3 『장자』「설검說劍」, "劍士皆蓬頭突鬢垂冠, 曼胡之纓".

4 채질蔡質, 『한관전직漢官典職』, "尙書奏事於明光殿, 省中畵古烈士, 重行書贊".

삽도 34 산동 가상嘉祥 무씨사武氏祠 화상석 그림. 자객 형가荊軻가 진왕秦王을 습격하는 내용이다.

삽도 35 산동 임기臨沂 금작산金雀山 한묘 백화에 나오는 무사

조시대에서 전해진 옛 〈열녀전도列女傳圖〉의 일부분일 가능성이 크다. 한대 이래로 병풍화를 그릴 때 주로 사용했던 분본粉本, 저본[5]이라는 뜻이다.

본국 사자 뒤편에 긴 기물을 들고 있는 시위를 보면 머리에 평건책平巾幘[6]을 쓰고 다시 박사薄紗 농건籠巾을 올려놓았다. 장사 마왕퇴 서한시대 분묘에서 발굴된 칠렴漆奩, 옻칠한 화장 상자에서 실물과 다를 바 없는 완전한 형태의 농건이 발견되었다.삽도 69 : 1 참조 이는 제나라 삼복관三服官에서 생산한 '수복首服'으로 일반적으로 계급이 낮은 무위武衛는 쓸 수 없다. 사서에서 무사가 쓰는 '무관武冠'이라고 부르는 것이라고 말하기도 하는데, 이는 논의가 필요하다.[7] 한대 벽돌을 보면, 동일한 양식의 모자를 '정장亭長'이나 수문장 등이 쓰고 있기 때문이다. 하지만 낙양에서 발견된 채색 벽돌을 보면 문인들도 때로 착용했음을 알 수 있다. 부드러운 두건 형태의 모자는 이마 앞에 작은 영결纓結, 매듭을 달아 묶었다. 이외에 서한시대 대형 공심전에도 이런 형태의 모자가 발견되지만그림 65, 동한시대 석각에는 거의 보이지 않는다.

5 옛 사람들은 그림을 그릴 때 먼저 분粉으로 모양을 뜬 후에 붓질했다. 그래서 그림의 저본을 분본粉本이라고 한다.

6 책幘은 두건보다 약간 발전한 형태로 머리에 착용하는 의복의 일종이다. 역서에서는 일반적인 두건巾과 구분하기 위해 머리쓰개로 풀이한다.

7 원주 나중에 북조 관원들이 착용한 칠사농관漆紗籠冠은 여기에서 발전한 형태이다.

020

한대漢代 공심전空心磚, 가운데가 비어 있는 벽돌의 지극문졸持戟門卒

그림65 (한) 각기 다른 관을 쓰고 소매가 넓은 옷을 요대로 묶었다. 극戟을 잡고 칼을 찬 문위門衛(수위, 문지기)의 모습이다.(낙양에서 출토된 공심전 그림을 모사함)

위 그림은 한대 대형 공심전묘에서 나온 벽돌화磚畵를 모사한 것이다.

공심전묘의 분묘 형태는 대부분 서한시대 섬서, 낙양 일대에서 유행했으며근년에 새로 발견된 것으로 전국시대의 것도 있다 동한시대로 넘어오면 거의 보이지 않는다. 분묘 전체를 벽돌로 쌓았다. 벽돌의 길이는 대략 1m 50cm이다.[1] 분묘 위쪽에는 각종 꽃문양 도안을 모인模印[2]했는데 주제는 호랑이를 사육

1 원주 후세에 금琴을 올려놓는 기물로 사용했기 때문에 속칭 '금전琴磚'이라고 한다.

2 화상전은 모인模印하거나 각획刻劃하는 두 가지 방법으로 만들어졌으며, 박인拍印, 모인模印 등의 기법이 있다.

하고 말을 훈련시키는 내용이다. 극을 든 시위는 수렵이나 그 밖의 일을 하는 이들일 것이다. 묘 앞에 세 개의 삼각형 벽돌이 자리하고 있는데, 주로 용을 잡는 무사 또는 큰 기러기 떼가 날아가는 형상이다. 테두리의 꽃문양은 비단의 능기금문綾綺錦紋의 문양과 같다. 인물이나 의복, 두건 등의 형상은 시대적 특징이 선명하여 동한 시대와 확연하게 차이가 난다.

그림에 나오는 세 사람은 모두 문을 지키는 시위侍衛로 극戟, 창의 일종을 들고 장검을 차고 있다. 전국 말기 무기 양식이다. 검은 이미 폭이 좁고 길어졌으며, 형식만 갖추었을 뿐 실용적 가치는 떨어진다. 고궁박물원에 실물이 수장되어 있다.서한 초기에는 주로 환도環刀로 바꾸었다. 옷차림은 커서 헐렁헐렁하고 앞자락의 도련이 곡선인 곡거포曲裾袍에 통이 큰 바지大口袴를 입고, 갈고리처럼 신발코가 올라간 신발인 구리勾履을 신었다. 이는 서한 전기에 통용되던 일반 양식이다. 벼슬아치官나 구실아치吏 모두 별로 차이가 없었다. 등급은 관복의 색깔이나 재료에 일정한 제한을 두어 구별했다. 『한서漢書』에 따르면, 공조功曹 관속官屬들은 대부분 "넓고 큰 옷에 통이 큰 바지를 입었다褒衣大袑".여기서 '대소大袑'는 큰 바지(大袴)이다. 이에 한나라 승상이던 주박朱博이 낭야태수瑯琊太守에게 땅에서 세 치 정도 떨어지도록 짧게 자르라고 명했다. 그림에 나오는 문지기들은 다른 석각이나 벽화에 나오는 관속에 비해 옷자락이 짧다. 머리에 쓰는 두건 양식도 동한 시대에 흔히 볼 수 있는 전형적인 건책巾幘 형태와 다르다. 근년에 낙양에서 출토된 서한시대 공심전묘空心磚墓 상부에 채색 벽화가 그려져 있는데, 인물 부분에 이 그림과 서로 비슷한 두건 양식이 나온다. 두발 부분에 뒤집어쓰는 형태인데, 이마 앞에 작은 영결纓結, 모자끈을 매다는 일종의 매듭이 볼록 솟아있다.그림 정중앙에 보인다. 서한 전기에 실제로 이런 관건冠巾 양식이 있었음을 알 수 있는 예이다. 사서에 따르면, 옛 사람들은 관건으로 두발을 묶었을 뿐 머리를 감싸지는 않았다. 서한 말기가 되어서야 비로소 모자테모고帽箍처럼 생긴 책幘 및 인자人字, 개자介字 형태로 정수리頂, 또는 옥屋가 있는 평건책平巾幘으로 발전했다.[3] 이는 동한 시대 하급 차리差吏들이 주로 썼는데, 관직이 있는 이는 "앞쪽은 높고 뒤쪽은 낮은前高後卑" 양관梁冠을 썼다. 그림에 나오는 것은 아직 정형화되지 않았던 서한시대 양식이다.

하남 신양信陽 전국 초기 초묘楚墓에서 발굴된 옻칠 거문고漆瑟에 귀족의 관식이 그려져 있었다. 관의 형태는 비교적 높이 솟구친 상태에서 위쪽은 평평하며 중간 부분이 약간 수축되어 들어가 있다는 점에서 이 그림의 양식과 공통점을 지녔다. 이런 관은 전국시대 초나라의 통치자들이 썼

3 책幘은 두발을 감싸는 두건이자 모자다. 그 위에 관冠을 쓰거나 단독으로 사용하기도 했다. 처음에는 머리를 감싸는 용도로 사용했으나 나중에 모자 형태로 바뀌었다. 비교적 신분이 낮은 이들은 관을 쓰지 않고 건책巾幘을 썼다. 동한 시대 유희劉熙의 『석명釋名』 「석의복釋衣服」에 따르면, "스무살 성인이 되면 사인은 관을 쓰고 서인은 건을 썼다(二十成人, 士冠, 庶人巾)". 평건책은 단순한 두건이 아니라 일종의 모자이다.

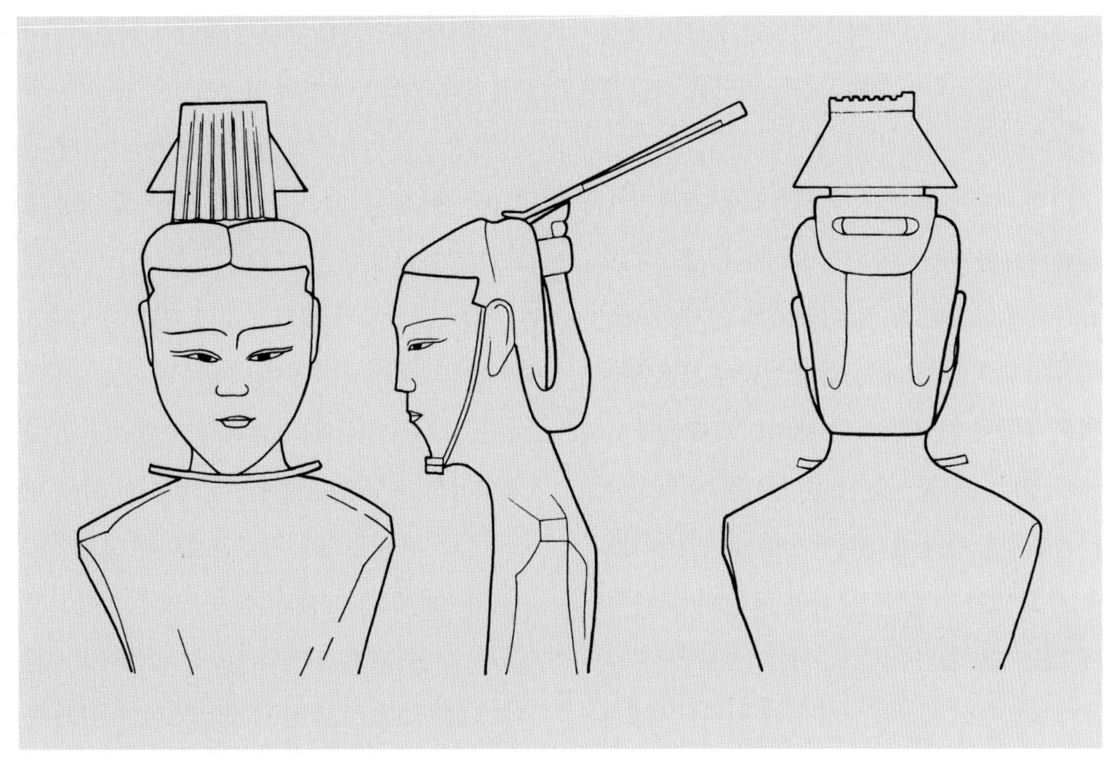

삽도36 마왕퇴 1호 한묘에서 출토된 관을 쓴 남자 용俑

던 것으로 보인다. 다만 진나라가 초나라를 멸하고 여섯 나라를 통일시킨 후에는 신분이나 직위가 미천한 문지기나 관직이 비교적 낮은 집극낭관執戟郎官 등이 쓰기 시작했다. 대형 공심전空心磚은 대략 전국 말기부터 서한 전기까지 생산되었다. 『초사』에 보면, "우뚝 솟은 절운모를 썼다冠切雲之崔嵬", "내 관을 우뚝 높이 세운다高余冠之岌岌兮" 등의 말이 나온다. 현재 출토된 유물 가운데 초인楚人의 옷차림에서 『초사』에 나오는 높은 관을 증명할 수 있는 것은 단지 세 가지에 불과하다. 하나는 신양에서 출토된 옻칠한 채색 거문고에 나오는 귀족의 관이고그림 24, 두 번째는 낙양 서한시대 벽화에 나오는 사신의 머리에 있는 작은 관이다.그림 64 : 아래 왼쪽 그리고 세 번째는 이 그림에서 오른쪽에 극戟을 든 낭관의 머리에 있는 모자로 위가 평평하고평정平頂 높이 솟은 관이다. 이 그림은 매우 명확하고 구체적으로 표현되어 있다. 사서에 나오는 한대 어사御史가 쓰던 해치관獬豸冠이 바로 이런 모양일 것이다. 장사 마왕퇴 서한 초기 분묘에서 출토된 채색 목용의 관은 낙양 벽화에 그려진 사신의 모자에 가깝게 높다란 모습으로 그려져 있는데, 아마도 이른바 '유씨관劉氏冠'인 듯하다. 실물은 목판 또는 죽판竹板에 옻칠한 비단을 씌워 만들었다.그림 36

한대 벽돌에 새겨진 정장亭長과 문위門衛의 옷차림은 대형 공심전에 그려진 극을 든 문지기 모습그림 65과 다르다. 무엇보다 머리에 쓴 관이 확실히 다르다.삽도 37 참조 세 사람이 머리에 쓰고 있는 것은 후세에 사모紗帽라고 부르는 모자인데, 그중에 꿩의 깃털을 달은 것은 '무관武冠'이라고 칭하기도 한다. 동일한 양식이 서한 벽화에서 기물을 들고 있는 위종衛從 및 낙양 서한 화상전畫像磚에 있는 일반인의 머리에 나온다. 대후軑侯 가족묘에서 출토된 옻칠한 상장칠렴漆奩 안에서 새롭게 매우 완전한 형태의 실물이 나왔기 때문에 이런 양식의 관이 늦어도 서한 시기에 이미 정형화하여 유행되었음을 알 수 있다.

사서에 따르면, '유씨관'은 한 고조가 정장亭長 시절에 썼던 모자로 대나무 껍질로 만든 것인데, 나중에 귀한 몸이 되었을 때도 쓰고 다녔다고 한다. 그래서 고조 8년에 "작위가 공승 이상이 아니면 유씨관을 쓰지 말도록 하라爵非公乘以上, 毋行冠劉氏冠"는 명을 내린 적도 있다. 『한서』 주에 따르면, "대나무 껍질로 만든 관이다即竹皮冠也", "대나무에서 처음 나온 껍질로 관을 만든다. 지금의 작미관이 바로 그것이다以竹始生皮作冠, 今鵲尾冠是也". 또한 『진서晉書』「여복지輿服志」에 따르면, "긴 관이다. 일명 제관이라고 한다. 높이는 7촌, 너비는 3촌이다. 옻칠한 갓끈을 사용하며 널빤지처럼 만들어 대나무를 안쪽에 댄다".[4] 높이가 7촌, 너비가 3촌이라고 했으니 한대 석각에서 볼 수 있는 양관梁冠과 비슷하고 삽도에 나오는 정장의 관冠과는 관련이 없다. 그런데 여기서 주목할 만한 중요한 부분이 있다. 삽도에 나오는 벽돌 조각에 '정장'이란 글자가 새겨진 것이 여러 개 있다는 점이다. 정장은 유방劉邦이 미천하던 시절의 직책이다. 그런데 그림에 정장이 쓰고 있는 관은 분명 칠사漆紗로 만든 관이다. 기남沂南 한묘 석각 '열사전列士傳'에 이런 형태와 대동소이한 사모紗帽와 사관紗冠이 등장하는데, 이마 부분에 장식이 보인다.그림 69 아마도 화상畫像의 일부는 서한시대 사람의 그림을 모본으로 삼은 것일 터이다. 현재 출토된 실물이나 화상 또는 조각 등에서 볼 때 유씨관에 대한 설명 내용과 유사한 관은 마왕퇴 한대 초기 분묘에서 출토된 채색 목용의 옷차림에 나오는 것뿐이다. 형상이 구체적이고 구조가 낙양 서한 화상전의 사신 머리에 있는 모자와 서로 부합한다. 다만 정수리에서 뒤로 처진 부분은 참조도參照圖를 약간 수정해야 본래 형태와 부합할 수 있을 것이다.

그림에 나오는 세 명의 문지기는 모두 극을 잡고 검을 패용하고 있으며, 삽도에 나오는 세 명의 정장은 극과 방패를 들고 있다. 방패의 양식은 장사에서 출토된 전국시대 실물과 같다. 가운데와 왼쪽의 과戈, 또는 극戟는 전국시대 청동으로 제

4 『진서晉書』「여복지輿服志」, "長冠, 一名齊冠.高七寸, 廣三寸, 漆纚爲之, 制如版, 以竹爲裏".

삽도37 한대 벽돌에 새겨진磚刻 세 명의 정장 인물 그림

작한 과극戈戟의 형태인데, 예리한 부분은 평상시 노출시키지 않고 두 개의 목협木莢, 젓가락처럼 만든 일종의 칼집으로 보호했다. 그 모양은 콩깍지豆莢처럼 생겼으며, 초묘에서 실물이 출토된 바 있다.

전국 문헌에 "어떤 객이 송나라 원공元公을 위해 콩깍지를 그렸는데" 모발처럼 가늘었다는 말이 나온다.[5] 아마도 그가 그린 그림은 병기에 다는

5 『한비자韓非子』, 「외저설좌상外諸說左上」에 나온다. 원문은 다음과 같다. "어떤 객이 주군에게 콩껍질에 그림을 그려주겠다고 하여 3년 만에 완성했다. 살펴보니 옻칠한 열매와 같은 모양이었기에 주군이 크게 노했다. 그림을 그린 이가 말했다. '10단 높이로 담을 쌓고 8자폭의 창을 낸 다음 해가 뜰 무렵에 그 위에 놓고 보십시오.' 주군이 그가 시키는 대로 하고 살펴보니, 용, 뱀, 금수와 마차 등 만물의 형상이 모두 갖추어져 있었다. 이에 주군이 매우 기뻐했다. 그러나 그림에 든 공은 정교하고 힘들었음에 틀림없지만 쓸

부속품이었을 것이다. 삽도 양 옆의 정장 손에 든 기물은 한대의 전형적인 복자형卜字形 철극鐵戟으로 위에 채색 비단또는 오동나무 기름을 바른 비단인 유조油綢을 덧입히고 아래 두 개의 끈을 달았다. 『설문』에 이르길, "옷을 입힌 창을 계라고 한다有衣之戟曰棨"[6]고 했는데, 이것이 한대 계극棨戟의 일반적인 형태이다. 다만 창 꼭대기에 히야신스처럼 생긴 장식물은 한나라 초기 실물이 아직 발견되지 않았다. 후세에 궁중 관료들의 경우 "문 앞에 12개의 계극棨戟을 나열해두는" 제도가 생겼는데, 기록에 따르면 철로 만든 것이 아니라 이미 목제로 바뀌었다. 목제 계극 위에 유조를 감고 붉은 옻칠을 한 것으로 병장기 형태이되 실용에 쓰이는 것은 아니었다. 대관료의 저택이나 아문에 어떻게 설치했는지에 관해서는 기록이 명확하지 않았다. 다행히 근년에 사천에서 출토된 한대 벽돌 석각에 반영된 것에 따라 한 열에 6개씩 나무틀에 비스듬히 꽂혀 있으며, 개인 저택이나 관아 앞에 팔자八字 형태로 나열되었다는 것을 알 수 있었다.

모는 그저 옻칠한 열매와 다르지 않다(客有爲周君畫莢者, 三年而成。君觀之, 與髹莢者同狀。周君大怒。畫莢者曰 築十版之牆, 鑿八尺之牖, 而以日始出時加之其上而觀. 周君爲之, 望見其狀, 盡成龍蛇禽獸車馬, 萬物之狀備具. 周君大悅. 此策之功非不微難也, 然其用與素髹莢同." 모발처럼 가늘었다는 말은 그만큼 세밀하게 그렸다는 뜻이다.

6 계棨는 나무로 만든 의장용 창으로 나무 위에 적흑색의 비단을 감는다.

021

한대 저패기貯貝器의 전인滇人 노예와 노예주인

그림66 (한) 가마를 어깨에 들쳐메고 노예주를 운반하는 모습(운남 진녕晋寧 석채산石寨山에서 출토된 저패기 뚜껑 평면 모사도. 운남성박물관

『사기』「하본기夏本紀」에 따르면 우禹, 하우夏禹가 사방을 돌아다닐 때 네 가지 탈 것을 이용했는데, "육상에서는 마차를 탔고, 물에서는 배를 탔으며, 진흙땅에서는 썰매를 타고 산에서는 가마를 탔다".[1] 물론 전설이기는 하지만 고대 계급사회에서 노예주나 봉건군주는 자신의 특권을 이용하여 가마연輦, 즉 여輿를 이용하고 일반 백성들이 그를 태우고 산이나 언덕을 올

1 『사기』「하본기」, "陸行乘車, 水行乘船, 泥行乘橇, 山行乘檋".

그림66-1 운남 진녕 석채산 저패기 실물. 운남성박물관

랐을 것이라고 능히 짐작할 수 있다. 이런 원시적인 교통 수단을 운용하기 시작한 것은 상당히 오래 전의 일일 것이다. 금문金文으로 수레를 뜻하는 '연輦' 자는 네 명이 끄는 수레의 형상을 본뜬 것이다. 이것이 나중에 최고 통치자가 올라타고 여러 사람들이 메고 가는 여교輂轎, 즉 가마가 되었으며, 한어로 '연輦' 또는 '보련步輦'이라고 불렀다. 『좌전』이나 『사기』에 보면 '여輿'와 관련된 기록이 적지 않다. 허신許慎의 『설문』에서 '편篇'자를 "대나무로 만든 가마이다竹輿也"라고 했는데, 단옥재는 주註에서 『공양전公羊傳』의 내용을 인용하여 "나를 옆구리에 끼고 돌아갔다가 가마를 태워 보내온다脇(脅)我而歸之, 筍將而來也"고 했는데, 하휴何休는 주에서 "순筍은 대나무 가마

로 편여編輿라고 한다. 제로齊魯 이북에서는 순筍이라고 부른다. 장將은 송送이다"라고 했다. 『사기』「장이전張耳傳」에 보면 한 고조高祖가 설공泄公에게 황제의 부절符節을 지니고 '대나무 가마篨輿'에 앉아 있는 관고貫高를 만나도록 했다는 대목이 나온다. 또한 『한서』「엄조전嚴助傳」에 "가마를 타고 재를 넘었다輿轎而隃嶺"는 대목에서 주에 이르길, "지금의 수레 가마이다. 강표가 대나무 가마를 만들어 갔다고 했으니 바로 이것이다今竹輿車也. 江表作竹輿以行是也"라고 했다. 그러나 이처럼 설명은 상세하나 구체적인 형상은 찾아보기 힘들다. 한대 화상석이나 벽화 등이 많이 발견되기는 했으나 '편여篨輿'와 같은 교통 수단의 그림이나 형태는 그리 많지 않기 때문이다.

이런 까닭에 그림 66 운남 진녕 석채산에서 출토된 동기銅器 인물 장식에 보이는 '편여'의 모습에 주목하지 않을 수 없다.

여러 문헌 기록이 증명하다시피 한대 이래로 이런 교통 수단의 명칭은 편篨, 순筍, 편여編輿, 죽여竹轝 등 다양하지만 동일한 기물을 지칭한다. 주된 재료는 대나무인데, 이는 들기 가볍고 편하기 때문이다. 주로 네 명이 들어 어깨 위에 걸치는데, 동기 문양에 반영된 모습이 거의 완벽하여 현존하는 가장 오래된 실물 모형도라 할 수 있다. 진대晉代 사람이 그린 〈여사잠도女史箴圖〉의 '반희사련班姬辭輦'[2] 부분에 나오는 수레는 8명이 들고 있다. 진대에는 이를 '팔공여八扛輿'라고 불렀다. 등현鄧縣 화상전과 묘지 조각 벽돌에 보이는 가마나 산서 대동大同에서 새로 발굴한 사마금룡司馬金龍 분묘에서 나온 채색 병풍에 그려진 가마도 모두 '평견여平肩輿'이다.그림 86, 삽도 58 이와 달리 도잠陶潛, 도연명陶淵明이 여산廬山을 오르거나 모임에 나갈 때 타고 가던 가마는 '판여板輿'이다. 송대 사람이 정절靖節, 도잠의 시호 선생의 일사佚事, 잘 알려지지 않은 일화를 그림으로 묘사하면서 그가 탔다는 판여를 그렸는데, 작은 다리가 달린 네모난 평상에 대나무로 만든 긴 난간을 설치하고, 친자식 두 명이 들고 가는 모습이다. 가마 주위에 대나무로 짠 테두리를 했으니 '남여籃輿'바구니와 같은 형태의 가마라는 뜻이다라고 불러야 할 것이다. 북조 효자관孝子棺 석각에서도 판여가 나온다. 당대 사람이 그린 〈열제도列帝圖〉와 〈보련도步輦圖〉에 보면, 가마를 들 때 사용하는 두 개의 가마채杠 사이에 고름띠반대襻帶처럼 생긴 천을 가마꾼이나 궁녀의 어깨에 걸고 두 손을 내려뜨려 가마채를 들고 가기도 한다. 이를 '요여腰輿'[3]라고 한다.그림 115 당대에는 연로한 대신들이 조정에 나올 때 수고를 덜어주기 위해 특별히 앉아서 타고 가는 '담자擔子'를 하사했다

---

2 반희사련班姬辭輦은 한나라 성제成帝가 반첩여班婕妤에게 수레를 같이 타자고 하자 "훌륭한 임금 곁에는 충신이 있고, 혼군昏君 옆에는 미녀가 있습니다"라고 말하며 수레 타기를 거절했다는 고사에서 나온 말이다.

3 가마꾼의 허리쯤에서 가마채를 들기 때문에 요여腰輿라고 칭한 듯하다. 우리나라에서는 장사를 지낸 뒤에 혼백과 신주를 모시고 집으로 돌아오는 작은 가마를 요여 또는 영여靈輿라고 부른다. 조선시대 태조가 술을 마시고 말을 타다가 낙상하는 사고가 빈번하자 대신들에게 요여를 하사한 적이 있다고 하니 처음부터 영여로 사용된 것 같지는 않다.

고 하는데, 생김새는 아직 불분명하다. 또한 당대에 사경寫經하는 삽화가 남아 있는데, 이를 보면 두 사람이 앉은뱅이평상에 마주보고 앉아 경전을 모사하고 있다. 당대에는 이를 '여상舁床'이라고 불렀다.삽도 54:4 오대五代의 〈궁인도宮人圖〉와 남송시대 〈중흥정응도中興禎應圖〉를 보면 가마채 머리를 봉새 형태로 만들었다. 이는 황후나 공주가 궁정에서 왕래할 때 전용하던 가마로 '봉련鳳輦'이라고 부른다. 『동경몽화록東京夢華錄』의 기록에 따르면, 북송 시절 일반 부녀자들이 외출할 때 교자轎子가 필요하면 길거리에서 언제든지 빌릴 수 있었다고 한다. 명청대에는 관용으로 바뀌었으며, 등급에 따라 재료나 교자꾼의 숫자 등 일정한 제도를 준수해야만 했다. 3명에서 8명까지 교자꾼의 숫자가 달랐던 교자를 '관교官轎'라고 통칭했다. 현령은 3명의 교자꾼을 사용할 수 있는데, 이를 '삼정괴三頂拐'라고 한다. 평민은 두 명의 교자꾼을 사용할 수 있었으며, 반원통형 기와 모양으로 차양막을 설치했기 때문에 '압붕교鴨棚轎'라고 불렀다. 또한 이 그림의 양식과 비슷한 가마에 차양막을 설치하고 부녀자나 어린아이가 누울 수 있게 만든 것을 '포강包杠'이라고 한다. 구조가 특히 간단하여 등받이와 좌판, 그리고 발판으로 구성된 것을 '활간滑竿'이라고 하는데, 남송시대 사람들이 서호西湖를 유람하는 모습을 그린 그림에서 찾아볼 수 있다. 해방 전1949년 이전까지만 해도 서남西南 산성山城인 중경重慶에서 보편적으로 활용했다.

이 그림에서 볼 수 있는 고대 전인滇人 노예들은 무릎까지 내려오는 긴 상의를 입었으며 줄무늬 문양이 주종을 이룬다. 재료는 주로 식물 섬유나 동물의 잡색 털인 듯하다. 『후한서後漢書』「서남이전西南夷傳」에 보면 '백첩포白疊布'나 '난간포闌干布'또는 난간반포闌干斑布라는 말이 나오는데, 전자는 목면木棉[4]으로 만들고, 후자는 줄무늬가 있는 혼방 포목으로 만들었다. 주로 좌식 요기腰機, 견직기의 일종로 만드는데, 또 하나의 동고銅鼓 정면에 명확하게 반영되어 있다.[5] 정중앙에 노예주가 앉아 있고, 일군의 여자 노예들이 그 주변에 둘러앉아 뭔가 작업을 하고 있다. 부녀자들은 대부분 말발굽 형태인 은정식銀錠式 발계髮髻에 큰 귀고리를 달고 있다. 노예주와 그의 곁에 있는 노예들은 한식漢式 복장을 착용하고 있다. 남성 노예들로 전투를 담당하는 기사騎士들은 투구를 쓰고 갑옷을 입었으며, 일반 비전투원은 두건으로 머리를 감싸고 있다. 4명의 가마꾼 옆으로 측근 시녀들이 걸어가고 있는데, 모두 호피를 걸치고 있다. 번작樊綽은 『만서蠻書』에서 당대 남조南詔 전인滇人들은

4 목면은 봄박스과Bombacaceae, 중국은 목면과木棉科, 봄박스속Bombax, 목면속木棉屬의 교목喬木으로 씨앗에서 솜이 나온다. 우리가 일반적으로 솜을 만드는 목화木花, 또는 면화는 일년생 초본 식물로 아욱과에 속하며, 인도가 주산지로 알려져 있다. 목화가 중국에 들어온 것은 원대의 일이며, 주지하다시피 문익점이 원나라에서 씨앗을 가져와 우리나라에 퍼지기 시작했다. 따라서 여기서 말하는 목면은 목화와 다르다.

5 구체적으로 어떤 동고를 지칭하는지 명확치 않다. 원문에는 관련 사진이나 별도의 언급이 없다. 다만 저패기貯貝器가 동고銅鼓 형태라고 했으니 아마도 저패기의 정면에 나오는 그림인 듯하다.

측근 신하들만 호피虎皮, 전인들은 호랑이를 파라波羅라고 불렀다를 걸쳤다고 했다. 그림에서 보건대 노예주의 측근들이 호피를 걸치는 제도는 오래 전 서한시대에 이미 존재했음을 알 수 있다.

022

높은 관에 성장盛裝하고 춤추는 전인滇人

중국 서남부에 살고 있는 묘苗, 요瑶, 여黎, 이彝 등 여러 고대 민족은 가무에 능했다. 서한 시절 전인滇人은 상商·주周 시대 고북인古僰人, 복인濮人인데, 동고銅鼓 형태 저패기에 집단 군무 형상이 잘 반영되어 있다. 이를 살펴보면, 대부분 손에 옛날식 월鉞과 긴 방패를 들었는데, 방패에는 깃털 장식이 있다. 무인舞人들은 긴 꿩의 꼬리를 머리 위에 꽂고 있어 상주 교체기에 서남 8개 부족이 주 무왕을 도와 상주商紂, 상나라 마지막 군주 주紂를 토벌하고 이를 경축하기 위해 추었다는 '파유무巴渝舞'의 흔적이 다소 남아 있다. 또한 반무盤舞, 빙빙 돌며 추는 춤를 추는 무사들 및 인도의 양식과 유사한 무녀들의 노리개도 출토되었다.삽도 38 자태가 경쾌하고 활발하며 지방색이 풍부하다토속적이란 뜻. 4명은 두발을 묶어 위로 올렸고, 각기 긴 두건으로 이마를 감싸서 뒤로 매듭을 지어 등 쪽으로 풀어놓았다. 또한 각기 망토소매 부분이 없이 어깨 위로 걸쳐서 둘러 입는 외투나 숄어깨에 걸쳐 덮는 여자용 의료처럼 생긴 피견披肩을 덧입었으며, 등 뒤에 호피또는 표피豹皮를 꿰맸다. 이처럼 동물 가죽을 응용한 예는 또 다른 저패기의 장식 문양에서도 볼 수 있으며, 앞서 편여㮇輿를 메고 있는 4명의 노예와 가마 옆에서 시중을 드는 노복의 몸 뒤에서도 발견된다. 당대 번작의 『만서』 기록에 따르면, 이는 남조南詔 귀족 측근들의 상징이다. 이런 제도가 천여 년이 지나도록 변하지 않았음을 알 수 있다. 그림에서 한 사람은 포생匏笙, 바가지로 만든 생황을 불고 있고 다른 한 사람은 오른쪽 팔뚝에 천령串鈴[1]저자는 동일한 형태의 악기를 어린 시절 약장수의 팔에서 본 적이 있다을 차고 흔들면서 노래를 부르고 있다. 나머지 두 사람은 그냥 춤만 추고 있다. 고대 전인들이 가무에 능했다는 것이 이 동기에서 여실히 반영되고 있다. 서남 지역 여러 민족의 가무 예술은 내용이 풍부할뿐더러 때로 먼 곳까지 전해지기도 했다.삽도 39~43

그림 67은 운남 진녕 석채산 발굴보고서에 나온 그림을 모사한 것이고, 실물은 중국역사박물관에 소장되어 있으며, 칼라판 도록彩版에 나오는 실물은 운남성박물관에 있다.

그림 67의 윗 그림에 나오는 4명의 무인舞人은 청동 바탕에 유금鎏金 처리했으며, 동일한 옷차림이다. 높은 관에 꽃 구슬을 매달고, 문양이 있는

1 천령串鈴은 점쟁이나 행상인들이 손님을 끌기 위해 흔드는 방울이다. 가운데가 빈 금속 고리 안에 구슬을 넣어 손에 들거나 팔에 차고 흔들면 소리가 난다.

그림67

위쪽. (한) 높은 관을 쓰고 화려한 옷차림으로 춤을 추는 전인 유금 동상高冠盛裝樂舞滇人鎏金銅像(운남 진녕 석채산 출토)

아래 왼쪽. (한) 큰 귀걸이, 말굽은 머리 장식, 훈착鑲鐲(금빛 팔찌)을 차고 대금對襟 장의長衣를 입은 전인 여자 노예 동상(운남 진녕 석채산 출토)

아래 오른쪽. (한) 머리를 묶은纏頭 전인 기사 동상(운남 진녕 석채산 출토)

긴 어깨걸이長帔를 등 뒤에 늘어뜨렸으며, 허리까지 올라오는 짧은 치마短裙를 입었다. 상의는 좌임左衽했다. 흉부에 둥근 형태의 노리개를 매달고 있다. 이를 또 다른 청동 노리개와 대조해보면삽도 40 4명이 춤을 추고 다른 4명의 악사가 반주를 하고 있음을 알 수 있다. 인물의 정서와 활발한 분위기 및 실생활을 구체적으로 반영하고 있어 예술적 표현력이 상당히 뛰어나다. 유사한 형태의 출토 유물과 비교해보면 지역성이 강한 장식물들이 일반적으로 송록석松綠石을 녹두 크기만큼 갈아 만든 구멍이 뚫린 원형 기물에 상감하여 만든 것임을 알 수 있다. 쇠방울을 들고 춤을 추는 것은 무당이 신령을 기쁘게 하려는 의도일 수 있다. 지금도 서남 소수민족의 무당들은 쇠방울이나 요령을 신과 교통하는 도구로 이용하고 있다.

아래 왼쪽 그림은 대형 전인 여자 노예 동상이다. 귀에는 큰 귀걸이를 달고 머리를 곱게 빗어 뒤편에 말굽은일명 마제은馬蹄銀 형태로 결발했다. 이는 전국시대 초묘에서 발견된 백화의 부녀 두발 형식과 서로 동일하다. 옷차림 역시 한식漢式이다. 팔뚝에 여러 개의 금빛 팔찌금탁金鐲를 두르고 있는데, 이는 당송대에 두루 사용되었던 '금조탈金條脫'의 가장 오래된 형태이다. 손에는 긴 자루에 청동 산개傘蓋를 들고 있다. 원래 실물은 체격이 비교적 큰 노예주의 뒤편 가까운 곳에 자리하고 있다.

아래 오른쪽 그림은 입체 기사의 동상이다. 상의는 좌임하고, 무릎까지 내려왔다. 두건의 양식이나 앞이마에 두른 둥근 장식은 이미 출토된 전인의 입체 형상에서 적지 않게 발견된다. 이런 점에서 고대 전인들에게 이런 옷차림이 일반적이었으며, 신분이 중간 계층에 속하는 이들이 입었음을 알 수 있다. 말을 탈 때 필요한 안구鞍具, 말안장에 딸린 여러 기구는 그다지 완비되었다고 할 수 없다. 말 등에 둥근 형태의 모포전계氈罽, 氍罽를 얹었을 뿐 안교鞍橋[2]는 사용하지 않았다. 이러한 처리 방식은 근년에 섬서 여산 진시황릉 앞에서 발견된 전투 기마용戰騎俑의 장비나 서안 양가만楊家灣에서 출토된 서한 초기 채색 전투 기마용의 마구의 경우와 크게 차이가 없다. 다만 또 다른 패저기에 있는 동일한 전투 기마 형태의 동상에서 말등자답등踏鐙의 모습이 확연하게 드러나고 있다.삽도 49 참조 동북 전연前燕시대 풍소불馮素弗 분묘에서 출토된 기물에서도 부드러운 가죽으로 목심木心, 나무줄기 가운데 박힌 심을 둘러싸서 만든 말등자 잔편이 발견되었다. 『세설신어』에 보면 사현謝玄과 관련하여 '옥으로 만든 등자玉貼鐙' 이야기가 나온다.[3] 그래서 사람들은 말등자가 동진시대에 비로소 출현했다고 생각하고 있다. 하지만 삽도에서 볼 수 있다시피 이런 형태의 마구를 사용하기 시작한 것은 동진시대인 4세기보다 앞설 수도 있다. 또한 서방 학자들은 말등자의 발명이 유목 민족이

---

2 안교鞍橋는 일반적으로 안장으로 번역한다. 하지만 보다 구체적으로 말하자면, 안장의 앞뒤에 마치 다리처럼 자리하고 있는 안장의 앞가리개와 뒷가리개를 말한다. 역서에서는 '안교' 그대로 썼다.

3 『세설신서』「규잠規箴」에 나온다.

라고 주장하고 있는데, 이런 추론 역시 좀 더 논의가 필요하다. 무언가를 발명한다는 것은 반드시 나름의 필요가 있기 때문이다. 전滇이나 촉蜀 지역은 산지가 많기 때문에 산을 오르거나 고개를 넘어갈 때 말을 타면서 자칫 낙상하거나 넘어지지 않도록 안전을 기하고 승마에 편리하도록 나름의 도구가 필요했을 것이니, 이것이 말등자를 발명하게 된 중요 원인 가운데 하나이다. 서북 유목 민족은 어려서부터 초원에서 말을 타고 달리는 것이 익숙하다. 남녀를 불문하고 목동 시절부터 달리는 말의 말갈기나 꼬리를 잡고 말 등에 올라탈 정도였기 때문에 굳이 말안장을 비롯한 마구가 필요치 않았다. 지금도 여전히 마구를 사용하지 않는 경우가 흔한 것도 이 때문이다. 원대 회화 가운데 몽골 기병을 그린 작품을 보면 안장 아래쪽 부분에 대충 매듭을 만들어 말등자를 대신하고 있다는 것을 알 수 있다. 이 역시 말등자를 발명하고 응용한 것이 중국 서남 지역 민족과 비교적 밀접한 관련이 있음을 증명한다.

❶

삽도38 서한 전인 무녀舞女(운남 진녕 석채산 출토)

❶ 청동 전인 무녀

삽도38 서한 전인 무녀舞女(운남 진녕 석채산 출토)

❷ 청동 전인 무녀 모사본

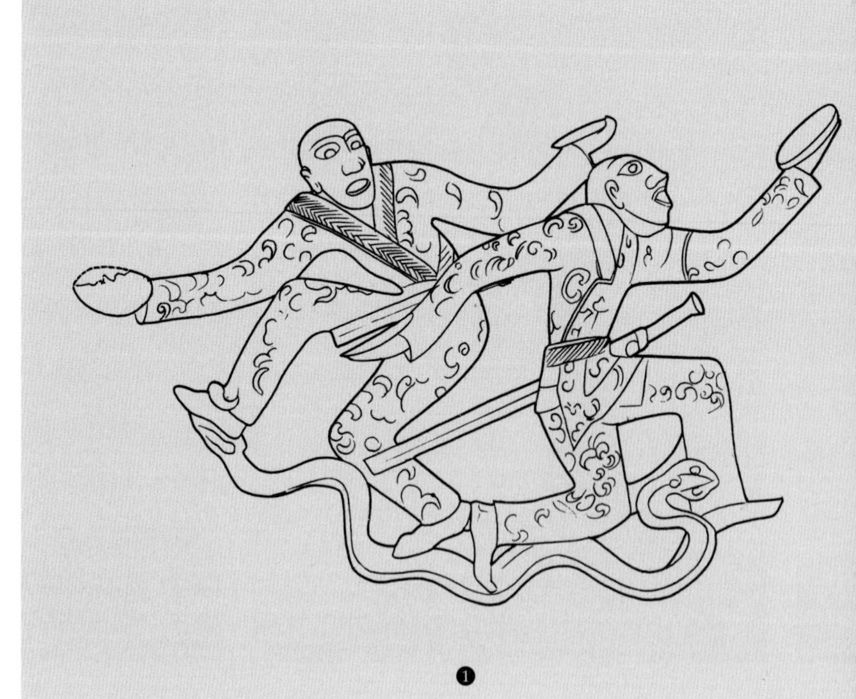

삽도39 석채산 악무 청동 장식

❶ 두 사람이 빙글 돌며 춤을 추는 청동 장식雙人盤舞銅飾

❷ 석채산 동고 형태 패저기 위에 있는 문양 탁본

삽도40 석채산 8인 악무 유금 청동 장식

삽도41 광남廣南 동고 무도도舞蹈圖 탁본

삽도42 석채산 동고 형태銅鼓形 쌍개雙蓋 패저기 무도 문양

삽도43 석채산 동고에 있는 간척干戚을 들고 춤을 추는 사람 그림

서한 화상전畫像磚, 벽돌에 그린 그림

실물은 하남 낙양 팔리대八里臺에서 출토되었다고 한다. 그림은 모사본이다.

위 4명의 인물은 중년 남성으로 각기 한식漢式으로 소맷부리가 있는 포袍를 입고 있다. 왼쪽 두 사람은 두건으로 두발을 감쌌고, 오른쪽 두 사람은 작은 양관을 썼다. "사인은 관을 쓰고 서인은 두건을 쓴다士冠, 庶人巾"는 복식 제도에 따르면, 왼쪽 두 사람은 사회적 지위가 비교적 낮은 평민이고, 다른 두 사람은 지위가 비교적 높은 인물이다. 옷차림은 윤곽만 있고 구체적이지 않지만 모두 두발을 묶고 머리 전체를 감싸지 않은 것으로 보아 한 눈에도 서한시대 제도라는 것을 알 수 있다.

오른쪽에 있는 한 사람은 머리에 책幘, 머리쓰개을 두르고 밖에 얇은 견직물로 만든 관을 덧썼는데, 관습에 따르면 주로 저급 무위武衛들이 착용하는 방식이다. 포복袍服 안에 입는 바지는 대소大袑, 바지통이 비교적 넓고 밑자락이 오므라진 바지여야 일반적인 양식에 부합한다. 하지만 그림에서 볼 수 있는 방식은 실제에 부합하지 않는 듯하다. 아래 그림에 나오는 3명의 부녀자들은 위에 긴 저고리를 걸치고長襦[1] 안에 긴 치마를 입었다. 머리 위 두발 장식 가운데 약간 돌출한 부분이 보이는데, 대량으로 출토된 서한시대 토목 채색용 및 회화에서 보이는 부녀자들의 두발 장식과 다르다. 다만 근년에 낙양에서 출토된 서한 복천추卜千秋 분묘 벽화의 신상과 약간 비슷하다.삽도 60 세 명의 부녀자 이마 사이에 있는 것이 금작채金爵釵, 비녀의 일종라면 근년에 장사 마왕퇴 백화에 나오는 부녀자의 앞이마 장식과 공통점이 있다. 하지만 그 가운데 한 부녀자의 보요步搖 형태의 장식물은 비율이 서로 맞지 않는다. 인물의 전체적인 형상은 서한시대에 근접하지만 남녀의 옷차림은 모순된 부분이 적지 않아 합리적으로 해석하기 어렵다. 어쩌면 도굴하여 국외로 반출한 유물일 수도 있다. 출토되었을 때 화적畫迹, 그림의 흔적, 형태에 박리가 심해 경험은 있으되 전문지

---

1 상의는 길이에 따라 발등을 덮는 긴 웃옷인 포袍, 엉덩이를 덮는 짧은 상의인 유襦, 그리고 무릎과 발목의 중간 길이인 장유長襦나 단포短袍 등으로 나눌 수 있다. 『급취편急就篇』 "포유표리곡령군袍襦表裏曲領裙"에서 안사고顔師古는 "포는 길이가 긴 옷으로 발등까지 이르는 것이고 유는 길이가 짧은 옷으로 무릎 위까지 오는 것이다"라고 주를 달았다.

그림68

상, (한) 채색 인물 벽돌에 그려진 두건을 쓴 문인(낙양 팔리대에서 출토되었다고 함)

하, (한) 채색 인물 벽돌에 그려진 꽃(조화) 비녀簪花釵를 꽂고 대금對襟 형태의 상유上襦(긴 저고리)를 입은 부녀자와 장검을 차고 있는 무사(낙양 팔리대에서 출토되었다고 함)

식이 없는 도굴꾼이 한 푼이라도 더 받기 위해 임의로 붓질을 가해 사족을 더함으로써 원래의 모양을 잃은 것일 수 있다. 특히 위쪽 그림에서 오른쪽에 있는 남자의 의상은 아래에 대고大袴, 즉 큰 바지를 입는 것이 당연한데, 그림에 보이는 양식은 이도저도 아닌지라 꼴이 영 아니다. 아래 세 명의 부녀자들이 입고 있는 저고리는 북송시대 웃옷인 선오旋襖[2]와 비슷한데, 동한 시대에 약간 보일 뿐 서한 출토 유물은 흔치 않다.

이런 몇 가지 분채粉彩 화상전은 그림에 벗겨진 부분이 많으나 후세에 가필 흔적이 있는지 여부를 단정하기 어렵다. 다행히 근년에 강소 양주揚州에서 발굴된 서한 분묘가 적지 않아 보다 많은 지식을 얻게 되었다. 그중에서 채색 그림이 그려진 목판에서 운필이 뛰어난 부분이 낙양의 화상전의 모습과 유사하다.

2 선오旋襖는 윗옷의 일종이다. 무릎까지 내려와 치마를 덮는다. 양 소매는 팔꿈치만 덮을 정도이고 두터운 비단으로 만든다. 안에 목면을 넣고 자색 비단으로 테두리를 한 것은 '맥수貊袖'라고 한다. 송대에 평상복으로 많이 사용되었으며 남녀 구분 없이 착용했다. 원명 시절에는 기사騎士들이 많이 입었으며, 명대에는 '대금의對襟衣'라고 칭하기도 했다. 청대 마괘자馬褂子의 전신으로 알려져 있다.

인끈을 늘어뜨리고 검을 찬 무사(한대 석각)

그림69

위쪽. (한) 칠사관漆紗冠을 쓰고 소매통이 넓은 상의(대수의大袖衣)와 바지통이 넓은 바지(대고고大口袴)를 입고, 호랑이 머리 형태의 반낭과 인끈을 차고 검을 패용한 무사 석각 화상(산동 기남 한묘 출토)

아래쪽. (한) 높은 관을 쓰고 대수의와 대구고를 입었으며, 인끈을 차고 검을 잡은 무사 석각 화상(산동 기남 한묘 출토)

산동 기남沂南에서 1953년 한대의 화상묘畵像墓, 그림이 그려져 있는 분묘가 발견되었다. 석각은 실제 건축물을 축소시켜 그대로 모방했으며, 각 부분에 얕게 부조浮雕했다. 부조한 내용은 신화와 전설, 역사 이야기, 제사 의례, 조세와 공물, 악무樂舞와 백희百戲, 주방과 요리庖廚烹飪 및 병기 저장고 등등 매우 다양했으며, 나름 질서정연하게 나열되어 있었다. 악무와 백희 부분은 「평락관부平樂觀賦」[1]의 도해圖解에 가깝다고 할 정도로 부賦에서 서술한 내용에서 빠진 것이 없었다.

세금을 걷는 모습을 묘사한 부분은 당시 관료나 대지주들이 농민을 가혹하게 착취하는 모습이 구체적으로 반영되어 있다. 역사 이야기 부분은 고대 병풍화屛風畵에 가까우며, 인물의 옷차림은 독특한 풍격을 갖추었다. 그림 옆에 '제환공齊桓公', '영첩靈輒', '관숙管叔', '소무蘇武' '맹분孟賁' 등의 글자가 적혀 있다. 서한 시절에는 춘추·전국시대부터 서한시대까지 여러 역사 이야기가 유행했는데, 서한 말년에 유향劉向이 『설원說苑』, 『열사전列士傳』 등의 책에서 이를 정리한 바 있다. 그림은 바로 여기에 나오는 인물들을 그린 것이다. 그들은 모두 동한 사람들에게 익숙한 이들로 당시 병풍화나 벽돌 등의 각석에도 그대로 반영되었다. 인물의 관건冠巾 제도로 볼 때, 두발을 묶기만 하고 두건으로 감싸지 않았으며約髮而不裹頭, 차고 있는 검이 길고, 허리춤에 인끈이나 혹은 호랑이 머리 모양의 반낭鞶囊[2]을 찼으며, 비교적 풍성한 옷차림에 바지 아랫단을 수렴시켜 오그라지게 만든 바지를 입은 것으로 보아 서한시대의 옷차림이 분명하다. 그렇기 때문에 전체 석각의 그림은 다음 두 가지로 구분할 수 있다.

하나는 당시 사회 현실을 반영한 것으로 동한시대의 그림이며, 다른 하나는 지난 역사 이야기와 관련된 것으로 시간적으로 조금 이른 그림들이다. 아마도 서한시대의 모본母本을 본뜬 것일 터이다. 『한관전직漢官典職』[3]에서 언급한 것처럼 궁중에는 옛 열사나 의사義士의 모습을 그려놓았기 때문에 가능한 일이다. 그림 69에 나오는 무사는 화가 난 듯 수염鬚髯이 뻗쳐있고 소매를 팔꿈치까지 걷어 올린 모습이다. 근년에 낙양에서 출토된 서한 분묘의 벽화에 나오는 '이도살삼사'19장 참조 이야기를 바탕으로 한 생동감 넘치는 그림과 비슷하다. 그렇다면 이 그림의 모본은 동한시기보다 늦지 않을 것이다.

---

1 「평락관부平樂觀賦」는 동한 시절 유명한 백희 공연장인 평락관의 웅장한 기세와 아름다운 장식 및 그곳에서 연희되었던 온갖 잡희의 공연 모습을 묘사한 부賦 작품으로 원래 제목은 「평락관」이다. 동한시대 이우李尤의 작품으로 알려져 있으며, 『예문유취藝文類聚』 63에 수록되어 있다.

2 반낭鞶囊은 가죽으로 만든 주머니로 작은 물건을 넣어 허리춤에 차는 주머니의 일종이다. 처음에는 일상에 필요한 손수건 등을 넣는 주머니였으나 이후 관리들이 인끈인수印綬를 넣는 주머니로 활용되었으며, 북위北魏 이후로 각기 다른 자수 장식을 넣어 관직 품계를 표시했다. 옆에 차는 주머니라는 뜻으로 방낭傍囊, 인끈을 넣는 주머니라는 의미로 수낭綬囊이라고 부르기도 한다. 이외에 산낭算囊 또는 산대算袋라는 것도 있는데, 주로 돈주머니 또는 주산을 넣는 주머니라고 한다. 다만 이는 반낭과 다른 듯하다.

3 동한시대 위위衛尉였던 채질蔡質이 찬술한 『한관전직의식선용漢官典職儀式選用』을 말한다.

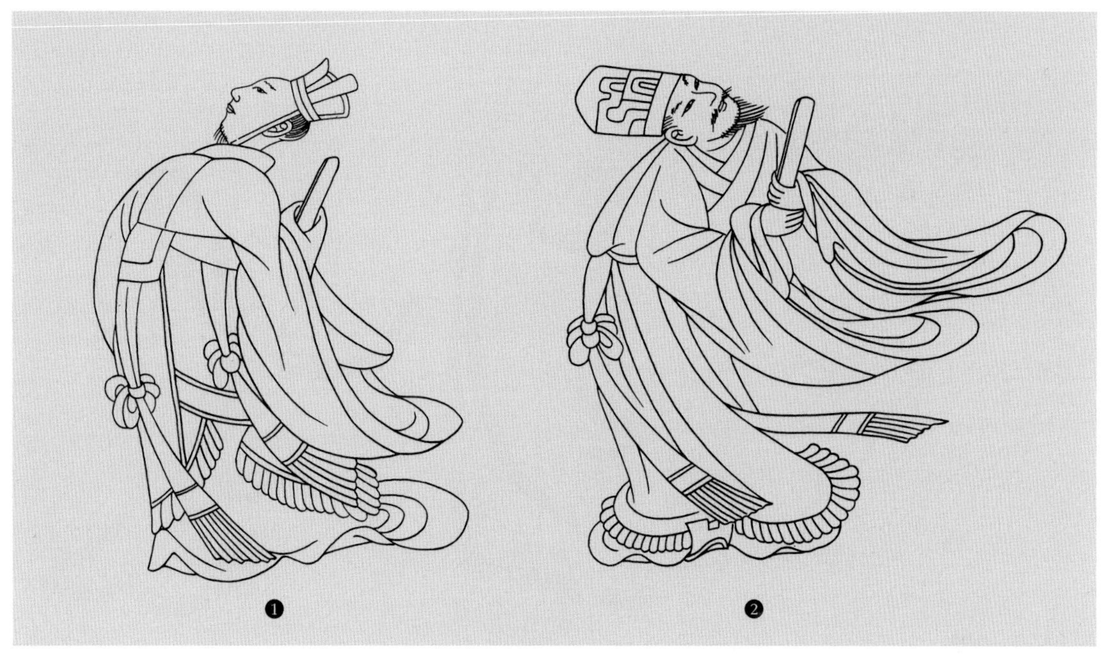

삽도44 돈황 벽화에서 당대 사람이 그린 고대 인끈을 내려뜨린 조복도(조복수수도朝服垂綬圖)

❶❷ 쌍수雙綬

한대는 봉건 사회가 이미 성숙 단계에 들어서 관직의 등급 구별이 분명해지고 의관의 구별도 엄격해지는 한편 허리에 차는 인끈도 확연하게 구분되었다. 조組와 수綬는 모두 비단으로 만든 띠 형태의 직물이지만, 조는 주로 허리를 묶는 데 사용하는 비교적 좁은 띠로 실용적인 목적으로 만든 것이고, 수는 대략 손가락 세 개 정도의 너비에 병정문丙丁紋을 장식한 끈이다. 각기 다른 색깔과 서두緖頭, 인끈의 첫머리로 여러 등급을 구분한다. 이는 관인官印과 함께 조정에서 지급하는데 '인수印綬' 인끈, 또는 새수璽綬라고 통칭한다.

인印은 옥, 금, 은, 동 등으로 제작하는데, 인의 수綬 역시 길이나 색깔이 다르다. 법률 규정에 따르면, 퇴직하거나 사망했을 경우 반드시 반납해야 한다. 조수組綬 제도는 『한관의漢官儀』, 『후한서』「여복지輿服志」, 『한백관지漢百官志』, 『동파여복지董巴輿服志』 등에 모두 기록되어 있다. 다만 시기적으로 선후의 차이가 있어 전후 상황이 다를 수밖에 없다. 여러 전적 가운데 『한관의』 내용이 비교적 상세하고 구체적이다.

기록에 따르면, 길이는 일률적이지 않았는데, 제왕의 경우 긴 것은 2장丈, 짧은 것은 1장 7, 8척이었다. 당시에 패용하는 방식은 문헌만으로 이해하기 힘들며, 석각이나 그림을 통해야만 비로소 분명하게 알 수 있다. 그

삽도44 돈황 벽화에서 당대 사람이 그린 고대 인끈을 내려뜨린 조복도(조복수수도朝服垂綬圖)
❸❹❺ 단수單綬

림 69에 따르면, 인끈은 원래 오른쪽 허리춤에 매단다. 이외에 산동 가상嘉祥 무씨사武氏祠 석각과 그 밖의 다른 석각에서도 인끈을 볼 수 있으나 이 그림만큼 구체적이고 명확하지 않다. 한척漢尺 1척은 시척市尺[4]으로 6촌 반이니 2장은 1장 8척이다. 하지만 실제로는 시척으로 대략 1장 정도에 불과했다. 중간에 큰 고리 모양의 매듭을 짓고 나머지 부분을 내려뜨렸기 때문이다. 인끈을 간직하는 주머니를 수낭綬囊이라고 하는데 평상시 허리춤에 달고 다니며 가죽으로 만들었기 때문에 '반낭鞶囊'이라고 부른다. 그림에 나오는 호랑이 머리 형태의 반낭은 '호두반낭虎頭鞶囊'이라고 한다. 이는 거의 유일한 그림으로 다른 석각이나 그림에서는 거의 볼 수 없다.

당·송대 조복은 고대 제도에 따랐는데, 흔히 '자수금장紫綬金章', '대수大綬', '쌍수雙綬'라고 했으며, 실제로 사용했다. 하지만 수의 매듭을 짓는 방법이나 패용 위치는 이미 실전되어 정확하게 알 수 없다. 그렇기 때문에 당대 돈황 벽화 그림에 반영된 지나치게 넓은 인끈의 모습이나 위치 등은

4 시제市制에 따른 척의 길이. 중국의 전통적 도량형 제도에 '공제公制'의 요소를 가미하여 1929년에 제정한 도량형 제도.

억지로 갖다 붙인 것에 불과하여 실로 가소롭다.삽도 44 왜냐하면 한대의 기록은 인끈의 길이가 2장 또는 1장 5, 6척 정도라고 말했을 뿐 너비에 대해서는 언급하지 않았기 때문이다. 후세 당대 사람이 그린 〈열제도列帝圖〉에 제왕의 면복冕服과 인끈이 나오는데, 이것이 고대 제도에 비교적 부합한다. 이외에 시대적으로 앞섰다는 〈열녀인지도〉는 고개지顧愷之 또는 대규戴逵가 그린 것이라고 하나 송대 사람의 모사본이다. 이를 보면, 손가락 하나 크기의 좁다란 끈을 허리춤에 매달고 있거나 또는 여러 개 매듭이 달린 인끈을 늘어뜨리고 있다. 또한 쌍수를 묶어 수놓은 공처럼 만들어 등 뒤에 매달아놓기도 했다. 송대 궁녀가 가슴 앞에 다는 것은 '옥환수玉環綬'라고 칭했는데, 산서 태원太原 진사晉祠의 여자 시종 채색 조소에서도 발견된다. 이러한 매듭 고리에 옥패를 다는 방식은 청대까지 영향을 주었지만 관제官制와는 무관하다. 이는 주로 송대 사람의 각본刻本인 〈삼례도三禮圖〉의 영향을 받은 것으로 제멋대로 부회附會한 결과일 뿐이다.

025

한대 도용陶俑 전각磚刻에 나오는 농민

그림70
왼쪽 : (한) 삿갓형태의 입모笠帽를 쓰고 허리를 묶었으며 짧은 옷을 입은 농민 도용陶俑(보성寶成 철로 연변에서 출토)
중간 : (한) 머리쓰개(책幘)로 두발을 감싸고 허리를 묶었으며 짧은 옷을 입은 농민 도용(보성 철로 연변에서 출토)
오른쪽 : (한) 두건을 쓰고 짧은 옷에 신발을 신지 않은 농민 도용(사천대학 소장)

사천 성도成都 양자산陽子山 한묘漢墓에서 출토되었으며, 실물은 현재 중국역사발굴관에 소장되어 있다.

농민 또는 농노는 작은 모자 또는 삿갓을 쓰고 무릎까지 내려오는 저고리를 입었으며, 작은 삭도削刀 같은 것을 차고 삼태기파기簸箕와 가래처럼 생긴 삽삽두臿頭 등의 생산도구를 들고 있다. 옷차림은 몸에 달라붙을 정도로 폭이 좁고 작다. 다른 지역의 농민 그림과 비교할 때 큰 차이가 없다. 다만 천촉川蜀, 사천 성도에서 출토된 벽돌에 새겨진 절구질하는 노예용과는 오히려

삽도45 상투머리를 하고(추계椎髻) 주살로 기러기를 사냥하는 사냥꾼과 상투머리에 허리까지 내려오는 짧은 상의를 입고 긴 낫으로 수확하고 있는 농민을 새긴 전각磚刻 그림.(성도 양자산 출토)

그다지 같지 않다.

한대 농민들은 법률에 따라 염색하지 않은 본색 그대로인 삼베옷麻布衣만 입고 채색한 옷은 입을 수 없었다. 그래서 동중서董仲舒는 『춘추번로春秋繁露』에서 "산민일반 백성은 감히 여러 채색된 옷을 입을 수 없다散民不敢服雜彩"고 말한 것인데, 서한 후기에 비로소 청록색의 옷을 입을 수 있게 되었다. 『한서』 「성제기成帝紀」 영시永始 4년기원전 13년 조서에 따르면, "청록색은 백성들이 입는 옷이니 금지시키지 말도록 하라靑綠民所常服, 且勿止"고 했다. 당시 또는 그보다 이른 시기에 일반 백성들의 옷차림에 대한 금령이 있었음을 알 수 있다. 천촉에서 출토된 벽돌에 새겨진 절구질 그림을 보면 옷차림

이 훨씬 간단하여 주로 상투머리에 두건조차 쓰지 않았다.삽도 45

한나라 때는 농사를 중시하고 상업을 경시하여 『관자管子』의 전통적인 관념대로 사민四民을 '사농공상士農工商'으로 구분했지만 사실 농민과 수공업자들의 생활은 극도로 빈곤하여 지주나 모리배 상인들의 억압과 농간에서 벗어나지 못했다. 그래서 "부유한 자는 논밭이 동서남북으로 두렁과 두렁이 끝없이 이어질 정도였으나 가난한 자는 송곳 하나 꽂을 땅이 없었다."[1] 고급 관리나 부호들은 수백, 수천의 남녀 노비를 소유하여 그들을 통해 농사를 짓고 수공업 생산물을 만들어 이익을 독차지했다. 관사官私 노비 중에는 제사를 지내는 종묘에서 땔나무를 하는 '귀신鬼薪', 곡식으로 취사하는 '백찬白粲'[2] 또는 목에 쇠집게를 걸고 평생 중노동에 시달렸던 범죄자들도 포함된다. 그들은 일반 노예보다 훨씬 혹독하게 학대받았으며, 생활 형편 또한 매우 처참했다.

『한서』「고제기高帝紀」에 따르면, 한나라 초기에 "상인은 비단 금의, 수의繡衣는 물론이고 기綺, 무늬 비단, 곡縠, 주름 비단, 치絺, 고운 갈포, 저紵, 모시, 계罽, 융단 등으로 만든 옷을 입을 수 없으며, 사병을 조련하거나 말을 탈 수도 없다"[3]는 금령이 있었다. 진대秦代 또는 그보다 이른 시기에 이런 상황이 있었겠으나 한나라 초기에 아예 법률로 규정한 것으로 보인다. 이후에도 상인을 타격하는 법령이 계속 이어졌다. 「경제기景帝紀」에는 시적市籍, 상인의 영업권, 호적을 지닌 이는 관리가 될 수 없다고 했고, 「우공전貢禹傳」에는 "문제 시절에 상인은 관리로 행세할 수 없었다文帝時賈人不行爲吏"고 했다. 『한서』「식화지食貨志」는 "상인은 시적을 가져야 하고, 그 가족까지 논밭을 취득하여 농사를 지을 수 없다. 법령을 위반할 경우 논밭과 재물을 몰수한다"[4]고 기록했다. 또한 진나라의 옛 제도에 새로 '칠과적七科謫'[5]이란 법령을 추가하여 더욱 더 속박을 가중시키는 한편 상인들을 징발하여 서역 정벌에 동원했다. 일곱 부류의 사람들 가운데 네 번째는 '고賈', 즉 상인이고, 다섯 번째는 "상인으로 시장 영업권을 지닌 장사꾼賈故有市籍者"이고, 여섯 번째는 "부모가 시적이 있는 자父母有市籍者"이며, 일곱 번째는 "조부모가 시적이 있는 자이다大父母有市籍者". 일곱 부류의 사람들 가운데 네 가지 부류가 모두 본인이나 가족의 상업 활동과 관련이 있다. 하지만 사실상 이런 금령이 시행되었다는 것은 곧 상인이나 그의 가족들이 평소 농민보다 훨씬 부유하게 살았다는 것을 반증한다. 한대 속

1 『관자管子』, "富者田連阡陌, 貧者無立錐之地".

2 귀신백찬鬼薪白粲은 종묘에서 땔나무를 하거나 취사하는 것으로 징벌을 대신하는 비교적 가벼운 형벌 가운데 하나이다.

3 『한서』「고제기高帝紀」, "賈人毋得衣錦, 繡, 綺, 縠, 絺, 紵, 罽, 操兵, 乘騎馬".

4 『한서』「식화지」, "賈人有市籍, 及家屬, 皆無得名田, 以便農. 敢犯令, 沒入田貨".

5 칠과적七科謫: "죄를 지은 관리가 1과이고, 죄를 짓고 도망쳐서 호적이 없는 이가 2과이며, 데릴사위贅壻가 3과, 상인이 4과이다. 시적市籍이 있는 장사꾼이 5과이고, 부모가 시적이 있는 경우가 6과, 조부모가 시적이 있는 경우가 7과이니 모두 일곱 가지다." '적謫'은 유배의 뜻이다.

담에 "비단에 자수를 놓는 것이 시장에 나가 장사하는 것만 못하다刺繡文不如倚市門"[6]는 말은 소상인의 생활조차 수공업 장인들보다 훨씬 낫다는 것을 알려준다.

촉군蜀郡은 고대 파촉巴蜀 두 나라의 소재지로 오랜 역사를 지녔다. 『주서周書』에 따르면, 무왕武王이 벌주伐紂하기 위해 군사를 이끌고 목야牧野에서 여러 부족과 함께 모여 맹세할 당시 서남, 즉 파복巴僰, 복濮 지역의 여덟 개 부족들도 참가했으며, 마침내 서로 도와 은주殷纣 노예주 정권을 격파했다. 전하는 말에 따르면, 한대 '파유무巴渝舞'가 바로 이런 연유로 생겨났다고 한다. 전국 말년 진秦은 사마착司馬錯에게 군사를 이끌고 촉 땅으로 진격하여 거점을 만들도록 했다. 얼마 후 물길을 통해 초를 공격하여 도읍지인 영도郢都를 함락했다. 이렇게 진나라는 여섯 제후국을 멸망시킨 후 천촉川蜀의 농업과 수공업을 발전시키기 위해 수많은 백성들을 촉 땅으로 이주시켰다. 진이 멸망하고 한나라가 들어선 후에도 이주가 계속되어 초나라의 굴屈, 경景, 소昭, 회懷 등 4대 가문의 가족 친지와 제나라 전 씨田氏 등 대족들도 천촉으로 이주했다. 이로써 방대한 토지가 개발되어 농업이 크게 발전함과 동시에 구리, 철, 단사丹砂, 정염井鹽, 잠직蠶織, 누에치고 베를 짬 및 칠공예 등도 고도의 발전을 이루었다.

원래 단사 채굴과 야금업을 치부한 이로 파군巴郡의 과부 청淸과 촉군蜀郡의 탁씨卓氏가 있었는데, 집안에 천백여 명의 동노僮奴, 노비가 생산을 도맡았다. 『사기』「화식열전」에 따르면, 성도成都 부자들은 천만 냥의 재산을 소유하거나 산과 계곡에 가득 우마를 길렀다. 또한 당시 일반 상인들도 재산이 천만 냥이 넘었고, 상품이나 물자가 100만 전이면 한 해에 이익이 20만 전에 달하여 천호千戶의 영지를 지닌 제후의 수입과 맞먹었다. 그래서 당시 대부호나 대상인은 가의賈誼의 말대로 "흰 주름비단으로 겉감을, 얇은 숙견[7]으로 속감을 만들고 편제로 무늬를 넣었는데, 아름다운 것은 보불을 수놓았으니 옛날 천자가 입던 옷이다. 지금 부유한 대상인들은 연회에서 손님을 초대하고 (자랑하기 위해) 자신들이 입는 옷을 담장에 걸어놓았다". 또한 "현재한대 노비를 판매하는 이들은 노비에게 수의繡衣에 자수로 테두리를 장식한 명주 신발을 신겨놓았다."[8]

당시 상인들의 사치스러운 생활이 어느 정도였는지 능히 알 수 있는 대목이다. 다른 그림에 나오는 노비들을 보면, 몸에 걸친 것이 농민들보다 많으며, 어떤 이는 두발에 아름다운 꽃비녀 장식이 가득하여 농민들은 비할 바가 아니었다.그림 72

6 『사기』「화식열전」에 나온다.

7 숙견熟絹: 명주는 꼬치를 삶아 뽑아낸 실과 삶지 않고 풀어낸 실로 나뉘는데, 전자는 숙견, 후자는 생견이라고 한다.

8 『한서』「가의전賈誼傳」, "白縠之衣, 羅紈之裏, 緁以偏諸, 美者黼繡, 是古天子之服也. 今之富人大賈, 嘉會召客以被牆". "今民賣僮者, 爲之繡衣絲履偏諸緣, 內之閒中, 是古天子後服, 所以廟而不宴者也, 而庶人得以衣婢妾".

그림71 사천 팽산彭山 한대 화상석 용미도舂米圖(절구질하는 그림)

그림 71에 나오는 벽돌에 새겨진 그림은 수확과 주살弋射로 날짐승을 잡는 내용인데 자루가 긴 낫겸도鎌刀을 사용하고 있음을 알 수 있다. 쇠로 만든 한대의 겸도는 이미 실물이 출토되었다. 『관자』에서 말한 것처럼 농민들은 반드시 여러 가지 생산 도구가 있어야만 보다 효과적으로 생산에 임할 수 있다. 춘추·전국시대에는 일부 특정한 지역에서만 가능했지만 한대로 들어와 나라에서 야금업을 관장하면서 일반 농민들도 보편적으로 쇠로 만든 농기구를 활용할 수 있었다.

익사弋射나 증격矰繳, 즉 줄을 매단 화살인 주살의 경우도 이전보다 훨씬 진보했다. 이는 이 그림과 근년에 성도에서 출토된 전국시대 박각薄刻 청동기에 반영된 주살의 형태에서 확인할 수 있다. 주살에 필요한 실타래는 이미 댓조각죽첨竹籤으로 땅에 고정해서 사용했는데, 다시 서너 개의 실타래를 특별히 제작한 대나무 선반 위에 배열하는 식으로 개선했다. 사용할 때는 대나무 선반을 지면에 고정시키고, 움직일 때는 간편하게 휴대할 수 있도록 만든 것이다. 그림을 보면, 증격은 목표물인 기러기를 적중하려는 것이 아니라 기러기의 긴 목을 휘감아 잡도록 한 것임을 알 수 있다. 이런 도구의 운용이 실전된 것은 야금업의 발전과 밀접한 관련이 있다. 이는 그림 31의 설명문에서 이미 언급했으니 생략한다.

026

꽂비녀를 꽂은 하녀戴花釵三女僕

그림72

왼쪽 : 꽃비녀花釵[1]를 꽂고 음식 시중을 들고 있는 여비女婢 도용陶俑(중경 화룡교 출토)

가운데 : 꽃비녀를 꽂고 병을 들고 있는 여비 도용(중경 화룡교 출토)

오른쪽 : 꽃비녀를 꽂고 절구질을 하고 있는 여비 도용(중경 화룡교 출토)

위 그림은 사천 중경 화룡교化龍橋 동한시대 분묘에서 출토된 여복용女僕俑을 모사한 것이다.

주로 일상 생활에서 노동하는 모습을 그리고 있는데, 머리에 두세 개의 꽃비녀를 꽂고 있다. 좌우 두 사람은 반소매 저고리를 입고 있는데, 이는 천족의 노복이나 기타 일하는 부녀자들의 옷차림에서 흔히 볼 수 있

1 화채花釵는 여성들의 머리에 꽂는 장식물의 일종이다. 주로 꽃모양이 많아 화채라고 쓴 듯하다. 역서는 일반 비녀와 구분하기 위해 꽃비녀로 번역한다.

다. 하지만 섬서나 하남, 산동 지역의 전각의 경우는 드물다. 아마도 지역이나 시기와 관련이 있는 듯하다. 천촉은 자원이 풍부하고 토지가 비옥하여 진한 이래로 통일 정권이 법령으로 타 지역의 부유한 대족들을 사천으로 이주시켰다. 이로 인해 토지 자원이 본격적으로 개발되고 염정鹽井, 단사丹砂, 야금冶金, 鐵冶, 잠직蠶織 등을 통해 경제적 이익을 얻어 전국에서 으뜸가는 부유한 지역이 되었다. 동한시대는 후장厚葬의 기풍이 성행하여 천촉 호족 명문 집안은 분묘 앞에 석궐石闕을 만들곤 했다. 그중에서 고이궐高頤闕, 심부군궐沈府君闕 등이 유명한데, 지금도 보존 상태가 좋고 국내외 기념記念 성격의 건축물 중에서도 예술적 가치나 공예 수준이 높아 상당히 중요시되고 있다. 또한 해방 이후로 전국적으로 공업과 농업 건설을 위한 토지 개발이 이루어지면서 사천 각지에서 대량의 동한 시대 분묘가 발굴되어 분묘의 부조나 그림을 새긴 벽돌들이 많이 발견되었다. 벽돌 그림은 당시 천촉 사회의 일반 평민들이 일하는 모습을 여실히 보여주고 있는데, 예를 들어 우물 파기, 염전 노동, 소금 굽기오염熬鹽, 뽕나무 심기, 곡식 베기, 수렵, 물대기, 거마와 교량 등등이 그러하다. 이러한 그림은 고도의 사실성을 바탕으로 매우 활기차고 사실적으로 제작되었다. 또한 사회 상층부 사람들의 생활을 반영하는 악무와 백희, 활쏘기와 투호投壺, 육박六博과 혁기弈棋[2] 등도 나오는데, 예술적 수준이 상당히 높다. 이러한 참신한 내용을 통해 해당 지역의 고대 예술사에 대한 지식이 보다 풍부해졌을 뿐만 아니라 생산력이 높아지면 물질 문화도 따라서 진일보 향상된다는 것을 재인식할 수 있다.

그림에 나오는 부녀자들은 비록 노복의 신분이나 다른 전각에서 볼 수 있는 자영농민에 비해 옷차림이 훨씬 좋아 보인다.

2 육박六博은 고대 중국의 놀이 가운데 하나로 육박陸博이라고 부르기도 한다. 여섯 개의 젓가락처럼 생긴 나뭇조각을 사용하기 때문에 육박이라고 한다. '도박賭博'의 '박'자가 바로 이것이다. 논자에 따르면, 춘추전국시대에 이미 이런 형태의 놀이가 있었다고 하며, 특히 한대에 크게 유행했다. 아쉽게도 놀이 방법은 실전되었다. 혁기弈棋는 바둑을 말한다. 장기는 상기象棋라고 한다.

한대 망도望都 벽화에 나오는 오백伍佰[1] 8명

원래 그림은 하북河北 망도望都 제1호 한묘漢墓에서 발견되었으며, 중국 역사박물관 소장 실물의 모사본이다. 동한 말기에 그려진 것이다. 오백伍佰은 붉은 머리쓰개幘를 쓰고 담황색상색緗色의 병졸들이 입는 짧은 옷을 입고 있다. 『진서晉書』「여복지與服志」에 따르면, "마차 앞에 있는 오백들은 벼슬아치의 행려에 따라가는 이들로 오백 명이 일려一旅, 군제이다. 한대에 전국이 통일되면서 사람 숫자의 의미는 사라지고 명칭만 남았다".[2] 또한 오백이 붉은 머리쓰개를 쓴 것에 대해 『주례周禮』「사복司服」의 주注는 이렇게 말하고 있다. "지금 오백이 입는 붉은 옷제의緹衣은 예전 병졸 복장의 예에 따른 것이다."[3] 당나라 초기 안사고顔師古의 주에 따르면, "제緹는 황적색黃赤色이다". 여하간 망도 벽화의 발견은 상당히 중요한 것임에 틀림없다. 무엇보다 문헌 내용은 물론이고, 이외의 한대 벽화나 전각磚刻에 나오는 그림과 비교하여 평건책平巾幘의 표준 색깔과 양식을 확인할 수 있었기 때문이다.

『동한회요東漢會要』 권10 「석책釋幘」에 따르면, "책은 깊다賾는 뜻이다. 머리를 깊이 감추는 것이다. 효문제 시절에 안제顔題, 이마를 덮는 두건가 높아지면서 그것이 귀耳에 이어졌으며, 그 두건을 높이 지붕옥屋처럼 만들고 뒤에 수를 늘어뜨렸는데 상하 신료들이 귀천을 막론하고 모두 사용했다. 문관은 장이長耳, 무관은 단이短耳이니 그 관을 칭한 것이다", "무리武吏, 무관 말직는 항상 적책을 사용하여 위엄을 나타냈다".[4]

그러나 망도望都 분묘와 또 다른 전각 그림에서 볼 때 동한 시절에는 하급 관리들도 책 위에 앞이 높고 뒤가 경사진 철제 권양관卷梁冠을 쓰고 있다. 다만 신분이 아주 낮은 사졸들만 양관을 쓰지 않았을 뿐이다. 또한 지위가 높더라도 평소 생활할 때는 양관을 착용하지 않았다.

인용문에서 "두건을 높여 지붕처럼 만들었다

---

1 오백伍佰은 오백伍百 또는 오백五百으로 칭하기도 하는데, 아문의 병졸을 지칭하는 말이다. 한대부터 남조까지 정식 관직명이었다. 주로 귀족이나 고위 군관의 앞뒤에서 호위 등을 맡았다.

2 『진서晉書』「여복지與服志」, "車前伍百者, 卿行旅從, 伍百人爲一旅. 漢代一统, 故去其人, 留其名也".

3 『주례周禮』「사복司服」 주注, "今時伍百緹衣, 古兵服之遺色".

4 『동한회요東漢會要』 권10 「석책釋幘」, "幘者賾也, 頭首嚴賾也. 至孝文乃高顔題續之爲耳, 崇其巾爲屋, 合後施收, 上下羣臣貴賤皆服之. 文者長耳, 武者短耳, 稱其冠也". "武吏常赤幘, 成其威也".

그림73 (한) 대문 아래 하급 관리와 붉은 책을 쓰고 행전을 찬 오백伍佰(하북 망도 한묘 벽화)

崇其巾爲屋"고 했는데, 이는 책의 윗부분이 쐐기처럼 솟구친 것이 집의 지붕처럼 생겼기 때문이다. 이것이 평건책平巾幘의 가장 표준적인 양식이다. 역대로 책에 대한 이해가 정확하지 않았던 것은 책에 대한 구체적인 이미지가 적었기 때문이다. 당, 송 이래로 여러 「여복지」는 기존의 호칭대로 어떤 것은 '평건책', 또 어떤 것은 '개책介幘'이라고 설명했지만 실제 형태는 한대의 양식과 달랐다. 예컨대 진대晉代는 작은 모자冠를 숭상했기 때문에 모자의 양梁과 옥屋을 제거하여 작은 책을 머리 정수리에 쓰고, 모자 꼭대기에 평평한 잠도簪導, 관모에 꽂는 비녀를 가로로 꽂아 관직의 품계나 등

급을 상징했을 뿐이다. 잠도는 관직의 등급에 따라 옥, 상아, 뼈, 뿔 등을 사용하여 구분했다. 이에 반해 남북조시대로 진입하면서 관이 다시 커지기 시작하면서 잠도 역시 따라서 커졌다. 나중에는 거의 1척시척市尺 기준이나 되는 잠도를 가로로 양쪽에 같은 크기로 펼쳐놓았다. 이는 동한시대의 제도와 이미 크게 달라진 형태이다. 위진시대에 새긴 그림을 보면 부곡部曲의 병리兵吏나 평민들은 책 뒤쪽이 일률적으로 쐐기 형태이다. 이는 의심할 바 없이 악부시樂府詩에 나오는 '초두帩頭'일 것이다.[5]

오백은 행등行縢을 착용했다. 행등은 고대의 '사폭邪幅'이다. 지금으로 말하자면 다리에 차는 행전이다. 『시』에 "아래 사폭을 쳤다邪幅在下"[6]라는 대목이 나오는데, 전箋에 따르면, "사폭은 지금의 행등行縢"으로 "정강이에 단단히 묶어 발에서 무릎까지 찬다偪促其脛, 自足至膝". 유희劉熙는 『석명釋名』에서 이렇게 말했다. "핍이라고 한 것은 스스로 단단히 동여매기 때문이다. 지금의 행등이다. 다리를 감싸기 때문에 뛰어가거나 말에 올라타는 데 편리하다".[7] 이로 보건대 춘추 이래로 이미 병졸들이 흔히 사용했음을 알 수 있는데, 한漢, 위魏는 물론이고 송대를 거쳐 청대까지 없어지지 않고 계속 착용했다. 서남 지역의 여러 형제 민족소수민족들은 지금도 습관적으로 짚신을 신고 행전을 착용하고 다니는데, 산을 넘거나 물을 건너는 등 움직일 때 편리하기 때문일 것이다.

---

5 곽무천郭茂倩, 『악부시집樂府詩集』의 「맥상상陌上桑」「일출동남우행日出東南隅行」에 나온다. "두건을 벗고 초두를 썼다脫巾著帩頭." 저자는 초두를 책의 일종으로 보고 있는데, 현재 우리나라에서는 그냥 두건으로 번역하고 있다.

6 『시』「소아小雅」「채숙采菽」, "다리에 붉은 슬갑을 두르고, 그 아래 사폭(행전)을 쳤다(赤芾在股, 邪幅在下)".

7 유희劉熙, 『석명釋名』, "偪所以自逼束, 今謂之行縢, 言以裹腿, 可以跳騰輕便也".

한대 무녀舞女

그림74 한대 무녀

위 왼쪽 : (한) 화관을 쓰고 긴 소매 옷을 입은 무녀 채색 도용(광주 동한 분묘 출토)

위 오른쪽과 아래 : 긴 소매 옷을 입고 가는 비단무늬 치마(세간군細襇裙)를 입은 무녀(절강 소흥紹興에서 출토된 동경銅鏡의 문양)

위 그림은 광주廣州 동한 분묘에서 출토된 무용舞俑과 소흥에서 출토된 청동 거울에 새겨진 무녀를 본뜬 그림이다.

왼쪽 위에 있는 그림의 무녀는 한식漢式 포복袍服을 입고 손을 들어 춤을 추는 모습이다. 유달리 높고 큰 고계高髻에 화관을 쓰고 온갖 장식을 꽂았다. 좌임左衽하고 있으며, 긴 소매의 장포를 입고 있다. 양한시대에 출토된 그림이나 도용에서는 거의 보이지 않는 형태이다. 제작은 비교적 간단한 것처럼 보이나 옷차림의 구조나 조직은 상당히 완정한 상태이다. 또 다른 세 개의 그림은 절강江浙 일대에서 출토된 서왕모西王母 신상神像이 새겨진 거울에 나오는 '천녀'와 '옥녀玉女' 그림이다. 이런 유형의 거울은 늦어도 위진시대에 만들어진 것으로 보이는데, 옷차림은 한대의 양식이다. 긴 소매가 시대의 특징을 잘 나타낸다. 춤을 추는 모습은 생동감이 있고 산뜻하다. 특별히 오른쪽 위에 있는 그림을 보면, 소맷부리가 넓은데 갑자기 손목 부근에서 좁아졌다.후대 연희에서 무용복으로 많이 입는 해청접자와 비슷하다[1] 큰 소매 입구에 있는 것은 가지런히 접혀 신축이 자유로운 '수수水袖', 즉 한삼의 일종이다. 소매에 너풀거리는 띠처럼 긴 천을 붙인 것이다. 큰 띠로 허리를 묶고 오른쪽 허리에 몇 가닥 실을 늘어뜨리고 그 끝에 작은 방울을 달았다. 춤을 추며 빙글빙글 돌면 필시 작은 방울소리가 났을 것이다. 옷 아래쪽은 겹겹으로 주름을 접어 몸을 돌리며 춤을 출 때 활짝 펴지도록 했다. 하의는 바짓단이며 바지통이 넓다. 전체적으로 조형이 원미하고 조화로운데, 부녀의 형상에서 특히 건강하고 청신한 풍격을 느낄 수 있다.

서왕모가 앉은 자리 앞에서 춤을 추는 이들은 월무越巫와 밀접한 관련이 있다. 서견徐堅의 『초학기初學記』 권15에 인용된 「하중어별전夏仲御別傳」에 따르면, "중어하통夏統의 종부從父, 백부와 숙부 등을 말함가 집안의 무녀인 장단章丹과 진주陳珠 두 사람을 불러들였는데 자태가 아름다울 뿐만 아니라 맑은 목소리로 노래하고 교묘하게 춤을 추어 마치 나는 신선과 같았다".[2] 이렇듯 당시 무녀들은 춤과 노래에 능했으며, 매우 아름다웠다. 명분은 귀신을 즐겁게 하기 위함이라고 하나 사실은 관중들의 마음을 끌기 위함이었다.

무巫, 무당는 중국 고대 원시 사회에서 '선지자'라는 특별한 지위를 부여받았다. 그들의 행위는 춤과 불가분의 관계가 있다. 노예제 사회인 상과 주나라 시절에는 여전히 의醫와 무巫가 병칭되었으며, 제사를 통해 신을 즐겁게 하고, 악한 기운과 재앙을 막는 데 항상 무가 이용되었다. 평상시 무의 지위는 기술적인 측면이 강한 의醫보다 약간 높았을 뿐이나 노예주와 관계는 각별히 친밀했다. 비록 천재지변이나 인화人禍로 인해 민심이 흉흉해지면 노예주는 정치적으로 영향을 끼칠까 두려워 책임을 무격巫覡에게 돌려 그들을 태워죽이거나 살해했다. 그들을 일종의 속죄양으로 삼아 정치적 위기를 벗어나고자 했던 것이다.

1 해청접자海青褶子는 소매가 넓은 의복으로 경극京劇에서 하인들이 주로 입는 옷이다. 하인들이 이 옷을 입고 집안 정원을 돌아다닌다 하여 '원자의院子衣'라고 부르기도 한다. 특징은 옷깃이 검고 크다는 것이다. 접자褶子는 치마나 종이 등의 주름을 나타내는 명사이나 중국 고대 복장에서 평상복을 의미하며, 명대에는 도포의 또 다른 명칭으로 사용되기도 했다. 해청海青은 옛 중국 오吳나라 방언으로 옷이 소매가 넓은 것을 말한다. 동해에 사는 해동청海東青이 나는 모습이 너풀거리는 넓은 소매와 닮았기 때문이라고 한다.

2 서견徐堅, 『초학기初學記』 권15에 인용된 「하중어별전夏仲御別傳」, "仲御從父家女巫章丹, 陳珠二人, 妍姿冶媚, 清歌妙舞, 狍若飛仙". 하통의 모친이 병환이 들어 친척들이 무녀를 데리고 온 것이다.

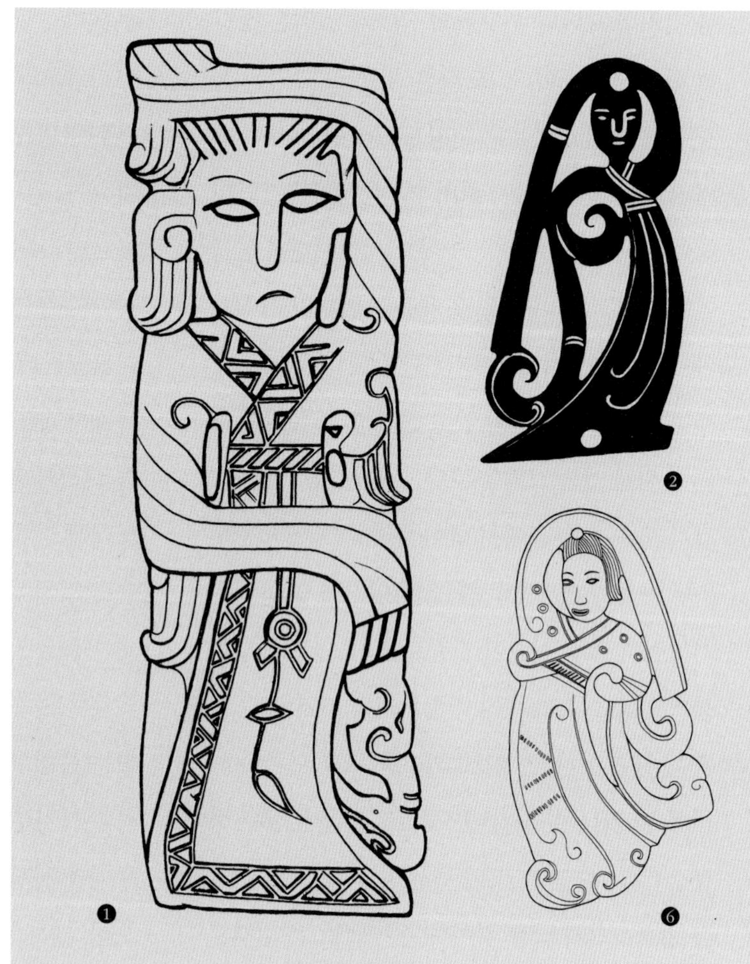

삽도46 한대 무녀

❶ 남창 동쪽 교외 서한묘西漢墓 상아 장식 무인舞人

❷ 북경 대보대大葆臺 서한묘 옥제 무인

❸❹❺ 동산 동산 서한 애묘崖墓(낭떠러지에 마련된 묘) 옥편 무인

❻❼ 옥제 무인

❽ 무위武威 마저지磨咀子 한묘 칠준漆樽(옻칠 술잔) 도안의 무용 부분

하지만 이런 일이 있더라도 그들의 사회적 역할은 여전히 남아 있었다.

진한 이래로 사회 조직이 완비되고 봉건제가 성숙 단계에 들어섰지만 조정은 여전히 고대 관습에 따라 구무九巫를 설치하여 각기 다른 신사神祠를 모시도록 했다. 예를 들면 구천무九天巫, 운중무雲中巫, 초무楚巫, 월무越巫[3] 등이 그러하다. 법률적으로 인가를 얻고 궁정의 수많은 궁녀들의 신앙 대상이 되면서 무격은 일정한 지위를 확보할 수 있었다. 그래서 총애를 얻거나 권세를 얻기 위해 무당의 힘을 빌려 무고巫蠱하다 발각되는 일이 적지 않았다. 무고 당사자는 잔혹한 형벌을 받고 죽어갔지만 무격의 지위나 세력은 결코 상실되지 않았다. 한 무제 유철劉徹은 특히 신선을 좋아하고 연燕이나 제齊 땅의 방사들이 읊어대는 참언을 신봉하여 연단을 통해 불사약을 만

3 월越은 춘추전국시대 나라 이름으로 도읍지는 회계會稽, 지금의 절강성 소흥 인근이다. 구천句踐이 통치했던 가장 강성한 시절에는 아래로 복건, 위로 강소 일대까지 뻗어나갔다. 월나라 무녀는 귀신을 부릴 줄 안다고 하여 신통한 것으로 널리 알려졌다.

들어 먹으면 불로장생할 수 있다고 믿었다. 동한 이래로 사회가 점점 더 발전하면서 궁중의 무격과 내통한 정치 세력들이 점차 쇠퇴해졌으나 남방의 민간에서는 오히려 온갖 신사가 점점 더 많아졌다. 사람들은 소를 죽여 신에게 바치고, 음식과 가무를 즐겨 온 나라 사람들이 미친 듯이 열광했다. 예를 들어 한단순邯鄲淳, 한말 조위曹魏 시절 학자이 지은 「효녀조아비孝女曹娥碑」에 보면 조아의 아비인 조우曹盱는 "박자를 맞춰 현을 타면서 노래를 부르고, 빙빙 돌며 춤을 추어 신을 즐겁게 할 수 있었는데能撫節絃歌, 婆娑樂神" 어느 날 물길을 거슬러 오군신伍君神을 맞이하려다 그만 상우강上虞江에서 익사하고 말았다.[4] 소흥에서 출토된 동경에

4 「효녀조아비」는 일명 「조아비」라고 부르는데, 구양순과 왕희지가 썼다고 하여 서예가들이라면 익히 아는 비문이다. 원래 글씨는 한단순이 썼다. 조아의 아비는 노래하고 춤을 추며 신령을 즐겁게 하는 무당이다. 어느 날 오군신伍君神을 맞이하기 위해 상우강의 물길을 거슬러 올라가다 그만 빠져 죽고 말았다. 이에 효녀 조아가 아비를 찾기 위해 자신의 옷을 강물에 던지며 "만약 부친이 이곳에 있다면 옷이 가라앉을 것이다"라고 외쳤다. 얼마 후 옷이 가라앉자 그녀는 물에 뛰어들어 익사하고 말았다. 그런데 닷새 후 그녀가 아비의 시신을 등에 업은 채 강물 위로 떠올랐다고 한다.

는 오자서伍子胥의 신상이 있는 경우가 많다. 그중에서 서왕모의 신상이 들어 있는 동경이 가장 많을뿐더러 제작도 상당히 정교하다. 동경 속의 무녀는 대부분 서왕모 앞에서 춤을 추는 모습이다. 이는 신령에게 제사를 지낼 때 젊고 아름다운 무녀를 앞장세우는 당시 사회 풍습을 반영한 것이니, 「하중어별전」의 내용과 서로 인증할 수 있다.

삽도 46의 무녀 그림은 패용 장식물로 상아와 옥으로 만들어졌는데, 춤추는 모습은 정지한 상태에서 한 손은 올리고 다른 한 손은 아래로 내린 것이 일반적이다. 이는 상아나 옥으로 만든 패물佩物로 예제禮制와 관련이 있기 때문인 듯하다. 예컨대 『주례』 주에 따르면, 춤을 출 때는 "소매로 위엄 있는 거동을 나타낸다以手袖爲威儀"고 했다. 또한 사용한 재료의 한계도 있을 것이다. 그런 까닭에 우아하고 단아하기는 하지만 왠지 딱딱한 느낌이 들고 생기가 부족하다. 이에 반해 벽돌에 새겨진 연회의 악무 그림은 아무 데도 구애받지 않아 시원스럽고 자유로우며 바람 따라 펄럭이는 소매의 경쾌한 리듬이 절로 느껴진다. 양한 문인들의 시부詩賦에 보면 춤추는 모습에 대한 묘사가 적지 않은데, 이는 채색 그림을 통해야 비로소 봉새와 난새가 춤을 추고, 제비가 날고 기러기가 놀라 하늘로 솟구치는 듯한 생동감 넘치는 형상으로 우리의 눈을 현혹시킬 수 있다.

한대 그림에 나오는 몇 부류의 기사騎士

그림75

위쪽 : (한) 혼탈모渾脫帽를 쓰고 칼과 방패를 든 북방 민족 기사 석각 화상(산동 기남 한묘 출토)

가운데 : (한) 갈미관鶡尾冠을 쓰고 시위를 당기는 기사(낙양 출토 공심전 화상 본뜬 그림)

아래쪽 : (한) 칼과 방패를 든 기사(절강 소흥 출토 동경 문양)

사서에 따르면, 초한楚漢 전쟁으로 인해 천하가 피폐하여 재상이나 공경公卿들도 소가 끄는 수레를 탈 수밖에 없었으며, 문제와 경제 이후 생산이 회복되면서 비로소 마차를 탈 수 있었다. 마차에도 당연히 일정한 등급 제도가 있었다. 고위급 관리는 붉은 바퀴에 바퀴통이 화려한 이른바 주륜화곡朱輪華轂, 바퀴가 붉은색인 화려한 수레을 타고 운기문雲氣紋을 그린 두 개의 번轓, 수레 바람막이를 쳤으며, 자리 위에 비단이나 융단으로 만든 자리인욕茵褥, 일종의 방석를 깔아 존귀함을 표시했다. 또한 시종하는 무위武衛나 도종導從은 반드시 말을 탔으며, 왕공귀족이 광활한 숲이나 들판을 뛰어다니며 호랑이나 표범, 곰 등을 사냥할 때도 반드시 말을 탔다. 서역에서 전쟁이 일어났을 때도 기병이 중요한 위치를 차지했다. 한 무제 유철은 서북 지역을 경영하기 위해 위청衛青과 곽거병霍去病 등을 대장군으로 삼아 전후 여러 차례 20여만 명의 대군을 동원하여 막북漠北으로 원정을 보냈다. 연이어 흉노와 싸울 때 쌍방의 주력은 주로 기병이었다. 당시 삼보三輔[1]의 부유한 집안 자제들이 종군했으며, 대완大宛의 천마天馬가 중국 내륙으로 수입되면서 마종馬種 개량에 큰 도움을 주었고, 마구馬具 또한 크게 향상되었다. 당시 생산 발전 수준이 마필이나 마구 등의 개선에 분명히 반영되었을 것이다. 『급취편急就篇』에 언급된 피혁을 응용한 여러 가지 기물을 보면 일부 마차나 기마 장구와 관련이 있는 것이 적지 않다. 서안西安 양가만楊家灣에서 서한 전기에 속하는 대형 채색 전투 기마 그림이 발견되었는데, 거의 천여 명이 등장하는 그림을 살펴보면 안구는 여전히 진대의 제도를 답습하여 '엄한揜汗'[2]은 있지만 장니障泥[3]는 없고, 또한 안교鞍橋도 보이지 않는다.삽도 47 : 1

환관桓寬의 『염철론鹽鐵論』이나 왕부王符의 『잠부론潛夫論』에서 언급되었다시피 안구의 응용은 간단한 것에서 번다한 것으로 진화했다. 안장깔개안천鞍韉는 비단이나 융단錦罽을 사용하고, 고삐와 재갈비두轡頭, 안교鞍橋를 금은이나 주옥으로 장식하기 시작한 것은 무제 시절인 것 같다. 삽도 48에서 볼 수 있다시피 고교안高橋鞍, 안장의 앞가리개와 뒷가리개가 높은 안장이 이미 형태를 갖추었다. 도금한 수레 장식에 수렵하는 도안이 많았던 것은 서한시대 「우렵부羽獵賦」나 「장양부長楊賦」의 서술 내용과 관련이 있다. 신선이 영지로 수레의 덮개를 삼고 구름으로 이루어진 지개운거芝蓋雲車를 타고 흰 사슴白鹿을 몰았다는 이야기는 『사기』 「봉선서封禪書」에서 언급한 것과 같으니 틀림없이 무제 시절에 나왔을 것이다.

『서경잡기西京雜記』에 따르면, 무제 시절에 신독身毒, 옛날에 인도印度를 지칭하는 말에서 백옥 구슬을 꿴 말

1 삼보三輔 : 한 무제 시절 장안長安을 중심으로 세 군데 행정 구역을 말한다. 경조京兆, 장안을 포함한 동부지역, 좌풍익左馮翊, 장안 북부, 우부풍右扶風, 장안 서부 등이다.

2 엄한揜汗은 정확히 무엇인지 모르겠다. 땀을 흡수하는 속옷인 엄한掩汗의 오기일 수 있다. 다만 그것을 기사가 입는 것인지 아니면 말에 입히는 것인지 알 수 없다.

3 장니障泥는 진흙이나 물이 튀는 것을 방지하기 위해 안장 양쪽에 달아 늘어뜨려 놓은 안구鞍具의 일종이다. 우리말로는 '말다래'라고 한다.

굴레백옥연환기白玉連環羈, 마노로 만든 재갈瑪瑙勒, 흰 광택이 나는 유리 안장백광유리안白光琉璃鞍 등을 헌상했는데, 특히 백광유리안은 광택이 10장이나 퍼져나갔다고 한다. 또한 녹웅피綠熊皮, 곰가죽로 만든 장니障泥에 대해 언급하기도 했다. 『서경잡기』에 따르면, 이후 "장안에서 마구를 장식하기 시작했는데 경쟁하듯이 문양을 아로새겨 말 한 마리의 장식품이 백금의 값어치가 있었다. 모두들 남해에서 나오는 흰색 대합으로 말굴레 장식을 삼고, 자금紫金, 천연금의 일종. 러시아에서 많이 나온다으로 꽃 장식하여 달리면 마치 나르는 바람막이비번飛幡와 같았다".[4] 하지만 그림을 살펴보면, 서한시대에는 이처럼 번잡하고 화려한 마구는 거의 보이지 않는다. 『삼국지』「오지吳志」「감녕전甘寧傳」에 비로소 말등자인 마답등馬踏鐙이란 말이 나온다. 말 몸통에 영섭鈴鑷, 말방울의 일종, 일명 난령鸞鈴이란 장식을 달기도 했는데 소리가 나는 말이란 뜻의 '향마響馬'는 여기에서 유래한 것이다. 그림에 반영된 것은 비교적 늦은 시기의 것이다. 동한 후기로 접어들면서 마필 장구가 크게 개선되었다. 「양기별전梁冀別傳」에 보면, 귀척貴戚 권신權臣인 양기梁冀가 '누구안鏤衢鞍, 안장의 일종'을 담보로 평릉平陵의 인색한 부자 손분孫奮에게 오천만 전을 빌리려고 했다는 이야기가 나온다.[5] 말안장 하나를 담보로 수천만 전을 빌릴 수 있었다니 대단히 화려하고 정교하게 제작한 것이 틀림없다. 조식은 「상은안표上銀鞍表」에서 감히 은으로 장식한 말안장을 탈 수 없어 돌려보낸다고 말했다. 이외에도 안교鞍橋에 은을 상감하고 투각한 잔여 재료가 발견되기도 했는데, 이처럼 대량의 은으로 기물을 장식하는 것은 동한 말기의 풍조였다.

그림 75는 산동 기남 한묘 서각과 역사박물관 소장 대형 공심전 및 소흥에서 출토된 청동 거울에 근거하여 본뜬 그림이다. 그림에는 세 명의 서로 다른 형상의 기사가 등장한다. 용맹하게 적진을 파고드는 호기胡騎와 월기越騎가 나오고, 사냥을 하면서 맹렬하게 짐승을 쫓아 활을 쏘는 사수도 보인다. 위 그림은 기남 한묘 석각에 나오는 호족胡族 기병의 모습인데, 눈이 깊이 들어가고 코가 높으며 송곳처럼 뾰족한 털모자를 쓰고 무릎까지 내려오는 단의短衣를 입었으며 검과 방패를 손에 들고 있다. 흉노나 오환烏桓 기사의 날렵하고 용맹한 모습을 그대로 보여준다. 가운데 그림은 삽도 48의 금은으로 도금한 기물에 나오는 호랑이에게 활을 쏘는 기사의 옷차림과 유사하다. 머리에 쓴 것은 무관이나 그리 구체적이지 않다. 관 위에 꿩의 깃털 두 개를 꽂고 있으니 갈

4 『서경잡기』 권2, "長安始盛飾鞍馬, 競加雕鏤, 或一馬之飾直百金. 皆以南海白蜃爲珂, 紫金爲花, 動如飛幡".

5 『후한서』「양기열전」에 따르면, 부풍扶風에 손분孫奮이란 부자가 살았는데 인색하기가 그지없었다. 양기가 그에게 4필의 말을 보내면서 이를 담보로 5천만 냥을 빌려줄 것을 요구했다. 하지만 손분은 3천만 냥을 빌려주겠다고 했다. 양기가 크게 노해 군현에 고발하면서 손분의 모친이 노비로 있을 때 주인의 재물을 훔쳤다고 무고했다. 결국 손분 형제는 고문을 받다 옥사하고, 재산 1억 7천여만 냥은 모두 몰수당하고 말았다. 저자는 「양기별전」의 말을 인용하여 4필의 말이 아닌 '누구안'이라는 안장을 담보로 삼았다고 했다. 과연 어느 말이 맞는지 알 수 없다.

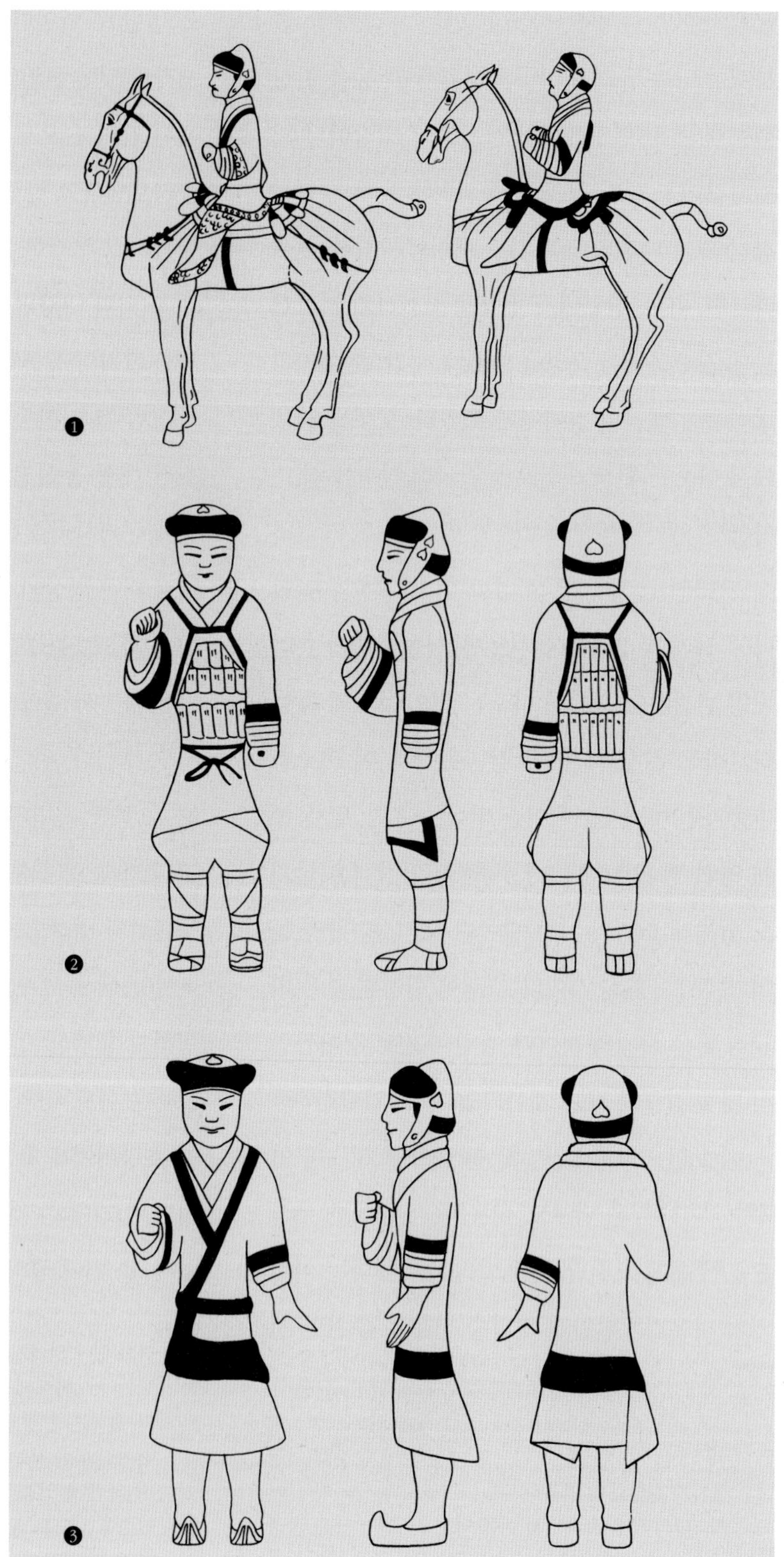

삽도47 양가만 한묘 채색 도용

❶ 전투 기병(전기戰騎)

❷❸ 보졸

삽도48 한대 수렵 세 가지 모습

❶ 한대 공심전空心磚에 새겨진 그림

❷❸ 한대 금은으로 도금한 마차 장식

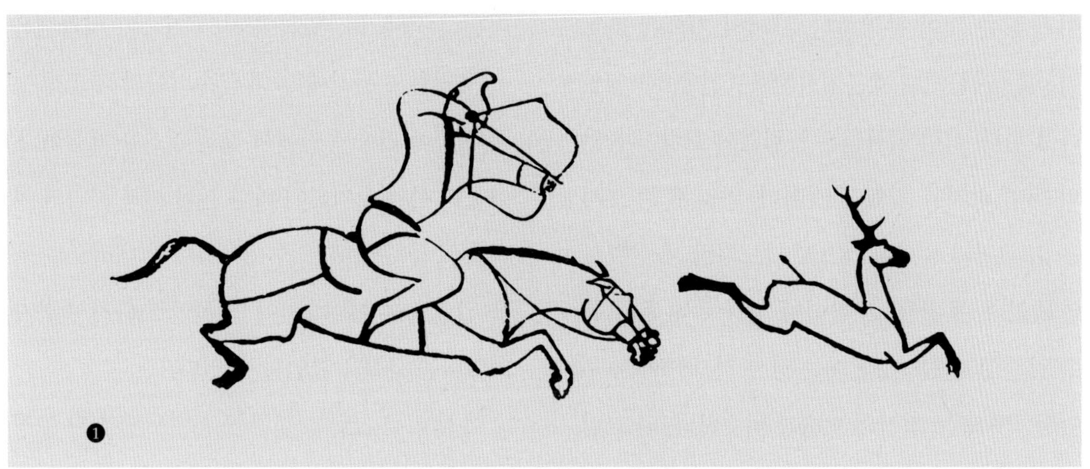
❶

❷

❸

미관을 쓴 것이 분명하다. 사서의 기록에 따르면 이는 서한시대 호분기사虎賁騎士[6]만 쓸 수 있었다고 한다. 이런 기사들은 틀림없이 호랑이 문양의 비단 바지를 입었을 것이다. 머리에 쓴 모자는 위 그림과 유사한 것으로 가느다란 세사細紗로 만들었다. 무위武衛 그림이나 형상에서 흔히 볼 수 있는 '무관武冠'이다. 이는 앞서 전각磚刻에서 보았던 극戟을 든 정장의 모습과 비슷하다. 위 그림에 나오는 호족 기사는 좁은 소매에 무릎까지 내려오는 옷을 입었는데, 당시 호복의 일반적인 양식일 것이다. 『사기』「흉노열전匈奴列傳」에서 말하길 당시 흉노의 여러 부족 군장들은 금수錦繡, 즉 화려한 문양이 들어간 비단옷을 좋아했다. 한나라 조정에서 흉노에게 보내는 서신을 보면 수겁기의繡袷綺衣, 수겁장유繡袷長襦, 금겁포錦袷袍, 두 겹으로 만든 비단 웃옷 각 한 벌이 예물로 들어가 있다. 또한 매년 만 필의 금수를 서북으로 보냈다.[7] 근 반세기 이래로 서북 각지에서 끊임없이 한·당대의 각양각색의 비단 채색 수의繡衣가 발견되고 있는데, 여전히 색채가 선명하여 사서 기록이 정확했음을 증명함과 동시에 한대 금수비단의 예술적 성취와 공예 기술 측면에서 많은 지식을 제공했다. 아울러 사서에 기록된 바와 같이 서북 지역의 여러 부족들이 소매가 좁고 무릎까지 내려오는 옷을 입었으며, 이는 2천여 년 동안 그다지 변화가 없었다는 사실을 확인할 수 있다.

아래 기사 그림은 절강 소흥에서 출토된 동경에 나온다. 남방의 월기越騎가 원정에 따라가기 시작한 것은 서한 이래로 관례가 되었다. 통병統兵의 인장 가운데 '월기교위越騎校尉'라고 새겨진 인장도 자주 발견된다. 하지만 검과 방패를 들고 작전에 임하는 형상은 현재 이 자료밖에 없다. 동경은 비교적 늦은 시기에 만들어진 것으로 문양이 간결하고 소박하다. 옷차림은 윤곽만 보이는데 기본적으로 한족의 양식漢式이다.

몇몇 기사의 모습은 명확하지는 않지만 마등, 즉 등자를 사용하고 있는 것 같다. 등자를 처음 사용하기 시작한 것은 중국이다. 이는 세계에 큰 공헌을 한 것이라고 할 수 있다. 한대 실물은 아직 발견되지 않았으나 회화나 석각 등의 도상圖像에 매우 구체적으로 반영되어 있다. 초기 등자는 가죽으로 올가미처럼 둥근 형태로 만들었을 것이다. 근년에 운남 진녕 석채산에서 출토된 대량의 동기銅器 가운데 하나인 저패기 상부에 입체적인 기사 청동 조각이 발견되었다. 조각에서 볼 수 있는 안피鞍帔[8]는 새로 출토된 진나라 대형 기

6 호분虎賁은 호랑이처럼 용맹하고 날래다는 뜻이다. 『주례』에 따르면 하나라 시절 호분씨虎賁氏가 있어 왕이 출타할 때 호위를 맡았다고 하나 확실치 않다. 다만 주나라도 이를 그대로 따라 호분씨라는 직책이 있었다고 한다. 한 무제 시절 군인의 고아나 자손을 중심으로 호분군虎賁軍을 설치하고 호분교위虎賁校尉를 장관으로 삼았다. 주로 황궁의 금위군으로 황제의 친위대 역할을 맡았다.

7 『남사南史』에서는 '번객금포蕃客錦袍'를 보냈다고 기록했으며, 『당육전唐六典』이나 두우杜佑의 『통전通典』은 천촉川蜀, 광릉廣陵에서 매년 번객금포 2백 벌을 직조하여 공물로 바쳤다고 기록했다. 황원비黃文弼 선생의 발굴보고서에 따르면, 교하성交河城 일대 옛 분묘에서 귀족 시신황발黃髮의 어린아이이 발견되었는데, 금수의錦繡衣를 입고 있었다.

8 안피는 말등잔 위에 올려 놓고 양쪽 아래로 늘어 뜨린

삽도49 석채산 출토 동제銅製 기사

병용과 비슷한데, 매우 간결하고 소박한 형태이다. 그러나 기사의 다리는 등자를 밟고 있는 모습이 분명하다.삽도 49

보다 진화하여 금속이나 기타 재료로 피혁제 등자를 대체한 것은 비교적 늦은 시기였다. 전연前燕시대 풍소불馮素弗의 분묘에서 등자 잔편이 발견되었는데, 나무를 가죽으로 싼 형태이다. 이는 동진시대 사현謝玄의 '옥첩등玉貼鐙'과 마찬가지로 안구鞍具가 비교적 성숙된 이후의 기물로 처음부터 이런 제품이 나왔을 리가 없다. 진晉과 남북조에서 당대까지는 주로 청동으로 등자를 만들었다. 발이 닿는 부분은 가늘고 긴 막대처럼 생겼고, 위에 긴 자루가 붙어 있다. 서북지역에서 출토된 당대 실물은 나전螺鈿을 상감했다. 대형 당삼채唐三彩 기마용의 등자는 대부분 유금鎏金 처리했다.

흔히 거란契丹은 말에 안장을 얹고 싸우는 데 천하의 으뜸이다鞍馬甲天下라고 말하는데, 근년에 출토된 실물과 벽화에 반영된 그림을 통해 다섯 개의 칼집 구멍오초공五鞘孔이 있는 금은요장안金銀閙裝鞍, 금은을 섞어 장식한 안장은 당대 제도를 답습하여 만든 것임을 알 수 있다. 송대 제도에 따르면 안장이 20여 종인데, 그중에서 가장 귀중한 것이 바로 '금은요장안'으로 정가가 문은紋銀으로 80냥이다.(제왕이 특별히 은총을 베풀 경우 각 로路의 절도사나 외국 사절의 안장에 금색 원숭이인 금사후金絲猴의 가죽으로 만든 '융좌狨座'를 허락했다.)

천으로 보인다.

030 한대 주유朱鮪 분묘 석각石刻

그림76 (한) 꽃비녀를 꽂은 귀족 부녀자와 건책을 착용한 시종 석각 화상(산동 금향金鄕 주유묘 출토)

북송 사람 심괄沈括은『몽계필담夢溪筆談』권19에서 이렇게 말했다.

"제주 금향현지금의 산동 지명에서 오래된 분묘가 발굴되었는데, 동한 초기 대사도였던 주유의 묘였다. 묘실의 석벽에 인물, 제기, 악기걸이 등이 새겨져 있었다. 인물의 의관이나 복식은 다종다양했는데, 오늘날의 복두幞頭와 같은 두건은 앞이마 부분이 방형으로 완전히 오늘날 방식과 같았으나 각이脚耳, 복두에 늘어뜨린 띠가 없었다.(송대 사모紗帽와 비슷하나 사실은 한대 평건책이다.) 부인들도 지금처럼 어깨까지 늘어뜨린 '수견관垂肩冠'을 쓰고 있는데,

근년에 착용하는 각관角冠[1]처럼 양쪽의 건포巾布로 얼굴을 감싸고 아래로 어깨까지 내려뜨린 것이 별로 차이가 없었다. 인정人情이란 서로 다른 것이 아니니 천여 년 전의 관복도 이와 같음을 알겠다. 제기 역시 지금의 식기와 비슷했다.(하지만 사실 동한 시대 식기는 양옆에 손잡이가 달린 이배형耳杯形에서 원형방식으로 바뀌었다)"[2]

탁본에 따르면, 석각에 배치된 기물은 일반 한대 석각에서 보는 것과 달리 주로 일상 생활에서 사용하는 것이 비교적 많다. 그렇기 때문에 생활용품이나 의복 등이 비교적 구체적이다. 예를 들어 접이식 병풍이나 높고 긴 책상, 방형이나 원형의 밥상 등이 극히 사실적으로 묘사되었다. 남자 가운데 한 명은 면복冕服을 입고 있는데 비록 유旒, 면류관 앞뒤에 드리운 주옥을 꿴 술를 늘어뜨리지는 않았지만 다른 한대 석각보다 훨씬 구체적이다. 서 있는 위치로 분석컨대, 머리에 쓴 것은 '번쾌관樊噲冠'[3]일 것이다. 근년에 산동 제남濟南에서 출토된 서한 전기 분묘에서 잡기雜伎, 백희百戲, 용俑 가운데 4명이 쓴 관의 양식과 매우 유사하다. 또한 대동大同에서 출토된 북조 시절 사마司馬였던 금룡金龍의 분묘에서 『열녀전列女傳』 이야기를 소재로 그린 병풍화에서 초왕楚王이 머리에 쓰고 있는 면류冕旒 및 길림 집안集安 오회五盔 분묘의 벽화에 나오는 청룡신青龍神 머리의 면류 등을 비교해보면 당대 염립본閻立本, 또는 염립덕閻立德이 그렸다는 〈열제도列帝圖〉 및 수·당대에 제정한 면복冕服 제도가 사서에 기록된 바와 같이 모두 과거 제도를 답습한 것이지 완전히 날조한 것이 아님을 알 수 있다.삽도 68

부녀자의 꽃비녀 양식은 비녀 제도에 따른 것으로 근년에 한묘 전석각磚石刻 및 그림과 비교해 볼 때 비슷한 점이 많다. 이를 통해 동한 이래로 일반적인 격식이었음을 알 수 있다. 실제로 주대周代의 '육계六笄'나 '육가六珈' 제도를 응용한 것이다. 이는 당대 예복에 사용하는 꽃비녀와 비슷한 것 같지만 다르다. 심괄이 북송 사람들에게 비슷한 점이 있다고 한 것은 돈황 송대 초기 그림이나 송대 분묘의 벽화에서도 볼 수 있는데, 주휘周煇[4]가 말한 '대소과大梳裹'의 양식이다. 하지만 한대의 꽃비녀 처리 방식은 송대 일반 그림에서 나오는 성장한 옷차림의 꽃비녀 처리 방식과 공통점이 적다. 근년에 출토된 한대 석각 벽화 및 기물이 만여 점을 헤아릴 정도로 대단히 많고 송대의 것은 그보다 더 많기 때문에 서로 비교해보면 서로 같거나 다른 점을 한눈에 알 수 있다. 이런

1 각관角冠은 당대 여도사女道士들이 주로 쓰던 넓고 큰 백각관白角冠이다. 아래 어깨까지 내려오기 때문에 '수견관垂肩冠' 또는 '등견관等肩冠'이라고 불렀다. 송대 궁정 여인들 사이에서 한때 유행했으나 나중에 금지되었다.

2 심괄, 『몽계필담』「기용器用」, "濟州金鄉縣發一古塚, 乃漢大司徒朱鮪墓, 石壁皆刻人物, 祭器, 樂架之類. 人之衣冠多品, 有如今之幞頭者, 巾幘皆方, 悉如今制, 但無脚耳. 婦人亦有如今之垂肩冠者, 如近年所服角冠, 兩翼抱面, 下垂及肩, 略無小異. 人情不相遠, 千餘年前冠服已嘗如此. 其祭器亦有類今之食器者".

3 번쾌관樊噲冠은 번쾌가 썼다는 관을 지칭한다.

4 주휘周煇는 남송시대 학자이자 장서가로 소흥紹興 연간에 박학홍사과博學鴻詞科에 응시한 적이 있으나 평생 전국을 돌아다니다가 만년에 전당錢塘, 지금의 항주 청파문清波門에 은거했다. 『청파잡지清波雜誌』 12권 등을 남겼다.

점에서 『몽계필담』에서 언급한 말은 상대적인 것일 따름이다.

주유의 묘석墓石에 새겨진 인물의 옷차림은 비록 간결하고 소박하여 약동적인 느낌은 부족하지만 일상 생활에 사용하던 기물을 사실적으로 배치하여 우리들에게 보다 현실적이고 실용적인 자료를 적지 않게 제공하고 있다. 근년에 산동 기남 한묘에서 출토된 석각과 더불어 당시 사회 생활의 풍부한 내용을 반영하고 있어 우리들이 동한시대 생활 용기나 잡다한 기물을 연구하는 데 매우 중요하고 또 유용하다.

한, 위진魏晉시대 분묘 벽화에 나오는 남녀

그림 77은 요녕遼寧 요양遼陽 봉대자둔棒臺子屯과 삼도호三道壕 한묘漢墓 벽화시기는 조금 늦을 수 있다이다. 심양 박물관 이문신李文信 선생의 발굴보고서에 나오는 그림을 인용했다.

왼쪽 위 그림에 나오는 3명의 여자 노비 가운데 두 명은 나무 들것으로 물이 담긴 항아리를 들고 있으며, 다른 한 명은 우물가에서 도르래를 이용하여 물을 긷고 있다. 무릎까지 내려오는 짧은 웃옷단오短襖를 입고 있다. 오른쪽 위는 대문을 지키는 병졸로 방패와 환도를 들고 있다. 가운데 위쪽에는 말을 탄 세 명의 관리가 나오는데, 한 명은 머리에 삿갓 형태의 영회모纓盔帽를 쓰고 있다. 이런 모자는 원대나 명대 그림에서 흔히 볼 수 있는 양식이지만 위진대 그림에서는 이 그림이 유일하다. 다른 두 명의 관리는 머리에 평건책을 쓰고 있다. 이 역시 일반적인 형태이다. 가운데 아래쪽은 귀족 부녀자가 운문雲紋 수의繡衣를 입고 머리에 '건귁巾幗'이라고 칭하는 머리 장식을 하고 있다. 이는 동한 말기에 비로소 유행했다. 길고 넓은 평상탑榻 앞에 둥근 소반이 있으며, 그 안에 마실 음료 몇 가지가 놓여 있다. 옆에 시녀가 작은 접시에 술잔을 받쳐 들고 술을 권하고 있다. 건너편 평상에 앉은 남자는 평건책을 착용했을 뿐 양관은 쓰지 않았다. 하남 밀현密縣 타호정打虎亭 한묘의 석각에 나오는 인물들의 생활 형상을 대조해보건대, 평상시 한가롭게 거할 때는 옷차림도 간략하여 관작官爵을 나타내는 양관은 쓰지 않았다. 하지만 이 그림의 경우는 아직 나이가 어려 관직이 없기 때문에 책만 쓰고 관은 착용하지 않은 듯하다. 평건책을 사용한 것은 동한 후기인데, 본래 상하가 귀천 없이 통용되었다고 한다.

맨 아래 남자는 높이 솟은 양관을 쓰고 있다. 평상 앞에 신발 한 짝이 가로로 놓여 있고, 뒤쪽 병풍 옆에는 "□□支令張□□"이란 글자가 적혀 있다. 앞에 또 다른 평상에 앉은 부녀자는 화만華鬘[1] 사이로 보요步搖 또는 봄맞이 작은 깃발인일영춘소번人日迎春小幡[2]을 비스듬히 꽂았다. 두 개의 평상 사

1 화만華鬘은 일반적으로 불상의 머리 위에 생화 또는 금은의 조화로 늘어뜨리는 꽃다발 장식을 말한다.

2 옛날 중국에서 입춘과 인일人日, 정월 초이레이면 채색 비단이나 종이로 오려 만든 제비 한 쌍이나 번승幡勝, 긴 줄 모양의 작은 깃발, 인형, 꽃 모양의 작은 깃발소번小幡을 머리에 쓰거나 작은 깃발을 연결하여 비녀머리에 다시 꽂기도 했다. 또한 이를 서로 주고받았다. 일종의 새봄맞이 의식인 셈이다. 한대에 시작되었다고 하는데, 당송 시절에는 황제가 명절에 신하들에게 하사하기도 했다. 이후 일반적인

張
支令
公孫夫人

이에 기둥이 하나 있는데, 아래 석벽시石辟邪[3]로 주춧돌로 삼았고, 위쪽에는 유소流蘇 휘장과 연결시켰다. 귀족이 평상시 집안에서 한가롭게 지내는 모습에 가깝다. 또 다른 형상은 부녀자와 비슷한 옷차림을 하고 있는데 머리에 화만 사이로 보요나 인일영춘소번을 꽂고 있다. 평상 옆에 여비 한 사람이 보름달처럼 둥근 비단 부채환선紈扇를 들고 서 있다. 환선은 한대 그림이나 석각에도 나오는데, 시기적으로 비교적 늦게 나온 부채이다.[4] 반달처럼 생긴 반규半規 형태의 편면便面, 부채의 별칭은 비교적 일찍 양한시대에 널리 사용되었다.

벽화는 이미 많이 훼손된 상태이나 발굴보고서에서 일부 남녀 노복과 문지기, 말을 탄 시종 및 남녀 귀족들의 옷차림이나 색깔에 대해 언급한 바 있다. 일반적인 관습에 따르면 그림에 나오는 의복 색깔은 망자 본인이 생전에 실제로 입던 옷의 색깔이 아닐 수도 있다. 근년에 감숙甘肅 가욕관嘉峪關 밖에서 출토된 위진魏晉 분묘 벽화의 내용과 비교해보면, 동한 말년 삼국시대 중원 지역은 장기간에 걸친 전란으로 인해 사회 경제가 붕괴되고 농촌 역시 피폐하여 적막하기 이를 데 없었다. 동탁董卓이 낙양을 불태운 후 연이어 역병이 기승을 부리면서 사망자가 넘쳐 장사조차 제대로 지낼 수 없는 지경에 이르렀다. 왕찬王粲의 「칠애시七哀詩」나 채담蔡琰의 「비분시悲憤詩」 및 조조曹操 부자조조, 조비曹丕, 조식曹植의 잡시雜詩 등을 보면, 넓은 들판은 백골로 뒤덮이고, 천리에 인적이 드물었다는 처참한 광경이 그대로 묘사되고 있다. 여기에 먹고 살기 위해 도굴까지 성행하여 군중軍中에 특별히 모금교위摸金校尉[5]를 두어 분묘를 도굴하여 금은보화를 훔치는 일까

그림77
위 왼쪽:(위진) 단의를 입고 물을 긷는 노비(요녕 삼도호 분묘 벽화)
위 오른쪽:(위진) 평건책을 착용했으며 단의를 입고 칼과 방패를 든 수위守衛(요양遼陽 봉대자둔 분묘 벽화)
가운데:말을 탄 3명의 관리와 자수 비단옷과 건괵을 착용하고 성장盛裝한 귀족 부녀자, 평건책을 쓴 젊은 귀족(요양 삼도호 분묘 벽화)
아래:양관을 쓴 귀족 남자와 두 개의 보요步搖를 착용한 귀족 가족(요양 삼도호 분묘 벽화)

장신구로 바뀌었다.

3 석벽시石辟邪는 고대 신화, 전설에 나오는 신수神獸로 사악한 것을 없애는 길상의 상징이다. 사자처럼 생겼으며, 날개를 가지고 있다.

4 환선紈扇은 견궁선絹宮扇, 단선團扇, 나선羅扇이라고 부르기도 하며, 깃털로 만든 우선羽扇 이후, 접부채인 접선摺扇 이전에 나왔다. 지금도 중국에서 흔히 볼 수 있는 둥근 비단 부채이다.

5 모금교위摸金校尉는 금을 만지는 교위라는 뜻인데, 분묘를 도굴하여 금은보화를 훔치는 것을 주된 임무로 삼는 군대내 장수를 말한다. 원소와 조조가 맞붙은 관도대전官渡之戰에 앞서 원소를 위해 유비와 각 주군의 장수들에게 함께 조조를 토벌할 것을 요청하는 한말 문인 진림陳琳의 격문 「원소를 위해 예주에 보내는 격문爲袁紹檄豫州」에 나오는 말이다. "조조는 또한 특별히 발구중랑장과 모금교위를 설치하여 지나는 곳마다 무덤을 헐

지 생겼다. 원소袁紹나 최균崔鈞, 한말 호분중랑장, 서하태수 등을 역임함 등은 신분은 장군이지만 이에 걸맞는 관을 쓰지 못하고 그냥 넓은 두건으로 머리를 감쌌다. 그러니 나머지는 어떠했는지 짐작하고 남음이 있다.

다만 동북과 서북의 전란을 겪지 않은 변방에서 봉건 할거割據하던 관료와 호강豪强은 오주塢主, 작은 성의 주인로 있으면서 자신들의 세력을 이용하여 원래의 생활 방식을 유지할 수 있었으며 사후에도 한대의 방식에 따른 상장喪葬 제도를 어느 정도 따를 수 있었다. 사실 몇몇 분묘의 벽화나 여러 명기明器들은 매우 초라하여 그저 예에 따라 구색을 갖추는 정도에 가까웠다. 몇몇 각기 다른 지역의 분묘는 시대적으로 거의 같은 시기에 조성된 것인데, 이는 그림에 나오는 노복들의 발계髮髻 뒤에 각기 한 개의 소髾를 하고 있는 모습에서 확인할 수 있다. 이러한 수소垂髾 양식은 비교적 이른 서한 시기에 나왔다.삽도 60 이후 동한시대에는 오히려 거의 보이지 않다가 위진 시절 동북이나 서북 지역의 분묘에서 흔히 발견된 것으로 보아 이미 하층 부녀자들의 머리 장식의 특징이 되었다는 것을 알 수 있다.

고 구멍을 뚫으니 해골이 드러나지 않는 곳이 없었다操又特置發丘中郎將, 摸金校尉, 所過隳突, 無骸不露." 정사에 나오지 않으니 실제로 그랬는지는 알 수 없지만 조조가 아비의 원수를 갚는다며 서주에서 도겸을 공격하면서 큰 무덤을 파헤친 일이 있었다. 이외에 동탁도 도굴에 재미를 붙인 인물 가운데 한 명이다.

032

한대 석각 잠필주사簪筆奏事 관리

그림78
양관梁冠을 쓰고 포복을 입은 잠필주사 관리 석각 화상(산동 기남沂南 한묘 출토)

그림 78은 산동 기남 한묘 석각에서 나왔으며, 발굴보고서 도판에서 인용했다.

그림 가운데 무릎을 꿇고 앉는 관리는 두 손으로 안독案牘, 공문서을 받들고 상주하는 모습이다. 양관을 쓰고 소매통이 넓은大袖 웃옷袍을 입고 허리에 작은 칼이 들어 있는 대초帶鞘, 허리에 차는 칼집를 차고 있다. 이는 한대에 흔히 볼 수 있었던 양식이다. 다만 귀에 잠필簪筆을 끼고 있는 모습이 확연한데, 이는 현재까지 보기 드문 그림 자료이다. 잠필은 한대에 만들어진 일종의 제도이다. 관리는 윗사람에게 아뢸 때 반드시 주독奏牘, 목간에 써야만 했는데, 붓을 둘 곳이 마땅치 않을 경우 귓

바퀴에 꽂곤 했다. 당연히 처음에는 실질적인 필요에 따른 것이었는데, 나중에는 관제官制로 문서화하여 어사나 문관만 사용하도록 했다. 『진서晉書』「여복지輿服志」에 관련 내용이 나온다.

"홀笏은 일이 있을 때 기록하는 것이다. 그래서 항상 잠필을 사용한다.붓을 비녀처럼 귓바퀴에 꽂는다는 뜻 지금의 백필白筆이 그 흔적이다. 삼대三臺, 오성五省, 이품二品의 문관들만 잠필을 사용하고, 왕, 공, 후, 백, 자, 남, 경, 윤 및 무관은 사용하지 않는데 내시內侍 지위에 있는 이만은 쓸 수 있다."[1]

하지만 한漢·진晉대 화상석 110종과 근년에 새로 출토된 수많은 한대 분묘 벽화에는 잠필의 구체적인 형상이 보이지 않는다. 오직 이 그림에 나오는 몇 명만 귓바퀴에 붓을 끼고 있다. 진晉과 남북조 사람들의 회화 중에서 잠필 제도를 본떠 '백필'을 잠도簪導처럼 머리 뒤편에서 정수리쪽으로 꽂은 형태는 매우 보기 힘들다. 북조 고급 관리들은 칠사롱관漆紗籠冠[2]을 썼는데, 뒤편으로 올렸다가 아래로 곧게 늘어뜨린 갓끈을 이마 사이에 묶었다. 이를 때로 '수필垂筆'이라고 칭하기도 하는데 잠필에서 발전한 것이기 때문이다. 하지만 본래 형상과는 크게 차이가 난다. 칠사롱관을 쓴 또 다른 관리의 경우 귓가에 뭔가를 끼고 있는 모습은 이 그림과 비슷하나 잠필이 아니라 관모 장식인 '이초珥貂'[3]인 듯하다. 잠필과 이초를 병합하여 사용한 것과 같다.그림 98 : 가운데와 왼쪽 그림

국내 전문가들 가운데 어떤 이들은 일부 장식 도안을 비교 연구하여 이 석각이 한대보다 늦은 삼국이나 서진시대의 것이라고 주장하고 있으며, 또 다른 학자들은 일부 도안의 문양을 비교한 결과 동류의 석각이 동한 후기에 출현하고 있기 때문에 동한 말기의 것이 분명하다고 주장하고 있다. 일부 조각이나 증거만 가지고 이야기한 것이기 때문에 전면적인 이해가 부족하며, 문헌에서 나오는 복식 변화에 관한 서술과 그림 자료를 결합한 분석도 결여되어 있다. 만약 보다 종합적으로 분석한다면 내용을 대체적으로 두 가지 부분으로 분류할 수 있으며 시대 또한 서로 다르다는 것을 알 수 있다.

『열사전列士傳』 내용을 주제로 삼은 부분의 경우 건관巾冠의 특징은 속발束髮, 또는 사려무관紗麗武冠을 덧씌하고 이마를 감싸지 않았다는 것인데, 이는 서한 이후로 흔히 볼 수 있는 격식이다. 낙양 채화전彩畵磚, 낙양 서한시대 이도살삼사二桃殺三士 벽화의 정황이 서로 유사하다.그림 64 및 삽도 예술풍격도 활발하고 생동감이 넘친다. (벽화 일부분에 동한시대 양관이 보이는데 통일된 것은 아니다. 이는 기존의 모본을 따라 그린 부분이며 동시에 창작한 것이 아니다.)

1 『진서』「여복지」, "笏者, 有事則書之, 故常簪筆, 今之白筆是其遺象. 三臺五省二品文官簪之, 王, 公, 侯, 伯, 子, 男, 卿, 尹及武官不簪, 加內侍位者乃簪之".

2 칠사롱관漆紗籠冠은 간칭하여 '농관籠冠'이라고 한다. 위진남북조시대 유행하던 관의 명칭으로 남녀 구분 없이 사용했다. 가볍고 가느다란 명주로 성기게 짜서 옻칠하여 만든다. 정수리 부분이 평평하고平顶 원형의 덮개처럼 생겼다. 쓸 때는 관책冠幘을 한 다음에 쓰는데, 아래 명주 끈을 늘어뜨려 묶는다.

3 이초珥貂는 한대 시중侍中, 상시常侍 등 고관의 관冠에 꽂는 담비 꼬리로 만든 장식물.

삽도50 대롱 형태(통자형筒子形) **털모자**(전모氈帽)(가욕관 위진 시대 분묘 출토 화상전)

삽도51 대롱 형태 털모자(돈황 막고굴 출토 북위 자수불상공양인刺繡佛像供養人 부분)

원래 모본은 이르면 2, 3세기에 만들어졌을 것이다. 본 그림의 현실 생활을 반영하고 있는 부분은 인물 형상이 비교적 엄숙하고 그림도 딱딱하여 생동감이 떨어진다. 관모는 평건책 위에 앞이 높고 뒤가 낮은 권량卷梁[4]을 맨 형태로 무씨사武氏祠 서각이나 망도 한묘 벽화와 대동소이하

4 권량卷梁은 굽은 형태의 양을 말한다. 양관은 건축물의 들보처럼 굽은 형태의 권량으로 지탱해야 관이 제 형태를 유지할 수 있다.

며, 그 밖의 동한시대 석각이나 벽화와도 상통하여 대단히 사실적이다. 문헌 기록에 따르면, 이런 양식은 서한 말년 왕망王莽이 대머리이기 때문에 관을 쓰기 전에 책, 즉 두건으로 머리를 감싸기 시작한 것에서 비롯되었다고 한다. 또한 사서에 따르면 책은 상하 통용되어 등급의 구별이 없었다고 한다. 만약 평건으로 머리를 감싼 것을 가리킨다면 당연히 믿을 만하다. 그러나 만약 이 그림에서 예시하는 것처럼 위에 인자人字 형태의 옥정屋頂이 있는 것은 대량의 한대 석각, 벽화에서 보이는 것처럼 주로 공리公吏나 복종僕從의 머리에서만 보인다.직위가 높은 관리는 반드시 양관을 썼다 이처럼 관을 쓰지 않는 것은 오히려 비교적 후대의 "오직 비천한 이들만 착용했다惟卑賤服用"는 기록과 부합한다.

요양 벽화의 백희百戲 부분을 보면, 노인의 머리에 두건이 그려져 있는데 낙양 서한 벽화에 나오는 인물의 두건과 마찬가지로 평정平頂으로 지붕처럼 꼭대기가 올라가 있지 않으며 권량卷梁을 설치하지도 않았다. 신분은 그리 낮은 것 같지 않다. 양식은 상대 옥석각玉石刻을 답습한 것으로 보인다. 왜냐하면 근년에 출토된 은상殷商 옥, 석, 도기 인형의 경우 귀천을 불문하고 머리에 머리테두리 방식모체식帽箍式의 형상이 보이기 때문이다.그림 21 및 삽도 1 비교적 후대의 것인 산서 후마侯馬 도범陶範에서 보이는 것과 대체적으로 같다.그림 23 이러한 것들은 모두 후대 관리들이 썼던 평건책 범위에 포함되지 않는다. 서진시대에 이르자 작은 관小冠子이 유행했는데, 기존의 것보다 작아지고 높아졌으며, 권량卷梁은 이미 소실되었다. 이러한 작은 관은 동진시대의 경우 남방이 북방보다 많았다. 하지만 북위는 대동大同, 대동 인근 요새인 무주새武州塞에서 하남 낙양으로 내려와 도읍을 정한 후 여러 가지 법령의 한화漢化를 추진했다. 이후 귀족의 조복도 예외 없이 이전과 달리 개선되었으며, 원래 유행하던 대롱처럼 생긴 털모자삽도 50, 51도 더 이상 쓰지 않고 서진시대 작은 관을 모방하여 칠사롱건을 덮어쓰거나 면류冕旒를 더하기도 했다. 이처럼 건책에 칠사롱관또는 건巾을 덮어쓰는 형태는 당나라 초기까지 계속 사용되었다. 예를 들어 〈십팔학사도十八學士圖〉에 나오는 위징魏徵의 관 모습이나 근년에 출토된 이현李賢의 분묘 벽화에 나오는 번객蕃客 외빈을 인도하는 대홍려大鴻臚와 예관禮官의 관에서도 발견할 수 있다.삽도 69 간보干寶의 『진기晉紀』, 『진서』「여복지」 등에서 상당히 분명하고 명확하게 언급되어 있기도 한데, 이는 그림을 통해서도 증명할 수 있다.

033

동한東漢 분묘 채색 벽화와 석각

그림79 (동한) 연락宴樂 백희百戲 벽와와 석각(하남 밀현 타호정 한묘 출토)

하남 밀현密縣 타호정打虎亭 동한 말기 대묘 발굴보고서는 『문물』 1972년 제10기에 실렸다. 묘장 내부는 사회 생활과 관련된 두 가지 중요 부분이 매우 뚜렷하게 반영되었다. 하나는 채색 연락宴樂 부분으로 연회가 열리는 장면을 묘사하고 있다. 큰 저택의 넓은 정원에서 열리고 있다. 두 군데 주랑에 각기 긴 대나무 자리장정長筳가 늘어섰고, 빈객들의 옷차림은 울긋불긋 화려한데 각기 고급스럽고 아름다운 방석을 깔고 있다. 손님마다 차려진 식탁에는 술잔이며 식기가 놓여 있다. 좌석 끝부분에는 특별히 붉은색 금수 휘장이 설치되었으며, 그 뒤편으로 4개의 계극棨戟과 채색 깃발이 꽂혀 있다. 장막 안에 앉은 두 사람은 주인과 그 가족인 듯하다. 그 앞에 다리가 높고 긴 옻칠 식탁 위에 옻칠한 쟁반이 놓여 있으며, 그 위에 이배耳杯 한 벌과 기타 음식이나 과일을 담는 그릇이 자리하고 있다.

정중앙 지면에 깔려 있는 인석茵席, 돗자리나 방석 위에도 각종 음식을 담은 기물이 가득한데, 종복들이 음식을 나르느라 이리저리 오가는 모습이 매우 바빠 보인다. 중정中庭 빈 터에는 여러 기악인伎樂人들이 자리하여 온갖 연희로 각자 재주를 남김없이 보여주어 손님들을 즐겁게 한다. 벽화의 길이는 7m 정도이며, 장면이 웅장하고 온갖 기악이 등장할뿐더러 벽화의 인물 배치나 전체적인 설계가 매우 정교하며 채색 또한 화려하고 아름답다. 기남 한묘 석각에 나오는 백희 부분보다 훨씬 생동감 있고 자연스럽다.

보고서에 따르면 벽화는 화면이 넓고 구도가 엄밀하며, 그림의 선이 강건하고 힘이 있다. 숙련된 이의 작품인 듯 채색 기술 또한 매우 뛰어나다. 온갖 기예백희百戲를 연희할 때의 긴장감과 즐거운 장면이 매우 생동적이다. 벽화는 한대 봉건 귀족의 사치스러운 생활을 여실히 반영하고 있을 뿐만 아니라 한대 무명 화가가 지닌 고도의 사실적 묘사력을 보여주는 진귀한 기록이다. 다만 아쉽게도 화면의 많은 부분이 이미 많이 떨어져나가 전체적인 형상이 완전치 못하고, 컬러 도판도 너무 작아 원화原畵의 본래 분위기를 제대로 반영하지 못하고 있다. 보고서의 추론에 따르면, 분묘의 주인은 동한 말기 홍농弘農, 또는 굉농宏農 태수인 장백아張伯雅라고 한다. 역도원酈道元의 『수경주水經注』 유수洧水 주注에서 이르길, 유수와 수수綏水가 합류하는 곳에 한나라 홍농 태수 장백아의 묘가 있다. 무덤 앞에 석묘石廟가 있고, 세 기의 비석이 서 있는데 그 안에 "덕, 자는 백아 하남 밀인이다德, 字伯雅, 河南密人也"라고 기록되어 있기 때문이다.

삽도의 내용은 같은 분묘 앞에 선으로 새긴 인물 부분의 모사본이다. 옷차림의 형상으로 분석컨대, 그림 중간삽도 52:1에 나오는 세 남자는 머리에 평건책에 사관紗冠을 덧쓰고 있으며, 다른 4명삽도 52:2은 머리에 평건책만 쓰고 있어 신분이 다른 듯하다. 전자는 향신鄕紳 중에서 일정한 벼슬이 있는 인물이다. 삽도 52:5는 예물을 보내는 친인척인 듯하다. 좌탑坐榻, 소파처럼 길고 넓은 목재 걸상에 앉아 있는 이삽도 52:3는 분명 망자 본인으로 집사나 이속, 종복 등에게 인니印泥, 인주를 말하나 여기서는 봉니의 뜻이다로 봉함한 문건을 건네는 모습이다. 이렇게 판단하는 이유는 앞에 서 있는 사람이 손에 들고 있는 소반에 놓여 있는 대롱처럼 생긴 기물이 망도望都 한묘 벽화에 보이는 것과 마찬가지로 안에 봉니封泥, 문서 등을 봉할 때 사용하던 진흙를 넣을 때 사용하는 전용 기물이기 때문이다. 주인과 노복은 모두 평건책을 착용하고 있으니 묘주墓主가 퇴직한 후에 집 안에서 한가롭게 거주할 때의 모습을 반영한 것이 틀림없다. 동시에 이는 시대적 특징이기도 한데, 『후한서』「여복지」에서 말한 바대

삽도52 밀현 타호정 1호 한묘 인물 화상석 모본
❶ 분묘 내부 용도甬道 서벽 화상석
❷❸ 전실前室 서벽 화상석
❹ 전식 북쪽 용도 서벽 화상석
❺ 북쪽 이실耳室(전실 양쪽 중앙에 딸린 작은 공간) 서벽 연회 화상석

로 "평건책은 상하가 모두 착용하는 복장平巾幘爲上下通服"이기 때문이다.

또한 동한 화상이나 석각을 보면 부녀자들은 일반적으로 고대 '육계六笄'나 '육가六珈'제도에 따라 여섯 개의 비녀六釵를 사용하여 통치 계급의 존귀함을 상징했다. 하지만 동한 말기 지역이나 시기가 서로 다른 회화나 석각에 반영된 것을 보면 귀족 부녀자들이 마황후馬皇后를 모방하여 머리 위 네 군데 고계를 만드는 방식[1]이 유행한 것을 제외하고 잠簪이나 채釵 등 비녀는 적게 사용했으며, 오히려 기악伎樂이나 일반 잡무를 맡은 여자 노복들이 머리 위에 온갖 구슬 장식을 많이 했다. 금·은으로 만든 육채六釵는 삽도 52:4, 5에서 볼 수 있다시피 발계髮髻[2] 바깥쪽으로 노

1 마황후39~79년는 동한시대 복파장군伏波將軍 마원馬援의 여식으로 명제의 황후가 된 명덕황후明德皇后를 말한다. 동한 관수官修 사서인 『동관기東觀記』에 따르면, "명제 마황후는 머리카락이 아름답고 풍성하여 머리 위쪽 4군데에 고계高髻를 만들 수 있었으며, 그래도 남는 머리카락을 세 번이나 말아 올릴 수 있었다".

2 빌게髮髻는 머리카락을 빗고 묶은 다음 정수리나 머리 측면 또는 뒤통수에 감아올린 일종의 두발 형식이자 결발結髮 형식이다. 형태에 따라 몽치처럼 생긴 '추계椎髻', 소라껍질螺殼처럼 생긴 '나계螺髻', 하늘을 쳐다보는 형태의 '조천계朝天髻' 외에도 '영사계靈蛇髻', '쌍화망선계雙環望仙髻' 등이 있다. 중국인들은 "신체와 머리카락, 피부는 부모가 주신 것이기 때문에 감히 훼손하지 않는 것이 효도의 시작이다身體髮膚受之父母, 不敢毁傷, 孝之始也"라는 관념에 지배받았기 때문에 머리카락을 자를 수가 없었다. 그래서 나온 것이 다양한 형태의 장발長髮 처리 방식이다. 본서에 나오는 '고계高髻', '대계大髻' 등도 모두 유사한 두발 형식이다. 우리나라에서는 남자의 경우 상투, 여자의 경우 '쪽'으로 풀이하는데, 쪽은 시집간 여자가 뒤통수에 땋아서 틀어 올린 다음 비녀를 꽂은 머리를 말하기 때문에 지칭 범위가 좁다. 한국에서는 얹은머리트레머리,

출되어 있다. 그렇기 때문에 북송 심괄이 주유묘 석각에 나오는 부녀자들의 머리 장식을 언급하면서 북송시대와 비슷한 점이 있다고 오인했던 것이다. 삽도에서 볼 수 있다시피 남자는 평상시의 경우 평건책만 착용하는 것이 일반적이었으며, 여자들의 화채는 통치 계급의 부녀자들에게만 제한적으로 사용된 것 같다. 집안의 노비나 나이가 많은 부녀자들의 경우 두건으로 머리카락을 묶고 2개의 비녀를 꽂은 경우도 있고, 그냥 두건만 한 채 비녀 장식은 하지 않은 경우도 있다. 이로 보건대, 한대의 양관제梁冠制는 동한 후기 모종의 상황에 의해 이미 폐지되기는 했지만 통치자의 의복이나 채색에는 여전히 등급 제도가 남아 있었음을 알 수 있다. 또한 부녀자들의 경우 비녀나 귀걸이 등 장신구에 매우 엄격한 구별이 있어 한번 보기만 해도 알 수 있기 때문에 헛갈리지 않았다.

쪽진머리, 귀밑머리, 낭자쌍계, 사양머리사양계絲陽髻(아계丫髻, 아환丫鬟, 쌍계雙髻, 양계兩髻 등으로 부르는 중국의 쌍상투와 유사함) 등 다양한 머리 형태를 지칭하는 용어로 '발양髮樣'을 사용하고 있다. 역서의 경우 고계는 높은 올림머리, 대계는 큰올림머리로 풀이하거나 원어 그대로 사용한다.

한대 〈강학도講學圖〉 화상전畫像磚

그림80 (한) 양관을 썼으며 간독을 들고 서도書刀를 찬 유사儒士(성도 청강파靑杠坡 출토 강학도 화상전)

그림 80은 사천 성도 한묘에서 출토된 부조 벽돌 화상浮雕磚畫像이다.

주제는 경사經師가 학생들에게 경전을 가르치는 모습인데, 경전을 가르치는 선생은 넓고 풍성한 유복儒服을 입고 앞쪽이 높이 솟은 양관梁冠을 쓴 상태로 높은 평상高榻에 앉아 있다. 앞에 궤안几案, 책상이 놓여 있는데, 뭔가 가르치는지 간편簡編, 죽간으로 엮은 책이 펼쳐져 있다. 몇 명의 학생들이 각기 자리에 앉아 간책簡冊을 들고 공손히 강의를 듣고 있다. 일반적으로 서한 초년 진박사秦博士 "복생이 경전을 전수했다伏生傳經".[1] 이야기를 주제로 삼은

1 복승생졸 미상은 진나라에서 전한 초기 학자로 자는 자천子賤이며, 제남군 사람이다. 『사기』에 복생이라고 기록하였으나 원래 이름은 복승伏勝이다. 진나라가 전국의 책을 불태웠을 때 벽속에 『상서』를 숨겨놓았다. 한나라 때 꺼내 보니 수십 편이 유실되고 29편만 남았

그림이라고 해석하는데, 또 어떤 이는 서한 "문옹文翁이 강학하는 모습이다"[2]고 주장하면서 사천 현지의 이야기를 반영한 것으로 보고 있다. 문옹 사당에 있는 석각에는 '복생전경'에 대한 언급은 보이지 않는다.

사서에 따르면, 복생은 90여 세를 살았는데, 두 눈이 모두 보이지 않는 맹인이기 때문에 벽돌에 새겨진 선생의 모습과 부합하지 않는다. 따라서 문옹이 강학하는 모습이라는 설명이 비교적 합리적이다. 문옹은 서한 때 촉蜀에서 강학하였는데, 당시 서촉西蜀 문화에 큰 영향을 끼쳤기 때문에 동한 사람들이 분묘 그림 장식의 주제로 삼았던 것도 전혀 이상하지 않다. 이 그림이 중요한 까닭은 당시 경전 강의 모습을 보여주고 있기 때문이다. 예를 들어 강의를 하는 경사經師는 고탑高榻에 기대 앉아 있고, 책상에는 책이 펼쳐져 있다. 한 편에는 두 사람이 자리 잡고 있는데, 강의를 도와주는 역할을 하는 듯하다. 다른 한 편에는 네 사람이 연석하고 있는데, 나이에 따라 나눠 앉은 듯하다. 그 가운데 한 사람은 등 쪽에 작은 환도를 걸고 있다. 『고공기考工記』에 "여섯 번 깎으면 원을 만들 수 있었다合六而成規"의 '삭削'이거나 공구孔丘, 공자가 『춘추春秋』에서 "필은 필이고 삭은 삭이다筆則筆, 削則削"라고 했던 '삭削'일 것이다. 고대에는 죽간으로 책을 만들었는데, 잘못 쓴 글자를 삭제할 때 사용하던 전용 도구가 바로 '삭'이다. 근년에 하남 신양 초묘에서 동제銅製 삭과 함께 톱거鋸, 괄刮, 작은 자귀소분小錛 등 죽간과 관련된 도구가 나왔다. 또한 죽간과 모필毛筆을 한데 넣은 대나무를 엮어 만든 장방형의 작은 광주리도 발견되었다. 이를 통해 고대 문방구文房具가 어떠했는지 알 수 있었다. 전각磚刻의 그림에 따르면, 평시에 삭은 패대佩帶에 걸어놓았다. 서한 이래로 죽간의 오자를 수정하는 삭을 '서도書刀'라고 통칭했는데, 육기陸機의 글에 보면 조조가 생전에 사용하던 서도를 본 적이 있었다는 말이 나온다. 비교적 신경 써서 만든 서도는 도금하고 여러 가지 문양을 넣었으며, 칼자루 주위를 금박으로 장식한 것도 있다. 이는 서한시대에 이미 널리 유행했으며, 실물도 출토되어 당시 제도를 살피는 데 도움을 준다.

경사가 앉은 자리 위쪽에 네모난 격자格子 형태의 목판이 걸려 있는데, 나무로 제작한 '승진承塵'일 것이다.[3] 유희劉熙의 『석명釋名』에 따르면, "승진은 위에 걸어놓아 티끌이나 흙먼지를 받는다承

다고 한다. 복승은 남은 책으로 제와 노나라에서 『상서』를 가르쳤으며, 공안국, 장생, 조조 등이 그의 밑에서 배웠다. 문제가 그를 조정으로 부르려고 했으나 이미 나이가 많아 태상장고太常掌故 조조鼂錯를 보내 복승에게 『상서』를 배우도록 했다. 그가 전한 『상서』는 금문상서로 한나라 경제 시절 노나라 공왕恭王이 공자의 옛집을 허물다 벽에서 발견했다는 고문상서古文尙書와 구별된다.

2 문옹文翁, 기원전 187~110년, 이름은 당黨, 자는 중옹仲翁. 서한 관리로 경제 말년에 촉군수蜀郡守를 지냈다. 관리로서 수리 사업을 진흥시키는 한편 학교를 세워 인재 양성에 힘썼다. 그 공을 인정하여 평제平帝의 명으로 사당문옹사文翁祠을 세웠다.

3 승진承塵은 평상이나 침상에 가로목을 설치하고 작은 휘장을 쳐서 위에서 떨어지는 먼지나 티끌을 받기 위해 만든 기물이다. 천화판天花板이라고도 한다.

塵, 施於上以承塵土也"고 했으니 위에서 떨어지는 흙먼지나 티끌을 받아두는 기물이다. 또한 『초사』에 "대청을 지나 내실로 들어가면 붉은 승진에 댓자리가 있다經堂入奧, 朱塵筵些"는 말이 나오는데, 주에 따르면, "위에는 붉은색 그림의 승진이 있고, 아래는 댓자리로 앉을 곳을 마련하였으니 편히 쉴 수 있다上則有朱畵承塵, 下則簟秀好席, 可以休息"고 했다. 이러한 승진 가운데 비단으로 가장자리를 장식한 것을 일러 두장斗帳[4]이라고 한다. 두장은 단협單夾, 홑겹과 두겹이 있는데, 특별히 장식에 신경을 쓸 경우 사방 모서리에 작은 방울이나 향낭香囊을 걸어두기도 한다. 악부시樂府詩에서 "붉은 비단에 두 겹짜리 두장, 사방 모서리에 향낭을 내려뜨렸네紅羅複斗帳, 四角垂香囊"[5]라고 하여 두 겹짜리 두장을 언급하고 있기도 하다. 형태가 되를 뒤집어놓은 것과 같다 하여 '복두장複斗帳' 또는 '복두장覆斗帳'이라고 부른다.

경사 앞에 가로로 높인 긴 궤几, 또는 책상가 보이는데, 위에 화려한 비단이 걸쳐있으며, 앞뒤로 지금의 탁자보처럼 생긴 명주천이 늘어뜨려져 있다. 이는 고대의 "궤안은 비단으로 받든다几案承以錦"는 제도와 관련이 있다. 처리 방식은 가로로 펼치는 것이 아니라 세로로 거는 형태이다. 이를 통해 당대 돈황 벽화에서 유마변維摩變[6] 이야기를 그린 그림의 강경대講經臺 앞이나 불설법도佛說法圖 앞에 있는 향안香案의 비단 금수錦繡가 예로부터 전해지는 방식임을 알 수 있다. 다른 점은 유마힐이 사용한 강경대는 비교적 높기 때문에 궤안도 이에 따라 좀 더 높고, 비단깔개錦墊도 더 길다는 것이다.

그림에서 볼 수 있다시피 책상과 좌구坐具, 앉는 자리는 분리되어 있는데, 이는 춘추·전국시대부터 이미 그러했다. 앉는 자리로 만든 평상 탑榻은 상당히 무거워 반드시 일정한 자리에 고정시켰고, 책상은 필요에 따라 이동할 수 있었으며, 운용 방법도 날로 광범위해졌다. 춘추·전국시대 박각薄刻 청동기 연락도宴樂圖에 보면 흔히 긴 탁자에 술독주뢰酒罍를 올려놓고, 그 위에 긴 자루가 달린 술 국자주작酒勺을 올려놓았다. 한대 백희에서 흔히 볼 수 있는 '안식오안安息五案'[7]은 사천 전각磚刻에서 볼 수 있는데, 네모난 탁자 5개를 중첩해서 올려놓고높을 때는 12개를 올려놓기도 한다 그 위에서 여러 가지 연희를 한다.

이런 네모난 탁자를 당대에는 '상자床子'라고 불렀다. 아래 다리를 높여 만든 네모난 탁자는

---

4 두장斗帳은 작은 장막을 말하는데, 되를 엎어놓은 형태이기 때문에 '두斗'자를 썼다.

5 『옥대신영玉臺新詠』, 「고시위초중경처작古詩爲焦仲卿妻作」 일명 「공작동남비孔雀東南飛」, "紅羅複斗帳, 四角垂香囊".

6 유마변維摩變은 유마힐경변維摩詰經變을 말한다. '경변'은 불교 이야기를 문학이나 미술 작품 형태로 표현한 것을 말하며, '변상變相'이라고도 한다. 휴마힐경변은 동진 고개지가 건강建康, 지금의 남경 와관사瓦官寺에 그렸다고 하며, 이외에도 돈황 막고굴에 30여 군데 벽화에서 볼 수 있다. 그중에서 성당 시절에 그려진 돈황 103굴의 벽화가 가장 선명하다. 220굴 벽화에는 조우관鳥羽冠을 쓴 두 명의 신라新羅 사신이 등장한다.

7 안식오안安息五案은 한대 백희의 공연 내용 가운데 하나이다. 말 그대로 다섯 개의 의자를 쌓아놓고 그 위에서 편안히 쉰다는 뜻이니, 여러 개의 의자를 쌓아놓고 그 위에서 연희하는 것을 말한다.

당대에 이미 나왔다. 돈황 벽화에 도탁屠桌의 형상이 등장한다. 송대에는 앉을 때 사용하는 기물인 좌구坐具를 보다 높인 의자椅子가 나왔다. 장방형의 긴 책상안案 또는 방형의 탁자탁桌가 날로 많아지면서 '탁자桌子'라는 말을 쓰기 시작했다. 탁자 또는 긴 책상의 가장자리에는 비단으로 만든 탁자보를 덮어씌웠는데 당대 돈황 경변화經變畵에 나오는 판안判案, 판결을 내릴 때 사용하는 탁자에 다양하게 반영되어 있다. 이는 명·청대에도 여전히 응용되었는데 대량의 판각이나 벽화 및 일부 실물을 통해 확인할 수 있다. 다만 실제로는 송나라 방식의 장방형 조안條案, 장방형 탁자. 일명 조궤條几이 많이 사용되었으며, 탁자의 다리도 비교적 낮았다. 주점이나 학교 및 원로 문인들의 한가로운 모임에서 사용되는 소형의 조안 및 주연에 주로 사용하는 대형 식탁 등은 비율적으로 명대보다 약간 낮은 편이다.

이 그림에서 강의를 듣고 있는 이들 가운데 몇몇은 죽간으로 만든 책을 들고 있는 모습이다. 이 역시 매우 중요한 형상이다. 고대 주사奏事나 독서, 교감校勘 등에 관한 형상 자료가 그다지 많지 않기 때문이다. 회화나 조각 작품에 반영된 것은 다음 몇 가지이다. 우선 망도望都에서 발굴된 한대 그림에 관리가 '독좌獨坐' 형태로 네모 난 평상에서 붓을 들고 상주할 내용을 쓰고 있는 모습이 나오고, 기남沂南 한대 석각에서 잠필을 귓가에 끼운 관리가 죽간을 들고 모종의 일에 대해 아뢰는 그림이 나온다. 또한 근년에 장사에서 서진시대 청유용青釉俑이 출토되었는데, 2명의 문리文吏가 작은 책상을 앞에 두고 서로 마주보면서 문서를 교감하는 모습이다. '유책遣册'망자의 수장품을 기록한 간독의 순장 기록을 살펴보는 듯하다.삽도 53 송·명대 목각인 〈현장파경도玄奘譒經圖〉를 제외하고 보기 드문 모습이다.[8]

삽도53 장사 서진西晉 영녕永寧 2년 분묘에서 출토된 대좌對坐 교서校書 청유青釉[9] 도용

8 원주 현재 전해지는 〈북제교서도北齊校書圖〉는 여러 사람이 평상에 함께 앉아 있고, 거문고와 술, 과일 등이 나열되어 있어 예전의 〈문회도文會圖〉와 마찬가지로 시를 읽고 글을 쓰는 등 봉건 문인들의 사회 생활을 표현한 것일 뿐 '교서'에 중점을 둔 그림이 아니다. 이외에 〈문원도文苑圖〉, 〈문회도〉, 〈서원아집도西園雅集圖〉 및 명대 사람이 그린 〈이백춘야연도리원서도李白春夜宴桃李園序圖〉 등이 전해지고 있기는 하지만 이 역시 문인들이 시를 읊고 창화唱和하는 모습을 묘사한 것일 뿐 교서와 그리 관련이 없다.

9 청유青釉는 청자를 만들 때 사용하는 잿물을 말한다. 청자는 기본적으로 푸른빛이 돌기는 하지만 순수 파란색은 아니다.

한대 무씨武氏 석각에 나오는 귀족의 양관梁冠과 화채花釵

그림 81은 가양 무씨 사당의 동한시대 석각에 나오는 그림이다. 왼쪽 그림은 『사기』「조세가趙世家」에서 조씨趙氏가 자신의 아들을 공손저구公孫杵臼에게 맡겼다는 이야기를 소재로 삼았고, 오른쪽 그림은 『열녀전』에서 무염無鹽 마을에 사는 추녀 종리춘鍾離春이 제선왕齊宣王에게 유세했다는 이야기를 소재로 삼았다. 한대 회화 중에는 유가 사상이 절대적인 통치 지위를 확보한 후에 "옛것을 귀감으로 삼아" 교훈을 전하려는 주제화가 적지 않다. 이 그림도 이런 주제화에 속한다. 주제화는 주로 유향이 편찬한 『설원說苑』, 『신서新序』, 『열녀전』 등에 나오는 통속적인 읽을거리에서 소재를 구했으며, 동한 이래로 궁정의 병풍이나 담, 벽 등에 주로 그렸다. 분묘 석각화에 그린 것도 적지 않다.

인물의 옷차림은 비록 간략하고 도안 형태이기는 하나 한대에 일반적인 옷차림의 특징인 넓고 풍성한 옷소매, 수렴된 소맷부리 등을 확인할 수 있다. 이는 전국시대 회화나 석각, 예를 들어 신양 초묘 채색 부녀용과 옻칠한 거문고에 그려진 귀족 남자, 장사에서 출토된 백화의 부녀자 옷차림과 기본적으로 같다. 한대 석각이나 벽화에 반영된 인물은 위로 통치 계급인 제왕과 공경, 아래로 백관의 옷차림이나 형식이 거의 비슷한 두루마기, 즉 통칭하여 '포袍'를 입고 있다. 당시 등급 구별은 주로 의관에 사용하는 끈이나 인끈 등의 재료나 색채 배합에 따랐다.(전체적으로 볼 때 붉은 계통의 의복은 상위계층, 청록색은 중간계층이며, 이졸吏卒은 검은색, 평민은 흰색이고, 범죄자는 자색赭色, 검붉은 흙과 같은 색이다.)

제나라 왕이 머리에 쓴 관은 동한 시대에 통용되던 쇠로 만든 양관梁冠이다. 특징은 앞쪽의 양梁[1]이 높이 솟았고, 정수리에서 뒤통수 쪽으로 경사졌으며, 뒤편에 약간 올라온 쌍이雙耳를 붙여 '수收', 즉 거두어들였다는 것인데, 이 점이 서한의 양식과 다르다. 서한시대의 관제冠制에 따르면, 그저 정수리에서 머리를 묶을 뿐 전체 머리를 감싸지 않았다. 다시 말해 관은 사용했으나 건책은 사용하지 않았다는 뜻이다. 예를 들어 낙양 화상전의 관건冠巾 양식이나 대형 공심전 분묘의 '이도살삼사'에 나오는 일부 그림의 양식이 그러하다.

1 양관梁冠의 '양'은 앞이마에서 솟아올라 곡선을 이루어 뒤에 닿는 부분을 말한다. 건축의 들보와 같은 역할을 하여 '양'이라고 한 것이다.

그림81 (한) **양관을 착용하고 인끈을 찬 귀족과 화채를 꽂고 큰 머리 장식을 한 부녀**(산동 가상嘉祥 무양사武梁祠 석각 화상)

기남 한대 석각의 '열사전' 부분은 서한시대의 것과 같다. 서한시대에는 고대의 예에 따라 "사대부는 관을 쓰고 서인들은 두건을 썼다士冠, 庶人巾". 사서에 따르면, 서한 말기 왕망王莽이 정치 실권을 차지하면서 자신의 대머리를 가리기 위해 머리 전체를 감싸는 책幘를 쓰기 시작했다고 하는데, 이 그림에 나오는 관의 양식과 같다. 일설에 따르면, 한 문제文帝가 '장발壯髮, 머리카락이 많다는 뜻'이기 때문에 책을 쓰기 시작했다고 하나, 아무래도 왕망부터 시작되었다는 것이 더 믿을 만하다. 근년에 양한시대 인물 그림이나 조각, 석각 등이 많이 발견되었는데, 이를 비교해보면 쇳조각으로 만들어 앞쪽이 높고 뒤쪽이 낮은 양관이 대부분이다. 이는 사서의 기록과도 대체적으로 부합한다. 실제로 이런 양관은 동한 때 성숙 단계에 들어섰으며, 서한 때의 것은 아직 발견된 것이 없다. 이런 관은 마땅히 '통천관通天冠'이라고 해야 옳다.

『후한서』「여복지」에 따르면, "통천관은 높이가 9촌寸이고 정면은 곧게 서 있는데, 정수리 부분에서 약간 기울어지다가 곧 바로 아래로 내리뻗어 있다. 철제 권량卷梁에는 전통展筩, 통처럼 생겨 앞으로 튀어나온 장식물이 있다. 앞쪽 이마 부분에는 금박산金博山, 산처럼 생긴 납작한 금제 장식물을 달고, 전통이라 하

여 관 앞쪽에 뿔과 같이 튀어나온 통형의 장식을 했다. 천자가 수레를 탈 때 항상 착용했다".[2] 『진서』「여복지」는 기존의 내용을 약간 보충하여 "앞쪽 이마 부분에 전통이 있고, 관 앞에는 금박산과 술을 덧붙였다……"[3]고 했다. 기록 내용이나 주석 모두 무슨 뜻인지 그다지 명확치 않다. 오히려 출토된 실물 형상을 통해 보다 확실히 알 수 있다. 예를 들어 관 앞에 있다는 '금박산金博山'은 왕족만 가질 수 있는 장식물이다. 근년에 산동 동아東阿 어대魚臺 조왕촌曹王村 조식曹植의 묘에서 길이가 약 1촌 정도인 방패처럼 생긴 금장식이 발견되었다. 대롱을 불어 물방울을 만드는 방법으로 구멍을 뚫고 산 구름이 피어오르는 듯한 형태를 만들었다.두 개의 유리를 상감한 것도 있다 이것이 금박산이라는 호칭에 딱 맞는 듯하다. 또한 동북만주 지역 전연前燕시대 풍소불馮素弗의 분묘에서도 이와 동일한 형식의 기물이 출토되었다. 발굴보고서에는 그저 '관식冠飾'이라고 했지만 사실은 『진서』「여복지」에서 언급한 '금박산'이 분명하다. 당대 이후에는 옥으로 만든 매미옥선玉蟬로 바꾸었다. 한·진·당대 「여복지」에는 모두 금박산에 대

2 『후한서』「여복지」, "通天冠, 高九寸, 正竪, 頂少邪却, 乃直下爲鐵卷梁, 前有山, 展筩爲述, 乘輿所常服".

3 『진서』「여복지」, "前有展筩, 冠前加金博山述, ……".

한 기록이 나온다. 그림 중에는 18학사 가운데 한 명의 머리 장식에 나온다고 하지만 사실은 사이비似而非일 뿐이며, 실물도 출토된 것이 없다. 조복朝服 이마 사이에 매미를 붙여 놓은 것은 당송 시대 그림에서 비로소 등장하며, 실물도 전해 들은 바 없다.(백옥 또는 흰색 유리로 만든 매미가 한대 분묘에서 출토된 것이 적지 않으나 대부분 망자의 입에 넣어둔 것일 뿐 관식과 무관하다.)

또한 『후한서』 「여복지」에 "원유관은 통천관과 비슷하나 산술이 없다遠遊冠, 似通天而無山述"고 했는데, 채옹蔡邕의 『독단獨斷』에 따르면, 제후왕諸侯王이 쓰던 것이라고 한다. 또한 고산관高山冠은 통천관과 비슷하나 정수리 부분이 곧게 서 있으며 아래로 기울어지지 않았다. 이외에 교사관巧士冠은 고산관과 비슷하나 약간 작다. 그림만으로는 정확하게 분별하기 힘들 것이다. 이는 「여복지」가 대부분 기존의 예제를 답습하여 기록한 것으로 특별한 예제를 위해 일시적으로 사용되었을 뿐 일반 생활에서는 거의 사용되지 않았기 때문이다. 한인漢人이나 진인이 찬술한 한대의 관제冠制에서 여러 가지 관의 명칭을 언급하고 있는데, 형태는 서로 비슷하나 크기나 장식이 다르다는 점이 서로 구별하기 위한 중요한 표지이다. 일반적으로 회화나 석각의 형상은 비교적 간략하기 때문에 개략적인 윤곽은 얻을 수 있으되 구체적이고 상세한 부분은 얻기 힘들다. 또한 문헌 기록과 모순되는 부분도 있다. 예를 들어 사서에서는 양관의 경우 양梁의 숫자에 따라 존비나 등급을 정한다고 말하고 있지만 회화나 석각에 반영된 것을 보면 양은 대체적으로 한 개가 일반적이고, 때로 가운데 한 가닥 길을 내어 두 개의 양처럼 만들거나 정중앙에 양 하나를 내고 그 옆에 두 개의 작은 양을 붙여 3개의 양을 만들었다. 이상 세 가지 양식 외에 나머지는 거의 보이지 않는다. 당·송대에는 뒤쪽으로 뻗어나가다가 둥글게 말린 권운양관卷雲梁冠이 유행했는데 한대 회화나 석각에서는 아직 발견되지 않았다. 당인唐人들은 진대晉代의 건도巾幍, 모자의 일종에 주름을 잡는 벽적襞積 방식에 근거하여 만든 듯하다. 주로 종교화에 나오는 신들의 형상에서 찾아볼 수 있으며, 후대 사람들이 그린 〈낙신부도洛神賦圖〉, 〈주운절함도朱雲折檻圖〉, 〈각좌도却坐圖〉 등에서 비로소 고대 제왕이 쓰는 관冠으로 전용되었다. 사실 한대 권량관은 대부분 동한 이래로 앞쪽이 솟아 있고, 뒤편이 비스듬히 기울어진 방식이었기 때문에 당·송대 사람들이 그린 그림에 나오는 양관과 공통점이 적을 수밖에 없다.

또한 사서에서 말하길, 동한 명제 시절 마황후의 두발이 풍성하고 아름다워 머리 위쪽으로 네 개의 대계大髻를 만들 수 있을 정도였는데, 궁전 안팎으로 사람들이 이를 모방하여 일시에 유행되었다고 했다. 그래서 민간에서 "궁중에 멋진 대계, 사방 너비가 한 척이나 된다네宮中好大髻, 四方廣一尺"라고 풍자하는 말이 떠돌았다. 그림에 나오는 무염無鹽, 무염에 사는 추녀도 그 한 예라고 할 수 있는데, 분명 머리에 네 개의 대계를 꾸미는 머리 형태가 유행한 후의 그림일 것이다. 동한 후기 석각에도 이처럼 비교적 큰 대계가 흔히 보인다.

한대 부녀자의 화채花釵 제도에 다르면, 동한시대에는 일반적으로 두발 사이에 6개의 화채를 비스듬히 꽂는 것이 대부분이고, 간혹 보요를 덧보태기도 했다. 화채가 6개인 것은 『시경』에서 "머리 장식인 부계副笄에 여섯 곳을 꾸몄다副笄六珈"[4]라고 한 것에서 유래했다. 「여복지」는 황후가 사용하는 것이라고 말했지만 한대 석각을 보면 이런 화채는 주로 무녀나 비첩의 머리 장식으로 많이 보일 뿐 귀족 부녀자들의 머리에서는 거의 보이지 않는다. 산동, 광동 등지에서 출토된 회화나 조각품의 경우도 마찬가지이다. 다만 근년에 하남 밀현 타호정에서 출토된 백희가 그려진 큰 폭의 벽화를 보면, 양쪽에 귀족 부녀자들이 도열하고 있는데 가운데에서 백희가 연희되고, 자리에 앉은 귀족 부녀자들은 일률적으로 머리에 화채를 꽂고 있다. 이외에 다른 그림을 보면 화채가 주로 비첩들 머리 장식으로 출현한다. 왜 이처럼 차이가 나는지, 그 원인에 대해서는 좀 더 연구해 볼 필요가 있다.그림 766, 79. 삽화 52

4 『시경』「용풍鄘風」「군자해로君子偕老」, "君子偕老, 副笄六珈". 부계副笄의 부는 고대 귀족 부녀자의 머리 장식으로 머리카락을 땋아 만든다. 계는 비녀이다. 머리카락을 땋아 올린 후 비녀를 꽂고 여섯 개의 옥 장식을 했다는 뜻이다. 원문에는 이외에 "副彼六笄"라는 말이 『시경』에 나온다고 했으나 『시경』에는 이런 말이 나오지 않는다.

036

장사 마왕퇴馬王堆 1호 한묘漢墓의 몇 가지 의복

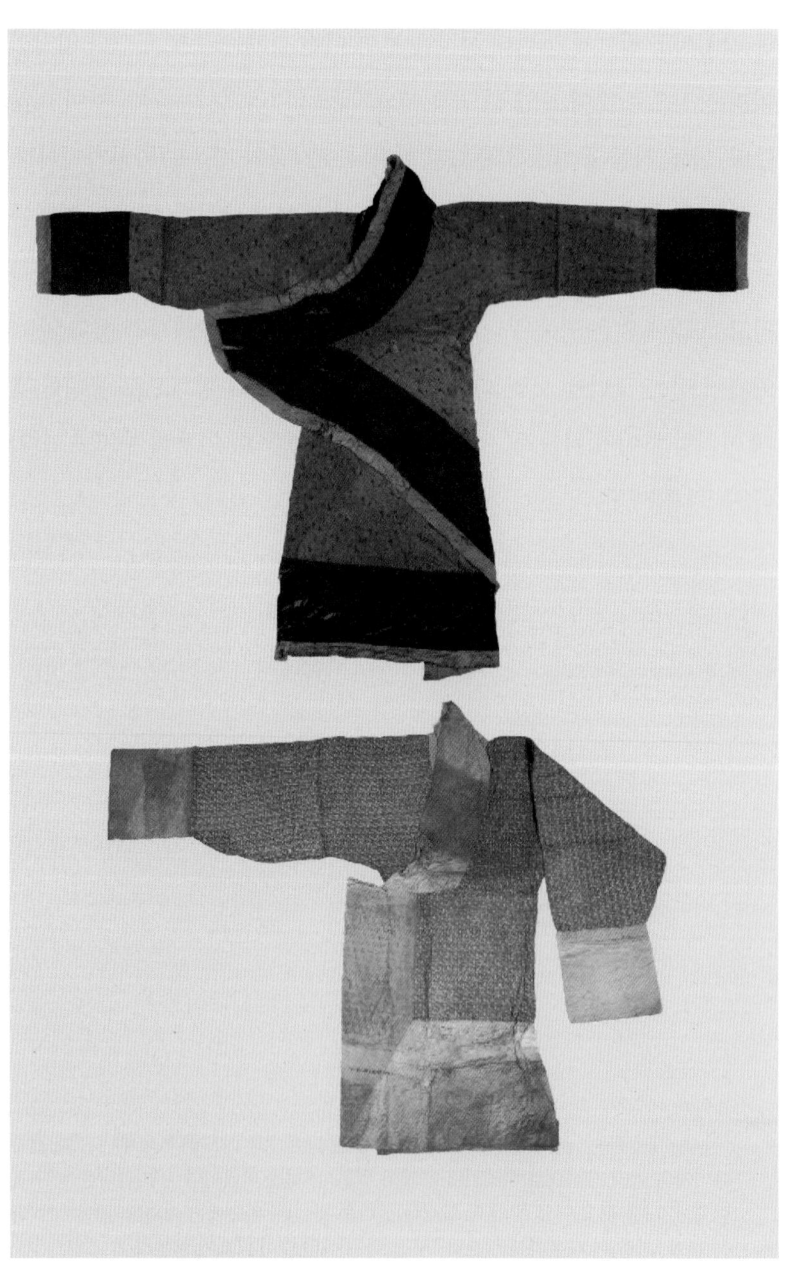

그림82
상:(한) 신기수[1]를 놓고 비단으로 테두리를 장식한 면포(신기수금연면포信期繡錦緣綿袍) (장사 마왕퇴 1호 한묘 출토)
하:(한) 문양을 찍어 채색한 사면포[2](인화부채사면포印花敷彩紗綿袍) (장사 마왕퇴 1호 한묘 출토)

그림은 「장사 마왕퇴 1호 한묘」의 도판 부분이다. 이 묘장의 문물은 내용이 기이할 정도로 풍부하여 많은 것을 담고 있는데, 해방 이래 근 30년 동안 출토된 서한시대 분묘 중에서 가장 완전한 형태의 중요 자료가 발굴되었다. 이로써 문학과 사학, 예술, 의학, 위생, 음식, 기물 등등에 관해 전문가들이 진일보 연구를 진행할 수 있게 되었다. 만약 동시대 또는 전후 시기의 출토 유물과 비교, 분석한다면 대단히 유익한 정보와 시사점을 남길 수 있을 것으로 사료된다. 또한 이를 통해 문물과 역사 연구가 기존의 문헌 위주의 고립된 방법에서 탈피하여 새로운 물질 문화의 보고에서 보다 참신한 진전을 이룩할 수 있을 것이다.

우선 의복의 격식에 대해 언급하고자 한다. 보고서에 따르면, 노부인이 입었던 의복으로 완전하게 보존되고 있는 것은 전체 12벌이다. 그중에서 9벌은 곡거曲裾에 속하며, 이외에 반쯤 훼손된 의복 자료 가운데 네다섯 벌 역시 곡거의 의복 양식이다. 이는 『예기』에서 말한 '심의深衣' 양식[3]에 따라 제작한 것이다. 다만 치수는 문헌에서 서술한 것과 완전히 부합하는 것은 아니다. 묘장에서 출토된 유물 중에도 양식이 서로 다른 부분이 있다. 하지만 옷깃을 따라 선요旋繞, 몸통을 두름하여 아래로 내려뜨린 것은 대동소이하다. 바로 이 점에서 송대 사람 섭숭의聶崇義가 『삼례도』에서 말한 심의의 재봉 방식은 그다지 믿을 만한 것이 아님을 확인할 수 있다. 천 년 이래로 박학하고 뛰어난 학자들이 이 문제에 관해 연구, 토론한 것이 결국 도로徒勞가 되고 만 것이다.

이러한 곡거포曲裾袍의 특징은 옷깃이 방형이고, 몸에 둘러서 입으며, 옷깃이 아래 목 부분까지 내려와 닿고, 몸 뒤편으로 회전시켜 둘러 입는다는 것이다. 언뜻 보기에도 신기하다는 생각을 하지 않을 수 없으니 새로운 발견이 아닐 수 없다. 사실 이는 예전부터 있던 양식으로 문헌에서도 이미 언급한 바 있다. 그래서 논자들마다 각기 서로의 주장을 내놓아 2천 년 내내 논의가 지속되었다. 하지만 습관에 따라 각자 나름의 증거를 내놓았을 뿐 결국 정론을 얻지 못했다. 논쟁의 핵심은 다섯 자 가운데 하나, 즉 양웅揚雄이 『방언方

1 '신기수'는 '信期'라는 두 글자가 새겨져 있어서 붙여진 이름이다. '신기'란 꼬리가 긴 새, 즉 제비의 일종이다. 남에서 북으로 이동하는 계절새의 특성에서 고안한 이름이다.

2 사면포는 장사 마왕퇴 1호 한묘에서 11점이 발견되었다. 일반적으로 면화棉花, 초면草棉는 굵은 것과 가는 것으로 대별한다. 굵은 조융면粗絨棉은 다시 원산지에 따라 아프리카 면과 아시아 면으로 나눈다. 중국에 처음 들어온 것은 아프리카 면棉이며, 시기는 대략 서한 중기였다고 한다. 고고학자들이 신강 누란樓蘭 유적지와 민풍현民豐縣 북쪽 사막 분묘에서 이런 면으로 만든 방직물을 발굴한 바 있다. 품질이 비교적 우수한 아시아 면은 인도산으로 중국에 전래된 것은 남북조 시절이다. 비교적 가는 세융면細絨棉은 아메리카 육지면과 해도海島면으로 나뉜다. 중국 전래 시기는 대략 19세기 말이다. 중국에서 면방직에 탁월한 공헌을 한 이는 원대 인물인 황도파黃道婆이다. 송대 이전에는 '사'를 편방으로 하는 '면緜'자를 썼을 뿐 '목木' 편방의 '면棉'자는 사용하지 않았다. 따라서 본문에 나오는 '사면포'는 면화棉花를 넣은 것이 아니라 사면絲緜을 넣은 것이다.

3 여기서는 위아래를 나누어 재단한 후에 중간 부분을 이어서 만드는 심의 방식을 말한다.

삽도54 마왕퇴 1호 한묘 백화에 나오는 묘주墓主와 시종

言』에서 말한 "요금위지군繞衿謂之帬(裙)"에 나오는 '衿'자이다. 혹자는 이를 의령衣領이라고 하고 또 누군가는 의금衣襟이라고 풀이했는데, 주석가들마다 번다함을 마다하지 않고 경전에게 거듭 증거를 찾았으나 아무도 이 구절의 전체 함의에 주목하지 않았다. 문제의 난점은 양웅이 재세했던 시절이거나 그보다 이전 시대에 있었던 '군帬(裙)'이 도대체 어떤 모양인지 아무도 주목하지 않았고, 또한 알지도 못하면서 그저 사람들마다 각자 자신의 주장이 옳다고만 여겼기 때문이다. 사실 이 말은 유명한 악부시樂府詩에도 나온다. "담황색 비단으로 아래치마를 만들고, 자주색 비단으로 윗저고리를 만든다."[4] "무엇으로 즐거움에 답할까, 비단 세 갈래 치마일세."[5] 이외에도 『동궁구사東宮舊事』에서 태자가 태자비를 들일 때 준비하는 옷으로 단군單裙, 복군復裙 등이 나온다. 특히 주목할 점은 근년에 출토된 위진魏晉 연간 또는 그보다 약간 뒤의 분묘에서 출토된 연판鉛版과 목간木簡에 새겨진 문장에 나오는 의군衣裙, 치마의 명목名目이다. 하지만 '군'을 응용한 복식이 갑자기 대량

4 「맥상상陌上桑」, "緗綺爲下帬, 紫綺爲上襦".

5 한대 악부가 아니라 위진魏晉시대 번흠繁欽의 「정정시定情詩」에 나온다. "何以接(答)歡欣, 紈素三條裙."

으로 출현한 원인을 알 수 없었을 뿐만 아니라 치마의 양식이 한나라와 진나라 전후로 달라진 점이 무엇인지 전혀 알 수 없었다. 그렇기 때문에 '요금위지군' 다섯 글자와 연계시킬 수 없었던 것이다. 이후에도 계속 연구는 했으되 점점 더 이해하기 어려울 뿐이었다.

사실 실물을 보면 이런 문제는 금방 해결된다. 우선 '의령'옷깃 상부은 빙빙 돌릴 수 없으나, '의금'옷깃 아래 상의와 연결된 부분은 돌릴 수 있다. 그림의 주석에서 언급한 바대로 옷을 등 뒤까지 돌려서 입을 수 있도록 한 것이 바로 '군帬'이다. 이렇듯 실물을 보면 매우 간단하기 그지없다.삽도 54, 55

현재 출토된 도상에 대한 지식으로 판단컨대 대략 춘추·전국시대 신양 초묘에서 나온 채색 목용이 이를 가장 명확하게 반영하고 있다. 장사의 채색 목용보다 약간 늦은 시기에 속하지만 양식은 거의 비슷하다. 또한 장사에서 출토된 서한 전기의 실물과 한 척尺 크기의 채색용은 "옷에는 수繡를 놓고 가장자리를 비단으로 장식한다衣作繡, 錦爲緣"는 옛말이 사실이었음을 실증한다. 낙양 금촌金村 전국시대 한묘韓墓에서 출토된 옥조玉雕 무녀舞女도 이러한 의복 제도가 전국시대나 또는 그보다 이른 시기에 이미 공통성을 지니고 있었으며, 결코 외떨어진 것이 아니었음을 말해주고 있다. 산동 제남 무영산無影山 서한시대 분묘에서 채색 기악용伎樂俑 한 조組가 발견되었는데, 그 안에 나오는 무녀가 입은 옷 역시 몸을 감싸듯이 빙빙 돌려 아래로 내려가는 형태였다. 또한 양쪽에 넓은 소매에 박포대수박포大袖博袍를 입은 7명이 나열하고 있는데, 그들은 『국어國語』에서 "장님이 옛 기록을 암송한다瞽誦故記"는 말에서 알 수 있다시피 노래를 부르는 맹인들이다.[6] 그들의 의금衣襟 역시 몸 뒤쪽으로 빙 돌려 아래로 내려가는 형태이다.

산서와 장안에서 출토된 두 개의 부녀용婦女俑, 호북 강릉江陵에서 출토된 몇 개의 채색 부녀용 등도 거의 예외 없이 몸 뒤쪽으로 빙 돌려 아래로 내려가는 옷을 입고 있다. 부녀자만 그런 것이 아니라 남자들도 예외가 아니다.(연의군連衣裙, 원피스는 원래 중국 전국 및 한대에 처음 생겨난 것으로 당시 일반적이고 보편적인 옷차림이었다. 그림 26, 28. 삽도 9:1, 삽도:14~17 참조.)

장사 마왕퇴에서 무늬 없는 명주치마견군絹裙가 두 벌 출토되었고, 북경 근교에서 나온 작은 조옥雕玉 무녀와 동한시대 석각화의 가무기歌舞伎 그림에서도 후대와 거의 차이가 없는 치마 형태가 발견되었다. 하지만 몸 뒤쪽으로 빙 돌려 아래로 내려가는 치마 양식이 여전히 주류였다. 이런 치마 형태가 윗저고리상유上襦와 아래치마하군下裙가 구분되어 독자적으로 발전하게 된 것은 머리에 쓰는 관건冠巾과 몸에 걸치는 의복이 크게 바뀌

6 『국어』에는 "장님이 옛 기록을 암송한다瞽誦故記"는 문장이 나오지 않는다. 다만 『국어』「초어」에 "사관은 기록함을 게을리 하지 않았고, 장님은 옛 고전을 암송해주는 일을 놓치지 않았다史不失書, 目蒙不失誦", "어떤 일에 임할 때는 고사의 훈도가 있었다臨事有瞽史之導"라는 말이 나오며, 주에서 고자瞽子는 노래를 잘 하는 맹인을 말한다고 했다.

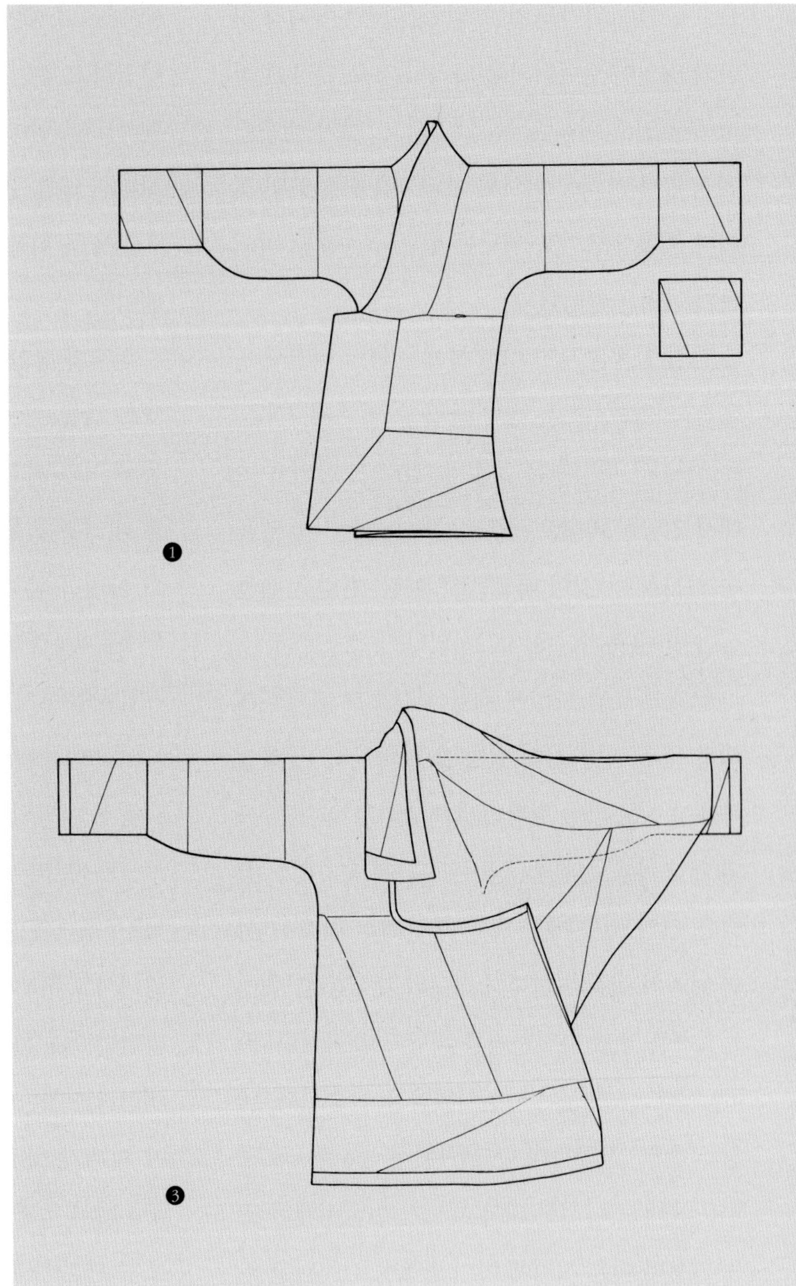

삽도55 마왕퇴 1호 한묘 출토 포복
袍服
❶ 인화부채사면포(329-13) 표면 구조도
❷❸❹ 신기수면포(329-10) 표면 구조도

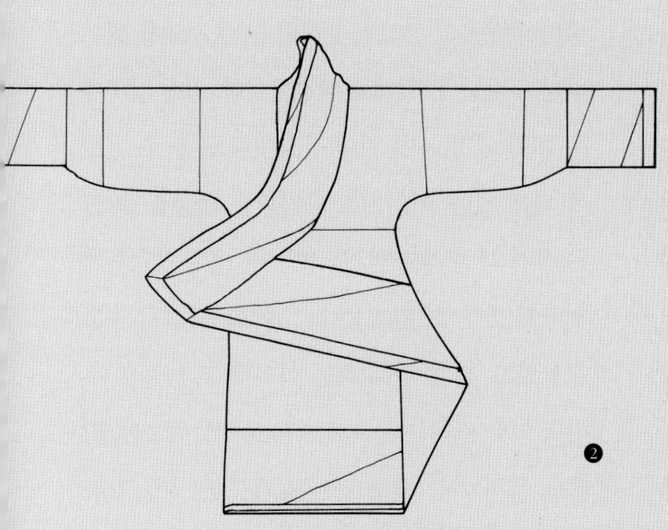

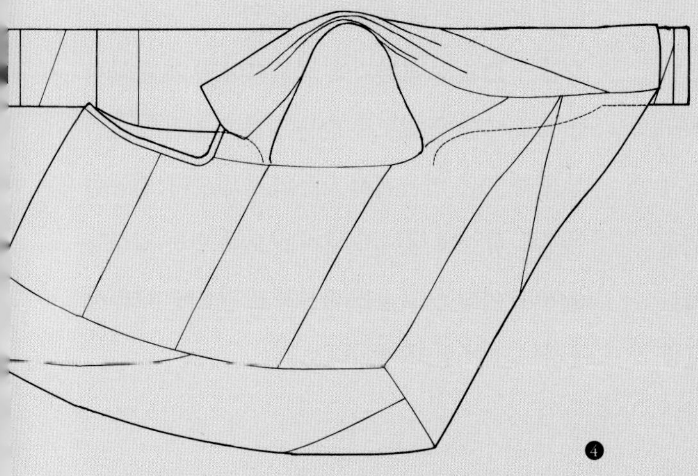

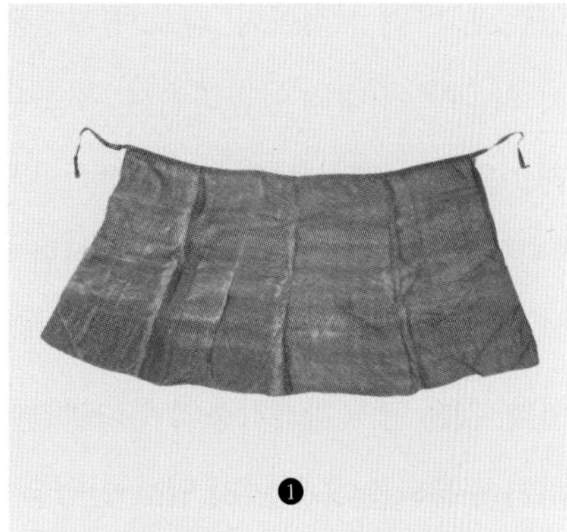

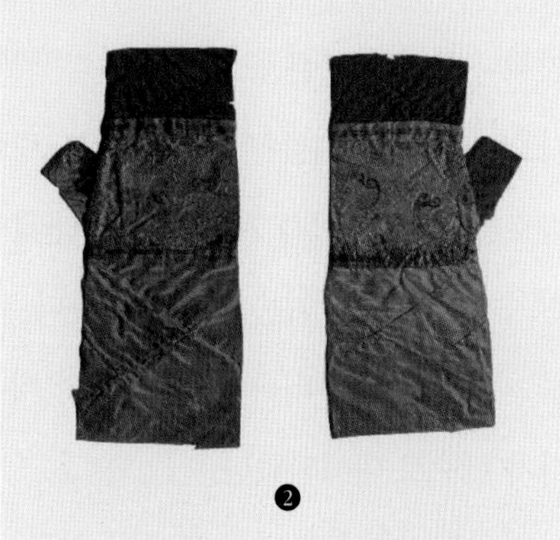

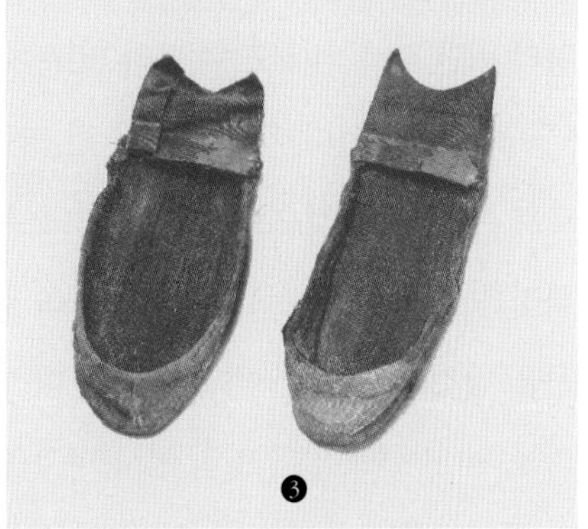

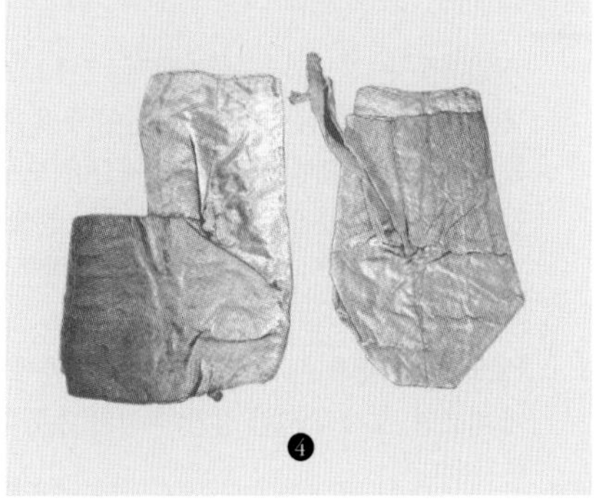

삽도56 마왕퇴 1호묘 출토 의복과 관련된 일상용품

❶ 홑치마單裙

❷ 장갑手套

❸ 푸른 명주로 만든 신발(청사리青絲履)

❹ 덧버선(협말夾襪)

었던 위진魏晉 시절이다. 간보干寶가 『진기晉紀』에서 의군衣裙에 대해 언급하면서 "윗옷은 짧고 아래옷은 풍성했다上儉下豐"[7]고 한 것이나 『동궁구사東宮舊事』[8]에서 태자가 태자비를 맞이할 때 태자비가 단의單衣와 복의復衣, 적삼과 치마衫裙를 입었다고 한 것은 당시 각계각층의 부녀자들이 이미 상하가 구분되는 옷을 널리 입고 있었음을 증명하는 예이다. 모종의 윗도리의삼衣衫를 언급할 때면 언제나 색깔이 다른 끈으로 묶는다결영結纓는 말이 나오는데, 이는 의금衣襟이 이미 겨드랑이에서 곧바로 아래로 내려가 겨드랑이 아래에서 매듭을 질 수 있게 되었다는 것을 의미한다. 이러한 매듭 방식은 송대부터 청대 초기까지 계속 이어지다가 단추로 대체되었다.

마왕퇴 1호 한묘에서 출토된 실물 중에는 다량의 비단 포복 외에도 두 벌의 명주 치마絹裙, 또는 홑치마(단군單裙)가 있다. 각기 4폭의 흰 명주천을 세로로 이어 만든 것으로 아래는 넓고 위는 좁다. 허리를 명주 끈으로 묶기 위해 양쪽 끝에 매는 끈을 남겼다. 수장한 의물을 보건대 이는 일종의 속치마친군襯裙이다. 또한 청사青絲로 만든 가벼운 헝겊신便鞋 4켤레가 발견되었는데, 망자가 생전에 신던 것이 분명하다. 신발코 부분에 두 개의 뾰족한 뿔이 솟아 있는데, 아마도 이는 후대 쌍기리雙岐履[9]의 전신인 듯하다. 또한 부인용 짧은 비단 덧버선 두 켤레도 발견되었다. 버선 입구에 두 개의 띠가 붙어 있어 정강이에 묶을 수 있도록 되어 있다. 이외에도 손가락을 내놓을 수 있는 장갑 세 켤레도 발견되었는데, 매우 정교하게 제작되었다. 한 켤레는 화기花綺에 구름 문양을 수놓았고, 다른 한 켤레는 화라花羅로 만들었다. 나머지 한 켤레는 붉은색 화라로 만들었는데, 위쪽에 극히 가는 실로 단단히 재봉했으며, 그 위에 '천금조千金絛'라는 예서隸書 세 글자를 집어넣었다. 당시 방한용으로 사용한 것만이 아니라 나름의 장식 효과를 갖춘 것으로 역사 문헌에서 부족한 부분을 보완하기에 충분하다.삽도 56 손가락을 노출시킬 수 있도록 만든 장갑은 지금도 호남성 일부 농촌 마을에서 사용하고 있으며, 엄동설한에도 작업에 방해가 되지 않도록 만든 일상용품이다. 이렇듯 고금을 막론하고 필요에 따라 사용하는 것이 상리常理이다.

7 "상검하풍"은 간보의 『수신기搜神記』 7에 나오는 말이다. "진나라 무제 태시 초년에 옷차림이 웃옷은 짧고, 아래는 길고 풍성했으며, 옷을 입는 자들은 모두 허리를 단단히 묶었다. 이는 임금이 쇠약해지고 신하는 방종해질 조짐이었다晉武帝泰始初, 衣服上儉下豐, 着衣者皆厭腰, 此君衰弱, 臣放縱之象也."

8 『동궁구사東宮舊事』는 전체 10권이다. 『안씨가훈顔氏家訓』에 따르면, 오나라 사람 장창張敞이 편찬했다고 하나 정확치 않다.

9 쌍기리雙岐履는 기두리岐頭履라고도 부르는데, 신발코가 두 갈래로 갈라진 형태의 신발이다.

037

한대漢代 금수錦繡

그림83

상. (서한) 규구規矩 문양의 기모금起毛錦[1](장사 마왕퇴 1호 한묘 출토)

하. (동한) '만세여의萬世如意' 금포錦袍(신강 민풍民豊 니아尼雅 유적지 동한묘 출토)

춘추·전국시대 이래로 진류陳留 양읍襄邑에서 유명한 채색 비단대장금大張錦이 생산되었고, 산동 제로齊魯에서도 나羅, 환紈, 기綺, 호縞와 정교한 자수품이 생산되었다. 또한 제나라는 '의피천하衣被天下'라는 칭호를 얻을 정도로 비단 생산량이 많았을 뿐만 아니라 전국 각지로 판매되어 제나라 경제에 큰 도움을 주었다. 한대에 철공업이 광범위하게 응용되면서 농업과 수공업 생산이 크게 발전했으며, 비단 방직도 더욱 향상되었다. 한대 장안 소부少府 공관工官이 관장하는 방직실을 동·서쪽에 설치했는데, 그곳에서 일하는 남녀 노복의 숫자가 만 명을 헤아렸다. 방직실은 전담 관리가 생산을 감독했다. 제나라 지역에는 삼복관三服官을 설치하여 시절에 따라 각기 다른 재료를 직조하여 관부의 수요에 맞추었다. 생산한 비단은 일부 관용으로 납품하고 나머지는 상층부 귀족이나 서북쪽 여러 민족 및 국외에 특별 상품이나 예품禮品으로 팔려나갔다. 그래서 본래 봉건 제왕들만이 특별히 사용할 수 있었던 고급 금수錦繡를 가의賈誼의 말대로 문제文帝 시절 부유한 상인들이 집안의 담장에 걸어놓고 부유함을 자랑하거나 노비를 판매할 때 "수를 놓은 옷이나 테두리에 문양을 넣은 명주 신발을 신겨繡衣絲履偏諸緣" 시장에 내놓기도 했다. 『태평어람太平御覽』 권815에 인용된 범저范蠡의 『범자계연范子計然』범저의 이름을 빌렸을 뿐 한인漢人의 작품이다에 따르면, "제나라의 가는 실로 수놓은 비단은 고급품이 1필당 2만 냥, 중치는 만 냥, 하치는 오천 냥이었다".[2] 2만 냥이라면 황금 2냥에 해당한다. 서북에서 출토된 한간漢簡에 따르면, 당시 일반적인 견백絹帛의 시장 가격은 1필에 6, 7백 전이었다. 최상급 금수의 가격은 일반 비단에 비해 거의 25배 이상이나 비쌌으니 당시 제품의 공예 수준이 얼마나 높았는지 능히 짐작할 수 있다. 『사기』「화식열전」에 "비단에 자수를 놓는 것이 시장에 나가 장사하는 것만 못하다"는 당시 시쳇말이 적혀 있는데, 말인 즉 공장이 아무리 애를 써도 상인이 돈을 버는 것만 못하다는 뜻이다. 당연히 생산량이 많고 국내외 판로가 확대되었으니 상인들이 당시 사람들이 부러워할 만큼 사치스러운 생활을 할 수 있었던 것은 필연적이다. 『사기』「화식열전」에 따르면, 많은 상품그중에는 염료로 사용되던 치자梔子나 천초茜草 등 식물염료도 포함되었다을 독점하여 일정한 시기에 내다팔아 1년에 거두는 이윤이 20만 냥을 넘을 정도였다. 이는 천호千户의 제후가 1년에 거두어들이는 수입과 맞먹는 액수였다. 장건張騫이 서역으로 출사했다가 귀국한 후 서촉西蜀의 공죽장筇竹杖과 촉중蜀中의 세포細布가 이미 상인들을 통해 신독身毒, 인도을 거쳐 중앙아시아로 판매되고 있다는 사실을 알게 되었다. 이로 인해 서북에서 중동과

1 금에 문양을 짜는 방법은 경금經錦, 위금緯錦, 철금綴錦, 기모금起毛錦 등 여러 종류가 있으나 우리나라에서는 경금과 위금을 주로 사용했다. 경금은 날실의 조작으로 문양을 짜는 반면에 위금은 씨실에 의해 문양을 짜므로 근본적으로 다르다.

2 『태평어람太平御覽』 권815에 인용된 범저范蠡의 『범자계연』, "齊細繡文, 上價匹二萬, 中萬, 下五千也".

그림84

상:(서한) '장수수長壽繡' 견絹(장사 마왕퇴 1호 한묘 출토)

하:(서한) '승운수乘雲繡' 문양 기綺

삽도57 한대 직수織繡 문양

❶ 무늬를 찍은 채색 비단 문양(인화부채사문양印花敷彩紗紋樣)

❷ 금은색으로 무늬를 찍은 채색 비단 문양(금은색인화사문양金銀色印花紗紋樣)

근동 및 대진大秦, 로마 등 여러 문명 제국을 연결하는 상로가 개척되기에 이르렀다. 이것이 바로 역사에서 말하는 '비단길사로絲路'이다. 중요 상품은 중국의 특산품인 사주금수絲綢錦繡, 즉 채색 비단이다.[3]

3 원주 『위략魏略』에 보면 대진에서 중국 비단을 해체하여 호릉胡綾을 만들었다는 기록이

❸

❹

삽도57 한대 직수織繡 문양

❸ 두 마리 학이 마름모꼴에 들어가 있는 비단 문양(쌍학능형기문양雙鶴菱形綺紋樣)

❹ 표범 머리 도안의 채색 비단(표수문금豹首紋錦)

당시 중국 서북쪽에 거주하던 여러 부족의 통치자들은 특히 금수로 만든 옷을 좋아했기 때문에 한나라 조정에서 매년 몇만 필의 금수를 서북 각지 여러 민족 군장들에게 선물로 보냈다. 일종의 상품 교환인 셈인데,

---

나온다.

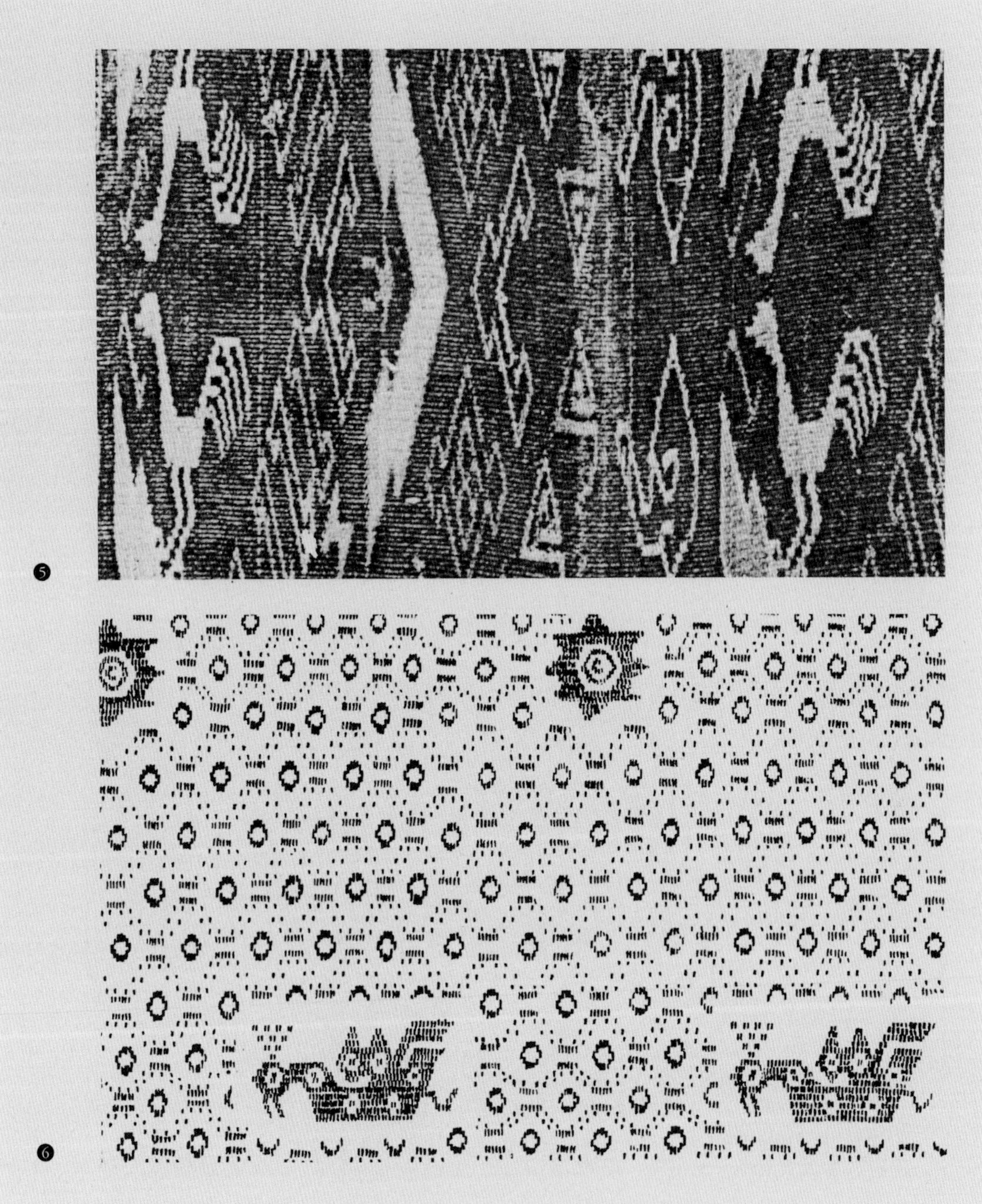

삽도58 한대 직수 문양
❺ 꼬리가 긴 닭 도안의 채색 비단(계교문금鷄翹紋錦)
❻ 숫오리 도안의 채색 비단(부옹문금鳧翁紋錦)

그 수량이 상당히 많았다. 근 반세기에 걸친 고고학적 발굴을 통해 이러한 역사 기록이 사실로 밝혀졌다. 이 절에 나오는 그림 가운데 '만세여의' 금포는 신강 민풍에서 출토되었다. 토양이 건조하여 2천여 년 동안 매장되었음에도 불구하고 색깔이 거의 새 옷과 같다.

그 밖에 몇 가지 문자가 들어있는 금수 문양 도안의 실물 역시 서북 지역에서 출토되었다. 해방 이전 일부가 국외로 밀반출되었는데, 모두 각국 국립이나 시립 박물관 등에 소장되어 있다. 전후에 발견된 금수는 이미 1,110여 종에 달하며 문양이 아름답고 섬세할

삽도58 한대 직수 문양
❼ 울금화 도안을 수놓은 비단鬱金紋繡
❽ '광락명광' 채색 비단(장락명광금長樂明光錦) (『마왕퇴 1호 한묘』, 『몽고 낙인오랍에서 발견된 유물蒙古諾因烏拉發見的遺物』, 『아주복지亞洲腹地』, 『문물정화』2에서 차용함)

뿐더러 배색 또한 조화로워 공예 수준이 상당히 높다.

일부 채색 비단에는 '등고명망사해登高明望四海', '장락명광長樂明光', '무극미앙無極未央', '연년익수延年益壽' 등 길상吉祥 문자가 들어있기도 하다. 글꼴 구조와 의미 내용으로 볼 때, 몽골 알타이산阿爾泰山 옛 분묘에서 출토된 비단의 '등고명망사해'는 봉건 제왕이 태산에 올라 봉선封禪하던 것과 일정한 연관이 있고, '장락명광'은 서한 궁전의 명칭과 관련이 있으며, '무극'이나 '미앙' 역시 진한 이후에 쓰던 용어로 진한시대 궁전의 명칭과 관련이 있다. 따라서 이러한 문자 도안이 만들어진 것은 아무리 빨라도 진시황 시절이나 그 이후일 것이고 늦으면 한무제 이후로 추론할 수 있다. 그렇다면 장안에 설치했다는 동·서 방직실의 생산품일 가능성이 높다.

서한 원제元帝 시절에 궁정의 사무를 전담하는 문관으로 사유史游라는 이가 있었는데, 초학 아동들이 단어를 잘 기억할 수 있도록 3언, 7언4언도 있다으로 운을 맞춘 문자 교본을 만들었다. 이를 일러 『급취편急就篇』일명 『급취장急就章』이라고 한다. 여러 가지 일용 기물과 서한 이래 사회적으로 중요한 인물의 이름 등 전체 1,900자를 31장으로 나누어 암송하기 편하도록 했다. 그중에서 금수 비단 문양에 관한 내용을 제8장에 기록했는데, 그 일부를 살펴보면 다음과 같다.

금수만모리운작, 승풍현종화동락, 표수락망토쌍학, 춘초계교부옹탁, 울금반현상백약

錦繡縵旄離雲爵, 乘風懸鐘華洞樂, 豹首落莽兎雙鶴, 春草鷄翹鳧翁濯, 鬱金半見緗白勺[4]

예로부터 문장의 앞부분은 문양, 뒷부분은 색채를 나타내는 것으로 주해註解했다. 하지만 근 30년 동안 출토된 금수 실물, 금은을 도금한 기물 및 칠기의 문양 도안 등을 종합적으로 분석해 보면, 약간 새로운 해석이 가능하다. 관련 내용에서 말하고 있는 내용 가운데 문양에 관한 것이 비교적 많고 상당히 구체적일 뿐만 아니라 표준화된 문양이기 때문이다.삽도 57

예를 들어 "춘초계교부옹탁春草鷄翹鳧翁濯"은 안료나 색채를 나열한 것으로 이해했는데, 문양이

4 『급취장急就章』에 나오는 인용문의 기존 해석은 대략 다음과 같다. '錦繡縵旄離雲爵': 비단 문양에 대한 내용이다. 금錦은 채색 비단, 수繡는 자수문양, 만縵은 문양이 없는 비단, 모旄는 잔털이 있는 비단이다. 이운작離雲爵은 비단에 수놓은 장리長離, 신령스러운 새의 명칭, 운채雲彩, 공작孔雀 등의 문양이다. 즉 여러 비단에 다양한 문양을 수놓은 것을 말한다. '乘風縣鍾華洞樂': 새가 바람을 타고 나는 형상에 따라 종鍾과 경磬 등 악기를 걸어놓는 나무 시렁을 만들고 화려한 문양을 조각한다는 뜻이다. 동洞은 통通과 같은 뜻으로 아름다운 문채를 나타낸다. '豹首落莫兎雙鶴': 작수豹首는 짐승의 머리 도안을 직조한 채색 비단을 말한다. 낙막落莫은 문양이 이어진 모양이다. 토쌍학兎雙鶴은 토끼와 두 마리의 학을 직조하거나 수놓은 것이다. '春草雞翹鳧翁濯': 춘초계春草雞는 봄풀과 닭의 꼬리 도안을 직조하거나 수놓은 것이고, 부옹탁鳧翁濯은 물오리가 목욕하는 듯이 목덜미 털을 비벼대는 도안을 말한다. 일설에는 춘초, 계교, 부옹 등이 모두 색깔이 비슷한 안료顔料로 염색가들이 흔히 쓰는 압두록鴨頭綠, 취모벽翠毛碧 등의 색깔이라고 한다. '鬱金半見緗白勺': 울금은 황색 염료, 상緗은 옅은 황색이다. 반현半見은 황색과 백색 사이에서 반쯤 색깔이 드러난다는 뜻이다. 약勺은 희다는 뜻이다.

나 도안에 관한 내용일 가능성이 크다. 또한 "울금반견鬱金半見" 역시 문양을 묘사한 것이지 색채에 관한 설명이 아니다.[5]

당시 고급 자수공예품의 문양 도안의 주제는 다음 두 가지를 벗어나지 않는다. 하나는 한대 통치자의 실제 생활 가운데 하나인 수렵을 반영한 것인데, 예를 들어 「상림부上林賦」나 「우렵부羽獵賦」에 나오는 다량의 과장된 표현을 사용하여 활을 든 용사가 깊은 산속과 수풀을 돌아다니며 맹수를 쫓고 날짐승을 사냥하는 모습을 반영하고 있다. 다른 하나는 당연히 연燕과 제齊의 방사方士들이나 유객遊客들이 떠벌리는 신선사상을 반영한 것이다. 예를 들어 「봉선서封禪書」에 서술한 것처럼 해상에는 봉래蓬萊, 방장方丈, 영주瀛洲 등 삼신산이 있는데, 그곳에 선인, 옥녀가 살고 백록과 백안白雁, 기이한 화초와 영약이 있어 사람이 불로장생할 수 있다는 내용을 담은 것이다. 또한 군주에게 천하를 얻으려면 반드시 태산에서 봉선封禪해야만 진정한 제업帝業을 완수할 수 있다는 등의 내용도 포함된다. 이러한 두 가지 사상과 행위가 한대의 동銅, 옥, 도기, 칠기, 금은 공예의 미술 도안에 적지 않게 영향을 끼쳐 유사하거나 또는 서로 다르게 반영될 수밖에 없었다. 아울러 채색 비단이나 금은 도금, 옻칠 공예에서도 적극 반영되어 더욱 다양한 도안이나 문양이 등장했다.

중국 고대 비단 금수 공예사에서 서한 무제 시절은 매우 중요한 변화 발전 단계였다. 이는 당시 문물에서 분명하게 드러난다. 주요 특징은 대칭적이고 규칙적인 도안에서 유동적이고 비대칭적인 도안으로 발전했다는 점이다. 호남과 호북 지역에서 비교적 이른 시기의 금수 유물과 시기적으로 조금 늦은 서북 각지에서 출토된 금수 유물을 비교 분석해보면 명백하게 다르다는 것을 알 수 있다.

근년에 호남 장사와 호북 강릉 일대에서 서한 초기 가는 실로 수를 놓은 사라紗羅가 출토되었는데, 안개처럼 얇고 금은가루泥金銀로 인화印花하여 채색하는 방식을 모방한 얇은 직물이다. 사의紗衣 한 벌의 무게는 시량市兩으로 한 냥이 채 되지 않았다. 한인들이 흔히 말하는 '무곡霧縠', 남조南朝 사람들이 말하는 '천의天衣'에 가까웠다. 자수를 정교하게 만들 수 있는 공예의 수준은 실로 상상하기 어려울 정도였다. 하지만 몇 벌의 채색 문양 비단의 배색 설계는 날실과 씨실을 교차하며 요철을 만드는 기술제화기술提花技術의 한계로 인해 오히려 대칭적인 기하문양이 주조를 이루었으며, 스타일 또한 비교적 간략하고 변화가 적어 생동감이 떨어졌다. 또한 배색 기술도 비교적 단순하여 동시대 가는 실로 문양을 수놓고 복잡하고 다양하게 가공한 것에 비해 훨씬 못 미친다. 그러나 이후 상황은 오히려 완전히 상반된다. 본절의 그림과 기타 서북 지역에서 출토된 채색 비

---

5 〈원주〉 한대 금수, 즉 채색 비단에는 영란鈴蘭이나 울금화鬱金花, 튤립의 일종의 꽃송이를 '⩀'식으로 꿰어 점철點綴한 것이 많았다.

단 자료를 살펴보면, 도안이 화려하고 웅장한 아름다움을 갖추고 있으며, 배색 또한 상당히 복잡하여 서한 초기 장사나 강릉에서 출토된 채색 비단과 확연히 다르다.

자수의 경우 서로 비교해보면 오히려 날이 갈수록 점점 나빠졌다. 과거에 자수를 통해서만 얻을 수 있는 예술적 효과를 새로운 채색 비단인 채금彩錦이 이미 도달한 상태였기 때문이다. 이는 다시 말해 금수를 직조하는 제화提花 기술이 상당히 개선되었다는 뜻이다. 채금 제화 기술에 대해 사람들은 진대晉代 사람 부현傅玄의 「부풍마선생전扶風馬先生傳」에 근거하여 동한 말년 마균馬鈞[6]의 발명이 공헌한 바 크다고 말하곤 하는데, 필자는 약간 의심하지 않을 수 없다. 출토된 실물을 분석해보면, 직조 기술의 개선은 무제 유철이 장안 동, 서쪽에 방직실을 개설하여 수천 명의 관노비들에게 대량으로 비단을 직조하도록 만든 것과 관련이 깊기 때문이다. 제화 기술의 발전은 이처럼 풍부한 인적·물적 자원이 동원되어야만 비로소 가능하다. 이에 반해 동한 말기는 금수 생산이 하강기에 들어갔기 때문에 마균 개인이 독자적인 구상으로 발명하기 어려웠을 것이다. 부현은 마균이 금수를 직조하는 방직기를 훨씬 간편하게 조작할 수 있도록 했다고 했지만 이는 앞서 나온 『서경잡기』에서 진실광陳寶光 집안의 직릉기織綾機 제화법提花法에 대해 서술한 것에 근거했을 가능성이 크다.

근년에 출토된 자료에 따르면, 자수에서 사용하는 연환쇄사법連環瑣絲法은 서주·전국시대부터 양한 때까지 거의 변화가 없었으며, 남북조 자수가 불교의 영향을 받아 부처나 공양인供養人을 수놓게 되자 바뀌기 시작했다. 수불繡佛, 부처를 수놓음에 따른 요구나 효과가 달라 포융수鋪絨繡나 결자수結子繡[7]가 생겨났기 때문이다. 전자는 예술적 효과가 부드럽고 수려하며, 후자

6 마균馬鈞, 생졸 미상, 자는 덕형德衡, 삼국 조위曹魏시대 인물이다. 중국 고대 과학 기술사에서 노반魯班, 묵적墨翟, 장형張衡, 심괄沈括 등과 함께 거론되는 저명한 발명가이다. 용골수차龍骨水車, 신식 직릉기織綾機, 지남거指南車, 연노連弩 등을 발명하거나 개량한 것으로 알려져 있다.

7 연환쇄사법連環瑣絲法, 포융수鋪絨繡, 결자수結子繡 등은 중국 전통적인 자수刺繡 침법針法이다. 이외에도 자수 기법으로 착침수錯針繡, 난침수亂針繡, 망수網繡, 만지수滿地繡, 쇄사鎖絲, 납사納絲, 납금納錦, 평금平金, 영금影金, 반금盤金, 괄융刮絨, 착사戳紗, 쇄선灑線, 도화挑花 등이

는 색채의 대조가 강렬하고 선명하다. 식물류 소족화小簇花와 생색절지화生色折枝花[8]가 유행하면서 직접 보고 그린 것 같은 화조花鳥가 자수의 주제가 되었고, 상의나 선오旋襖의 옷깃이나 소매 및 치마 문양으로 응용되었으며, 그 밖의 기물에도 많이 사용되었다.

이러한 수요에 부응하기 위해 자수 방법으로 배색이 복잡하고 사실적인 벽융착침법擘絨錯針法이 생겨나면서 천여 년 동안 지속된 기존의 쇄사수瑣絲繡를 대체하고 새롭게 발전하면서 명대 고수顧繡[9], 소수蘇繡, 소주 자수의 토대가 되었다. 사회가 발전하면서 보다 다양한 것을 요구함에 따라 명·청대 관복보자官服補子[10] 및 그 밖의 복식 부속품이 많이 필요했다. 그렇기 때문에 한대 이래로 쇄사수, 결자수 등도 계속 사용되었고, 당대唐代의 퇴릉堆綾, 첩견貼絹 등의 기법도 각기 용도가 있었으며, 이외에 쇄선灑線, 괄융刮絨, 착사戳紗, 납사納絲 등 여러 가지 수법繡法도 각기 나름의 성과를 냈다.

있다.

8 소족화小簇花는 작은 꽃떨기 문양. 생색절지화生色折枝花는 하나의 가지와 꽃을 그린 사실적인 꽃그림을 말한다. 사실 그대로 그린 절지화를 생색화生色花라고 부르기도 한다. 중국에서 화훼 그림은 오대와 북송에 걸쳐 크게 유행했는데, 당시에 절지화折枝畵와 뿌리부터 줄기, 꽃까지 전체를 그리는 전주화全株畵가 구분되기 시작했다. 생색이란 말을 붙인 것은 그만큼 사실적이어서 생동감이 넘친다는 뜻이다.

9 고수顧繡는 명대 고씨顧氏가 고안한 침법으로 화조나 인물을 진짜처럼 묘사하는 것으로 유명하다.

10 관복보자官服補子는 관복의 문양을 말한다. 전통적으로 황제의 곤룡포에는 12가지 문양을 사용하는데, 일반 조복에도 나름의 문양을 넣는다. '흉배胸背'라고도 한다.

동진東晉 죽림칠현竹林七賢이 그려진 벽돌 조각雕刻

그림85 : (동진) 삼자衫子를 입고, 두건이나 도幍를 쓰고 나계螺髻를 하거나 산발한 상태로 악기를 연주하는 은사(남경 서선교西善橋에서 출토된 죽림칠현과 영계기 전각화磚刻畵)

阮籍
山濤
王戎
阮咸
劉靈
何秀

근년에 남경에서 출토되었으며, 남경 박물관에 소장된 탁본을 모사한 그림이다.그림 85

그림에는 죽림칠현竹林七賢 외에도 진인晉人이 특히 좋아했던 빈한한 고사高士 영계기榮啓期를 포함하여 전체 8명이 등장한다. 예술적 성취로 말하자면, 그림에 나오는 인물의 면모는 표정이 활발하고 자연스러워 예술적 풍격이 상당히 높다. 당대 장언원張彦遠, 815~907년, 관리이자 화가, 예술이론가의 『역대명화기歷代名畫記』에 고개지顧愷之, 344~405년, 동진 화가이자 시인가 그린 완함阮咸과 영계기의 화상에 대한 기록이 나온다. 고개지 자신도 「위진승류화찬魏晉勝流畫讚」에서 "「칠현」은 오직 혜강 한 사람의 화상畵像이 가장 좋다. 나머지는 비록 본인의 모습이나 정신과 합치되지는 않지만 이전 죽림칠현 그림과 비교한다면 훨씬 낫다"고 했다.[1]

당시 〈칠현도七賢圖〉를 그린 이로 사도석史道碩, 진대晉代 사람으로 생졸미상, 대규戴逵, 326~396년, 동진시대 화가이자 은사 등이 있는데, 고개지 본인도 그 전이나 또는 같은 시기에 여러 차례 같은 주제의 그림을 그렸던 적이 있었을 것이다. 전각磚刻의 부조浮雕 형식으로 새긴 그림은 진晉, 육조 유명 화가들의 예술 풍격과 성취를 연구하는 데 매우 중요한 자료이다. 옷차림은 당시 남방 사대부들이 흔히 착용하던 머리쓰개와 적삼 등 일상복 형태이다. 이것과 이후 같은 주제의 그림을 비교 분석하면 새로운 인식과 깨달음을 얻을 수 있을 것이다.

사서에 따르면, 서진시대 산도山濤, 205~283년, 완적阮籍, 210~263년, 혜강嵇康, 223~262년, 향수向秀, 227~272년, 유령劉伶, 221~300년(그림에는 유령劉靈으로 적혀 있다), 완함阮咸, 생졸미상, 왕융王戎, 234~305년 등 7명이 대나무숲에 모여 쾌활하게 술을 마시며 청담을 나누었기 때문에 세칭 '죽림칠현'이라고 했다. 당시 또는 약간 후에 이런 주제로 그린 그림이 적지 않고, 찬讚이나 시詩도 꽤 남아 있다. 찬미의 글은 주로 예속에 얽매이지 않았던 그들의 삶에 대한 찬사이다. 하지만 반대로 그들을 비난한 글도 있다. 『진서晉書』「오행지五行志」에 따르면, "혜제 원강 연간291~299년 하는 일 없이 노니는 귀족 자제들이 서로 벗 삼아 산발하고 나체로 술을 마시곤 했는데,……세간의 드문 인재들은 이를 부끄러워하며 함께 하지 않았다".[2] 동시대나 약간 후에도 여러 사람들이 「죽림칠현론竹林七賢論」을 논제로 토론하였는데, 찬사와 더불어 폄하하고 비난하기도 했다. 『수서경적지소증隋書經籍志疏證』에 이와 관련된 문장 일부가 실려 있다. 전체적으로 볼 때, 봉건사대부들 중에서 일부 성격이 호방하고 자유분방하여 어디에도 구애됨이 없는 이들이 보여준 행위는 노장 사상의 부정적인 측면의 영향을 받은 것이자 현실의 부패한 정치에 대한 불만을 드러낸 것이기도 하다. 그렇기 때문에 이후 천여 년의 봉건 사회 독서인들의 사상, 문학, 예술에 대한 영향력이 매우 컸다.

1 고개지, 「위진승류화찬魏晉勝流畫讚」, "七賢, 唯嵇生一像欲佳, 其餘雖不妙合, 以比前竹林之畫, 莫有及者".

2 『진서晉書』「오행지五行志」, "惠帝元康中, 貴游子弟相與爲散髮裸身之飮, ……希世之士耻不與焉".

그림에 나오는 옷차림은 문헌 기록과 서로 인증할 수 있다. 이 그림은 초고를 그대로 베낀 것인데, 〈여사잠도女史箴圖〉의 치밀한 배치와 구도에 못 미치며, 〈북제교서도北齊校書圖〉의 정밀한 운필運筆만 못하다. 아마도 다른 〈칠현도〉에 비해 약간 일찍 제작된 것으로 보인다. 옷차림의 양식은 동진 이후의 사회 현실에 가깝다.

그림에 나오는 이들은 거의 모두 가슴을 드러내고 7명 모두 맨발이다. 한 사람은 산발하고 세 사람은 두발이 관각계丱角髻이며, 네 사람은 두건을 썼다. 세 사람 앞에 술을 담는 압두작鴨頭勺, 또는 부두작鳧頭勺이 놓여 있고, 두 사람이 우상羽觴을 들고 있다. 두 사람은 금琴을 타고, 한 사람은 월금을 치고 있으며벽완擘阮, 다른 한 사람은 손가락으로 여의如意를 만지작거리고 있다. 머리쓰개나 옷차림, 자세 등은 모두 "서로 산발하고 나체로 술을 마시며", "쾌활하게 음주하며 청담을 나누고" 세속의 예절에 얽매임이 없는 모습을 잘 반영하고 있다. 기물 역시 한漢과 진晉 시대의 양식이다. 그림에 나오는 두 대의 칠현금七弦琴은 간단하면서도 구체적으로 묘사되어 현재 전해지는 〈착금도斲琴圖〉나 〈북제교서도〉에 나오는 금琴의 형태와 비교된다.그림 99

완함이 손에 들고 있는 악기는 현재 동일한 방식의 악기 중에서 가장 오래된 것으로 가늘고 긴 대나무로 현을 쳐서 소리를 낸다. 이는 과거에는 알지 못했던 사실이다. 북조 회화나 조각에 나오는 형상은 대부분 손으로 튕기거나 뜯는 방식이었으며, 이를 '벽완擘阮'이라고 불렀다. 관각계丱角髻는 주로 아이들의 두발 형태인데, 성인이 이런 두발 형태로 등장한 것은 〈여사잠도〉에서 새를 쏘는 남자 외에도 〈북제교서도〉에서 호상胡床에 앉아 있는 문사文士가 있다.

이로 보건대, 예전 사람들이 〈교서도校書圖〉를 〈감서도勘書圖〉 또는 〈문회도文會圖〉라고 칭하면서 고개지가 그린 것이라고 주장한 것도 일리가 있다. 왜냐하면 옷차림이나 기물이 시대적으로 그리 멀리 떨어져 있지 않으며 특히 성인의 두발을 관각계로 처리한 것이 서로 비슷하기 때문이다.

몇 명이 입고 있는 옷은 유희劉熙의 『석명釋名』에 따라 응당 '윗도리삼자衫子, 적삼'라고 불러야 한다. 이것이 한대의 포袍와 다른 점은 윗도리에 소맷단수단袖端이 없고 소맷부리가 터져 있다敞口는 점이다. 『석명』은 또한 양웅이 『방언方言』에서 서한西漢 이래로 진陳, 위魏, 송宋, 초楚 등지에서 입었던 '첨유襜襦, 길이가 짧은 홑옷, 적삼' 또는 '단유單襦, 홑저고리'라고 말한 것과 같다고 보았는데, 이는 좀 더 연구해 봐야 한다. 왜냐하면 양자의 함의가 약간 다르기 때문이다. 한대 사람들이 입었던 '단유'는 일반적으로 소맷부리수구袖口가 비교적 좁기 때문이다.

진대 『동궁구사』에 보면 "태자가 태자비를 맞이할 때 백곡삼白縠衫, 백사삼白紗衫, 백견삼白絹衫을 입고 붉은색 끈으로 묶었다"[3]라는 대목이 나오고, 같은 시대 『수복산림고사修複山林故事』에도 "재

3 『동궁구사東宮舊事』, "太子納妃, 有白縠, 白紗, 白絹衫, 並紫結纓".

궁梓宮, 군주의 시신을 안치하는 관에 연단삼練單衫, 복삼複衫, 백사삼白紗衫, 백곡삼白縠衫을 두었다"[4]는 대목이 나오는 것으로 보아 '삼자衫子'가 당시 상층은 물론이고 중간 계층의 사람들도 입던 평상복이었음을 알 수 있다. 삼衫, 즉 윗도리 또는 적삼은 홑옷과 겹옷 두 가지가 있는데, 혼례나 상례를 막론하고 모두 흰색의 얇은 비단으로 만들었다.

그림에서 머리를 싸맨 두건건과巾裹은 그저 대충 쓴 것처럼 보이나 상당히 중요하다. 『진서晉書』에 따르면, "한나라 말기 왕공, 명사들이 모두 왕의 복장을 내버려두고 복건幅巾, 비단 두건을 우아하다고 여겼다. 그래서 원소나 최균 등은 장수였음에도 불구하고 모두 합사비단으로 만든 겸건縑巾을 착용했다".[5] 『진서晉書』「오행지五行志」에 보면 "위나라 무제는 천하에 흉년이 들어 재물이 부족하다 여기고 옛날의 피변皮弁, 흰 사슴가죽으로 만든 고깔모양의 모자를 본떠 겸백縑帛을 재단하여 흰색 모자백갑白帢를 만들어 착용함으로써 예전 복장을 바꾸었다".[6] 또한 동진 시대 배계裴啓는 『어림語林』에서 제갈량이 썼다는 '우선륜건羽扇綸巾'에 대해 언급했다. 백륜건白綸巾이나 자륜건紫綸巾은 색깔이나 재료가 다를 뿐 양식은 대체적으로 비슷했다. 한말 『곽림종별전郭林宗別傳』에 따르면, "곽림종은 진陳, 양梁 사이를 지날 때 비를 만나 쓰고 있던 두건의 한 모서리가 비에 젖어 접히고 말았다. 그래서 나라의 학사들이 건을 착용할 때 모서리 부분을 접지 않는 경우가 없었다".[7] 『예장기豫章記』에도 "왕린이 서산에 은거하면서 머리에 능각건菱角巾을 썼다"[8]는 말이 나오고, 도연명이 갈건葛巾을 썼는데 매우 소탈하면서 멋있었다는 이야기도 있다. 이 그림에 나오는 두건은 모두 이러한 여러 형태의 두건을 반영한 것일 터이다.

이로 보건대, 한말에서 진대에 이르기까지 경제가 어려워 물자가 부족했거나 예제禮制가 해체되면서 사람들의 옷차림도 점차 달라졌음을 알 수 있다. 무장이나 문신, 명사 등은 자기 나름대로 고안한 두건을 모자로 사용하여 각기 다른 이름이 생겨났다. 예를 들어, 이 그림에 나오는 몇 가지 두건 외에도 시기적으로 조금 늦은 〈북제교서도〉, 〈열제도列帝圖〉, 〈고일도高逸圖〉의 그림, 당대 월요越窑의 도자기나 청동 거울 및 나전螺鈿으로 장식한 금琴에 나오는 죽림 고사高士의 그림, 영계기의 그림, 분묘 전각 벽화에 나오는 〈죽림칠현도〉, 장안 석각 〈칠현도七賢圖〉, 돈황 초당 시기의 벽화인 〈유마도維摩圖〉, 무후 제갈량의 그림, 정절 선생 도연명의 이야기를 그린 그림, 원대 사람이 그린 「귀거래사」와 관련된 그림 등등에

4 『수복산림고사修複山林故事』, "梓宮有練單衫, 複衫, 白紗衫, 白縠衫".

5 『진서晉書』, "漢末, 王公名士多委王服, 以幅巾爲雅. 是以袁紹, 崔鈞之徒, 雖爲將帥, 皆着縑巾". 원래 이 문장은 진대 사람 부현傅玄, 217~278년이 편찬한 『부자傅子』에 나온다. 『송사』, 『진서』 등에서 이를 인용했다.

6 『진서』「오행지」, "魏武帝以天下凶荒, 資財乏匱, 始擬古皮弁, 裁縑帛爲白帢, 以易舊服".

7 『곽림종별전郭林宗別傳』, "林宗嘗行陳, 梁間, 遇雨, 故其巾一角沾雨而折.國學士着巾, 莫不折其角云".

8 『예장기豫章記』, "王隣隱西山, 頂菱角巾".

모두 두건이 나온다. 이러한 두건의 명칭은 이른바 '갑帢', '도幍' 및 절각건折角巾, 능각건菱角巾, 윤건綸巾, 갈건葛巾 등 다양한데, 여러 그림에 나오는 형상을 보면 보다 명확한 모습을 알 수 있다. 또한 그림과 문헌 기록을 상호 비교해보면 그림이 제작된 연대를 판단할 수 있다.

영계기에 관한 이야기는 『열자列子』 「천단天瑞」에 나온다. 이에 따르면, 영계기는 늙도록 빈한한 삶을 살면서 가죽옷을 걸치고 새끼줄로 허리띠를 대신했는데, 이를 본 공자가 기꺼이 천명을 받아들여 안빈낙도하는 그를 찬양했다고 한다. 진대晉代 사람 황보밀皇甫謐은 『고사전高士傳』에서 영계기를 상당히 중요한 위치에 올려놓았으며, 도연명 역시 자신의 시에서 "구십 노인은 새끼줄로 허리를 묶고 살았다는데, 젊은 내가 어찌 굶주림과 추위를 참을 수 없겠는가"[9]라고 그를 언급한 바 있다. 도연명의 시에 나오는 허리띠는 분명 새끼줄로 만든 것인데, 그림에 나오는 영계기의 허리띠는 깔끔하고 멋진 요대腰帶에 별도의 새끼줄을 매단 형태이니 사족에 가깝다. 어쩌면 도잠이 본 영계기의 모습은 또 다른 그림이었을지도 모른다. 당시 영계기를 그린 이가 한두 명이 아니었을 것이고, 그림 또한 한두 장이 아니었기 때문이다.

또한 이 그림에 나오는 영계기의 두발 모습은 피발披髮, 즉 묶지 않고 풀어헤친 형태인데, 이는 기남沂南 한묘 석각에 나오는 창힐蒼頡 그림, 등현鄧縣 화상선에 부조浮雕되어 있는 부구공浮丘公 및 남산南山 사호四皓 선생의 두발 모습에서도 볼 수 있다. 이처럼 머리카락을 땋거나 상투머리를 하지 않고 산발한 것은 "왕후에게 신하로 복종하지 않겠다不臣事於王侯"는 뜻을 담은 것이다. 이백李白이 "산발하고 조각배나 타련다散髮弄扁舟"고 읊은 것도 바로 이런 뜻이다. 〈죽림칠현도〉를 보다 사실적으로 그린다면 옷을 벗고 산발한 모습이 실제에 더욱 부합할 것이다. 그림에서 굳이 관각계丱角髻나 맨발로 표현한 것은 아마도 당시 사람들이 보다 쉽게 받아들일 수 있기 때문일 것이다.

---

9 도잠陶潛, 「음주飮酒」 2, "九十行帶索, 飢寒況當年".

039

진대晉代 〈여사잠도女史箴圖〉에 나오는 여덟 명의 가마꾼

그림86 (진) 농건籠巾을 쓰고 소매가 넓은 옷을 입은 가마꾼과 사방에 여덟 개의 망을 친 가마에 앉은 귀족(고개지가 그렸다는 〈여사잠도〉의 일부분)

〈여사잠도〉「여사잠」 그림에 나오는 '반희사련班姬辭輦, 반희가 수레를 사양함'의 일부분을 모사한 그림이다.

이 그림은 서진시대 유명한 문학가인 장화張華의 「여사잠女史箴」에 나오는 내용을 그림으로 묘사한 것이다. 서한 말년 유향劉向이 편찬한 『열녀전』의 '반희사련班姬辭輦' 이야기가 원전이다. 『열녀전』은 권계성勸戒性이 짙은 이야기로 양한시대에 이미 궁정 병풍화의 중요 소재로 사용되었다. 진대 그림에 관한 저서를 보면, 고개지와 대규 등이 〈열녀인지도列女仁智圖〉를 그렸다고 하는데, 고궁박물원故宮博物院에 송대 사람이 모사한 긴 두루마리

그림58 가마(여輿)

❶ 평견여平肩輿(대동 북위 사마금룡 분묘에서 출토된 붉은 옻칠한 채색 병풍)

❷ 평견여(등현 남북조 분묘에서 출토된 채색 화상전)

그림이 남아 있다. 그 그림 한 옆에 제찬題讚이 적혀 있다. 근년에 산서 대동에 있는 북위 사람 사마금룡司馬金龍의 분묘에서 붉은 옻칠을 한 채색 병풍이 출토되었는데 그림의 내용이 바로 『열녀전』 이야기이다. 그림에 나오는 남녀의 관건冠巾이나 옷차림, 기물 등을 비교 분석한 결과 일부 한대 모본母本의 흔적이 남아 있고, 진대와 남북조시대 사람들이 보완한 부분도 확실히 존재했다. 이 그림 역시 비슷한 상황이다. 예컨대 인물 그림에서 본다면, 빠르면 서한, 늦으면 제량齊梁 시대의 것으로 보인다.

여덟 명 가마꾼의 모습이나 표정 및 소매를 팔뚝까지 걷어붙인 모습 등은 서한시대 그림이나 석각의 그림을 연상케 한다. 특히 그 가운데 한 명이 입고 있는 바지통이 헐렁한 바지大口袴 형태는 진인晉人들의 습관이 아니다. 가마꾼들은 머리에 망사網紗 형태의 농건을 쓰고 있는데, 이는 서한시대 정장亭長을 새긴 벽돌이나 낙양에서 출토된 화상전 분묘의 채색 무위武衛 머리에서 흔히 보이는 것들이다. 근년에 장사 마왕퇴 분묘에서 실물이 하나 발견되었는데, 마치 새것처럼 완전한 상태였다. 하지만 머리에 쓸 때 머리쓰개에 붙어 있는 두 개의 끈으로 묶게 되어 있어 후대의 사모紗帽에 가까운 형태였다. 이 그림에 나오는 머리쓰개 형태는 북조가 낙양으로 천도한 이후에 정형화된 칠사농관漆紗籠冠과 전혀 차이가 없다. 따라서 동진 초기 화가의 그림에서는 결코 나올 수 없다. 다만 한 가지 언급할 것은 이 그림이 여러 가지 그림을 이어붙인 화권畵卷, 즉 두루마리 그림이라는 점이다. 따라서 처음 그림은 고개지가 그렸으되 전체 그림이 완성된 것은 고개지 이후일 것이다.

그림에 나오는 가마는 제왕이 타고 있는데, 한대에는 이를 '편여篇輿'라고 불렀으며그림 66 설명 참조, 진대나 육조 시절에는 '평견여平肩輿'라고 통칭했다. 『진서』「사안전謝安傳」에 따르면, "사안의 동생인 사만은 백륜건을 쓰고 평견여를 타고 다녔다謝萬嘗衣白綸巾, 乘平肩輿". 「왕희지전王羲之傳」에도 자경子敬, 왕헌지王獻之[1]이 평견여를 타고 고씨고벽강顧闢強네 정원의 대나무가 좋다는 이야기를 듣고 무작정 찾아가 주인이 있든 말든 제멋대로 행동하다 쫓겨났다는 이야기가 적혀 있다.

이 그림에 나오는 가마 역시 당시 평견여의 일종일 것이다. 가마 위에는 얇은 비단으로 장막을 쳐서 여름날 모기나 파리 등 날것이 들어오지 못하도록 했으며, 가마 안에 궤안을 들여놓아 책을 읽거나 글을 쓸 수 있도록 했다. 『남제서南齊書』「강하왕보현전江夏王寶玄傳」에 "팔공여를 탔다乘八扛(釭)輿"는 말이 나오는데, 그림에 나오는 것처럼 여덟 명의 가마꾼이 드는 가마를 지칭한다. 사마금룡의 분묘에서 출토된 붉은 옻칠 병풍은 『열녀전』의 이야기를 그림의 소재로 삼았으며, 그 중에 '반희사련'에 관한 것도 들어가 있다. 그림에 네 명이 드는 평견여삽도 58:1도 있고, 당시 민간에서 통용되던 것으로 보다 간편하게 만든 가마인 '판여板輿'와 '남여籃輿' 등도 보인다.삽도 58:3 어깨에 올리지 않고 손으로 드는 가마는 '요여腰輿'라고 불렀으며, 제왕이 궁중에서 사용하는 가마는 '보련步輦'이라고 했다. 『수서隋書』「예의지禮儀志」는 이러한 교통 수단에 대해 다음과 같이 서술했다. "천하에 비천한 백성들까지 '보련'이라고 통칭했다. 사방 4척이며, 위에 무릎까지 집어넣을 수 있는 자리은슬隱膝를 마련하고 가죽 끈을 매달아 들었으며, 금지하거나 제한함이 없었다. 일반적인 가마도 이와 같았으나 다리를 집어넣는 자리는 마련하지 않고 그저 간편한 자리만 설치했다."[2] 『신당서新唐書』「이강전李綱傳」에 따르면, "정

1 왕헌지王獻之, 344~386년, 자는 자경子敬. 왕희지의 일곱 번째 아들로 관리이자 서예가, 시인, 화가이다. 행서와 초서로 이름을 날렸으며, 해서와 예서 또한 뛰어나 부친인 왕희지와 더불어 '이왕二王'으로 병칭되었다.

2 『수서隋書』「예의지禮儀志」, "天下至於下賤, 通稱步輦, 方四尺, 上施隱膝, 以皮襻舉之, 無禁限. 載輿亦如之, 但不

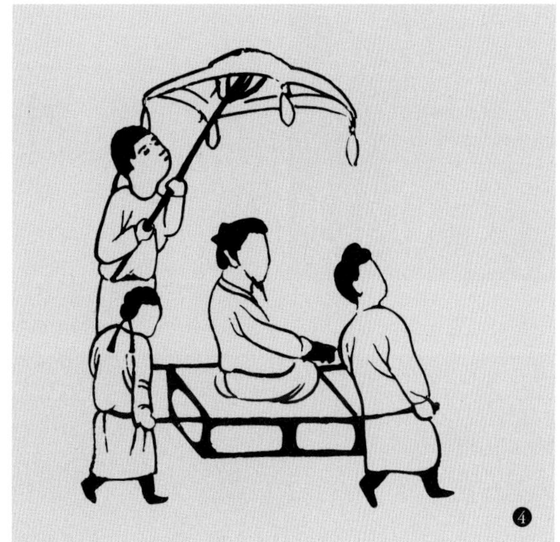

그림58(계속) **가마**

❸ 판여板輿(북조 영만수寧萬壽 효자관孝子棺 석각)

❹ 여상舁床(당대 『과거현재인과경過去現在因果經』 삽도)

❺ 평견여(당대 돈황 벽화)

관貞觀 4년 이강이 태자소사太子少師로 다시 임명되었는데, 다리가 매우 아팠기 때문에 그에게 보여步輿를 하사하고 궁전 문 앞까지 타고 오도록 하여 국사를 자문했다". 이렇듯 당대 초기 원로 대신들이 입궁할 때 가마를 탈 수 있도록 한 것은 일종의 우대이자 예우禮遇였다. 이외에도 당대에는 '담자擔子' 또는 '여상舁床'이라고 부르는 가마도 있었다.삽도 58:4 〈열제도〉, 〈보련도步輦圖〉 및 삽화본 불경에 나오는 그림에서도 다양한 가마 형태를 확인할 수 있다.그림 115, 삽도 73

施脚, 以其就席便也".

040

진대 〈여사잠도〉에서 거울을 보며 단장하는 부분

그림87 (진晉) **금작비녀金雀釵를 꽂고 윗저고리上襦와 긴 치마를 입은 여자 노비와 소매통이 넓은 긴 윗옷을 입은 귀족 부녀자**(고개지가 그렸다는 〈여사잠도〉의 거울 앞 화장 장면)

원화는 현재 영국 대영박물관에 소장되어 있다. 두루마리 그림화권畵卷은 서진시대 문학가 장화張華가 쓴 「여사잠女史箴」 내용을 소재로 삼아 그린 일종의 삽화이다. 장화의 문장은 『소명문선昭明文選』에 실려 있다. 전하는 바에 따르면, 고대 궁중에 여사관女史官이 있어 황후의 좌우에 시종하면서 황후의 언행이나 일어난 일들에 대해 기록했다고 한다. 아울러 이와 관련한 법규나 제도도 제정했다고 한다. 『한서』 「예문지」의 「제자략諸子略」 소설가류小說家類에 『청사자靑史子』라는 것이 전해지는데, 주로 태교胎教에 관한

삽도59 서한 염구 및 경대

❶ 구자렴九子奩(장사 마왕퇴 1호 한묘 출토)

❷❸ 기남 한묘 석각에 나오는 꽃비녀花釵를 꽂은 여자 노비와 경대

여러 가지 일들에 대해 기록하고 있다. 이 역시 고대 여사관의 기록이라고 한다. 「여사잠」은 이런 여사관의 말투를 빌어 가후賈后[1]의 전횡과 독단을 풍간하기 위해 운문 형식으로 쓴 궁정의 잠규箴規이다. 매 장마다 삽도揷圖가 들어가 있다. 이 그림의 원문은 다음과 같다.

"사람들은 모두 자신의 얼굴을 단장할 줄 알지만 자신의 본성인품을 가꿀 줄은 알지 못한다. 인품을 가꾸지 않으면 예법에 어긋나게 된다. 항상 자신을 탁마琢磨하고 단련해야만 인품이 완미해진다人咸知修其容, 莫知飾其性. 性之不飾, 或愆禮正. 斧之藻之, 克念作聖."

그림을 보면 두 명의 귀부인이 자리에 앉아 있다. 한 명은 거울을 들고 자신의 얼굴을 비춰보고 있으며, 다른 한 명은 궁녀에게 머리 치장을 맡기고 경대鏡臺 앞에 앉아 있다. 경대 앞에 한나라 양식의 은으로 테두리를 두른 옻칠한 화장 상자은구칠렴銀釦漆奩가 놓여 있는데, 입구가 넓고 안에 지분脂粉이나 소비梳篦, 머리를 빗는 빗과 가르마를 타는 빗치개를 넣어두는 작은 상자가 들어가 있다. 다른 한편에는 민쇄抿刷, 기름이나 물을 두발에 바르는 도구가 들어있는 긴 옻칠 합칠합漆盒이 놓여 있다. 이를 총칭하여 '염구奩具' 또는 '엄구嚴具'라고 부른다. 안에 있는 여러 개의 작은 합盒, 상자은 '오자五子', '칠자七子' 등의 명칭이 있다.

근년에 한묘에서 매우 완전한 형태의 실물이 출토되었다.삽도 59 주칠朱漆은 채색화에서 비교적 흔히 볼 수 있다. 은구銀釦는 '참대參帶, 띠를 뒤섞음' 방식을 말하는데, 상자를 만들 때 기본 틀에 모시나 삼베 등을 끼워넣어 옻칠하고협저칠夾紵漆, 일반적으로 '협저' 기법이라고 함 다시 은으로 띠 장식을 하여 더욱 단단하게 만드는 것을 말한다. 그림에 나오는 경대도 한나라 양식으로 기남 석각에서 꽃비녀를 꽂은 여종이 손에 들고 있는 것과 대동소이하다.

한말 헌제獻帝가 조조曹操에게 일용품을 하사하자 조조는 선제先帝가 남겨주신 물품을 감히 쓸 수 없어 반환한다며 「상잡물소上雜物疏」라는 상소문을 썼다. 그 안에 보면 순은참대경대純銀參帶鏡臺 한 개, 순은칠자귀인경대純銀七子貴人鏡臺 4개가 나온다. 진대 장창張敞이 쓴 『동궁구사東宮舊事』에서 태자가 태자비를 맞이할 때 사용했던 기물 중에도 대모전루경대玳瑁細漏鏡臺 한 개가 들어가 있으며, 이외에도 구리로 만든 것과 옥으로 만든 것도 있다. 그림에 나오는 옻칠 화장 상자漆奩는 근년에 출토된 실물과 거의 비슷하다. 다만 그림 형태가 어설프고 형태가 정확하지 않은 것으로 보아 기물 제도에 대해 잘 알지 못하는 후대 사람이 재모사한 것이 분명하다. 이 그림이 생겨난 연대는 역대로 의견이 분분하여 아직 정설이 없다. 시험 삼아 기물을 가지고 분석해본다면, 시기

1 가후賈后, 257~300년는 서진西晉 시대 태재였던 가충賈充의 딸로 진 혜제惠帝 사마충司馬衷의 황후이다. 자가 남풍이라 가남풍賈南風이라고 부르기도 한다. 용모가 추하고 질투심이 많았다고 한다. 남편인 혜제가 유약하여 자신이 전권을 휘두르다 결국 황족의 내란인 '팔왕의 난八王之亂'을 자초하고 말았으며, 조왕趙王 사마윤司馬倫에 의해 목숨을 잃었다. 팔왕의 난은 서진의 멸망을 가져온 가장 큰 요인이었다.

삽도60 수발식垂髮式

❶❷ 낙양 서한 복천추 분묘 벽화 부녀자

❸ 가욕관嘉峪關 위진 시대 분묘 채색 화상전 부녀자

적으로 고개지가 살아 있던 시절보다 이후의 작품으로, 대략 남조 진陳이나 수隋나라 사이에 완성된 것으로 보인다. 다만 그림에 나오는 인물의 옷차림이나 두발 장식은 고개지가 살았던 시대보다 이른 것이 많기 때문에 일부는 서한시대에 그려졌을 수도 있다. 만약 그림에 나오는 제지題識, 제발題跋만 가지고 판단한다면 정확하게 알 수 없다.

예를 들어 이 그림에 나오는 머리를 빗어주는 궁녀의 두발 형식은 운계雲髻로 높이 치솟게 만든 후에 한 뭉치소髾를 아래로 떨어뜨린 형태이다. 이는 서한 분묘 벽화에서 흔히 볼 수 있는 형태인데삽도 60 송대 모본인 〈열녀인지도〉에서도 반복해서 등장한다. 또한 이 그림 첫머리에 나오는 '여사사잠감고서희女史司箴敢告庶姬'라는 제목 아래 앞뒤로 자리한 세 명의 궁녀혹은 비빈妃嬪 역시 머리 뒤편으로 긴 머리카락을 내려뜨리고 거의 마지막 부분에서 두 개의 고리쌍환雙環를 만들고 있다. 이런 두발 형식은 초나라 용俑과 서한 채색용에서도 흔히 보이나 동한시대 그림에서는 이미 소실되어 볼 수 없다.

앞에 양쪽 귀밑머리를 둥글게 말아 올려 전갈꼬리蝎子尾 모양처럼 만든 것도 일찍이 서한시대 그림에서 볼 수 있는데, 남북조시대에 다시 출현한 것은 남제南齊와 양梁나라 시절에 살았던 화가 사혁謝赫이 옛것을 모방하여 그린 그림 때문이다. 그래서 당시 사람들이 그의 그림을 품평하면서 "곧은 눈썹과 둥근 귀밑머리로 세상 사람들이 새로운 것을 경쟁하게 만들었다直眉曲鬢, 與世競新"고 말한 것이다. 이런 까닭에 양진兩晉 시대의 자료에는 이런 예를 살펴볼 수 없다. 다만 북조의 돈황 벽화에 나오는 부녀자들의 머리 모양을 보면, 양쪽 귀밑머리를 말아 올려 전갈꼬리 모양으로 만든 두발 형태가 없지 않은데, 이는 분명 사혁의 그림에서 영향을 받아 한때 유행한 것일 터이다. 또한 부녀자들의 두상頭上과 이마 사이의 장식은 서한 마왕퇴 백화에서 분명하게 볼 수 있다시피 보요步搖 외에도 약간의 머리 장식이 더해졌다. 이는 조식曹植 「미녀편美女篇」의 "머리에 금작 비녀를 하고, 허리에 비취색 옥돌을 찼다頭上金爵釵, 腰佩翠琅玕"는 대목에 나오는 '금작金爵, 작雀, 금으로 만든 참새 비녀'일 것이다. 이런 비녀는 〈여사잠도〉에서 반복해서 출현하지만 그 밖의 그림에서는 아직 발견되지 않았다. 이는 이 그림이 옛것을 모방하여 그린 것이지 양진兩晉의 복식 제도에 따른 것이 아님을 방증한다.삽도 54

남조南朝 〈착금도斲琴圖〉 부분

〈착금도斲琴圖, 거문고를 제작하는 그림〉의 원화는 고궁박물원에 있다. 송대 사람이 고개지의 그림을 모사한 것이라고 하나 명확치 않다. 옛 사람들의 저서에서도 고개지가 그렸다고 적혀 있으나 구체적인 분석이 결여되었다.

그림은 칠현금을 만드는 과정을 그린 것이다. 화의畫意는 혜강嵇康의 칠현금과 관련이 있으며 인물의 분위기나 성격을 생동감 있게 잘 반영하고 있다. 그림에 나오는 주인들은 모두 머리에 관건冠巾을 착용하고 있다. 그 형태로 볼 때 가운데 지팡이를 들고 있는 고사高士가 쓴 작은 관은 옥돌로 만든 것으로 가운데가 비어 있어 상투를 집어넣을 수 있으며, 뒤쪽으로 백옥잠白玉簪을 끼워 관과 두발을 고정시킨다. 두건은 위진 시절에 유행하던 도帽로 물결이 이는 듯한 파랑형波浪形이며 겸백縑帛으로 만들었다. 아래에는 일반적으로 복건幅巾을 쓰지만 일정한 양식이 있는 것은 아니다. 고사가 신고 있는 나막신은 한대 쌍기리雙歧履에서 발전한 나막신인 고치극高齒屐이다. 그의 옆에 서 있는 노복의 신발도 예외가 아니다. 윗옷이 헐렁하고 커서 넓은 옷소매가 몸의 절반을 덮을 정도이고, 미성년인 종복도 소매가 2척이나 될 정도로 크다. 옷소매의 주름잡힌 부분접문摺紋, 절문折紋은 반듯하게 대칭을 이루어 남북조 석각이나 조상造像의 처리 기법과 상통한다. 이런 유형의 옷차림은 당시 위진魏晉 청담淸談의 영향을 받아 세속에 얽매이지 않고 대범하며 시원스러워 의도적으로 옛 분위기를 모방한 것이다. 사서의 기록과 비교 분석해보면, 그림의 제작 연대는 고개지가 살았던 시대보다 수십 년 또는 백여 년 이후로 〈죽림칠현도〉 제작 연대와 서로 비슷하거나 조금 늦은 제량齊梁 연간일 것이다. 이는 여러 문헌을 통해 확인할 수 있다.

예를 들어 『진서』 「오행지」는 "진나라 말기에는 관이 작고 의상은 넓고 컸는데, 풍류 인사들이 서로 따라하고 여대輿臺에 속하는 평민들도 관습처럼 여겼다"[1]고 했고, 『송서宋書』 「주랑전周朗傳」에도 "무릇 옷소매 하나가 너무 커서 두 개의 옷소매를 만들 수 있었으며, 바지자락이 너무 길어 반으로 잘라 두 개의 바지자락을 만들 수 있었다.……궁중에서 아침에 옷을 한 벌 만들면

1 『진서』 「오행지」, "晉末皆冠小而衣裳博大, 風流相放, 輿臺成俗". 고대에는 사람들의 계급을 10등으로 구분했다. 여輿는 제6등, 대臺는 제10등이다. 따라서 여대輿臺라고 하면 천역賤役을 맡거나 지위가 낮은 사람을 지칭한다.

그림88 (진) 두건이나 작은 관을 착용하고 넓고 큰 옷자락의 포의褒衣에 넓은 띠를 하고, 굽이 높은 나막신(고치극高齒屐)을 신은 은사와 소매가 넓은 상의와 고습袴褶(바지통이 헐렁하고 허리를 동여매는 아랫도리 옷)을 입거나 깃털 부채를 들거나 여의如意를 들고 있는 시종, 그리고 네모난 요(욕褥) 위에 앉아 서권書卷(책을 두루마리 형태로 말음)하고 있는 은사.

평민들도 저녁이면 그런 옷을 재봉하는 방법을 터득했다".[2] 이렇듯 옷소매를 크고 넓게 입는 것이 위아래 신분을 가리지 않고 하나의 관습이 되었음을 알 수 있다. 이러한 기풍은 동진 말년에 시작하여 송宋, 제齊를 거쳐 양梁, 진陳까지 남조 전반에 걸쳐 유행했다. 고개지는 동진 초기 사람이니 당연히 이런 옷차림을 볼 수 없었다. 북제北齊 안지추顔之推는 『안씨가훈顔氏家訓』에서 "양대梁代 사대부들은 모두 옷자락이 넓은 포의褒衣에 넓은 띠를 찬 옷차림과 큰 관에 밑창이 높은 신발을 숭상했다"[3]고 했고, 같은 책 「면학勉學」 편에서 "양梁나라 전성기에 하는 일 없이 한가롭게 놀기만 하는 귀족 자제들 가운데 학문이 없는 이들이 많아 속담에 이르길, '수레에 오르다 떨어지지만 않으면 저작랑著作郎이요, 서신체에 어찌 지내십니까?라는 인사만 쓸 줄 알면 비서랑秘書郎이다'라고 할 정도였다. 향내를 옷에 쐬고 수염을 말끔히 민 다음 분을 바르고 연지를 찍지 않은 이가 없으니, 차양이 긴 편안한 수레장첨거[4]를 타고 굽 높은 나막신을 신은 채 바둑판무늬를 짜 넣은 비단 방석에 앉아 온갖 색실을 섞어 짠 은낭隱囊, 몸을 기대는 기물로 일명 안

2 『송서·주랑전周朗傳』, "凡一袖之大, 足斷爲兩, 一裾之長, 可分爲二, ……宮中朝製一衣, 庶家晩已裁學".

3 안지추, 『안씨가훈』 「섭무涉務」, "梁世士大夫皆尙褒衣博帶, 大冠高履".

4 장첨거長檐車는 집 처마처럼 긴 차양이 달린 수레를 말한다. 첨簷으로 쓰기도 한다.

석案席에 기대어 볼 만한 기물을 좌우에 늘어놓고 여유롭게 드나드니, 그 모습이 마치 신선神仙처럼 보였다"[5]라고 하여 당시 머리에 든 것 없이 사치만 일삼는 환고자제紈袴子弟, 비단바지를 입고 우쭐대는 귀족 자제들을 풍자했다. 변란이라도 닥치면 이런 인물은 아무짝에도 쓸모없는 둔재들일 따름이다. 사실 당시에는 남과 북남조와 북조이 거의 비슷한 분위기였다. 뿐만 아니라 멀리 돈황의 경우도 크게 차이가 없었다. 과연 만리동풍萬里同風이란 말이 허언이 아니다. 남자만 그런 것이 아니라 부녀자도 그러했다. 이러한 현실 사회의 기풍은 용문석굴이나 돈황 벽화 등에서도 엿볼 수 있다. 다른 것은 의도적으로 고아高雅하게 모방하여 속세를 벗어난 대범하고 산뜻한 모습을 묘사하고, 불상의 경우 장엄함을 부각시키려고 애썼다는 점이다. 이렇듯 종교적인 예술품도 사회 풍습을 반영하여 현실과 상당히 밀접한 관련을 맺고 있다.

『안씨가훈』에서 언급한 제량 연간에 유행한 네 가지 기물 가운데 '장첨거長簷車'라는 기물이 있다. 옛 사람들은 이를 긴 끌채장원長轅라고 해석하고 끌채가 길면 운신하기에 편리하기 때문이라고 했다. 그러나 실제로 그런 것인지 의심스러워 오랜 세월 풀리지 않는 수수께끼로 남아 있었다. 사실 이런 형태의 기물은 석각이나 벽화, 도기로 만든 명기明器 등에 있는 그림에서 찾아볼 수 있다. 이에 따르면, 수레의 앞뒤 차양이 매우 긴 것도 있고, 수레 위에 별도로 차양조붕罩棚을 설치하고 수레바퀴와 수레를 끄는 짐승까지 모두 뒤덮어놓은 것도 있다. 당시 수레는 습관적으로 소가 끄는 것이 대부분이었다. 간혹 말도 사용되었는데, 예를 들어 돈황 북위北魏 시절에 나온 「구색녹경九色鹿經」을 소재로 그린 그림에서 볼 수 있다. 남조는 말이 부족했기 때문에 소를 썼다. 그래서 분묘에서 출토된 명기에 나오는 수레는 대부분 소가 끌고 있다. 소도 진귀한 것이 있다. 발굽이 옥처럼 깨끗하고 천금의 값어치가 있는 소인데, 이런 소가 끄는 수레를 '금독거金犢車'라고 한다. 수레도 특별히 화려하게 제작하고 힘이 좋은 작은 소가 끄는 수레인데, 수대隋代의 것이다. 이후 수당隋唐의 관제에 따르면, 부녀자들이 출타할 때 타는 '유벽거油碧車'도 소를 이용했다.

'고치극高齒屐'은 그림에서 보이는 모양 그대

5 안지추, 『안씨가훈』 「면학」, "梁朝全盛之時, 貴游子弟多無學術, 至於諺云, 上車不落則著作, 體中何如則秘書. 無不熏衣剃面, 傅粉施朱, 駕長檐車, 跟高齒屐, 坐碁子方褥, 憑斑絲隱囊. 列器玩於左右, 從容出入, 望若神仙".

로이다. '고치'는 신발 앞에 솟아 있는 이빨과 같은 부분을 말하며, 한대 쌍리雙履에서 변화한 신발이다. 혹자가 말하는 것처럼 바닥에 이빨 모양의 높은 굽을 단 것이 아니다. 남북조시대 회화나 조각에는 높은 굽을 단 나막신을 찾아볼 수 없다. '반사은낭斑絲隱囊'의 '은隱'은 '은穩, 편안함'과 뜻이 같으니 '은낭'은 편안하게 기댈 수 있는 '고침靠枕, 허리받이, 일종의 쿠션'이다. 지금까지 가운데 구멍이 있어 옆으로 누우면 귀를 넣을 수 있는 베개란 뜻에서 '인침引枕'이라고 여겼는데, 이는 원래 뜻에서 크게 벗어난다. 〈북제교서도〉나 용문석굴 및 돈황 벽화에 나오는 〈유마도〉와 현재 전해지고 있는 〈고일도高逸圖〉 등에서 이런 형태를 찾아볼 수 있는데, 주로 거위알아단鵝蛋처럼 생겼다. 그중에서 〈북제교서도〉에서 시녀가 손에 들고 있는 은낭이 가장 구체적이다.그림 99 명·청대 제왕들의 보좌에는 별도의 고점靠墊을 두었는데, 손을 기댈 수 있도록 하기 위해 사방형이나 12면의 등롱燈籠 형태로 만들었다. '기자방욕碁子方褥'은 휴대용 좌구坐具, 즉 방석이다. 재료는 주로 서북에서 생산되는 고급 직물에 문양을 넣은 화계花罽, 융단의 일종로 '구유氍毹' 또는 '탑등毾㲪'으로 부르기도 한다. 섬세하고 부드러우며 온갖 색깔을 겸비하고 있어 서한 이래로 귀중품으로 여겼다. 서한 초기 상인들은 계罽로 만든 융단 옷을 입지 못한다는 금령이 있었다. 동한 시절에 반고班固가 동생인 반초班超에게 보내는 서신「여제초서與弟超書」를 말함에서 두시중竇侍中[6]이 자신에게 서역의 섬세한 융단 10여 장을 구매해달라고 부탁하면서 수십만 냥을 비용으로 냈다고 쓴 적이 있다. 이렇듯 매우 귀하고 비쌌기 때문에 진대나 남북조 시절 계罽는 황금과 같다고 하여 금錦이라고 부르는 채색 비단과 병칭되었다. 『업중기鄴中記』에 보면 '표문계豹文罽', '녹문계鹿文罽', '화계花罽' 등의 명칭이 나온다. '기자방욕'은 평시 시종이 양쪽으로 접혀지는 장방형으로 옆구리에 끼고 다니다가 필요할 때가 되면 양쪽으로 펼쳐 땅이나 의자 또는 평상 위에 깔았다. 〈낙신부도〉와 등현鄧縣 전각磚刻, 그리고 본 그림에서 그 형태를 볼 수 있다.그림 91: 중간 일반적으로 양쪽으로 접을 수 있는 형태인데, 이 그림은 펼쳐진 형태 그대로 들고 있다. 만약 잘못 그린 것이 아니라면 원본은 곰이나 사슴, 표범 등의 가죽으로 만든 깔개일 수도 있다. 왜냐하면 그림에 나오는 다른 부분을 보면 각종 서로 다른 재료로 만든 인욕茵褥, 깔개을 볼 수 있기 때문이다. 특별히 고사나 은사의 경우는 호랑이나 표범, 곰 등의 가죽으로 만든 깔개를 사용하는 경우가 비교적 흔했다.

---

6 동한 화제和帝가 즉위하자 장제章帝의 황후인 두씨竇氏가 황태후가 되었다. 당시 화제는 겨우 10살이었기 때문에 두씨가 수렴청정했다. 두태후는 두헌竇憲, 두경竇景, 두독竇篤 등 집안 형제를 조정의 요직에 임명하고 국정을 전횡했다. 영원永元 4년 화제가 환관 정중鄭衆과 모의하여 두씨 형제를 일망타진하면서 두씨의 전횡은 종말을 고했으나 이번에는 환관이 득세하면서 또다시 환란을 불러왔다. 본문에 나오는 두시중은 두헌竇憲이다.

042

진晉 육조 남녀용男女俑

그림89
왼쪽 : (동진) 작은 관을 쓴 남자 노복 도용(남경 석자강石子岡 출토)
가운데 왼쪽 : (동진) 큰 올림머리에 상유上襦와 복군復裙을 착용한 시녀 도용(남경 석자강 출토)
가운데 오른쪽 : (남조) 큰 올림머리에 상유와 복군을 입은 시녀 도용(남경 막부산幕府山 출토)
오른쪽 : (남조) 평건책을 착용한 남자 노복 도용(남경 소홍산小洪山 출토)

남경박물관 문물 도록에서 인용했으며, 실물은 남경박물관에 소장되어 있다.

옷차림의 현저한 특징은 윗옷은 작고 아래옷은 크며, 저고리 옷섶을 좌우로 교차시켜交領 여몄고, 군裙과 상裳이 합일되어 있으며, 밖으로 노출된 군裙 부분이 허리 부위까지 올라가 있다는 것이다. 비교적 단단하게 허리를 묶었다. 머리에는 가발을 썼기 때문에 비율적으로 훨씬 크고 무겁다. 양각兩角 외의 머리카락은 아래로 귀까지 내려뜨렸다. 머리에 두건을 덧쓴 것 같으며, 효복孝服인 듯 평상시 옷차림이 아니다. 문헌을 통해 검증해보니 한때 유행한 성장盛裝 차림이다. 상위 계층에서 입던 옷차림을 민간에서 본받아 입으면서 사회 각계각층 사람들이 모두 영향을 받았다. 머리에 쓴 효건孝巾 비슷한 것은 당시 '파두帕頭'라고 불렀는데 모직물로 만들었으며, 낙대絡帶, 허리띠, 고구袴口, 바짓가랑이 테두리 장식 등과 동시에 유행했다.

간보干寶는 『진기晉記』에서 진대 부녀자의 옷차림에 관해 여러 가지 중요한 내용을 기록했다. 그 내용의 일부를 살펴보면 다음과 같다.

> 태시泰始, 265~274년, 진 무제 연호 초년 옷차림은 윗옷이 짧고 아래옷은 길고 풍성했으며, 옷을 입는 자들은 모두 허리를 단단히 묶었다. 원강元康, 291~299년 말년 부녀자들은 양당裲襠, 조끼처럼 생긴 상의에 옷섶을 교차시켜 여미는 상의를 입었다. 태강太康 연간에는 털로 짠 파두帕頭와 낙대絡帶, 그리고 고구袴口 등이 유행했다.[1]

이처럼 윗옷은 짧고 아래옷은 긴 양식은 『속한서續漢書』「오행지」에서 언급한 것처럼 헌제獻帝 시절에 이미 등장했다. "헌제 시절 여자들이 긴 치마를 좋아했으나 윗저고리는 심히 짧았다."[2] 하지만 출토된 재료에서 검증하기 힘들다. 다만 〈여사잠도〉에서 머리를 빗고 있는 궁녀의 옷차림에서 그 비슷한 모습을 볼 수 있을 뿐이다.그림 87 긴 치마장군長裙는 근년에 북경 인근에서 출토된 서한 초기 조옥雕玉 무녀의 옷차림에서 볼 수 있다.삽도 46

두발 형식에 대해 『진중흥서』남조 송나라 하법성何法盛이 편찬한 기전체 사서는 이렇게 말했다.

> 태원 연간에 부녀자들은 귀밑머리를 느슨하게 하여 머리 뒤쪽으로 비스듬히 기울어진 가계假髻, 가발을 사용한 쪽머리로 화려하게 장식했다. 두발이 훨씬 풍성해져 항상 쓰고 다닐 수 없어 우선 대바구니에 넣어두었다. 이를 일러 '가계'라고 한다.[3]

기록 내용은 그림에 보이는 모습과 서로 비슷하다. 『진서』「오행지」는 이보다 좀 더 상세하게 기록하고 있다.

> 태원 연간에 부녀자들은 반드시 귀밑머리를 느슨하게 한 다음 머리 뒤쪽으로 비스듬히 기울어진 가계로 화려하게 장식했는데, 두발이 너무 풍성해져 항상 쓰고 다닐 수 없어 우선 대바구니에 넣어두었다. 이를 일러 '가계' 또는 '가두假頭'라고 칭했다. 빈한한 집안에서는 이를 만들 수 없어 스스로 무두無頭라고 자조自嘲했으며, 필요할 경우 남의 머리카락假髮을 빌렸다.[4]

> 오吳 땅의 부녀자들은 단장할 때 머리카락을 단단히 묶어 뿔을 깎은 듯한 머리 타래가 귀 밖으로 삐져나왔다.

부녀자들의 머리카락을 묶을 때 느슨하게 묶는

1 간보干寶, 『진기晉記』, "泰始初, 衣服上儉下豊, 着衣者皆䘼腰. 至元康末, 婦女裲襠加乎交領之上. 太康中, 又以氈爲帕頭, 及絡帶, 袴口".

2 『속한서』「오행지」, "獻帝時, 女子好爲長裙, 而上甚短".

3 하법성何法盛, 『진중흥서晉中興書』, "太元中, 婦女緩鬢假髻, 以爲盛飾. 用髮豊多, 不可恒戴, 乃先於籠上裝之, 名曰假髻".

4 『진서』「오행지」, "太元中, 婦女必緩鬢傾髻以爲盛飾, 用髮既多, 不可恒戴, 乃先於木籠上裝之, 名曰假髻, 或名假頭. 至於貧家不能自辦, 自號無頭, 就人借頭".

것이 점점 심해져 묶인 머리가 스스로 일어서지 못해 머리카락이 이마를 덮었으며, 눈만 나올 뿐이었다.[5]

이런 모습은 본 그림에서 인증할 수 있을 뿐만 아니라 낙양에서 출토된 북조시대 분묘의 기악용伎樂俑에서도 확인할 수 있다. 사실 이는 진대나 서진시대 차림새이다. 가계假髻가 유행하면서 진대 장군 도간陶侃, 도연명의 증조부의 모친 담씨湛氏가 자신의 머리카락을 잘라 만든 가발 두 개쌍체雙髢를 팔아 얻은 돈으로 손님에게 음식을 대접할 수 있었다.[6][7]

패식珮飾, 옥패玉佩에 관해 간보는 『진기晉記』에서 이렇게 말했다.

> 원강元康, 기원전 65~60년, 한 선제宣帝의 연호 연간에 부인들의 장식품으로 오병패五兵珮가 있었다. 금, 은, 대모玳瑁 등으로 도끼인 부斧와 월鉞, 창인 과戈와 극戟의 형태를 만들어 비녀로 삼았다.[8]

그림에 나오는 부녀자의 옷차림은 위는 짧고 좁으며 아래는 길고 풍성했다. 머리에는 가발을 얹어 가체머리를 만들었으며, 머리카락이 이마를 덮고 귀까지 내려왔다. '오병패'는 한대에 유행한 '치우농오병蚩尤弄五兵'[9]의 동제 띠고리대구帶鉤이다. 이외에도 서한시대에 유행한 패식으로 백옥으로 만든 방패식순식盾式 옥패가 있다. 큰 것은 6, 7촌, 작은 것은 2촌 정도인데, 가운데 방패 모양의 구멍을 뚫고, 가장자리에 고부조高浮雕 또는 투조透雕 방식으로 서너너덧의 벽사辟邪, 사악한 것을 막는 짐승 이름가 서로 좇는 모습을 새겼다. 아마도 이는 한대 오행가의 관념을 반영한 듯하다. 백호白虎는 서방西方과 살벌殺伐, 싸움을 상징한다. 이처럼 호랑이 형태의 방패식 패를 일러 '벽사패辟邪珮'라고 한다. 이 역시 '오병패'의 상징적 의의와 동일하며 '치우농오병'에서 유래했다. 치우蚩尤는 일반적으로 반인반웅半人半熊의 모습으로 그려졌는데, 손과 발, 머리에 각기 병기를 하나씩 들고 있다. 흔히 볼 수 있는 병기는 두 가지 형식인데, 하나는 검劍, 극戟, 과戈, 둔盾, 노弩이고 다른 하나는 도刀, 극戟, 과戈, 둔盾, 노弩이다. 두 번째 형식이 비교적 늦게 나왔을 것이다.(기남 한묘 석각에는 다섯 명의 치우가 각기 병기를 하나씩 들고 춤을 추고 있다.) 오

5 『진서』「오행지」, "吳婦人修容者, 急束其髮, 而劘角過於耳". "婦人束髮, 其緩彌甚, 紒之堅不能自立, 髮被於額, 目出而已".

6 파양鄱陽의 효렴孝廉인 범규范逵가 도간陶侃의 집을 방문했을 때 집안이 빈한하여 대접할 것이 변변치 않자 그의 모친인 담씨가 자신의 머리카락을 팔아 번 돈으로 음식을 대접했다는 이야기를 말한다.

7 원주 머리카락으로 체髢를 만든다고 했으니 가발의 뜻이다. 『시경』「용풍鄘風」「군자해로君子偕老」에도 나온다. "검은 머리 구름 같으니 가발할 필요 없네鬒髮如雲, 不屑髢也." 근년에 마왕퇴 서한 초기 대후軑侯 가족 분묘에서 출토된 유물 중에 가발이 발견되었다.

8 간보, 『진기』, "元康中, 婦人之飾有五兵珮. 又以金, 銀, 玳瑁之屬, 爲斧, 钺, 戈, 戟以當笄".

9 치우농오병蚩尤弄五兵은 치우가 황제와 싸울 때 다섯 가지 병기를 사용했다는 뜻이다. 『주례』에 따르면, "오병은 과戈, 수殳, 극戟, 모矛, 모이牟夷이다五兵者, 戈, 殳, 戟, 矛, 牟夷". 『상서』에 따르면, "황제 시절에는 옥기로 병기를 만들었는데, 치우 시절에는 쇠를 녹여 병기를 만들고, 가죽을 잘라 갑옷을 만들었다. 이것이 오병의 시작이다黃帝之時, 以玉爲兵。蚩尤之時, 鍊金爲兵, 割革爲甲, 始制五兵".

병五兵 가운데 네 가지, 즉 부斧, 월, 과, 극 등의 형태를 본따 금이나 은, 대모 등으로 만든 비녀는 진대 분묘에서 아직 발견된 적이 없다. 다만 문헌 기록은 당대에도 보인다. 『당육전唐六典』에 따르면, 금이나 은으로 만든 것이 적지 않았으며, 길이는 시척市尺으로 1척 정도였다고 한다. 이런 장식품은 멀리는 고대 '육계六笄'를 모방한 것이고 가깝게는 『진서』의 기록에 영향을 받은 것이다. 주로 개원, 천보 연간에 화채예복花釵禮服에 대한 제도가 마련된 이후에 제작되었는데, 주로 은 바탕에 금을 도금하고 섬세한 문양을 새겼다. 중국 역사박물관에 실물이 전시되어 있으며, 돈황 진향進香 부녀 벽화나 당·오대, 송의 수많은 그림에서도 확인할 수 있다.

다음으로 다리 아래 착용하는 것으로 신발에 대해 알아보겠다.

> 신은 부녀자의 경우 신발코가 원형이고 남자는 방형이다. 태강 초기에는 부녀자들도 신발코가 네모난 신을 신었다.[10]

> 예전에 나막신을 만들 때는 나무 굽을 나막신 밑바닥에 박아 드러냈는데, 이를 '노묘露卯'라고 했다. 태화太和, 366~371년 시절에는 돌연 굽을 배열하지 않았는데, 이를 일러 '음묘陰卯'라고 했다.[11]

그림에 나오는 도용은 나막신의 굽극치屐齒가 보이지 않지만 다른 자료에 비교적 구체적으로 나온다. 남녀의 나막신의 앞부분은 네모나고 둥근 것의 차이가 있었으나 나중에는 혼용했다. 〈착금도〉에 나오는 남자와 등현 전각에 나오는 부녀자의 신발에서 그 차이를 변별할 수 있다.그림 88, 91 또한 나막신 굽의 위쪽이 평편하고 드러나上扁而達, 위로 뒤집었을 때 납작한 부분을 위에서 아래로 합쳤다는 뜻 '묘卯' 자와 비슷하다고 하여 '노묘露卯'라고 불렀다. 나중에는 홀연 뚫지 않았는데不徹, 바닥에 붙이지 않았다는 뜻 그런 까닭에 '음묘'라고 불렀다. 그림으로 검증해 보면 비교적 구체적으로 확인할 수 있다. 진나라 시절 사안謝安이 비수淝水 전쟁에서 승리하자 너무도 기쁜 나머지 나막신을 신고 문지방을 넘다가 그만 굽이 부러지고 말았다고 했으며, 안지추顔之推는 제량齊梁 시절의 자제들이 학문에 힘쓰기는커녕 높은 나막신高齒屐이나 신고 다닌다고 비난하기도 했다.[12] 역대로 학자들은 '높은 나막신'이 구체적으로 어떤 것인지 알지 못해 그저 바닥 부분, 즉 나막신의 굽이 높은 것이라 여겼다. 하지만 동시대의 여러 그림을 참조하건대, 신발 앞쪽이 이빨처럼 생긴 것을 '고치극高齒屐'으로 보는 것이 합리적이다. 지금까지 여러 그림에서 당시 신발 밑바닥이 두터운 나막신은 거의 보이지 않는다. 한대에 유행했던 기두리歧頭履가 진대와 육

---

10 심약沈約, 『송서宋書』, "屐者, 婦圓, 男子頭方.至太康初, 婦人屐乃頭方".

11 『진서』「오행지」, "舊爲屐者, 齒皆達, 徹上, 名曰露卯. 太和中忽不徹, 名曰陰卯".

12 안지추의 『안씨가훈』「면학」에 나온다. "貴遊子弟, 多無學術……無不熏衣剃面, 傅粉施朱, 駕長簷車, 跟高齒屐."

조시대 고치극의 전신일 것이다. 최근에 장사 마왕퇴 서한 분묘에서 실물 두 켤레가 출토되어 '치齒'와 '묘卯'가 신발의 어느 부분에 위치하고 있는지 증명할 수 있었다.삽도 56, 61 신발 바닥에 '치'가 있는 경우는 근년에 강서 진묘晉墓에서 실물이 출토되었다.

다음으로 진인晉人들은 작은 관小冠을 착용하길 좋아했다고 했는데, 구체적으로 어떤 형태인지 알 수 없었다. 현재까지 발굴되거나 확인된 남북조시대의 자료를 통해 분석해보면, 이른바 소관小冠은 양梁이 없는 모자로 한나라 양식의 평건책平巾幘과 비슷하나 뒤쪽이 약간 높고 작게 만들어 정수리 부분에 걸친 것으로 남조와 북조에서 모두 유행했다. 북조의 경우는 북위 효문제孝文帝가 복식 제도를 바꾼 이후이며, 이는 수대까지 바뀌지 않고 지속되었다. 하남 공현鞏縣 석각石刻에 새겨진 행향인行香人, 분향하고 참배하는 사람의 머리를 보면 작고 높아 마치 정수리에 작은 대통을 올려놓은 것처럼 보인다. 칠사농관漆紗籠冠과 같이 썼는데, 이러한 대통식筒式 관이나 모자는 주로 지위가 상당히 높은 통치자들이 사용했다. 송대 사람이 각인한 이왕첩二王帖에 보면 앞쪽에 왕희지王羲之와 왕헌지王獻之 부자의 형상이 그려져 있다. 그들은 머리에 똑같이 생긴 그다지 높지 않은 통관筒冠을 쓰고 있다. 어쩌면 북송 사람이 용문석굴의 석각에 나오는 형상에서 힌트를 얻어 그렇게 그린 것일 수도 있기 때문에 동진 사람들이 즐겨 썼다는 남방의 작은 관의 양식과 완전히 일치할 수 없었던 것이다.

기록에 따르면, 이처럼 높은 통처럼 생긴 사모紗帽는 귀족들의 경우 백사白紗로 만들었고, 하급 관리는 흑사로 만들어 등급을 구분했다. 돈황 그림 가운데 북조시대 진향進香 귀족이 나오는데, 형상이 매우 구체적이고 사실적이다. 목 아래 둥근 부분은 화가가 '곡령曲領', 즉 둥근 깃을 정확히 알지 못해 잘못 그린 것이다.삽도 69:7 이외에 불교와 관련된 그림에 나오는 귀족들의 형상에서도 높은 통처럼 생긴 사모를 쓴 경우가 흔치 않다. 『남사南史』에서 귀족들이 좋아했다는 기이하고 화려한 사모 10여 종, 예컨대 '산작귀림山鵲歸林' 등등을 기록하고 있으나 현존하는 예전 그림이나 조각에서 거의 발견되지 않는 것으로 보아 진실성이 의심스럽다.

043 능각건菱角巾을 쓰고 사슴가죽옷을 입은 제왕과 두 명의 궁녀

그림90 능각건을 쓰고 사슴가죽옷을 입은 채로 여의를 들고 높은 평상에 앉은 제왕과 쌍환계雙鬟髻를 하고 방심곡령方心曲領[1]에 넓은 소매의 풍성한 삼자衫子를 입고 고치극을 신은 궁녀(당대 염립본의 그렸다는 〈열제도〉에 나오는 진陳 문제文帝 그림)

그림 90 〈열제도〉의 모사 그림이다.

이 그림의 표제를 보면 진 문제 진천陳蒨이라고 적혀 있다. 남조 시절에 유행하던 은사의 옷차림에 양진兩晉 시대 고사高士가 즐겨 쓰던 능각건菱角巾과 녹피구鹿皮裘를 걸치고 여의를 만지작거리며 높은 평상高榻에 홀로 앉아 한가롭고 여유로운 모습이다. 등 뒤에 양 갈래로 땋아 올린 쌍환계 머리

1 방심곡령은 잘 다듬은 흰 명주를 꿰매어 만드는데 둥근 깃 부분과 깃의 앞 중심에서 앞으로 가늘게 내려온 끈 끝에 방형의 장식물이 달려 있다.

를 한두 명의 어린 궁녀가 서 있는데, 옷차림은 육조 제량 연간에 유행하던 길이가 2척이나 되는 긴 소매가 달린 웃옷삼자衫子을 입고 있다. 옷깃은 곡령曲領으로 목을 감쌌다. 발에는 동진, 제량 연간에 유행하던 고치극高齒屐을 신었다.

〈열제도〉는 역대로 당대 초기 유명한 화가인 염립본閻立本, 601~673년 형제가 그린 작품으로 알려졌다. 그들 형제는 당대 초기 유명 화가로 당대 거복車服제도를 제정하는 데 참여했다. 특히 염립본은 서경西京, 장안, 지금의 서안의 궁전과 도성 설계에 관여하는 등 참여하지 않은 것이 없을 정도였다. 그의 부친인 염비閻毗는 수대隋代 저명 화가로 하조何稠 등과 함께 수대 예의禮儀 및 거복제도 제정에 참여했다. 이 그림은 화가의 성명이 적혀 있지 않다. 내용에 근거하여 분석해보면, 여러 왕들의 면모나 기색이 각기 모본이 있었으며, 전래되던 옛 그림에 근거하여 그린 것으로 보인다. 그렇기 때문에 여러 왕들의 모습은 물론이고 표정이나 안색 등이 서로 다르다. 사서에 실려 있는 여러 왕들의 정치적 공적이나 득실과 연관시켜 보면 서로 인증할 수 있을 것이다. 그림의 원본은 아마도 염비閻毗의 손에서 나온 것 같다.

〈열제도〉와 염립본이 그렸다는 〈보련도〉, 〈직공도〉를 비교해보면 확실히 다른 인상을 받는다. 〈열제도〉에 나오는 제왕의 면모나 옷차림은 붓을 운용하는 데 전혀 주저하거나 망설인 흔적이 전혀 보이지 않을 정도로 단호하고 또한 매우 정확하다. 이에 반해 〈보련도〉는 당 태종 이세민李世民의 요여腰輿를 에워싸고 있는 한 무리의 궁녀들의 모습에서 거침없는 붓질의 흔적을 찾아볼 수 없어 표정이나 안색이 생동감이 떨어지고, 인물의 성격이 드러나지 않아 이 그림에 나오는 두 명의 궁녀가 보여주는 자연스러운 모습에 크게 못 미친다. 만약 같은 사람이 그린 작품이라면 이처럼 현격하게 차이가 날 수 없을 듯하다.

044

남북조南北朝 등현鄧縣 화상전에 나오는 부녀와 부곡고취部曲鼓吹

그림91

위쪽 : (남북조) 쌍환계를 하고 양당삼을 입었으며, 홀두리笏頭履를 신은 귀족과 쌍환계를 한 시녀의 전각 화상(하남 등현 출토)

가운데 : (남북조) 작은 관을 쓰고 머리 형태는 쌍아각이며, 주름 바지를 입고 기자방욕을 옆에 끼고 있거나 대형 먼지떨이(주미麈尾)를 들은 시종 전각 화상(하남 등현 출토)

아래쪽 : (남북조) 하엽모荷葉帽를 쓰고 주름 바지를 입은 부곡 악사 전각 화상(하남 등현 출토)

실물은 중국 역사박물관에 소장되어 있다.

그림에 나오는 부녀자의 옷차림은 남조 제량 연간에 유행했던 대표적인 의복형태이다. 머리 정수리에 쪽진 머리를 위로 뽑아내어 볼록하게 만든 형태인데, 일설에는 비천飛天, 즉 동진 이래의 '비천계飛天紒'를 본뜬 것이라고 한다. 하지만 현존하는 재료를 분석해보면 오히려 비천발계飛天髮髻와 유사하며, 시대는 진대보다 훨씬 이후이다. 정수리에 볼록하게 솟아 있는 이러한 쌍환계雙鬟髻 양식은 이후 여러 곳에서 다양한 모습으로 발전했다. 예를 들어 〈낙신부도洛神賦圖〉나 당대 돈황 벽화에 나오는 용녀龍女, 천녀天女 및 소수의 기악伎樂 벽화壁畵에서 시작하여 오대五代 왕건묘王建墓 관좌棺座, 관 받침대에 새겨진 기악 석각, 송대 사람이 그린 〈조원선장도朝元仙仗圖〉에 이르기까지 서로 비슷하되 완전히 동일한 것은 아닌 쌍환계 모습이 유행했다. 처음에는 실제 사람의 머리에 있던 것이 나중에는 그림이나 조각, 석각 등에 나타나기 시작했다. 현재 우리가 알고 있는 자료로 본담녀 역시 남북조시대의 것이라고 보는 것이 옳은 듯하다. 여러 그림들 가운데 등현鄧縣 화상전묘畵像磚墓, 화상전이 있는 분묘에 있는 것이 가장 구체적이고 핍진하다.

당시에는 양당삼裲襠衫이 유행했는데, 이는 양당개裲襠鎧를 모방한 옷차림이다. 부녀자들도 입기 시작하면서 한때 크게 유행했다. 이 그림에 반영된 모습은 비교적 구체적이다. 다리 아래 신발은 앞쪽이 높이 솟아 있는 일명 '홀두리笏頭履'라는 신발이다. 원래 남녀의 구분이 있어 남자는 신발코 부분이 방형이고, 여자는 원형이다. 하지만 얼마 지나지 않아 혼용하면서 구분이 없어졌다. 진대 고치극이 변화 발전한 것이다. 신발 한쪽이 솟아 있는 것은 통상 '고장리高牆履'라고 부르며, 신발 위쪽에 산 모양으로 중첩시킨 것은 '중대리重臺履'라고 부른다. 영태공주永泰公主의 분묘 벽화에 여러 궁녀들이 신고 있는 것이 바로 '중대리'이다.삽도 61

가운데 그림은 일반 부곡部曲[1] 시종들을 그린 전각화이다. 두 사람은 진대 양식의 작은 관을 썼으며, 나머지 두 사람의 머리는 이아각二丫角, 머리 가장자리에 뿔처럼 양쪽으로 묶은 머리 형태 형태이다. 손에 각기 뭔가를 들고 있다. 뒤에 있는 두 사람 가운데 한 명은 대형 먼지떨이주미麈尾를 들고 있고, 다른 한 명은 기자방욕碁子方褥, 일종의 휴대용 방석을 옆구리에 끼고 있다. 웃옷은 짧고 소맷부리가 매우 넓어 한눈에 보아도 제량 연간에 유행하던 양식임을 알 수 있다.

아래 그림은 부곡고취部曲鼓吹, 즉 호족이 소유한 부대의 악대樂隊이다. 위진 이래로 할거하고 있던 봉건주 휘하 장수들이 출행할 때 위의威儀를 보이느라 악대를 동원했다. 주로 봉건주가 하사했는데, 은총을 베풀어 장수들을 구스를 수 있었

1 부곡部曲은 두 가지 뜻이 있다. 하나는 지역의 호족이 소유한 부대이고 다른 하나는 가복家僕, 즉 집안의 노복을 뜻한다. 여기서는 집안의 노복의 의미인 듯하다. 하지만 곧 이어 나오는 '부곡고취'의 부곡은 호족이 소유한 부대의 악대를 말한다.

다. 악대를 하사받은 이는 자신의 권위를 동년배들에게 과시할 수 있었으며, 인민들에게 위엄을 보일 수 있었다. 문헌에서 여러 흔적을 찾아볼 수 있다. 우선 조식曹植이 쓴 글에 보면 "피리를 울리며 길을 열었다"[2]는 구절이 나오고, 『삼국지』「오지吳志」「주유전周瑜傳」 주에 인용된 「강표전江表傳」에 보면 "손책이 다시 주유에게 고취를 보냈다策又给瑜鼓吹"라고 했다. 또한 「여몽전呂蒙傳」 주에 인용된 같은 책에서 "보기步騎 고취를 증파했다.……사의를 표하고 군영으로 돌아오는데 병마가 앞을 인도하고 앞뒤로 고취가 음악을 연주하여 가는 길이 환하게 빛났다", 「주태전」 주에 인용된 같은 책에서 "주태에게 병마를 앞뒤로 배치하고 성을 나와 고각鼓角을 울려 고치鼓吹로 삼았다"[3]라고 했다. 이러한 제도는 서한시대 황문고취黃門鼓吹에서 온 것이지만 악기는 이미 달라졌다. 산동 양성산兩城山 한대 석각에 황문고취가 나오는데, 한 무제의 「추풍사秋風辭」에서 피리와 북을 경쟁하듯 울리며 분하汾河를 건너는 대목[4]을 소재로 삼아 그린 것이다. 네 명이 피리를 불고 두 사람이 건고建鼓, 군사용 북으로 세워 놓고 친다를 치고 있다. 한말 군악에는 호가胡笳, 호각胡角이 유행했는데, 호가는 비교적 짧은 목관악기에 속하는 것일 터인데, 아쉽게도 아직 증명할 수 있는 그림이나 실물이 없다.[5] 그림에 긴 뿔처럼 생긴 악기를 불고 있는데, 이것이 호각胡角인 듯하다. 용문 석각이나 돈황 벽화에도 이와 비슷한 것이 보인다. 그림이나 조각에 반영된 것은 약간 굽은 형태인데, 취구 끝에 비단으로 만든 작은 기번幡나 채색유旒, 깃대에 다는 술를 단 것도 있고, 없는 것도 있다. 『북사北史』「연연전蠕蠕傳」에 따르면, 당시 마상에서 이런 악기를 불기도 했는데, 알록달록 색칠을 한 것이 많았다. 당대 변새시邊塞詩를 보면 '화각畵角'이란 말이 자주 나오는데 바로 여기에서 유래했다. 당대에는 행군할 때 사용하는 고각의 숫자가 등급에 따라 정해졌기 때문에 함부로 남용할 수 없었다. 구체적인 내용은 『당육전』에 기록되어 있다. 각角은 '장각長鳴'과 '중각中鳴'으로 나뉜다. 돈황 벽화 〈장의조출행도張議潮出行圖〉삽도 140에 나오는 기종騎從, 말을 타고 따라가는 시종 의위儀衛, 의장병 부분에 상당히 구체적인 형태가 나온다. 근년 장사에서 출토된 서진 분묘에서 청유靑釉 기종 고취용鼓吹俑이 대량으로 발견되어 문헌 기록을 인증했다. 기종 중에는 한나라 양식의 양관梁冠을 쓰고

2 조식의 글에서는 보이지 않고, 위 문제 조비의 「여오질서與吳質書」에 "從者鳴笳以啓路"라는 말이 나온다. 아마도 이를 말하는 듯하다.

3 『삼국지』「오지吳志」「주유전周瑜傳」, 주에 인용된 「강표전江表傳」, "策又给瑜鼓吹". 「여몽전呂蒙傳」 주에 인용된 「강표전」, "乃增给步騎鼓吹.……拜畢還營, 兵馬導從, 前後鼓吹, 光耀於路". 「주태전周泰傳」 주에 인용된 「강표전」, "使泰以兵馬導從出塢, 鳴鼓角作鼓吹". 「강표전」은 『삼국지』에 실려 있지 않으며, 여러 열전에 나오는 배송지裴松之의 주注에 잔편이 실려 있을 뿐이다.

4 유철劉徹, 「추풍사」, "누선樓船에 올라 분하汾河를 건너며, 강물 가로질러 가니 흰 물결 인다. 피리 불고 북소리 울리니 뱃사공 노래를 부르나니, 환락이 다하면 슬픈 마음 많아지리라泛樓船兮濟汾河, 橫中流兮揚素波. 簫鼓鳴兮發棹歌, 歡樂極兮哀情多".

5 원서에서는 호각의 그림이 없다고 나오나, 호가의 오기인 듯하여 수정했다.

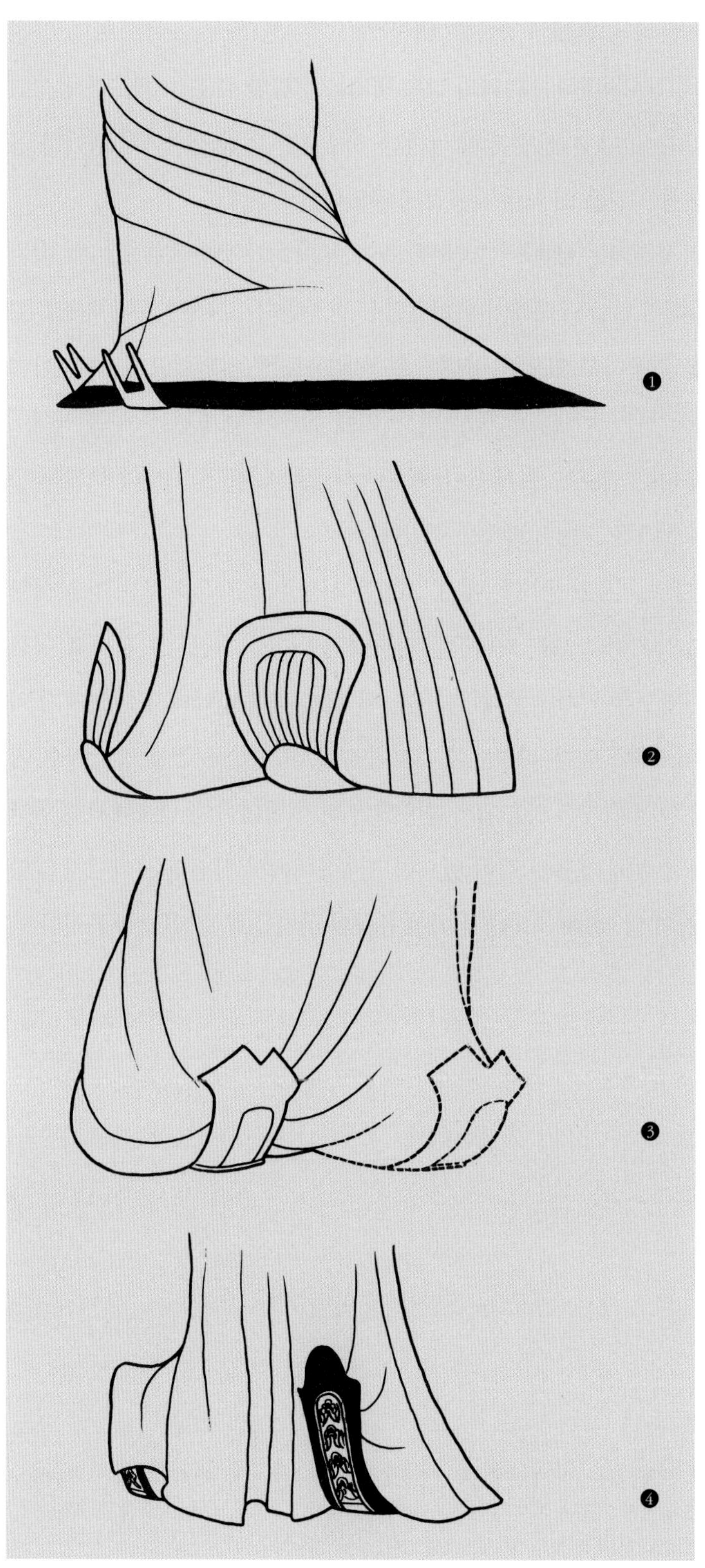

삽도61 신발(이履)

❶ 기두리(마왕퇴 1호 한묘 백화)

❷ 홀두리(등현 남북조 분묘 채색 전磚 모사본 摹印彩繪磚

❸ 고치극(염립본 <열제도>의 수隋 문제 시신 侍臣

❹ 중대리(토로번吐魯番 아사탑나阿斯塔那 출토 당대 사녀도仕女圖)

한나라 양식의 배소排簫, 대나무 관을 음률에 따라 배열한 한대 악기를 부는 이도 있다. 양진兩晉 시대 상湘, 지금의 호남성 지역의 경우 명기를 순장할 때 한대 제도를 답습했음을 알 수 있다. 사실 중원의 서진西晉 사람들은 일상 생활에서 한나라 양식의 대형 양관을 더 이상 사용하지 않았다.

이 화상전에는 보졸步卒 고취鼓吹, 즉 보병 악대가 등장하고 있는데, 이는 남조시대에 말을 구하기가 어려웠음을 반증한다. 고각鼓角은 관례대로 호각胡角을 겸용하고 있으며, 꼭대기 부분에 유소流蘇를 달았으며, 북은 이미 반고鞶鼓, 가죽으로 만든 북로 바뀌었으며, 허리에 매달아 놓고 한 손에 든 막대로 치면서 다른 한 손으로 땡땡이도鼗, 북 자루를 잡고 돌리면 동체의 양쪽 끈에 단 구슬이 북면을 쳐서 소리를 내는 작은 북를 흔들며 박자를 맞췄다.

『양시梁史』「소찰전蕭詧傳」에서 "소찰은 사람 머리카락을 보는 것을 싫어해서 그의 가마를 드는 가마꾼은 겨울이면 머리를 두건으로 감싸고, 여름이면 연엽모를 써야만 했다"[6]고 했는데, 이 그림에서 악대가 쓴 모자가 바로 '연엽모蓮葉帽'이다. 바짓단이 비교적 넓은 바지살구고撒口褲를 입고 무릎 아래에서 동여맨 것은 북조에서 통용되던 바지 형태이다. 남조에서도 일부 지역에서 한때 채용된 적이 있으며, 당·송대에서 완전히 사라지지 않았다. 돈황의 당·송대 벽화에서 이런 유형의 바지를 볼 수 있기 때문이다.

6 『북사北史』「참위부용전僭僞附庸傳」「소찰蕭詧」, "詧惡見人白髮, 擔輿者冬裹頭, 夏加蓮葉帽". 하지만 원문은 본서의 인용문과 약간 다르다. "又惡見人發, 白事者, 必方便避之, 擔輿者, 冬月必須裹頭, 夏日則加蓮葉帽".

남북조 갑옷을 입고 의검儀劍을 잡고 있는 문관門官

하남 등현鄧縣 채색 화상전묘의 묘문 벽화로 중국 역사박물관의 모본이다.

자색 윗도리衫에 가죽으로 만든 양당개裲襠鎧를 걸쳤으며, 소관小冠, 또는 평건책平巾幘, 개책介幘을 쓰고 반검斑劍, 의검儀劍을 손에 쥐고 있다.

유희劉熙의 『석명釋名』에 따르면, "갑옷개鎧은……갑甲이라고도 하는데 사물에 껍질이 있는 것처럼 스스로 방어하는 것이다".[1] 또한 '개介'나 '함函'이라고도 한다. 글자 자체로 본다면 개介는 물고기의 비늘 조각과 같은 것을 붙여 만든 갑옷이고, 함函은 대통처럼 생긴 갑옷을 말하며, 개鎧는 이러한 갑옷의 통칭이다. 『설문』에서 어떤 부분은 갑甲이며, 통칭하여 모모개某某鎧라고 한 것에서 알 수 있다. 그래서 마갑馬甲 역시 마개馬鎧, 전마의 갑옷라고 불렀다. 조식曹植의 글에서도 확인할 수 있다.[2]

고대에는 특히 가죽으로 만든 갑옷을 중시했다. 무소서시犀兕, 들소, 외뿔소, 상어교鮫 등의 가죽이나 껍질로 만들었는데, 가장 귀한 것은 서갑犀甲이다. 『좌전』과 『시경』의 기록에 따르면 서갑은 가볍고 내구성이 강하며 겉에 채색하기 용이하다. 보통 나누어서 연결시키는데 아랫단에 채색 비단으로 테두리 장식을 한다. 장사 초묘에서 출토된 검붉은색주휴朱髹 갑옷 잔편을 통해 확인할 수 있다. 또한 쇳조각이나 명주실을 엮어 만든 것도 있지만 일반적으로 가죽이나 구리 조각을 엮어 만든다. 견직물로 감싸서 꿰맨 것을 '연갑練甲'이라고 하는데 보편적으로 사용되었다. 예를 들어 위청衛青과 곽거병霍去病이 서북으로 원정을 떠날 때 기후의 변화가 극심하여 20여만에 달하는 병졸들이 대부분 면갑綿甲을 착용했는데, 강철과 가죽은 주로 흉부와 등 부위에만 사용했다.(근년에 대량으로 출토된 진한 시기 채색용을 통해 이런 추측이 사실과 부합함을 확인할 수 있었다) 한말에는 갑옷의 종류가 보다 다양해졌으며, 쇄자瑣子, 쇠사슬을 엮어 만든 갑옷와 양당裲襠이라는 새로운 제품이 생겨났다. 조식曹植이 쓴 「상선제사개표上先帝賜鎧表」에 보면, "선제께서 신에게 갑옷을 하사하셨는데, 검은 빛깔과 밝은 빛깔 각기 한 벌, 양당개 한 벌입니다. 지금은 태평한 세상인지 무기와 갑옷을 쓸 일이

---

1 유희, 『석명』, "鎧, ……或謂之甲, 似物有孚甲以自禦也".

2 조식, 「선제가 하사한 갑옷을 올리는 표上先帝賜鎧表」. 조조의 「군책령軍策令」에 보다 분명하게 나온다. "袁本初鎧萬領, 吾大鎧二十領, 本初馬鎧三百具, 吾不能有十具, 見其少遂不施也, 吾遂出奇破之."

그림92 (남북조) **소관**小冠(평건책)**을 쓰고, 양당개와 고습**袴褶**을 입고 의검을 들고 있는 문관**門官(하남 등현 화상전묘 묘문墓門 벽화)

없으니 모두 개조鎧曹, 갑옷을 관리하는 부서에 보내 처리하도록 해주시기 바랍니다"[3]라고 하여 양당개를 언급하고 있으며, 쇄자개瑣子鎧를 반납한다는 말도 나온다.

진대와 남북조 시절에는 여전히 무소가죽으로 만든 갑옷을 중시했다. 진대 유익庾翼의 「여모용황개서與慕容皝鎧書」에 보면 "등백천鄧百川이 예전에 무소가죽으로 만든 양당개 한 벌을 보내왔는데, 비록 정교하게 만든 것은 아니나 기이한 물건인지라 보내드립니다"[4]라는 대목이 나온다. 무소가죽으로 만든 양당갑은 주로 광동廣東의 장인들이 만들었다. 유송劉宋, 남조 송나라 『원가기거주元嘉起居註』에서 유정劉楨이 광주자사廣州刺史 위랑韋朗을 탄핵하는 글에서 확인할 수 있다. 당시 유정은 위랑이 광주에서 관리로 있으면서 "무소가죽으로 만든 갑옷犀皮鎧 여섯 벌을 만들었으니 면직시켜주시기를 청합니다"라고 말했다. 가죽이 아니라 쇳조각으로 만든 것도 있었는데, 진晉 『건무고사建武故事』원래 제목은 『진건무고사』이다에서 "왕돈의 사병들은 모두 무거운 쇠갑옷을 입었다王敦兵皆重鎧浴鐵"라고 한 것에서 확인할 수 있다. 특히 신경을 써서 만든 것은 주로 금사金絲로 만들었는데, 차경車頍의 『진서秦書』의 다음 구절에서 확인할 수 있다. "부견이 웅막에게 금은으로 세개細鎧를 제작하도록 했는데, 금으로 실을 만들어 포승줄을 묶는 것처럼 고리를 만들었다符堅熊邈造金銀细鎧, 鏤金爲綫以縲之)." 여기서 "누지縲之", 즉 포승줄을 묶는 것처럼 고리를 만들었다고 한 것을 보면 금은으로 만든 쇄자갑鎖子甲인 듯하다. 양당에 금은 장식을 했다는 말은 『수서隋書』「예의지禮儀志」에도 나온다.

남북조시대 무용武俑이 매우 많이 출토되었기 때문에 양당개 제도에 대해 비교적 명확하게 알 수 있다. 양당개는 몸통 앞뒤로 방어할 수 있는 큰 조각을 걸치고 가죽 끈을 달아 어깨에 걸 수 있도록 했으며, 허리 부분은 별도의 가죽 띠로 단단하게 묶었다. 겉에 포복袍服을 걸쳤으며 아래에 바지통이 넓은 바지를 입고 동여맸다. 그리하여 일시에 고습복袴褶服이 유행했다. 당대 사람들은 이를 '임융지복臨戎之服', 즉 전쟁에 나설 때 입는 옷이라고 불렀다. 포복을 벗으면 그 즉시 작전에 임할 수 있기 때문이다. 벗는 것도 매우 편해서 남북조시대뿐만 아니라 당·송 시절에도 완전히 사라지지 않았다. 양당개를 옷 위에 입는 경우도 있었다. 이 그림과 같은 분묘에서 나온 기마 관리가 새겨진 전각의 모습에서 확인할 수 있다. 색깔과 재료에 따라 등급을 구분했다. 그림에 나오는 이는 자홍색紫紅色 옷을 입었으니 신분이 비교적 높은 것으로 보인다. 『수서』「예의지」에 따르면, "시종은 자색의 웃옷을 입고 통이 넓은 보습을 입었으며, 금이나 대모로 양당갑을 장식했다侍從紫衫, 大口袴褶, 金玳瑁裝裲襠甲". 여기서 '자삼紫衫'이란 말은 대구고습大口袴褶, 즉 통이 넓은 바지

3　조식, 「선제가 하사한 갑옷을 올리는 표上先帝賜鎧表」, "先帝賜臣鎧, 黑光, 明光各一領, 兩當(裲襠)鎧一領. 今代以昇平, 兵革無事, 乞悉以付鎧曹自理".

4　유익庾翼, 「여모용황개서與慕容皝鎧書」, "鄧百川昔送此犀皮裲襠鎧一領, 雖不能精好, 復是異物, 故復致之". 원서는 '鄧百山'으로 썼으나 오기여서 수정했다.

를 묶은 것을 말한다. 본 그림에 상당히 구체적으로 반영되어 있다.

의검儀劍 역시 한漢, 위魏 시절에 나왔다. 주천周遷은 『여복잡사輿服雜事』에서 이렇게 말했다. "한대 의례에 따르면, 신하들은 궁전 계단에 이르면 검을 풀어야 한다. 진대에는 목검을 대체했으며, 귀한 이들은 옥수玉首, 옥으로 만든 칼머리 장식를 달고, 등급이 낮은 이들은 방합이나 금, 은, 대모로 장식했다."[5]

『진서』「여복지」의 기록도 동일하다. 비록 나무로 만들었으나 전국 이래로 옥으로 검을 만드는 제도가 여전히 남아 있었다. 의검은 '의도儀刀'라고도 부르는데, 칼자루 끝에 있는 고리모양으로 알 수 있다. 한대 이래로 고리를 붙인 칼이 적지 않았는데, 예를 들어 '용환龍環', '작환雀環' 등이 그러하다. 이는 고리와 칼자루가 연결되는 부분에 작은 용의 머리나 새의 머리가 불룩 튀어나온 것을 말한다. 실물도 존재한다.

『진서』「오행지」에 따르면, "진나라 말기에는 관은 작고 의상은 넓고 컸는데, 풍류 인사들이 서로 따라하고 여대輿臺에 속하는 평민들도 습속처럼 여겼다". 그림에 나오는 문관門官은 상층부 사람들이 썼다는 소관을 착용하고 있다. 같은 분묘의 전각을 보면 당시 하층 사람들도 이를 본받아 작은 관을 착용했음을 알 수 있다. 또한 여러 그림이나 조각에서 알 수 있다시피 진대의 관은 모자를 위로 솟구치게 할 수 있는 양梁이 없다. 따라서 '평상책平上幘', 즉 한대의 양식인 평건책平巾幘으로 중앙에 튀어나온 부분이 없다. 「여복지」에 따르면, "평상책은 무관의 복식이다". 당대에는 '평건책'을 '개책介幘'이라고 불렀다. 굳이 '개介'라는 글자를 쓴 것은 모자 뒤쪽이 비교적 높아 조개처럼 생겼기 때문일 것이다. 수·당대의 그림이나 조각에서 자주 볼 수 있으며, 조복이나 예복을 입을 때도 착용했다. 『수서隋書』에 따르면, 등급은 책幘 위에 가로로 찔러 넣는 잠도簪導로 구분했다. 왕공이나 경상卿相은 무소나 옥 등으로 만들었고, 그 이하는 뼈나 뿔로 만들었다. 출토된 옥잠도玉簪導를 보면 길이가 시척으로 한 척 정도이며, 위치는 약간 아래쪽이고 가로로 책幘 사이를 관통하고 있다. 본도本圖의 원래 그림은 애매모호하여 정확히 설명하기 어렵다. 다리 아래 신은 신발은 홀두리笏頭履로 신발 앞코가 위로 치켜져 올라가 있는데, 전각磚刻 그림에 나오는 것보다 높지는 않다.

5 주천周遷, 『여복잡사輿服雜事』, "漢儀, 諸臣帶劍至殿階解劍. 晉世始代之以木, 貴者猶用玉首, 賤者用蚌, 金, 銀, 玳瑁爲飾".

북조北朝 경현景縣 봉씨묘封氏墓에서 출토된 고습袴褶을 입은 용俑

그림93
왼쪽 : (북조) 양당개와 고습복을 입은 관리 도용(하북 경현景縣 봉씨묘封氏墓 출토)
중간 : (북조) 갑주와 고습을 입고 방패를 든 무사 도용(하북 경현 봉씨묘 출토)
오른쪽 : (북조) 고습복을 입은 노복 도용(하북 경현 봉씨묘 출토)

고습袴褶에 관해 『진서晉書』「여복지輿服志」는 다음과 같이 기록하고 있다.

고습 제도는 그 기원이 분명치 않다. 근래에는 황제가 어가를 타고 친정하거나 내외로 계엄戒嚴 시기에 입는다. 복장은 정해진 색깔이 없으며, 검은 모자를 쓰고, 자색의 표縹, 비단의 일종를 꿰매는데, 표縹에 그림을 넣기도 하며 길이는 4치, 너비는 1치이다. 허리띠는 낙대絡帶로 반혁鞶革, 혁대을 대체한다. 중앙 관리는 자색의 표를 꿰매어 붙이고, 외관外官, 지방관은 진홍색 표를 붙인다. 이 외에도 계엄시의 융복戎服, 전투복은 표를 붙이지 않으니 출행하거나 주둔할 때는 문무관리 모두 마찬가지이다. 황제가 수렵하거나 순시할 때는 시종관만

융복을 입고 반혁, 즉 혁대를 매며 문관은 갓끈을 사용하지 않고 무관은 관을 벗는다.[1]

『남제서南齊書』「여복지輿服志」에서 서술하고 있는 내용도 대동소이하다. 다만 '길이는 4치, 너비는 1치'라는 자표紫縹와 강표絳縹를 모자나 또는 낙대絡帶 사이에 두었다고 했는데, 그림에서 볼 때 그다지 구체적이지 않아 알 수 없다.

이외에 남북조시대 사서에도 이와 유사한 기록이 나온다. 그중에서 『수서』「예의지」가 비교적 총괄적으로 설명하고 있다. 하지만 고습의 형태 특징이 무릎 아래를 묶으며 대소의 구분소매가 넓고 좁은 두 가지로 구분함이 있다는 것 외에는 그다지 명확치 않다. 그래서 후대 사람들은 습褶을 고袴의 별명인줄 알고 무릎 아래를 끈으로 묶은 통이 넓은 바지라고 생각했다. 또 어떤 이는 삼자衫子와 같은 상의上衣 및 양당갑까지 모두 포함하는 옷을 말한다고 주장하기도 했다.(송·원대 사람들은 습자褶子를 넓은 소매의 웃옷으로 생각했다. 예를 들어 해청습자海青褶子는 소맷부리가 넓게 개방된 웃옷을 말한다.) 만약 남북조시대의 그림이나 조각 등을 위주로 하여 문헌 기록과 대조하여 연구해보면 지난 천여 년 동안 풀리지 않았던 문제에 대해 새로운 지식을 얻을 수 있을 것이다. 그 대강을 이야기하면 다음과 같다.

첫째, 고습의 기본 양식은 소매가 넓거나 좁으며 무릎까지 내려오는 웃옷인 삼衫이나 오襖를 입고, 무릎 부분을 묶은 넓거나 좁은 바지를 모두 포함한다. 위에 입는 웃옷 안이나 밖에 양당을 덧입기도 한다. 진나라 양식인 작은 관小冠이나 북조北朝 양식의 통자모筒子帽, 옻칠한 칠사농건漆紗籠巾 등을 착용하며, 어떤 경우에는 건모巾帽와 낙대絡帶 사이에 각기 다른 색의 표식을 달기도 한다.

둘째, 고습은 황제가 내리는 하사품으로 한 가지가 아니라 여러 가지가 한 세트이다. 그중에는 양당개가 포함될 수도 있으나 반드시 그런 것은 아니다. 색깔이나 재료로 등급을 구분하는 것 외에도 가공 방법도 '수繡'를 놓는 경우가 있고, 그냥 '납納, 바느질함'하는 경우도 있다. 사자獅子, 또는 부발符拔(전설상의 짐승) 가죽으로 만들기 때문에 상당히 단단하고 미관도 뛰어나다. 칼이나 화살을 막을 수 있는 방어력이 있고, 수렵할 때 짐승들에게 상해를 입지 않을 수 있기 때문에 전쟁이나 계엄 시, 또는 수렵이나 출행할 때 황제는 물론이고 문무 관리들 모두 착용했다.

첫 번째 내용과 관련하여, 하북 경현 봉씨묘북조시대와 산서 장숙속묘張肅俗墓, 북제시대 및 하남 등현의 화상전묘에서 발굴된 유물과 돈황에서 발견된 당대 초기 정관貞觀 시절의 벽화에 나오는 제왕행종帝王行從 부분의 그림을 종합적으로 살펴보면, 그림 93에 나오는 대구고습복大口袴褶服이 합

1 『진서』「여복지」, "袴褶之制, 未詳所起. 近世凡車駕親戎, 中外戒嚴服之. 服無定色, 冠黑服, 綴紫縹, 縹以繒爲之, 長四寸, 廣一寸. 腰有絡帶, 代以鞶革. 中官紫縹, 外官絳縹. 又有纂嚴戎服而上綴縹, 行留文武悉同. 其畋獵, 巡幸, 則惟從官戎服, 帶鞶革, 文官不纓, 武官脫冠".

당한 형태라는 것을 알 수 있다.

두 번째 내용과 관련하여 고습은 단순히 바지를 의미하는 것이 아니라 다른 의복과 세트를 이루는 전체를 지칭하는 말이다. 『북사北史』의 기록을 보면 이를 확인할 수 있다. 「연연전蠕蠕傳」에 아나괴阿那瓌에게 하사한 물품 가운데 "세명광인마개細明光人馬鎧 한 구具, 철인마개鐵人馬鎧 여섯 구"가 있었다고 적혀 있다. 형태로 보건대 이러한 사람과 말이 착용하는 갑옷인마개人馬鎧 중에서 사람이 착용하는 인개人鎧는 양당갑裲襠甲이나 또는 흉부를 가죽으로 만들고 은을 도금한 철제 호심경護心鏡을 덧붙인 것이 있었고, 마개馬鎧는 버드나무 잎처럼 길쭉한 형태와 솜두루마기綿襖子처럼 생긴 것이 있었다.[2] 또한 고습도 하사했는데, 그 내용을 살펴보면 다음과 같다. "붉은색 누빈 비단 소구고습小口袴褶 한 벌이 있으며, 그 안에 모든 것이 갖추어져 있다. 자색 누빈 비단에 대구고습 한 벌이 있으며, 그 안에 모든 것이 갖추어져 있다."[3] 이로 보건대, 하사받은 고습은 주요 부분 외에 부속으로 따라가는 것이 있음을 알 수 있다. 인용문에서 "내중완구內中宛具"라는 말은 고습에 따라가는 의복이 모두 들어가 있다는 뜻일 것이다. 또한 『남사南史』를 보면, 연연蠕蠕이 "제나라 건원建元 시절에 사자가죽으로 만든 고습사자피고습獅子皮袴褶을 바쳤다".[4] 또한 가족혼장생可足渾長生[5]과 우제于提 두 사람이 고차高車로 출사할 당시 "(북위 황제가) 각기 수를 놓은 고습 한 벌을 선물로 하사했다各賜繡袴褶一具"고 했으니 고습은 바느질로 누빈 것도 있고, 수를 놓은 것도 있음을 알 수 있다. 보다 고급스러운 양당은 틀림없이 금은으로 장식했을 것인데, 『수서』 「예의지」에 관련 기록이 보인다. 또한 이른바 '금고오자衿袴襖子'라는 것이 있다고 하는데, 고습과 어떤 부분이 다른지는 아직 명확치 않다. 현재 볼 수 있는 것은 여러 분묘에서 출토된 종복용僕從俑의 옷차림이 이와 비슷한 듯하다.

『구당서』 「여복지」에 따르면, 제왕의 도종導從, 앞뒤에서 시종하는 관리은 반드시 양당고습兩襠袴褶을 입도록 했다. 돈황 초당 시기 제왕행종帝王行從, 제왕의 행차와 시종하는 관리의 옷차림이 이 그림과 대동소이하다. 따라서 이것이 바로 진대와 남북조 시기의 고습이라고 보는 것이 옳다. 고습은 북방 여러 기마민족이 말을 타고 전투할 때 편하도록 고안한 의복이다. 남조에서도 이를 차용하여 입었지만 징강 이북의 일부 지역에 한정되었으며, 강남에서 이와 유사한 그림이나 조각 형상이 출토된 경우

2 원주 어떤 것은 종려나무 껍질과 만들기도 했는데, 이는 그저 갑옷처럼 보이게 만든 것에 가깝다. 『남사南史』 「동혼후기東昏侯紀」 참조.

3 『북사』 「연연전」, "緋納小口袴褶一具, 內中宛具. 紫納大口袴褶一具, 內中宛具".

4 원주 이리저리 돌아다니는 호상胡商들이 증명하듯이 호랑이 무늬처럼 백색 문양을 부발피符拔皮라고 하는데 진짜 사자가죽이 아니다. 근년에 출토된 수나라 무사용 가운데 고습을 입고 있는 것이 있는데, 양당 부분에 호랑이 문양이 보인다.

5 가족혼이 성이고, 장생이 이름이다. 나중에 주장생朱長生으로 개명했다. 당시 관직이 원외산기시랑員外散騎侍郎이었다.

삽도62 단양丹陽 남조시대 전각 화상

가 거의 없다. 물론 실물도 아직 발견된 것이 없다. 말의 경우는 출토된 그림이나 조각 형상이 거의 없다. 말에 치장하는 갑옷은 근년에 진강鎭江 지구에서 〈죽림칠현도〉를 주제로 한 남조시대 전각磚刻 화상에서 볼 수 있을 뿐 다른 곳에서는 전혀 발견되지 않았다.삽도 62

북조 경현 봉씨묘에서 출토된 남녀용

그림 94에서 왼쪽 그림은 후세 풍모風帽, 방한모, 지금의 후드와 같은 역할을 함 비슷한 머리쓰개가 뒤쪽 어깨까지 덮고 있으며, 당시 유행하던 좁은 소매小袖 고습袴褶을 입고 있다. 피풍식披風式, 지금의 망토 비슷한 형식의 부녀자 복장 조삼罩衫, 솜옷 위에 걸치는 덧옷을 덧입어 온몸을 가리고 있지만 '접리接離'는 아닌 듯하다. 왜냐하면 풍모와 피풍이 연결된 상태로 온몸을 덮을 수 있어야 '접리'라고 할 수 있으며, 무엇보다 부녀자들이 주로 사용하기 때문이다.

이 그림 중간에 나오는 남자는 작은 관小冠, 또는 개책介幘이나 평건책平巾幘을 쓰고 있으며, 옷섶을 한 쪽으로 여미는 교령交領에 대수大袖 고습복袴褶服을 입고 있다. 간보干寶의 『진기晉記』에 따르면, 한말 진대에 정수리에 비녀를 꽂는 작은 관이 유행했다고 한다. 출토된 유물을 분석해보면, 동한 시절에 높이 솟았으되 앞쪽이 높고 뒤쪽이 낮은 양관梁冠의 양梁을 더 이상 사용하지 않았으며, 남은 책幘 부분을 훨씬 줄였다는 것이 특징이다. 이렇게 축소시키기는 했으나 이 역시 약간 변통한 평건책이나 개책에 속한다고 말할 수 있다. 이 그림에 나오는 형상은 하남 등현 전각의 형상에서도 확인할 수 있다. 사서에 따르면, 소매가 특히 넓고 큰 것은 동진 말년부터 유행하기 시작했는데, 작은 관과 마찬가지로 남조 기풍의 영향을 받은 것으로 보이며〈착금도斲琴圖〉 설명 참조, 주로 문관 시종이 착용했다.

이 그림 오른쪽에 나오는 여관은 북조시대 특유의 칠사농관漆紗籠冠, '농건籠巾'이라고도 하며 당대 초기까지 이어졌다. 이후 송대와 명대의 농건은 칠사농관에서 변화 발전한 것이다을 쓰고 있다. 교령으로 옷섶을 여몄으며, 대수삼자大袖衫子를 입고 있다. 긴 치마를 둘렀는데, 비교적 높이 끌어올린 형태는 수대隋代 치마 양식을 계도했다.

동류의 여러 형식을 보여주는 남녀용은 북조 중기부터 시작하여 수대까지 여러 분묘에서 발견된다. 어떤 경우는 다른 시대에 비교적 가까운 형상과 혼합되어 있기도 하나. 이를 동해 나음과 같은 사실을 알 수 있다.

첫째, 동위東魏, 북제北齊, 북주北周에서 수대까지 남녀의 관복 옷차림은 낙양을 도읍지로 정하고 복식 제도를 개정한 이후의 관습에 따른 것이다. 하지만 비록 달라지기는 했으나 그리 많이 바뀐 것은 아니다.

둘째, 묘용墓俑의 경우는 대부분 오랜 관습에 따라 안배했다. 조대가 바뀌어도 분묘의 망자를

그림94
왼쪽 : (북조) 피풍披風을 걸치고 고습 옷차림의 종관從官 도용(하북 경현 봉씨묘 출토)
가운데 : (북조) 소관을 쓰고 고습을 입은 문관 도용(하북 경현 봉씨묘 출토)
오른쪽 : (북조) 칠사농관을 쓴 여관女官 도용(하북 경현 봉씨묘 출토)

위한 기물이나 의복 등은 그 즉시 바뀌지 않았다. 분묘의 기물이나 의복 중에는 당시 현실 사회에서 더 이상 사용하지 않는 것도 있었다. 심지어 고의로 이전 조대의 귀족 옷차림을 따르면서 위의儀衛, 시종, 노복 등은 오히려 새로운 조대의 옷을 입힌 경우도 있다. 전체 중국 봉건 사회의 각 조대에서 거의 비슷한 상황을 볼 수 있다. 예를 들어 새롭게 출토된 명대 초기 번왕藩王, 주단朱檀 등들의 능묘에서 발견된 대량의 의위용儀衛俑은 송·원대 관리의 옷차림이고 의장용儀杖俑은 마부馬夫의 형상이었다. 이는 우리가 묘용墓俑을 통해 고대 복식 제도를 연구하는 데 매우 중요한 의미가 있다. 다시 말해 분묘 묘용의 옷차림이나 기물 등을 연구할 때 변증법적인 분석 방법과 종합적인 비교 연구가 필요하다는 뜻이다. 특히 남북조는 단명 정권이 많았기 때문에 복식 제도의 변화와 정권 교체가 불일치하는 경우가 허다했기 때문에 이러한 상황을 분명히 인식해야만 한다. 다양화는 필연적인 것이지 우연이 아니다. 물론 지금까지 인용한 예는 일정한 한계를 가지고 있어 모든 것을 개괄할 수는 없다.

북조 돈황 벽화에 나오는 갑옷을 입은 기병과 보졸步卒

돈황 285굴에 있는 벽화로 서위시대 5백 강도 이야기를 소재로 그린 그림이다. 그림 95는 돈황 벽화의 모사본이다.

군관은 양당개를 입고 갑옷을 입힌 구장마具裝馬[1]를 타고 있다. 보졸은 보병들이 사용하는 방패인 보순步盾과 환도環刀를 들고 있으며 두건으로 머리를 묶었다. 병사가 들고 있는 극戟의 형태는 한대의 긴 창에 가로로 창을 하나 더 붙인 복자卜字 형태에서 벗어나 보다 개선되었다. 〈여사잠도〉에서 마원馮媛이 곰과 맞붙는 부분에 나오는 두 명의 위사衛士가 손에 들고 있는 극과 비슷하며, 영무寧懋 효자석실孝子石室에 나오는 문위門衛 무사가 들고 있는 극의 형태와도 매우 유사하다. 당대에 이르면서 돈황 백화帛畫에 나오는 도해천왕渡海天王이 들고 있는 극처럼 점차 형태가 바뀌면서 후세의 방천화극方天畫戟의 형태가 완성되었다.

남북조 양당개는 각양각색인데, 그림에 나오는 갑옷은 물고기 비늘을 중첩시켜 만든 것에 가까우며, 구장마의 경우도 마찬가지이다. 북조 이래로 인갑과 마갑을 한 세트로 만들었기 때문에 황제가 하사하는 물품 가운데 '인마개人馬鎧', 즉 사람과 말의 갑옷이라는 말이 흔히 나온다. 일반적으로 갑옷은 붉은색이나 녹색 또는 검은색 옻칠을 하는데, 특별히 제작한 갑옷의 경우는 금은으로 장식하기도 했다. 양당개는 사자, 부발符拔, 호랑이나 표범 또는 무소의 가죽으로 만들었다. 보병이 사용하는 방패는 나무로 만들고 가죽을 덧씌웠다. 형태도 개선되어 한대의 것보다 길어져 전신을 방어할 수 있었다. 일반적으로 검게 색칠했으며, 특별한 경우 붉은색을 덧칠했다. 극戟이나 삭槊, 창의 일종 아래에는 장식을 매달았는데 비단을 사용한 것은 '번幡'이라고 불렀다. 당대 우림군羽林軍이 특별히 사용한 것은 '분紛'이라고 한다. 북조 시절 흰색 모牦, 중국 서북지역에 사는 들소의 꼬리로 만든 것은 '백모白旄'라고 불렀다. 대독大纛, 소꼬리로 장식한 큰 기旗도 같은 재료로 만들었으나 색깔이 적赤, 백白, 흑黑 등으로 다양하다는 점이 다르다.

『북사北史』「연연전蠕蠕傳」에 보면 명제明帝가 하나괴阿那瓌에게 보낸 예물을 적은 대목이 나오는데, 그 안에 보면 병장기와 갑옷 등이 등장한다. 그 명칭이 매우 중요한데 그 일부를 살펴보면 다

1 원주〉 사람의 갑옷人甲은 무릎까지 내려오고, 마갑은 갑옷 아래쪽이 물결처럼 특이하게 생겼는데, 다른 그림에서는 흔히 볼 수 있는 것이 아니다.

그림95 (서위西魏) **양당개, 갑기甲騎 무사**(돈황 285굴 벽화)
그림95(계속) (서위) **두건으로 머리를 묶고 둥근 깃 상의를 입은 보졸步卒**(돈황 285굴 벽화)

음과 같다.

조서를 내려 아나괴에게 세명광細明光[2] 인마개人馬鎧, 사람 갑옷과 말 갑옷 한 구具, 세트, 쇠로 만든 인마개 6구, 노사은전삭露絲銀纏槊, 명주실과 은으로 자루를 감은 쌍날창 두 개와 모우牦牛, 서역에서 나오는 들소의 흰털로 만든 장식백모白毦, 붉게 칠한 창 10개와 백모, 검게 칠한 창 10개와 창에 다는 기번幡, 노사궁露絲弓, 활의 명칭 2개와 화살, 주칠자궁硃漆柘弓, 산뽕나무 재질에 주사를 칠한 활 6개와 화살, 붉게 칠한 방패 6개와 칼, 검게 칠한 방패 6개와 칼, 붉게 칠한 고각鼓角, 전고戰鼓와 호각號角 20구…… 등을 하사했다.[3]

『남사南史』에서 서역 여러 부족 사람들의 옷차림에 대해 서술하면서 "소매가 좁은 긴 포에 통이 좁은 바지小袖長袍, 小口袴"라고 말했다. 예를 들어 무흥武興, 고창高昌, 활滑, 갈반타渴盤陀, 말末 및 연연蠕蠕의 옷차림이 모두 이에 속한다. 돈황 북조시대 벽화도 비록 종교적인 색채가 짙은 것도 있기는 하지만 그림에 등장하는 다양한 계층의 옷차림은 당시 현지 풍습과 밀접한 관련이 있다. 부족의 명칭을 구체적으로 명기한 것은 아니나 옷차림은 대부분 대동소이하다. 일반적인 양식은 주로 원령대금圓領對襟, 즉 깃이 둥글고 윗옷의 양쪽 옷섶을 겹치지 않고 맞섶 형태이며, 소매가 좁고 상의가 무릎까지 내려오며 테두리를 덧댔다. 상층부 통치자들은 망토처럼 생긴 외투를 입었다. 그림에 나오는 관병은 행동하는 데 편하도록 무릎 아래를 묶었으며, 복사뼈가 있는 부분도 묶었다. 신발은 부드럽고 밑창이 낮은 신을 신었다. 이는 북조 이래로 황하 이북 백성들이나 병사들에게서 흔히 볼 수 있는 옷차림이다. 제량 연간 남방의 일반 노복의 옷소매가 대략 2척이고, 신발 앞코가 높이 솟아 있는 것과 비교하면 현저하게 다르다는 것을 알 수 있다.

---

2 세명광개는 촘촘하게 짠 햇살처럼 반짝이는 갑옷이란 뜻으로 명광세갑明光細甲이라고 부르기도 한다. 당대에 명광개明光鎧라는 갑옷이 있었으며, 송대에 기존의 명광세갑 안에 굵은 명주를 넣어 추리명광세망갑紬里明光細網甲이라고 불렀다.

3 『북사北史』「연연전蠕蠕傳」, "詔賜阿那瓌細明光人馬鎧一具, 鐵人馬鎧六具, 露絲銀纏槊二張並白毦, 赤漆槊十張並白毦, 黑漆槊十張並幡, 露絲弓二張並箭, 硃漆柘弓六張並箭, 黑漆弓十張並箭, 赤漆楯六幡並刀, 黑漆循六幡並刀, 赤漆鼓角二十具, ……".

049 북조 등거리피자帔子를 걸친 기악용伎樂俑

그림96

위쪽 : (북위) 두발 형태는 십자 형태의 대계大髻이고 나머지 머리카락으로 얼굴을 감쌌으며, 교령交領, 화피花披, 상유上襦, 장군長裙의 옷차림을 한 부녀 채색용(서안 초장파草場坡 출토)

아래쪽 : (북위) 십자계十字髻를 하고 남은 머리로 얼굴 측면을 감쌌으며, 교령에 줄무늬가 있는 윗저고리上襦를 입거나 문양이 있는 긴 치마를 입은 채색 악기용樂妓俑(서안 초장파출토)

그림 96은 초장파서안시 남쪽에서 발굴된 북조시대 분묘에서 출토된 채색 기악용의 모사본이다. 실물은 중국 역사박물관에 소장되어 있다. 낙양에서 발굴된 북조 분묘에서도 이와 유사한 채색 기악용이 출토된 적이 있다.

부녀자는 십자형의 큰 머리치장대계大髻을 하고 나머지 머리카락을 양쪽 귓가로 내려뜨렸다. 간보의 『진기』에서 서술한 진대 부녀자의 두발 형태와 비슷하다. 또한 근년에 남경 인근에서 출토된 동진, 남조 분묘의 부녀용婦女俑의 머리 치장과도 비슷한 점이 많다. 하지만 일반 북조 그림이나 석각에서는 이런 형태의 유물이 발견되었다는 이야기를 듣지 못했다. 따라서 이런 옷차림은 서진西晋에서 전래된 것으로 분묘가 조성된 때보다 이른 시기였음을 알 수 있다. 동진東晉 부녀자들의 일부 장식은 여전히 이전 서진시대의 것을 그대로 답습하여 점차 커졌다.

또한 그림에 나오는 부녀자는 채색 어깨와 목둘레 사이에 화피자花帔子를 덧입었으며, 치마는 문양을 넣어 장식하고 삼각 형태이다. 이는 당대 유행했던 '십이파十二破, 열두 폭', '육파六破, 여섯 폭' 양식의 무군舞裙과 크게 다르다. 『이의실록二儀實錄』에 보면, "진晉 영가永嘉 연간에 진홍색이 감도는 어깨에 걸치는 피백披帛, 등만 덮는 등거리인 강훈피자絳暈帔子, 진홍색 등거리를 만들었다. 개원開元 연간에는 왕비 이하 부녀자들도 모두 입었다"는 말이 나온다. 이 그림은 운강雲崗석굴의 전기前期 불상을 제외하고 진대 등거리 모습을 보여주는 유일한 예이다. 비록 당대의 봉성건奉聖巾이나 속수건續壽巾[1]과 공통점은 없지만 송대 부녀자들이 꽃을 수놓은 한 쌍의 긴 천을 옷의 견령 사이에 고정시킨 영말領抹과 오히려 비슷하다. 송대 부녀자들이 입었던 대금對襟 형식의 상의를 일러 '선오旋襖'라고 하는데, 옷깃 아래 두 개의 좁은 화변花邊이 바로 '영말'이다. 이는 수놓은 옷에서 매우 중요한 장식 가운데 하나이다.

치마의 장식은 역삼각형의 문양을 모아 합쳤는데, 동시대의 회화나 도자기, 석각 등에서는 전혀 보이지 않는 중요한 자료이다. 『동궁구사』에서 태자가 태자비를 맞이할 때 각종 예물로 사라紗羅로 만든 단군單裙과 복군複裙 등이 언급되었고, 근년에 강서江西에서 발굴된 서진시대 분묘에서 각종 치마의 명칭을 기록한 나무 간독簡牘과 연권鉛券[2] 문건이 발견되었다. 이로 보건대, 당시에 치마가 상당히 보편적이고 또한 다양했음을 알 수 있다. 이 그림에 나오는 치마의 양식이나 착용 방식 및 장식 문양은 비록 형상이 극히 간단하기는 하지만 매우 중요한 것임에 틀림없다. 어쩌면 이것이 서진 궁정의 가무기歌舞伎들이 입었던 치마를 봉재하는 방법 가운데 하나였을 수도 있다. 그렇다면 동진·육조시대에 이를 답습하여 점차 발전하면서 그림 89에서 볼 수 있는 양식으로 변화한 것이라고 말할 수 있다.

역사적 관습에 따라 북조 통치자들은 전대의 귀족 부녀를 가무기로 삼기도 했으니 이런 치마 형태가 나오는 것도 그리 기이하거나 특별한 것이 아니다.

---

1 봉성건奉聖巾은 속수건續壽巾이라고 부르기도 한다. 당대 유행한 피백披帛, 즉 등만 덮는 비단으로 만든 등거리로 지금의 숄shawl에 해당한다.

2 연권鉛券은 장방형의 납판으로 토지 계약 문서의 별칭이다. 이전에는 주로 비석이나 벽랑에 새겼다. 도교에서는 도사가 망자와 귀신을 위해 체결하는 계약으로 보았기 때문에 매우 중시했다. 그래서 도교가 유행하기 시작한 한위漢魏 분묘에서 많이 발견된다.

남북조 영무寧懋 석관石棺에 선각線刻되어 있는 각 계층의 인물

그림97 (북위) 두건을 묶고 단의를 입은 농민과 여러 형태의 아계丫髻, 대수의를 입은 귀족 및 복종僕從 석각화(낙양 영무 석실 출토)

삽도63 돈황 벽화 「체도도剃度圖」에 나오는 유장帷帳

그림 97은 하남 낙양에서 출토되었으며, 탁본을 모사한 것이다. 실물은 미국에 있다. 관棺은 청석青石으로 만들었고, 그 위에 가는 선각線刻과 척각剔刻 방식으로 고대 효자 이야기를 주제로 그림을 새겼다. 그림마다 위쪽 모서리 빈 곳에 주요 인물의 성명을 적었다. 전한 말기 유향이 편찬한 『효자전孝子傳』 이야기를 토대로 그렸다. 이야기는 서한시대의 것이나 그림의 배경이 되는 산석이나 주택, 기물 및 인물의 옷차림은 오히려 북조 중기 사회 습관이나 현실 생활을 반영하고 있으며, 예술적 처리가 상당히 교묘하다. 특히 선기 산수화사山水畫史나 인물화사人物畫史에 중요한 참고 가치가 있다. 근년에 남경에서 새로 출토된 남조시대 전각磚刻 〈죽림칠현도〉와 현재 전해지고 있는 〈낙신부도〉를 비교 연구해보면 각기 제작 연대를 유추해볼 수 있다. 특히 중요한 점은 그림의 옷차림이 대부분 당시 평민들의 것으로 매우 생생하게 묘사되어 있다는 것이다. 이는 다른 그림에서 찾아보기 힘들다.

그림에는 농민, 평민, 남녀 노비, 부곡部曲에 의탁하고 있는 객호客户, 귀족 남녀 등이 나오는데, 옷차림이 각기 다르며, 두발 형식도 상당히 다양하다. 다만 나이가 어리고 신분이 비교적 낮은 남녀들의 머리에서 관각계丱角髻가 특히 많이 나타나고 있다는 점이 특기할 만하다. 그림에는 이외에도 판여板輿, 삼륜거三輪車, 유장帷帳, 악장幄帳 등이 나오는데, 다른 그림이나 전각에서는 거의 보이지 않는 것들이다. 이 그림과 개원, 천보 연간의 돈황 벽화인 〈체도도剃度圖〉삽도 63, 〈연락도宴樂圖〉에 나오는 형상을 비교해보면, 고내 사람들이 야외에서 어떻게 생활했으며, 사용하던 도구의 형태나 서로 다른 사용 방법 등에 대해 좀 더 이해할 수 있다. 시기가 비교적 늦은 〈서악강령도西嶽降靈圖〉와 송대 사람이 그린 〈한궁춘효도漢宮春曉圖〉에서 보이는 각종 보장步障 형상을 통해 중고中古시대 이래로 이른바 '보장'이란 것이 사실은 완전한 한 폭의 비단을 겹쳐서 만든 것으로 너비나 길이가 대략 3~5척이라는 것을 알게 되었다. 수레를 타고 출타할 때나 길가 교차로에서 행인들이 다가오지 못하도록 차단하는 일종의 차단막이자 가리개 등으로 널리 사용되었는데, 주로 행인들이 쳐다보지 못하도록 하거나 바람이나 흙먼지를 막는 역할을 한다. 효용 면에서 장선掌扇, 의장용으로 사용하는 자루가 긴 부채과 거의 비슷하다. 『세설신어』에 보면 서진 귀족이자 부호인 왕개王愷와 석숭石崇이 자신들의 부유함을 다투는 대목이 나오는데, 왕개가 자색 명주로 만든 보장을 사용하자 석숭은 채색 비단으로 만든 금보장錦步障을 사용했으며, 그 길이가 3, 40리里에 달할 정도로 길었다고 한다. 오랜 세월 보장의 구체적인 형상을 몰랐기 때문에 3,40리里나 되는 긴 가리개障를 과연 얼마나 많은 사람들이 들어야 하는지, 평상시에는 얼마나 큰 창고에 보관해야 하는지 의심하는 이가 없었다. 하지만 그림을 보면 '리里'가 사실은 '연連, 여러 보장을 연결시킴'이나 또는 '중重, 여러 보장을 중첩시킴' 자의 오기라는 사실을 깨닫게 될 것이다. 이외에 또 다른 '보장' 관련 기록과 『당육전』의 유장帷帳 관련 기록을 비교해보면, 당시에 보장을 서로 '연결連'시키거나 '중첩(重)'시켰음을 알 수 있다.

서한 말년 유향이 편찬한 『효자전』에 근거한 이러한 그림은 봉건 사회 유가가 제창한 교육학설과 밀접한 관련이 있다. 서한 시절에는 병풍화 외에도 다양한 방면으로 확대 응용되었다. 동한 분묘 전석에 새겨진 그림에도 자주 등장한다. 삽도 64

남북조시대에는 여러 정권이 수시로 바뀌면서 새로운 나라가 등장했으며, 이에 따라 군신 관계도 새롭게 정립되어야만 했다. 따라서 단순히 '충忠'만으로 정권을 공고히 할 수 없었다. 그래서 통치자와 그에게 의존하는 중상층 지식인들은 예전과 같이 효도와 예제를 더욱 긴밀하게 결합시키고, 이를 통해 한편으로 외래 종교인 불교에 대항하고 다른 한편으로 유가 사상의 정통성을 확보하여 한말 황건적의 난리 이후 크게 떨어진 봉건 전제 정권의 권위를 유지하고자 애썼다. 정통성을 확보하기 위해 동진 육조 시절 남방 정권은 유학을 적극 제창하고, 대신이나 명사들은 사후 전기傳記에서 진위를 막론하고 반드시 경전에 대한 주소註疏 등 저술 목록을 남겼다. 강羌, 갈羯 등 여러 민족이 선후로 정권을 잡은 북조의 통치자들도 이와 비슷했다.

그림에 나오는 농민이 머리에 쓴 두건도 일정한 격식이 없다. 하지만 귀족의 노복들의 경우는 조금 다르다. 그들은 일상에서 통치자와 가까이 접할 기회가 많기 때문에 옷차림에도 어느 정도 영향을 받았을 것이다. 몇 명의 귀족 남녀 그림을 보면, 두발의 형태나 처리 방법에서 북조의 특징이 그대로 남아 있으나 옷차림은 이미 한식漢式에 많이 접근했음을 알 수 있다.

삽도64 영무 석실 석가에 나오는 유장

남북조 영무寧懋 석실 석각에 새겨진 무위武衛와 귀족貴族

그림98

왼쪽: (북위) 갈미관을 쓰고 어린갑을 착용하고 극과 방패를 들은 무사 석각화(낙양 영무 석실 출토)

중간, 오른쪽: (북위) 칠사농관을 쓰고 방심곡령 형식의 포복을 입었으며, 홀두리를 신은 귀족과 두발 형식이 쌍아계이고 넓고 풍성한 대수의大袖衣를 입은 시녀 석각화(낙양 영무 석실 출토)

그림 98은 선각 탁본 모사본이다.

두 명의 무위武衛는 손에 무기를 들고 분묘 문 앞에서 수위守衛하고 있다. 한대 석각묘 문졸門卒 및 하남 등현 남조시대 화상전묘 문 양쪽에 나오는 채색 문관門官과 지위가 같으나 의미도 완전히 같다고 할 수 없다. 일반적으로 문졸이나 문관의 모습은 당시 생생한 현실 생활을 반영한다. 왼쪽에 있는 무사는 생김새가 흉악하여 마치 불교 전설에 나오는 금강역사金剛力士처럼 생겼다. 일종의 수호신의 의미를 지닌 듯 지위가 특별히 부각되고 있다. 응소應劭, 153?~196년, 동한시대 학자는 『풍속통의風俗通義』에서 한인漢人들은 문 앞에 신도神荼와 울로鬱壘를 그려 사악한 기운을 내쫓았다고 했다. 이후 송·명·청대에 이르기까지 거의 천여 년 동안 관아의 대문에 당대 용맹한 장수이자 문신門神으로 유명한 진경秦瓊과 위지공尉遲恭을 그려 넣었고, 묘우廟宇의 산문山門 앞에는 아예 채색 조각상을 세웠다. 풍우뇌전風雨雷電 등 네 명의 신에서 발전한 천룡팔부天龍八部 또는 이를 축소시킨 사대천왕四大天王, 또는 아예 두 명으로 줄여 형합이장哼哈二將, 사찰을 수호하는 두 명의 인왕仁王을 세워놓기도 했는데, 이들 모두 문신과 동일한 의미를 지닌다.

무사가 입은 갑옷의 세부적인 형태가 상당히 완정하다. 머리에는 두건을 쓰고 두 개의 꿩 꼬리를 꽂았는데, 이는 고대 회화나 석각에서 볼 수 있는 갈미관 가운데 특히 구체적인 예에 속한다. 손에는 운문雲紋으로 장식한 보병용 방패步盾를 들고 있으며, 방패 아래 긴 자루가 있다. 당대 도자기에서 비슷한 그림이 나오기는 하나 다른 곳에서는 전혀 보이지 않는다. 다른 손에 들고 있는 것은 장극長戟이다. 또 다른 사람은 환도를 들고 있다. 갑옷의 모습도 상당히 구체적이고 온전한 형태이다. 팔을 보호하는 부분은 삼중으로 겹쳤고, 몸통 부분은 두 개로 나누었다. 안에 입는 옷은 고습복 제도를 따랐다. 확실히 보기 드물게 완전한 형태의 그림이다.

그림 중간과 오른쪽은 모두 귀족이거나 비교적 직위가 높은 문관의 형상이다. 소매가 넓고 큰 조복을 입었으며, 가슴 앞에 둥근 깃곡령으로 목을 에워쌌고 허리는 가죽허리띠인 반혁鞶革으로 단단히 묶었다. 홀두리笏頭履를 신고 머리에는 평건책을 둘렀으며, 그 위에 북위가 낙양으로 천도한 후 강력하게 한화漢化를 추진하면서 특별히 제작하기 시작한 원형의 칠사농관漆紗籠冠을 썼다. 머리 뒤쪽에 낚싯대가 휜 것처럼 관정冠頂에서 앞이마까지 휘어져 내려오고, 그 아래 영수纓穗, 술의 일종처럼 생긴 장식물이 달려 있는데, 아마도 이는 '수필垂筆'인 것 같다. 이는 원래 한대漢代 잠필簪筆 제도에 따른 것이다. 한대 세사관細紗冠과 어사御史 잠필 제도에서 취한 것이나 한대의 형태를 알 수 없어 오히려 북조의 특별한 표지처럼 되고 말았다.

그림에 보면 쌍아계雙丫髻를 한 젊은 시녀가 남자를 부축하고 있는데, 이 역시 한대의 구의舊儀를 따른 것이다. 한대의 구의에 따르면, 조정에 들어가거나 대성臺省, 한나라의 상서대尙書臺나 삼국시대 위나라의 중서성中書省처럼 황제의 정령 반포를 맡은 중추기관에서 당직하는 고위 관료들에게 규정에 따라 두 명의 단정하게 차려입은 청의靑衣를 보내 생활을 돌보도록 하고 아울러 능금綾錦으로 만든 침구 등을 제공했다. 청의는 훈롱薰籠을 들고 향을 태우며 의복을 간수했다. 그림에 빈영된 것은 비록 규격에 부합하지는 않지만 전체적으로 한대의 제도를 따른 것이 분명하다.

052 〈북제교서도北齊校書圖〉

그림99 (북제) 두건을 쓰고 엷고 가는 견직물을 걸쳤으며, 삼자衫子를 입은 문인과 쌍라계雙螺髻를 하고 좁은 소매 상의와 긴 치마를 입고 기물을 든 시녀(〈북제교서도〉)

정진탁鄭振鐸이 영인한 『해외에 유전되고 있는 명화집流傳海外名畵集』 모사본이다. 원화는 미국 보스턴 미술관에 있다.

도록圖錄을 보면 염립본의 〈북제교서도〉북제 시절 전적을 교정하고 있는 그림라고 적혀 있다.[1] 그림에는 여러 문인들이 큰 평상에 앉아 붓을 들고 펼쳐진 책을 쳐다보고 있다. 평상 중간에 금준琴樽과 과일, 붓과 벼루 등이 놓여 있다. 관각계丱角髻로 머리를 틀어올린 문사文士는 홀로 호상胡床에 앉아 역시 책을

1 원주〉 고궁박물원에 오대五代 구문파丘文播가 그린 〈문회도文會圖〉가 소장되어 있는데, 그 주제 부분의 일부를 따와서 수목을 배경으로 삼아 『고궁주간故宮週刊』에 게재한 적이 있다. 아마도 이는 다른 원본에 근거하여 만든 것 같다.

삽도65 용문 빈양동 북위시대 석각에 나오는 병든 유마維摩

펴들고 자구字句를 살피는 듯한 표정이다.[2] 여자 시종 몇 명은 모두 쌍라계雙螺髻를 하고 있는데, 이마 앞의 두발 형태는 부처의 두발처럼 나선형으로 말려져 있다. 그 가운데 한 명은 진대와 남북조 시절에 주로 사용한 거위 알처럼 생긴 은낭隱囊을 껴안고 있다. 동시대의 그림이나 석각에서도 이런 모습을 볼 수 있다. 예를 들어 용문龍門 빈양동賓陽洞 북위시대 석각의 유마변維摩變 그림을 보면 병색이 짙은 유마가 은낭에 비스듬히 기대고 있는 모습이 나온다.삽도 65 또한 돈황 석굴 당대 초기 벽화인 〈유마설법도〉에서도 볼 수 있다.

그림의 제목을 〈북제교서도北齊校書圖〉라고 한 것에 대해 송대 사람 한원길韓元吉은 발문跋文에서 이렇게 말했다.

> 북제 문선제526~559년, 초대 황제 천보 7년556년 조서를 내려 번손樊遜에서 여러 전적을 교정하여 황태자에게 바치도록 했다. 번손이 여러 군의 수재秀才인 고

2 이 부분은 〈북제교서도〉 원화에는 나오지만 본서의 그림에는 나오지 않는다. 본서의 그림 왼쪽에 호상에 앉은 사람이 그려져 있다.

건화, 마경덕, 허산수, 한동보, 부회덕, 고도자, 이한자, 포장훤, 경손 및 양주 주부主簿 왕구원, 수조참군 주자심 등 11명과 함께 형자재邢子才와 위수魏收[3] 등 여러 집안의 책을 빌려 비부秘府, 궁궐의 기밀문서 등을 보관하는 창고에 있는 전적의 오류를 교정하니 오경과 여러 사서에 빠지거나 잘못된 부분이 없어졌다. 이것이 그림을 그리게 된 이유이다. ……[4]

구제舊題에 당대 염립본이 그린 것이라고 했는데, 황산곡黃山谷이 이에 대해 상세하게 언급한 바 있다. 그러나 한원길은 이를 의심하여 발문에서 "당대는 남조 진陳과 수隋 양대와 이미 시기적으로 멀리 떨어졌는데, 어찌 이렇게 용모가 비슷할 수 있는지 알 수 없다"[5]고 했다.

그림은 한창 더운 여름 시절인지라 옷차림이 가볍다. 어떤 이는 아예 웃옷을 벗어 가슴을 드러내고 있기도 하다. 그 가운데 평상에 앉은 이 앞에 어린 동자가 짧은 통화統靴, 가죽신, 짧은 것도 있고 긴 것도 있다를 벗겨주고 있다. 여러 사람들이 입고 있는 옷차림만 보자면, 응당 북조 사람이 그린 〈죽림칠현도〉 가운데 하나라고 할 것이다. 『세설신어』에서 말한 것처럼 죽림의 여러 사람들이 나체로 산발하고 음주하며 쾌활하게 청담을 나누는 모습과 일치하기 때문이다. 그림에 나오는 기물도 모두 북조시대의 양식을 따랐다. 거의 모든 것이 하북 경현 봉씨묘에서 출토된 자기에서 발견되기 때문이다. 호상에 앉은 이는 쌍아계로 머리를 틀어올리고, 큰 평상에 앉은 이는 사피삼자紗帔衫子, 견직물로 만든 소매가 없는 웃옷를 걸쳤다. 안에 띠가 있는 '양당裲襠'과 '파복袙腹'[6]이 보이는데, 이 역시 모두 남조와 북조에서 통용되던 옷차림이다. 남조 양나라 시인 왕균王筠의 「행로난行路難」이란 시에 보면 양당과 파복에 관한 묘사가 나온다.[7]

후대 사람들은 이 그림의 의미를 정확히 이해하지 못하고, 그저 예전 초고를 근거로 '염립본이 그린 북제교서도閻立本作北齊校書圖'라고 이름을 붙였을 따름이다. 또 어떤 이는 그림에 나오는

3 형자재邢子才, 496~569년의 원래 이름은 형소邢邵, 자재는 자이다. 북위와 북제 시절 고위관료이자 문학가이다. 위수魏收, 507~572년는 자가 백기伯起이며, 거록군鉅鹿郡, 지금의 하북성 진주시晋州市 사람이다. 북위 시절 출사한 후 북제 때 비서감, 상서우복야尚書右僕射 등을 역임한 관리이자 문인이며, 『위서魏書』를 편찬한 역사가이다. 당시 온자승溫子升, 형소邢邵 등과 '북지삼재자北地三才子'로 유명했으며, 형소와 더불어 '대형소위大邢小魏'라고 칭해졌다. 아마도 교서가들이 그들의 장서를 빌렸던 것 같다.

4 한원길韓元吉, 1118~1187년, 남송 사인詞人, 자는 무구無咎, 호는 남간南澗, 「제북제교서도題北齊校書圖」, "齊文宣天保七年, 詔樊遜校定羣書, 供皇太子. 遜與諸郡高乾和, 馬敬德, 許散愁, 韓同寶, 傳懷德, 古道子, 李漢子, 鮑長暄, 景孫, 及梁州主簿王九元, 水曹參軍周子深等十一人, 借邢子才, 魏收諸家本, 共刊定秘府紕謬, 於是五經諸史, 殆無遺闕, 此圖之所以作也.……".

5 한원길, 「제묵제교서도」, "至唐已隔陳, 隋二代, 不知何自得其容貌髣髴耶".

6 파복袙腹은 파복袙復이라고도 하는데, 가슴과 배 사이에 착용하는 옷의 일종이다. 속칭 두두兜肚, 배두렁이라고 하며 말흉抹胸이라고 부르기도 한다.

7 왕균王筠, 482~550년, 「행로난」, "양당 앞뒤 반달 모양 문양 하나의 끈으로 이어지고, 파복(배두렁이) 양쪽 테두리 여덟 조각 띠로 연결되었네裲襠雙心共一襪, 袙復兩邊作八撮". 양당이나 파복은 배와 등을 가린다는 점에서 서로 비슷하여 중국 민가에서 사랑하는 연인의 애정을 비유했다. 예컨대, 양당은 앞뒤로 나뉘어져 있지만 문양도 같고 하나의 끈으로 이어져 있다고 했으니 사랑하는 연인의 마음을 비유한 것으로 풀이해도 무방하다.

인물이 위진魏晉 시절 옷을 입고 분위기 또한 비슷하다고 하여 대대로 전해지는 별본別本을 고개지가 그린 〈문회도文會圖〉라고 억지로 갖다 붙이기도 했다. 오대五代 구분파丘文播가 모사한 그림은 이런 까닭에 여전히 〈문회도〉란 이름이 붙어 있다. 하지만 내용은 한인이나 당인唐人이 말한 교서제도校書制度와 전혀 관련이 없다. 이 그림에 나오는 노복의 두건이나 옷차림, 그리고 마부가 쓴 모자의 형태로 본다면, 원본 그림은 진대나 남북조시대에 나왔을지 모르나 이 그림을 모사한 연대는 그보다 훨씬 늦은 오대, 송, 요, 금 시절일 것이다. 왜냐하면 노복이 쓰고 있는 모자나 옷차림이 현존하는 〈탁헐도卓歇圖〉나 〈십팔박도十八拍圖〉에 나오는 거란契丹이나 여진인女真人의 머리쓰개와 비슷한 부분이 있기 때문이다. 당연히 남북조나 당대 사람들이 이런 두건을 쓴 그림이나 석각은 전혀 보이지 않는다.

선인들의 저서 중에 고개지의 작품인 〈감서도勘書圖〉, 〈고현도高賢圖〉, 〈열선도列仙圖〉 등을 품평한 제題가 있는데, 이는 모두 이 두루마리 그림〈북제교서도〉의 복본複本, 별본이나 부본에 다른 제목을 붙인 것일 가능성이 크다. 또한 아무도 이를 '죽림출현'과 연관시킨 이가 없었다. 사실 그림에 나오는 인물의 옷차림이나 그들의 정신적 면모는 현재 전해지는 〈낙신부도〉나 〈착금도〉와 비교해 볼 때 시기적으로 약간 늦은 시절에 북방의 화가가 그린 〈죽림칠현도〉라고 보는 것이 오히려 믿을 만하다.

053 북제 장숙속張肅俗 묘에서 출토된 남녀 도용

그림100

왼쪽 : (북제) 쌍계, 단의, 고습을 입은 시녀 채색 도용(태원 광파壙坡 장숙속 분묘 출토)

중간 : (북제) 쌍계, 상유, 염요襳腰 긴치마를 입은 시녀 채색 도용(태원 광파 장숙속 분묘 출토)

오른쪽 : (북제) 두건을 쓰고, 어깨를 드러내고 고습을 입은 남자 시종 채색 도용(태원 광파 장숙소 분묘 출토)

실물은 중국 역사박물관에 소장되어 있으며 산서 태원 북제 사람 장숙속張肅俗의 분묘에서 출토되었다.

오른쪽 그림의 남자는 좁은 소매에 무릎까지 내려오는 웃옷인 오자襖子와 통이 넓은 바지를 입고 무릎 아래 끈을 맸으며, 두건을 쓰고 두발을 정수리 부분에서 묶었는데, 두건인 파두帕頭를 천막처럼 볼록 튀어나오게 한 다음 작은 끈으로 동여맸다. 당대唐代 복두幞頭의 선구라고 할 수 있다. 가운데 그림에 나오는 부녀자는 작고 좁은 소매에 합령장포合領長袍를 입고 있으며, 허리에 요보腰袱처럼 생긴 것을 늘어뜨리고 머리는 쌍라계雙螺髻로 틀어 올렸다. 이는 수대隋式의 평상복에 가깝다. 왼쪽 부녀자는 넓은 소매의 합령의合領衣와 통이 넓은 바지인 대구고大口袴를 입고 무릎 아래 끈을 묶었다. 이는 남자의 옷차림과 마찬가지로 당시 '고습복袴褶服'으로 불렸으며, 말을 타기에 편리하도록 만든 옷이다. 다만 당대 이후에는 여성들이 가늘고 길게 가장자리를 말아 올린 페르시아 양식의 긴 바지長褲를 선호하면서 더 이상 이런 옷을 입지 않았다.

동진 이래로 중국 화북과 서북에서 오랫동안 살고 있던 강羌, 갈羯, 선비鮮卑 등 여러 부족이 섬서, 진晋, 연燕, 예豫 등지로 들어와 흥망을 거듭했다. 그 과정에서 한편으로 민족 모순이 격화되어 중원 각지에서 오랜 기간 전란으로 인한 폐해가 극심해졌으며, 다른 한편으로 여러 민족의 백성과 의식주를 포함한 여러 가지 문화가 서로 융합되었다. 의복을 예로 들자면, 특히 모직물이 현저하게 증가했다. 한·위魏 시절의 모직물은 주로 양탄자나 까는 침구인 요에 사용되었으나 동진시대에는 금수錦繡의 지위를 대체할 정도로 확대되었다. 『진서』「오행지」에 따르면, 양진시대 사람들은 전계氈罽, 융단이나 모직물로 머리띠의 일종인 파두帕頭나 낙대絡帶, 허리띠, 고구袴口, 바짓가랑이의 가장자리 등을 만드는 것을 좋아했다. 특히 고습복은 대부분 모직물로 만들었다. 음식 방면에서도 '강자맥적羌煮貊炙, 강족의 삶은 고기, 맥족의 구운 고기' 등이 유행하여 길흉에 관계없이 모든 연회나 제사에 빼놓을 수 없는 요리가 되었다. 『동궁구사』에서 태자가 태자비를 맞이할 때 사용한 기물 중에 '강자맥적'을 담는 전용 그릇인 '주칠맥적반朱漆貊炙槃', '주칠맥적대함朱漆貊炙大函' 등이 나온다. 여기서 알 수 있다시피 당시 민간사회에서 유행하던 것이 점차 궁중까지 영향을 끼쳤음을 알 수 있다. 북제 안지추의 『안씨가훈』에 호도유胡桃油를 정련하여 그림의 안료로 사용하고, 선비어鮮卑語를 배우는 것이 한때 유행했다는 내용이 나오는데, 이는 생활의 활로를 찾기 위한 방편과 밀접한 관련이 있을 것이다. 『북사北史』「조정전祖珽傳」에도 호도유를 달여 그림을 그렸다는 말이 나온다.

관의박대寬衣博帶, 즉 풍성하고 넓은 웃옷에 넓은 띠를 차는 것은 원래 중원의 옛 습속이다. 위진 이래로 군사 장령들이 한 폭의 천으로 만든 복건幅巾 쓰는 것을 고상하다고 여기면서 전쟁터에서 지휘할 때도 투구 대신 폭건을 썼다. 예를 들어 배계裴啟의 『어림語林』에 보면 제갈량이 윤건綸巾을 쓰고 우선羽扇을 든 채로 군사를 지휘했다는 이야기가 나온다. 동진·육조시대에는 당시 사대부들이 출전하거나 계엄 시기에 기마에 편리하도록 북방 유목 민족이 즐겨 입던 양당개와 고습복을 입을 것을 적극 제창했다.

다른 한편으로 장강 이북의 경우 부견符堅과 석호石虎 등이 정권을 차지하고 있을 당시 이미 한식漢式 여복輿服, 수레나 복식이 등장했는데, 초기에는 단지 소수 통치자가 백성들에게 과시하거나 현혹시키기 위한 것이었다. 하지만 북위 효문제孝文帝가 무주새武州塞, 지금의 산서 대동시 서쪽 요새의 지명에서 낙양으로 천도한 후 법령으로 한화漢化를 추진하여 복식, 언어, 문자 등 바꾸지 않은 것이 없을 정도였다. 황족들도 자신의 성명을 모두 바꾸어 원씨元氏로 개칭했다원래는 척발씨拓拔氏. 이렇듯 사회, 문화 각 방면에서 상호 융합이 더욱 더 현저해졌다.

사서를 보면 당대 호복의 일반적인 특징에 관해 남자는 혼탈모渾脫帽, 둥근깃원령圓領, 또는 번령翻領, 좁은 소매에 무릎까지 내려오는 의삼衣衫을 입었으며, 여자는 줄무늬에 바짓가랑이를 말은 긴 바지條紋卷口長袴를 입고 투공透空하고 부드러운 채색 비단으로 만든 신발軟錦鞋을 신었다고 했다. 실제로 북조 후기의 벽화를 보면 이런 양식의 옷차림이 자주 보인다. 특히 남성은 더욱 보편적이었다. 맥적산의 북조시대 조각 가운데 작은 동자상이 있는데, 옷차림이나 모자가 거의 당대 양식에 가깝다. 당대 사람이 쓴 사서를 보면 그 내원에 대한 기록이 간략할뿐더러 근거 없는 억지 주장이 적지 않다. 『남사』나 『북사』 또는 『수서隋書』가 오히려 보다 명확하다. 잠시 그 내용을 살펴보면 다음과 같다.

무흥武興은 본래 구지仇池이다.……말을 탈 때 입는 오조돌기모烏皂突騎帽를 쓰고 길이가 길고 소매폭이 좁은 포長身小袖袍와 가랑이가 좁은 바지小口袴를 착용하며 가죽 신발을 신는다.

고창高昌, 고창국은……길이가 길고 소매폭이 좁은 포에 바지 아래 당이 있어 바지 밑이 열리지 않는 바지만당고縵襠袴를 입는다.

활국滑國은……사람들이 모두 말을 타고 활쏘기를 잘 하며, 좁은 소매에 긴 포를 입는다.

갈반타국渴盤陀國은 우전于闐 서쪽에 있는 작은 나라로 풍속이 우전과 서로 유사하다. 길패포吉貝布로 옷을 만들어 입고, 좁은 소매에 긴 포와 가랑이가 좁은 바지를 입는다.

말국末國은 한나라 시절 차말국且末國이다. 토착민들은 머리카락을 자르고 모직물로 만든 모자전모氈帽를 쓰며, 좁은 소매의 상의를 입고, 적삼을 만들 때는 목이 나올 자리를 뚫어놓고 앞을 꿰맨다.

연연蠕蠕은……변발辮髮을 하고 소매폭이 좁고 비단으로 만든 도포와 가랑이가 좁은 바지를 입으며, 속이 깊은 가죽신인 심옹화深雍靴를 신는다. 북제北齊 건원建元 3년,……사자가죽으로 만든 고습袴褶을 헌상했다.

흉노匈奴에 속하는 우문막괴宇文莫槐[1]는 요동遼東 장성 밖에서 나왔고, 그 선조는 남선우南單于의 먼 친척이다.……부녀자들은 발까지 내려오는 긴 저

1 우문씨는 본래 음산陰山 지역에 살다가 1세기경 요동遼東으로 이주하면서 점차 선비화鮮卑化되어 선비우문鮮卑宇文이라 불리게 되었다. 이후 서위西魏 건국에 도움을 주었으며, 북주北周의 지배 계층이 되었다.

고리長襦를 걸쳤으며, 치마는 없었다無裳.

중원으로 들어온 북방의 여러 민족이 한 쪽이 흥하면 다른 한 쪽이 망한다는 말처럼 근 2세기에 걸쳐 흥망성쇠를 거듭하면서 의식주나 행동에 이르기까지 서로 영향을 주고받으며 살았다. 수나라가 전국을 통일하자 여러 부족의 통치자들을 단결시키기 위해 수만심지어 십만 또는 이십만으로 보기도 한다의 번객호인蕃客胡人들을 장안에 정착시키거나 남방으로 이주시켰다. 따라서 사서史書에서 당대의 호복에 대해 언급하면서 개원, 천보 연간에 시작되었다고 말한 것은 사실 「오행지」의 관습으로 억지로 갖다 붙인 것에 불과할 따름이며, 궁정에서 시작하여 일반 사회에 영향을 끼쳤다는 말도 믿기 어렵다. 실제로 역사적 문물과 서로 연계하여 분석해보면, 그것은 한, 위진, 남북조시대까지 거의 3, 4세기에 걸쳐 여러 민족의 문화와 생활이 서로 융합한 것과 불가분의 관계를 지닌다. 장기간에 걸친 상호 교류와 영향에서 기인했다는 것이 비교적 역사 사실과 부합한다는 뜻이다.

054

수隋 청갈유도青褐釉陶 무용舞俑

그림101 (수隋) 좁은 소매, 긴 치마를 입은 무녀 청유青釉 도용(고궁박물원 소장)

실물은 고궁박물원에 소장되어 있다.

무녀용은 폭이 좁은 소매에 긴 치마를 입고 있는데, 치마 윗부분이 가슴 위로 올라와 있다. 두발 형태는 비교적 간단하여 위쪽이 평평하고 비교적 넓어 마치 모자를 쓴 듯하다. 혹자는 세 개의 떡처럼 평평한 중첩한 구름 형태다. 이마 위쪽 머리카락은 모두 단정하게 잘랐다. 북조 이래로 '개액開額'이라 부르던 두발 형태를 따른 것이다이는 전국시대 초나라 용이나 옥인玉人에서도 볼 수 있는 형태이다. 섬서 지역이나 낙양에서 출토된 도용과 돈황 벽화에서도 이와 유사한 형태를 볼 수 있다.그림 102, 103 단성식段成式의 『유양잡조酉陽雜俎』「환계품鬟髻品」에 "수나라 문제 시절 궁녀들은 구정계가 있었다隋文宮有九貞髻"고 했고, 우문씨宇文氏, 우문사급의 「장대기妝臺記」에 "양제 시절 궁인들에게 당나라의 팔환계를 하도록 시켰다煬帝令宮人梳迎唐八鬟髻"고 했다. 또한 마호馬縞의 『중화고금주中華古今注』에도 "수나라 대업 연간에 궁녀들이 조운근향계, 귀진계, 봉선계, 절훈계로 머리를 치장했다"[1]는 말이 나온다. 무릇 소설이나 기타 잡서에서 여자의 화장이나 장식에 대해 언급한 부분은 의도적으로 견강부회하거나 교묘하게 명칭을 갖다 붙인 것이 많아 믿기 어렵다. 예를 들어 『고금주古今注』, 『박물지博物志』, 『서경잡기西京雜記』, 『습유록拾貴錄』, 『두양잡편杜陽雜编』, 『청이록清異錄』, 『자곡자炙轂子』, 『사물기원事物紀原』, 『원씨액정기元氏掖庭記』, 『낭현기鄉嬛記』, 『여홍여지女紅餘志』 등등이 대체적으로 다 그렇다. 이 그림에 나오는 양식은 구체적인 명칭을 붙이기 어렵기는 하지만 돈황의 수대 벽화 및 근년에 발굴된 이정훈李靜訓의 분묘에서 출토된 대량의 도용에서 볼 수 있는 두발 형태와 서로 비슷하다는 점에서 수대의 일반적인 양식이며, 귀천의 차별이 그다지 크지 않았음을 알 수 있다. 근년에 새로 발굴된 당대 초기 이수李壽의 분묘 석각에 기악伎樂 부분을 보면 초당 시절에도 그다지 변화가 없어 수대와 차이가 없음을 알 수 있다. 현존하는 당대 그림으로 알려진 〈보련도步輦圖〉그림 115에서 알 수 있다시피 당대 초기 궁녀들의 옷차림은 부드러운 채색 비단으로 만든 신발, 줄무늬에 아랫단을 말아 올린 바지條紋卷邊袴를 입고 있어 페르시아 양식에 가깝지만 유독 두발 형태는 그다지 변화하지 않아 수대의 양식을 그대로 따르고 있다. 이런 점에서 〈보련도〉는 당대 초기 화가의 손에서 나온 것이지 염립본이 그린 것이 아님을 확인할 수 있다.

『북사』「배구전裴矩傳」에 따르면, 양제煬帝 시절 번객호상蕃客胡商들에게 나라의 재부와 문화를 과시하기 위해 화려한 겉치레에 열을 올렸다. "황제가 도성에서 온갖 연희를 공연토록 하여 전국 사방에서 기이한 기예에 능한 이들을 단문端門 길가에 모이도록 하였는데, 채색 비단을 입고 금과 비취로 귀장식을 한 이들이 십수만에 달했다."[2] 양제 시절의 사치스럽고 화려한 광경은 이외에도 여러 전적에서 살펴볼 수 있다. 그 대강을 열거하면 다음과 같다.

"당시황제가 운하를 타고 강남으로 행차할 때 온갖 배들이 꼬리에 꼬리를 물고 천리나 이어졌으며, 채색 비단으로 만든 돛이 지나가면 백리까지 향내가 풍겼다."[3]

1 마호馬縞, 『중화고금주中華古今注』, "隋大業中令宮人梳朝雲近香髻, 歸秦髻, 奉仙髻, 節暈髻". 조운근향계는 머리카락을 여러 갈래로 묶어 머리에 쌓아올려 앞쪽으로 내밀게 한 두발 형태이다. 봉선계는 신선을 받는 듯한 두발 형태이다.

2 『북사』「배구전裴矩傳」, "帝令都下大戲, 徵四方奇伎異藝陳於端門街, 衣錦綺, 珥金翠者以十萬數".

3 『양제개하기煬帝開河記』, "時舳艫相斷, 連接千里,……錦帆過處, 香开百里".

"황제가 탄 용주龍舟를 끌고 가는 이들을 '전각녀殿脚女'라고 불렀는데, 천 팔십여 명의 전각녀가 온갖 비단으로 단장한 옷을 입고 행전을 차고 신발에 양말까지 두루 갖추었다."[4]

당시 기록은 『통전通典』 권 146의 내용이 특히 상세하다.

> 대업大業 2년606년……(매년 정월 대보름이 되면) 단문端門 밖에서 건국문建國門 안까지 길게 이어진 8리 길에 연희 장소를 마련하니 백관들이 누각에 오르거나 좁은 길에서 저녁 무렵부터 동이 틀 때까지 이것저것 마음대로 구경하였다. 전체 공연은 그믐날말일이 되어서야 끝났다. 기인伎人들은 모두 수놓은 비단옷을 입었고, 가인歌人들은 주로 부인복을 입었는데, 고리 장식을 달아 걸을 때마다 소리가 나고 화려하게 머리를 장식한 이들이 3만여 명이나 되었다.……양경북경과 남경의 채색 비단이 모두 동나고 말았다.[5]

대업 6년 또다시 천진 거리에서 백희百戲 공연이 성대하게 펼쳐졌다.

> 의복을 장식하는데, 구슬과 비취, 금은, 채색 비단과 융단, 고운 갈포와 자수 등을 사용하여 전체 비용이 억만 금이었다.……금석으로 만든 온갖 악기와 생황, 북소리가 수십 리 밖까지 들렸으며, 거문고를 비롯한 현악기를 연주하는 이가 만 팔천 명이 넘었다. 횃불 행렬이 이어져 천지가 촛불을 밝힌 것처럼 환하고, 백희가 성대하게 공연되니 자고로 필적할 만한 것이 없었다.[6]

사서는 수나라 말기 통치자의 사치스러운 생활과 인력, 물력 낭비 등 중고 시대 이래로 특히 두드러진 폐해를 기록하고 있다. 다만 소설이나 잡기류는 사실을 지나치게 과장했다는 혐의를 면할 수 없다. 『통전』의 서술은 비교적 믿을 만하다. 하지만 현존하는 회화나 조소 유물로 볼 때 오히려 기록이 부합되지 않는 부분이 있다. 부녀자들의 복식을 예로 들자면, 상의는 남북조 양식의 다양한 변화만 못하고, 하의는 당대 초년 성당 시절의 다채로움에 미치지 못한다. 무엇보다 정권의 수명이 비교적 짧았기 때문이고, 그 다음은 북주가 통일했을 당시 부녀자들의 장식을 법령으로 엄격하게 제한했기 때문이다. 예를 들어 『북사北史』 「주서周書」 「선제기宣帝紀」에 보면 이런 구절이 나온다. "천하 부녀자들은 분과 눈썹먹으로 화장할 수 없다. 오직 궁녀들만 포백으로 장

4 『대업잡기大業雜記』, "龍舟行船人並名'殿脚女', 一千八十人, 並着雜錦綺粧襖子, 行纏, 鞋襪等".

5 『통전通典』 권146, "自大業二年, (公元606年)……於端門外建國門內, 綿亘八里, 列爲戲場, 百官起棚夾路, 從昏達曙, 以縱觀觀之, 至晦而罷. 伎人皆衣錦繡繒彩. 其歌者多爲婦人服, 鳴環佩飾以花髦者殆三萬人.……兩京繒錦爲之中虛". 인용문은 『통권』 외에도 『수서』 「음악지하音樂志下」에도 실려 있다. 양제 대업 2년 돌궐突厥의 가한인 염간染干이 수나라에 들어왔을 때 양제가 그에게 국력을 과시하고자 개최한 성대한 공연이다.

6 『수서』 「음악지」, "盛飾衣服, 皆用珠翠, 金銀, 錦罽, 絺繡, 其營費巨億萬.……金石匏革之聲聞數十里外, 彈弦擫管以上萬八千人. 大列炬火, 光燭天地, 百戲之盛, 振古無匹".

식한 수레를 탈 수 있고, 화장할 수 있다."[7]

수隋 문제가 정권을 잡기는 했으나 아직 전국 통일이 완수된 상태가 아닌 데다 농민과 통치자의 첨예한 모순으로 인해 또다시 정국이 혼란스러웠다. 그래서 그는 비록 재위 14년 동안 불교에 경도되어 사찰이나 탑을 세우는 등 불사에 낭비가 있기는 했으나 사회 생활은 오히려 그다지 화려하지 않았다. 현재까지 전해지는 수나라 회화나 소조 작품은 주로 문제 시절의 제도를 반영하고 있다. 양제의 사치스럽고 화려한 생활은 한때 궁정의 특수한 상황에 따른 것일 뿐 당시 사회 전반에 영향을 끼칠 수 없었다. 그렇기 때문에 이 그림에서 볼 수 있는 부녀자들의 옷차림은 비교적 일반적인 것으로 수나라 초기의 사회 현실과 부합한다.

7 『북사』「주서」「선제기」, "禁天下婦人皆不得施粉黛之飾, 惟宮人得乘有幅車, 加粉黛焉".

수대 돈황 벽화에 나오는 진향進香 부녀

그림102 수대隋代
좁은 소매 상의와 긴 치마를 입고 피백을 걸친 기악 공양인(돈황 390굴 벽화)

돈황 벽화 모본에 근거하여 재모사한 그림이다.

부녀복은 중원에서 발견된 도용의 옷차림과 마찬가지로 소매가 좁고 긴 치마가 대부분이다. 귀복 부녀자가 출행하거나 또는 향을 사르고 참배할 때는 소매가 넓은 옷을 입고, 그 위에 피풍식披風式, 망토식 좁은 소매의 상의를 걸쳤다. 동일한 형식의 옷차림을 돈황 북위 시절 불교 전래에 관한 벽화에서 볼 수 있는데, 대부분 남자의 옷차림으로 내의의 소매는 좁고, 외투의 소매는 크고 길다. 외투는 망토처럼 몸에 걸쳤을 따름이다. 수대는

그림103 수대
두발 형태는 평계平髻, 통이 넓은 상의에 열린 깃(번령翻領) 좁은 소매의 피지披子(가운이나 망토 등 어깨에 걸치는 옷)를 걸친 귀족과 관각계를 하고 비단을 둘렀으며, 긴 자루가 달린 부채를 든 여비女婢(돈황 390굴 벽화)

이와 다르다. 그림 103의 귀족 부녀자의 경우에서 볼 수 있다시피 내의의 소매는 크고 외투의 소매가 오히려 좁고 작다.

이로 보건대, 수대 상층부 부녀자들의 옷차림 형식은 제량 연간의 영향을 많이 받아 일반적으로 소매 끝자락이 없는 넓은 소매의 상의를 입었으며, 남녀 관복의 큰 소매도 진일보 발전했음을 알 수 있다.

다만 신분이 비교적 낮은 일반 사람들은 보다 실용적인 좁은 소매의 윗저고리가 점차 유행하면서 널리 보급되었으며, 여기에 좁은 소매의 바람을 피하는 용도의 망토를 걸치는 것이 한때의 풍조가 되었다. 이러한 피풍식망토식 좁은 소매 웃옷은 번령, 즉 밖으로 꺾어 넘기도록 만든 열린 깃이 대부분인데, 그림에서 볼 수 있는 것은 옷깃의 안팎이 서로 다른 색깔일 뿐 다른 장식은 보이지 않는다. 겉옷을 약간 줄여서 단독으로 입고 전루대鈿鏤帶, 상감하거나 문양을 새긴 띠로 허리를 묶으면, 당대 초기에 유행했던 호복胡服과 비슷하다. 피차간에 일정한 관련이 있는 듯한데, 남북이 모두 동일하지는 않다. 피풍식 일종의 부속품과 같은 어깨덮개가 어떻게 변화 발전하여 중요 복식으로 자리 잡았으며, 그 발전 과정은 어떠했는가? 아직까지 이에 대한 우리의 지식은 완전치 않다. 또한 형식이 서로 비슷하기는 하지만 중국 서북 지역에서 당시 문화 수준이 비교적 높았던 돌궐과 구차龜茲 또는 고창高昌이나 회골回鶻에서 넘어온 피풍식 어깨덮개도 있기는 하지만 서로 관계가 밀접한 것은 아니다. 왜냐하면 피풍은 모직물에 가깝지만 옷차림은 오히려 금수 비단에 잡다한 색으로 줄무늬 문양을 넣은 가랑이가 좁은 바지, 그리고 부드러운 채색 비단신을 신었기 때문이다. 이러한 양식은 페르시아에서 유래했으며, 고창을 경유하여 중원으로 들어왔다. 신강에서 근년에 새로 출토된 그림이나 채색한 소조彩塑를 통해 보다 많은 지식을 얻을 수 있으며, 이러한 추측이 어느 정도 현실성이 있다는 것을 확신할 수 있었다.

향을 사르며 참배하는 부녀자 옆에서 연주하는 악사 가운데 한 명이 네모난 틀에 작고 길쭉한 조각이 달린 악기를 들고 있는데, 이는 비교적 이른 시기에 나온 악기인 듯하며, 당대 초기에 대체된 운라雲鑼의 이전 형태인 듯하다.

수대 이정훈李靜訓 묘에서 출토된 남녀 도용

그림104 수대
남녀 문무 시종 도용(서안 서쪽 교외에 있는 이정훈 분묘 출토)

현재 중국 역사박물관에 소장되어 있다.

출토된 묘지墓誌 기록에 따르면, 묘의 주인은 귀족의 어린 딸로 수나라 대업 4년608년 9세의 나이로 사망하여 장사를 지냈다. 남녀용이 청석관 주변을 에워싸고 시립하고 있다. 당시 내관內官이었던 복종僕從, 비녀婢女, 무위武衛, 문리文吏 등이다. 일부 남녀의 옷차림은 하북 경현 북조묘에서 출토된 용과 비슷하게 피풍이나 고습복을 입고 있다.그림 93 부녀자들의 두발 양식은 돈황 벽화에서 보이는 것과 유사하다. 비교적 넓고 풍성한 대수의大袖衣, 긴치마, 늘어뜨린 띠垂帶가 삼첩평운三疊平雲, 넓적한 구름 형태가 삼층으로 겹쳐진 모양 으로 겹쳐지고, 윗부분이 약간 넓은 형태의 두발 양식은 수대의 일반적인 형태이다. 무위는 갑옷을 입고 몸의 절반 정도인 보병용 방패를 들고 있다. 또 다른 젊은 문리는 고습복을 입고 머리에는 진대晉式 양식의 작은 관冠을 쓰고 있는데, 이 역시 북조에서 흔히 볼 수 있는 공복公服의 옷차림이다.

부녀자를 제외하고 나머지의 옷차림은 모두 북제의 관습에 따랐을 뿐 별다른 변화가 보이지 않는다. 이 점이 상당히 중요하다. 왜냐하면『수서』「예의지」에서 복식 제도를 다시 정할 때 주로 사회 상·중층의 관복 양식을 통일시켰는데, 한, 진, 남북조 이래로 여복輿服 관련 서술을 종합적으로 개괄하면서 단점을 보완하고 장점을 답습했기 때문이다. 그래서 양진·남북조시대에 유행했던 옷차림의 일부가 수대에도 여전히 응용되었으며, 피차간에 차이가 없이 기본적으로 서로 같을 수밖에 없었다. 당대 이른바 '호복胡服'도 사실은 북조시대에 이미 북방에서 유행하고 있던 통상복이 발전한 것이다. 영향이 비교적 컸던 것은 역시 수당 교체기였다. 〈보련도〉에서 장선掌扇을 잡고 요여腰輿를 들고 있는 여러 궁녀들의 옷차림에서 과도기적인 양식을 엿볼 수 있다.그림 115 사서의 기록에 따르면, 민간에서 선발한 만여 명에 달하는 궁녀들은 원래 수나라의 궁녀들이었기 때문에 옷차림이 그다지 차이가 없었다. 하지만 이후 점차 몸매가 날씬해지면서 머리 장식도 비교적 명확하게 변화하기 시작하여 높아지는 쪽으로 발전했다. 당나라 초기 이수李壽 분묘의 벽화에 나오는 귀족 부녀자의 모습에서 뚜렷하게 변화한 모습을 볼 수 있다.

057

수대 수염을 묶고 고습복과 양당개를 착용한 회도灰陶 무관용武官俑

그림105 (수) 머리에 개책介幘을 쓰고 수염을 묶었으며 고습복과 양당개를 착용하고 환도를 잡고 있는 무관 청유도용(무창 주가대만 출토)

실물은 중국 역사박물관에 소장되어 있으며, 그림 105는 모사본이다.

진晉, 남북조 이래로 남자들이 미관美觀을 위해 수염을 묶는 풍조가 유행했다. 본래 북방에 거주하는 강羌, 갈羯 등 여러 유목 민족의 군장들이 장기간에 걸친 전쟁과 정권 교체 등등 실질적인 필요에 따라 수염髯鬚을 의도적으로 처리하던 것에서 시작하여 점차 사회 풍조가 되었다. 『진서晉

書』에 따르면, 서진시대 유명 문인인 "장화張華는 콧수염姿, 자髭이 많아 비단 끈을 만들어 수염을 묶었다". 또한 『남사南史』「최조사전崔祖思傳」에 보면, 최조사의 친척이자 서주자사徐州刺史였던 최문신崔文伸이 "고제에게 수염을 묶는 끈纏鬚繩 한 개를 헌상했는데, 고제가 받았다"는 말이 나온다. 당시 수염을 묶는 전용 기물이 있었음을 알 수 있는 대목이다. 나름 상당히 신경을 쓴 것은 특별한 재료로 만들고 고유한 명칭이 있었을 것이다.

수염을 묶는 형태에 대해 이전에는 회화나 석각에 나온 것이 없어 정확한 형태나 사용 방법을 알기 어려웠다. 남조 저명 시인 사령운謝靈運은 수염이 길어 배까지 내려왔었는데, 임종하면서 자신의 수염을 잘라 남해 지원사祗園寺에 있는 유마힐 소상塑像을 장식하는 데 써달라고 유언을 남겼다. 하지만 북방 중원의 경우 여전히 민족 모순이 극렬하여 전쟁이 끊임없이 일어났기 때문에 사서에 호수鬍鬚로 인한 재난에 대한 기록이 상당히 많았고, 이것이 당시 한인들에게 깊은 인상을 남겼다. 그래서 북위北魏 왕공 대신들은 노소를 불문하고 그림이나 석각 등에 수염을 기른 모습을 거의 남기지 않았다.

근년에 수대의 청유도용이 대량으로 출토되면서 비로소 북주北周에 이르러 수염의 위상이 이전과 달라지면서 수염을 묶는 서로 다른 방법이 고안되었으며, 처리 방식 또한 동시대의 젊은 여인들이 두발을 장식하는 것에 비해 과하면 과했지 결코 못 미치지 않았음을 알게 되었다. "눈썹을 지워 이마를 넓혔다去眉开额"거나 "눈썹을 직선으로 그리고 귀밑털은 곡선으로 그렸다直眉曲鬢". 이는 옛 사람들이 사혁謝赫의 인물화 특징을 언급한 말이자 남조 부녀자들의 한때 유행을 반영하는 말이기도 하다.

"향내를 옷에 쐬고 수염을 말끔히 민 다음 분 바르고 연지를 찍지 않은 이가 없었으며,……고치극나막신의 일종을 신은 채 바둑판무늬를 짜 넣은 비단 방석에 앉아 온갖 색실을 섞어 짠 허리받이에 기댔다"[1] 등등 안지추顔之推가 『안씨가훈』「면학」에서 언급한 내용은 양대梁代 학문에 힘쓰지 않고 노닐기만 하는 귀족 자제들의 일상 모습이다. 이런 생활 양태는 북조 귀족의 일상 생활에도 영향을 주었다. 이는 돈황 북위 시절 벽화에서 분명하게 반영되고 있다. 문인이나 무장은 물론이고 일반 평민들까지 수염을 기르면서 너나 할 것 없이 수염을 귀중하게 여기기 시작했다. 정성껏 기르고 보호하며 머리를 땋는 것처럼 수염을 한 가닥으로 땋아 늘어뜨리거나 양쪽으로 갈라 두 갈래를 만들기도 했다. 아직 특별하게 묶는 방법이 있는 것은 아니었으나 또 다른 그림그림 106, 108, 삽도 66처럼 문관이나 무관의 수염을 보면 가지런하게 정리하여 난잡하지 않고 몇 갈래로 나누어 아래로 내려뜨리거나 양쪽을 마름모꼴로 만든 다음 약간 위쪽으로 올라가게 만들었다. 이는 전국시대 이래로 오랫동안 이어져온 양

1 안지추, 『안씨가훈』「면학」, "無不熏衣剃面, 傅粉施朱,……跟高齒屐, 坐棊子方褥, 憑斑絲隱囊".

식이다. 당대에 들어와 이세민李世民의 곱슬곱슬한 구레나룻규염虬髥이 각궁角弓을 걸 수 있을 정도라는 소문이 퍼지면서 일부 귀족 무장들도 이러한 기풍을 이어갔다. 회화나 소조에 보이는 천왕신장天王神將의 수염은 이러한 위무威武의 상징이었다.

『수서隋書』에 따르면, 이 그림에 나오는 두 명의 무관이 쓰고 있는 관을 합칭하여 '무관武冠'이라고 한다. 하지만 사실상 한대 양관梁冠에서 양梁을 제거하고 약간 개선한 것일 따름이다. 진대晉代부터 이를 축소시켜 정수리에 올려놓고 '소관자小冠子', 즉 작은 관이라고 불렀다. 정수리 부분에 가로로 작은 잠도簪導를 꽂아 두발과 연결시켰고 각기 다른 재료를 사용하여 등급을 구분했다. 오래지 않아 다시 크기가 커졌으며, 수대에 복식제도를 개정하면서 금이나 옥, 무소뿔, 상아 등으로 만들었다. 조복에 사용하는 잠도는 납작하고 평평한 것에서 둥근 송곳처럼 생기고 한쪽 끝이 방형인 것으로 바뀌었으며, 위치도 달라져 책幘, 관冠에 있는 둥근 구멍을 가로질러 두발과 연결시켰으며, 크기는 대략 시척市尺으로 한 자 정도였다. 그렇기 때문에 쓰고 있는 관 양쪽으로 잠도가 약간 삐져나왔다. 〈열제도列帝圖〉에서 이를 확인할 수 있다.

두 명의 무관은 진대와 남북조시대에 흔히 볼 수 있는 양당개와 고습복을 착용하고 있다. 원래는 무릎까지 내려오는 웃옷을 입고 양당개를 걸쳤는데또는 양당개를 안에 입고 밖에 폭이 넓은 피삼披衫(걸치는 웃옷)을

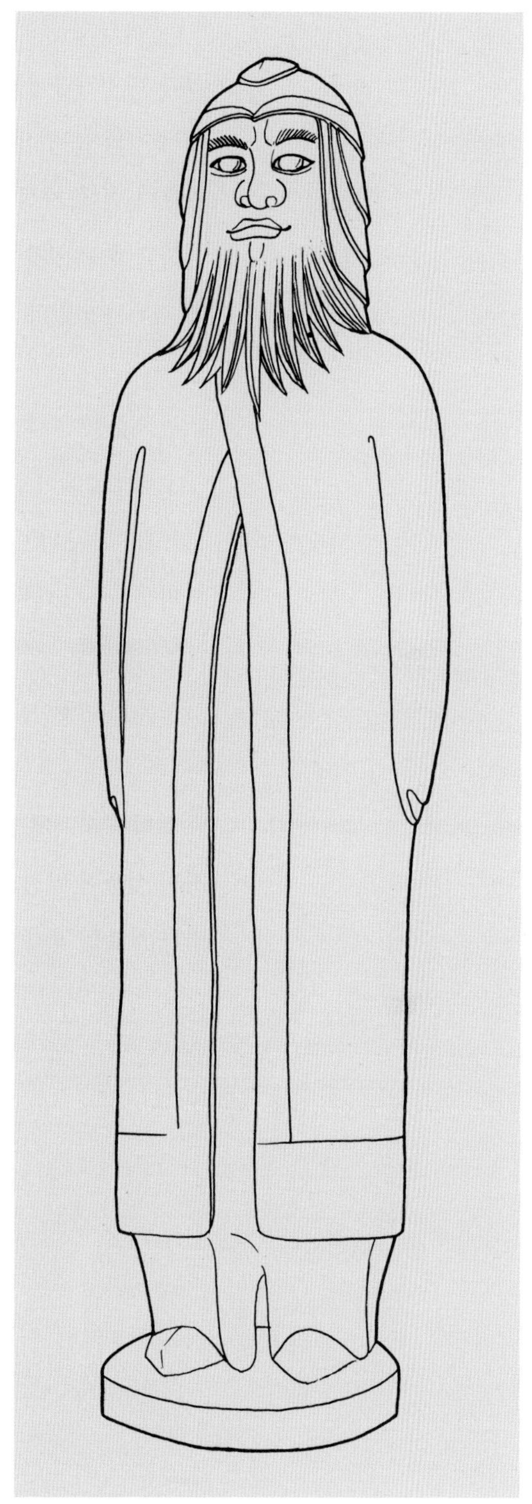

삽도66 수대 황유黃釉 도용

입기도 했다, 무릎 부위를 끈으로 묶었으며, 비교적 통이 큰 대구고大口袴를 입었다. 바짓가랑이는 단정하게 주름을 잡았는데, 이는 다른 그림이나 조각에서 거의 볼 수 없는 형태이다. 수나라는 품급에 따라 피삼의 색깔이 달랐으며, 특히 자색은 고급 관료만 입을 수 있었다. 양당개는 금은으로 장식하고 호랑이 가죽 문양을 덧댄 것도 있었다. 『수서』「예의지」에 자세하게 기록되어 있다.

> 제군諸軍은 각기 비단으로 띠를 만들되 길이는 1장 5척, 너비는 2촌으로 하고 군호를 적어 표기로 삼는다. 어영황제의 진영에는 12위衛, 3대臺, 5성省, 9시寺를 통합하여 내외內外를 예속시키고, 전후, 좌우 6군軍 역시 군호를 적도록 하고, 자신이 속한 대臺나 성省을 말하지 못하도록 했다. 삼공 이하 병정이나 시례廝隸, 노예나 잡역부, 시역廝役과 같음에 이르기까지 모두 비단을 띠를 만들어 옷깃에 꿰매도록 했는데, 이를 '군기대軍記帶'라고 했다.[2]

이렇듯 사서에 군중의 표지標識에 대해 분명하게 기록하고 있으나 아직까지 실물이 발견되지 않았으며, 현존하는 그림이나 조각에서도 검증할 만한 자료를 찾기 힘들다.

2 『수서』「예의지」, "諸軍各以帛爲帶, 長尺五寸, 闊二寸, 題其軍号爲記, 御營內者, 合十二衛, 三臺, 五省, 九寺, 並分隸內外. 前後左右六軍亦各題其軍号, 不得自言臺省. 三公已下至於兵丁廝隸, 悉以帛爲帶, 綴於衣領, 名'軍記帶'".

수대 청갈유도 갑사용甲士俑

그림106 (수) 고습복을 입은 갑사 청유 도용(고궁박물원 소장)

고궁박물원에 소장된 도용을 모사한 그림이다. 갑옷은 신식으로 가죽으로 만들었으며 운견식雲肩式 피박披膊[1]으로 북조에서는 흔히 볼 수 없는 형태이다. 통이 넓은 바지를 입었으며, 무릎에 끈을 묶었다. 수염도 정성껏 다듬은 것처럼 보인다. 신분이나 지위가 비교적 높아 무관이되 일반적인 시위侍衛 무관은 아니다. 당대에는 갑옷의 종류가 13가지인데, 말 갑옷인 마갑을 제외하고 인갑은 12종이며, 대부분 전대의 제도를 답습했다. 따라서 이 그림과 그림 107은 당대 회화나 조각에서 거의 보이지 않기 때문에 비교 연구에 도움을 줄 수 있다.

1 피박은 갑옷의 형식이자 부분 명칭으로 주로 어깨 부분을 보호하는 데 사용하는 부분을 일러 '피박'이라고 한다. 보기에 망토처럼 생겼으나 등이나 가슴까지 방어할 수는 없다. 운견식은 형태가 구름처럼 둥글고 평평하게 생겼기 때문에 붙인 이름인 듯하다.

059

수대 보병 방패를 든 청자青瓷 갑사용甲士俑

그림107 (수) 보병 방패를 들고 있는 청자青瓷 갑사용甲士俑

무한 수나라 분묘에서 출토되었으며, 그림 107은 중국 역사박물관에 소장된 실물을 모사한 그림이다.

갑옷은 어린편魚鱗片, 물고기 비늘 조각 형태이고, 투구의 문양 역시 비늘 조각 형태를 따랐다. 얼굴과 양손을 제외하고 전신을 꼼꼼하게 갑옷으로 뒤덮었다. 방패도 정교하게 제작하여 그 이전이나 이후에도 흔히 볼 수 없는 형태이다. 문양이 뚜렷한 것도 매우 중요한데, 일반 그림이나 소조에 나오는 방패 문양은 대부분 간단하고 때로 윤곽만 남아 본래 면모를 살필 수 없었기 때문이다. 그림에 나오는 보병 방패는 테두리에 둥근 물방울처럼 생긴 쇠징을 박았고, 가운데는 수대에 흔히 볼 수 있는 꽃무늬로 장식했다. 실물은 목질에 가죽을 뒤집어씌웠으며, 금속으로 물방울 모양의 징을 박은 다음 채색하고 금은을 상감하여 장식했을 것이다.

또 다른 갑사용도 보병 방패를 들고 있는데, 그가 든 방패의 중요 부분 문양은 쌍사자와 두 명의 무사가 싸우는 모습이다. 당시 방패가 형태는 비슷하지만 문식이 서로 달랐다는 것을 알 수 있는 대목이다. 어쩌면 관품이 다를 경우 형태도 각기 다르거나 번호를 달리하여 식별했을 수도 있다. 현재 전해지고 있는 채색용과 비교해보면, 수대의 갑주甲冑, 갑옷과 투구 장비가 가장 정교하고 견고한 것으로 보인다. 후인들은 흔히 요와 금나라의 갑기병甲騎兵을 '철부도鐵浮圖'라고 칭하며 최상의 철갑기병으로 간주하고 있지만 전래되는 그림에서 보면 본 그림에 나오는 갑옷만 못하다. 『당육전唐六典』「무고령武庫令」에 활, 칼, 갑옷의 종류에 대한 기록이 나온다. 둔盾, 즉 방패는 '고배鼓排'라고 개칭하여 '등배籐排, 단배團排, 칠배漆排, 목배木排, 연목배聯木排, 피배皮排 등 여섯 가지를 소개하고, 각기 등籐, 등덩굴, 단團, 칠漆, 목木, 피皮 등은 모두 고제古制를 따랐다고 주를 달았다. 하지만 아쉽게도 다른 회화나 조각 중에서 검증할 만한 구체적인 형상을 찾을 수 없다. 이 그림에 나오는 갑옷은 당대 사람들이 보기에 이미 고제古制, 즉 옛 제도에 따른 것으로, 지나치게 번잡하고 무거워 사용하기에 불편했기 때문에 더 이상 사용하지 않았다. 그래서 이후 회화나 조각 등에 반영된 것이 그리 많지 않았던 것이다.

060

수대 포복袍服에 평건책平巾幘을 쓴 청유青釉 문관용俑

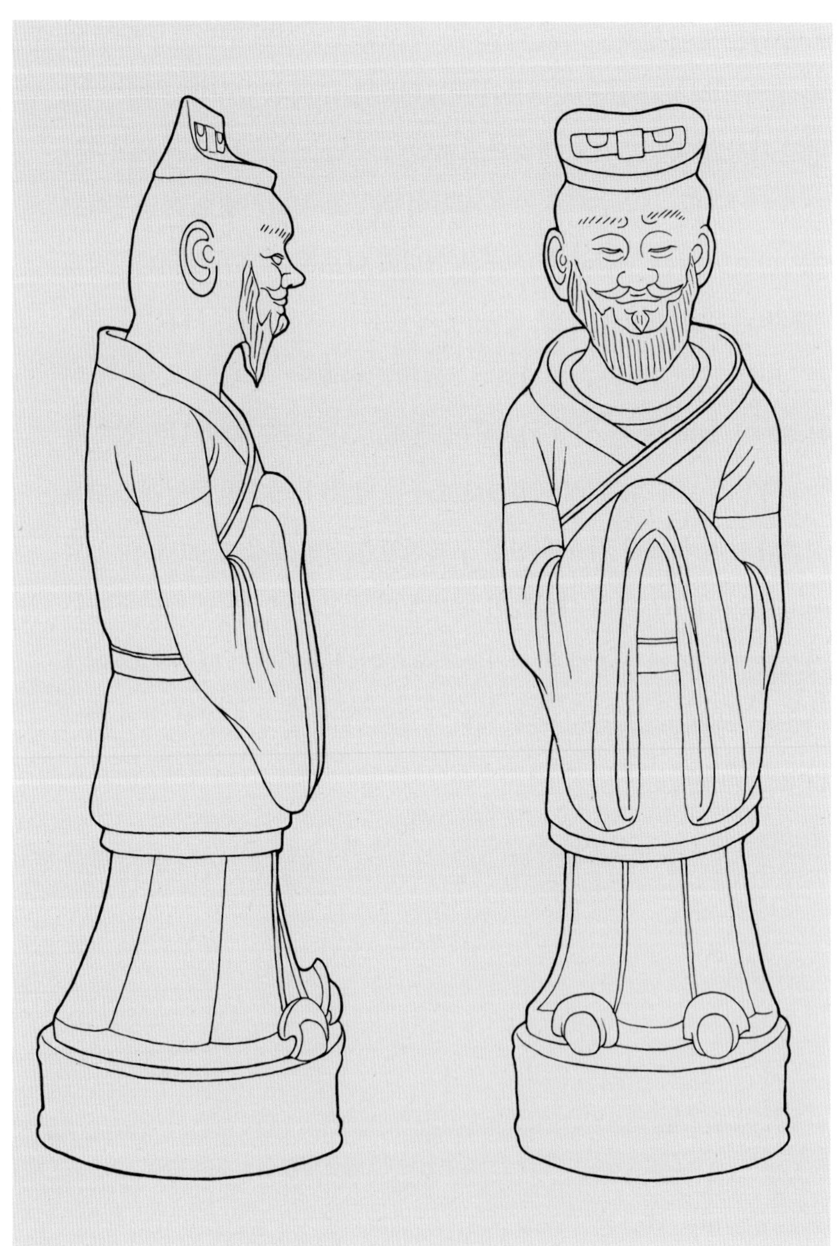

그림108 (수) **작은 관**小冠子(또는 개책 介幘)**을 쓰고 포복을 입은 문관 청유 도용**(고궁박물원 소장)

삽도 67 **맥적산**麥積山 **우아당**牛兒堂
수대 채색 소조 천왕

그림 108의 실물은 고궁박물원에 소장되어 있다.

용은 평건책을 쓰고 포복을 입었다. 수염은 마름 열매가 약간 치켜 올라간 형태이며 아래가 송곳처럼 뾰족하다. 수대 특유의 형태이다. 무장의 경우도 엇비슷한데 맥적산 우아당에 있는 채색 소조 천왕天王의 모습에서 확인할 수 있다. 당대 초기에는 소수의 사람들이 이런 형태의 수염을 가지고 있었다.삽도 67 태종의 수염은 각궁을 걸 정도였다고 하니 이런 유형이었을 것이다. 하지만 그림에 나오는 수염은 대부분 아래로 내려와 있으며, 턱수염과 양쪽 뺨에 난 수염 등 세 부분으로 이루어진 삼류수三綹鬚 형태이다. 또 다른 벽화에 나오는 태종의 수염은 아래로 내려뜨려진 모습이다. 〈문원도文苑圖〉와 당대 의덕태자懿德太子 분묘 벽화에 나오는 문무 시종들 역시 대부분 수염이 아래로 내려 왔으며, 올라간 형태는 보이지 않는다. 이후 송대에는 오류수五綹鬚가 등장했다.

관복은 대부분 소매 폭이 넓고 무릎까지 내려오는 상의를 입고 있다. 이는 당대 초기 이수李壽 분묘 벽화에서 보이는 것과 유사하다. 정관貞觀 시절 장손무기長孫無忌 등이 여복輿服 제도를 제정하면서 일률적으로 사대건四帶巾, 두건 앞에 두 개(실용), 뒤에 두 개(장식)의 끈이 있는 두건, 원령삼자圓領衫子, 둥근 깃 웃옷, 홍정대紅鞓帶, 붉은색 혁대, 오피육봉화烏皮六縫鞾, 일명 오피육합화烏皮六合鞾, 여섯 조각의 가죽으로 만든 검정색 장화 등으로 통일시켰다. 이런 복식 제도는 당나라가 멸망할 때까지 3백여 년 동안 지속되었으며, 오대에 둥긋 깃圓領 안에 친령襯領을 덧대는 것으로 일부 바뀌었고, 송대에 다시 이를 당대의 것을 계승하여 3백여 년 동안 답습했다. 건과巾裹의 경우 약간 변동이 있기는 했지만 그 외에는 모두 당대의 것과 비슷했다. 가장 다른 점은 당대 원령복圓領服에는 친령襯領이 없다는 것이다.

수 문제文帝와 두 명의 시신侍臣

그림109 (수) 면복을 입은 제왕과 칠사농관을 쓰고 조복을 입은 시신(염립본의 〈열제도〉에 나오는 수 문제)

그림 109는 〈열제도列帝圖〉를 모사한 그림이다. 당대 염립본閻立本, 또는 형인 염립덕閻立德, 596?~656년이 그린 것으로 알려져 있다. 제왕은 면복冕服, 고대 천자가 중요한 제례 때 입는 예복을 입고 있다. 이는 당대 제왕이 입었던 여섯 종류의 면복 가운데 하나이다. 시신侍臣은 조복을 입고 북조 이래로 통용되던 칠사농관漆紗籠冠을 썼다.[1] 그림에서 면복을 입은 이는 전체 7명이다. 한나라 소제昭帝, 위魏 문제文帝에서 수나라 문제까지 7백여 년 동안 7, 8개의 조대의 유명한 황제들이 등장한다. 인물의 면모는 비록 다르지만 복장 형태는 서로 비슷하다. 그렇다면 이는 어떤 의미인가? 수·당대 사람들이 한대 『여복지』에 나오는 삼례육면三禮六冕에 관한 옛 이야기와 진대 및 남북조시대 벽화에 나오는 면복을 답습하여 제왕의 면복과 신하의 조복을 제작했지만, 한漢, 위魏의 본래 양식과 부합하지 않는다는 뜻이다. 그럼에도 불구하고 이러한 면복 양식이나 복식 문양은 이후 봉건 사회 말기까지 적지 않은 영향을 끼쳤다. 그래서 송과 요, 금, 원, 명에 이르기까지 거의 천여 년 동안 당대의 양식을 그대로 답습했다. 고대부터 전해진 십이장수문十二章繡文과 조수組綬, 인장 등을 매는 끈, 인끈와 패옥佩玉, 옥 장식 등등 배열이 번잡한 제도도 이에 근거하여 만들어졌다. 청대에 이르러 제왕의 조복 양식이 바뀌면서 십이장수문의 배치도 달라졌는데, 이전에 비해 축소되어 용포龍袍나 망복蟒服[2]에 부착하여 선례에 따라 구색을 갖추는 정도로 사용되었다.

근년에 출토된 유물 가운데 이러한 면복은 산동 제남 서한시대 채색 기악용伎樂俑 한 조組에서 볼 수 있다. 그중에 세 명의 인물은 포복에 평판관平板冠을 쓰고 있는데, 사서에서 말하는 번쾌관樊噲冠과 유사하다. 무씨사武氏祠와 주유묘朱鮪墓 및 기남沂南 한묘 석각에도 일부 면복의 형상이 나오기는 하는데 매우 간략하며, 남북조시대 회화나 석각에서 비로소 비교적 완전한 형태의 면복이 등장한다. 예를 들어 근년에 산서 대동에서 북위 사마금룡司馬金龍의 분묘에서 출토된 채색 옻칠 병풍에 〈열녀인지도列女仁智圖〉가 그려져 있는데, 그 안에 나오는 춘추시대 초楚나라 무왕武王의 그림에서 면복을 볼 수 있다.삽도 68

『수서·예의지』에 이런 기록이 나온다.

> 대업 원년605년 양제煬帝가 조서를 내려 이부상서 우홍牛弘, 공부상서 우문개宇文愷, 내사시랑 우세기虞世基, 급사랑 허선심許善心, 의조랑 원랑袁郞 등에게 고대의 제도를 본받아 의관을 제작하여 천자에서 서리胥吏에 이르기까지 모든 복장에 차등이 있

---

1 원주〉 이런 농관은 당대 초기까지 계속 착용했으며, 당대 복식 제도가 제정된 후에는 거의 보이지 않는다.

2 망복蟒服은 황제가 태자, 황후를 비롯하여 공훈을 세운 문무대신, 속국이나 조공국의 군왕에게 하사하는 옷이다. 이무기 문양이 있어 망복蟒服 또는 망포蟒袍라고 한다. 용을 그린 용포는 발가락이 5개이고, 이무기의 발가락은 4개이다. 명조는 망복 외에 기린복麒麟服, 비옥飛魚服, 투우복鬪牛服 등 군왕에게 하사하는 4가지 복장이 있었다.

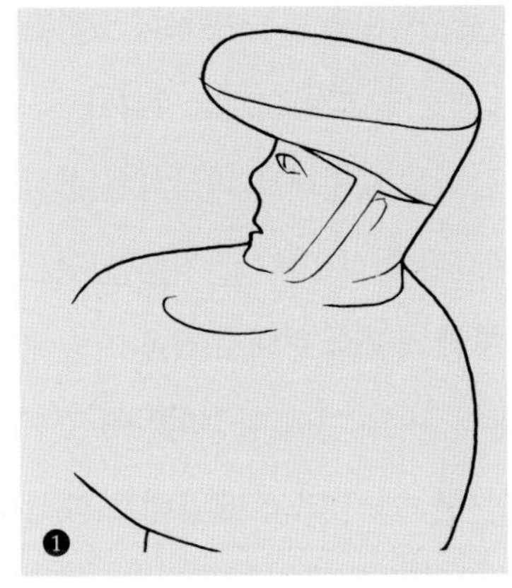

삽도68 면복冕服

❶ 제남濟南 무영산無影山 서한 채색 백희용百戲俑 면식관冕式冠
❷ 주유朱鮪 분묘 화상 면복
❸ 기남 한묘 화상 면복
❹ 사마금룡 분묘 병풍화에 나오는 초왕楚王 면복
❺ 집안 고구려 벽화 선인仙人 면복

도록 하고, 만약 이전에 이미 있는 복식은 그대로 답습하여 사용하도록 했다. 이에 우홍 등이 의논하여 수레와 복식 등을 전체 8가지 등급으로 구분하여 정했다.[3]

또한 북주北周 이래로 옷 위에 수놓는 12가지 문양십이장十二章 가운데 해와 달, 그리고 별은 의장 깃발에서 사용하고 있었는데, 우세기虞世基의 건의에 따라 다시 해와 달을 다시 제왕의 면복 좌우 어깨의 문양으로 사용하고, 별은 후령後領, 즉 뒤쪽 옷깃 아래에 넣었다.[4] 이후 "산과 용 등 구물九物을 각기 양쪽으로 12개를 배열하고 자수의 다섯 색깔이 서로 교착하면서 문양을 이루도록 했다. 구장九章에 해와 달, 별이 더해져 옛 제도에 따른 수문십이장繡文十二章이 되었다".[5]

이 그림과 돈황 220굴 당대 정관貞觀 17년643년

3 『수서』「예의지」, "大業元年, 煬帝始詔吏部尚書牛弘, 工部尚書宇文愷, 兼內史侍郎虞世基, 給事郎許善心, 儀曹郎袁郎等, 憲章古制, 創造衣冠, 自天子達於胥吏, 服章皆有等差.若先所有者, 則因循取用.弘等議定乘輿服合八等焉".

4 원주 천자가 일월을 어깨에 메고, 칠성七星을 등에 짊어진다는 뜻을 함유하고 있다. 지금도 운남 여강의 오래된 부족의 부녀자들은 여전히 이러한 의복 장식을 사용하고 있다.

5 『수서』「예의지」, "山龍九物各重行十二, 織繡五色相錯成文, 九章而加日月星, 足成古繡文十二章數".

유마변維摩變 이야기를 그린 벽화 아래 불법을 듣고 있는 제왕과 신하들이 입고 있는 관복을 비교해보면, 〈열제도〉가 수대의 원본에 근거하여 그려졌음을 알 수 있다. 다시 말해 수대 화가인 염비閻毗, 564~613년의 손에서 나온 작품이란 뜻이다. 수대 여복輿服 제도는 우홍과 우세기 등이 제정했으며, 자연스럽게 당시 유명한 예술가였던 염비나 하조何稠 등도 모두 작업에 참여했을 것이다. 염립본과 염립덕은 모두 염비의 아들이다. 나름 가학家學의 연원이 있었을 것이니 당대 조복제도 역시 구례舊例를 답습하여 크게 바뀌지 않았다.

또한 『수서』「예의지」는 「곡령조曲領條」에서 유희의 『석명』을 인용하여 곡령은 "홑옷의 안에 있는 옷깃에서 가로로 목을 감싼 것이다在單衣內襟領上, 橫以擁頸"라고 했다. 7품 이상으로 속옷내단內單을 입은 경우에만 착용한다7품 이상의 성복省服(평상복) 및 8품 이하는 내단이 없다. 이렇듯 곡령에 대한 기록이 나오기는 하지만 역대로 정확하게 이해하지 못했다. 혹자는 당대 복식 제도를 언급하면서 당대 용俑을 예로 들어 설명했지만 사실 별로 관련이 없다. 다시 『수서』의 기록을 살펴보면, 7품 이상의 관복에만 착용하고 일반인은 착용할 수 없다고 했다. 그렇다면 구체적으로 어떤 형태인가? 곡령의 정확한 모습은 〈열제도列帝圖〉에 나오는 제왕과 시신侍臣 및 남북조시대의 유물인 영만수寧萬壽 효자석실孝子石室 석각에 나오는 담비 꼬리 장식을 단 농관籠冠珥貂을 착용한 대신大臣, 그림 98, 돈황 북조 채색 벽화, 공현鞏縣 석각에 나오는 당대 사람의 〈칠현도七賢圖〉 등에서 찾아볼 수 있다. 이는 비교적 명확한 형태를 갖추었기 때문에 증거로 삼을 만하다.

이후 송대 사람들은 제멋대로 해석하여 방심곡령方心曲領[6]을 목걸이 형식으로 'Ω'처럼 생겼으며, 아래쪽이 방형인 자물쇠 형태로 겉옷 가슴에 닿는다고 풀이했다. 이로 인해 섭숭의聶崇義, 오대五代 학자는 〈삼례도三禮圖〉에서 더욱 제멋대로 해석했다. 원대 『사림광기事林廣記』, 명대 『삼재도회三才圖會』 등도 수정은커녕 그릇된 설명을 그대로 답습했다. 이렇듯 와전訛傳에 와전을 거듭하여 결국 본래 면모를 잃어버리고 말았다. 따라서 문헌에만 의지할 것이 아니라 구체적인 형상에서 출발해야 비로소 『석명』의 곡령에 대한 묘사가 정확했음을 알 수 있다. 실제로 그림의 형상을 살펴보면, 내의內衣 흉부 앞, 목 아래 반원 형태의 딱딱한 깃경령硬領이 바로 곡령이라는 것을 금세 알 수 있다.

그림에 나오는 시신侍臣은 머리에 평건책 또는 개책을 착용하고 다시 그 위에 칠사농관을 썼다. 이는 북조의 제도에 근거한 수나라의 양식임에 틀림없다. 『수서』「예의지」에는 관에 대해 이렇게 설명하고 있다.

> 무관은 일명 무변武弁, 대관大冠, 번관繁冠, 건관建

6 방심곡령方心曲領은 교령交領 조복을 입을 때 목에 거는 장식품으로 흰 비단으로 만든다. 윗부분은 둥글게 굽은 모양이고, 아랫부분은 네모나게 생겼다. 둥글고 네모난 형태가 결합된 것은 천원지방天圓地方, 즉 하늘은 둥글고 땅은 네모나다는 오랜 관념을 반영한 것이다.

冠 등으로 불렀는데 지금 사람들이 말하는 농관籠冠으로 예전의 혜문관이다.……지금은 좌우 시신 및 여러 장군이나 무관이 두루 착용한다. 시중侍中이나 상시常侍는 여기에 금당부선金璫附蟬[7]을 부착하여 담비꼬리를 꽂고 황금으로 장식했다.[8]

인용문에 보면 농관이 바로 고대 혜문관惠文冠, 조나라 혜문왕이 창제했다고 함이라고 했는데, 이는 동한 『여복지』와 최표崔豹의 『고금주古今註』에 나오는 말로 그리 신뢰할 만한 것이 아니다. 한대 회화나 석각 중에 비록 사모紗帽 비슷한 것이 보이기는 한다. 예를 들어 기남 한대 석각에 나오는 '열사전列士傳' 부분이나 진, 한대 공심전空心磚에서 창을 들고 있는 정장亭長의 모습에서 볼 수 있는데, 이는 모두 제삼복관齊三服官[9]이 제작하여 바친 공물貢物에 속한다. 마왕퇴 한초漢初 분묘의 옻칠한 화장상자漆奩에서 거의 새것처럼 완전한 사모紗帽처럼 생긴 실물이 출토되었다. 이 그림에 나오는 관식冠式의 전형적인 형태는 사실 북위가 낙양으로 천도한 후 비로소 생겨났으며, 그 이전에는 볼 수 없다. 동일한 형식의 농관을 〈낙신부도〉에 나오는 시신侍臣의 머리에서도 볼 수 있는데, 이는 그 그림이 고개지 이후 북방의 화가 손에서 제작되었으며, 결코 동진시대 화가가 그린 것이 아님을 증명할 따름이다. 두발을 묶는 건책巾幘이 당시 제도에 부합하지 않은 것은 동진 이전에 이런 종류의 관식이 있었음을 증명하는 것이 아니며, 단지 작자가 농관 아래 평건책의 양식에 대해 잘 몰라 "숭기건위옥崇其巾爲屋"이란 말을 정면이 집모양屋形이란 뜻으로 오해했음을 증명할 따름이다.[10]

송·명대에 이르러 다시 사용하면서 '농건籠巾'으로 개칭하면서 여전히 칠사漆紗를 사용하고 금속으로 뼈대를 만들었다. 하지만 정수리 부분은 이미 방식이 바뀌어 형태만 비슷할 뿐 다르다. 관직 등급에 따라 농건 아래 서로 다른 권량卷梁 장식을 부가하고, 모자의 귀 부분에 꿩의 꼬리털이나 표범 꼬리털을 붙였다. 상세한 내용은 『송사』「여복지」, 『대명회전大明會典』, 『사물감주事物紺珠』[11]에 나온다.삽도 69 양식의 발전과 동이同異는 형상을 비교해야만 비로소 분명하게 이해할 수 있으며, 단지 문헌 기록만 따른다면 보다 명확하고 구체적인 인상을 얻을 수 없다.

7 금당부선金璫附蟬은 한진漢晉 이래로 고급관리들이 착용했던 관의 앞 장식이다. 등급을 표시한다. 전국시대 조나라 무령왕武靈王이 호복기사胡服騎射를 제창하면서 무신들에게 무관을 쓰도록 했는데, 고위급 근신들은 관 앞에 금당金璫, 즉 금 꾸미개를 달고 그 안에 매미 문양을 넣었는데, 이것이 '금당부선'이다. 또한 담비의 꼬리털을 달기도 했는데, 이를 합칭하여 초선貂蟬이라고 했다.

8 『수서』「예의지」, "武冠, 一名武弁, 一名大冠, 一名繁冠, 一名建冠, 今人名籠冠, 即古惠文冠也.……今左右侍臣及諸將軍武官通服之, 侍中, 常侍則加金璫附蟬焉. 插以貂尾, 黃金爲飾焉".

9 제삼복관齊三服官은 한대 제齊 땅지금의 산동성 북부에 궁정에 공급하기 위한 직물을 제작하는 관방 수공업 기관이다.

10 원주 일부 미술사가나 미술품 감정가들은 여전히 고개지의 작품이라거나 송대 화가가 고개지의 원본을 모사한 것이라고 주장하고 있다. 하지만 제반 상황을 분석해 보면, 제작 시대가 절대로 북제北齊보다 빠를 수가 없다.

11 『사물감주事物紺珠』는 명대 황일정黃一正이 편찬한 유서類書, 여러 가지 책을 모아 사항에 따라 분류한 일종의 백과전서이다.

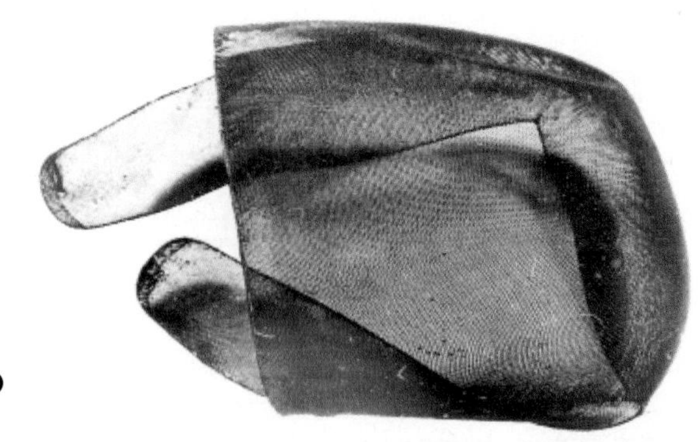

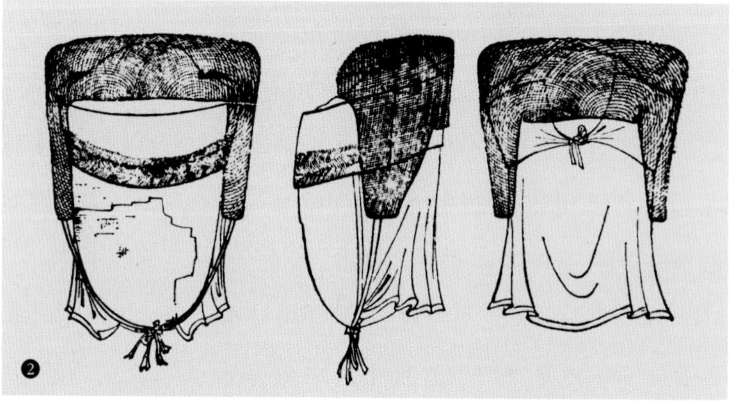

삽도69 사관紗冠

❶ 마왕퇴 3호묘 칠사관漆紗冠
❷ 감숙성 무위武威시 마저자磨咀子 한묘 칠사관
❸ 서한 전각에 나오는 정장亭長이 쓴 사관
❹ 기남 한묘 석각 사관
❺ 〈낙신부도〉 시종 사관
❻ 영무 석실의 북조시대 칠사농관漆紗籠冠

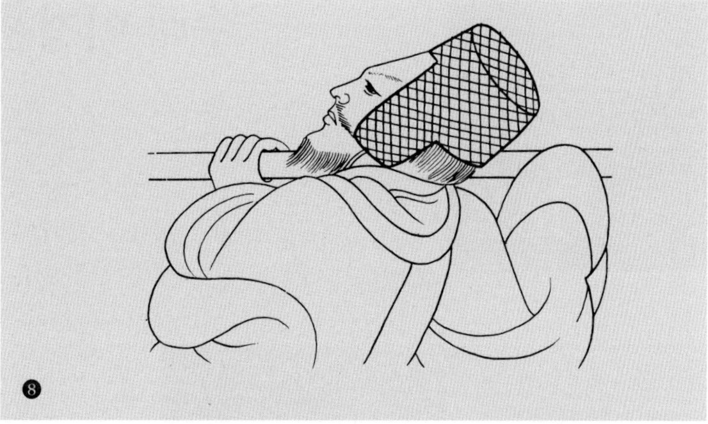

삽도69(계속) **사관**

❼ 북조시대 한화漢化한 귀족의 백칠사관白漆紗冠

❽ 〈여사잠도女史箴圖〉 가마꾼의 한식漢式 사관

❾ 당 홍려시鴻臚寺 관원의 오사모烏紗帽(당대 이현李賢 무덤 벽화)

❿ 〈십팔학사도十八學士圖〉 사관

⓫ 송대 「명신도名臣圖」에 나오는 한기韓琦의 농건籠巾

⓬ 명대 임치후臨淮侯 이종성李宗城의 농건

062

수대 이정훈 묘에서 출토된 머리 장식

그림110 (수) 이정훈李靜訓 분묘에서 출토된 머리 장식

그림 110의 머리 장식은 이정훈 무덤에서 출토되었다. 발굴간보發掘簡報는 『고고考古』 1959년 제9기에 실렸다. 묘지墓志에 따르면, 망자는 대업 4년608년 아홉 살 어린 나이에 사망한 소녀이다. 수대의 귀족 자제였기 때문에 관 주위를 대량의 도용이 에워싸고 있고, 머리와 가슴 앞에 특별히 황금으로 정교하게 제작된 머리 장식인 요아얼복화수식鬧蛾兒撲花首飾[1] 및 황금을 겹겹으로 묶고 각종 진귀한 구슬을 상감한 목걸이를 부장품으로 넣어놓았다. 이는 당시 황족이나 귀족의 사치스러운 생활을 반영함과 동시에 당시 금세공의 수준이 상당히 높았음을 보여주는 것이기도 하다. 출토된 유물 가운데 금으로 만든 것은 몇 건이 되지 않지만 오히려 깊은 인상을 주기에 충분하다. 이를 통해 우리는 수나라를 이어 등장한 당대의 물질 문화 가운데 금은 공예가 각별히 뛰어난 까닭이 단순히 당대의 특별한 성취가 아니라 이전의 성과를 계승, 발전시킨 것임을 알 수 있다.

분묘의 부장품으로 금은 공예품 외에도 대량의 전기前期 백자白瓷가 있다. 이는 당대에 이미 전국적으로 유통되던 내구백자內丘白瓷[2]의 전신이다. 이외에도 붓대필간筆桿 모양이나 달걀 모양의 다양한 형태의 영롱한 푸른색 유리벽유리碧琉璃 기물이 발견되었는데, 특히 대롱을 부는 방식吹管法으로 만든 벽유리병碧琉璃瓶이 발견되어 『수서』 「하조전何稠傳」에서 녹색 자기로 유리를 만들었다는 기록이 사실임을 확인할 수 있었다.[3] 당대 석도세釋道世가 편찬한 『법원주림法苑珠林』에서 왕소王劭의 「사리자감응기舍利子感應記」를 자주 인용했는데, 이에 따르면 수나라 인수仁壽 연간에 전국적으로 토목 공사가 크게 일어나 5백여 개의 불탑을 조성할 당시 유리병에 사리자舍利子, 불사리를 넣고 금관金棺으로 포장한 다음 다시 은관銀棺에 넣어 탑 아래 매장했다고 한다.

이런 기록은 『금강경구이金剛經鳩異』[4]와 함께 거론되었기 때문에 기록의 실제 의미에 대해 주목하는 이가 거의 없었다. 그러나 근 30년에 걸쳐 남북 여러 지역에서 당·송대 폐허가 된 불탑 기반 아래에서 이러한 매장물이 발견되곤 했다. 돌로 만든 석함石函에는 대수大隋 인수仁壽 모년某年에 사리 몇 알을 저장貯藏했다는 글자가 새겨져 있고, 석함 안에 왕소王劭가 기록한 바와 같은 작은 관棺이나 방합方盒이 발견되었으며, 그 안에 벽색

1 요아얼박화수식鬧蛾兒撲花首飾은 나방이 꽃을 향해 달려드는 모습을 형상화한 머리 장식이다. 요아鬧蛾는 밤에 불을 찾아 시끄럽게 날아다니는 나방을 말한다.

2 내구內丘는 지금의 하북성 형대시邢臺市에 속한 현縣이다. 이곳에 수·당대 7대 유명 도요 가운데 하나로 이름을 날린 형요邢窯가 자리하고 있다. 형요라고 한 것은 그곳에 춘추시대 형국邢國이 있었기 때문이다. 당대에는 '남청북백南青北白'이란 말에서 알 수 있다시피 남쪽은 청자, 북쪽은 백자 위주로 발전했다. 내구백자는 북쪽 백자의 대명사였다.

3 『수서』 「하조전」, "時中國久絕琉璃之作, 匠人無敢厝意, 稠以綠瓷爲之, 與真不異".

4 당대 단성식段成式, 『유양잡조酉陽雜俎』 「금강경구이金剛經鳩異」를 말한다. '구이鳩異'는 유실된 기이한 이야기를 모았다는 뜻이다. 당대 중기 장제구張齊丘, 왕효렴王孝廉 등 승려나 속인 21명이 『금강경』의 영험함을 경험한 이야기를 담고 있다. 다소 황당한 내용이 있어 당시 지식인들에게 기이한 책으로 받아들여졌다.

碧色이나 또는 수청색水青色의 유리병이 들어 있고, 병 안에 사리가 담겨 있었다. 어떤 유리병은 이정훈의 분묘에 부장된 유리병과 재질이나 무게, 심지어 색깔까지 비슷했다. 이로써 『수서』「하조전」의 기록이 믿을 만하다는 것을 확인할 수 있을 뿐만 아니라 유리병이 외국에서 전래된 것이 아님을 알 수 있다. 대롱을 불어 유리 기물을 만드는 방법은 늦어도 전연前燕 시대까지 거슬러 올라갈 수 있다. 왜냐하면 근년에 출토된 전연시대의 풍소불馮素弗 분묘에서 유리로 만든 오리 모양의 물을 담는 의기欹器[5]가 발견되었기 때문이다. 『수서』「경적지經籍志」 소설류小説類에 「의기도설欹器圖說」이 있는 것으로 보아 향후 이런 기물이 수대 분묘에서 나타날 수도 있을 것이라고 추측할 수 있다. 당대 물질 문화가 진일보 발전했음에도 불구하고 병류瓶類 기물이 이에 상응하여 발전하지 못한 것은 아마도 다른 재료로 만든 기물에 제약을 받았기 때문일 수도 있다. 예를 들어 당시 금은, 자기, 칠기 등은 기술적인 수준이 상당이 높았지만 유리 가공은 공력이나 비용에 비해 높은 수준의 기물을 만들기가 그리 쉽지 않았다. 그래서 상대적으로 유리는 중요 생산품이 될 수 없었으며, 탁월한 성과를 얻기도 힘들었다. 게다가 당대 초년에는 불교가 흥성하면서 조정에서 특별히 관련 법령을 제정하여 전국의 도기 생산을 관장하는 견관서甄官署 아래 야국冶局을 설치하여 오색 유리구슬 제작을 전담하여 전국의 사찰에서 불상을 장식하는 데 사용토록 했다. 또한 법령 안에는 민간에서 혼례를 거행할 때 금은 머리 장식은 허용하지 않고 오직 유리로 만든 비녀만 쓸 수 있도록 했다. 그래서 당시 민요에 "천하에 유리가 다 떨어졌다天下盡琉璃"[6]는 말이 떠돌 정도였다. 이러한 당시 분위기가 직간접적으로 유리로 만든 기물의 발전을 저해하는 원인이 되었던 것이다.

---

5 공식 명칭은 북연압형파리주北燕鴨形玻璃注이다. 의기欹器는 속이 비어 있으면 기울고 물이 반쯤 차면 바로 서며, 가득 차며 넘어진다. 그래서 예로부터 군주가 올바로 처신하도록 경계하는 일종의 의기儀器로 사용되었다.

6 "궁중에서 비취 구슬 장식을 금지하니 천하에 유리가 다 떨어졌다京城禁珠翠, 天下盡琉璃." 이는 비취 구슬 장식을 금지하여 유리로 만든 비녀를 사용하게 되자 민간에서도 유리로 만든 비녀를 사용하여 유리가 품절되었다는 뜻이다.

063

당대唐代 농민

그림111 당唐
갈대로 만든 입모笠帽(입자모笠子帽, 갈모)를 쓰고 비가 오는 가운데 밭일을 하고 있는 농민(돈황 22굴 당대 벽화)

그림은 농민들이 논밭에서 일을 하는 모습이다. 원화를 보면 사람의 얼굴 표정 등은 윤곽만 있을 뿐 불분명하지만 옷차림은 청녹색으로 비교적 선명하게 그려져 있다. 봉건제도 하의 중고中古시대에서 일반 농민들의 삶은 설사 개원성세開元盛世, 당 현종 개원 연간의 태평시대 시절일지라도 여전히 가난하고 힘들었다.

당대 초기 수십 년 동안 천만 농민들은 힘들고 어려운 가운데 생업에 힘써 농업 생산을 예전 수준으로 회복시켰으며, 도시 수공업자들 역시 신속하게 생산량을 늘려나갔다. 특히 잠업이 크게 발달했다. 『당육전』에 실린 당시 여러 도道에서 나라에 바친 재물과 세금 기록을 보면 여러 도마다 직릉국織綾局을 설치하여 온갖 화려한 색채에 문양이 섬세한 1천여 종의 능라금곡綾羅錦縠[1] 외에도 모직물과 백 수십 종의 식물 섬유를 가공하여 직조한 방직품을 제작했다. 하지만 생산을 담당한 농민들 자신은 오히려 엄격한 법률 규제로 인해 붉은색이나 녹색 옷은 입을 수 없었고, 평민들과 마찬가지로 채색하지 않은 원래 색깔 그대로의 베옷마포의麻布衣을 입을 수밖에 없었다. 형식도 법률 규제를 받았는데, 예를 들어 웃옷의 경우 양쪽 허벅지 옆쪽을 비교적 높은 곳까지 터놓아개차開衩 '사타구니 부근까지 옷자락이 터져 있는 적삼결과사계삼缺胯四褉衫'이라고 부르고, 다른 계층의 옷과 구분했다. 말로는 오사복두烏紗幞頭, 원령의圓領衣, 홍정대紅鞓帶, 오피육봉화烏皮六縫韡 등이 상하 모두 통용되는 옷차림이라고 했지만 실제는 재료나 품질에서 현저하게 차이가 났다. 일반 하급 관리는 평상시 옷자락을 걷어 올려 허리띠 사이에 묶어야 일하기에 편리했다. 농민들은 빈곤하여 베옷조차 제대로 입지 못하고 그나마 입은 옷도 날이 갈수록 점점 짧아졌다. 그러나 황친이나 관료 지주들은 등급에 따라 붉은색, 녹색을 골라 입었고, 복식도 조복과 관복을 별도로 마련했다. 그들의 집안 부녀자들도 남편의 관품이나 지위에 따라 평시에도 화려하게 채색한 비단에 수를 놓은 조릉금수綢綾錦繡를 입고 사치의 극을 달렸다. 중당 이후로 옷이 점차 실용적인 것에서 장식물로 바뀌면서 점점 더 넓어지고 커져 심지어 길을 걷는 것조차 불편하여 노비들이 옷자락을 들어야만 움직일 수 있었다. 나중에 법령으로 제한하기는 했으나 크게 바뀐 것은 없었다. 그래서 복식에 관한 금령이 점점 더 많아졌다는 것은 곧 사회 상층부 사람들이 불법을 저질러도 고질적인 습관이 바뀌지 않았음을 뜻하니 법령은 그저 종잇장에 불과했다.

『신당서新唐書』의 기록을 살펴보면 다음과 같다.

> 사인士人은 모시나 삼베로 만든 난삼襴衫으로 웃옷을 만들었으니 이는 모두 귀녀貴女의 공로로 인한 것이다. 1등급은 황색, 2등급은 검은색, 3등급은 분홍색纁, 4등급은 녹색, 5등급은 자색의 옷을 입는다. 사인의 복식은 단갈短褐이며, 서인庶人은 흰색 옷을 입는다. 중서령 마유馬周가 상소하길, '『예禮』에 난삼을 입는 것服衫에 관한 문장은 없으나 삼대의 제도에는 심의深衣가 있습니다. 청컨대 난襴, 수袖, 소매, 표褾, 소맷부리, 선襈, 소매나 옷 테두리 장식으로 검은 비단을 사용함을 더해 사인士人의 웃옷으로 삼고, 사타구니 부분까지 터져 있는 결과삼缺胯衫이라고 부르는 웃옷은 서인들이 입도록 해주십시오'라고 했다.[2]

1 능綾은 능직으로 직조하여 사선의 줄이 나타나는 옷감으로 무늬가 있는 문릉과 없는 소릉으로 나뉜다. 나羅는 가느다란 실로 짠 얇은 비단이고, 금錦은 황금에 비길 정도로 비싼 채색 비단이며, 곡縠은 자연스럽게 주름이 잡히는 주름비단이다.

2 『신당서』「거복지車服志」, "士人以棠苧襴衫爲上服, 貴女功之始也. 一命以黃, 再命以黑, 三命以纁, 四命以绿, 五命以紫. 士服短褐, 庶人以白. 中書令馬周上議, '禮無

'개과開骻'란 상의의 다리허벅지 양쪽이 엉덩이뼈과골骻骨 부근까지 터져 있는 것을 말한다. "서인은 흰색 옷을 입는다庶人以白"는 말은 평민의 옷은 염색을 불허하여 삼베의 원래 색 그대로 입는다는 뜻이다.

『신당서』의 기록을 살펴보면, 나름 분명하고 구체적인 것 같지만 사실 그림에서 실증하기 힘들다. 마주가 건의 한 것은 분명 웃옷衫子으로 당대 보편적으로 입던 원령복에 가까운데, 여기에 난襴을 더하면 옷의 형태가 〈보련도步輦圖〉그림 115, 〈능연각공신도淩煙閣功臣圖〉그림 118, 위항묘韋頊墓 석각 등에 나오는 복식 및 시기가 비교적 늦은 〈문원도〉의 복종이 입은 옷차림과 비슷해진다. 아랫부분에 선이 하나 있기는 하지만 그저 의미를 표시한 것일 따름이다.

만약 마주가 말한 것이 폭이 넓은 소매에 겨드랑이 부분을 터놓지 않은 심의深衣 방식에 난, 수, 표, 선을 더한 것이라면 초당初唐에 우연히 나타났고, 이후 퇴직한 유로遺老들이 의도적으로 옛것을 모방한 '봉액대수의縫掖大袖衣'와 서로 부합할 뿐 일반 독서인선비들은 거의 사용하지 않았다. 역대로 이러한 기록상의 모순점에 대해 옛날 그림이나 형상과 결합하여 보다 명확하게 설명한 적이 없었다.

농민들이 쓰던 입모笠帽는 한대 이래의 관습이다. 송·명대에 농민들을 존중한다는 의미에서 법령으로 농민들이 입모를 쓰고 성안으로 들어오는 것을 허락했다. 하지만 온몸에 진흙이 잔뜩 묻은 농민들이 세금으로 낼 곡식을 납부할 때를 제외하고 무슨 시간적 여유가 있다고 성안으로 들어가겠는가? 중당中唐 시인 이신李紳[3]자는 공수公垂. 백거이 등과 함께 신악부新樂府 운동을 주창했다은 「농민을 가엽게 여기며憫農」라는 시에서 당대 농민들의 고단한 삶을 잘 묘사했다. "김을 매니 해는 벌써 한낮, 땀방울이 벼 아래 땅을 적시네. 누가 알겠는가 그릇에 담긴 밥, 낱알 낱알이 농부의 고생인 것을."[4] 참으로 절창이다. 마치 입모를 쓰고 성안에 들어와도 좋다는 법령에 대한 신랄한 풍자처럼 들린다.

服衫之文, 三代之制有深衣. 請加襴, 袖, 褾, 襈, 爲士人上服. 開骻者名曰缺骻衫, 庶人服之'". 인용문에 나오는 '명命'은 『주례周禮』에 나오는 말로 신하들의 등급을 의미한다. '명'의 숫자가 높을수록 등급이 높다.

3 이신李紳, 772~846년, 자는 공수公垂. 백거이 등과 함께 신악부新樂府 운동을 주창했다.

4 이신, 「민농憫農」, "鋤禾日當午, 汗滴禾下土.誰知盤中飱, 粒粒皆辛苦".

064

당대 선부船夫

그림112 (당) 두립頭笠을 쓰고 좁은 소매의 반팔半臂 단의短衣를 입고 허리띠를 찼으며, 긴 바지를 입고 짚신이나 베로 짠 헝겊신을 신은 견부縴夫[1](돈황 323굴 당대 벽화)

그림 112는 돈황 벽화의 모사본이다. 그림에는 삿갓 모양의 두립을 쓰고 단의를 입은 견부가 여울가로 배를 끌어내고 있다. 당대에 진정한 의미의 단의短衣, 무릎까지 내려오는 짧은 상의는 한서寒暑와 관계없이 오랜 세월 힘든 중노동에 종사하는 일반 백성들의 옷차림에 등장한다. 당대 제도에 따르면, 각급 문관이나 무관의 조복은 서로 다른 양식, 색깔, 재료, 장식 꽃 등으로 구분했다. 관복이나 일상복은 일반적으로 오사복두건烏紗幞頭巾을 쓰고, 원령웃옷圓領衫子을 입으며, 붉은색 요대홍정요대紅鞓腰帶를 차고 검정색 가죽신오피

1 견부縴夫는 배를 끄는 밧줄을 짊어진 사람의 호칭이다.

육합화烏皮六合靴를 신었다. 황제에서 일반 관리까지 양식은 거의 비슷하며 다만 사용하는 재료나 색깔 및 허리띠와 두발 장식이 다를 뿐이었다. 하지만 온갖 일을 해야 하는 일반 백성들은 허벅지 위로 크게 터진 결과삼지缺胯衫子를 입도록 했으며 선명하게 채색할 수 없도록 규정했다. 사실상 입을 만한 옷이 없었다고 해도 과언이 아니다. 발에는 그저 실로 엮은 선혜線鞋나 부들로 만든 포혜蒲鞋 또는 짚신인 초혜草鞋를 신거나 아예 맨발로 다니기도 했다. 돈 많은 상인들은 법률적 지위는 그다지 높지 않았으나 생활은 오히려 일반 농민이나 뱃사공 등과 크게 달랐다. 심지어 하급 관리들의 생활보다 훨씬 좋았다. 당대 시인 백거이白居易는 「염상의 아낙네鹽商婦」라는 악부시樂府詩에서 이렇게 묘사한 바 있다.

> 소금장수 아내 금과 비단 많아
> 밭일이나 누에치기에 길쌈도 하지 않네.
> 동서남북에 집 없는 곳이 없고
> 바람과 강물 고향 삼고 배를 집처럼 여긴다.
> 본래 양주揚州 가난한 집안 딸
> 서강西江의 부자 상인에게 시집 왔다지.
> 검고 무성한 머리엔 금비녀가 가득하고
> 희디흰 팔뚝살 피둥피둥 은팔찌 꽉 낄 지경일세.
> 앞에 노복 불러대고 뒤편 여종 꾸짖는구나.
> 어찌 이런 부잣집 마님이 되었느냐고 물어보니
> 남편이 소금장수가 된 지 15년이라네.
> 본디 염상은 주현에 속하지 아니하고 천자의 직속인지라.
> 매해 소금 팔아 남은 돈 관아에 넘겨줄 때
> 관가에는 조금 내고 내 주머니엔 많이 넣었다고 하네.……[2]

이처럼 "농사며 누에치기에 길쌈도 하지 않는" 상인의 부녀자는 아무 일도 하지 않고 그저 봉건 사회에 기행하면서 온갖 화려한 복장으로 치장하고 피둥피둥 살이 찌도록 맛난 음식만 골라 먹으며, 자유롭게 편안한 삶을 구가했다. 뱃사공이나 염상의 아낙네나 모두 배에서 생활하면서 "바람과 강물 고향삼고, 배를 집처럼 여기는 것"은 동일하나 삶의 형편이나 고락苦樂은 그야말로 천양지차天壤之差가 아닐 수 없다. 그들은 엄동설한이나 폭서와 관계없이 날이 좋든 눈비가 오든 언제나 험한 풍랑과 싸우며 힘든 삶을 살아야만 했다. 황하와 장강이 중국 문화의 요람이 된 것은 역대로 수천, 수억 명에 달하는 농민들, 땅에 생명을 붙이고 살아온 농민들과 수상에서 살아왔던 수백, 수천만 명을 헤아리는 어부와 이 그림에 나오는 남루한 옷을 입은 견부나 뱃사공들이 대를 이어 힘든 중노동을 마다하지 않은 결과이다. 수대에 남북을 관통하는 대운하항주에서 북경까지 이어지는 경항京杭운하가 완공된 후로 매년 5, 6백만

2 백거이, 「염상부鹽商婦」, "鹽商婦, 多金帛, 不事田農與蠶績, 南北東西不失家, 風水爲鄉船作宅. 本是揚州小家女, 嫁得西江大商. 綠鬟富者金釵多, 皓腕肥來銀釧窄, 前呼蒼頭後叱婢. 問爾因何得如此? 婿作鹽商十五年, 不屬州縣屬天子. 每年鹽利入官時, 少入官家多入私.……".

석에 달하는 엄청난 식량이 남쪽에서 북쪽으로 운반되었으며, 그 밖의 중요한 생산물이나 생활 물자의 남북 왕래가 대략 1,200년 동안 지속되었다. 이를 위해 이 그림에서 볼 수 있다시피 수많은 노동자들이 자신의 피와 땀을 끊임없이 흘려야만 했다.

당대 문화나 사회, 조직 체계 등을 연구하는 학자들은 당대 관방의 수륙水陸 역참驛站 제도의 긍정적인 효용에 대해 상세하게 설명하면서도 당시 이로 인한 일반 백성들의 고통과 부담에 대해서는 거의 언급하지 않았다. 당대 시인 왕건王建은 수운水運이나 역驛에서 일하는 노동자들이나 농민들의 힘겨운 노고를 읊은 시에서 당시 상황을 여실히 묘사하고 있다.

> 아이고 하필이면 역驛 근처에서 태어나
> 관아에서 나보고 역선을 끌라 하네.
> 고생하는 날은 많고 즐거운 날은 적어
> 바닷새처럼 물가에서 자고 모랫길만 다니누나.
> 역풍 맞으며 거슬러 올라가니
> 만곡萬斛을 실은 배 무겁기만 하네.
> 앞 역은 아득 보이지도 않고
> 뒤쪽도 가득한 물 아득하기 마찬가지라.
> 한밤에 강변 둑 따라 눈비 무릅쓰고
> 관리들 재촉에 이리저리 오가네.
> 밤은 찬데 옷은 젖어 제방에 눈비 내렸는데
> 역참 일 받아 오가느라 바쁘기만 하네.
> 추운 밤 젖은 옷 짧은 도롱이만 걸치고
> 가슴은 찢어지고 발은 얼어 터졌으니 이 고통 어찌할 거나.
> 날 밝아도 밤새 고생한 일 하소연할 데 없어
> 그저 소리 내어 발맞추며 목 터져라 견선가牽船歌 부르네.
> 낡은 초가집 한 칸 몇 푼이나 나가겠나
> 하여 부모가 날 낳아준 고향 떠나지도 못하네.
> 바라노니, 이 강물 넓은 논밭 되어
> 뱃사람들 더 이상 하늘 원망하지 말도록 하시라.[3]

『신당서』「식화지」의 조운漕運 부분에도 당시 황하 삼문협三門峽 지역 뱃사공들이 겪어야만 했던 침중하고 위험한 일들에 대한 기록이 있는데 실제로 그들이 겪은 참극은 비할 바가 아니었을 것이다. 매일 수백 수천 명의 견부들이 등에 밧줄을 짊어지고 강물 양쪽 깎아지른 듯한 절벽 위로 올라가야만 했고, 절벽에서 바위가 떨어져 대나무로 엮은 생명줄이 끊어지기라도 하는 날이면 여지없이 낭떠러지 아래로 떨어져 팔다리가 부러지거나 심지어 죽음에 이르기도 했다. 근년에 낙양에서 함가창含嘉倉 유적이 발견되면서 당시 식량이 얼마나 비축되었는지 지하 창고 관련

3 왕건王建, 768~835년, 자는 중초仲初. 장적張籍과 더불어 악부시로 이름을 날렸다. 「수부요水夫謠」, "苦哉生長當驛邊, 官家使我牽驛船. 辛苦日多樂日少, 水宿沙行如海鳥. 逆風上行萬斛重, 前驛迢迢後淼淼. 半夜缘提雪和雨, 受他驅遣還復去. 夜寒衣濕披短蓑, 臆穿足裂忍痛何.到明辛苦無處説, 齊聲騰踏牽船歌. 一間茅屋何所值, 父母之鄉去不得. 我願此水作平田, 長使水夫不怨天".

삽도70 「파선출협도巴船出峽圖」 부분

제도가 얼마나 조직으로 잘 이루어졌는지 등등에 대해 찬양하는 글이 적지 않게 발표되었다. 하지만 함가창을 채우기 위해 수백만 석의 양식을 옮기는 과정에서 뱃사람들의 힘든 노동이 어떠했는지에 대해 주목하는 이는 거의 없었다.삽도 70

065

당대 엽호獵戶

그림113 (당) 뾰족한 털모자(첨전모尖毡帽)를 쓰고 둥근 깃에 양쪽 허벅지 옆 부분이 터졌으며, 무릎까지 내려오는 웃옷인 원령개차제슬의圓領開衩齊膝衣를 입고 삼베를 엮어 만든 마혜麻鞋를 신은 사냥꾼(돈황 85굴 당대 벽화)

그림114 (당) 순풍복두順風幞頭를 쓰고 무릎까지 내려오는 제슬의齊膝衣를 입었으며 삼베를 삶아 부드럽게 만든 마련혜麻練鞋를 신고 한 손에 매를 들고 다른 한 손으로 개를 끌면서 사냥도구를 허리에 찬 사냥꾼(〈서악강령도西嶽降靈圖〉)

삽도71 당대 돈황 벽화에서 털모자를 쓰고 민간 음악을 연주하며 춤추는 인물 부분(음악연구소 소장본의 모사본)

그림 113과 114는 돈황 당대 벽화와 송대 사람이 모사한 당·오대의 〈서악강령도西嶽降靈圖〉 일부분이다.

그림에 나오는 몇몇 사냥꾼은 뾰족한 털모자를 쓰고 둥근 깃에 양쪽 허벅지 옆 부분이 터진 웃옷결과삼자缺胯衫子을 입었으며, 마련혜麻練鞋를 신고 있다. 돈황 벽화인 〈장의조출행도張議潮出行圖〉에 나오는 민간 악대의 옷차림과 대체적으로 비슷하다. 서북 지역의 기종騎從 부대나 문리文吏들은 습관적으로 이와 비슷한 형태의 털모자를 썼다.삽도 71 매를 들고 사냥개를 끌고 있는데, 매와 개는 당시 사냥꾼들에게 매우 중요한 사냥도구였다. 매는 종류가 다양하여 명칭도 각기 다르다. 예를 들면 '조鵰', '각응角鷹', '골鶻', '변鶣', '백토응白兔鷹', '산화백散花白', '백합白鴿', '백당白唐', '청반당青斑唐', '형과백荆窠白', '막북백漠北白', '방산백房山白', '어양백漁陽白', '흑조리黑皂鸝', '백조리白皂鸝' 등등이 그러하다. 아마도 산지나 털의 색깔에 따라 각기 다른 이름을 붙인 것 같다. 매를 잡아 기르는 방법이나 훈련 방법, 그리고 사냥 대상도 서로 달랐다. 일반적으로 큰 매는 사슴이나 노루, 여우, 토끼 등을 잡을 수 있었다. 『유양잡조酉陽雜俎』「육확부肉攫部」에 이에 관한 상세한 설명이 나온다. 특히 동북 장백산에 사는 '해동청海東青' 흰매白鷹는 몸집은 그리 크지 않지만 깃털이 단단하여 구름을 뚫고 날 정도로 고공비행이 가능하며 자신보다 몇 배나 큰 백조까지 낚아챌 수 있다. 백조를 잡은 매가 착지하면 또 다른 두 마리 매가 백조를 꼼짝 못하게 잡아놓는다. 역사 기록에 따르면, 거란契丹과 여진女真이 싸워 거란이 패배했는데 전쟁의 이유는 거란사람이 여진의 젊은 여자를 능욕했기 때문이라는 것 외에도 해동청을 빼앗기 위함이었다고 한다.

오대五代 사람이 당대에 유행하던 전설에 근거하여 〈서악강령도〉를 그렸는데, 후대 사람들은 주제가 진秦나라 촉군태수蜀郡太守였던 이빙李冰의 아들 '이랑신二郎神'이 출행하여 수렵하던 이야기라고 생각했다. 제목으로 본다면 당대 화악華嶽 금천신묘金天神廟의 벽화를 모본으로 삼아 그린 듯하다.[1]

〈서악강령도〉를 보면, 구름 속에서 수레와 기마병이 소란스럽게 행진하고, 단과금團窠錦, 채색 무늬 비단의 일종을 등 위에 올려놓은 두 마리 금독金犢, 금송아지이 당대 귀족 부녀자들이 타던 장식이 특히 화려한 유벽거油碧車를 끌고 있으며, 우마차 옆에 말을 탄 시종들이 구장毬仗을 들고 호위하면서 보장步障, 이동식 가리개을 겸용하고 있다. 모든 것이 당대 제도이며, 송대에는 거의 사용되지 않았다. 그림 아래 부분에 앞뒤로 매부리비응臂鷹, 매를 맡아 기르고 부리는 사람 사냥꾼 대여섯 명이 자리하고 있다. 옷차림은 당나라 식으로 샅 아래가 터진 웃옷인 개과삼자開胯衫子를 입고 마련혜麻練鞋를 신었다. 매는 크기나 형태가 다르다. 어떤 사냥꾼은 허리띠에 작은 망을 차고 있는데 새나 토끼 등을 잡아 넣는 데 반드시 필요한 도구이다. 또 어떤 사냥꾼은 허리띠 사이에 무언가 도구를 차고 있는데 정확한 용도는 확실치 않으나 어쩌면 『유양잡조酉陽雜俎』에서 말한 '망간網竿'이나 '도익都杙', '오공吳公' 등으로 당시 매를 이용하여 수렵할 때 반드시 필요한 부속 도구일 가능성이 크다. 매가 잡아온 새나 짐승을 처리할 때 사용하는 도구일 것이다. 『유양잡조』에서 또 말하길, "책간磔竿이 두 개인데, 하나는 순간鶉竿이고 다른 하나는 합간鴿竿이다. 합鴿은 멀리 날아올라 자세히 살피고, 매는 사람 옆에서 웅크리고 사방을 주시하며 합이 보는 것에 따라 출격할 때를 기다린다"[2]고 했다. 그렇

1 원주 이외에 원나라 사람이 그린 〈수산도搜山圖〉가 있는데, 신장이 요괴를 항복시키는 내용으로 매우 생동감 있게 그렸다. 사람들은 이를 오도자吳道子가 그린 것이라고 생각했다. 하지만 여자 요괴가 걸치고 있는 옷이 전형적인 원화元和 연간의 '시세장時世妝'이다. 따라서 원작은 오도자가 살았던 시대보다 늦은 중당中唐의 화가 손에서 나왔을 것이다. 원나라 사람이 그린 것은 이를 모사한 작품이다. 역주 북송대 화가 이공린李公麟이 그린 〈서악강령도〉가 있다.

2 『유양잡조』, "磔竿二, 一爲鶉竿, 一爲鴿竿. 鴿飛能遠察見, 鷹常在人前若竦身顧盼, 則隨其所視候之".

삽도 72 **비응도**臂鷹圖(당대 이중윤李重潤 분묘 벽화)

다면 수렵할 때 별도로 눈매가 예리하여 일종의 감시초監視哨로 활용할 수 있는 별도의 작은 매가 있었으며, 그것을 일러 '순鶉' 또는 '합鴿'이라고 불렀음을 알 수 있다.[3] 멀리 보고 자세히 볼 수 있어야 사냥꾼이 적시에 매를 날려보낼 수 있기 때문이다. 그림에 나오는 사냥꾼의 손에 있는 작은 매가 어쩌면 이런 목적의 새일 수 있다.

고대 수렵은 군사, 농업과 밀접한 관계가 있었다. 그래서 우인虞人이란 관직을 설치하여 산림이나 원유苑囿, 수렵 등에 관한 일을 전담하도록 했다. 진한秦漢 이후에는 귀족 가문의 유협遊俠을 좋아하는 자제들이 즐기는 야외 오락 가운데 하나가 되었다. 당대에 사회가 발전하면서 더욱 보편화되었는데, 정부에서 특별히 매를 키우는 양응방養鷹坊을 설치하여 전문적으로 매를 키우고 훈련시키는 관리를 두었다. 귀족 관료들 역시 사냥에 관한 한 예외가 아니었다. 삽도에 나오는 매를 들거나 개를 끌고 있는 내감內監의 그림은 의덕태자 분묘 용도甬道의 벽화에서 나온 것이다.삽도 72

3 그러나 저자의 견해와 달리 순과 합을 매를 잡는 미끼로 보는 견해도 있다.

〈보련도步輦圖〉

그림115 (당) 둥근 깃과 좁은 소매의 꽃무늬 번객금포를 입은 토번 사자와 복두를 쓰고 원령의를 입었으며 백어帛魚를 달고 홀을 들은 찬예관贊禮官, 그리고 복두를 쓰고 둥근 깃의 편복便服 차림으로 요여腰輿에 앉아 있는 당 태종(염립본, 〈보련도〉)

원화는 고궁박물원에 소장되어 있는데, 염립본의 그림으로 알려져 있다. 하지만 현재 전해지고 있는 그림은 모사본인 듯하다. 두루마리 그림 옆에 당대 이덕유李德裕[1]의 소전체小篆體 제발題跋이 적혀 있는데, 그가 직접 쓴 것이 아니라 송대 사람 장백익章白益의 글씨이기 때문이다.[2]

〈보련도〉태종이 수레를 타고 가르통첸을 만나는 그림는 정관貞觀 14년640년 토번吐蕃의 찬진贊普, 군주의 호칭인 송찬간포松贊干布가 당나라 문성공주文成公主와 통혼하기 위

1 이덕유李德裕, 787~849년, 자는 문요文饒. 당대 정치가이자 전략가이며 문인으로 재상을 역임했다. 양계초梁啓超는 그를 관중管仲, 상앙商鞅, 제갈량諸葛亮, 왕안석王安石, 장거정張居正 등과 함께 중국 6대 정치가로 지목했다.

2 〈보련도步輦圖〉 두루마리 그림에는 미불米芾을 위시로 22명이 쓴 제발題跋이 적혀 있다. 그 안에 송대 사람 장백익이 소전체로 쓴 제기題記가 붙어 있는데, 이것이 당대 재상 이덕유가 쓴 제발이라는 뜻이다. 장백익章伯益, 1006~1062년은 자가 백익, 본명은 우익右益이다. 복건 출신의 학자로 화가이며 서예가이다. 「보련도제기步輦圖題記」를 썼다.

해 승상 녹동찬祿東贊, 가르통첸을 장안으로 파견하여 당 태종을 알현하도록 했다는 역사 기록을 소재로 삼았다.『당회요唐會要』 권97 이는 한족과 장족藏族의 단결과 우호를 상징하는 유명한 역사화이다. 그림에서 태종은 보련步輦에 앉아 있고, 두 명의 궁녀가 수레를 들고 다른 두 명은 옆에서 부축하고 있다.[3] 태종의 모습은 현존하는 여러 그림에 나오는 것과 비슷하다. 태종의 수각鬚角, 양쪽으로 뿔처럼 뻗친 콧수염은 위로 치켜 올라가 있지 않고 구레나룻도 곱슬곱슬하지 않아 전기傳記에 서술된 것과 다르다. 절상건折上巾, 복두의 양각이 위로 올라간 복두의 일종[4]를 쓰고 적황색 능포綾袍를 입었으며, 허리에 홍정대紅鞓帶를 차고 오피육합화烏皮六合靴를 신었다. 이는 사서에 나오는 내용과 부합한다. 원래 수나라 복식 제도였는데, 당나라도 그대로 답습하되 약간 변화시켜 정형화했다. 궁녀들의 두발 형식 역시 수나라 그림에서 흔히 볼 수 있는 형태이다. 위쪽 부분은 평평하게 올려 뭉게구름이 펼쳐져 주름이 잡힌 것처럼 보이는데운추雲皺 그다지 바뀐 것이 많지 않다. 옷차림은 폭이 좁은 소매에 긴 치마를 입었다. 치마는 '십이파十二破'[5] 형식으로 붉은색과 녹색이 서로 교차한다. 근년에 서안 저장만底張灣에서 출토된 당나라 초기 벽화에 나오는 부녀의 아래치마下裙 및 여대旅大, 대련大連의 옛 명칭박물관에서 소장되어 있는 신강에서 발굴한 실물과 비슷하다. 치마는 흉부까지 치켜 올려 입었는데, 이는 수대나 당대 초기의 양식이다. 어깨에 걸친 피백帔帛은 얇은 비단으로 만들었다. 치마 안에 바지통이 좁은 줄무늬 바지를 입고 부드러운 채색 비단으로 만든 신발인 투공연금화透空軟錦靴를 신었다. 이는 당나라 초기에 새로 나온 옷차림이다. 그러나 피백과 수나라 두발 양식이 동시에 출현한 것이 다른 그림이나 소조에서 아직 발견되지 않았으며, 돈황 초당 벽화에서도 거의 보이지 않는다. 비교적 특별한 예이기 때문에 좀 더 연구해볼 필요가 있다. 근년에 새로 출토된 신강 당나라 초기 벽화에서 실증할 수 있다시피 줄무늬 바지는 오색五色이 섞인 사직물絲織物, 생사로 성기게 짠 직물이다. 긴 뱀이 휘감은 것처럼 팔뚝에 여러 번 돌린 금팔찌는 근년에 서안에서 실물이 출토되었으며, 송대 전각磚刻에서도 확인할 수 있다. 이후 명대 만력萬曆 칠비자묘七妃子墓, 만력제의 7명의 비빈이 합장된 묘로 일명 신종칠빈묘神宗七嬪墓에서도 실물이 출토되었는

3 원주〉 보련步輦의 일반적인 명칭은 '요여腰輿'이며, 간칭하여 '여상舁床'이라고 한다. 행차할 때 가마 봉에 묶인 끈을 허리까지 내려 들고 어깨에 걸지 않는다. 이 점이 진대 평견여와 다른 점이다삽도 58, 73. 당대 사람이 그린 〈열녀도〉에도 이런 형태의 요여가 보인다.

4 사모紗帽와 같이 두 단으로 되어 있으며, 뒤쪽의 좌우에 각脚, 모자 양옆으로 튀어나온 장식물이 달려 있다. 복두의 별칭으로 절상건折上巾, 파두帕頭, 연과軟裹 등이 있다. 당대에는 무늬가 없는 비단인 증繒 대신 얇고 성근 비단인 나羅를 사용했으며, 관료나 선비, 서민들이 모두 통용했다. 원래는 사각四脚이었으나 점차 양각兩脚으로 바뀌었으며, 부드러운 연각軟脚에서 딱딱한 경각硬脚으로 변화했다. 오대五代에 각은 평평하고 곧은 평직平直을 사용했으며, 송대에는 전각展脚 복두幞頭를 착용했다. 복두의 각이 비교적 길었으며, 특히 황제의 것은 매우 길었다.

5 십이파 치마는 열두폭 치마라는 뜻이다. 앞에 나오는 숫자는 옷감의 폭 수이다. 12폭 외에도 8폭, 6폭 등의 치마가 있다.

삽도73 오대 주문구周文矩가 그렸다는 〈궁중도宮中圖〉 봉련鳳輦 부분

데, 당시 사람들은 동남아시아에서 수입한 것으로 여겼다. 하지만 이 그림에 나오는 모양과 비교해보면 당대의 팔찌 형식으로 당시唐詩에 흔히 나오는 '금조탈金條脫', 즉 금팔찌라는 것을 알 수 있다.

토번 사자는 무릎 아래까지 내려오는 긴 상의를 입고 좁은 소매의 화금포花錦袍, 꽃무늬 비단 웃옷를 입고 있다. 『당육전唐六典』에서 천촉川蜀에서 직조했다는 '번객금포蕃客錦袍'로 당대 성도成都의 직조노동자들이 매년 2백 벌을 만들어 조정에 상납했다. 두우杜佑의 『통전通典』「부세조賦稅條」에 따르면, 양주揚州 광릉廣陵에서도 매년 250벌을 직조했다. 이는 모두 당 조정이 이역에서 장안으로 온 사신들에게 하사하거나 특별한 예물로 사용하기 위해 제작한 의복이다.[6] 이외에도 당시 성도나 광릉에서 궁정 전용의 '금반비錦半臂'와 '타구의打毬衣'말을 타고 공을 치는 놀이옷를 직조하여 상납하기도 했다. 『고금도

6 (원주) 문자를 직조한 것도 있는데, 이를 일러 '강양문자羌樣文字' 금단錦緞이라고 한다. 하지만 대력大曆 연간에 금령을 내려 강양문자금단을 직조하지 못하도록 했다.

서집성古今圖書集成』「공부편貢賦編」에서 중당과 만당 시절에 천축에서 한 번에 상납한 타구의가 5백 벌이었다는 기록이 나오는 것을 보면 상당히 광범위하게 사용되었음을 알 수 있다.

당대 위단부韋端符가 저술한 『이위공고물기李衛公故物記』에 보면, 이정李靖이 고창국高昌國을 격파하고 얻은 소매통이 좁은 면포을 증여했는데, 면포에 조수鳥獸나 낙타 등의 문양이 있으며, 목필木筆을 묶은 조대絛帶 등이 함께 들어 있었다고 한다. 고창은 당나라 초기에 멸망했는데, 당시 서북 민족들은 금포錦袍를 입고 첩섭칠사鞊鞢七事를 차는 것이 오랜 관습이었다. 첩섭대鞊鞢帶[7] 제도는 위진시대 구환대九環帶를 답습한 것으로 당대 초기 무관의 복장으로 정해졌다가 얼마 후 폐지되었다. 그 내원을 살펴보면 한대 흉노 군장에서 증여했던 '금수겹의錦繡袷衣'인 듯한데, 『남사南史』에도 '번객금포蕃客錦袍'라는 기록이 나온다. 이 그림에 나오는 것은 아마도 이러한 금포錦袍의 일종인 듯하다. 염립본이 그렸다는 〈직공도職貢圖〉를 보면 서역에서 온 이들이 매우 많은데, 이런 형식의 금포를 입은 사람은 한 명도 보이지 않는다. 말을 탄 사자가 입은 옷도 대부분 원령복圓領服이다. 근년에 발굴된 당대 장회태자章懷太子 분묘의 벽화 〈번객도蕃客圖〉에도 이처럼 좁은 소매의 금포는 보이지 않는다. 다만 당대 정관 연간의 돈황 벽화 〈유마변하부청경도維摩變下部聽經圖〉에 나오는 서북 여러 민족의 군장 네다섯 명이 단과금의團窠錦衣를 입고 있는데, 특별히 직조한 것 같지는 않다.

『당회요』는 토번吐蕃에 대해 이렇게 말하고 있다.

"털로 짠 모직물을 입는데 슬슬瑟瑟, 비취색 보석, 녹송석綠松石, 터키옥, 금, 은, 동 등으로 만든 장식을 착용하여 신분의 귀천과 관직의 존비를 구분한다. 장식은 앞 팔뚝에 착용하는데, 둥글거나 네모난 털옷 위에 3치 정도를 꿰맨다."[8] 이는 비교적 나중에 나온 관승官僧의 복식을 말한 것인 듯하다. 본 그림의 옷차림에서 이를 실증할 만한 증거를 찾기 어렵다. 그림에 나오는 것은 이른바 '번객금포'에 속하는 의복이 분명하다. 이는 근년에 신강에서 출토된 한대 옷차림과 오대五代 시절 쌍령취금의雙靈鷲錦衣 양식과 비슷하다. 찬례관과 역원譯員, 역관은 모두 초당 시절의 시종들의 옷차림과 비슷하다. 전자는 붉은색 원령복을 입었고, 후자는 흰색 원령복을 입었다. 모두 작은 홀을 들고 서 있다. 허리에는 백어帛魚[9]를 찼는데 당대 장작張鷟이 『조야첨재朝野僉載』에서 당대 초기에는 "비단을 물고기 형태로 묶었다結帛爲魚形"라고 말했던 백어帛魚 제도와 부합한다. 녹동찬은 허리에 비단 주머니를 차고 있으며, 아울러 산대처럼

7 첩섭대鞊鞢帶는 과대銙帶, 곽락대郭洛帶 등으로 부르기도 한다. 허리춤에 차는 혁대나 포대로 여러 가지 일상 용품을 매달 수 있다는 것이 특징이자 다른 요대와 차별점이다.

8 『당회요』, "衣氈罽, 而用瑟瑟, 綠松石, 金, 銀, 銅定等章飾, 以區別身份貴賤, 官品尊卑. 章飾着前膊, 綴在三寸方圓褐上".

9 백어는 비단으로 만든 물고기 모양의 장식이다. 기원이나 용도에 대해서는 여전히 중설이 분분하다.

삽도74 **당대 찬예관**(이현의 분묘도 동쪽 벽에 그려진 벽화 일부)

생긴 주머니를 꿰매고 있을 뿐 당시 유행하던 화렴火鐮, 부시. 부싯돌을 쳐서 불을 일으키는 쇳조각, 산대算袋, 여석礪石, 숫돌 등등 '첩섭칠시鞊韘七事'를 매달은 첩섭대鞊韘帶는 차고 있지 않다. 사서의 기록에 비춰 본다면, 당시 토번 사자들은 규정에 따라 반드시 이를 사용해야만 한다. 그래서 어떤 이들은 이 그림이 개원, 천보 연간보다 늦은 시기에 그려졌다고 의심하고 있다. 이런 점에서 이 그림은 주목할 만한 물증이다.

송대 사람들은 이 그림을 당대 화가 염립본이 그린 것이거나 또는 북송 시절에 당대의 원화를 모사한 것이라고 생각했다. 인물의 옷차림이 당대 초기 제도와 부합하는 것도 있지만 그다지 부합하지 않은 것도 있기 때문이다. 그러나 오히려 부분적인 처리에 문제가 있다. 예를 들어 궁녀들의 용모를 묘사한 부분은 인정하기 어렵다. 다른 당대 그림의 경우와 크게 다르기 때문이다. 당대에 사절을 접견할 때는 일정한 규칙이 있어 반드시 조회朝會, 즉 조정으로 불러들여 만났을 것이니 그림처럼 경솔하게 처리하지 않았을 것이다. 이 그림을 보면 갑자기 출궁하여 만나는 듯한 모습이다. 이런 점에서 이 그림은 현존하는 〈양제야유도煬帝夜遊圖〉와 〈직공도職貢圖〉에서 일부분을 골라 맞추듯이 그린 것일 수도 있다. 원작은 당대 사람이 그렸다고 할지라도 시대는 분명 염립본 이후일 것이다. 특히 '첩섭칠사' 제도가 취소되고 난 개원이나 천보 이후의 작품일 가능성이 크다는 의견도 참고할 만하다. 이현李賢의 분묘에서 발견된 벽화 〈번객도蕃客圖〉 앞에 두 명의 찬예관讚禮官이 나오는데, 모두 초당 시절의 조복을 입고 머리에는 북조시대 칠사농관을 쓰고 있다. 이는 모두 예제에 부합한다. 이런 벽화가 출현함으로써 앞서 제기한 의문점에 더 많은 설득력을 갖게 되었다.삽도 74

067

당대 정관貞觀 연간 돈황 벽화 제왕과 신하

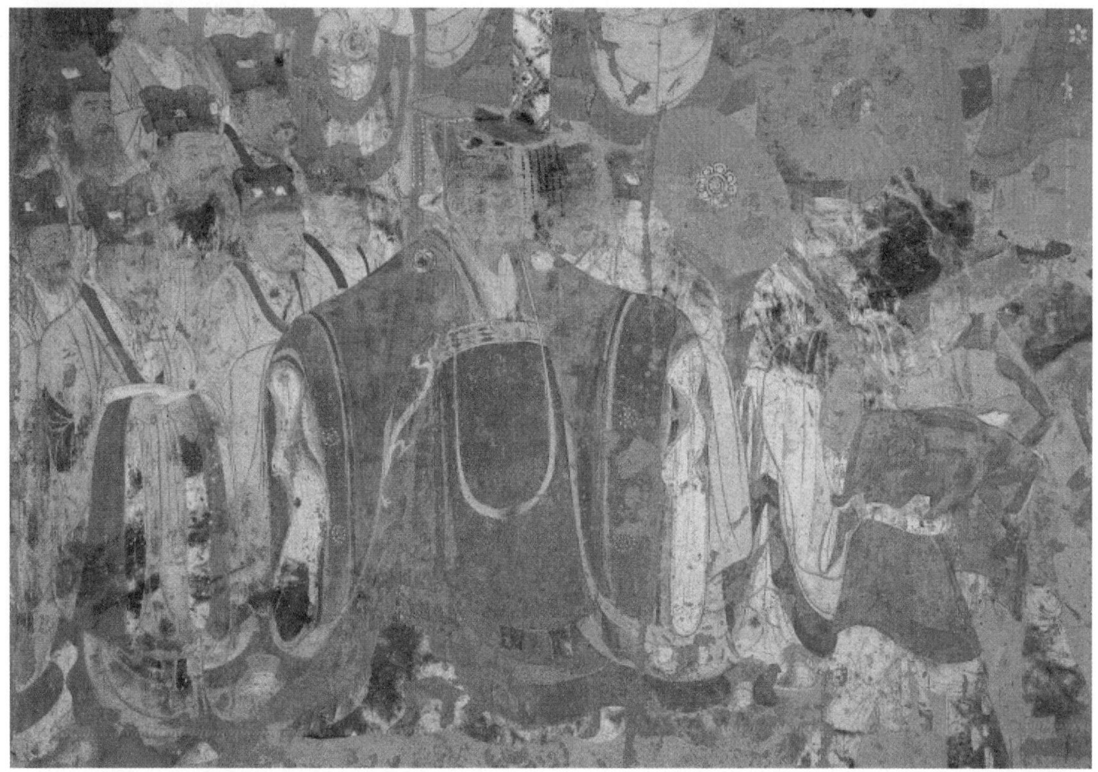

그림116 (당) 면복冕服[1]을 착용한 제왕과 조복을 입은 종관從官, 개책을 쓰고 양당고습복兩當袴褶服 차림으로 부채를 들고 있는 사람 (돈황 220굴 정관 시대 벽화인 유마변 아래쪽 그림)

그림 116은 돈황 제220굴 〈유마변維摩變, 유마변상도〉 아랫부분에 있는 그림이다.

벽화는 동진 이래로 『유마힐경문질품維摩詰經問疾品』, 즉 『유하힐경』에 나오는 「문수보살의 병문안문수사리문질품文殊師利門疾品」으로 유명한 종교 선전화이다.[2] 주제 부분은 문수보살이 병문안하고 유마가 불법을 말하며 하늘에

1 면복冕服은 면관冕冠을 쓸 때 입는 복식을 말한다.

2 유마힐維摩詰, Vimalak rti은 석가모니 부처의 재가제자인 유마거시維摩居士를 말한다. 중인도 바이샬리의 대자산가였다. 유마거사가 중생의 병이 다 낫기 전에는 자신의 병도 나을 수 없다고 하자 석가모니가 문수보살文殊菩薩을 보내 문병하도록 했다. 이에 유마거사가

서 꽃비가 내리는 형상이다. 그림에 나오는 유마는 병에 걸려 여위고 초췌한 은사나 고인高人의 전통적인 풍모와 달리 영기발랄하고 범상치 않은 모습이다.[3] 아래쪽에 불법을 경청하고 있는 군중들은 당대 초기의 사회 현실을 반영하고 있으되 인물의 정신적 면모를 비교적 정확하게 표현했다. 사서의 기록과 비교해보면 몇 가지 문제를 좀 더 명확히 이해할 수 있다. 예를 들어 봉건 통치자들은 역대로 여복輿服을 계급의 상징으로 생각했다.

통치자 내부도 등급이 분명하여 결코 뒤섞이면 안 된다는 뜻이다. 그렇기 때문에 매번 조대가 바뀔 때마다 반드시 새롭게 제도를 바꿨다. 당대 초기 장손무기長孫無忌를 비롯한 여러 대신들과 염립본, 입덕 형제 등 전문가들이 함께 의논하여 천자와 백관百官의 면복冕服 제도를 확정하면서 어떤 것은 기존의 수대 제도를 답습하고 변경하지 않았으며, 또 어떤 것은 완전히 새로운 것으로 바꾸었다. 당대 장언원의 『역대명화기』

문수보살 앞에서 불법불이법문不二法門을 펼쳤다고 한다. 유마변維摩變의 '변'은 변문을 뜻한다. 경변도經變圖 또는 변상도變相圖는 불경을 쉽게 풀이한 변문의 내용을 그린 그림을 말한다.

3 원주 대대로 전해지는 명화 가운데 남조 진陳나라 원천袁蒨의 〈석륵문도도石勒問道圖〉가 있는데, 이 그림과 틀림없이 관련이 있을 것이다. 어쩌면 후인들이 본 그림을 모본으로 삼아 그렸거나 〈석륵문도도〉가 본 그림의 모형인지도 모른다. 송대 사람들은 그 내원을 몰랐기 때문에 〈석륵문도도〉라고 이름을 달았다.

권9에 따르면, 염입덕과 그의 동생 입본은 가업을 이어받아 무덕武德 연간에 상의봉어尙衣奉御[4]로서 그림 제작을 맡아 "곤면, 대구 여섯 벌을 제작하고 허리띠, 가마, 우산, 부채 등을 모두 정교하게 만들었다".[5] 염입본은 현경顯慶 연간에 입덕 대신 공부상서가 되고 우상右相에 배수되었으며, 박릉현남博陵縣男에 봉해졌다. 그는 정관貞觀 연간에 〈진부십팔학사도秦府十八學士圖〉와 〈능연각공신도淩煙閣功臣圖〉 등을 그렸는데, "당시 사람들이 너나할 것 없이 참으로 교묘하다고 칭찬했다". 이 그림은 바로 그 시기에 그린 것이다. 그래서 그림에 나오는 제왕의 면복은 당대 제왕 면복 연구에 매우 중요한 참고 자료이다. 또한 그림에 조복을 입은 군신들을 기존의 〈십팔학사도〉와 〈능연각공신도〉그림 118와 서로 비교하면 공손무기를 비롯하여 우세남虞世南, 방현령房玄齡, 위징魏徵, 저수량褚遂良, 허경종許敬宗 등 초당 시절 명신들의 인물 풍모를 다른 그림보다 훨씬 실제에 가깝게 탐색할 수 있다.

『당육전』 권4, 권20에서 언급하고 있다시피 당대 제왕의 면복은 여섯 가지로 "대구면大裘冕, 곤면袞冕, 별면鷩冕, 취면毳冕, 치면絺冕, 현면玄冕 등이다". 그림에서 보이는 것은 '곤면'일 것이다. 왜냐하면 십이장수문十二章繡文이 모두 갖추어져 있기 때문이다. 다만 면冕 앞에 늘어뜨린 유旒, 면류관 앞뒤에 드리운 주옥을 꿴 술가 여섯 개밖에 없다는 것이 원래 면류관과 다르다. 어쩌면 중원에서 멀리 떨어진 서북에 있는 벽화이기 때문에 비교적 허술했던 것 같다. 『당육전』 권22에 따르면, 군신들이 머리에 쓰는 모자는 면冕 외에도 관冠, 변弁, 책幘이 있다. 책은 세 가지 종류가 있으니 "하나는 개책介幘, 둘은 평건책, 셋은 평건녹책平巾綠幘이다". 이 그림에서 신하들이 쓰고 있는 것은 한대와 육조 특히 수대隋代 이래의 건책巾幘 양식과 관련이 있으니 '개책'이라고 불러야 한다. 입고 있는 옷은 위아래가 붙어 있는 포복袍服이다. 『구당서』 「여복지」에서 말하는 '구복具服'도 당시 고급관료들의 조복이다. 5품 이상의 관료가 제례나 하례賀禮, 대연회 등 조정의 대사가 있을 때 입었다. 황제를 알현할 때는 군신이 모두 둥근 깃의 웃옷인 원령삼圓領衫을 입었다. 당대 복식은 무늬 비단인 능綾을 사용하여 각기 다른 색깔과 문양으로 등급을 구분했다. 『당회요』 권31 「장복품제章服品第」조에 따르면, "3품 이상은 자색, 4품과 5품은 붉은색비緋, 6품과 7품은 녹색, 8품과 9품은 청색을 입었으며, 부인은 남편의 품계를 따랐다". 또한 문양도 각기 달랐다. 이는 둥근 깃의 원령의圓領衣를 두고 한 말인 듯하다. 「장복품제」에서 언급하고 있는 금동으로 만든 타미대鉈尾帶, 물고기 꼬리처럼 생긴 장식을 한 허리띠, 백어帛魚와 어대魚袋 등이 모두 원령의와 관련이 있으며, 그림에 나오는 조복의 반혁대대鞶革大帶, 넓은 가죽 혁대는 상관이 없기 때문이다. 조복은 오

4 상의봉어尙衣奉御는 수나라 양제 시절에 설치된 상의국尙衣局의 책임자로 황제의 면복과 궤안 등을 책임졌다. 이후 명대까지 계속 설치되었으며, 내시나 또는 무관이 맡았다. 청대에 내무부內務府가 설치되면서 폐지되었다.

5 장언원, 『역대명화기』, "造袞冕大裘等六服, 腰輿傘扇, 咸得妙制".

직 교천제사郊天祭祀 등 대전大典이나 대조회大朝會에서 신중하고 장엄함을 표시할 때만 사용했으며, 일반적으로 조회에 참가하거나 일상 생활에서는 착용하지 않았다.

아래 불법을 듣고 있는 군중들은 호인胡人 얼굴과 옷차림이다. 당대 초기 벽화에 반영되어 있는 상황과 비교적 근사하다. 비교를 통해 북송 이공린李公麟이 그린 〈번왕예불도番王禮佛圖〉가 동일한 모본에서 나왔으며, 당대 초기 염립본의 〈직공도〉와 공통점이 별로 없음을 확인할 수 있다. 현재 전해지고 있는 〈직공도〉는 송인의 위작인 듯하다.

068

〈당인유기도唐人遊騎圖〉 부분

그림117 (당) 복두를 착용하고 원령삼圓領衫을 입었으며 오피육봉화를 신고 말을 탄 문인과 수행하는 복종僕從(〈당인유기도〉)

그림 117의 원화는 북경 고궁박물원에 소장되어 있다.

〈송인작당인유기도宋人作唐人遊騎圖〉송대 사람이 그린 당인의 말 타고 노니는 그림라고 부르기도 한다. 복두幞頭를 쓴 옷차림이나 말에 치장한 장비 등으로 볼 때 전형적인 성당 개원, 천보 연간의 양식이다. 말안장 뒤편 양쪽에 달린 교橋에 각기 5개의 살구 씨처럼 생긴 작은 구멍이 있으며, 여기에 다섯 개의 끈을 연결하여 말의 배 아래쪽으로 내려뜨려 장식을 삼았다. 이를 '오초공조대五鞘孔絛帶'라고 한다. 본 그림은 이를 전혀 틀리지 않고 잘 묘사했다. 복두의 양식도 앞으로 약간 기울어진 것이 전형적인 개원·천보 연간의 양식이다.

사서의 기록에 따르면, 당대 조복은 황제나 태자는 물론이고 문무 대신과 중급 관리들에 이르기까지 상당히 번잡하고 자질구레하다. 하지만 수백 가지 종류는 명목만 그러한 것일 뿐 실제는 "예전의 관례에 따른 것"이 대부분이다. 예전 문헌을 살펴 명칭을 정했을 뿐 대부분 실행하지 않았다. 일부 조복은 대조회大朝會나 교천제사郊天祭祀 등 대규모 전례 때 한두 번 사용했을 뿐이다. 평상시 생활할 때는 공복이나 일상복 모두 비교적 간단하여 일률적으로 원령복圓領服을 입었고, 의복의 색깔이나 요대의 상감象嵌 및 요대의 끝에 다는 장식인 '타미鉈尾'또는 달미獺尾라고 부른다를 제외하고 사용하는 재료나 장식 문양으로 등급을 구분했으나 옷차림의 양식은 차별이 그리 심하지 않았다. 예를 들어 이 그림에서 말을 탄 이가 입고 있는 둥근 깃의 평상복은 소매가 좁고 비교적 긴 것이 거의 동일하다.

머리를 감싸는 데 사용하는 복두건幞頭巾은 일반적으로 검은색 사라紗羅, 거칠게 짠 비단로 만들었다. 초기에는 부드러운 태胎, 모자의 볼록 튀어나온 부분를 앞쪽으로 약간 기울게 쓰는 것인 일반적이었다. 한때 오동나무로 태를 만들었다는 기록이 있으나 그림에 반영된 것은 이후의 일이다. 당대 복두는 시기, 장소 및 궁정의 관습, 개인의 기호 등등 여러 가지 원인에 따라 각양각색으로 발전했다. 특히 이른바 '사대건四帶巾' 뒤편의 두 개의 띠帶는 크기나 길이 또는 상하의 위치가 때로 바뀌었다. 송대 심괄沈括, 주희朱熹, 곽사郭思, 정대창程大昌 등이 모두 이에 대해 언급한 바 있는데, 각기 이해의 정도가 다르고 오로지 문헌에만 의지했을 뿐 실물 형상을 확인한 것이 아니기 때문에 그저 나름대로 이야기했을 뿐 의견 일치를 볼 수 없었다.

일반적으로 복두건자幞頭巾子의 유래에 관해서는 주로 당대 사람들의 잡설이나 「여복지」, 「거복지」의 내용을 인용하여 북주北周 시절에 처음 만들었다고 말하고 있다. 하지만 벽화나 묘용墓俑의 형상을 비교 분석해보면, 넓은 뜻으로 볼 때 머리를 감싼 두건, 즉 '포두건자包頭巾子' 또는 평정모平頂帽는 일찍이 상대商代부터 사용한 것으로 보인다. 이미 서로 다른 다양한 형상이 남아 있어 비교 인증할 수 있다. 다만 좁은 의미에서 당대의 복두나 '사대건'에 한정하여 말한다면, 재료는 검은색의 성긴 비단인 사라紗羅로 만들며 윗부분이 약간 튀어나오고 앞쪽으로 조금 기울어진 형태이다. 두 개의 끈으로 묶는데, 묶고 남은 길거나 또는 짧은 끈은 머리 뒤편으로 내려뜨린다. 이런 양식은 당대 이전 북제 시대에 나와 수대에도 그대로 이어졌다. 북제 장숙속張肅俗의 묘용墓俑, 그림 100과 수대 이정훈李靜訓의 묘용墓俑에서 이를 확인할 수 있는데 각기 그 시대를 대표하는 실물 그림이다. 다만 이것이 정형화된 것은 당대 초기이다. 그래서 원대나 명대 사람들은 이런 양식을 '당건唐巾'이라고 말했던 것이다. 원대에 이르러 달라진 부분은 복두건 뒤쪽 좌우에 달린 두 개의 각脚, 복두 뒤편 좌우에 달린 끈처럼 생긴 장식물이다. 산서에서 발견된 원대 사람의 수륙화水陸畵와 영락궁永樂宮 벽화에 상당히 구체적으로 반영되어 있다. 이외에도 현존하는 원대 사람의 그림에서도 증거를 찾을 수 있으나 당대나 송대 사람의 그림에서는 이런 예를 볼 수 없다. 현존하는 〈오왕취귀도五王醉歸圖〉는 원작이 송대 사람의 것이라고 하나 옷차림이나 복두의 형상을 보건대 원대 모사본이 틀림없다. 명대 왕기王圻가 자신의 아들과 함께 편찬한 『삼재도회三才圖會』에 보면 복두에 대한 설명과 더불어 그림이 첨부되어 있는데, 그 내용은 주로 당송대 필기筆記와 마호馬縞의 『중화고금주中華古今注』를 베낀 것이다. 근인들 역시 이를 그대로 모방하여 복두를 이야기하고 있으니 옳은 부분을 찾기 힘들다.

『신당서』「거복지」에 따르면, 복두가 정형화된 것은 초당 시절 마주馬周가 이세민李世民에게 건의한 내용에서 단초를 찾을 수 있다. "머리를 감싸는데 좌우에 각기 세 개의 주름襵을 잡는 것은 삼재三才를 상징하고, 전각前脚을 두 개 매단 것은 이의二儀를 상징합니다."[1] 마주가 이렇게 말하자 이세민이 이에 따라 조서를 내렸다. 일개 서생의 견해는 진부하기 이를 데 없어 가소롭기까지 하지만 이세민은 군신들의 견해를 널리 받아들인다는 정치적 풍모를 드러내기 위해 그의 건의에 따라 전국적으로 통용하도록 했다. 이후 송대나 원대도 이를 답습했다. 얼마 후 궁정 양식 외에도 개인 또는 지역별로 나름의 형태가 다양하게 생겨났다. 예를 들어 『당어림唐語林』에 보면 이런 내용이 나온다. "개원 연간에 연공燕公, 개국공신으로 재상을 역임함. 작위가 연국공燕國公 장열張說이 조정에 있을 당시 유자儒者의 관복을 입고 유자로 자처했다. 현종이 그의 기이한 관복을 싫어하여 그에게 내양건內樣巾과 장각나복두長脚羅幞頭, 나사로 만들고 각이 긴 복두를 하사했다."[2] 여기서 알 수 있다시피 복두의 장각長脚 양식은 궁정에서 나왔다. 실제로 당시 또는 약간 이후의 궁정 회화 작품을 보면 복두의 각이 대부분 길다. 개인의 복두 양식에 관한 기록도 있다. "복야僕射 배준경裴遵慶, 691~775년, 당대 재상은 20세에 입사한 이래로 세속의 두건 형태를 따르지 않고 절상건折上巾을 썼다. 이렇게 대여섯 차례 바꿔 썼는데, 나이 90세가 되어서도 젊은 시절에 쓰던 것을 좋아했다. 그래서 지금 두건 가운데 '복야양僕射樣'이란 것이 있다."[3] 『구당서』「배면전裴冕傳」에도 '복야양'에 관한 내용이 나온다. "배면은 천성이 사치스럽고 거만했다.……자기 스스로 건을 만들어 썼는데, 그 형태가 신기하여 시장 상인들이 이를 모방해서 '복야양'이라고 불렀다."[4] 이렇듯 개인의 기호에 따라 각기 다른 형태의 머리쓰개를 만들어 썼으며, 그것이 주군州

1 『신당서』「거복지」, "裹頭者, 左右各三襵(應指巾子上部襞折), 以象三才, 重繫前脚, 以象二儀".

2 『당어림唐語林』, "開元中, 燕公張說當朝, 冠服以儒者自處. 玄宗嫌其異已, 賜內樣巾, 長脚羅襆頭".

3 『당어림』, "裴仆射遵慶, 二十入仕, 裹折上巾子, 未嘗隨俗樣. 凡代之移易者五六, 而公年九十時, 尚幼小所裹者. 今巾子有仆射樣".

4 『구당서舊唐書』「배면전裴冕傳」則作:"冕性本侈靡, ……自創巾子, 其狀新奇, 巾肆因而效之, 呼爲仆射樣". 배면703~770년과 배준경691~775년은 서로 다른 사람이다.

삽도75 당대 복두
❶ (수) 돈황 벽화에 나오는 복두를 착용한 진향인進香人
❷ (당) 영태공주 묘 석각 인물이 쓰고 있는 복두
❸ (당) 영태공주 묘 벽화에 나오는 순풍복두를 쓴 마부
❹ (당) 위동韋洞 묘 벽화에 나오는 순풍복두를 쓴 시종

郡에 널리 퍼져 유행이 되기도 했다. 그래서 당대 소설에 이런 구절이 나오기도 했다. "시중侍中 노암은 풍모가 아름답기로 유명했다. 성도成都에 주둔할 적에 멋진 두건을 착용하여 촉 땅 사람들이 보고 따라했다."[5] 이상의 기록을 통해 당대 머리쓰개가 시절이나 지역에 따라 달라 어느 한 가지에 구속되지 않았음을 알 수 있다. 다만 일반적인 경향에 따라 어느 곳이 구별되는지 알아볼 수 있다. 문헌에서는 구체적인 부분을 찾을 수 없지만 회화나 조소 등에서 일부 보완할 수 있다. 그것의 발전 형태를 알게 되면 당대 인물화의 연대 감정에 도움을 주어 비교적 정확한 판단을 할 수 있을 것이다.삽도 75

이 그림은 복두 양식과 좁은 소매의 장삼長衫 등의 옷차림으로 볼 때 돈황에서 발견된 〈득의

5 손광헌孫光憲, 『북몽쇄언北夢瑣言』, "路侍中巖, 風貌之美, 爲世所聞. 鎮成都, 善巾裹, 蜀人見必效之". 『당어림』에도 실려 있으나 문장에 첨가된 부분이 있다.

삽도75(계속) **당대 복두**

❺ (당) 선우정회鮮于庭誨 묘에서 발견된 서역인 용俑 복두

❻ (당) 양사훈 묘 벽화에 나오는 장각長脚 복두를 쓴 악인樂人

❼ (당) 돈황 벽화에 나오는 장각 복두를 쓴 진향인

❽ 당대 장훤張萱이 그렸다는 〈당후행종도唐后行從圖〉에 나오는 장각 복두

❾ 송인이 모사한 당대 「예천청서도醴泉清暑圖」에 나오는 장각 복두를 쓴 궁감宮監

❿ 돈황 벽화에 나오는 절상건을 쓴 농민

⓫ 송, 원인元人이 그린 〈망현영가도望賢迎駕圖〉[6]

도得醫圖〉의 의생醫生 옷차림과 일치한다. 모두 개원, 천보 연간의 것이다.

당대 복두는 양식樣式 면에서 서너 다섯 종류로 구분할 수 있는데, 구별이 상당히 분명하다. 개원·천보 이전에는 복두의 상부 돌기 부분이 약간 앞으로 기울어져 있는 것이 비교적 자연스럽고 느슨하다. 비록 "오동나무로 태를 만들었다"는 기록이 있기는 하지만 부드러운 것이 다수를 점했다. 궁정에서 나왔다는 장각나복두長脚羅幞頭는 양식이 한 종류는 아니지만 대체적으로 비슷했다. 예를 들어 그림에서 볼 수 있는 것이 일반적인 형태인데, 이는 돈황의 여러 벽화에서도 확인할 수 있다. 〈괵국부인유춘도虢國夫人遊春圖〉에서 보이는 것처럼 양쪽으로 긴 각이 중간에 꺾여 있는데, 이전에 본받을 만한 것이 없었을 수도 있다. 이를 착용한 이는 특별히 선발된 "준수하게 생긴 태감俊俏黃門"이 아니라 괵국부인 본인이다. 그래서 옷차림이 매우 색달라 의도적으로 새로운 양식을 선보인 것에 가깝다. 현존하는 그림 가운데 명대 구영仇英이 그린 〈이백춘야연도리원서도李白春夜宴桃李園序圖〉에서 이백李白이 쓴 복두가 이와 비슷한 양식으로 긴 각이 좌우로 펼쳐지고 아랫부분이 꺾인 형태로 유일하다.[7] 이외에 다른 그림이나 조소에서는 보이지 않는다.

당대 사람들이 말하던 '절상건折上巾'의 본래 의미는 이마 위에 두 개의 띠를 접는 매듭이 있다는 것이지, 머리 뒤편의 교차한 각交脚이 위로 솟구친 형태를 지칭하는 것이 아닌 듯하다. 또 하나의 형태는 이조李肇의 『국사보國史補』에서 확인할 수 있다. 이에 따르면 자식들에게 엄하기로 유명했던 당대 어사대부 유빈柳玭이 자신의 아들과 조카가 당시 유행에 따라 복두의 이각二脚을 위로 솟구치게 만들었다는 이유로 그들을 책망했다고 한다. 각을 위로 솟구치게 만든 상요上翹 방식은 영태공주묘 석각에 나오는 종관의 복두건 양식과 같으며, 다른 그림이나 소조에서도 이 각을 병렬하거나 한쪽을 위로 솟구치게 만든 것을 볼 수 있다. 또한 이공린이 모사한 〈위언목방도韋偃牧放圖〉일명 〈임위언목방도臨韋偃牧放圖〉에 나오는 여러 무리의 마부들이 쓴 복두도 마찬가지로 두 개의 각이 달려 있는데, 그중에 하나만 위로 들쳐져 있다. 이런 종류의 복두를 '순풍식順風式'이라고 한다. 이는 노동이 일과인 일반 백성들에서 유래했으며, 이후 오대 시절에 사회 상층부 일부 사람들에게 영향을 주었다. 다른 한 가지는 일종의 교각절상交脚折上으로 각을 교차시키고 위쪽을 접은 형태이다. 돈황 벽화 등에서 볼 수 있는데 당대에는 농민이나 기타 사회 하층민들이 주로 착용했다. 송·원대 화가들은 이런 '절상折上'의 의미를 잘못 이해하여 '순풍식' 복건을 제왕의 머리쓰개로 그려 넣기도 했다. 예를 들어 송대 〈망현영가도〉나 원대 〈양비상마도楊妃上馬圖〉 등을 보면 당대 그림에서 주로 마부나 악사들이 주로 착용

6 이설이 있기는 하지만 남송시대 작품으로 알려져 있다.

7 〔원주〕 자리에 놓여 있는 기물로 보건대, 〈이백춘야연도리원서도〉의 원화는 송대 사람이 그린 것이다.

하던 순풍식 복두를 제왕의 전용물인 양 그려 넣었다. 명대는 당대와 시기적으로 훨씬 멀리 떨어졌기 때문에 송나라 방식으로 크게 유행했던 교각복두를 봉건황제의 머리에 올려놓고 황제의 전용품으로 만들었으며, 이를 고대의 '절상건'이라고 여겼다. 명대 신종의 능묘인 정릉定陵에서 금실로 엮어 만든 실물이 출토되었는데, 명대 제왕 그림에 반영된 것과 서로 같았다. 사실 이런 복두 양식은 당대 돈황 벽화에서 볼 수 있다시피 주로 악무를 담당한 기인伎人이나 농민들이 쓰던 것이니 평민 전용이다. 신분이 높은 귀족들이나 중급 관리들도 쓰지 않았으니 황제는 말할 것조차 없다.

복두 양식은 연식軟式으로 앞쪽이 약간 기울어진 것에서 점차 경식硬式으로 네모나게 구부러진 형태로 바뀌게 되었는데, 여전히 연식과 병행되다가 나중에야 경식이 위주가 되었다. 사서에서 만당晩唐 환관 어조은魚朝恩에서 비롯되었다고 했는데, 비교적 믿을 만하다. 염립본이 〈소익잠난정도蕭翼賺蘭亭圖〉소익이 승려를 구슬려 난정서를 매입하는 그림를 그렸다고 하는데, 그림에 나오는 소익蕭翼[8]과 차를 데우는 이의 복두幞頭 형태 및 다구茶具와 찻잔 받침 등의 형태를 연관시켜 보면, 비교적 늦은 시대의 것임을 알 수 있다. 〈문원도文苑圖〉[9]에 나오는 둥근 날개 형태의 복두원시복두圓翅幞頭와 〈중병회기도重屛會棋圖〉의 원시 복두도 모두 송대나 오대五代 이래로 희극인들이 주로 쓰던 것들이다. 돈황 벽화에 반영된 것을 통해 대략 이때쯤 부드러운 날개 형태에서 딱딱한 날개 형태로 바뀌고 양쪽으로 평평하게 펼쳐졌음을 알 수 있다. 송대에 이르러 비로소 양쪽으로 날개를 펼친 듯한 형태의 칠사복두일반 사모紗帽가 정형화했다. 당대 화가 한황韓滉이 그렸다는 〈문원도文苑圖〉 역시 송대 사람의 작품이다. 둥근 옷깃에 안에 속옷을 입은 옷차림은 당대 그림에서 거의 보이지 않기 때문이다. 장훤이 그렸다고 전해지는 〈당후행종도唐后行從圖〉도 역시 다른 화가의 작품일 가능성이 농후하다. 복두에 장각長脚이 있기는 하지만 그림에 나오는 원령의 안에 속옷이 밖으로 드러나 보이기 때문이다. 원화는 아무리 빨라도 송대이지 당대일 수 없다. 무조武曌 머리 위의 봉관鳳冠은 당대 초년에 나타날 수 있는 것이 아니다. 국외로 불법 반출된 작품들 가운데 대대로 유전된 것들은 시대가 더더욱 늦다. 장훤이 그렸다고 하지만 사실 소장가나 감상가들이 직접 눈으로 본 것이 아니라 귀로 들은 이야기를 누군가에게 전하고 다시 이를 다른 이에게 전하면서 퍼진 것에 불과하니 족히 믿을 만한 말이 아니다.

8 소익蕭翼, 생졸미상은 양梁 원제元帝의 증손으로 원래 이름은 세익世翼이다. 당 태종 시절 감찰어사監察御史로 있으면서 태종의 명을 받아 왕희지가 쓴 「난정서蘭亭序」 진적眞跡을 가지고 있던 승려를 꼬드겨 절취하는 데 성공했다. 〈소익잠난정도蕭翼賺蘭亭圖〉는 바로 이런 광경을 그린 것이다.

9 원주 내용은 〈이덕유견객도李德裕見客圖〉, 〈유리당아집도琉璃堂雅集圖〉와 대동소이하다.

당대 〈능연각공신도凌煙閣功臣圖〉 부분

그림118
왼쪽 : (당) 칠사농관을 쓰고 방심곡령을 더한 조복을 입은 대신을 새긴 석각 선화線畫(서안 석각 〈능연각공신도〉)
중간 : (당) 복두를 쓰고 둥근 깃 원령 차림에 육봉화六縫靴를 신었으며, 요대에 백어를 매달은 관복을 입은 대신大臣 석각 선화(서안 석각 〈능연각공신도〉)
오른쪽 : (당) 진덕관進德冠을 쓰고 원령 차림에 육봉화를 신었으며, 요대에 백어를 매달고 관복을 입은 대신 석각 선화(서안 석각 〈능연각공신도〉)

삽도76 **16국 가운데 북연北燕 사람인 풍소불馮素弗 분묘 출토**(요녕 북표北票에 있다.)

그림 118은 서안 석각 탁본을 모사한 것이다.

장언원의 『역대명화기』 권9에 따르면, 염립본이 능연각凌煙閣[1]의 공신功臣 24명을 그렸는데, "형상이 옛것과 달라 천하 화가들이 이를 법도로 취했다像生變故, 天下取則"[2]고 한다. 원래 공신도는 전체 24명으로 장손무기長孫無忌, 두여회杜如晦, 위징魏徵, 방현령房玄齡, 위지경덕尉遲敬德, 이정李靖, 소우蕭瑀, 후군집侯君集, 우세남虞世南, 이적李勣, 진숙보秦叔寶 등이다. 현재 전해지는 석각에는 위징과 이적, 후군집, 왕규王珪 등 4명만 남아 있다. 염립본이 그렸다는 〈공신도功臣圖〉에는 왕규가 없다. 석각은 북송 원우元祐 5년1090년 명장 유사웅遊師雄이 인유麟遊, 섬서성 보계시 근처에 새겼는데, 대중大中 2년848년 〈속공신도續功臣圖〉에 나오는 왕규를 잘못 넣었고, 도찬圖讚에서는 오히려 원래 소우蕭瑀에게 주었던 문장을 그대로 썼기 때문이다. 이 그림에 나오는 세 명은 북조시대 칠사농관을 쓰고 조복에 검을 차고 있다. 그러나 왕규는 복두를 쓰고 원령의圓領衣를 착용했으며 허리띠에 백어를 매달았다. 도찬圖讚에 따르면 이적李勣이어야 마땅하다. 다른 한 명은 '진덕관進德冠'을 쓰고 원령의를 입었으며, 허리띠에 백어를 달았다. 도찬에 따르면 후군집侯君集일 것이다. 진웨이눠金維諾 교수는 여온呂溫의 제찬題讚에 따르면 진숙보秦叔寶가 맞다고 했는데, 실로 탁월한 식견이다.

당대에 마주馬周의 건의에 따라 사인들이 난삼襴衫[3]을 입기 시작했다고 하지만 기록에 뒤섞인 부분이 있다. 만약 고대 심의제深衣制에 따라 상의하상上衣下裳에 가로 재봉선인 난襴과 테두리인 선襈을 더해 포복袍服을 만든다면 이 그림에서 왕규가 입고 있는 조복과 거의 같다. 만약 일반적인 관복인 원령삼圓領衫을 가리킨다면 다른 두 명의 공신이 입은 양식과 같다. 이른바 '난선襴襈'은 무릎 부위에 하나의 테두리를 두른 것으로 형식만 갖춘 것에 불과했다. 〈잠난정도賺蘭亭圖〉에 나오는 소익蕭翼이나 〈문원도〉에 나오는 인물의 옷차림을 보면 난도襴道가 매우 분명하니 이른바 '사인통복士人通服'이 바로 이것이다. 그러나 기록에 따르면, 상하가 같은 색이면 안 된다. 하지만 그림에 보이는 것은 동일한 색깔이니 전혀 부합하지 않는다.

진숙보秦叔寶는 머리에 관을 쓰고 있는데, 두보杜甫 시에서 말한 '진현관進賢冠'일 것이다. 두보의

1 능연각凌煙閣은 당대 황궁 안에 있는 삼청전三清殿 옆에 있는 작은 누각이다. 태종이 여러 공신들을 생각하며, 염립본에서 명해 24명의 공신 초상을 그리고는 했으며, 저수량褚遂良에게 제목을 쓰도록 했다고 한다.

2 장언원의 『역대명화기』 권9에서 염립본의 〈능연각공신도〉에 대해 언급한 후 승종僧琮, 생졸미상의 승려이 염립본에 대해 평가한 말이다. "염립본은 장정張鄭에게 배워 그림의 기이한 형태가 다함이 없었고, 그림의 형상이 옛것과 달라 천하 화가들이 이를 법도로 취했다閻師於鄭, 奇態不窮, 像生變故, 天下取則." 〈능연각공신도〉와 별 관련이 없는데, 저자가 왜 이런 말을 인용했는지 알 수 없다.

3 난삼襴衫의 무릎 부분에 이음매가 한 줄 있는데 이를 횡난橫襴이라고 한다. 일반적으로 횡난은 고대 의상衣裳 제도를 계승한다는 의미에서 의도적으로 만든 봉제선이다. 송·명대 난삼은 주로 관복으로 사용되었으며, 학자들도 많이 입었다. 난삼의 옷깃은 주로 둥근 깃이며, 검은색이다. 옷의 색깔은 황색, 백색 등 각기 다르다. 난삼은 둥근 깃을 여미는 옷으로 길이는 무릎까지 내려가며 무릎 아래로 치마가 연결된다.

「단청인증조장군패丹青引贈曹將軍霸」에 보면 "어진 재상의 머리에는 진현관을 씌웠고, 용맹한 장군의 허리에는 큰 깃 화살대우전을 끼웠네"라는 말이 나온다.[4] 하지만 사서의 기록에 따르면, '진현관'이 아니라 '진덕관進德冠'이라고 해야 맞다. 『신당서』「거복지」에 따르면, "태종이 진덕관을 제작하여 고위 대신들에게 하사했다. 옥으로 만들었으며 변弁처럼 착용했다".[5] 송대 사람이 그린 〈삼례도三禮圖〉는 『시경』에 나오는 "변弁에 달린 구슬이 별빛 같다會弁如星"라는 대목의 주석에 근거하여 사슴가죽으로 만든 합장合掌 형태 변弁의 재봉선 안에 12개의 구슬을 달았다. 이는 마치 송대 양식의 권양통천관卷梁通天冠과 비슷하나 본 그림에 나오는 관식冠飾과 부합하지 않는다. 다만 '산운山雲'은 금박산金博山에 여의운如意雲을 더한 것 같은데, 현존하는 당대 회화나 조소 가운데 이 그림이 비교적 구체적이다. 이런 장식은 당대 관冠 중에서 거의 유일한 예이나 한대나 진대 분묘에서 금 바탕에 방패처럼 생긴 유물이 발견된 적이 있다. 고고학자들은 그저 관식冠飾이라고 말했을 뿐 한대와 진대 이래로 「여복지」에 종종 언급된 '금박산金博山'과 연계시키지 못했다.삽도 76[6] 당대 초기에 모든 것을 새롭게 창제하면서 이런 관도 제정했는데, 겨우 한 번 사용하고 폐지하여 더 이상 쓰지 않았다. 첩섭대鞊韘帶에 매다는 7가지 패물佩物의 경우와 마찬가지 신세가 된 셈이다. 허리에 차는 건세巾帨, 수건의 일종을 백어帛魚처럼 만들었다는 것은 장작張鷟의 필기소설인 『조야첨재朝野僉載』의 다음 기록에서 확인할 수 있다.

"상원上元, 674~676년 연간에 9품 이상의 관원들에게 패도佩刀와 숫돌, 산대算袋를 차게 했다. 분세紛帨는 물고기 모습을 본떠 비단으로 만들었다. 물고기의 형태를 취한 까닭은 물고기잉어가 강함을 상징하기 때문이다. 천후무측천 시절에 폐지되었다가 경운景雲, 710~711년 연간에 다시 이전의 준칙에 따라 백어를 장식으로 삼았다."[7]

그림에서 볼 수 있다시피 두 사람이 허리에 매

4 두보, 「단청인으로 시를 지어 조패 장군에게 드리다丹青引贈曹將軍霸」, "良相頭上進賢冠, 猛將腰間大羽箭". 단청은 그림, 인引은 당대 악곡의 일종이다. 단청인은 시체詩體의 일종이다. 조패는 당대 유명한 화가로 두보와 인연이 있었다. 현종의 총애를 받아 좌무위장군左武衛將軍에 올랐다. 그래서 조패장군이라고 한 것이다. 시의 내용에 따르면, 조패가 현종의 부름을 받아 능연각의 그림을 그리게 되었는데, 인용문은 당시 그가 그린 재상과 장군의 모습을 묘사한 것이다.

5 『신당서』「거복지」, "太宗製進德冠以賜貴臣. 玉璂制如弁服".

6 서한 유안의劉安意 분묘에서 1점이 출토되었고, 산동 어대魚臺 조식曹植의 분묘에서도 한 점이 나왔다. 혹자는 어대의 분묘가 조식의 묘가 아닐 수도 있다고 주장하고 있으나 금박산金博山이 출토되었다는 것만으로도 조식의 분묘임이 틀림없다. 게다가 분묘에서 휘황찬란한 마노瑪瑙로 만든 작은 잔처럼 생긴 패물이 발견되었는데, 마치 조식이 쓴 「거거완부車渠椀賦」에서 읊었던 노리개의 실물인 듯하다. 풍소불馮素弗의 분묘에서 발견된 금박산은 불상에 들어가 있었다. 이외에 관음觀音, 관음보살을 장식한 수대隋代 관에도 이와 비슷한 관식冠飾이 발견되었다.

7 장작張鷟, 『조야첨재朝野僉載』, "上元中, 令九品以上佩刀, 礪, 算袋. 紛帨爲一下形, 结帛爲之, 取魚之像, 鯉之強之兆也. 至天后朝乃絕. 景雲之後, 又準前结帛魚爲飾". 분탈은 당대 관원의 복식으로 물고기 형태를 본받아 비단으로 만들었다. 물고기는 잉어를 닮았다고 하는데, 잉어 이鯉는 이李와 해음諧音이다. 따라서 이강鯉强은 곧 이강李强, 즉 물고기 중에는 잉어가 가장 강하고, 사람 성씨 중에는 이씨가 가장 강하다는 뜻으로 풀이할 수 있다.

달고 있는 '백어'는 이외에 당대 초기 그림에서도 종종 등장한다. 예를 들어 영태공주묘 석각, 〈보련도〉그림 115 등이 그러하다. 하지만 이것이 과연 초기의 어대魚袋인지, 안에 어부魚符를 넣는 것인지, 또한 요대 사이에 파절식 좁은 띠를 만들어 금은어金銀魚로 장식한 어대魚袋와 어떤 관계인지 등에 관해서는 사서에 구체적으로 나오지 않아 확실히 알 수 없다. 당·송대에 어부와 어대의 변천에 관해 언급한 내용이 적지 않다. 이에 따르면, 요대에 차는 작은 교량처럼 생긴 장식물이 어대인 것이 분명하다. 하지만 이는 문헌을 통해 얻은 지식일 뿐 구체적인 형상을 통해 백어와 어대, 어부 등의 상호 관계나 동시에 존재하는 모순된 부분을 비교 연구했다는 말은 들어본 적이 없다. 이런 점에서 이 그림은 여러 가지 단서를 제공하고 있으니 한 걸음 더 나아가 탐구할 필요가 있다.

또한 이적의 양쪽 옷소매 아래 각기 하나씩 장식물이 꿰매져 있는데, 당대 초기에 흔히 보이는 연주대단과금連珠大團窠錦과 비슷하다. 하지만 구체적인 명칭이나 사용처는 알 수 없다. 다만 근년에 서북 지역에서 출토된 실물을 분석해보면, 이러한 금류錦類에는 멧돼지, 비마飛馬, 영취靈鷲, 독수리, 양, 판각녹板角鹿[8], 낙타, 엽사자獵獅子 등의 짐승 문양을 수놓았음을 알 수 있다. 당대 「거복지」에 따르면, "제위諸衛, 궁정 시위대 대장군, 중랑장 이하에게 포복을 지급하면서 자수 문양을 모두 바꾸었다. 천우위는 서오瑞牛, 좌우위는 서마瑞馬, 효기위驍騎衛는 호랑이, 무위는 매鷹, 위위威衛는 표범, 영군위는 백택白澤, 금오위는 벽사辟邪 문양을 수놓았다".[9] 그러나 수문繡文 장식을 옷의 어떤 부위에 수놓았는지는 그림이나 조소에서 확인하기 어렵다. 과연 옷소매 사이에 이런 장식을 부착했는지 여부에 관해서도 보다 진일보한 연구가 필요하다.

이적이 입고 있는 의복은 활을 쏠 때 입는 옷으로 '사구射褠'라고 부른다. 활을 쏠 때 소매에 덧입는 일종의 토시이다. 하지만 이는 다른 그림에서 거의 보이지 않는다. 부녀자들이 입는 토시는 '금비구錦臂褠'라고 하는데, 두보의 시에도 "진주를 비구臂褠에 달았다"[10]는 구절이 나온다. 고창에서 발견된 당대 초기 벽화에서 그 형상을 볼 수 있다. 이는 오대까지 이어져 돈황 벽화에 나오는 오대 시절 귀족 부녀자들의 옷차림에서도 찾아볼 수 있다. 이런 옷차림은 주로 서북 지역의 부녀자들이 흔히 입던 의복의 일종임을 알 수 있다. 하지만 남자의 옷차림에 등장하는 것은 본 그림이 유일하다.

8 판각은 소를 말한다. 아마도 소뿔처럼 생긴 뿔이 달린 사슴을 말하는 듯하다.

9 『신당서』「거복지」, "諸衛大將軍中郎以下, 給袍者皆易其繡文, 千牛衛以瑞牛, 左右衛以瑞馬, 驍騎衛以虎, 武衛以鷹, 威衛以豹, 領軍衛以白澤, 金吾衛以辟邪".

10 두보, 「즉사卽事」, "온갖 보석으로 요대를 치장하고, 진주를 비구에 달았네百寶裝腰帶, 真珠絡臂褠".

070

당대 회화에 보이는 유모를 쓴 부녀자

그림119
위쪽: (당) 유모를 쓴 채 말을 타고 외출하는 부녀(당대 〈명황행촉도明皇幸蜀圖〉)
아래쪽: (당) 유모를 쓴 채 말을 타고 외출하는 부녀용婦女俑(『중국고대도자陶瓷예술』에서 재인용한 그림)

그림 119는 당대 사람이 그린 〈명황행촉도〉와 당대 부녀용이다. 원화는 대만臺灣에 있다. 당대 부녀용은 여러 문물 도록에 산견된다.삽도 77

당대에는 남조 제나라나 수나라의 관습대로 부녀자들이 외출할 때 반드시 엷고 가는 견직물사紗로 얼굴과 몸을 가려야만 했다. 이러한 얼굴가리개의 원래 명칭은 '멱리羃羅'인데, '멱리羃羅' 또는 '멱리羃羅'라고 쓰기도 한다. 이것이 나중에 유모帷帽로 발전했다. 당대 용唐俑을 보면 전신에 엷은 천을 뒤집어쓴 채 말을 타고 가는 이들이 많이 보이는데, 그들이 뒤집어쓴 것들을 모두 '멱리'라고 할 수는 없다. 왜냐하면 그들 대부분이 종복 신분이기 때문이다. 일반적으로 말을 타고 외출하는 이들은 상층 신분의 사람들이기 때문에 유모의 특징을 갖춘 경우가 많다. 머리 위에 딱딱한 모자경립硬笠를 쓰든 아니면 부드러운 쓰개연두軟兜를 덮었든 간에 모자에서 아래로 내려뜨린 천이 어깨까지 닿는다. 이를 통상 '군帬'이라고 불렀다. 머리 부분만 감싸고 몸 전체를 덮지는 않았던 것이 분명하다. 이 그림은 비교적 대표적인 유모를 쓴 부녀의 각기 다른 형상이다. 부드러운 모자테軟胎에 관음두觀音兜처럼 생긴 풍모風帽는 '멱리羃羅'이고, 딱딱한 모자 아래 망사로 만든 발망렴網簾처럼 생긴 것이 바로 유모이다. 형태는 각기 다르지만 사서에 기록된 내용과 대체적으로 부합한다.

『구당서』「여복지」를 살펴보면 그것의 유행 시기와 제도 변천에 관해 다음과 같이 서술하고 있다.

> 무덕武德, 정관貞觀 연간에 궁인들이 말을 탈 때 제齊나 수隋의 옛 제도를 따라 멱리羃羅를 착용했다. 비록 융이戎夷의 습속이라고 하나 전신을 가리면 길가에서 사람들이 엿보려고 하지 않는다. 왕공의 집안도 이런 관습을 따른다. 영휘永徽 이후로 유모를 사용하면서 군帬을 목 부분까지만 내려뜨리고 점차 옅게 드러내기 시작했다. 얼마 후 칙령을 내려 이를 금지토록 하자 처음에는 잠시 그쳤으나 다시 예전으로 돌아갔다.……측천무측천 이후에 유모가 크게 유행하면서 멱리는 점차 사라졌다. 중종이 즉위하고 궁중의 금령이 해이해지면서 공사를 막론하고 부인들이 멱리를 사용하지 않는 이가 없었다.[1]

『신당서』「거복지」에도 이와 비슷한 기록이 나온다. 멱리는 제齊와 수隋 시절에 나왔다. 하지만 당시 돈황의 그림이나 근년에 출토된 묘용墓俑을 분석해보면, 전신을 가린 옷차림이 관음두 형태의 피풍 외투를 덧입은 것과 같으나 얼굴 부위는 오히려 가린 것이 드물다. 이는 타인이 엿보지 못하게 한다는 원래 의도와 부합하지 않는다. 이에 반해 당대에 말을 탄 부녀용婦女俑은 비교적

1 『구당서』「여복지」, "武德貞觀之時, 宮人騎馬者, 依齊隋舊制, 多着羃羅, 雖發自戎夷, 而全身障蔽, 不欲途路窺之. 皆用帷帽, 拖裙到頸, 漸爲淺露. 尋下勅禁斷, 初雖暫息, 旋又仍舊.……則天之後, 帷帽大行, 羃羅漸息. 中宗即位, 宮禁寬弛, 公私婦人無復羃羅之制".

이른 시기부터 멱리冪䍦를 착용했는데, 대부분 이 그림처럼 목과 어깨 사이까지 내려왔다. 또한 유모帷帽는 비교적 넓은 모자 테두리 전체 또는 전후나 양쪽에 망사 천을 아래 목이나 어깨까지 내려뜨린 형태이다.[2] 어떤 도용은 상부의 머리쓰개가 보일 뿐 유모를 어디까지 내려뜨렸는지 알 수 없고, 또 어떤 도용은 상당히 완전한 형태를 그대로 보여주고 있다. 당대 회화에 반영된 유모 가운데 〈명황행촉도明皇幸蜀圖〉사실은 〈촉도도蜀道圖〉 또는 또 다른 〈당인유춘산도唐人遊春山圖〉이다에 나오는 부녀자들이 머리에 쓴 것이 비교적 구체적이고 완전하다. 또한 돈황 벽화에서도 볼 수 있다. 이외에 오대五代, 송초宋初 시절에 그려진 〈오대산도五臺山圖〉에도 말을 탄 진향인 역시 머리에 유모를 썼다. 그러나 말을 탄 사람은 남자이다. 따라서 그가 쓴 모자는 오대나 송·명대에 남녀 관계없이 주로 방한용이나 먼지를 막기 위해 쓰던 풍모風帽이다. 이는 원래 여인네들이 다른 사람이 엿보지 못하도록 쓰던 유모와 의미가 크게 다르다. 오대 조간趙幹이 그린 〈강행초설도江行初雪圖〉에 보면 나귀를 타고 여행하는 남녀들이 모두 모자를 쓰고 있는데, 전부 방한용 풍모이다.

당대 장언원은 『역대명화기』에서 염립본이 명비明妃를 그렸는데, 말을 타고 유모를 쓴 것은 옛 제도에 부합하지 않다고 말했다. 현재 전해지는 몇 점의 〈명비출새도明妃出塞圖〉는 대부분 송·명대 사람이 그린 것으로 당대 유모가 보이지 않는다. 오직 송대 사람이 그린 〈호가십팔박도胡笳十八拍圖〉에 나오는 채문희蔡文姬만 유모를 착용하고 있다. 이는 당대 사람이 그린 〈명황행촉도明皇幸蜀圖〉에 나오는 것과 비슷하다. 〈호가십팔박도〉는 옷차림이 전혀 통일되어 있지 않아 일부는 아마도 이전의 〈명비도明妃圖〉를 참조하여 그린 것이며, 원본의 일부는 당대 화가의 손에서 나왔을 것이다.

북송 장택단이 그린 〈청명상하도清明上河圖〉에서도 말을 탄 부녀자들이 동일한 양식의 유모를 쓰고 있다. 〈청명상하도〉는 3월 청명날에 개봉開封의 부녀자들이 관습에 따라 성묘를 하러 가는 모습이다. 3월 청명날에 이런 모자를 쓴 까닭은 고전적인 의미사람들이 얼굴을 보지 못하게 한다는 의미가 있기는 하지만 일반적으로 그저 장식용으로 쓴 것일 따름이다. 당대와 달라진 것은 개원, 천보 연간에 귀족 부녀자들이 기존의 관습을 벗어난 것과 관련이 있다. 『구당서』「여복지」에서 그 단서를 찾을 수 있다.

> 개원 초기에 가마를 따르는 말을 탄 궁인들은 모두 호모胡帽를 쓰고 화장한 얼굴을 드러내 더 이상 가리지 않았다. 사대부나 서민들도 이를 본받으면서 유모帷帽를 더 이상 사용하지 않게 되었다. 갑자기 얼굴을 드러내고 말을 달리기도 하고 남편의 옷과 신발을 착용하기도 하니 존비와 내외內外

2 이른바 '군裙'이다. 장사 마왕퇴에서 새로 출토된 죽간 기록에 따르면, 무릇 기물의 아래쪽에 비단으로 테두리를 한 것을 통칭하여 '군裙'이라고 한다.

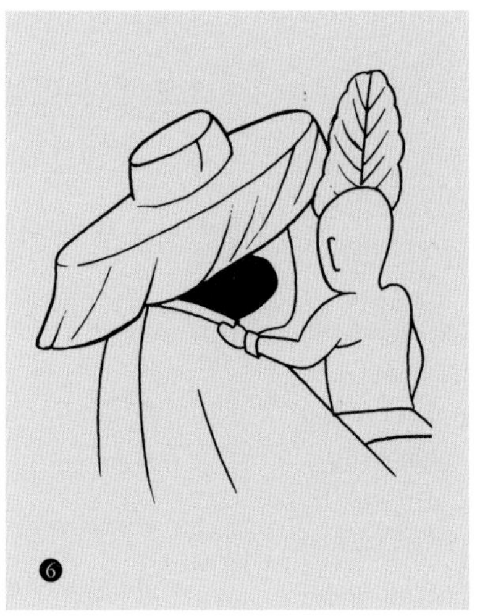

삽도77 유모帷帽

❶ 당대 초기 유모를 쓰고 말을 탄 여용女俑(정인태鄭仁泰 분묘 출토)

❷❸ 당대 유모를 쓰고 말을 탄 진흙으로 만든 여용(투루판 아사탑나阿斯塔那 출토)

❹ 돈황 오대 시절 그림 「오대산도五台山圖」에 나오는 유모를 쓴 부녀

❺ 송대 사람이 그린 〈호가십팔박도〉에 나오는 유모를 쓴 채문희

❻ 원대 영락궁 벽화에 나오는 유모를 쓴 부녀

의 구분 없이 하나로 관통하고 말았다.[3]

인용문에 나오는 '호모'는 아마도 혼탈모渾脱帽, 후에 '호공모胡公帽'라 칭했다일 것이다. 하지만 당인이 그린 〈촉도도〉에 나오는 인물의 의관과 말의 장비는 모두 개원, 천보 연간의 것과 근사하니 이르면 일렀지 더 늦을 수 없다. 이로써 사실상 도시 여인네들은 화장한 얼굴을 그대로 노출시켜 뽐내기 위해 더 이상 가리지 않았음을 알 수 있다. 다만 원거리 여행을 떠날 경우는 예전과 같이 바람이나 먼지를 막고 또한 타인의 시선을 가리기 위해 유모를 썼다.삽도 73

개원, 천보 이후 유모 제도는 이미 폐지되었지만 일부는 도시 부녀자들의 일반적인 장식물에 흔적이 남아 있는데, 그것이 바로 '투액라透額羅'[4]이다. 돈황 벽화 〈악정괴부인행향도樂廷瓌夫人行香圖〉에 나오는 친척들 중에서 세 명의 젊은 여인이 착용한 투액라가 전형적인 형태이다.삽도 86 원진元稹이 여류 시인인 유채춘劉採春에게 준 시에서도 "천천히 상주 특산 투액라透額羅로 이마를 감싸네"[5]라는 구절이 나온다.

이것이 변화하여 생겨난 것이 원나라 사람들이 말하는 '어파륵자漁婆勒子'어촌 노파의 머리띠라는 뜻이다인데, 아마도 이는 사회 하층 평민들이 주로 사용한 것 같다. 명대로 넘어오면서 사회 상류층 부녀자들이 이를 좋아하여 '차미륵遮眉勒'이라고 불렀다. 청대 옹정, 건륭제 시절 황비들의 간편 복장이나 귀족, 관료 1품 이상의 부인들도 이를 사용하지 않는 이가 없었다. 점차 농민을 비롯한 일반 백성들도 상용하여 기존의 박두帕頭를 대체하였으며, 주로 방한용으로 활용했다. 멱리는 완전히 사라지지 않고 장식용으로 송·원대 민간에서 여전히 활용되었다.삽도 77:6 다만 명칭이 '개두蓋頭', '자라개두紫羅蓋頭' 등으로 바뀌었다. 송·원대 인물화 중에서 남송 〈경직도耕織圖〉에 나오는 농가 부녀자, 이숭李嵩의 〈화랑도貨郎圖〉에 나오는 평민 부녀자, 그리고 원대 사람이 그린 〈농촌가취도農村嫁娶圖〉에 나오는 몇 명의 농가 부녀자들의 머리에서 볼 수 있다. 흔히 왕유王維가 그렸다고 하는 〈포어도捕魚圖〉를 보면 배 안에서 노파가 불을 피우고 있는 모습이 나오는데, 머리에 개두를 쓰고 있다. 이를 보아도 이 그림이 왕유가 그린 것이 절대로 아니라는 사실을 확인할 수 있다. 아마도 송대 사람의 것일 터이다.

---

3 『구당서』「여복지」, "開元初, 從駕宮人騎馬者, 皆着胡帽, 靚妝露面, 無復障蔽, 士庶之家又相倣效, 帷帽之制絕不行用. 俄又露面馳騁, 或有着丈夫服靴衫, 而尊卑內独斯一貫矣".

4 투액라는 두발을 감싸는 가벼운 비단이다. 이마까지 덮지만 망사처럼 구멍이 뚫려 '투액透額'이라고 한다. 이후 이마에 매는 띠로 변화했으며, 망사 형식이 아닌 비단천을 주로 사용하여 이마 장식 외에도 방한防寒 용도로 사용했다.

5 원진元稹, 「증유채춘贈劉採春」, "새로 예쁘게 화장하며 양쪽 눈썹을 그리고, 천천히 상주 특산 투액라로 이마를 감싸네新粧巧樣畫雙蛾, 謾裹常州透額羅".

071

당대 영태공주 분묘 벽화에 나오는 부녀자

그림120 (당) 높이 틀어 올린 머리에 피백披帛을 걸치고 반비半臂에 긴 치마長裙를 착용하고, 중대리重臺履(밑창이 두텁고 앞코가 위로 솟구친 신발)를 신은 귀족 부녀와 생활도구를 받들고 있는 시녀(섬서 건형乾縣 영태공주묘 벽화)

그림 120과 삽도 78은 당나라 영태공주 이선혜李仙蕙의 분묘 벽화이다.

그림은 전실前室 동쪽 벽에 그려진 벽화로 전체 9명이 등장한다. 한 명은 귀족으로 사자死者의 친척이거나 당시 궁중에서 특별히 파견하여 치제致祭, 황제가 제물과 제문을 보내 죽은 신하(공주)를 제사지내는 일를 담당한 인물이고, 여덟 명은 궁녀또는 궁정의 여관女官인데, 그중 한 명은 모사하지 않았다. 묘는 보장補葬, 이장移葬한 것이며, 당시에는 일반 분묘와 달리 '능陵'이라고 칭했다. 일부 벽화는 무측천 정권이 말기에 접어들어 종실의 반대파들이 점점 득세하던 시절이다. 그래서 무측천에 반기를 들어 죽임을 당한 남녀 황족들이 잃어버린

삽도78 당대 영락공주묘 전실 벽화

지위를 되찾으면서 궁중의 여관이 직접 참가하여 치제致祭하면서 망자를 위로할 목적으로 그린 그림이다. 벽화에 나오는 인물은 망자 본인일 수 없다. 왜냐하면 근년에 동시에 출토된 장회章懷, 의덕懿德 태자묘의 벽화에도 거의 대동소이한 그림이 그려져 있기 때문이다. 이를 통해 이런 분묘 벽화에 일종의 격식이 있었음을 알 수 있다.

그림에 나오는 이들은 모두 긴 치마를 입고 있다. 위쪽은 반비半臂 또는 반소매 상의를 입었으며, 피백에 인끈을 맸다. 신발은 앞코가 치켜 올라간 중대리重臺履[1]를 신었다. 당시唐詩에 나오는 "금박중대리金薄重臺履"[2]는 바로 이런 양식으로 신발 앞코 뒤집혀진 부분에 금으로 장식한 신발을

1 중대리重臺履는 신발의 앞코가 높이 솟은 형태의 신발이다. 오대 후당後唐 사람 마호馬縞가 쓴 『중화고금주』「혜자鞋子」에 따르면 "남조 송나라에 중대리가 있었다". 높이 솟은 신발의 앞코의 위부분은 둥근 활처럼 생겼으며, 홀두리笏頭履라고 부르기도 한다.

2 원진, 「몽유춘칠십운夢遊春七十韻」에 나온다. 다만 원문은 '薄'이 아니라 '蹙'으로 썼다.

지칭한다. 근년에 당대 초기 사람 이수李壽의 분묘 석각에 새겨진 여악女樂의 신발삽도 80, 81, 82에서도 볼 수 있는데, 수대隋代의 양식이 그대로 남아 있다. 이 그림을 보면 치마裙가 비교적 높이 올라가 있는데, 이 역시 수대의 양식에 가깝다. 다만 두발 양식은 각기 다르다한쪽은 높고 다른 한쪽은 낮은데, 이를 회골계回鶻髻라고 한다. 모든 궁녀는 귀걸이나 팔찌는 물론이고 금이나 비취로 만든 머리 장식도 하지 않았다. 이 점이 매우 중요하다. 당대 전기 궁정 부녀자의 옷차림이 비교적 소박했음을 반영하고 있기 때문이다. 두발 형태는 비록 다양하게 가공했으나 비취나 구슬 등 장식물은 그리 많지 않다. 개원 연간까지 여전히 기풍이 그리 바뀌지 않았다는 사서의 기록과 부합한다. 또한 『당육전』에서 부녀자의 화채花釵, 쌍갈래 꽃비녀나 관복 제도가 개원, 천보 연간에 비로소 확정되었다고 말한 것과도 상응한다. 개원, 천보 연간에 달라지기 시작한 옷차림의 장식은 중당 이후에 크게 유행

삽도79 당대 이중윤李重潤 분묘 석곽에서 선각線刻되어 있는 성장盛裝한 궁녀와 그 복원도(왕아용 채색)

했으며, 이후에 계속 영향을 끼쳤다. 서북 지역의 경우는 오대까지 이어졌으며, 송대 초기에도 그다지 바뀌지 않았다.[3]

그림에 나오는 시녀들은 각기 궁중에서 일상적으로 사용하던 촛불, 부채, 여의如意, 먼지떨이불진拂塵, 그리고 입구가 비교적 넓은 세숫대야를 들고 있다. 이는 필시 금은 등으로 만든 기물일 것이다. 시녀 한 명이 들고 있는 네모난 상자방갑方匣은 옻칠하거나 금은으로 만든 화장용 염구奩具, 화장상자로 석각의 녹정盝頂[4]에 새겨진 염구와 형태가 비슷하다. 기물의 다리가 길고 아래가 투명한 것이 유리로 만든 것으로 보인다. 또 다른 시녀가 들고 있는 요원선자腰圓扇子는 초당 시절 유행한 환선紈扇, 비단부채 양식인데, 시기적으로 조금 늦은 돈황 벽화 〈악정괴부인행향도樂廷瓌夫人行香圖〉에 나

3 원주〉 얼굴에 붙이는 '다세화자茶細花子'와 같은 얼굴 장식은 오대 시절에 특히 유행하여 얼굴 가득 크고 작은 화조花鳥를 붙였다. 이는 중원에서 거의 볼 수 없는 장식이다. 사서에 따르면, 이러한 장식품의 생산지로 광서廣西 울림鬱林이 가장 유명했다. 유지油脂로 만들며 세밀하고 섬세하게 조각한 합盒에 넣어두고 필요할 때 꺼내서 입김으로 가열한 다음 얼굴에 붙였다삽도 104 참조.

4 녹정盝頂은 중국 전통 가옥의 지붕양식이다. 여기서는 가옥처럼 생긴 기물의 윗부분을 말한다.

오는 부채 양식과 유사하다.삽도 86 또 다른 한 명은 긴 자루 형태의 장병여의長柄如意를 들고 있다. 이는 〈열제도〉의 그림과 일본 정창원正倉院, 일본 나라현奈良縣 동대사東大寺 왕실 유물 창고. 쇼소인에 소장된 실물과 거의 차이가 없으며, 진대 사람이 그린 〈칠현도七賢圖〉에서도 볼 수 있다. 불진拂塵, 즉 먼지떨이를 들고 있는 시녀도 보이는데, 이는 〈조원선장도朝元仙仗圖〉와 〈잠화사녀도簪花仕女圖〉에서 볼 수 있는 것과 동일한 양식이다.그림 134, 삽도 88

이상에서 알 수 있다시피 당나라 초기부터 개원, 천보 연간에 이르기까지 사회 상층부 사람들이 사용하던 기물의 변화는 그리 크지 않았다. 만당 시인이 "가벼운 비단 부채로 반딧불만 쫓아낸다네輕羅小扇撲流螢"[5]라고 읊었던 작고 둥근 부채小團扇, 삽도 83는 당대 초기에 요원腰圓, 즉 약간 타원형이었다. 보름달처럼 둥근 형태는 이후에 유행했다. 이는 원화元和 시절의 화가가 그린 〈궁락도宮樂圖〉그림 135에서 볼 수 있다.

피백披帛의 옛 명칭은 '봉성건奉聖巾', 또는 '속수건續壽巾'이다. 마호馬縞의 『중화고금주中華古今注』는 개원 연간에 비로소 나타났다고 했다.

> 예전에는 이런 법식이 없었다. 개원 연간에 조서를 내려 27세부世婦 및 보림寶林, 어녀御女, 양인良人(이는 모두 궁녀의 명칭이다) 등에게 일상 연회에 참석할 때 화려한 피백을 걸치도록 하여 지금까지 이어지고 있다. 단오端午날이 되면 궁인들이 서로 전하여 이를 봉성건, 또는 속수건이나 속성건이라고 불렀다. 대개 수행원들이 입는 옷은 아니다.[6]

『사림광기事林廣記』는 실록實錄을 인용하여 이렇게 말했다. "삼대에는 피帔가 없었다. 진秦 시절의 피백은 겸백縑帛으로 만들었으며, 한대에는 나羅로 만들었다. 진晉 영가永嘉 연간에 강훈피자絳暈帔子, 진홍색 피자를 제작했다. 개원 연간에 왕비 이하 궁녀들이 모두 사용할 수 있도록 했다.……"[7] 또한 『사물원시事物原始』에도 피백에 관한 내용이 보인다. "당대 제도에 따르면, 사대부나 서민 여자들은 실내에서 피백을 걸치며, 출가할 때는 피지帔子를 쓰도록 했으니 이는 출처出處, 혼인 여부를 구분하려는 뜻이다. 지금의 사족士族들도 이를 답습하여 사용하는 이들이 있다."[8]

이상의 여러 가지 기록은 피백에 관한 서로 다른 이야기를 하고 있다. 이를 구체적으로 살펴보면 다음과 같다.

우선 첫 번째 설은 개원 연간에 시작되었으며, '속수건'이라고 부르는 종류도 있었다고 했다. 만약 이것이 사실이라면 만어장수경자鸞啣長綬

5 두목, 「추석秋夕」, "가을 밤 은촛대 불빛 그림병풍에 차갑게 드리우고, 가벼운 비단부채로 반딧불만 쫓는다銀燭秋光冷畫屏, 輕羅小扇撲流螢".

6 마호馬縞, 『중화고금주』, "女人披帛古無其制. 開元中, 詔令二十七世婦, 及寶林御女良人等, 尋常宴參侍, 令披畫披帛, 至今然矣. 至端午日, 宮人相傳, 謂之奉聖巾, 亦曰續壽巾, 續聖巾. 蓋非參從見之服".

7 『사림광기事林廣記』에 인용된 『실록實錄』, "三代無帔. 秦時有披帛, 以縑帛爲之, 漢即以羅. 晉永嘉中製絳暈帔子. 開元中令王妃以下通服之.……".

8 서거徐炬, 명대 학자, 『사물원시』, "唐制, 士庶女子在室搭披帛, 出嫁披帔子, 以別出處之義. 今士族亦有循用者".

鏡子, 거울의 일종와 마찬가지로 8월 5일 현종玄宗의 생일에 만들어진 것이 틀림없다. 두 번째 설은 진秦나라 시절에는 피백披帛, 진晉 시절에는 피자披子가 있었으며, 개원 연간부터 귀족들도 사용하기 시작했다는 것이다. 세 번째 설은 피백의 형태는 위건圍巾과 비슷하며 피자는 운견雲肩, 배심背心 또는 비갑比甲과 유사하다고 했다. 분명 두 가지 서로 다른 형태의 것이기 때문에 하나는 출가할 때 사용하고 다른 하나는 아직 출가하기 전에 사용하는 것이라고 설명했다. 송대에도 이를 답습하여 바꾸지 않았다. 이른바 '피자'는 송대 사람들이 말하던 '개두蓋頭'로 출가出嫁하는 신부에게 없어서는 안 되는 것이다. 시집간 후에도 여전히 머리에 쓰고 있었는데, 신부의 상징처럼 여겨졌다. 이렇듯 원래는 평민들이 사용하던 것이었으나 이후 상층 부녀자들도 착용하면서 순수 장식품이 되었다.

사실 송대 이래로 독서인들은 일상에서 흔히 사용하는 기물의 기원에 대해 언급하기를 좋아했는데, 이는 자신의 박식함을 자랑하기 위함이었다. 위로는 기원전부터 시작하여 아래로 진한대에 이르기까지 언급하지 않은 것이 없을 정도이나 대부분 견강부회를 면치 못해 참으로 허실이 반반이다. 그런 까닭에 앞서 인용한 피백에 관한 내용도 실제와 부합한다고 확신할 수 없다. 인용한 내용을 보면 명칭은 다르지만 동일한 기물을 서로 다른 것으로 간주하거나 같은 이름의 다른 기물을 똑같은 기물로 단정하는 등 서로 뒤섞인 것이 적지 않다. 이처럼 뒤섞임의 상황은 사서의 「여복지」에 나오는 관복에 관한 내용의 경우도 마찬가지이기 때문에 확실하게 단정하기 어렵다. 문헌 내용을 역대로 전해지는 그림이나 조각용俑을 포함한 및 출토 유물의 형상과 비교해 보면 기존에 알고 있었던 내용과 다른 것이 상당히 많다. 예를 들어 당나라 양식의 피백도 그러하다. 비록 수·당대보다 이른 시기인 북조 석각공현鞏縣 석굴사石窟寺 조상造像의 기악천신伎樂天身의 모습에서 보이기는 하지만 일상 생활에서 사용되었던 것은 수대부터이고, 당대에 유행했으며, 이후 오대를 지나 송대 초기까지 그대로 이어졌다. 일반적으로 긴 수건을 어깨 아래로 내려 팔뚝에서 한 바퀴 돌려 걸친다. 재료는 주로 얇은 비단사라紗羅을 사용하며 위에 인화印花 방식 또는 금이나 은가루로 그림을 그렸다. 당대 시가에 이를 묘사한 대목이 적지 않다. 피백의 한 쪽을 매듭 지어 반비의 영대纓帶 사이에 고정시킨 형태는 영태공주묘 벽화에만 보일 뿐 다른 곳에서는 볼 수 없다.

궁녀들은 일률적으로 반비또는 반소매 윗저고리上襦를 입고 있는데, 이런 새로운 양식의 옷차림은 당대 초기에 등장하여 개원, 천보 연간에도 계속 이어졌으나 그 이후에는 일부만 보일 뿐이다. 궁중에서 반비를 제작할 때는 주로 채색 비단을 사용했기 때문에 매년 성도와 광릉에서 장안으로 많은 비단을 상납해야만 했다. 『당육전』이나 『통전通典』을 보면 성도와 광릉에서 반비 제작을 위해 채색 비단錦을 공물로 올려보냈다는 기록이 나온다. 두루마리 그림인 〈궁락도宮樂圖〉와 비교적 늦게 나온 〈궁중도宮中圖〉에는 반비가 더 이상 보이지 않는다. 천보天寶 10여 년간 부녀자들의 옷차림이 비교적 크게 바뀌었기 때문이다. 만당의 시에 반비를 읊은 대목이 나오기는 하지만 그림 등에서는 본 그림에서 볼 수 있는 양식의 반비는 발견하기 어렵다. 돈황의 벽화에서도 중당 이후의 그림에는 거의 보이지 않는다.

무측천의 전횡에 반대하여 죽임을 당한 몇 명의 당대 왕족들은 무측천 사후 이장하면서 '능'으로 격상되었다. 묘두墓道에 있는 벽화에서 시종侍從들이 그려진 부분은 서로 유사한데, 이는 필시 모종의 제도와 관련이 있을 것이다. 치시致祭 부분의 중요 벽화는 동일한 화가의 손에서 나왔기 때문에 손에 들고 있는 기물도 대동소이하다. 석곽石槨 묘문墓門에는 주로 선각綫刻 방식으로 일상복을 입은 궁녀와 궁문을 지키는 태감內監 등의 형상이 그려져 있다. 이는 거의 사실에 가까울 것이다. 이외에도 이중윤李重潤의 석곽 묘문에도 두 명의 궁중 여관女官이 성장한 모습이 새겨져 있는데, 뭉게구름처럼 풍성하면서도 높다란 관을 쓰고 앞뒤로 금옥 보요步搖를 꽂았으며, 패옥을 달았다. 이는 엄격한 제도에 따라 장식한 것으로 당대 그림 가운데 오직 여기서만 볼 수 있는 중요 자료이다.삽도 79

삽도80 당대 이수李壽 분묘에 선각線刻된 무기舞伎

삽도81 당대 이수 분묘에 선각된 앉아 있는 악기樂伎

삽도82 ❶❷ 당대 이수 분묘에 선각된 서 있는 악기

삽도82 ❸ 당대 이수 분묘에 선각된 서 있는 악기

삽도83 당대 이상李爽 분묘 벽화에 나오는 작은 부채를 들은 부녀 그림

072

당대 반비半臂를 착용한 부녀자

그림121 (당) 고계高髻의 두발 형태로 피백披帛을 걸치고, 반비와 긴 치마를 착용하고 중대리를 신은 부녀의 석각 선화線畫(섬서 건릉乾縣 영태공주묘 출토)

당대 영락공주묘 석각 가운데 석곽石槨 부분에 있는 그림이다.

반비半臂는 반소매, 즉 '반수半袖'라고 부르기도 하는데, 위진 이래로 윗저고리인 '상유上襦'에서 발전한 옷차림이다. 별도의 옷깃이 없고또는 번령翻領 대금對襟, 또는 투두套頭 형태로 옷섶을 여미는 짧은 바깥옷이다. 특징은 소매가 팔꿈치까지 내려오고 길이는 허리까지 닿는데, 기록에 따르면 남자들도 입었다고 한다. 하지만 그림에 반영된 것은 돈황 벽화에 나오는 뱃사람의 경우를 제외하고 거의 보이지 않는다.

위진 이래로 부녀자들의 일상복 상의가 날로 짧아지고 옷소매는 날로 좁아졌다. 그래서 자연스럽게 치마가 점점 높이 올라갔으며, 덧저고리처럼 벗기에 편한 윗저고리상유上襦 역시 허리까지 내려왔다. 한나라 악부시樂府詩에서 뽕잎을 따는 여인 나부羅敷의 옷차림을 묘사한 "담황색 비단으

그림122
왼쪽:(당) 고계高髻의 두발 형태로 피백披帛을 걸치고, 반비와 긴 치마를 착용하고 중대리를 신은 부녀(섬서 건릉乾縣 영태공주묘 출토)
가운데:(당) 채색 비단에 금으로 장식한 혼탈모를 쓰고 보요를 달고 목걸이를 찼으며 반비와 긴 치마를 입고 피백을 걸친 부녀(섬서 서안 위욱韋頊 분묘 출토)
오른쪽:(당) 고계의 두발 형태로 피백을 걸치고 반비와 긴 치마를 착용하고 중대리를 신은 부녀(서안 개원 4년의 분묘에서 출토된 석각 묘문 장식화)

로 아래치마를 만들고, 자주색 비단으로 윗저고리를 만든다"[1]라는 대목은 많은 이들에게 익숙한 구절인데, 이 역시 짧은 저고리 형태의 군유裙襦일 것이다. 간보干寶의 『진기晉紀』에 "태시 초년에 의복이 윗옷은 짧고 아래옷은 풍성했다泰始初, 衣服上儉下豐"는 말이 나오는데, 이는 상의는 짧고 아래옷은 넓었다는 뜻이다. 『진서』「오행지」에서도 원제元帝 태흥太興 연간에 "옷을 입는 이들이 또한 윗옷이 짧아 매는 띠가 겨드랑이에 올 정도였다"[2]고 했으니, 이는 한漢, 위魏 시절에는 보기 드문 변화였다. 『포박자抱扑子』에 따르면, "때로 짧아졌다 때로 길어졌으며, 돌연 커졌다가 갑자기 작아졌다時

1 「맥상상陌上桑」, "緗綺爲下裙, 紫綺爲上襦".
2 『진서』「오행지」, "爲衣者又上短, 帶才至於掖".

短時長, 忽大忽小". 대개는 궁정에서 시작하여 민간에 영향을 주면서 계속 변화했음을 말한다. 진말晉末에서 제량齊梁 시절에 이르자 또 다른 극단적인 형태가 나타났다. 옷소매를 2, 3자가 되게 넓게 만든 것인데, 남녀 모두 같았다. 위에서 유행하면 아래에서 본받기 마련이니 남과 북이 거의 동일하게 유행했다. 수나라가 전국을 통일한 후 상층부 관복과 일부 무복舞服은 여전히 대수大袖, 즉 소매폭이 넓은 옷을 입었다. 하지만 부녀자들의 일상복은 활동하는 데 편하기 위해 좁은 소매가 일반적이었다.

또한 두 가지 확연하게 다른 양식을 통일시킨 옷차림도 나타났다. 예를 들어 돈황 벽화에서 수대隋代 진향進香 귀족 부녀자의 경우 후대에 이른바 '해청습海青褶'이라고 부르던 소매가 3, 4자 정도인 넓은 내의를 입고, 그 위에 좁은 소매에 열린 깃번령翻領의 바깥옷을 걸쳤다. 좁은 소매를 아래로 내려뜨린 옷차림을 아름답다고 여긴 까닭이다.삽도 103 설명 참조

이처럼 좁은 소매의 걸치는 옷은 북조의 습속에서 유래한 옷차림으로 새로 창조한 것은 아니다. 왜냐하면 돈황 북조시대 불교 그림 가운데 귀족 남자들이 좁은 소매의 외투를 입은 모습이 적지 않기 때문이다. 당대 초기에는 좁은 소매에 열린 깃의 옷차림이 여전히 유행했으며, 이외에 좁은 옷에 열린 깃 형태의 장오長襖, 즉 긴 웃옷을 입고 줄무늬 통이 좁은 바지를 입으며, 비단신을 신고 솟구쳤다고 할 정도로 매우 높은 회골계回鶻髻의 두발 형태가 새롭게 등장했다. 원래 수나라 양식인 소매가 좁고 치마가 긴 옷에 상유에서 발전한 반비를 덧입어 허리부분까지 덮어 가슴 가장 높은 곳까지 올라간 치마 허리 일부를 가리고 상의 아래 경질의 속적삼을 입었다. 이는 두 가지 매우 중요한 양식이다. 반비가 상유와 다른 점은 소매가 일반적으로 팔꿈치까지 내려오고, 옷섶은 대금對襟 형태이고 옷깃은 열린 깃또는 옷깃이 없음이며, 작은 끈으로 가슴 부위를 묶거나 또는 가슴을 드러내는 투두식套頭式이라는 점이다. 옷을 벗거나 갈아입기 편해 평상시에 즐겨 입었기 때문에 성당 말년까지 계속 유행했다. 송대 부녀자들의 바깥옷으로 무릎까지 내려오는 웃옷인 '선오旋襖'는 이것에서 변화한 것이다. 다만 점차 상유의 원래 면모를 회복하면서 소매의 길이도 팔뚝까지 길어졌고, 소맷부리의 일부를 약간 걷어 올렸으며, 위아래 전체 길이가 허리 부위까지 내려올 정도로 길어져 치마를 덮었다. 남자의 옷차림에서 당대 반비의 영향을 받은 것은 송, 요, 금대 기사들이 입던 맥수貉袖이다. 맥수의 양식은 반비와 대동소이하다. 송, 원·명대 기사들도 이를 착용했다. 이것이 청대 마괘자馬褂子의 전신이다.

성당 시대 궁녀들이 신은 신발은 대략 세 가지 양식이 있다. 첫 번째는 관복을 입을 때 신는 것으로 통칭 '고장리高牆履'라고 하는데, 신발 앞코가 높이 솟아 마치 장방형의 담장처럼 생긴 신발이다. 이는 남북조시대 홀두리笏頭履, 앞코가 홀처럼 생

긴 신발, 중대리의 별칭가 변화 발전한 것이다. 만약 단계를 나눈다면 '중대리重臺履'라고 칭해야 옳다. 만드는 방법에는 일정한 규칙이 있다. 두 번째 종류는 서역이나 페르시아의 영향을 받은 부드러운 바닥에 채색 비단으로 장식한 가죽신연저투공금요화軟底透空錦靿靴이다. 이런 신발을 신을 때는 반드시 줄무늬에 통이 좁은 바지를 입고 열린 깃에 소매가 좁으며 무릎까지 내려오는 긴 웃옷을 입는다. 쉽게 말하자면 호복을 한 세트로 입는다는 뜻이다. 일반적으로 이런 옷차림은 궁중에서 비교적 신분이 낮은 시녀들이 입었는데, 남장을 한 것과 마찬가지이다. 영태공주와 장회, 의덕 태자 등의 분묘 벽화, 위욱묘韋頊墓, 위형묘韋洞墓 등의 석각에 새겨진 시녀들의 발에서 볼 수 있다. 사서 기록에 따르면, 중당이나 만당 시절에 유행했다고 하나 실제로는 그보다 이른 시기에 이미 나온 것으로 보인다. 중, 만당의 악무기樂舞伎들이 주로 신었으며, 일반 부녀자들의 일상적인 신발은 아니다. 세 번째는 신발의 앞코가 뾰족하고 약간 위쪽으로 구부러진 형태의 신발인데, 신형에 가깝다. 비교적 이른 형태는 한대에 처음 나온 구리勾履에서 볼 수 있으며, 이것이 성당 시절에 다시 유행한 것으로 보인다. 또한 바닥이 부드러운 가죽신인 연저혜軟底鞵, 선화線鞾나 바닥이 부드러운 가죽신인 금요화錦靿鞾도 있는데, 명칭으로 보건대 동일한 신발을 사용한 재료에 따라 구분한 것으로 보인다. 『신당서』「거복지」에 보면, "무덕 연간에 부녀자들이 예리曳履와 선화線鞾를 신었다. 개원 연간에는 처음에 선혜를 신었고, 시녀들은 리履를 신었다".[3] 여기서 '처음에初有'라고 말한 것을 보면 '리'와 선혜가 서로 다른 신발임을 알 수 있다. 일반적으로 신발리履子을 만드는 재료는 나백만羅帛縵 등 비단으로 만든 것과 짚으로 엮은 것이 있었다. 사서에 따르면, "당 대력 연간에 오타초五朵草로 신을 만들고, 건중 원년에는 백합초百合草로 짚신을 만들었다".[4] 『신당서』「오행지」는 "문종 시절에 오월吳越 지방에서 고두高頭 신에 능곡을 덧씌웠는데, 전대에 없던 것이다"[5]라고 했고, 「거복지」는 "부인들은 옥돌처럼 푸른색 비단옷을 입었으며, 앞코가 작은 화초리花草履를 신었는데, 채색 비단으로 만들었다.…… 오월 지역 사람들은 부들을 엮어 비단처럼 채색하고 앞코가 약간 높은 고두 짚신을 신었다"[6]고 했다. 이외에도 '중대리重臺履', '금박(축)중대리金薄(蹙)重臺履' 등등이 있다. 이런 명칭은 주로 장식 재료와 양식에 따라 명명한 것이다. 그림이나 조소彫塑에 반영된 신발은 다종다양하지만 주된 것은 네다섯 종류에 불과하다. 당대 신발은 주로 짚을 엮어 만들었으며, 선혜線鞵는 채색 명주실이나 삼실로 엮어 만들었다. 여순旅顺 박물관에 비교적 완전한 형태의 실

3 『신당서』「거복지」, "武德間, 婦女曳履及綫鞾.開元中, 初有綫鞵, 侍兒則着履".

4 "唐大曆中進五朵草履子, 建中元年進百合草履子." 원서는 '사서史書'에 나온다고 했으나 어떤 사서인지 명확치 않다.

5 『신당서』「오행지」, "文宗時, 吳越間 · 織高頭草履, 加綾穀, 前代所無".

6 『신당서』「거복지」, "婦人衣青碧纈, 平頭小花草履, 彩帛縵成履, ……及吳越高頭草履".

물 몇 점이 소장되어 있으며 근년에 신강에서 계속 발견되고 있다. 신발을 만드는 기법은 한, 진 이래로 전해지던 예전 방식 그대로이지만 양식이나 문양은 서로 다르다. 출토된 신발 가운데 '직성법織成法'으로 엮어 만든 채색 짚신이 발견되었는데, 이를 통해 '직성법'이 채색 비단을 편직하는 직금織錦 방법과 크게 다르며, 후대에 나온 각사刻絲[7] 방법과도 공통점이 거의 없다는 것이 밝혀졌다. 하지만 송대 각사가 직성織成에서 나왔다는 것은 아주 분명하다. 송, 금「여복지」에 고봉誥封, 5품 이상 문무관리 가족에서 토지나 작위를 줌 명칭에 '운학雲鶴', '어희조魚戲藻' 문양을 넣은 직성금織成錦 등의 실물을 보면 다층중금인데, 이는 일반 의복에 채색 비단을 더한 것으로 명·청대에도 계속 입었다. 이것이 이른바 '관고금官誥錦'이다. 직조 가공 기술이 확실히 다르다.

7 각사刻絲는 명주를 직조하는 방법 가운데 하나이며, 혁시緙絲라고 부르기도 한다.

073

당대 호복胡服을 입은 부녀자

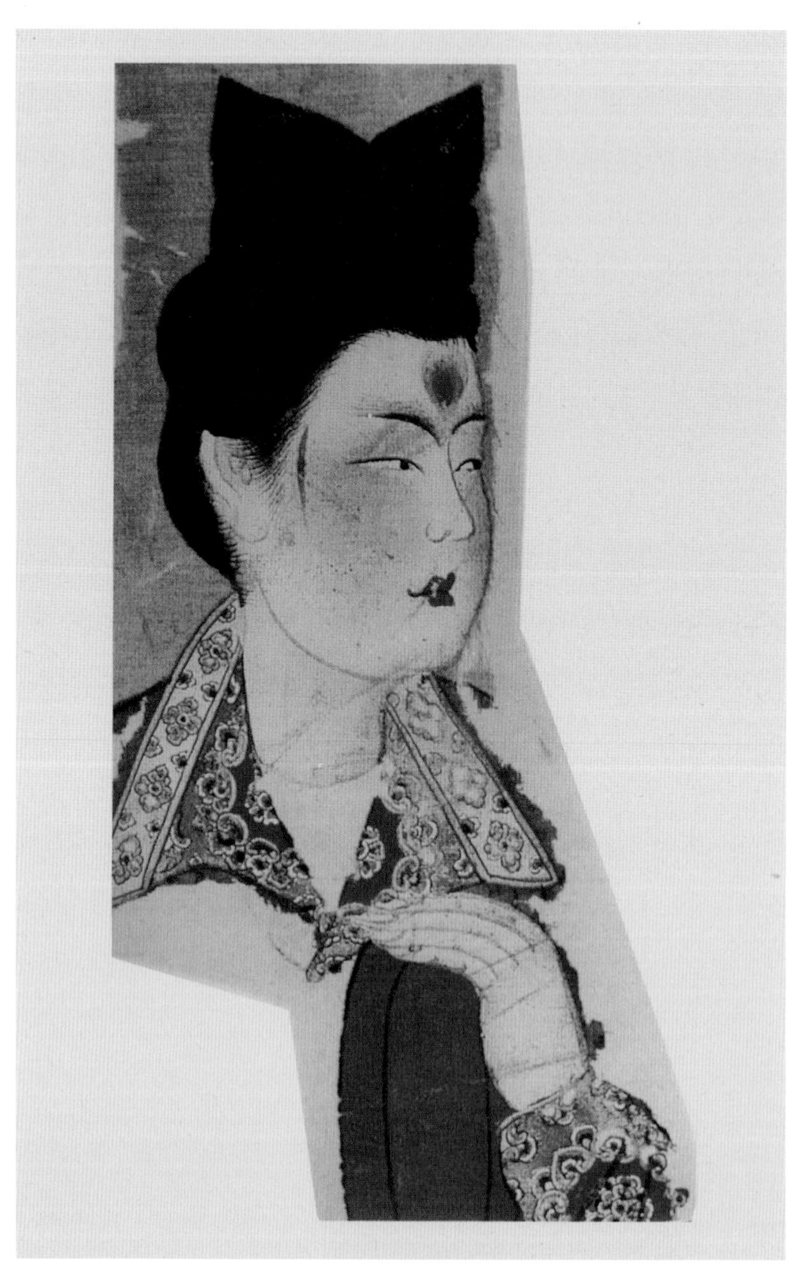

그림123 당대 고계 머리 형태에 단화금 번령 좁은 소매의 호복을 입고 이마와 뺨에 엽자靨子(장식)를 붙인 부녀를 그린 견화絹畫 잔편(신강 토곡구吐峪溝 출토)

사서에서 당대 부녀의 호복 차림이 당대 개원, 천보 연간에 성행했다고 서술하고 있지만 사실이 아닌 듯하다. 근년에 출토된 대량의 자료를 비교 분석해보면, 대체적으로 전기와 후기로 대별할 수 있다.

전기는 북제 이래로 남자들이 주로 입다가 부녀자들도 함께 입게 된 시기이다. 주로 당시 서북 민족예를 들어 고창국이나 회골回鶻의 문화에 영향을 받았으며, 간접적으로 페르시아의 영향도 무시할 수 없다. 특징은 다음과 같다. 우선 두발 형식은 높이 올린 올림머리高髻를 하고 송곳처럼 뾰족한 형태의 혼탈화모渾脫花帽를 썼으며, 열린 깃에 소매가 좁은 장포長袍를 입었으며, 옷깃과 소매 사이에 채색 비단으로 장식하고, 전루대鈿鏤帶를 찼으며, 줄무늬 통이 좁은 모직 바지를 입고 연금투공화軟錦透空靴를 신었다. 미간眉間에 황성엽黃星靨[1], 이마와 빰 사이에 붉은색으로 초생달처럼 생긴 화장을 했다.

후기는 원화元和, 당 헌종 연호, 806~820년 이후인데, 주로 토번의 영향을 받아 두발 형식이나 얼굴 화장이 달라졌다. 특징은 트레머리에 상투를 올린 듯한만환추계蠻鬟椎髻 머리 형태와 진흙 같은 오고烏膏로 입술을 칠하고, 얼굴에 황분黃粉을 발랐으며 눈썹은 팔자八字처럼 두 끝을 약간 내려 마치 찌푸린 모습처럼 그렸다는 것이다. 당대 사람들이 말하는 '수장囚妝', '제장啼妝', '누장淚妝' 등 울거나 눈물을 흐리는 듯한 모습을 연출한 화장술로 옷차림과는 무관하다. 백거이의 신악부新樂府 「시세장時世妝」에 여실히 묘사되고 있다.[2] 당대 사람이 그린 〈환선사녀도紈扇仕女圖〉와 〈궁락도〉에 나오는 부녀의 형상이 대표적이다. 또한 〈수산도搜山圖〉에 나오는 여러 요괴 가운데 여자 요괴도 원화 연간의 '시세장'이 그대로 반영되어 있으며, 붉은 비단으로 가슴을 가린 옷차림이 나온다. 아랫도리는 각종 야수의 발굽으로 만들었는데, 풍자적인 요소가 가미되어 있다. 다만 윗도리는 매우 구체적으로 묘사되어 있는데, 빛깔이 화려하고 아름다워 어떤 다른 그림도 이에 미치지 못한다.

그림 123은 신강 토욕구에서 발견된 비단에 그려진견화絹畫 부녀 그림으로 아쉽게도 일부만 남아 있다. 옷차림은 전기에 속한다. 비록 훼손된 부분이 많고 옷깃이나 소매가 붙어 있고, 손과 팔의 위치 처리도 본래 모습과 같다고 할 수 없지만 두부頭部는 상당히 완전한 상태인 데다 옷깃과 소매의 채색도 매우 선명하다. 옷감은 당대 초기에 유행한 것으로 천촉에서 만든 단과서금團窠瑞錦이다. 유사한 두발 형식은 맥적산 북조 벽화에 나오는 기악천伎樂天의 두부頭部에서 볼 수 있다. 비슷한 시기의 것은 신강에서 출토된 당대 초기 무덤에서 발견된 복희伏羲와 여와女媧의 형상

1 황성엽黃星靨은 마치 보조개가 있는 것처럼 빰에 바르는 화장의 일종이다. 하지만 여기서는 그림에 나오는 것처럼 이마에 칠한 붉은색 화장을 말한다.

2 백거이, 「시세장」, "時世流行無遠近, 顋不施朱面無粉. 烏膏注唇唇似泥, 雙眉畫作道八字低. 妍蚩黑白失本態, 粧成盡似含悲啼. 圓鬟無鬢椎髻樣, 斜紅不暈赭面狀".

에서 볼 수 있다. 특히 여와의 두발 형태나 얼굴 화장이 매우 유사하다.

하지만 당대 이전까지 중원과 장강 이남에서 이와 유사한 형태의 유물은 발견된 적이 없다. 다만 남조 시가 가운데 '약황능효월約黃能效月'[3]이란 말이 나온다. 그렇다면 남조 시절 남방에 이런 화장법이 있었을 것이다. 그 내원은 사서의 기록에서 찾아볼 수 있는데, 수양壽陽 공주의 매화점액梅花點額 이야기에서 시작되었다고 한다. 〈여사잠도〉에 나오는 부녀자의 이마에서 이와 유사한 장식을 발견할 수 있다. 얼굴 빰에 연지를 바르기 시작한 것은 기원전 전국시대부터이다. 초나라 용俑에서 발견된다. 이런 점에서 볼 때 이러한 화장술이 서역에서 중원으로 들어왔다고 말하는 것보다 중원에서 서북 지역에 영향을 끼쳤다고 말하는 것이 실제에 더 부합한다고 말할 수 있다. 그 시기는 수당隋唐 시절이었을 것이다.

당대 부녀자의 두발 형태는 초당 이후 신분이 비교적 높은 귀족 부녀자들을 중심으로 이미 수대의 평운식平雲式 단순한 형태에서 탈피하여 점점 높아지기 시작했으며, 여러 가지 형태로 발전했다. 이는 이수李壽 무덤의 벽화에서 확인할 수 있다. 『장대기妝臺記』에 따르면, "당 무덕 연간에 궁중에서 반번계半翻髻형태로 머리를 빗어 올리기 시작했으며, 다시 반관계反綰髻, 악유계樂遊髻로 머리를 빗어 올렸다".[4] 상층부에서 유행하면 아래쪽 민간에서도 이를 본받기 마련이니 얼마 후 사회적으로 크게 유행하기에 이르렀다. 모 대신이 당 태종에게 금지령을 내려줄 것을 요청했는데, 태종 역시 그런 세태를 꾸짖기는 했으나 얼마 후 근신인 영고덕분令孤德棻에게 부녀자들의 머리 형태가 왜 높이 올라가는지 자문하면서 상황이 바뀌었다. 영고덕분은 머리는 사람 몸의 가장 위에 자리하기 때문에 사람들이 지위가 중요하다 여겨 자꾸만 높아지는 것이라고 이유를 댔다. 결국 이런 이유로 높이 올림머리高髻는 더 이상 어떤 제한도 받지 않게 되었다. 개원, 천보 연간에 이르자 가발을 이용한 의계義髻가 등장하면서 부녀자의 머리가 더욱 더 풍성하고 높아졌다. 「장대기」에 따르면, "개원 연간에 쌍환망선계雙鬟望仙髻와 회골계回鶻髻로 머리를 빗어 올리는 것이 유행했다".[5] 사실 문헌에서 옛 이야기를 하는 경우는 견강부회한 내용이 많은데 상고할 만한 것이 없고, 당시의 일을 언급한 내용도 사실이 절반쯤 밖에 되지 않는 경우가 허다하니 전적으로 믿기 어렵다. 다만 당나라 초기에 이미 여러 가지 두발 형태 가운데 이 그림에 나오는 형식은 영태 공주나 장회, 의덕 태자의 분묘 벽화, 석각과 위욱 분묘의 석각 등에서 이외로 많이 등장한

3 양梁 간문제簡文帝, 「미녀편美女篇」, "佳麗盡關情, 風流最有名. 約黃能效月, 裁金巧作星. 粉光勝玉靚, 衫薄似蟬輕. 密態隨羞臉, 嬌歌逐軟聲". '약황約黃'은 아황鵝黃, 아황鴉黃, 첩황貼黃, 화황花黃 등으로 부르기도 하는데, 이마에 황색으로 화장하는 것을 말한다.

4 우문사급宇文士及, ?~642년, 당대 재상, 『장대기妝臺記』, "唐武德中, 宮中梳半翻髻, 又梳反綰髻, 樂遊髻".

5 우문사급, 『장대기』, "開元中, 梳雙鬟望仙髻及回鶻髻".

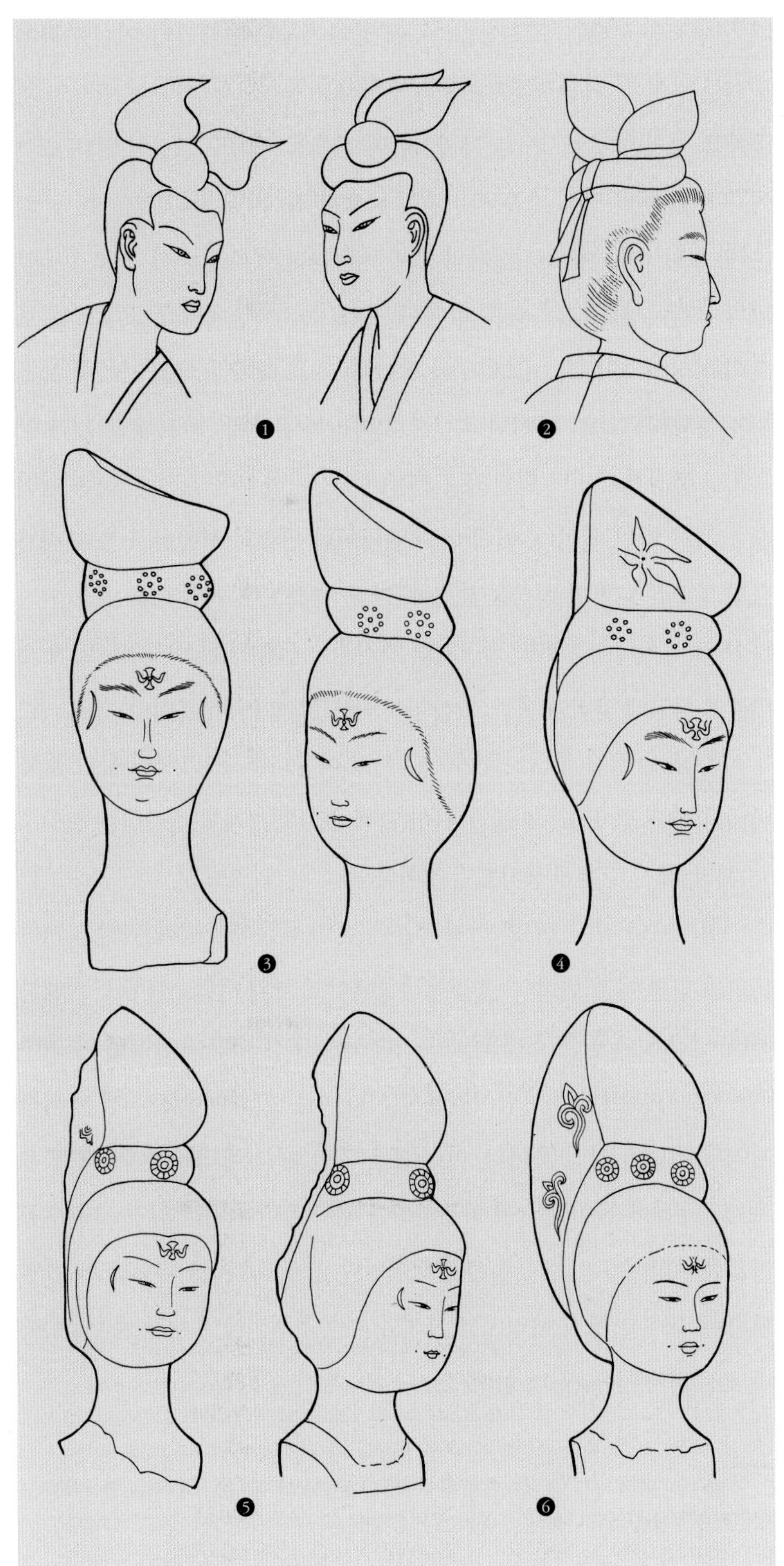

삽도84 회골계回鶻髻

❶ 맥적산 북위 벽화 기악천伎樂天 두부頭部

❷ 당대 영태공주묘 선각 부녀 두부

❸❹❺❻ 객라화작喀喇和卓 고창高昌 출토 진흙용(泥俑) 두부

다. 일반적인 형태는 주로 상승하듯이 높이 치솟은 형태인데, 이런 까닭에 문인들은 이를 '이난경곡지계離鸞驚鵠之髻'라고 불렀으니, 사실상 이것이 회골계를 지칭한 것일지도 모른다.[6] 이런 점에서 적어도 그것이 당대 초기에 유행한 두발 양식 가운데 비교적 중요한 양식이었다는 것을 알 수 있는데, 개원, 천보 이후로는 거의 보이지 않는다.삽도 84 당연히 중당이나 만당의 그림에서도 거의 볼 수 없다. 두보가 「즉시即事」에서 "온갖 보석으로 요대를 장식하고, 진주를 비구에 달았네. 웃을 때마다 꽃을 가까이 보는 듯 아름답더니 춤을 마치니 비단으로 머리를 감싸네"[7]라고 읊은 것은 구름처럼 풍성한 머리에 활달하고 건강미가 넘치며 춤을 잘 추는 젊은 여인을 묘사한 것일 터이다. 이에 반해 중당이나 만당의 시에 나오는 부녀자들의 두발은 토번의 형식을 본받아 '만환추계蠻鬟椎髻'의 형태를 띠고 있거나 머리 위쪽에 봉추棒椎, 몽치 모양처럼 생긴 머리묶음을 한쪽에 치우치게 세워놓고 쌍갈래 꽃비녀花釵를 그 사이에 꽂은 형태가 대부분이다.

이는 초당 시절 부녀자들의 산뜻하고 아름다운 두발 형태에 크게 못 미치나 이를 좋아하는 이들은 찬미 일색이었다. 그래서 백거이는 신악부 「시세장」에서 강하게 풍자했던 것이다.

그림 123의 비단그림의 허리 부분은 이미 훼손되어 남아 있지 않지만 돈황의 만당 시절 벽화나 근년에 신강에서 출토된 비단그림에 근거해본다면, 열린 깃에 좁은 소매를 입고 소매 끝을 채색 비단을 장식한 비구臂韝, 비의臂衣로 성장盛裝한 옷차림이었을 것이다. 이는 오대에 이르기까지 서북 지역 귀족들이 입던 옷이다. 이런 옷을 입을 때는 허리에 전루대鈿鏤帶를 차고 줄무늬에 통이 좁으며 가장자리를 말아 올린 바지를 입었으며, 투공연금화透空軟錦靴를 신는 것이 일반적이었다. 중원의 그림이나 조소에 반영된 것은 대부분 당시 서역에서 전래되어 중당 시절에 유행한 자지무柘枝舞나 호선무胡旋舞와 관련이 있다.

6 〈원주〉 '회골回鶻'이란 명칭은 새가 용맹하게 날개를 활짝 펼치고 구름 위로 날아가는 모습을 상징한 것에 나왔다.

7 두보, 「즉시即事」, "百寶裝腰帶, 真珠絡臂鞲. 笑時花近眼, 舞罷錦纏頭".

당대 호복胡服 부녀자

그림124

왼쪽과 왼쪽 가운데: 당대 높은 올림머리를 하고, 둥근 깃에 소매가 좁은 장의를 입고, 승로낭承露囊[1]을 찬 시녀 석각 선화線畫(서안 남리왕촌南里王村 위형韋泂 무덤 출토)

오른쪽 가운데: 당대 두건을 쓰고 둥근 깃에 소매가 좁은 장의를 입고 승로낭을 찬 시녀 석각 선화(서안 남리왕촌南里王村 위형 무덤 출토)

오른쪽: 당대 높이 올림머리를 하고, 열린 깃에 소매가 좁은 장의를 입고 승로낭을 찬 시녀 석각 선화(서안 남리왕촌南里王村 위형 무덤 출토)

그림125

왼쪽: (당대) 높은 올림머리를 하고, 둥근 깃에 소매가 좁은 장의를 입은 시녀(서안 개원開元 4년 분묘에서 출토된 석각 묘문 장식화

가운데: (당대) 높은 올림머리를 하고, 둥근 깃에 소매가 좁은 장의를 입고 섭섭대鞢韄帶(허리띠의 일종)를 찬 시녀 석각 선화(섬서 건현 영태공주 분묘 출토)

오른쪽: (당대) 높은 올림머리를 하고, 열린 깃에 소매가 좁은 장의를 입고 섭섭대를 찬 시녀 석각 선화(섬서 건현 영태공주 분묘 출토)

『신당서新唐書』「오행지五行志」에 이런 기록이 나온다.

> 천보 초년에 귀족과 사민士民들이 호복과 호모胡帽를 좋아하고 부인들은 보요채步搖釵를 머리에 꽂았으며, 옷깃과 소매가 작고 좁았다. 양귀비는 가계假髻, 가발을 올린 머리 장식로 머리 장식을 하고 황금색 치마 입기를 좋아했다. 당시 사람들이 이를 풍자하여 '가발은 강물에 내던지고 누런 치마는 강물 따라 흘려보내리라'라고 했다.[2]

또한 당대 어떤 소설에서 양귀비가 죽은 후 "마외역馬嵬驛 근처에 사는 한 노파가 비단으로 만든 긴 장화금요화錦靿韡를 얻었는데, 구경꾼에게 1백 전을 받고 팔아 부자가 되었다"는 이야기를 꾸며대기도 했다.

송대 사서는 대부분 당대 사람들의 옛 이야기를 그대로 답습했는데, 문장은 간결하고 세련된 것을 추구하여 개괄적으로 기록했으나 사건과 시간이 일치하지 않는 등 혼란스러워 본래 면모를 잃는 경우가 적지 않았다. '호복'에 관한 내용도 그러하여 서술이 모호하고 실제와 부합하지 않는다.

이른바 '호복胡服'과 '호모胡帽', 즉 옷깃과 소매가 작고 좁으며 줄무늬 문양에 아랫단을 말아 올린 바지 및 부드러운 비단신 등은 근년에 출토된 대량의 회화나 조각에서 발견되고 있다. 시대도 비교적 일러 개원開元, 천보天寶 이전인 무측천 시대에 이미 사회적으로 일시에 유행했으며, 개원, 천보 시절에는 오히려 새롭게 변화하여 이른바 '호복'의 흔적을 발견하기 어려울 정도였다. 회화나 조각에 반영된 비교적 전형적인 복장을 분석해보면, 두발 장식에서 양쪽 귀밑머리에 허발虛髮, 가발을 덧붙여 훨씬 커졌다는 점 외에도 눈썹이 두 가지 형태, 즉 가늘고 긴 눈썹과 짙고 넓어 '아시미蛾翅眉, 나방의 날개처럼 생긴 눈썹'라고 부르는 눈썹으로 구분된다는 것을 알 수 있다. 두보杜甫 시에 "어지러이 넓은 눈썹眉闊을 그렸다"[3]는 구절이 나오고, 이후 장적張藉의 시에서도 "귀밑머리 잘 모아 빗고 넓은 눈썹을 그렸다"[4]는 구절이 나오며, 원진元稹의 시에도 "비취빛 엉겨 아미蛾眉를 물들인다"[5]는 구절이 나오는데, 이는 모두 눈썹이 짙고 넓은 '아시미'를 묘사한 대목이다. 또한 〈잠화사녀도簪

1 승로낭承露囊은 하포荷包, 즉 자질구레한 작은 물건을 넣는 두루주머니이다. '露'는 상서로움의 상징일 뿐이며 실제 이슬과는 관련이 없다.

2 『신당서』「오행지」, "天寶初, 貴族及士民好爲胡服胡帽, 婦人則簪步搖釵, 衿袖窄小. 楊貴妃以假髻爲首飾, 而好服黃裙. 時人爲之語曰, 義髻拋河裏, 黃裙逐水流".

3 두보, 「북정北征」 5, "한참을 애써가며 붉은 연지를 바르고, 어지럽게 넓은 눈썹을 그렸네移時施朱鉛, 狼藉畫眉闊". 시에 나오는 '활闊'을 어떻게 보느냐에 따라 해석이 달라질 수 있다. 저자의 말대로 당시에 눈썹을 짙고 넓게 그리는 것이 유행이었다면 두보의 딸이 어설프게 당시 유행하는 '아시미'를 따라한 것이고, 그렇지 않다면 처음이라 솜씨가 엉망이어서 자꾸만 눈썹을 그려 짙고 넓어진 것이 되기 때문이다. 기존의 번역은 '낭자'를 엉망진창의 부정적인 뜻으로 풀이하여 자꾸만 그려 눈썹이 넓어진 것으로 본다. 하지만 저자의 말도 충분히 일리가 있다.

4 장적張籍, 「창녀사倡女詞」, "輕鬢叢梳闊掃眉".

5 원진, 「한장성恨妝成」, "凝翠暈蛾眉, 輕紅拂花臉". 원진의 시 「한장성」은 여인의 화장을 순서대로 묘사한 것이 참으로 절묘하다.

花仕女圖〉그림 134에 나오는 부녀자의 눈썹도 나방의 날개처럼 생겼다.

당시 도시의 부녀자들은 말을 타고 외출할 때 유모를 사용하여 얼굴을 가리지는 않았지만 젊은 아녀자들의 경우 이마에 망사를 내려 장식하곤 했는데, 이를 '투액라透額羅'라고 한다. 새로운 옷차림의 일부이다. 망사에 사용하는 얇은 비단은 상주常州에서 생산된 것이 가장 좋았던 것 같다. 그래서 원진元稹은 "천천히 상주 특산 투액라透額羅로 이마를 감싸네"[7]라고 읊었을 것이다. 돈황 벽화 〈악정괴부인행향도〉

그림126

왼쪽: 당대 혼탈금금모渾脫金錦帽를 쓰고 열린 깃에 소매가 좁은 장의를 입고 첩섭대鞊韘帶[6]를 착용한 호복胡服 차림의 시녀 석각 선화(서안 위욱韋頊 분묘 출토)

가운데: 당대 혼탈금금모를 쓰고 열린 깃에 소매가 좁은 장의를 입고 첩섭대를 찼으며, 줄무늬 바지를 입고 금요화錦靿靴(목이 긴 비단 장화)를 신은 호복 차림의 시녀 석각 선화(서안 위욱 분묘 출토)

오른쪽: 당대 높은 올림머리를 하고, 열린 깃에 소매가 좁은 장의를 입고 첩섭대를 찼으며, 줄무늬 바지를 입고 금요화를 신은 호복 차림의 시녀 석각 선화(서안 위욱 분묘 출토)

---

6 첩섭대鞊韘帶는 거란족의 복식 가운데 요대腰帶, 즉 허리띠를 말한다. 섭섭대韘鞢帶라고도 한다. 『요사遼』「국어해國語解」에 따르면, "첩섭대는 무관의 허리를 묶는 띠이다". 첩鞊은 띠에 패물을 묶는 것이고, 섭韘은 안장에 까는 깔개이다. '첩섭' 또는 '섭섭'이란 말을 붙인 것은 허리띠에 물병, 전대, 부채, 향낭, 단도, 악기, 붓과 묵 등 여러 가지를 매달았기 때문이다.

7 원진, 「증유채춘贈劉採春」, "漫裹常州透額羅".

에 나오는 친족 부녀자들의 눈썹도 원래 눈썹보다 짙고 넓으며, 투액라의 형상도 비교적 구체적으로 남아 있다. 개원, 천보 시절에 그린 그림이기 때문에 이마 사이에 유모帷帽나 멱리羃䍦의 잔재가 남아 있는 것을 제외하고 다른 옷차림은 호복과 전혀 관련이 없다.삽도 86

당대 전기 호복은 서역에서 유래하여 당대에 크게 유행한 자지무柘枝舞[8], 호선무胡旋舞와 불가분의 관련이 있다. 당대 시인들이 읊었던 자지무나 호선무에 관한 묘사 대목은 그림에서 보이는 호복과 서로 통한다. 예를 들면 다음과 같다.

> 수놓은 모자에 촘촘히 구슬 꿰고
> 향기로운 한삼에 소매 좁게 바느질했네.[9]

> 붉은 촛불 일렁이고 복사꽃잎 피더니
> 자색 비단 적삼 펄럭이며 자지무를 추는 기녀 등장했네.
> 허리에서 늘어뜨린 장식 허벅지까지 내려와 무겁기만 한데
> 모자에 흔들리는 금방울 사이로 눈처럼 하얀 얼굴로 돌려보네.[10] 백거이

> 북소리에 맞춰 무녀가 나오나니
> 얼굴엔 꽃 치장하고 비단 적삼에 가는 허리 볼록해라.
> 비단신 신고 걸어가니 단아하고 아름다워
> 바람에 수놓은 모자 들썩이네.[11] 장효표章孝標

> 호복胡服은 어찌나 아름다운지
> 신선이 아름다운 섬돌에 오르는 듯하네.
> ……내려뜨린 한삼으로 가는 허리 다시 감고
> 비녀 꽂으니 진정 아리따워라.[12] 유우석劉禹锡

> 가무 끝났으나 북소리로 연신 재촉하여
> 부드러운 선아仙娥 잠시 일어나네.
> 붉은 채색 적삼에 휘감은 팔 드러나고
> 옥 과대銙帶 등허리에 단단히 묶었네.
> 옆에서 금방울 치며 흔드니
> 걷는 소리 물러나고 비단신발 재촉하네.[13]

---

8 자지무柘枝舞는 지금의 키르기스스탄 서북부에 있는 탈라스 지역에서 유래한 춤으로 당대에 크게 유행했다. 처음에는 여자 독무로 시작했으나 이후에는 두 명이 추기도 했다. 붉은 비단옷을 입고 모자에 금방울을 달아 춤을 출 때마다 소리가 났다. 송대에는 대무隊舞로 바뀌었으며, 관악官樂에 자지대柘枝隊가 있었다고 한다. 악곡은 송대에 이미 사라졌고, 현재는 춤도 실전되었다. 우리나라 국어사전에 보면, "석지무柘枝舞, 석이 아니라 자이다는 연화대무蓮花臺舞를 달리 이르는 말. 서역의 석국石國에서 유래된 춤이라 하여 음역하여 일컫는 궁중춤이다"라고 했는데, 과연 고려시대에 유행했다는 연화대무가 자지무와 같은 것인지 잘 모르겠다. 다만 연화대무에서 무녀舞女의 머리에 방울이 달려 있는 것은 분명하다.

9 백거이, 「자지사柘枝詞」, "繡帽珠稠綴, 香衫袖窄裁".

10 백거이, 「자지기柘枝妓」, "紅蠟燭移桃葉起, 紫羅衫動柘枝來. 帶垂鈿胯花腰重, 帽轉金鈴雪面迴".

11 장효표章孝標, 「자지柘枝」, "柘枝初出鼓聲招, 花鈿羅衫聳細腰. 移步錦靴空綽約, 迎風繡帽動飄颻".

12 유우석劉禹锡, 「관자지무觀柘枝舞」, "胡服何葳蕤, 僊僊登綺墀. ……垂帶復纖腰, 安鈿當嫵眉".

13 장호張祜, 「관항주자지觀杭州柘枝」, "舞停歌罷鼓連催, 軟骨仙娥暫起來. 紅罨畫衫纏腕出, 碧排方胯背腰來. 旁收拍拍金铃擺, 却踏聲聲錦靿催".

호족의 북소리蠻鼉 울려 자지무를 청하니
주렴 걷고 모자 띠 서로 드리우네.
자색 비단 적삼 입고 몸 구부리니
붉은 비단신발 부드럽게 밟는 시절일세.[14] 장호張祜

붉은 영락瓔珞에 수놓은 모자
비취 장식으로 고운 비단 옷깃 여몄네.[15] 허혼許渾

이외에도 유언사劉言史가 호등무胡騰舞를 읊은 시도 있다.

직조한 번모蕃帽는 꼭대기가 뾰족하고
모직으로 만든 호삼胡衫은 양소매가 좁구나.……
도약할 때마다 보석 장식한 허리띠에서 소리 나고
어지러운 움직이는 다리에 비단 신 부드러워라.[16]

이상 시에서 묘사한 옷차림은 모두 석각에 새겨진 그림 형태와 서로 통하는 점이 있다.그림 124, 125, 126

석각은 주로 당대 전기의 그림이고, 시가는 중당이나 만당의 작품이다. 그림에 나오는 호복을 입은 여자들은 주로 시녀들로 일상 생활에서 여러 가지 일을 하는 모습이며, 춤을 추는 모습은 보이지 않는다. 벽화에서 춤을 추는 이들은 보통 중원의 한식漢式 옷차림이다. 그렇다면 왜 이런 모순이 생겨난 것일까? 다음 두 가지 해석이 가능하다. 첫째, 당대 법률에 따르면, 품계品階를 가진 관리의 집안은 등급에 따라 음성부音聲部, 노래를 하거나 춤을 추는 여자 노복 몇 명을 둘 수 있었다. 그들 가무기歌舞伎들은 평상시 시건즐侍巾櫛, 즉 수건이나 빗 등을 들고 시중을 드는 등 일반 비첩婢妾과 같은 일을 하다가 주연이 열리면 필요에 따라 나와 춤을 추거나 노래를 불렀다. 둘째, 자지무나 호선무는 모두 중당이나 만당 시절에 유행했다. 서북에서 들어왔기 때문에 관습대로 호복을 그대로 입었다. 이상 두 가지 해석 가운데 후자가 비교적 이치에 맞는 듯하다. 왜냐하면 『송사宋史』「악지樂志」에 자지무와 호선무를 서술하면서 첩섭대鞊韘帶와 연금화軟錦靴, 그림 125, 126 등을 언급하고 있기 때문이다. 이러한 옷차림은 모두 서북 지역의 지방색이 농후한 것들이다.

14 장호, 「관양원자지觀楊瑗柘枝」, "促疊蠻鼉引柘枝, 捲簾虛帽帶交垂. 紫羅衫宛蹲身處, 紅錦靴柔踏節時".
15 허혼許渾, 「증소련사贈蕭鍊師」, "紅珠絡繡帽, 翠鈿束羅襟".
16 유언사劉言史, 「왕중승댁야관무호등王中丞宅夜觀舞胡騰」, "織成蕃帽虛頂尖, 細氎胡衫雙袖小……跳身轉轂寶帶鳴, 弄脚繽紛錦靴軟".

075

당대 반비半臂 차림으로 훈롱薰籠[1]에 앉은 부녀婦女와 좁은 소매 옷을 입고 높은 올림머리를 한 부녀자

그림127

왼쪽 : (당) 높은 올림머리에 비단 반비, 좁은 소매의 소수의小袖衣, 감꼭지 문양의 긴치마 시체릉장군柿蒂綾長裙을 입고 훈층에 앉은 삼채유도용三彩釉陶俑

오른쪽 : (당) 높은 올림머리에 반비와 소수의를 입고 목걸이를 했으며, 피백을 걸치고 열두 폭十二破 긴 치마를 입은 삼채유좌용坐俑(서안 왕가분촌王家墳村 출토)

당삼채唐三彩 도용陶俑으로 중국 역사박물관, 섬서성 박물관에 소장되어 있다.

초당 부녀자의 옷차림은 수대의 옷차림과 비슷하다. 평상시에는 주로 좁은 소매에 긴 치마를 입었고, 치마는 유부乳部 위까지 올려 묶었다. 그리고 그 위에 반비半臂, 즉 반팔 겉옷을 입었다. 치마는 두 가지 색깔의 비단을 이어 만들어 일종의 주름치마 효과를 냈다. 시문에서 흔히 나오는 '육파六破, 여섯 폭', '십이파十二破, 열두 폭' 치마나 "여섯 폭 치마를 펼쳐 상강 물에 담

1 훈롱薰籠은 옷에 향내를 배도록 하기 위해 안에 향을 피운 의자의 일종이다.

갔네"[2]라는 시구는 모두 이런 치마 양식을 지칭한다. 춤을 추거나 노래를 부를 때는 수를 놓거나 금 또는 은가루로 화조 등을 그려 장식했다. 두발 양식은 초기에는 비교적 간단하여 떡처럼 평평한 구름형태의 두발을 삼층으로 중첩시켰다. 예를 들어 〈보련도〉그림 115에 나오는 궁녀들의 두발 형식이나 이수李壽 분묘에서 출토된 기악伎樂 선각도線刻圖의 두발 형식도 기본적으로 수대의 것으로 돈황 수대 벽화에 나오는 진향인進香人의 모습과 거의 차이가 없다. 이 그림은 시대가 비교적 늦은 천보天寶 시절의 것이다. 당 태종이 영고덕분令狐德棻에게 자문한 내용을 보건대, 당대 초기에 이런 형태의 비교적 높은 올림머리, 즉 고계高髻가 유행한 것을 알 수 있다. 이런 두발 양식이 크게 성행한 것은 당시 경제가 부흥한 것과 일정한 연관이 있는데, 이는 잠시 후의 일이다. 이런 두발 형태는 페르시아 양식으로 좁은 소매의 바지와 연금화軟錦靴, 그리고 열린 깃의 호복과 더불어 장안에서 크게 유행하여 무측천과 예종睿宗 시절까지 이어졌다. 개원, 천보 이후로 새로 등장한 '시세장時世妝, 당시 유행하는 화장술'으로 대체되었는데, 점점 더 복잡해지거나 또는 극단적으로 간단해졌다. 이는 근년에 발굴된 여러 자료나 시문에서 묘사된 내용을 통해 확인할 수 있다. 하지만 문헌 기록은 개괄적으로 모두 귀비양귀비 시절에 유행한 것으로 간주했다. 이 절에서 볼 수 있는 그림은 천보 말년에 번잡한 것에 점차 간략해지던 '시세장'의 모습이다. 원화 시인 백거이의 시에 나오는 묘사가 상당히 정확하여 이 그림과 유사하다.

> 평평한 신발과 소매가 좁은 옷을 입고
>
> 푸른 눈썹먹을 가늘고 길게 그렸네.
>
> 사람들이 아니 보았기에 망정이지 봤으면 크게 웃었을 것이니
>
> 예전의 화장법으로 시대에 한참 뒤떨어졌기 때문일세.[3]

좁은 소매옷, 즉 소수의小袖衣는 호복에서 유래한 것 같지만 다른 것은 그다지 공통점이 없다. 원화 이후로 크게 변화한 것 가운데 가장 큰 특징은 옷소매가 넓고 커졌으며, 옷의 길이가 크게 길어졌다는 점이다. 그래서 요즘 사람들이 이 그림에 나오는 옷차림을 본다면 실소를 금할 수 없을 것이다.

대대로 전해진 〈도련도搗練圖〉와 〈괵국부인유춘도〉 및 본 장에 나오는 그림을 비교해보면 크게 다른 점이 없어 제작 시기가 서로 가깝다는 것을 알 수 있다. 당대 용俑 가운데 선우정회鮮于庭誨 분묘에서 나온 부녀 삼채도용三彩陶俑이 가장 대표적이라 할만하다. 그림과 약간 다른 부분은 두발의 처리 방식이다. 왜냐하면 가발을 사용하여

2 (당) 이군옥李群玉, 「두승상연중증미인杜丞相宴中贈美人」, "裙拖六幅湘江水".

3 백거이, 「상양백발인上陽白髮人」, "平頭鞵履窄衣裳, 青黛點眉眉細長. 世人不見見應笑, 天寶末年時世妝".

그림128 (당) **큰 올림머리**大髻**, 좁은 소매 옷에 피백을 걸치고 긴 치마를 입은 부녀 삼채도용**(서안 선우정회 분묘 출토)

더욱 풍성하게 만들어 개원, 천보 이후의 시대적 특징을 잘 나타내고 있기 때문이다.

『신당서』「오행지」에 따르면, 주로 귀부인들이 장식용으로 사용한 가발을 일러 '의계義髻'라고 한다. 당말唐末, 문헌 기록에는 이렇게 나오나 정확히 말하자면 성당 말기이다 부인들의 두발은 양쪽 귀밑머리를 풍성하게 하여 얼굴 양쪽을 감싼 듯한 형태인데, 이를 '포가계抛家髻'라고 한다. 이는 개원, 천보 연간에 출현한 일종의 비정상적인 현상이다.

이 시기 옷차림의 특징은 소매는 좁고또는 크고 긴 치마를 입었으며, 귀밑머리를 풍성하게 만들어 얼굴이 전체적으로 둥글게 만들었다는 것이다. 여자들의 몸집도 특히 풍만하여 의복 또한 비교적 넓고 크며, 허리띠도 약간 아래로 내려 묶었다. 돈황 벽화에 나오는 〈악정괴부인행향도〉의 몇몇 성장한 귀족 부녀자와 삼채용三彩俑, 후인들은 이를 '반고고胖姑姑', 즉 뚱뚱한 여인이라고 불렀다 평상복 부녀자의 기본 옷차림의 형태가 서로 같다. 만당 부녀자들의 얼굴 화장은 토번의 새로운 양식을 본받았지만 옷차림은 일반적으로 날로 넓고 커졌다. 그래서 이덕유李德裕가 법령을 제한해줄 것을 요청하기도 했다. 사실 얼굴 화장과 만환추계蠻鬟椎髻[4]를 제외하고 옷차림은 전기의 호복과 관련이 없으며, 개원, 천보 연간의 양식에 비해 옷소매가 커지고 길이가 더 길어졌을 뿐이다. 이는 당대 관복을 답습하여 점차 평상복으로 바뀐 것이다. 이는 오대와 북송 초기까지 계속 유행되었다. 돈황 벽화에서 여러 부녀자들이 입은 관복官服 그림에서 확인할 수 있다. 근년에 회남淮南에서 출토된 북송시대 분묘의 벽화에 귀족 가정의 부녀자가 입는 평상복 그림이 발견되었는데, 이 역시 서로 비슷한 형태이다.

그림 127에 나오는 좌구坐具는 허리에 매달고 치는 요고腰鼓처럼 생겼다. 전국시대 이래로 부녀자들이 향을 피우거나 난방하기 위해 만든 전용 의자이다. 크기가 서로 다른 것은 이외에도 옷이나 수건 등에 향내가 배도록 하는 데 사용하기 때문이다. 근년에 전국시대 초나라 분묘에서 발굴된 훈롱은 일반 닭장만큼 컸다. 이는 『초사』에서 말한 '농구籠篝, 대나무 통'[5]이거나 또는 물고기를 잡을 때 사용하는 도구로 『장자』에서 "물고기를 잡으면 통발은 잊는다得魚忘筌"라고 말했던 바로 그 '통발筌'이다. 일반적으로 가느다란 대나무 껍질을 엮어 만들지만 조금 더 신경을 쓴 경우 검붉은 옻칠을 하거나 다시 금은가루로 그림을 그렸다. 한대나 진대에는 '훈롱薰籠'이라고 불렀는데, 조조曹操의 「상잡물소上雜物疏」와 『동궁구사東宮舊事』에 각기 옻칠한 크고 작은 훈롱에 대한 기록이 나온다. 남북조시대에 점차 불교가 성행하면서 특히 유마거사의 좌구로 이용되기도 했다. 불교의 연대蓮臺의 영향을 받아 연꽃이 위로 향하거

4 만환추계蠻鬟椎髻는 중당과 만당 시절에 부녀자들이 토번吐蕃의 두발 형태를 본받아 머리카락을 몽치처럼 높이 올린 다음 한쪽으로 치우치게 만들고 여기에 꽃비녀나 빗 등을 꽂은 두발 형태를 말한다.

5 『초사』에 나온다고 했으나 어디에 나오는지 확실치 않다.

나 엎어진仰蓮覆蓮 형태가 되었다가 점차 요고 형태로 바뀌었다. 그래서 당대 부녀자들의 좌구는 이처럼 요고식腰鼓式으로 만들어 '전대筌臺' 또는 '전제筌蹄'라고 불렀다.삽도 85：1 궁정에서 연로한 대신들이 쓰던 좌구에 수를 놓은 천수파繡帕을 올려놓기도 했는데, 이를 '수돈繡墩'이라고 불렀으며, 부녀자들이 사용하던 것은 여전히 '훈롱'이라고 불렀다. 이것이 허리처럼 타원형으로 바뀐 것을 일러 '월아궤月牙几'라고 한다.삽도 85：2, 3 별도로 굽은 형태의 받침대를 고정시켜 등받이로 한 것을 '고로권궤栲栳圈几'라고 한다. 형태나 명칭은 시기나 지역에 따라 계속 바뀌었으며, 명·청대에는 자기瓷器나 돌로 만들고 관례에 따라 위에 수파水波 문양을 넣고 아래에 공기가 통하도록 옛날 석청색 동전古碌錢을 넣었는데, 많든 적든 예전의 훈롱이나 수돈의 흔적이 남아 있다. 다만 그것의 내원이나 발전 형태를 알 수 있는 것은 그리 많지 않다.

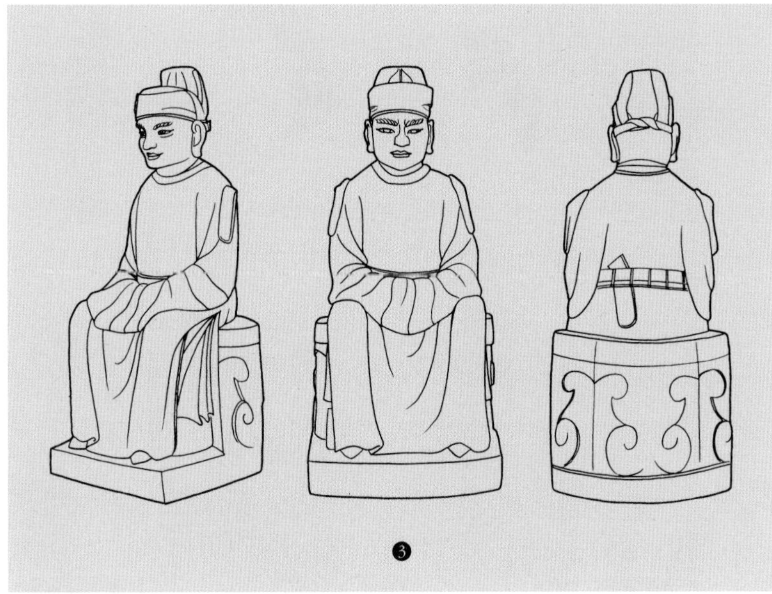

삽도85 좌구坐具

❶ 전대筌臺(훈롱薰籠)

❷ 「당인완쌍육도 당인완쌍육도」에 나오는 뒷받침이 초승달처럼 생긴 의자(월아궤자月牙几子)

❸ 성도 왕건 분묘에서 발굴된 석조石雕에 보이는 월아궤자

076

당대 돈황 벽화 〈악정괴부인행향도樂廷瓌夫人行香圖〉

그림129 (당) **악정괴 부인 왕씨가 공양하는 모습**(돈황 103굴, 범문조范文藻 모사본)

〈악정괴부인행향도樂廷瓌夫人行香圖〉악정괴 부인이 향을 공양하는 그림에 나오는 인물은 개원, 천보 연간에 태원太原 도독都督을 지낸 악정괴樂廷瓌의 부인 왕 씨와 집안 식구들이다.삽도 86 주요 인물은 귀족 명부命婦, 황제의 봉호를 받은 부인로 성장 차림이다. 그녀는 채색 비단옷을 입고 중대리重臺履를 신었으며, 두발 형태는 당시 특유의 풍성한 의계義髻이다. 양쪽 귀밑머리에 금과 비취로 만든 꽃 모양의 비녀花鈿[1]를 꽂았다. 나머지 나이가 비교적 젊은 여인네들은 모두 집안에서 일상적인 모습으로 치장했다. 세 명은 이마에 투액라透額羅 망건網巾을 썼는데, 이는 현재 볼 수 있는 투액라의 유일한 형상이다. 유숙劉肅의 『대당신어大唐新語』에 따르면, "무덕武德, 정관貞觀 연간에 궁인들이 말을 탈 때 『주례』의 옛 제도에 따라 멱라羃羅, 리羅를 착용했다. 비록 융이戎夷의 습속이라고 하나당시에는 서역의 영향을 받았다고 생각했다 이것으로 전신을 가렸다. 영휘永徽 이후로 유모를 사용하면서 군裙을 목 부분까지만 내려뜨리고 점차 열게 드러내기 시작했다".[2] 이러한 투액라는 당대 개원, 천보 연간에 유모 제도가 폐지된 이후의 유물이다.

성장盛裝 두 명의 부녀자가 입고 있는 옷은 당시 '전채예의鈿釵禮衣'라고 부르는 옷차림으로 비교적 중요한 일이 있을 때만 착용하는 의복이다. 『당육전』에 따르면, "전채예의는 외명부外命婦[3]가 조정에서 황제를 알현하거나 사직 인사를 올릴 때 또는 혼례 때 입는다". "무릇 혼례를 거행할 때 입는 화채예의花釵禮衣는 6품 이하 관리의 부인과 여식이 혼례를 거행할 때 입는다." "다음으로 화채예의는 서인의 시집가는 여자가 입는다."[4] 당대에 이처럼 등급이 다른 예복 성장은 회화 작품에서 그다지 보이지 않는다. 오히려 돈황 벽화에서 적지 않게 발견되는데, 시기는 비록 만당이기는 하지만 지역적으로 중원에서 멀리 떨어졌기 때문에 이전 중원의 제도를 그대로 유지하여 개원, 천보 연간의 모습이 그대로 남아 있다.

당대 의복 가운데 비단을 가공하는 방법에는 대략 데어섯 종류가 있다. 하나는 채금彩錦, 즉 다섯 가지 색깔로 문양을 넣은 채색 비단을 사용하는 것이다. 가장 많이 보이는 것은 성도에서 직조한 소단과금小團窠錦이다. 주로 옷깃이나 옷단을 장식하거나 반비半臂에 많이 쓰인다. 두 번째는 특별한 종류의 궁금宮錦이다. 장언원의 『역대

---

1 화전花鈿은 말 그대로 꽃처럼 생긴 비녀나 장식을 뜻한다. 하지만 원래는 얼굴에 붙이는 꽃 장식을 지칭한다. 금이나 비취 등 보석을 이용하여 꽃 모양으로 만든다. 매화꽃 외에도 작은 새나 물고기의 형태를 만들기도 한다. 춘추전국시대부터 시작되었다고 하나 정확한 내원은 알 수 없다. 남조시대에 수양壽陽 공주가 매화장梅花妝을 처음 시작한 후로 당조에 상관완아上官婉兒가 다시 유행시키면서 크게 성행했다. 다만 본문에서는 귀밑머리에 꽂았다고 했으니 꽃 모양 비녀의 뜻으로 풀이한다.

2 유숙劉肅, 『대당신어大唐新語』, "武德, 貞觀之代, 宮人騎馬者, 依周禮舊儀, 多着羃羅, 雖發自戎夷, 而全身障蔽. 永微之後, 皆用帷帽, 施裙到頸爲淺露". 『구당서』 「여복지」에도 이와 유사한 내용이 실려 있다.

3 외명부外命婦는 고대 경, 대부의 부인을 칭하는 말이다. 이후에는 황제가 정식으로 책봉한 관원의 모친이나 부인을 '고명부인誥命夫人'이라고 칭했다.

4 『당육전』, "鈿釵禮衣, 外命婦朝參, 辭見及昏會則服之". "凡婚嫁花釵禮衣, 六品以下妻及女嫁則服之." "其次花釵禮衣, 庶人嫁女則服之."

명화기』 권10에 따르면, 익주益州에서 행대관行台官을 역임한 두사륜竇師綸이 처음 옷의 양식을 설계하고 천촉川蜀의 직공들이 만든 서금궁릉瑞錦宮綾이 바로 이것이다. 한 쌍의 꿩, 두 마리 싸우는 양, 노니는 기린 등의 문양을 넣어 기이한 정도로 화려하다. 병풍이나 무인舞茵, 유장帷帳 등에 사용했다. 또한 일상에서 채릉彩綾, 즉 채색 비단을 사용하여 옷을 만들기도 했는데, 옷감의 본래 색깔의 문양을 사용하거나 두 가지 색 문양을 겸용했다.

당대「거복지」에 따르면, 관복에서 주로 사용하며 '난함장수鸞銜長綬', '학함영지鶴銜靈芝', '작함단초鵲銜瑞草', '안함위의雁銜威儀', '준골함화俊鶻銜花', '지황교지地黄交枝' 등 여섯 종류의 문양이나 색깔에 따른 명칭이 있는데, 정해진 제도에 따라 사용했다.[5] 이외에도 공작라孔雀羅, 저포릉樗蒲綾, 경화릉鏡花綾 및 극히 섬세하게 직조한 요릉繚綾 등이 있다. 세 번째는 자수刺繡로 다섯 가지 색실로 수를 놓거나 금실을 사용하기도 했다. 네 번째는 금이나 은가루로 그림을 그리는 방법이다. 금 또는 은가루는 니금은泥金銀이라고 하는데, 이러한 금분이나 은분으로 상의나 치마에 그림을 그리는 것이다. 주로 무녀舞女들의 의상에서 많이 보이기 때문에 당대 시인들이 무녀의 의상을 읊을 때 금은으로 그린 문양이나 자수를 많이 묘사했다. 다섯 번째는 인염印染으로 도장 같은 것을 찍어서 만드는 방식이다. 채색투염彩色套染과 단색염單色染으로 나눈다. 간단한 문양은 '어자힐魚子纈'인데, 작고 둥근 점을 찍어 만든다. 매화나 감꼭지시체柿蒂, 방승方勝, 네모난 고리가 가로세로로 연속해서 이어진 모양의 무늬처럼 홀치기염색류찰훈문힐류撮暈紋纈類[6]에 속하는 것들이다. 큰 꽃이나 오채색을 사용하는 것은 대부분 납힐蠟纈, 협힐夾纈[7]에 속하는 것도 '찰훈금撮暈錦', 즉 홀치기염색한 채색 비단이라고 칭한다. 이외에 퇴릉첩견법堆綾貼絹法이란 것이 있다. 채색 능견綾絹을 도안에 따라 잘라서 옷감에 붙이는 방식으로 『주례周禮』에서 "(황제의 의복에) 꿩의 문양을 잘라 붙인다刻繪爲雉翟"고 말했던 바로 그 방법이다. 온비경의 사에 "새로 수를 붙인 비단 옷 입으니, 쌍쌍이 노니는 금빛 자고새로다"[8]라는 구절이 나오

5 (원주) 기록은 명확하나 실물은 구비되어 있지 않다. 다만 여섯 가지 서로 다른 문양은 동경銅鏡 문양에서 매우 구체적이고 분명하게 확인할 수 있으며, 대판帶版의 얕은 부조浮雕 역시 완전무결하다. 그렇기 때문에 오히려 의심이 간다. 어쩌면 금동金銅 대판에 누화鏤花 문양을 새겼을지도 모른다. 상세한 문양은 조의금曹義金의 그림에 나온다.

6 찰훈문힐撮暈紋纈은 '찰힐撮纈', '찰훈힐撮暈纈' 또는 '교힐絞纈'이라고 칭하는데, 고대 방직물의 염색법 가운데 하나이다. 한국에서는 이를 홀치기염색이라고 한다. 천의 일부를 실로 감거나 꿰매서 홀치고 염색하여 물감이 배어들어가지 못하도록 하는 염색법이다. 묶는 방법에 따라서 무늬가 다양하게 표현된다. 여러 겹으로 접은 천을 판자에다 단단히 끼워서 염색하는 방법도 있다. 홀치기염색인 교힐絞纈 외에도 협힐夾纈, 갈힐葛纈, 회힐灰纈 등이 있다. 역서는 촬힐, 촬훈힐 등을 홀치기염색으로 번역한다.

7 협힐夾纈은 동일한 문양을 새긴 두 장의 판자 사이에 천을 접어 끼운 후 염료를 칠해 염색하는 방법으로 문양이 대칭으로 찍히는 것이 특색이다. 납힐은 갈힐葛纈이라고도 하는데, 밀납을 사용하여 천의 일부 또는 전체에 바른 다음 응고시켜 균열이 생기면 그 사이로 염료를 침투시켜 염색하는 방법이다.

8 온비경溫飛卿, 온정균溫庭筠, 812?~866년, 「보살만菩薩蠻」, "新貼繡羅襦, 雙雙金鷓鴣".

삽도86 당대 돈황 벽화 〈악정괴 부인행향도〉 집안 시녀 부분(범문조 모사본)

삽도87 당대 돈황 벽화 「악정괴 행향도」(범문조 모사본)

는데, 여기서 '첩수라유貼繡羅襦'가 바로 이런 방식으로 만든 옷이다. 이런 가공 기술은 당대에 주로 장유帳帷나 좌점坐墊 등에 많이 사용되었고, 의복에서는 흔히 볼 수 있는 것이 아니다. 제화提花, 인화印花, 날염, 니금은泥金銀 가공 기술이 점점 발전하면서 퇴릉첩견법은 비용이 많이 든다는 제한이 있기 때문에 결국 점차 사라지고 말았다. 그림 129에 보이는 것은 일반적인 자수에 가까운 것들이 대부분이며, 소족절지화小簇折枝花가 가장 흔히 보이는 문양이다. 꽃문양을 넣지 않거나 또는 옷감 자체에서 은은하게 꽃문양이 드러나는 본색암화능라本色暗花綾羅에 속한 것들도 있는데, 벽화라는 한계로 인해 문양이 또렷하게 보이지 않을 뿐이다.

당대 회화에서 투액라의 그림은 오직 여기서만 보인다. 이후 머리띠의 일종인 늑자勒子로 바뀌어 송, 원, 명·청대에 이르기까지 지속적으로 사용되었다. 젊은 부녀자들은 장식품, 그리고 중년이나 노년 여인들은 주로 방풍이나 방한용으로 사용했다. 위로 황후나 비빈부터 아래로 어촌의 아낙네를 비롯한 일반 백성들까지 두루 사용하여 널리 유행했다. 머리에 유모帷帽가 달려 있는 머리쓰개인 개두蓋頭도 송대에 성행했는데, 자색 비단으로 좀 더 아름답게 제작한 것은 '자라개두紫羅蓋頭'라고 불렀다. 명·청대 이후에도 혼례할 때 신부가 착용하기도 했는데, 서남부 소수민족은 지금도 이런 개두를 활용하고 있다. 다만 방식이 조금씩 달라 십자수를 놓아 보다 정교하게 장식한 것도 있다. 강남 일대의 농촌 부녀자들은 지금도 외출할 때 개두를 쓰곤 하는데, 평소 사용하는 앞치마위군圍裙처럼 나름대로 아름답게 장식하여 보기에도 산뜻하고 아름답다.

당대 〈괵국부인유춘도虢國夫人遊春圖〉

그림130 (당) **개원, 천보 시기에 화려하게 장식한 말안장을 올려 놓은 말을 탄 귀족 부녀와 노복**
(송 휘종이 장훤張萱의 그림을 본떠 그린 「괵국부인춘유도」라고 알려져 있다)

그림131 (당) **개원, 천보 시기에 화려하게 장식한 말안장을 올려 놓은 말을 탄 귀족 부녀와 노복**
(송 휘종이 장훤張萱의 그림을 본떠 그린 「괵국부인춘유도」라고 알려져 있다)

〈괵국부인유춘도虢國夫人遊春圖〉괵국부인이 봄 나들이하는 그림는 요녕성 박물관에 소장되어 있다. 당대 장훤張萱이 그리고 송 휘종徽宗 조길趙佶이 재차 그렸다고 알려져 있다.

말을 탄 남녀 시종 8명이 행진하고 있는 그림인데, 옷차림이 단아하고 인물의 모습이 침착하고 여유가 있다. 말안장이 특히 정교하고 아름답게 치장되어 있다. 일찍이 당대 시인 장호張祜는 "괵국부인 군주의 은총 입어 날이 밝자 말 타고 궁문으로 들어가네. 연지와 백분이 미모 가릴까 꺼려, 엳게 눈썹만 그리고 지존을 알현하네"[1]라고 풍자했는데, 마치 그 시를 그림으로 그린 듯하다. 『구당서』「양귀비전楊貴妃傳」에 보면 이런 기록이 나온다.

> ……자매 세 사람이 모두 재능과 용모가 뛰어나 현종이 각기 부인의 봉호를 내렸다. 장녀인 대이大姨, 큰 언니, 姨는 부인의 자매 한국韓國, 셋째는 괵국虢國, 여덟 번째는 진국秦國 부인에 봉했다. 아울러 은택을 입어 하고 아울러 은택을 입어 궁액宮掖, 비빈이 거처하는 곳에 출입하니 권세가 천하를 기울일 만했다.…… 세 명의 부인들에게 매해 천관千貫, 관貫은 엽전 1천 개을 지급하여 지분脂粉, 연지와 백분 비용으로 쓰도록 했다.

현종은 매년 10월 화청궁華清宮에 행차할 때면 양 씨 집안의 국충國忠과 귀비의 자매 등 다섯 집안 사람들이 뒤따랐다. 매 집안마다 대열을 이루되 같은 색의 옷을 입어 다섯 집안이 하나의 대열로 합쳐졌다. 그 모습이 마치 온갖 꽃이 환하게 핀 것 같았다. 오가는 길에 비녀며 신발을 잃어버리고, 푸른 옥과 진주, 비취를 떨어뜨려 길이 찬란하게 반짝거렸다.[2]

시인 두보가 천보 12년에 쓴「여인행麗人行」도 본 그림과 서로 참조할 만하다.

> 삼월 삼짇날 양춘이라 날씨 화창하여
> 장안 곡강曲江 물가에 수많은 미인들 모였네.
> 자태 농염하고 의기 높으며 얌전하고 참되나니
> 곱고 매끄러운 피부에 균형 잡힌 몸매로다.
> 수놓은 비단 옷 저무는 봄빛에 빛나고
> 금실로 수놓은 공작에 은실로 수놓은 기린이로다.
> 머리는 무슨 보석으로 장식했나?
> 비취옥으로 만든 머리 장식 귀밑까지 내려왔네.
> 등 뒤에 보이는 것은 무엇인가?
> 주옥 상감한 허리띠 몸에 꼭 맞는다네.
> 구름 같은 휘장 안에 있는 이들 후비의 친척이라

1 장호張祜,「집령대集靈臺」제2수, "虢國夫人承主恩, 平明騎馬入宮門. 却嫌脂粉污顔色, 淡掃蛾眉朝至尊". 집령대는 한 무제가 신선을 영접한다고 화음華陰에 지은 궁전이다. 한 무제가 서왕모가 3년 뒤에 온다는 약속을 믿고 지었다고 하는데, 시는 한 무제를 빗대 현종의 처신을 풍자하고 있다. 괵국부인은 양귀비의 언니이다.

2 『구당서』「양귀비전」, "……有姊三人, 皆有才貌, 玄宗並封夫人之號, 長曰大姨封韓國, 三姨封虢國, 八姨封秦國, 並承恩澤, 出入宮掖, 勢傾天下.……三夫人歲給錢千貫, 爲脂粉之資". "玄宗每年十月幸華清宮, 國忠姊妹五家扈從, 每家爲一隊, 着一色衣, 五家合隊, 照映如百花之煥發. 而遺鈿墜舄, 瑟瑟珠翠, 燦爛芳馥於路."

괵국부인, 진국부인 작위 받았네.

청흑색 끓는 솥에선 갈색 낙타봉 요리 나오고

수정쟁반엔 신선한 은빛 생선 담겨 있네.

그녀들 상아 젓가락 만지작거리기만 할 뿐이니

주방장 괜스레 난도鸞刀, 난령이 달린 칼 들어 칼질만 하는구나.

……

나중에 온 관리양국충 어찌나 교만한지

수레에서 내리자 비단 밟고 장막으로 들어서네.

양화楊花는 눈처럼 휘날려 부평초를 뒤덮고

청조서왕모의 사자는 날아오르며 땅에 떨어진 붉은 수건 입에 물었네.

손 데일 만큼 기염氣焰 토하는 양 씨 집안의 권세 비할 바 없나니

절대로 그 근처에 얼찡거려 승상의 화를 돋우지 마시오.[3]

당시 양 씨 일가의 사치와 낭비, 사생활의 문란과 부패에 대한 폭로이자 풍자이다. 그래서 옛 사람들은 동일한 그림을 이 시의 제목에 따라 '여인행'이라고 부르기도 했다.[4] 『선화화보宣和畫譜』에 따르면, 양 씨 자매의 부패하고 사치스러운 생활과 이백과 두보의 시에 나오는 풍자를 주제로 삼아 그린 그림이 북송 시절에만 세 종류가 있었다고 한다. 그러나 구체적으로 어떤 것이 같고 다른지 현재는 알 수 없다. 이외에도 〈귀비야유도貴妃夜遊圖〉, 〈귀비납량도貴妃納涼圖〉귀비가 더위 피하는 그림, 〈양비상마도楊妃上馬圖〉 등이 양귀비를 소재로 삼아 그린 그림이다. 주방周昉이 그렸다는 〈잠화사녀도簪花仕女圖〉는 혹시 송대 사람이 〈귀비납량도〉를 바탕으로 덧그린 것이 아닌지 모르겠다. 〈상마도上馬圖, 양비상마도〉 역시 후인의 모작이다. 옷차림으로 보건대, 제작 시기는 틀림없이 후대이다.[5]

본 그림에 남장男裝한 세 사람이 나온다. 타고 있는 말의 갈기를 세 부분으로 나누어 땋은 것마전삼종馬剪三鬃을 보면 그 중에 한 사람이 괵국부인이다. 『당서唐書』의 기록에 따르면, 그 중에 필시 양국충楊國忠이 있을 것이다. 『구당서』에 "다섯 집안 사람들이 뒤따랐다. 매 집안마다 대열을 이루되 같은 색의 옷을 입어 다섯 집안이 하나의 대열로 합쳐졌다. 그 모습이 마치 온갖 꽃이 환하게 핀 것 같았다"라고 했고, 소설에도 "각기 준수한 용모의 황문黃門이 말을 끌었다"는 말이 나오니 남장을 한 이들은 젊고 준수한 용모의 황문궁

3 두보, 「여인행」, "三月三日天氣新, 長安水邊多麗人. 態濃意遠淑且眞, 肌理細膩骨肉勻. 繡羅衣裳照暮春, 蹙金孔雀銀麒麟. 頭上何所有, 翠微㔩葉垂鬢脣. 背後何所見. 珠壓腰衱穩稱身. 就中雲幕椒房親, 賜名大國虢與秦. 紫駝之峰出翠釜, 水精之盤行素鱗. 犀箸饜飫久未下, 鑾刀縷切空紛綸.……後來鞍馬何逡巡, 當軒下馬入錦茵. 楊花雪落覆白蘋, 青鳥飛去銜紅巾. 炙手可熱勢絶倫, 慎莫近前丞相嗔".

4 원주 이외에 「여인행」이란 제목의 그림이 또 하나 있다. 궁전을 배경으로 일군의 남녀 시종들이 말을 타고 행진하고 길가에 여러 사람들이 구경하는 그림이다. 중당이나 송대 사람이 두보의 시를 근거로 그린 것인데, 주제의 핵심을 파악하여 그린 이 그림만 못하다.

5 소련지금의 러시아에 소장되어 있는 〈양비출욕도楊妃出浴圖〉는 명대 무명 화가에게 위탁하여 그린 그림이 분명하다. 화필이 심히 속되고 추하기 때문이다.

감黃門宮監, 황제와 그 일가의 시중을 드는 관원. 주로 환관이 맡음일 수도 있다. 하지만 연구자들마다 각기 주장이 달라 아직 정설이 없다. 마호馬縞의 『중화고금주中華古今注』 권중, 「멱리羃䍦」에 따르면, "개원 초기에 궁인들이 말을 탈 때 호모를 쓰고 단장한 얼굴을 노출하였는데, 사인들이나 서민들이 이를 본받았다. 천보 연간에 사인들의 처들이 남편의 웃옷과 모자를 착용하여 내외가 똑같았다".[6] 다만 『중화고금주』에서 오래 전의 일에 관한 내용은 견강부회한 부분이 적지 않아 믿기 어렵지만 당시의 일은 오히려 비교적 믿을 만하다. 여인들의 남장은 비교적 이른 시기에 궁정에서 유행했다. 벽화에서 매우 분명하고 구체적인 그림을 확인할 수 있다. 마전삼종이나 오종五鬃 등은 당시 제도일 뿐 반드시 말을 탄 이의 신분을 나타낸다고 말할 수 없다. 그림에 나오는 사람들은 모두 건강하고 잘 훈련된 말을 타고 있으며, 당시 가장 화려하게 치장한 금은 장식의 말안장에 수를 놓은 장니障泥를 매달고, 오초공조대五鞘孔絛帶[7]를 달고 있다. 이는 당시 제도에 완전히 부합하는 형태이다. 앞에 있는 말에 달려 있는 4개의 조대絛帶는 다른 것에 비해 짧은데 당대에 이미 정형화된 조대와 비교한다면 일종의 파격이라고 할 수 있다. 그렇기 때문에 당시 모종의 특수한 상황으로 인해 화가가 의도적으로 그렇게 그린 것이 아니라면 후대 사람이 모사하면서 부주의하여 잘못 그린 것이다.[8] 또한 시대는 부합하나 제도를 따르지 않은 경우도 있다.

예를 들어 소릉昭陵 육준六駿 석각과 삼채三彩 도마용陶馬俑은 훼손을 방지하기 위해 조대絛帶를 의도적으로 짧게 줄였다. 하지만 당대의 정해진 제도에 따르면, 안구鞍具, 말안장에 딸린 여러 가지 기구의 후교後橋 오초공五鞘孔에 부착된 조대 가운데 네 줄은 일반적으로 길이가 말의 배 부분까지 내려오고, 뒤쪽에 있는 한 줄은 약 2촌 정도 길다. 요遼나라의 경우 이러한 안구 제도를 답습하여 폐지하지 않았다. 그래서 열하熱河의 요나라 시대 분묘에서 출토된 금은으로 장식한 화려한 말안장의 전, 후교의 실물과 그 밖의 벽화에서 이런 모습을 확인할 수 있다. 송대 안구는 등급이 상당히 복잡해서 가격도 천차만별이었다. 가장 특별한 것은 금은으로 화려하게 장식한 안장으로 당대 제도를 그대로 따랐으며, 값어치가 은銀 80냥또는 180냥이라고도 한다에 달했다. 현령은 주로 은을 박은 쇠안장을 사용했는데, 은량으로 12냥 정도였다고 하니 앞서 말한 말안장이 얼마나 화려했는지 짐작할 수

6 마호馬縞, 『중화고금주』 권중, 「멱리羃䍦」, "開元初, 宮人馬上胡帽靚裝露面, 士庶咸效之. 至天寶年中, 士人之妻着丈夫靴衫鞭帽, 內外一體也".

7 오초공조대五鞘孔絛帶는 말 장식품의 일종이다. 말안장 뒤편 양쪽에 달린 교橋에 각기 5개의 살구 씨처럼 생긴 작은 구멍이 있으며, 여기에 다섯 개의 끈을 연결하여 말의 배 아래쪽으로 내려뜨려 장식한다. 조대絛帶는 명주실로 직조한 무늬 있는 테두리나 납작한 띠로 주로 옷 장식에 사용한다. 하지만 여기서는 말의 엉덩이 부위에 내려뜨린 말 장식품을 말한다.

8 〈원주〉 벽화에서 제도에 부합하지 않게 그린 그림이 있다. 예를 들어 새로 발굴된 장회태자章懷太子 분묘 벽화 〈격마구도擊馬毬圖〉의 경우가 그러하다.

있다.

송대 안구에서 두드러진 점은 오조대五絛帶를 없앴다는 것이다. 그래서 북송시대 궁소연宮素然의 작품으로 알려진 〈명비출새도明妃出塞圖〉에서 말안장에 오조대를 그려 넣고 명비의 허리 사이에 첩섭대鞊韘帶 장식을 그린 것은 분명 잘못이다. 사실 북송인들은 이처럼 무지하지 않았을 것이니, 이는 완전히 오초공五鞘孔 제도를 몰랐던 화가 때문이다. 원나라 초기 화가로 말을 그리는 데 뛰어났던 조자앙趙子昂 부자가 그린 말의 안구에서도 여전히 오초공五鞘孔이 보인다. 사실 오초공 제도는 원대에 이미 폐지된 상태였기 때문에 그림에서 이를 그렸다는 것은 화가가 당대 사람의 그림을 임모臨摹했기 때문이지 당시 모습을 사실대로 반영한 것이 아니다.

당대 장훤張萱 〈도련도搗練圖〉 부분

그림132 (당) **높은 올림머리를 하고 피백을 둘렀으며, 소매가 좁은 윗옷과 긴 치마를 입고 비단을 다림질하고 있는 궁정 부녀자.**(송대 휘종이 모사한 장훤의 〈도련도〉로 알려져 있다)

그림은 〈도련도〉다듬이질과 다림질하는 그림에서 부녀자들이 다림질을 하고 있는 부분이다. 원화는 당대 화가 장훤이 그렸으며, 송 휘종 조길趙佶이 임모한 것으로 현재 미국 보스턴미술관에 소장되어 있다. 긴 두루마리 그림으로 궁정 귀족 부녀자들이 명주 비단을 다듬는 과정을 그리고 있는데, 다림질연錬, 다듬질도搗, 바느질 등의 모습이 나온다. 배경은 따로 없고, 부녀자들의 옷차림이 세밀하게 묘사되어 있는데, 가는 채색무늬를 넣거나 홀치기 염색撮暈染花纈을 활용했다.

방직공예는 봉건 사회의 경제에서 매우 중요하고 또한 기본적인 분야이다. 그래서 일찍부터 그림의 소재로 등장하여 전국시대 청동기에 뽕잎

을 따는 모습이 보이기도 한다. 아마도 이는 "아낙네들 대광주리 들고 오솔길 따라 연한 뽕잎 따러가네"[1]라는 『시경』「칠월七月」의 시의詩意를 묘사한 것일 터이다. 직조기의 모습은 한대에 들어와서야 비로소 나타나는데, 무씨사武氏祠 석각이나 효당산孝堂山 석각, 등현滕縣 석각, 그리고 사천에서는 상림桑林 전각磚刻 등 석각에서 주로 발견된다. 비교적 후대의 것으로 남송시대 모익牟益이 그렸다는 〈도련도搗練圖〉가 있다. 장훤의 그림을 모본으로 삼았다고 하는데, 그림의 내용에 나오는 항목이 더 많다. 옷차림의 화풍은 중당이나 만당 시절 주방周昉, 618~907년, 당대 궁정화가의 것에 가깝다. 또한 회남淮南에서 출토된 북송 시절 분묘의 벽화에도 이와 유사한 내용이 그려져 있는데, 옷차림은 완전히 북송시대 양식이다. 이외에도 송대 유송년劉松年이 그린 〈모시도毛詩圖〉, 〈사륜도絲綸圖〉, 무명씨가 그린 〈궁잠도宮蠶圖〉 두루마리 그림, 남송시대 누숙樓璹, 1190~1162이 그린 〈경직도耕織圖〉의 석각 등도 모두 방직 생산을 반영하는 그림들이다. 이 가운데 누숙의 석각이 보전 상태가 가장 좋으며, 후세의 영향 또한 비교적 크다.

이 그림에 나오는 여인들은 대부분 소매가 좁은 상의에 긴 치마를 입고 있으며, 치마의 윗단이 흉부까지 올라와 있다. 이는 모두 성당의 양식이다. 긴 눈썹은 수려한 눈, 높게 올린 머리에 네다섯 개의 작은 빗을 꽂고 있다. 두발 형태가 약간 차이가 나는 것을 제외하고 나머지는 백거이의 시 「상양인上陽人」에서 읊었던 개원, 천보 연간의 궁중 평상복과 거의 비슷하며, 이후 원화 연간의 '시세장時世妝'과는 확연히 다르다. 이 그림에 나오는 옷차림이나 두발 형태는 개원 시절 궁정 비빈의 일상복 양식인 듯한데, 머리에 아직

1 『시경』「국풍」「빈풍豳風」, 「칠월」, "女執懿筐, 遵彼微行, 爰求柔桑".

가발을 착용하지 않은 것으로 보아 장훤의 그림이라는 것이 비교적 믿을 만하다.

화제畫題는 남북조 시인들이 흔히 사용하던 소재에서 가져와 좀 더 발전시켰다. 예를 들어 북주北周 시인 유신庾信은 시에서 이렇게 읊었다.

> ……
>
> 북당의 세요細腰 절굿공이 치고
>
> 남방 여인 다듬이질 하네.
>
> 두들기는 소리 박자에 맞아
>
> 북치는 수고 필요 없고
>
> 조화로운 소리에 거문고도 필요 없네.
>
> 연지루 가지런히 묶고
>
> 장명침 짝을 이루어 꿰맨다네.
>
> 창루娼樓, 기원에선 그 소리에 놀라 이별을 원망하고
>
> 지나가는 손님 울적한 마음 움직였다네.
>
> 하여 함께 죽엽 잔 들고
>
> 서로 주고받으며 술 가득 채웠지.
>
> 치마 옷자락은 길면 아니 되고
>
> 적삼의 소매는 마땅히 짧아야 하리.……[2]

시의 내용이 모두 이 그림에 반영되어 있다. 옷차림은 성당의 양식에 속하며 비단의 문양 가운데 비교적 분명하게 드러나는 대활훈염힐大撮暈染纈, 홀치기 염색기법, 구자릉龜子綾, 능자식棱子式 저포능樗蒲綾[3] 등도 전형적인 성당 시대의 산물이다. 그러나 후세 사람들은 그림에 나오는 인물이 조식曹植의 「낙신부洛神賦」에 나오는 "올림머리가 구름처럼 높이 솟았다雲髻峨峨"는 어의語義와 비슷하며 화의畫意 또한 유자산庾子山, 자산은 庾信의 자의 시와 비슷하다고 하여 남조 사람의 옷차림이라고 오해했다. 예를 들어 명대 문인 양신楊愼, 1488~1559은 『단연총록丹鉛總錄』에서 "옛 사람이 옷을 두드리는데 두 여인이 절굿공이를 든 것이 마치 쌀을 빻는 것과

2 유신庾信, 「야청도의시夜聽擣衣詩」, "……北堂細腰杵, 南市女郎砧. 擊節無勞鼓, 調聲不用琴. 並結連枝縷, 雙穿長命針. 倡樓驚別怨, 徵客動愁心. 同心竹葉椀, 雙去雙來滿. 裙裾不奈長, 衫袖偏宜短". 몇 가지 전고가 있다. 『수신기搜神記』에 따르면, 하문何文이란 사람이 밤늦게 북당北堂에 들어갔는데, 들보 위에서 높은 관을 쓰고 붉은 머리쓰개를 두른 이가 '세요細腰'를 부르자 세요가 대답했다. 하문이 세요에게 누구냐고 묻자 세요가 답하길, 자신은 절굿공이로 부엌 아래에 있고, 들보에 의관을 차린 것은 모두 금으로 서벽 아래에 있다고 했다. 하문이 금을 파서 절굿공이를 만들어 큰 부자가 되었다. 시에 나오는 '북당'과 '세요저'는 바로 이런 뜻이다. 또한 『수경주水經注』에 보면 한수漢水 남쪽에 여랑산女郎山이 있는데, 산 위에 여랑의 무덤이 있어 그 길을 여랑도女郎道라고 불렀다. 아래 사당과 도의석擣衣石이 있다. 전하는 말에 따르면 그녀는 장로張魯의 딸이라고 한다. '세요저'와 '여랑침'은 다듬이질을 하는 여인이 가는 허리에 몸매가 아름다움을 비유한 것이기도 하다. '연지루連枝縷'와 '장명침長命針'의 전고는 『서경잡기西京雜記』에 나온다. 척부인戚夫人의 시녀 가패란賈佩蘭이 말하길, 궁정에서 7월 7일이 되면 오색실을 서로 묶곤 했는데, 이를 서로 사랑이 이어진다는 뜻에서 상련애相連愛라고 불렀다. 8월 4일 대나무 아래에서 바둑을 두었는데, 진 사람은 평생 병에 시달린다고 하여 오색실을 가져다 북두칠성에게 기원하면 면할 수 있다고 했다.

3 수·당대 직물의 재료는 사絲, 면棉, 모毛, 마갈麻葛 등 네 종류이다. 그중에서 비단은 명주실, 즉 사絲로 만들었으며, 겸縑, 사紗, 나羅, 곡縠, 능綾, 환紈, 기綺, 금錦 등 다양한 종류가 있다. 그중에서 겸과 사는 보통 비단으로 주로 평문平紋으로 직조한 것이고, 이외에 다른 것들은 모두 고급 비단이다. 특히 곡縠은 표면이 약간 주름진 비단으로 월주越州의 특산이다. 원문에 나오는 능綾은 표면이 얼음처럼 매끈한 비단으로 전체 30여 종에 이른다. 그중에서 구자릉은 풍주澧州의 특산이고, 저포릉은 재주梓州, 수주遂州의 특산이다.

같았다. 일찍이 육조 사람이 옷을 다듬질하는 그림을 본 적이 있는데, 그 형태가 이와 같았다"[4]라고 했다. 대대로 전해지는 옛 그림 중에서 오직 이 그림만 옷을 두드리는 막대기를 절굿공이처럼 세로로 세워 사용하고 있으니, 분명 명대 박학다문으로 유명한 양신이 이 그림을 본 것이 틀림없다.

당대 부녀자들은 올림머리에 아주 작은 빗 몇 개를 꽂아 장식했다. 금이나 은, 무소뿔이나 상아, 옥 등으로 특별히 신경을 써서 만든 것은 반월형의 빗등을 일부러 노출시켰다. 많게는 10개까지 꽂는 경우도 있었다실물이 출토되었다. 그래서 당대 시에 "무소뿔로 만든 빗 비스듬히 꽂으니 귀밑머리 쪽으로 반쯤 처졌네"[5]는 말이 나왔으며, 원진元稹, 779~831은 「한장성恨妝成」에서 "머리 가득 작은 빗 꽂고 얼굴에 둥근 보조개 그렸네"[6]라고 읊었고, 왕건王建, 768~835은 「궁사宮詞」에서 "돌아가려 하니 머리빗을 선물로 주시네歸來別賜一頭梳"라고 노래했던 것이다. 또한 온정균은 사詞에서 "겹겹으로 늘어선 작은 산 금빛이 반짝이고, 구름같이 흐트러진 머릿결 눈 같은 피부를 덮었네"[7]라고 하였는데, 이는 당시 부녀자들의 머리에서 반짝이는 금빛 작은 빗을 묘사한 것이다. 당·오대 그림에도 이런 작은 빗이 자주 등장하는데, 이 그림과 삽도에서도 이를 확인할 수 있다. 작은 빗으로 머리를 장식하기 시작한 것은 성당 시절이며, 중당, 만당 시절에도 계속 유행했다.

장식용 빗은 한 개가 아니라 더 많을 수도 있었지만 전체적인 추세는 점차 감소하고 대신 규격이 점차 커졌다. 초기 빗의 형태는 기본적으로 한대漢代의 것과 비슷했다. 한대의 빗은 주로 '[illegible]'처럼 생겼는데, 당대에는 일반적으로 '[illegible]' 형태로 초승달처럼 생겼다. 이후 북송 시절에는 돈황 벽화에서 볼 수 있는 '[illegible]' 형태로 대략 한 척 정도 되는 네모난 빗이 등장했다. 빗의 형태는 점점 커지고 대신 명목을 점차 감소하여, 성장했을 때 많으면 4개, 적으면 한두 개를 이마 앞에 꽂았다. 중원 지역은 일반적으로 한 개의 빗을 꽂는 것이 대세였는데, 두발 형태가 점점 높아지면서 빗의 크기도 따라서 커졌다. 송대 인종 시절 궁중에 흰 뿔로 만든 빗이 유행했는데, 큰 것은 거의 1척 2촌에 달했다. 그래서 송대 사람 왕영王栐이 편찬한 『연익이모록燕翼貽謀錄』에 따르면, 인종仁宗 시절에 금령을 내려 두발의 높이는 3척三尺, 흰 뿔 빗은 큰 것이 1척 2촌을 넘지 못하도록 법령으로 금지시켰으나 효력을 발휘하지 못했다. 상층부 부녀자들 사이에서 유행하던 것을 일반 서민 아낙네들까지 따라했으니 어찌할 수 없었을 것이다.

북송 초기 오대의 두발 형식과 옷차림을 그대

4 양신楊愼, 『단연총록丹鉛總錄』, "古人搗衣, 兩女子執杵, 如舂米然. 嘗見六朝人畫搗衣圖, 其制如此".

5 당시 시가 아니라 송대宋代 사마유司馬槱의 사詞, 「황금루黃金縷」「첩본전당강상주妾本錢塘江上住」에 나온다. "斜插犀梳雲半吐." 하지만 이는 당대는 물론이고 송대에도 머리에 빗을 꽂아 장식했음을 보여주는 대목임에 틀림없다.

6 원진元稹, 「한장성恨妝成」, "滿頭行小梳, 當面施圓靨".

7 온정균, 「보살만菩薩蠻」「소산중첩금명멸小山重疊金明滅」, "小山重疊金明滅, 鬢雲欲度香腮雪".

로 반영하여 그린 〈야연도夜宴圖〉나 남송 화가가 그린 〈여효경도女孝經圖〉 등은 예전 그림을 모방한 것이기 때문에 그림에 나오는 부녀자들의 머리 위에 여전히 작은 머리빗이 많이 보인다. 심지어 머리 뒤쪽까지 빗을 꽂은 것을 보면 "머리 가득 작은 빗을 꽂았다滿頭行小梳"는 뜻을 제대로 이해하지 못해 실제와 부합하지 못한 것일 수 있다. 왜냐하면 송대 초기에 이미 중원 지역은 이처럼 작은 빗을 여러 개 사용하는 풍습이 더 이상 유행하지 않았기 때문이다. 돈황 송대 벽화에 나오는 부녀자의 머리를 보면 여전히 6개 또는 4개의 빗이 나온다. 또한 옷차림도 모두 만당 시절의 형식이다. 중원에서 멀리 떨어진 변방 지역은 여전히 이전 조대의 제도 영향에서 벗어나지 못했기 때문에 양식의 변화가 비교적 늦은 때문이다. 하지만 빗이 이전보다 커진 것은 분명 송대 유행을 따른 것이라 할 수 있다.

삽도의 뒤에 나오는 두 가지 그림의 원화는 당대 사람이 그린 그림인 듯하다.[8] 하지만 만약 빗의 형태나 크기 및 활용 방식으로 본다면, 틀림없이 송대 화가의 것일 터이다.

8 구체적으로 어떤 삽도插圖를 말하는 것인지 불분명하다. 만약 돈황 송대 벽화를 지칭한 것이라면 회남淮南에서 출토된 북송시대 분묘의 벽화인 듯한데, 본서에는 관련 삽화가 없다.

079

당대 높은 올림머리를 하고 성장한 부녀자

그림133 (당) 높은 올림머리를 하고 성장한 부녀 채색 도용(『세계도자전집世界陶瓷全集』에서 인용)

일본인이 편찬한 『세계미술전집』 제9「수당편隋唐篇」 도판圖版, 109쪽에 나오는 그림이다. 일본 학자는 이를 '예상우의霓裳羽衣'라고 제목을 붙였다. 하지만 여인의 복장이 시가에서 묘사한 예상우의와 일정한 거리가 있다. 두발 형태로 보건대, 제작 연대는 예상우의가 나오기 이전인 듯하다. 비록 무녀舞女에 가깝기는 하지만 예상우의와는 관련이 없다는 뜻이다.

예상우의무霓裳羽衣舞와 무곡舞曲이 만들어진 것은 현종 천보 연간이다. 그 내원에 관한 여러 가지 전설이 있다. 무곡은 나중에 〈바라문인婆羅門引〉 또는 〈법곡헌선음法曲獻仙音〉 등 당시 유행하던 종교 음악과 관련이 있는 것이 분명하다. 당대 시문에서 가무 복장에 대해 언급한 내용이 적지 않게 나오는데, 특히 직접 예상우의를 본 적이 있는 백거이는 자신의 시에게 이렇게 묘사했다.

> 탁자 앞에서 춤추는 무녀의 옥 같은 얼굴
> 세속의 옷은 가당치 않다네.
> 무지개처럼 아름다운 치마에 노을 같은 등거리피백披帛 두르고 보요관 썼나니
> 비녀와 구슬 목걸이 겹겹으로 두르고 패옥 딸랑딸랑 소리 나네.[1]

또한 정우鄭嵎의 「진양문시津陽門詩」 서序에도 예상우의와 관련된 내용이 나온다.

> ……또한 궁중 기녀에게 구기선계九騎仙髻, 두발 형태의 명칭로 머리를 빗고 공작취의孔雀翠衣를 입으며 일곱 가지 보석으로 장식한 목걸이영락瓔珞을 차도록 했는데, 이는 예상우의와 같은 복장이다. 곡이 끝나면 떨어진 구슬과 비취 등을 쓸어냈다.[2]

이상의 내용은 비교적 참고할 만하다.

당대 시인 위거의韋渠矣, 749~801가 쓴 「보허사步虛詞」를 보면, "새 깃처럼 가벼운 소매 붉은 봉새가 나는 듯 휘두르고, 저녁노을처럼 붉은 한삼 무지개 끄는 듯하네. 회오리바람 타고 아득히 높은 하늘로 올라 아래 망선궁望仙宮을 바라보네"[3]라고 하였으니 춤을 출 때의 모습이 어떠했는지 능히 짐작할 수 있다. 또한 『당어림唐語林』에는 이런 내용이 나온다.

> 선종宣宗은 음률에 정통하여 매번 연회를 하사하기 전에 새로운 곡을 지어 궁녀들에게 연습토록 했다. 당일 수백 명이 비취 구슬에 수놓은 옷을 입고 대열을 나누어 손을 맞잡고 노래를 부르니, 그 소리가 맑고 애절하여 인간세상의 음조와 달랐다.……예상곡霓裳曲을 부를 때는 모두 번절幡節, 깃대의 일종을 잡고 깃털과 같이 가벼운 옷을 입어 나부끼는 모습이 마치 학이 구름 위로 날아오르는 듯했다.[4]

이런 기록은 삽도의 여러 가지 형태와 서로 관련이 있으나 이 그림과는 거의 공통점이 없다.

선종 시절은 비교적 후대이기는 하나 당시 추었던 춤이 기존의 예상무霓裳舞에서 온 것임을 미루어 짐작할 수 있다. 『당어림』에서 "번절을 잡고 깃털처럼 가벼운 옷을 입었다"고 했는데, 만약

1 백거이, 「예상우의가霓裳羽衣歌」, "案前舞者顔如玉, 不着人間俗衣服. 虹裳霞帔步搖冠, 鈿瓔累累珮珊珊".

2 정우鄭嵎, 「진양문시津陽門詩」 서序, "……又令宮妓梳九騎仙髻, 衣孔雀翠衣, 佩七寶瓔珞, 爲霓裳羽衣之類. 曲終, 珠翠可掃".

3 위거의韋渠矣, 「보허사步虛詞」, "羽袖揮丹鳳, 霞巾曳彩虹. 飄飄九霄外, 下視望仙宮"

4 『당어림』, "宣宗妙於音律, 每賜宴前, 必製新曲, 俾宮婢習之. 至日, 出數百人, 衣以珠翠緹繡, 分行列隊, 连袂而歌, 其聲清怨, 殆不類人間.……有霓裳曲者, 率皆執幡節, 被羽服, 飄然有翔雲飛鶴之勢".

정말로 그랬다면 전대의 그림이나 조소에서 이런 모습이 적지 않게 나왔을 것이다. 하지만 시가에서 묘사한 내용과 유사한 것은 북송시대 화가 무종원武宗元이 그렸다는 〈조원선장도朝元仙仗圖〉가 유일하다. 그 그림에 나오는 인물의 옷차림이나 손에 들고 있는 여러 가지 악기와 법기法器 등은 공통점이 비교적 많다.삽도 88

전하는 말에 따르면, 〈조원선장도〉는 북송 진종眞宗 시절 유명한 경령궁景靈宮 또는 옥청소응궁玉清昭應宮 벽화의 분본粉本, 밑그림이라고 한다. 『송조기실宋朝紀實』, 『도서견문지圖畵見聞志』 등에 따르면, 당시 천하에서 그림을 잘 그리는 화가들을 불러 모아 조를 나누어 벽화를 그리도록 했는데, 화가들이 경쟁하느라 밤낮을 가리지 않았다. 무종원은 조장으로 한 곳의 벽화를 맡은 화가였다. 그림의 주제는 제천諸天이 현천상제玄天上帝를 참배하는 것이었다. 여기서 '현천상제'란 노자老子를 지칭한다. 『봉씨견문기封氏聞見記』의 기록에 의하면, 당일 길선행吉善行이란 자가 자신이 직접 노자를 뵙고 전하는 말이라고 하면서 지금 천자는 자신의 후손으로 좋은 황제가 되면 백년을 재위할 것이라고 말했다고 한다. 당대에 도교를 적극 선양하고 외래 종교인 불교를 억제하기 위해 이처럼 신묘한 이야기를 꾸며 노자 이이李耳를 현원황제로 삼고 천하의 여러 도관道觀에서 제사를 지냈다. 당시 여산驪山에 행궁行宮, 별궁을 지을 때도 별도로 조원각朝元閣을 지은 것도 이와 관련이 있다. 『당어림』에서 "조원각은 북령北嶺에서 가장 높은 곳에 자리하고 있다. 그 다음 남쪽에 장생전長生殿을 지었다"[5]고 한 것을 보면 조원각이 당시 양귀비가 거주하던 장생전과 가까이 있었음을 알 수 있다. 〈조원선장도〉는 원래 조원각의 벽화인데, 원작은 오도자吳道子 등 유명 화가가 그렸다. 당시 천하에 천 개를 넘는 도관이 자리하고 있었으니 이 벽화를 모사한 그림이 틀림없이 적지 않았을 것이다. 예를 들어 두보는 북망北邙의 노자묘老子廟, 현원황제묘 벽화壁畫를 보고 "(벽화에 그려진) 면류관은 빼어나게 아름다워 임금의 위세를 드러내고, 온갖 깃발 바람 따라 날아오르네"[6]라고 찬미했다.

또한 밑그림도 어느 정도 남아 있었을 것이다. 송대 초기 통치자들은 종교를 이용하여 내적으로 백성들을 우매하게 만들고 외적으로 거란을 구슬렸다. 권신 정위丁謂와 왕단王旦 등의 무리들과 모략하여 '천서天書'를 위조하여 궁궐 전각 아래 묻어두고, 전국의 장인들을 모아 옥청소응궁을 짓고 가짜 천서를 받드는 제사를 지냈다. 대량의 명화와 법서를 수집하여 궁 안을 채우는 한편 1천 3백여 간間 전당殿堂마다 각종 서로 다른 벽화를 그렸다. 무종원은 북송 화가로 종교화를 주로 그렸기 때문에 당연히 모본을 가지고 있었을 것이다. 그렇다면 그가 보고 그린 원본은 성당 시대 도교와 관련된 종교화였을 가능성이 농

5 『당어림』, "朝元閣在北嶺之上, 最爲嶄绝. 次南即長生殿".

6 두보, 「동일낙성배알현원황제묘冬日洛城北謁玄元皇帝廟」, "冕旒俱秀發, 旌旆盡飛揚". 낙성북洛城北은 낙양성 북쪽에 있는 북망산北邙山을 말한다. 동경東京 낙양의 현원황제묘는 그곳 취운봉翠云峰에 자리하고 있다.

삽도88 〈조원선장도朝元仙仗圖〉 악부樂部

후하다. 그림은 시대를 반영하여 기물이나 옷차림 등 물질적인 것뿐만 아니라 당시 사회 배경까지 담기 마련이다. 이런 점에서도 북송 화가가 그린 그림 역시 그저 상상만으로 날조한 것일 수 없다.

『당회요唐會要』에서 언급하고 있다시피 당대에는 여러 신명이나 부처를 장식하기 위한 도자기 제작을 전담하는 견관서甄官署 아래 특별히 야국冶局을 설치하여 채색 유리구슬 등을 구워 전국의 불상 등을 장식하는 데 사용했다 그렇기 때문에 당대 불상은 영락瓔珞을 목에 걸지 않은 것이 없다. 용문석굴에 있는 대형 석각봉선사奉先寺 석굴에 있는 두 명의 천왕天王의 경우도 예외가 아니다. 관음보살 역시 영락을 몸에 걸치고 있으며, 불가나 황실에서 쓰는 의장용 우산인 보개寶蓋나 불교 의식용 깃발인 번당幡幢도 주옥을 장식했다. 실물은 남아 있는 것이 드물지만 돈황 벽화에는 매우 분명하고 구체적으로 그려져 있다. 춤을 추거나 노래를 부르는 여인의 머리나 보개 위에도 주옥이 없는 경우가 없다. 만당 시절 궁정 악공이었던 이가급李可及은 동창공주同昌公主의 죽음을 애도하면서 '탄백년무嘆百年舞'를 창작했는데, 그 춤이 끝나면 무녀들이 떨어뜨린 구슬이 땅에 가득했다고 한다. 이러한 구슬 역시 국가가 특별히 설치한 곳에서 만든 인조 오색 유리구슬이었다. 당대에 하늘의 신선이나 용녀龍女를 그릴 때 특히 머리 부분에 장식을 많이 했던 것은 개원, 천보 연간의 일이다.

삽도 88을 당대 시가와 서로 비교해보면, 당시 궁중에서 유행했던 예상우의무와 분명 연관이 있다. 『당어림』 권7에 우의무羽衣舞와 도교의 관계에 대해 언급한 내용이 나온다.

낙양 정평방政平坊[7]에 자리한 안국관安國觀, 옥진공주의 저택이자 도교사원은 명황明皇, 현종 시절 옥진공주가 세웠다. 문루門樓의 높이는 90척이고, 기둥 끝에 기울어진 것이 없었다기둥 끝에 두공枓拱(기둥 위에 지붕을 받치며 차례로 올린 건축구조물)이 없었다는 뜻임. 궁전 남쪽 정사원精思院에 옥을 다듬어 천존天尊, 원시천존과 노군老君, 태상노군 상像을 만들고, 엽법선葉法善, 나공원羅公遠, 장과張果 선생모두 도사들임이 벽에 그림을 그렸다. 정원의 남쪽 연못에 어거御渠의 물을 끌어들이고 돌을 쌓아 봉래, 방장, 영주 등 삼신산을 만들었다. 여관女冠들은 대부분 상양궁上陽宮 사람들이다.……함통咸通, 당 의종懿宗 연호, 860~874 연간에 어떤 서생이 말하길, 산과 연못에서 보허步虛, 도사가 독경할 때 쓰는 곡조 소리와 생황, 경쇠 소리를 들은 적이 있다고 했다. 노상서盧尙書, 성명미상가 시를 지어 이렇게 읊었다. '저녁햇살 비단 창가에 비추니 아지랑이처럼 먼지 피어오르고, 푸른 소나무 전각을 둘러 봄 온 줄도 모르네. 흰머리로 독경하는 이들 바라보니 절반이 궁중에서 가무하던 이들일세.'[8]

7 정평방正平坊은 동네 이름이다. 수당 시절 낙양성 안에 자리한 대표적인 동네이다. 그 안에 공자묘孔子廟, 국자감國子監 등이 있었다고 한다.

8 『당어림』 권7, "政平坊安國觀, 明皇時玉眞公主所建, 門樓高九十尺, 而柱端(正)無斜. 殿南有精思院, 琢玉爲天尊老君之像, 葉法善, 羅公遠, 張果先生並圖形於壁. 院

현종의 동모同母, 예종睿宗의 덕비德妃 자매인 금선金仙과 옥진玉眞 공주는 모두 출가하여 도교에 입문했다. 자신의 저택을 도관道觀으로 개조하고 궁정에서 오락을 담당하던 궁녀들도 출가하여 여도사가 되도록 했다. 그렇기 때문에 삽도는 성당 시절 예술의 수준을 반영하는 것임과 동시에 당시 궁정 생활의 극단적인 어둠의 일면을 보여주는 것이기도 하다. 이는 당대 벽화의 밑그림이자 일군의 궁녀들을 억지로 출가시켜 도관에 상주하도록 하면서 매일 현원황제인 노자를 참배하고, 보허사步虛詞를 노래하며, 〈법곡헌선음法曲獻仙音〉을 연주하면서 예상무霓裳舞를 추도록 했던 바로 그 장면을 묘사한 것이다. 이는 또한 '조원선징朝元仙仗'이란 네 글자의 확실한 주석註釋이기도 하다.

그림 133에 나오는 채색 도용은 비록 무기舞伎의 모습이나 예상우의霓裳羽衣와 거의 관련이 없는 듯하다. 〈조원선장도〉에 나오는 두발 형태는 당대 초기의 양식이다. 또한 돈황 벽화에서 천선天仙, 용녀의 머리에 쌍갈래로 높이 틀어 올린 쌍환雙鬟에 여러 개의 구슬 장식을 꽂은 모습이 〈조원선장도〉과 매우 비슷하다. 이는 〈조원선장도〉의 모본이 성당 시절에 나왔다는 사실을 방증한다. 예상우의 '곡曲' 또는 '무舞'에 속하는 것으로 성도成都 오대五代 전촉前蜀 시절 사람인 왕건王建 분묘의 관좌棺座 사방에 새겨진 부조浮彫 형태의 악무기樂舞伎가 있다. 일군의 예인들이 악기를 연주하고 춤을 추는 모습인데, 특히 북이 많이 등장한다. 이는 예상우의 무악舞樂이 구자龜茲, 쿠차의 음악인 〈바라문인婆羅門引〉에서 유래했음을 증명하는 실례이다.

南池引御渠水注之. 疊石像蓬萊, 方丈, 瀛洲三山. 女冠多上陽宮人.……咸通中有書生云, 嘗聞山池內步虛笙磬之音. 盧尚書有詩云, '夕照紗窗起暗塵, 青松繞殿不知春. 閒看白首誦經者, 半是宮中歌舞人'". 안국관安國觀은 옥진공주의 저택이자 도관이다. 일설에는 태평공주의 저택이라고 한다. 옥진공주는 현종과 남매이다. 옥진692~762년, 이름은 이지영李持盈, 자는 현현玄玄, 예종睿宗의 둘째 딸이자 무측천武則天의 손녀이다.

080

〈잠화사녀도簪花仕女圖〉

그림134 (당) 높은 올림머리에 화관花冠을 쓰고 금비녀인 금보요金步搖를 꽂았으며, 아미蛾翅 눈썹으로 화장하고, 얇은 비단옷에 등거리(披帛)를 두르고 긴 치마를 입은 귀족 부녀(주방周昉의 〈잠화사녀도〉 부분)

원화는 요녕성 박물관에 소장되어 있다. 당대 화가 주방周昉이 그린 그림으로 알려져 있다.그림 134 화관花冠은 여러 문물 도록에 실려 있다.삽도 89

몇몇 귀족 부녀들은 머리카락을 구름처럼 높이 틀어 올린 운계雲髻 양식의 두발 형태를 하고 있으며, 귀밑머리가 넓고 풍성하다. 머리에는 다양한 꽃봉오리절지화타折枝花朶, 가지가 생략된 꽃봉오리 장식 장식이 달려 있고, 보요채步搖釵를 꽂았으며, 눈썹은 나방의 날개처럼 생긴 아미蛾眉이다. 바깥옷은 전설에 교인鮫人이 짰다는 아주 얇은 교초鮫綃나 경영화사輕容花紗[1]로 만든 것이고, 등거리 역시 경용사輕容紗에 금가루로 그림을 그렸으며, 내의는 홀치기염색으로 둥글고 큰 꽃문양大撮暈纈團花으로 장식했다.

곽약허郭若虛는 『도화견문지圖畫見聞志』 권5에서 이렇게 말했다. "주방은 글도 잘 쓰고 그림단청丹青도 정묘하기 이를 데 없었다. 그가 (장안長安 통화문通化門 밖에 있는) 장명사章明寺 벽화를 그리자 성내 사람들이 귀천을 가리지 않고 구경한 이가 만 명을 넘었다."[2] 그는 다른 이들의 품평에 귀 기울여 때로 그림을 수정하기도 했다. 또한 한간韓幹과 함께 곽자의郭子儀, 당대 군사가의 사위인 조종趙縱을 그렸는데, 한간은 그의 모습을 잘 표현했으나 주방은 그의 성정과 웃는 모습까지 잘 표현했다. 평생 그린 벽화나 두루마리 그림이 상당히 많았는데, 정원貞元 연간에 신라인이 후한 값으로 수십 권의 두루마리 그림을 구매하여 본국으로 돌아갔다고 한다. 이상 서술한 내용을 보건대, 당시 주방의 그림 솜씨가 한간보다 한 수 위였음을 알 수 있다. 다만 이 절에서 소개하고 있는 그림은 주방의 이름만 빌린 것일 뿐 다른 화가의 작품인 듯하다. 의심나는 부분이 적지 않기 때문이다. 우선 복식을 분석해보면, 〈태진출욕太眞出浴〉양귀비가 목욕하는 그림이나 〈납량納凉〉귀비납량도 등의 회화에 나오는 것과 유사한데, 아마도 송대또는 원·명대 누군가가 이를 발전시켜 새롭게 그린 것일 가능성이 농후하다.

나방 날개처럼 생긴 짙은 눈썹과 풍성하게 위로 올린 두발에 보요채를 꽂은 모습은 주로 당대 개원, 천보 연간에 크게 유행한 양식이다. 그림에 나오는 부녀자의 경우 두발이 풍성할뿐더러 의계義髻, 즉 가발을 사용하고 다시 금과 비취로 만든 보요채를 꽂았다. 완전한 격식을 갖춘 모습으로 전혀 부족한 점이 없다. 하지만 여기에 화관花冠을 더하니 이것도 저것도 아닌 것이 되고 말았다. 당대 회화 작품에서는 이 그림이 유일무이하다. 당대 사람이 그렸다는 그림에 부녀자들이 화관을 쓰고 있는 작품이 상당히 많다. 그렇지만 이는 도황姚黃, 위자魏紫 등 유명한 모란牡丹 재배가 성행하던 이후의 일로 백거이가 모란의 가격이 비싸 "한 떨기 짙은 색 모란꽃, 중농中農 열 가구의 세금 값이로구나"[3]라고 탄식하던 때이다. 따

1 경용화사輕容花紗: 경용輕容은 輕搈으로 쓰기도 하는데, 속이 비칠 정도인 박사薄紗, 즉 얇은 비단이다.

2 곽약허, 『도화견문지』 권5, "昉善屬文, 窮丹青之妙. 畫章明寺壁, 都人士庶觀者萬數".

3 백거이, 「진중음秦中吟」「매화買花」, "一叢深色花, 十户中

라서 이 그림은 중당이나 만당 시절의 작품으로 봐야 한다. 〈회명도會茗圖〉, 〈청쟁도聽箏圖〉, 〈환선사녀도紈扇士女圖〉 및 오대五代 주문구周文矩의 작품으로 알려져 있는 〈궁중도宮中圖〉 등은 대부분 주방周昉과 관련이 있다.[4] 일반적으로 주방이 그린 그림의 특징은 화가 자신의 숨결이 농후하게 배어 있고, 인물의 조형 비례도 정확하며, 옷차림 역시 시대적 특징을 잘 나타내고 있다. 예를 들어 문양은 주로 당대에 유행하던 홀치기염색 기법을 활용한 큰 꽃문양이 많고, 몸매에 따라 적절하게 변화시킬 줄 알았다. 화관 또한 일정한 양식이 있어 주로 비단으로 만들어 머리에 씌웠으며, 두발 형태와 잘 어울렸다. 북송 시절 화관의 양식이 크게 발전하면서 비로소 생화를 사용하거나 고운 비단이나 통초通草 및 그밖의 재료로 생화를 그대로 모방한 화관이 유행하기 시작했다.[5]

이 그림은 진짜 모란꽃을 화관으로 쓰고 있는 듯한데, 배경에 나오는 옥란玉蘭과 어울리지 않는다. 옥란은 대부분 늦은 봄에 개화하기 때문이다. 게다가 옷차림은 한창 더운 여름날의 모습이다. 또 다른 이는 연화蓮花를 쓰고 있기는 하나 배경에 나오는 화목과 조화를 이루지 못했다. 두발 형태나 장식은 물론 완전히 격식을 갖추고 있기는 하지만 머리에 꽃봉오리 장식을 올려놓아 화사첨족畵蛇添足이 되고 말았으며, 실제와도 부합하지 않는다. 이 그림에 나오는 의복의 문양은 평평하게 펼쳐져 사람의 자세에 따른 변화를 반영하지 못했다. 또한 내의는 붉은 바탕에 남색 꽃문양이 모여 있는 대단과문大團窠紋[6]을 홀치기염색 기법으로 장식했다. 이러한 것들은 당시 실제 생활에서 거의 있을 수 없는 것들이다. 의복의 재료와 배경으로 나오는 화목花木의 개화시기가 서로 다르다는 점이 특히 도드라진다. 부녀자 가운데 한 명은 옷 밖으로 금목걸이를 노출시키고 있는데, 이는 당대는 물론이고 송대에도 보기 힘든 모습이다.[7] 마찬가지로 나방 날개처럼 생긴 눈썹이나 인물의 조형도 돈황의 개원, 천보 연간의 벽화에서 확인할 수는 있지만[8] 그림의 다른 부분과 서로 어울리지 않는다. 따라서 이 그림은 송대 또는 그보다 늦은 시기에 당대 화가가 그린 원화에 근거하여 제작한 것이며, 머리 위에 꽃봉오리를 집어넣은 것이나 목걸이를 옷 밖으로 노출시킨 것은 아마도 청대 화공이 덧그린 것일 가

人賦".

4 원주 예를 들어 맥적산麥積山 오대五代의 작품인 진향하는 부녀자의 모습에도 반영되어 있는데, 여전히 일정한 규격을 갖추고 있다.

5 원주 예를 들어 녹태관鹿胎冠은 작은 사슴의 가죽으로 만들었다.

6 단과문團窠紋은 둥근 꽃문양단화團花으로 당대 견직물의 새로운 양식이다. '과窠'는 새나 곤충의 둥지라는 뜻이니 꽃문양이 밀집해 있는 모양을 비유한다. 불교의 이상적인 꽃문양인 보상화寶相花, 보상은 부처를 상징함에 많이 쓰인다. 일반적으로 네 개의 단과문 안에 인동문忍冬紋을 장식하여 인동이 뻗어나가는 모양을 형상화한다. 이를 일러 '사출인동四出忍冬'이라고 한다.

7 원주 돈황 벽화에서 구슬을 꿰어 만든 목걸이를 찬 부녀자의 모습이 보이기는 하나 모두 옷 안에 차고 있을 뿐 옷 밖으로 노출시킨 경우는 없다. 이런 형태는 청대 초기 귀족 부녀자들의 조복에서 주로 나타난다.

8 원주 현재 국외에 있는 비단 그림 〈인로천왕도引路天王圖〉에 나오는 부녀자나 돈황 벽화 〈악정괴부인행향도〉에 나오는 친척 부녀자들의 모습에서 볼 수 있다.

삽도89 화관花冠

❶ 맥적산 오대 벽화 진향 부녀 화관 복원도
❷ 〈궁락도宮樂圖〉에 나오는 부녀의 화관
❸ 〈여효경도女孝經圖〉에 나오는 부녀의 화관
❹ 송대 잡극에 나오는 부녀의 화관
❺ 송대 전각磚刻에 나오는 잡극인雜劇人 정도새丁都賽가 쓴 화관
❻ 송대 사람이 그린 「화석사녀花石仕女」에서 중루자重樓子 화관花冠을 쓴 사녀

능성이 크다.[9]

부녀자의 머리 위에 생화로 모란꽃이나 작약 등을 올려놓거나 가볍고 부드러운 나백羅帛으로 생화처럼 꽃장식을 만든 것은 특히 송대에 유행했다. 왕관王觀의 『작약보芍藥譜』 서언에 보면 주 씨朱氏 집안의 화원에 온갖 꽃을 심었는데, "5, 6만 주에 달했으며,…… 양주 사람이나 서쪽 낙양 사람

9 (원주) 청대 〈황조예기도皇朝禮器圖〉에 완전한 형태의 목걸이가 나온다.

할 것 없이 귀천을 불문하고 모두 꽃을 꽂는 것을 좋아했다".[10] 왕관의 책에는 '관자冠子'나 '누자樓子'라는 명칭이 거의 10여 개나 나오는데, 모두 부녀자들의 머리를 장식하기에 적합한 꽃들일 것이다. 이는 북송과 남송을 가릴 것 없이 남북의 부녀자들이 머리 위에 비녀처럼 꽂고 다니던 가화假花와 밀접한 관련이 있다.

사서의 기록에 따르면, 송대에는 부녀자뿐만 아니라 남자들도 화관을 쓰고 다녔다고 한다. 그래서 좋은 시절을 만나면 길상을 표시하기 위해 꽃을 머리에 썼고, 나라에 큰일이 있을 때도 제도에 따라 수백, 수천여 명의 신하들이 제왕과 함께 똑같은 꽃을 머리에 쓰고 과시하며 시내를 돌아다녔다. 『동경몽화록東京夢華錄』에 이와 관련한 기록이 나오며, 『제동야어齊東野語』와 『사림기취詞林紀就』에도 당시 호문豪門 귀족인 장자張鎡의 집안에서 연회를 베풀 때 온갖 가기歌妓나 무기舞妓 등이 꽃을 화관삼아 머리에 쓰고 등장하는 모습이 적혀 있다.

> 정원과 연못, 노래하는 성기聲伎, 복식이나 노리개가 아름답기로 천하에 으뜸이었다.……별도로 명희名姬가 열 명이 있었는데, 모두 흰옷을 입고 머리 장식이며 옷깃을 모란으로 장식했다. 머리에 조전홍照殿紅, 산다화山茶花의 일종 꽃가지를 꽂고 등장하여 박자에 맞춰 노래를 부르며 술잔을 올린다. 노래가 끝나면 음악을 연주하면서 물러난다. 별도 열 명의 여인들이 옷을 갈아입고 꽃과 함께 등장한다. 대개 흰꽃을 비녀처럼 꽂은 이는 옷이 자색이고, 자색 옷을 입은 이는 옷이 담황색이며, 노란 꽃을 꽂은 이는 옷이 붉은색이다. 이렇게 열 잔을 마시니 옷과 꽃을 열 번이나 바꾸는 셈이다. 노래하는 곡명은 모두 전대에 쓰던 모란의 명칭이다.[11]

이렇듯 남송시대 귀족 집안의 무녀나 가기들은 생화를 머리에 꽂아 화관처럼 사용했음을 알 수 있다. 남자들이 꽃을 비녀처럼 꽂고 다녔다는 것은 『청파잡지清波雜志』 권3의 기록에서도 확인할 수 있다.

> 아래 위가 붉은색이고 꽃술이 노란색인 기이한 작약을 일러 '금대위金帶圍'일명 금전요金纏腰라고 불렀다. 처음에는 이런 종류가 없었는데 때가 되어 나타나면 그 지방양주에서 재상이 나온다고 했다. 한위공韓魏公, 한기韓琦이 양주揚州 태수로 있을 때 한 그루 작약의 네 가지마다 꽃이 한 송이씩 피었다. 한기가 그중에 하나를 갖고 손님을 청해 함께 감상했다. 당시 왕기공王岐公, 왕규王珪이 부관副官, 대리시평사大理寺評事으로 있었고, 왕형공王荊公, 왕안석王安石이 첨판簽判, 대리평사첨판大理評事簽判으로 있었는데 모두 한

10 왕관王觀, 『작약보芍藥譜』「서언」, "達五六萬株.……揚之人與西洛無異, 無貴賤皆喜戴花".

11 "其園池, 聲伎, 服玩之麗甲天下.……別有名姬十輩, 皆衣白, 凡首飾衣領皆牡丹. 首戴照殿紅一枝, 執板奏歌侑觴. 歌罷, 樂作, 乃退. 別十姬易服與花而出. 大抵簪白花則衣紫, 紫衣則衣鵝黃, 黃花則衣紅. 如是十坏, 衣與花凡十易. 所謳者皆前輩牡丹名詞."

기의 연락을 받고 참석했다. 한 명이 부족했으나 마땅한 이가 없었다. 그래서 진태부陳太博, 진승지陳昇之. 당시 대리시승大理寺丞에게 기별을 넣어 급히 오도록 했다. 이렇게 네 명의 뛰어난 이들이 모여 술을 마시며 작약을 꺾어 하나씩 머리에 꽂았다. 이후 그들 네 명은 모두 재상이 되었다.[12]

심괄도 『몽계필담』에서 '사상잠화四相簪花, 네 명의 재상이 머리에 꽃을 꽂다' 이야기를 기록한 바 있다. 한기가 양주 태수로 있을 당시 후원에 아름답고 기이한 꽃이 피었는데, 이것이 바로 '금대위' 작약이었다. 전설에 따르면, 이 꽃이 피면 그 지역에서 재상이 나온다고 했다. 재상이 되었다는 전설은 믿을 만한 것이 아니지만 생화를 꽂았다는 것은 분명한 사실이다. 백관들이 꽃을 비녀처럼 꽂았다는 이야기는 『동경몽화록』에 실려 있다.

정월 14일 어가御駕를 타고 오악관五嶽觀에 행차했다.……시종하는 관리들은 모두 정수리가 둥근 모양의 큰 모자를 쓰고 꽃을 꽂았다.

3월 1일……금명지金明池와 경림원瓊林苑을 개장하니……어가를 타고 행차하셨는데,……여러 금위禁衛들이 당직할 때 꽃을 꽂았다.

어가가 보진루寶津樓에 올라갔다.……어가가 돌아오니 황제가 작은 모자를 쓰고 꽃을 꽂고 말을 탔다. 모든 관리며 위병들에게 모두 꽃을 하사했다.

연회가 끝나자 신료들이 모두 꽃을 꽂고 사저로 돌아갔으며, 소리를 지르며 길을 여는 시종들도 모두 꽃을 꽂았다.[13]

이상에서 볼 수 있다시피 봉건시대 황제로부터 소리를 치며 길을 인도하는 차리差吏에 이르기까지 모든 관리들이 잠화簪花를 사용하는 나름의 제도가 있었다. 『송사』에 보면 두건을 쓴 머리에 잠화를 꽂는 것을 일러 '잠대簪戴'라고 했으며, "얇은 비단으로 만든 큰 꽃대라화大羅花은 붉은색, 황색, 연분홍색은홍색銀紅色으로 만들고, 난지欒枝, 난지화는 잡색 비단으로 만들며, 명주로 만든 큰 꽃대견화大絹花은 붉은색과 연분홍색 비단으로 만든다. 나화羅花는 백관百官에게 하사하고, 난지화는 경감卿監[14] 이상 신료, 그리고 견화絹花는 장교 이하에게 하

12 주휘周煇, 『청파잡지淸波雜志』 권3, "紅藥而黃腰, 號'金帶圍'. 初無種, 有時而出, 則城中當有宰相. 韓魏公爲守, 一出四枝, 公自當其一, 選客具樂以賞之. 時王岐公爲倅, 王荊公爲屬, 皆在席. 缺其一, 莫有當之者. 會報過客陳太博入門, 亟召之, 乃秀公也. 酒半折花歌以插之. 四公後皆爲宰相". 유사한 내용의 글이 청대 반영인潘永因이 편찬한 『송패류초宋稗類鈔』 권1에 나온다.

13 『동경몽화록東京夢華錄』, "正月十四日, 車駕幸五嶽觀, ……親從官皆頂毬頭大帽, 簪花". "三月一日, ……開金明池, 瓊林苑, ……車駕臨幸, ……諸禁衛班直簪花." "駕登寶津樓, ……駕回則御裹小帽, 簪花乘馬. 前後從駕臣僚, 百司儀衛悉賜花." "宴退, 臣僚皆簪花歸私第, 呵引從人皆簪花."

14 구시九寺의 장관을 '경卿', 오감五監의 장관을 '감監'이라고 한다.

사한다. 태상太上 양궁兩宮에서 축수祝壽가 끝나거나 성절聖節, 황제 탄신일이 되어 연회를 하사하거나 새로운 진사의 문희연聞喜宴, 과거 급제자 축하연을 하사할 경우에도 이와 같았다".[15] 이를 통해 당시 의례에 따른 잠화가 각기 다른 재료로 만들었고, 색깔도 각기 달랐으며, 관직의 등급을 구분하여 사용했음을 알 수 있다. 남송 사람 오자목吳自牧의 『몽양록夢梁錄』에도 이와 관련한 여러 가지 기록이 나온다. 청대 사람들이 연화年畵 '천관사복天官賜福'을 그리거나 새길 때도 송대 양식의 홍포에 옥대玉帶를 차고 오사모烏紗帽를 쓴 다음 위에 잠화를 꽂은 모습을 주로 사용했다. 이는 송대 제도를 따른 것이다. 이외에도 잡극이나 백희에 나오는 부녀자들은 반드시 잠화를 꽂았다. 송대 일부 그림에서도 확인할 수 있다.

이상의 자료에서 볼 때 이 그림은 아무리 빨라도 송대 화공이 송대 제도에 근거하여 당대 일을 그린 것이며, 당대 원본을 크게 바꾸었을 가능성이 농후하다. 인물의 모습이나 옷차림은 당대 양식을 따랐지만 유독 의복의 문양 처리는 규격에 맞지 않는다. 이런 잠화의 양식이 등장하는 것은 당대에는 우연일 것이나 송대에는 필연이 아닐 수 없다.

15 『송사』「여복지」, "大羅花以紅黃銀紅三色, 欒枝以雜色羅, 大絹花以紅, 銀紅二色. 羅花以賜百官, 欒枝卿監以上有之, 絹花以賜將校以下. 太上兩宮上壽畢, 及聖節、及錫宴、及賜新進士聞喜宴, 並如之".

〈궁락도宮樂圖〉

그림135 (당) **추발椎髻에 화관을 쓰고 피백을 둘렀으며 원화元和 시절에 유행하던 옷을 입은 귀족 부녀**(〈궁락도〉 궈무시郭慕熙 모사본)

고궁박물원에 소장되어 있으며, 『고궁주간故宮週刊』에 게재된 적이 있다. 근자에 『송인명화집宋人名畵集』에 실렸다. 원화는 대만에 있다.

기존 견해에 따르면 송대 또는 원대 화가가 그렸다고 한다.[1] 하지만 부녀자들의 입은 옷차림이나 두발 형태, 생활 도구 등은 모두 만당 시절의 것이다. 긴 탁자에 놓인 금은 찻잔이나 술잔, 앉는 의자인 아궤자牙几子, 그리고 탁자 아래 엎드려 있는 발발이와자구猧子狗 등도 영락없는 중당 시절의

1 〈원주〉 제목도 〈회명도會茗圖〉라고 부르기도 한다.

것이다. 따라서 이 그림은 송대 화가가 그린 모사본이되 원화는 당대 사람이 그렸을 가능성이 농후하다.

부녀자들의 옷차림은 대촬훈힐大撮暈纈[2], 즉 홀치기염색을 활용했고, 두발 형태나 얼굴 화장은 전형적인 '시세장時世妝'이다. 백거이는 신악부시 「시세장」에서 당시 유행하던 화장법을 매우 구체적으로 묘사했다

요즘 유행하는 여인네 화장법
성 안에서 나와 사방으로 전해진다.
유행은 멀고 가까운 것 따지지 않으니
뺨도 붉게 물들지도 않고 분도 바르지 않나니.
진흙 같은 오고烏膏 입술에 칠하고
눈썹은 팔자처럼 양쪽 끄트머리 내려 그린다네.
예쁘거나 추하거나 희거나 검거나 본래 모습 잃은 채
화장 끝내고 보면 우는 모습일세.
둥근 트레머리에 살쩍이 없어 상투 튼 것 같고
머리에 꽂 꽂고 얼굴은 온통 홍갈색이네.
듣기로 이전 사람들 머리 풀어헤쳐
신유가 그것을 보고 오랑캐가 어떠한 줄 알았다 하니.
그대 원화 연간의 화장법을 적어두시게
상투머리와 붉은 얼굴 중원 풍속 아니니.[3]

2 원주 당대에는 촬훈금撮暈錦, 즉 홀치기염색 기법으로 물들인 채색 비단이라고 불렀다.

3 백거이, 「시세장」, "時世妝, 時世妝, 出自城中傳四方. 時世流行無遠近, 腮不施朱面無粉. 烏膏注唇唇似泥, 雙眉畫作八字低. 妍媸黑白失本態, 妝成盡似含悲啼. 圓鬟垂鬢椎髻樣, 斜紅不暈赭面狀. 昔聞被髮伊川中, 辛有見之

또한 「강남에서 소구철을 만나 장안에서 노닐던 때를 이야기하며 오십운을 주다江南喜逢蕭九徹因話長安舊遊贈五十韵」라는 시에서도 '시세장'에 대해 읊고 있다.

요즘 세태는 높이 올린 머리
담박한 화장이 풍류라 하더군.
붉은 패랭이꽃 머리에 꽂고
자색 빈랑 문양 등거리를 걸쳤네.
살짝 머리카락 움직이니 매미날개 매달린 듯하고
쌍갈래 비녀 내려뜨리니 작은 봉황인 것만 같구나.
가슴 터니 분가루 가볍게 날리고
따뜻한 손으로 작은 향낭 만지네.
좋은 곳으로 은촛대 옮기고
기쁘게 맞이하며 옥 술잔 드나니
화로에 사향연기 가득 배고
술잔에 담황색 술을 따르네.
빠른 곡조 피리소리 끝나자
다시 연주하려고 늘어진 거문고줄 다시 당기네.[4]

이 시에서는 화장에 대한 내용 외에도 주연을 열어 노래하고 악기를 연주하는 모습도 묘사하고 있는데, 본 그림의 내용과 매우 흡사하다. 본 그림은 〈환선사녀도紈扇仕女圖〉일명 〈권수도倦繡圖〉의 제작 시기와도 비슷하다. 다만 그림에서 절로묘折蘆描[5] 기법을 사용하고 부녀자들이 대오리로 엮은 테가 달린 의자고로권栲栳圈 의자에 앉아 있으며, 탁자에 손을 기대고 앉은 모습 등은 뭔가 어색하다. 분명 후인들이 모사하면서 당시의 기물을 본뜬 것이 분명하다. 당대 화가라면 이처럼 현실에 부합하지 않는 그림을 그렸을 리가 없다. 동시대의 시인 원진元稹의 시 「한장성恨妝成」에 보면 이런 구절이 나온다.

부드럽게 양 갈래로 땋아 올리며 남은 머리 내려뜨리고
귀밑머리 한데 모아 쌍갈래 비녀 꽂았네.
비취빛 엉겨 아미에 무리지고
연분홍으로 꽃다운 얼굴 화장하네.
머리 가득 작은 빗 꽂고
얼굴에 둥근 보조개 그렸다네.[6]

당대 사회는 서북 여러 민족의 문화를 포함한 외래문화를 흡수 융합하는 데 능했다. 부녀자들의 복장이나 두발 형태, 화장도 예외가 아니다. 당대 부녀자들이 외래문화의 영향을 받아 옷차림이나 두발 형태, 화장방식이 바뀌게 된 것은

知有戎. 元和妝梳君記取, 髻椎面赭非華風".

4 백거이, 「강남희봉소구철인화장안구유희증오십운江南喜逢蕭九徹因話長安舊遊戲贈五十韵」, "時世高梳髻, 風流澹作妝. 戴花紅石竹, 帔暈紫檳榔. 鬢動懸蟬翼, 釵垂小鳳行. 拂胸輕粉絮, 暖手小香囊. 選勝移銀燭, 邀歡擧玉觴. 爐烟凝麝氣, 酒卮注鵝黃. 急管停還奏, 繁弦慢更張".

5 절로묘折蘆描는 갈댓잎이 꺾여 굽은 것처럼 그리는 묘사법으로 주로 옷 주름을 묘사할 때 많이 사용한다.

6 원진, 「한장성恨妝成」, "柔鬟背額垂, 叢鬢隨釵斂. 凝翠暈蛾眉, 輕紅拂花臉. 滿頭行小梳, 當面施圖靨".

대체적으로 양대 시기로 구분할 수 있다. 전기는 당대 초기에서 개원 연간까지이다. 주로 황금빛 얇은 비단으로 만든 혼탈모渾脫帽를 쓰고 열린 깃의 좁은 소매 옷이나 남자들의 둥근 깃 웃옷을 입었으며, 나전을 아로새긴 전루조대鈿鏤絛帶를 매고, 줄무늬 문양에 채색 비단으로 장식하고 끝이 말린 통이 좁은 바지條紋間道錦卷邊小口袴를 입었으며, 투공연금화透空軟錦靴를 신었다. 두발 형태는 주로 송골매가 날개를 펼친 듯 높이 솟아 있고, 예외 없이 이마에 황성黄星을 찍었으며, 뺨에는 두 개의 초생달 모양을 그려 넣었다.[7]

후기는 원화元和 시절이다. 주요 특징은 다음과 같다. 우선 몽치처럼 높이 솟구친 두발을 한 쪽으로 기울게 만든 만환추계蠻鬟椎髻가 두발 형태로 유행했고, 검은색 오고烏膏를 입술에 발랐으며, 진흙처럼 누런 황토색을 얼굴에 도포하고 눈썹은 가늘게 팔자八字 식으로 그리되 끄트머리가 아래쪽으로 내려가도록 했다.

전기의 형태는 비교적 건강하고 활달한 모습이나 후기는 이와 반대로 병태病態 분위기가 물씬 풍긴다. 도훈미倒暈眉[8]나 아시미蛾翅眉, 머리 가득 작은 빗을 꽂거나 금비녀金釵가 다양해지기 시작한 것은 대략 10여 년에 걸친 천보天寶 연간이다. 중당이나 만당 시절로 넘어오면 궁중이나 상층부 부녀자들의 얼굴에서 이런 눈썹 형태는 거의 보이지 않고 다른 것이 유행했다. 다만 호복과는 무관하여 확연하게 구별되었다. 당시 두발에는 작은 빗을 최소 8개 이상 꽂았는데, 왕건의 시 「궁사宮詞」에서 이를 확인할 수 있다.

> 옥 매미, 금장 세 군데 층층으로 꽂고
> 물총새마냥 머리 높이 틀어 올리니 검은 살쩍 보이지 않네.
> 춤추는 곳마다 봄바람에 머리 장식 떨어지니
> 돌아갈 때 머리빗 선물로 주시네.[9]

이처럼 작은 빗은 주로 금이나 은, 무소뿔이나 옥, 상아 등 여러 재료로 만들었으며, 섬서나 낙양 등지의 당대 분묘에서 실물이 출토되기도 했다. 온정균이 "겹겹으로 늘어선 작은 산 금빛으로 반짝이고, 구름같이 흐트러진 머릿결 눈 같은 피부를 덮었네"[10]라고 묘사한 것은 바로 당시 부녀자들의 머리에서 금은이나 상아, 옥 등으로 만

---

7 원주 또는 입가 보조개 사이에 작은 연지를 양쪽에 바르기도 했다.

8 『단연속록丹鉛續錄』에 따르면, "당 명황明皇, 현종이 화공에게 열 가지 눈썹 그림을 그리라고 했다. 첫째는 원앙미鴛鴦眉, 일명 팔자미八字眉, 둘째는 소산미小山眉, 일명 원산미遠山眉, 셋째는 오악미五嶽眉, 넷째는 삼봉미三峯眉, 다섯째는 수주미垂珠眉, 여섯째는 월릉미月棱眉, 일명 각월미卻月眉, 일곱째는 분초미分梢眉, 여덟째는 함연미涵煙眉, 아홉째는 불운미拂雲眉, 일명 횡연미橫煙眉, 열째는 도훈미倒暈眉라고 불렀다". 이상 열 가지 눈썹 그림 가운데 도훈미는 남훈전南薰殿에 소장되었던 〈역대제후상歷代帝后像〉의 송대 부녀자의 눈썹 모양에서 볼 수 있다. 눈썹의 형태는 비교적 넓은 달 모양인데, 한쪽 끝 부분을 훈염暈染, 색깔 번짐 기법으로 짙은 색에서 옅은 색으로 점차 바깥쪽으로 번지다가 사라지게 하는 방법을 말한다. 황후는 물론이고 궁녀들도 이런 눈썹을 그렸다고 한다.

9 왕건, 「궁사宮詞」, "玉蟬金掌三層插, 翠髻高叢綠鬢虛. 舞處春風吹落地, 歸來別賜一頭梳".

10 온정균, 「보살만」「소산중첩금명멸」, "小山重疊金明滅, 鬢雲欲度香腮雪".

든 작은 빛이 반짝이는 모습이다.

천보 이후로 당대 지배 계층의 귀족 부녀자들의 옷차림이 또 달라진다. 관복은 질질 끌 정도로 넓고 커지고, 평상복도 점점 커지는 쪽으로 발전했다. 관복의 형태가 일상복에 영향을 준 셈이다. 이 역시 병태에 가깝다. 나중에는 심지어 옷소매가 4자나 되고, 치마는 4, 5치가 땅에 끌릴 정도였다. 그래서 이덕유는 회남관찰사淮南觀察使로 재직할 당시 이렇게 주청하기도 했다. "부녀자의 옷소매를 4자로 하고, 너비는 1자 5치로 하여 치마가 4, 5치 땅에 끌리는 것은 3치로 줄여주시길 바랍니다."[11] 실제로 그의 요청이 받아들여졌는지, 『신당서』「거복지」에 전국적인 금령이 기록되어 있다. "부녀자의 치마는 5폭을 넘지 않고 땅에 끌리는 부분은 3치 이내로 한다婦女裙不過五幅, 曳地不過三寸."

이 그림은 바로 이 시기의 옷차림을 반영하고 있으니, 복식사에서 볼 때 가장 미관이 신통치 않았던 시대의 산물이다.

11 『당서』「거복지」, "婦人衣袖四尺者, 皆闊一尺五寸, 裙曳地四五寸者, 減三寸".

〈문원도文苑圖〉

그림136 (당) 둥근 날개 복두(원시복두圓翅幞頭)를 쓰고 둥근 깃 상의를 입었으며, 홍정옥대紅鞓玉帶를 차고 명주신발을 신은 재직在職 문인(韓滉(723~787년)의 〈문원도文苑圖〉로 알려져 있음)

원화는 고궁박물원에 소장되어 있다. 위 그림은 사진을 보고 모사한 것이다.

역대로 당대 화가 한황韓滉의 작품으로 알려져 있다. 똑같은 두루마리 그림을 〈이덕유견객도李德裕見客圖〉, 또는 〈유리당아집도琉璃堂雅集圖〉라고 부르기도 한다. 이 두루마리 그림보다 비교적 길며, 이 그림에는 없는 실내에 옷을 걸어놓은 침상과 다구 옆에서 차를 끓이고 술을 데우는 그림이 그려져 있다. 옷차림을 보건대, 한황이 아니라 오대십국五代十國 시대 화공이 그렸을 가능성이 크다. 왜냐하면 당대 여러 회화 작품에 그려져 있는

둥근 깃 원령삼자圓領衫子의 경우 대부분 안에 친령襯領이 없고, 이 그림에서 볼 수 있는 경시평거식硬翅平擧式, 복두의 양쪽에 딱딱한 양 날개가 수평으로 걸려 있는 양식의 복두幞頭가 거의 보이지 않기 때문이다. 돈황 벽화에 그려져 있는 공양인의 옷차림이 이것과 비슷한데, 이는 모두 오대나 북송 초년의 그림이다.삽도 90 그림에 나오는 또 다른 세 명의 문사는 둥근 형태의 양시兩翅, 복두의 양 날개가 달린 복두를 쓰고 있는데, 당대 벽화에서 이런 복두를 쓴 이들은 주로 신분이 낮은 악인樂人들이다. 양쪽에 수평으로 걸려 있는 복두의 날개가 정식으로 문신의 사모紗帽 장식이 된 것은 명대의 일이다. 따라서 그림에 나오는 인물들은 당대 문인일 수 없다. 또한 나머지 두 개의 두루마리 그림〈이덕유견객도〉와 〈유리당아집도〉을 살펴보면 문제점이 더욱 확연하게 드러난다. 우선 다구茶具는 옻칠을 한 붉은 다기 받침대가 겹겹으로 쌓여 있는데, 이는 조길趙佶, 1082~1135, 송 제8대 황제인 휘종徽宗이 그렸다는 〈문회도文會圖〉에 나오는

삽도90 평시복두平翅幞頭
돈황 석실에서 발견된 송대 초기 견본絹本「관세음보살도觀世音菩薩圖」의 공양인供養人 상像

받침대 및 근년에 대량으로 출토된 청자 받침대와 동일한 양식이다. 이는 당대 다구와 전혀 공통점이 없다. 산발한 동자童子와 그 앞에 놓인 바위 그림도 송대 양식이다. 이런 점에서 볼 때, 한황韓滉이 그렸다고 하니 너나할 것 없이 따라 말한 것일 뿐 옷차림이나 기물에 대한 구체적인 분석을 하지 않은 결과이다.

당대 몇 종의 갑사甲士

그림137

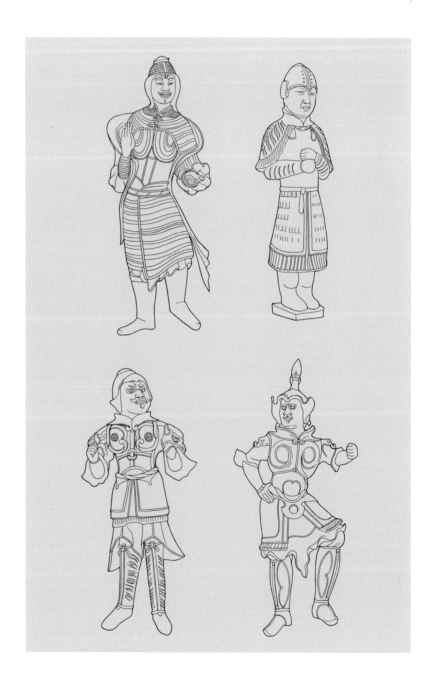

위 왼쪽 : (당) 갑사甲士 채색 소조(돈황 322굴)

가운데 오른쪽 : (당) 갑사 도용(서안 한삼채韓森寨 단백양段伯陽 처妻 고씨 분묘 출토)

아래 왼쪽 : (당) 갑사 도용(서안 양두진羊頭鎮 이상李爽 분묘 출토)

아래 오른쪽 : (당) 갑사 도용(서안 홍경촌紅慶村 독고군獨孤君 처 원씨元氏 분묘 출토)

그림138

위쪽 : (당) 갑사와 기사(돈황 130굴 벽화)

아래 왼쪽 : (당) 보기갑사步騎甲士 채색 토용土俑(泥俑)(객라화탁喀喇和卓(카라코자) 출토)

아래 오른쪽 : 갑옷을 입고 활을 당기는 사수射手(돈황 당대 벽화)

당대 갑사들이다. 돈황 채색 소조, 서안 낙양에서 출토된 채색 및 삼채유三彩釉, 백, 황, 녹색 도용이다.그림 137, 138 『당육전』은 당대 갑옷 13종의 명칭을 소개하고 있다. 명광갑明光甲, 광요갑光要甲, 세린갑細鱗甲, 산문갑山文甲, 오추갑烏鎚甲, 백포갑白布甲, 조견갑皂絹甲, 포배갑布背甲, 보병갑步兵甲, 피갑皮甲, 목갑木甲, 쇄자갑鎖子甲, 마갑馬甲 등이 그것이다.[1] 조식曹植의 문장[2], 『북사北史』「연연전蠕蠕傳」, 『수서隋書』「예의지禮儀志」 등에도 개갑鎧甲의 명칭이 나온다. 이를 회화나 소조의 그림과 서로 비교해보면 어떤 갑옷은 위진魏晉 시대에 이미 존재하고 있었으며, 또 어떤 것은 새롭게 만들었음을 알 수 있다. 하지만 그것의 구체적인 형태나 어떤 갑옷이 명칭과 부합하는가에 대해서는 보병이 착용하는 보병갑이나 쇄자갑 외에 구체적으로 알려진 것이 없다. 왜냐하면 쇠로 만든 투구 외에 실물이 남아 있는 것이 거의 없기 때문이다. 따라서 간접 자료인 회화 작품이나 조각상과 비교할 수밖에 없다. 이외에 벽화에 그려진 것도 없지 않으나 대부분 간략하여 대체적인 윤곽을 알 수 있을 뿐 세부적인 것은 알기 힘들다.

조소彫塑 가운데 소형 명기明器의 경우도 사정은 마찬가지이다. 대형이나 중형의 조각품은 주로 종교와 관련이 있어 호법신장천왕護法神將天王이거나 진묘鎭墓, 강마降魔, 식귀食鬼 등의 명기明器, 명기冥器이기 때문에 지나치게 과장되어 실제와 다르다. 전자는 돈황 벽화, 후자는 용문석각에 나오는 천왕이나 돈황의 채색 소조 천왕 및 서안이나 낙양 등지에서 출토된 진묘鎭墓 명기明器 등을 예로 들 수 있다. 간단한 것은 구체적이지 못하고, 복잡한 것은 지나치게 장식이 많아 자질구레하여 실제와 상응하지 않는다. 하지만 이런 재료들 역시 역사 현실과 밀접한 관련이 있기 때문에 문헌과 상호 인증을 통해 많은 지식을 얻을 수 있다.

가장 현저한 예로 '양당裲襠'을 들 수 있다. 형태로 보자면 서한시대에 이미 나타났고, 명칭은 위진魏晉과 남북조시대에 모두 보이는데, 주로 조끼처럼 간단하게 입을 수 있는 갑옷을 말하며, 특히 고습복袴褶服과 밀접한 관련이 있다. 당대에는 갑옷 중에서도 양쪽 팔의 팔뚝까지 덮는 수두獸頭, 동물 문양 부분을 주로 지칭했다. 하지만 일반 그림에서는 정확한 인상을 얻기 힘들고, 오히려 돈황 채색 소조 천왕과 수·당대 분묘에서 발견된 채색 소조인 갑사甲士 신장神將에서 중요한 증거를 얻을 수 있다.

이로 보건대, 당대에 팔뚝까지 덮는 갑옷 역시 이전에 간단한 형태에서 점차 발전한 것임을 알 수 있다. 이는 기존의 양당에서 허리를 보호하는 부분까지 더해 전투에서 보호 기능을 강화한 것이다. 이런 갑옷 형태가 나중에는 신장神將 그림이나 소조에도 등장하는데, 이때는 이미 순수 장식용으로 바뀐 상태이다. 금등사錦縢蛇는 길이가 한 길丈 정도인 비단띠인데, 주로 신장의 장식품으로

---

1 원주 명광, 광요, 세린, 산문, 오추, 쇄자 등은 모두 철갑鐵甲이다. 가죽갑옷은 주로 무소서시犀兕의 가죽으로 만들었다. 나머지는 사용자에 따른 명칭이다.

2 조식, 「선제가 하사한 갑옷을 올리는 표上先帝賜鎧表」. 본서 제45장 참조.

사용하며 운기雲氣가 피어오르는 것을 상징할 뿐 실제 작전에 투입되는 갑사에게는 무용지물이다.

또한 당대에 야국冶局에서 오색 유리구슬을 제작하여 불상을 장식했는데, 용문석굴에 있는 두 명의 천왕 석각에서 시작하여 이후 사대천왕四大天王과 벽화에 나오는 관음보살 등도 유리구슬로 만든 영락纓絡을 착용하지 않는 것이 없을 정도였다. 비록 날로 화려해지기는 했으나 오히려 실용과는 점점 더 멀어졌다. 실제 전투할 때 입는 갑옷에 유리구슬을 달 필요가 없었기 때문이다.

당대 갑옷 13종 가운데 마갑馬甲을 제외하고 나머지는 과거 회화 작품이나 조각품에서 거의 볼 수 없었다. 최근에 서안에서 당대 의덕태자의 분묘가 발굴되면서 금은으로 장식한 갑기용甲騎俑 실물이 나타났다. 전마의 얼굴에서 당로當顱, 말 이마 위의 두개골을 덮는 달 모양의 장식물는 도금했고, 몸체는 은으로 장식했다. 이로써 금은으로 장식한 갑기甲騎, 갑옷 입은 기병가 실제로 존재했음을 확인할 수 있었다. 다만 마두馬頭에는 깃털 모양의 마관馬冠이 없기 때문에 송대 양식의 갑마甲馬와 확연히 달랐다.

이러한 금갑이나 은갑은 여러 문헌에서도 확인할 수 있다. 우선 『당회요』의 기록부터 살펴보면 다음과 같다.

> 선천先天 2년713 10월 13일, 여산驪山 아래에서 군사 20만 명을 소집하여 훈련을 실시했는데, 크고 작은 창과 금빛 갑옷이 천지에 환하게 빛났다.[3]

또한 『신당서』 「태종기太宗紀」에도 무덕武德 4년621 이세민李世民이 두건덕竇建德, 수나라 말기 반란군의 수장으로 하夏(618~621)를 세움을 잡고 왕세충王世充, 수나라 장수, 이후 정鄭(619~621)나라를 세움을 투항시킬 때 "태종이 금갑金甲을 입고 철기鐵騎 1만을 포진시켰으며…… 포로를 태묘太廟에 바쳤다"[4]는 기록에 '금갑'이 나온다.

『당서』 「음악지音樂志」에 나오는 '진왕파진악秦王破陳樂'이라는 무악은 120명이 춤을 추는데 모두 은갑을 입었고, '대정일융의大定一戎衣'는 140명이 춤을 추는데 모두 오채갑五彩甲을 입었다. 이렇듯 마갑馬甲은 성당 시절에 이르러 금은으로 장식한 것은 점점 줄어들었고, 무악에서 은갑이나 오채갑을 사용했음을 알 수 있다. 다만 제왕이 하늘에 제사를 지내거나 조회朝會 때 금갑을 착용하는 경우가 있었다. 예를 들어 『명화잡록明皇雜錄』[5]에 따르면, 금오金吾, 중앙금위군 4군軍의 병사들은 모두 황금 갑옷을 입었다. 또한 『극담록劇談錄』[6] 「함원전含元殿」 조條에 따르면, 금군禁軍의 어장御仗, 儀仗, 여기서는 의장병은 금갑을 착용했다. 지금까지 출토된 실물은 의덕태자 분묘에서 발굴된 금은으로 장식한 진흙 갑기용이 유일하다.삽도 92

---

3 『당회요』, "先天二年十月十三日, 講武於驪山之下, 徵兵二十萬, 戈鋋金甲, 耀照天地".

4 『신당서』 「태종기太宗紀」, "太宗被金甲, 陳鐵騎一萬, ……獻俘太廟".

5 『명황잡록明皇雜錄』은 당대 정처회鄭處誨가 대중大中 9년에 저술한 필기筆記로 당 현종과 관련된 여러 가지 이야기를 담고 있으며, 숙종과 대종에 관한 이야기도 포함되어 있다.

6 『극담록劇談錄』은 당대 강변康騈이 저술한 전기소설傳奇小說이다.

084

당대 벽화 〈분사리도分舍利圖〉의 기사騎士

그림139 (당) **갑옷을 입고 전낭**箭囊(화살통)**를 찬 기사**(고창高昌 혁색륵赫色勒(현재 투바 공화국 수도인 키질) **마야동**摩耶洞 **벽화**壁畫 〈**분사리도**分舍利圖〉 **잔존 부분**.

고창에서 발견된 벽화 〈분사리도〉는 일본인이 영인한 『서역화집성西域畵集成』의 그림을 다시 모사한 것으로 실물은 독일 민속박물관에 소장되어 있다.

『당육전』에 따르면, 당대 갑옷은 13종이 있는데, 그 중에 마갑馬甲이 한 종류이다. 명칭이나 회화, 조소 등에 반영된 형상을 보면 일부 진대와 남북조시대에 유행했던 양식이 있기는 하지만 당대 특유의 것도 있음을 알 수 있다. 예를 들어 그림 37에 나오는 갑옷을 보면, 양쪽 어깨에서 팔뚝 위쪽을 보호하는 부위에 등사騰蛇, 전설에 나오는 나는 뱀가 뭔가를 삼키려는 듯한 모양의 양당裲襠이 나오는데, 이는 완전히 당대의 갑옷 형태이다. 다만 당대는 각종 외래 문화를 수용하는 능력이 뛰어났기 때문에 서북 여러 민족의 음악이나 의약, 복식 등의 문화는 물론이고 그보다 멀리 있는 페르시아나 시리아, 인도 등의 문화도 받아들였다.

서북쪽에서 전래한 복식이나 음악, 가무 등은 흡인력이 강해 국악중국음악 10부 중에 7부가 서북에서 넘어왔으며, 그 중에 1부는 천축天竺, 인도에서 전래했다. 오호십육국五胡十六國은 평소 단단한 갑옷과 예리한 병기를 선호했는데, 『북사北史』를 보면 금은수개金銀繡鎧, 녹침갑綠沉甲 등의 명칭이 나온다. 수대에 사용했던 금은으로 장식한 양당개는 북조 강호羌胡의 옛 제도에 따른 것이다. 그렇기 때문에 일부 인갑人甲은 원래 중국 서부의 여러 민족들이 사용하던 갑옷으로 북조 시절에 답습하여 사용하던 것을 수·당대에 계속 발전시킨 것이라고 할 수 있다.

그림에 나오는 인물 형상은 중국 서북 민족의 무사로 날래고 건장하며 활달한 모습이 인상적이다. 그들이 입은 갑옷은 비교적 꽉 끼고 가볍다. 투구도 당나라 양식과 다르다. 당시 현지의 양식으로 고창高昌, 또는 돌궐突厥이나 회골回鶻 양식일 것이다. 이는 돈황의 천왕 조각상에 나오는 모습과 유사하다. 몇몇 기사의 마구에는 등자가 보이지 않으며, 꼬리를 묶지도 않았다. 말안장은 당대에 정형화한 오초공五鞘孔이 있는 '요장안鬧裝鞍' 방식과 다르다. 이는 현지 방식이 중원 고유의 방식과 크게 다르다는 것을 방증한다. 사서의 기록에 따르면, 동서 돌궐과 토번의 갑옷 입은 기병은 상당히 뛰어난 정예부대였다.

그렇다면 이 그림의 원본은 직접 인도 등지에서 전래된 것일 가능성도 있다. 그림은 부처가 열반한 후 여덟 개 나라의 왕자들이 사리를 나누었다또는 다투었다는 이야기를 바탕으로 그린 것으로 흡인력이 강한 종교화이다. 이런 소재의 그림이 인도에서 중국 서북부 고창으로 전래된 것도 자연스럽다.

이처럼 사리를 나누었다는 이야기는 수대隋代에도 영향을 주었다. 인수仁壽 3년603년 수 문제는 천하에 불탑을 조성하면서 여러 가지 색깔의 유리병에 사리를 집어넣고 금은으로 만든 관棺에 넣은 다음 다시 석함에 넣어 밀봉하여 탑 아래 매장했다. 수나라 왕소王劭가 지은 「사리자감응기舍利子感應記」에 이와 관련된 내용이 상세하게 적혀 있다. 후백侯白[1]이 병사들을 이끌고 고창高昌으로 간 것은 수대일 것이다. 고창은 당나라 초기에 멸망했으니, 이 그림은 아마도 정관貞觀 이전에 그려진 것일 터이다. 그렇기 때문에 정관 이후의 돈황 벽화와는 공통점이 많지 않다.

1 후백侯白은 수대 사람으로 골계滑稽를 좋아하고 달변으로 비해잡설誹諧雜說, 익살스럽게 풍자하는 등의 잡설에 능했다고 한다. 『정이기旌異記』, 『계안록啓顏錄』 등을 남겼다. 후대에 우스갯소리를 잘하는 배우를 일러 '후백'이라고 칭했다.

085 당대 돈황 벽화의 갑기甲騎 고취鼓吹

그림140 (당) 갑사甲士와 단삼團衫을 입은 기사, 그리고 무악舞樂 의 장대儀仗隊(돈황 156굴 만당 벽화 〈장의조출행도張議潮出行圖〉 부분)

전체 그림은 구도가 웅장하고 상당히 넓은 장면을 보여주고 있다. 출행할 당시 갑옷을 입은 기병이 북을 치고 나팔을 부는 고취鼓吹 부분이다. 북과 대각大角, 뿔로 만든 큰 나팔이 등장하고, 등장 인물들은 각기 다양한 색깔의 단과금오자團窠錦襖子[1]를 입었으며, 갑기는 삼지창삭矟을 들고 꿩의 꽁지로 장식한 큰 깃발인 기독旗纛을 들고 있는 기병을 배치하여 전체적으로 행진하는 대열을 갖추었다. 이는 사서의 기록과 서로 인증할 수 있다.

1 단과團窠는 동물의 보금자리처럼 원형으로 이루어진 문양으로, '단화團花'라고 칭하기도 한다. 직물 도안의 기본 구성 단위이다. 주변의 동일한 문양과 교차하지 않으나 보조 문양과 연계할 수 있다. 평배平排, 착배錯排 등의 방식을 통해 장식 효과를 낸다. 당대 비단에 두루 응용되었으며, 이후 공예품에도 영향을 주었다.

『당육전』 권16에 이런 내용이 나온다.

여러 도의 행군하는 군사들에게 북과 나팔을 지급한다. 3만 명 이상일 경우는 큰 나팔 14개, 큰 북 20개를 지급하고, 2만 명 이상일 때는 큰 나팔 8개, 큰 북 14개, 1만 명 이상일 때는 큰 나팔 6개, 큰 북 10개를 지급하며, 1만 명 이하일 때는 사안에 따라 적당하게 지급하고, 주둔하고 있는 군사들에게는 3분의 2를 지급한다.[2]

육전六典, 『당육전』은 성당 말기에 만들어졌는데, 비록 내용 그대로 실행된 것은 아니나 의위儀衛 부분은 그대로 실시되었을 것이니 이 그림에서 당시의 모습을 그대로 살필 수 있다. 장의조張議潮, 799~872년. 사주沙州(지금의 감숙) 돈황敦煌 출신의 장수는 만당 시절 돈황에 주둔하면서 서북 지역의 생산을 회복시켜 민심을 안정시키고 여러 민족을 통합하는 데 크게 공헌했다. 벽화는 비록 당시 군용의 일부를 보여줄 뿐이나 사기왕성한 군사들의 모습이나 기뻐하는 백성들의 모습을 능히 짐작할 수 있다. 또한 그림을 통해 고대 군사들이 행군할 때 고각鼓角을 어떻게 활용했으며, 갑옷 입은 기사들의 대열이나 깃발을 어떻게 배치했는가에 대해 비교적 구체적으로 알 수 있다. 전체적인 내용은 시대가 조금 늦은 〈조의금출행도曹義金出行圖〉의 내용과 거의 비슷하다.

또한 『당육전』은 한 종류의 마갑만 소개했는데, 만약 그것이 기사들이 착용한 것이라면 그림에서 보다시피 형태가 다양하여 한 종류가 아니다. 따라서 이는 북조 이래로 말의 몸통 전체를 감싸고 있는 말의 갑옷을 지칭한다고 말할 수 있다. 이러한 구장마具裝馬, 갑옷 등으로 무장한 말는 의덕태자 분묘에서 발굴된 금은을 도금한 갑마용甲馬俑, 삽도 92을 제외하고 북송 이공린이 그렸다는 〈면주도〉[3]에 나오는 마갑이 유일한 예이다.삽도 93 그림에 나오는 갑마는 다른 회화 작품에서 볼 수 있는 송대 갑마와 크게 다르지 않다. 말 이마에 말머리 장식인 '금맘金鋄'을 붙이고 여섯 개의 깃털이 달린 마관馬冠을 썼다. 또한 말의 형태도 송대의 형식이다. 하지만 송대의 갑마 역시 모본이 있을 것이니 그냥 상상으로 그린 것이 아닐 터이다. 송대 초기에 〈수의노부도繡衣鹵簿圖〉[4]를 그릴 때 의장용 갑마를 그리기 위해 궁실 창고의 실물을 꺼내올 필요가 없었을 것이다. 그렇기 때문에 나중에 옛 의례에 대해 잘 알고 있던 도곡陶穀[5]이

2 『당육전』 권16, "諸道行軍皆給鼓角. 三萬人以上給大角十四具, 大鼓二十面, 二萬人以上大角八具, 大鼓十四面, 萬人以上大角六具, 大鼓十面, 萬人以下臨事量給, 其鎮軍則給三分之二".

3 원주〉 이공린李公麟의 〈면주도免胄圖〉는 당대 곽자의郭子儀가 단기單騎로 회흘回紇의 가한可汗을 만난 이야기를 주제로 삼았다.

4 〈노부도鹵簿圖〉는 황제가 참여하는 각종 의식 장면을 그린 그림이다. 의식에 참여한 문무백관이 임무와 품계에 따라 차례대로 도열한 모습이나 의장대를 앞세워 행진하는 모습을 그렸기 때문에 반열도班列圖라고도 한다.

5 도곡陶穀, 903~970년 초년에 후진後晉에 입사한 후 후한後漢, 후주後周 등에서 관직을 역임했고, 북송 건립 이후 다시 출사하여 예부상서를 시작으로 형부, 호부상서 등을 맡았다. 송 태조 건륭建隆 4년 교사郊祀를 앞두고 대례사大禮使 범질範質, 노부사鹵簿使 장소張昭, 의장사儀仗使 유온수劉溫

삽도91 당대 돈황 벽화 〈장의조 출행도〉에서 갑옷을 입은 기병甲騎이 북을 치고 나팔을 부는 부분 (오작인吳作人, 1943년 모사본)

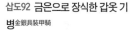

삽도92 금은으로 장식한 갑옷 기병金銀具裝甲騎

〈노부도〉를 설계하여 청록색 채색 비단에 그려 놓고, 동유桐油를 칠한 견포絹布로 포장하여 이후 〈노부도〉의 기종騎從, 말을 타고 시종하는 군사을 그리는 데 활용하도록 했다. 이렇듯 송대 갑마는 당·오대에 사용했던 제도에 근거하여 만든 것임을 미루어 짐작할 수 있다. 다만 현존하는 당대 회화 작품에서 앞서 말한 것을 제외하고 다른 그림은 찾아볼 수 없다. 돈황의 당대 벽화에도 갑마甲馬는 보이지 않으며, 그림 140에서도 갑마는 나오지 않는다.

叟 등이 '대가노부大駕鹵簿' 제도를 정립하는데, 당대 장흥長興 연간에 제작된 〈남교노부자도南郊鹵簿字圖〉를 참고했으나 소략하고 어긋나는 부분이 있었다. 이에 당시 예의사禮儀使였던 노곡이 '노부도'에 대해 태조에게 건의하여 받아들여졌다.

삽도93 북송 이공린李公麟의 「면주도免胄圖」 갑기 부분

아마도 이는 당대 갑기가 중앙정부의 사군육군四軍六軍[6]이나 우림의위羽林儀衛, 우림위羽林衛, 황제 직속의 호위부대, 금군禁軍에 제한되고 변방의 일반 군대에서 대장에게 배속된 의위기종儀衛騎從들은 이런 장비를 하지 않았기 때문일 것이다.

이 그림에 나오는 여러 기종들은 당대 우림羽林 육군六軍의 옷차림이나 대열을 연구하는 데 참고할 수 있을 것이다. 개원開元, 713~741년 13년 4월 21일 황제현종는 다음과 같이 칙령을 내렸다. "(개원) 4년 창삭槍矟, 창 부대에서 좌비기左飛騎는 녹분綠紛, 녹색 기, 분紛은 수綬와 비슷한 일종의 인끈이다. 『북사北史』에서 삭矟에 부착하

6 사군육군四軍六軍은 황제의 금위군禁衛軍이다. 당대 금군은 남아南衙와 북아北衙로 나뉘며, 의장과 남쪽 궁문 수위를 맡았고, 후자는 이연李淵이 거병할 당시 종군한 군인과 그 자제들로 구성된 친위 부대로 '원종금군元從禁軍'으로 불렸으며, 궁궐 북문 수위와 황제가 수렵할 때 경비 등을 맡았다.

는 작은 기(번幡)에 상응한다, 우비기는 배분緋紛, 붉은 기, 좌만기左萬騎는 홍분紅紛, 홍색 기, 우만기右萬騎는 벽분碧紛, 푸른 기을 부착한다."[7] 이렇듯 삼지창삭矟에 반드시 각기 다른 색깔의 깃발과 술을 달았다. 돈황 벽화에 '연화태자경蓮花太子經' 이야기를 바탕으로 한 작전도作戰圖와 서로 비교해볼 수 있다. 이외에도 〈습사도習射圖〉, 〈칠덕무도七德舞圖〉 등에도 삼지창을 든 갑사 형상이 보인다. 본 절에서 나오는 그림은 그중에서도 비교적 구체적이다. 당대 역사화로 유명한 〈금교도金橋圖〉, 일명 〈동봉도東封圖〉는 현종이 태산에서 봉선封禪하고 상당上黨으로 돌아올 당시 시종하던 천승만기千乘萬騎, 1천 대의 마차와 1만 명의 기병, 숫자가 많음을 비유함의 웅장하고 화려한 모습을 그린 것이다. 당시 유명한 화가였던 진굉陳閎, 오도자吳道子, 위무첨韋無忝 등이 함께 〈금교도〉를 그렸기 때문에 이를 '삼절三絶'이라고 칭했다. 아쉽게도 이미 오래 전에 실전되었으며, 초벌 그림이 있다는 이야기도 듣지 못했다.

또한 송대 사람이 쓴 필기筆記에서 당대 육군六軍이 공을 칠 때 입는 구의毬(球)衣를 입었다고 했는데, 이는 미관美觀을 위한 것이지 작전할 때 착용한 것이 아니다. 이 그림에서 장의조張議潮 본인은 커다란 백마를 타고, 기종 대부분은 단과화금오자團窠花錦襖子를 입고 있는데, 아마도 이것이 구의毬衣에 가까운 듯하다. 이 그림의 여러 가지 형상으로 볼 때, 벽화는 당시 〈금교도〉 등의 밑그림의 일부를 잘라 모본으로 삼은 것 같다. 그렇기 때문에 당대 육군六軍의 복장 제도를 연구할 때 매우 유용한 그림이 아닐 수 없다.

7 『당회요』, "四年, 槍矟左飛騎用綠紛, 右飛騎緋紛, 左萬騎紅紛, 右萬騎碧紛".

당대 백석白石에 조각된 활과 칼을 잡은 무변武弁

그림141 (당) 연복두軟幞頭를 착용하고 우각잠牛角簪을 꽂았으며 원령복을 입고 오피육봉화烏皮六縫靴를 신었으며, 활과 칼을 차고 화살통을 들고 있는 무변의 입조상立雕像. 백석 위에 금은으로 채색했다.(서안 남쪽 교외에 있는 양사욱楊思勗 분묘 출토)

섬서 서안의 당대 양사욱楊思勗의 분묘에서 출토되었으며, 실물은 중국 역사박물관에 진열되어 있다.

원래는 백석으로 만든 조각품으로 높이는 시척으로 1척33cm 정도이다. 의복은 원래 금은으로 채색했으나 출토 이후 모두 벗겨졌다. 부드러운 연복두를 쓰고 있으며, 머리 뒤쪽으로 잠도簪導가 돌출되어 있다. 당대 사람들이 말하던 '우각잠牛角簪'이 바로 이를 지칭한다. 원령 윗도리를 입었고, 오피육봉화를 신었다. 어깨와 손에 휴대용 병기 몇 개를 들고 있다. 돈황 벽화에 나오는 시종무변武弁의 그림에서 이와 유사한 모습을 볼 수 있다. 병기는 대부분 상징적인 것일 뿐 실전용은 아니다. 『당육전』 무고령武庫令에 따르면, "활에는 네 가지 종류가 있다. 하나는 장궁으로 뽕나무나 산뽕나무로 만들며 보병이 사용한다. 두 번째는 각궁으로 동물의 힘줄이나 뿔로 만들며 기병이 사용한다. 세 번째는 삭궁稍弓으로 근거리 사격에 유리한 단궁短弓이다. 네 번째는 비단으로 장식한 활로 우림군羽林軍의 의장용이다".[1]

이 그림과 돈황 벽화에서 나오는 활은 측근에서 호위하는 시종들이 사용하는 비단으로 장식한 채식궁綵飾弓이다. 활은 활집에 넣었는데, 이런 활집을 '촉韣, 활전대' 또는 '고櫜, 활집', '도弢, 활집', '창韔, 활집'이라고 불렀다. 모두 활을 집어넣는 데 사용하는 기물이다. 호랑이나 표범 가죽으로 만들거나 상어 가죽으로 만들었으며, 때로 나무나 가죽에 옻칠 문양을 한 것도 있다. 평상시에 활은 나무나 대나무로 만든 기물에 묶어두었는데, 이는 형태가 변하거나 훼손되는 것을 방지하기 위함이다. 이러한 기물을 '경檠, 도지개, 활을 바로잡는 틀'이라고 한다. 이 그림에 나오는 활은 궁경弓檠에 묶어둔 듯하다.

또한 『당육전』에 따르면, "화살은 네 가지 종류가 있다. 하나는 대나무로 만든 죽전이고, 두 번째는 나무로 만든 목전이며, 세 번째는 병전兵箭, 그리고 네 번째는 노전弩箭이다".[2]

화살을 넣어두는 통을 '복箙, 전통箭筒'이라고 하는데, 대나무를 엮어 만들었기 때문에 '착笮, 대로 만든 전통'이라고 부르며, '보차步叉' 또는 '호로胡盧'라는 별칭이 있다. 주註에 따르면, 동물의 가죽으로 만들어 말 위에서 사용하는 것은 '건鞬'이라고 하는데, 활과 화살을 함께 넣어둘 수 있다. 고대에 '빙冰' 역시 전통箭筩의 뜻이다.

칼은 네 가지 종류가 있다. 맥도陌刀는 군진軍陣에서 사용하는 칼이고, 진팽도陣彭刀는 시종하는 이들이 호위용으로 사용했다. 장도長刀는 노부鹵簿, 황제가 출행할 때 호위하는 의장대와 유사함의 천우장군千牛將軍이 착용한다. 의도儀刀는 무신들이 차는 칼이다. 진대晉代 이래로 나무로 제작했으며, 금은으로 장식하여 위엄을 보였다. 그래서 '의도儀刀' 또는 '위도

1 『당육전』「무고령武庫令」, "弓之制有四, 一曰長弓, 以桑柘, 步兵用之, 二曰角弓, 以筋角, 騎兵用之 ; 三曰稍弓, 短弓也, 利於近射 ; 四曰格弓, 綵飾之弓, 羽儀所執".

2 『당육전』, "箭之制有四, 一曰竹箭, 二曰木箭, 三曰兵箭, 四曰弩箭".

衛刀'라고 칭했다. 이 그림에 나오는 초승달처럼 굽은 칼은 터키 칼의 양식을 본뜬 것으로 당대 사람들은 이를 '오구吳鈎'라고 불렀으며, 남방에서는 '갈당도葛黨刀'라고 칭했다. 『옥당한화玉堂閒話』에 따르면, "당대 시가에 많이 나오는 오구吳鈎는 칼 이름이다. 칼이 굽었기 때문에 이렇게 불렀다. 남방 사람들은 이를 '갈당도'라고 부른다".[3] 이처럼 언월偃月, 반달 모양으로 굽은 칼은 당대 이전까지 거의 보이지 않으며, 청대에는 주로 허리춤에 차는 요도腰刀로 활용했다.

당시唐詩에 나오는 '오구'는 춘추전국시대에 오나라에서 갈고리처럼 생긴 병기를 주조했다는 『오월춘추吳越春秋』나 『월절서越絶書』 등의 기록에서 차용한 것인 듯하다. 만약 실제로 그런 병기가 있었다면 삼국시대 수극手戟과 비슷한 것으로 일반 '도刀'와는 관련이 없다. 그러나 당대 시인들이 이를 차용하면서 영웅호걸이 차고 다니는 칼처럼 묘사한 것일 따름이다.

당대 언월도偃月刀는 대식국大食國, 사라센 제국, 이란과 이라크 일대이나 페르시아에서 주로 생산된 병기로 서북지역을 통해 중원으로 전래되었다. 고궁박물원에 소장되어 있는 병기들 가운데 일부 정교하게 제작된 실물이 보전되어 있다. 칼의 손잡이에는 일반적으로 청백옥青白玉으로 양이나 사슴, 말의 머리 모양이 조각되어 있고, 위에 금은실이나 홍보석을 상감했으며, 얇고 부드러운 가죽끈이 그대로 남아 있다. 또한 위에 회왕回王 모모가 공물로 보냈으며, 대청 강희나 건륭 모년에 입고入庫되었다는 글자가 적혀 있으니 청대 기물 보관 기록인 셈이다. 하지만 현대 학자가 쓴 『중국병기사고中國兵器史稿』에서 인도 박물관에 소장된 동일한 유물의 기록에 따르면, 원대 몽골 기병이 인도를 침략했을 때 남기고 간 유물로 알려져 있다. 그렇다면 제작 연대가 보다 이른 당대일 수도 있다. 청대 초기 회왕이 보낸 공물은 대부분 진귀한 물건이었을 것이다. 그래서 황실의 창고에 보관하기 위해 입고 기록을 적었으나 제작 연대는 확정할 수 없어 기록하지 않았을 것이다. 당대 전기는 돌궐과 토번의 전성기였으며, 특히 정교하고 예리한 도검 제작으로 유명세를 떨치고 있었다. 역대로 전해지고 있는 회화의 무사 형상에서 확인할 수 있는 바와 같이 대부분의 도검은 칼날이 곧은 직인식直刃式이다. 이에 반해 언월도처럼 칼날이 둥근 형태의 칼은 주로 터키 방식으로 기병이 사용하기에 유리하다. 돈황 벽화에서 당대나 오대 통치자들을 호위 무사들이 착용하고 있는 활이나 칼이 적지 않으니 서로 비교해보면 보다 객관적인 지식을 얻을 수 있을 것이다.

3 『옥당한화玉堂閒話』, "唐詩多用吳鈎者, 刀名也. 刀彎, 故名. 今南人名之曰葛黨刀".

당대 행각승行脚僧

그림142
왼쪽 : (당) 책 상자를 짊어지고 먼지떨이를 들은 행각승 석각 선화線畫(서안 자은사 대안탑大雁塔 현장법사玄奘法師 상像)
오른쪽 : (당) 입모笠帽를 쓰고 책 상자를 짊어지고 먼지떨이를 잡고 있는 행각승(돈황 당대 벽화 달마다라존자達摩多羅尊者)

그림 142는 서안 자은사慈恩寺 대안탑 하부 송대 석각 및 돈황 당대 벽화 모사본이다.

왼쪽 그림의 예전 제목은 「현장법사상玄奘法師像」이고, 오른쪽 그림은 연대가 조금 오래된 것으로 돈황 그림인 「달마다라존자達摩多羅尊者」이다. 또 다른 제목은 「수다라존자상修多羅尊者相」이며, 옷차림도 서로 같다. 『당육전』 권4의 기록에 따르면, 당시 승려 복식의 색깔에 제한을 두어 "대부분 목란木蘭, 흰색, 청색, 벽색碧色, 흑색조皂, 가시나무荊黃, 황색, 검은 고리緇環 색이다".[1] 이

1 『당육전』 권4, "皆以木蘭, 青, 碧, 皂, 荊黄, 緇環之色".

외에 다른 색은 모두 금지시켰다. 다만 대덕고승大德高僧은 존중의 표시로 자색紫色을 사용할 수 있었기 때문에 일반 행각승의 승복과 달랐다.

당대 이래로 일반 행각승의 옷차림이나 불경을 짊어진 행색 등은 거의 대동소이하다. 돈황 벽화에서 여러 가지 유사한 그림을 발견할 수 있다.삽도 94 송·원대에 각인된 『사림광기事林廣記』에 나오는 「승기율僧祇律」에 행각승의 행장짐 종류와 길을 갈 때 등짐을 짊어지는 방법 등에 대해 나오는데, 그림에서 볼 수 있는 것보다 훨씬 번쇄하지만 기물마다 각기 일정한 위치가 정해져 있기 때문에 어수선하거나 어지럽게 느껴지지 않는다. 모든 행동은 반드시 정해진 교율이나 제도에 따라야만 했다. 현재 전해지고 있는 당대 행각승 그림에서 그 행색이나 짐의 형태 등이 대동소이한 것에서도 「승기율」이 규정한 바에 따랐음을 확인할 수 있다.

행장의 등짐 가운데 경전을 올려놓는 나무나 대나무로 만든 상자가 있는데, 고대 "부급구학負笈求學"이란 말에 나오는 '급笈'의 원래 형태가 바로 이런 것일 터이다. 이렇듯 기물의 형상을 직접 보면 역대 문자 기록이나 주해의 부족한 점을 보충할 수 있다.

승려들이 손에 잡고 있는 승불蠅拂, 파리채, 먼지떨이은 당대에 주로 말이나 소 꼬리털로 만들었으며 종려나무의 껍질종사棕絲로 만들기도 했다. 규정에 따르면, 대덕고승은 주로 종불棕拂, 즉 종려나무 껍질을 실처럼 잘게 잘라 만든 것을 사용하여 소박함을 표시했다. 달마다라존자가 들고 있는 것은 '진미麈尾' 또는 '진미선麈尾扇'이라고 부르는 것인데, 진대晉代에 명사들이 청담淸談을 나누면서 여의如意나 진미를 흔들던 것에서 시작했다고 한다. 전하는 말에 따르면, 사슴들이 달려갈 때면 반드시 가장 큰 사슴이 선두에 서는데, 그 사슴의 꼬리를 잘라 수불手拂을 만든다고 한다. "여러 무리의 우두머리가 된다領袖群倫"는 뜻이다. 현존하는 다양한 그림에서 여러 가지 형태를 확인할 수 있다.

제량齊梁 이래로 큰 수컷 사슴의 꼬리를 잘라 만들었으며, 이후 점차 부채 모양으로 가공했다. 위쪽이 갈라진 부분을 '진미선麈尾扇'이라고 하는데, 양나라 간문제简文帝, 사마욱司馬昱, 320~372년, 동진 8번째 황제 "더위를 식힐 수 있고 먼지를 떨 수 있다既能清暑, 又可拂塵"고 찬미한 바 있다.[2] 〈낙신부도洛神賦圖〉에 나오는 낙신, 돈황 벽화에 나오는 북위北魏 귀족, 낙양 용문 북조시대 석각에 나오는 병든 유마維摩, 당대 정관 시절 돈황 벽화에 나오는 〈유마설법도維摩說法圖〉그림 116, 당대 손위孫位, 생졸미상, 만당晩唐 화가가 그렸다는 〈고일도高逸圖〉에 나오는 고사高士, 이공린李公麟이 그린 〈유마연교도維摩演教圖〉 등등에서 형태가 대동소이한 진미麈尾 또는 진미선麈尾扇을 볼 수 있다. 다만 진미선은 당대 정관 시절 돈황 벽화에서 유마힐이 설법하는 강경대講經臺 앞에 있는 천녀天女의 손에 들려 있는 것이 유일하다. 하지만 진미는 당대에 계속 사용되었다. 일본

2 구체적으로 어떤 문장에서 나오는지 확실치 않다.

삽도94 돈황 그림에 나오는 행각승

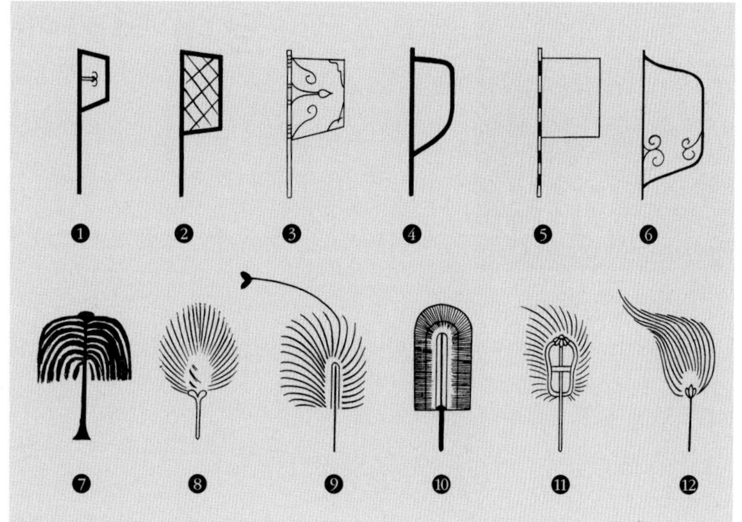

삽도95 편면便面과 주미麈尾[3]

❶ 마왕퇴 1호 한묘 편면
❷ 한 화상전 편면
❸ 기남沂南 한묘 편면
❹ 서왕모 동경銅鏡 편면
❺ 봉대자棒臺子 벽화 편면
❻ 가욕관嘉峪關 벽화 편면畫便面
❼ 한대 화상전
❽ 동수冬壽 분묘 주미
❾ 하남 등현 채색 모인전묘模印磚墓 주미
❿ 돈황 「유마변維摩變」 벽화 주미
⓫⓬ 돈황 벽화 행각승 먼지떨이

정창원正倉院, 쇼소인에 당대에 전래된 진미 실물이 있으며, 『동영주광東瀛珠光』이라는 대형 도록에도 실려 있다. 비록 절반가량 훼손되기는 했으나 당시 관련 제도를 살필 수 있다.

안사고顏師古는 훈고서訓詁書인 『광류정속匡謬正俗』에서 『한서』 「장창전張敞傳」에 나오는 '편면'을 해석하면서 편면의 모양이 근세당대 초기에 승려들이 사용하는 '불자拂子, 먼지떨이'와 비슷하다고 말했다. 하지만 근년에 장사 마왕퇴 제1호 묘에서 출토된 서한시대 편면 실물과 비교하고, 아울러 동한 시대 석각의 그림과 비교해보면, 양한시대 편면은 일률적으로 반시半翅 모양으로 당대 화상들이 사용했던 먼지떨이와 전혀 같지 않음을 알 수 있다.삽도 95 안사고는 물론 박학다식하며 옛 제도나 문물에 대해 많이 알고 있었지만 대부분 문헌을 통해 배운 것일 뿐 실물이나 그림, 조각 등을 통해 실증한 것이 아니기 때문에 견강부회나 곡해를 면할 수 없으며 본래 면모를 얻기 힘들다. 다만 당대 초기 승려들이 사용했던 떨이개불자拂子의 규격은 삽도에 나오는 것과 거의 비슷하며 당대에 일반적이었다.[4]

3 편면은 얼굴을 가리는 데 사용하는 부채의 일종. 주미는 사슴또는 고라니의 꼬리털로 만든 깃부채처럼 생긴 먼지떨이, 총채.

4 이후 송·명대 사람들은 부채를 속칭 '불자拂子'라고 했는데, 이는 안사고의 기록에 유래한 것이다.

088

당대 벽화에 나오는 인물의 의복 형상

그림143 (당) **두건을 쓰고 곡령曲領 봉액대수의逢掖大袖衣를 입고 고장리高牆履를 신은 은사隱士**(서안 남쪽 교외 양사욱 분묘 벽화)

그림 143은 서안 당대 양사욱楊思勖 분묘 벽화의 일부분이다.

벽화는 두 부분으로 나뉜다. 한 부분은 일반 당·송대 벽화와 비슷하게 가정의 현실 생활에서 노비들이 춤을 추는 형상을 그렸고예를 들면 호등무胡騰舞 부분, 다른 한 부분은 한대 이래의 관습에 따라 옛날이야기에 나오는 인물들을 그렸다. 『후한서』「조기전趙岐傳」에 따르면, "(조기는) 생전에 자신의 수장壽藏, 분묘나 관곽棺槨을 조성하고 계찰季札, 자산子産, 안영晏嬰, 숙향叔向 등 네 명의 상像을 그려 빈객 자리에 앉히고 자신의 모습을 그려 주인의 자리에 놓으니 칭송이 자자했다".[1] 이는 '견현사제見賢思齊',[2] 즉 어진 사람을 보면서 그와 같아지기를 생각한다는 뜻이다. 이 그림은 당대 사람들이 익히 알고 있는 『고사전高士傳』 또는 『죽림칠현』, 〈육일도六逸圖〉[3]에 나오는 이들로 망자가 평생 앙모하던 대상들이다. 그림의 인물들은 품이 넓고 풍성한 느낌을 주는 옷을 입고 있는데, 당대에 사람들이 숭상하는 독서인이나 은사 등 소수의 고상한 이들이 주로 입었으며, 일반인은 거의 입지 않았다. 틀림없이 이것이 공자가 말한 '봉액대수지의逢掖大袖之衣'일 것이다.[4] 소매가 넓고 옷이 헐렁헐렁할 정도로 넓고 크다. 웃옷은 무릎 아래까지 내려오며 황견黃絹으로 만들고, 아래 흰 치마를 입는 것이 일반적인 형식이다. 이는 당대 초기 마주馬周가 건의한 독서인의 옷차림이다. 송대 화가 미불米芾은 이렇게 말했다.

> 당대 초기에 거인擧人은 반드시 녹피관을 쓰고 황색의 봉액대수의가 무릎까지 내려오며 흰 치마를 입은 모습으로 그렸다. 소어사蕭御史, 소익蕭翼이 월越, 지금의 절강성 동부 땅의 승려와 만나 말재간을 부릴 때도 소매가 넓은 황색 상의를 입었고, 산동의 거자들은 백란白襴을 입었다. 이백도 녹피관을 쓰고 소매가 넓은 황색 포복을 입었으니, 이 역시 제도에 따른 것이다.[5]

공맹의 고향(산동) 출신 독서인들이 입었다는 봉액대수의가 과연 어떤 양식의 의복인가? 당대 일반 그림에는 거의 나오지 않는다. 하지만 사실상 당대 문관들이 입었던 포복袍服과 대체적으로 상통한다. 다만 구별되는 점은 포복의 경우 마주가 건의한 바 대로 아래쪽에 난선襴禩, 의복의 가장자리에 선을 두른 것으로 자연스럽게 주름이 생김을 더해 본래의 모습을 잃었다는 것이다.

염립본이 그렸다는 〈잠난정도蘸蘭亭圖〉에 나오는 소익蕭翼은 오히려 당대 양식의 연복두軟幞頭를 쓰고, 소매가 넓은 원령의圓領衣를 입고 있는데, 이는 일반 제도와 부합하지 않으니 송대 사람이 그린 것이 틀림없다. 시대는 염립본이 살았던 2세기보다 늦을 뿐만 아니라 미불의 시대보다 늦다. 물론 원령의는 당대 그림에서도 볼 수 있다. 하지만 〈보련도〉그림 115나 위욱 분묘 석각 및 그 뒤에 나오는 〈문원도〉그림 136에서 볼 수 있다시피 일반적으로 무릎 부위에 가로로 선을 하나 그었을 뿐이다. 비록 난도襴道가 하나 있기는 하나 아래위의 색깔이 같기 때문에 '봉액대수의逢掖大袖衣'라

1 『후한서』「조기전」, "先自爲壽藏(指棺槨或墳墓), 圖季札, 子産, 晏嬰, 叔向四像居賓位, 又自画其像居主位, 皆爲讚頌".

2 『논어』「이인里人」, "見賢思齊焉, 見不賢而內自省也".

3 당대 육적陸曜, 생졸미상, 일명 육정적陸庭曜이 그렸다는 〈육일도권六逸圖卷〉을 말한다. 동한시대 학자 마융馬融, 완부阮孚, 변소邊韶, 도잠陶潛, 한강韓康, 필작畢卓 등 여섯 명의 인물을 그렸다.

4 봉액縫腋은 겨드랑이만 꿰매어 옆이 넓게 터진 옷이다. 공자가 입었다고 하여 후세 유자儒者들이 주로 입었다.

5 미불, 『화사畫史』, "唐初畫擧人, 必鹿皮冠, 逢掖大袖黃衣, 至膝長, 白裳也. 蕭御史至越見辩才, 云着黃衣大袖, 如山東擧子, 白襴也. 李白鹿皮冠, 大袖黃袍服, 亦其制".

고 부를 수 없다.

'봉액'또는 '풍익馮翼'이란 말은 『예기』「유행儒行」에서 나온 말이다.

> 노나라 애공이 공자에게 물었다. "선생의 옷은 유복입니까?" 공자가 말했다. "저는 어렸을 적에 노나라에 살아 봉액의 옷을 입었고, 커서는 송나라에 살면서 장보의 관을 썼습니다. 제가 들으니 군자의 학문은 넓어야 하고, 복식은 지내는 마을에 따라야 한다고 했습니다. 저는 유복에 대해 알지 못합니다."[6]

주에 따르면, "봉逢은 크다는 뜻이고 대액大掖은 소매가 넓은 홑옷선의襌衣이다". 한대 그림에 반영된 예는 근년에 산동 제남에서 발굴된 한묘에 나오는 백희百戲 채색용이다. 양렬로 늘어서서 노래를 부르며 손과 발을 움직이는 모습이다.

송대 곽약허郭若虛의 『도화견문지圖畵見聞志』에 이런 구절이 적혀 있다.

> 진대 처사 풍익은 소매가 넓고 큰 베옷을 입었는데, 옷 가장자리를 검은색으로 두르고 아래에 난襴, 상의 아래쪽에 횡선의 재봉선인 횡란橫襴을 말함을 넣었으며 앞에 두 개의 긴 띠를 맸다. 수·당대 조야를 막론하고 이를 입었는데, 이를 일러 '풍익의 옷'이라고 했다. 지금은 '직철直掇'이라고 한다.[7]

인용문에서 "수·당대 조야를 막론하고 이를 입었다"고 했으나 실제 그림에는 그리 많이 보이지 않는다. 또한 송대에는 '직철'[8]이라고 부른다고 했으나 그렇지 않다. 현존하는 명화로 노홍盧鴻의 〈초당도草堂圖〉가 있는데, 그 안에 나오는 은사의 옷차림을 보면 송대 도복道服과 비슷하며, 이공린李公麟의 〈구가도九歌圖〉에 나오는 인물 형상과 유사하나 이 그림과는 다르다. 이는 〈초당도〉가 당인이 아닌 송인 작품이며, 송대 도복의 양식이지 송대 '직철'이 아니라는 것을 증명한다.

본 그림에서 보이는 것이 하나의 예인데, 옷 가장자리에 내려뜨린 띠가 모두 구체적이지 않다. 하지만 위에는 웃옷을 입고 아래에는 치마를 입었다는 것은 비교적 명확하게 알아볼 수 있다. 기록에 나오는 것처럼 춘추 이래로 산동 노나라 독서인들이 입던 옷이자 공자가 "사는 곳의 습속을 따라야 한다"고 하여 입었던 바로 그 옷이다. 미불은 당대 초기 거인擧人이 입었으며, 이백

6 『예기』「유행」, "魯哀公問於孔子曰 : '夫子之服, 其儒服與?' 孔子對曰, '丘少居魯, 衣逢掖之衣. 長居宋, 冠章甫之冠. 丘聞之也, 君子之學也博, 其服也鄕. 丘不知儒服'". 주注, "逢, 大也, 大掖即大袂襌衣".

7 곽허郭若虛, 『도화견문지』, "馮翼衣, 大袖, 周緣以皂, 下加襴, 前繫二長帶, 隋唐朝野服之, 謂之'馮翼之衣', 今呼爲'眞掇'".

8 직철直掇은 송·명대 퇴직 관원이나 사대부들이 주로 입던 맞깃對襟의 비교적 넓은 장삼이다. 집에서 입는 일상복으로 속칭 도포道袍라고 부른다. 소매가 넓고 크며, 소매, 깃, 웃옷 가장자리衣緣를 모두 검은색 비단으로 장식했으며, 양옆은 트지 않는다. 아래치마는 없지만 등 쪽에 중봉中縫이 있어 '직철'이라고 칭했다. 길이는 무릎이나 발목까지 내려온다. 직철을 입을 때는 위가 네모난 원통형 모자를 썼는데, 이를 동파건東坡巾, 일명 오각건烏角巾이라고 한다. 직철은 '직철直裰'로 쓰기도 한다.

도 입었다고 했던 옷 역시 이러한 양식과 부합할 것이다. 왜냐하면 아래 난선을 더하면서 자연스럽게 당대 문관의 조복과 서로 비슷해졌기 때문이다. 사실상 한대 석각에 반영된 그림에 따르면, 무량사武梁祠의 대우상大禹像의 '상의하상上衣下裳'을 제외하고 대부분 포만 입었을 뿐 치마는 입지 않았다. 송대 사람이 남북조시대 원화에 근거하여 그린 72현과 공자상孔子像은 비록 치마를 입기는 했으나 옛 의미가 적다. 그런데 머리에 쓴 관건冠巾은 오히려 합장合掌하는 형태로 고대 피변皮弁 제도를 따랐다. 위진 이래 겸건縑巾으로 만든 갑帢이나 도幍이다. 이 그림에 나오는 인물의 두건이 그다지 구체적이지 않은 까닭은 그림을 그린 이가 고대 사슴가죽으로 만든 관이나 갑帢, 도幍, 변弁에 대한 구체적인 지식이 없었기 때문이다. 송·원·명대 독서인들은 문헌 기록의 영향을 받았을 뿐만 아니라 평소 복고復古를 좋아했기 때문에 계속해서 고대의 복식을 답습하여 약간의 변통만 했을 뿐이다. 송대 사람이 그린 〈낙양기영회도洛陽耆英會圖〉, 〈회창구로도會昌九老圖〉 등에서 보이는 옷차림도 거의 비슷한데, 이것이 송대 사람이 생각하던 예전의 '봉액대수의'이나 사실은 '직철'이다. 이는 광서 계림에 있는 석각 미불상米芾像의 옷차림과 비슷하다. 희극인들이 입는 옷 중에서도 이와 비슷한 옷차림을 볼 수 있다. 예를 들어 산서山西 광승사廣勝寺에 원대 사람이 그린 〈연희도演戲圖〉그림 206가 있는데, 그 안에 어릿광대 역할인 추각醜角이 옷테두리에 문양을 넣은 직철直裰을 입고 있다. 이는 송대 사람이 말하는 봉액의, 즉 송대 직철로 만든 옷이다. 그래서 이후 희극인들의 옷 중에서 직철이라고 부르는 것이 있게 된 것이다.

이 그림에 또 하나 주목할 것은 인물의 목 아래 가슴을 여미는 형식이 '옹경곡령擁頸曲領'[9]으로 옛 의미를 그대로 보존하고 있다는 점이다. 당대 초기 그림으로 알려진 〈열제도列帝圖〉그림 109의 처리 방식이 상당히 정확한데반원형의 딱딱한 옷깃 안에 속적삼을 입는 방식에 속한다, 일반적인 당대 그림에서는 본 적이 없다. 이로 보건대 이 그림은 이전의 그림에 근거하여 그린 것임을 알 수 있다. 다만 머리에 쓴 관건에 대한 처리가 애매한데, 아마도 이는 당대 화사畫師들이 이미 고대 관건 제도에 대해 명확히 파악하지 못했기 때문인 듯하다. 그러니 일반 화가들이 녹피관鹿皮冠의 정확한 형상을 그려내기란 더욱 더 어려웠을 것이다.

9 『급취편急就篇』 권2에 "포유표리곡령군袍襦表裏曲領裙"이란 말이 나오는데, 안사고顏師古 주에 따르면, "중의는 곡령이 아닌 직령을 착용하기 때문에 곡령의 깃을 금한다. 목을 감싸는 형태이다. 형태가 크고 굽어져 있기 때문에 이렇게 부른다".

089

당대 채색 도용과 삼채三彩 도기

그림144 (당) **개책을 쓰고 포복을 입었으며, 양당개를 걸치고 운두리雲頭履를 신은 시종 무관 삼채도용**(고궁박물원 소장)

당대 전기 문관의 옷차림은 수대의 제도를 그대로 답습하여 크게 변화하지 않았다. 귀족 분묘의 벽화는 비록 현저한 특징을 보이기는 하나 대형 채색 문무 관리용官吏俑은 오히려 수대의 규격적인 형상을 그대로 지니고 있어 구별하기 쉽지 않다. 관冠은 일반적으로 비교적 작고 변화도 크지 않다. 조복 위에 양당개를 걸친 모습이 엄숙하고 단정하다. 개원 시기에도 주요 지위를 점하는 종관從官 삼채도용은 변화가 그리 크지 않았다. 그러나 똑같은 옷에 양당개를 걸치고 고습을 입은 무관이 등장하는데 왠지 모

그림145
왼쪽 : (당) 개책을 쓰고 포복을 입었으며, 양기리兩歧履를 신은 문리文吏 도용(함양咸陽 저장만底張灣 두로건豆盧建 분묘 출토)
오른쪽 : (당) 개책을 쓰고 양당개를 걸쳤으며, 고습袴褶을 착용한 무관 도용(함양 저장만 두로건 분묘 출토)

습이 산만하고 허술하며 직무상 필요한 엄숙한 느낌이 결핍되어 마치 기악용伎樂俑 비슷하다. 문리의 옷차림은 표면적으로 그다지 변화가 없지만 모인模印 기법으로 만들었기 때문에 얼굴 생김새가 단조롭고 생기가 없으며, 범속한 느낌이 든다. 초당 시절의 단정하고 장엄함은 사라지고 동시에 출토된 삼채 수렵 호기胡騎의 활달하고 생동감 넘치며 개성이 도드라지는 모습과 크게 차이가 난다.

머리에 쓴 개책은 오히려 날로 높아졌는데, 이는 당시 사회의 후장厚葬 기풍 및 순장 명기의 상품화와 관련이 있다. 『당회요』 권38에서 기록된 바와 같이 당대 법률에 따라 망자를 위한 순장용 명기明器는 일정한 제한이 있었다. 무덤을 지키는 진묘수鎭墓獸나 종복, 가무인 등의 크기와 숫자는 망자 생전의 관품에 따라 정해졌으며, 이를 넘어설 수 없었다. 하지만 채색 또는 삼채유도三彩釉陶 문무 관리용은 비교적 크게 제작되어 60cm가 넘는 것도 있었다. 이처럼 비교적 화려한 명기나 낙타, 말 등의 용俑은 법령 범위 밖에 있었을 것이고, 권세가 친척 등이 증여했을 가능성이 크다. 이러한 특수한 도용은 시종일관 법령의 제한을 받지 않았다.

090

당말, 오대 회골回鶻 진향인進香人

그림146 당말 오대 금화관金花冠을 쓰고 변발을 했으며, 둥근 깃에 소매가 좁고 문양을 넣은 채색 비단 장포를 입고, 첩섭대鞊韘帶를 찬 회골 귀족 진향인(고창 벽화)

고창 벽화이다. 원화는 외국에 있다.

그림에 나오는 몇 명의 회골족回鶻族 진향 귀족 남자는 꽃문양의 좁은 소매에 긴 비단 두루마기인 금포錦袍를 입고 있다.[1] 당나라 양식의 개책介幘을 변화 발전시킨 금색 문양으로 장식한 금관을 쓰고 있으며, 등 뒤로 두 개 또는 네 개의 변발을 내려뜨렸다. 허리에는 당대 초기 관복 제도에 따른

1 요遼, 금金 문헌에 나오는 '번금포番錦袍'일 것이다.

섭섭칠시鞢韘七事, 일곱 가지 기물을 매단 혁대와 백어를 차고 있다. 제작 시기는 비교적 이른 시기였을 것이다. 왜냐하면 고창이 당나라 초기에 멸망했기 때문이다. 옷차림은 서북 지역의 여러 민족의 습속에 따라 오랜 시간 전대의 것을 답습해왔기 때문에 변화가 그리 크지 않다.

수·당대 이래로 돌궐, 토번, 회골 및 서북 여러 민족과 페르시아 상인들이 적게는 10여만, 많게는 20여만 명이 장안에 거주하고 있었다. 그런 까닭에 중원 부녀자들의 복식이나 생활 습관에 적지 않은 영향을 끼쳤다. 개원 이전에는 머리에서 발끝까지 서북 민족특히 고창과 회골의 영향을 받았으며, 원화 이후에는 두발 형태나 얼굴 화장에서 토번의 영향을 받았다.

다른 한편으로 중원 사람들도 100만 명 이상 서북 각지로 이주하면서 서북 변방 지역의 여러 방면에 영향을 끼친 바 있다. 적지 않은 이들이 이에 착안하여 구체적인 형상 자료를 통해 나름의 분석과 탐구를 진행해왔다. 본 절에서 다루는 내용 역시 이에 관한 실례가 될 것이다. 포용력이 넓은 변방의 여러 민족 가정에서 민족 문화의 상호 융합이 이루어지기 시작한 것은 한나라 시절에서 비롯되었으며, 당대에 이르러 진일보 발전했다. 왜냐하면 의복의 경우 서한시대에 이미 공식적으로 금수錦繡 의복을 주었다는 기록이 남아 있기 때문이다. 『남사南史』에 보면 '번객금포蕃客錦袍'라는 명칭이 나오는데, 이는 당시 문화 교류의 예품禮品이었다. 이것이 하나의 제도로 정해진 시기는 당대이다. 당나라는 매년 성도成都와 광릉廣陵에서 번객금포를 직조하여 공물로 바치도록 하였으며, 이를 서북이나 대식국, 페르시아, 불림拂菻, 한대 대진大秦(로마제국)을 당대에는 불림으로 불렀다 등에 보내는 예물로 전용했다.

회골 귀족 남자들이 입고 있는 옷은 비록 그들 고유의 양식이지만 옷감의 문양은 서북에서 유행했던 대식국과 페르시아 양식에 가까운 회골소화금回鶻小花錦이다. 이는 당대의 주요 양식으로 촉성도 지방에서 주로 제작하던 대단과촉금大團科蜀錦이나 오지금의 소흥紹興에서 생산하던 천지화串枝花 또는 소족화小簇花 오릉吳綾[2]과 다르다. 머리에 쓴 금관은 연꽃잎이 높이 솟아 있는 것 같지만 사실은 당대 관복에 나오는 개책이 변화 발전한 것이다. 물론 다른 점도 있다. 우선 당대 관책冠幘은 일반적으로 검은색 사라紗羅로 만들고 뒤쪽으로 기울어진 형태이며, 정수리 부분에 옥이나 무소뿔, 또는 상아로 만든 잠도簪導를 가로로 꽂아 두발에 고정시켰을 뿐 다른 장식이 그리 많지 않다. 이에 반해 그림에 나오는 회골의 금관은 위로 높이 솟구쳐 있고 꼭대기 부분이 마치 꽃봉오리 끝처럼 비교적 뾰족하다. 또한 금은으로 장식하여 매우 당당하고 화려하다. 허리에는 일상 생활에 필요한 작은 기물들을 매달고 있는데, 이는 당대 초기 관복 제도에서 규정한 첩섭대鞊鞢帶의 일곱 가지 기물을 그대로 모방한 것이다.

---

2 대단과촉금大團科蜀錦이나 천지화串枝花 또는 소족화小簇花 오릉吳綾. 소족화는 작은 꽃떨기 문양의 뜻이다.

『당회요』 권31에 따르면, 경운景雲 2년711년 "내외 관원들은 상원 원년의 칙령에 따라 문무관원 모두 일곱 가지 기물을 혁대에 매도록 하라"[3]고 명했다. 허리에 차는 혁대의 일종인 첩섭대鞊韘帶에 산대算袋, 단도, 숫돌여석礪石, 계필진契苾真, 홰궐噦厥[4], 침통針筒, 부싯돌 주머니火石袋 등 7가지를 통칭 '첩섭칠사鞊韘七事'라고 한다. 허리띠 장식도 품급에 따라 구별했다. "일품에서 오품까지는 금으로 장식하고, 육품에서 칠품은 은, 팔품과 구품은 놋쇠나 돌로 장식했다."[5] 또한 개원 2년714년 7일 "백관이 차는 과건跨巾과 산대算袋 등은 매월 삭망朔望에 조회에 참가할 때 착용하고 외관은 아일衙日, 상급 관아에 보고하는 날에 착용하되 나머지 날에는 착용하지 않는다"[6]는 칙령을 내렸다. 이로 보건대, 개원 초기에는 조회에 참가하거나 상급 기관에 보고하러 갈 때 패용했을 뿐 평상시에는 차지 않았음을 알 수 있다.

다음 날 내린 칙령에는 "주옥이나 채색 비단을 금한다. 허리띠는 관품에 따르고 나머지는 모두 금지한다".[7] 이렇게 여러 가지를 잡다하게 요대腰帶에 매달던 것이 이번 금령으로 인해 모두 취소되었다. 그래서 중원의 일반 그림이나 조소를 보면, 건릉 앞에 있는 110개의 석각에 서북 여러 민족의 무장武將들의 혁대에 달린 것을 제외하고 원령포복을 입고 첩섭칠사를 구비한 모습은 거의 볼 수 없다. 다만 요대에 백어帛魚를 매다는 것은 '칠사七事'에 포함되지 않았기 때문에 당대 초기는 물론이고 개원, 천보 이후에도 계속 사용되었다.[8]

이처럼 당대 초기 요대, 즉 허리띠 사이에 백관들이 여러 가지 기물들을 매달고 다녔으나 당대 그림에 흔히 보이는 백어를 제외하고 나머지는 거의 보이지 않는다. 하지만 서북 벽화에서 볼 수 있다시피 회골에서 서하까지 서북의 여러 민족들은 당대의 제도를 답습하여 폐지하지 않았다. 『요지遼志』에 따르면, 동북쪽의 거란契丹도 북송 말 멸망할 때까지 계속 첩섭칠사 제도에 따라 계속 사용했다.

---

3 『당회요』 권31, "今内外官依上元元年勅, 文武官咸帶七事".

4 계필진契苾真은 계필족이 사용하던 쐐기처럼 생긴 침을 말한다. 계필족은 선비족에서 발원한 철극족鐵勒族의 일파로 유목 생활을 했으며, 칼이나 날카로운 침을 사용하여 글자를 새겼다. 계필족은 정관 연간에 당조에 귀부하여 지금의 감숙 지역에서 살게 되었다. 이후 당조 관원들도 계필족의 침을 글자를 새기는 전용 기구로 활용하면서 요대에 찬 것으로 보인다. 홰궐噦厥은 매듭을 푸는 도구인 뿔송곳觿觽이다. 외형은 굽은 송곳처럼 생겼다. 저자도 계필진과 홰궐 두 가지 가운데 하나는 매듭을 푸는 도구인 觿觽라고 말했다.

5 『당회요』, "一品至五品並用金, 六品至七品並用銀, 八品, 九品並用鍮石".

6 『구당서』, "百官所帶跨巾, 算袋等, 每朔望朝參日着, 外官衙日着, 餘日停". "禁珠玉錦繡. 除帶依官品, 餘悉禁除."

7 『구당서』, "禁珠玉錦繡. 除帶依官品, 餘悉禁除".

8 원주〉 영태공주 분묘 벽화에 그려진 남장 궁녀는 모두 전루대鈿鏤帶를 차고 있다. 원래 7가지 기물을 패용해야 한다. 하지만 한 가지만 보이고 패도나 여석, 침통 등은 보이지 않는다. 그럼에도 '첩섭대鞊韘帶'라고 부른 듯하다삽도 96. 부녀자들은 머리에 모피가 테두리를 한 혼탈모渾脫帽를 쓰고 있으며, 요대에 작은 은령銀鈴을 달았다. 자지무柘枝舞를 추는 가무기歌舞伎가 틀림없다.

❶

❷

삽도96 당대 그림과 조소에 나오는 첩섭대(鞊鞢帶)

❶❷ 영태공주 분묘 선각 궁녀

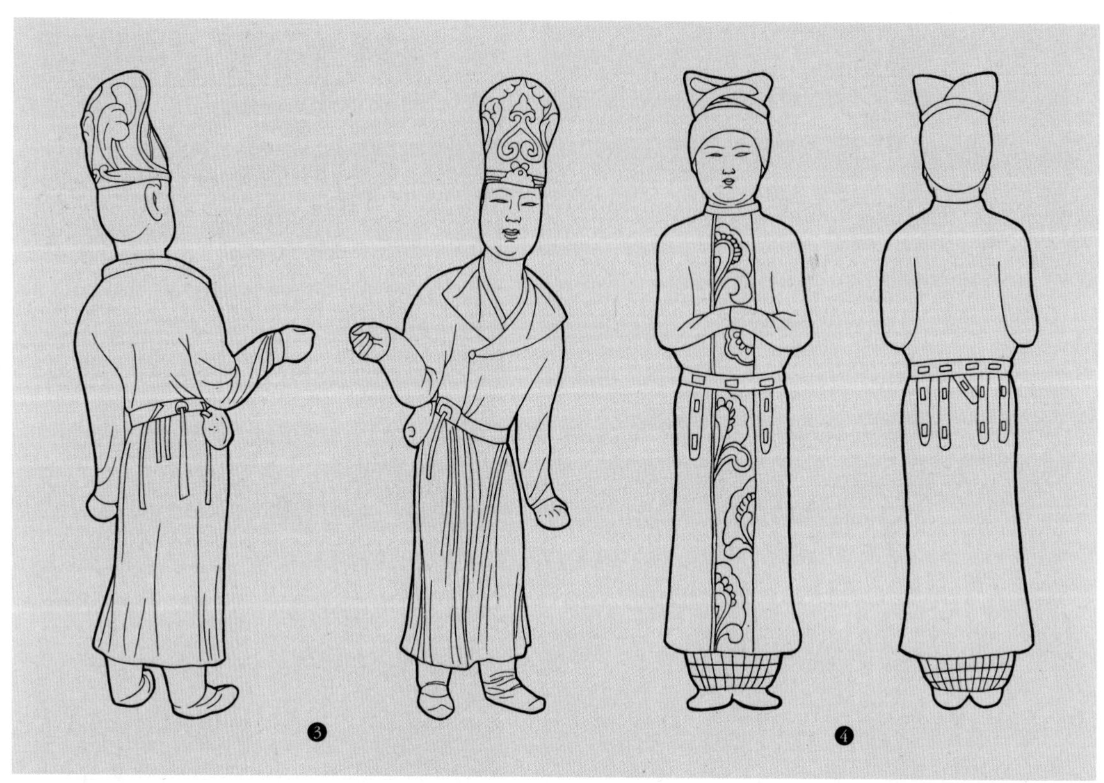

삽도96 당대 그림과 조소에 나오는 첩섭대鞊韘帶

❸ 우전식于闐式(신강 남부 불교국가인 우전왕국의 양식) 문양을 넣은 모자를 쓴 당용唐俑

❹ 영태공주 분묘 채색 도용

❺ 위욱 분묘에 선각線刻된 백어帛魚를 묶은 시종

❻ 돈황 벽화 일곱 개의 기구를 매달은 섭섭대韘韘帶(첩섭대)를 차고 있는 서하西夏 진향 귀족

당대 비단

그림147 (당) 붉은 바탕에 화조문양의 홍지화조문금紅地花鳥文錦(신강 투루판 아사탑나阿斯塔那 북쪽 381호 분묘 출토)

당대 방직물은 비단이 위주였으나 서북 지역의 양모로 직조한 융단전계氈罽, 서남 지역의 식물 섬유로 만든 저苧, 갈葛, 등藤, 대나무, 초소蕉練 및 서북 일부 지역의 초면草棉, 월낙越諾, 서남 일부 지역의 목면木棉, 길패吉貝 등도 모두 중시했다. 비단 방직수공업이 빠르게 발전하면서 전국 각지에 특산이 없는 곳이 없을 정도였는데, 그중에서도 천촉川蜀, 강남과 하남, 그리고 하북 등 세 지역이 3대 생산지로 유명했다. 촉의 금채錦綵, 일부는 인화印花를 지칭한다, 오월吳越의 기이한 문양의 능사라綾紗羅, 하남과 하북의 사릉紗綾은 모두 진

그림148

위쪽:(당) 보람寶藍(선명한 남색) 바탕에 작은 화서花瑞(상서롭고 기이한 꽃) 문양의 보람지소화서금寶藍地小花瑞錦(『중국사주도안中國絲綢圖案』에서 인용)

아래쪽:(당) 꽃나무와 사슴이 대칭을 이룬 화수대록문릉花樹對鹿紋綾(『중국사주도안』에서 인용)

귀한 제품이자 공물로 매년 장안으로 보냈다. 또한 상품 방식으로 전국 시장에 대량으로 판매되었으며, 서북쪽으로 육로로, 광주, 명주明州, 신주信州, 양주揚州에서 해로로 국외로 수출되기도 했다. 본색 바탕에 채색 가공하는 홀치기염색 기법撮暈法染纈이 활용되면서 기존의 자수보다 품이 덜 들고 창조적인 도안을 만드는 데 편리하여 예술적 효과가 뛰어났기 때문에 얇은 비단인 사라紗羅로 피백 등의 문양을 새롭게 만들 수 있었다.

촉금蜀錦은 매우 우수한 전통을 지녔다. 장언원의 『역대명화기』 권10에 따르면, 당대 초기 두사륜竇師綸이 익주益州, 성도成都에서 행대관行臺台으로 있을 때 옷의 양식을 설계하여 촉중蜀中의 직공들에게 서금궁릉瑞錦宮綾을 생산하도록 했는데, 문양과 채색이 기이하고 아름다웠다. 세상 사람들이 이를 일러 '능양공양陵陽公樣'이라고 했다. 한 쌍의 꿩, 두 마리 싸우는 양, 노니는 기린 등의 문양을 넣었다. 장언원이 죽은 지 이미 100여 년이 지난 뒤였는데, 그 때에도 여전히 없어지지 않고 유행하고 있었다.

오월吳越 지역의 기이한 문양의 비단綾은 시문이나 금령禁令 등에서 자주 언급되는 '요릉繚綾'이다. 매우 정교한 것으로 유명하여 당시에는 '고가과인孤家寡人'이라 자칭하던 봉건 황제만 입을 수 있었다. 문제는 요릉을 제작하려면 거의 천 필에 가까운 비단이 필요하다는 것이었다. 그래서 이덕유李德裕의 주청奏請으로 일부를 감면하기도 했는데, 이에 관한 기록이 『회창일품집會昌一品集』에 나온다. 또한 백거이는 아예 '요릉'을 주제로 시를 짓기도 했다. 화려한 예술적 성취가 높기는 하지만 만들기가 어려워 얼마나 많은 백성들이 이로 인해 고생하는지에 대해 읊었으며, 아울러 이를 입는 이들의 지나친 사치에 대해 풍자했다. 이외에 금령에도 '요릉'이란 말이 자주 나온다.

예를 들어 당 개원 2년714년 7월 칙령에 따르면, "천하에 금수錦繡, 주승珠繩, 직성織成, 첩견帖絹, 이색기二色綺, 능綾, 라羅로 용봉이나 금수, 기이한 문자 및 수란竪欄 비단 문양을 금지한다"[1]고 했고, 또한 대력大曆 6년771년 4월에도 금지하는 칙령을 내렸다.

> 요릉 문양으로 직조한 반룡盤龍, 대봉對鳳, 기린麒麟, 사자, 천마天馬, 벽사辟邪, 공작, 선학, 지초芝草, 만자萬字, 쌍승雙勝, 투배透背 및 대간금大繝錦, 갈조육파竭鑿六破, 거북 문양처럼 생긴 복잡한 도안 등은 금단禁斷해야 마땅하다.[2]

이처럼 정부에서 거듭 직조를 금지하는 칙령을 내린 것은 이미 대량으로 직조하고 있었으며, 다른 비단직물에 비해 훨씬 정교하고 아름다웠

1 『당대조령집唐大詔令集』 권108, "禁天下造作錦繡, 珠繩, 織成, 帖絹, 二色綺, 綾, 羅作龍鳳禽獸奇異文字及竪欄錦紋".

2 『당대조령집』 권108, "其綾錦花紋所織盤龍, 對鳳, 麒麟, 獅子, 天馬, 辟邪, 孔雀, 仙鶴, 芝草, 萬字, 雙勝, 透背及大繝錦, 竭鑿六破已上, 並宜禁斷".

❶

❷

삽도97 **당대 비단 문양**(투루판 아사탑나 출토)
❶ 작은 꽃문양으로 이어진 소단과촉금小團窠蜀錦
❷ 사슴 주위에 구슬을 두른 연주녹문금聯珠鹿紋錦

음을 방증한다.

당대 관료들은 각기 등급에 따라 문양이나 색깔이 다른 능라화사綾羅花紗 의복을 착용했는데, 『구당서』「여복지」에 이에 대해 자세한 기록이 나와 있다. 그중 일부는 매번 변경이 되곤 했으나 대체적으로 당대 초기 무덕武德 연간에 발표한 칙령의 내용과 같았다.

> 삼품 이상은 대과조릉大科綢綾 및 나羅를 사용하고 색은 자색이며, 옥으로 장식한다. 오품 이상은 소과조릉小科綢綾 및 나羅를 사용하고 색은 주색朱色이며, 금으로 장식한다. 육품 이상은 사포絲布, 명주와 삼베 혼방混紡를 사용하고 잡다하고 작은 문양의 능綾, 교사交梭, 쌍순雙紃을 사용하며 그 색은 황색이다.[3]

3 『구당서』「여복지」, "三品以上, 大科綢綾及羅, 其色紫, 飾用玉. 五品以上, 小科綢綾及羅, 其色朱, 飾用金. 六品以上, 服絲布, 雜小綾, 交梭, 雙紃, 其色黃".

❸

❹

❺

삽도97 당대 비단 문양(투르판 아사탑나 출토)

❸ 방승격자문힐方勝格子紋纈

❹ 수렵문인화견狩獵紋印花絹

❺ 수렵문탈교인화사狩獵紋脫膠印花紗

같은 책의 기록에 따르면, 관복의 화릉 도안은 난함장수鸞銜長綬, 학함서초鶴銜瑞草, 안함위의雁銜威儀, 준골함화俊鶻銜花, 지황교지地黃交枝, 쌍거십화릉雙距十花綾 등 다섯 가지가 있으며, 이외에도 '경화鏡花'연주兗州의 경화릉鏡花綾와 '저포樗蒲' 등의 명칭이 나온다. 『당육전』의 여러 도道의 공부貢賦 관련 기록이나 『신당서』「지리지」, 두우杜佑의 『통전通典』 등에도 당대 각지에서 생산되던 금錦, 능綾, 사紗, 라羅, 토갈兔褐 및 모毛, 마麻, 초蕉, 마의 일종, 갈葛 등 직물의 문양과 색깔에 대한 기록이 나온다. 『통전』은 여기에 더해 공물로 바쳐야 하는 수량까지 기록하고 있다.

천촉川蜀에서는 다른 것에 비해 특히 고급스러운 비단직물, 즉 단사라單絲羅, 고서삼단高杼衫段, 옷감, 저박릉樗薄綾, 쌍순릉雙紃綾, 중련릉重蓮綾 등을 만들었다. 또한 조정에서 서북쪽 여러 민족의 수장이나 외국 사신들에게 제공하는 '번객금포'와 비단 이불도 제작했다. 뿐만 아니라 특별히 황실을 위한 제품 외에도 국내에서 유행하는 '반비금半臂錦'과 궁정에서 공을 치며 놀이할 때 입는 '타구의打毬衣' 등도 직조했다.

한편 강남에서는 방기方棋, 수파水波, 구자龜子, 어구魚口, 수엽繡葉, 마안馬眼, 백편白編, 쌍거雙距, 사피蛇皮, 죽지竹枝, 시체柿蒂, 문양이 감꼭지처럼 생긴 비단 등의 능綾을 직조했고, 광릉廣陵과 양주揚州에서는 특별히 공물로 바치는 '반비금半臂錦'을 생산했다.

다음으로 하남과 하북은 원래 고대 비단의 주산지였다. 양읍襄邑의 직성금織成錦은 전국시대 이래로 이미 유명하여 천촉보다 그 역사가 오래되었다. 하간부河間府는 한대부터 북조시대까지 능라綾羅의 주요 생산지였다. 당대에는 방문方紋, 계칙鸂鶒, 쌍순雙紃, 면주綿州 특산, 경화鏡花, 선문仙文, 양과兩窠 등의 능綾을 생산했으며, 나羅는 춘라春羅, 공작라孔雀羅 등이 유명했다. 이러한 능라를 포함한 비단의 명칭이 1백 가지나 된다. 『신당서』「백관지百官志」 주에 따르면, 소부감少府監이 관장하는 단번장短番匠, 전국에서 윤번제로 선발하는 장인을 말함이 5,029명이었는데, '능금방綾錦坊'의 교아巧兒[4]는 365명이었고, '내작사內作使'의 능장綾匠은 83명, '액정掖庭'의 능장은 150명이었는데, 그중에서 '내작'의 교아는 42명이었다. 이렇듯 전국 각 도에 뽕나무를 심어 명주를 생산하는 중요 지역에 능직국織綾局을 설치하여 능라비단을 생산했다.

이외에도 서북 지역의 모방毛紡도 나름의 우수한 전통을 유지하고 있었다. 당대에는 그곳에 타갈駝褐, 모갈포毛褐布, 비전緋氈, 구유氍毹 등을 생산했다. 서남 지역은 세포細布가 생산되었는데, 그 명칭으로 반포斑布, 죽자포竹子布, 초소蕉練, 등포藤布, 교사미모포交梭彌牟布, 자저紫紵 등등이 있다. 그중에서도 특히 가늘고 얇은 방직품은 경용輕容, 교초鮫綃, 투계제사鬪鷄諸紗라고 불렀다.

먼저 직조한 다음에 여러 가지 문양을 염색한 방직물을 '염힐染纈'이라고 한다. 근년에 서한시대 금은색으로 삼판투인三版套印[5]한 화사花紗가 발견되었는데, 장사 마왕퇴 분묘에서 출토된 유물이 대표적이다. 신강 민풍民豐 고분에서도 납염[6]으로 꽃문양을 장식한 면포인 납염인화면포蠟染印花棉布가 발견되었는데, 이는 남북조 시절에 비교적 널리 유행하던 것이다. 당대에 가공 기술이

4 원주 교아巧兒는 특수한 기술로 제화提花를 직조할 수 있는 장인을 말한다.

5 투인套印은 두 가지 이상의 색깔로 천을 염색할 때 사용하는 염색 기법이다. 판 하나에 한 가지 색을 사용한다. 원문에서 삼판三版이라고 했으니 세 개의 색깔을 사용한 것이다.

6 납염蠟染은 밀랍에 저항성을 가진 염료로 천을 염색한 후에 밀랍을 제거하여 바탕색의 문양이 나타나도록 하는 염색 기법이다.

크게 발전함에 따라 교힐絞纈이 보편화했고, 청벽색의 꽃문양이 주류를 이루었다. 납힐蠟纈, 즉 납염蠟染은 서남 지역의 형제 민족兄弟民族, 소수민족을 지칭함에서 유래한 것으로 문양이 특히 섬세하다. 협힐夾纈은 투염套染, 투인으로 여러 가지 색깔을 염색하는 것을 말하는데 주로 한 쌍의 병풍을 만드는 데 사용한다. 힐纈에는 대촬훈大撮暈, 마노瑪瑙, 시체柿蒂, 어자魚子, 반힐斑纈 등등의 명칭이 있다. 손계孫棨의 『북리지北里志』에 따르면, 장안에 채힐만 전문으로 생산하는 채힐포綵纈鋪가 있었다고 하니 당시 사회에서 널리 사용되었음을 알 수 있다. 근년에 신강의 당대 분묘에서 대량의 염힐 제품이 출토되었는데, 대단히 정밀하고 아름답게 제작되었을 뿐만 아니라 도안도 매우 다양하여 기존의 자수를 넘어섰다. 가공도 염색공 나름으로 창조성을 발휘할 수 있으며, 처리 방법도 비교적 쉬울 뿐만 아니라 문양의 종류도 매우 다양했다. 그중에서 특별히 제작된 비단 직물로 선주宣州에서 생산된 홍선담紅綫毯, 담요의 일종은 몇 장丈이나 될 정도로 크기가 커서 주로 춤을 출 때 사용하는 깔개인 무인舞茵으로 활용했으며, 전당殿堂에 깔기도 했다. 토끼털처럼 가는 실로 만든 토갈兔褐은 진짜 토끼털보다 가볍고 부드러웠다.

'퇴릉첩견堆綾貼絹'[7]의 가공방법은 현대의 보화補花[8]와 비슷하다. 자수刺繡는 채색 자수 외에도 가공 기법 역시 서주에서 양한 시대까지 거의 1천 년 동안 답습된 '쇄사瑣絲' 기법에서 탈피하여 실을 찢어 가는 털실을 만들어 사용하는 '평융수平絨繡' 또는 '착침수錯針繡'로 발전했으며, 이미 금은실을 사용하는 평금平金, 반금盤金 침 축금법蹙金法이 유행했다. 또한 금은가루로 그림을 그려넣기도 했는데, 이를 '니금泥金', '니은泥銀'으로 불렀다. 가공이 용이하고 효과가 좋아 주로 가무에 필요한 의상에 많이 사용했다.

결론적으로 당대 방직 노동자들이 직조한 비단에 자수, 날염捺染, 침염浸染 등 염색에 관한 노동자들의 뛰어난 기예가 더하면서 색채가 더욱 화려해지고 도안 문양도 더욱 아름답고 생생해졌다. 도안에 나오는 새는 난새와 봉새난봉鸞鳳, 공작, 앵무, 수대綬帶, 원앙, 물오리계칙鸂鶒, 할미새척령鶺鴒, 대승戴勝 등이 있으며, 이들은 주로 부녀자들의 의복에 수를 놓거나 날염이나 침염 방식으로 염색되었다. 또한 그 사이로 벌과 나비, 나방, 청개구리, 잠자리 등 여러 곤충 그림을 넣었다. 동물 중에는 사자와 기린, 외뿔소, 호랑이와 표범, 낙타, 판각록板角鹿, 뿔사슴의 일종 외에도 멧돼지나 곰의 머리 등도 다양한 채색 비단의 도안으로 활용되었다. 이러한 도안이나 문양은 군대의 깃발을 장식하는 데 사용되었으며, 또한 의복이나 깔개에

7 퇴릉堆綾은 미리 만들어놓은 문양에 따라 비단능綾을 자른 후 비단 아래 종이를 붙여 견고하게 만든 다음 다시 수바늘로 자수 천에 부착시켜 입체감을 주도록 하는 자수 기법이다. 한두 층에 그치는 것이 아니라 여러 층을 만들 수 있기 때문에 입체감이 두드러진다. 첩견貼絹 역시 이와 유사하 기법으로 견사를 문양에 따라 겹겹으로 붙여 입체감이 나도록 하는 기법이다.

8 보화補花는 이른바 아플리케Appliqué로 무늬에 따라 여러 종류의 헝겊을 오려 붙여서 입체적으로 표현하는 수법이다.

사용되기도 했다.

능금綾錦 염힐染纈 중에서 양이나 사슴 문양이 더욱 다양하게 활용되었다. 꽃이나 나무는 주로 보상화寶相花나 모란꽃이 위주였으나 전지纏枝, 교지交枝, 독과獨窠, 단과團窠, 소족화초小簇花草 등 다양한 방식으로 변화를 주어 종합적으로 사용하거나 여러 가지 도안을 가로로 배열하기도 했다. 이리하여 빼어나게 아름다우면서도 웅장한 느낌을 줄 수 있었다. 눈꽃을 방사식放射式으로 장식한 단화團花, 십자 형태의 도안과 방승方勝 도안 등은 비단 날염捺染에서 특히 많이 활용되었다. 기록에 나오는 이른바 서금瑞錦이나 경화릉鏡花綾 등은 원래 서설瑞雪이 풍년을 점친다는 뜻에서 나온 것으로 도안의 형태도 이와 서로 상응한다. 실물이 적지 않게 출토되었기 때문에 이를 확인할 수 있다. 작은 떨기 화초小簇花草 문양도 당시 일반인들이 입는 의복에 수를 놓거나 그림을 그릴 때 주로 활용했던 도안이다. 도안 자체는 더욱 더 실물처럼 사실적으로 변화했지만 기조는 여전히 대칭의 예술적 효과를 중시하는 형태였다. 이후 북송대에 이르러 비로소 '생색절기화生色折技花'로 대체되었다.

이 절은 편폭의 제한으로 인해 대략 몇 가지 예만 제시했다.그림 147, 148. 삽도 97 이외에 다른 그림이나 실물 가운데 돈황 벽화와 근년에 섬서에서 발굴된 당대 고분군의 벽화가 대표적인 그림이고, 실물은 서북 신강과 감숙 및 섬서, 낙양 등지에서 발굴된 것들이 대표적이다. 현재 국내에 보존되고 있는 것 외에도 국외에 있는 것도 있다. 그중에서 특별히 내용적으로 풍부하고 색깔 보존이 완전한 것으로 일본 쇼소인正倉院에 보관된 유물을 들 수 있다.

맥적산麥積山 벽화에 나오는 몇 명의 젊은 부녀

그림149 (오대) 맥적산 벽화에 나오는 몇 명의 젊은 부녀

그림 149는 「맥적산석굴」 도판 3에서 인용한 것이며, 원제는 '당대 또는 오대 공양인'이다. 위쪽 그림은 벽화 모사본에 근거하여 그린 선도線圖이다.

그림에 나오는 두발 형태나 옷차림으로 볼 때 발굴보고서에서 말한 바대로 오대에 제작된 것으로 보인다. 두발은 위로 솟구친 상태에서 뒤로 약간 기울어져 있으며, 화관의 관식冠式도 만당 원화 연간의 것에 비해 비

교적 작다. 두발 그림을 자세히 보면, 작은 꽃문양 형태의 금은 꽃비녀가 여러 개 꽂혀 있다. 상유上襦의 소매가 비교적 넓고 아래치마는 길지만 그리 풍성하지 않다. 이런 상의와 아래치마의 형태는 돈황이나 안서安西 유림굴榆林窟 조의금曹義金 가족이 성장盛裝한 모습을 그린 벽화의 옷차림과 확연하게 구분된다. 아마도 이 그림에 반영된 옷차림은 사회 중산층이 평상복을 입고 사당에 들어가 참배할 때의 것이고, 돈황과 안서 벽화의 경우는 당시 서북 일대를 통치하며 당조의 정삭을 받드는奉唐正朔[1] 최상층의 부녀자들이 입은 관복이었기 때문일 것이다. 그림에 나오는 인물들의 계급이나 지위가 서로 달랐기 때문에 시간적으로 비록 차이가 없으나 옷차림 등은 서로 공통점이 적을 수밖에 없다.

이 그림에 나오는 젊은 부녀자들은 교령交領 상유上襦를 입고 있다. 만약 이를 반비半臂 형태로 바꾼다면 성당 전기 부녀자들의 옷차림과 공통점이 거의 없다. 하지만 만약 대금對襟 형태로 바

1 봉당정삭奉唐正朔은 당조의 정삭正朔을 받든다는 뜻인데, 당조의 연호와 역법을 그대로 따라하는 것을 말한다.

꾸고 소매를 약간 축소시킨다면 북송 전기 중원 부녀자들의 옷차림과 그다지 구별되지 않는다. 이러한 세세한 차이는 시대적 원인도 있겠지만 계절의 차이 때문이기도 할 것이다. 화법은 극히 사실적인데, 아마도 이는 지역 화가들의 습관을 따른 것이거나 미적 표준 또는 화공의 예술적 수준 등 여러 가지 원인에 따른 것으로 보인다. 다른 그림과 비교해보면 오대에 제작되었을 가능성이 농후하다.

오대 이래로 예술 가운데 조소雕塑는 하강기에 들어섰기 때문에 당대에 크게 미치지 못했다. 하지만 회화에서 현실 생활을 반영하는 것으로 본다면 일정한 성취가 있음을 부정할 수 없다. 남당南唐 시절만 해도 주문구周文矩, 왕제한王齊翰, 완고阮部, 고굉중顧閎中 등이 모두 각기 다른 예술적 성취를 이루어 결코 만당에 뒤처지지 않는다. 만약 이 그림과 맥적산, 병령사炳靈寺 소상塑像을 비교해본다면, 두 군데 진흙 소상은 북송 중기의 전형적인 형태로 얼굴의 모습이 무표정하고 평범하여 개성이라고 할 것이 없다. 이에 반해 벽화를 모사한 권축卷軸, 두루마리 그림은 그야말로 절세의 걸작이 아닐 수 없다. 오대십국 시절 맥적산 일대는 시기적으로 약간 늦게 여러 건물들이 신축된 것으로 보면 참배객들이 성황을 이룬 듯한데, 그렇다면 그 일대가 비교적 안정적이었다고 말할 수 있다. 그래서 중원의 화가가 그곳으로 피난하여 이처럼 귀한 그림을 남겨 천 년의 오랜 세월 전할 수 있었을 가능성이 크다.

093

오대五代 남당南唐 남녀 도용陶俑

그림150

위쪽: (오대) 높은 올림머리에 운견雲肩을 걸쳤으며, 긴 소매에 짧은 상의인 상유上襦와 긴 치마를 입은 여자 무기舞伎 도용(남경 우수산牛首山 남당南唐 개국황제인 이변李昪의 능묘 출토)

아래쪽: (오대) 복두를 쓰고 소매가 긴 원령복을 입은 남자 무기 도용(남경 우수산 남당 이변 능묘 출토)

그림 150은 남경에 있는 남당의 두 군데 능묘 발굴보고서의 도판 부분에서 재인용했다.

발굴보고서의 설명에 따르면, 본 절에 나오는 도용들은 대체로 여섯 가지 서로 다른 관모를 착용하고 있으며, 옷차림과 신발은 네 종류이다. 보고서에서 '도관道冠'이라고 말한 모자는 당대에 '평건책' 또는 '개책'이라고 부르던 관변冠弁이다. 왜냐하면 그 모자를 쓰고 있는 이들이 입고 있는 넓은 소매의 포복은 분명 조복이자 관복이기 때문에 도관을 쓸 수 없기 때문이다. 복두를 쓰고 원령사계圓領四褉 웃옷[1]을 입고 오피육봉화를 신는 것은 주로 영관伶官의 옷차림이다. 섬서나 낙양에서 출토된 당대 그림이나 조각에서 동급 신분 사람들이 입고 있는 옷차림과 서로 비슷하다. 무녀들은 높은 올림머리에 꽃을 꽂고, 상의 위에 운견을 걸쳤으며, 소매는 넓고 크지만 팔꿈치 부분에서 갑자기 좁아졌다. 또한 수운水雲 문양의 주름치마벽습襞褶을 입고 있다. 이는 성도 왕건 분묘 석각그림 154에 보이는 악무 기녀의 옷차림과 대체적으로 동일하다. 서안과 낙양 등지에서 이와 비슷한 형태의 무용舞俑이 출토되어 이런 옷차림이 만당·오대의 일반 무녀들의 복식임을 알 수 있다. 유독 머리에 쓴 높은 관冠의 처리 방식은 지방 풍격을 드러내고 있다. 하지만 기본 양식은 성당 후기에 유행했던 가발을 사용한 '박빈博鬢'이나 '의계義髻'와 유사하며 약간 발전한 형태로 보인다.

『남당서南唐書』 권16에 보면 주후周后가 처음 만들고 이후 사람들이 본받았다는 '고계섬상高髻纖裳' 및 '수교빈타首翹鬢朶'라는 것이 나오는데, 시간적으로 약간 후대의 일이기 때문에 이 그림에서 보이는 두발 형태와 서로 부합하지 않는다. 오히려 북송 초기 화가가 그린 〈야연도夜宴圖〉그림 156~158, 〈여효경도女孝經圖〉그림 160, 〈옥보요도玉步搖圖〉, 〈반한추흥도半閒秋興圖〉 등에 반영된 모습과 비슷하다. 이는 여러 그림의 제작 시기가 비록 늦기는 하지만 대부분 오대 남당에서 유행하던 복식을 모방하여 그린 것이기 때문일 것이다.

이 그림과 〈중병회기도重屏會棋圖〉그림 153를 비교해보면, 〈회기도〉의 제작 연대가 더 늦은 것이 분명하다. 또한 〈야연도〉와 비교해보면, 〈야연도〉가 사실은 이것저것 여러 그림을 참조하여 그린 것에 가깝다는 것을 알 수 있다. 〈회기도〉와 〈야연도〉에 나오는 남자의 옷차림은 원령복에 백이를 허리에 차고 있는데, 이는 주로 당대 중기의 의복 제도를 따랐다. 부녀자의 옷차림이나 장식은 지방색과 시대성이 확연히 드러난다. 다만 부녀자의 얼굴은 송대의 전형적인 얼굴 형태처럼 평범하고 무표정하여 개성적이지 않다. 그림에 나오는 세 명의 남자들은 손을 앞쪽으로 모으고 예를 올리는 모습인데, 이는 송대의 예절로 원대까지 이어졌다. 그림에 나오는 화상 역시 두 손을 마주잡고 예를 표하는 모습이다. 부녀자들의

1 계褉는 네 곳이 트인 어린아이의 평상복이다. '사고삼四袴衫'이라고 부른다. 전후좌우가 모두 트인 짧은 웃옷이다. 상의의 옷자락이 트인 것을 일러 계라고 하다.

옷차림은 비록 남당의 것이지만 그 밖의 것은 오히려 북방의 상황에 가깝다. 이로 보건대 송대 초기 남당이 송조에 투항한 후에 제작되었으며, 어쩌면 투항 이후 고굉중顧閎中이 그린 것일 수도 있다. 다만 이욱李煜이 투항하기 이전은 결코 아니다.

오대 갑사甲士

그림151 (오대) **양당갑兩當甲을 착용하고 피견披肩을 둘렀으며, 방패를 들고 있는 무사 도용陶俑**(남경 우수산牛首山 남당南唐 이변李昪 능묘 출토)

그림152
왼쪽 : (오대) 어린갑魚鱗甲을 착용하고 피견披肩을 맺으며 검을 든 무사(남경 우수산 남당 이변 능묘 채색 문위門衛)
오른쪽 : (오대) 갑사甲士(성도 무금대撫琴臺 전촉前蜀 왕건王建 분묘에서 출토된 옻칠한 애책갑자哀冊匣子에 은을 두드려 상감한 그림)

남경 남당 이변李昪 능묘의 문門에 있는 채색 문위門衛 석각과 도용 및 사천 성도 전촉前蜀 왕건王建 분묘에서 출토된 옻칠한 애책갑자哀冊匣子 위에 은을 두드려 상감한추은양감搥銀鑲嵌 갑옷을 입은 갑사甲士 부분이다.그림 151, 152

두 명의 방패를 들고 있는 도용 가운데 한 명이 들고 있는 방패는 홀규圭처럼 생겼다. 수·당대 일반 보병의 양식과 같으며 다만 축소된 형태이다. 다른 이가 들고 있는 방패는 둥근 형태의 방패인데 구체적으로 그림이 그려져 있으나 매우 작은 것으로 보아 상징적인 의미를 담은 듯하다. 그림 152의 무사는 궁문의 위사衛士로 일반적인 무인武人이 아니다. 당대 갑옷 13가지의 명칭에서 알 수 있다시피 남북조시대에 유행했던 양당개는 갑옷의 전용명사가 되지는 않았지만 그렇다고 완전히 소실된 것은 아니었다. 오히려 약간의 갑옷 양식은 기본적으로 양당갑에서 나왔으며, 다만 방어 능력을 강화하기 위해 어깨 부위에 '피박披髆'을 덧붙이고,[1] 허리에 '한

1 원주 새로 출토된 진秦과 서한의 갑사용에서 어깨와 팔뚝 사이에 부착한 이런 형태의 보호용 피견披肩을 볼 수 있다.

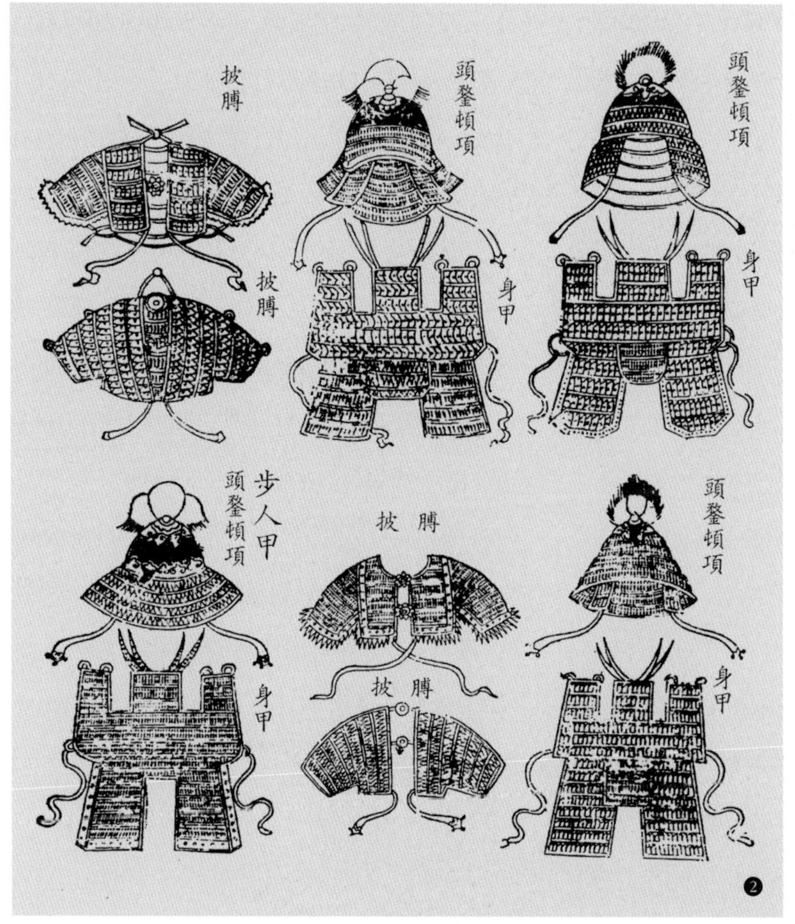

삽도98 갑주甲胄 분해도分解圖

❶ 진시황릉 도용의 갑옷(개갑鎧甲) (양홍楊泓, 『중국고대갑주中國古代甲胄』)

❷ 송각본宋刻本 『무경총요武經總要』에 나오는 갑주도甲胄圖

요捍腰'허리를 보호하는 장구, 목 부위에 '고항固項' 또는 '호항護項'을 덧대었다. 양당갑은 원래 가슴과 등 부위를 보호하는 갑옷이다. 하지만 앞서 말한 것처럼 기존 형태에 새로운 것을 부가함으로써 명칭 또한 바뀌었다. 그러나 「여복지」에는 여전히 양당이란 명목이 들어가 있으며, 그림이나 조각 유물에서도 확인할 수 있다. 예를 들어 돈황 당대 초기 벽화에서 황제를 호위하는 도종導從, 제왕이나 귀족, 관료들이 행차할 때 앞뒤에서 호종하는 이들을 지칭함 가운데 장선掌扇을 들고 있는 관리가 입은 것도 양당갑이고, 송대 초기 벽화에서 제왕의 도종도 양당갑을 착용하고 있다. 남북조 양식의 양당갑은 『송사』

「여복지」에서 서술한 내용과 부합하는데, 돈황 벽화에 나오는 당·송대 시종들의 그림에서 이를 확인할 수 있다. 양당갑의 원류는 위로 진·한대까지 거슬러 올라가며 아래로 명나라 무종武宗 이후에 유행한 긴 조갑장조갑長罩甲까지 이어진다. 장조갑은 기본적으로 양당개裲襠鎧와 대동소이하다. 다른 점은 남북조시대의 양당은 반대襻帶, 어깨끈를 사용하며 주로 앞뒤에 통가죽을 대는 형식이다. 그래서 갑옷을 벗거나 입을 때는 물론이고 보관도 비교적 간편하다. 그러나 조갑罩甲은 조끼를 만드는 것처럼 맞깃對襟 형태의 끈을 양쪽에 달아 매듭을 지는 형태로 고정시킨다.삽도 98

방패를 든 갑사는 당대 양식의 전포를 입고 있는 듯하지만 사실은 북조 양당개에서 발전한 갑옷을 입고 있다. 그림 152에 나오는 두 명의 갑사 가운데 한 명은 유조식柳條式, 다른 한 명은 어린식魚鱗式 갑옷을 입고 있다. 이 역시 당대 갑옷에서 흔히 보이는 양식이다. 궁정의 대문을 지키는 문위門衛의 옷차림이나 갑옷은 상당히 신경을 썼기 때문에 일부를 금은으로 장식했으며, 투구의 양쪽에 날개처럼 달린 이시耳翅를 매달기도 했다. 이변李昪 분묘에서 볼 수 있는 것은 당대의 일반적인 양식이고, 왕건의 분묘의 경우는 갑옷의 테두리에 털가죽이 삐져나온 것과 같이 장식했다. 이런 형태는 송·원대에도 계속 이어졌다.

오대십국에서 무기나 갑옷이 가장 견고하고 화려한 곳은 오吳와 월越나라였다. 사서 기록에 따르면, 두 나라가 조송趙宋에 투항한 후 거두어들인 금은으로 장식한 무기나 갑옷이 70여만 점이나 되어 한 번에 다 없앨 수 없었다고 한다. 송대 사람이 쓴 필기에 보면, 당시 조광윤이 거두어들인 병기를 훼손시키지 말고 남방의 병기고에 나누어 보관하라고 명령했는데, 대신들은 그 용처를 알 수 없었다. 이후 북송이 멸망하고 남송으로 넘어가면서 이전에 보관했던 병기나 갑옷을 사용하게 되었는데, 이미 백여 년이 지났음에도 마치 새로 만든 것과 같았다. 아쉽게도 실물은 현재 남아 있지 않다. 다만 송대 회화 작품에서 간접적으로 살펴볼 수 있다. 예를 들어 〈면주도免胄圖〉, 〈삼고초려도三顧茅盧圖〉, 〈편교회맹도便橋會盟圖〉, 〈호가십팔박도胡笳十八拍圖〉, 〈중흥정응도中興禎應圖〉, 〈대가노부도大駕鹵簿圖〉그림 183 등에서 병기와 갑옷을 볼 수 있는데, 이를 서로 비교해보면 적지 않은 유용한 지식을 얻을 수 있다. 특히 갑기甲騎의 형태는 『무경총요武經總要』에서 갑기에 대해 설명한 것보다 훨씬 구체적이고 생동감이 있다.

오대 남당 〈중병회기도重屛會棋圖〉

원화는 고궁박물원에 소장되어 있다.

변영예卞永譽, 1645~1712년, 청대 관리이자 서화 감정가의 『식고당서화휘고式古堂書畫彙考』는 「이후주와 주대조가 합작한 중병도李後主與周待詔合作重屛圖」라고 제목을 달았다. 장축張丑, 1577~1643년, 명대 문인이자 서화 수장가은 『청하서화방淸河書畫舫』에서 "〈중병도〉……가운데 정좌하고 있는 이는 남당의 이중주李中主, 916~961년, 남당의 두 번째 황제 이경李璟이다. 이 그림은 주문구와 함께 그린 것이다"[1]라고 했다. 봉건통치자가 자신이 직접 생부를 그렸다는 이야기는 사서에서 들어본 적이 없다. 『오대시화五代詩話』에서 인용한 『연북잡지硯北雜志』에 따르면, "주문구가 〈중병도〉를 그렸는데, 강남 이중주를 포함한 네 사람이 바둑을 두고 있는 그림이다. 종이에 채색했으며, 생전 모습처럼 생생하다".[2] 이상의 기록에서 붓을 잡은 이는 주문구周文矩이고 그림에 나오는 네 사람은 이씨 집안 사람이라는 것을 알 수 있다. 하지만 "종이에 채색했다"고 한 것은 현존하는 두루마리 그림과 부합하지 않는다. 아마도 본 그림은 후대에 그린 모사본일 것이다. 중주中主, 이경는 기이한 형태의 얇은 비단으로 만든 사건紗巾을 쓰고 있는데, 전체적인 그림의 배치나 양식으로 볼 때 송대 사람이 그린 〈일행관혁도一行觀弈圖〉『천뢰각장송인화책天籟閣藏宋人畫册』에 실려 있으며, 다른 도록에서는 〈왕유혁기도王維弈棋圖〉라고 부르기도 한다와 비슷한 점이 적지 않다.

도곡陶穀의 『청이록淸異錄』에 따르면, "한희재韓熙載가 강남에 있을 때 가벼운 사모紗帽를 만들었는데, 장인이 이를 한군경격韓君輕格이라고 불렀다".[3] 『청이록』의 기록은 그다지 믿을 만한 것이 아니다. 가벼운 사모, 즉 경사모輕紗帽는 이 그림 외에 〈야연도〉에도 보인다. 현재 유전되고 있는 〈야연도〉에서 한희재가 쓰고 있는 모자는 '동파건東坡巾'이라고 해야 마땅하다. 송대 사람들은 이것이 '동파양東坡樣'동파의 모자 형태이라고 생각했다. 『공손담기孫公談記』에 따르면, "사대부들이 근년에 동파소동파를 모방하여 통이 높고 모자의 둘레가 짧은 모자를 쓰고 다녔는데, 이를 일러 '자첨양子瞻樣'이라고 했다".[4] 또한 『주자어록朱子語錄』에서 "통정

1 장축張丑, 『청하서화방淸河書畫舫』, "「重屛圖」……中正座者, 爲南唐李中主也. 此圖與周文矩同作".

2 『오대시화五代詩話』에 인용된 『연북잡지硯北雜志』, "周文矩畫「重屛圖」, 江南李中主四人圍棋, 紙上着色, 皆如生前".

3 도곡陶穀, 『청이록淸異錄』, "韓熙載在江南, 造輕紗帽, 匠者謂爲韓君輕格".

4 『공손담기孫公談記』, "士大夫近年效東坡, 桶高簷短, 名帽

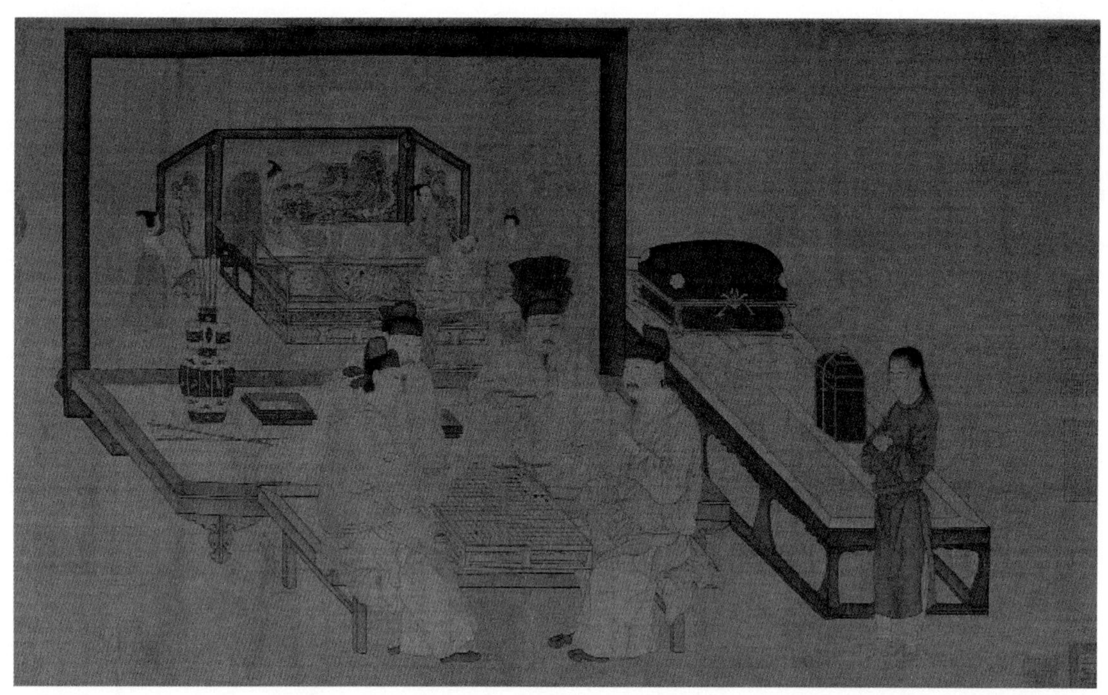

그림153 (오대) **복두를 쓰고 비단 신을 신었으며, 교령**交領 **평상복을 입은 문신과 얇고 가벼운 비단으로 만든 건을 쓰고 교령 평상복을 입은 남당의 제왕 이경**李璟(남당 주문구周文矩가 그렸다는 〈중병회기도重屛會棋圖〉)

모桶頂帽는 은사의 복식이다"라고 했으며, "이천伊川, 정이程頤, 1033~1107년은 항상 높은 모자를 쓰고 다녔는데, 통桶이 8촌이고 둘레가 반촌半寸 작았으며7촌 5치 네 모서리가 직선이다. 이를 일러 야인野人의 복식이라고 했다".[5] 그래서

子曰'子瞻樣'".

5 『주자어록朱子語錄』, "桶頂帽乃隱士之服", 記稱 : "伊川常服高帽, 桶八寸, 簷半寸, 四直,

송대 화가가 〈호가십팔박도〉를 그리면서 채문희蔡文姬의 머리에 이와 똑같은 모자를 그려 고사高士를 존경한다는 뜻을 보인 것이다. 그러나 고사모高紗帽가 남당 시절에 나왔다는 것은 분명하다. 남당의 두 군데 능묘에서 출토된 남녀 무악기용舞樂伎俑의 머리 부위를 보면 '한군경경韓君輕格' 방식의 사모가 등장한다. 또한 그림에 나오는 인물이 쓰고 있는 복두의 날개, 즉 복두시幞頭翅가 모두 타원형으로 길쭉한데, 이는 만당의 격식으로 〈문원도文苑圖〉그림 136에 나오는 둥근 깃 형태의 복두와 비슷하다. 그림에 나오는 이들이 오피육합화를 신지 않고 누빈 헝겊신연신練鞋을 신고 있는 것을 보면 만당 시절 남방의 관습과 어긋난다. 그렇다면 그림에서 반영되고 있는 시대는 이보다 더 늦은 것이 분명하다. 왜냐하면 일상복을 입고 있을 때 가죽신이 아닌 헝겊신을 신는 것은 송대에 유행하던 것이기 때문이다. 송사에 따르면 남방의 헝겊신은 종류가 매우 다양했다. 예를 들면 망혜芒鞋, 소주혜蘇州鞋, 원주죽혜袁州竹鞋 등이 그러하다. 이런 명칭을 보면 신발의 재료도 다양했음을 알 수 있다. 하지만 둥근 깃을 단 복두는 당대 개원 연간에 이미 출현했다. 주로 기악인伎樂人들이 많이 썼는데, 함양 저장만底張灣 벽화에서 박판拍板을 들고 있는 수염이 덥수룩한 악사의 머리에서 확인할 수 있다. 비교적 후대에도 계속해서 악사들이 주로 사용했으며 명대에 이르러 비로소 양쪽으로 나뉜 형태로 정형화하여 관복을 입을 때 쓰는 사모紗帽가 되었다. 이렇듯 오대와 송대에는 기악인을 제외하고 이런 모자를 쓰는 경우가 드물었다. 이런 점에서 이 그림의 제작 연대는 틀림없이 더 늦은 시기일 것이다. 그림의 주인공이 쓰고 있는 모자는 명대 사대부들이 호기심에서 한때 유행했던 이른바 '능운건凌雲巾'에 가깝다. 따라서 이 그림의 전체 구도나 격식은 비록 이른 시기에 이루어졌을 수 있으나 명대 사람이 원화를 모방하여 덧그린 모사본일 가능성이 크다.

다리가 달린 좌탑坐榻도 왕제한王齊翰이 그렸다는 〈도이도挑耳圖〉에서 병풍 앞에 있는 좌탑 형식과 매우 비슷하다. 다만 배경이 되는 병풍에 사녀화仕女畵가 그려져 있는데 그 형상은 당대의 분위기가 아니라 원·명대 작품인 〈낙신부도〉의 형상과 닮았다. 그러니 남당 사람이 이렇게 그릴 수는 없다.

曰此野人之服也". 정자가 쓰던 관을 일러 정자관程子冠이라고 한다.

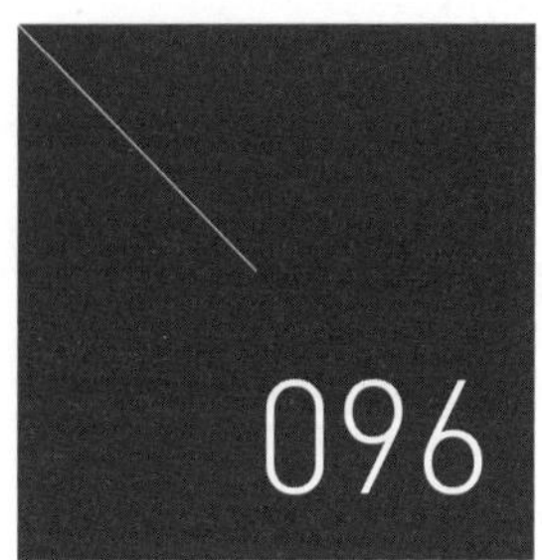

오대 십국十國 전촉前蜀 석관좌石棺座 부조浮雕 악부樂部

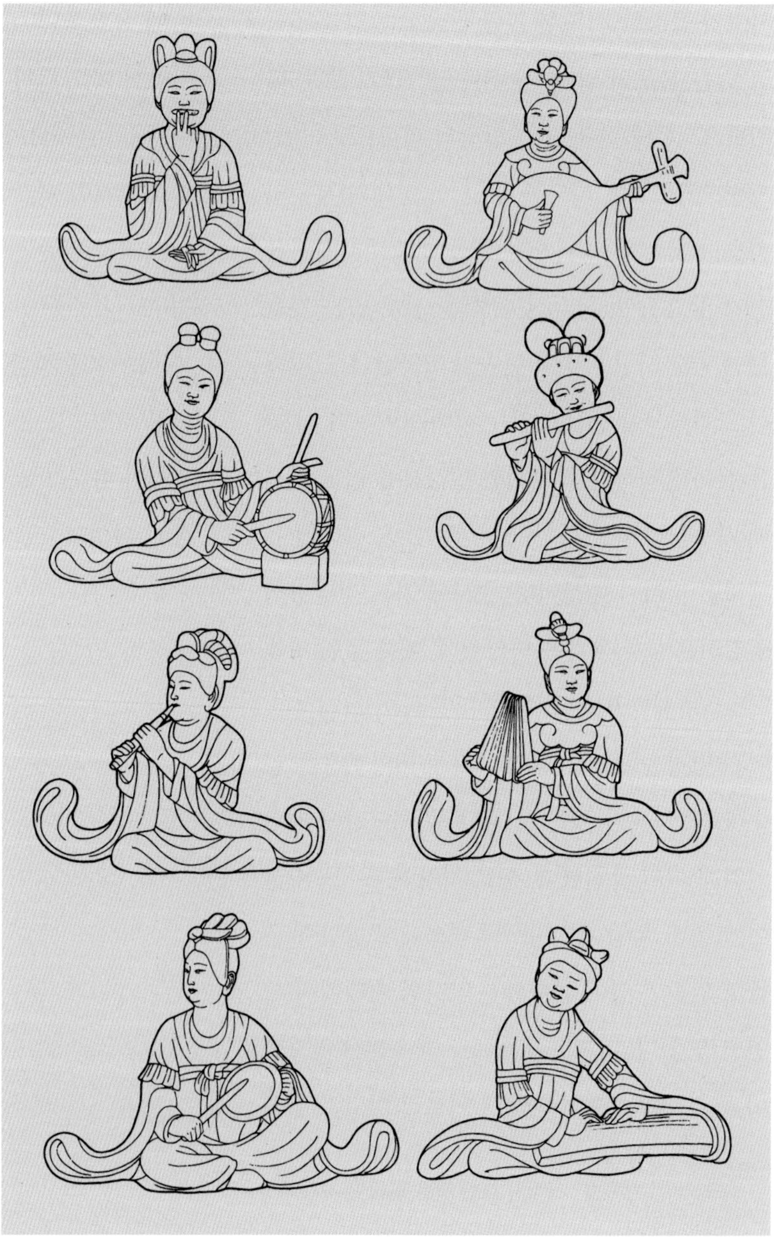

그림154 (오대) 반비 또는 운견에 소매가 넓은 웃옷을 입고 피백을 걸치고 성장한 좌부기坐部伎(성도成都 무금대撫琴臺 전촉 왕건 분묘 석관좌石棺座 사방에 새겨진 부조무浮雕舞

삽도99 당·오대 악무 석각

사천 성도 전촉 왕건 분묘 석관의 관좌棺座 동쪽에 새겨진 부조물의 모사 그림이다.

그림은 좌부기坐部伎와 가무기歌舞伎[1] 두 부분으로 나뉘어져 있다. 좌부기는 비록 정지 상태이기는 하나 옷차림이 마치 바람에 휘날리는 것처럼 생동감이 있고, 두발 형태도 여러 가지로 서로 다르게 표현했다. 이는 〈조원선장도朝元仙仗圖〉에서 보이는 것과 유사하다. 옷차림은 비교적 간편한데 오히려 현실적이다. 소매는 지나칠 정도로 폭이 넓고 크며 얇고 가벼운 사라紗羅로 만들었다. 어깨에 여의수운如意水雲 문양의 천으로 주름을 만들어 묶었고, 사합여의四合如意 양식의 운견雲肩, 돈황 수대 관음의 운견보다 이른 시기의 것이다을 두르고 있다. 이는 당대 시인들이 읊었던 예상우의霓裳羽衣와 비슷하다.

당대 이래로 가용舞俑과 벽화에 나오는 기악 여인들은 대부분 소매가 크고 넓으며 머리 위에 두 개의 봉우리가 달린 듯 양쪽에 쪽을 진 쌍환雙

1 당 태종은 당조의 아악雅樂인 「십이화十二和」와 묘악廟樂을 제정하는 한편 십부기十部伎로 대표되는 연악宴樂 체계를 갖추었다. 이후 현종은 기존의 십부기를 입부기立部伎와 좌부기坐部伎로 개편하는 한편 교방敎坊을 확대하고 이원梨園을 설치하는 등 악무樂舞 관련 기구를 체계화하고 전문 인력을 양성하여 당대 악무의 전성기를 이룩했다. 입부기立部伎는 당堂 아래에서 서서 연주하는 기인伎人, 연주자이고, 좌부기坐部伎는 당 위에서 앉아 연주하는 기인이다.

鬟의 두발 형태가 적지 않았다. 이러한 옷차림은 대부분 남북조시대의 제도에 근거하여 발전시킨 것이다. 평상시 움직이기에 불편하기는 하지만 이후에도 가무기녀의 복식으로 계속 사용되었다. 이백은 이런 무희의 춤을 보면서 "넓은 소매 휘저으며 훨훨 춤을 추니 마치 해동에서 새가 날아온 듯하네"[2]라고 읊었는데, 당시 가무기녀들이 입었던 춤복이 동북 지역에서 백조를 사냥할 때 사용한다는 새매의 일종인 '해동청海東青'이 높이 상공을 치솟는 모습과 같음을 묘사한 것이다. 그래서 후대에 이런 옷을 '해청습자海青褶子'라고 불렀다. 원·명대에는 희극배우의 옷으로 사용되었다. 하지만 초당과 성당 시절의 가무기녀들은 주로 좁은 소매에 열린 깃이 달린 호복을 입었고, 소매가 크고 넓은 것은 귀족들의 관복에 주로 활용되었다.

석각은 오대 전촉시대 사천 성도에서 만들어진 것이다. 분명 중원에서 떨어진 지방에 속하기는 했으되 한때 현종玄宗과 희종僖宗이 사천 지역으로 피난한 적이 있어 중원의 예술가들 역시 현지의 난리를 피해 촉으로 들어온 이들이 적지 않았다. 촉중은 원래 물자가 풍부하고 수공업이 발달한 지역으로 특히 금수錦繡 생산지로 유명했으며, 전쟁으로 인한 피해도 다른 지역에 비해 적었다. 그렇기 때문에 그림에 반영된 내용이나 분묘의 기타 유물의 문양 도안 등도 당대 중원의 방식이나 짜임새를 그대로 지닌 것이 적지 않다. 당시 사천 지역은 수공업 노동자들의 예술적 성취가 남달라 활발하고 생동감이 넘쳤으며 강건한 느낌을 주었기 때문에 잠시 후인 맹촉孟蜀[3] 시절에 문인들 사이에서 유행하던 『화간집花間集』[4]의 사詞처럼 섬세하되 의기소침하고 퇴폐적인 분위기와 영 달랐다.

악기를 들고 있거나 연주하는 모습도 당대 사서의 기록과 부합한다. 그림 중에 나뭇잎을 불고 있는 모습은 돈황 초당 시절 벽화에 나온 적이 있는데, 당대 중원 지역에서는 극히 드물다. 이러한 연주 기술은 지금도 서남 지역의 여러 민족들 사이에서 유전되고 있다. 그림에 나오는 북의 종류도 다양하다. 당대 「음악지音樂志」에서 구자악龜茲樂에 관해 서술하고 있는 부분과 비슷한 것이 많다. 갈고羯鼓[5], 세요고細腰鼓[6], 계루고鷄鞻鼓, 雞婁鼓[7],

2 이백, 「고구려高句麗」, "절풍모에 금화를 꽂고 백마처럼 천천히 도네. 넓은 소매 휘저으며 훨훨 춤을 추니 마치 해동에서 새가 날아온 듯하네金花折風帽, 白馬小遲回. 翩翩舞廣袖, 似鳥海東來".

3 맹촉孟蜀은 후촉後蜀, 934~966년을 말한다. 오대십국 가운데 하나로 맹지상孟知祥이 건립한 정권으로 도읍지는 성도成都이다.

4 『화간집花間集』은 후촉後蜀의 조숭조趙崇祚가 편집한 사집詞集으로 온정균溫庭筠을 비롯하여 전체 사인詞人 18명의 작품 500여 수를 수록하고 있다. 온정균의 사는 주로 애정과 이별 등을 주제로 나약한 정서와 화려한 수식을 위주로 했다. 이후 많은 이들이 이러한 작풍을 따라하여 화간파花間派라 불렀다.

5 갈고羯鼓는 양장고兩仗鼓라고도 한다. 『구당서』에 따르면, "두 손으로 함께 치며 갈중羯中에서 나온 까닭으로 갈고羯鼓라고 한다, 양장고라고도 한다".

6 세요고細腰鼓는 수隋의 요고로 장고長鼓의 일종이다. 본래는 호고胡鼓에서 유래했다.

7 계루고鷄鞻鼓는 『문헌통고文献通考』에 따르면, "형태가 옹이처럼 생겼고 허리 부분에 고리가 달려 겨드랑이에 끈으로 묶어 사용할 수 있다. 일반적으로 땡땡이와 함께

양장고兩仗鼓[8] 등이 모두 석각에서 발견되었다.삽도 99 구자악은 '예상우의곡霓裳羽衣曲'과 관련이 있기 때문에 석각에 나오는 인물의 옷차림이나 악기 배열 역시 중국 악무사를 연구하는 데 참고할 만한 가치가 있다.

분묘 안에서 왕건의 돌로 만든 좌상이 한 점 출토되었다.삽도 85 그가 앉아 있는 의자는 중당과 만당 시절에 유행하기 시작했던 월아궤자月牙几子로 당대 사람이 그린 〈궁악도宮樂圖〉그림 135, 〈완쌍릉도玩雙陵圖〉에 나오는 의자와 대동소이하다. 이는 당대 부녀자 전용의 좌구인 훈롱薰籠에서 변화 발전한 것이다.

연주한다".

8 양장고兩仗鼓는 갈고羯鼓의 이칭이다.

097

오대 궁중도에 나오는 궁정 부녀

그림155 (오대) 높은 올림머리를 하고 큰 빗을 꽂았으며, 피백을 두르고 좁은 소매의 짧은 웃옷上襦에 긴 치마를 입고 고로권 의자栲栳圈椅에 앉은 궁정 부녀(남당 주문구가 그렸다는 〈궁중도〉)

삽도100 〈궁중도宮中圖〉에 나오는 부녀와 어린아이

〈궁중도〉에서 인용한 그림이다. 오대 주문구周文矩[1]의 그림으로 알려져 있다. 혹자는 당나라 궁궐의 봄날 새벽 두루마리 그림이란 뜻에서「당궁춘효도권唐宮春曉圖卷」이라는 제목을 붙이기도 했다. 원화는 국외에 있으며, 정진탁鄭振鐸이 편찬한『역외소장중국고화집域外所藏中國古畫集』에 사진이 들어 있다. 국외에 있는 동일한 국부局部 판본도 채색되어 있다.[2]

원화에는 남송 소흥紹興 연간1131~1162년에 담암거사澹岩居士 장격張激, 생졸미상이 쓴 제발題跋이 있다. 내용은 개괄적이고 견식은 그리 높지 않다. 그 내용

1 주문구周文矩, 907?~975년 강소 구용句容 사람이다. 오대 남당 후주 李煜 시절에 화원畫院 한림대조翰林待詔를 역임했다. 〈중병회기도重屛會棋圖〉, 〈궁중도宮中圖〉, 〈유리당인물도琉璃堂人物圖〉 등 두루마리 그림을 그렸다. 현존하는 그림은 후대의 모사본이다.

2 〈궁중도〉 두루마리 그림은 청조 말년 화상이 네 부분으로 나누어 각기 다른 사람에게 판매했기 때문에 현재 미국, 영국, 이탈리아 등 세 나라 네 곳에 소장되어 있다. 본래 온전한 두루마리 그림을 의도적으로 나눈 것이다.

을 살펴보면 다음과 같다.

주문구의 〈궁정도〉에는 부인과 어린아이 등 81명이 나온다. 남자가 (부녀자의 모습을) 생동감있게 묘사하여 부녀자들이 사용하는 기물이나 악기, 그릇, 견여肩輿, 가마, 의자, 앵무새, 개, 나비 등을 그린 것과 같지 않았다. 문구文矩, 주문구는 구용句容 출신으로 강남 한림대조翰林待詔를 지냈다. 사녀 그림은 주방周昉의 화풍에 가까우나 좀 더 섬세하고 아름답다.……〈궁중도〉에서……부녀자의 높은 올림머리실제는 그다지 높지 않다는 당대 이래로 그러했다. 이 두루마리 그림에 나오는 부녀자들은 살이 쪄서 통통한 몸매에 소매가 좁은 상의와 긴 치마襦裙를 입고 있으니 주방의 화법과 같다.…… 이씨이후주는 스스로 남당南唐이라고 국호를 정했는데, 그런 까닭에 의관이 대부분 당대의 제도를 사용했다. 하지만 풍류는 실제로 육조의 유풍을 그대로 계승했다. 화가가 말하길, 옛 그림을 감정하려면 마땅히 먼저 의관이나 거복車服을 살펴야 한다고 하였으니, 바로 이를 말한 것이다.[3]

제발에서 주문구가 당나라 주방의 화풍을 따랐다고 말한 것은 일리가 있다. 하지만 오대 강남 부녀자들의 의관이 당대 복식 제도를 활용했으되 육조의 유풍을 계승했다고 말한 것은 사실이 아니다.

이 그림은 당대의 밑그림이었을 것이다. 그렇다면 주문구의 시대보다 1백여 년 이른 시기의 것이다. 왜냐하면 그림에 나오는 옷차림이 중당 시대의 양식을 따르고 있기 때문이다. 내용에서 비교적 중요한 부분은 일상 생활과 관련된 것인데, 아래 몇 가지 비교 분석을 통해 구체적으로 설명하겠다.

첫째, 중고中古, 위진남북조부터 수당 시대까지, 대략 3세기에서 9세기에 이르는 시기 이래로 인물 사생의 방식을 따르고 있다. 둘째, 만당晚唐 시절에 유행하기 시작한 등받이가 있는 월아궤자月牙几子 양식의 의자가 등장한다.[4] 셋째, 당대의 연주 형태인 거문고琴와 월금완阮 합주 모습이 그려져 있다. 넷째, 당대 궁정에서 유행하던 요여腰輿와 보련步輦에서 발전한 가마 형태인 '첨자檐子' 양식이 보인다.[5] 다섯째, 부녀자들의 쓰고 있는 화관은 원화 연간의 '시세장'과 만당 당대 화가가 그린 〈궁락도〉에 나오는 화관에 가깝다. 다만 〈잠화여사도簪花仕女圖〉와 송대 그림에 나오는 나백羅帛을 이용하여 생색절기화生色折枝花를 본뜬 잠대簪戴, 비녀 머리에 관을 씀와는 공

3 장격張激, 「제발題跋」, "周文矩宮中圖, 婦人小兒其數八十一. 男子寫神, 而裝具, 樂器, 盆盂, 肩輿, 椅席, 鸚鵡, 犬, 蝶不與. 文矩, 句容人, 爲江南翰林待詔, 作仕女近周昉而加纖麗.……「宮中圖」……婦人高髻, 自唐以來如此. 此卷豐肌長襦裙, 周昉法也.……李氏自謂南唐, 故衣冠多用唐制, 然風流實承六朝之餘. 畵家言, 辨古畵當先問衣冠車服, 蓋謂此也". 진방언陳邦彦, 『역대제화시류歷代題畫詩類』 권6에 실려 있다.

4 원주 둥근 의자가 등받이에 고정되고 양쪽 끝부분이 긴 것은 '고로권궤栲栳圈几'이니, 명대 둥근 의자인 권의圈椅의 전신이다.

5 원주 처음부터 끝까지 궁중에서 사용되었다. 남송 〈중흥정응도中興禎應圖〉에도 나온다.

통점이 없다. 여섯째, 두루마리 그림에 몇 마리 작은 '불림구拂菻狗'[6]가 나온다. 발바리獅子狗의 일종인 이 개는 당대 소설에서 흔히 나오는 '와자猧子, 발바리'를 말한다. 사서에 따르면, 정관 6년 고창에서 공물로 들어온 개로 길이는 1척 2촌, 높이는 6촌이다. 중국은 이때부터 비로소 '불림구'가 존재하기 시작했다. 〈잠화사녀도〉, 〈궁락도〉 등에 나오며, 당삼채 용俑도 있다.

6 불림구拂菻狗는 동로마제국이 원산지인 발바리삽살개의 일종이다. 불림拂菻은 수·당대에 동로마 제국에 대한 호칭이다. 소형 발바리는 신해혁명 이후 북경 민간에서 애완용으로 많이 길렀기 때문에 '북경개北京狗'라고 통칭했다.

098

오대 〈야연도夜宴圖〉에 나오는 악기樂伎

그림156 (오대) **높은 올림머리에 소매가 좁은 짧은 웃옷과 작은 꽃떨기 문양의 긴 치마**小簇團花長裙**를 입고 피백을 두르고 수돈**繡墩**에 앉은 악기**樂伎(남당 고굉중顧閎中이 그렸다는 〈한희재야연도韓熙載夜宴圖〉에 나오는 기악樂伎 부분. 영보재榮寶齋 목판수인본木版水印本[1])

원화는 고궁박물원에 소장되어 있다. 오대 남

1 목판수인木版水印은 수묵水墨과 안료를 목판木板에 칠해 인쇄하는 전통적인 판화 기법 가운데 하나이다. 중국 전통 판화와 서화 등의 예술 작품을 창작하는 것 외에도 복제할 때도 많이 사용한다. 영보재는 북경 유리창琉璃廠에 있는 고서화 전문점으로 목판수인화를 판매하고 있다.

삽도101 송대 화가가 그린 〈반한추흥도半閒秋興圖〉 부녀 두발 장식

당 화가 고굉중顧閎(宏)中, 910?~980년이 그렸다는 〈한희재야연도韓熙載夜宴圖〉 가운데에 있는 악기樂伎 부분이다.

북송 심괄은 『몽계필담夢溪筆談』에서 이 그림의 유래에 대해 언급한 바 있다. 비록 역대로 오대 고굉중顧閎中이 그린 것으로 알려져 있지만주문구의

작품이라는 주장도 있다 인물의 얼굴을 그리는 방법이나 복식과 기물 등을 분석해 보면 북송 초년 남당이 송조에 투항한 이후에 제작된 것으로 보는 것이 이치에 맞다. 부녀자들의 두발 형태와 옷차림도 현존하는 〈여효경도〉에 나오는 인물들의 것과 매우 비슷하여 오대 당시의 풍격을 드러낸다고 말할 수 있다.

『남당서』 권16에 따르면, 주후周后, 남당 이후주의 첫 번째 황후인 주아황周娥皇가 "높은 올림머리에 고운 비단으로 만든 치마纖裳 및 수교빈타首翹鬢朶 모습으로 단장하니 사람들이 이를 따라했다"[2]고 한 것을 보면, 당시 사회적 영향력이 상당했음을 알 수 있다. 현존하는 그림 가운데 주문구가 그렸다는 〈옥보요도玉步搖圖〉 및 경대에서 화장을 하고 있는 부녀명대 사람들이 〈반한추흥도半閒秋興圖〉로 오인한 그림이 있는데, 옷차림이나 두발 장식이 『남당서』에서 기록한 내용과 대체적으로 부합하니삽도 101 제작 시기도 이 그림과 서로 비슷할 것이다.

의복의 문양이 세밀하고 작아 얇은 바탕에 작은 꽃문양을 넣은 채색 비단에 가까워 당시 남방에서 생산된 비단 문양에 관한 지식을 보충하는 데 도움을 줄 수 있다. 화록書錄의 기록에 따르면, 남당 시절 서화를 표구할 때 '묵란작릉墨鸞雀綾'이란 비단을 사용했다. 이계李誡가 저술한 『영조법식營造法式』 채색 회화 부분에 이러한 난새와 까치 문양이 남아 있는데, 이는 명대에 묵색墨色으로 난새와 까치가 꽃을 찾아드는 모습을 그린 능금綾錦과 매우 유사하다. 이 그림의 옷차림에서 볼 수 있는 작은 꽃문양이 있는 섬세한 능금은 자료가 거의 보이지 않는다. 다만 위로 거슬러 올라가면 성당 시대 장훤張萱이 그렸다는 〈도련도搗練圖〉그림 132에서 확인할 수 있고, 아래로 내려가면 남송시대 〈호가십팔박도〉의 의복 문양 및 근년에 금단金壇, 강소성 상주시常州市 부근에서 발굴한 송대 초기 주우周瑀의 분묘 및 복건 황승黃昇 분묘에서 출토된 비단옷 실물, 그리고 산동 제남 원대 분묘에서 출토된 수십 점의 의복 등에서 본색 바탕에 자질구레할 정도로 작고 섬세한 문양과 비교할 수 있다. 이로 알 수 있다시피 전후 5, 6세기에 걸쳐 얇은 비단에 작

2 『남당서』 권16, "創爲高髻纖裳及首翹鬢朶之狀, 人皆效之".

고 섬세한 문양을 넣은 의복은 한때 유행했던 것이 아니라 일반적으로 보편적으로 착용했음을 알 수 있다.

099

오대 〈야연도〉 연회 부분

그림157 (오대) **당대 양식의 복두를 쓰고 원령 장삼을 입었으며, 오피화烏皮靴를 신은 무인과 시종** (남당 고굉중이 그렸다는 〈한희재야연도韓熙載夜宴圖〉 연회 부분이다. 영보재 목판수인본)

그림158 (오대) 높은 건을 쓰고, 누빈 비단신을 신었으며 맞깃 평복을 입었으나 배를 드러내고 부채질을 하고 있는 한희재와 둥근 자수문양의 장삼을 입고 허리에 요보腰袱(일명 한요捍腰)를 차고 궁선宮扇을 들고 있는 시녀, 그리고 집안 가기歌伎의 모습 (남당 고굉중이 그렸다는 〈한희재야연도〉 휴식 부분. 영보재 목판수인본)

원나라 태정泰定, 1323~1328년. 태정제 연호 시절에 조승趙昇이 두루마리 그림의 출처에 대해 쓴 제발을 살펴보면 다음과 같다.

고굉중은 남당 사람으로 후주後主를 섬겨 대조待詔를 역임했다. 그림을 잘 그렸으며, 특히 인물화에 뛰어났다. 당시 중서사인이었던 한희재가 귀족 자제들과 노닐면서 노래 잘하는 기녀를 좋아하여 주로 밤드리 술을 마셨다. 빈객들이 서로 어울려 환호하며 아무데도 구애받지 않고 제멋대로 놀았다. 이씨李氏, 이후주가 그의 재주를 아껴 그냥 놔두고 불문에 부쳤다. 나라 안팎에 소문이 퍼지면서 한희재가 방탕한 생활에 빠졌다는 이야기가 들렸다. 그러나 술잔과 안주가 가득한 가운데 술잔이 빈번하게 오가는 모습은 볼 수가 없었다. 그래서 굉중고굉중에게 밤중에 몰래 그의 집으로 들어가서 직접 보고 느낀 것을 그림으로 그려 자신에게 바치도록 했다. 이 그림이 바로 굉중이 그린 것이다.[1]

『남당서습유南唐書拾遺』에 따르면, "한희재는 강남에 있을 때 경사모를 만들었는데, 이를 한군경격이라고 불렀다". 또한 "강남 늦은 계절에 건양建陽, 복건성에서 다유화자茶油花子, 얼굴에 붙이는 장식를 올려 보냈는데, 크기나 형태가 각기 달랐다. 궁빈宮嬪들이 얼굴에 금사로 장식하고 담백하게 화장한 후 화병을 머리에 붙였는데, 이를 북원장北苑妝이라고 불렀다".[2]

수양공주壽陽公主[3]가 매화 꽃잎을 이마에 붙였다는 전설에서 나온 '북원장'은 현존하는 회화 작품이나 남당의 능묘에서 출토된 용俑에서는 아직 발견되지 않았으며, 본 그림의 부녀자 얼굴에서도 찾아볼 수 없다. 다만 시간적으로 비교적 가까운 시기의 돈황 천불동千佛洞과 안서安西 유림굴榆林窟 벽화 가운데 오대 귀족 부녀자의 얼굴 부분에 나오는 것이 오히려 비교적 명확하다. 전적으로 전설에 나오는 것을 모방하여 이마에 매화 꽃잎을 하나만 붙인 것도 있고, 얼굴 가득 크고 작은 여러 형태의 것으로 화려하고 찬란한 꽃문양을 붙인 것도 있다.[4]

그림 158은 〈야연도〉의 주제 부분이다. 오른쪽 탑상에 편안하게 앉아 있는 이가 한희재이다. 머리에는 고사모高紗帽를 썼고 흰색 웃옷을 여미지 않고 풀어헤친 모습이다. 옆에 탑상에 앉은 이는 붉은색 원령복을 입고 있다. 그리고 나머지 남자들은 모두 두루마기처럼 생긴 녹색 상의를 입고 있다. 이 두루마리 그림은 송대 초기 북방의 화가 손에서 나왔을 가능성이 크다. 연회에 사용하는 주기酒器의 경우 사발처럼 생긴 술잔과 술병인 주완注碗, 그리고 술을 데우는 데 사용하는 목이 긴 병인 주자注子에 이르기까지 한 벌을 갖추어 배치한 것이 송대의 전형적인 모습이

1 『선화화보』 권7, "顧閎中, 南唐人, 事後主爲待詔. 善畵, 獨見於人物. 是時中書舍人韓熙載, 以貴游世胄, 多好聲妓, 專爲夜飮. 雖賓客雜糅, 歡呼狂逸, 不復拘制. 李氏惜其才, 置而不問. 聲傳中外, 頗聞其荒縱. 然欲見樽俎間觥籌交錯之態度不可得, 乃命宏中夜至其第竊窺之, 目識心記, 圖繪以上之. 此圖乃宏中之所作也". 원서에는 조승趙昇이 쓴 「제跋」이라고 했으나 조승이란 인물이 누구인지 분명치 않다. 남송시대에 성리학자인 조승이 살았으나 그는 13세기 인물이다.

2 『남송서습유南唐書拾遺』, "韓熙載在江南, 造輕紗帽, 謂爲韓君輕格". "江南晩祀, 建陽進茶油花子, 大小形制各別. 宮嬪縷金於面, 皆淡妝, 以此花餠施頭上, 時號北苑妝." 도곡陶穀의 『청이록淸異錄』 「장식妝飾」에는 '강남만계江南晩季'로 적혀 있다.

3 남조 송 무제의 딸인 수양공주가 함장궁含章宮 처마에 누워 있었는데, 매화 꽃잎이 떨어져 이마에 붙은 것이 보기에 좋았다. 이후 궁녀들이 따라하면서 궁중의 화장 기법이 되었다.

4 (원주) 송대 황후상皇后像을 보면 진주를 눈썹과 이마, 뺨 등에 붙여 꽃문양을 대신한 경우도 있다.

삽도 102 양손을 마주잡고 예를 표하는 모습
1. 〈한희재야연도〉에 나오는 승려가 예를 표하는 모습
2. 『사림광기事林廣記』에 나오는 「습차수도習扠手圖」(양손을 마주잡고 예를 표하는 것을 연습하는 그림)

기 때문이다. 이는 그림에서도 흔히 보이며, 실물이 북방에서 발견되기도 했다. 그림에 나오는 영청자影青瓷는 제작 연대가 비교적 늦으며, 가구나 그릇 등도 송대 북방에서 흔히 사용하던 것들이다. 또한 거록鉅鹿, 여기서는 의자인 듯하다은 이미 실물이 출토되었다. 〈청명상하도清明上河圖〉나 송대 사람이 그린 〈편교회맹도便橋會盟圖〉, 〈호가십팔박도胡笳十八拍圖〉 및 조길趙佶이 그린 〈문회도文會圖〉 등의 그림에 나오는 다루茶樓나 주관酒館에서 이와 비슷한 양식의 탁자와 의자를 볼 수 있다. 좌중에 있는 남자들의 복색으로 판단한다면 송대 초기 강남 정권남당이 투항하고 얼마 되지 않은 때의 작품일 것이다. 송대 왕영王栐의 『연익이모록燕翼貽謀錄』에 따르면, "강남에 처음 내려와 이후주가 경사로 가서 알현하자 그의 여러 신하들을 재능에 따라 관직에 임명하고 공경과 장상들에게도 대부분 관직을 주었다. 다만 주현의 장관을 맡고 있는 이들은 그대로 맡도록 했다. 복색服色은 관례에 따라 관품의 고하를 따지지 않고 녹색으로 정했다".[5] 이렇게 함으로써 중원의 복색과 차별을 두었다. 태종 순화淳化 원년990년 정월 무인戊寅에 내린 사문赦文, 사면하는 칙령에서 이렇게 말했다. "제로諸路에서 거짓으로정식이 아닌 관직을 받은 이들은 먼저 비색緋色, 붉은색 관복을 입도록 하사하고, 녹색의 관복을 입는 것을 금지한다. 이제 예전의 제도송조의 제도를 따르는 것을 허락한다. 먼저 자색 관복을 입은 이들은 상참관常參官, 매일 조회에 참석하는 관리에 임명하고 또한 예전의 제도를 따르도록 허락한다. 이로써 왕조의 관리들과 같게 되었다."[6]

여기서 알 수 있다시피 강남의 남당 신하들이

5 왕영王栐, 『연익이모록燕翼貽謀錄』, "江南初下, 李後主朝京師, 其群臣隨才任使, 公卿將相多爲官. 惟任州縣官者仍舊. 至於服色, 例行服綠, 不問官品高下".

6 태종 순화 원년 정월 무인 사문赦文, "應諸路僞授官, 先賜緋人, 止令服綠. 今並許仍舊. 其先衣紫人, 任常參官, 亦許仍舊. 遂得與王朝官齒矣".

송조에 입사하였는데, 순화 이전까지 법령에 따라 일률적으로 녹색의 관복만 입을 수 있었다. 순화 원년 대사면이 이루어진 후에야 비로소 관품에 따라 홍색이나 자색의 관복을 입게 되면서 기존 송조의 관리들과 동등한 대우를 받게 되었다. 그림에 나오는 남자들은 일반적으로 녹색의 관복을 입고 있다. 따라서 이는 남당이 송조에 투항한 후에 그림이 제작되었다는 방증이 될 수 있을 것이다. 만약 남당 시절에 그린 그림이라면 송대의 금령이 그림에 반영되었을 리 만무하다.

다음으로 "양손을 잡고 예를 갖추는 모습扠手示敬"은 송대의 제도이다.삽도102 모든 송대 벽화나 요·금대의 벽화에서 명확한 그림을 찾아볼 수 있다. 송·원대 사람들이 각인한 통속 읽을거리인 『사림광기事林廣記』에 보면 그림과 글을 통해 양손을 잡고 예를 갖추는 법도를 설명하고 있다. 그림에서 왼쪽에 있는 화상和尚을 포함하여 두 사람 모두 양손을 맞잡고 공경의 예를 올리고 있다. 이렇듯 남당의 그림에서는 이런 모습을 볼 수 없는 것이 당연하다.

100

오대五代 벽화 조의금曹義金 상像

그림159 (오대) 양쪽에 날개를 펼친 복두를 쓰고 원령포圓領袍를 입고 어대魚袋를 차고 향로와 아홀牙笏을 든 문관(섬서 서안 유림굴 벽화 「조의금행향상」, 범문조 모사본)

그림 159와 삽도 103은 감숙 안서 유림굴 벽화를 모사한 그림이다.

그림은 오대 시절 돈황 일대를 통치했던 조의금曹義金이 향을 들고 참배하는 모습이다. 둥근 깃의 붉은 홍포를 입는데, 당대 원령복과 다른 점은 안에 있는 친령襯領이 비스듬히 솟아 있다는 것이다. 검은색 비단으로 만든 오사복두烏紗幞頭를 썼고, 복두의 각脚은 이미 양쪽으로 수평 형태이다. 전형적인 송대 양식보다 약간 짧다. 복두는 이미 딱딱한 재질로 바뀌었으며 점차 네모난 형태로 변화하고 있음을 알 수 있다.[1] 이는 송대의 날개를 펼친 듯한 복두의 토대가 되었으며, 이후 사모紗帽의 최초 양식이라고 말할 수 있다. 송대에 이르러 비로소 하나의 제도로 정착했고, 이후 3백 년 동안 지속되었다. 원·명대에도 의위대儀衛隊, 의장대나 순장에 사용되는 목용이나 토용에서 그대로 사용되었다. 이는 관습에 따른 것이기도 하고 전 정권에 대한 부정적 의미를 띤 것이기도 하다.

서북 하서河西 일대는 만당 시절 장의조張議潮가 군사를 이끌고 고토를 회복한 후 계속해서 그의 친척인 조의금이 정권을 장악했다. 한쪽 외진 곳에 자리하여 전란을 겪지 않았기 때문에 수십 년 동안 안정된 국면이 유지되었고, 농업이나 수공업이나 목축업 생산도 회복되었다. 당시 연일 전란에 시달리던 중원과 비교하면 서북의 여러 민족들의 생활은 그나마 나은 편이었다. 하지만 현지 봉건 통치자는 계급적 특성상 정권을 공고하게 다지기 위해 예전과 마찬가지로 종교를 이용하여 폭정을 마다하지 않았으며, 대량의 인력과 물력을 동원하여 돈황 석굴 증축과 인근 유림협楡林峽 인근에 또다시 석굴을 조성하기 시작했다. 1천여 년 전에 현지 또는 외지에서 온 예술가들과 수많은 일반 백성들이 돈황석굴과 유림석굴을 조성하는 데 동원되었고, 그 안에 대량의 정교하고 화려한 그림과 조각을 남겼다.

본 절의 주제화 부분은 종교적 선전이나 통치자 본인의 업적을 자랑하기 위한 그림이다. 하지만 이 그림을 통해 우리는 적지 않은 역사 지식을 얻을 수 있을 뿐만 아니라 당시 장인들의 예술적 성취를 새롭게 인식할 수 있다. 그들의 예술적 성취는 위로 당대 염립본閻立本, 오도자吳道子, 진굉陳閎 등의 사실적 표현의 전통을 이어받고 있으며, 아래로 북송시대 무종원武宗元, 고문진高文進 등의 벽화 제작에 영향을 주었다는 점에서 중국의 벽화예술 발전사를 이해하는 데 도움을 준다. 다음으로 벽화에 보존, 반영되어 있는 사회 생활에 관한 부분도 이전의 것을 계승하고 이후 시대로 이어지는 모습을 여실히 보여주고 있기 때문에 문헌 기록을 증명할뿐더러 문헌에서 부족한 점을 메꾸는 역할을 한다. 예를 들어 당대 「여복지」에서 사회 상층부 부녀자들의 관복 제도에 대해 서술하면서 상의와 치마의 비단과 자수 응

1 〈원주〉 거란 요 정권의 초기 경릉慶陵 벽화에 나오는 일부 남관南官 복식이 보이며, 복두의 양식도 서로 비슷한 것으로 보아 독자적인 것이 아님을 알 수 있다. 일본인이 편찬한 『경릉慶陵』 동릉 벽화 도판 40쪽 참조.

삽도103 오대 조의금상曹義金像 **백묘**白描

용, 두발 장식인 꽃비녀花釵나 보요채 등에 언급한 바 있는데, 현존하는 회화나 조소 작품에 구체적으로 등장하는 것이 그리 많지 않다. 또한 분묘의 벽화나 도용 등은 관습에 따라 주로 노복이나 악무기樂舞伎 등이 대부분이기 때문에 관복을 성장한 모습은 거의 보이지 않는다. 돈황의 성당시기 벽화에서도 습관적으로 일반 공양인들이 비교적 간단하게 그려져 있기 때문에 얻을 수 있는 지식이 충분치 않다. 그러나 중당과 만당, 그리고 오대 시기에 이르면서 통치자들이 자신들의 권위를 드러내기 위해 대량

삽도104 유림굴 벽화에 나오는 오대 여자 공양인(범문조 모사본)

의 도상 자료를 남겼는데, 이를 통해 성당 관복의 면모를 엿볼 수 있으며, 송대 민복民服의 내원도 확인할 수 있다. 그림 159에서 우리는 다음 세 가지에 대해 새로운 인식을 얻을 수 있다.

첫째, 당대 관복 제도에 상의는 반드시 화릉花綾을 사용했다. 기록에 따르면, '학함서초鶴銜瑞草', '안함위의雁銜威儀', '준골함화俊鶻銜花', '난함장수鸞銜長綬' 및 '지황교지地黃交枝' 등의 명칭이 있다. 『구당서』「덕종기」 조서에 따르면, "근자에 하사한 의복은 문채가 법도에 맞지 않으니 제도에 따른 것이 아니다.……절도사는 마땅히 '골함수대鶻銜綬帶'를 착용하고, 관찰사는 마땅히 '안함위의雁銜威儀'를 착용해야 한다".[2] 당시나 또는 그보다 뒤에도 여전히 능라주사綾羅綢紗가 남아 있었으며, 또한 유사한 문양이 구비되어 있었을 것이다. 그러나 회화 작품에서 이를 증명할 만한 증거를 찾기가 매우 어렵다. 출토된 실물도 전모를 파악하기 힘들기 때문에 아무래도 문헌에 기록된 여러 가지 문양이 어쩌면 대帶 위에 차는 금동 장식일지도 모른다는 생각이 든다. 그렇다면 오히려 실물을 통해 확인할 수 있다. 특히 송대 대제帶制, 허리에 차는 띠에 관한 제도에 나오는 28가지 종류의 문양 명칭으로 본다면 의심할 바 없이 대식帶飾, 즉 띠의 장식이다. 유림굴榆林窟에 나오는 남녀 공양인의 그림은 등신대等身大로 크기가 진짜 사람과 같다. 여자들은 관복으로 성장盛裝했는데, 웃옷의 문양은 직조, 염색, 자수 등 가공방법이 서로 달랐다. 옷깃 사이에도 서로 다른 문양을 수놓은 것이 분명하다.삽도 104 하지만 남자 관복은 홍색 외에 다른 문양은 없다는 사실도 증명된다. 당대 「거복지」에 따르면, 문양을 넣는 것은 특별히 의복을 하사하는 경우이거나 일부 지역에서만 시행했을 뿐이며, 그나마도 얼마 가지 않아 폐지되고 말았다. 이렇듯 관복의 색깔로 등급을 구분한 것은 분명하나 문양으로 구분했다는 흔적은 찾아보기 힘들다. 근년에 대량으로 출토된 비단에서도 마찬가지로 확인할 수 없다.

둘째, 복두 뒤편에 내려뜨린 두 개의 띠가 경시硬翅, 딱딱한 재질로 만든 복두의 양쪽 날개로 바뀌면서 양쪽 수평 방향으로 길게 늘어지게 된 것은 오대에서 시작되었으며, 송대에 비로소 정형화했다. 그림에 보면 날개를 펼친 것처럼 수평 방향으로 길게 돌출된 복두 양식을 볼 수 있다. 삽도에서도 당시에 복두의 날개 양식이 평시平翅, 곡시曲翅, 교각交脚 등 다양했음을 알 수 있다.

셋째, 어대魚袋 제도는 당대 사서에서 기록된 내용과 모순된다. 어부魚符는 이미 실물이 출토되었지만 어대魚袋를 어떻게 활용했는지에 대해서는 구체적으로 말하기 쉽지 않다. 송대 심괄, 주희朱熹, 곽시郭思, 악가岳珂 등의 의견이 분분하여 정론이 없기 때문이다. 당대 장작張鷟은 어대에 대해 비단으로 물고기 모양으로 매듭을 진 형태이며 잉어鯉, 잉어 鯉는 당대 통치자의 성인 李와 해음이다가 물고기들 중에서 강하다는 것을 상징한다고 했다. 백어

---

2 『구당서』「덕종기德宗紀」, "頃來賜衣, 文彩不常, 非制也. ……節度使宜鶻銜綬帶, 觀察使宜以雁銜威儀".

帛魚는 당대 초기 그림에서도 비교적 많은 형상을 확인할 수 있다. 이후 무후武周, 측천무후 시절에 첩섭칠사鞊韘七事와 더불어 폐지되어 더 이상 사용되지 않았으나 변방 지역에서는 송·요·서하시대까지 계속 남아 있었으며, 원대에도 사용되었다. 어부魚符는 궁정 '출입증'이나 외부 주군州郡의 '위임장委任狀'의 용도로 당조가 망할 때까지 사용되었다. 하지만 구체적으로 어떻게 패용했는지는 아직도 문제로 남아 있다. 만약 회화 작품과 결합하여 살펴본다면 어부는 백어와 비교적 밀접한 관련이 있다. 그렇기 때문에 다른 것은 없이 어부만 넣을 수 있다면 '어대'라고 칭할 수 있다. 그러나 그림에서는 양자가 공존한다. 후대의 어대는 그림에서 볼 수 있다시피 주름이 잡힌 좁은 띠일 뿐이며, 붉은 가죽 띠홍정대紅鞓帶에 매단다. 봉건 황제가 은총을 베풀었다는 일종의 증표에 가깝다. 위에 금은으로 만든 물고기 형태로 장식했을 뿐 어부魚符와는 전혀 관련이 없다. 송대에도 이를 답습하여 계속 이어졌다. 이 그림 허리 띠 부분에 물결처럼 생긴 것이 바로 당대 어대이자, 송대 어대이기도 하다. 그래서 옛 사람들은 "당대에는 주머니에 물고기를 넣고, 송대에는 물고기로 주머니를 장식했다唐以袋貯魚, 宋代魚飾袋"고 말하곤 했는데, 나름 정확한 말이기는 하나 명확한 인상을 주기에는 충분치 않다. 사서에 따르면, 자색 옷을 입을 때는 금어金魚를 달고 비색緋色 옷을 입을 때는 은어銀魚를 단다고 했으니 이미 일정한 제도로 정착된 듯한데, 실물이 출토된 것이 거의 없고, 그림에서 확인할 수 있는 것도 그리 많지 않다. 이 역시 아직 풀리지 않은 문제이다.[3] 사서 기록에서 모순된 점은 보다 많은 그림이나 새로운 출토 유물을 비교 검토하여 구체적인 형상과 변화 발전 상황을 이해한 뒤에 풀릴 수 있을 것이다.

3 원주 일본 학자들 가운데 이에 대해 전문적으로 논술한 이가 있으며, 인용한 문헌도 심히 많다.

101

〈여효경도女孝經圖〉

그림160 (송 또는 오대) 높은 올림머리에 머리 가득 작은 빗을 꽂고 상의는 저고리, 하의는 치마를 입고 피백을 걸쳤으며, 수돈에 앉아 있는 귀족 부녀자(송대 사람이 그린 〈여효경도〉 부분)

오승吳升의 『대관록大觀錄』에 보면 염입본이 〈여효경도〉를 그리고, 우세남虞世南이 『효경권孝經卷』효경의 문장을 썼다고 했는데 믿을 수 없다. 주제로 보면 당대 초기가 아니라 송대의 작품이다. 내용을 분석해보면 더욱 더 송대 사람의 작품이라는 것이 분명하다. 왜냐하면 황후가 '등견관'을 쓰는 것은 송대의 제도이기 때문이다. 심괄이 『몽계필담』에서 이미 언급한 바 있다. 명대 만력제의 능묘인 정릉定陵에서 출토된 황후의 봉관鳳冠은 '등견관'을 모방한 것이다. 하지만 당대에는 아직 나오지 않았다. 포복을 입은 제왕의 가슴 부위에 있는 '방심곡령'도 전형적인 송대 양식이다. 사실 섭숭의聶崇義, 오대 학관學官의 〈삼례도三禮圖〉는 제멋대로 견강부회한 것이기 때문에 고대 곡령과 전혀 공통점이 없다. 또 한 명의 도복 입은 남자의 옷차림

그림161 (송 또는 오대) 등견관等肩冠[1]을 쓰고 포복을 입은 황후와 권량통천관捲梁通天冠을 쓰고 송대 양식의 방심곡령 차림의 제왕, 그리고 복두를 싸매고 둥근 깃 상의를 입은 시종(송대 〈여효경도〉 부분)

이나 표정은 조길의 〈청금도聽琴圖〉 정중앙에 나오는 인물과 매우 비슷한데, 바로 송대 제8대 황제인 조길 본인의 형상이다. 부녀자들은 대부분 비빈들인데, 고굉중이 그렸다는 〈한희재야연도〉에 나오는 부녀들의 얼굴 모습이 무표정하고 전혀 개성이 없어 동일한 화공이 그린 것처럼 거의 똑같다. 좌구인 수돈繡墩도 완전히 동일하다. 그림 160, 161의 원화는 고궁박물원에 소장되어 있으며, 옅게 채색되고 전체 9장이다.

〈야연도〉는 오대 사람이 그렸다고 하지만 의자나 탁자 및 병풍 등 가구나 식기류 가운데 주완注碗, 사발처럼 생긴 술잔 등 북송의 제도가 아닌 것이 하나도 없다. 그림 제작 연대는 아무리 빨라도 10세기 이후이다. 다만 부녀의 옷차림, 두발 형태와 장식 등은 본 그림과 비슷하거나 오대 시대의 양식이 섞여 있으며, 사서에서 남당 시대에 높은 올림머리에 기이한 옷을 입

1 등견관은 너비가 어깨 넓이와 같을 정도로 좌우로 넓은 관을 말한다.

었다고 기록한 것과 상통한다. 명대 사람이 송대 그림이라고 했던 〈반한추흥도半閒秋興圖〉의 두발 형태와도 비슷하다. 맥적산 벽화에 오대 진향 부녀자들의 군상에서 볼 수 있는 두발 형태와도 비교적 가깝다. 옷차림은 비록 넓은 소매에 짧은 웃옷인 상유上襦 형태이지만 지역이나 계절에 따라 약간 차이가 있다. 태원太原 진사晉祠 수모전水母殿 시녀의 채색 소조는 북송 초년에 제작되었는데, 좁은 소매에 전체적으로 꽉 끼고 긴 옷차림과 서로 비슷하다. 이로 보건대, 만당·오대 사이에 정치적으로 분열과 할거 국면이 수십 년 동안 지속되면서 복식 분야에도 영향을 주었음을 알 수 있다. 서북 돈황 벽화를 제외하고 다른 지역의 그림이나 조각은 중원의 영향을 더 이상 받지 않았다. 다만 전체적인 추세로 볼 때 부녀자의 평상복은 점차 소매 폭이 좁고 긴 형태를 회복하면서 좀 더 좁아졌으며, 좁은 소매에 맞깃 형태인 선오旋襖, 당대 상유에서 발전한 형태의 송대 웃옷를 입는 것이 전형적인 북송의 의복 양식이 되었다.

또 다른 한 폭에는 네 명의 궁빈이 수돈에 앉아 있는 모습이다. 인물의 옷차림 풍격은 〈야연도〉에 나오는 여악기女樂伎와 비슷하다. 〈야연도〉에서 남자는 일률적으로 녹색 옷을 입고 있으니 북송 태종 순화 원년 이전의 모습이 분명하다. 이 그림의 제작 시기는 이보다 훨씬 늦을 것이다. 왜냐하면 그림에 나오는 기물 부분이 〈선화박고도宣和博古圖〉의 기물과 관련이 있기 때문이다. 분명 조길이 권력을 잡고 있던 말기의 작품일 것이다. 도복을 착용하고 있는 이는 조길 본인의 모습과 매우 근사하다. 글씨체는 조구趙構, 1127~1279년, 남송 제1대 황제, 또는 양매자楊妹子[2]의 필적과 비슷하다.

2 양매자는 송 영종寧宗의 황후 또는 황후의 동생으로 알려져 있으며, 시사詩詞와 서예에 능했다.

송초宋初 돈황 벽화의 농민

그림162 (송) 절상건 또는 입모를 쓰고 둥근 깃에 결과삼缺胯衫을 입은 농민과 짧은 상의와 긴 치마를 입은 농사꾼 아낙네(돈황 61굴 벽화 밭갈이, 수확, 탈곡 장면)

돈황 61굴 벽화에서 인용했다.

남녀의 옷차림은 모두 만당의 양식이다. 부녀자는 양쪽 살쩍에 가발을 썼고 비스듬히 꽃비녀를 꽂았다. 남자는 복두건을 썼는데, 양쪽 두 개의 띠를 위로 들어올렸다. 이른바 '절상건折上巾'이다. 송대에는 이를 '교각복두交脚幞頭'라고 부르기도 했다. 당대 양식인 결과삼缺胯衫을 입어 일하기 편하도록 했으며, 옷 모서리를 위로 올려 허리춤에 잡아맸다. 이러한 옷차림 등은 돈황 당대 그림에서 거의 비슷하게 반영되고 있다. 이는 다음 두 가지로 해석할 수 있다. 첫째, 변경 지역은 사회 습관이나 경제적 한계로 인해 설사 조대가 바뀔지라도 평민들의 옷차림은 그다지 영향을 받지 않거나 받더라도 비교적 완만했다. 둘째, 돈황 지역의 화공들은 주로 부자父子가 사제지간으로 대대로 가업을 계승하는 경우가 일반적이었다. 그렇기 때문에 그림을 그릴 때 선대 화공이 그린 밑그림을 활용하는 일이 적지 않았다. 사회의 현실 생활의 형태나 방식 등은 크게 변했을지라도 일반적인 통속 선전화는 예전 그대로 그려졌으며, 변화가 그리 심하지 않았다. 이상 두 가지 원인으로 인해 예전에는 이 그림을 당대의 작품으로 판단하기도 했는데, 송대에 그려졌지만 주로 반영하고 있는 내용은 당대의 사회 면모나 풍속습관이었기 때문이다.

남송 초기 육유陸游는 『입촉기入蜀記』 권6에서 장강 상류 천강川江의 신탄新灘, 장강 서릉협西陵峽 상류 지역에서 물을 길어 짊어지고 가는 여자를 보고 이렇게 기록했다.

> 아직 시집을 가지 않은 여자들은 모두 동심계同心髻로 두발을 묶어 올렸는데 높이가 2자나 되었고, 은비녀 6개를 꽂았으며, 뒤편에 상아로 만든 큰 빗을 꽂았는데, 크기가 손바닥만 했다.

이를 통해 남송 시절 중원에서 떨어진 시골 지역에서 여전히 중당 시절부터 유행하기 시작하여 송대까지 이어진 금비녀 12가지금채십이행金釵十二行의 꽃비녀花釵를 사용했으며, 2자나 되는 두발 형태가 유지되었고, 큰 빗을 활용했음을 알 수 있다. 이에 반해 중원 대도시의 경우는 더 이상 화채를 사용하지 않았다. 단지 관복을 입고 성장했을 때만 화채를 꽂았다. 큰 빗의 경우도 북송 중기에 이미 거의 사라졌다. 하지만 중원에서 비교적 멀리 떨어진 곳에서는 남송 초년까지 여전히 사용되었으며, 크게 변화하지 않았다. 육유가 촉 땅으로 들어가서 본 것이 하나의 실례가 될 수 있다. 돈황 벽화 가운데 '대송태평흥국大宋太平興國'이라고 정확하게 적혀 있는 그림이 있는데, 어느 해에 공양하는 귀족 부녀자들의 모습이 그려져 있다. 그 그림에서도 성당 개원, 천보 연간에 머리 가득 화채로 치장한 모습을 볼 수 있다.

남송南宋 〈경직도耕織圖〉의 농민

그림163 (남송) 개두蓋頭를 쓴 농촌 아낙네와 두건을 싸매고 맞깃의 짧은 상의나 조끼를 입은 농민(남송 〈경직도耕織圖〉)

남송 〈경직도〉 그림이다. 원화는 중국역사박물관에 소장되어 있다.

그림에 나오는 옷차림에서 비교적 중요한 부분은 부녀자가 머리에 쓰고 있는 얇은 견직물인 박사薄紗이다. 이는 당대 유모帷帽에서 유래되어 송대에 보편적으로 유행했던 머리쓰개이다. 일반적으로 얇은 사라紗羅 비단으로 만들며, 통칭하여 '개두蓋頭'라고 했다. 좀 더 정교하게 만든 것은 자색 비단으로 만들었기 때문에 '자라개두紫羅蓋頭'[1]라고 불렀다. 이 그림과 이

1 원주〉 원대元代에도 이를 답습하여 사용했다. 산서山西 우옥현右玉縣 보녕사寶寧寺의 원대

숭李嵩의 〈화랑도貨郎圖〉그림 169 및 원대 사람이 그린 〈농촌가취도農村嫁娶圖〉에서 볼 수 있다시피 송·원대 농촌 부녀자들은 밭일을 하러 가거나 평상시에도 머리쓰개인 개두를 벗지 않았음을 알 수 있다. 그러나 명·청대에는 신부가 사용하는 경우를 제외하고 일반 평민들은 거의 쓰지 않았다. 다만 서남 변경에 사는 여러 민족의 경우 오히려 여러 가지 다양한 양식으로 발전시켜 지금까지도 사용하고 있다. 이는 모두 당대 유모에서 유래하여 변화 발전시킨 형태라고 할 수 있다. 성당 시절 한때 이마 앞에 묶는 '투액라透額羅'가 유행했지만 일부가 돈황 그림에 나올 뿐 만당 시절의 그림에는 거의 보이지 않는다. 그러나 송·원·명·청대에는 실용적인 목적으로 좀 더 변화시킨 '차미륵자遮眉勒子'를 사용했으며, 특히 희문戲文 도구로 사용한 것은 '어파륵자漁婆勒子'라고 불렀다. 18세기 옹정, 건륭제 시절 황비들도 이를 사용했다.그림 248 20세기에 들어와서도 서남 지역 노년 부녀자들은 겨울 차가운 바람을 피하기 위해 '차미륵자'를 사용했으며, 젊은 여자들은 방한용보다는 주로 장식용으로 즐겨 사용했다.

오대십국 이래로 거의 반세기에 걸친 전쟁으로 화북, 섬서, 낙양 일대가 황폐해지고 농업 생산도 크게 악화되었다. 송조가 건국한 후 조보趙普, 922~992년, 북송 개국공신의 건의에 따라 '선남후북先南後北' 전략을 택해 장강 유역과 화동 남부 지역을 먼저 통일시켰다. 얼마 후 동북 지역에 자리를 잡고 있는 거란과 싸워 실패하자 송나라 타협을 위해 전연澶淵에서 맹약[2]을 맺고 매년 거액의 세폐歲幣를 예물로 보내기로 했다. 당시 매년 바치는 공물인 세폐에는 20만 필의 비단과 20만 단端의 피륙포필布匹, 20만 근의 찻잎, 20만 냥의 금은, 20만 섬의 가공한 양식 등이 포함되었다. 대내적으로 인민에 대한 가혹한 착취가 자행되면서 세수의 명목이 이전 시대에 볼 수 없을 정도로 증가했다. 이로 인해 농민들은 더욱 더 곤궁해졌고, 이는 옷차림에 그대로 반영되었다. 평민 남자들의 옷차림은 날로 짧아졌고, 머리에 쓰는 두건 형태도 이미 일정한 형태를 갖추지 못하고 추계椎髻도 꺼리지 않았다. 다른 그림에 반영된 일반 백성들의 모습도 이와 비슷하다. 예를 들어 오대 또는 송대 초기에 그려진 〈강행초설도江行初雪圖〉, 송대에 그려진 〈백마도百馬圖〉, 〈화랑도貨郎圖〉, 〈촌의도村醫圖〉, 〈청명상하도〉, 〈쌍주도雙舟圖〉, 〈파선산협도巴船山峽圖〉, 〈계산청원도溪山清遠圖〉, 〈장강만리도長江萬里圖〉 등에서도 그림의 내용이 번잡하고 간단한 차이는 있으되 노동하는 일반 백성들의 옷차림은 짧은 상의로 대동소이하다. 관복은 중당 시절의 원령복이 여전히 유행하기는 했지만 퇴직 관료들은 주로 예전의 '봉액의縫掖衣'를 본받아 테두리가 넓은 직철直裰을 주로 입었다. 하지

화폭畵幅에 나오는 당시 잡예인雜藝人, 기예인 남자의 머리에도 동일한 형식의 화개두花蓋頭가 보인다.

2 전연지맹澶淵之盟은 1004년, 지금의 하남성 복양濮陽인 전연澶淵에서 대치하던 송 진종真宗과 요遼의 성종聖宗이 맺은 강화조약이다.

만 일반 서민들은 여전히 교령交領 형태가 비교적 많았다. 주요 원인은 일할 때나 옷을 입고 벗을 때 편하기 위함이었다. 현재 〈경직도耕織圖〉라는 제목의 그림이 적지 않은데, 생산 과정 전체를 나누어 돌에 새겨 채색한 것으로 가장 유명한 것은 남송시대 누숙樓璹, 1090~1162년, 송대 관리로 그림마다 5언 여덟 구의 시를 집어넣은 「경직도시耕織圖詩」 45폭으로 유명함의 〈경직도〉이다. 명대 농사에 관해 저술한 『편민도찬便民圖纂』에 나오는 삽도插圖는 누숙의 그림에 근거하여 만든 것이다. 청대 강희, 옹정, 건륭제 시절의 〈경직도〉, 〈면화도棉花圖〉 등도 주로 누숙의 옛 그림을 참조하여 보다 발전시킨 그림이다.

이외에도 저명한 화가들이 그린 경직耕織, 즉 농사일 또는 베짜기와 관련된 역사화가 적지 않다. 송대 유송년劉松年, 이숭李嵩이 그린 〈빈풍도豳風圖〉, 〈무일도無逸圖〉, 〈사륜도絲綸圖〉, 〈모시도毛詩圖〉, 〈궁잠도宮蠶圖〉, 〈요민격양도堯民擊壤圖〉, 〈답가도踏歌圖〉 등은 모두 농업 생산과 관련이 있고, 〈방차도紡車圖〉, 〈도련도搗鍊圖〉, 〈수대수마도水碓水磨圖〉, 〈경확도耕穫圖〉 등은 당시 사회의 농업 생산에서 직접 소재를 취해 그린 그림이다.[3]

오대십국 시대에 후촉後蜀의 통치자는 자신의 봉건정권을 유지하기 위해 일반 백성들을 농락하여 4언 운문으로 관잠官箴[4]을 만들었는데, 송나라가 건국한 후 일부를 삭제하고 "너의 봉록은 백성들의 피와 땀이다. 어린 백성을 괴롭히기는 쉬우나 상천을 속이기는 어렵다爾俸爾祿, 民膏民脂, 小民易虐, 上天難欺"[5]라는 네 구를 만들고 이를 돌에 새겨 각 주현의 아문 앞에 세워두도록 했다. 아울러 〈경직도〉를 아문의 벽에 걸어놓도록 했다. 16자의 관잠과 이런 유형의 〈경직도〉는 근본적으로 봉건 통치자가 자신의 정권을 공고하게 유지하고 농민들을 기만하는 일종의 수단에 불과할 따름이다. 하지만 송대 초기에 생산이 회복되고 점차 경제가 발전하는 데 일정한 영향을 끼쳤음은 의심할 여지가 없다. 북송960~1127년은 개봉을 도읍지로 삼아 백 수십 년을 이어오면서 매년 6, 7백만 섬의 식량과 가축 사료 2천 7, 8백만 묶음束을 사용했다고 하는데, 이는 모두 농촌에서 육로나 수로로 운반한 것이며, 그중 절반은 수천 리 떨어진 남방에서 운수된 것들이다. 이렇듯 통치자들이 농업을 중시한 것은 정권을 공고하게 유지하려는 의도와 불가분의 관계가 있다.

3　농촌 풍속도는 당대 한황韓滉부터 시작되었다.

4　관잠官箴은 지방 관리가 지방 행정을 위하여 필요한 사항을 기록한 잠언이다. 일반적으로 훌륭한 수령이 갖춰야 할 일곱 가지 조목 등을 적었다.

5　"爾俸爾祿, 民膏民脂, 小民易虐, 上天難欺." 이는 각지 아문衙門 앞에 세워놓은 비석에 적힌 글이다.

〈청명상하도清明上河圖〉에 나오는 노동자와 시민

그림164 (송) **과건자裹巾子를 쓰고 교령 또는 대금 형태의 짧은 상의를 입었으며, 요대를 차고 폭이 좁은 바지를 입은 마차꾼과 뱃사람**(장택단張擇端의 〈청명상하도〉 부분)

이 절의 그림은 〈청명상하도〉에 나오는 인물들을 그린 것이며, 원화는 고궁박물원에 소장되어 있다.

그림은 북송 시절 수도인 변경汴梁, 지금의 개봉開封 성城 밖 강가에 늘어선 시전市廛과 상점 및 온갖 장인들과 갖가지 직종에 종사하는 이들이 생산하거

그림165 (송) 과건자를 쓰고 좁은 소매에 긴 웃옷을 입은 시민, 작은 관과 넓은 소매의 포복을 입은 도사, 입모笠帽를 쓰고 짧은 웃옷을 입은 일하는 서민과 유모를 쓴 부녀자(장택단의 〈청명상하도〉 부분)

나 교역하는 장면 및 강물을 따라 오가는 크고 작은 선박들을 그린 작품이다. 당시 변경에는 백 수십만 명이 거주했으며, 일상 소비량이 엄청나다고 할 정도로 컸다. 사람이 먹는 곡물과 가축의 사료가 매년 6, 7백만 섬이나 되었는데, 대부분 운하를 통해 강남 일대에서 운반되었다. 그림에 나오는 형태의 크고 작은 배들이 수백, 수천 척 끊임없이 왕래해야만 했다. 수운 외에도 육상으로 온갖 화물이 운반되었는데, 그림에 나오는 수많은 수레가 바로 그 증거이다. 송대 유란거사幽蘭居士, 맹원로의 『동경몽화록東京夢華錄』 권1, 「하도河道」조條에 보면 이런 내용이 나온다.

성 안을 관통하는 하도河道는 네 줄기가 있다.……가운데를 가로지르는 것은 변하汴河인데, 서경인 낙양에서 물줄기가 갈라져 변경성으로 들어온 다음 동쪽으로 사주泗州에 이르렀다가 회하淮河로 빠지며, 동남의 식량을 운반한다.

무릇 동남쪽의 방물方物, 지방 토산물은 이곳에서 경성으로 들어왔기 때문에 관이나 민간이나 모두 앙급仰給, 의지함했다. 동쪽 수문水門 밖 7리 떨어진 곳에서 서쪽 수문 밖까지 다리가 13개 놓여 있는데, 동쪽 수문 밖 7리 떨어진 곳의 다리를 홍교虹橋라고 한다. 홍교에는 기둥 역할을 하는 교각이 없으며 커다란 나무가 걸려 있는 다리아치형 다리이며 단확丹雘, 붉은 염료으로 장식하여 마치 하늘에 걸린 무지개와 같았다.[1]

궁궐 밖의 여러 관청들을 말하는 '외제사外諸司'조條에 따르면, 부근에 50여 군데 큰 창고가 있어 매일 군사들이 화물을 운반했으며, 화물을 방출할 때면 창고 앞이 시끌벅적하여 장터가 되곤 했다. 또한 "근처 새로 지은 성外城에 초장草場이 20여 군데 있었는데, 매번 겨울이 되면 시골에서 곡식이나 건초 등을 실은 수천, 수만 대의 우마차가 도로를 가득 메워 꼬리에 꼬리를 물 지경이었으며, 초장 안에 쌓인 곡식이며 건초가 산을 이루었다".[2]

『수호전』에 보면 초장을 불태우는 대목이 나오는데, 아마도 이처럼 관부에서 식량이나 건초 등을 모아놓은 곳을 불태웠음을 말하는 것일 터이다.

곡식이나 화물은 수레를 통해 운반하기도 했다. 「반재잡매般載雜賣」조를 보면 그 일단을 알 수 있다.

동경의 짐수레般載로 큰 것은 태평거太平車라고 불렀는데, 위에 짐을 놓는 상자만 있을 뿐 덮개는 없었다. 상자는 난간처럼 생겼으나 평평했고, 상자 벽板壁 앞에 두 개의 나무가 돌출되어 있었다. 길이는 2, 3지60~90cm 정도였으며 수레를 모는 이가 중간에서 두 손으로 채찍질을 하며 수레를 몰았다. 앞 열에는 노새나 나귀 20여 마리가 두 줄로 가거나 때로 소 5~7마리가 끌고 가기도 했다. 수레의 두 바퀴는 짐을 놓는 상자와 평형을 이루었고, 뒤에 비스듬하게 나무다리가 튀어나와 수레를 정지시킬 때 사용했다. 밤중이면 수레 중간에 쇠방울을 달아 수레가 갈 때마다 소리가 나도록 하여 멀리서 오는 이들이 수레를 피할 수 있도록 했다. 수레 뒤에는 나귀와 노새 두 마리를 묶어 놓아 경사가 급한 길이나 다리를 내려갈 때가 되면 채찍질을 하여 놀란 두 마리가 거꾸로 가게 만들어 수레가 천천히 내려갈 수 있도록 하기 위함이었다. 수레는 수십 섬을 실을 수 있었다. 관아의 수레는 오직 나귀만 사용했으며, 태평거에 비해 작을 뿐이었다. 다음은 평두거平頭車로 태평거와 같은 형태이나 크기만 작다. 양쪽 바퀴 앞에 긴 나무가 튀어나와 끌채 역할을 하고, 두 개의 막대 끝에 막대

---

1 맹원로孟元老, 생졸미상, 호는 유란거사幽蘭居士, 『동경몽화록東京夢華錄』 권1, 「하도河道」조條, "穿城河道有四.……中曰汴河, 自西京洛口分水入京城, 東去至泗州入淮, 運東南之糧. 凡東南方物自此入京城, 公私仰給焉. 自東水門外七里至西水門外, 河上有橋十三, 從東水門外七里曰虹橋, 其橋無柱, 皆以巨木虛架, 飾以丹雘, 宛如飛虹".

2 맹원로, 『동경몽화록』 권1, 「외제사外諸司」조條, "近新城有草場二十餘所, 每遇冬月諸鄉納粟稈草, 牛車闐塞道路, 車尾相銜, 數千萬輛不絶, 場內堆積如山".

하나를 가로로 얹혀 놓여 있는데, 끌채 안에 들어가 있는 소 한 마리의 목에 횡목橫木을 얹었다. 사람은 그 옆에서 손으로 소의 코를 꿴 줄을 잡고 수레를 몰았다. 주점에서는 주로 이러한 평두거로 술통을 운반했다.……또한 가족들이 사용하는 앉는 자리가 있는 수레도 있다. 평두거와 대체적으로 비슷하나 종려나무로 덮개를 만들고, 앞뒤로 난간과 문이 있으며, 주렴을 내려걸었다.[3]

책에는 여러 가지 직업에 종사하는 서민들의 옷차림이 각기 달라 나름의 특징이 있고 마음대로 그 틀을 벗어날 수 없었기 때문에 누구나 한 번 보면 어떤 직업인지 알 수 있었다고 적었다. 예를 들어 향을 싸는 사람裹香人은 "정모를 쓰고 배자를 걸쳤으며頂帽披背", 전당포質庫에서 일하는 사람은 "검은색 반팔 적삼인 조삼을 입고 뿔로 장식한 각대를 찼지만 정모와 같은 모자는 쓰지 않았다".[4] 또한 술꾼들을 위해 탕을 끓여주고 술을 권하는 부인들은 반드시 "허리에 청화포青花布로 만든 수건을 매고 머리는 높이 틀어 올렸다".[5] 공식적인 매파媒婆들은 등급이 있었는데, "상등의 매파는 위에 개두蓋頭를 쓰고 자색 배자를 입었으며,……중등의 매파는 관을 쓰고 황색 포계包髻, 쪽진 머리를 완전히 싼 두발 형태를 했으며, 배자를 입었다. 때로 치마만 두르기도 했다. 손에는 푸른 양산涼傘을 들고 언제나 두 사람이 같이 다녔다".[6] 또한 『선화유사宣和遺事』에도 북송시대 변량의 여러 계층 사람들의 옷차림에 관해 언급하고 있다. 예를 들어 부귀한 집안에 태어나 하는 일 없이 놀고먹는 귀족 자제들은 "정수리 뒤쪽으로 두건을 쓰고, 좁고 긴 배자에 가랑이가 넓은 바지를 입었으며, 옆으로 끈을 묶은 신발에 오릉吳綾, 옛 오나라 지역에서 나오는 비단으로 만든 버선을 신었으며, 도금한 배가리개로 신선처럼 차려입었다". 수재秀才, 송대 과거 응시자나 유생儒生 들은 "금은 적삼 한 벌을 입고 그 위에 자색 도복을 입었으며, 붉은 실로 만든 자색의 여공조呂公縧[7]를 매고, 당건을 썼으며, 발에는 검은 가죽신을 신었다". 도사들은 "아교로 귀밑머리를 다듬어 붙였으며, 좋은 옷과 음식을 먹는 자가 거의 2만 명이나 되었다. 한 번 대회에 수만 관을 허비했고, 빈곤한 사람들조차 푸

---

3 『동경몽화록』 권3, 「반재잡매般載雜賣」조, "東京般載者, 在者曰太平, 上有箱無蓋, 箱如构(勾)欄而平, 板壁前出兩木, 長二三尺許, 駕車人在中間, 兩手扶捉, 鞭(糸安)駕之. 前列騾或驢二十餘, 前後作兩行, 或牛五七頭拽之. 車兩輪與箱齊, 後有兩斜木脚拖. 夜, 中間懸一鐵鈴, 行即有聲, 使遠來者車相避. 仍於車後繫驢騾二頭, 遇下峻險橋路, 以鞭諕之, 使倒坐缍車, 令缓行也. 可載數十石. 官中車惟用驢差小耳. 其次有平頭車, 亦如太平車而小, 兩輪前出長木作轅木, 梢横一木, 以獨牛在轅内, 項負横木, 人在一邊, 以手牽牛鼻繩駕之, 酒正店多以此載酒梢桶矣.……又有宅眷坐車子, 與平頭車大抵相似, 但椶作蓋, 及前後有构(勾)欄門, 垂簾".

4 『동경몽화록』 권5, 「민속」조, "如香鋪裹香人, 即頂帽披背 . 質庫掌事, 即着皁衫角帶不頂幅之類".

5 『동경몽화록』 권2, 「음식과자飮食果子」조, "腰繫靑花手巾, 綰危髻".

6 『동경몽화록』 권5, 「취부娶婦, 신부맞이」조, "上等載蓋頭, 著紫背子.……中等戴冠子, 黃包髻, 背子, 或只繫裙. 手把青涼傘兒, 皆兩人同行".

7 여공조呂公縧는 의대衣帶 명칭이다. 전설에 팔선 가운데 한 명인 여동빈呂洞賓이 사용했다고 하여 여공조는 이름이 붙었다.

른 도포와 두건을 사 입고 재를 지내러 가면 그 날은 배부른 음식을 얻을 수 있었으며, 시줏돈 300관도 얻을 수 있으니 이를 일러 천도회라고 했다". 절의 승려나 동자승들은 "검은 색 포의"를 입었고, 부녀자들은 "어깨까지 늘어진 모자에 궁궐 정원에서 나는 예쁜 꽃을 꽂았고", 여진女眞 관원들은 "금자 귀인들은 녹색이나 갈색 옷차림에 우산을 쓰거나 전립을 쓰기도 했고, 말을 타거나 수레를 타는 이도 있었다". 변경 순병巡兵, 순라병사의 옷차림은 "발에 무명 행전을 차고 있었고, 몸에는 짙푸른 도포를 걸쳤으며, 경궁과 짧은 화살을 가지고 있었다. 손에는 곤봉을 들고 허리에는 환도를 찼다".[8] 직업이나 신분이 달랐기 때문에 각기 특징이 분명했다 일부 인물의 옷차림은 〈청명상하도〉에서도 발견된다. 영락궁永樂宮 원대 벽화에 강소궁絳霄宮에서 조길趙佶, 휘종이 도사들을 대접하는 듯한 장면이 나오는데, 이는 송대의 원본에 근거하여 다시 그린 것일 수 있다. 왜냐하면 고급관리들의 옷차림이 모두 송대 제도에 따른 것이기 때문이다.

수레를 끄는 차부車夫나 뱃사람의 옷차림에 관한 언급이 그리 많지 않다. 주요 원인은 대체적으로 사방 각지에서 올라온 이들이라 거주하는 곳이 각기 달라 구분이 분명하고 공통점이 많지 않기 때문일 것이다. 다만 그림에 나오는 육체노동에 종사하는 이들은 다른 그림에서 보는 것과 오히려 공통점이 있다. 상의가 짧아 무릎 아래까지 내려오지 않거나 겨우 무릎에 닿을 정도라는 점이다. 일부는 교령복을 입고 여러 가닥으로 땋은 조대絛帶로 허리를 질끈 묶었으며, 머리에 쓰는 두건도 일정한 규격이 없다. 일부는 습관대로 몽치 모양의 상투를 그대로 노출시킨 두발 형태를 하고 있기도 하다. 신발은 일반적으로 삼베나 짚으로 만든 신을 신었다. 주로 동남 지역 농촌에서 온 이들이기 때문에 현존하는 〈경직도〉나 〈촌의도村醫圖〉에 나오는 농민들의 옷차림과 매우 비슷하다. 그림에 나오는 일반 평민들의 의복 색깔은 확정하기 어렵다. 하지만 『송사』「여복지」에 나오는 '사서의 복장 금령士庶服禁'에 관한 언급에서 알 수 있다시피 검은색이거나 흰색 두 가지일 가능성이 크다. 태평흥국太平興國 7년982년 조령에, "예전 제도에 따라 서인들은 흰색 의복을 입었다. 지금 청하길……서인들이 검은색 의복을 입는 것을 허락한다"는 대목이 나오기 때문이다. 이렇듯 송대 초기 평민들은 일반적으로 흰색의 거친 베옷을 입었으나 이후 검은색 옷을 입는 것이 허락되었음을 알 수 있다. 얼마 후인 단공端拱 2년989년 당 태종은 "현縣과 진鎭의 전매 관리 기구의 여러 노동자公人들과 서인, 상인, 기술伎術, 기예

8 『대송선화유사』, "頂背带頭巾, 窣地長背子, 寬口袴, 側面絲鞋, 吳綾襪, 銷金裹肚, 妝着神仙". "把一領皂褙穿着, 上面着一領紫道服, 繫一領紅絲紫呂公縧, 頭戴唐巾, 脚下穿一雙烏靴." "以膠青刷鬢, 美衣玉食者幾二萬人. 至於贫下之人, 也買青布幅巾赴齊." "戴皞肩冠兒, 插禁苑瑤花." "金紫貴人, 或綠或褐, 或傘或笠, 或騎或車." "脚繫著粗布纏, 身穿著鴉青納襖. 輕弓短箭, 手執著悶棍, 腰掛著镮刀." 유생의 옷차림은 휘종이 저잣거리를 암행하기 위해 유생으로 변장하며 입은 옷차림에 따른 것이다.

와 방술을 하는 사람, 관령官伶, 관에 소속된 악공등 예인이나 하인이 아닌 자들은 검은색과 흰색의 옷을 입는 것을 허락한다"[9]는 조령을 내렸다. 이로써 직위가 낮은 하급 공무원이나 평민, 상인, 잡기 예인 등은 검은색과 흰색의 옷만 입을 수 있을 뿐 다른 색깔의 비단옷은 입을 수 없다는 규정이 확정되었다. 이런 상황은 북송 시절 계속 이어졌으며, 크게 변하지 않았다. 그림에 나오는 인물들 가운데 부채를 들고 있는 이들이 적지 않은데, 대부분 비단이나 베로 싼 상태이다. 청명清明 전후의 날씨로 볼 때 아직 사용할 때가 아니기 때문인 듯하다. 하지만 관습에 따라 햇빛을 가리거나 먼지를 막는 데 사용했을 수도 있다. 문헌 기록에는 이에 관해 언급한 내용이 거의 없다.

9 탈탈脫脫, 『송사宋史』「여복지」, "舊制, 庶人服白. 今請……庶人通許服皂". "縣鎭場務諸色公人並庶人, 商賈, 伎術, 不係官伶人, 只許服皂白衣……." 인용문에 나오는 '장무場務'는 송대 소금과 철鐵 등 전매품의 관리 기구를 말한다. 여기서는 그곳에서 일하는 이들을 뜻한다. '제색諸色'은 각양각색의 뜻이다.

남송 〈중흥정응도中興禎應圖〉에 나오는 사졸과 시민

그림 166은 셰즈류謝稚柳, 1910~1997년, 중국화가가 편찬한 화책畫冊 『당오대송원명적唐五代宋元名迹』에서 재인용했다.

남송시대 화가 소조蕭照, 1131~1162년, 남송 궁정화가가 그린 것으로 알려져 있다. 송과 금의 민족 모순이 격화되면서 금나라 군사가 북송을 침략하여 변량이 함락되고, 북송 정권이 붕괴되던 시기에 송조 제8번째 황제인 조길趙佶의 아들 조구趙構가 일부 신하들과 함께 황망히 강남으로 도망쳐 남송 정권을 수립하는 전후의 상황을 그렸다. 통속 연희소설인 '니마도강왕泥馬渡康王'[1] 이야기를 바탕으로 고종 조구가 강남으로 도망치던 당시의 상황을 그린 연환화連環畫이다.

1 「니마도강왕泥馬渡康王」은 상동 비성肥城 일대에서 전해지는 전설 가운데 하나이다. 북송 말년 강왕 조구趙構는 인질로 금나라 진영으로 끌려갔다가 북쪽으로 압송되는 도중에 겨우 탈출하여 자주磁州라는 곳으로 도망쳤다. 그곳 최씨 집안의 묘당에서 몸을 숨겼다가 잠이 들었는데 꿈속에 신인이 나타나 금나라 병사들이 쫓아온다고 일러주었다. 놀라 깬 조구가 묘당 밖을 보니 말 한 필이 있어 그 말을 타고 황하의 지류를 건너 도망쳤다. 강을 다 건너니 그 말이 순식간에 진흙으로 빚은 말로 변하고 말았다. 송나라 고종高宗 조구趙構, 1107~1187년는 휘종徽宗, 조길의 아홉 번째 아들이자 흠종欽宗의 동생이다. 일찍이 강왕康王으로 봉해졌다. 이후 응천부應天府, 지금의 하남 상구현商丘縣 남쪽에서 즉위하여 연호를 건염建炎이라고 했다.

이야기의 주제는 조구趙構가 천우신조로 강남에 이르러 남송 정권을 건립하게 되었음을 선전하는 것이다. 이를 통해 백성들을 기만하고 봉건 통치를 공고하게 하려는 의도이다. 하지만 그림에서 인물 형상이나 갑옷을 입고 말을 타고 있는 병사들의 모습, 궁정의 면모, 사회 배경, 성곽과 일반 백성들이 사는 초가집, 시장과 농촌 마을 등등이 상당히 구체적으로 잘 드러나고 있으며 사실성이 뛰어나다. 특히 시민들이나 하급관리, 사졸 등의 옷차림이 매우 구체적으로 그려져 있다.

본 그림은 전체 그림에서 두 부분을 따온 것이다. 위쪽 그림은 공무를 집행하고 있는 일반 이졸吏卒들을 묘사했다. 그들이 쓰고 있는 나사羅紗로 만든 복두는 두 가지 종류이다. 하나는 곡시복두曲翅幞頭로 송나라 양식의 사모紗帽 형태인데, 양쪽에 걸려 있는 날개가 위로 굽어져 올라갔다. 『송사』의 기록에 따르면, 공무로 파견된 이졸吏卒 등 하급 관리들이 주로 착용했다. 〈대가노부도大駕鹵簿圖〉그림 183 외에도 〈망현영가도望賢迎駕圖〉, 〈춘유만귀도春遊晚歸圖〉 및 백사白沙, 하남성 우주시禹州市 인근 송대 분묘의 벽화에서도 확인할 수 있다. 다른

하나는 당대 양식인 사대건四帶巾과 송대 양식인 두건이 발전된 형태로 머리 이마 부분이 갈라져 있다. 이는 송대 문리文吏들이 주로 사용하던 머리쓰개이다. 옷차림은 당대 양식을 그대로 답습한 형태로 둥근 깃에 허벅지 부분이 터진 결과삼자缺胯衫子를 입고 있다. 상의의 아랫부분을 들어 올려 허리띠 사이에 끼워 넣었다. 다리에는 행등, 즉 행견을 차기도 했다.

그림166 (남송) **곡시복두**曲翅幞頭**를 쓰고 둥근 깃에 결과장삼**缺胯衫子**을 입었으며, 행전**(행등行縢)**을 찬 차리**差吏**와 두건을 쓰고 무릎까지 내려오는 단의**短衣**를 입은 시민과 상인, 그리고 꼭두각시**(괴뢰傀儡) **놀이를 하는 예인**藝人(소조蕭照, 〈중흥정응도中興禎應圖〉 부분)

아래에 두건을 쓰고 있는 이들은 일반 시민들과 소상인, 예인 등이다. 오른쪽에 베로 만들어 손을 집어넣어 조종하는 꼭두각시포대괴뢰布袋傀儡를 들고 기예를 선보이는 이가 보인다. 남송 사람이 쓴 『몽양록』, 『무림구사』, 『도성기승都城紀勝』 등에 남송의 도읍지 임안臨安, 지금의 항주의 도시 생활이 상세하게 기록되어 있다. 도시가 발전하면서 여러 기예에 능한 예인들이 각기 전문 분야에서 활동했는데, 그 구분이 매우 세밀했다. 그들은 주로 당시 임안의 군사들을 위문하거나 일반 시민들에게 오락을 제공했으며, 성내에 전문 오락시설인 '와사瓦舍'를 개설했다. 와사는 '중와자中瓦子', '남와자南瓦子' 등 적어도 10여 곳이었다. 큰 곳은 관중 천여 명을 수용할 수 있었으며 날씨와 상관없이 언제나 객석이 가득 찼다. 시민들이 주로 몰려드는 시내나 주택 골목마다 각종 예인들과 소상인들이 직접 돌아다니며 물건을 판매했기 때문에 시민들도 편하게 이용할 수 있었다.

어린아이들이 즐겨 찾는 장난감을 주로 파는 이들도 있었는데, 그들은 아이들이 좋아하는 놀이를 함께 진행하기도 했다.그림 169 이숭의 〈화랑도貨郎圖〉 설명 참조 아이들은 특히 꼭두각시놀음괴뢰자傀儡子과 그림자극영희影戲을 좋아했다. 당시 꼭두각시놀음은 종류가 다양하여 실로 조작하는 제선괴뢰提綫傀儡나 불꽃을 뿜어내는 약발괴뢰藥發傀儡 등이 있었다. 그림자극은 길거리에서 아이들에게 큰 즐거움을 주었다. 『천뢰각에 소장된 송인 화책天籟閣藏宋人畫册』이나 소한신蘇漢臣, 1094~1172년, 북송 화가이 그린 어린아이들이 원소절에 노니는 부채그림에서 그림자극의 모습을 볼 수 있다. 소한신과 이숭李嵩 및 원대 화가 왕진붕王振鵬, 생졸미상 등이 그린 〈화랑도貨郎圖〉, 즉 방물장수 그림에서도 어린아이들이 포대괴뢰나 제선괴뢰가 나오지 않는 것이 없을 정도였다.

이 그림에 나오는 부분은 포대괴뢰를 파는 방물장수가 호객하는 모습이다. 송대 제도에 따르면, 관아의 하급관리인 차리差吏나 소상인들은 모두 검은색이나 흰색 옷만 입을 수 있었다.

송宋대 〈백마도百馬圖〉에 나오는 마부

그림167 (송) **복두를 쓰고 둥근 깃에 단의를 입고 가죽장화**(피찰옹皮扎鞝)**를 신었으며, '반박이**襻膊兒**'를 차고 말꼴을 썰고 있는 마부**(송대 사람이 그린 〈백마도百馬圖〉)

원화는 고궁박물원에 소장되어 있다. 두루마리 그림의 끝부분에 당인唐人 작품이라고 적혀 있다. 혹자는 북송시대 이공린이 그린 작품이라고 했다. 하지만 말의 장비나 말꼬리 처리 형태로 볼 때 금나라 여진족 화가의 작품이 분명하다. 말의 안장과 안장 밑에 괴는 방석안천鞍韉이 앞쪽으로 튀어나오고 비교적 큰 것은 요遼, 금金 시대의 습관이기 때문이다.

그림은 여러 필의 말무리가 뛰어놀거나 휴식을 취하고 먹이를 먹거나 목욕하는 모습이다. 말 사이에 목부들이 끼어들어 말여물을 먹이고 말꼴을 준비하느라 바쁘다. 옷차림은 송대 노동하는 일반 백성들의 모습과 비슷하다. 옷매무새도 대충대충, 두건이나 복두도 일정한 형식이 없다. 말꼴을 썰고 있는 두 사람은 옷소매를 걷어 올린 상태인데 그냥 접어올린 것이 아니라 끈을 소매에 고정시켜 목덜미에 걸고 있다. 이처럼 끈을 이용하여 소매가 아래로 내려가지 않도록 잡아맨 것은 송대 사람들이 고안한 것인데, 이를 일러 '반박이襻膊兒'라고 한다. 송대에 주방에서 일하는 여인들에 관한 기록에서 이를 확인할 수 있다. 이에 따르면, 당시 성대한 연회가 열릴 때면 주방에서 여자들이 "은제 띠로 팔소매를 묶고銀索襻膊" 조리를 하는 모습을 흔히 볼 수 있었다고 한다. 이렇듯 송대 사람들이 일을 할 때 소매가 걸리적거리지 않도록 하기 위해 고안한 기구라고 할 수 있다. 특별한 경우는 은으로 만든 띠를 사용했지만 일반적으로 명주실이나 삼실로 만들었다. 『무림구사』 권6에 따르면, 남송 시절 항주의 소경기小經紀[1]는 대략 180여 종이었다. 주로 소상인과 잡다한 물품을 만드는 수공업자들이 포함되고 있는데, 그중에 '반박아'라는 종목도 들어 있다. 이는 길가에서 이런 '반박아'를 판매하거나 수리하는 전문 수예인手藝人을 지칭한다. 이로 보건대 당시에 이미 반박襻膊, 즉 소매에 고정시켜 목덜미에 거는 끈이 상당히 보편적으로 사용되었음을 알 수 있다.

1 소경기인小經紀人은 작은 자본으로 운영하는 장사꾼이나 수공업자 등을 말한다. 노점 상인이나 작은 규모의 수공업자, 서비스업에 종사하는 이들의 총칭이다. 주밀周密의 『무림구사』 「소경기小經紀」조條에 다양한 직종이 소개되고 있다.

107

송대 사천 대족大足 석각의 평민 노소

그림168 (송) 두발 형태는 소계梳髻이고, 교령交領 상의에 긴 치마를 입고 닭을 기르는 부녀자와 두건을 싸매고 넓은 소매의 장의長衣를 입은 평민(대족大足 송대 석각)

대족현大足縣은 사천성 동남쪽, 중경重慶에서 4백 4십여 리 떨어진 곳에 위치한다. 현성 사방이 모두 구릉이며, 지형 굴곡이 심해 낭떠러지가 몇 리나 계속 이어진 곳도 적지 않다. 그런 까닭에 당대 이래로 도처에 마애석각이 자리하고 있다. 특히 송대 석각이 매우 풍부한데, 주제는 전국 다른 지역의 마애석각과 마찬가지로 봉건 충효사상과 종교 관련 내용이 대부분이다. 그러나 당시 현지 백성들이 일하는 모습이나 사회 풍속을 반영하고 있는 석각도 적지 않다. 이런 점에서 예술적 성취 외에도 기타 방면의 연구에 참고할 만한 것이 풍부하다.

그림 168은 대족석각 제20호 마애摩崖, 석벽에 그림이나 글씨, 불상 등을 새김 상층 제3단에 새겨진 닭장과 닭을 기르는 부녀자, 그리고 제4단에 있는 노부부와 어린아이의 그림이다. 닭을 기르는 부녀자의 옷차림은 송대 양식으로 일반적인 데 반해 두발 형식은 다소 지방색을 띠고 있다. 송대 중산층 가정에서 흔히 입는 옷이고, 두발도 추계椎髻로 흔히 보이는 형태이다. 사서의 기록에 따르면, 양송 시대 부녀자의 두발 형식이나 옷차림은 비단의 문양 변화가 매우 컸다. 육유陸游의 필기筆記에서 말한 것처럼 사계절의 온갖 꽃 도안을 옷감에 직조하거나 수를 놓은 것을 '일년경一年景'이라고 통칭했다. 『동경몽화록東京夢華錄』이나 『무림구사』 등에서도 이에 관한 기록이 나오는 것을 보면 그야말로 천변만화千變萬化했음을 알 수 있다. 대량의 송대 분묘의 그림이나 조소에 반영된 것에 따르면, 당시 통상적으로 입던 옷차림의 양식은 대략 3세기에 걸친 양송 시대에 지속적으로 유지되었으며, 향촌의 평민들 옷차림도 그다지 변하지 않았다. 뿐만 아니라 이후 원·명대에도 계속 이어졌는데, 영락궁永樂宮 벽화나 산서 우옥현右玉縣 보녕사寶寧寺 수륙화水陸畵에 나오는 평민들의 옷차림도 이 그림과 매우 흡사하다. 특히 남자들의 교령의交領衣는 위로 상·주대, 아래로 원·명대까지 장구한 시절 내내 지속적으로 활용되었다.[1] 송대와 원대는 소수 상·중층의 관리들이 여전히 원령복을 입고 옛 제도를 모방하여 봉액대수의縫掖大袖衣인 직철直裰을 선호하거나 의도적으로 관직에서 은퇴했음을 드러내기 위해 '도복道服'을 착용한 예를 제외하고 경향京鄕의 일반인들은 모두 교령복을 평복으로 삼았다. 이는 남북의 구분이 없었으며, 대다수가 그리했다.

한대 이래로 파촉지금의 사천성의 민간예술은 현저한 특징을 지녔다. 그것은 풍격이 활달하고 건강하다는 것이다. 민간예술가들은 사실寫實을 토대로 고도의 예술 기교를 발휘하여 그림이나 조각 모두 선처리가 산뜻하고 말끔하다. 또한 개괄성槪括性이 강하다. 최초의 산수화는 물론이고 내용이 풍부하고 기법이 다양한 부조浮彫 기술 등도 모두 천촉川蜀의 한대 전각磚刻이나 석각 등에서 발견할 수 있다. 노동하는 모습을 그린 그림이나 풍속화 방면에서도 사천의 한대 그림과 조각이

1 원주 당대는 예외적으로 둥근 깃의 웃옷원령삼자圓領衫子이 우세했다.

특히 성취도가 높다. 커다란 인형人形 도기나 조각의 경우에도 사천의 작품이 특히 표정이 풍부하고 개성이 선명하다. 이러한 사천 지방의 우수한 예술 전통은 송대 사천의 대족 석각에 그대로 반영되어 국내 동시대 그림이나 조소에 비해 사실성이 특히 강할뿐더러 풍격 또한 매우 독특하다.

남송 이숭李嵩의 〈화랑도貨郎圖〉[1]

그림 169는 현재 고궁박물원에 소장되어 있는 원화의 사진을 보고 모사한 것이다.

그림은 남송시대에 유행하던 방물장수의 멜대에 실린 잡화이다. 주로 어린아이들이 좋아하는 각종 장난감으로 채워져 있다. 방물장수의 머리 위나 허리에도 여러 가지 자질구레한 물건들이 꽂혀 있다. 여섯 명의 개구쟁이들이 즐거워 깔깔대며 주위로 몰려들고 있다. 한 아이의 모친은 개두를 쓰고 작은 아이와 함께 방물장수의 멜대 곁으로 다가서고 있다. 다른 두 아이는 각기 엽전을 하나씩 들고 자신이 좋아하는 물건을 먼저 차지하려고 달려들고 있다. 방물장수는 박랑고博浪鼓를 흔들며 그들을 맞이하는 한편 지나치게 흥분하여 달려드는 아이가 제멋대로 물건을 만지지 못하도록 말리고 있다.

〈화랑도〉라는 이름이 붙은 작품 가운데 송대 소한신蘇漢臣이 그렸다는 것도 있다. 하지만 분명 원대 사람이 그렸거나 왕진붕王振朋, 원대 화가, 일명 왕진붕王振鵬이 그렸을 가능성이 높다.삽도 105 왜냐하면 어린아이가 신은 신발이 송대의 양식이 아니기 때문이다. 또한 삽도 오른쪽 아래에 있는 아이는 입모笠帽를 쓰고 있다. 이 역시 송대가 아니라 원대의 것이다. 삽도에서 방물장수의 잡화 걸개에도 네 개의 입모가 걸려 있으며, 방물장수는 장화를 신고 있다. 이 역시 송대가 아닌 명대 화가의 작품이라는 것을 증명한다. 아무리 빨라도 남송시대 아래로 넘어갈 수 없으며 늦으면 명대 초기쯤의 작품일 것이다.

송대 이래로 도시 생활이 더욱 발전하면서 크고 작은 공방에서 온갖 일용품들이 생산되었으며, 여러 소매상들을 통해 각지로 팔려나갔다. 또한 상품은 도시뿐만 아니라 각지에서 생산되어 대도시 시장으로 몰려들었다. 또한 영세한 소상인들은 도시의 길가나 작은 골목길을 돌아다니며 물건을 팔았고, 향촌이라고 마다하지 않았다. 그래서 시골마다 온갖 장사치들이 손으로 박랑고를 흔들며 단골손님들을 불러 모았다. 때로 상품을 미끼로 도박을 하기도 했는데, 이를 '관박關撲'이라고 했다. 만약 손님이 이기면 미끼로 내건 상품을 가져가고 지면 장수가 돈을 가져가는 방식이었다. 주로 제비뽑기추첨抽簽나 골패쥐기모골패摸

1 화랑貨郎은 마을을 돌아다니며 잡화를 파는 행상인을 말한다. 예전에 흔히 황아장수 또는 방물장수라고 불리던 이들이다. 〈화랑도〉는 바로 그런 이들이 행상하는 모습을 그린 그림이다.

酸醋
三百件

그림169 (남송) 두건을 쓰고 단의를 입었으며, 삼신을 신은 화랑과 개두를 쓰고 긴 치마를 입은 촌부와 발각鵓角(약간의 두발만 남겨놓은 두발 형태) 양식이 남아 있는 아동(남송 이숭李嵩 〈화랑도〉)

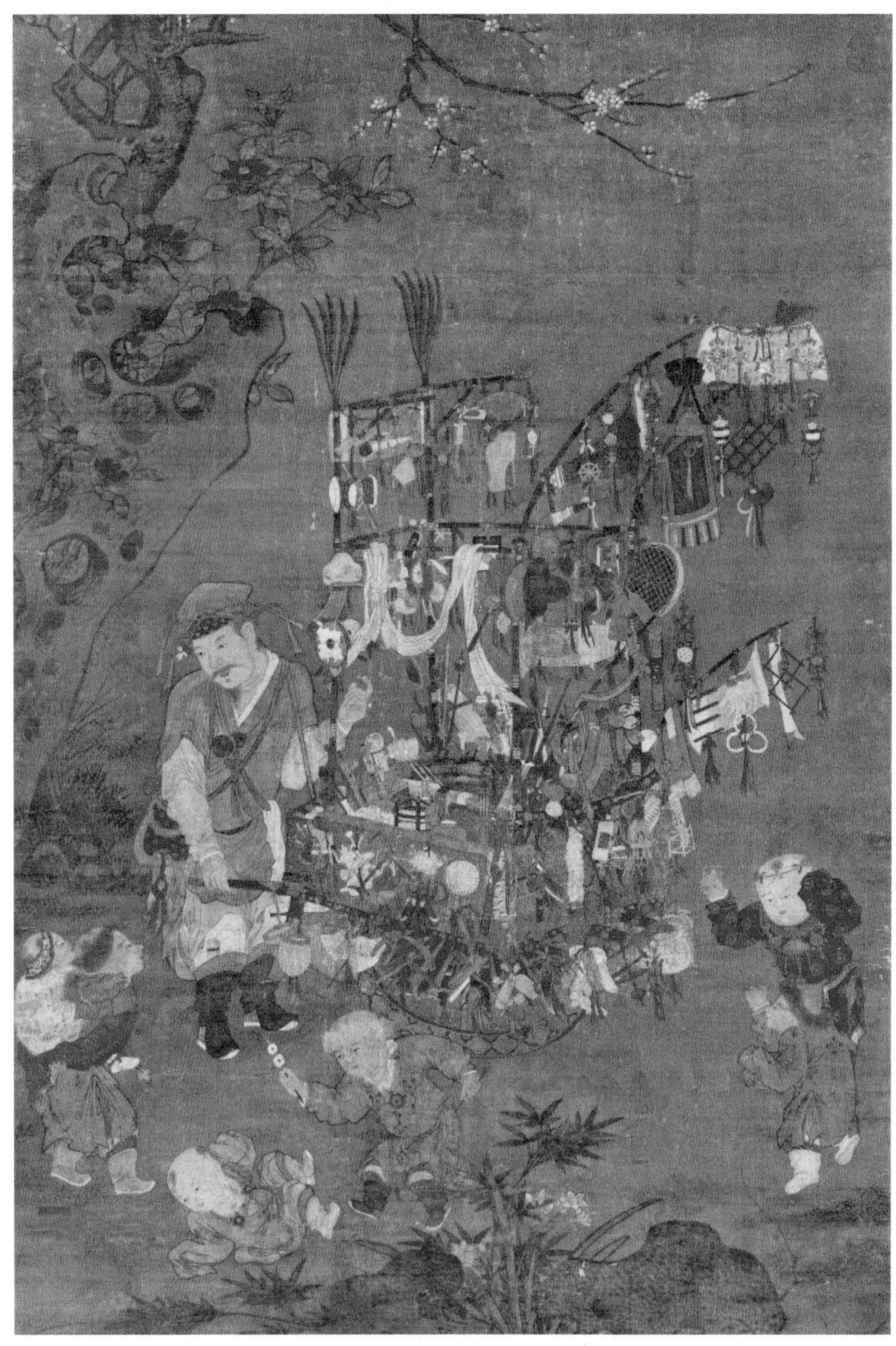

骨牌, 금표錦標 빼앗기쟁표爭標 등등 다양한 방법이 동원되었다. 이러한 일종의 도박놀이는 단골손님을 유인하고 상품을 판매할 목적으로 이루어졌다. 이는 일종의 꼬임수이긴 하나 당시 사회에서 불법으로 간주하지 않았기 때문에 도처에서 이루어졌으며, 법률로 금지하지 않았다.

삽도105 송대 소한신이 그렸다는〈화랑도〉

109

송대 떠들썩한 시골 아동의 학습도村童鬧學圖

그림170 (송) 상투머리(추발椎髮)에 동파건東坡巾을 쓰고 장삼長衫을 입은 채 책상에 엎드려 졸고 있는 서당 선생과 머리를 풀어헤치거나(피발披髮) 발각鵓角 형태로 머리를 깎고 대금對襟이나 교령交領의 단의를 입은 개구쟁이 학동들(송대 사람이 그린 〈촌동요학도村童鬧學圖〉)

그림 170은 『천뢰각장송인화책天籟閣藏宋人畵册』에서 인용했다.

그림은 시골 서당의 선생이 아이들을 가르치다 피곤하여 책상에 엎드려 졸고 있을 때 개구쟁이 학동들이 제멋대로 장난을 치며 즐거워하는 모습을 그렸다. 책상이나 가구는 〈청명상하도〉, 〈호가십팔박도胡笳十八拍圖〉에 나오는 다방茶坊, 옛날 다방의 책상, 의자 및 〈야연도夜宴圖〉에 나오는 책상, 의자와 매우 비슷하다. 하북 거록鉅鹿에서 출토된 북송 시절 탁자와 의자 실물과도 거의 차이가 없다. 양송 시대 일반적으로 사용하던 가구 양식이다. 옷차림도 앞서 언급한 그림에 나오는 것과 대동소이하니 대도시 인근 시골 마을 아동들의 모습임을 알 수 있다.

육방옹陸放翁이 쓴 「가을날 교외에 거하며秋日郊居」라는 시를 보면 이와 유사한 정경을 엿볼 수 있다.

> 아이들 겨울 서당에 간다고 이웃이 다 시끄러운데
> 책상에 기대앉은 어리석은 유생서당 선생은 실력도 없이 잘난 척하네.
> 촌서 겨우 가르치고 문 닫고 잠드니
> 평생 체면 살려가며 남들과 마주할 일 없다네.

그가 직접 단 주注에 따르면, "10월이 되면 농가에서 아이들을 서당에 보내는데 이를 겨울에 책을 배운다는 뜻에서 '동학서冬學書'라고 불렀다. 서당에서 읽는 잡서류는 『백가성百家姓』과 같은 책들인데, 이를 '촌서村書'라고 한다".[1]

이 그림은 마치 육방옹 시의 형상화, 즉 그림으로 해석한 것처럼 느껴진다.

또한 조원총曹元寵이 쓴 「촌학당도에 제하며題村學堂圖」에 보면 이런 내용이 나온다.

> 이 노인네서당 선생는 한가롭게 이를 잡고, 뭇 학동들은 화로에 다투어 모여드네. 항상 가르칠 생각은 하는지라 '도도평장아'라고 읊고 있네.[2]

그림은 겨울날 서당 풍경이다. 마지막에 나오는 '도도평장아都都平丈我'는 『논어』에 나오는 "욱욱호문재郁郁乎文哉, 하나라와 은나라의 문화가 찬란하다는 뜻"를 이렇게 잘못 읽었다는 뜻이다. 이렇듯 당시에 시골 숙사塾師, 글방 선생의 생활을 주제로 한 사회 풍속화가 상당히 유행했음을 알 수 있다. 특히 송대 민간예술가들이 흥취를 느꼈던 주제 가운데 하나로 다양한 작품으로 제작되었다. 『천뢰각장송인화책天籟閣藏宋人畵册』에 보면 두 가지 서로 다른 촌숙村塾, 시골 서당의 모습이 보이는데, 본 그림 외에 다른 하나는 〈맹모삼천도孟母三遷圖〉이다. 영락궁

---

1 육방옹陸放翁, 육유陸游, 1125~1210년. 송대 시인, 자는 무관務觀, 호는 방옹號放翁, 「추일교거秋日郊居」, "兒童冬學鬧比鄰, 據案愚儒却自珍. 授罷村書閉門睡, 終年不用面看人". 자주自注, "農家十月乃遣子入學, 謂之'冬學書'. 所讀雜子, 『百家姓』之類, 謂之'村書'".

2 조원총曹元寵, 조조曹組, 자는 원총元寵, 북송 후기 사詞 작가, 「제촌학당도題村學堂圖」, "此老方捫蝨, 衆趨爭附火. 想當訓誨間, 都都平丈我".

삽도106 영락궁 벽화에 나오는 〈촌학도村學圖〉

의 원대 화가가 그린 벽화에도 〈촌학도村學圖〉삽도 106가 나온다.

송대 회화는 사회 현실을 주제로 사실대로 그리는 것을 중시하여 여러 방면에서 적지 않은 성과를 이루어 사회 현실을 반영하는 뛰어난 작품을 남겼다. 과거에 논자들은 송대의 회화는 화조산수화花鳥山水畫의 성과가 비교적 높은 반면 인물 이야기 그림은 당대만 못하다고 평했다. 예를 들어 곽약허郭若虛의 『도화견문지圖畫見聞志』의 경우가 그러하다. 하지만 이는 고대 의관衣冠 제도를 정확히 파악하지 못해 본래 면모를 얻기 힘들었기 때문이다. 물론 당시 회화의 중점이 화조산수화로 옮겨간 것은 분명하다. 이에 반해 인물 이야기 그림은 주로 당대의 밑그림을 답습한 것이기 때문에 전대 사람, 즉 당대 화가의 기록을 넘어서기가 어려웠다. 하지만 당시 사회의 풍속이나 인물을 묘사하고 평민들의 생활을 주제로 삼은 작품은 당대보다 주제 면에서 광범위했을 뿐만 아니라 성과 또한 뛰어나 우수한 작품이 적지 않다.

예를 들어 아동들의 생활을 주제로 삼은 작품으로 〈백자도百子圖〉, 〈춘정희영도春庭戲嬰圖〉, 〈박조도撲棗圖〉대추나무 터는 그림, 〈투실솔도鬥蟋蟀圖〉귀뚜라미 싸움 그림, 〈영희도影戲圖〉그림자극 그림, 〈박구도拍球圖〉공놀이 그림, 〈화랑도貨郎圖〉 등등이 있는데, 모두 활발하고 생동감이 넘쳐 삶의 모습이 잘 표현되고 있다. 옷차림도 머리에서 발끝까지 각기 다른 형태를 보여주어 문헌에서 알 수 없는 부분을 보충하기에 충분하다.

이외에도 북송시대 변량의 시장과 온갖 직종의 행태 및 일반 소시민들과 노동자들의 삶을 생동감 있게 묘사한 장택단張擇端의 〈청명상하도清明上河圖〉, 농업 생산 과정을 보여주고 있는 누숙樓璹의 〈경직도耕織圖〉, 삼협三峽의 솟구치는 파도와 거센 물결을 헤치며 항해하는 뱃사람들의 모습을 그린 범관范寬의 〈장강만리도長江萬里圖〉와 이숭李嵩의 〈파선산협도巴船山峽圖〉, 시골 의사가 농민들을 치료하는 그림인 이당李唐의 〈자애도炙艾圖〉뜸뜨는 그림, 일명 촌의도村醫圖, 뱃사람과 어부들의 고단하고 빈궁한 삶을 묘사한 왕선王詵의 〈어촌소설도漁村小雪圖〉와 하규夏圭의 〈계산청원도溪山清遠圖〉, 잡극雜劇 공연을 묘사한 「잡극인도雜劇人圖」, 도시와 시골 곳곳을 돌아다니며 잡화를 파는 행상인을 그린 〈화랑도貨郎圖〉 및 송대 통치자들의 웅장하고 장엄한 위세를 표현하기 위해 대략 2만여 명의 방대한 의장대를 하나하나씩 그려넣은 〈대가노부도大駕鹵簿圖〉 등등이 있다. 특히 마지막에 언급한 작품은 통치자를 위해 만든 거대한 스케일의 작품인데, 이는 의도적으로 무력을 과시하여 백성들에게 위세를 보여주기 위한 것이자 당시 상층부의 조직도를 반영하는 것이기도 하다.

앞서 언급한 여러 작품들은 예술적으로 각기 다른 성취를 지니고 있을 뿐만 아니라 특히 비교적 객관적으로 사회 각 방면의 생활 모습을 생동감 있게 묘사했다는 점에서 매우 중요하다. 특히 일반 소시민이나 노동자들의 삶의 모습은 화가 자신의 감정이 가득 담겨 있을뿐더러 옷차림도 현실적인 모습을 그대로 반영하고 있어 연구자료로 삼기에 부족함이 없다. 일부 역사 이야기 그림, 예를 들어 〈편교회맹도便橋會盟圖〉, 〈면주도免冑圖〉, 〈호가십팔박도胡笳十八拍圖〉, 〈문회도文會圖〉당대 18명의 학사를 그린 작품, 〈향산구로도香山九老圖〉, 〈서원아집도西園雅集圖〉, 〈중흥정응도中興禎應圖〉 등은 과거 역사의 본래 면모를 얻기 힘들었음에도 불구하고 비교적 고도의 표현력을 발휘하여 비교적 섬세하고 객관적으로 묘사한 작품들이다. 배경이나 화면에 나오는 크고 작은 물품들도 송대 사회의 생활 모습을 잘 반영하고 있다. 또한 옷차림이 극히 구체적이고 다양하여 이후 원·명대 소설이나 희곡의 삽화나 판화의 옷차림에 착실한 토대가 되었다.

110

송대 〈잡극도雜劇圖〉

그림171 (송) 높이 솟은 관을 쓰고 넓은 소매의 장포를 입은 안약을 파는 낭중郎中[1]과 원과諢裹('원'자가 적힌 두건)를 쓰고 둥근 깃에 좁은 소매의 장의長衣를 입고 요대를 찼으며, 누빈 신발을 신고 팔뚝에 '점청點青'(문신)한 시민(송대 사람이 그린 「잡극인물도」)

원화는 고궁박물원에 소장되어 있으며, 『양송명화책兩宋名畵冊』에 두 폭의 그림이 실려 있다. 다만 그림의 명칭은 붙어 있지 않다. 한 폭의 그림에는 두 명의 남자가 나오는데, 한 명은 모자와 옷, 자루에 눈이 가득 그려져 있다. 중국 희극학원의 주이백周貽白 교수는 남송 시절 관본官本 잡극에 나오는 '안약산眼藥酸'이라고 했는데, 탁견이 분명하다. 이런 익살극취극趣劇은 북송 때 이미 나왔으며, 원대에 특히 성행했다.

이 그림은 송·금대의 잡극인이 공연하는 모습을 그린 것이며, '안약산眼藥酸'은 당시 제잡대소원본諸雜大小院本의 명목 가운데 하나로 『동경몽화록』에도 나온다. 도종의陶宗儀의 『철경록輟耕錄』 권25 '원본명목院本名目'조條에 실린 '제잡대소원본' 명목을 보면 '합방산合房酸', '마피산麻皮酸', '화주산花酒酸', '구피산狗皮酸', '환혼산還魂酸', '별리산別離酸', '삼전산三纏酸', '알식산謁食酸', '삼접산三楪酸', '곡빈산哭貧酸', '삽발산插撥酸', '시야산是耶酸', '파수산怕水酸' 등 13가지가 나오고, 이외에도 '사산뇌四酸擂', '사산제후四酸提猴', '사산휘아四酸諱偌', '산매래酸賣徠' 등도 있다. 잡극 제목에 '산酸' 자를 붙인 것은 가난한 지식인선비를 조롱 대상으로 삼았다는 뜻이다. '안약산'도 예외가 아니다.

이외에 '안약고眼藥孤'라는 것도 있다. 잡극의 경우 '고孤'라는 말은 관습적으로 관리를 뜻하고, '산酸'은 가난하고 실의한 수재秀才의 역할을 지칭하니, 안약을 판매한다는 명목으로 관리나 선비 등을 조롱하는 작품이 매우 다양했음을 알 수 있다. 이전 사람이 "배우가 이를 흉내 내어 희롱하면 여러 관중들이 웃어댔다使優人效之以爲戲, 博觀者一笑"[2]고 한 것을 보면 익살극에 가까운 것이 분명하다. 호기胡忌는 『금원잡극고金元雜劇考』에서 연희 모습이 "이야기와 익살스러운 연기 동작을 겸한 희극이다"[3]라고 말한 바 있는데, 이 그림의 정황과 부합한다. 『문물정화文物精華』에 나오는 설명문을 보면, 이 그림에 작은 반고鞶鼓가 나오는 것으로 보아 틀림없이 설창을 겸했을 것이라고 했는데, 이치에 부합한다. 어쩌면 이것이 후대 북을 치며 연창하는 대고서大鼓書[4] 연희의 초기 형태일 수도 있다. 이보다 훨씬 이전인 1천여 년 전에 이미 천촉川蜀, 사천 지방의 설창說唱을 연희하는 모습의 도용陶俑이 발견되기도 했다.[5]

'신酸'이라고 칭하게 된 데는 나름의 연원이 있다. 당대 사람들은 수재秀才를 '조대措大'라고 불렀는데, 송·원대 희곡에서는 '산정酸丁'이라고 통칭했다. 『서상기西廂記』에 나오는 장생張生도 '산정'이라는 별호를 면할 수 없었다. 그림에서 분장을

1 낭중은 원래 고대 관직 명칭이나 의원의 별칭이기도 했다. 여기서는 의원을 말한다.

2 정확하게 누가 말한 것인지 분명치 않다. 다만 하경관夏敬觀의 『학산시화學山詩話』에 이와 유사한 구절이 나온다. "相傳宋徽宗見爨國人來朝, 衣裝鞋履巾裹, 傅粉墨, 舉動如此, 使優人效之以爲戲, 只般演而不唱."

3 호기胡忌, 『금원잡극고』, 263쪽, "散說兼滑稽詼諧動作的戲劇".

4 대고서大鼓書는 예인이 북채로 북을 치면서 역사나 일반 생활에 관한 이야기를 노래하는 연희의 일종이다. 안휘성의 전통 민간예술인 종양고서樅陽鼓書가 대표적이다.

5 원주 이는 『후한서』에 말한 "촉중의 북 치는 사람蜀中鼓員"일 것이다.

그림172 (송) 원과를 쓰고 맞깃 선오旋襖를 입었으며 '조돈釣墪', '말고襪袴'를 입고 신발 코가 굽은 짧은 통 가죽신(短統靴)을 신은 배우와 화관을 쓰고 맞깃 선오를 입었으며, 허리에 보자기를 둘러 부녀자로 분장한 또 한 명의 배우(송대 화가가 그린 「잡극인물도」)

하고 있는 인물은 당시 시골마을을 돌아다니던 안약 파는 낭중의 본래 모습을 본뜬 것이다. 〈청명상하도〉 두루마리 그림에도 변하 시가지에서 고약을 파는 주방낭중走方郎中, 떠돌이 의원이 나온다. 손에 긴 깃발을 들고 있는데, 주변 사람들의 이목을 끌기 위해 고약 그림을 그려 넣었다. 이는 이 그림의 형상과 매우 유사하다. 또한 근년에 산서 우옥현 보녕사에서 발견된 원대 화가의 수륙도량 그림에도 그려져 있다. 그림에는 고대 구류백가九流百家, 즉 온갖 직종의 인물들이 그려져 있는데, 그중에 안과 의원도 있다. 옷에 눈이 그려져 있는 것으로 보아 사실에 가깝다.삽도 107

다만 삽도에 나오는 그림은 생계를 위해 안약을 파는 전문 직업이고, 그림 171에 나오는 의원은 잡극에서 흉내를 낸 것이기 때문에 적당히 과장했다는 점이 다를 뿐이다. 잡극에 나오는 의원은 와사瓦舍에서 관중들을 웃기기 위해 좀 더 익살스럽게 분장한 까닭이다. 이외에도 송대 이숭이 그린 〈화랑도〉에 장난감을 잔뜩 싸놓은 짐 가운데 눈을 닮은 가면이 보이는데, 아마도 이는 '안약산眼藥酸'으로 분장할 때 쓰는 가면일 가능성이 크다. 그렇다면 당시 사회에 '안약산' 등이 보편적으로 알려져 어린아이들도 장난삼아 놀았다고 할 수 있다.

그림에 나오는 또 한 명의 인물은 허리에 찬 부채에 '원諢', 즉 익살꾼이라는 글자를 적어 넣었다. 이는 잡극 연희에서 우스운 연기나 대사를 넣어 일부러 멍청한 바보 역할을 맡았음을 보여준다. 팔뚝에 그려진 문양은 당·송대에 민간에서 유행하던 '점청點青', 즉 피부의 푸른색 문신이다. 채색 비단에 수놓은 문양과 같다고 하여 '금체수문錦體繡文'이라고 하며, 당시 일반 사회에서 흔히 볼 수 있는 행태였으며, 상층 사회에서도 이를 모방하여 한 때의 쾌락으로 삼았다. 『대송선화유사大宋宣和遺事』에서 휘종徽宗 조길趙佶의 농신弄臣, 군주의 놀잇감이 되는 신하 이방언李邦彦이 보여준 행태가 하나의 예이다.

"사람들이 이방언을 '방탕한 재상浪子宰相, 건달 재상'이라고 불렀는데, 하루는 연회에서 황제의 시중을 들면서 생견에 용 문양을 그려 몸에 붙이고, 기예를 드러낸다고 옷을 다 벗고 문신을 보여주면서 때로 음담패설을 내뱉었다."[6]

점청點青은 '차청劄青'이라고도 하는데, 최고조로 유행한 것은 역시 당대이다. 단성식段成式의 『유양잡조酉陽雜俎』 권8 '경黥'부部에 상세한 기록이 나오는 것으로 보아 당시 사회에 보편적으로 유행했음을 알 수 있다. 예를 들어 당시 장안에서 장간張幹은 양쪽 팔뚝에 "살아서 경조윤을 두려워하지 않고 죽더라도 염라대왕이 두렵지 않다生不怕京兆尹, 死不畏閻羅王"[7]는 한 수의 시를 새겨 넣었으며, 왕력노王力奴라는 인물은 거금 5천 냥으로 문신 전문가를 불러 자신의 가슴과 아랫배에 산과

6 『대송선화유사』, "人呼李邦彦爲浪子宰相. 一日, 侍宴, 先將生綃畵成龍文貼體, 將呈伎藝, 則裸其衣, 宣示文身, 時出狎語".

7 장간의 시로 알려져 있다. 『전당시』 권873-16에 실려 있다.

삽도107 산서 우보현 보녕사 수륙화(수륙도량 그림) 제57(위쪽 부분)

정자, 정원과 연못, 온갖 화초와 수목 및 조수鳥獸 등을 새겼는데, 그 섬세하고 공교로움이 채색화와 같았다. 그런가 하면 백거이의 시를 온몸에 새겨 넣은 이도 있었다. 당시 사천에서 가장 뛰어난 재주를 보인 것은 불교 호법護法 사천왕 가운데 하나인 비사문천왕毗沙門天王[8] 문신이다. 통치자들은 저잣거리 시정市井의 부랑자나 건달, 망나니 군졸들이 문신을 과시하며 사람들을 등쳐먹는 일이 비일비재하여 아무리 금지해도 그치지 않자 경조윤京兆尹, 당대 도읍지 장안 경조부京兆府의 수장이 잡히는 족족 때려죽여 전후로 죽임을 당한 이가 3천여 명이었다. 송대에도 문신 기예가 민간에 널리 유행하여 여러 기록이 남아 있기는 하지만 내용의 다양성에서는 당대에 미치지 못했다.

송대에는 군대에서도 '점청'을 일종의 제도로 정해 활용했다. 『송회요집고宋會要輯稿』「방역方域」 2-28, 소흥紹興 13년1143년 2월 4일 기사에 다음과 같은 내용이 적혀 있다.

> 신료가 아뢰니다. 범중엄范仲淹이 섬서에서 자수의 법刺手之法을 시행한 것을 본받아 무릇 모든 포병鋪兵, 순찰과 공문서 배달 등의 임무를 맡은 병졸의 팔뚝에 비교적 큰

8 비사문천왕毗沙門天王은 불교 호법신인 사대천왕 가운데 한 명이다. 원래 고대 인도 바라문교와 힌두교의 재물신이자 북방수호신으로 알려져 있다.

글자를 새겨 넣어 어떤 주현州縣에 어떤 병사들이 소속되어 있는지 분명하게 탐지할 수 있도록 해주시길 바랍니다. 이렇게 하면 다른 주현으로 도망친 자는 현지에서 모집할 수 없을 것입니다. 의복이나 식량을 지급할 경우……지급을 요청한 자의 팔뚝에 새긴 글자를 확인하고 지급하면 될 것입니다. 거짓으로 의복과 식량을 요청하고 숨어버리는 폐단이 이로써 혁파될 것입니다.[9]

포병 외에 다른 병졸들도 손이나 다리에 문양이나 글자를 새겨 표지로 삼았다는 기록이 적지 않다. 다만 문신으로 새긴 것이 문양이나 도안인지 아니면 일련번호인지는 구체적으로 알려진 바 없다. 『수호전』에서 언급된 경배黥配라는 말은 얼굴에 금인金印을 찍은 것을 말한다. 이외에도 노비가 도망쳤다가 잡힐 경우 눈가에 둥글게 문신을 새겨 표시로 삼았고, 여진족은 송나라 사람을 포로로 잡았을 때 귀에 문양을 새겨 표식으로 삼았다.

그 내원을 살펴보면 다음 두 가지 필요에 의해 나온 것을 알 수 있다. 첫째, 오吳나 월越 땅강소, 절강 일대의 사람들은 예로부터 단발에 문신을 했는데, 이는 물속 벌레나 뱀에게 피해를 입지 않기 위함으로 일종의 보호성이 강했다. 반면에 중원의 경우는 예로부터 죄를 지은 자를 벌하는 수단 가운데 하나로 경형黥刑, 죄수의 얼굴에 자자하는 묵형을 활용했다. 이는 노예 처분의 표시였다. 이외에 잡극 예인들도 팔뚝에 문신을 했는데, 그림 171에서 매우 구체적으로 확인할 수 있다.

그림 172에 나오는 두 명의 여자는 두 손을 공손히 모으고 공경을 표시하는 송대 특유의 '차수시경扠手示敬'의 예를 올리고 있다. 머리에는 매우 사실적인 하나의 가지와 꽃으로 이루어진 생색절지화生色折枝花를 꽂고 있으며, 각기 맞깃의 선오旋襖를 입고 옷깃 가장자리에 두 줄의 자수 문양으로 테두리를 했다. 한 명은 작은 바지를 입고 무릎 아래 그물 형태의 긴 버선장말長襪을 신고 매우 작고 신발코가 활처럼 굽은 단통화短統靴, 짧은 통 가죽신을 신었다. 송대 금령禁令에서 흔히 언급되던 '조돈釣墪'과 '말고襪袴'일 것이다. 이는 거란이나 여진의 풍속에서 유래한 것이다. 상층 부녀자들은 조돈이나 말고 등을 착용할 수 없었으며, 정식으로 법령에 따라 금지되기도 했다. 하지만 희극의 배우들은 예외로 법령 위반으로 간주하지 않았다.

9 『송회요집고宋會要輯稿』, 「방역方域」 2-28, "臣寮言, 乞仿范仲淹措置陝西民刺手之法, 凡鋪兵並與刺臂, 稍大其字, 明著某州某縣斥候某兵某人. 凡逃在他州縣者, 並不得招收. 遇支衣糧,……其當請者驗臂支給. 冒請逃竄之弊, 可以革除". 인용문에 나오는 '자수지법刺手之法'은 송대에 군대에 들어온 군졸의 손에 자자刺字하여 표기함으로써 탈영을 방지하는 제도이다.

111

송대 벽돌에 새긴 잡극 예인 정도새丁都賽[1]

그림173

왼쪽 위 : (송) 화관을 쓰고 둥근 깃에 좁은 소매의 옆이 터진 삼자개차삼자開衩衫子를 입었으며, 요대를 차고 단통화를 신은 여배우 정도새丁都賽(언사偃師 주류구酒流溝 송대 분묘 잡극인 전각磚刻)

오른쪽 위 : (송) '원諢'자가 적힌 두건을 쓰고 가슴을 풀어헤친 채로 허리띠를 매고 다리에 끈을 묶고 화관을 쓴 잡극인(언사 주류구 송대 분묘 잡극인 전각)

왼쪽 아래 : (송) 화관을 쓰고 둥근 깃의 포복을 입었으며, 허리띠를 찬 잡극인(언사 주류구 송대 분묘 잡극인 전각)

오른쪽 아래 : (송) 모자 날개가 달린 사모紗帽를 쓰고 둥근 깃의 포복을 입었으며, 홀을 들어 관료로 분장한 배우와 복두를 쓰고 관인官印을 들고 있는 하급관리로 분장한 배우(언사 주류구 송대 분묘 잡극인 전각)

하남 언사偃師 주류구酒流溝 송대 분묘에서 출토된 전각磚刻으로 실물은 중국역사박물관에 소장되어 있다.

전각 한쪽에 '정도새丁都塞'라는 글자가 새겨져 있으며, 실물의 높이는 대략 1m 정도이다. 『동경몽화록』에 따르면, 북송이 도읍지인 개봉에 여섯 명의 유명한 젊은 잡극인이 있었는데, 그중 한 명이 바로 정도새이다. 송대에는 여러 가무기歌舞伎의 그림이나 소상塑像을 무덤에 넣는 경우가 많았는데, 이는 당대에 집안에서 부리던 음성인音聲人, 노래하는 노복이나 가무기의 그림이나 소상을 명기로 삼은 것에서 한 걸음 더 나아간 것이라고 할 수 있다. 하지만 이전 문헌에서는 이런 기록이 그다지 보이지 않는다.

『동경몽화록』「제군정백희諸軍呈百戲」조條에 보면 이런 내용이 나온다.

"황제가 보진루寶津樓에 오르면,……이어서 노대제자露臺弟子, 극단의 예인들이 잡극 한 대목을 공연했다. 당시 제자들로 소주아蕭住兒, 정도새丁都賽, 설자대薛子大, 설자소薛子小, 양총석楊總惜, 최상수崔上壽 등이 있었는데, 이외 후배들은 손꼽을 정도는 아니었다." "여동女童, 여기서는 궁녀들은 모두 묘령의 특출한 재인들로 남자처럼 머리를 묶고 단정두건短頂頭巾을 썼으며, 각기 온갖 채색 비단에 금실로 수놓은 번단番緞, 외국에서 수입한 비단으로 만든 착포窄袍[2]를 입었으며, 붉은색이나 녹색의 조돈吊敦을 입고 허리띠를 맸다."[3]

인용문 뒷 구절에서 언급한 옷차림이 매우 중요하다. 비록 정도채의 옷차림과 비슷하다고 단정할 수는 없지만 전각에 반영된 옷차림이나 잡극인을 그린 또 다른 회화 작품에 나오는 옷차림 그림 172과 대체적으로 비슷하다. 상의 아래 입은 것이 바로 이른바 '조돈吊敦'이기 때문이다. '조돈'은 '조돈釣整'이라고 쓰기도 하는데, 송대 기이한 복장으로 법률상 금지되던 옷이다. 북송 정화政和 2년1112년 정월 5일 잡복雜服을 금지한다는 금령이 내려졌는데, 그 내용을 보면 다음과 같다.

의복과 관면冠冕은 상수象數[4]에서 법도를 취해 존비尊卑가 유별하고 귀천에 차등이 있어 각기 나름의 제도를 마련하였으니 참월하지 말도록 하라.……습속이 이미 오래되어 백성들이 (잡복을 입고도) 부끄러움을 모르니……이제부터 전립氈笠이

1 정도새는 송대 잡극의 유명한 여배우이다. 『동경몽화록』에 따르면, 황제가 보진루寶津樓에서 여러 공연을 구경할 때 노대제자露臺弟子인 소주아蕭住兒, 설자대薛子大, 설자소薛子小, 양총석楊總惜, 최상수崔上壽 등과 함께 잡극 한 대목을 연희했다고 한다.

2 착포窄袍는 호복胡服의 영향을 받은 포복의 일종으로 소매가 비교적 좁은 것이 특징이다. 황제의 복식 가운데 하나이며 평상복으로 활용되기도 했다.

3 『동경몽화록』「제군정백희諸軍呈百戲」조, "駕登寶津樓,……繼而露台弟子雜劇一段, 是時弟子蕭住兒, 丁都賽, 薛子大, 薛子小, 楊總惜, 崔上壽之輩. 後來者不足數". "女童皆妙齡翹楚, 結束如男子, 短頂頭巾, 各着雜色錦繡撚金絲番緞窄袍, 紅綠吊敦, 束帶."

4 상象을 객관적으로 증명하기 위해 출현한 것이 바로 수數, 자연수이다. 천지天地, 자연, 만물, 인간의 생성변화를 수리를 중심으로 파악하는 것이 상수론이다.

나 조돈釣墪과 같은 잡복을 감히 입는 부류들은 어필御筆을 위반한 죄로 논할 것이다.[5]

송인들이 흔히 말하는 '위어필違御筆'이란 성지聖旨에 반항하는 큰 불경죄를 범했다는 뜻이다. 인용문에 나오는 조돈釣墪은 확실히 조돈吊敦과 같은 종류의 옷이다. 그렇다면 도대체 어떤 옷인가? 정화 7년1117년의 조령詔令에 보면, "감히 전립, 조돈과 같은 거란契丹 복장을 착용하면 어필을 위반한 죄로 논할 것이다服若氈笠, 釣墪之類者, 以違筆論"라는 구절이 나온다. 사서에 보면 "조돈釣墪은 요즘 말고襪袴라고 부르는 것으로 부인의 복식이다". '조釣'는 '구鉤'와 뜻이 통하지만 『동경몽화록』의 기록과 비교해보면 대체적으로 '조釣'가 맞는 것 같다. 조돈吊敦이 바로 조돈釣墪이다. 말고襪袴는 이 그림에서 정도새가 착용하고 있는 바지의 일종으로 잡극 그림그림 172에서 붉은 옷을 입은 여자가 입고 있는 것과 같다. 이는 후대 해마장解馬裝, 말을 탈 때 입는 복장과 관련되는데, 거란의 풍속에 따른 것이다. 나중에 명·청대에 이르러 '단연색踹軟索'동아줄을 밟는다는 뜻이라는 줄타기 기예승기繩伎에 능한 여자 예인이 주로 이런 복장을 입었다. 송대 사회의 일반적인 관념에 따르면, 이처럼 기이한 복장은 당시 의복과 전혀 어울리지 않아 주방에서 일하는 하녀들도 입어서는 안 되는 것이었다. 하지만 조정에서 거듭 금령이 내려진 것을 보면 당시 중층이나 하층 사회에서 상당히 유행하여 이미 습관이 되었고, 이것이 다시 상층 사회까지 영향을 주었음을 알 수 있다. 이는 마치 북송 남자들 사이에서 문신이 유행하여 '금체수문'이라는 미칭이 붙게 된 것과 다를 바 없다.[6]

전각磚刻에 나오는 몇 명의 잡극 여배우들은 착용이 금지된 조돈복을 입고 공연하는 모습이다. 이는 역사적으로 복식 제도에 관한 금령과 관련이 있다. 복식 제도의 본래 의도와 함의는 계급 간의 구별이다. 기예나 음악을 다루는 예인들에게는 귀천의 분별에 따라 금이나 옥을 활용한 화려한 의복을 입고 대가의 규수閨秀를 사칭할 수 없도록 했고, 일반 사회인들에 대해서는 중원의 전통이 아닌 것은 무조건 기이한 복장이자 허장성세로 이목을 끄는 것으로 간주했다. 조돈이 법률로 제한을 받게 된 것은 사실 두 번째 원인에 속한다. 당시 사회에 영향을 줄 수 있기 때문에 재차 금지시켰던 것이다. 그러나 연극 예인들이 황제 앞에서 공연할 때는 이런 복장조돈이 오히려 재미있고 즐거움을 주었기 때문에 위법으로 여기지 않았다. 송·원·명대 법률은 "예인들이 궁정이나 관아의 초청으로 공연할 경우 배우들이 입는 복식은 법률의 제한을 받지 않는다妓樂承應公事, 諸凡穿着不受法令限制"고 명확하게 기록하고 있다.

5 정화政和 2년 정월 5일 금령, "衣服冠冕, 取法象數, 尊卑有別貴賤有等, 各有其制, 罔得僭踰.……習尚既久, 人不知恥,……自今應敢雜服, 若氈笠, 約墊之類者, 以違御筆論".

6 〈원주〉 혹자는 조돈吊敦이 곧 모돈冒頓, 즉 흉노나 선비의 복장이라고 주장하는데, 시대가 워낙 떨어져 있기 때문에 확신할 수 없다.

인용문에서 "각기 온갖 채색 비단에 금실로 수놓은 번단番緞으로 만든 착포窄袍를 입었다"고 했는데, 이른바 '금실로 수놓은 번단撚金絲番緞'이란 당시 진천秦川에 들어와 살거나 관외關外에 살고 있던 회골回鶻 노동자들이 직조한 고급 채색 비단 가운데 하나일 것이다. 『대금집례大金集禮』[7]에 이처럼 금실로 수놓은 직물 명칭이 기록되어 있다. 홍호洪皓의 『송막기문松漠紀聞』[8] 권상, 회골조回鶻條에도 비교적 상세한 기록이 나온다. 이외에도 서북 지역에서 수입한 고급 모직물인 '갈리사褐里絲', '갈흑사褐黑絲', '문득사門得絲', '파리가帕里呵' 등은 모두 가느다란 털실로 직조한 옷감으로 2장丈이 1필이다. 대부분 고창高昌, 개전開闐, 구자龜玆, 감주甘州, 사주沙州 등에서 생산되며 서하西夏를 거쳐 거란에 입공된 후 다시 중원으로 들어왔다. 송대 학자 증민행曾敏行, 1118~1175년은 자신이 저술한 『독성잡지獨醒雜志』송대 사료 필기에서 당시 고급 모직물이 유행하던 상황과 원인에 대해 언급한 바 있다. 이를 통해 우리는 당시 민족간의 모순과 갈등이 날로 첨예화하고 격렬해졌으나 민족 문화의 교류와 상호 영향은 오히려 끊임없이 증가했음을 알 수 있다. 관부에서 제아무리 법령으로 금지할지라도 효과가 거의 없었다고 해도 과언이 아니다. 의복의 양식이나 재료 외에도 음악이나 회화 등의 예술 역시 마찬가지였다.

『독성잡지』 권5에 보면 이런 기록이 나온다.

> 선화宣和 연간에 경사京師, 도읍지에서 객지 생활할 때 보니 길거리 골목에 사는 일반 서민들도 모두 외국에서 온 노래번곡番曲를 부르곤 했는데, 곡패曲牌, 곡조의 명칭가 '이국조異國朝', '육국조六國朝', '만패서蠻牌序', '봉봉화蓬蓬花' 등이었다. 가사가 지극히 이치에 맞아 한때 사대부들도 모두 따라 부르곤 했다. 상국사相國寺[9]의 잡다한 물건을 파는 곳에 가보니 조금이라도 기이한 물건은 죄다 외국 이름이 붙어 있었다……저잣거리에선 비단에 외국의 말을 그린 그림을 내기에 걸고 도박판관박關撲을 벌이기도 했다. 선군先君, 작고한 부친께서 생각하시기에 경사에 온 지 겨우 3, 4년 밖에 되지 않았는데 이렇게 습관이 순식간에 바뀌었다는 느낌이 들었다고 한다. 당시 국내로 불러들이거나 투항한 이들이 도성에서 함께 살았는데, 이는 여진의 사신들이 왕래하면서 생겨난 일이다.[10]

---

7 『대금집례大金集禮』는 전체 40권으로 금나라 장종章宗 명창明昌 6년1195년 예부상서 장위張暐 등이 편찬한 전적이다. 존호尊號, 책시冊謚, 제사, 조회, 연향燕饗, 의장儀仗, 거복輿服 등 여러 분야로 분류하여 편찬했다.

8 홍호洪皓, 1088~1155년. 자는 광필光弼이며, 휘종 정화 연간에 진사가 되었다. 고종 건염建炎 3년1129년 명을 받아 금나라로 갔다가 억류되어 10여 년간 그곳에서 생활하면서 자신이 목도하고 경험한 것을 『송막기문松漠紀聞』에 기록했다.

9 상국사는 하남성 개봉에 있는 사찰이다. 『동경몽화록』에 따르면, 송대 상국사는 한 달에 다섯 번씩 개방하여 백성들이 그곳에서 물건을 사고팔았다.

10 증민행曾敏行, 『독성잡지獨醒雜志』 권5, "宣和間, 客京師時, 街巷鄙人多歌番曲, 名曰異國朝, 六國朝, 蠻牌序, 蓬蓬花等. 其言至理, 一時士大夫亦皆歌之. 又相國寺雜物處, 凡物稍異者皆以番名之.……市井間多以絹畵番國士馬以博塞. 先君以爲不至京師才三四年, 而習氣一旦頓覺改變. 當時招致降人, 雜處都城, 初與女眞使命往來所致耳". 『전송필기全宋筆記』 제4편 5에 실려 있다.

이상의 기록에 근거해보면, 『선화화보宣和畫譜』에 호괴胡瓌 부자父子[11]와 방종진房從眞[12] 등이 그린 〈번부도番部圖〉[13]가 거의 110여 종이나 수록되어 있는 까닭을 이해할 수 있다. 동시에 송대 북방 민족과의 문화 교류와 융합이 특히 북송 선화宣和, 정강靖康 연간에 현저했으며, 거란과 요 정권이 붕괴하고 여진족이 흥기하면서 송나라와 사신 왕래가 빈번했던 것과 관련이 있음을 확인할 수 있다. 과거에 예술사나 문화사를 저술하면서 이러한 여러 민족 간의 문화 융합의 문제와 영향 관계를 언급한 경우가 그리 많지 않다. 그렇기 때문에 이러한 예술 소재나 제재를 해석하면서 견강부회하거나 대충 추측만으로 애매모호하게 풀이하여 정확하고 핵심적인 함의를 얻기 힘들었다.

이외에도 잡극인이 새겨진 전각은 『문물文物』 1960년 제5기, 1961년 제10기 등에 소개되고 있으니 참고하시기 바란다.

---

11 호괴胡瓌와 호건胡虔을 말한다. 호괴는 거란 오색고烏索固 부락 사람이며 이극용李克用, 856~908을 따라 중원으로 들어와 범양范陽, 하북 탁현涿縣에 정주했다. 생졸은 미상이다. 북방 유목 민족의 목마, 수렵 그림에 능했다.

12 방종진房從眞은 오대 전촉前蜀 사람으로 성도成都 출신이다. 한림대조翰林待詔를 지냈으며, 인물이나 귀신 그림에 능했다. 작품으로 〈연주렵사도寧主獵射圖〉, 〈강인이거도羌人移居圖〉, 〈진등작회도陳登斫繪圖〉 등이 있다.

13 번부는 한인이 아닌 이민족 또는 이민족이 사는 지역을 말한다. 지금으로 말하자면 외국이다.

112

송대 벽돌에 새긴 여자 요리사주낭廚娘

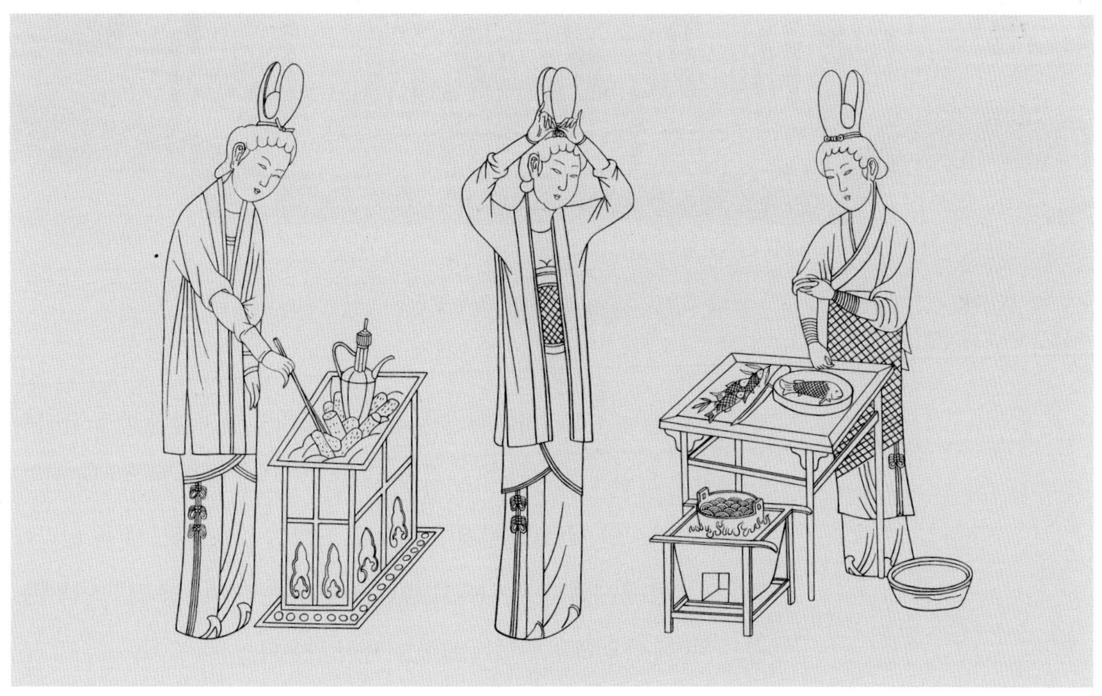

그림174
왼쪽 : (송) 높다란 관 모양으로 머리를 틀어 올리고(고관계高冠髻) 좁은 소매에 맞깃의 선오와 긴 치마를 입고 술을 데우는 주낭(하남 언사 주류구 송대 분묘에서 출토된 주낭廚娘을 새긴 벽돌廚娘磚
가운데 : (송) 두발 형태는 고관계이며, 좁은 소매에 맞깃의 선오를 입고 폭넓은 천으로 만든 앞치마(위요圍腰)를 허리에 두르고, 긴 치마를 입은 부녀(하남 언사 주류구 송대 분묘에서 출토된 전각화)
오른쪽 : (송) 두발 형태는 고관계이며, 교령의 웃옷과 위요를 두르고 긴치마를 입고 팔찌를 찬 주랑(하남 언사 주류구 송대 분묘에서 출토된 주낭전廚娘磚

중국역사박물관 소장품으로 술을 데우는 부분, 회를 자르는 부분, 조리를 하는 부분 등으로 구분했다.

원래 이 그림은 가정 주방에서 여인이 요리하는 모습을 그린 것이다. 하지만 『동경몽화록』 「음식과자飮食果子」조條의 기록에 따르면 북송 시절 변량汴梁, 개봉開封에서 술을 파는 부녀의 옷차림과 비슷한 점이 적지 않다.

또한 길거리에 부인네들이 허리에 청화포青花布 수건을 매고 머리를 높이 틀어 올리고 술꾼들에게 탕을 바꿔주며 술을 따랐

삽도108 준의遵義 송대 조왕趙王 석실묘石室墓에 새겨진 연회 비복婢僕

는데, 이들을 속칭 '준조焌糟'술지게미를 데워주는 아낙네라고 불렀다."[1]

이렇듯 당시 저잣거리에서 술을 파는 아낙네의 옷차림과 매우 유사하다. 아마도 그림에 반영된 것은 북송 사회에서 주방 일을 하는 이들의 일반적인 옷차림일 것이다. 이것이 분묘에 그려진 것은 '정도새'를 전각에 새긴 의미와 유사하다. 이외에도 송대 사람 홍손洪巽의 『양곡만록暘谷漫錄』에도 주방에서 일하는 부녀에 관한 기록이 나온다.

> 경도의 중·하층 집안은……여자아이를 낳으면 마치 벽옥을 받들고 진주를 떠받치는 것처럼 아끼고 사랑했다. 아이가 자라나 성인이 되면 자태나 소질에 따라 기예를 가르쳤는데, 그 명목이 하나가 아니었다. 예를 들면 신변인身邊人, 본사인本事人, 공과인供過人, 침선인針線人, 당전인堂前人, 잡극인雜劇人, 탁세인拆洗人, 금동琴童, 기동棋童, 주랑廚娘 등이 있는데 등급이 분명하여 어지럽지 않았다. 그중에서 주랑은 미색이 가장 떨어지는 여자의 몫이었다. 하지만 극히 부유한 집안이 아니면 고용할 수 없었다."[2]

1 『동경몽화록』, 「음식과자飮食果子」조, "更有街坊婦人, 腰繫青花布手巾, 綰危髻, 爲酒客換湯斟酒, 俗謂之焌糟".

2 홍손洪巽, 『양곡만록暘谷漫錄』, "京都中下之户,……每生女, 則愛護如捧璧擎珠. 甫長成, 則

삽도109 준의 송대 조왕 석실묘에 새겨진 여악女樂

인용문 아래에 이어서 어느 현관縣官이 고용한 주랑이 부엌에서 요리하는 모습을 묘사하고 있다. "주랑은 다시 위오圍襖와 위군圍裙을 갈아입고 은제 띠로 소매를 묶었다銀索襻膊……" 몇 가지 일반적인 요리를 하더라도 대량의 재료를 사용했다. 나중에 수고비 외에 행하行下, 팁, 상전賞錢을 줄 때면 다른 집에서 얼마나 많은 은량을 팁으로 주었는지 말하기 마련이었다. 결국 지현관知縣官, 현관은 너무 많은 은량을 허비하여 더 이상 고용하지 못하고 서둘러 주랑을 내보낼 수밖에 없었다. 이는 『설부說郛』 73에 나오는 이야기이다.[3]

隨其姿質, 教以藝業, 名目不一. 有所謂身邊人, 本事人, 共過人, 針綫人, 堂前人, 雜劇人, 拆洗人, 琴童, 棋童, 厨娘, 等级截乎不紊. 就中厨娘最爲下色, 然非極富貴家不可用".

3 『설부說郛』는 명대 도종의陶宗儀가 한위漢魏 시절부터 송·원대까지 각종 필기를 모아 편찬한 전체 100권의 총서이다. 한대 양웅揚雄의 『법언法言』 「문신問神」에 보면, "크도다. 천지는 만물의 성곽이고, 『오경』은 온갖 논설의 외성이다大哉, 天地之爲萬物郭, 五經之爲衆説郛"라는 말이 나오는데, '설부'라는 제목은 여기에서 따왔다고 한다. 경전에 버금가는 온갖 논설을 모았다는 뜻이다.

송대 현령이나 직급이 이보다 더 낮은 문관들은 봉급이 형편없었다. 게다가 법령이 엄격한 데다 승진이나 전근을 하려면 고과고핵考核제도에 따른 요구사항이 번거롭고 어려웠다. 관리들은 대부분 과거 출신으로 청렴결백을 숭상하여 탐관오리가 되어 치부하는 경우가 비교적 적었다. 하지만 지부知府 이상의 관료 지주들은 한편으로 공맹을 숭상하고 성리학을 존중하여 격물치지格物致知 등의 공리공담에 열중하면서 다른 한편으로 가렴주구苛斂誅求를 일삼았다. 또한 그들은 직접 상업에 참여하여 더 많은 수입을 창출했으며, 직권을 이용하여 공사를 빙자하여 사익을 추구하기도 했다.[4]

하급관리들에 비해 직위가 비교적 높은 관리들은 생활면에서 매우 사치스러웠다. 북송 시절은 구준寇準, 남송은 장준張俊이 대표적인 예이다. 이격비李格非의 『낙양명원기洛陽名園記』에 보면 관직에서 물러난 고위급 관료들이 거주하는 유명한 원림園林이 나오는데, 사마광의 소박한 정원인 독악원獨樂園 한 곳을 제외하고 거의 모든 원림이 화목과 정자, 사대射臺 등 건축물이 위풍당당하고 화려했다. 이러한 건축물은 당연히 일반 백성들을 착취하여 얻은 재물로 만든 것들이다. 『양곡만록暘谷漫錄』의 기록은 바로 이러한 사실을 정확하게 설명하고 있다. 평민이 노비로 신분이 바뀌는 것은 대부분 이러한 사회 상부계층을 위함이었다. 분묘에서도 이에 상응하는 내용이 반영되고 있다. 한편으로 이십사효二十四孝를 주제로 한 부조 벽돌로 분묘를 조성하여 봉건 사회의 전통적인 효도를 선양하면서 다른 한편으로 『양곡만록』에서 언급한 여러 가지 형태, 즉 망자의 사후 생활을 시중들기 위한 노복이나 주랑의 모습이 그대로 새겨지거나 그려졌다는 뜻이다. 이러한 예는 한두 개가 아니다. 예를 들어 백사白沙 송대 분묘에 그려진 차 시중을 드는 시녀와 소작농전호佃户이 예를 올리는 벽화, 준의遵義 송대 분묘에 새겨진 연회에서 노래하고 춤추는 기악인의 모습삽도 108, 109, 산서 송대 분묘에서 출토된 잡극 공연 모습을 새긴 벽돌, 북송의 유명한 잡극예인인 정도새를 그린 화상전, 그리고 본 그림에 나오는 여러 가지 전각 등이 그러하다. 이러한 여러 가지 분묘의 벽화나 전각은 내용은 서로 다르지만 당시 사회 상황을 반영하고 있다는 점에서 서로 같다.

또 하나 언급할 내용은 주랑이 부엌에 들어가 일할 때 "은제 띠로 소매를 묶었다銀索襻膊"는 내용이다. 그림에는 보이지 않지만 송대 사람이 그린 〈백마도白馬圖〉에서 말에게 먹일 건초를 썰고 있는 마부의 모습에서 볼 수 있다.그림 167 당시 일반 백성들이 일할 때 옷소매가 아래로 흘러내리지 않도록 끈을 만들어 목에 걸고 소매 양쪽에 연결하여 소매를 위로 걷어 올리는 것이 습관이었음을 알 수 있다. 주랑은 '은제 띠'를 썼다고 했는

4 원주〉 예를 들어 『주희문집朱熹文集』에 보면 당중우唐仲友, 남송 시절 태주 태수를 역임함가 현부縣府의 인화힐판印花纈板, 홀치기염색에 사용하는 목판으로 채색 비단을 염색하고, 이를 시장에 내다팔아 사익을 취해 탄핵했다는 내용이 나온다.

데, 이는 다른 이들과 달랐음을 표시하는 것일 뿐 용도는 같다. 『무림구사武林舊事』 권6에 보면 남송 시절 임안臨安, 항주의 온갖 장사치나 장인들의 업종이 180여 종이었는데, 그중에 '반박아襻膊兒'라는 수예인手藝人이 있다. 그들은 반박아를 판매하거나 수리하는 전문가들이었다. 원대의 기록에도 이에 대한 언급이 있는 것으로 보아 이후에도 계속 사용되었음을 알 수 있다.

113

송대 〈요대보월도瑤臺步月圖〉

그림175 (송) **높은 관 모양으로 머리를 틀어 올리고 좁은 소매에 맞깃의 선오와 긴 치마를 입은 부녀**(송대 화가가 그린 〈요대보월도〉)

송대 사람의 화책畵冊에서 인용했으며, 원화는 고궁박물원에 소장되어 있다.

송대 공관이나 사저 건축을 살펴보면, 정원이나 가옥 뒤편 공터에 대臺를 만들어 달을 구경하며 음주하거나 먼 곳을 조망할 수 있는 공간을 마련했음을 알 수 있다. 이는 주로 중·상류층의 집안에 설치된 노대露臺로 고대 회화 작품에서도 흔히 볼 수 있다. 예를 들어 〈청명상하도〉에 나오는 다관茶馆 안이나 뒤편에 이런 노대가 설치되어 차나 술을 마시거나 달을 감상할 수 있도록 했다.

그림의 옷차림은 주랑 벽돌에 새겨진 모습과 대체적으로 비슷하다. 다만 약간 마르고 신장이 길다. 그림에 나오는 이들의 신분은 귀족 계층이 분명하다. 여름날 밤 얇은 사라紗羅로 만든 비단옷을 입고 노대에 나와 달을 감상하는 모습이다. 관冠 형태는 송대에 통상적인 '어골관魚骨冠'이 아니라 옥란화포玉蘭花苞인 듯하다. 부드럽고 얇은 나백羅帛에 밀납을 더해 진짜 꽃처럼 만든 화관이다. 외투는 맞깃의 삼자衫子이고 두 개의 긴 화변花邊, 옷깃 테두리이 옷깃에서 아래까지 내려와 있으며, 착사수戳紗繡 기법으로 수를 놓았다. 근년에 송대 분묘에서 대량의 실물이 출토된 바 있는데, 직조한 것도 있고 그림을 그린 것도 있었다. 송대에 옷깃을 여미는 끈인 이른바 '영말領抹'은 그림이나 자수 등으로 장식했다. 상의는 근대의 짧고 넓은 옷 '선오旋襖'와 비슷한데, 당대 웃옷인 유襦가 발전한 형태이다. 양송대 3세기에 걸쳐 유행했으며, 남송 시절부터 날로 길어졌다. 원대 남방의 부녀자들도 이를 답습하여 크게 변하지 않았으며 옷의 길이가 조금 길어졌을 뿐이다.

당대의 의복은 공사公私를 막론하고 주로 능綾, 채색 비단의 일종을 사용했으며, 그 명칭 또한 번다할 정도로 많다. 『당육전』에 여러 도道에서 경사로 올려 보내는 공물의 품목이 적혀 있는데, 능의 경우는 유명한 것들만 적어놓았다. 당대의 의복이 능이었다면 송대의 의복은 나羅를 사용한 것이 많다. 여러 로路, 행정구역와 주州에 직라무織羅務를 설치하여 생산을 감독하면서 나羅의 생산이 더욱더 많아졌다. 송대 강녕부江寧府 윤주潤州의 직라무織羅務, 호주湖州의 직릉무織綾務 생산량이 가장 많았다. 『송사』 「식화지」에 따르면, 북송 희녕熙寧 7년 양절兩浙, 당시 전당강 남쪽인 절동浙東과 북쪽인 절서浙西, 지금의 절강성에서 한 해에 공물로 바치는 비단이 98만 필이었다. 그중에는 일반 견백絹帛도 있지만 특별히 문양이 아름다운 능나화초綾羅花紗도 있었다.

여름에는 사紗를 주로 사용했는데, 송대 상주相州의 암화모란화초暗花牡丹花紗, 소흥紹興의 경용초輕庸紗, 초군譙郡의 추초縐紗 등이 매우 유명했다. 특히 유명한 화초花紗로 '용배茸背', '투배透背'라고 부르는 것이 있었는데, 수공비가 지나쳐 한때 법령으로 금지시키기도 했다. 일반적인 의복용이 아니라 거의 장식품에 가까울 정도로 사치스러웠음을 알 수 있다.

당시 사람들은 여러 가지 식물 섬유를 가공하여 하복을 만들어 입었다. 장계유莊季裕, 1079~?. 이름은 작綽는 『계륵편鷄肋編』 권상에서 이렇게 말했다.

> 단주單州 성무현에서 얇은 합사비단을 직조하여 관도官渡, 지금의 하남성 중모中牟 동북쪽에서 수집하여 가공했는데, 한 필의 무게가 겨우 백 수銖, 1냥의 24분의 1 밖에 되지 않았으며 멀리서 보면 안개와 같았다. 그런 까닭에 세탁해도 실오라기가 풀어지지 않았다.

> 소주蘇州에서는 조개풀일명 황초黃草 줄기로 베를

> 짰는데, 색깔이 희고 가늘어 거의 나곡羅穀 비단과 같았다. 월주越州의 승려들도 직조에 능했는데, 그들이 짠 직물인 '사릉寺綾'은 북방의 격직隔織과 같은 것으로 천하에 유명했다.[1]

육유陸游의 『노학암필기老學庵筆記』 권6에 따르면, "박주에서 생산되는 경사輕紗, 가벼운 견직물는 들어보면 마치 없는 것처럼 가볍고 옷을 만들어 입으면 마치 연무烟霧가 낀 듯했다".[2]

명주와 삼베를 섞어 만든 혼방직물은 진晉·당대에 남방에서 생산된 사포絲布, 남조南朝의 화련花練 등이 있는데, 송대에도 나름 발전했다. 도곡陶穀의 『청이록淸異錄』에 따르면, "임천臨川 상요上饒, 지금의 강서성 소재 도시 백성들이 새로운 지식으로 성골초醒骨紗를 창조했는데, 명주실과 파골蕉骨, 파초의 줄기을 꼬아 만든 실로 직조한 것이다".[3] 화련花練은 송대에 더욱 정교하게 만들었기 때문에 값어치가 날로 높아졌다. 이는 양언령楊彦齡의 『양공필담楊公筆譚』에 나오는 다음 구절에서도 확인할 수 있다. "남방에서 생산되는 파련蕉練이나 포련蒲練과 같은 연포練布 가운데 특히 정교한 직물을 일러 '백역련百易練'이라고 불렀는데, 백 필의 녹련鹿練으로 한 필을 교환할 수 있다는 뜻이다."[4]

이외에 서북 지역의 모직물도 매우 얇아 춘추복으로 사용할 수 있는 것이 있었다. 『계륵편』에 따르면, "경주涇州, 지금의 감숙성 소재 도시에는 어린아이들도 모두 무성한 털용모茸毛을 꼬아 실을 잣는 일을 할 줄 알았으며, 이를 직조하여 만승화方勝花를 만들었다. 한 필의 무게가 겨우 14냥兩이다. 선화 연간에는 한 필에 철전鐵錢으로 400냥이 훨씬 넘었다".[5] 송대에 한 필은 대략 2장丈인데, 무게가 14냥한 냥에 대략 37g이라고 했으니 얼마나 얇고 가벼운지 알 수 있을 것이다.

송대에는 지금의 복건과 광동지역인 민광閩廣에서 대규모로 목면木棉을 재배했다. 방작方勺, 1066~1142년?의 『박택편泊宅編』에 다음과 같은 기록이 나온다.

> 민광에서 주로 목면을 재배했는데, 나무의 높이는 7, 8척이다. 나무또는 잎사귀는 떡갈나무작柞처럼 생겼으며, 열매는 보리처럼 청색이다. 가을이 깊어지면 열매가 벌어지면서 흰 솜이 몽글몽글 드러난다. 현지인들이 이를 따서 껍질을 벗기고, 쇠자루로 솜을 치대면 서서히 작은 탄환처럼 생긴 씨앗이 어지럽게 일어난다. 그런 다음에 방직하여 옷감을 만드는데 이를 일러 '길패吉貝'라고 한다. 현재 팔고 있는 목면은 특히 가늘고 질긴 것들

1 장작莊綽, 『계륵편鷄肋編』 권상, "單州成武縣織薄縑, 修廣合於官度, 而重才百銖, 望之如霧. 著故浣之, 亦不紕疏". "蘇州以黃草心織布, 色白而細, 幾若羅穀. 越州尼皆善織, 謂之'寺綾'者, 乃北方隔織耳, 名著天下."

2 육유陸游, 『노학암필기老學庵筆記』 권6, "亳州出輕紗, 擧之若無, 裁以爲衣, 眞若烟霧".

3 도곡陶穀, 『청이록淸異錄』, "臨川上饒之民, 以新智創作醒骨紗, 用純絲蕉骨, 相兼撚織".

4 양언령楊彦齡, 『양공필담楊公筆譚』, "南方有練布, 如蕉練, 蒲練之類, 其精者號百易練, 言百匹鹿練易此一匹耳".

5 『계륵편鷄肋編』 권상, "涇州雖小兒皆能撚茸毛爲綫, 織方勝花, 一匹重只十四兩者. 宣和間, 一匹鐵錢至四百千".

이다. 당연히 꽃이 많은 것이 좋은데, 가로로 세어 120개 꽃이 있는 것이 최상품이다. 해남의 만인蠻人들이 직조한 건巾은 위에 작은 글자나 여러 가지 화훼가 나타나는데, 이것이 이른바 '백첩건白疊巾'이다.[6]

꽃이 많은 것이 귀하다고 했는데, 한 폭 가득 120개의 꽃을 직조한 것이 상품이라는 뜻이다. 이른바 '백첩건'은 『후한서』「서남이전西南夷傳」에 나오는 백첩포白疊布, 위진 악부시樂府詩에 나오는 백첩건白疊巾을 지칭하는 듯하다. 『영외대답嶺外代答』과 『제번지諸蕃志』에도 서남 지역에서 밀랍을 이용하여 천의 문양을 염색하는 납염인화포蠟染印花布에 대한 기록이 나오고, 견사絹絲와 면사棉絲를 교직한 채색 비단에 대한 기록이 나온다.

송대 도시 부녀자들은 빈부를 막론하고 관소冠梳, 빗처럼 생긴 머리 장식를 애용했다. 그래서 남송 시절의 일을 기록한 오자목吳自牧의 『몽양록夢粱錄』에 보면 이와 관련된 기록이 적지 않다. 우선 같은 책 권13, 「제색잡화諸色雜貨」조條에 보면, 당시 길거리에서 수예인手藝人, 이것저것 수리해주는 간이 수공업자 중에 "복두나 모자를 수리하는 사람, 침관鯳冠을 수리하는 사람, 망가진 빗소아梳兒을 고쳐주는 사람, 상아 빗에 붉은색이나 녹색으로 염색해주는 사람, 구슬을 꿰어주는 사람, 녹태관자鹿胎冠子, 암사슴 뱃속의 새끼사슴 털로 만든 관자를 수선하는 사람, 칼을 갈거나 수리하는 사람, 구리거울을 닦아주는 사람 등등이 매일 길거리를 돌아다녀 언제든지 부를 수 있었다".[7] 또한 잡화를 짊어지고 나무빗이나 빗치개비자篦子, 관소冠梳, 영말領抹 등을 팔러 다녔으며, "사시사철 꽃을 팔기도 했고", "비단을 염색할 때 사용하는 밀납으로 사철 꽃모양을 만들어 시내를 돌며 '박매撲賣'도박을 이용하여 장사하는 행위를 외치기도 했다".

「단행團行」조條[8]에는 이런 기록도 실려 있다. "가장 유명한 곳으로 관항화작官巷花作, 관아 골목에 자리한 전문상점의 일종이 있는데, 이곳에는 나는 난새鸞나 달리는 봉황처럼 온갖 기이한 물건이 모두 모여들었다. 머리 장식인 칠보주취七寶珠翠, 꽃으로 장식한 관소冠梳 및 금수錦繡와 나백羅帛, 금박한 의군衣裙, 상의와 치마, 그림을 그린 영말領抹 등등 지극히 섬세하고 정교한 것들로 이전에는 없던 물건들까지 모두 구비하고 있었다." 특히 채색 비단 장사도 막대한 은량이 오갈 정도로 성황을 이루었다.

북송 시절의 여러 가지 이야기를 담은 『동경몽화록』의 「상국사 내부의 만성백성 교역相國寺內萬姓交易」조條에 이런 내용이 나온다.

6 방작方勺, 『박택편泊宅編』, "閩廣多種木棉, 樹高七八尺. 樹如柞, 結實如大麥而色青. 秋深即開, 露白綿茸然. 土人摘取去殼, 以鐵杖桿盡黑子, 徐以小弓彈令紛起, 然後紡織爲布, 名曰吉貝. 今所貨木棉, 特其細緊者爾. 當以花多爲勝, 橫數之得一百二十花, 此最上品. 海南蠻人織爲巾, 上出細字, 雜花卉, 尤工巧, 即古所謂白疊巾".

7 『몽양록夢粱錄』 권13, 「제색잡화諸色雜貨」조條, "修幞頭帽子, 補修鯳冠, 接梳兒, 染紅綠牙梳, 穿結珠子, 修洗鹿胎冠子, 修磨刀剪, 磨鏡, 時時有盤街者, 便可喚之".

8 단행團行은 송대 관아에서 상인들을 단속하고 세금을 거두어들이며, 동행同行 업종끼리 과다하게 경쟁하는 것을 방지하기 위해 설치한 조직 기구이다.

양쪽 주랑을 점유하여 여러 사찰의 비구니들이 수놓은 물건, 영말領抹, 옷깃 끈, 꽃, 머리를 장식하는 진주나 비취, 진짜 꽃처럼 금박 문양을 입힌 복두幞頭와 모자, 특계特髻, 가체加髢 관자冠子, 끈 등을 팔았다.[9]

송대 사람들은 도교를 숭상하여 도관 건설에 열을 올렸다. 북송 시절 변량 한 곳만 해도 옥청소응궁玉清昭應宮, 강소궁絳霄宮 등을 건설하면서 천하의 뛰어난 장인들을 불러 모았으며, 목재와 석재, 안료 등을 구입하느라 무수한 비용을 지출했다. 또한 임영소林靈素, 왕노지王老志 등 유명한 도사들을 초빙하여 허황된 강연으로 백성들을 미혹시켰다. 도관이 완성되면 군신이 함께 축하하며 천하의 도사들에게 술과 음식으로 대접했는데, 그 수가 만 명이 넘었다. 하지만 여성이 출가할 경우는 상황이 달랐다. 그들은 당대처럼 비교적 부유한 생활을 유지할 수 없었기 때문에 자력으로 자신들의 생계를 유지해야만 했다. 그래서 자수품이나 영말, 화관, 머리 장식 등을 제작하고 판매하는 일이 그들의 전업이 되었다. 그래서 예술적인 건축물로 '천하십절天下十絶'로 손꼽히는 송대의 상국사 내부의 주랑 양쪽이 여도사나 비구니가 여성들의 머리 장식품 등을 판매하는 좌판으로 바뀌게 된 것이다.

9 『동경몽화록』, 「상국사내만성교역相國寺內萬姓交易」조, "佔定兩廊, 皆諸寺師姑賣繡作, 領抹, 花朵, 珠翠頭面, 生色銷金花樣, 幞頭帽子, 特髻冠子, 絛綫之類".

114

송대 태원太原 진사晉祠 채색 소상

그림176 (송) 높이 틀어 올린 두 발에 금으로 만든 꽃비녀 장식을 하고 웃옷은 상유上襦, 아래는 긴 치마를 입고 피백을 걸쳤으며, 옥환수玉環綬를 매달은 궁녀(태원 진사 채색 소상塑像)

산서 태원 진사晉祠에 있는 채색 소상塑像이다. 실물은 산서 태원시에서 서남쪽으로 20km 떨어진 현옹산懸甕山 녹진麓晉 수원지水源池에 소재한 성모전聖母殿 안에 있다.

기록에 따르면 고대 읍강邑姜을 모시기 위해 북송 천성天聖 연간에 지은 것이라고 한다. 소상塑像 양쪽에 전체 시녀들의 소상이 서 있는데, 전체 40여 점이다. 일부는 나중에 수리하면서 채색하여 본래 면모를 잃고 말았다.

옷차림은 기본적으로 오대십국의 양식이다.

어깨와 옷깃 사이에 당대 양식의 피백을 두르고 있는데, 사실 송대에는 궁정이든 일반 사회든 이런 양식의 피백을 더 이상 사용하지 않았다. 그럼에도 그림에 나오게 된 주요 원인은 궁정의 여관女官들이 신상神像에 제를 올릴 때 관습에 따라 비교적 이른 시기의 제도를 따랐기 때문이다.

『송사』「여복지」에 보면 궁정의 여관들이 등급에 따라 패용하는 '옥환수玉環綬'둥근 옥고리를 매단 장식용 인끈에 대해 언급한 내용이 나오는데, 조각상에서 비교적 구체적으로 확인할 수 있다. 이로 보건대, 송대 수綬, 즉 인끈을 매는 방식이 여러 가지이며, 옥환玉環의 형태도 다양하다는 것을 알 수 있다. 특히 옥환과 인끈의 관계 및 허리 정중앙에 위치한다는 사실을 확인함으로써 사서의 기록에 부족한 점을 보충하고 아울러 보다 명확한 해석이 가능하다. 조상을 보면 한눈에 알 수 있기 때문이다.

송대 예술은 사실寫實을 중시했다. 이는 소상塑像의 소재에도 영향을 주었다. 이미 근래 연구자들이 언급한 바와 같이 신상이 비록 신을 모시기 위해 만든 것이긴 하나 그 형태나 얼굴 모습은 당시 궁정의 비빈이나 궁녀들의 모습을 본떠 만들었다. 약골이면서도 풍만한 느낌을 주어 몸매가 적당한 것이 송대 초기 사회의 심미적 표준에 부합한다. 둥글고 윤기 나는 얼굴은 청초하고 빼어나며 표정에서 각기 다른 나이와 성격, 감정 등이 잘 드러난다. 두발의 양식도 매우 특징적이어서 화관 형태의 특별한 형태도 있고, 정수리 양쪽에 두 개의 쪽을 올린 쌍아계雙丫髻도 보인다. 이는 성도에 있는 왕건의 분묘 석각의 기악伎樂 여성의 두발 형태, 〈조원선장도朝元仙仗圖〉 두루마리 그림에 나오는 악기樂伎의 두발 형태와 서로 다르다. 사실 양자는 모두 당대 현실 사회를 반영하고 있는 것이긴 하나 주로 궁정의 악무를 담당하는 궁녀의 옷차림과 관련이 있다. 하지만 진사의 소상에서 볼 수 있는 두발 형태와 옷차림은 비교적 일상적인 모습이다. 이러한 옷차림이 송대 초기 궁정 여관이나 궁녀들의 일상복에 근거하여 만든 것인지 아니면 오대십국 시절 지역적 특색을 가미한 옷차림인지에 관한 문제는 향후 〈여효경도〉, 〈궁잠도宮蠶圖〉, 〈중흥정응도中興禎應圖〉 등에 반영된 모습과 비교 분석하고 아울러 『무림구사武林舊事』나 『송사』「여복지」 등의 서술 내용과 상호 인증해야만 비로소 보다 정확한 답을 얻을 수 있을 것이다.

북송 시절 대도시의 부녀들은 비교적 높이 틀어 올린 머리에 큰 빗을 장식으로 사용한 것 외에도 화관花冠을 중시했다는 점이 특기할 만하다. 이는 당시 꽃을 재배하거나 꽃을 꽂고 다니는 것을 좋아하던 사회 분위기와 불가분의 관계가 있다. 당시에는 계절에 맞는 진짜 꽃을 차고 다니기도 했지만 평상시에 사용하는 화관은 주로 다양한 색깔의 나견羅絹이나 흔히 볼 수 있는 풀꽃으로 만들었다. 좀 더 신경을 쓸 경우 금이나 옥, 대모玳瑁나 진주 등으로 장식했다. 이러한 화관은 남송 시절 임안의 심관魫冠 및 녹태관자를 전문으로 판매하는 행시行市에서 취급했다. 온갖 직종 가운데 전문으로 화관을 수리하는 수예인手藝人도 있었는데, 이에 대한 자세한 상황은 『동경몽화록』, 『무림구사』, 『몽량록』, 『도성기승』 등에 기록되어 있다.

화관은 주로 송대 사람들이 좋아하는 모란이나 작약을 본떠 만들었다. 『낙양화목기洛陽花木記』, 『모란보牡丹譜』, 『작약보芍藥譜』 등에 열거된 특별한 품종이나 명칭을 보면 얼마나 많은 꽃들이 있었는지 알 수 있다. 당시 부녀자들은 바로 이러한 꽃을 본떠 다양한 형태의 머리 장식품을 만들었는데, 꽃의 명칭을 화관의 이름으로 쓰기도 했다. 왕관王觀의 『작약보』에서 다양한 작약의 명칭을 살펴볼 수 있는데, 예를 들면 다음과 같다.

'관군방冠群芳'은 동심원이 퍼져나가는 것처럼 꽃잎이 큰 원형으로 이루어진 관자大旋心冠子, 관자는 화관의 뜻이다. 짙은 홍색이며 네다섯 개 원형 꽃잎으로 이루어졌으며, 너비는 반半 척尺, 높이는 5, 6촌寸이다. '새군방賽群芳'은 작은 원형의 꽃으로 이루어진 관자소선심관자이다. '보장성寶妝成'은 상투처럼 생겼다고 하여 '계자髻子'라고 칭하는데, 옅은 자색이며 높이는 8, 9촌, 너비는 반 척이다. 작은 꽃잎에 금선을 둘러 옥이나 진주를 매단 것 같다. '진천공盡天工'은 버들이나 부들처럼 가운데가 푸른색인 붉은 관자柳蒲青心紅冠子이다. 큰 꽃잎 안에 작은 꽃잎이 빽빽하고 곧게 나 있다. '효장신曉妝新'은 백힐자白纈子에 속하는 관자로 꽃잎 끝에 작고 검붉은 점이 있다. 꽃마다 서너 다섯 개의 점이 있어 마치 옷에 점 문양이 아롱진 것 같다. '점장홍點妝紅'은 홍힐자紅纈子이다. 붉은색이며 비교적 작다. '첩향영疊香英'은 자루자紫樓子, 자색의 누각처럼 생긴 화관이다. 너비는 5촌, 높이는 한 척이다. 큰 꽃잎 안에 작은 꽃잎 2,30개 중첩되어 있다. 위로 솟구친 큰 꽃잎이 누각 형태이기 때문에 자루자라는 이름을 붙였다. '적교홍積嬌紅'은 홍루자紅樓子로 연분홍색이다. '취서시醉西施'는 크고 부드러운 띠처럼 생긴 관자이다. '도장자道妝子'는 황루자黃樓子이다. '국향경掬香瓊'은 가운데가 청색이고 옥판 형태青心玉板인 관자이다. '소장잔素妝殘'은 분홍색의 모산茅山에서 나오는 관자冠子로 처음에 꽃이 필 때는 분홍색이었다가 점차 흰색으로 변하며 가운데 청색도 옅고 담담하다. '시매장試梅妝'은 백관자白冠子이다. 백색 무늬가 있으며 점은 없다. '잔장균殘妝勻'은 분홍색 관자이다. 붉은 무늬가 있고 점은 없다. '취교홍醉嬌紅'은 짙은 홍색의 초주楚州 관자이다. 한두 개의 금선金綫이 있다. '의향영擬香英'은 자주색 보상寶相, 불교의 이상적인 꽃 문양 관자이다. '투교홍妬嬌紅'은 붉은색 보상 관자이다. '누금낭縷金囊'은 금선이 있는 관자이다. 큰 잎사귀에 작은 잎사귀가 아래로 금선을 뽑은 듯 서로 섞여 있다. '원춘홍怨春紅'은 가지가 딱딱한 관자이며 매우 담담한 색깔이다.

이외에도 '숙장잔宿妝殘', '취차장取次妝', '효은장效殷妝', '원황관자袁黃冠子', '협석황관자峽石黃冠子', '포황관자鮑黃冠子', '양화관자楊花冠子' 등이 있는데, 이

삽도110 (북송) 이층 누각 형태인 중루자重樓子 화관을 쓴 부녀(『중국역대명화집』)

삽도110 (북송) 이층 누각 형태인 중루자重樓子 화관을 쓴 부녀(『중국역대명화집』)

상의 작약 명칭은 실제 화관과 관련이 없는 것이 없을 정도이다.삽도 110, 111 또한 여러 가지 품종의 꽃 가운데 반점이 있는 것이 적지 않은데, 이는 홀치기염색의 문양과 서로 부합한다. 이를 통해 송대 부녀자의 옷차림에서 볼 수 있는 인염印染 비단 문양과 봉건 통치자들이 대량의 인력과 재물을 낭비하며 제작한 의장대의 단화힐삼團花纈衫, 의장행렬을 그린 〈노부도鹵簿圖〉에서 볼 수 있다에 모종의 동이同異 부분이 있음을 알 수 있다. 당시 여러 종류의 인화印花 비단은 확실히 앞서 말한 꽃의 반점을 모방해서 만든 것들이다. 송대에는 배를 통해 무소뿔이나 상아, 향료와 약재, 진주와 소목蘇木, 장미로薔薇露, 맹화유猛火油 등을 수입했고, 반대로 도자기, 철鐵, 칠漆, 견직물 및 그 밖의 일용 기물 등을 외국에 수출했는데, 견직물 가운데 언제나 '하지힐견荷池纈絹' 이란 것이 포함되어 있었다. 이는 채색그림에 꽃문양을 넣은 엄화개광화罨畫開光花 형식의 인염 비단일 것이다. 근인이 『제번지諸蕃志』[1] 등에 주를 달면서 '인화'와 '힐견' 두 개로 구분했는데, 아무래도 이해하기 어렵다.

---

1 중국에서 이른바 '번蕃'은 중국 이외의 다른 나라를 의미한다. 『제번지諸蕃志』는 상권에서 송나라와 교역하던 여러 나라의 풍토와 물산을 소개하는 책으로 복건福建에서 제거시박사提擧市舶使 관리을 역임한 조여괄趙如适, 1170~1231년이 편찬했으며, 풍승균馮承鈞, 1887~1946년이 주를 달았다. 상권은 주로 여러 나라의 풍토와 물산을 소개했고, 하권은 여러 나라의 특산물을 소개했다. 지금의 중동, 동남아시아 여러 나라와 인도 및 신라국, 유구국오키나와, 왜국일본 등에 관한 정보도 실려 있다. 원문에 나오는 '하지힐견'을 주석본은 '하지'와 '힐견' 두 개로 구분했다. 저자는 이 점을 오류로 지적한 듯하다.

115

송대 분묘 벽화 악무 그림

그림177 (송) 고화관高花冠(일명 효관孝冠)을 쓰고, 대금선오對襟旋襖에 긴 치마를 입은 여기악女伎樂과 곡시복두曲翅幞頭를 쓰고 넓은 소매의 긴 원령의圓領衣를 입은 남녀 기악伎樂(하남 우현禹縣 백사白沙 북송 원부元符 3년 조대옹趙大翁의 분묘 벽화)

하남 우현禹縣 백사진白沙鎭의 송대 분묘 벽화로 중국역사박물관의 모본에서 인용했다.

그림에 나오는 남녀 악부樂部는 각기 일렬로 서서 악기를 연주하고, 가운데 무용수는 손을 올리고 발을 구르며 춤을 추고 있다. 여자 악사는 크게 틀어 올린 머리에 높은 관대계고관大髻高冠을 쓰고 있으며, 남자 악사는 각이 구부러진 곡각복두曲脚幞頭를 쓰고 소매통이 넓은 관삼寬衫에 띠를 매고 있다. 얼굴이 여자처럼 생겼는데 어쩌면 임시로 여자 악사를 고용하여 분장을 시킨 것인지도 모른다. 송대 백세 장수 노인으로 유명한 원동袁桐은 북송 시절에 태어나 남송 때 죽을 때까지 근 백 세를 살았는데, 변량의 부녀자들 옷차림 변화에 대해 자신이 저술한 『풍창소독楓窗小牘』에서 이렇게 말하고 있다.

> 변경汴京 규방 여인네의 화장은 여러 차례 바뀌었다. 숭녕崇寧 연간에는 어린 시절 기억하기로 대계방액大髻方額, 돈황 송대 벽화에서 육소발계六梳髮髻에 여섯 개의 비녀를 꽂은 부녀 형상이 유행했고 정화政和, 선화宣和 연간에는 급파急把와 수견垂肩을 숭상했다. 선화 이후로 운첨교액雲尖巧額[1] 형태로 머리를 빗는 것이 많아지고, 빈모鬢毛, 관자놀이와 귀 사이에 난 머리털인 살쩍로 금봉金鳳 장식을 지탱했다. 가난한 집안 부녀자는 종이를 오려 두발에 붙였다.[2]

묘장의 제자題字에 따르면 이 그림에 나오는 벽화는 원부元符 3년1100년에 그려졌다. 두발 형태가 '급파急把'와 '수견垂肩' 양식인 것이나 '운첨교액雲尖巧額'의 규격을 따른 것을 보면 인용문의 내용과 부합하며, 저자의 기억에 부족한 점을 보충하기에 충분하다. 묘주인 조대옹趙大翁은 종실宗室의 지주 출신인데 집안 부녀자들의 복장이나 두발 형태도 악기를 연주하는 기악伎樂과 비슷한 것으로 보아 효관孝冠일 가능성이 크다는 논법도 참고할 만하다.

또한 『동경몽화록』「재상, 집정, 친왕, 황족 그리고 백관이 궁궐로 들어와 황제에게 술을 올리며 축수하다執宰親王宗室百官入內上壽」조條에 나오는 기록도 참고할 만하다. 이를 살펴보면 다음과 같다.

> 여러 잡극의 각색배우들은 원과를 쓰고 각기 본색배역에 따라 자주색, 붉은색, 녹색의 관삼에 의란을 하고, 도금한 요대를 착용했다.……매번 춤추는 이가 입장할 때마다 나란히 서 있는 이들이 손깍지를 끼고 왼쪽과 오른쪽 어깨를 들썩이며 발을 굴러 박자를 맞추면서 함께 군무를 추었는데, 이를 '뇌곡자挼曲子'라고 했다.[3]

이 그림에는 단지 한 사람만 춤을 추고 있어 인용문에서 말한 것처럼 제왕을 위한 축수 연회에서 대규모로 춤을 춘 것은 아니지만 잡극인의 복색이나 손을 올리고 발을 굴러가며 박자를 맞추는 뇌곡자를 연희하는 모습은 오히려 『동경몽

1 운첨교액雲尖巧額은 북송 후기에 유행하던 두발 형식으로 이마의 머리카락을 횡렬로 구름 모양처럼 만든 것을 말한다.

2 원경袁褧, 원이袁頤, 『풍창소독楓窗小牘』, "汴京閨閣妝抹凡數變, 崇寧間, 少嘗記憶作大髻方額(宜如敦煌宋畫額前着六梳髮髻插六笄婦女情形). 政, 宣之際, 又尚急把垂肩(冠則名'等肩', 近年定陵出皇后冠子即仿之而成). 宣和以後, 多梳雲尖巧額, 鬢撑金鳳. 小家至爲剪紙襯髮".

3 『동경몽화록』, 「집재친왕종실백관입내상수執宰親王宗室百官入內上壽」조條, "諸雜劇色皆諢裹, 各服本色紫, 绯, 綠寬衫, 義襴, 镀金帶.……每遇舞者入場, 則排立者叉手, 舉左右肩, 動足應拍, 一齊群舞, 謂之挼曲子".

삽도112 〈**춘유만귀도**春遊晩歸圖〉 **부분**

화록』의 기록과 상통한다. 묘주인 조대옹의 집안에 있는 악사나 무인舞人이든 아니면 임시로 고용했든 간에 상사喪事를 치루면서 시끌벅적하게 악기를 연주한 것은 궁정에서 축수할 때 잡극의 배우들을 불러 연희하던 행태를 본뜬 것이라고 해도 크게 무리가 없을 듯하다.[4]

위 인용문에 보면 여러 잡극의 배우들이 이른바 '원과諢裹'를 썼다고 했는데, 이런 머리쓰개는 대충 싸맨 두건의 일종으로 일정한 격식이 없다. 이는 대가노부大駕鹵簿에도 활용되었는데, 정상적인 관복이 아님에도 사용된 것이 흥미롭다. 악부樂部는 여자들이 변장을 하고 여러 가지 머리쓰개를 착용했는데 어쩌면 그중에 원과와 비슷한 것이 있을 수도 있다. 혹자

4 원주 상가喪家에서 조문객이 방문하면 즉시 음악을 연주하며 애도를 표하도록 하는 풍조는 이후에도 계속 이어졌다. 지금으로부터 수십 년 전 구사회舊社會, 중화인민공화국 이전 사회에서도 이런 풍조가 남아 있었다.

삽도113 〈산락도散樂圖〉(하북 선화宣化 요遼 천경天慶 6년 분묘 벽화에 보이는 한인 종복)

는 이를 당대 혼탈모渾脱帽라고 주장하고 있으니 좀 더 논의를 해봐야할 것이다.

송대 의복제도에서 흔히 언급되는 것이 곡각복두曲脚幞頭이다. 일반적으로 공무로 출장을 가는 이들이 착용하던 머리쓰개이다. 이 그림에서 비교적 구체적으로 확인할 수 있다. 송대 사람이 그린 〈춘유만귀도春遊晩歸圖〉나 〈중흥정응도中興禎應圖〉에 나오는 이졸吏卒들의 모습도 참고할 수 있다. 그중에서 〈춘유만귀도〉는 말을 탄 관료 앞뒤로 열 명의 이졸이 수행하는 모습을 그렸는데, 이는 분명 지현知縣이 임지로 가는 모습을 묘사한 것이 틀림없다. 그럼에도 불구하고 '춘유만귀도'라고 제목을 붙였으니, 이는 후인들이 제대로 이해하지 못한 까닭이다. 왜냐하면 현관이 부임할 때만 동일한 옷차림의 차리差吏, 파견된 이졸들이 교의交椅[5]를 등에 메고, 가구나 기물 등을 멜대

삽도114 선화 요대 분묘 벽화에 보이는 종복

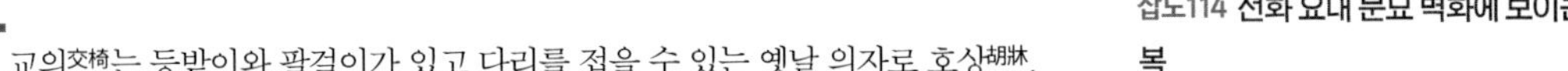

5 교의交椅는 등받이와 팔걸이가 있고 다리를 접을 수 있는 옛날 의자로 호상胡牀,

에 걸어 운반하면서 관리가 탄 말 앞뒤에서 따라갔기 때문이다.삽도 112

또한 근년에 하북 선화에서 출토된 요나라 분묘 벽화 악부樂部에도 유사한 모습이 나온다. 음악을 연주하는 악인들은 대부분 송대 정규 관복인 붉은색 또는 녹색의 원령복을 입고 있다. 복두의 각脚이 구부러진 것을 제외하고 사모의 양식이나 당대 양식인 오피육봉화烏皮六縫靴를 신은 것은 차리差吏가 착용할 수 있는 복식이 아니며, 영관伶官, 악관樂官의 복장도 아니다. 그렇다면 의도적으로 송나라에서 포로가 되거나 투항한 송조 관리로 충당했을 가능성이 크다. 『대송선화유사大宋宣和遺事』의 기록에 따르면, 변량이 함락된 후 금나라가 조송趙宋, 송나라 종실 남녀 3천여 명을 포로로 잡아갔다. 연경에 도착한 후 누추한 절에 기거하게 된 후비나 궁녀들은 자수나 바느질로 소일하거나 때로 금나라 군사들이 술을 마실 때 끌려가 노래를 부르거나 술을 따라야만 했다. 당시 송조 왕실과 종실 친척들은 이처럼 가혹한 학대를 받았다. 그런 까닭에 요나라 분묘에서 송조의 관복을 입고 악기를 연주하는 모습이 나오는 것도 전혀 기이하지 않다.삽도 113, 114

또는 교상交牀이라고도 한다.

116

송대 분묘 벽화 머리 빗는 여인과 연회

그림178 (송) 고화관(효관)**을 쓰고, 맞깃 선오**旋襖**를 입고 화장하는 종실 지주 집안의 부녀**(하남 우현 백사진 북송 원부元符 3년 조대옹趙大翁의 분묘 벽화)

그림 178은 중국역사박물관에 소장된 모사본이다.

그림에 나오는 곡식자루 위에 '송원부삼년조대옹宋元符三年趙大翁'이란 글자가 적혀 있어 북송시대 종실 지주의 묘장임을 알 수 있다. 이 그림의 왼쪽은 조대옹의 장례 때 집안 식구들의 일상 생활 모습을 그린 것이고, 오른쪽은 집 주인 부부가 긴 탁자를 사이에 두고 서로 마주보고 있는 그림

그림178 (계속) (송) **복두를 쓰고 둥근 깃의 원령의를 입고 높이 틀어 올린 머리에 교령의를 입은 종실 지주 부부와 효자 또는 가족**(하남 우현 백사진 북송 원부 3년 조대옹의 분묘 벽화)

이다. 탁자 위에는 관례에 따라 술을 데우는 주완注碗과 대진臺盞 등 식기가 놓여 있다. 부조浮雕하여 채색했다. 남자는 조대옹 본인의 생전 모습일 것이다. 뒷면에 나오는 이들은 시중을 드는 하인과 효자 및 가족들이다. 그림에 반영되고 있다시피 망자는 평생 종실 지주로 부귀영화를 누렸으며, 죽어서도 그런 생활을 유지하고자 했다. 탐욕은 죽어서도 고쳐지지 않는 모양이다. 또 다른 그림에 보면 소작농들이 장례에 사용할 재물과 비단 등을 바치는 모습이 그려져 있다. 당시 지주들이 친지의 장례를 이용하여 소작농들을 착취했음을 보여주는 대목이다. 이는 옛날부터 그러했다. 전체 봉건 사회 내내 이런 작태가 이어졌고, 특히 한대 석각에 보다 구체적이고 명확하게 묘사되고 있다.

송대 사서나 개인 필기에 보면 송대 사람들의 두발 형태가 점점 높아지고 커졌기 때문에 정부가 법령으로 금지시켰다는 기록이 상당히 많이 나온다. 「여복지」 외에도 『송조사실宋朝事實』, 『연익이모록燕翼貽謀錄』 등에 구체적으로 언급되고 있으며 높이나 너비까지 기록한 경우도 있다. 그림에서도 많이 볼 수 있으나 시대를 특정하기 어려웠는데, 이 벽화가 발견되어 보다 명확한 시기와 형태를 확인할 수 있게 되었다. 분명 이는 원부元符, 북송 철종哲宗 조후趙煦의 시절의 마지막 연호, 1098~1100년 시절의 양식이다. 조대옹이 살았던 백사白沙는 수도인 변량에서 가깝고 망자는 종실이다. 그러니 그림에 나오는 두발 형태는 의심할 바 없이 당시 궁중에서 사용하던 '대소과大梳裹'[1]와 관련이 있을 것이다. 돈황에서 발견된 북송 초기 태평흥국太平興國, 태종 시절의 연호, 976~984년 시절의 진향인進香人 벽화에도 이와 유사한 두발 형태가 나오니 아마도 이때부터 '대소고'와 같은 양식이 시작된 듯하다.

주휘周煇의 『청파잡지清波雜志』 권8에 보면 다음과 같은 내용이 나온다.

> 황우皇祐, 북송 인종 연호, 1049~1054년 초년에 조서를 내려 부인들이 착용하는 복관服冠은 높이 7촌, 너비 1척을 넘지 못하며, 머리 장식에 사용하는 빗梳은 1척을 넘지 못하고 뿔로 만들도록 했다. 처음에는 궁중에서 흰색 뿔로 만든 백각관白角冠이 유행했는데 이를 일러 '내양관內樣冠'이라고 했으며 '수견垂肩, 어깨까지 내려왔다는 뜻 또는 '등견等肩'이라고 이름 지었다. 길이가 3척이나 되는 것도 있어 차첨車檐, 어깨에 메는 가마인 견여肩輿을 탈 때면 고개를 숙이고 들어가야만 했다. 빗의 길이도 1척을 넘었다. 조정에서 의논하여 복장이 요사스럽다고 여기고 금지시켰다. 내가 어려서 부녀자들의 옷차림을 보았을 때도 몇 년에 한 번씩 바뀌었으니, 하물며 수백 년 전의 형태는 당연히 다를 수밖에 없다. 예를 들어 높은 관에 큰 빗으로 장식한 고관장소高冠長梳는 나도 본 적이 있는데 당시 '대소과大梳裹'라고 불렀으며 성례盛禮, 성대한 의례가 아니면 사용하지 않았으니 지금 사용하는 것은 필시 신기한 것을 과시함이 아니라고 할 수 없다. 다만 널리 유행하는 풍조가 아니기 때문에 팔거나 살 수 없다. 대저 이전 사람들은 기물을 만들거나 가옥을 지을 때 높고 크도록 애썼지만 나중에는 점차 협소해졌으니 장식도 마찬가지일 것이다.[2][3]

주휘周煇의 기록에 따르면, 남송 초년에도 경사스러운 날이나 의례가 있을 때 '대소과大梳裹'를 사용하기는 했으나 일반적으로 점차 작아졌음을 알 수 있다. 하지만 여기서 작아졌다는 것은 이전의 '대소과'와 비교해서 그렇다는 것일 뿐, 원·명대의 머리 장식보다 훨씬 크고 높았다. 이런 형태는 전체 역사에서 그리 흔히 볼 수 있는 것은 아니다.

1 대소과는 송대 부녀자들 사이에서 유행하던 두발 형태로 높은 관에 큰 빗을 꽂아 장식한 것을 말한다. 항주 사람들은 이를 '대두면大頭面'이라고 불렀다.

2 주휘周煇, 『청파잡지清波雜志』 권8, "皇祐初, 詔婦人所服冠, 高毋得過七寸, 廣毋得踰一尺. 梳毋得踰尺, 以角爲之. 先是, 宮中尚白角冠, 號內樣冠, 名垂肩, 等肩, 至有長三尺者, 登車檐皆側首而入. 梳長亦踰尺. 議者以爲服妖, 乃禁止之. 煇自孩提見婦女裝束, 數歲即一變, 況乎數十百年前樣製, 自應不同. 如高冠長梳, 猶及見之, 當時名大梳裹, 非盛禮不用, 若施於今日, 未必不詫爲新奇. 但非时所尚而不售. 大抵前輩治器物, 蓋屋宇, 皆務爲高大, 後漸從狹小, 首飾亦然".

3 (원주) 이는 사물의 현상만을 가지고 이야기한 것일 뿐이다. 전체적으로 볼 때 원·명대에 또다시 머리 장식이 높아지기 시작했다. 예를 들어 금은으로 만든 화관을 일러 '왕모대王母隊'라고 했는데, 위에 제천악기諸天樂伎 1백여 명을 장식하여 전체 무게가 금은으로 28냥에 이르렀다.

117

송대 〈회창구로도會昌九老圖〉

그림179 (송) **고장건자**高裝巾子[1]**를 쓰고 교령**交領**의 난삼**襴衫**을 입은 퇴직 문인**(송대「회창구로노」)

원화는 고궁박물원에 소장되어 있으며, 제목을 〈향산구로도香山九老圖〉라고 부르기도 하나 내용은 같다.[2] 당대 시인 백거이白居易 등이 회창會昌, 무종 때 연호, 841~846년 연간에 낙양의 자택에서 여러 문인들과 더불어 시회詩會하는 모습을 그렸다. 복식은 송대 퇴직 관료들의 평상복 차림이다.

명대 중서사인中書舍人을 역임한 마추馬芻의 발跋에 관련 기록이 인용되어 있다.

1 고장건자高裝巾子는 송대 문인들이 평소에 즐겨 쓰던 높고 네모 반듯한 건모巾帽이다. 여기에 넓고 큰 상의를 입은 옷차림을 고상하다고 여겼다.

2 내용은 백거이와 관련된 작품이란 점에서 같으니 그림의 작가나 인물 배치와 구도 등은 다르다. 〈향산구로도〉는 명대 화가 주신周臣, 자는 순경舜卿, 호는 동촌東村이 그린 것이며 현재 천진박물관에 소장되어 있고, 〈회창구로도〉는 송대 화가 이공린李公麟의 작품으로 알려져 있으며확신할 수 없음, 현재 요녕성박물관에 소장되어 있다.

삽도115 고사건高士巾과 동파건東坡巾

❶ 〈한희재야연도韓熙載夜宴圖〉에 보이는 두건

❷ 고궁에 소장되었던 낙관이 없는 「소식상蘇軾像」에 보이는 두건

회창會昌 5년845년 3월 24일, 호고胡杲, 길욱吉頊, 유상劉爽, 정거鄭據, 노진盧眞, 장혼張渾 등 여섯 현인은 모두 연세가 많고 나는 그 다음인데, 동도東都, 낙양 이도방履道坊, 이도리履道里 내 집에 모여 상치모임尚齒之會, 경로회, 기로회耆老會을 가졌다. 일곱 분의 노인네들이 서로 바라보면서 술을 마시며 즐거워했다. 조용히 생각해보니 참으로 드문 모임인지라 각기 시를 한 수를 써서 기록하여 여러 호사자好事者에게 전하고 싶었다. 그해 여름 다시 두 명의 노인이원상李元爽, 여만如滿이 나이나 모습이 서로 비슷하여 함께 고향에 돌아와 모임에 왔기에 성명과 나이를 적고 그 모습을 그려 그림 오른쪽에 집어넣었다.……[3]

3 백거이白居易, 「향산구로시서香山九老詩序」, "會昌五年三月二十四日, 胡, 吉, 劉, 鄭, 盧, 張等六賢, 皆多年壽, 予亦次焉, 於東都敝居履道坊內合尚齒之會. 七老相顧, 既醉且歡. 靜而思之, 此會希有, 因各賦詩一章以紀之, 或傳諸好事者. 其年夏, 又有二老, 年貌絕倫, 同歸故鄉, 亦來斯會, 續命書姓名年齒, 寫其形貌, 附於圖右 , 與前七老題爲九老圖……".

당시 모임에 참가한 최고 연장자는 이원상으로 136세이고, 가장 나이가 적은 이는 74세였다. 원래는 7명이었기 때문에 백거이의 시「향산구로시香山九老詩」에서 "일곱 명의 나이를 합치면 580세이다七人五百八十四"라고 했다. 나중에 이원상李元爽과 승려 여만如滿이 참가하여 9명이 되었고, 이들을 '향산구로香山九老'라고 칭했다. 원본 그림은 이미 오래 전에 유실되었다. 9명은 이원상李元爽, 승려 여만如滿, 호고胡杲, 길욱吉頊, 유상劉爽, 정거鄭璩, 노진盧眞, 장혼張渾, 백거이 등이다. 그림은 남송 유송년劉松年이 보완한 작품으로 송대 시골에서 노인들이 입던 평상복 차림이다. 이와 유사한 내용으로 북송 화가가 그린 〈낙양기영회도洛陽耆英會圖〉가 현재까지 전해지고 있다.[4]

두건의 양식은 송대 사람들이 말하는 이른바 '고장건자高裝巾子'이다. 송대 소동파 그림에 높이 솟은 두건인 고장건자를 쓴 모습이 나오기 때문에 후대 사람들이 이를 '동파건東坡巾'이라고 불렀다. 송대에는 이외에도 '정자건程子巾', '산곡건山谷巾' 등 사람의 이름을 붙인 두건이 있었는데, 회화 작품에 나오기는 하지만 구체적인 형상이나 상호 차이는 아직까지 명확치 않다. 예를 들어 원대 각인한 송대 그림에서도 분별하기 어렵다. 미불米芾의 『화사畵史』에 보면 이런 구절이 나온다.

사자士子, 士人들은 국초송나라 초기에 모두 정수리에 녹피관鹿皮冠을 썼는데, 이는 고변古弁의 유풍으로 두건이 없었다.……이후 비로소 자색의 새그물 비단紫羅으로 정수리는 가리지 않고 이마 부위에 묶는 두건을 썼는데, 이를 '액자額子'라고 했으며, 서인들이 쓰는 두건은 차마 습용하지 않았다. 이후 거인擧人, 진사들이 비로소 자색의 사라紗羅로 정수리까지 덮는 긴 두건을 사용하기 시작했으며, 두건의 천을 등 뒤까지 내려오게 하여 일반 서인 금수黔首, 백성의 뜻과 차별을 두었고, 지금은 사인들이 모두 쓰게 되었다 서인들은 화정두건花頂頭巾을 썼는데 복건幅巾이나 소요건逍遥巾[5]의 형태였다."[6]

인용문에서 말한 녹피관은 고변과 비슷한 모양의 관으로 한나라 말기에 시작되어 진대와 남북조시대에 두루 유행했다. 손을 모아 합장하는 것처럼 생긴 것은 '갑帢'이라고 칭해야 할 것이고 물결처럼 주름진 것은 '도幍'라고 말해야 마땅하다. 이후 제량 시대 사람이 그린 〈착금도斲琴圖〉나 대규戴逵가 그린 〈열녀인지도列女仁智圖〉 등에서도 확인할 수 있다. 그 밖에 여러 그림들, 예를 들어

4 원주 다만 〈기영회도耆英會圖〉는 족자 형태이며, 사마광司馬光 등이 그려져 있다. 송대 양식에 따라 의복이나 관보를 겹으로 착용하여, 두건 위에 풍모風帽를 덧쓴 형태라는 점에서 이 그림과 약간 다르다.

5 폭건幅巾 또는 복건은 한 폭의 천으로 만들었기 때문에 붙여진 이름이다. 소요건逍遙巾은 송대 서인들이 주로 쓰던 두건으로 화정두건花頂頭巾에서 시작했다. 후대에 사인들은 물론이고 여자들도 모두 착용했다. 두건의 양쪽 각脚이 등쪽으로 내려와 있는 것이 특징이다.

6 미불米芾, 『화사』, "士子國初皆頂鹿皮冠, 弁遺制也, 更無頭巾.……其後方見用紫羅爲無頂頭巾, 謂之額子, 猶不敢習庶人頭巾. 其後擧人始以紫紗羅爲長頂頭巾, 垂至背, 以別庶人黔首, 今則士人皆戴. 庶人花頂頭巾, 稍作幅巾, 逍遥巾".

〈칠십이현도七十二賢圖〉에 유사한 머리쓰개가 나오는 것으로 보아 밑그림이 있거나 또는 남북조시대의 옛 그림을 모본으로 삼아 그린 것으로 보인다. 〈청명상하도〉와 〈서원아집도西園雅集圖〉, 〈십팔학사도十八學士圖〉, 〈낙양기영회도洛陽耆英會圖〉 및 근년에서 출토된 대량의 벽화를 보면 백십여 종의 각기 다른 형태의 송대 머리쓰개가 나오는데, 어떤 형태를 어떤 명칭으로 불러야 하는지 명확하게 판단하기 어렵다. 이 그림에서 볼 수 있는 머리쓰개는 당시 '소요건逍遙巾'이라고 불렀다. 요·금대의 제도에 따르면 부녀자가 나이가 들면 소요건을 쓴다고 했다. 현존하는 〈탁헐도桌歇圖〉나 〈호가십팔박도〉에 나오는 채문희蔡文姬 등의 부녀자들이 쓴 두건 형태로 볼 때 동파건과 서로 비슷하다는 것을 알 수 있다. 동일한 양식의 두건이 최초로 등장하는 것은 오대 그림인 〈한희재야연도韓熙載夜宴圖〉그림 158이다. 이외에 주희가 썼다는 이른바 '고사건'은 퇴직하고 시골에 은거하는 야로野老가 주로 착용하는 머리쓰개이다. 고궁에 소장되었던 원나라 조맹부趙孟頫, 1254 1322년가 그린 소식상蘇軾像이 나오는 책에 보면 두건이나 옷차림이 매우 사실적이니 서로 참고할 만하다.삽도 115 만약 상의가 넓고 크며 난襴을 가했다면 송대 사람이 흔히 '직철直裰'이라고 부르던 의복으로 송대 사람들이 고대 심의 및 '봉액지의逢掖之衣' 제도에 따라 만든 것으로 은퇴하여 시골에 사는 유로遺老의 일상복일 것이다. 송대 그림 중에 〈청금도聽琴圖〉나 〈여효경도女孝經圖〉에 나오는 인물이 입은 도복과 비슷하나 완전히 같은 것은 아니다.

118

조광윤 〈척구도蹋球圖〉

그림180 (송) 조광윤趙匡胤 〈척구도蹋球圖〉

삽도116 『사림광기事林廣記』의 삽화 〈척구도〉

송대 사람이 환선紈扇에 그린 척구도 모사본이다. 원본은 국외로 반출되었다.

이외에 원대 유명 화가인 전순거錢舜擧, 생졸 미상, 이름은 전선錢選 순거는 자이다의 모사본 족자가 남아 있는데, 행필이 섬세하기는 하나 환선에서 볼 수 있는 질박한 필묵과 사실에 가까운 옷차림에 못 미친다.

척구踢球는 옛날에 '축국蹴鞠'이라고 불렀다. 원래 백희百戲의 일종인 오락거리로 소설류小說類에 속했다. 『한서』「예문지」는 군사와 관련이 있는 것으로 잘못 알아 병가兵家에 포함시켰다. 정확한 기원은 명확치 않으며, 당시 통례에 따라 '황제黃帝' 두 글자를 붙여 '황제축국설黃帝蹴鞠說'이란 명칭으로 저록著錄에 수록되었다. 병가에 들어가 있기 때문에 금서가 되어 널리 유포되기 쉽지 않았다. 그래서 『회남만필술淮南萬畢術』이라는 책에서 "부드러운 가죽으로 만들며 안에 기러기털을 넣어 채웠다糅皮而成, 內實以鴻毛"는 간단한 기록이 전할 따름이다. 1,100여 점에 달하는 한대 석각에서도 겨우 한두 군데 그림이 나올 뿐이다. '답구蹋毬'라고 칭하기도 했는데, 한대 석각 벽화에 나오는 백희百戲에서 둥근 공을 가지고 노는 그림이 다종다양한 것만 못하다. 예전에는 말을 타고 공을 치고 놀이하는 것과 비슷하다고 하여 조식曹植의 시 「명도편名都篇」에 나오는 "연달아 축국과 격양 놀이가 펼쳐지는데 교묘한 기술과 민첩함이 천태만상이다連翩擊鞠壤, 巧捷惟萬端"라는 시구를 예증으로 들곤 했다. 하지만 사실 그 시에서 언급한 내용은 "평락관에 돌아와 연회를 베푸니 한 말에 만금이나 되는 좋은 술도 있도다歸來宴平樂, 美酒斗十千"라는 구절에서 알 수 있다시피 「평락관부平樂觀賦」에서 오릉五陵의 젊은 귀족 자제들이 술을 마시며 호기를 부리는 정경을 부연한 것일 따름이다. 당시나 또는 이후 양진 남북조시대까지 근 3세기 내내 말을 타고 공놀이를 하는 그림이 전혀 보이지 않는다. 그러다가 당대 정관貞觀 시절에 이르러서야 비로소 토번吐蕃 사람들이 궁전 인근에서 말을 타고 공놀이를 하는 것을 금지했다는 기록이 나온다. 근년에 이중광李重光의 분묘 벽화에서 일군의 기사騎士들이 교외에서 타마구打馬毬, 즉 말을 타고 공놀이를 하는 그림이 나왔다. 하지만 일정한 너비의 평평한 구장이 있는 것도 아니고, 골문도 보이지 않는다. 근년에 장안에서 발견된 구장球場을 묘사한 석각은 시기적으로 벽화보다 수십 년 후대의 것이다. 군영에서 기름을 부어 구장을 만들고 편을 나누어 격렬하게 경기를 했다. 아마도 이는 만당 시절 번진藩鎭이 할거하던 시대의 일인 듯하다. 지금까지 새롭게 증명할 만한 도상은 보이지 않는다.

손이나 발로 공을 차는 것을 당대 사람은 '보타步打' 또는 '백타白打'라고 통칭했다. 기록은 많지만 현재까지 전해지는 그림이 거의 없다. 송대에 대도시를 중심으로 상업이 발전하면서 당대의 주거 지역을 이방里坊으로 구분하던 제도가 없어지고, 신흥 시민계층이 등장하면서 각종 오락방식이 나타났다. 북송 도읍지 변량의 여러 가지 잡다한 생활 모습 등을 기록한 『동경몽화록』과 남송시대 임안 사회의 여러 가지 모습을 기록한 『몽양록』 등에 당시 시민들은 물론이고 궁정에서도 척구蹋球를 즐겼다는 기록이 나온다. 하지만 구체적인 그림이나 삽화가 거의 없다. 특히 경기를 진행하는 여러 가지 규칙이나 전문용어는 송·원대 통속 잡서인 『사림광기事林廣記』에 일부 기록되어 있을 뿐이다. 책에 보면 골문도 있고, 사람의 숫자가 다를 때는 반드시 차는 법이 달라야 한다고 적혀 있다. 또한 몸놀림도 일정한 자세가 있다.삽도 116 간혹 구체적인 행동에 대한 언급과 더불어 도표를 통한 해석이 실려 있다. 하지만 시간이 오래되었기 때문에 전문술어에 대한 서술이 있기는 하지만 명확하게 이해하기가 쉽지 않다. 공놀이를 하는 모임을 '원사圓社'라고 칭했는데, 송대에 '천하원天下圓'이란 칭호가 있는 것으로 보아 이러한 풍조가 일부 지역이 아닌 전국적으로 유행했음을 알 수 있다.

송 태조 조광윤趙匡胤 상像

그림181 (송) 전시복두展翅幞頭를 쓰고 둥근 깃 황포를 입었으며, 옥으로 장식한 붉은 속대束帶를 차고 검은 가죽신(조화皂靴)를 신은 송 태조상太祖像(남훈전南薰殿 옛 소장품)

봉건 통치자들은 자신이 "하늘에서 천명을 받았다"는 점을 과대 포장하기 위해 의복이나 거마의 등급을 엄격하게 구분하여 유아독존惟我獨尊의 존엄을 드러내고자 애썼다. 『송사』「여복지」에 따르면, 천자의 복장은 대구면大裘冕, 곤면袞冕, 통천관강사포通天冠絳紗袍, 이포履袍, 삼포衫袍, 착포窄袍 등 여섯 가지이다. 이는 『당육전唐六典』에 나오는 천자의 여섯 가지 복장을 답습하면서 약간 바꾼 것이다. 이 그림에 나오는 옷차림은 다섯 번째 복장인 '삼포'이다. "당조는 수조의 제도에 따라 천자의 일상복은 적색과 황색으로 만들었고, 옅은 황색의 포삼袍衫[1]을 입었으며, 절상건을 쓰고 아홉 개의 고리가 달린 구환대를 차고 육합화를 신었다. 송조는 이를 답습하여 저황赭黃, 황토색, 옅은 황색 포삼, 옥으로 장식한 붉은 속대, 무늬가 있는 검은 가죽신은 대연회 때 입고, 저황이나 옅은 황색의 계포襖袍, 붉은 삼포衫袍는 일상 조회 때 입었다.……모두 검은 문양의 절상건이며,……때로 황제 전용의 오사모를 썼다."[23]

이 그림의 옷차림은 일상적인 조복에 가까운데, 머리에 오사모를 쓰고 상의는 옅은 색 황포를 입었으며, 허리에 옥으로 장식한 붉은 속대를 차고 다리에 검은 문양의 가죽신을 신었다. 이는 모두 당조의 제도를 답습하여 발전시킨 것이다. 예컨대 머리에 부드러운 날개가 달린 연시복두軟翅幞頭를 개량하여 네모난 형태의 딱딱한 테를 마치 날개를 펼친 것처럼 양쪽으로 펼친 전시展翅 오사모로 만들었고, 둥근 깃의 좁은 소매 웃옷은 넓은 소매로 바꾸었다. 그래서 사서에서 이런 의복을 '대수관삼大袖寬衫'이라고 칭했다. 고위급 관료는 반드시 홍색이나 자색 관복을 입었다. 무장의 경우 매년 가을에 특별히 금포를 하사했으며, 7개 등급으로 나누었다. 문양이나 색깔의 명목은 관품에 따라 달랐으며, 반드시 소재를 달리하여 두

---

1 포삼袍衫은 장의의 일종이다 옷깃을 교차하거나 또는 둥근 깃이다. 포는 두 층으로 되어 있고, 삼은 단층이며 길이는 무릎이나 발목까지 내려온다. 양 옆에 트임이 있다.

2 『송사여복지』, "唐因隋制, 天子常服赤黃, 淺黃袍衫, 折上巾, 九環帶, 六合鞾. 宋因之, 有赭黃, 淡黃袍衫, 玉裝紅束帶, 皂紋鞾, 大宴則服之. 又有赭黃, 淡黃襖袍, 紅衫袍, 常朝則服之. ……皆皂紋折上巾, ……或御烏紗帽".

3 원주 '절상건折上巾'은 당대 양식의 복두幞頭이다. '오사모烏紗帽'는 이 그림에 나온다. 일반 관료들이 머리에 쓰는 복두는 '평시복두平翅幞頭'로 통칭한다.

벌씩을 지급했다. 문관은 의대衣帶의 등급이 더욱 많았는데, 특별히 하사하는 요대로 '취불름농사지醉拂菻弄獅子'[4]가 새겨진 '자운누금대紫雲鏤金帶'가 가장 귀중했다. 송대 사람의 필기에 따르면, 투각 기법을 사용하여 요대에 3층으로 사람과 사자가 어울리는 조각 문양을 넣었다. 북송 시절 여러 신하에게 서너 개를 주었다가 나중에 모두 회수했다고 한다.[5] 그 다음은 무소뿔로 만든 요대인데, 그중에서도 통천서대通天犀帶가 가장 상품으로 얻기 힘들었다. 안에 흰 선을 넣어 '정투正透', '도수倒秀' 등의 명목으로 삼았다. 일반 무소뿔犀角 또는 죽서竹犀 등으로 요대 판에 상감했다. 등급은 옥이나 금은으로 만든 것보다 아래였다. 일반 관리는 '각대角帶'라고 부르는 요대를 찼는데, 이는 소뿔로 만든 것이다.

오사모의 단단한 날개인 경시硬翅가 모자 양측에 수평으로 매우 길게 나와 있는데, 이는 쇠로 만든 것이다. 송대 사람의 기록에 따르면, 관료들이 입조하여 당직할 때 머리를 맞대고 사사로운 이야기를 나누는 것을 좋아했다. 그래서 오사모에 긴 날개를 달아 서로 일정한 거리를 유지하도록 했으며, 조정에서 조회할 때 진전장군鎭殿將軍[6]이 사담을 나누는 이들을 적발하여 시정하거나 탄핵하기에 편리하도록 했다고 한다. 하지만 오대五代 시절 남방에서 패주霸主가 왕 노릇을 하는 지역의 경우 복두의 경시를 양쪽으로 몇 척이나 늘려 달아 마치 용의 뿔처럼 보였다는 기록이 나오며, 멀리 돈황 오대 벽화인 〈조의금진향도曹義金進香圖〉 및 요대遼代 경릉慶陵 벽화에 나오는 요나라에 투항한 후진後晉의 관료들은 비교적 짧은 평시복두平翅幞頭를 쓰고 있다. 이렇듯 송대 이전에 이미 상당히 길거나 짧은 날개를 단 복두가 유행했다. 따라서 송나라가 전국을 통일한 후 이러한 복두의 양쪽 날개를 좀 더 길게 만들고, 관복제도 가운데 하나로 정형화한 것일 뿐이라고 보는 것이 타당하다.

4 『구당서舊唐書』는 불름拂菻을 옛 대진大秦, 고대 로마제국이라고 했다. 하지만 학자들의 연구에 따르면, 『위서魏書』에 나오는 '보람국普嵐國'이 불름이며, 북위 시절에 이미 세 차례 사신을 파견한 바 있다고 한다. 『구당서』 외에도 『신당서』, 『송사』, 『명사』에도 '불름'이라는 말이 나오는 것으로 보아 오랜 기간 중국과 교류했음을 알 수 있다. 정확하게 지금 어느 나라를 지칭하는지 논란이 있다. 예전 로마제국에 포함되었던 시리아 일대라고 주장하는 이도 있고, 비잔틴 제국, 소아시아 및 지중해 동쪽 일대의 총칭이라고 주장하는 이도 있다. 옛 기록에 불름에서 사신을 통해 사자獅子를 보냈다고 하는데, 본문에 나오는 '취불름농사지醉拂菻弄獅子'는 불름의 사자와 사람이 어울린 모양을 뜻한다.

5 (원주) 일반적으로 금대金帶 위에 새긴 것을 통칭 '사만師蠻'이라고 하는데, 내용은 '취불름농사지醉拂菻弄獅子', 즉 불름 사람이 사자를 갖고 노는 것이다.

복두幞頭는 일명 절상건折上巾이라고 하며 북주北周에서 시작되었으니 당시에는 부드러운 비단으로 각脚을 만들어 늘어뜨렸으며, 수대에 비로소 오동나무로 만들었고, 당대에는 가볍고 성깃한 구멍이 있는 비단인 나羅로 무늬 없는 비단인 증繒을 대체했다. 다만 황제의 복식은 각을 위로 둥글게 올

6 진전장군은 조정에서 조회할 때 전각 사방에 서 있던 네 명의 무장한 시위를 말한다. 본문에서는 그들이 조정 관료들이 사사로운 이야기를 나누는 것을 적발하는 임무를 맡은 것으로 나온다.

리고 신하들은 아래로 내려뜨렸다실제는 완전히 상반된다. 오대부터 점차 평평하고 곧게 바뀌었다. 국조國朝, 송조의 제도는 군신이 통복通服에 평평한 평각平脚을 착용하는 것이다. 다만 수레를 탈 때는 각을 위로 둥글게 올렸다제왕이 말을 탈 때도 마찬가지였다. 처음에는 등나무 껍질을 짜서 틀을 만들고 부드러운 풀로 만든 두건을 속에 대고 비단으로 겉을 장식한 다음 옻칠을 한다. 이후에 옻칠한 부분이 단단하게 굳으면 등나무 껍질로 짠 부분을 제거하고 앞쪽을 한 번 접어 계단처럼 만들고 양쪽에 각을 평평하게 매다는데 이는 쇠를 집어넣어 만든다.[7]

송대 사서에서 여복輿服의 연혁에 관한 기록은 주로 당대나 송대 초기 소설小說에 근거했기 때문에 서로 모순되는 부분이 적지 않아 무조건 믿을 수 없다. 예를 들어 인용문에서 황제가 쓰는 복두의 각이 위로 굽어져 있다고 했다. 이는 당대 그림에서 복두의 각이 위로 올라가 있는 것을 보고 말한 것인데, 이런 형태의 머리쓰개는 주로 일반 사람들이나 희극 예인들이 쓴 것일 뿐 실제 황제의 것이 아니다. 송대에도 전례에 따랐을 뿐 변화하지 않았다. 다만 송대 관리들이 사용하던 사모紗帽를 제작할 때 원래 등나무 껍질로 내피를 만들고 외피에 옻칠을 한 다음 옻칠한 부분이 말라 딱딱하고 가벼워지면 등나무 껍질로 만든 내피를 제거했으며, "양쪽에 각을 평평하게 매다는데, 이는 쇠를 집어넣어 만든다"고 했다.

근년에 금단金檀에서 발굴된 남송시대 주우周瑀의 분묘에서 실물이 출토되었는데, 정수리 부분이 둥글고 양쪽에 딱딱한 각이 달렸다. 각脚은 대나무로 만들었고, 안팎으로 얇은 비단사紗을 이중으로 싸맸으며, 표면에 검은 옻칠을 하여 더욱 단단하게 만들었다. 그리고 뒤쪽 테두리에 구멍을 내어 띠를 묶었다. 또한 곡부曲阜에 있는 공자 후손의 집공부孔府에 대대로 전해오는 칠사모漆紗帽가 있는데, 이 역시 송대 양식으로 만드는 방법이 기록의 내용과 같다.

이외에도 사모 양식에 따라 등나무 껍질로 만들고 옻칠한 사모합紗帽盒이 발견되었다. 이는 송대의 유물로 기존 사서 기록의 부족한 점을 보충해준다. 송나라 당시 사모에 달린 두 개의 평평한 날개平翅는 모자에 고정되었으며, 마음대로 붙이거나 떼어낼 수 없었다. 그렇기 때문에 사모를 보관하는 사모합 역시 사모와 같은 형태가 될 수밖에 없었다. 사모가 비교적 작은 것도 실물이 남아 있는데, 송대 공자의 후손 가운데 미성년자의 습봉襲封, 후손이 선조의 작위를 계승함 때 사용한 것인 듯하다. 이와 유사한 형태로 송대 사람이 그린 〈궁락도宮樂圖〉에 나오는 두 명의 관복을 입은 어린 여자가 쓴 소형 평시사모平翅紗帽가 있다.

7 탈탈脫脫 등 찬, 『송사여복지』, "幞頭, 一名折上巾, 起自北周, 然止以軟帛垂脚, 隋始以桐木爲之, 唐始以羅代繒. 惟帝服則脚上曲, 人臣下垂, 五代漸變平直. 國朝之制, 君臣通服平脚. 乘輿或服上曲焉. 其初以藤織, 草巾子爲裏, 紗爲表, 而塗以漆. 後惟以漆爲堅, 去其藤裏, 前爲一折, 平施兩脚, 以鐵爲之".

120

송대 황후와 궁녀

원화는 대만에 있다. 해방 전 『고궁주간故宮週刊』에 실린 적이 있으며, 이외에 역대 제후의 모습을 그린 사진첩에도 실려 있다.

『송사』「여복지」에 따르면, 후비의 복장은 휘의褘衣, 주의朱衣, 예의禮衣, 국의鞠衣 등 네 가지이다. 『삼례三禮』에 나오는 주대周代 제도에 근거하여 발전시킨 것이다. 〈삼례도三禮圖〉에서 서술하고 있는 내용이 비교적 상세하다. 『송사』「여복지」의 기록은 혼잡스러워 구체적이지 못하다. 제도에 따르면, 후비의 의복은 예절의 필요에 따라 다른 것을 입었으며, 색깔이나 자수문양도 이에 따라 달라졌다. 상의의 문양은 주로 두 마리 꿩을 병렬로 직조하거나 수놓았으며, 이를 일러 '요적搖翟'이라고 불렀다. 머리는 용봉 형태의 꽃비녀 관으로 장식했는데, 주로 금은에 진주보석을 상감했으며, 보석의 많고 적음이 존비를 결정했다. 황후의 머리 장식물은 24개로 제왕이 쓰는 통천관의 양상梁相과 같다. 황비는 18개로 황태자가 쓰는 관의 양상과 같다. 이는 모두 송대 조복 예제에서 정한 양식으로 평상시에는 이처럼 번쇄하지는 않았다. 이치李廌는 『담기談記』[1]에서 궁중의 어연御宴 정경에 대해 이렇게 묘사했다.

> 황후와 황태후는 모두 흰색 뿔로 만든 백각단관白角團冠을 썼고, 앞뒤로 백옥으로 만든 용 모양의 비녀를 꽂았다. 황색 배자의背子衣를 입되 화려한 채색은 하지 않았다. 태비太妃, 황태후, 德妃 朱氏와 중궁中宮, 황후, 철종 後孟氏은 모두 누금운월관縷金雲月冠을 썼으며, 앞뒤로 백옥으로 만든 용모양의 비녀를 꽂고 북주北珠, 송화강松花江 하류에서 나오는 진주로 장식했으며, 붉은 배자를 입을 때도 진주로 장식했다.[2]

중급 관료의 부녀자들도 주수珠繡, 진주나 보석 알갱이 등을 실에 꿰어 수를 놓음로 의복

그림182 ❶ (송) '일년경一年景' 화채관花釵冠을 쓰고 둥근 깃 소족화小簇花 문양의 채색 비단상의를 입었으며, 백옥으로 장식한 요대를 차고 신발 코가 구부러진 신발을 신은 궁녀와 용봉화채관을 쓰고, 넓은 소매가 달린 교령交領의 화금포복花錦袍服을 입은 송 인종 황후상(남훈전 옛 소장품)

❷ (송) 용봉화채龍鳳花釵 등견관等肩冠을 쓰고 넓은 소매가 달린 교령의 화금포복을 입은 송 신종 황후상(남훈전 옛 소장품)

1 『담기』는 송대 이치1059~1109, 자는 방숙, 호는 제남선생가 소식蘇軾, 범조우范祖禹, 황정견黃庭堅, 진관秦觀, 조보지, 장뢰張耒 등과 이야기한 내용을 기록한 책이다. 그래서 『사우담기』라고 부르기도 한다. 이치는 '소문육군자' 가운데 한 명으로 시사와 산문에 뛰어난 문인이었다.

2 이치李廌, 『제남선생사우담기濟南先生師友談記』, "皇后, 皇太后皆白角團冠, 前後惟白玉龍簪而已. 衣黃背子衣, 無華彩. 太妃及中宮皆縷金雲月冠, 前後亦白玉龍簪, 而飾以北珠, 衣紅背子, 皆以珠爲飾".

을 장식하고, 머리에 금은이나 진주, 비취로 만든 비녀를 꽂았다. 『동경몽화록』이나 『몽양록』 등에도 당시 변량과 임안에 진주를 판매하는 상점에 대한 기록이 나오는 것으로 보아 당시 사회 상류층의 진주 수요가 상당히 많았으며 활용 범위 또한 상당히 넓었음을 알 수 있다. 송대에는 남해에 진주를 채집하는 전문 관리를 두었고, 또한 해박사海舶司, 시박사市舶使의 오자인 듯함에 관리를 두어 해외에서 대량의 향약香藥과 진주 및 기타 사치품을 수입하도록 했다. 사용하고 남는 것은 거란이나 여진에게 전매했다. 『송회요집고宋會要輯稿』「식화52」에 따르면, 희녕熙寧 원년1068년 10월 입내내시성入內內侍省, 환관宦官 관서에서 아뢰길, "궁궐 곳간에 보관하고 있는 구슬은 이미 실에 꿰매어 25가지 등급으로 나누어 포장하였는데, 전체 2,540만 6,569알입니다"[3]라고 했다. 이에 신종神宗이 입내내시성에 조서를 내려 하북河北 연변의 안무도감安撫都監, 송 진종眞宗 경덕景德 3년(1006년)에 설치한 하북연변안무사河北沿邊安撫司 왕림王臨에게 보내 가격을 책정하여 분류하고 네 군데 각장榷場, 송대부터 원대까지 외국과 교역하기 위해 변경에 설치한 시장에서 팔아 확보한 은량으로 말을 살 수 있도록 준비하라고 했다. 얼마나 많이 수탈했기에 이처럼 외국에 내다 팔 정도였겠는가? 당시 통치자들의 우둔함과 탐욕, 끊임없는 사치가 어느 정도였는지 알 수 있는 대목이다.

3 『송회요집고宋會要輯稿』, 「식화52」, "奉宸庫珠子已鑽串緒裹, 都二十五等様, 計二千三百四十萬六千五百六十九顆".

그림에 나오는 관은 '용봉화채관龍鳳花釵冠'이며, 별도로 일반 화관인 '수견垂肩', '등견等肩' 등도 있었는데, 이는 『몽계필담夢溪筆談』과 『문헌통고文獻通考』의 기록에 나온다. 『문헌통고』에 보면 이런 구절이 나온다.

> 황우皇祐, 북송 인종 연호, 1049~1054년 초년에 조서를 내려 부인들이 착용하는 복관服冠은 높이 4촌을 넘지 못하고, 너비는 1척을 넘지 못하며, 머리 장식에 사용하는 빗梳은 4촌을 넘지 못하고 각을 사용하지 못하도록 했다. 처음에는 궁중에서 백각관소白角冠梳를 좋아했는데, 사람들이 이를 다투어 모방하여 이를 '내양內樣'이라고 했으며, 관의 이름을 '수견垂肩' 또는 '등견等肩'이라고 이름 지었다. 길이가 3척이나 되는 것도 있다. 빗의 길이 역시 1척을 넘었다. 조정에서 의논하여 복장이 요사스럽다고 여기고 금지시켰다.[4]

큰 빗을 활용한 그림은 송대 회화에서 거의 보이지 않으며, 돈황 그림에서 비교적 구체적으로 나온다. 빗은 일반적으로 4, 5촌 정도이고 서로 대칭되게 적절하게 배치했으며, 많은 경우 6개

4 『문헌통고』, "皇祐元年詔, 婦人所服冠, 高毋得踰四寸, 廣毋得踰一尺, 梳長毋得踰四寸, 毋以角爲之. 先時宮中尚白角冠梳, 人爭效之, 謂之'內樣'. 其冠名曰'垂肩', '等肩', 至有長三尺者. 梳長亦踰尺. 議者以爲服妖, 故禁止焉". 본서 앞에서도 이와 유사한 내용이 나오는데, 주휘周煇의 『청파잡지清波雜志』 권8의 내용을 인용했다. 내용에서 '각角'을 사용하는 것과 관련하여 양자의 기록이 다르다.

정도를 사용했다. 하남 백사 송나라 조대옹 분묘의 벽화에도 나온다. 분묘에서 나온 '원부 3년'이란 글자로 보건대, 이러한 두발 양식이나 빗 형태는 북송 말년까지 변량 인근에서 널리 사용되었음을 알 수 있다.

그림의 황후 옆에 두 명의 궁녀가 서 있는데, 모두 작은 꽃떨기小簇花 문양의 금포錦袍를 입고 백옥으로 장식한 요대를 차고 있으며, 금으로 만든 타우唾盂, 침을 받는 기물와 건세巾帨, 수건를 받들고, 머리에는 여러 가지 진짜 꽃처럼 생긴 꽃비녀花釵를 꽂고 있다. 『동경몽화록』「공주출항公主出降」조[5]에 보면 이런 구절이 나온다.

> 또한 궁빈들이 수십 명이 있었는데, 모두 진주로 장식한 비녀를 꽂았으며, 머리 장식인 적타吊朶와 영롱한 족라두면簇羅頭面, 머리 장식의 일종을 꽂았고, 붉은 나사 비단에 도금한 홍라소금포피紅羅銷金袍帔를 걸쳤다.[6]

인용문에 나오는 옷차림은 대략 이 그림의 궁빈이 입고 있는 복장과 서로 비슷하다. 이는 당시 궁중의 비빈들이 성장했을 때 모습이고, 평상시에는 비교적 간단했을 것이다. 북송 시절 궁정 악부樂部를 그린 두루마리 그림을 참조할 수 있다.

육유陸游는 『노학암필기老學庵筆記』에서 이렇게 말했다.

> 정강靖康, 흠종欽宗 조환趙桓의 연호이자 북송 마지막 연호, 1126~1127년 초년 경사에서 직조한 비단옷이나 부인들의 머리 장식은 사계절에 맞게 구비했다. 예를 들어 절기에 따른 기물로 춘번春旛, 등구燈毬, 경도競渡, 애호艾虎, 운월雲月 등의 종류가 있었고, 꽃은 복숭아꽃, 살구꽃, 연꽃, 국화, 매화 등을 모두 합쳐 일경一景을 이루었는데, 이를 일러 '일년경一年景'이라고 했다.[7]

그림에 나오는 궁녀의 머리에 꽂은 꽃비녀와 잡극인 정도새 등의 머리에 있는 꽃비녀는 대부분 여러 가지 꽃을 모은 것이다. 이러한 '일년경'의 잡다한 꽃은 남송 남자들의 비녀에서도 여전히 남아 있었다. 『무림구사』 권1에 실린 양성제楊誠齊, 양만리楊萬里, 1127~1206년의 시를 보면, "모란, 작약, 장미 꽃송이가 모든 관모官帽 위에 활짝 피었네"[8]라는 구절이 나온다. 이렇듯 꽃비녀는 관복이나 조복에 활용되었으며, 이런 풍조는 명대까지 계속 이어졌다. 이는 환관 유약우劉若愚의 『작중지酌中志』필기 작품으로 전체 24권에 자세히 기록되어 있다.

당시 궁정에서는 의자에 걸쳐놓는 장식용 견

---

5 공주가 출가한다는 뜻이다. 공주가 출가할 때는 出嫁라고 쓰지 않고 출강出降이라고 썼다.

6 『동경몽화록』, 「공주출항公主出降」조, "又有宮嬪數十, 皆眞珠釵插, 吊朶玲瓏簇羅頭面, 紅羅銷金袍帔".

7 육유陸游, 『노학암필기老學庵筆記』, "靖康初, 京師織帛及婦人首飾衣服皆備四時, 如節物則春旛, 燈毬, 競渡, 艾虎, 雲月之類, 花則桃杏花, 荷花, 菊花, 梅花, 皆併爲一景, 謂之一年景".

8 양만리, 「덕수궁경수구호德壽宮慶壽口號」 10수 가운데 제3수, "牡丹芍藥薔薇朶, 都向千官帽上開".

직물인 의피椅披와 걸을 때 깔아놓는 깔개도 진주를 꿰어 수를 놓았다. 이 그림에 나오는 형태가 문헌 기록을 증명한다. 정자定窯, 하북성 정주에서 생산되는 도자기에 '수화繡花'라는 양식이 있는데, 이는 바탕 가득 꽃을 그려 넣고 가장자리에 구불구불 선회하는 문양으로 처리한 것을 말한다. 이는 사실 당시 수화繡花 도안을 본받은 것이다. 테두리의 회운 문양은 반금수盤金繡, 금실이나 은실로 수를 놓음이다. 만약 둥근 자수문양團花 가장자리에 연속으로 작고 둥근 점이 있다면 진주수眞珠繡, 매듭수에서 나온 것이 분명하다. 구리거울 문양에 반영된 것과 공통점이 있다.

송대 〈대가노부도大駕鹵簿圖〉에 나오는 갑옷 입는 갑기甲騎 고취鼓吹, 의장악대

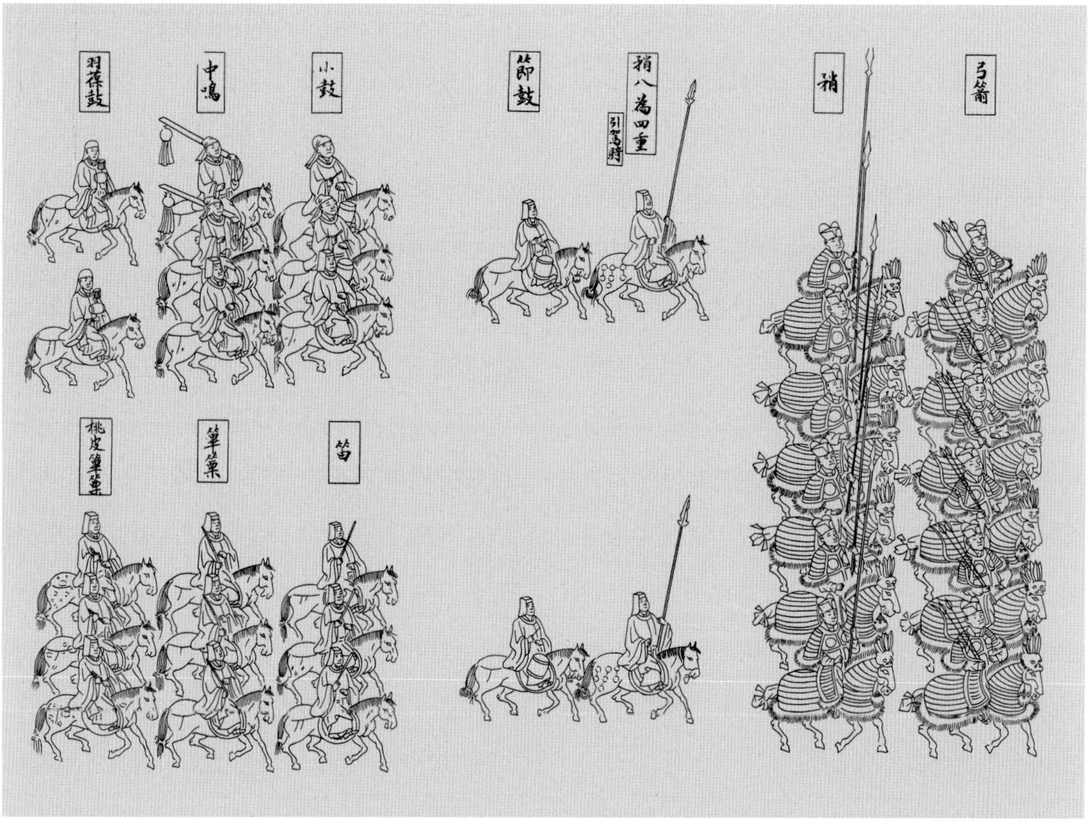

그림183 (송) 두건을 싸매거나 칠사농건漆紗籠巾을 쓰고 둥근 깃의 장포를 입었으며, 통이 넓은 바지에 포복을 입은 악부, 평건책을 쓰고 말을 타고 무장한 무위武衛(원대 사람이 그린 송대 〈대가노부도〉 중간 부분)

〈대가노부도〉 중간 부분에서 나오는 그림이다. 원화는 중국역사박물관에 소장되어 있다. 원대 증손신曾巽申, 1282~1330년, 원대 관리, 호는 선초巽初이 편찬하여 황제에게 헌상한 저작에 나오는 그림으로 알려져 있다. 두루마리 그림은 서발序跋까지 포함하여 길이가 7장이 넘는 대작이다. 채색화이며 부분마다 위쪽 구석에 『당육전』의 방식을 본떠 사서에 기록된 연혁과 설명을 부기했다. 그림 안에는 다양한 형태의 마차와 전차, 기장旗仗, 깃발과 산傘, 선扇, 악기, 병기 등이 헤아릴 수 없을 정도로 많이 그려져 있고, 등장 인물은 전체 4천 8백여 명에 달한다. 원대 관리이자 학자이며 또한 시인이기도 한 우집虞集, 1272~1348년은 자신이 저술한 『도원학고록道園學古錄』 권19에서 오랜 친구인 증손신에 대해 소개하고 있다. 이에 따르면, 증손신은 강서江西 여릉廬陵 사람으로 『노부도鹵簿圖』 5권을 편찬했으며, 지대至大, 원 무종武宗의 연호, 1308~1311년 연간에 강서행성江西行省의 승상에게 진상했다. 2년 후 황상이 그 소식을 듣고 태상예의원太常禮儀院, 예악, 제사 등으로 관장하는 관서의 관리들에게 논의토록 하여 책의 내용이 옳다고 하자 그를 옥덕전玉德殿으로 불러 대악서승大樂署丞에 임명했다. 연우延祐, 인종 연호, 1314~1320년 원년 사관편수관史館編修官을 맡아 〈교사노부도郊祀鹵簿圖〉[1]의 구설舊說을 확충했다. 또한 중도中道, 외장外仗 등의 그림을 그렸는데 두루 갖추지 않은 것이 없을 정도로 정밀하고 풍부했다.…… 그림은 비부秘府, 궁중 보관소에 수장되어 있다. 천력天曆 3년 윤7월 29일에 세상을 뜨니 향년 49세이다. 증휘신曾諱申이라고 부르기도 하며, 옛 기물을 좋아하고 옛 서화를 구매하는 데 그 비용을 헤아리지 않았다.

그림에 나오는 의복이나 갑옷, 기장, 부서部署 등은 송대 주필대周必大, 1126~1204년가 〈수의노부도繡衣鹵簿圖〉에 관해 기록한 내용 및 송대 사서의 기록과 서로 부합한다. 주필대는 〈수의노부도〉의 대오 가운데 신장이 큰 대갑사大甲士[2]에 대해 언급했는데, 이 그림에도 똑같은 모습이 나온다. 또한 문관은 전시복두展翅幞頭를 착용한 것이나 갑옷을 입고 말을 탄 무장武將의 모습도 송대 제도에 따른 것이지 원대의 것이 아니다. 포복의 문양도 송대 중련단화금重蓮團花錦[3]에 속하는 단화團花이다. 우집이 "구설을 확충하여充廣舊說" 만들었다고 말하고, 또한 증손신 자신이 '찬진纂進', 즉 편찬하여 진상했다고 말한 것 등등을 볼 때 〈대가노부도〉는 송대의 구설舊說, 또는 구도舊圖에 근거하여 만든 것이라고 추론할 수 있다. 원대 시가에 '송수의노부도宋繡衣鹵簿圖'라는 구절이 나오는 것으로 보아 당시에 옛 그림舊圖이 여전히 유전되었음을 알 수 있다. 이런 점에서 이 그림은 원래 송대 사람이 그린 〈수의노부도〉의 잔여 부분을 구매한 후에 표구하여 진상한 것일 가능성이 농후하다. 우집은 분명 그 그림의 내원을 알고 있었기 때문에 증손신에 관해 쓴 글에서 완곡한 비판을 한 것으로 보인다. 바로 이런 점에서 본 그림은 송대 초기에 도곡陶穀과 송억宋億 등의 건의에 따라 처음에는 2만여 명이 등장하는 그림이었다가 나중에 2만 8천여 명으로 확대된 방대한 의장대 및 온갖 의복과 갑옷, 마차와 전차, 병기, 악기 등의 제도에 대해 연구하는 데 매우 얻기 어려운 참고

1 원주 〈북송교천노부도北宋郊天鹵簿圖〉나 〈수의노부도繡衣鹵簿圖〉가 맞다.

2 원주 궁정 조회 때 전각 앞에서 조정의 예의禮儀를 규찰糾察하는 '전전장군殿前將軍'을 말한다.

3 단화團花 문양은 개별적인 문양을 조합하여 원형을 만든 다음 둥글게 모인 단화를 규칙에 따라 흩어진 점처럼 배열하여 사방으로 연속되는 도안을 형성하는 것을 말한다. 우리나라에서는 둥근 자수무늬라고 풀이한다. 당대 단화의 개별적인 문양은 보상화寶相花, 상서로운 꽃瑞花, 경화鏡花 등 단순한 단화이며, 다른 문양과 조합하여 복잡한 단화를 만들 수 있다.

자료라고 말할 수 있다. 송대 〈수의노부도〉는 당대 개원 연간의 예제禮制에 근거하여 만들었기 때문에 그 안에서 당대 육군六軍 조직체계와 기장旗仗과 음악 등이 어떻게 배합되었는지 대략적인 정황을 이해하는 데 도움을 준다.

그림에 나오는 문무 관리들의 복식을 『송사』 「여복지」에 근거하여 분류하면 대략 네 가지, 즉 금錦, 수繡, 인염印染, 채회彩繪 등으로 구분할 수 있다. 북송 시절에는 민간에서 염힐染纈, 즉 홀치기 염색 사용을 금지했을 뿐만 아니라 인염에 사용하는 인화판印花板의 유통도 허가하지 않았다. 인염으로 비단을 염색하는 방식은 황가의 의장대 군관들의 복식에만 활용하여 군민軍民이 혼용하지 못하도록 했기 때문이다. 이후 남송 초기에 비로소 해금되었다. 이는 경제적인 이유 때문인데, 당시 의장대의 의복은 모두 염힐染纈로 염색했다. 갑옷을 입은 군마의 장비는 각기 고유 명칭이 있는데, 증공량曾公亮이 저술한 『무경총요武經總要』에서 그림과 함께 설명되어 있다. 명대 각본인 『무비지武備志』와 『삼재도회三才圖會』는 기존의 설을 답습하여 나름의 설명을 덧붙인 것이다. 사실 원·명대의 전마는 더 이상 갑옷으로 치장하지 않았다. 『동방견문록』에 보면 원대 통치 계급 간의 내부 모순으로 인해 벌어진 몇 차례 전쟁에서 70여만 명에 달하는 대규모 기병이 동원되었다는 이야기가 나오는데, 갑마甲馬에 관한 언급은 보이지 않는다. 또한 다른 도상圖像에서도 갑마는 나오지 않는다.

이 그림은 악부와 갑마 기병을 그린 부분으로 활과 화살, 긴 창 등을 든 기병이 2열 횡대로 전진하고, 절고節鼓, 소고小鼓, 중명中鳴, 우보고羽葆鼓, 적笛, 필률篳篥, 도피필률桃皮篳篥 등 여러 악기를 연주하는 악부가 1열 횡대로 나아가고 있다. 모두 포복을 입었는데, 머리에는 칠사농건이나 복두를 썼다. 말은 갑옷으로 무장했는데, 남북조 이래로 구장마具裝馬라고 부르던 전마이다. 두루마리 그림에 나오는 갑옷 중에는 실제 작전용으로 사용하던 것도 보이는데, 이는 북송 이공린이 그린 〈면주도免胄圖〉의 갑기와 비슷하다.삽도 117:4 어떤 것은 단지 베나 비단으로 만들었는데, 이는 의장용으로 사용하는 것으로 비록 화려하기는 하지만 실제 작전에 사용하지는 않았다. 이 그림에 나오는 갑마는 대부분 후자에 속한다. 『송사』 「의위지儀衛志」에 보면 다음과 같은 대목이 나온다.

> 갑기구장甲騎具裝. 갑甲은 사람의 갑옷이고, 구장具裝은 말의 갑옷이다. 갑옷은 베로 안감을 만들고, 누런색 거친 명주인 황시黃絁로 겉감을 만들며, 청록색으로 문양을 그린다. 붉은 비단으로 테두리를 치장하고, 청시靑絁로 아랫부분(치마 부분)을 만든다. 진홍색 가죽으로 고삐를 만들고 금, 동, 쇠 등을 부착하며, 길이는 무릎까지 내려온다. 앞쪽 가슴 부위에 인면을 붙이고, 등쪽과 가슴을 연결시켜 금등사錦縢蛇로 얽어맨다. 구장은 마갑과 같이 앞쪽 가슴 부위와 뒤쪽 엉덩이 부분의 밀치끈마추馬

鞦에 말 굴레장식인 가불珂拂을 붙인다.[4]

인용문에 나오는 '금등사錦縢蛇'錦帶는 일반적으로 사람이 착용하는 것인데, 인용문에서는 오히려 사람과 말의 갑옷을 혼동하고 진짜 갑옷과 의장용 갑옷을 혼동하고 있다. 『옥호청화玉壺淸話』에 따르면, "건덕乾德, 태조 조광윤 연호 3년965년 다시 교사郊祀를 지내게 되자 범모공范魯公이 대례사大禮使가 되어 의장대노부鹵簿의 청유대靑油隊의 갑옷을 무고武庫에서 모두 꺼내어 반들반들 광채를 내고 단단히 정비하여 사람들이 가히 두려워할 만했으나 예제禮制 의용儀容 면에서 정돈이 되지 않았다. 도곡陶穀이 예의사禮儀使가 되자 나름의 방안을 마련하여, 황시黃絁에 청록색으로 그림을 그려 갑옷의 문양을 내고, 청포靑布로 주머니를 만들어 말 뒤편에 달고, 청록색으로 아래치마를 만들며, 진홍색 가죽으로 고삐를 만들고 길이는 무릎까지 내려온다. 구리방울을 앞쪽 가슴 부위와 뒤쪽 밀치끈에 매달았는데, 지금까지 이런 방식을 사용하고 있다".[5]

여기서 언급하고 있는 내용은 분명 구장마에 관한 것이지 사람이 착용하는 의갑은 포함되지 않는다. 이 그림에서 볼 수 있다시피 사람은 단지 포복이나 선오를 입고 있을 뿐 갑옷은 착용하지 않고 있기 때문이다. 각종 그림에서 갑마는 '몸에 두르는 구리방울遶身銅鈴'이 보이지 않을 뿐 다른 것은 문헌 기록과 부합한다.

실제 군사 작전을 실행할 때는 당연히 갑마를 사용했는데, 이는 당·송의 군대만 그런 것이 아니라 거란이나 여진의 군대도 마찬가지였다. 거란은 이러한 갑마를 '탐자마探子馬'라고 불렀는데, "사람이나 말이나 모두 전체 갑옷으로 치장했으며全幅衣甲, 人馬皆然" 많을 때는 1만 기騎에 이르렀다. 해가 저물면 기병으로 어영御營, 군주의 진영을 에워싸고 별도의 참호는 설치하지 않았다. 송나라 고종 소흥紹興 10년금나라 천권天眷 3년, 1140년 5월 금나라 장수 올출兀术, 완안종필完顔宗弼, 태조의 다섯 번째 아들이 백포를 입고 갑마를 탄 채로 3천 아병牙兵, 친위대를 이끌었는데, 모두 중무장 갑옷을 입었다. 이들을 일러 '철부도鐵浮圖, 쇠로 만든 부처'라고 불렀다. 그들은 쇠로 만든 투구두모兜牟를 쓰고 둘레를 긴 처마처럼 길게 연결하여 꿰맸다. 세 사람이 하나의 대오隊伍가 되어 가죽 끈으로 묶었는데, 매 일보를 전진할 때마다 거마拒馬, 기병의 공격을 막기 위해 나무에 창을 묶어 만든 방어용 병기로 방어할 수 있도록 했다. 또한 철기군鐵騎軍도 있었는데, 이들을 일러 '괴자마拐子馬'라고 했다. 전체 여진 사람으로 구성되어 있으며, 그들의 장을 장승군長勝軍이라고 불렀다. 그들이 공격하면 거칠 것이 없었다. 이처럼 갑기로 편성된

---

4 『송사』「의위지儀衛志」, "甲騎具裝. 甲, 人鎧也; 具裝, 馬鎧也. 甲以布爲裏, 黃絁表之, 青綠畫爲甲文, 紅錦褖, 青絁爲下裙, 絳韋爲絡, 金, 銅, 鐵, 長短至膝. 前膺爲人面二, 自背连膺, 纏以錦縢蛇. 具裝, 如常馬甲, 加珂拂於前膺及後鞦".

5 『옥호청화玉壺淸話』, "乾德三年再郊, 范魯公爲大禮使, 以鹵簿中青油隊舊有甲騎盡聚於武庫, 磨鋥堅厚, 精明可畏, 於禮容有所未順. 陶穀爲禮儀使, 出意以青綠畫黃絁爲甲紋, 青布囊之, 綠青爲下裙, 絳皮爲絡, 長短至膝, 銅鈴遶前膺及後鞦, 至今用之".

기병부대는 송대 회화 작품에서는 보이지 않고, 명대 사람이 그린 〈수호전도水滸傳圖〉에 참고할 만한 모습이 남아 있다. 다만 일부 갑기는 현존하는 〈호가십팔박도〉삽도 117 : 5, 〈중흥정응도〉, 〈삼고초려도〉에 구체적으로 반영되어 있다.

갑옷 무장은 상당히 완비된 형태였기 때문에 피차간에 방어력이 크게 증강했으며, 병기 또한 상대의 갑옷을 꿰뚫을 수 있는 타격打擊 무기 쪽으로 발전했다. 이것이 이후 18반무예十八般武藝에서 사용하는 병기의 일부가 되었다. 거란 여진족은 골타骨朶, 긴 막대기 끝에 둥근 쇠를 붙인 병기, 추錐, 예리한 송곳처럼 생긴 병기, 추鎚, 쇠망치 등을 타격무기로 삼았고, 송나라 병사들은 질려蒺藜, 질려골타, 막대기 끝에 있는 둥근 쇠뭉치에 가시처럼 침이 박힌 병기, 조추钁錐, 가래처럼 생긴 병기, 철련협봉鐵鏈夾棒, 쇠사슬에 몽둥이를 매단 도리깨처럼 생긴 병기, 저봉杵棒, 절굿공이처럼 양 끝에 철추와 철침이 달린 병기, 낭아봉狼牙棒, 곤봉 앞에 이리 이빨처럼 뾰족한 침이 박힌 병기 등등이 모두 타격 무기이다. 이는 『무경총요』에 그림이 나와 있다. 『마르코 폴로 여행기』의 기록에 따르면, 원대 중무장한 수십만의 기병이 평원에 진을 치고 먼저 현악기를 울리며 노래

삽도117 갑기甲騎

❶ 등현鄧縣 남북조 분묘 모인模印 채색 화상전畫像磚의 갑옷을 입은 말甲馬과 마부
❷ 북조 경현景縣 봉씨封氏 분묘 갑기용甲騎俑
❸ 돈황 북위 벽화 갑옷 입는 말
❹ 송대 사람이 그린 〈면주도免胄圖〉의 갑옷 입은 말과 기사
❺ 〈호가십팔박도〉에 나오는 송대 양식의 갑마甲馬

를 부른 다음 나팔을 불고 북을 치면 화살을 날리기 시작한다. 궁수마다 60발을 모두 쏘면 곧 바로 적진을 향해 돌격하여 칼과 골타 등으로 난타전을 벌이기 시작한다. 이렇듯 갑마는 거의 사용하지 않고 타격무기인 골타 등이 전투의 주력 무기였다.

악기사에 고대 악기의 형태에 대해 언급이 적지 않다. 하지만 문헌 내용이나 심히 믿을 수 없는 〈삼례도三禮圖〉의 삽화만으로 정확한 지식을 얻기가 쉽지 않다. 하지만 당시 회화나 소조 작품과 연계하여 이해하면 상황이 크게 다를 뿐만 아니라 진양陳暘의 『악서樂書』에서 언급하지 않은 내용도 보충할 수 있다. 예를 들어 필률篳篥과 도피필률桃皮篳篥의 경우 전자는 비교적 길고 크며, 후자는 앵두나무나 복숭아나무의 껍질로 얽어맨 관악기로 작은 호가胡笳와 비슷하다. 중명中鳴은 당대의 대각大角과 같은 악기로 장명長鳴도 있고 중명中鳴도 있다. 하지만 송대의 중명은 당대의 형태와 다르다. 우보고羽葆鼓는 한대 석각에서 확인할 수 있다. 이 그림에 나오는 우보고는 고대 파도播鼗, 땡땡이가 발전한 형태이다. 과거에는 이런 악기의 구체적인 형상이 없었기 때문에 정확하게 이해할 수 없었으나 이 그림으로 인해 보다 정확하게 알 수 있게 되었다. 구장마의 문제도 그러하다. 『무경총요』에 나오는 삽화만으로는 부분적인 형태나 명칭만 알 수 있을 뿐이며, 각 부분을 분해하여마관당로馬冠當顱, 마면馬面 부분을 횡렬로 배치한다는 뜻임 전체적인 처리 방식이나 활용 상황은 오히려 분명하게 알 수 없다. 하지만 이 그림을 통해 당시 말의 갑옷 착용 방법이나 상태에 대해 보다 명확하게 알 수 있으며, 다른 그림과 비교를 통해 북조 시절의 구장마와 무엇이 다르고 같은지 알 수 있게 되었다.삽도 117

송대 〈중흥사장도中興四將圖〉에 나오는 악비岳飛, 한세충韓世忠과 수행 무장武將

그림184 (남송) 사대건四帶巾을 쓰고 둥근 깃의 상의를 입었으며, 긴 가죽장화(요화靿靴)를 신은 무장 악비岳飛와 한세충韓世忠, 그리고 양쪽에 한요捍腰를 매고 검과 활, 화살을 찬 무관(남송인이 그린 〈중흥사장도中興四將圖〉 일부)

원화는 중국역사박물관에 소장되어 있다. 그림 184는 송조 중흥에 힘쓴 4명의 장군을 그린 그림으로 명대 왕가옥汪珂玉이 저술한 『산호망珊瑚網』 권5에 실려 있다.

그림은 작은 두루마리 그림이며, 악비岳飛, 한세충韓世忠, 유광세劉光世, 장준張俊 등 4명의 장수를 그렸으며, 그 옆에 각기 수행하는 가장家將, 사설 부대의 장수이 나온다. 가장은 머리에 두건을 싸맸고, 평상복에 채색 비단으로 만든 허리 보호대인 한요捍腰, 일명 요보腰袱. 요와 금나라는 '한요'로 통칭했다를 허리에 두르고 있다. 일반적으로 송·원대에 거란이나 여진의 호기胡騎 그림에서 흔히 볼 수 있는 형태이나 중원의 무장들은 거의 사용하지 않았다. 일반 군관들은 갑상甲裳, 가죽으로 만든 전포戰袍에 한요를 덧댔기 때문이다. 머리쓰개와 옷차림은

〈호가십팔박도〉, 〈중흥정응도〉에 매우 유사하다. 당시 남송 충의군忠義軍, 관군이 아닌 충의를 위해 일어난 민간 의용군의 옷차림이기 때문에 평민들의 의복과 그다지 차이가 없다. 요, 금, 서하西夏의 일상복도 많이 활용했다. 북송 시절 문무 관복과 건모는 계급에 따라 분명하게 차별했다. 하지만 남송에 이르자 정치적 영향으로 인해 혼동되기 시작했다. 조언위趙彦衛, 1155~1218년의 『운록만초雲麓漫鈔』 권4에 보면 이런 내용이 나온다.

> 정화政和, 1111~1118년, 선화宣和, 1119~1125년, 휘종 연호 연간부터 군주와 백성 모두 두건을 쓰기 시작했다. 원우元祐, 1086~1094년 연간에 오직 사마온공司馬溫公과 이천伊川 선생이 몸이 허약하고 고뿔이 걸렸다는 이유로 비단을 재봉하여 머리를 싸매고 다녔다. 당시에 이를 '온공모溫公帽', '이천모伊川帽'라고 불렀으며, 아직 건巾, 두건이란 명칭은 없었다. 도강渡江한 후남송 시절 비로소 자삼紫衫, 원래는 흰옷이었다을 입을 때 쓰는 머리쓰개라고 하여 천삼진건穿衫盡巾이라고 불렀다. 공경公卿의 조예皂隸, 관아의 인부(차역差役)나 노복에서 아래로 민간의 천부賤夫에 이르기까지 모두 착용했다. 건의 형태는 정수리 부분의 형태에 따라 원정圓頂, 방정方頂, 전정磚頂, 금정琴頂 등으로 구분했다. 진백양秦伯陽[1]이 전정복磚頂服에서 정수리 부분 안에 있는 무거운 비단重紗을 제거했는데, 이를 '사변정四邊淨'이라고 한다. 바깥에 면대面袋, 얼굴 보자기 등이 있어 괴이했다. 위도필魏道弼[2]이 재상이 된 후 삼모衫帽로 되돌리려고 했으나 끝내 실행할 수 없었다.[3]

건모巾帽에 관한 일정한 제도가 사라지고 등급 차별이 없어졌음을 알 수 있다. 사실 이는 북송이 멸망하고 남송이 건국한 이후의 일이다. 악비는 눈이 가늘고 작은데, 사서에서 그가 안질을 앓았다고 기록한 것과 부합한다. 풍모는 현존하는 「남훈전명신도상南薰殿名臣圖像」 및 관본官本 명신, 명장도에 나오는 영민하고 용맹스러운 준걸의 모습만 못하다. 하지만 이 그림은 온화하고 겸손한 모습으로 평상시의 차림새로 오히려 본래 면모에 가까울 수 있다. 송과 금이 대치했던 백여 년 동안에도 각장榷場에서는 여전히 일용품이나 토산품은 물론이고 서화 등도 대량으로 교역되었다. 『선화화보宣和畫譜』에 보면 110여 종의 거란 생활을 그린 그림이 나오는데, 대부분 대상국사大相國寺의 화랑에서 수집해온 것들이다. 이런 그림은 각장의 민간 화가들이 그린 것이기 때문에 필묵이 어설프고 그림을 그린 비단의 품질도 그다지 좋은 것이 아니었다. 하지만 주제 인물의

1 진희秦熺, 1117~1161년, 백양은 자. 진회秦檜의 양자이다.

2 위양신魏良臣, 1094~1162년, 도필은 자字.

3 조언위趙彦衛, 『운록만초雲麓漫鈔』 권4, "宣政之間, 人君始巾. 在元祐間, 獨司馬溫公, 伊川先生以孱弱惡風, 始裁帛綢包首. 當時只謂之溫公帽, 伊川帽, 亦未有巾之名. 至渡江方有紫衫, 號爲穿衫盡巾, 公卿皂隸下至閭閻賤夫皆一律矣. 巾之制有圓頂, 方頂, 磚頂, 琴頂. 秦伯陽又以磚頂服去頂內之重紗, 謂之四邊淨. 外又有面袋等, 則近於怪矣. 魏道弼參政欲復衫帽, 竟不能行".

삽도118 송대 악비상岳飛像(남훈전 「역대명신상歷代名臣像」 부분)

형상은 소박하면서도 사실에 가까웠다. 작품의 제작 시기는 현존하는 악비 그림보다 훨씬 이전일 것이다. 명대 사람이 모사한 「남훈전제왕명신도상」에 나오는 악비의 모습은 아마도 이 그림에 근거하여 그렸을 것이다.삽도 118

요대遼代 경릉慶陵 벽화에 나오는 거란인契丹人

그림185 (요遼) 정수리 부분의 머리카락을 깎아 없애고 나머지는 산발했으며곤정피발髡頂披髮, 둥근 깃에 좁은 소매의 장포를 입고 '골타骨朶'를 들고 있는 거란 의위儀衛(근위병)(요遼 경릉慶陵[1] 벽화)

요 경릉 벽화이며, 일본인이 출판한『요문화遼文化』에 실려 있다. 두 사람 모두 둥근 깃의 좁은 소매 옷을 입고 골타를 들었으며, 신분은 근위병이다. 두발 형태는 곤발髡髮로 정수리 부분을 깎아 없앴다. 요사遼史의 기록에 따르면, 당시 신분이나 지위와 관련이 있음을 알 수 있다.삽도 119 야율씨耶律氏가 동북(만주)에 요나라 정권을 건립한 후 사회 조직은 부분적으로 유목 족장제族帳制 사회에서 씨족 노예제 농경사회로 진입하는 과도기에 처했다. 거란족이나 기타 예속된 부족민들은 일정한 관직 신분을 지닌 이들

1 명明 경릉과 구분하기 위해 요경릉遼慶陵이라고 부른다. 지금의 내몽고자치구 적봉시赤峯市 파림우기巴林右旗 인근 대흥안령大興安嶺 왕분구王墳溝에 자리하고 있다. 능묘에는 요 성종聖宗 야율룽서耶律隆緖, 흥종興宗 야율종진耶律宗真, 도종道宗 야율홍기耶律洪基 등 세 명의 황제와 후비 등이 묻혀 있다.

삽도119 **경릉 벽화 일부**(남궁南宮 부분)

만 두건을 착용할 수 있었다. 설사 재물이 많다고 할지라도 관리가 아니면 머리를 그대로 노출시킬 수밖에 없었다. 만약 부유한 이가 두건을 착용할 수 있는 자격을 얻고자 한다면 정부에 대량의 재물을 상납해야만 했다. 통치자들은 이러한 법령을 통해 백성들을 착취하고 가축을 빼앗았다.

의복의 색깔도 매우 짙었다. 『요사』「의위지」, 「국복國服」조에 나오는 "번한제사시蕃漢諸司使 이상은 융장戎裝을 입고 상의는 오른쪽으로 여미며우임左衽, 흑록색黑綠色이다"는 말과 부합한다. 『송사』「여복지」 경력慶曆 8년1048년 조서에 보면, "사대부와 서인 모두 거란 복장을 모방하거나 말을 탈 때는 안장과 고삐를 사용하는 것을 금하며, 부인 의복에서 녹청색과 토록兎褐색갈색토끼의 색깔은 금지한다"는 기록이 나오며, 천성天聖 3년1025년 조령은 색깔은 물론이고 문양까지 제한했다. "경사의 사대부나 서인들은 흑갈색 바탕에 흰 무늬가 있는 의복을 입어서는 안 되고, 남색, 황색, 자색 바탕에 촬훈撮暈 방식으로 문양을 염색해서는 안 된다. 부녀자는 백색이나 갈색 모단毛段, 모직물과 옅은 갈색 비단으로 만든 의복을 입어서는 안 된다. 개봉부는 열흘 안에 금지시키도록 하라".[2] 이처럼 금지한 까닭은 복장의 형식이나 색깔이 거란과 관련이 있기 때문이다. 재료 중에서 "백색과 갈색 모직물"은

2 『송사』「여복지」, "禁士庶效契丹服, 及乘騎鞍轡, 婦人衣銅綠兎褐之類". "在京士庶不得衣黑褐地白花衣服, 並藍, 黃, 紫地撮暈花樣. 婦女不得將白色, 褐色毛段並淡褐色匹帛製造衣服, 令開封府限十日斷絕."

대부분 서북 회골回鶻 노동자들이 직조한 것이었다당시에는 서하西夏에 속함. 홍호洪皓, 1088~1155년, 자는 광필光弼의 『송막기문松漠紀聞』홍호가 금나라에 억류되었을 때 보고 느낀 것을 필기 형식으로 저술함에 비교적 상세한 기록이 나온다.

『송막기문보유松漠紀聞補遺』에 보면 다음과 같은 기록이 나온다.

> 요단耀段 갈색褐色, 경단涇段 백색白色과 생사生絲를 날실로 하고 양모를 씨실로 직조한 직물이 좋기는 하지만 내구성이 떨어진다. 풍단豐段은 백색과 갈색이 가장 좋다. 낙타털로 만든 모직물은 하서河西에서 나오는데, 갈색도 있고 백색도 있으며, 가을털이 가장 좋고 좀이 슬지 않는다. 겨울에 털이 떨어지면 털 중에서 거친 것은 제거하고 고운 털솜털만 취한다. 이는 모두 관서關西의 양털인데, 번어蕃語, 이역의 말로 '골앙羖羊+骨羖'이라고 한다. 북양은 그저 거친 털만 만들 수 있다.[3]

이러한 모직품은 당시 서하에서 공물로 바치거나 거란에서 사온 것들이다. 모직물 중에 "갈흑사褐黑絲, 갈리사褐里絲, 문득사門得絲, 파리가帕里呵" 등의 명칭이 나오는데, 구체적인 재료가 어떤 것인지는 아직 분명치 않다. 이러한 금령 외에도 송대에는 적돈吊敦, 말고襪袴[4]을 금지하는 법령도 있었는데, 당시 의복에 대한 금령이 상당히 엄격했음을 알 수 있다. 또한 이를 통해 거란인이 비단, 가죽옷 외에도 일부 서역에서 수입한 모직물을 착용했음을 확인할 수 있다. 『독성잡지獨醒雜志』 권5의 기록에 따르면, 선화 연간에 여진이 요나라 정권을 무너뜨린 후 변량 지역에 투항한 거란인 들이 날로 많아졌고, 여진의 사절들이 빈번하게 왕래하면서 이러한 금령도 흐지부지 사라지고 말았다.

본 절에서 언급한 벽화가 발견되면서 문헌 기록과 대조하여 거란인의 복식 제도에 대해 다각도로 연구할 수 있고, 또한 새로운 지식을 얻을 수 있었다.삽도 120 참조 뿐만 아니라 현존하는 명화 〈탁헐도卓歇圖〉의 제작 연대와 관련하여 새로운 관점을 제시할 수 있었으며, 당 태종이 단기單騎로 돌궐突厥과 대면했다는 이야기를 주제로 그린 〈편교회맹도便橋會盟圖〉와 곽자의가 회흘인과 만난 이야기를 주제로 그린 이공린의 〈면주도免冑圖〉 등이 모두 전연회맹澶淵會盟 이후 북송 화가의 손에서 나온 것임을 확인할 수 있었다. 그림은 비록 당대의 일을 소재로 삼았지만 실제는 북송이 거란 정권과 타협한 것을 간접적으로 칭송하는 내용과 관련이 있다는 뜻이다. 또한 〈호가십팔박도胡笳十八拍圖〉는 남송 시절 투항파가 강남에

3 홍호洪皓, 『송막기문보유松漠紀聞補遺』, "耀段褐色, 涇段白色, 生絲爲經, 羊毛爲緯, 好而不耐. 豐段有白, 有褐, 最佳. 駝毛段出河西, 有褐有白, 秋毛最佳, 不蛀. 冬間毛落, 去毛上之粗者, 取其茸毛. 皆關西羊爲之, 蕃語謂之'羊+骨羖'. 北羊止作粗毛". 요단耀段, 경단涇段, 풍단豐段 등은 모직물의 명칭이나 구체적으로 어떤 것인지는 알 수 없다.

4 말고襪袴는 바짓가랑이가 넓고 밑이 트였으며, 바짓부리를 끈으로 묶은 바지를 말한다. 주로 말을 탈 때 남녀 공용으로 사용되었다.

서 일시적인 평안을 도모할 무렵 금나라가 재차 송후宋后를 남쪽으로 돌려보내겠다고 선전한 것과 관련이 있다.

『요사遼史』 기록에 따르면, 거란인은 정수리 부분을 깎아내고 나머지 머리카락을 귀 아래까지 내려뜨렸다곤정수발髡頂垂髮. 이는 이 그림에서 비교적 구체적이고 명확하게 확인할 수 있다. 근년에 출토된 분묘의 벽화에서 볼 수 있다시피 이마 부분에서 삭발하고 남은 머리를 처리하는 방식은 여러 가지 각기 다른 양식을 취했다. 이는 문헌에서 언급하지 않은 내용인데, 그림을 통해 보완할 수 있을 듯하다.삽도 121

변경의 형제 민족거란, 여진, 회골, 토번 등을 칭함은 성년 부녀자의 경우 머리를 땋아 뒤로 넘겼고, 성년 남자 역시 머리를 땋아변발辮髮 여러 갈래를 만들었다. 동북의 거란과 여진, 서북의 회골과 토번은 삭발하고 남은 머리의 처리 방식이 각기 달랐다. 거란 남자는 정수리 부분을 깎고 나머지 부분은 산발했으며, 여진 남자는 양쪽으로 머리를 땋아 내렸다. 형식이 각기 다를 뿐만 아니라 각기 나름의 제도가 마련되어 있었다. 요 경릉 벽화와 근년에 동북 고륜庫倫과 하북 선화宣化 장가구張家口 등에서 발견된 요나라 분묘의 거란인 벽화 및 현존하는 〈탁헐도〉와 〈호가십팔박도〉 등에서 비교적 명확한 모습을 확인할 수 있다. 회골과 토번의 변발은 돈황 벽화에 다양한 양식이 그려져 있다.

원대 몽골족 남자는 두발을 묶어 고리 형태를 만들어서 귀 뒤쪽으로 넘기는 형태인데, 연달아 서너 개의 고리 형태를 만들기도 했다.[5] 하지만 귀족과 평민 부녀자들은 오히려 추계椎髻 형태였다.[6] 과거에는 이러한 사실에 대해 상호 대조하며 정리한 경우가 없었다. 물론 현재 말하는 내용도 개괄적일 뿐 전면적인 고찰이라고 말할 수 없다. 다만 새로운 자료가 날로 많아지면서 새로운 지식이 많아진 것은 분명하다. 예를 들어 예전에는 거란족의 경우 정수리 부분의 머리카락을 깎아냈다는 정도의 단순한 지식만 있었지만 새로운 발견을 통해 나머지 두발을 여러 가지 다른 양식으로 처리했으며, 원대에 들어와 간소해지면서 정수리 부분에 복숭아처럼 한 움큼의 머리카락을 남기게 되었다는 것을 알게 되었다. 또한 이를 통해 『정발수지淨髮須知』[7]에서 『대원신화大元新話』라는 책에 나오는 「대원신례大元新例」를 인용하여 몽골의 이발 규범에 관한 구결口訣, 외우기 쉽도록 요점만 정리하여 만든 어구이 제멋대로 만든 것이 아니

5 몽골 남자는 앞머리에 네모난 모양으로 두발을 남기고 모두 깎으며, 뒷머리는 결발하여 여러 개의 고리 형태로 만들어결발작환結髮作環 뒤쪽으로 넘겼다.

6 추계椎髻는 일반적으로 정수리나 머리 뒤쪽에 뭉치 모양으로 쪽을 짓는 두발 형태를 말하는데, 저자가 말한 몽골 귀족과 부녀자의 '추계'가 이런 형태를 뜻하는 것인지 알 수 없다. 왜냐하면 몽골 여성들은 머리를 틀어 올린 것이 아니라 결발하여 뒤쪽으로 내려뜨렸다는 기록이 나오기 때문이다.

7 『정발수지』는 중국 최초로 이발업과 관련한 내용을 삽화와 더불어 상세하게 기록한 저작물이다. 원대에 나왔으나 저자는 미상이다. 이발업의 연혁, 전설, 조사祖師, 규칙, 용어와 은어, 업자들끼리 주고받는 묘결妙訣 등을 소개하고 있다. 이는 청말 북경의 이발업계에서 통용될 정도로 오랫동안 이어졌다. 『영락대전』 권14125 「체발剃髮」목目에 실려 있다.

삽도120 고륜庫倫(지금 의 몽골 울란바토르) **요대 분묘 벽화**

❶❷ 1호묘 벽화 부분

❸ 2호묘 벽화 부분

라 이전 것을 계승한 것임을 알 수 있다. 앞이마의 두발 형식은 필시 귀 아래쪽으로 내려뜨린 고리와 상응하는 것인데, 이는 시기적으로 1, 2세기 앞선 거란의 제도를 인습했을 가능성이 크다. 왜냐하면 원대의 그림에서 볼 수 있다시피 이마에 머리카락을 남겨두던 것이 점차 복숭아 크기의 두발만 남기는 것으로 간소화했기 때문이다. 이런 형태는 보편적이었으며, 앞이마의 두발 형태는 그처럼 다양하지 않았다. 남자들은 귀에 귀걸이를 했는데, 이 역시 과거에는 모르고 있던 사실이다.

삽도121 거란인 남자 두발 형태
❶❷❸❹ 고륜 1호 요대 분묘 벽화에 나오는 인물의 두발 형태
❺ 고륜 2호 요대 분묘 벽화에 나오는 남자

124

〈탁헐도卓歇圖〉

그림186 (요) 두건을 쓰고 둥근 깃에 장포를 입었으며, 높은 관과 교령에 장포를 입고 표범가죽으로 만든 활집을 든 거란 귀족과 관리, 머리를 깎은 거란이나 여진 악무시종樂舞侍從. (호괴胡瓌, 〈탁헐도〉)

원화는 북경 고궁박물원에 소장되어 있다. 오대 거란 화가 호괴胡瓌가 그린 것으로 알려져 있다.

탁헐卓歇 이야기는 이전 사람의 다음과 같은 기록에 근거했다.

거란 군주는 계절에 따라 출행하여 수렵할 때 군신들이 차례대로 해동청 송골매를 날려 백천아白天鵝, 고니, 큰 거위를 잡고, 다시 물가로 가서 머리 위에 혹이 난 것처럼 생긴 우두어牛頭魚를 잡았다. 숙영지로 돌아오면 시종하는 무위武衛들이 긴 자루 위에 방형의 목판을 올린 가서봉哥舒棒을 우뚝 세우고작립卓立하고 장막 밖에서 호위했다. 이렇듯 가서봉을 우뚝 세우고 호위하는 가운데 휴식한다고 하여 '탁헐卓歇'이란 이름을 붙였다.삽도 122, 123, 124

또한 『설부說郛』 권3에 인용된 『사요록使遼錄』에서도 "북인北人, 거란족은 군주가 직접 출행하여 사냥할 때 시절마다 각기 가는 곳이 따로 있었다. 2월 3일에는 해동청이라고 부르는 송골매를 날려 기러기를 잡았다"고 했다.[1]

현존하는 〈탁헐도〉는 긴 두루마리 그림으로 크게 두 부분으로 나뉜다. 한 부분은 기병들이 말에서 내려 휴식하는 내용인데, 마구 사이에 사냥하여 잡은 거위나 사슴 등이 그려져 있다. 다른 한 부분은 거란 군주가 장막에서 연악을 즐기며 남녀 시종들이 옆에 서 있는 모습이다. 음악을 연주하는 가운데 춤을 추는 이들도 보인다. 정수리가 노출되도록 머리를 깎고곤두髡頭 변발을 늘어뜨린 두 명의 시종이 세워서 연주하는 수공후豎箜篌를 켜고 함께 춤을 추며 금은으로 만든 주완注碗으로 술을 올리고 있다. 문헌 기록과 일부 부합하나 완전히 같은 것은 아니다.

『선화화보宣和畫譜』에는 호괴胡瓌와 그의 아들 호건胡虔, 그리고 방종진房從眞이 그렸다는 그림의 제목이 상당히 많이 수록되어 있는데, '탁헐卓歇'을 주제로 삼은 것이 적지 않다. 우선 호괴의 〈탁헐도〉가 2개, 〈번부탁헐도番部卓歇圖〉 3개, 〈탁헐번족도卓歇番族圖〉 1개, 〈취막탁헐도毳幕卓歇圖〉 1개, 〈평원번부탁헐도平遠番部卓歇圖〉 2개 등 전체 9개이고, 호건은 〈번부탁헐도〉 5개, 〈번족탁헐도番族卓歇圖〉 4개, 〈족장번부도族帳番部圖〉 1개 등 전체 10개이

1 『설부說郛』 권3에 인용된 『사요록使遼錄』, "北人打圍, 一歲各有所處, 二月三日放鶻, 號海東青, 打雁".

삽도122 ???

삽도123 〈탁헐도〉 안장 뒤편에 거꾸로 매달려 있는 거위 부분

삽도124 거란 또는 여진의 〈비응출렵도臂鷹出獵圖〉

며, 방종진은 〈번부탁헐도〉 1개, 〈탁헐도〉 2개 등 전체 3개이다. 이상 '탁헐'과 관련된 그림은 전체 22종이다.

여러 그림 가운데 현존하는 〈탁헐도〉 두루마리 그림 및 요와 금대 유목 민족의 생활을 그린 제목 미상의 몇몇 그림을 제외한 나머지 그림은 구체적으로 어떤 내용을 담고 있는지 알 수 없다. 본 그림이 만약 호괴 자신이 직접 그린 것이라면 당연히 당시 거란족의 옷차림이나 두발 형태가 그대로 반영되었을 것이다. 그런데 의심스러운 부분이 있다. 우선 일부 인물의 경우 정수리 부분의 머리카락을 모두 깎고, 남은 머리카락을 두 줄로 따서 어깨 부위로 내려뜨렸다. 물론 곤정髡頂, 즉 정수리 부분을 삭발하는 제도는 거란이나 여진이나 모두 동일하다. 하지만 변발은 분명 여진의 제도이지 거란과 관련이 없다. 장막 안에 있는 부녀는 두발을 높이 틀어 올리고 고건高巾을 썼으며, 남녀가 함께 연회를 즐기고 있다. 이는 남송 화가 진거중陳居中이 그린 〈문희귀한도文姬歸漢圖〉에서 채문희가 작별을 고하는 장면과 비슷하다.삽도 125

〈호가십팔박도〉에 채문희를 영접하는 사절이 나오는데, 유모帷帽를 쓴 채문희를 제외하고 나머지는 『역대명화기』에서 당대 염립본이 그렸다는 〈명비출새도明妃出塞圖〉에 근거하여 그렸을 가능성이 농후하다. 다만 〈호가십팔박도〉에 나오는 남자 사절단이 입고 있는 포복에는 전형적인 송대 양식인 방심곡령方心曲領이 보이고, 시종들은 교궤校几, 안석를 메고 있으며, 수행하는 기병의 갑옷 형태도 모두 송대의 제도이다. 따라서 송대보다 이른 시기에 제작된 것일 수 없다. 일반 사회의 시장 그림에서 배경으로 나오는 다방茶坊 등도 장택단이 그린 〈청명상하도〉의 일부 내용과 비슷하다. 따라서 〈탁헐도〉의 제작 시기는 알려진 바와 다르다. 이에 비교적 합리적인 해석을 하자면 다음과 같다.

첫째, 본 그림의 옷차림은 거란뿐만 아니라 여진의 관습도 반영하고 있다. 왜냐하면 거란이 강대했을 당시 여진 및 동북 발해, 해奚, 고막해庫莫奚 등 여러 유목 민족을 노복으로 부려먹었기 때문이다. 거란 통치자나 관리의 신변 시종들은 품급에 따라 두건 사용이 허락되었지만 일반 노복이나 평민들은 설사 부호富豪라고 할지라도 반드시 머리를 노출해야만 했다. 『요지遼志』에 이런 기록이 나온다.

"거란 국내 부호나 평민으로 두건을 쓰고자 하는 자는 소나 말은 10두, 말은 100필을 납부해야 하는데, 거란은 명목상 이를 '사리舍利'라고 한다."[2]

기록에서 알 수 있다시피 거란에게 두건은 계급이나 신분을 대표하는 일종의 상징이었다. 설사 부호라고 할지라도 거란의 통치자에게 상당한 양의 가축 등을 헌납하지 않고 제멋대로 두건을 쓸 수 없었다. 거란족은 원래 머리를 삭발했

2 『요지遼志』, "契丹國內富豪民要裹頭巾者, 納牛駝十頭, 馬百匹, 並給契丹名目, 謂之舍利".

삽도125 진거중陳居中, **〈문희귀한도**文姬歸漢圖**〉 사행**辭行(작별인사) **부분**

다. 서긍徐兢[3]의 『선화봉사고려도경宣和奉使高麗圖經』간칭 『고려도경』에 보면, 고려에 있을 때 보았던 거란 출신 병졸의 머리가 독발 형태였다는 기록이 나온다. 이로 보건대, 〈호가십팔박도〉의 원본은 오대 거란 화가의 손에서 제작

3 원문은 오긍吳兢, 당대 사학자이나 관리으로 적혀 있으나 오기이기 때문에 수정했다. 서긍徐兢, 1091~1153년, 자는 명숙明叔 호는 자신거사自信居士로 지금의 안휘安徽 화현和縣 사람이다. 선화 6년1124년, 일설에는 1123년 노윤적路允迪 등과 고려에 사신으로 와서 개성에서 1개월간 머물다가 귀국한 후 『선화봉사고려도경』 40권을 편찬하여 휘종에게 헌상했다. 원래 음보蔭補, 선조의 덕으로 벼슬을 얻음로 관리가 되었으나 『고려도경』 덕분에 진사 출신으로 격상하여 지대종정사知大宗正事로 발탁되었으며, 이후 상서 형부원외랑 등을 역임했다. 『고려도경』 고려 연구에 매우 중요한 자료이다.

되었을 것이다.[4] 따라서 진거중의 〈십팔박도十八拍圖〉는 이후 원본을 바탕으로 내용을 보다 풍부하게 발전시켜 그린 것으로 보는 것이 타당하다.[5]

둘째, 본 그림은 선화 연간에 그려졌다. 북송 변량의 시내에서 유행하던 모습을 반영하고 있기 때문인데, 유명한 대상국사大相國寺의 노점상에서 선화내부宣和內府[6]로 들어가면서 기록이 남게 되었을 것이다. 이 그림의 작가는 호괴보다는 늦고 진거중보다는 빠른 시기의 사람일 가능성이 크다. 제목을 '탁헐'이라고 붙였으나 사실은 '십팔박十八拍'에 나오는 이별 장면을 그렸다.[7] 동일한 제목의 5, 6종의 그림과 서로 대조해볼 수 있다. 『독성잡지獨醒雜志』에서 이러한 제목의 그림이 유행하게 된 원인에 대해 언급한 바 있다. 이런 유형의 그림을 일률적으로 호괴의 작품으로 간주하게 된 것은 나름 유래가 오래되었다. 무엇보다 호괴가 거란의 유명한 화가이기 때문이다.

거란의 복식 형태는 『요문화』에 나오는 벽화 그림의 옷차림이 특히 중요하며, 이외에 〈탁헐도〉에 나오는 여러 남녀들의 옷차림도 참고할 만하다. 또한 고궁에 소장되어 있는 요나라 후기 청녕淸寧 연간1055~1064년에 계문薊門 사람 정급지程汲之, 생졸 미상[8]가 그린 〈편교회맹도便橋會盟圖〉에 나오는 옷차림도 비교할 만하다. 그림을 보면 한 무리의 돌궐突厥 기사들이 매우 기뻐 흥분한 상태로 앞뒤로 말을 달리며 각종 마상 연희를 선보이며, 가무하는 모습이 그려져 있다. 말 위에서 창을 들고 연희하는 모습도 있고 그림 상단을 보면 어린 아이가 물구나무를 선 채로 절묘한 기예를 선보이고 있다. 송대 북방의 자주요磁州窰, 하북성 남단에 자리한 자현磁縣에서 생산되는 자기에서 제작된 민간용 묵회墨繪 자침瓷枕, 자기로 만든 베개에도 이처럼 말 위에서 잡기를 연출하는 그림이 그려져 있다.

---

4 〈원주〉 일본 학자의 보고서에 따르면, 동북에서 유사한 석각이 출토되어 탁본을 떴다고 한다. 다만 탁본이 선명치 않아 윤곽만 알 수 있기 때문에 원본을 보지 않은 이상 거란 시기인지 아니면 여진 시기인지 판단하기 어렵다.

5 〈원주〉 현존하는 〈호가십팔박도〉의 득실에 관해서는 본인의 『용봉예술龍鳳藝術』을 참조하시기 바란다.

6 선화내부宣和內府는 북송 휘종이 선화 연간1119~1125년에 진귀한 역사 문물을 수장하던 기구를 지칭한다.

7 「호가십팔박胡笳十八拍」은 동한시대 여시인 채문희가 쓴 악부시이자 전체 1,297자에 달하는 장편 서사시이다. 송대 곽무천郭茂倩의 『악부시집樂府詩集』 권59에 실려 있다. 채문희가 전란으로 인해 포로로 끌려가 이역에서 생활하면서 겪었던 고통과 시름 등을 잘 표현하고 있다.

8 일반적으로 〈편교회맹도〉의 작가는 원대 사람인 진급지陳及之, 1285~1320년, 호는 죽파竹坡로 알려져 있다. 하지만 원문에는 "계문薊門 사람 정급지程汲之"로 나온다. 오자가 아니라면 의도적으로 다른 인물임을 표기한 것일 터이다. 저자는 〈편교회맹도〉를 그린 화가가 원대가 아닌 남송 사람으로 보고 있다. 이에 저자의 의견을 존중하여 '진급지'가 아닌 '정급지'로 쓴다.

125

〈편교회맹도便橋會盟圖〉

그림187 (송) **머리를 깎고 둥근 깃 또는 가죽 깃에 좁은 소매의 웃옷을 입고 긴 가죽신을 신은 거란 장수.**(남송 사람이 그린 〈편교회맹도〉 일부)

원화는 중국역사박물관에 소장되어 있다. 구 제목은 남송 유송년劉松年, 1131?~1218년[1]이 그린 〈편교견로도便橋見虜圖〉이다. 남송 사람이 그린 원본이 있고, 이를 바탕으로 원대 사람이 다시 모사했으며, 제목은 명대 사람이 나중에 붙인 듯하다. 이외에 요나라 정급지程汲之가 그린 〈편교회맹도〉가 있는데, 현재 고궁박물원에 소장되어 있다. 주제도 똑같이 당 태종이 경무장

1 유송년의 호는 청파淸波이며 남송 궁정화가로 당시 이당李唐, 마원馬遠, 하규夏圭 등과 더불어 '남송사가南宋四家'로 칭해졌다.

삽도126 정급지가 그린 〈편교회맹도〉 마상 기예 일부

하고 단출한 시종만 데리고 돌궐突厥 군장을 만나 단결과 우호를 위해 회맹했다는 이야기이다.삽도 126, 127, 128 내용이 비교적 많기는 하지만 이런 유형의 그림은 〈면주도免胄圖〉의 창작 동기와 유사하게 당시 무력 침탈로 인한 투항과 타협을 조롱하고 태평한 것처럼 꾸미기 위함이었다.

북송 전기 거란이 침략하자 진종은 전쟁 대신 거란요나라 성종과 전연澶淵에서 맹약을 맺었다. 이후 송나라는 매년 20만 냥에 달하는 명주와 비단, 은, 식량, 차잎 등을 세폐歲幣, 속국에서 바치는 공물로 요나라에 보내 구차한 평안을 유지할 수 있었다. 이후 북방에 금나라 정권을 세운 여진은 거란을 멸하고 송나라를 공격하여 변량을 함락하자 송 조정은 남천하여 임안을 도읍지로 남송을 건립했다. 송나라는 잃어버린 국토를 되찾을 만한 능력이 없었기 때문에 타협, 투항파인 진회秦檜 등 문신의 주장대로 이전과 같은 조건으로 금나라 정권과 타협하는 대신 남송의 안녕을 얻고자 했다. 잃어버린 국토를 수복하기 위해 노력한 악비岳飛는 끝내 '막수유莫須有'[2]라는 죄목을

2 막수유莫須有는 말 그대로 혹 있을지도 모른다는 뜻이다. 딱히 죄목을 찾기 어려우니 이

삽도127 정급지가 그린 〈편교회맹도〉 마상 기예 일부

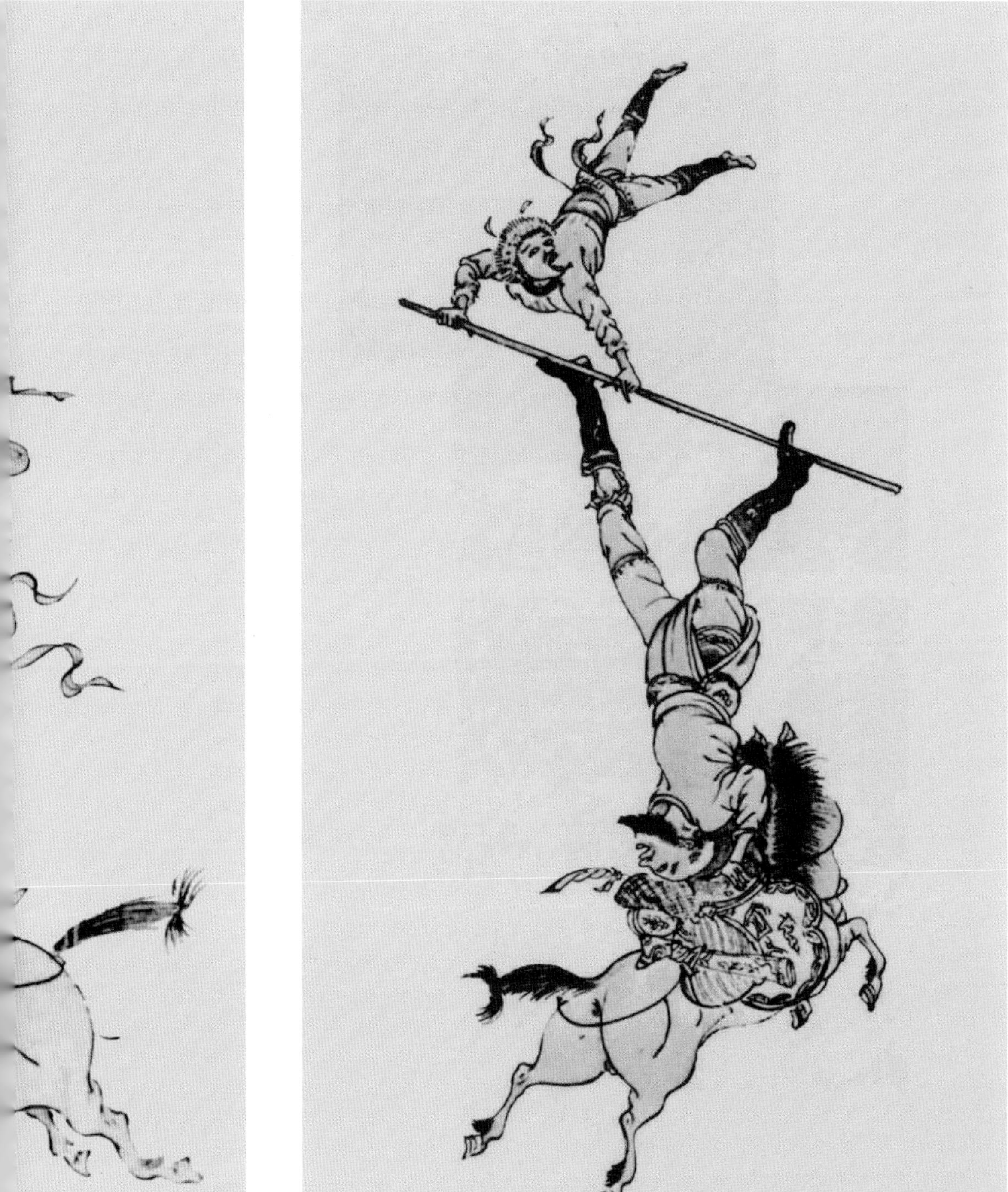

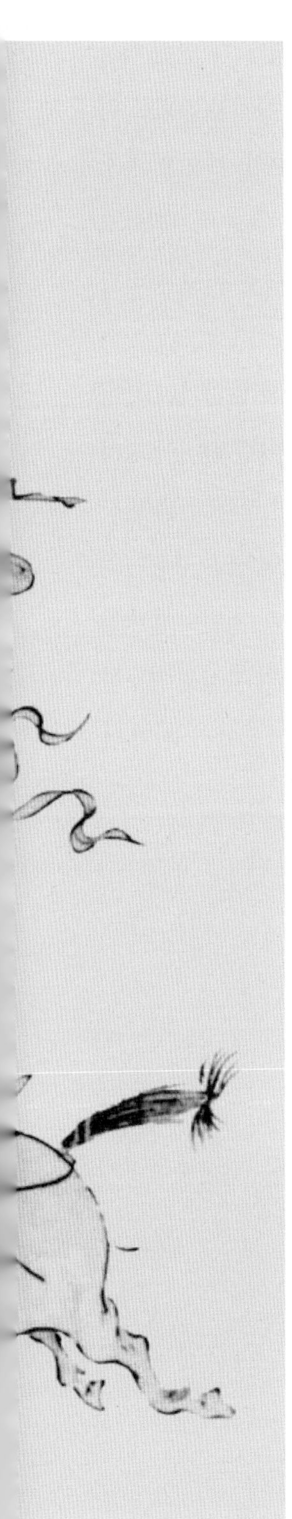

삽도128 정급지가 그린 〈편교회맹도〉 마상 기예 일부

죽임을 당하고, 주전파 대신들도 모함을 받아 폄적되고 말았다. 일반 백성들은 구차한 삶을 얻기 위한 굴욕적인 투항이라고 생각했지만 진회를 위시로 한 투항파는 전쟁을 피해 동남쪽에서 안정을 확보할 수 있으니 정책상의 승리라고 여겼다. 하지만 매해 바쳐야 할 공물은 날로 배가되었고 백성들의 삶은 더욱 더 고단해졌다. 앞서 언급한 그림들은 바로 이러한 시기에 그려진 것이다.

그림에 나오는 돌궐 인물 그림을 보면 거란, 여진 등과 마찬가지로 머리카락을 두 갈래로 꼬아 양쪽 귀 아래로 내려뜨렸다. 이런 점에서 밑바탕이 되는 그림이 제작된 것은 아무리 빨라도 북송 말년 정화, 선화 연간에 '번番' 그림이 유행하던 시기보다 앞설 수 없다. 늦으면 남송 유송년의 작품일 것이다. 인물의 면모나 복식이 당대 돌궐의 모습을 정확하게 반영한 것이라고 볼 수는 없지만 간접적으로 거란이나 여진의 복식을 연구하는 데 참고 자료가 될 수는 있다. 인물의 면모나 머리쓰개 등에서 볼 때 남송 말년의 모사본에 가깝다.

렇게 말도 되지 않는 죄명을 찾은 셈이다.

126

〈호가십팔박도胡笳十八拍圖〉

그림188 (송) **구장마具裝馬를 끌고 갑옷을 입었으며, 변발하거나 두건을 쓰고 둥근 깃에 좁은 소매의 장포를 입고 검은색 가죽신을 신은 여진 귀족과 시종.**(명대 사람이 모사한 송대 그림 〈호가십팔박도〉)

송대 진거중陳居中이 그린 〈호가십팔박도〉를 명대 화가가 모사한 작품이다. 그림에 나오는 일부분은 호괴가 그렸다는 〈탁헐도〉의 주연酒宴과 악무樂舞 부분과 유사하다. 이 그림은 송과 금나라가 대치하는 상황에서 예전 역사 이야기를 통해 간접적으로 현실을 반영한 일종의 시사화時事畵이다. 인물의 복식은 여진의 복식 제도를 따랐다. 금나라 동북 지역에서 발흥하던 시절의 그림이 아니라 요나라를 멸망시키고 황하 이북을 차지한 이후의 작품이다.

『대금국지大金國志』[1]에서 여진 남녀의 관복에 대해 서술한 내용을 보면 다음과 같다.

> 금나라의 풍속에 따르면 흰옷을 좋아한다. 두발은 어깨로 늘어뜨리지만 거란의 양식과 다르다. 귀에 금귀고리를 달고, 뒤쪽 두발을 남겨 색실로 묶는데, 부자는 금이나 진주로 장식한다. 부녀자는 두발을 땋아 소반 모양으로 틀어 올리며 관은 사용하지 않는다. 요나라를 멸망시키고 송을 침공한 후에도 예전 습속을 그대로 숭상했다. 토산품 중에 누에와 뽕나무가 없어 주로 베를 짜서 옷을 만들며, 귀천에 따라 베의 품질을 구별하여 입었다. 금나라는 문명이 미치지 않은 불모의 지역인지라 가죽이 아니면 추위를 막지 못하기 때문에 빈부를 막론하고 누구나 가죽옷을 입는다. 부자는 봄과 여름에 주로 모시나 채색 비단으로 웃옷을 만들고 치마 역시 가는 베를 직조하여 입는다. 가을이나 겨울에는 담비, 날다람쥐, 여우, 오소리 가죽이나 어린 양 가죽으로 갖옷을 만들어 입거나 간혹 명주실로 짠 비단옷을 입는다. 가난한 이는 봄과 여름에 베로 짠 웃옷과 치마를 입고, 가을과 겨울에는 소, 말, 돼지, 양, 고양이, 개 등의 가죽과 물고기, 뱀의 껍질로 만든 옷을 입거나 노루, 사슴, 고라니의 가죽으로 웃옷을 만들어 입는다. 버선도 모두 가죽으로 만든다. 부녀자의 옷은 대오자大襖子라고 부르는데, 옷깃이 없고 남자의 도복과 같다. 치마는 금군錦裙이라고 하는데, 치마 좌우에 각기 2척 남짓 틈새를 만들어 철사로 둥글게 테를 두르고, 수놓은 비단으로 둘러싸며, 그 위에 홑치마를 입는다.[2]

『금사金史』「여복지」의 기록은 약간 다른데, 일부는 확실히 요나라의 제도를 답습한 것 같다.

---

1 『대금국지大金國志』는 금대 역사를 기록한 기전체 사서로 전체 40권이다. 송나라 우문무소宇文懋昭가 편찬한 것으로 알려져 있다. 우문무소는 원래 금나라 사람이나 이후 송조에 투항하고 회서귀정인淮西歸正人이라고 자칭했다. 송나라에서 공부가각工部架閣 등을 역임했다. 그러나 『사고전서총목제요四庫全書總目提要』, 청대 이자명李慈銘 등은 우문무소가 편찬한 것에 대해 의문을 제기한 바 있다.

2 『대금국지大金國志』, "金俗好衣白. 櫟髮垂肩, 與契丹異. 垂金環, 留顱後髮, 繫以色絲, 富人用金珠飾. 婦人辮髮盤髻, 亦無冠. 自滅遼侵宋, 尚如舊俗. 土産無蠶桑, 惟多織布, 貴賤以布之粗細爲別. 又以化外不毛之地, 非皮不可禦寒, 所以無贫富皆服之. 富人春夏多以紵絲, 錦紬爲衫, 裳亦間用細布. 秋冬以貂鼠, 青鼠, 狐貉皮或羔皮爲裘. 或作紵絲綢絹. 贫者春夏並用布爲衫裳, 秋冬亦衣牛, 馬, 豬, 羊, 貓, 犬, 魚, 蛇之皮, 或獐鹿麋皮爲衫. 袴襪皆以皮. 至婦人衣曰大襖子, 不領, 如男子道服. 裳曰錦裙, 裙去左右各闕二尺許, 以鐵條爲圈, 裹以繡帛, 上以單裙袭之".

금인金人의 일상복은 네 가지로 띠속대束帶, 두건, 반령의盤領衣[3], 검은 가죽신烏皮靴을 착용한다. 속대는 토골吐鶻이라고 한다. 두건은 검은 실로 망사처럼 만들며, 위로 향한 모난 꼭대기 부분을 뒤로 접어 아래로 내린 다음 두 뿔에 사방 2치 정도의 모난 비단을 붙이고, 모난 비단 끝에 다시 예닐곱 치 길이의 댕기를 다는데 이마까지 내려온다. 때로 주름을 넣기도 한다. 귀하고 현달한 자는 모난 꼭대기에 있는 열십자 재봉선을 따라 구슬로 장식하는데, 한가운데 달린 큰 구슬을 일러 정수리에 있는 구슬이란 뜻에서 '정주頂珠'라고 한다. 띠 옆에 구슬을 달고 수술인끈을 매는데, 수술의 길이는 띠의 절반 정도이고 아래로 내려드린다. 해릉[4]이 나라를 크게 흥성하게 한 이에게 하사하는 기물이 바로 이것이다. 의복의 빛깔은 대부분이 흰색이고, 3품 이상은 검은데, 소매가 좁고, 깃은 둥근 반령盤領이며, 겨드랑이 부분만 꿰매고 그 아래는 터진 봉액縫掖 형태이다. 하의는 주름치마를 입고 아래쪽을 타지 않았다. 가슴과 어깨부분어깨받이에 금실로 수를 놓기도 했으며, 춘수지복春水之服은 송골매가 거위를 잡는 문양이나 뭇 꽃문양으로 장식했고, 추산지복秋山之服은 곰이나 사슴, 산림 문양으로 장식했다. 길이는 갈비뼈 중간쯤 오게 하여 말을 타는 데 편리하도록 했다. 토골吐鶻, 토골대은 옥으로 만든 것이 상품이며, 금은 다음이고, 무소의 뿔과 상아로 만든 것은 그 다음이다. 대구帶鉤가 달린 혁대인 과주정銙周鞓은 작은 기물은 앞에 간격을 두고 매달고, 큰 것은 뒤에 매다는데, 좌우에 쌍으로 물고기 꼬리 문양雙鉈尾을 매달고 모난 속대 가운데 넣으며 춘수와 추산의 장식 등을 새겨 넣는다. 왼쪽에는 패牌를 차고 오른쪽에는 칼을 찬다. 칼은 정련된 쇠강철鑌로 만든 것을 귀하게 여기며, 칼자루는 계설목鷄舌木, 정향목丁香木으로 만든 것 중에서 황색과 흑색이 반반씩 들어간 것을 좋아하며, 검은색 쌍거雙距[5]가 있는 것이 으뜸인데, 간혹 세 개나 다섯 개를 달기도 한다. 칼집은 벚나무 껍질인 장판화醬瓣樺[6]로 만들며, 칼집 아가리표구鏢口는 상어껍질로 장식하거나 금이나 놋쇠를 가루로 만들어 옻칠과 섞어 틈새에 칠한 다음 숫돌에 갈아 평평하게 만든다.……부녀자들은 첨군襜裙을 입는데, 대부분 검은색이 감도는 자주색검자주색이고, 위에 전지화全枝花, 가지가 있는 꽃를 수놓고, 전체 여섯 겹으로 주름을 잡는다. 상의는 단삼團衫이라고 부르며, 검자주색이나 검은색 또는 갈색이다. 곧은 깃에 오른쪽 섶을 왼쪽 섶 위로 여미는 좌임左衽이며, 겨드랑이를 꿰매고 그 아래를 튼 액봉掖縫 차림에 양쪽에 쌍으로 주름을 넣었다. 앞자락은 땅에 닿

3 반령의盤領衣는 둥근 깃에 오른쪽 어깨에 단추를 달아 여미도록 만든 옷이다.

4 해릉은 금나라 네 번째 황제인 완안량完顏亮, 1122~1161년을 말한다. 자는 원공元功, 본명은 완안적고내完顏迪古乃이며, 회녕부會寧府, 지금의 흑룡강성 하얼빈시 사람이다. 태조 완안아골타完顏阿骨打의 손자로 문학에 조예가 있었다.

5 쌍거雙距는 수탉의 양 발 뒤에 하나씩 달린 뾰족한 며느리발톱이다. 여기서는 칼자루에 며느리발톱처럼 생긴 돌기 부분을 지칭한다.

6 장판화醬瓣樺는 벚나무 껍질을 말한다. 벚나무 껍질인 화피樺皮의 무늬와 색깔이 장醬에 있는 콩짜개처럼 생겼기 때문에 이런 명칭이 붙었다. 벚나무 껍질을 활이나 칼집을 만드는 재료로 요긴하게 사용되었다.

고, 뒷자락은 땅에 끌릴 정도로 길게 만든다. 댕기는 적황색의 비단을 쓰는데, 늙은이는 검은 빛의 비단을 상투에 감고 옥전玉鈿을 꽂는다. 그런데 이런 것들은 모두 요遼의 의복제도이며 금나라도 이를 답습했다. 시집간 여자의 옷은 붉은빛 또는 은갈색이나 연한 금빛의 비단을 쓰는데 오지랖은 마주 여미고 깃에 채색을 넣는다. 앞쪽은 땅에 스칠 정도이고 뒤쪽은 다섯 치 정도 땅에 끌린다.[7]

그림에 나오는 남녀의 옷차림은 확실히 비교적 늦은 시기의 것임을 알 수 있다. 『대금국지』 권32의 기록에 따르면, 금나라가 요나라를 멸망시키고 다시 송나라를 침략하여 변량을 점령했을 때 송나라 궁궐 창고에 보관하고 있던 능견綾絹 70만 필을 확보했으며, 남송과 대치하던 1백여 년 동안 매년 송나라로부터 대량의 주단綢緞, 처음에는 20만 필匹, 단端이었으나 이후에는 배가되었다을 공물로 받았다. 그래서 관리의 의복을 모두 비단에 크고 작은 꽃문양을 장식하여 그 크기에 따라 직위와 존비를 구분했다. 관직이 높으면 꽃문양이 컸으며, 하급 관리는 그저 지마라芝蔴羅만 입을 수 있었다. 이외에 영연領緣, 옷깃과 옷 테두리과 속대 및 신발도 등급에 따라 차별을 두었다. 또한 공리公吏, 관리 또는 관리가 아니면서 공무를 행하는 사람의 부정행위를 방지하기 위해 서대書袋[8] 제도를 만들어 자색비단紫緞子, 흑사피黑斜皮, 검은색 담비 모피, 황피黃皮 등으로 구분했다. 서대의 길이는 7촌이며, 너비는 2촌으로 항상 요대에 매달고 다니도록 했다. 원래 남인남송 사람의 복장을 금지하고, 위반자의 경우 장 80대로 처벌한다는 법령이 있기는 했지만 『대금집례大金集禮』에서 조정의 예제를 서술한 내용에서 볼 수 있다시피 상층부 통치자들의 거복車服은 이미 송대의 양식을 따르고 있었다. 생활 방식 또한 점차 한인과 동일해졌다. 또한 한 차례 법령으로 한인들에게 두발을 깎고 복식을 바꿀 것을 강요한 적이 있기는 하지만 북방 금나라 분묘의 벽화에 나오는 부녀들의 옷차림은 그다지 바뀐 것이 없다.

여진 정권은 초기에 복식을 바꾸는 문제를 매우 엄격하고 진지하게 다루었다. 법률에 따라 남

7 『금사』 「여복지하輿服志下」, "金人之常服四, 帶, 巾, 盤領衣, 烏皮靴. 其束帶曰吐鶻. 巾之制, 以皂羅若紗爲之, 上結方頂, 折垂於後. 頂之下際兩角各綴方羅經二寸許, 方羅之下各附帶, 長六七寸. 當橫額之上, 或爲一缩襞積. 貴顯者於方頂, 循十字縫飾以珠, 其中必贯以大者, 謂之'頂珠'. 帶旁各絡珠結綬, 長半帶, 垂之, 海陵賜大興國者是也. 其衣色多白, 三品以皂, 窄袖, 盤領, 縫掖, 下爲襞積, 而不缺袴. 其胸臆肩袖, 或飾以金繡, 其從春水之服則多鶻捕鵝, 雜花卉之飾 ; 其從秋山之服則以熊鹿山林爲文, 其長中骭, 取便於騎也. 吐鶻, 玉爲上, 金次之, 犀象骨角又次之. 銙周鞓, 小者間置於前, 大者施於後, 左右有雙鉈尾, 納方束中, 其刻琢多如春水, 秋山之飾. 左佩牌, 右佩刀. 刀貴鑌, 柄尚鷄舌木, 黃, 黑相半, 有黑雙距者爲上, 或三事五事. 室飾以醬瓣樺, 鏓口(刀鞘口)飾以鮫, 或屑金鍮和漆, 塗鮫隙而礱平之.…… 婦人服襜裙, 多以黑紫, 上遍繡全枝花, 周身六襞積. 上衣謂之團衫, 用黑紫或皂及紺, 直領, 左衽, 掖縫, 兩旁復爲雙襞積, 前拂地, 後曳地尺餘. 帶色用紅黃, 前雙垂至下齊. 年老者以皂紗籠髻如巾狀, 散綴玉鈿於上, 謂之'玉逍遥'. 此皆遼服也, 金亦袭之. 許嫁之女則服綽子, 制如婦人服, 以紅或銀褐明金爲之, 對襟彩領, 前齊拂地, 後曳五寸餘".

8 서대書袋는 금나라 대정大定 16년에 규정한 관리의 복식 가운데 하나로 속대에 매달아 일반 사민士民과 구분하는 표지로 삼은 주머니 형태의 장식물이다.

삽도129 명대 사람이 모사한 송대 〈문희귀한도文姬歸漢圖〉 귀가歸家 부분.

자는 반드시 여진의 복식을 착용하고, 두발은 귀 쪽으로 양 갈래로 땋도록 했다. 심지어 이러한 두발 형태는 불상 제작에도 영향을 주었다. 화북 여러 지역의 불상 가운데 두발을 양쪽으로 땋은 보살이 적지 않다. 감정가들은 주로 송대의 불상이라고 했으나 사서의 기록과 견주어볼 때 금대의 특징이자 일종의 정치적 산물임에 틀림없다. 이는 명대까지 영향을 끼쳤다. 홍호洪皓의 『송막기문松漠紀聞』에 따르면 복식을 바꾼 것은 주로 남자들의 경우이며, 부녀들은 여전히 예전과 동일하게 입었다.

여진의 사신들이 임안으로 와서 남송의 황제를 만날 때는 반드시 송나라 양식을 따라 소매통이 풍성하고 품이 넓은 관삼寬衫 포복袍服을 입되 안에는 여진 방식대로 좁은 소매에 무릎까지 내려오는 단삼短衫을 입었다. 그래서 송인이 쓴 필기에 보면 이런 이야기가 나온다. 언젠가 조구趙構, 남송 첫 번째 황제인 고종가 생각하기에 무용은 가히 볼 만한데, 송관宋官의 배무拜舞, 배궤跪拜와 무도舞蹈로 조정에서 배례할 때의 예절는 보기가 좋지 않았다. 그래서 대신들에게 원인을 물어보았다. 이에 대신이 대답하기를, 송조의 관복은 속옷과 겉옷의 소매폭이 넓어대수大袖라는 뜻 손을 올리면 반드시 팔꿈치가 드러나기 때문에 보기가 좋지 않다고 했다. 송대 관복은 이렇듯 속옷과 겉옷 모두 소매폭이 넓었음을 알 수 있는 대목이다.

금나라 장종章宗이 연경燕京을 도읍지로 정한 후 남송 관복제도를 채용하면서 북방의 여진 관리들도 모두 송나라 양식의 포복을 입었다. 적어도 남자가 입는 관복이나 조복은 남방의 구별이 없어진 셈이다. 그래서 『대금집례』에 기록되어 있는 제왕과 황후의 출행 의장대 옷차림은 대부분 송나라 복식을 따랐기 때문에 차이가 많지 않다.

이외에 명나라 사람이 모사한 송대 〈문희귀한도〉에 보면 집에 돌아온 채문희가 유모를 쓰고 있는 모습을 확인할 수 있다. 유모는 한족 부녀의 옷차림이니, 송나라 사람이 의도적으로 옛 사람의 복장에 따라 그린 것이거나 송대 이전에 원화原畫가 있었을 가능성이 크다.삽도 129

송대 〈면주도免胄圖〉에 나오는 갑옷 입은 기병

그림189 (송) 회골回鶻 갑기甲騎와 궁수(송 이공린 〈면주도〉 일부)

송대 이공린李公麟이 그린 그림으로 원화는 대만에 있다. 『고궁주간』에 실렸으며, 해방 후 『문물정화文物精華』에 다시 게재되었다.

그림은 당대 명장 곽자의郭子儀가 회흘족回紇族 군장과 화합하기 위해 양군이 대치하는 가운데 행장을 간편히 하고 몇 명의 수행원만 데리고 걸어서 회흘군 진영에 도착하자 회흘의 장수가 감동한 나머지 서둘러 말에서 내려 영접하는 정경을 그렸다. 당 태종과 돌궐 군장의 회맹 이야기를 주제로 삼아 그린 〈편교회맹도〉와 더불어 당·송대 민족 단결을 주제로 한 저명한 역사 이야기 그림이다.

『당육전』에 따르면, 당대 갑옷은 13종인데, 그 중에서 사람이 착용하는 갑옷인 인갑人甲이 12종, 마갑馬甲이 1종이다. 인갑은 당대 회화나 조소에서 비교적 구체적인 형태를 확인할 수 있으나 마갑은 그렇지 않다. 근년에 발굴된 초당 시절 의덕태자懿德太子 분묘에서 금은으로 장식한 마갑용甲馬俑이 출토되었다는 소식을 들었을 뿐 그 밖에 들은 바가 없다. 이 그림에 나오는 갑기구장甲騎具裝은 전형적인 송대 양식으로 근년에 출토된 당대 갑기와 공통점이 많지 않다. 병기 가운데 세 개의 뾰족한 양날 칼이 달린 긴 창三尖兩刃長矛만 『당육전』에 언급된 당나라 양식이다. 긴 창은 화살촉 형태와 과극戈戟 형태가 있는데, 실제 전투에서 활용한 병기는 아니다. 그렇기 때문에 그림은 활발하여 생동감이 넘치지만 송대 갑기를 비교 연구하는 데 도움이 될 뿐 당대 갑기의 자료로 활용하기 힘들다.

회흘은 송대에도 여전히 큰 부족으로 감주甘州, 양주涼州, 과주瓜州, 사주沙州[1] 등지에서 살았으며, 서하西夏에 종속된 상태였다. 관중關中으로 들어와 살기도 했으며 적지 않은 이들이 연경燕京에서 오래 거주했다. 이외에도 서북 각지에 흩어져 살았으며, 각기 군장을 두었다. 뿔뿔이 흩어져 살았기 때문에 정치적으로 특수한 세력이 존재하지 않았으나 공예 생산 면에서 여전히 높은 수준을 유지하면서 중원과 교역을 이어갔다. 그렇기 때문에 사람들의 옷차림이나 면모는 송인들에게 이미 익숙한 상태였다. 이 그림의 내용이나 형태는 어느 정도 정확한 것으로 보인다.

송대 회흘의 공예 기술, 특히 방직물의 생산 수준과 성과는 홍호의 『송막기문』에 비교적 상세하게 기록되어 있다. 홍호는 남송 초년 삭방朔方에서 오랫 동안 살면서 북방의 상황에 대해 잘 알고 있었기 때문에 믿을 만하다. 일단 그의 말을 들어보면 다음과 같다.

> 회골回鶻[2]은 당나라 말기에 점차 미약해졌는데, 본조북송가 흥성할 무렵 진천秦川, 감숙성으로 들어와 숙호熟户, 한족에 동화된 이족가 된 이들도 있다. 여진이 섬陝, 지금의 섬서성을 공격하자 모두 연산燕山, 하북성 계현薊縣 동남쪽으로 이주했다. 감주甘州, 양주涼州, 과주瓜州, 사주沙州 등에 각기 여진족이 사는 장막이 있었으나, 이후에 서하에 복속되고 말았다. 다만 사군四郡, 감, 양, 과, 주 밖에 거주하던 이들은 스스로 하나의 국가라 여겼으며, 군장이 있었다. 그들은 곱슬머리에 눈이 움푹 들어갔고, 눈썹이 길고 짙었으며 속눈썹 아래로 수염이 많았다. 땅에는 슬슬瑟瑟, 푸른색 보석의 일종과 주옥이 많이 생산되었으며, 비

1 감주甘州는 감숙성 장액張掖, 양주涼州는 감숙성 무위武威, 과주瓜州는 감숙성 예천醴泉, 사주沙州는 감숙성 돈황의 옛 이름이다.

2 〈원주〉 회흘回紇을 지칭한다. 송골매鶻가 날쌔고 강인하여 다른 새를 공격하고 붙잡는 데 뛰어나기 때문에 회골로 이름을 바꾸었다.

그림190 (송) 회골인 무장 갑기와 고취鼓吹(송 이공린 〈면주도〉 일부)

단으로 두라면兜羅綿, 주사注絲, 숙릉熟綾, 사갈斜褐 등을 직조했다.……강철 도검과 검은 빛이 감도는 금은 기물을 잘 만들었다. 주로 상인들이 연燕, 지금의 하북성에서 팔기 위해 (기물이나 비단을) 낙타에 싣고 하지夏地[3]를 지났는데, 하인夏人, 서하 관리들이 대략 열 개 가운데 하나를 골랐는데세금 징수를 위해 틀림없이 최상품이었다. 상인들이 이를 걱정하여 나중에는 좋은 물건과 나쁜 물건을 모련毛連, 모직으로 만든 긴 주머니에 섞어 넣어 운반했다.[4] 그러나 세금으로 징수하는 것을 다 댈 수 없었다. 왕래가 점차 잦아지며 익숙해지자 세리稅吏에게 뇌물을 많이 주고 몰래 물건 중에 하품을 표시하면 그것을 지적하도록 했다. 특히 진귀한 보물을 구별할 수 있었기 때문에 번한蕃漢, 이방異邦 민족과 한족 양쪽의 시장에서 그들

3 지금의 영하寧夏 자치구를 말한다. 북송 시절 당항党項의 군주인 이원오李元昊가 그곳에 서하국西夏國을 세웠기 때문에 '하夏'지地라고 불렀다. 원대에 하 지역의 안녕을 기원한다는 뜻에서 '영하로寧夏路'를 세웠다.

4 원주 모련은 양털로 짜는데, 내부는 홑겹이며 양쪽 끄트머리를 포대처럼 만들어 털실이나 명주실로 봉했다. 심히 거친 것도 있지만 그 사이에 잡색 양털을 집어넣어 가볍고 가는 것도 있었다.

이 중개하지 않으면 값을 매길 수 없었다.……부녀자들은 남자와 마찬가지로 얼굴이나 피부가 희고, 중국의 도복道服과 비슷한 푸른 옷을 입었다. 얇고 가는 비단紗을 머리에 덮어쓰고 얼굴만 드러냈다.……그들 가운데 연燕, 연산 지역에서 오랫동안 살면서 생업에 종사하는 이들은 금을 상감한 슬슬瑟瑟, 보석로 머리 장식을 만들었는데, 비녀머리처럼 1, 2촌 정도 굽은 것이 옛날 비녀계笄 모양이다. 또한 금실을 잘 묶었으며, 그것을 슬슬에 상감하여 귀걸이나 두건에 매다는 고리 등을 만들었다. 숙금熟錦, 숙릉熟綾, 주사注絲, 선라綫羅 등 비단을 직조했다. 또한 다섯 가지 실로 직조하여 웃옷袍을 만들었는데, 이를 '극사尅絲'[5]라고 불렀으며, 매우 아름답고 화려했다. 또한 금실을 잘 꼬아 별도로 일등품을 만들었는데, 뒷면에 분처럼 흰 생사분격粉繳를 사용하여 꽃과 나무를 직조했다. 세월이 지나면 변색되어 아름답지 않게 되며 오직 달단韃靼, 부족 명칭과 교환했다.……요즘에는 눈은 깊지만 수염이 곱슬거리지 않는 이들도 있는데, 대개 한인들과 통혼하여 낳은 이들이다.[6]

또한 『송박보유松漠補遺』일명 『속망속문松漠續聞』에 보면 요단耀段, 경단涇段, 풍단豐段, 갈모단褐毛段 등 여러 색깔의 가는 실로 만든 모직물에 대해 언급한 대목이 있는데, 이러한 모직물은 모두 회흘의 직공들의 손에서 나왔다. 금대 사람의 복식에서 흔히 금실을 꼬아 만든 비단인 '염금번단捻金番緞'이나 '번단番緞' 역시 회흘 노동자들이 만든 고급 모직물이다.

---

5 극사尅絲는 격시緙絲, 각사刻絲, 극사克絲라고도 하며, 실이 가늘고 짜임새가 섬세한 것이 특징이다.

6 홍호, 『송막기문松漠紀聞』, "回鶻, 自唐末浸微, 本朝盛時, 有入居秦川爲熟户者. 女眞破陝, 悉徒之燕山. 甘, 涼, 瓜, 沙, 舊皆有族帳, 後悉羈縻於西夏. 唯居四郡外地者, 頗自爲國, 有君長. 其人卷髮深目, 眉修而濃, 自眼睫而下多虬髯. 土多瑟瑟珠玉. 帛有兜羅緜, 注絲, 熟綾, 斜褐.……善造鑌鐵刀劍, 烏金銀器. 多爲商賈於燕, 載以橐它, 過夏地, 夏人率十而指一, 必得最上品者. 賈人苦之, 後以物美惡雜貯毛連中. 然所徵亦不貲. 其來浸熟 , 始厚賂稅吏 , 密識其中下品 , 俾指之. 尤能別珍寶, 蕃漢爲市者, 非其人爲儈, 則不能售價.……婦人類男子, 白皙, 着青衣, 如中國道服然. 以薄紗幕首而見其面.……其在燕者, 皆久居業成, 能以金相瑟瑟爲首飾, 如釵頭形而曲一二寸, 如古之笄狀. 又善結金綫, 相瑟瑟爲珥及巾環. 織熟錦, 熟綾, 注絲, 綫羅等物. 又以五色綫織成袍, 名曰'尅絲', 甚華麗. 又善撚金綫別作一等, 背織花樹用粉繳, 徑歲則不佳, 惟以打換達(韃)靼.……今亦有目深而髯不虬者, 蓋與漢兒通而生也".

〈사렵도射獵圖〉

그림191 (송) 가죽 모자를 쓰고 맥수貉袖[1]를 착용했으며, 표범 가죽으로 만든 화살집을 찬 북방 민족 기사騎士(송대「사렵도」)

원화는 중국역사박물관에 소장되어 있으며, 사진에 근거하여 모사한 그림이다. 수렵에서 짐승을 쫓아가며 활을 쏘는 자세를 그렸는데, 활발하고 생동감이 넘친다. 원나라 사람이 그린 것으로 알려져 있으나 옷차림이나 마구 등으로 볼 때 요·금대의 양식에 가까워 보다 이른 시기에 그려진 것이 틀림없다. 몽골 사람처럼 귀 뒤편에 고리 모양으로 땋은 머리가 있는 것도 아니고, 말 역시 원대의 장비가 아니다. 따라서 오대십국이나 북송 시절의 회골족으로 관직에 있는 인물인 듯하다. 두 사람은 팔꿈치까지 내려오는 짧은 소매 웃옷을 입고 있는데, 이는 한대 여자들이 입던 상유上

1 맥수貉袖는 송대 앞뒤 깃이나 양쪽 소매가 비교적 짧은 옷이다.

襦에서 시작하여 당대 반비半臂가 발전한 형태로 송대에는 '맥수貉袖'라고 불렀다. 오랑캐를 뜻하는 '맥'자로 볼 때 원래 강호족羌胡族에서 유래했음을 알 수 있다. 증삼이曾三異의 『인화록因話錄』에 보면 이런 내용이 나온다.

> 근래의 의복 제도 가운데 선오旋襖와 비슷한 것이 있는데, 길이는 허리를 넘지 않고, 양쪽 소매는 팔꿈치까지 덮을 따름이다. 가장 두터운 비단으로 만들며, 겉옷 안에 입는 협리夾裏로 사용하기도 한다. 면綿으로 만든 것도 있는데, 자색 비단으로 테두리를 하며 '맥수貉袖'라고 부른다. 듣자하니 황제의 말을 기르는 어마원御馬苑의 어인圉人, 말을 기르는 관리이 입기 시작했다고 한다. 앞뒤의 옷깃이 짧아 안장에 앉을 때 탈착하기 편하다. 소매가 짧아 말을 부릴 때 편하다.[2]

내용은 간단하지만 재료나 양식에 대해 구체적으로 언급하고 있다는 점에서 매우 중요하다. 특히 송대 선오와 유사한 옷차림이라고 밝힌 것이나, 그 제작 방법과 활용에 대해서도 이해할 수 있기 때문에 더욱 그러하다.

'맥수'는 원·명·청대에 주로 기사들이 사용했으며, 이후 마괘馬褂, 마고자의 전신임이 분명하다. 또한 원대 기사용騎士俑 및 〈타마구도打馬球圖〉에 나오는 구의球衣와도 비슷하다.삽도 130 이러한 맥수를 명대에는 '대금의對襟衣'라고 불렀다. 홍무洪武 26년1393년 조령에 이런 구절이 나온다. "기사들은 대금의對襟衣를 입어 승마에 편리하도록 한다. 마땅히 입지 말아야 할 자가 입을 경우 죄로 다스린다." 이렇듯 명나라 초기에는 오직 기사들이 전용했으며, 평민들은 마음대로 입을 수 없었다. 하지만 현존하는 명대 중·만기의 기사들의 판각이나 회화에서는 오히려 거의 보이지 않으며, 분묘의 용俑에서도 흔치 않다.

그림에 나오는 두 사람은 표범 가죽으로 만든 화살집을 차고 있는데, 이 역시 요·금대 제도이다. 말안장 아래 달려 있는 장니障泥는 비교적 크고 말 앞다리까지 펼쳐져 있으며, 전지화纏枝花 자수문양으로 장식했다. 이 역시 요·금대 양식에 가깝다. 현존하는 〈탁헐도〉, 〈호가십팔박도〉에 나오는 말 장비도 이와 유사하다.

그림은 변경 유목 민족의 활동 모습을 담고 있는데, 『선화화보』 권8에 별도로 「번족番族」 장을 만들어 호괴, 호건, 방종진 등 번족 화가에 대해 논하고 있다. 이는 북송 말년 도읍지 변량에 거란 출신의 투항한 병사들이 거주하고, 또한 여진 사신들이 자주 왕래하면서 과거 백여 년 동안 이족과 격리하기 위해 법령으로 금지시켰던 여러 가지가 더 이상 구속력을 잃었기 때문이다. 당시 사회에 거란에서 넘어온 다양한 음악이 일반 백성들 사이에서 유행하면서 통치자 내부 사

2 증삼이曾三異, 1146~1236년, 송대 관리이자 문인, 『인화록因話錄』 「의제衣制」, "近歲衣制, 有一種如旋襖, 長不過腰, 兩袖僅掩肘, 以最厚之帛爲之, 仍用夾裏, 或其中用綿者, 以紫帛緣之, 名曰貉袖. 聞之起於御馬苑圉人. 短前後襟者, 坐鞍上不妨脫着. 短袖者, 以其便於控馭耳".

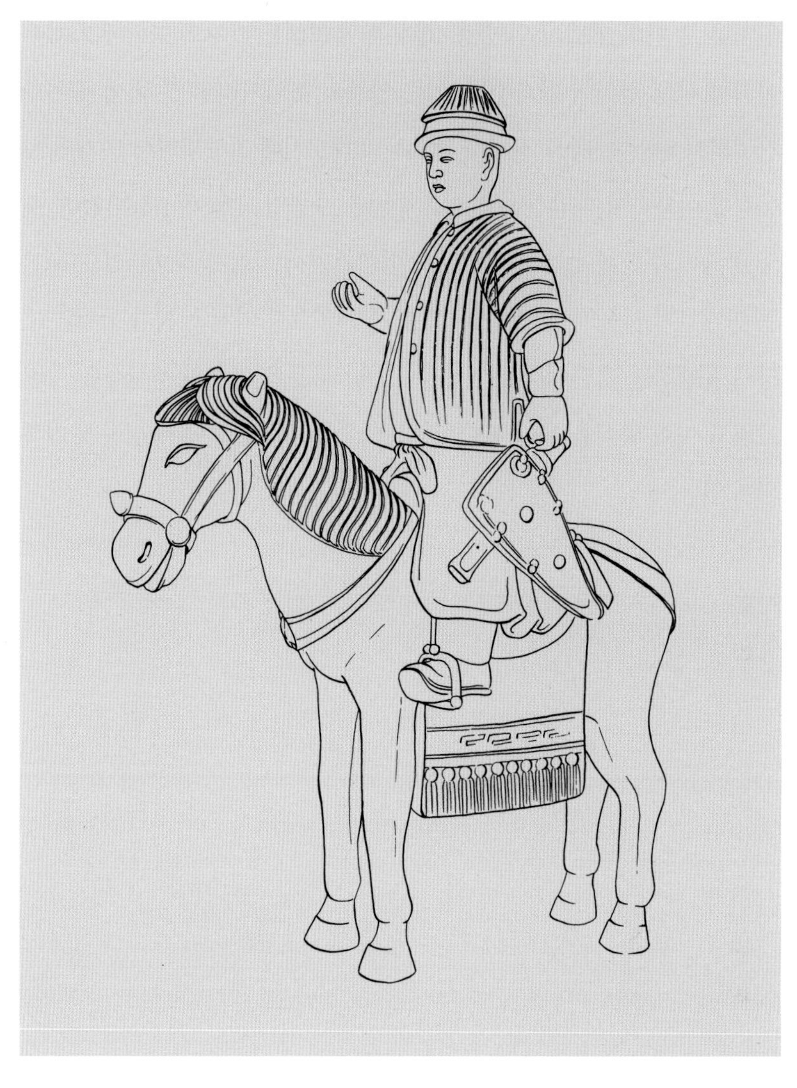

삽도130 원대 유도釉陶 기마용

람들도 그 영향에서 벗어날 수 없었다. 『독성잡지獨醒雜志』에서 언급한 바대로 이러한 새로운 음악이나 사물의 명칭에는 '번番'이라는 글자가 붙었다. 변경 유목 민족의 생활을 주제로 삼은 그림이 많이 제작되었으며, 심지어 당시 벽화 건축물로 유명한 대상국사의 양쪽 주랑 가판대에도 박새博塞 방식으로 그림을 팔기도 했다. 이는 송대 사람들이 일용 수공예품을 판매하는 방식 가운데 하나인 '관박關撲'이다. 일반적인 방식은 공기놀이나 제비뽑기로 승자를 정하는 방식인데, 약간의 돈만 내면 언제든지 참가할 수 있었다. 『동경몽화록』에 따르면, 당시 행상들은 부녀자들이 사용하는 화관이나 수놓은 옷깃, 비녀 등도 같은 방식으로 길거리에서 판매했으며, 정월이나 그 밖의 명절이 되면 중·상류층 부인네들도 거의 도박에 가까운 이러한 사행 행위에 참가했다. 이는 일종의 소일거리일 뿐 범법 행위로 간주되지 않았다. 당시 경제가 과도하게 대도시에 집중되면서 염가의 노동력을 이용하여 다양한 방식으로 수많은 수공업 제품이 생산되었다. 결국 공급이 수요를 초과하는 사태가 벌어지면서 이런 방식으로라도 물건을 판매하지 않을 수 없었다. 예술품 가운데 그림 역시 예외가 아니었다. 당시 유행하던 거란이나 여진 또는 그 밖의 유목 민족의 생활상을 그린 그림도 이런 방식을 통해 판매되었는데, 『동경몽화록』에 상세하게 기록되어 있다.

서하西夏 돈황 벽화에 나오는 남녀 진향인進香人

그림192

왼쪽:(서하西夏) 뒤쪽이 나뉘어진 관자冠子를 쓰고 둥근 깃에 소매가 좁은 수놓은 비단옷을 입었으며, 첩섭대鞊鞢帶를 찬 서하 귀족 공양인供養人(돈황 41굴 벽화)

중간:(서하) 교령 장포를 입고 첩섭대에 요복腰袱을 덧입은 서하 귀족 공양인(안서 유림굴 벽화)

오른쪽:(서하) 금으로 만든 화관에 보요步搖를 달고 교령交領 장의長衣를 입고 주름이 많은 백습군百褶裙을 입었으며, 수술(인끈)을 찬 서하 귀족 부녀 공양인(안서 유림굴 벽화)

돈황 벽화와 안서 유림굴 서하 진향인 벽화 모사본에서 인용했다.

남녀의 옷차림은 당·송대 중원 옷차림과 비슷한 부분이 있다. 남자가 쓴 두건은 멀리는 고대 피변皮弁을 본받고 가깝게는 만당에서 유행하던 전모氈帽, 털모자의 영향을 받았다. 송대 동파건과 유사하기는 한데 모자 꼭대기 부분이 평평한 것에서 뾰족한 것으로 바뀌었다. 이처럼 전체적으로 봉긋하고 꼭대기 부분이 뾰족한 첨추형尖錐形 전모는 당대 서북 지역에서 유래한 모자이다. 분묘에서 출토된 용俑 중에서 '파사호波斯胡', 즉 페르시아 상인들은 대부분 이런 형태의 모자를 썼다. 초당 시절 장안에서 유행하면서 부녀자들도 즐겨 썼다. 여러 회화 작품이나 도자기 그림에서 확인할 수 있는데, 이를 일러 '혼탈모渾脫帽'또는 호공모胡公帽라고 불렀다. 남자들 중에 가장 먼저 쓰기 시작한 유명인은 장손무기長孫無忌이다. 전하는 말에 따르면, 그가 즐겨 쓴 전모를 '조공혼탈趙公渾脫'이라고 불렀으며, 많은 이들이 따라 썼다고 한다. 기물이 이렇듯 각각의 사람에게 전해져 양식이 차이가 있었기 때문에 구체적인 형태를 확인하기 어렵지만 당시 장안에서 유행하던 혼돈餛飩, 중국 특유의 소가 있는 만두 형태의 모자전모, 혼탈모를 지칭함는 여러 그림이나 소조 등에서 볼 수 있다시피 대체로 모양이 비슷하다.

사서에서 전하는 바에 따르면, 당대 재상 배도裴度가 입조할 때 변경에서 발호하던 번진藩鎮에서 파견한 자객이 그를 찌르는 일이 일어났다. 다행히 배도가 쓰고 있던 전모의 차양이 두터워 머리를 보호했기 때문에 크게 다치지 않았다. 이로 인해 그가 쓰던 모자가 크게 유행했다. 이러한 전모 형태는 돈황 벽화 〈장의조출행도張議潮出行圖〉에 나오는 갑기甲騎와 잡기雜伎 악부樂部 인물이 쓰고 있는 모자와 거의 차이가 없다. 초당 시절의 전모와 다른 부분은 모자 차양을 좀 더 두텁게 말아 올렸다는 것뿐이다. 중간 그림을 보면 모자 뒤쪽으로 두 개의 끈을 내려뜨리고 있는데, 이는 송대 두건 양식에 가깝다. 또한 같은 그림에서 허리에 찬 환조環縧는 당대 첩섭대鞊韘帶 제도를 따른 것으로 보인다. 여러 가지 기물을 매단 혁대를 통칭 '접섭대蹀躞帶'라고도 한다. 다만 그림에서는 부싯돌이나 산대算袋 등 여러 기물은 보이지 않는다. 서북 지역에서는 오대나 송대에 유행하던 것들을 그대로 사용하고 있었다. 어쩌면 이는 당대 '번객금포蕃客錦袍' 성격이나 의미가 비슷하게 중원의 왕조에서 선물로 증여한 것일 수도 있다. 원대에도 몽골 귀족 행향인行香人들 허리에서 첩섭대를 발견할 수 있는 것으로 보아 유행이 오래되었으며, 애호愛好 또한 깊었음을 알 수 있다.

오른쪽으로 여미는 교령의 장포를 입는 것도 송대 양식에 따른 것인데, 다만 소매가 비교적 좁다는 것이 다를 뿐이다. 허리에 혁대 외에 한요捍腰를 찬 것은 거란의 옷차림과 동일하다. 일반적으로 명주 비단으로 만들지만 특별히 고급스러운 제품은 거란의 제도에서 볼 수 있다시피 오리나 거위, 담비 등의 가죽을 사용했다. 송대 사람들은 이러한 한요를 '요복腰袱'이라고 불렀다. 〈중흥사장도中興四將圖〉에 나오는 무변武弁들도 동일한 양식의 한요를 착용하고 있는 것으로 보아 송대에도 서북 지역 사람들이 착용했음을 알 수 있다.

부녀자들은 금보요를 쓰고 있다. 이는 한·당대 보요에서 유래한 것이나 양식은 각기 다르다. 송대 사람은 이를 '금보禁步'라고 칭했는데, 원래 이는 고대 옥패제玉珮制와 비슷하게 봉건 사회에서 부녀자들의 행동을 속박하는 예제禮制의 일부로 고안된 것으로 걸음걸이가 절주에 맞아 조용하고 촉급하지 않도록 하기 위함이었다. 다급하게 행동하거나 뛰어다니면 옥패나 보요에 걸려 있는 구슬 등이 어지럽게 부딪치며 시끄러운 소리가 나기 때문이다. 상의는 교령에 긴 배자를 입었으며, 하의는 가느다랗게 여러 번 접은 주름치마인 백습군百摺裙, 명 · 청대에는 '봉미군鳳尾裙'이라고 불렀다을 입었는데, 이 역시 송대 양식이다. 신발은 뾰족한 신발 코가 활처럼 위로 굽은 형태로 중원의 당대 양식에서 영향을 받은 것으로 보인다. 좌측에 매달려 있는 인끈은 송대 양식에서 영향을 받았으나 많이 바뀐 형태이다. 이 그림은 아래 비교적 큰 수술 장식사혜絲穗이 매달려 있기 때문인데, 이는 송대 부녀자들이 가슴 앞이나 왼쪽에 매듭형태로 차던 것과 다르다.

이전에는 서하西夏 시절 일반 백성들의 옷차림에 대해 그다지 알려진 바가 없었다. 하지만 근래에 출토된 유물 가운데 시종侍從 그림이나 용俑, 돈황 안서安西 유림협楡林峽의 벽화에 그려져 있는 그림과 석각을 종합적으로 비교 분석해본 결과 나름의 지역성을 지니고 있으며, 당시 거란이나 여진과 차별점이 있고, 회골이나 중원의 옷차림과는 오히려 공통점이 있음을 알 수 있었다. 『요사외기遼史外記』의 기록은 비록 간략하기는 하지만 개략적인 이해에 도움을 줄 수 있을 것이다.

> 그들의 습속은 흰색의 좁은 웃옷을 입고, 털로 만든 전관氈冠을 쓰고 관 뒤쪽으로 붉은 끈으로 묶었다. 스스로 외명嵬名[1]을 썼으며, 관리는 문무를 나누었다. 관冠은 금실을 붙이고 그 사이에 구름이 일어나는 듯 기운起雲 문양을 은박지로 만들어 붙였다. 붉은색 상의를 입을 때는 도금한 은대銀帶에 첩섭鞊韘, 해추解錐, 매듭을 푸는 기물, 단도, 활과 화살 등을 찼다. 가죽신을 신고 두발을 깎았으며 귀에 무거운 귀걸이를 하고, 자색의 선란旋襴[2]도 여섯 벌을 구비했다문무文武가 섞여 있다. 일부 복식은 송대 예품禮品이었을 것이다. 출입할 때는 말을 타는데 청색 일산靑蓋을 펴들었고, 두 명의 기병이 앞서 가며 백여 명의 기병이 뒤를 따랐다. 일반 백성들은 청록색의 옷을 입었다.[3]

돈황이나 안서 유림협 벽화에 나오는 공양인들의 옷차림과 비교해보면, 문헌 기록과 부합하는 부분도 있고, 또 다른 부분은 훨씬 다양해졌음을 알 수 있다. 시대가 다르고 상황이 달라졌기 때문이다. 일부 통치자들의 옷차림은 송대 사람의 복식 제도에 접근해 있는데, 이는 요와 송

1 외명嵬名은 말 그대로 높은 이름이란 뜻인데, 당항党項 8부 가운데 하나의 부족 이름이자 부족민의 성인 척발拓跋이다. 서하를 개국한 원호元昊는 당나라가 하사한 이성李姓을 버리고 스스로 외명씨嵬名氏라고 불렀다. 선비鮮卑 제주帝胄, 황제의 혈통 출신임을 자부했기 때문이다.

2 선란旋襴은 서하 민족이 입었던 복식의 일종이다. 하지만 이것이 서하 고유의 것으로 이후 송나라에 전래된 것인지, 반대로 중원의 난삼襴衫의 영향을 받은 것인지는 정확치 않다. 원래 난삼은 당대에 시작되어 송대에 크게 유행한 복식으로 상의와 하의가 붙어 있으되 고대衣裳제도를 따른다는 뜻에서 무릎 부분에 재봉선횡란橫襴을 넣었다. 역자 생각에 인용문에 나오는 자색의 선란은 송대의 난삼과 선오의 변형 형태인 선란오자旋襴襖子인 듯하다. 인용문에 나오는 '육습六襲'은 여섯 벌이란 뜻이나 구체적으로 왜 이런 말을 썼는지는 잘 모르겠다.

3 『요사』 권115, 「열전」 45, 「이국외기二國外記」, "其俗, 衣白窄衫, 氈冠, 冠後垂紅結綬. 自號嵬名, 設官分文武. 其冠用金縷貼, 間起雲, 銀紙帖, 緋衣, 金塗銀帶, 佩鞊韘, 解錐, 短刀, 弓矢, 穿靴, 禿髮, 耳重環, 紫旋襴六襲. 出入乘馬, 張青蓋, 以二旗前引, 從者百餘騎. 民庶衣青綠".

이 삼촌과 조카, 즉 생구甥舅 관계를 맺었기 때문이다. 새해나 명절이 되면 송조는 반드시 사절단을 꾸려 자수, 비단, 의복, 금은, 음식기물 등 온갖 예품을 가지고 가서 요나라에 바쳐야만 했다. 또한 단결과 우호를 위해 매년 각종 채색 비단과 찻잎 및 중원의 특산품을 보냈다. 게다가 상인들이 왕래하면서 서하 지역에서 필요한 물건과 그곳 특산품인 가는 모직물, 명마, 약재 등을 교환하여 내지에서 판매했다. 이런 상황에서 서하에 사는 여러 부족들은 생활이나 옷차림 등에서 중원의 영향을 받지 않을 수 없었다. 그렇기 때문에 이러한 것들이 반영된 벽화 등에서 문헌 기록보다 훨씬 복잡하고 다양한 형태가 등장하게 된 것이다.

〈자염도煮鹽圖〉

그림193 (송) 두건을 싸매고 둥근 깃이나 교령에 무릎까지 내려오는 단의를 입은 제염製鹽 노동자 (『중수정화증류비용본초重修政和證類備用本草』)

그림 193은 금대에 번각翻刻, 활판이나 목판 인쇄한 『중수정화증류비용본초』[1]에 나오는 삽화이다. 그림 한 구석에 '해염海鹽'이란 글자가 새겨져 있다. 삽도 131, 132는 산서 '해염解鹽' 생산 정황을 묘사한 그림이다.

『중수정화증류비용본초』는 민간에 공개된 의약, 위생 관련 서적이기

1 『중수정화증류비용본초』는 송대 당신미唐愼微가 저술한 의서인 『경사증류비급본초經史證類備急本草』를 송대 의관醫官인 조효충曹孝忠이 정화政和 6년1116년 교정을 거쳐 중수한 후 『政和新修證類備用本草』 다시 장존혜張存惠가 구종寇宗의 『본초연의本草衍義』의 내용을 삽입하여 재차 출간한 책이다. 전체 30권이며, 중국 본초학의 중요 서적 가운데 하나이다. 약물 1,700여 종을 다루고 있으며, 삽화가 있다.

삽도131「해금도解鹽圖」[1] 1(『중수정화증류비용본초』 삽화)

삽도132「해금도」 2(『중수정화증류비용본초』 삽화)

때문에 동식물이나 광물로 만든 약재의 해설과 더불어 그림을 넣었다. 특히 식물성 약품의 경우 그림이 상당히 구체적이다. 송대 화록의 기록에 따르면, 『본초本草』는 원래 채색 그림이 있었다고 하나 이미 오래전에 실전되었다. 이 그림은 설명을 목적으로 한 일종의 안내도이나 당시 제염업자들이 해수를 끓여 소금을 만드는 대략적인 과정을 잘 보여주고 있다. 특히 '해염' 관련 그림에는 두 명의 관리가 등장하는데, 한 명은 송나라식 복두에 크고 넓은 소매 옷을 입고 교의交椅에 앉아 소금을 포장하여 저울에 달고 운반하는 과

2 해염解鹽은 산서성 해지解池에서 나오는 소금이다. 송대 사마광司馬光의 『속수기문涑水記聞』 권15에 따르면, "하남, 하북, 조복曹濮 서쪽, 진봉秦鳳 동쪽에 모두 식용 해염이 생산되었다".

정을 감독하는 모습이고, 다른 한 명은 일반적인 두건을 쓰고 교의에 앉은 모습이다. 전자의 예에서 볼 수 있다시피 금대 남관南官 제도가 실행한 후에도 거란이나 여진의 중급 관리들의 복장은 아직 크게 바뀌지 않았음을 알 수 있다.

『송사』의 기록에 따르면, 의약이나 방술은 민간에 공개되었기 때문에 전국 각 주현의 아문에서 돌에 새겨 누구라도 베껴갈 수 있도록 했다. 태의원太醫院의 비방도 예외가 아니었다. 이런 정책은 의심할 바 없이 중국 중고中古시대위진남북조에서 당대까지 3~9세기 의약 교육을 향상시켰다. 또한 서적에 실린 여러 가지 그림 역시 교육에 큰 도움을 주었다. 본서는 여진족이 북방에서 금나라를 건국한 시기에 나왔지만 제염 노동자들의 옷차림은 여전히 〈청명상하도〉에 나오는 일반 노동자들의 의복과 비슷하여 거의 차이가 없다. 이는 원본을 저본으로 판각한 것이기 때문이다.

송과 금나라는 소금, 명반明礬, 찻잎 암거래를 엄격한 법률로 금지했다. 그래서 『송회요집고宋會要輯稿』에 보면 이와 관련된 문건이 적지 않게 남아 있다. 이는 당시의 정치적 상황과 밀접한 관련이 있다. 송과 금이 대치하던 1백여 년 동안 쌍방의 갈등을 화약和約의 방식으로 해소했다고 하나 이를 유지하기 위해 남방에서 수십만 근, 양两, 필단匹端에 달하는 비단과 찻잎 등을 공물로 착취하여 다시 금나라로 보내야만 했다. 결국 민생 경제가 어려워지면서 소금이나 명반 등의 암거래가 성행했고, 조정은 이를 엄격한 법률로 통제해야만 했다. 금나라의 경우 구리거울이나 악기 등 동기銅器 유통을 매우 엄격하게 통제했는데, 동기마다 일일이 등기하도록 하여 문자를 새겨 넣을 정도였다. 다만 민생과 관련한 의약만은 남북을 막론하고 무역을 통해 유통할 수 있도록 했다. 북송의 약방藥方 공개 정책에 따라 금나라 정권이 통치하는 곳에서도 의약에 관련한 비방 등이 널리 유포되었다. 『등류본초證類本草』를 번각한 것이 그 좋은 예이다. 관련 그림에서 일반 백성들의 옷차림이나 체발剃髮 위주의 두발 형태가 보이지 않는 것으로 보아 금나라 정권이 공고해진 후에는 장강 이북에서도 이미 해금解禁되었음을 알 수 있다.

송대 비단사주絲綢

그림194
위쪽 : (송) 반조금盤絛錦
아래쪽 : (송 자색 바탕에 난새와 까치 문양을 넣은 혁사(자지만작천화혁시紫地鸞鵲穿花緙絲). (요녕성 박물관 소장)

송나라는 오대십국의 할거割據 상황을 정리하여 서촉西蜀, 남당南唐, 오월吳越 지역을 평정한 후 수백 수천만 필단匹端에 달하는 대량의 비단과 채금彩錦, 이릉異綾 등을 빼앗아 궁정 창고에 보관했으며, 사용한 것도 그다지 많지 않았다. 천촉과 오월은 전쟁으로 인한 피해가 그다지 심각하지 않아 신속하게 농업 생산이 회복되었으며, 사직품 생산도 크게 발전하기 시작했다. 예를 들어 송대 관복은 나羅, 밀도가 성긴 비단가 위주였는데, 강절江浙, 지금의 강소와 절강 지역에서 매년 공급되는 화소라花素羅의 수량만 수십만 필에 이를 정도였다. 전국의 주요 산지에는 당대에서 설치한 능직국織綾局을 그대로 놔두고 생산을 감독한 것 외에도 별도로 직라무織羅務를 설치했다. 규격이 표준에 맞지 않거나 무게나 두께가 일치하지 않는 경우는 물론이고 불량 재료로 만들어 숫자만 채웠을 경우에도 철저하게 검사하여 처벌했다. 인장이 찍히는 등 재료가 오염되거나 훼손되었을 때도 입고할 수 없었다. 새로운 품종의 명칭이 날로 많아졌고, 특히 고급스러운 비단의 명칭도 그러했다. 문헌 기록에 따르면, 긴사緊絲, 수배繡背, 격직隔織, 능綾, 금錦, 나羅, 힐견纈絹, 기綺, 곡穀 등등이 모두 비단의 명칭이다. 이러한 사직물은 매년 요나 금, 서하로 보내는 예품의 명단에 적혔으며, 수량이 수십, 수백만 필에 달했다. 당연히 그 중에는 고급 비단 제품도 들어 있었으니 이러한 사직물이 동북이나 서북 각지에서 유행한 것도 이상한 일이 아니다.

금실金絲를 넣은 직물도 문헌에서 흔히 보인다. 문언박文彦博이 성도成都에 있을 때 금선연화등롱금金綫蓮花燈籠錦을 헌상한 것을 시작으로 여러 방면에서 활용되었다. 왕영王栐의 『연익이모록燕翼詒謀錄』[1]에 따르면, 금을 가공하는 기술이 이미 18가지나 되었다고 한다. 북송 시절 인염印染 직물은 오직 군용에서만 사용할 수 있었으며, 민간에서는 법령으로 금지되었다. 주필대의 〈수의노부도繡衣鹵簿圖〉의 기록을 보면 2만여 명의 방대한 의장대 가운데 대략 4분의 1에 달하는 인원이 각종 인염 문양의 옷이나 모자를 착용했고, 나머지는 채색 비단인 금錦, 수를 놓거나繡, 그림을 그린繪 옷이나 모자를 착용했다.

그러나 채색 비단인 금을 직조하는 기술은 사천 성도가 으뜸이고, 문양 역시 크게 달라졌다. 주로 제화提花 기술의 발전과 생색절지화生色折枝花를 좋아했기 때문인데, 이로써 당대에 주로 직조한 대칭 도안의 단조로운 문양에서 벗어날 수 있었다. '만지금滿地錦', '금상첨화錦上添花' 등의 직조 기법을 통해 수많은 신품종이 생겨났다. 예를 들어 대소천화금大小天花錦, 송대에는 대소보조大小寶照라고 칭했다, 각기 다른 여러 가지 도안을 병합하여 하나로 만든 '팔답훈금八答暈錦' 등이 대표적이다. 이러한 비단은 배색이 복잡하고 조직이 화려하여 당대의

1 왕영王栐, 생졸미상, 송대 문인의 『연익이모록燕翼詒謀錄』 5권은 송 이종理宗 보경寶慶 3년1227년 북송의 직관職官, 선거選擧 등 전장典章 제도의 연역과 득실에 관해 저술한 책이다. 왕영은 『국사國史』, 『실록實錄』, 『보훈寶訓』, 『성정聖政』 등의 책을 참고했다고 말했는데, 실전된 것이 많아 사료 가치가 높다.

직물을 크게 앞지른다. 연속적으로 규칙적인 도안도 청록점문青綠簟紋, 연선連綫, 구로毬路, 쇄자瑣子, 구패龜貝, 저포樗蒲 등 각양각색이었다. 또한 동식물 도안도 비단 문양의 내용을 확대하는 데 일조했다. 예를 들어 성도에서 매년 직조하는 관금官錦의 경우 명칭만 수십 종에 달했다. 원대 사람 비착費著[2]이 쓴 『촉금보蜀錦譜』에 따르면, 북송 원풍元豐 6년1083년 금원錦院을 설치하여 군장軍匠, 군인 신분의 장인 5백 명이 직조를 담당하여 매년 명주실 12만 5천 냥兩, 염료染料 21만 1천 근, 특별한 품종의 금錦 632필을 생산했으며, 그 나머지는 품목을 셀 수 없이 많았다고 한다.

남송은 차마사茶馬司를 서남과 서북에 설치하여 차와 말을 교환하는 업무를 맡기는 한편 대량의 이불이나 옷감용 비단을 직조하도록 했다.[3] 금원에서 직조하여 공물로 바치는 비단은 '팔답훈금八答暈錦', '관고금官誥錦', '신료오자금臣僚襖子錦', '광서금廣西錦' 등이 있는데, '관고금'은 반구盤球, 족사금조簇四金雕, 규화葵花, 팔답훈八答暈, 육답훈六答暈, 취지사자翠池(일명 취모翠毛)獅子, 천하락天下樂, 운안雲雁 등 4백 필이고, '신료오자금'조정 대신들의 옷감으로 보내는 비단은 족사금조, 팔답훈, 천하락 등 7가지에 전체 87필이다.[4] 광서홍록금廣西紅綠錦, 일명 광서금은 대과사자大窠獅子, 대과마대구大窠馬大球, 쌍과운안雙窠雲雁, 의남백화宜男百花 등 진홍금眞紅錦, 또한 의남백화宜男百花와 청록운안青綠雲雁 등 청록금青綠錦 전체 200필이다. 차마사 금원은 비단의 수요와 생산을 말의 환산 가격을 보고 정했기 때문에 얼마나 생산했는지 일정치 않았다.

금錦은 지역에 따라 명칭도 약간씩 차이가 있고, 품목도 달랐다. 여주黎州에는 조대피皂大被, 비대피緋大被, 조중피皂中被, 비중피緋中被, 사색중피四色中被, 칠팔행마노七八行瑪瑙가 있었고, 서주敘州에는 진홍대피욕眞紅大被褥, 진홍쌍련의배眞紅雙連椅背, 진홍단의배眞紅單椅背, 남평南平은 진홍대피욕眞紅大被褥, 진홍쌍과眞紅雙窠, 조대피욕皂大被褥, 적대피욕赤大被褥이 있었으며, 문주文州에는 호설홍금犒設紅錦이 있었다. 또한 가는 채색 금錦은 청록서초운학青綠瑞草雲鶴, 청록여의모란青綠如意牡丹, 진홍의남백화眞紅宜男百花, 진홍천화봉眞紅穿花鳳, 진홍설화구로眞紅雪花球路, 진홍앵도眞紅櫻桃, 진홍수림금眞紅水林檎, 진주세법진홍秦州細法眞紅, 아황수림금鵝黃水林檎, 진주중법진홍秦州中法眞紅, 진홍천마眞紅天馬, 진주조법진홍秦州粗法眞紅, 자조단자紫皂緞子, 진강호주대백화공작眞紅湖州大百花孔雀, 진홍취팔선眞紅聚八仙, 진홍금어眞紅金魚, 사색호주백화공작四色湖州百花孔雀, 이색호주대화공작

---

2 비착費著, 생졸미상은 원대 관리이자 사학자이다. 그가 저술한 『촉금보』는 송대 관방의 사직업과 촉금蜀錦의 상황에 대해 서술한 책이다.

3 저자는 차마사에서 차와 말을 교역하는 업무 외에 대량의 비단을 직조했다고 하면서 차마사 내에 금원이 있는 것으로 이야기하고 있다. 구체적으로 어떤 책에서 인용한 것인지 확실치 않다. 차마사를 소개하는 문장에서 비단 직조나 금원 설치에 대한 내용은 찾지 못했다. 문헌에 따르면, 북송 시절 성도成都 전운사轉運司, 세미稅米 등 조세 물자를 운반하는 관청 안에 금원이 설치되었으며, 주로 '팔답훈금', '관고금', '신료오자금', '광서금' 등을 조달하여 바쳤다.

4 원주 『송회요집고宋會要輯稿』에는 이외에도 취모사자翠毛獅子, 대보조大寶照, 중보조中寶照 등의 명칭이 나온다.

二色湖州大州花孔雀, 진홍육금어眞紅六金魚 등의 품목이 있었다.

『제동야어齊東野語』[5] 권6에 따르면, 남송 소흥의 내부內府에 보관중인 서화를 표구할 때 능금綾錦을 사용했는데, 극사克絲로 만든 누대금樓臺錦, 청록점문금靑綠簟文錦, 홍하운금紅霞雲錦, 자란작금紫鸞鵲錦, 청루대금靑樓臺錦, 구로금毬路錦, 납금衲錦, 시홍귀배금柿紅龜背錦, 자백화용금紫百花龍錦, 조목금皂木錦, 곡수자금曲水紫錦, 운포금雲蒲錦 등의 품목이 있다. 능綾에는 대강아운만백릉大薑牙雲鸞白綾, 백란릉白鸞綾, 벽란릉碧鸞綾, 조란릉皂鸞綾, 자타니紫駝尼, 조대화릉皂大花綾, 벽화릉碧花綾, 황백릉黃白綾 등의 품목이 있다.

당시 관고官誥, 관리의 품계를 내리는 조령詔令는 주로 각기 다른 색의 금봉라金鳳羅나 능지綾紙, 관고를 쓸 때 사용하는 비단용지를 사용했다. 금나라에 보내는 예물 가운데 비단 품목은 금錦 외에도 용배茸背, 긴사緊絲, 염금선捻金綫, 청사릉靑絲綾, 운보릉雲蒲綾, 선자라綫子羅 등 다양한 명칭이 있다. 남송 소흥紹興 초년 장준張俊, 1086~1154년, 남송 장군이 송나라 고종에게 헌상한 예물에 염금금捻金錦, 소록금素綠錦, 목면木綿, 생화번라生花番羅, 암화무라暗花婺羅, 잡화힐라雜花纈羅 등의 품목이 나온다. 여러 주州에서 올라오는 공부貢賦 중에 선문릉仙文綾, 종사시綜絲絁, 백곡白縠, 자용紫茸, 격직隔織, 천비화사茜緋花紗, 경용사輕容紗, 홍화초포紅花蕉布 등은 모두 비교적 특별한 생산품이다.

원대 사람 척보지戚輔之가 저술한 『패초헌객담佩楚軒客談』에 보면 촉蜀에서 생산되는 십양금十樣錦[6]의 명칭이 나오는데, "장안죽長安竹, 천하락天下樂, 조단雕團, 의남宜男, 보계지寶界地, 방승方勝, 사단獅團, 상안象眼, 팔답운八答韻, 철경양하鐵梗蘘荷" 등이다. 사실 이런 문양은 송대에서 이미 있었으며, 일부는 명대 재료 중에서도 대량으로 발견되고 있다.

명말 곡응태谷應泰가 저술한 『박물요람博物要覽』[7]에도 송나라 금, 즉 송금宋錦에 대해 언급하면서 아울러 송릉宋綾의 명칭 30여 종을 기록하고 있는데, 이는 『무림구사武林舊事』 기록과 동일하다. 사실 송·요·금대 「여복지」 및 그 밖의 송대 사람이 기록한 능금綾錦 명칭과 원대 『촉금보』에서 성도成都 관금방官錦坊 및 차마사에서 직조한 제품들을 모두 나열하면 특별 품종의 금단錦緞이 전체 2백여 종에 달한다.

이외에도 직조나 자수와 달리 작은 베틀북을 사용하여 만드는 각사刻絲란 것도 있다. 장계유莊季裕의 『계륵편鷄肋編』 권3의 기록에 따르면, 하북 정주定州에서 직조한 것이 가장 유명하다고 하는데, 비교적 마음먹은 대로 화조나 금수의 문양을 만들 수 있었다. 남송 시절 몇 명의 유명한 각사 전문가들이 배출되었는데, 그들은 주로 송대 화

5 『제동야어齊東野語』는 송대 문인 주밀周密의 필기 소설로 전체 20권이다. 원래 '제동야어'라는 말은 『맹자』 「만장」의 "제나라 동쪽 시골 사람의 이야기齊東野人之語"에서 나왔으며, 근거 없이 터무니없는 말이란 뜻이다.

6 십양금十樣錦은 후촉後蜀에서 생산된 열 가지 비단을 말한다. 후대에 열 가지 문양이 있는 사물을 일러 십양금이라고 말하기도 했다.

7 곡응태谷應泰, 1620~1690년는 명말 청초 관리이자 사학가이다. 그가 쓴 『박물요람博物要覽』은 천계 연간1621~1627년에 간행된 서적으로 고대 기물, 서예와 그림, 자수, 인보印寶 등 예술품에 대해 논의하고 있다.

가들이 그린 명화를 저본으로 삼아 비단을 직조했다. 그중에서 심자번沈子蕃, 주극유朱克柔 등의 작품이 남아 있는데 비할 바 없이 정교하고 아름답다. 홍호의 『송막기분』의 기록에 따르면, 서북에 거주하는 회골족도 각사에 능했다. 그들은 금실을 꼬아 비단에 직조하는 기술을 가지고 있었으며, 비교적 예술적 가치가 있는 작품을 만들어냈다. 또한 양모도 직조할 수 있었다. 이러한 회골족 직공들이 관중關中으로 이주하여 살게 되면서 뛰어난 수예手藝가 대대로 이어졌다. 그래서 『계륵편』에서 이르길, "경주涇州, 지금의 감숙성 소재 도시에는 어린 아이들도 모두 용모茸毛를 꼬아 실을 잣는 일을 할 줄 알았으며, 이를 직조하여 방승方勝 문양을 만들었는데, 한 필의 무게가 겨우 14냥兩이었다. 선화 연간에는 한 필에 철전鐵錢으로 4십만 량에 이르렀다".

북송은 매년 거란족 요나라 정권에 20만 필단匹端, 천을 세는 단위의 비단을 보냈으며, 서하 정권에 보내는 것도 동일했다. 북송 말년 변량이 함락되자 여진 통치자는 변량 궁궐의 창고에서 능라 비단 7천만 필을 얻었다. 남송 시절에도 연경燕京에 자리하고 있는 금나라 정권에게 거란의 경우와 마찬가지로 동일한 품목과 수량의 비단을 세폐歲幣로 보냈다. 이외에도 별도의 상황에 따라 예물을 보낼 때도 반드시 특별한 품목의 비단이 들어 있었다. 그렇기 때문에 전후 거의 3세기에 걸쳐 『요사遼史』나 『금사金史』에 기록된 황실과 백관들의 의복 역시 강남 직공들이 생산한 것들이었다. 『금사』의 관복 기록에 따르면, 관직의 존비에 따라 문양의 크기가 정해졌다. 예를 들어 3품 이상은 관복의 문양이 5촌이고, 6품 이상은 3촌, 그리고 하급 관리는 지마라芝麻羅를 입었다. 원·명대 관련 문장에도 똑같은 규정이 실려 있다. 이를 통해 송대 크고 작은 천지串枝 문양이 유행한 것은 옷차림에 관한 법령과 관련이 있음을 알 수 있다. 송대 능금綾錦은 현재 남아 있는 것이 많지 않지만 원·명대 비단 문양과 송대 및 그 이후 도자기 등에 반영된 대량의 천지나 절지折枝 문양으로 보건대 송대 능금 문양과 당대 능금 문양이 같은 점은 무엇이고 또 다른 점은 무엇인지 알 수 있다. 또한 원·명대 수백, 수천 종의 능금 문양이 사실은 송대의 것을 계승 발전시킨 것임을 확인할 수 있다.

송대 변방에 설치된 각장榷場에서 일반 백성들이 서로 상품을 교역했는데, 그중에서 인염 기법으로 직조한 비단이나 자수 제품이 차잎이나 자기와 마찬가지로 비교적 많은 분량을 차지했다. 남해에서는 해외 통상이 크게 발전했는데, 송나라 조정은 그곳에 시박사市舶司를 설치하여 해외 무역과 세수稅收 등의 일을 처리했다. 문헌에 보면 '하지힐견荷池纈絹'이란 명칭이 자주 등장한다. 이전까지 연구자들은 그것이 구체적으로 어떤 품목인지 알지 못해 '하지'와 '힐견' 두 가지라고 생각했다. 그러나 실물을 보건대, 채색그림에 꽃 문양을 넣은 엄화개광화罨畫開光花 형식의 인염 비단일 것이다.

이외에도 식물 섬유로 만든 가는 베세포細布는 주로 원료가 풍부한 동남 여러 성에서 많이 직조되었다. 문헌에 나오는 '황초심포黄草心布', '연자練子', '계명포鷄鳴布' 등은 세포 중에서도 특별히 정교하게 직조한 고급스러운 제품들이다. 목면木棉, 실제는 초면草棉이다도 동남 지역에서 비교적 많이 생산되었다. 문헌을 보면 검은 빛을 띠는 '조목면皂木棉'이란 명칭이 나오는데, 송대 사람이 쓴 필기에 따르면, 견사와 면사를 교직한 '묵금墨錦'인 듯하다.[8]

8 원주 명대의 '운포雲布'는 견사와 면사를 교직하여 만든 제품으로 한때 크게 유행했으며 값어치가 높아 한 필에 문은紋銀 1백 냥에 달했다.

132

원대元代 농민, 노동자, 관병官兵

그림195 (원) **추계椎髻 또는 삿갓을 쓰고 단의短衣나 도롱이를 입었으며, 맨발이거나 행전을 차고 일하는 근로자**(원 지치至治 각본刻本『전상오종평화全相五種平話』에 나오는 삽화)

그림196 (원) 갑사, 군관, 그리고 시위侍衛(원 지치 각본 『전상오종평화』에 나오는 삽화)

원대 각본인 『전상평화오종全相平話五種』1955년 문학고적간행사文學古籍刊行社 영인본에 나오는 삽화이다.

『무왕벌주평화武王伐紂平話』에서 『삼국지평화三國志平話』까지 전체 다섯 종의 평화 내용이 실려 있다. 송대 와사瓦舍에서 역사를 소재로 구술하던 예인들이 구전하던 저본底本으로 통속소설로 나누어 간행된 이른바 화본소설의 일부이다. 원·명대 문인들이 이를 바탕으로 『봉신연의封神演義』, 『삼국지연의三國志演義』 등으로 발전시켰으니, 그 조본祖本인 셈이다. 이러한 역사를 이야기하는 강사講史 소설은 원·명대 이래로 널리 유행하던 통속적인 읽을거리로 독자가 매우 많았다. 특히 간체자簡體字, 구어체 백화白話가 많았으며, 일부는 희극으로 개작되기도 했다. 또한 독자들의 흥미를 끌기 위해 삽화를 많이 집어넣었다. 책에는 원래 청중들을 놀라게 하고 호기심을 유발하기 위한 내용이 적지 않았기 때문에 역사적 사실과 부합하는지 여부에 얽매이지 않았다. 삽화는 독자들이 익숙한 습관에 따라 송·원대 사회의 관습을 그대로 채용했다. 만약 이러한 삽화로 역사적 사실을 증명하고자 한다면 차이가 많아 오류가 생기겠지만 이를 송·원대 사회 생활을 이해하는 데 참고한다면 오히려 도움이 될 수 있을 것이다. 당시 사회 생활 모습과 거의 차이가 없기 때문이다. 예를 들어 제왕이나 관료들의 복식과 통치자들이 착용한 조아갑기爪牙甲騎 장비 등은 대부분 송대 제도에 근거한 것이고, 일반 서민들의 생활이나 복식 등도 당시 사람들에게 익숙한 실제 상황을 반영하고 있다. 그래야만 보다 쉽게 독자들의 인정을 받을 수 있기 때문이다. 그래서 책에 나오는 농민이나 공장工匠의 모습은 주로 원대 사람들에 가깝고, 일반 병사들의 갑옷이나 군영 배치, 군악軍樂 등도 원대 범위를 벗어나지 않았다.

그림 195에 나오는 노동자나 농민들은 원대 회화 작품에 나오는 모습과 거의 차이가 없다. 입모笠帽를 쓰고 상투를 올려 두건으로 싸맨 두발 형태는 한족에 가깝고, 그림 왼쪽 아래 두 명의 목공은 두발 형태로 볼 때 몽골족이 틀림없다. 그림 196에 나오는 군관과 병졸이 입고 있는 갑옷은 원대 양식이다. 가운데 4명은 몽골 관리들의 옷차림인 변선오지辮線襖子[1]를 입고 있다. 책에서 주로 '번방番邦, 외국' 인물의 옷차림으로 소개되고 있다. 이는 후대에도 영향을 주어 명대 사람이 쓴 원대 관련 저서의 삽화에도 이런 옷차림이 나오며, 투구처럼 생긴 모자 위에 꿩의 꼬리털을 꽂아 이족異族의 특징을 표시했다.

1 변선오지辮線襖子는 금대金代에 시작하여 원대에 널리 유행한 옷이다. 상의는 둥근 깃에 좁은 소매이고, 하의는 세로로 주름 잡힌 넓은 치마 형태이며, 허리 부위에 땋은 실을 층층으로 재봉하여 촘촘하게 주름을 잡거나 홍색이나 자색의 비단을 꼬아 만든 여러 개의 줄로 허리를 둘렀다.

원대 백공백업百工百業, 다양한 노동자 직업

그림197 (원) **긴 웃옷을 입은 유류**儒流(유사儒士 무리), **의복**醫卜(의사와 점쟁이), **성상**星相(성명술사)**과 짧은 웃옷을 입은 온갖 직종에 종사하는 인물들**(산서 우옥보녕사右玉寶寧寺 수륙화水陸畫)

그림 197은 산서성 우옥현 우옥보녕사속칭 대녕사大寧寺에 소장된 원대 그림이다.

주제는 당시 불교 신앙과 관련된 것이나 인물 묘사가 대단히 사실적이고 예술적 수준이 높아 당시 사회를 반영하는 사료로 삼기에 충분하다. 그림에는 원대 다양한 직종의 온갖 인물 형상이 나오는데, 짧은 웃옷短衣을 입은 토목공은 물론이고 유건儒巾을 쓰고 장포를 입은 한의사낭중의생郎中

醫生, 거문고, 바둑, 책, 그림 등 예술 관련 장인, 그리고 기타 서비스업에 종사하는 인물들이 다양하게 나온다. 옷차림이나 사용 도구도 매우 구체적인데, 대부분 원대에서 사회적 지위나 낮은 피억압 계층 사람들이다. 원·명 시절에 유행했던 통속적인 읽을거리인 『쇄금碎金』[1] 「예업藝業」 편 제27, '공장工匠'에 보면 원대 다양한 직업군을 다음과 같이 기록하고 있다.

도과都料, 대목大木, 소목小木, 거장鋸匠, 니수泥水, 저수杵手, 체부體夫, 잡공雜工, 기탑起塔, 조전造殿, 착석鑿石, 타은打銀, 능작楞作, 체가砌街, 수정修井, 도정淘井, 만고輓鼓, 주종鑄鐘, 단마鍛磨, 고통箍桶, 장혜掌鞋, 마경磨鏡, 마도磨刀, 고로錮鑪, 루漏, 정루整漏, 조불雕佛, 포란布鑾, 명금明金, 사칠使漆, 전옥碾玉, 타조打縧, 천결穿結, 수초繡草, 상생像生, 소금銷金, 묘금描金, 누주累珠, 포취鋪翠, 족루鏃鏤, 정검程劍, 정교釘鉸, 장배裝背, 표배裱背, 재봉裁縫, 타궁打弓, 조전造箭, 타렴打簾, 유작油作, 유산油傘, 주산做傘, 소비梳篦, 체면剃面, 교이鐓耳, 정발淨髮, 할각割脚, 정족整足, 전신傳神, 모진貌眞, 전약碾藥, 원약圓藥, 수향修香, 요촉澆燭, 쇄마刷馬, 주필做筆, 소묵燒墨, 착지鑿紙, 타석打席, 타천打薦, 수저修箸, 죽장竹匠, 조인雕印, 수산修傘, 화령畵領, 등작藤作, 타범打帆, 자기刺旗, 조선造船, 사패寫牌, 정칭釘秤, 납기鑞器, 낙사絡絲, 타철打鐵, 지조擔竈, 열소揑塑, 선작旋作, 등작燈作, 천교의穿交椅, 수관자修冠子, 타향인打香印, 타탄참打炭塹, 적백작赤白作, 호점작糊黏作, 장란粧鑾, 발착髮錯, 접경摺經, 접군褶裙, 타승打繩, 타선打綫, 사면使綿, 추선緅扇.

이렇듯 각기 다른 직업 또는 직종이나 원대 사람들은 일률적으로 공장工匠으로 간주했음을 알 수 있다.

『쇄금』은 이렇듯 도시의 여러 가지 직업이나 수공업 공장들에 대해 기록하고 있지만 전문적으로 직업 등에 관해 서술한 책이 아니라 대중적인 읽을거리이기 때문에 『무림구사武林舊事』 「소경기小經紀」조條나 『서호노인번승록西湖老人繁勝錄』의 「제행시諸行市」조에서 나열한 남송 임안의 수공업 직종에 비해 비교적 간략하다. 하지만 송·원 이래로 도시 생활이 크게 발전하면서 다양하게 분화한 직종과 관련 노동자들의 모습을 두루 살펴볼 수 있다. 도시의 번영과 문화의 발전은 이러한 일반 노동자들의 끊임없는 노력과 공헌에 힘입은 바 크다.

원대 초기 송조 관련 기록을 보면 북송 변량, 남송 임안 등 대도시의 다양한 직종 종사자들의 옷차림이 각기 다르다는 것을 알 수 있다본서 송대 부분 참조. 하지만 내용이 상세하고 구체적이지 않다.

1 선충원은 『쇄금』을 '통속독물通俗讀物', 즉 대중들이 흔히 읽은 통속적인 읽을거리라고 말했다. 하지만 다른 부분에서는 원대의 자서字書로 간주하고 있기도 하다. 후대 학자들에 따르면, 이는 원말명초의 저작물이다. 『쇄금』에는 「잠식편蠶織篇」 제15부터 「채색편彩色篇」 제20까지 복식과 관련된 내용이 실려 있다. 쇄금은 원래 부스라기 금을 말하는데, 일상에서 주로 사용하는 명사들을 위주로 수록한 사전의 일종이며, 최초의 『쇄금』은 당대에 출현했다. 당대에 일상 구어를 해석한 『자보쇄금』이 그것이다. 다만 실전하여 현재는 전해지지 않고 있다. 고고학자들은 내몽고 액제납기 흑수성 유적지에서 서하문으로 된 『쇄금』을 발견하기도 했다. 막고굴 북구 B56에서 서하문으로 된 『쇄금』 잔본이 발견되었는데, 오언시로 적혀 있고, 내용은 『천자문』과 비슷하다. 다만 역서에서는 저자의 의견에 따라 '통속적인 읽을거리'로 해석한다.

그렇기 때문에 본 그림에 나오는 인물들은 옷차림이 서로 다르고, 휴대한 도구도 다르지만 옷차림만으로 그들이 종사했던 직업을 단정할 수는 없다. 다만 표제標題에 따라 그림에 나오는 내용이 원래 백공백업百工百業, 즉 다양한 직종의 온갖 수공업 장인들이라는 것을 알 수 있으며, 또한 모두 사실에 가깝다고 볼 수 있다. 여기에 나오는 일부 수공업 공장들은 각기 나름의 옷차림과 머리 장식을 하고 있다. 『쇄금』의 기록에 따르면, 당시 옷차림이 상당히 번다하고 명칭 또한 각기 달랐으며, 남과 북의 형태도 달랐다고 한다. 우선 남자의 복식을 보면 다음과 같다.

옷: 심의深衣, 오자襖子, 답호褡護, 소수피구貂鼠皮裘, 모심毪衫, 나삼羅衫, 포삼布衫, 한삼汗衫, 면오綿襖, 피오披襖, 단오團襖, 협오夾襖, 전삼氈衫, 유의油衣, 조습遭褶, 과습胯褶, 판습板褶, 요선腰綫, 변선辮綫, 개혜開溪, 출수出袖, 예살曳撒, 납협衲夾, 합발合缽.

허리띠: 옥대玉帶, 서대犀帶, 금대金帶, 각대角帶, 계요繫腰, 아대樂帶, 융조絨絛.

모자: 모자帽子, 입아笠兒, 양건涼巾, 난건暖巾, 난모暖帽.

장신구: 소문대昭文袋, 초대鈔袋, 경대鏡袋, 수박手帕, 한건汗巾, 수건手巾……

신발 및 버선류: 조화朝靴, 화화花靴, 한화旱靴, 정화釘靴, 납화蠟靴, 구두직첨화毬頭直尖靴, 옹화翰靴, 요화靿靴, 국주근탑취전말菊拄根搨嘴氈襪, 피말皮襪, 포말布襪, 수말水襪……사혜絲鞋, 종혜棕鞋, 계혜罽鞋, 찰옹扎翰, 마혜麻鞋, 탑박搭膊, 전대纏帶, 호슬護膝, 퇴붕退繃, 격각繳脚 등등.

부녀자의 복식도 남과 북이 달랐는데, 남쪽의 경우는 다음과 같은 것이 있었다.

하피霞帔, 추자墜子, 대의大衣, 장군長裙, 배자背子, 오자襖子, 삼자衫子, 배심背心, 원자褑子, 박아膊兒, 군자裙子, 과두裹肚, 친의襯衣.

북쪽은 다음과 같다.

항패項牌, 향천香串, 단삼團衫, 대계요大繫腰, 장오아長襖兒, 학수오아鶴袖襖兒, 흉대胸帶, 난군襴裙, 대계帶繫, 직말直抹, 적고吊袴, 과의裹衣.

머리 장식도 남북이 달랐다. 남쪽은 다음과 같다.

봉관鳳冠, 화계花髻, 특계特髻, 심관䰠冠, 포관包冠, 서운첩액瑞雲貼額, 아소牙梳, 피소披梳, 염소簾梳, 대모소玳瑁梳, 귀통소龜筒梳, 학정소鶴頂梳, 정채頂釵, 변채邊釵, 정침頂針, 도침挑針, 화통花筒, 도비掉鈚, 교량빈채橋梁鬢釵, 첩승낙색疊勝落索, 등매천가橙梅天笳, 칠성사환七星梭環, 탁두鐲頭, 이자鉮子, 반지

북쪽의 복식 형태는 다음과 같다.

포계包髻, 엄근봉채掩根鳳釵, 면화面花, 이호채螭虎釵, 죽절채竹節釵, 도삽빈倒插鬢, 봉과금대삽鳳裹金臺鈒, 서옥점두소犀玉坫頭梳, 운월雲月, 협지荔枝, 여의如意, 고두菰頭, 비패환鈚牌環, 추선국화비파권주호로秋蟬菊花琵琶圈珠胡蘆, 삼장오장환리아三裝五裝鐶鉮兒, 연주탁連珠鐲.

이처럼 명칭은 서로 다르지만 당시 사람들에겐 익숙한 것일 터이다. 그러나 이미 7백여 년이 흐른 지금은 인증할 수 있는 실물이 부재하고,

그림이나 조소 등 참고할 수 있는 자료가 부족하기 때문에 과연 형태나 양식이 어떠한 것인지 구체적으로 명확하게 밝히기 어렵다. 다만 현존하는 일부 그림이나 조소 작품, 그리고 근년에 새로 출토된 일부 실물을 통해 대략적으로 이해할 따름이다.

원대 몇 명의 유류현사儒流賢士

그림198 (원) **당·송대 양식의 건과**巾裹(두건)**를 착용하고 포복을 입은 문인 유류**儒流[1](산서 우옥보녕사 수륙화)

산서 우옥현 우옥보녕사 수륙화水陸畵, 불교나 도교에서 종교 의식을 행할 때 걸어놓는 그림 영인본을 모사한 그림이다. 그림에 나오는 일곱 명 가운데 여섯 명은 송

1 유류儒流는 유사儒士 무리를 말한다.

삽도133 산서 우옥현 우옥보녕사 수륙화 제58 〈예전에 저당잡혀 노비로 전락한 아이들과 쫓겨난 처자의 외로운 혼령往古顧典婢奴棄離妻子孤魂衆〉(하부下部)

대 양식의 원령복圓領服에 원대 양식의 당건唐巾을 쓰고 있으며, 나머지 한 명은 송대 양식의 교령유복交領儒服에 유건儒巾을 착용했다. 송대 원령복은 당대 양식과 달리 둥근 깃 안에 친령襯領[2], 즉 덧깃이 달려 있다. 또한 원대 양식의 당건은 당·송대와 달리 숟가락처럼 생긴 두 개의 띠帶가 양쪽으로 늘어져 있다.[3] 그중에 한 명의 유복儒服은 송대 문사들이 입는 옷차림이다. 네 명은 각기 뭔가를 짊어지고 있다. 정중앙에 있는 사람은 검객劍客이고, 나머지 세 사람은 금객琴客, 거문고를 들고 있는 사람이다. 이외에 나머지 사람들

2 친령襯領은 옷깃이 쉽게 더러워지는 것을 피하기 위해 옷깃 안에 부착하여 언제라도 뗄 수 있는 덧깃을 말한다. 일명 '호령護領'이라고 한다.

3 명대 각본 『삼재도회三才圖會』에 분명하게 언급되어 있으며, 삽화에서도 확인할 수 있다.

온 기객棋客이거나 시화詩書 전문가이다. 그들은 당시 재주는 있으되 마땅히 출로가 없거나 일정한 직업이 없는 독서인讀書人으로 그저 정해진 곳 없이 떠돌아다니는 이들이다. 물론 사회적 지위도 극히 낮다.

송대의 관습에 따르면, 관방에서 임직하는 이들은 '대조待詔', 즉 황제의 조령을 기다리는 사람이고 불렀다. 이에 반해 명대에는 비교적 부유한 귀족이나 고위 관리 등 개인을 위해 일하는 이들을 '청객清客' 또는 '방한幫閑'[4]이라고 불렀다. 호칭상의 구별 외에도 전자는 일정한 재주와 기질이 있었으나 후자는 그저 먹고 마시고 도박에 능한 이들일 따름이었다. 물론 때로 연회에 참석하거나 주흥에 겨우 시문을 짓는 일도 있었고, 표면적으

삽도134 산서 우옥보녕사 수륙화

❶ 제51 〈무장한 도적들의 고혼兵戈盜賊諸孤魂衆〉(하부)

❷ 제57 〈예전 구류백가 여러 사인士人과 예인들往古九流百家諸士藝術衆〉(하부)

4 이런 호칭은 명대뿐만 아니라 그 이전 송·원대 및 이후 청대에도 통용되었다.

로 유사라는 고상한 지위를 지니고 있었으나 사실은 노복이나 다를 바 없는 상황에서 일정한 봉급도 없이 그럭저럭 세월만 보낼 따름이었다. 생활은 궁핍하고 벼락출세는 난망인지라 평생 우울하고 울적한 심정이었다. 그래서 그림에는 표제에서 알 수 있다시피 재주는 있으되 때를 만나지 못한 '회재불우懷才不遇'의 아쉬움과 서러움이 담겨져 있다. 그림에 나오는 인물들 역시 원대 법률에 따른 신분 제한으로 멸시와 억압을 당하는 처지였다. 결국 그들은 와시瓦舍 등 잡희가 연희되는 오락장에서 설서說書나 강사講史로 먹고 사는 예인들에게 대본을 써주거나 자신이 직접 분장하고 무대에 올라 공연하며 생을 마감할 수밖에 없었다.

이러한 지식인들은 여러 직업 중에서 사회적 영향력은 크다고 하나, 봉건제 전통에서는 그저 존중받지 못하는 쇠락한 문인일 뿐이었으니 참으로 불운한 이들이 아닐 수 없었다. 그렇기 때문에 거의 2백여 축軸에 달하는 족자와 두 개의 삽도插圖에서 관리의 억압과 부자들의 착취로 인해 자식들을 내다팔거나 처자와 생이별할 수밖에 없었던 빈곤하고 고단한 백성들, 전란으로 인해 재물을 빼앗기고 목숨까지 잃어 패가망신한 평민들과 더불어 불우한 지식인들의 모습을 그려 넣어 그들을 애도하고 제도濟度하는 대상으로 삼았던 것이다.

그렇기 때문에 반드시 이런 관점에서 이 절에서 다루고 있는 수륙화를 보아야만 한다. 비록 종교 분위기가 농후하기는 하지만 다른 한편으로 당시 통치자들에 대한 강렬한 비분과 규탄의 내용이 담겨져 있음을 이해할 수 있기 때문이다. 삽화를 보면 의자에 앉아 지휘하는 인물이나 백성들의 재물을 빼앗고 도살하는 이들이 입고 있는 갑옷이나 장비 등이 매우 선명하게 드러나는데, 이는 모두 원대 정규 관병들의 옷차림이지 일반 도적들이나 강도들의 것이 결코 아니다.

135

원대 몇 명의 연주하는 도동道童[1]

그림199 (원) 각종 두건을 쓰고 교령의를 착용하고 연주하는 도동(영락궁 벽화)

영락궁永樂宮 순양전純陽殿[2] 원대 벽화이다. 다섯 명의 도동이 입은 옷은

1 도동은 도사 밑에서 심부름을 하거나 시중을 드는 아이들을 지칭하는 말이다.

2 영락궁永樂宮의 원래 이름은 대순양만수궁大純陽萬壽宮이다. 원나라 때인 1247년부터 1358년까지 11년에 걸쳐 예성현芮城縣에 지은 도교사원이다. 1959년 삼문협三門峡에 댐을 건설하면서 본래 위치에서 북쪽으로 3km 떨어진 용천촌龍泉村으로 이설했다. 내부에 삼청전三清殿을 비롯하여 순양전純陽殿, 중양전重陽殿, 용호전龍虎殿 등이 있다. 영락궁에 현존하는 원대 벽화는 1,005.28m^{2}이며, 무극문無極門, 무극전無極殿, 순양전, 중양전 등에 있다. 순양전의 벽화는 여동빈呂洞賓과 관련한 이야기를 그렸다.

송·명대 도동의 옷차림과 마찬가지로 청록색 비단 웃옷을 입고 있는데, 무릎까지 내려오며 명주띠로 허리를 묶었다. 옷깃은 교령 형식인데, 속깃을 덧댄 것이 송대 불교도나 도교도들이 입던 도복道服과 비슷하나 종교인만 입는 것이 아니라는 점에서 다르다. 다섯 명이 각기 다른 형식의 두건을 쓰고 있으며, 어떤 것은 비교적 특별하여 흔히 볼 수 있는 것이 아니다. 예를 들어 횡적橫笛을 들고 있는 이의 두건은 위진 이래로 고사高士들이 쓰던 머리쓰개 형식이고, 생황笙簧을 불고 있는 이의 두건은 연화관지蓮花冠子이다. 운리雲鑼를 치는 이는 머리에 여러 가지 장식을 한 화관을 쓰고 있는 것 외에도 이마에 머리띠의 일종인 말액抹額을 동여매고 있다. 작은 북을 치는 이는 송·명대에 흔히 볼 수 있는 교량처럼 생긴 작은 도관을 썼다. 그리고 탁자 앞에 서 있는 이는 언제라도 심부름을 할 수 있도록 대기하고 있는 어린 도동이기 때문에 두발을 양쪽으로 땋아 올린 쌍아계雙丫髻를 하고 있다. 『정발수지淨髮須知』에서 인용하고 있는 『대원신화大元新話』에 따르면, 당시 이발사들은 이십여 종의 두발 형태에 대한 명칭을 정했다고 하는데, 일부만 알 수 있을 뿐 대부분은 어떤 것인지 알기 어렵다. 그림에 나오는 쌍아계는 원대의 '관각아綰角兒' 형태인 것이 분명하다. 진인晉人의 〈죽림칠현도竹林七賢圖〉나 〈북제교서도北齊校書圖〉에서는 주로 성년들이 쓰고 있다. 북조北朝 시절에는 형식이 약간 바뀌었으며, 궁정의 소황문小黃門, 내시, 환관들이 주로 썼다. 하지만 당대로 넘어오면서 주로 아직 성년이 되지 않은 무녀舞女들이 비교적 많이 착용했다. 운라를 치는 도동이 이마에 매고 있는 말액을 원대 사람들은 '어파륵자漁婆勒子'라고 불렀다. 이는 원곡元曲 공연에 사용되는 분장 도구 가운데 하나이기도 했다. 예를 들어 명대 각본 『금병매金甁梅』 제63회 「서문경이 희극을 보면서 깊이 비애를 느끼다西門慶觀戲動深悲」에 나오는 삽화를 보면 원행을 떠나는 이의 이마에 '어파륵자'가 보인다. 명대에는 예쁜 장식품을 좋아하는 부녀자들이 주로 사용했으며, 이를 '차미륵遮眉勒'이라고 불렀다. 때로 띠 정중앙에 진주를 집어넣기도 했다. 청대에도 머리띠라는 뜻에서 '늑자勒子' 또는 '늑조勒條'라고 칭했다. 청초 관료나 귀족들의 부녀자들의 그림을 보면 집안에서 입는 옷차림에 거의 빠지지 않고 등장한다. 궁정의 비빈들도 사용했는데, 옹정제의 네 번째 비妃의 그림에서 볼 수 있다. 비교적 이른 시기의 모습은 강희제 시절의 〈경직도耕織圖〉에서 확인할 수 있는데, 남방에서 누에치기나 농사를 하는 부녀자들이 두루 사용했다. 근대에도 서남 일부 지역은 여전히 이런 머리띠를 사용했다. 나이가 지긋한 부녀자들은 검은색 비단인 왜융倭絨[3]을 주로 사용했으며 간혹 위아래 튀어나온 부분을 장식하고, 정중앙에 구슬이나 옥구슬

3 왜단倭緞은 왜倭, 즉 일본에서 직조한 비단으로 왜견倭絹 또는 양단洋緞이라고 부른다. 처음에는 일본에서 직조한 비단을 수입하여 주로 귀족들이 사용했으며, 서민과는 무관했다. 이후 중국 장주漳州, 천주泉州 등지에서 일본 비단을 모방하여 비단을 만들었는데, 이 역시 '왜단'이라고 불렀다.

을 박아 넣었으며, 양쪽 귀 가까운 곳에 두 개의 호박씨처럼 생긴 옥제 박쥐蝙蝠[4] 박편薄片을 넣었다. 이런 장식은 당대 투액라透額羅에서 발전한 것이다. 다만 남자 도동道童의 머리에서 이런 장식이 보이는 것은 드문 일이다.

원대는 신분 차별에 따른 억압이 매우 잔혹했다. 통치자들은 지식인들의 반발과 저항이 두려워 의도적으로 독서인들을 차별하고 멸시했다. 특히 남방의 독서인, 즉 남송 출신 지식인들에 대해서는 더욱 더 심했다. 그렇기 때문에 수많은 지식인들이 법률적인 보호와 생활 안정을 위해 도교에 입문하는 일이 적지 않았다. 이로 인해 도교는 종교 의식이나 경전, 예술 측면에서 비교적 큰 발전을 도모할 수 있었다. 각기 출신이 다른 수많은 이들이 모여들자 그들의 옷차림이나 두건 형태도 이로 인해 더욱 다양해졌다. 원·명대 통속적인 읽을거리인 『쇄금』에 따르면, 도복의 복식 중에 성관星冠, 교태관交泰冠, 삼산모三山帽, 화양모華陽帽, 녹주건漉酒巾, 접라건接離巾 등등의 명칭이 있다고 했으니 당연히 각기 다른 양식을 갖추었음을 알 수 있다. 또한 원·명대 지식인들이 주로 썼던 순양건純陽巾은 도교 인물인 여동빈呂洞賓과 관련이 있다. 아래 망건網巾을 더한 것도 있는데, 이는 명대 건과巾裹 제도에 영향을 주었다.

『녹운정잡언綠雲亭雜言』[5]에 보면 이런 이야기가 나온다.

"태조명 태조 주원장가 천하를 차지한 후 어느 날 저녁 미행微行에 나서 신락관神樂觀이란 곳에 이르러 도사가 등잔 아래에서 망건을 짜고 있는 모습을 보았다. '이것이 무슨 물건이오?' 태조가 묻자 도사가 답했다. '망건이라고 합니다. 머리에 쓰는 것으로 두발을 단정하게 정리할 수 있습니다.' 태조는 그 말을 듣고 자리를 떴다. 그 다음 날 조회가 끝나자 태조는 어제 신락관에서 망건을 짜던 도사를 불렀다. 도사가 오자 그에게 명해 망건을 가져오도록 했다. 이렇게 해서 지금처럼 망건이 법제화되었다. 원대 이전에는 이런 것이 없었다."[6]

명대 '사방평정건四方平定巾', '육합일통모六合一統帽', 그리고 건모巾帽 아래 머리카락을 묶어 단속하는 '망건網巾', 이 세 가지는 모두 주원장朱元璋 전설과 관련이 있다. 실제 일어난 일이라고 단정할 수는 없지만 오랜 세월 이런 이야기가 유전되면서 사서나 그 밖의 전적에 실리게 된 것이다.

4 한어로 박쥐는 볜푸蝙蝠이다. '푸蝠'와 '푸福'가 해음諧音이기 때문에 박쥐를 길상吉祥으로 여겼다. 그래서 가구나 의복 등 장식품으로 많이 사용되었다. 우리나라 고대 기물에도 박쥐 문양이 흔히 보인다.

5 명대 오영敖英, 1479~1552년?이 쓴 필기筆記로 1권이다. 오영의 자는 자발子發, 강서 청강淸江 사람이다. 섬서와 하남의 제학부사提學副使를 거쳐 사천 우포정사右布政使를 역임했다. 『녹운정잡언』 외에도 『신언집훈愼言集訓』, 『동곡췌언東谷贅言』 등을 남겼다.

6 오영, 『녹운정잡언綠雲亭雜言』, "太祖初有天下, 一夕微行至神樂觀, 見一道士於燈下結網巾. 問曰, 此何物也? 對曰, 網巾也, 用以裹之頭上, 萬髮皆齊矣. 太祖去. 明日朝罷, 有旨召神樂觀昨夕結網巾道士來, 至則命爲道士. 仍命取其網巾, 至今遂爲定制. 蓋自元以前無此也".

원대 당건唐巾을 쓰고 원령복을 입은 남자와 무릎까지 내려오는 짧은 옷을 입은 생선장수

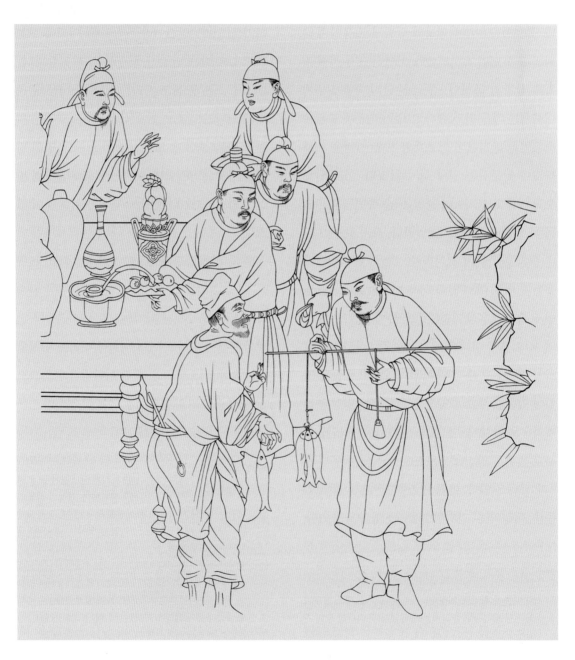

〈영락궁벽화〉에 나오는 그림을 모사한 것이다.

생선장수를 제외한 다섯 명은 원대 양식의 당건과 친령襯領, 즉 속깃이 있는 송대 양식의 원령복을 입었다. 신발 뒤편에 색깔을 넣지 않은 가죽을 붙였는데, 봉재 방식이 당대 오피육봉화와 약간 다르며, 오히려 거란이나 여진의 가죽신 양식과 비슷하다. 다섯 명의 옷차림은 겉에서 볼 때 품급이 비교적 낮은 한족 문관인 것 같으나 사실은 사환이나 다를 바 없는 노복들이다. 과일그릇과 술병 등이 놓인 식탁 옆에서 쟁반을 들고 있는 모습이나 위에 포개놓은 술잔 등으로 볼 때 각자 자신이 맡은 임무에 열중하고 있기 때문이다. 노복 중에 다른 한 사람은 저울을 들고 물고기의 중량을 재고 있는 모습인데, 매우 사실적이고 또한 구체적으로 묘사되어 있다. 생선장수가 쓰고 있는 두건은 격식을 따지지 않고 그냥 대충 만들어 쓴 것으로 다른 사람들의 두건과 대조적이다. 얼굴도 초췌하고 생기가 없어 그저 선량하고 순박한 평민의 모습 그대로이다. 이에 반해 다섯 명은 의관을 정제하고 얼굴에 살이 올라 통통하지만 표정에서 가노家奴의 모습이 엿보인다. 어쩌면 금이나 송나라에서 관리였다가 정권이 바뀌면서 지위가 추락하여 관아나 신흥 몽골 귀족 집안에서 잡역을 맡은 이들일 수도 있다. 이는 근년에 고륜庫倫, 선화宣化 등지 요나라 분묘에서 발견된 대량의 벽화를 통해 확인할 수 있다.[1] 내용이 비슷한 벽화가 적지 않기 때문이다. 예를 들어 고륜 요나라 분묘 벽화의 경우, 기고旗鼓, 기와 깃발 또는 고대 군대의 북 옆에 있는 다섯 명의 인물은 생김새가 준수하고 송대 귀족의 의복을 입고 있으며, 머리에 곡시복두曲翅幞頭를 착용하고 있다. 하지만 실제 하는 일은 고리鼓吏, 즉 북을 치거나 관리하는 노복에 불과하다. 그 옆에 머리를 깎은 거란인은 손에 몽둥이를 든 모습이 감독처럼 보인다. 이외에 가마 앞뒤로 네 명의 가마꾼의 모습도 나오는데, 그들 역시 동일한 복장을 착용하고 있다. 원래 곡시복두는 송대 차사差使들이 쓰던 것이다. 하지만 그림

그림200 (원元) **당건을 쓰고 원령의를 입은 귀족의 하인과 무릎까지 내려오는 짧은 옷을 입은 생선장수**(산서 홍조현洪趙縣 광승사廣勝寺 벽화)

1 지금의 내몽고자치구 고륜기庫倫旗 6호 요나라 분묘 벽화에 나오는 〈기악무도도伎樂舞蹈圖〉를 말한다. 선화宣化 요대 벽화는 하북성 장가구張家口 선화구성宣化區城에서 서쪽으로 약 3km 떨어진 하팔리촌下八里村에 있다.

에 나오는 이들이 차사라고 하기에는 공통점이 없다. 예를 들어, 차사들은 일반적으로 수염을 기르지 않으나 그림에 나오는 이들은 각기 약간씩 수염을 길렀다. 또한 선화의 요나라 분묘 벽화를 보면, 긴 탁자 위에 여러 가지 식기가 어지럽게 나열되어 있고, 그 옆에 붉은 계통의 옷을 입은 한인 남녀가 음식을 내오는 장면이 나온다. 간보簡報, 발굴보고서에서는 민족 융합을 반영하는 장면이라고 했지만 좀 더 숙고해봐야 한다. 오히려 북송이 멸망하면서 투항한 관리들이나 그들의 친척들이 사회적 지위가 낮아지면서 거란이나 여진의 신흥 귀족 집안의 가노로 전락하여 연회의 식탁에 낭자하게 흩어진 식기나 정리하고 남은 음식이나 먹는 상황을 묘사한 것이라고 보는 것이 비교적 합리적이다. 남녀가 식탁 주변에 어지럽게 서 있는 것이 정식 연회가 아닌 듯하기 때문에 더욱 더 그러하다. 선화 요나라 분묘에서 출토된 벽화 중에는 악부가 연주하는 가운데 한 명이 손을 들고 춤을 추는 장면이 나온다. 이는 백사白沙 송나라 분묘 벽화에 나오는 악부의 모습과 대체적으로 비슷하다. 다만 백사 벽화의 악부는 남녀 양부兩部로 나뉘어져 전업 악호樂户에 가깝고, 악부의 남자는 여자가 분장한 모습이다. 이에 반해 선화 요나라 분묘의 악부는 모두 남자들이며, 옷차림은 송대 양식의 고급 관복이고, 머리에는 곡시복두를 썼다. 분명 형태는 송나라 관복 형태이나 일반 차사나 악인들이 착용하던 것과 다르다. 악인들은 용모가 단정하고, 약간의 수염을 길렀으며, 신발은 오피육봉화를 신었다. 이는 전체적인 옷차림과 부합한다. 하지만 그들이 쓴 복두의 곡시曲翅는 쇠로 만든 모자 날개를 임시로 구부려 만든 것이다.

이러한 여러 가지 측면을 고려해보면, 그림에 나오는 이들은 이전에 송나라 관원이었다가 투항하거나 포로로 잡힌 이들이 가노가 되어 악부에 편입되거나 전문 악호樂户가 된 모습을 그린 것이라고 할 수 있다. 따라서 민족융합 등등의 말은 타당치 않은 듯하다.

몽골 원나라가 중국을 통일한 초기에는 정치적으로 국민의 신분을 네 종류로 나누었다. 첫째는 몽골인, 둘째는 색목인色目人, 셋째는 한인, 그리고 넷째는 남인南人이다. 특히 남인을 맨 마지막에 둔 것은 남방에서 남송의 잔여 세력이 여전히 저항을 멈추지 않고 있었기 때문이다. 얼마 후 다시 직업에 따라 백성들의 신분을 아홉 가지로 구분했는데, 그중에서 독서인, 즉 지식인들을 의도적으로 억압하고 치욕을 주기 위해 거지乞丐와 창기娼妓 사이에 두었다. 하지만 이후 이런 방식이 효과가 없다는 것을 알고 공맹을 존중하고 예악을 제창한다는 핑계로 지식인들을 끌어들여 민심을 수습하고 군사 위주의 봉건 체제 하의 독재 정권을 공고하게 만드는 데 이용했다. 이외에도 불교 중에서 밀종密宗에 속하는 라마교喇嘛教를 숭배하여 법왕을 활불活佛로 받들었다. 다음으로 도교를 중시하여 구처기丘處機를 살아 있는 신선으로 모시고 사람을 보내 성지聖旨를 받들도록 했으며, 도관道觀과 관련 재산을 보호하고, 도관을 비롯한 여러 명소에 비석을 세워 감히 함부로 침범할 수 없도록 했다. 도교는 이로 인해 막대한 재물을 확보하여 웅장한 도관을 건설하고 황금과 채색 비단 등으로 더할 나위 없이 화려하게 장식했다. 이 절에서 언급한 영락궁도 바로 이러한 수많은 도관 가운데 하나이다. 벽화는 기본적으로 천궁의 장엄하고 화려한 모습을 빛내는 데 중점을 두었지만 한구석에 인간 세상의 현실을 그대로 반영한 그림을 남겨 두었다.

원대 건자를 쓰고 단의短衣에 짚신을 신은 어민

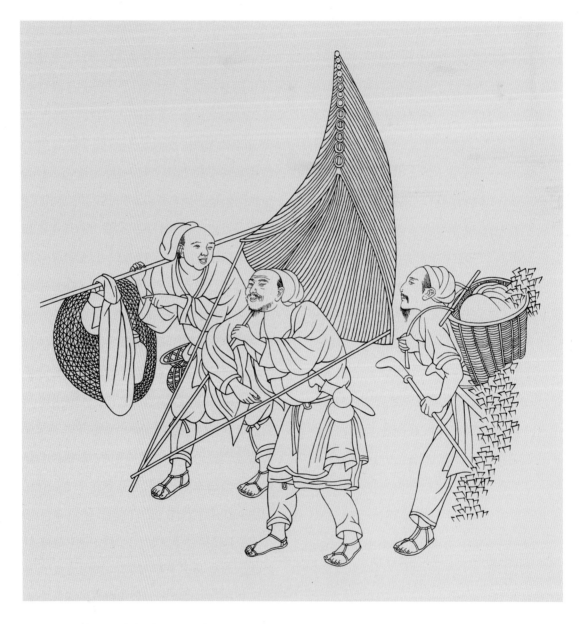

그림201 (원) 건자를 쓰고 단의를 입었으며 짚신을 신은 어민(원 당체唐棣가 그린 〈추포귀어도〉)

원대 사람 당체唐棣가 그린 두루마리 그림 〈추포귀어도축秋浦歸漁圖軸〉 영인본을 모사한 것이다. 원화는 대만에 있다.

당체는 원대 산수화로 유명한 화가이다. 작품의 구도나 배치가 원대 사가四家의 상투적인 격식에 빠지지 않고 오히려 송대 이조二趙의 원본화院本畵 작풍에 가깝다.[1] 작가의 의도를 주도면밀하게 배합했으며, 붓질도 매우 정교하다. 인물은 물론이고 시골 마을의 가옥, 나무와 숲, 물가와 대나무 등 배경 또한 전혀 소홀함이 없다. 이 그림은 세 명의 어부가 가을날 포구에서 고기잡이를 하고 돌아오는 정경을 그린 것인데, 전체 그림에서 매우 작은 일부분을 차지하고 있지만 어부들의 얼굴이나 몸짓, 옷차림과 기물 등을 매우 사실적이고 구체적으로 묘사하고 있다. 어부들이 입고 있는 의복은 원대 노동하는 백성들이 입는 옷과 완전히 같다.

그림에 나오는 어구漁具 가운데 삼각형 그물이 보이는데, 이는 속칭 '촬망撮網'으로 가느다란 대나무 껍질로 만든 그물이다. 주로 계곡이나 냇가의 얕은 물가에서 물고기를 잡을 때 사용한다. 어부가 그물을 들고 걸어가면서 얕은 물속에 사는 작은 물고기나 새우, 고동 등을 잡는 방식이다. 상품 가치는 그다지 없으나 조금씩 많이 잡으면 한 가족이 한 끼를 때우기에 충분했다. 그래서 남방 계곡이나 물가에 사는 이들은 거의 모든 집안에 이처럼 간단하고 튼튼한 그물을 담장에 걸어두고 필요할 때 사용하곤 했다.

---

1 원대 사가四家는 황공망黃公望, 1279~1368년, 오진吳鎭, 1280~1354년, 예찬倪瓚, 1301~1374년, 왕몽王蒙, 1308~1385년 등 지금의 절강성 출신 원말 사대가를 말한다. 이는 명대 동기창董其昌이 『용대별집容臺別集』「화지畫旨」에서 언급한 것이고, 명대 왕세정은 예찬 대신 조맹부를 넣었다. 송대 이조는 조백구趙伯駒, 생졸미상와 그의 동생 조백숙趙伯驌騎을 말한다. 당대 이사훈李思訓, 이소도李昭道 부자의 청록산수 화법을 배웠으되 북송 문인화가들의 수묵화의 장점을 받아들여 당대 청록산수화의 장식성 대신 수려하고 청아한 문인의 취미를 잘 표현한 청록산수화에 능했다는 평가를 받는다. 대표작으로 〈강산추색도江山秋色圖〉 등이 있다.

원대 〈투장도鬥(鬪)漿圖[1]〉

그림202 (원) 두건을 쓰고 무릎까지 내려오는 단의를 입고 찻물을 파는 행상인(원대 조맹부趙孟頫[2]의 〈투장도〉)

그림 202는 조맹부가 그린 〈투장도〉이다.

원대 전순거錢舜擧가 똑같은 소재로 별도의 두루마리 그림으로 남겼다. 명대 정운붕丁雲鵬, 청대 요문한姚文瀚 등도 각기 내용이 대동소이한 그림을 그렸다. 옷차림이나 두건 및 사용 기물의 형태로 볼 때 원화는 송·원대에 제작된 것이며, 그보다 더 이를 수는 없다. 『무림구사』 등의 기록에 따르면, 남송 이래로 민간 오락장으로 활용된 와사瓦舍 앞에 찻물을 파는 행상인들이 적지 않았다고 한다. 차를 담는 통인 차롱茶籠 등은 주로 대나무껍질로 만들었으니 주로 남방 절강과 강소 지역의 정경일 것이다. 옷차림이나 머리쓰개는 근년에 산서에서 출토된 원대 분묘 벽화에 나오는 주방 일꾼들의 그것과 동일하다. 무엇보다 현저한 특징은 두건이 비교적 높이 솟아 있지만 일정한 규격이 없다는 점인데, 이는 원대의 일반적인 특징이기도 하다. 잡극 연희자들은 이를 '원과諢裹'라고 불렀는데, 정식 두건과 달랐다. 근래에 이를 '혼탈渾脫'로 간주하는 이들도 있으나 분명 형태가 달라 그렇게 부를 수 없다.

『고항몽유록古杭夢遊錄』, 『무림구사』 등에 보면 남송 항주에 있는 여러 가지 다방에 관한 이야기가 나오는데 그 대강을 살펴보면 다음과 같다.

당시 '대다방大茶坊'이란 곳에서 명인들의 서예 작품이나 그림을 걸어 두었다. 경사京師, 북경에서는 주로 뜨거운 음식을 파는 음식점에서 그림을 벽에 걸어놓곤 했는데, 이는 음식이 나오기 전까지 제법 시간이 걸렸기 때문이다. 하지만 지금은 다방에서도 그림 등을 걸어놓는다. '인정다방人情茶坊'이란 곳도 있다. 원래는 대다방처럼 정식 다방은 아니지만 다방이란 명목으로 인해 다전茶錢, 차를 마시고 내는 돈, 일종의 팁을 내야만 했다.……

이상에서 알 수 있다시피 당시 남방 대도시에 다양한 다방이 성행했음을 알 수 있다. 그중에는 부유한 지주나 상류층 사대부들이 개설하여 내부에 유명 인사의 서예나 그림을 걸어놓은 아좌식雅座式[3] 대규모 다관도 있고, 행상인이나 수공업자 등 시민 계층의 사람들이 모여 장사 이야기를 나누거나 흥정을 하는 평민들의 다관도 있었다. 이 그림은 당시 길거리 시장이나 와사 부근에서 일반 시민이나 소규모 수공업자들에게 찻물을

---

1 투장鬥(鬭)漿은 음료를 다툰다는 말이니 차의 품질을 다툰다는 '투다鬭茶'와 같은 뜻이다. 당대에 시작되었는데, 당시에는 이를 명전茗戰이라고 불렀다. 송대, 특히 남송 시질에 크게 유행했다. 당시 차는 지금처럼 우려 마시는 것이 아니라 차 가루를 집어넣어 끓여 마셨다. 찻잔에 피어오르는 거품인 탕화湯花, 색깔, 수흔水痕이 생겨나는 시간 등등으로 우열을 판단했다. 그림의 또 다른 제목은 〈매장도賣漿圖〉인데, 오히려 이 제목이 어울리는 듯하다.

2 조맹부趙孟頫, 1254~1322년 원나라 화가이자 서예가로 원대 문인화를 부흥시킨 인물로 알려져 있다. 시문과 서화에 모두 뛰어났다. 서예는 조체趙體, 또는 송설체松雪體라는 글씨체를 창조한 것으로 유명하며, 구양순歐陽詢, 안진경顏真卿, 유공권柳公權 등과 함께 '해서사대가楷書四大家'로 칭해졌다. 회화는 원대 문인화의 발흥을 주도했다는 평가를 받았으며, 이후 원말 사대가의 화풍에 영향을 주었다. 명대 왕세정王世貞은 "문인화는 동파東坡, 소식에서 시작되어 송설松雪에 이르러 대문이 활짝 열렸다"고 말한 바 있다. 작품으로 〈추교음마도秋郊飮馬圖〉, 〈수석소림도秀石疏林圖〉, 〈송석노자도松石老子圖〉 등이 있다.

3 아좌雅座는 다방 내부에 있는 아담한 방을 말한다. 따라서 아좌식 다방은 내부에 개별 공간이 마련되어 있는 다방이다.

팔기 위해 준비하는 모습이 틀림없다. 『몽양록夢粱錄』에 따르면, 남송 항주에 와사가 전체 17군데였으며, 비교적 큰 곳은 천 명 정도를 수용할 수 있었고, 날씨와 상관없이 거의 매일 각종 잡극이나 기예를 공연했다고 한다. 『몽양록』 권16, 「다사酒肆」조條, 「분다주점分茶酒店」조, 「면식점麵食店」조, 「훈소종식점葷素從食店」조 등 먹거리 관련 기록에 보면 종류나 명칭이 잡다하게 많아 다 셀 수 없을 정도이다. 「야시」조에 다음과 같은 내용이 나온다.

> 겨울철 큰비나 눈이 내려도 야시장을 돌아다니며 찻물을 팔았다. 삼경이 지나면 병을 들고 다니며 팔았다. 겨울에는 멜대에 찻물 통을 짊어지고 찻물을 팔았다.……도시 사람들은 공사관아와 개인를 막론하고 장사를 했으며 깊은 밤이 되어서야 집으로 돌아갔다.[4]

「제색잡화諸色雜貨」조를 보면 이른 아침부터 "가래를 삭이는 데 좋은 이진탕二陳湯을 다려 팔았고", 식사를 한 다음에는 "병을 들고 차를 따랐다"는 말이 나온다. 이처럼 대도시에서 찻물을 파는 하층민들은 새벽부터 늦은 밤까지 길거리를 돌아다녔다.

하지만 이전 북송 시절부터 이미 도시 생활이 발전하면서 길거리에서 찻물을 파는 이들이 늘어났고, 그들 역시 밤낮을 가리지 않고 도시민들에게 찻물을 판매했다. 『동경몽화록』 권5 「민속民俗」조에 다음과 같은 이야기가 적혀 있다.

> 무릇 음식을 판매하는 이들은 깨끗한 접시와 그릇을 준비하고, 수레에 싣고 멜대에 매고 돌아다녔는데, 그 모습이 기이할 정도로 교묘하고 멋있었다. 음식도 맛있고, 국도 간이 맞아 감히 허투루 만들지 않았다.[5]

또한 「천효제인입시天曉諸人入市」조에도 관련 내용이 나온다.

> 매일 오경이 넘으면 여러 사원들의 행자들이 쇠로 만든 패자나 목어를 치며 집문을 돌아다니며 새벽을 알렸다.……입조하거나 시장에 나오는 이들은 이 소리를 듣고 일어났다.……간혹 세면수를 팔기도 했고, 차나 약탕을 끓이는 이들은 날이 밝을 때까지 계속 팔았다."[6]

원대에 항주를 '소금과銷金鍋'[7]라고 부른 것에

4 『몽양록夢粱錄』, 「야시夜市」조, "冬月雖大雨雪, 亦有夜市盤賣. 至三更後, 方有提瓶賣茶. 冬間, 擔架子賣茶.……蓋都人公私營幹, 深夜方歸故也".

5 『동경몽화록』 권5, 「민속」조, "凡百所賣飮食之人, 裝鮮淨盤合器皿, 車檐動使, 奇巧可愛. 食味和羹, 不敢草略".

6 『동경몽화록』 권3, 「천효제인입시天曉諸人入市」조, "每日交五更, 諸寺院行者打鐵牌子或木魚, 循門報曉,……諸趁朝入市之人, 聞此而起.……亦間或有賣洗面水, 煎點湯茶藥者, 直至天明".

7 소금과銷金鍋는 대량의 금전金錢이 유통되는 소비 지역을 의미하는 말로 남송 시절 항주 서호西湖를 지칭하는 속어였으며, 원대에는 항주를 지칭했다.

서 알 수 있다시피 남송이 멸망한 후에도 사회적 분위기는 크게 바뀌지 않았음을 알 수 있다. 조씨趙氏, 조맹부는 원나라 화가이지만 남송 시절에 태어나 항주에서 오래 살았기 때문에 당시 사회 생활에 익숙했다. 그렇기 때문에 그의 그림은 일부이기는 하나 남방 대도시의 현실을 잘 반영하고 있다. 그림에 나오는 옷차림은 근년에 산서에서 발굴된 분묘 벽화의 주방에서 일하는 사람의 옷차림과 매우 비슷하다. 이로 보건대, 그림에 나오는 옷차림 양식은 원대에도 보편적이었음을 알 수 있다.

139

몽골인 악무용樂舞俑 일습

그림203
왼쪽 : (원) 정수리 부분이 뾰족하게 솟아 있는 입모笠帽를 쓰고 좁은 소매의 짧은 포복을 입은 채 연주하고 있는 몽골족 청년 (하남 초작焦作 금대 분묘 출토)
오른쪽 : (원) 한인처럼 당나라 양식의 복두를 쓰고 원령복을 입은 몽골족 남자(하남 초작 금대 분묘 출토)

하남 원대 분묘에서 출토된 악무용樂舞俑 사진이다.[1]

몽골인과 한인이 섞여 있는 악무용이다. 연주를 하고 있는 두 명의 청년은 옷차림이 당시 몽골족의 양식을 그대로 따라 정수리 부분이 뾰족하게 솟아 있는 입모를 썼고, 좁은 소매에 단포短袍를 입었다. 그중에 한 명은 원대에 유행했던 변선오자辮綫襖子를 입었다. 허리에 주름을 넣은 이런 옷차림은 명대 전기 제왕들의 평상복에서도 흔히 볼 수 있다. 신축성이 있기 때문에 초원에서 말을 타고 달리기에 편하다. 다른 한 명은 홀초唿哨, 즉 휘파람을 부는 모습인데, 한인처럼 당대 양식의 복두와 원령복을 입었다. 한인이거나 몽골인일 수도 있다. 분명한 것은 송대에 이미 유행했던 잡극백희雜劇百戲 가운데 '학금조學禽鳥'를 연희하는 예인의 모습이라는 것이다송대 분묘에서 이와 유사한 도용陶俑이 출토되었다. 만약 몽골족 예인이라면 몽골 사람들이 좋아하고 익숙한 맑고 경쾌한 '백령작白翎雀'이 우는 소리이며, 당시 대중들에게 익숙한 '백령작무白翎雀舞'의 노래일 가능성이 크다. 물론 이는 가설일 따름이고, 보다 많은 유물을 비교해야만 증명할 수 있을 것이다.

1 (원주) 최근 보고에 따르면, 원대가 아니라 금대 분묘 출토유물이다.

출토 문물로 볼 때 원대 도용은 새로운 발견이다. 시험 삼아 산서 홍동현洪洞縣[2] 명응영왕전明應靈王殿, 명응왕전[3]에 '대행산악충도수재차작장大行散樂忠都秀在此作場'[4]이란 글자가 적혀 있는 벽화와 비교해보면 가히 유일무이한 원대 도용이라 할만하다.그림 206 참조 명응왕전 벽화에 나오는 앞줄 다섯 명은 비록 원대 잡극의 제도에 부합하지만 뒷줄에 나오는 네 명 가운데 두 명은 투구와 모자를 쓰고 있다. 이런 형태의 모자는 몽골족이 흔히 쓰던 것으로 한족들은 거의 쓰지 않았다. 따라서 그들은 공연 중인 극중 배우라고 할 수 없다. 다만 얼굴에 분장을 하고 있는 것으로 보아 그들 역시 연희자 신분임에 틀림없다. 이로 보건대, 도처에 돌아다니며 온갖 연희를 선보인 '대행산악大行散樂' 연희패戲劇班子는 한족과 몽골족이 혼합된 단체일 가능성이 크다. 원대 초기 법률에 따르면, 몽골족은 신분상 첫 번째이고, 독서인은 거지와 창기 사이 아홉 번째에 속했다.[5] 이렇듯 몽골족은 잡극이나 잡희를 연희하는 기예에 능한 창기나 한인들과 신분이 확연히 달랐다. 하지만 세월이 흐르면서 송·금대 이래로 많은 관중을 수용할 수 있는 와사에서 온갖 잡극과 잡희가 연희되고 대중들이 좋아하는 악무가 널리 환영받게 되자 상황이 달라졌다. 취타吹打 탄창彈唱 방면에서 탁월한 솜씨를 지닌 고수들이 등장했고, 일부 유명한 배우들은 궁정에 초청되어 공연을 하기도 했다. 금대金代 제궁조諸宮調 창사唱詞가 성행할 당시 작가가 주로 여진인이었던 것처럼 원곡元曲의 작가 중에는 몽골인이 훨씬 많았다. 따라서 잡극 연희자로 몽골족 예인들이 참가한 것은 결코 기이한 일이 아니다.

2 홍동현洪洞縣은 현재 산서 임분臨汾시에 속한다. 임분은 고대 전설에 나오는 요堯 임금이 도읍지로 삼은 평양平陽이라고 하여 중화민족의 발상지로 알려져 있다. 『우공禹貢』에서 천하를 구주九州로 나누면서 평양을 기주冀州 땅으로 삼았는데, 기주는 구주의 중앙에 있기 때문에 '중국中國'이라고 불렀다. 서주 시절에는 '진晋'이라고 불렀다. 타악 위주의 연희가 유명하다.

3 명응영왕전은 명응왕전明應王殿이라고 부르기도 하는데, 원래 홍동현 광승사진廣勝寺鎮에 자리한 태악산의 주봉 곽산霍山에서 발원하는 곽천霍泉의 신에게 제사를 지내기 위해 만든 신전이다. 이 절에서 소개하는 그림은 그곳에서 신에게 봉양하기 위해 충도수 등이 출연하는 연희패를 초청한 것을 기념하기 위한 것인 듯하다.

4 '대행산악충도수재차작장大行散樂忠都秀在此作場'은 대행산악 충도수가 이곳에서 연희했다는 뜻이다. 산악散樂은 원래 고대 악무樂舞, 특히 민간 악무의 명칭이었다. 남북조시대 이후로 '백희百戲'와 동의어가 되었으며, 송원시대에는 민간 예인 또는 민간 극단을 지칭했다. '대행'은 인근에 있는 태행산太行山에서 따온 말이라는 설과 함께 태행산 일대에서 유명한 대형 연희패라는 뜻도 있다고 한다. 충도수忠都秀는 그림에 나오는 여자 주인공의 예명이다.

5 남송 유민遺民인 정사초鄭思肖는 『철함심사鐵函心史』라는 책에서 이렇게 말했다. "달법韃法, 달단韃靼, 즉 타타르로 서북 유목 민족의 총칭. 여기서는 몽골족을 지칭함의 법률에 따르면, 첫째는 관료, 둘째는 하급벼슬아치인 서리胥吏, 셋째는 승려, 넷째는 도사, 다섯째는 의생醫生, 여섯째는 장인, 여덟째는 창우娼優, 창기娼妓, 아홉째는 유생, 열 번째는 거지이다." 이렇듯 유생이 창녀보다 못하다는 이야기는 원대 법률에 따른 규정이 아니라 남송 유민의 발언일 따름이다. 물론 원대 통치자들이 유학자들을 멸시한 것은 사실이나 그렇다고 완전히 방기한 것은 아니다. 실제로 칭기즈 칸의 셋째 아들이자 몽골제국의 제2대 칸, 그리고 원조 태종으로 추존된 오고타이와활대窩闊臺 칸은 조정에 일부 유사儒士를 초빙하여 관리로 삼았고, 유생들의 세금을 감면해주기도 했다.

원대 남녀용男女俑

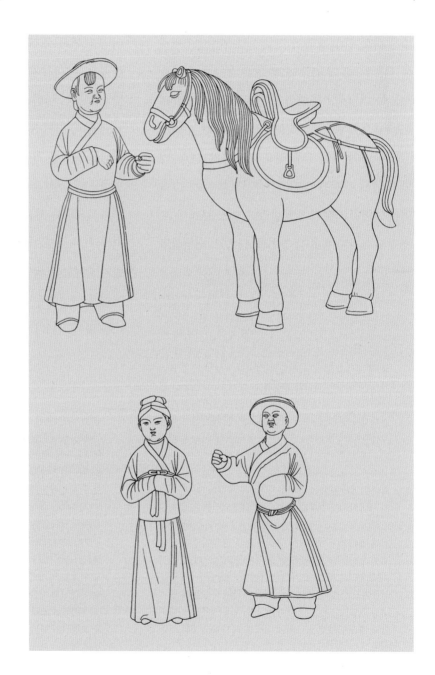

그림204 (원)
위쪽 : 입자모를 쓰고 교령에 소매가 좁은 장포를 입은 몽고족 남자 노복용(서안 호광 의원 출토)
아래쪽 : 몽고족 남자 조복과 머리를 틀어올리고 좌임 상의에 긴 치마를 입은 여자 노복 도용(서안 호광 의원 출토)

서안 호광湖廣 의원義園에서 출토되었으며, 실물은 현재 중국역사박물관에 소장되어 있다. 그림에 나오는 남녀는 모두 넓고 큰 장포長袍를 입고 허리띠를 매고 있다 여자의 상의는 오른쪽 섶을 왼쪽 섶 위로 여미는 좌임左衽 형태이다. 남자는 양쪽 귀 옆으로 두발을 꼬아 고리처럼 만들었고, 이마 앞에 복숭아 모양으로 한 움큼의 머리카락을 남겼다. 이는 원대 몽골족 남자들의 통상적인 두발 형태로 통치자든 시종이든 차이가 없었다. 근년에 출토된 요나라 분묘 벽화에 나오는 인물의 두발 형태인 액전갈잡발식額前褐雜髮式과 비교해보면 원대의 두발 처리 방식이 이미 간소해졌음을 알 수 있다.

원대는 사회 등급 제도가 매우 엄격했다. 이는 복식 방면에도 영향을 끼쳐 법률에 따른 구별과 제한이 확실했으며, 규정에 따르지 않는 것은 허가하지 않았다. 『원전장元典章』[1] 권58 「공부工部」 권1에 당시 여러 황제들이 구두로 말한 성지聖旨가 남아 있는데, 대부분 비단 문양의 금령에 관한 것들이다. 예를 들어 비단에 용을 직조할 경우 발가락을 다섯 개로 하면 범죄로 간주되었다. 왕공 귀족들이 평소 입던 옷은 금빛 찬란하고 홍색이나 자색이 눈을 찌를 정도였다. 법률에 따르면, 오품 이상의 관원들은 자색의 화라花羅, 사직품의 일종를 입었다. 하지만 하급 벼슬아치나 말단 행정 사무를 보는 이들은 갈색이나 기타 어두운 색의 의복만 입을 수 있었고, 일반 평민들이나 노비는 홍색이나 녹색 계통의 옷을 입을 수 없었다. 노복의 옷차림이 예외적일 때가 있기는 했으나 신분은 여전히 매우 낮았다.

부녀자들의 의복도 엄격한 등급 제도 하에서 존비와 귀천의 구별이 분명했다. 다만 의복의 양식은 차이가 그리 크지 않았다. 옷섶을 여미는 방식은 좌임이 정격이고 포袍를 통명으로 삼았다. 예를 들어 도종의陶宗儀가 저술한 『남촌철경록南村輟耕錄』일명 『철경록』, 남촌은 호 권11에 보면 이런 내용이 나온다.

> 국조원대 부인의 예복을 몽골인들은 포袍라고 부르고, 한인북방에 거주하는 한족은 단삼團衫이라고 부르며, 남인남방 한족은 대의大衣라고 부른다. 귀천을 막론하고 모두 같다. 사실 복식은 단지 금소金素, 화려함과 소박함의 구별이 있을 따름이다. 다만 아직 시집을 가지 않은 여자는 예복을 입을 수 없다. 지금 정만호鄭萬戶라는 이가 포라고 칭했으니 그의 모친이 몽골 사람이란 말인가? 하지만 세속에서 남자의 포삼布衫을 포포布袍라고 칭하기도 하니 모든 외투 역시 역시 포라고 칭할 수 있을 것이다.[2]

1 『원전장』은 『대원성정국조전장大元聖政國朝典章』의 간칭으로 지치至治 2년1322년 이전까지 원조의 법령 문서를 10가지로 분류하여 기록한 법률서이다. 전체 60권이며, 조령詔令, 성정聖政, 조강朝綱, 대망臺綱, 이부吏部, 호부, 예부, 병부, 형부, 공부 등으로 나뉘어져 있다.

2 도종의, 『남촌철경록』 「현효賢孝」 권11, "國朝婦人禮服, 韃靼曰袍, 漢人曰團衫, 南人曰大衣, 無貴賤皆如之. 服章但有金素之別耳. 惟處子則不得衣焉. 今萬户有姓者而亦曰袍, 其母豈韃靼與? 然俗謂男子布衫曰布袍, 則凡上蓋之服或可概曰袍". 인용문은 『남촌철경록』 「현효」에 나온다. 원나라 시절 정만호鄭萬戶라는 이가 살았

남자들의 공복公服은 모두 우임右衽이고 모자의 각脚이 양쪽으로 펼쳐진 복두幞頭를 썼다. 복두의 끈은 수저처럼 아래로 내려뜨려 양쪽으로 나누었는데, 이를 일러 '당건唐巾'이라고 불렀다. 의복의 문양은 각기 달라 관직이 높으면 꽃문양이 크고, 낮으면 잡화雜花나 암화暗花, 드러나지 않는 꽃문양였다. 금나라 제도를 답습했기 때문에 관복은 홍색이나 자색이었으며, 전사典史, 옥졸獄卒 등 하급관리는 갈색만 입을 수 있었고 평민도 마찬가지였다. 다만 평민은 아무래도 다수였기 때문에 법률에 의해 제한을 받아 선명한 색채는 일괄 허용되지 않았다. 그렇기 때문에 염색업도 주로 갈색 위주로 발전했다. 갈색 계통이지만 은회색銀灰色에서 짙은 자주색유자黝紫, 검자주색 등이 가미된 옷감의 종류가 수십 종에 이르렀으며, 명대까지 영향을 끼쳤다. 『남촌철경록』 권11, 「사상비결寫像秘訣」에 복식의 색깔에 대해 서술하는 부분이 나오는데, 여기서 나열된 갈색 명칭만 해도 20여 종에 달한다. 그 대강을 살펴보면 다음과 같다. 전갈磚褐, 형갈荆褐, 애갈艾褐, 응배갈鷹背褐, 은갈銀褐, 주자갈珠子褐, 우사갈藕絲褐, 노갈露褐, 다갈茶褐, 사향갈麝香褐, 단갈檀褐, 산곡갈山谷褐, 고죽갈枯竹褐, 호수갈湖水褐, 총백갈葱白褐, 당리갈棠梨褐, 추다갈秋茶褐, 서모갈鼠毛褐, 포도갈葡萄褐, 정향갈丁香褐. 비단 외에 모직물인 모자毽子, 행자융杏子絨, 모릉毽綾, 번피番皮, 수달전水獺氈 등도 모두 갈색에 가깝다. 당시 제도에 따라 그림에 나오는 남녀의 의복은 어두운 색깔에 염색을 하지 않은 거친 털이나 베로 만든 것일 가능성이 크다. 한눈에 보기에도 노복 신분이 틀림없기 때문이다.

는데, 성격이 조급하고 엄격하여 혹여 잘못된 일이 있으면 절대로 용인하지 않았다. 다만 모친에게 극진히 효도했다. 모친의 생신이 다가오자 값비싼 비단을 사서 옷을 만드는 장인에게 포袍, 두루마기를 만들도록 했다. 옷을 다 만들었는데, 장인이 실수로 기름을 떨어뜨려 더럽히고 말았다. 워낙 비싼 비단인지라 배상도 할 수 없었던지라 장인은 스스로 목숨을 끊고자 했으나 그것마저 여의치 않았다. 옆집에 정만호의 모친을 알고 있던 이가 몰래 옷을 들고 정만호 모친을 찾아가 사정을 이야기했다. 생일날 모친은 자리에서 일어나지 않고 아들이 문안오기를 기다렸다. 모친의 안색이 좋지 않자 아들이 사유를 물었고, 모친은 자신이 옷을 받은 후 실수로 기름을 떨어뜨려 더럽히고 말았다고 말했다. 이에 아들이 모친에 말하길, 옷이 더럽혀졌으면 다시 사면 된다고 했다. 그제야 자리에서 일어난 모친은 집안 식구들에게 생신 축하 인사를 받았다. 사람들은 모친을 일러 '현모'라고 했고, 정만호가 지극히 효순함을 새삼 칭찬했다. 인용문에서 나오는 '만호'가 바로 정만호이다.

원대 분묘 벽화

그림205 (원) 둥근 깃에 긴 포복을 입고, 높이 틀어 올린 머리에 짧은 상의와 긴 치마를 입은 부부와 가족 및 시종(산서 평정平定 동회촌東回村 원대 분묘 벽화)

그림은 산서 평정平定 동회촌東回村 원대 분묘 벽화의 모사본이다.

그림은 묘주墓主 부부의 일상 생활 모습을 반영하고 있다. 옷차림이나 기물이 여전히 송대 제도를 따르고 있어 백사白沙에서 발굴된 북송 원부元符 3년 종실지주였던 조대옹趙大翁의 채색 부조의 주제와 일부 상통한다. 다만 남자 주인이 쓰고 있는 머리쓰개는 원대 양식이고, 두 사람이 앉아 있는 의자도 등과 아래쪽에 이른바 쿠션이 달린 의자라는 점이 다를 뿐이다. 탁자에는 탁자보가 깔려 있고, 그 위에 대진臺盞, 받침대에 올려놓은 잔과 간식

그림205 (계속)
왼쪽 : (원) 원령의를 입고 꽃무늬 위요圍腰, 앞치마를 둘렀으며, '반박'을 착용한 요리사(평정 동회촌 원대 분묘 벽화)
오른쪽 : (원) 원령 장포를 입고 높은 트레머리에 짧은 웃옷과 긴 치마를 입은 채로 서로 마주 보고 있는 지주 부부와 몇 명의 집안 식구 및 노복(평정 동회촌 원대 분묘 벽화)

거리인 과일이 담긴 그릇이 놓여 있다. 뒤에 서 있는 세 명의 남자는 노복이 아니라 친척 가운데 아랫사람으로 각기 송나라 방식으로 가슴 앞에서 양손을 맞잡고 공경의 예를 올리는 모습이다. 두 명의 시녀는 각기 화장에 필요한 기물을 넣어두는 염구奩具와 거울을 들고 있으며, 선오旋襖를 입었는데, 비교적 짧은 것이 송대 양식에 가깝다. 맨 왼쪽에 서 있는 동자는 결발하여 두건으로 묶은 다음 나머지 머리카락은 그대로 내려뜨려 아직 성년이 되지 않았다는 것을 알 수 있다. 그 역시 두 손을 마주잡고 공경한 자세를 취하고 있다. 그림 위쪽에 걸려 있는 것은 꽃 문양을 수놓은 휘장,

즉 유장帷帳이다. 벽화는 원래 송대 구본舊本에 따라 그린 것일 터이다. 그렇기 때문에 탁자보 외에 나머지는 송대 분묘 벽화와 대체적으로 비슷하다.

그림에 나오는 주방廚房 부분은 새로운 발견이다. 두 명의 요리사는 모두 홀치기염색 기법으로 물들인 위군圍裙, 즉 앞치마를 하고 있다. 문양은 촬훈힐撮暈纈 또는 촬힐撮纈이나 찰염扎染이라는 홀치기염색 기법으로 만든 격자 형태이다. 그중에서 칼을 들고 요리하는 이는 양쪽 팔소매에 반박아襻膊兒를 달아 목뒤에 걸고 있다. 송·원대 기록에 따르면 여러 가지 직업 가운데 반박아를 만들거나 보수하는 전문 수공업자가 있을 정도로 상당히 널리 사용되었다. 송대 홍손洪巽이 저술한 『양곡만록暘谷漫錄』에 보면 주방의 여자 조리사가 은제 반박아를 사용했다는 이야기가 나온다. 송대 그림 〈백마도百馬圖〉에도 마초를 써는 이가 반박아를 착용하고 있는 모습이 보인다. 이렇듯 널리 사용되었기 때문에 전문적으로 이를 수리하거나 만드는 이가 출현한 것이다.

142

원대 연희演戱 벽화

그림206 (원) 희극배우와 연주자들이 연희복을 입은 모습(산서 조성현趙城縣 광릉사廣勝寺 벽화 '대행산악충도수재차작장')

원화는 산서 조성현 광릉사 명응령왕전일명 명응왕전에 있으며, 『산서문물소개』라는 책에 사진이 실려 있다.

앞줄에 다섯 명의 연희자들이 나오는데, 도종의가 쓴 『남촌철경록』 권25에 실려 있는 원본院本 공연에 나오는 다섯 명의 각색角色, 배역과 부합한다. 이에 따르면, "한 명은 부정副淨으로 예전에 참군參軍이라 칭하는 배역이고, 또 한 명은 부말副末인데, 예전에는 창골蒼鶻, 푸른 하늘의 송골매이라고 불렀다. 송골매는 날짐승을 잡을 수 있으니, 말副末이 부정을 없앤다고 하여 부말이라고 불렀다. 이외에 인희引戲, 말니末泥, 고장孤裝이라고 부르는 배역이 있다. 또한 이상 다섯 명이 연희한다고 하여 원본을 오화찬농五花爨弄이라고도 한다".[1]

하지만 이 그림에서 앞줄에 나오는 다섯 명이 반드시 원본의 다섯 가지 배역을 나타내는 것은 아니다. 왜냐하면 원본院本이 발전하면서 다양하게 분화하여 명목이 매우 많기 때문이다. 그 대강을 살펴보면 다음과 같다. '화곡원본和曲院本', '상황원본上皇院本', '제목원본題目院本', '패왕원본霸王院本', '제잡대소원본諸雜大小院本', '원요院幺', '제잡원찬諸雜院爨', '충당인수衝撞引首', '전휵염단拴搐艷段',[2] '타략전휵打略拴搐', '제잡체諸雜砌'. 세목으로 들어가면 거의 수백 종에 이른다.

혹자는 이 그림이 모종의 희문戲文을 연희하는 장면과 관련이 있다고 주장했는데, 이런 의견은 좀 더 논의해봐야 한다. 배역 가운데 정중앙에 있는 주인공은 여자가 남장한 것으로 보이는데, 송나라 양식대로 둥근 깃에 소매가 넓고 비교적 풍성한 홍색 관복을 입고 있다. 그러나 다른 두 명의 배역은 송대 양식의 직철直裰을 입고 있으니 시대적으로 맞지 않는다.[3] 『원전장』 권29 「귀천복색등제貴賤服色等第」조에 보면 이런 대목이 나온다.

> 여러 악예인樂藝人들이 입는 복식은 일반 서민들과 다르다. 서민들은 붉은색이나 황색의 옷을 입을 수 없다. 오직 문양이 드러나지 않는 암화暗花 저사紵紗, 비단의 일종. 송대에 비단을 저사라고 함, 능라綾羅, 모취毛毳, 모직물의 일종만 입을 수 있다. 모자는 금이나 옥으로 장식할 수 없다. 신발은 문양을 넣어 만들 수 없다. 머리 장식은 물총새의 깃털취모翠毛을 사용할 수 있으며, 금비녀나 비鈚, 화살촉 모양으로 생긴 머리 장식, 비鉀와 같음 등은 한 가지만 사용할 수 있다. 다만 귀고리는 금구슬金珠, 벽전碧甸을 사용하되 나머지는

1 도종의, 『남촌철경록』 권25, "一曰副淨, 古謂之參軍. 一曰副末, 古謂之蒼鶻, 鶻能擊禽鳥, 末可打副淨, 故云. 一曰引戲, 一曰末泥, 一曰孤裝. 又謂之五花爨弄". 원본院本은 금·원대 중국 전통극의 각본을 말한다. 왕국유王國維의 『송원희곡고宋元戲曲考』에 따르면, 금대에 잡극이 주로 기관妓館인 행원行院에서 연희되었기 때문에 이런 이름이 붙었다院本者, 行院之本也.

2 '염단艷段'은 간단한 원본院本, '전휵拴搐'은 묶는다는 뜻이다. 따라서 '전휵염단'은 정식 잡극의 내용을 간략하게 묶어 보여주는 것으로 일종의 맛보기 연희인 듯하다. 화본소설의 입화入話, 즉 머리말과 비슷하다.

3 직철直裰은 송·명대 퇴직 관원이나 사대부들이 주로 입던 평복으로 비교적 넓은 장삼이다. 시대에 따라 명칭이 달라졌다. 예를 들어 수당대는 풍익이라고 불렀는데 이것이 명대에 직철이다. 그 이전의 봉액과도 같다. 집에서 입는 일상복으로 속칭 도포道袍라고 부른다.

모두 은만 사용할 수 있다.[4]

인용문에서 말하는 것은 평상시 복장의 최대 한도이다. 대다수 평민들은 이러한 복장조차 착용하기 힘들었다. 다만 「악예인樂藝人」조條에 보면 별도의 주註를 달아 "분장하는 이들은악예인 상술한 예에 구속되지 않아도 된다"고 했다. 홍색이나 녹색 옷을 입어도 법에 저촉되지 않는다는 뜻이다. 이는 송대 법령을 그대로 답습한 것이다.

그림에서 뒷줄에 입모를 쓰고 있는 악사들은 신분에 따를 경우 갈색 옷만 입어야 한다. 그러나 그림을 보면 황색과 녹색의 옷을 입었다. 벽화를 그린 장인은 염료의 제한을 받았을 것이나 좀 더 아름답게 그리고 싶었던 까닭이다. 그렇지 않다면 범법 행위가 된다. 원대 법률에 따르면, 관리가 아닌 자는 오직 갈색 옷만 입을 수 있었기 때문이다. 뒤에 나오는 휘장 그림에 대해 저우이바이周貽白[5] 선생은 "영웅 무사와 용이 싸우는 장면"이라고 했는데, 필자가 생각하기에 주처周處가 교룡과 싸워 참살함으로써 "세 가지 우환을 제거하는除三害" 이야기를 그린 것이다.[6] 이는 송·원대 잡극의 제목 가운데 하나로 당시 사람들에게 익숙한 소재였다.

그림 위에 가로로 걸려 있는 휘장에 '대행산악충도수재차작장'이란 글자가 적혀 있다. 당시 유명한 연희패의 명연기자가 출현할 때면 사방 관중들의 이목을 끌기 위해 반드시 주인공의 이름을 내걸고 선전했다. 일종의 연희패의 관습인 셈이다. '충도수忠都秀'는 당시 유명한 여자 예인으로 송대에 이른바 '행수行首'라고 부르는 인물이다. 물론 그림 정중앙에 관원으로 분장한 장고裝孤[7]이다. 원대 여성 악기樂伎는 예명에 '수秀'자를 넣기를 좋아했는데 남들보다 뛰어나다는 뜻을 담았다. 원대 사람이 지은 『청루집青樓集』에 보면 '주렴수珠簾秀', '새렴수賽簾秀', '순시수順時秀', '양원수梁園秀', '조아수曹娥秀', '소아수小娥秀', '천사수天賜秀', '이지수李芝秀', '취하수翠荷秀' 등 '수' 자를 넣은 예명이 매우 많다. 이런 예명을 쓰는 이는 희문戲文[8]의 주인공, 연희 집단의 우두머리를 뜻했으

4 『원전장元典章』 권29, 「귀천복식등제貴賤服色等第」조, "諸樂藝人等服用, 與庶人同. 庶人不得服赭黃, 惟許服暗花紵絲, 絲綢, 綾羅, 毛毳. 帽笠不許飾用金玉. 靴不得裁治花樣. 首飾許用翠毛, 並金釵錍各一事. 惟耳環用金珠碧甸, 餘並用銀". 벽전碧甸은 전자甸子, 즉 터키석송록자松綠子으로 장식한 귀고리를 말한다.

5 주이백周貽白, 1900~1977년은 중국 희극사 연구자이자 희극 이론가이다. 저서로 『중국희극사략中國戲劇史略』, 『중국극장사中國劇場史』 등이 있다.

6 주처周處는 어려서 부친을 여의고 젊은 시절 난폭한 짓을 일삼는 동네 건달이었다. 당시 그가 살던 의흥義興의 강에는 교룡이 살고, 산에는 호랑이가 살았는데, 동네 사람들은 여기에 주처를 포함하여 삼횡三橫, 사람들에게 횡포를 일삼는 세 가지이라고 불렀다. 사람들이 그를 꼬드겨 교룡과 호랑이를 죽여 달라고 하자 그가 나서서 처리했다. 동네 사람들은 주처가 싸우다가 죽었는줄 알고 서로 축하했는데, 그 소리를 들은 주처는 그제야 자신이 교룡이나 호랑이처럼 사람들의 우환거리라는 것을 알게 되었다. 이후 개과천선한 그는 충신 효자가 되었다고 한다. 이는 남조 송나라 유의경劉義慶의 『세설신어世說新語』 「자신自新」에 나오는 이야기이다. 『주처周處』 또는 『주처제삼해周處除三害』라고 칭하기도 한다.

7 장고裝孤는 송대 잡극이나 금대 원본에서 관원으로 분장한 배역을 말한다.

8 희문戲文은 중국 희곡사에서 한족의 민가, 소곡, 가무 등을 토대로 발전시킨 지방희地方戲의 일종이다. 북송 말년부터 명대 초기12세기~14세기까지 중국 동남 지역에서 유행

며, 군중들에게는 명배우로 인식되었다. 북송시대 변량의 '정도새丁都賽'는 궁정에서 민간에 이르기까지 두루 지명도가 있었던 인물로 『동경몽화록』에서 당시 여섯 명의 뛰어난 가녀歌女 가운데 한 명으로 지목되었다.

그래서 하남 언서偃師 주류구酒流溝의 송대 분묘에서 출토된 대형 벽돌에 잠화簪花, 조화를 꽂은 가녀歌女가 조각되어 있는데, 오른쪽에 해서로 '정도새'라는 이름이 새겨져 있다.그림 173

했다. 동시대의 '북곡잡극北曲雜劇'과 구분하기 위해 남곡희문, 또는 남희南戲라고 불렀다.

원대 황제와 황후 상像

그림207
왼쪽:(원) 방한모(난모暖帽)를 쓰고 머리카락을 고리모양으로 땋아 내려뜨렸으며, 일색복一色服(只孫服)을 입은 황제(원 세조 홀필렬 상, 예전 남훈전 소장품)
오른쪽:(원) 진주로 장식한 고고관罟罟冠을 쓰고 옷깃 테두리를 납석실納石失[1], 즉 직금금織金錦으로 장식한 옷을 입은 황후(원 세조 황후 철백이徹伯爾 상, 예전 남훈전 소장품)

원 세조 홀필렬忽必烈, 쿠빌라이 칸의 초상화로 원래 남훈전에 소장되어 있었으나 현재는 중국역사박물관에 있다.

쿠빌라이는 흰옷을 입고 변색족제비 털로 만든 은서난모銀鼠暖帽[2]를 썼다. 원대 복식 제도에 따르면, 이러한 가죽 방한모는 은서포銀鼠袍, 은서비

---

1 납석실納石失은 몽골어로 직금금織金錦을 말한다. 납실실納失失, 납적사納赤思라고도 한다. 황제나 황후 등 황족과 고위 관료들이 주로 입었으며, 홍색, 자색, 녹색, 은갈색 등 다양한 색깔이 있다. 문양은 대칭 형태이고, 페르시아의 영향을 받았다. 당시 귀족들이 관에 덮는 장식물로 사용했다고 하니 그만큼 귀하게 여긴 듯하다.

2 은서난모銀鼠暖帽는 변색족제비 털로 만든 방한모이다. 은서는 만주 산림에 사는 변색족제비로 털이 가볍고 추위를 막는 데 효과가 좋다. 여름에는 등의 색깔이 담적갈색이나 겨울철이 되면 전체가 흰색으로 바뀐다. 그래서 은서銀鼠라고 불렀다.

견銀鼠比肩[3] 등을 입을 때 착용했다. 비교적 규모가 크고 중요한 대조회大朝會 때 황제가 입는 지손只孫, 質孫[4] 동복冬服 11가지 가운데 하나로 가장 중요한 예복이다. 마르코 폴로의 『동방견문록』에 따르면, 원대 통치자는 매년 13차례 대조회를 거행했는데, 통치자와 작위를 지닌 근신과 고위 관료, 귀족 등 1만 3천여 명이 집회에 참가하며, 반드시 계절에 맞게 동일한 색깔의 금빛 질손복質孫服을 입었다고 한다. 또한 몸에 장식한 온갖 보석은 모두 나라에서 하사했다. 시간이 되면 모두 대전大殿 앞에 모여 작위와 친소에 따라 무리를 지어 금배金杯를 들고 주연을 즐겼는데, 그 모습이 금빛 찬란했다. 최고 통치자는 주옥으로 장식하여 특히 화려하고 장엄했다.

원대의 복식은 북방의 경우 남녀, 상하의 구별이 그다지 크지 않아 통칭 포袍라고 불렀다. 다만 사용하는 재료에 따라 귀천을 나누었는데, 오히려 차이가 매우 컸다. 고위급 관료는 주로 붉은색 계통의 화려하고 선명한 직금금織金錦[5]을 주로 입었다. 이는 금대의 제도를 답습한 것으로 품급의 높고 낮음에 따라 꽃문양의 크기를 나누었고, 하급 관리는 짙은 갈색의 나견羅絹만 입을 수 있었다. 평민들은 의복에 용봉龍鳳 문양이 금지되었으며, 황금색은 물론이고 채색조차 사용할 수 없었다. 공식적인 법령에 따르면 그저 어두운 색의 저사紵紗만 입을 수 있었다. 문헌에 나오는 금령을 보면 다음과 같다.

지원至元 22년1285년 금령禁令: 무릇 악인樂人, 창기娼妓, 술장수賣酒的, 심부름꾼이나 노복은 좋은 색깔의 옷을 입을 수 없다.(평상시)

원정元貞 원년1295년 금령: 갈황褐黃, 민간의 회갈색과 다른 노란빛을 띤 갈색, 유방록柳芳綠, 홍백섬색紅白閃色, 영상합迎霜合, 迎霜褐, 은갈색, 계관자鷄冠紫, 닭 벼슬 색깔, 자색, 치자홍梔子紅, 연지홍胭脂紅 등 여섯 종류의 색깔을 사용할 수 없으며, 직조도 허용하지 않는다.

그 밖의 금령은 송대 색깔에 관한 금령에 비해 오히려 적다. 사실 이러한 금령을 어기는 이들은 역대로 귀족, 관료 등 특권 계급이나 정권에 아부하는 각종 앞잡이들이었다. 대다수 평민들은 노예 또는 반노예 상황에 처해 있었기 때문에 생활이 빈궁하여 채색하지 않은 원래 옷감 그대로 또는 짙고 어두운 색깔의 마면麻棉이나 갈포葛布 또는 허드레 고치나 실보무라지 따위로 짠 직물 면주綿綢 등을 입었을 뿐이다. 더 좋은 의복은 허용되지도 않았지만 사서 입을 수도 없었다.

이에 반해 귀족, 관료들은 온몸을 홍색과 자색의 곱고 가는 비단으로 치장했다. 황제는 더욱

3 은서비견銀鼠比肩은 변색족제비 털로 만든 어깨걸이일명 숄이다. 비견괘比肩褂라고도 하는데, 반비半臂와 유사한 소매가 짧은 외투이다. 속칭 '배답背褡'이라고 한다.

4 지손只孫은 질손質孫이라고도 한다. 상의와 하상下裳이 연결되어 있으며 동일한 색깔이기 때문에 일색의一色衣라고 칭한다.

5 직금금織金錦은 금루金縷나 금박을 잘라 만든 금사金絲로 직조한 채색 비단이다. 중국에서 사직물에 금실을 넣기 시작한 것은 전국시대부터라고 한다. 북방 유목 민족인 몽골, 거란, 여진인들은 특히 직금금을 애호했다.

더 사치스러워 채색이 선명하고 화려하기 그지없는 납석실納石失 등 페르시아식으로 금실을 넣어 직조한 직금금 외에도 외국에서 들여온 가는 털로 만든 모직물인 속부速夫, 일명 쇄복瑣伏[6] 및 매우 구하기 힘든 검은 담비자초紫貂, 변색족제비은서銀鼠, 흰여우白狐, 검은여우玄狐 등의 털가죽으로 만든 옷을 해입기도 했다. 또한 의복이나 모자에 금을 붙이거나 보석을 상감했으며, 특히 멋을 부린 경우 큰 진주로 장식하기도 했다. 하지만 일반 백성들은 여러 가지 금령을 통해 복식의 제한된 범위를 벗어날 경우 중벌에 처했다.

『원전장元典章』에 보면 황당무계한 내용도 적지 않다. 예를 들어 어떤 장인이 황제를 위해 새로운 모자를 만들자 다른 이들이 이를 따라 만들 수 없도록 했으며, 만약 똑같은 모자를 만들 경우 엄벌에 처했다는 등의 내용인데, 대덕大德 원년1297년 중서성에서 감사관監司官 승직承直을 통해 잡조국雜造局이 전달한 공문은 다음과 같다.

> 상위上位, 황제의 새로운 형태의 흑색 어린양의 가는 털로 화아장, 사피장이 만든 모자 한 개를 완성하여 황제께서 보시도록 진상했다. 삼가 성지를 받들어 이후로 이런 가죽 모자는 다른 이에게 만들어 주지 말도록 하라. 다른 이에게 만들어 줄 경우 죽을 지어다.[7]

또한 대덕 11년1307년에는 이런 내용도 나온다. “마가노馬家奴, 마씨 성을 가진 재봉사에게 말하노니,…… 모자 정수리에 황금 날개를 조각해 넣은 모자는 이후 가르치거나 만들지 말고 다른 이들에게 주어 쓰고 다니게 하지 말라. 이를 만드는 이는 내막을 밝혀 죄과를 물을 것이고, 쓰고 다니는 이는 반드시 몰수하고 죄과를 물을 것이다.”

지대至大 원년元年, 1308년에도 모자와 관련한 내용이 나온다. “이런 가죽 모자를 재봉하는 이들이 없도록 하였는데, 부마駙馬 앞에 내 가죽모자와 같은 것이 있으니 왜 만들어주었는가? 말하노니, 이후에 내가 쓰는 가죽모자와 같은 것은 민간에서 만들어주지 말도록 하라. 이런 가죽모자를 만드는 이가 있다면 유수사留守司의 관리에게 분부하여 민간에서 영을 내려 죄과를 따지도록 하라.”[8]

위 인용문에서 알 수 있다시피 황제의 허락이 없으면 부마일지라도 마음대로 같은 모자를 쓸

---

6 속부速夫는 회회回回, 회족回族, 몽고고원에서 발흥하여 이후 투르케스탄으로 이주한 터키계 민족의 모포毛布 가운데 곱고 가는 털로 만든 제품이다. 원문에 일명 쇄복瑣伏이라고 한다고 했는데, 쇄복은 새의 깃털로 만든 옷을 말하기 때문에 속부와 다른 듯하다.

7 『원전장元典章』, 「공부工部」「조작造作」「잡조雜造」, “成上位新様黑羔細花兒斜皮帽子一個, 進獻上位看過. 欽奉聖旨, 今後這皮帽子休做與人者. 與人呵, 你死也!”. 조선조에 편찬한 『대전회통』에 따르면, 인용문의 ‘화아사피花兒斜皮’는 장인의 명칭인 듯하다. 화아장花兒匠은 돗자리나 신코에 색실을 놓는 일을 하는 장인이고, 사피장斜皮匠은 담비 가죽인 초피貂皮를 다루는 장인이다.

8 『원전장』, “道與馬家奴,……金翅鵰様皮帽頂兒, 今後休教做, 休交諸人帶者. 做的人, 根底要罪過者. 帶着的人, 根底奪了, 要罪過者!” “這個縫皮帽的人刁不牓, 駙馬根前, 我的皮帽様子, 爲什麼縫與來麼? 道, 我今後我帶的皮帽様子, 街下休交縫者. 這縫皮帽的人, 分付與留守司官人每, 好生街下號令了呵, 要罪過者!”.

수 없었다. 모자를 만드는 것도 범죄에 속했으니 한 나라의 황제가 이토록 모자를 중시한 것은 역사에서 예를 찾아보기 힘들다.

사서의 기록에 따르면, 황제는 오히려 각양각색의 모자를 가지고 있었다. 물론 모두 아름답고 진귀한 재료로 만든 것들이며, 금은보석으로 장식하여 의복과 조화를 이루도록 했으며, 계절마다 알맞은 모자를 바꿔 썼다. 때로 황제가 기분이 좋을 때면 총애하는 신하들에게 하사하기도 했다. 예를 들어 천자가 겨울에 입는 지손복질손복의 경우 모자만 11가지가 있었는데, 금금난모金錦暖帽, 칠보중정관七寶重頂冠, 홍금답자난모紅金答子暖帽, 백금답자난모白金答子暖帽, 은서난모銀鼠暖帽 등이 그것이다. 또한 하복夏服은 15가지로 보정금봉발립寶頂金鳳鈸笠, 주자권운관珠子卷雲冠, 주연변발립珠緣邊鈸笠, 백등보패모白藤寶貝帽, 금봉정립金鳳頂笠, 금봉정칠사관金鳳頂漆紗冠, 황아고특보패대후첨모黃雅庫特寶貝帶後簷帽, 칠보칠사대후첨모七寶漆紗帶後簷帽 등이다. 모자 위에는 진주 등 보석을 상감했다. 보석도 다종다양하여 홍색 보석이 4종, 녹색은 3종이며, 다양한 색깔의 아골鴉鶻, 지금의 사하공화국 특산 7종, 묘정貓睛 2종, 전자甸子 3종 등으로 각기 명칭이 달랐으며, 나오는 곳도 달랐다. 원대 학자이자 문인인 우집虞集이 저술한 『도원학고록道園學古錄』 권 23에 보면 당시 원나라 황제가 신하들에게 하사한 물품에 대한 기록이 나오는데 그 일부를 살펴보면 금초구모金貂裘帽, 주의주모珠衣珠帽, 반주금의盤珠金衣, 옥정립玉頂笠, 대보주의大寶珠衣, 반주의盤珠衣, 화상칠보립和尚七寶笠 등이 있고, 칠보립七寶笠과 주모珠帽가 각기 하나씩 있다. 이외에 도사들에게도 칠보금관七寶金冠을 하사하여 직금문금織金文錦 의복과 맞춰 입어 법사法事에 착용토록 했다. 또한 검은담비 가죽 옷에 금실로 테두리를 한 의복 3백 벌을 보내기도 했다. 이처럼 극심한 사치는 역사적으로 드문 예이다.

원 세조 쿠빌라이의 황후인 철백이徹伯爾 상은 원래 남훈전南薰殿에 있었으나 지금은 대만 고궁박물원에 소장되어 있다. 그림을 보면 상당히 높이 솟아 있는 모자를 쓰고 있다. 명칭은 '고고罟罟' '고고顧姑', '고고姑姑' 등 다양한데, 음역이기 때문에 동음의 다른 글자로도 표시할 수 있으며, 모두 이처럼 독특한 형태의 모자를 지칭한다. 원대에는 몽골 귀족 부녀자만이 쓸 수 있는 모자였다. 원말명초에 살았던 학자 엽자기葉子奇의 『초목자草木子』[9]에 따르면, "원조元朝 후비나 대신의 정실正室, 본처들이 주로 썼다. 고고를 쓸 경우 매우 넓고 큰 대포大袍를 입었다.삽도 135 고고는 높이가 2자 정도이며, 홍색 비단을 사용하는데 당대 금제 보요관步搖冠의 유풍이다".[10]

맹공孟珙은 『몽달비록蒙韃備錄』[11]에서 원대 부녀

9 엽자기葉子奇, 1327~1390년?는 원말 명초의 학자로 자는 세걸世杰 호는 정재靜齋이며, 절강 용천龍泉 사람이다. 그가 저술한 『초목자草木子』는 문언 필기소설집으로 천문, 역사, 정치, 병란兵亂, 동식물의 형태 등등 잡다한 내용을 담고 있다. 특히 원조의 연혁과 농민기의에 관한 사적은 다른 책에서 서술하지 않은 내용으로 사료적 가치가 높다.

10 원주 하지만 실제로 고고관은 당대 금보요金步搖와 전혀 같은 데가 없다.

11 『몽달비록蒙韃備錄』은 남송 사람 맹공孟珙이 저술한 민족

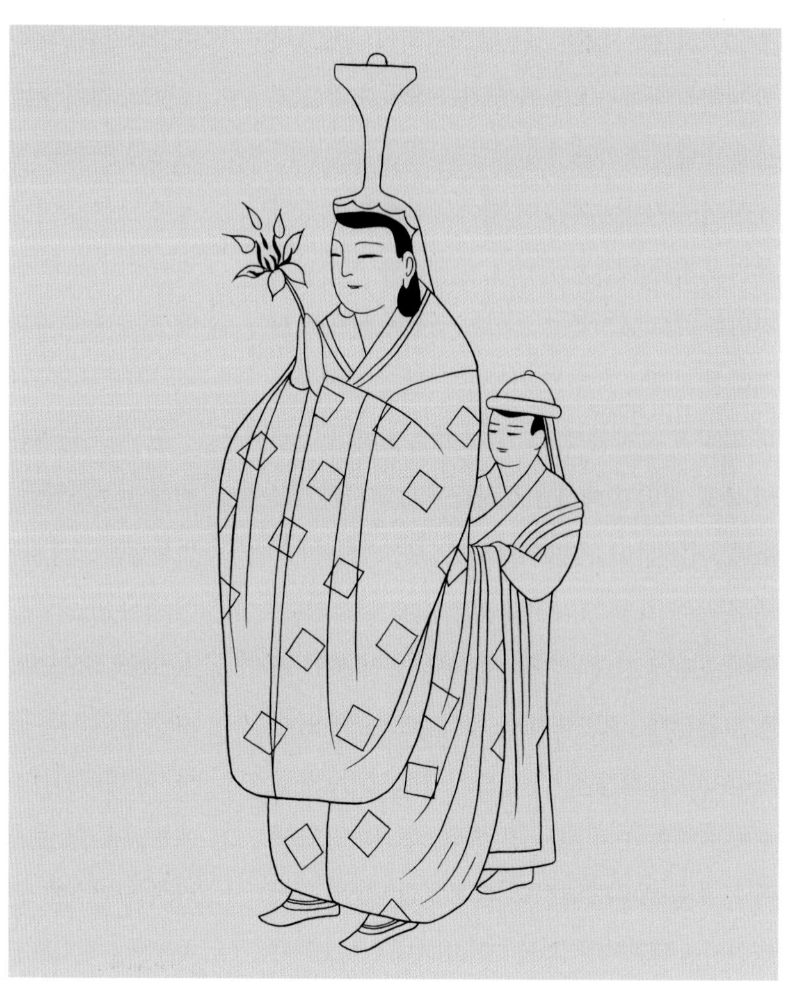

삽도135 돈황 벽화에 나오는 원대 고고관罟罟冠을 쓰고 공양하는 사람

자들의 복식에 대해 이렇게 말했다.

> 때로 황색 분을 이마에 칠했는데, 이는 한나라의 옛 화장 방식이다.

> 의복은 중국의 도복道服과 비슷하다. 추장군주의 처황후는 고고관顧姑冠을 썼는데, 철사로 만들었으며 형태는 죽부인竹夫人과 비슷하고 길이는 3자 정도이다. 홍색이나 청색 비단에 수를 놓거나 금구슬로 장식했다. 그 위에 가지처럼 생긴 긴 막대기가 달려 있으며 홍색이나 청색의 모직물로 장식했다. 또한 소매가 넓고 커서 중국의 학창의鶴氅衣와 비슷한 대수의大袖衣를 입었는데, 길이가

사이다. 원대 도종의陶宗義가 편찬한 『설부說郛』에 실려 있다. 다른 판본에는 '조공趙珙'이 쓴 것으로 나온다.

길어 밑단이 땅에 끌렸기 때문에 걸어갈 때면 두 명의 여자 노복이 밑단을 들고 갔다.[12]

이지상李志常도 『장춘진인서유기長春眞人西遊記』에서 부녀자들의 복장에 대해 언급한 바 있다.

> 부인들의 관은 자작나무 껍질로 만들었으며, 높이는 2자 정도이다. 때로 검은 비단으로 싸거나 부자들은 붉은 비단으로 쌌다. 관의 끝부분이 거위나 오리와 같다고 하여 '고고故故'라고 불렀다. 사람들이 만지는 것을 금기로 삼았으며, 장막으로 만든 집여장廬帳, 몽골의 전통 가옥인 게르를 뜻함에 들어갈 때면 반드시 고개를 숙이고 들어갔다.[13]

원대 그림을 보면 고고관 위에 닭의 꼬리처럼 생긴 금계미錦鷄尾가 꽂혀 있음을 알 수 있다. 팽대아彭大雅, ?~1245년[14]는 『흑달사략黑韃事略』에서 비교적 상세하게 기록하고 있다.

> 고고관은 자작나무로 뼈대를 삼고 붉은 비단을 둘렀으며, 금빛 비단으로 정수리 부분을 장식했다. 위로 네다섯 자 길이의 버드나무 가지나 철사로 가지를 만들고 푸른색 모전으로 둘렀다. 향상인向上人, 고위급 귀족은 아조我朝, 남송의 취화翠花나 오채색 비단으로 장식하여 걸을 때마다 바람에 날려 움직이도록 했다. 아랫사람들은 꿩 깃털을 사용했다."[15]

양윤부楊允孚는 『낙경잡영灤京雜咏』에서 "무릇 수레에서 고고固姑, 고고관를 쓰고 있으며, 위쪽 깃털이 한 자 정도이기 때문에 (불편하여) 벗어서 시녀에게 건네 들고 있도록 했다. 설사 후비后妃라고 할지라도 수레를 타고 갈 때는 마찬가지였다"[16]고 주注를 달았다.

이상의 기록은 약간씩 다른 내용을 담고 있지만 이처럼 특수한 부녀용 관은 만주에서 생산되는 자작나무나 쇠를 사용하고, 겉면을 비단이나 모직물로 감쌌으며, 주옥으로 장식했음이 분명하다. 부유할수록 장식도 더 아름답고 화려했을 것이다. 관 위쪽을 치장하는 취화翠花나 우모羽毛는 수레를 탈 때 뽑아서 시녀가 들고 있도록 했다. 또한 사용할 자격이 있는 사람일지라도 가난한 이들은 거친 모직물이나 꿩 깃털을 붙여 사용했음을 알 수 있다.

---

12 맹공孟珙, 1195~1246년, 『몽달비록蒙韃備錄』, "往往以黃粉塗客, 亦漢舊妝". "所衣如中國道服之類. 凡諸酋之妻則有顧姑冠, 用鐵絲結成, 形如竹夫人, 長三尺許. 用紅青錦繡或金珠飾之. 其上又有杖一枝, 用紅青絨飾之. 又有大袖衣如中國鶴氅, 寬長曳地, 行則兩女奴拽之."

13 이지상李志常, 『장춘진인서유기長春眞人西遊記』, "婦人冠以樺皮, 高二尺許, 往往以皂褐籠之, 富者以紅絹. 其末如鵝鴨, 故名故故. 大忌人觸, 出入廬帳須低徊".

14 남송 사람으로 송조가 몽골과 연합하여 금나라를 칠 때 서장관으로 몽골을 방문했다. 『흑달사략』은 당시의 견문을 기록한 것이다. 송대 사람들은 몽골을 흑달단黑韃靼이라고 불러 막남漠南의 백달단白韃靼과 구분했다.

15 팽대아彭大雅, 『흑달사략黑韃事略』, "故姑之製, 用畫木爲骨, 包以紅絹, 金帛頂之. 上用四五尺長柳枝或鐵打成枝, 包以青氈. 其向上人則用我朝翠花或五彩帛飾之, 令其飛動. 以下人則用野鷄毛".

16 양윤부楊允孚, 『낙경잡영灤京雜咏』 주註, "凡車中戴固姑, 其上羽毛又尺許, 拔付女侍手持對坐. 雖后妃馭象亦然".

144

원대 수렵하는 귀족

그림208 (원) **붉은 담비 모피로 옷깃을 장식하고 변색족제비 가죽옷을 입은 황제와 활을 당기거나 어깨에 송골매를 얹어놓고, 또는 위장용 창**(삭矟)**을 들고 수렵에 따라나선 수행원들**(〈원세조출렵도〉)

기존의 제목은 〈원세조출렵도元世祖出獵圖〉인데, 황제가 아닌 일반 왕족이 수렵하는 모습이다. 원화는 대만에 있다.

겨울철 눈이 내린 후 맑게 갠 어느 날 변색족제비 가죽으로 만든 은서구銀鼠裘를 입은 귀족과 몇 명의 호위 기종騎從들이 어깨 위에 솔개를 올려놓거나 활을 당기면서 하늘을 나는 기러기 떼를 사냥하는 모습을 그렸다.

북방에 살던 원대 귀족들이 남방으로 내려와 관리 생활을 한 지 근 1세기가 지나자 겉치레를 위해 명사를 사귀거나 문화 활동에 참가하고, 술을 마시며 시부를 짓거나 거문고를 연주하고 그림을 그리는 등 남방의 관료, 지주 문화에 흠뻑 젖어들었다옷차림 등은 『흠선정요飮膳正要』 그림에 나온다. 하지만 북방의 경우 이전 유목 생활의 습관을 완전히 버린 것은 아니었다. 요나 금대의 경우와 마찬가지로 특히 황제나 귀족들은 가을에 접어들면 전통 방식대로 교외로 나가 수렵을 즐겼다. 일종의 계절성 유희 활동이자 체력 단련과 기사騎射 연습의 의도도 있었기 때문에 관부에서도 적극 제창하고 중시했다. 『원사元史』 「병지兵志」 「응방포렵鷹房捕獵」조에 따르면, 응방鷹房, 사냥용 매 사육과 관리를 맡은 관청에 소속된 인호人户가 4,423호나 되었고 익도益都, 지금의 산동성 청주 등 네 곳에 분산되어 있었다고 한다. 가장 먼 곳은 운남雲南에 있었다. 그래서 마르코 폴로는 『동방견문록』에서 서로 40일이나 걸리는 곳에 있다고 한 것이다. 엽자기葉子奇는 『초목자草木子』에서 송골매 사육 상황에 대해 이렇게 말했다. "송골매를 잡아 사육하는 응방鷹坊 만호부萬户府에서 매년 고기 30여만 근을 먹여 길렀다." 송골매를 사육하는 데 드는 먹이 비용이 이 정도이니 기타 장비나 수송비 등을 감안하면 전체 비용이 얼마나 컸는지 능히 짐작할 수 있다.

마르코 폴로는 『동방견문록』 89, 90장에서 당시 나라에서 절기에 따라 대규모 수렵 활동을 하던 모습을 기록한 바 있다. 이에 따르면, 전체 20여만 명이 홍색과 남색으로 옷을 달리 입어 양대로 나뉘어 출동했고, 사냥개 1만 마리가 동원되었다. 또한 매를 관리하는 인원 1만 명과 용맹하고 귀한 해동청 보라매 5백 마리가 동원되었으며, 훈련이 잘 된 사자나 표범도 수렵 활동에 동원되었다. 이외에 1만여 명의 병사가 황제를 호위했다. 황제는 특별히 제작한 커다란 목루木樓 위에 앉았는데 직금금織金錦을 입고 담비 가죽과 은서 가죽으로 장식했으며, 밖에 사자 가죽을 둘렀다. 네 마리의 커다란 코끼리가 목루를 운반했다. 참으로 장관인지라 이런 광경을 본 적이 없던 마르코 폴로는 세상에 이런 일이 있다는 것에 경탄했을 것이다. 이외에도 『동달비록蒙韃備錄』은 이렇게 말했다.

"말안장에서 태어나고 자라나 사람들이 스스로 싸움을 익히고, 봄부터 겨울까지 매일매일 짐승을 쫓아다니며 사냥하는 것이 곧 그들의 생애였다."[1]

또한 『흑달사략黑韃事略』에서도 당시 수렵 활동에 대해 이렇게 말한 바 있다.

"주로 사냥감을 포위하여 잡기 때문에 수많은 무리들이 동원되어 흙을 파서 구덩이를 만들고, 나무를 심어 표식으로 삼았으며, 나무에 털로 만든 줄을 연결하고 담요를 묶어 마치 한인들이 토끼를 잡으려고 그물망을 치는 것처럼 만들었다. 이렇게 만든 포위망이 1, 2백 리나 계속 이어

1 『흑달비록蒙韃備錄』, "生長鞍馬間, 人自習戰, 自春徂冬, 旦旦逐獵, 及其生涯".

졌다. 바람이 불고 깃털이 날리니 짐승들이 놀라 어찌할 바를 몰라 감히 도망칠 수 없었다. 그런 다음 포위망을 좁혀가면서 짐승들을 붙잡았다."[2]

엄청난 인력과 물력이 소비되는 대규모 수렵 활동이었다. 때로 일부 필요한 물품은 민가에서 조달했는데, 백성들이 타던 말의 갈기종모鬃毛마저 잘라내어 황제의 수렵용으로 빼앗아 가기도 했다. 단 한 명의 쾌락을 위해 수만의 백성들이 재앙을 만난 셈이니 역사적으로도 이처럼 사치스럽고 낭비가 심한 일은 드물었다.

이 그림은 왕족이 교외로 나가 수렵하는 장면을 그렸다. 옷차림을 보면, 은서구銀鼠裘, 변색족제비, 일명 다람쥐 가죽으로 만든 혼자구鞸子裘를 입고 자색 담비자초紫貂나 검은 여우의 털로 만든 옷깃 장식을 달았다. 시종하는 인물들은 주로 모포로 만든 암갈색 옷을 입었다. 원나라는 중·하층 관료나 평민들이 입는 옷의 색깔을 법령으로 엄격하게 규정하여 『원전장元典章』에 기록했다. 하지만 통치자나 고급관료들은 화려하고 사치스러운 옷차림에 아무런 제약이 없었다. 전국적인 범위에서 조건이 맞는 지역에 '염직제거사染織提擧司'를 설치하여 직공들을 집중 배치하고 대량의 납석실금금納石失金錦, 납석실이 곧 금금이다을 제작하여 의복이나 일상 생활에 필요한 휘장, 침구, 의자 깔개, 온돌 위에 까는 깔개강점炕墊 등을 만들었으며, 이외에도 군영에 필요한 장막이나 천막을 만들기도 했다. 『동방견문록』에 보면 당시 직금금으로 만든 장막이 몇 리나 이어졌다는 말이 나온다. 모피 중에는 특히 은빛 여우, 스라소니사리猞猁, 은서銀鼠, 자색 담비 등을 사용했다. 남자들의 모자나 부녀자들의 고고관은 물론이고 의복에도 대량의 주옥이나 보석으로 장식했다. 특히 멋을 부린 모피 의복은 천금의 값어치가 있었고, 주옥이 달린 옷도 값을 따지기 어려웠다. 이러한 특별한 의복은 황제가 대조회大朝會를 거행할 때 주로 입었으며, 이외에도 지손연只孫宴, 질손연이나 특별한 일로 출행할 때도 착용했다. 『원사』「여복지」에 지손연 때 특별히 착용하는 의복에 관해 자세하게 서술하고 있다. 우집虞集은 『도원학고록道園學古錄』에서 『원사』「여복지」에 빠진 부분을 보완하여 이렇게 말했다.

> 지손只孫, 지손복이란 공경대부 등 현귀한 신하가 천자에게 향응을 받아 입는 의복으로 지금 하사한 것은 진홍색 옷이다. 큰 구슬을 꿰어 어깨와 등 사이를 장식했다. 수복首服, 관冠도 마찬가지이다. 납적사納赤思, 납석실 비단옷 등 7가지가 부수적으로 따라 나온다. 납적사는 가늘고 긴 가죽에 금을 입혀 문양을 직조한 것이다.[3]

2 『흑달사략黑韃事略』, "凡其主打圍, 必大會衆, 挑土以爲坑, 插木以爲表, 維以毳索, 繫以氈羽, 猶漢兔罝之製, 綿亘一二百里間. 風颺羽飛, 則獸皆驚駭而不敢奔逸, 然後蹙圍攫擊焉".

3 『원사』「여복지」, "只孫者, 貴臣饗於天子則服之, 今所賜絳衣也. 貫大珠以飾其肩背膺間. 首服亦如之. 副以納赤思衣等七袭. 納赤思者, 縷皮傅金爲織文者也".

인용문 마지막에 "가늘고 긴 가죽에 금을 입힌다縷皮傅金"고 한 것을 보면 응당 양피금羊皮金을 만드는 방법인 듯한데, 확실치 않다. 비교적 후에 나온 양피금 제작법은 3, 4치 정도의 얇고 모난 양가죽에 금박을 붙인 것으로 잘라내어 옷이나 모자의 테두리 장식 등에 활용하기에 적합하기 때문이다. 가죽은 매우 질겨 2자 정도 길이로 길게 늘여 머리카락처럼 가느다란 실을 만들 수 없다. 그러나 '납석실'이란 몽골어는 한어로 페르시아 금금金錦이란 뜻이니 염금捻金, 즉 금실을 꼬아 만든 것임을 알 수 있다. 다만 원대에 직조한 금금은 오히려 누금縷金, 즉 가느다란 금실로 직조한 것이지 금을 꼬아 만든 것이 아니다. 송대 이래로 명금明金이나 누금縷金의 방법이 사용되었다. 이는 매우 중요한 부분이다. 왜냐하면 대략 1세기 동안 대량으로 생산된 '납석실'이란 금금의 재료와 문양의 발전을 연구하는 데 도움을 주기 때문이다. 현존하는 원대 금금 실물은 그다지 많지 않지만[4] 명대 정통正統 연간에 각인한 『대장경大藏經』의 금금金錦으로 만든 봉면封面, 책 표지이 1만 개나 되는데, 대부분 누금 방식으로 만들었으며, 기이한 문양으로 직조한 금금이 수백 수천 종이 넘는다. 문양은 모두 원대 직공들이 만들었거나 일부 원대 직공의 손에서 만든 것을 명대에 경전의 겉표지를 만드는 데 사용했을 수도 있다.

고비사막 북쪽막북漠北은 매우 추운 지역이기 때문에 원나라 역시 요나 금나라의 관습대로 오랫동안 모피를 사용했다. 모피는 비단의 경우와 마찬가지로 의복 외에 다른 용도로 널리 활용되었다. 비교적 큰 모피는 은빛 여우나 스라소니의 가죽을 사용했고, 작은 것은 은서나 자색 담비 등을 사용했다. 이외에도 가죽을 사용하는 크고 작은 동물이 수십 종에 이른다. 북방의 부족들이 매년 공물로 가죽을 바쳤기 때문에 담비 가죽이 물건의 가격을 환산할 때 기준 단위가 되었다. 『원전장』 권38 병부兵部5 「피화칙례皮貨則例」에 보면 각종 동물 가죽과 담비 가죽의 교환 비율이 적혀 있는데, 기존의 교환 비율과 '이용감신례利用監新例, 이용감독신례' 두 가지로 나누어져 있다. 그중에서 호피의 교환 비율이 가장 높아 담비 가죽 50장으로 교환할 수 있으며, 다음은 표범 가죽으로 담비 가죽 40장과 맞교환할 수 있었다. 가장 낮은 것은 여우 가죽인데, 담비 가죽 두 장과 교환할 수 있었다. '이용감신례'에 보면 얼룩고양이, 사향노루, 수달, 살쾡이, 오소리 등 22종의 작은 동물 가죽은 담비 가죽 1장과 맞교환된다고 적혀 있다. 담비 가죽이 날로 높아졌음을 알 수 있다. 당시 군사용 장막이나 천막 가운데 큰 것은 천 명을 수용할 수 있었다고 하는데, 내부는 주로 담비나 은서 가죽을 깔고, 외부는 직금이나 비단 등으로 덮었기 때문에 휘황찬란한 모습이 장관이었을 것이다.

사치스러운 귀족들은 의복에 화려한 금금이나 진귀한 모피를 사용하는 데 그치지 않고 온갖

4 원주 근년에 새로 출토한 실물은 북경의 불상 복장품腹藏品인 직금 운견雲肩이 유일하다.

삽도136 『사림광기』에 나오는 원대 〈마사도馬射圖〉와 〈보사도步射圖〉

금은보석으로 장식했다. 원대 귀족들은 옷이나 두발 장식에도 여러 가지 보석을 활용했기 때문에 그 종류도 매우 다양해졌다. 구하기 힘든 귀한 보석은 당연히 매우 비쌌다. 해외 여러 나라에서 들어온 보석도 적지 않았다. 예를 들어 『남촌철경록南村輟耕錄』 권7 「회회석두回回石頭」조에 보면, 대덕大德 연간에 모자 꼭대기에 치장하는 무게 1냥 3전錢의 홍보석紅寶石의 경우 가격이 중통초中統鈔 14만 정錠[5]이었다. 당시에는 보석을 '자자刺子'라고 불렀는데, 홍색은 '자刺', '피자달避者達', '석자니昔刺泥', '고목란苦木蘭' 등 네 가지 명칭이 있었고, 녹색은 '조파피助把避', '조목자助木刺', '살복니撒卜泥' 등 세 종류였다. 또한 '아골鴉鶻'이라고 부르는 보석은 '홍아고紅亞姑', '마사간저馬思艮底', '청아고靑亞姑', '니람你藍', '옥박니람屋撲你藍', '황아고黃亞姑', '백아고白亞姑' 등으로 구분했다. 묘정貓睛, 묘안석도 '묘정'과 '주수석走水石' 두 가지였으며, 전자甸子, 터키석, 송록자松綠子는 지역에 따라 구분하여 회회전자回回甸子는 '니사복적你捨卜的', 하서河西에서 생산되는 것은 '걸리마니乞里馬泥', 양양襄陽의 색깔이 변하는 터키석은 '형주석荊州石'이라고 불렀다. 이러한 다양한 보석 가운데 일부는 물론 해외에서 생산되는 것들인데, 주로 약탈하거나 구매 또는 헌상 받은 것들이다.

명·청대 통치자들은 특히 '조모록祖母(王母)綠'과 '묘안석' 및 홍색과 남색의 보석을 좋아했는데 주로 옷이나 모자, 띠판帶板 및 안장 등에 사용했다.

---

5 중통초中統鈔는 중통 연간에 발행한 초표鈔票, 지폐로 교초交鈔와 원보초元寶鈔 두 종류가 있다. 정錠은 은화로 50냥에 해당한다.

일부는 국내에서 거둬들인 것이고 또 다른 일부는 수입한 것들이다.[6]

삽도 136은 원대 무사가 말을 타고 활을 쏘거나 보사, 즉 걷거나 달려가며 활을 쏘는 모습을 그린 그림이다. 그림에 나오는 무사는 입모를 쓰고 있으며, 상의는 원대 몽골족이 흔히 입었던 변선오자辮綫襖子이다. 전문적으로 무술을 가르치는 인물인 듯하다. 사서의 기록에 따르면, 송·금대 이래로 성을 공격하거나 적을 궤멸시킬 때 화포가 주력 무기로 등장하기 시작했다. 원나라가 여진족 군대를 추격하여 개봉에서 마지막 섬멸전을 벌일 때도 막강한 화력을 통해 승리를 거두었다. 하지만 몽골 군대가 세계 각국에서 대규모 군사 활동을 벌일 당시는 주로 야전에서 각축전을 벌였기 때문에 여전히 말을 타고 활을 쏘는 기사騎射가 주력이었다. 그렇기 때문에 군사들은 말을 타고 활을 쏘는 연습을 하지 않을 수 없었으며, 특히 장수가 되기 위해서는 기사에 정통해야만 했다. 이 그림은 당시 통속적인 읽을거리인 『사림광기事林廣記』에 나오는 그림인데, 간단한 설명이 붙어 있다. 일종의 시범 자세를 보여준다는 점에서 나름 중요하다. 청나라 군대가 산해관을 넘어 중원으로 들어온 후 비록 화기가 더욱 발전하여 아무리 견고한 성곽이라도 모두 무너뜨릴 수 있을 정도였으나 서북 변경의 수많은 전투에서 결정적인 역할을 한 것은 역시 기사射騎였다. 그런 까닭에 19세기까지 과거시험에는 보사와 기사가 필수 과목이었다. 이를 연습하고 단련하는 일은 사서를 읽고 팔고문八股文을 써야 했던 수재秀才들의 노력보다 떨어지지 않았다.

6 원주 가장 귀중한 보석 조모록은 명대의 기록에 따르면, '사백환四百換', 즉 한두 냥 정도의 보석이 황금 4백 냥이었다. 그래서 남명南明 시절 황후의 구슬과 보석을 상감한 금관을 만드는 데 자그마치 2만 냥의 은자가 필요했다는 기록이 나온다.

145

원대 돈황 벽화 행향인行香人

그림209

왼쪽:(원) 고리모양을 땋은 머리를 내려뜨리고, 상의는 교령交領이고 소매가 좁은 장포를 입고 예배하는 몽골 귀족(안서 유림굴楡林窟 벽화)

가운데:(원) 고고관을 쓰고 교령의 장포를 입고 예배하는 몽골 귀족 부녀(안서 유림굴 벽화)

오른쪽:(원) 입모를 쓰고, 운견을 걸쳤으며, 교령의 장포를 입고 예배하는 몽골 귀족 두 사람(돈황 332굴 벽화)

남자는 차양이 넓은 입모를 쓰고 붉은 포복을 입었으며, 피견披肩을 두른 것으로 보아 서하인西夏人인 듯하다. 가운데 여자는 고고관을 쓰고 장포를 입었다. 벽화에는 일반적으로 홍색만 보이고 꽃송이는 없다. 분명 특별한 의복이니 가장자리에 금박으로 치장했을 것이나 벽화에서는 분명하게 드러나지 않는다. 이는 현지 귀족이 분향하며 예배할 때 입는 옷차림이다.

원대 비단은 금실로 장식한 누금縷金 직물을 많이 사용했다는 점이 특징이다. 사紗, 라羅, 능綾, 곡縠 등 여러 비단에 금실을 더하지 않은 것이 없었다. 원대에는 이렇게 금실을 넣어 직조한 비단인 직금금織金錦을 '납석실納石失'일명 납적사納赤思이라고 불렀는데, 페르시아 금금金錦이란 뜻이다. 『수서隋書』「하주전何稠傳」의 기록에 따르면, 수나라 직공들이 직조한 직금금이 페르시아 제품보다 훨씬 좋았다고 한다.[1] 그렇기 때문에 기술이 일부 전수되면서 송대 이래로 이미 천촉川蜀의 노동자들이 누금이나 염금의 방식으로 다양한 비단 제품을 직조할 수 있었다. 하지만 기술적으로는 여전히 북방 회골 직공들의 성취가 중점이 될 정도로 뛰어났다. 홍호洪皓의 『송막기문松漠紀聞』에 따르면, 염금 기술은 "진천秦川으로 이주한 숙호熟户"인 회골인回鶻人과 한인들이 통혼하여 낳은 자제들이 대대로 직조 기술을 이어받아 숙련된 직공이 되었다. 그래서 금나라가 회하 이북의 땅을 백 수십 년 동안 겸병하면서 누금, 염금 직물이 모두 크게 발전했다. 원대는 금나라의 제도를 받아들여 의복에 사용하는 꽃송이 문양의 크기에 따라 품관의 존비를 결정했다. 3품 이상의 고위급 관료들은 비단에 다섯 치 크기의 꽃송이를 문양으로 삼았고, 그 이하는 차례에 따라 보다 작은 문양을 사용했다. 서북 각지에 염직제거사染織提擧司를 설치하여 생산을 감독하면서 생산량이 날로 많아졌고, 장막유만帷幔이나 천막장봉帳篷 등도 같은 예에 따랐다. 명대 직금은 전지화[2] 문양이 특히 많다. 이는 대부분 원대의 옛 양식을 발전시킨 것이다.

당시 사천 성도는 채금彩錦의 중요 생산지였다. 원대 사람 척보지戚輔之는 『패초헌객담佩楚軒客談』에서 당시 열 가지 채금이 유행했다고 하면서 "장안죽長安竹, 천하락天下樂, 조단雕團, 의남宜男, 보계지寶界地, 방승方勝, 사단獅團, 상안象眼, 팔답운八答韻, 철경양하鐵梗蘘荷" 등을 통칭 '십양금十樣錦'이라고 한다고 했다. 이러한 고급 사직물은 대부분 송금宋錦의 비단 품목에 포함되어 있으며, 명대에도 실물이 있는 것으로 보아 계속 생산되었음을 알 수 있다.

원대에는 비단에 문양을 날인하는 날염捺染의 방식인 인화印花 비단도 유행했다. 단색을 사용하거나 여러 가지 색깔을 사용하기도 했는데, 『쇄금碎金』「채색彩色」 편에 보면 "단힐檀纈, 촉힐蜀纈, 촬힐撮纈, 금힐錦纈, 견아힐璽兒纈, 장수힐漿水纈, 삼투힐三套纈, 철힐哲纈, 녹태반鹿胎斑" 등 아홉 가지 명칭이 나온다. 명대 사람들은 이러한 인화 비단의 구체적인 내용에 대해 잘 몰랐던 것 같다. 이는

1 (원주) 당대에는 금은가루를 도장 찍듯이 비단에 찍거나 그리는 기법이 유행하면서 직금법은 더 이상 발전하지 않았다.

2 비단 직물의 문양은 형태에 따라 전지화纏枝花, 절지화折枝花, 천지화串枝花, 단화團花 등 네 가지로 분류되는데, 전지화와 천지화는 모두 꽃과 가지가 조화롭게 뒤섞여 독특하고 아름다운 조형을 드러내는 문양을 말한다. 그래서 전지화를 일명 천지화라고 한다. 단화는 사방으로 퍼져가는 방사형 또는 회전식 원형 장식 문양이다. 한국어 뜻풀이는 둥근 자수 무늬이다. 둥근 문양인 것을 맞으나 반드시 '자수'인 것은 아니다. 비단 외에도 청동기, 도자기, 전지剪紙 등에 두루 사용되기 때문이다.

명대 양신楊慎이 쓴 『단연총록丹鉛總錄』[3]에서 확인할 수 있다. "원나라 염색 노동자들이 만든 제품에는 '힐纈'자가 끼어든 이름이 많다. 단힐, 촉힐, 장수힐, 삼투힐, 녹사반힐 등이 그러하다. 요즘 비단을 직조하는 기방機坊 사람에게 물어보니 그들도 몰랐다."[4]

양신은 명대 박학하기로 유명한 인물이고, 기방機坊은 비단 생산 기술뿐만 아니라 날염에 사용하는 화판花板도 대량으로 확보한 생산 공장이다. 그런데도 원대 인화 비단 명칭에 대해 몰랐다고 한 것을 보면 명대 중기 이후 아홉 가지 비단 염색 가공 기술이 이미 실전되었음을 알 수 있다. 실전의 원인으로 다음 두 가지를 생각해볼 수 있다.

첫째, 꽃문양의 채색 비단을 직조하는 제화提花 공예가 개량되었다. 둘째, 면포棉布 가공이 널리 확대되면서 약반포藥斑布, 요화포澆花布, 수성 염료인 장인漿印으로 염색한 남화포藍花布 등이 송강松江, 소주蘇州 등지에서 크게 발전했다. 가공 기술이 간단하고 남색은 면포에 가공하기가 용이했기 때문에 머지않아 전국적으로 파급되었다. 이러한 두 가지가 실전의 원인과 관련이 있는 듯하다.

다만 일부 기술은 내지에서 멀리 떨어진 변방 지역에 그대로 보존되었다. 예를 들어 장족藏族이 즐겨 사용하는 모직물인 방로氆氌, 주로 야크 털로 짠 다갈색의 모포는 제화 기법으로 고정되지 않은 다섯 가지 색채의 알록달록한 도안으로 노을 같은 느낌을 주는 것 말고도 당대 이래로 계속 활용된 교힐염법絞纈染法을 이용하여 홍색, 자색, 황색 등으로 촬훈撮暈 문양이나 십자 형태의 도안을 만들었다. 또한 묘족苗族의 인화포印花布는 당대 이래로 계속 이어진 납염법蠟染法을 이용하여 남색 바탕에 흰 꽃 문양을 주조로 삼아 만든 것이다. 이는 이후에도 계속 이어지다가 청대 초기에 '탄묵彈墨'[5]이라는 새로운 명칭이 생겨났다. 『홍루몽』에도 언급된 바 있다. 고궁에 실물이 보존되고 있는데, 천에 분무하여 채색하는 방법으로 만든 것이다. 원대 아홉 가지 염힐법染纈法에서 나온 것이라면 원래 명칭이 '삼투힐三套纈'일 수도 있다.

원대 법률 규정에 따르면, 하급 관리나 평민들은 갈색 계통의 어두운 색깔의 의복만 입을 수 있었다. 이렇듯 금령에 의해 제한이 되자 일반 대중들은 현지에서 소재를 찾느라 오히려 여러 가지 각기 다른 갈색을 창조하기에 이르렀다. 당시 고급 비단은 붉은색 계통이었는데, 명칭은 아홉 가지에 불과했으며, 어떤 것은 부녀자나 아이

---

3 양신楊愼, 1488~1559년은 명대 관리이자 학자로 많은 전적을 통독하여 고대 전적 교감校勘에 능했으며, 여러 전적 내용의 이동異同, 정오正誤를 변별하고, 내원을 밝히는 데 열중했다. 『단연총록』은 바로 그 결과물 가운데 하나이다. 이는 명대의 공소한 학풍에 대한 반발이기도 하다. 해진解縉, 서위徐渭와 더불어 '명대삼재자明代三才子'로 칭해진다.

4 『단연총록』, "元時染工有夾纈之名. 別有檀纈, 蜀纈, 漿水纈, 三套纈, 綠絲斑纈諸名, 問之今時機坊, 亦不可知也".

5 탄묵彈墨은 직물의 도안을 만드는 공예의 일종이다. 종이나 천 등을 잘라 구멍을 뚫고 직물에 덮어놓은 다음 묵이나 그밖의 다른 염료를 분사하여 각종 도안이나 문양을 만드는 방식이다.

들만 사용했다. 그러나 갈색은 이보다 훨씬 많은 20여 종이었다. 『쇄금』에 기록된 명칭을 살펴보면 다음과 같다.

> 금다갈金茶褐, 추다갈秋茶褐, 장다갈醬茶褐, 침향갈沉香褐, 응배갈鷹背褐, 전갈磚褐, 두청갈豆青褐, 총백갈葱白褐, 고죽갈枯竹褐, 주자갈珠子褐, 영상갈迎霜褐, 우사갈藕絲褐, 다록갈茶綠褐, 포도갈葡萄褐, 유율갈油栗褐, 단갈檀褐, 형갈荆褐, 애갈艾褐, 은갈銀褐, 타갈駝褐.

도종의陶宗儀의 『남촌철경록南村輟耕錄』에는 갈색의 배색 방법 20여 가지가 기록되어 있으며, 명대 사람이 저술한 『다능비사多能鄙事』[6]에도 염색할 때 필요한 다양한 갈색의 원료와 가공 방법이 남아 있어 매우 중요하다. 갈색의 종류가 이렇듯 다양해지자 원대 제왕도 기존의 관례를 깨고 갈색 계통의 의복을 입기도 했다.

원대 방직물은 비단의복재료 포함 앞에 다양한 명목을 붙였는데, 그 대강을 살펴보면 다음과 같다.

우선 옷감을 포함한 단필緞匹, 즉 비단에는 납석실納石失, 청적간사青赤間絲, 혼금탑자渾金搭子, 통수슬란通袖膝襴, 육화사화전항금단자六花四花纏項金段子, 암화세발사문暗花細發斜紋, 납협衲夾, 천소串素, 너사苧絲, 모자毽子, 모단자毛段子, 자용紫茸, 투라금兜羅錦, 사갈斜褐, 전융단자剪絨段子, 융금絨錦, 초금草錦, 극사작尅絲作, 곡자穀子, 격직隔織, 극사尅絲 등의 명칭이 붙었다. 다음 나羅는 어라御羅, 감화라嵌花羅, 번라番羅, 소라素羅, 삼사라三梭羅 등의 명칭이 있고, 사紗는 밀아사密娥紗, 협거사夾渠紗, 관음사觀音紗, 은사사銀絲紗, 어수사魚水紗, 삼법사三法紗, 금사金紗, 화사花紗, 융사絨紗, 도사挑紗, 토사土紗 등이 있으며, 능綾은 대릉大綾과 소릉小綾이 있다. 다음 주綢는 찬사주攢絲綢, 난사주亂絲綢, 금주綿綢, 수주水綢가 있으며, 견絹은 남견南絹과 북견北絹이 있다. 포布에는 모사포毽絲布, 철력포鐵力布, 갈포葛布, 초포蕉布, 죽사포竹絲布, 생저포生苧布, 숙저포熟苧布, 목면포木綿布, 번면포番綿布, 토마포土麻布, 기포碁布, 초포草布 등의 명칭이 있다.

포류布類의 대부분 품종은 주로 먼 변경 지역의 여러 형제 민족 부녀자들이 만든 것으로 아름답고 정교하여 그 값어치가 고급 비단에 떨어지지 않는다.

모직물 중에는 금실을 더한 것이 있다. 모직 옷감과 휘장이나 이불 등의 명칭으로 쇄해랍灑海拉, 속부速夫, 명대 쇄복瑣服 등이 있는데, 이는 모두 서장西藏이나 신강新疆 일대에서 생산되며 일부는 해외 페르시아나 아랍 여러 나라에서 들어온 것이다. 이러한 옷감은 상층 사회 사람들이 특히 좋아했으며, 특히 천자의 의복 재료로 지명된 것은 특히 품질이 좋고 아름다운 것을 사용했다. 이처

6 『다능비사多能鄙事』 전체 12권은 명대 초기 유기劉基가 편찬한 유서類書로 알려져 있다. 일상 생활이 필요한 지식을 11개 분야로 나누어 수록했다. 그중에서 권1부터 권3까지는 음식과 관련된 내용이다. 유기劉基는 명조 창업 공신으로 삼국시대 촉나라 제갈량에 비유할 정도로 뛰어난 인물이었다. 하지만 과연 그가 국가 책략도 아니고 일상 생활에 관한 방대한 양의 유서를 편찬했는지, 그럴 시간이 있었는지 의심스럽다. 그래서 혹자는 후대 사람이 그의 이름을 빌린 것이라고 주장했다. '다능비사'는 『논어』 「자한子罕」의 한 구절 "吾少賤, 故鄙事多能也"에서 따온 말이다.

럼 변방 지역이나 외국에서 들여온 옷감 등은 대부분 털로 만들거나 양모를 잘라 만든 것이었다. 이에 대해서는 『격고요론格古要論』[7]을 포함한 명대 사람들이 저술한 책에서 적지 않게 소개되고 있다.

원대 통치자들은 유목 민족의 습관이 남아 있었기 때문에 교외로 나가 더위를 피하거나 수렵, 작전, 회맹 등 궁궐 밖에서 다양한 모임이나 활동을 했다. 그럴 때마다 천막 등을 치고 노숙했기 때문에 모직물로 만든 담요나 깔개 등의 이용률이 상당히 높았다. 바닥에 까는 전담氈毯, 즉 양탄자의 경우는 궁정에서도 흔히 사용되었는데, 그 종류만 수십 종에 이르렀으며, 명칭이나 만드는 방법, 그리고 사용 염료까지 정해진 제도에 따랐다. 원대 대법전이라 할 수 있는 『경세대전經世大典』[8]에 실려 있는 「대원전계공물기大元氈罽工物記」에 관련 내용이 매우 상세하게 기록되어 있다. 앞서 언급한 바대로 마르코 폴로는 『동방견문록』에서 원대 황제가 원정하거나 수렵하기 위해 출행할 때면 숙영지에 설치하는 천막이 어찌난 컸던지 천여 명을 수용할 수 있었다고 적었다.

7 『격고요론格古要論』은 원말 명초 조소曹昭가 저술한 문물 감상 및 감별 전문서적이다. 조소의 자는 명중, 강소 송강 사람이다. 부친이 수많은 서예, 회화, 고금古琴 및 고대 기물을 수집했기 때문에 어려서부터 고대 문물과 예술품을 감상할 수 있었으며, 이를 바탕으로 전문적인 문물 감정의 식견을 길러 전문 저술을 남겼다.

8 『경세대전經世大典』은 『황조경세대전皇朝經世大典』의 준말로 원대 관방에서 편수한 송대 제도에 관한 사료집이다. 『송회요宋會要』 등을 참고하여 송대 자료를 항목별로 분류하고 연대순으로 배열했다. 원 문종 지순 원년1330년 조세연趙世延, 우집虞集이 총재와 부총재를 맡고 규장각奎章閣 학사들이 편찬하기 시작하여 이듬해 5월 완성했다. 전체 880권, 목록 12권이다.

원대 쌍륙 놀이를 하는 관료와 종복

그림210 (원) 정수리 부분의 머리카락을 깎고 변발을 내려뜨렸으며, 원령 또는 교령의 장포를 입고 쌍륙[1] 놀이를 하고 있는 몽골 관리와 입모를 쓴 시종(원대 지순至順 연간의 각본『사림광기』의 삽화)

원대 각본인『사림광기事林廣記』속집 권6에 나오는 삽화이다.

두 명의 원나라 관리가 쌍륙놀이를 하고 있다. 이런 도박 기구는 당대에 민간과 궁정에서 유행했다. 일본 쇼소인정창원正倉院에 붉은색으로 세밀하게

1 쌍륙雙陸은 쌍륙기雙陸棋, 악삭握槊, 긴창처럼 생긴 말을 잡고 하는 놀이, 장행長行이라고 부르는 고대 놀이로 두 명 또는 그 이상의 사람이 양편으로 나뉘어 내기를 할 수도 있어 일종의 도박 놀이이기도 하다. 대략 삼국시대에 페르시아에서 전래되었다고 하여 '포사새희波羅塞戲'라고 부르기도 한다. 시대나 지역에 따라 노는 방식이 다르지만 일반적으로 각기 두 개의 주사위투자骰子를 던져 나온 숫자에 따라 말판기반棋盤의 말棋子을 모두 판 밖으로 내보낸 쪽이 승리하는 방식이다. 우리의 윷놀이와 유사하나 윷놀이의 경우 상대방의 말을 잡으면 다시 한 번 더 던질 수 있으나 쌍륙은 그렇지 않다.

용봉을 그려 넣고 상아로 만든 도박 기구말이나 주사위와 나무에 문양을 상감한 도박판놀이판, 기반이 거의 완전한 형태로 소장되어 있다. 당대 그림에도 쌍륙놀이를 하는 모습이 보인다. 원·명대에도 다양한 놀이방식으로 유행하여[2] 지금도 상아나 딱딱한 나무로 만든 기구가 남아 있다. 송대 용천요龍泉窯 청자青瓷 가운데 빨랫방망이처럼 생긴 이른바 봉추식棒槌式 화병은 쌍육의 말 형태와 비슷하다고 하여 '쌍륙준雙陸尊'이라고 부르기도 한다. 이후 엽자희葉子戲[3]가 유행하면서 점차 사라져 놀이방식도 실전되었다. 다만 고궁에 청대 초기 실물이 남아 있는 것으로 보아 청대까지 궁정에서 바둑 등과 더불어 유행했음을 알 수 있다. 이 그림에 나오는 관원은 양반다리를 한 상태에서 다리 한 쪽을 평상 아래로 내려놓은 앉은 자세를 취하고 있는데, 이는 전형적인 원대 방식이다. 뒤편에 서 있는 세 명의 노복들은본서에서는 두 명 밖에 보이지 않는다 악기를 연주하고 있다. 이처럼 다양한 배치나 구도로 보건대 중급 관료의 일상 생활을 그린 듯하다. 원대는 관습상 옷차림의 양식이 상하의 구분이 뚜렷하지 않았다. 대신 귀천의 등급은 주로 옷감의 색깔이나 문양으로 구분했다. 이는 금대의 제도를 답습하되 약간 변통한 것인데, 『원사』 「여복지」와 『원전장』에 자세히 기록되어 있다. 대관大官은 사라紗羅 비단옷을 입었으며, 고위급은 붉은색, 중간은 청록색, 그리고 하급관리는 박달나무와 같은 갈색단갈檀褐을 입었고 관아의 심부름꾼이나 일반 백성들은 어두운 잡색만 입을 수 있었다. 의복에 금실을 두르거나 용을 문양으로 사용하는 것은 절대 불가했다. 관직이 높을수록 꽃문양도 따라서 컸으며, 의복뿐만 아니라 장막이나 자리깔개 등도 마찬가지였다. 반대로 관직이 낮으면 꽃문양도 작거나 아예 문양이 없는 무문라無紋羅나 지마라芝蔴羅을 입을 수 있을 뿐이었다. 그렇기 때문에 집을 나서거나 집안에서 외부 사람을 맞이할 때도 별도의 관직을 나타내는 의장행렬이나 표시가 없어도 신분이나 지위를 한눈에 알아볼 수 있었다. 물론 예외가 있었다. 가기歌伎나 악인 등이 관아의 부름을 받아 공연할 경우는 옷차림에 제한을 받지 않았다. 이는 전대부터 이미 명백하게 확립된 규정이기도 했다.

원대 중·소 관료들은 평소 연회를 할 때면 반드시 음악을 연주하도록 했는데, 주로 사용하던 곡패曲牌 이름은 도종의陶宗儀가 쓴 『남촌철경록』에 자세히 기록되어 있다. 조정의 특별한 연회는 『동방견문록』의 기록을 참고할 만하다. 이에 따르면, 궁정의 대연회는 6천 명에서 1만 2천여 명의 남녀 귀족들이 모두 참가하여 진행되었으며, 참가할 수 없는 귀족들이나 각국 조공사절들로 부근에 모인 이들이 수만 명이었다고 한다.

이 그림의 관원 가운데 한 명이 평상에 올려놓은 모자는 사방에 기왓장을 올려놓은 듯한 사방

---

2 〈原主〉 대식쌍륙大食雙陸, 사라센 제국의 쌍륙처럼 시대나 지역에 따라 놀이방식이 달랐다.

3 엽자희는 고대 도박놀이 가운데 하나로 엽자격葉子格이라고 부르는 지패紙牌를 사용한다. 투전놀이의 일종이다.

와릉모四方瓦楞帽인데, 가느다란 등나무 껍질이나 우마의 털로 만든 것이다. 이런 모자는 근년에 남방과 북방에서 모두 실물이 출토되었으며, 보존 상태도 비교적 완전했다. 두발 형태는 일반적인 몽골식으로 양쪽에 머리를 땋아 고리를 만들어 내려뜨렸으며, 이마 앞에 약간의 머리카락을 복숭아 모양으로 남겨두었다. 원조 1백여 년 동안 이런 형태는 변함이 없었다. 다른 한 명은 변발한 머리를 뒤쪽으로 내려뜨렸는데 비교적 적어 보인다. 이는 정소남鄭所南이 『심사心史』에서 언급한 바대로 원래 여진식女眞式이기 때문이다. 여진족의 금나라가 멸망하고 청나라가 산해관 안으로 들어오기 전후로 여전히 여진족의 관례가 남아 있었음을 알 수 있다. 원대 건모巾帽는 관리의 경우 입모를 썼고, 그 외에 남인들은 평상시 당건이나 송건 등을 썼다. 별도의 제한이 많지 않았기 때문에 유사한 종류가 상당히 많고 명칭 또한 그러하다. 이는 엽자기의 『초목자』에 상세히게 기록되어 있다.

몽골 귀족들은 두발 양식에 특별히 관심이 많았다. 『몽달비록蒙韃備錄』에 보면 이런 말이 나온다.

> 위로 칭기즈 칸에서 아래로 일반 국인몽골족들에 이르기까지 모두 정수리에서 이마까지 머리카락을 깎아 중국한족 아이들이 머리에 세 군데 머리카락을 남겨둔 것과 같은 형태이다. 창문囟門[4]에 있는 두발은 조금 기른 다음 잘라내고, 양쪽에 있는 두발은 작은 뿔처럼 묶어 어깨로 내려뜨린다.[5]

『장춘진인서유기』에도 "남자는 머리를 땋아 양쪽 귀 아래로 내려뜨린다"고 했는데, 실제로는 머리카락을 땋아 고리모양으로 만들어 귀 쪽으로 내려뜨렸으며, 크기는 각기 달랐다. 두발 양식이 상당히 많았는데 『정발수지淨髮須知』에서 인용한 『대원신화大元新話』에 그 명칭에 대해 다음과 같이 기록한 바 있다.

> ……대원大元, 원나라 체례는 세상의 법도가 바뀌면서 여러 가지 명칭이 생겼다. 두발의 형태는 일답두一答頭, 이답두二答頭, 삼답두三答頭, 일자액一字額, 대개문大開門, 화발초花鉢蕉, 대원액大圓額, 소원액小圓額, 은정銀錠, 타색관각아打索綰角兒, 타변관각아打辮綰角兒, 삼천발랑三川鉢浪, 칠천발랑七川鉢浪, 천착연추아川着練槌兒 등이 있다. 또한 무슨 타두打頭나 타저打底란 것도 있는데, 화발초는 타두, 칠천발낭은 타저이고, 대개문은 타두, 삼천발랑은 타저이며, 소원액은 타두, 타색관각아는 타저이고, 은정은 타두, 타변아는 타저이며, 일자액은 타두, 연추아는 타저이다.[6]

---

4 창문囟門은 머리의 한가운데에서 전두골과 두정골 사이에 있는 대천문大泉門을 말한다. 신생아는 두골의 봉합 부위에 골질이 결여되어 결합 조직만으로 덮인 부분이 있다. 앞이마 쪽에 있는 것이 대천문이고, 뒷머리 쪽에 있는 것이 소천문이다.

5 『몽달비록』, "上至成吉思汗, 下及國人, 皆剃婆焦, 如中國小兒留三搭頭, 在囟門者稍長則剪之, 在兩旁者總小角垂於肩上".

6 원주 청대 오탁吳鐸이 편집한 『정발수지淨髮須知』 하권에서 인용했다.

인용문 내용은 대부분 당시 이발업계의 전문 용어이다. 이미 세월이 6, 7백 년이나 흘렀기 때문에 해당 용어가 구체적으로 어떤 형태를 말하는지 알기 힘들다. 다만 당시 그림이나 조소 작품을 참조하면 일부 명칭이 어떤 형태인지 확인할 수 있다. 예를 들어 '발초鉢蕉'는 송대 '박초博蕉', 즉 '발각아鵓角兒'이다. 송대 사람이 그린 〈영희도嬰戲圖〉에 나오는 아동의 두발 가운데 '일파조一把抓'와 같은 형태이다. '관각아綰角兒'는 '관각아丱角兒'라고도 하는데, 진대 〈여사잠도〉, 〈죽림칠현도〉, 〈북제교서도〉 등에서 볼 수 있는 두발 형태이다. 낙양 용문龍門 석각 〈제왕행향도帝王行香圖〉에 나오는 황문내시黃門內侍의 머리에서도 이런 형태를 볼 수 있는데, 좀 더 발전한 형태로 보다 다양하다. 하지만 당·송대에 이미 간단한 형태로 바뀌었으며, 원대에는 아동의 두발 형태로 바뀌었다. '발랑鉢浪'은 분명 '박랑博浪'일 것이다. 근대 황아장수들이 흔드는 동동고鼕鼕鼓, 박랑고[7]처럼 생겼기 때문이다. 삼三 또는 칠七은 그런 형태의 두발이 몇 개 있는지를 표시한 것이다. 어린 아이들은 하나나 둘 또는 셋이 일반적이었다. 정소남鄭所南의 『심사心史』「대의략서大義略叙」에 보면 이런 말이 나온다.

> 삼탑三搭(答)이란 정수리의 머리카락을 활처럼 굽은 형태로 둥글게 깎고 이마 앞쪽 머리카락만 남겨 놓아 짧게 잘라 아래로 내려뜨리며, 나머지 머리카락을 두 갈래로 나누어 상투를 틀고 좌우 어깨 저고리에 매다는데, 이를 일러 '불랑아不浪兒', 박랑아博浪兒라고 한다. 머리 좌우에 상투를 틀어 내려뜨린 것은 뒤를 돌아보는 것을 방해하여 이리처럼 자꾸만 돌아보지 못하도록 하기 위함이다. 때로 양쪽 머리카락을 하나로 땋아 옷 뒤쪽으로 곧바로 내려뜨리기도 한다."[8]

그밖에 두발 명칭에 삼천三川이나 칠천七川이란 말이 들어간 것은 물결이 출렁이는 것처럼 머리카락이 구불구불한 모습을 형용한 것이다. '은정銀錠'은 원래 말굽은의 뜻이나, 여기서는 만당 이래로 주로 시녀들의 머리에서 흔히 볼 수 있는 두발 형태를 말한다. 두 개의 고리雙環 중간을 말굽은처럼 생긴 은정으로 단단히 묶은 형태이다. '타변아打辮兒'는 『심사心史』에서 "양쪽 머리카락을 하나로 땋는다合辮爲一"고 말한 형태이다. 이 절의 그림에서 왼쪽에 앉아 있는 관리의 두발 형태인데, 이후 청대의 양식과 매우 유사하다. '대원액大圓額'과 '소원액小圓額'은 이마의 앞부분을 지칭하

---

7 동동고鼕鼕鼓는 도시에서 야경꾼이 치는 북인 가고街鼓를 지칭한다. 황아장수가 호객 행위를 할 때 치는 북은 박랑고博浪鼓이다. 오자인 듯하다. 박랑고는 본서 '108. 남송 이숭李嵩의 〈화랑도貨郎圖〉'에서 확인할 수 있다.

8 정소남鄭所南, 『심사心史』「대의약서大義略叙」, "三搭者, 環剃去頂上一彎頭髮, 留當前髮, 剪短散垂, 却折兩旁髮, 綰兩髻, 懸加左右肩襖上, 曰不浪兒. 言左右垂髻, 礙於回顧, 不能狼顧. 或合辮爲一, 直拖垂衣背". 이리狼는 경계심이나 두려움 때문에 자꾸만 뒤를 쳐다보는 습관이 있다. 그래서 양쪽 귀 부분에 틀어 올린 두발을 '불랑아'라고 지칭한 것은 이리처럼 두려움이나 조바심으로 자꾸만 뒤를 쳐다보지 말고 앞만 보고 전진하라는 뜻을 담은 듯하다.

는 것이 분명하다. 원대 그림이나 조소 작품에 보면 황제부터 평민에 이르기까지 대부분 이처럼 짧게 묶은 머리카락을 볼 수 있다. 그 형태는 매우 다양했을 것이고, 다른 형태마다 각기 전용명사가 있었을 것이다.삽도 137

이상에서 알 수 있다시피 다양한 형태의 두발 명칭은 전체 사회 계층 남녀노소의 두발 양식을 모두 포함하고 있다. 여기서는 단지 몇 마디로 개괄했을 뿐이며, 실제로 유행했던 양식은 이에 그치지 않았을 것이다.

삽도137 원대 제왕의 두발 양식

❶ 원조 태종상像

❷ 원조 성종상

❸ 원조 인종상

147

원대 연회 그림에 나오는 관료와 종복

그림211 (원) 사방와릉모를 쓰고 피견을 둘렀으며, 교령의 장포를 입고 고로권교의에 앉은 몽골 관리와 술을 올리거나 음악을 연주하는 종복(원 지순 각본 『사림광기』 삽화)

원대에 판각한 『사림광기事林廣記』 전집前集 권11에 나오는 삽화이다.

관리의 옷차림은 147절 그림과 비슷한 점이 많다. 삽화는 당시 손님을 맞이하여 술대접을 할 때 필요한 의식에 대해 서술하고 있는 「대채반의大菜飯儀」, 「파관원잔把官員盞」, 「평교파잔平交把盞」이라는 제목의 문장 앞에 실려 있다. 따라서 본 그림은 원대 중류층의 귀족들이 생활하는 모습을 반영하고 있다고 말할 수 있다. 이 그림은 몇 가지 특징적인 내용을 담고 있는데, 아마도 앞서 말한 세 가지 가운데 두 번째 「파관원잔」의 내용을 그린 듯하다. 일단 그 원문을 살펴보면 다음과 같다.

> 무릇 큰 연석筵席, 연회의 다반茶飯, 음식물 또는 요리 항목은 탁자를 이용하여 내놓는데, 매 탁자마다 작은 과일 그릇에 과일을 담아 몇 개씩 나열하고, 그 뒤에 요리 접시를 나열해 놓는다. 대청 앞에 큰 향로 화병을 중앙에 배치하고 그 옆에 시종과 악사들이 좌우로 열을 지어 선다. 여러 관리들이 모두 모이면 주인이 앞으로 나가 잔을 든다. 손님 가운데 관직이 낮은 이가 자발적으로 자리에서 일어나 술잔을 들고 수십 차례 돌며 술잔을 올린 다음 비로소 음식을 내놓는다. 처음에는 곡물가루로 만든 국갱羹을 내놓는데, 손님마다 그릇에 가득 채운다. 주인이 두 손을 얼굴 앞까지 높이 든 다음 탁자에 놓는다. 그리고 다시 잔을 든다. 다음 순서로 생선 또는 닭이나 오리, 거위 고기를 넣어 만든 국을 내놓는데주인의 뜻에 따른다 의식은 앞서와 같다. 세 번째로 고깃국물을 넣은 만두나 소를 넣어 만든 초맥稍麥[1]을 내놓는데 산갱酸羹이나 군선갱群仙羹을 같이 올린다. 마지막으로 가장 큰 요리주요리는 소나 말고기를 사용하며 일반적인 요리는 소, 돼지, 닭, 거위 등을 사용한다. 완전히 익혀 큰 탁자에 가득 올려놓고, 두 사람이 들고 대청으로 가져간다. 제기인梯己人, 허물없이 친근하게 지내는 사람이 먼저 나서서 고기를 자른다. 가축두생頭牲은 각기 머리, 꼬리, 가슴, 껍질 등으로 나누어 연장자에게 먼저 올리고, 넓적다리나 날개 등 비린내가 나지 않는 고기淨肉는 그 다음 연배의 손님에게 올리며, 나머지는 시종 등에게 나누어준다. 대청에서 다시 술을 권해 흠뻑 취하도록 하고 자리를 마무리할 때가 되면 해장죽을 먹고 끝낸다. 손님이 물러가겠다고 하면 주인이 문밖까지 배웅한다.[2]

파관원잔把官員盞, 즉 자기보다 높은 관원에게 술잔을 올릴 때는 한 사람이 왼쪽에서 술병을 들고, 다른 한 사람이 오른쪽에서 과일 쟁반을 들고 주인 뒤편에 선다. 주인이 권주할 때 술이 차가운지 뜨거운지 먼저 맛을 보고 다시 술잔을 가득 채워 꿇어앉아 올리면서 이렇게 말한다. "소인은 심히 효순한 관원이라 할 수 없으나 어찌되었든 박주 한 잔을 올리니 관인께서 괴이타 여기지 말아주시기 바랍니다." 주인의 신분이 비교적 낮으니 공경함이 이르지 않은 데가 없다.

---

1 원문은 초매稍賣이다. 오자인 듯하여 초맥稍麥, 일명 소매燒賣으로 고친다. 초맥은 밀가루로 만든 피에 소를 넣은 것으로 포자包子와 유사하다.

2 『사림광기』 전집, 권11 「파관원잔把官員盞」, "凡大筵席茶飯, 則用出桌, 每桌上以小果盆列果子數盤於前, 列菜碟數品於後. 廳前用大香爐花瓶居於中央, 祇應樂人分列左右. 若衆官畢集, 主人則進前把盞. 客有居小者, 亦隨意發席把盞, 凡數十巡, 方可獻食. 初巡則用粉羹, 各位一大滿碗. 主人以兩手高捧至面前, 安在桌上, 再又把盞. 次巡或魚羹, 或鷄鵝羊等羹, 復如前儀. 三巡或灌漿饅頭, 或稍賣, 用酸羹或羣仙羹同上. 末巡大茶飯用牛馬, 常茶飯用牛豬鷄鵝等, 並完煮熟, 以大桌盛之, 兩人抬於廳中. 有梯已人則出剜肉. 凡頭牲, 各分面前頭尾胸, 膚獻於長者, 腿翼淨肉獻於中者, 以剩者並散與祇應等人. 廳上再行動酒令熟醉, 結席且用解粥訖. 客辭退, 主人送出門外".

요리의 명칭이나 조리 방법 및 농산품의 품목 등에 관한 매우 상세한 기록으로 원대 사람이 지은 『음선정요飮膳正要』에 있으니 연구에 참고할 만하다. 다만 책에 나오는 옷차림에 관한 부분은 주로 평상시 사대부들이 입는 옷차림, 즉 비교적 넓고 큰 원령복이나 아래쪽이 터진 교령복 등에 관한 내용이기 때문에 이 그림과 공통점이 거의 없다.

『사림광기』의 그림 중에는 원대 사람들이 즐겨 놀았던 척구踢球 그림도 있다. 세 명이 발로 공을 치며 노는 모습인데, 옆에 서 있는 시종은 대나무 장대를 들고 새를 잡으려는 모습이다. 옷차림은 이 그림과 대동소이하다삽도 116. 원대 사람들은 척구를 좋아했는데, 여자들도 마찬가지였다. 원대 사람이 편집한 『태평악부太平樂府』에 보면 여교위女校尉들이 공치는 모습을 읊은 척구곡자踢球曲子가 있는데 묘사가 상당히 핍진하다. 『동경몽화록』에 부녀자들이 말을 타고 공놀이를 했다는 기록이 나오는 것을 보면 북송시대에 이미 이런 놀이가 있었음을 알 수 있다. 예전에 고궁에 소장되어 있던 〈당명황격구도唐明皇擊球圖〉에 보면 양귀비楊貴妃도 등장하는데, 북송 이공린李公麟이 그린 것이라고 하나 사실은 원대 사람의 작품인 듯하다. 이외에도 말을 타고 공차기를 하는 그림이 또 하나 있다. 건륭제가 '당명황격구唐明皇擊球'라고 제목을 붙였는데, 이는 제작연대가 훨씬 늦다. 등장하는 인물의 옷차림이나 말의 장비가 당시 제도에 부합하지 않기 때문이다. 다만 붓질이 매우 세밀하여 명대나 청대 사람이 그린 것으로 보인다.

148

명대明代 농민 목동과 노동자

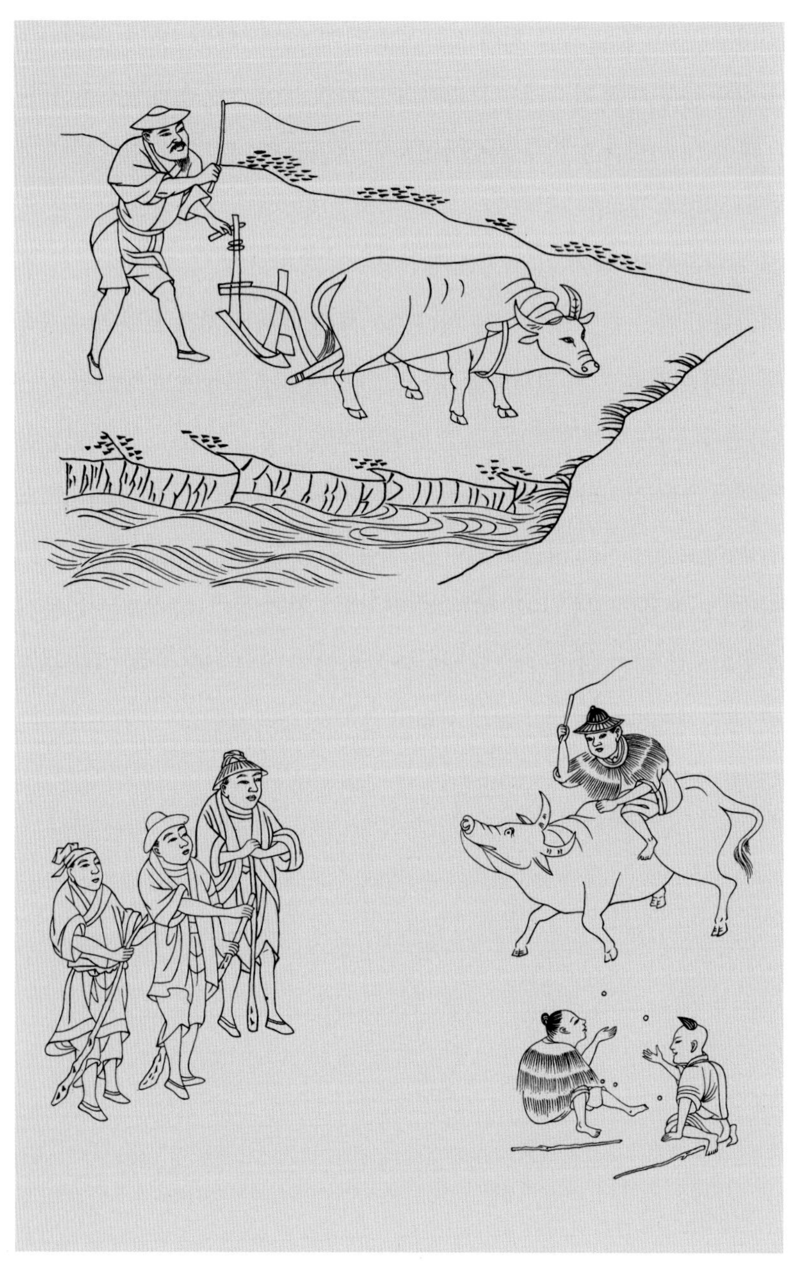

그림212 (명) 두립斗笠을 쓰고 짧은 상의와 바지를 입은 농민과 도롱이(사의蓑衣)를 걸친 목동(명대 판화 〈공자성적도孔子聖迹圖〉)

그림 212, 213은 명대 만력 연간에 각인된 〈공자성적도〉 모사본이다.

그림에 나오는 농민은 어른과 아이 모두 삿갓을 쓰고 있다. 어른은 짧은 상의에 옷깃은 교령이며, 무릎까지 내려오는 짧은 바지를 입었다. 목동은 도롱이를 걸치고 있다. 명대 초기인 홍무洪武 14년1381년 농민들의 의모衣帽 재료에 대한 규정이 생겼다. 이에 따르면, "농민들의 의복은 주綢, 사紗, 견絹, 포布로 만들 수 있다. 상고商賈, 상인는 견과 포만 사용할 수 있으며, 농가에 상인이 한 명이라도 있으면 주綢, 사紗로 옷을 해 입을 수 없다".

정치적으로 중농억상은 한나라 이래로 지속된 정책을 답습한 것이다. 법령만으로 볼 때 명대 농민의 정치적 지위가 상인보다 높다. 하지만 실제로 농민이 비단인 주나 사, 견 등을 입는 경우는 그리 많지 않았다. 대부분의 농민들은 삼베나 면 또는 마로 만든 옷을 입었다. 이에 반해 상인들은 대도시나 주현州縣, 진鎭 등 비교적 큰 읍내에서 살았고 농민들보다 부유했기 때문에 보다 좋은 옷을 입을 수 있었다. 농민들은 면포棉布가 대량으로 생산되기 이전까지 주로 삼베나 갈포葛布 등 식물 섬유로 만든 옷을 입었으며, 염색도 제한이 있어 검은색이나 남색 또는 갈색 옷만 입을 수 있었다. 머리에 쓰는 두건이나 모자도 제한이 있었다. 명나라 초기에는 사방평정건四方平定巾과 육합일통모六合一統帽가 일반 서민들의 모자였으나 농민들은 그 안에 포함되지 않았다. 여러 그림에서 볼 수 있다시피 농민들은 상투만 올린 채 아무 것도 쓰지 않거나 머리를 묶기만 했는데, 이는 원대 방식에 가깝다. 때로 두건을 사용했으나 머리카락을 묶는 데 주로 사용했고, 머리 전체를 싸는 방식은 아니었다. 그러나 삿갓의 형태는 오히려 적지 않았다. 이 그림에 나오는 삿갓은 모두 4개인데 모두 형태가 다르다.

농민들이 쓰는 삿갓에 대해 홍무 22년1389년 법령에 따른 규정이 마련되었다.

"농부는 삿갓두립斗笠, 박립薄笠을 쓰고 시정市井, 도회지에 출입해도 금하지 않는다. 다만 직접 농사를 짓지 않는 사람은 불허한다."

이 그림과 기타 그림에 나오는 농민들이 쓰던 삿갓은 언뜻 보기에 형식이 명대 제왕들이 평상시에 머리에 쓰던 것과 비슷하다. 하지만 재료는 비할 바 없이 확연히 다르다. 법령에서 알 수 있다시피 삿갓은 명대 초기 농민의 전유물이나 다를 바 없어 도시로 나갈 때도 제한을 받지 않았다. 하지만 법령에 농업과 관련이 없는 사람도 불허한다고 했으나 제멋대로 쓸 수 있었다. 표면적으로는 농민을 존중하는 것 같지만 사실은 일종의 제한인 셈이다.

법령은 머지않아 실효성을 잃고 말았다. 퇴직 관료나 재야의 지식인들 가운데 삿갓을 쓰는 이가 적지 않았기 때문이다. 퇴직하여 시골에 한거하던 전직 관리들의 행락도를 보면 농부나 어부처럼 보이는 것을 오히려 즐거움으로 삼은 듯하다. 사실 이런 이들은 대부분 부유한 지주이거나 퇴직 관리로 한가롭게 복을 누리는 노인네들

그림213 (명) **두건을 쓰거나 머리를 묶고 짧은 상의와 바지를 입고 땅을 파거나 우물을 파고, 벌목하는 노동자들과 토끼몰이를 하는 사냥꾼**(명대 판화 〈공자성적도〉)

로 직접 농사를 짓는 이들이 아니다. 진짜 농민들은 논밭에서 햇볕에 그을리고 비바람을 맞으며 일하느라 이런 한적한 시간을 가질 여유가 없었다. 명말 청초 관직을 멀리한 지식인들이나 학자, 시인 또는 삭발을 수치로 여기고 시골에서 은거하며 산수를 즐기던 이들의 경우 겨울이 되면 큰 풍모風帽나 폭건幅巾을 썼는데, 송대의 '중대重戴', 즉 두건 위에 모자를 쓴 것과 같다. 다른 계절에는 주로 모자 꼭대기가 뾰족하게 솟아 있고 채양이 넓은 입모를 썼다. 조길趙佶이 그렸다는 〈설어도雪漁圖〉에 나오는 늙은 어부나 다른 그림에 나오는 엄자릉嚴子陵[1]의 모습과 비슷하다. 청초 지식인들이 이런 옷차림을 한 것은 "청조에 신하 노릇 하지 않겠다"는 함의가 포함되

1 엄자릉嚴子陵, 기원전39~서기41년은 동한 시절 유명한 은사로 이름은 광光, 자는 자릉이다. 건원建武 원년서기 25년 유수劉秀가 동한東漢을 건립하고 동학이었던 엄광을 불렀지만 그는 개명하고 동려桐廬 부춘강富春江에서 낚시를 하며 은거했다고 한다. 지금도 부춘강가에 엄자릉조대嚴子陵釣臺라는 곳이 있다.

어 있다.

청나라 황제인 강희제나 건륭제의 행락도를 보면 황제가 꼭대기가 뾰족한 입모를 쓰고 소매가 넓은 도복을 입고 있는 모습이 눈에 띈다. 신발은 짚신이나 부들로 짠 포혜蒲鞋를 신고 마치 산골 노인네가 약초를 캐거나 논밭을 어슬렁거리는 모습이다. 그림에서 땅을 파거나 우물을 파는 일부 장인들의 옷깃이나 소매 가장자리에 테두리를 한 것이 보이는데, 이는 원대 그림에서 흔히 볼 수 있는 모습이다. 두건을 매는 방식은 일정한 격식이 없었다. 우물 아래에서 땅을 파고 있는 사람은 상투가 그대로 노출되어 있고, 일하기 편하도록 웃옷을 입지 않았다.

이 그림에 나오는 장인이나 농민은 옷차림만으로 신분을 구분하기 어렵다. 심지어 시대를 정확히 단정하는 것도 불가능하다. 주된 원인은 이런 유형의 그림은 모본이 있기 때문이다. 어떤 것은 예전 송·원대 판각한 것을 사용하고 또 새롭게 첨가한 것도 있어 시기가 뒤죽박죽이고, 화공 또한 한 명이 아니라 여러 사람의 손을 빌리는 경우가 허다하다. 그래서 내용 면에서 통일을 기할 수 없다. 예를 들어 명대 홍치弘治 연간의 각본刻本인 이효미李孝美의 『묵보墨譜』에 보면, 먹墨을 만드는 장인들이 산에서 벌목하고 나무를 태워 그을음을 만드는 등 일련의 생산 과정을 기록하고 있는데, 그 안에 나오는 삽화 인물의 의복은 대부분 원대 중·하층 관리들의 옷차림으로 방릉세등모方楞細籐帽를 쓰고 합령合領[2]의 장의를 입었는데, 아랫단을 들어 올려 허리춤에 잡아맨 모습이다. 이 역시 모두 원대 양식이다. 또한 명대 각본인 『편민도찬便民圖纂』[3]의 삽화는 명대가 아니라 남송시대 누숙樓璹의 〈경직도耕織圖〉의 그림에서 따왔는데, 명대 말기에 나온 『천공개물天工開物』[4] 삽화의 인물들은 대부분 명대 양식의 망건을 쓰고 있다. 이렇듯 서로 다른 옷차림이 명대 사회에서 공존하고 있었기 때문에 반드시 동일한 시기, 동일한 지역 또는 동일한 직업의 옷차림이라고 단정할 수 없다. 따라서 의복의 종류, 특히 평민이나 일반 노동자들의 의복 발전 상황은 대체적으로 상동하다고 말할 수 있을 뿐 일률적으로 단언하기 힘들다. 분묘에서 출토된 토용이나 목용의 옷차림 역시 시대가 서로 다른 경우가 있는데, 사회적 관습이나 정치적 원인 때문일 수 있다. 출토 유물 가운데 지난 왕조 또는 그보다 더 이른 시기의 재료가 병존하는 까닭이 바로 여기에 있다. 이렇듯 시대의 신뢰성은 예외 없이 상대적일 따름이다.

---

2 합령合領은 옷깃의 형태로 좌우 똑같은 형태의 곧은 깃인 직령대금直領對襟과 같다.

3 『편민도찬便民圖纂』은 명대 광번鄺璠, 1465~1505년이 지금의 강소성 태호太湖 지역의 농업 생산을 중심으로 편찬또는 각인한 서적이다.

4 『천공개물天工開物』은 명나라 말기 송응성宋應星, 1587~1661년?이 숭정崇禎 10년1637년에 저술한 전체 3권, 18편의 과학 기술 전문 서적이다. 대량의 삽화가 실려 있다.

명대明代 〈황도적승도皇都積勝圖〉에 보이는 각 계층 인물

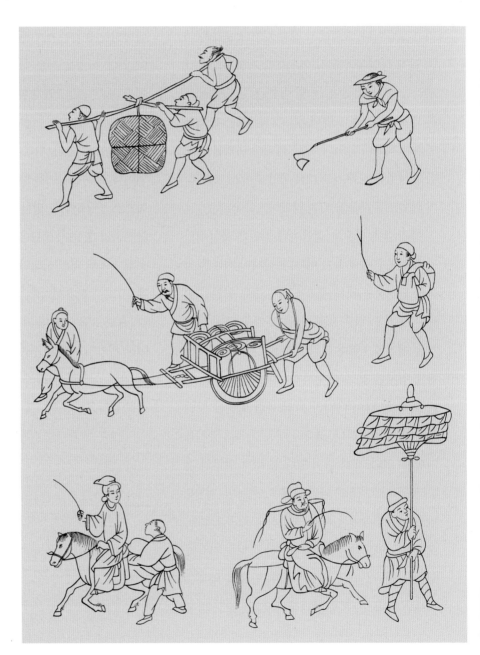

그림214 (명) **두건을 쓰거나 머리를 묶고 또는 삿갓을 쓰고 일하는 백성들과 말을 타고 성지를 전달하는 관리**(명대 〈황도적승도皇都積勝圖〉)

명대 〈황도적승도〉의 모사본으로 원화는 중국 역사박물관에 소장되어 있다.

두루마리 그림은 명대 북경성 정문 앞쪽 전문대가前門大街로 이어지는 중축선中軸綫 주변의 큰길의 모습을 주제로 삼았다. 도시의 모습과 각계각층의 인물이 형형색색의 옷차림으로 등장하고 있다. 배경도 상대적으로 현실성이 강해 전체적인 처리 방식이 위로 〈청명상하도〉의 풍속화를 계승하고, 아래로 청초 〈강희만수성전도康熙萬壽盛典圖〉나 〈건륭남순도乾隆南巡圖〉의 구도나 배치 등을 계도했다. 그림의 색깔은 비교적 무겁고 탁해 만력 연간에 민간 화공이 그린 것에 가깝다.

전문前門 오패루五牌樓에서 천안문天安門 일대까지 노점상이 매우 많았다. 상인들은 일률적으로 육합일통모를 썼고, 일반 시민들의 두건이나 옷차림은 신분에 따라 달랐다. 말을 탄 관료가 출행할 때면 원대 양식의 차양이 있는 입모를 썼는데, 이는 명대의 일반적인 양식에 따른 것이다. 중국 역사박물관에 소장되어 있는 명대 이정가李貞家의 〈기양왕세가문물岐陽王世家文物〉 그림이나 명대 고급 관료인 왕경王瓊의 관리 생활을 그린 〈왕경정적도王瓊政績圖〉[1] 등에서도 같은 형태를 볼 수 있다. '성지聖旨'나 '상유上諭'를 전달하거나 외성外省에서 상주하는 문건을 운반할 때는 관습에 따라 문건을 동유桐油, 오동나무 씨앗에서 짜낸 기름를 바른 황색 비단에 싸서 등에 짊어지고 말을 타고 출입한다. 당연히 공경의 뜻을 표시하기 위함이다. 외지에서 공물을 운반할 때는 수레나 말을 이용하거나 사람이 직접 어깨에 메고 오기도 했다. 공물 위에는 두 개의 작은 깃발을 꽂고, 깃발에 어느 강운綱運[2] 소속인지 적었다. 이는 당·송대 회화 작품에 반영된 강운 관련 모습과 유사하다.[3]

관리나 상인, 서민들이 평상시에 입던 의모는 비록 다종다양한 것처럼 보이지만 전체적으로 볼 때 황도皇都 소재지인 까닭에 비교적 보수적이어서 일부 명대 초기 법으로 정한 제도와 크게 다르지 않았다. 사서의 기록에 따르면, 이러한 의복제도는 사방평정건, 육합일통모 및 망건網巾과 함께 명대 초기에 제정된 것이다. 『칠수유고七修類稿』[4]에 보면 이런 내용이 나온다.

1 〈왕경정적도〉는 일명 '왕경환적도王瓊宦迹圖'라고 하는데, 명조 중엽의 대관료인 왕경王瓊, 1459~1532년의 관리 생활을 묘사한 그림책圖冊이다. 왕경은 명대 성화成化, 홍치弘治, 정덕正德, 가정嘉靖 등 네 명의 황제 재임 기간에 여러 관직을 거쳐 삼고三孤: 少保, 少傅, 少師 및 삼보三輔: 太子太保, 太子太傅, 太子太師 등을 역임했다.

2 강운綱運은 1617년 나온 강운법綱運法을 말한다. 이전까지 개별적으로 공물을 운반했는데, 강綱이라는 10개의 조합을 만들어 배타적 운영권과 세습권을 인정했다.

3 원주〉 명대 궁중의 내부內府 창고는 북해北海 서쪽에 자리했다. 지금의 '서십고西什庫'가 바로 그곳이다. 창고는 방직물이나 원료에 따라 이름이 달랐다. 첫째, 갑자고甲字庫는 주로 염색한 포필布匹을 수장했고, 둘째, 병자고丙字庫는 강절江浙에서 조달하여 보낸 명주와 면화를 보관했다. 백관의 겨울옷이나 군사들의 포의布衣는 모두 이곳에서 수령했다. 셋째, 승운고承運庫는 절강, 사천, 호광湖廣 등지에서 보낸 황백黃白 생견生絹을 보관했다. 내관內宮의 겨울옷이나 악무희樂舞戲의 의상 및 외국 사절들에게 하사하는 의복 등을 이곳에서 수령했다. 넷째, 광영고廣盈庫는 여러 색깔의 나견羅絹과 항사杭紗, 항주에서 제작한 가는 사포紗布 등을 보관했다. 당시 전고典庫 관리는 물품 일체를 수납하고 보관 상황을 관리했다. 명대 왕경의 관리 생활을 묘사한 〈왕경정적도王瓊政績圖〉에 보면 왕경이 전고 감독관 시절의 모습이 그려져 있어 관련 상황을 엿볼 수 있다.

4 『칠수유고七修類稿』는 명대 낭영郎瑛, 1487~1566년이 저술한

홍무洪武 23년 3월 황상께서 조정 신하들의 의복이 편의를 취해 날로 짧고 좁아지는 것을 보시고 옛 제도에 어긋난다고 여기셨다. 이에 예부상서 이원명李源名 등에게 명하여 시의時宜를 참작하되 옛 뜻을 담도록 했다. 의논하길, 관원의 의복은 너비를 몸에 맞춘다. 문관은 옷깃에서 옷자락까지 지면에서 한 치를 올려 입고, 소매 길이는 손목을 지나되 다시 팔꿈치까지 올려 입으며, 소매 너비는 한 자로 하되 소맷부리는 아홉 치로 한다. 공후公侯와 부마駙馬는 문직과 같다. 기민耆民, 늙은이은 생원과 마찬가지로 소매의 길이는 손목을 지나되 다시 걷어 올린 것이 팔꿈치에서 세 치를 미치지 못한다. 서민의 옷은 길이가 지면에서 다섯 치 떨어지게 한다. 무관의 의복은 지면에서 다섯 치 떨어지게 하고, 소매 길이는 손목에서 일곱 치 길게 하며, 소매의 너비는 한 자이되 소맷부리는 주먹이 들어갈 수 있을 정도로 좁게 한다. 일반 병사의 의복은 지면에서 일곱 치 떨어지게 하고 소매 길이는 손목에서 다섯 치 길게 하며, 소매의 너비는 일곱 치이되 소맷부리는 주먹이 들어갈 수 있을 정도로 좁게 한다. 이를 중외에 반포한다."[5]

황제가 이런 명령을 내린 것은 관료들의 복장에 제한을 두어 평민들과 구별함으로써 등급 체제를 보여주기 위함이었다. 하지만 명대 중엽 이후 경성의 경우 관복의 변화가 크지 않았으며, 평민의 의복은 일률적일 수 없었다. 본 그림은 만명 시절에 그려진 것이니 법령이 반포되고 이미 2백여 년이 흐른 뒤였으며, 대도시에는 외지 사람이 더욱 많아졌다. 그렇기 때문에 문헌 기록과 완전히 부합하기 쉽지 않다. 여기서 알 수 있다시피 명대의 의복제도는 조복이나 관복의 재료나 색깔, 의복 장식품이나 문양 등에 따라 등급이 구별되었으나 평상시에 입는 의복은 의복의 상하 길이나 소매의 길이 등으로 신분을 구분했다. 소매가 길면 곧 상류층이고, 소매가 좁아 겨우 주먹이 들어갈 정도인 옷은 일반 병사軍人, 일반 차리差吏 포함 등이 입었다. 이런 예는 앞서 들어본 적이 없을뿐더러 이후 청대에도 답습되지 않았다.

현존하는 대량의 목판 그림을 보면 명대 사람들은 머리에 육합모나 사방건을 쓰는 것이 정해진 양식이었으나 상인들이나 관아의 차리 및 일반 시민들이 주로 육합모를 쓰고 지식인이나 중소 지주 및 퇴직 관료들은 방건을 주로 썼다. 이 그림에 나오는 상인들은 거의 모두 육합모를 쓰고 있다. 사민士民 계층의 인물들이 쓴 두건은 형태가 다양했다. 북방의 경사 지역도 예외가 아니

문언 필기 소설이다. 천지, 국사國事, 의리義理, 변증辨證, 시문詩文, 사물事物, 기학奇謔 등 전체 7가지 부류로 나누어 잡다한 내용을 담았다. 제목의 '수'는 기존 사서를 수정 보완한다는 뜻이다. 실제로 사서의 부족한 점을 보완할 수 있는 내용이 적지 않다. 낭영은 명대 중엽에 살았던 학자이자 장서가로 절강 인화仁和, 지금의 항주 사람이다.

5 『칠수유고』, "洪武二十三年三月, 上見朝臣衣服多取便易, 日至短窄, 有乖古制. 命禮部尚書李源名等, 參酌時宜, 俾有古義. 議, 凡官員衣服寬窄隨身. 文官自領至裔去地一寸, 袖長過手復回至肘, 袖捲廣一尺, 袖口九寸. 公侯駙馬與文職同. 耆民, 生員亦同, 惟袖長過手復回不及肘三寸. 庶民長去地五寸. 武職官去地五寸, 袖長過手七寸, 袖捲廣一尺, 袖口僅出拳. 運人去地七寸, 袖長過手五寸, 袖椿廣七寸, 袖口僅出拳. 颁示中外".

며, 특히 남방 지역은 더욱 더 다양해졌다.

그림은 북경 정양문正陽門에서 천안문 일대 노점상들이 좌판에 각종 일용품이나 완상용 기물을 늘어놓고 팔고 있는 모습이다. 후대 묘회廟會, 사찰이나 도관 앞이나 인근에 설치된 임시 시장의 상황과 유사하다. 또한 명대 사람들이 남긴 필기의 내용과도 부합하는 내용이 적지 않다. 작은 노점상 중에는 전문으로 모자나 신발 등을 파는 곳도 있었다.

명대에는 관방에서 정한 건모巾帽 제도가 전국에 반포되었으나 실제로는 절대적인 기준을 정하기 어려워 얼마 가지 않아 효력을 잃고 말았다. 특히 명대 중엽 이후 강남 비단 생산 지역 중산층의 경우는 옷차림에 제한을 가하기가 더욱 더 힘들었다. 범숙자范叔子의 『운간거목초雲間據目鈔』의 기록에서 당시 풍속을 엿볼 수 있는데, 대략적인 내용은 다음과 같다.

내가 처음 제생諸生[6]이 되었을 때 친구들은 '교량융선건橋梁絨綫巾'을 쓰고 춘원春元, 정월 초하루에는 '금선건金綫巾'을 썼으며 진신縉紳, 관리이 되어서는 '충정건忠靖巾'을 썼다. 이후 번잡하고 속되다 여기고 '고사건高士巾', '소방건素方巾'으로 바꿨고, 다시 '당건唐巾', '진건晉巾', '한건漢巾', '편건褊巾'으로 바꿔 썼다. 병오丙午, 1546년 이래로 당건도 아니고 진건도 아닌 '부당부진지건不唐不晉之巾'을 썼는데, 양쪽에 옥병화玉屏花[7]를 달았으며, 젊고 인물이 좋은 이들은 서옥犀玉으로 만든 기이한 비녀를 꽂았다. '종건綜巾'은 정묘丁卯, 1567년 이후부터 만들기 시작했는데, 그 형태가 점점 높아졌다. 지금은 '남사건藍紗巾'송강松江 특산품으로, 지방지인 송강지宋江志에 실려 있다을 좋아한다. 또한 '마니라건馬尼羅巾, 말 꼬리털로 만든 건', '고순라건高淳羅巾'도 있는데, 마니라건은 말갈기로 만든 종건鬃巾과 진위를 구분하기 어렵다. 동생童生[8]은 '방포건方包巾'을 썼다. 진계유陳繼儒, 1558~1639년, 문인이자 화가가 처음 표대飄帶[9]로 정수리를 묶었으나 근년에는 없어졌다. '와릉종묘瓦楞綜帽'는 가정嘉靖 초년 생원들이 처음 쓰기 시작했으며, 가정 20년 이후로 부유한 백성들도 착용하기 시작했으나 그저 한두 명만 착용할 수 있을 정도로 가격이 매우 비쌌다. '나모羅帽'와 '저사모紵絲帽'는 사람들이 두루 좋아했기 때문에 사라絲羅를 언급할 때면 언제나 '모단帽段'모자 만드는 비단이라고 말했다. 특히 머리카락으로 얇은 판 형태를 만든 '육판모六板帽'가 심히 유행했으나 서너 해가 지나기도 전에 사라졌다. 만력萬曆 이래로 빈부와 무관하게 모두 말갈기로 만든 종건鬃巾을 많이 사용했는데, 가격이 싸서 4, 5전이나 7, 8전이면 살 수 있었으며, 짜임새가 성긴 '낭소郎素'와 빽빽한 '결밀密結'로 구분된다.

---

6 중국 고대에 시험을 쳐서 합격하면 중앙이나 부府, 주州, 현縣 등의 각급 학교에 입학할 수 있었다. 태학에서 배우는 학생은 특별히 생원이라고 불렀다. 생원에는 증생增生, 부생附生, 늠생廩生, 예생例生 등이 있었는데, 이들을 일러 제생諸生이라고 통칭한다.

7 옥병화는 두건에 장식하는 옥고리이다. 정교하게 조각하여 아름다운 문양을 만들었다.

8 동생童生은 나이와 관련 없이 아직 생원이나 수재가 되지 못한 학생을 말한다. 유동儒童이라고도 한다.

9 표대飄帶는 깃발이나 옷, 또는 모자 등에 장식하는 띠이다. 여기서는 댕기처럼 두건 정수리에 양쪽으로 매단 띠를 지칭한다.

육합일통모는 오이껍질처럼 생겼다고 하여 속칭 '과피모瓜皮帽'라고 한다. 『조림잡조棗林雜俎』[10]에 보면 융경隆慶, 명대 목종 융경제 연호 시절에 가선嘉善 사람 정청丁清이 구용句容의 현령을 맡게 되자 부친이 훈계하는 내용이 실려 있다.

> 너희처럼 사모를 쓴 이관리들은 말은 잘하지만 나는 믿지 않는다. 당차當差, 하급관리들도 말은 잘한다만 나는 더욱 믿지 않는다. 청금青衿, 남색의 웃옷인 남삼藍衫, 즉 지식인들도 말은 잘하지만 역시 믿지 않는다. 오직 과피모를 쓴 이들이 말하는 것만 믿을 따름이다.

과피모는 육합모로 융경 연간에 남방의 일반 백성들이 주로 착용하던 모자이다. 그러니 벼슬아치들의 말을 믿지 말고 백성들이 하는 말을 믿으라는 뜻이다. 육합모는 이후에도 변화가 그리 많지 않았다. 이는 청대 일반 시민들이 쓰던 작은 모자의 전신이다. 다만 다른 점은 명대에는 나백羅帛으로 만들었으나 청대에는 엷고 가는 시紗로 만들거나 광택과 문양이 있는 두터운 단지緞子나 왜융倭絨, 우릉羽綾 등으로 만들었으며, 상류층도 평상복을 입을 때 착용했다. 청대의 모자 꼭지帽頂는 관복이든 평상복이든 간에 옥이나 산호 금은으로 고급스럽게 장식했다. 문양은 주로 실을 가닥가닥 갈라 직조해서 만들었는데, 이 역시 명대와 다른 점이다. 명대에는 그저 수정이나 향목香木만 허용되었다. 명대 초기의 경우 원대 중산층이 습관적으로 사용하던 여러 가지 귀중한 재료를 답습했기 때문에 제한을 받은 것 같다. 그림에 나오는 인물들의 모자에는 대부분 모정帽頂이 보이지 않는다.

10 『조림잡조棗林雜俎』는 담천談遷, 1594~1658년이 쓴 필기소설집筆記小說集이다. 제목처럼 대추나무숲棗林이나 도마 위에 올려놓은 잡다한 야채雜俎처럼 명대 남방 각지의 풍물, 사물, 관아, 고목, 호구, 건물 등등 다양한 내용을 담고 있다. 담천은 명말 청초 사학자로 본명은 이훈以訓, 자는 중목仲木, 호는 사부射父이며, 절강 해녕海寧 사람이다. 명나라가 망한 후 이름은 천遷, 자는 유목孺木으로 개명했으며, 호는 관약觀若을 썼고, '강좌유민江左遺民'으로 자칭하고 평생 불사不仕했다. 그가 믿을 만한 명사를 쓰겠다고 작정하고 20여 년간 심혈을 기울여 저술한 『국각國榷』은 이후 『명실록』의 저본이 되었다. 장대張岱, 사계좌查繼佐, 만사동萬斯同 등과 함께 '절동사대사가浙東四大史家'로 칭해진다.

150 수호전 그림 일부

그림215 (명) **두건을 쓴 농민과 시민, 그리고 차리**差吏(명대 만력萬曆 각본 『수호전전水滸全傳』 삽화)

명대 사람이 그린 〈수호도水滸圖〉 권중卷中에 나오는 인물 형상이다. 원화는 중국역사박물관에 있다.

유명한 통속소설 『수호水滸』는 송·원대 설서인說書人이 연희하는 설화의 강담講談으로 유포되고, 원대 잡극 등에서 계속 연희되다가 원·명대에 완성되었다. 명대 중엽 이후로 전국적으로 크게 인기를 끌었으며, 이후 명·청대 희곡에 큰 영향을 끼쳤다. 지금도 노지심魯智深, 이규李逵, 임충林冲, 무송武松, 시천時遷 등은 중국인들이 가장 좋아하는 호쾌하고 정의감에 불타는 민족 영웅으로 남아 있다.

이 장편소설은 오랜 세월 풍미했기 때문에 삽화를 남긴 작가도 매우 많고, 두루마리 그림도 적지 않으며, 108명의 영웅을 당시 유행하던 노름에 사용되던 예자지패葉子紙牌[1]에 그려넣기도 했으며, 주령酒令[2] 놀이 도구인 주주酒籌[3]에 사용되기도 했다. 화가마다 애증愛憎이 있어 어떤 그림은 심히 과장되고 또 어떤 것은 상당히 소박하여 각기 장점이 있다. 이 그림은 비교적 소박한 그림에서 따왔다. 양정견楊定의 목각본[4]에 나오는 삽화는 활발하고 생동감이 넘치는 것이 장점이다. 소설은 명대에 크게 성행했기 때문에 그림에 나오는 영웅들의 면모나 옷차림, 치장 등은 명대 실제 사회를 그대로 반영하고 있으며, 다만 화가의 식견이나 솜씨에 따라 일정한 차이가 있음을 인정하지 않을 수 없다.

원서는 처음 설서인의 입에서 나왔기 때문에 전례대로 인물을 소개할 때 얼굴 생김새나 옷차림에 대한 묘사가 상당히 명확하고 구체적이었을 것이다.[5] 이것이 삽화에 반영되었을 것이나 일일이 그림으로 증거를 찾을 수는 없다. 오히려 민간의 영웅들은 대부분 당시 사람들에게 익숙한 모습에서 벗어나기 힘들다. 또한 송대부터 명대까지 3, 4세기에 걸쳐 소시민이나 일반 평민들의 옷차림은 그다지 차이가 없었다. 송대나 원대에 그림이 전해지고 있기는 하지만 이 그림은 명대의 옷차림을 반영하고 있다고 보는 것이 비교적 적합하다.

---

1 예자패葉子牌는 일종의 지패紙牌로 '낭낭패娘娘牌'라고도 한다. 고대 예자희葉子戲, 지금은 '유상화遊祥和'라고 부르는 오래된 노름의 일종이다. 이것이 조선에 전래되어 이른바 '투전'노름이 되었다고 한다. 잎사귀처럼 얇은 기름 먹인 종이에 숫자나 그림 등을 적어 놀이에 활용한다.

2 주령酒令은 행령음주行令飮酒, 술을 마실 때 지켜야 할 명령라고도 하는데, 술을 마실 때 흥을 돋우기 위한 일종의 놀이이다.

3 산가지주籌는 숫자를 세는 도구였으나 후대에 들어와 술자리에서 주령의 도구로 사용되면서 '굉주觥籌' 또는 '주주酒籌'라고 불렀다.

4 『수호전』의 편자는 시내암施耐庵으로 알려져 있다. 판본이 다양하여 100회본, 120회본, 70회본 등이 있는데, 이 중에서 120회본은 양정견楊定見, 자는 봉리鳳里, 지금의 호북성 사람의 목간본인 『충의수호지전忠義水滸全書』이고, 70회본은 명말 청초에 김성탄金聖嘆의 『관화당제오재자서수호전貫華堂第五才子書水滸傳』이다.

5 원주〉 물론 반드시 진실한 것은 아니고 의도적으로 과장한 부분이 있었을 것이다.

명대 건모巾帽

명대 각본인 『삼재도회三才圖會』와 명대 각본 『어세인풍御世仁風』에 나오는 삽화이다.

명대 일반 평민들이 머리에 쓰는 건모는 종류가 상당히 많았다. 심지어 당·송·원대에 사용하던 것들도 여전히 유행했다. 당시 정부에서 양식을 규정하여 전국에 반포한 건모는 두 가지 종류이다. 하나는 두건으로 네모 방정하다고 하여 '사방평정건四方平定巾'이라고 이름 붙여진 것이고, 다른 하나는 모자帽로 여섯 개의 조각 천을 이어 만든 '육합일통모六合一統帽'이다. 이는 "사방을 평정하고 천지사방을 통일했다四方平定, 六合一統"는 뜻을 담고 있다. 정치적으로 상징적인 의미가 다분한데, 새롭게 건국한 봉건왕조의 길조를 상징한다. 낭영郎瑛의 『칠수유고』에 따르면, 양유정楊維楨[1]이 명 태조 주원장朱元璋에게 아부하며 한 말이라고 한다.

『명회요』 권24, 『집례集禮』에 보면, "홍무 3년 사인이나 서민이 쓰던 사대건四帶巾을 사방평정건으로 바꾸고, 잡색 반령의盤領衣, 둥근 깃 상의[2]에서 황색은 불허한다"고 했는데, 심문沈文의 『초정기初政記』에도 이와 유사한 기록이 나온다.

"홍무 3년 2월 사방평정건의 양식을 만들어 천하에 반포했다. 사민四民이 쓰는 사대건四帶巾은 완선完善하지 않아 다시 사방평정건을 만들어 사인士人과 관리 및 백성들이 착용하도록 했다."[3]

낭영의 『칠수유고』에 그 내원에 대한 이야기가 적혀 있다.

> 요즘 시골 노인네들이 검게 옻칠한 비단 방건方巾을 쓰고 있는데, 양유정이 입조하여 태조를 알현할 때 이런 방건을 썼다. 황상이 물었다. '두건의

1 양유정楊維楨, 1296~1370년, 자는 염부廉夫, 호는 철애鐵崖, 절강 회계會稽, 지금의 소흥紹興 사람이다. 원대 진사출신으로 건덕로建德路 총관부總管府 추관推官 등을 역임했으며, 원대 시단의 거장이자 서예가로 유명했다. 명대 홍무 2년 황제의 부름을 받아 남경으로 가서 예악서 등을 찬수했다. 시풍이 독특하여 '철애체鐵崖體'라고 칭해진다.

2 반령의盤領衣는 당·송대 원령포삼圓領袍衫에서 발전한 의복 형태로 원반처럼 둥근 깃을 단 상의이다. 명대 공복公服이나 상복常服은 대부분 높은 둥근 깃高圓領을 하고 양옆에 트임缺胯이 있다. 환관이 입는 옷은 옷자락에 삽파插擺가 있고, 소매는 넓고 크다. 평민들은 삽파가 없으며, 소매가 좁다. 다만 60세 이상의 노인들은 소매가 넓었다. 명대 곤복袞服, 곤룡포는 원래 교령식交領式이었으며, 영종英宗 때부터 반령식으로 바뀌었다.

3 『명회요明會要』 권24에 인용된 『집례集禮』, "洪武三年, 士庶戴四帶巾, 改四方平定巾, 雜色盤領衣, 不許用黃". 심문, 『초정기』, "洪武三年二月, 命制四方平定巾式, 頒行天下. 以四民所服四帶巾未盡善, 復製此, 令士人吏民服之".

그림216 (명) **육합일통모**六合一統帽**나 사방평정건**四方平定巾**을 쓴 각계각층의 인물**(명 만력 각본 『어세인풍御世仁風』 등의 삽화)

이름이 무엇이오?' 대답하기를, '이는 사방평정건입니다'. 이에 황상이 천하에 두건의 양식을 반포했다.[4]

『명회요』 권24에 인용된 『소대전칙昭代典則』에 보면 보다 구체적인 내용이 나온다.

> (홍무) 24년 10월 정사丁巳, 생원의 건복巾服 제도를 정했다. 황제는 학교가 나라의 인재를 모은 곳인데 사인들의 건복巾服이 일반 이서吏胥, 하급 벼슬아치들과 차이가 없으니 마땅히 바꿔야 한다고 여기셨다. 이에 진규秦逵에서 명하여 복식의 양식을 만들어 바치도록 했다. 무릇 세 가지를 바꿔 복식 제도가 마침내 정해졌다. 이에 따라 옥색 견絹으로 의복을 만들되 소매는 넓고 옷자락을 검은 비단으로 장식하고 비단 띠를 사용하며, 연식軟式 두건에 띠를 내려뜨리도록 했으며, 이를 '난삼襴衫'이라 칭했다. 황상께서 친히 입어보시고 비로소 천하에 반포했다.[5]

---

4 낭영朗瑛, 『칠수유고七修類稿』, "今里老所戴黑漆方巾, 乃楊維入見太祖時所戴. 上問曰, 此巾何名? 對曰, 此四方平定巾也. 遂颁式天下".

5 『명회요』 권24에 인용된 『소대전칙昭代典則』, "二十四年十月丁巳, 定生員巾服之制. 帝以學校爲國儲材, 而士子巾服無異吏胥, 宜更易之. 命秦逵製式以進. 凡三易, 其制始定. 命用玉色絹爲之, 寬袖, 皂緣, 帛絛, 軟巾垂帶, 命曰襴衫. 上又親服试之, 始颁行天下".

일부 건모巾帽는 원대의 구제舊制를 따랐다. 『사림감주事林紺珠』에 따르면, "작은 모자小帽[6]는 여섯 개의 꽃잎처럼 생긴 조각을 재봉하여 만드는데, 모자 위쪽은 둥글고 평평하며, 모자의 둘레簷는 촘촘하게 꿰맸다. 국조의 제도는 원대의 것을 모방했다".[7] 요遼와 금金 이래로 두건은 반드시 고리巾環로 장식했다. 이는 원대 제도를 따른 것으로 모정帽頂은 구슬로 장식했다. 홍무 6년1373년 다음과 같이 금령을 내렸다.

"서인庶人의 건환巾環은 금, 옥, 마노, 산호, 호박琥珀 등을 사용할 수 없다. 미입류未入流[8]에 속하는 관리도 동일하다. 서인의 모자는 정頂, 모자 꼭대기 장식을 사용할 수 없으며, 모자에 장식하는 구슬은 수정과 향목만 허락한다."

이렇듯 원대의 제도에 가까운데, 〈영락궁벽화永樂宮壁畫〉에 나오는 인물의 옷차림을 참조해보면 금방 알 수 있다.

나머지 두건의 양식은 사서 기록에 나온다. 우선 당건唐巾, 당 복두幞頭은 다음과 같다.

"(당대 사람들은) 사각四脚, 네 개의 끈이라고 불렀다. 두 개는 머리 뒤쪽으로 묶고 나머지 두 개는 턱 아래에 묶는다. 일할 때 복두가 벗겨지지 않도록 하기 위함이다. 끈이 두 개 있는 것과 네 개 있는 것이 다르다. 지금 진사건도 '당건'이라고 부른다."[9]

6 소모자小帽子는 오이껍질처럼 생긴 과피모瓜皮帽를 말한다. 육각으로 기와를 올린 것처럼 생긴 모자이다. 일상적으로 썼으며, 청나라 시절 가장 보편적으로 사용되던 모자이다.

7 『사림감주』, "小帽六瓣合縫, 上圓平, 小綴簷, 國朝仿元制".

8 청대 문관은 '등내관等內官'과 '등외관等外官'으로 구분된다. 등내관은 1품에서 9품까지 관리로 매 품마다 정正과 종從의 구분이 있어 전체 18등급이다. 9급 18품品 외의 모든 관리는 '미입류未入流'라고 칭한다. 미입류에 속하는 관리는 대소의 구분이 없으며, 업무만 다를 뿐이다.

9 "四脚, 二繫腦後, 二繫頷下, 服牢(勞)不脫. 有兩帶, 四帶之異. 今進士巾亦稱唐巾." 구체적으로 어떤 문헌에 나오는지 확인되지 않았다. 다만 『몽계필담』에 유사한 내용이 나오는데, 약간 다르다. "四脚, 二繫腦後, 二繫頷下, 取其服勞不脫也. 無事則反繫於頂上. 今人不復系頷下, 兩帶遂爲虛設."

다음으로 양의건兩儀巾은 "뒤편에 잎사귀 모양 두 개가 부채처럼 펼쳐진 형태이고", "동파건은 "소자첨蘇子瞻, 소식이 쓴 두건이며" 산곡건山谷巾은 "황정견黃庭堅이 쓴 두건이고" 만자건萬字巾은 "위는 넓고 아래는 좁아 만자萬字처럼 생긴 두건이며" 착자건鑿字巾은 "당건唐巾에서 띠를 뗀 두건이다". 이외에도 능운건凌雲巾이 있는데 형태가 괴이하다고 하여 착용 금지되었다고 하나 구체적으로 어떤 형태인지는 알 수 없다. 다만 명대 소설이나 희극 목각본에 실려 있는 삽화에서 다양한 형태를 엿볼 수 있다.

모자帽子 역시 종류가 매우 다양했다. 그 중에 차첨모奓簷帽는 원대 발립원모鈸笠圓帽[10]를 말한다. 『사물감주』에 그 내원에 대해 이렇게 적었다.

> 둥근 깃 원령복에 쓰는 모자이다. 원 세조가 사냥을 하기 위해 출행하였는데, 음력 5월 5일 악일惡日에 햇살이 눈에 부셔 호모胡帽 앞에 나무 잎사귀를 두어 햇살을 가렸다. 이후 황후인 홍길릴 씨弘吉剌氏, 원문은 雍古剌氏가 모자 앞뒤에 털로 짠 천을 달아 차양으로 삼았다. 이것이 지금의 차첨모奓簷帽이다.[11]

현존하는 〈선종행락도宣宗行樂圖〉, 〈헌종행락도憲宗行樂圖〉에서 황제도 차첨모를 쓰고 있는 것으로 보아 평복을 입을 때 이런 모자를 착용했음을 알 수 있다. 전자의 또 다른 한 폭은 메추라기가 싸우는 모습을 구경하는 그림인데, 『고궁주간故宮週刊』에 실린 그림의 제목은 〈오삼계투암순도吳三桂鬪鵪鶉圖〉이다. 옷차림이나 작은 탁자 옆에 서 있는 네다섯 명의 평민 옷차림은 모두 명대 전기의 양식이다. 후자의 내용은 이 그림에서 볼 수 있다. "백성들은 와릉모를 썼는데, 말꼬리 털을 짜서 만들었으며民服瓦楞帽, 結生馬尾作", 이효미李孝美의 『묵보墨譜』 삽화에 나오는 양식과 같다. 『유청일찰留青日扎』[12]에 따르면, "관리나 백성들 모두 모자를 썼으며, 모자의 챙은 둥글거나 또는 앞은 둥글고 뒤는 모났는데, 대개 예전 투구에서 유전된 제도이다. 누각처럼 생긴 '누자樓子'라는 것도 있는데, 현재 남방의 어린이들이 주로 쓰는 오채모五彩帽, 금전모金錢帽로 모두 원대 습속을 답습한 것이다".[13] 이러한 원대 아동들이 쓰던 모자나 옷차림은 원대 화가의 그림이나 각사刻絲, 채색실로 직조한 사직품 〈구구소한도九九消寒圖〉[14]에서 확인할 수 있다.

---

10 발립원모鈸笠圓帽는 멀리서 보면 구리로 만든 둥근 동판인 자바라나 심벌즈처럼 생겼기 때문에 붙인 이름이다. 삿갓 형태로 둥근 챙이 달려 있다. 황제와 귀족들이 주로 썼다.

11 『사물감주事物紺珠』, "圓領, 元世祖出獵, 惡日射目, 以樹葉置胡帽前, 其後雍古剌氏乃以氈片置前後, 今奓簷帽".

12 전예형田藝衡, 1524~?, 자는 자예子藝, 절강 전당錢塘, 지금의 항주 사람으로 명대 문학가이다. 저서에 『대명동문집大明同文集』, 『유청일찰留青日札』, 『자천소품煮泉小品』 등이 있다. 『유청일찰』은 명대 사회의 풍속 및 제도, 역사, 일화 등 잡다한 내용을 담았다.

13 전예형, 『유청일찰』, "官民皆戴帽, 其簷或圓, 或前圓後方, 蓋兜鍪之遺制也. 所云樓子, 即今南方村中小兒所戴五彩帽, 金錢帽, 皆元俗也".

14 〈구구소한도九九消寒圖〉는 중국 북방 문인들이 수구數九, 동짓날부터 81일간 방법에 근거하여 그린 그림이다. 이는 민간에서 구전되어 지금에 이르렀다. 〈구구소한도〉가 홍성

삽도138 원대 화가가 그린 〈구구소한도九九消寒圖〉

가죽털이 삐져나온 것이 후대의 풍모風帽 형태와 비슷하다삽도 138. 이는 남송 소한신蘇漢臣이 그린 〈화랑담도貨郎擔圖〉 가운데 일부로 알려져 있다. 방물장수의 짐에 원대 어린아이들이 쓰던 모자와 비슷한 것이 실려 있고, 어린아이들이 모두 단통화短統靴를 신고 있는 것으로 보아 원대 왕진붕王振鵬의 그림이 틀림없다.

했던 것은 명대이며, 형식은 매화도, 문자 방식 등 다양하다. 동짓날부터 81일이 지나면 매화가 핀다고 하여 흰 매화 81송이를 그려 창에 붙여놓고 하루가 지날 때마다 흰 매화에 붉은색을 칠해 홍매화로 바꾼다. 이렇게 81일이 지나 흰매화가 모두 홍매화가 되는 3월 10일쯤이면 매화가 만개한다는 뜻이다. 엄동설한의 추위를 견디는 우아한 방법이기도 하다.

원대 잡극에 사용되는 건모는 명칭이 상당히 많다. 『원명잡극元明雜劇』에 기록된 것만도 수십 종에 달하는데, 배역과 관련하여 서술하고 있어 원명 희극 남녀 배두들의 머리 형태를 연구하는 데 도움이 될 것 같아 일부를 예거하면 다음과 같다.

연수모練垂帽, 연수호모練垂胡帽, 뇌건雷巾, 피하관披厦冠, 전진관全眞冠, 뇌탑아腦搭兒, 오학구건吳學究巾, 좌계고아髽髻箍兒, 산아散兒, 적계두면鬏髻頭面, 쌍첨전모雙簷氈帽, 피회皮盔, 사봉립자모四縫笠子帽, 사포두紗包頭, 철복두鐵幞頭, 탑두수파塌頭手帕, 여의연화관如意蓮花冠, 진건秦巾, 구양건九陽巾, 소건韶巾, 토아각복두兔兒角幞頭, 홍안자회紅盌子盔, 피차첨모皮爹簷帽, 백전모白氈帽, 삼산모三山帽, 삼차관三叉冠, 봉시관鳳翅冠, 권운관捲雲冠, 일자건一字巾, 사개뇌회師磕腦盔, 화고花箍, 산건散巾…….

이상에서 열거한 모자는 사회 각계각층, 남녀노소, 문무백관, 화상이나 도사들의 머리쓰개로 연희할 때 사용한 것들이다. 일부는 『원사』 「여복지」의 기록과 같다. 청대 연희할 때 쓰던 모자는 대부분 이전부터 쓰던 것을 답습한 것이나 명칭만은 이미 크게 바뀌었다. 이두李斗의 『양주화방록揚州畫舫錄』[15]에서 희극의 행두行頭 부분을 서술하는 부분에 비교적 상세하게 기록되어 있다. 명·청대 화가들이 그린 당회희堂會戲[16] 그림을 보면, 양쪽 주랑의 걸개에 서로 다른 다양한 형태의 모자가 걸려 있는 모습을 볼 수 있다. 다만 어떤 모자가 어떤 명칭과 부합하는지는 상고하기 어렵다. 명말 사회가 날로 문란해지면서 옷차림이나 건모의 재료나 제작 방법도 기존의 규격에서 벗어나 매우 어지러워졌다. 몽엽주葉夢珠의 『열세편閱世編』이나 『도씨기사편姚氏紀事編』을 보면 남방에서 공·상업이 발전하면서 기존의 사회 규약이 흔들리는 상황을 잘 서술하고 있다. 이는 사서에서 언급하지 않은 점을 보완하는 데 도움을 준다.

15 『양주화방록揚州畫舫錄』은 청대 제생諸生 출신의 문인이자 희곡가인 이두李斗, 1749~1817년가 편찬한 전체 18권의 필기집이다. 가경嘉慶, 1796~1820 연간 번성했던 양주의 지리와 역사적 사건, 원림과 명승지, 풍속, 오락 등 다양한 내용을 망라하고 있으며, 특히 적지 않은 희곡과 소설 사료를 담고 있다. 이두의 자는 북유北有, 호는 애당艾塘이며 강소 의징儀徵 사람이다. 희곡과 시문, 음악과 수학에 능통했던 그는 『양주화방록』 외에도 『세성기歲星記』, 『기산기奇酸記』 등의 전기傳奇 작품과 『영보당시집永報堂詩集』, 『방풍관시防風館詩』 등을 남겼다.

16 당회희堂會戲는 개인이 비용을 지불하여 배우들을 자신의 집이나 별도의 장소에 초청하여 공연을 하는 것을 말한다. 경사의 관료들이나 부호들이 연회를 베풀면서 잡극 배우들을 초청하여 여흥을 즐기는 일이 적지 않았는데, 이것이 당회희이다.

152

명대 망건을 쓴 농민과 노동자

그림217 (명) 망건을 쓰고 교령의 짧은 상의를 입은 농민과 기름을 짜는 노동자 및 주물공과 방직공
(명대 숭정 각본『천공개물』 삽화)

그림에는 농민, 기름을 짜는 노동자, 주물공, 방직공 등 다양한 근로자들이 등장한다.

사서의 기록에 따르면, 명대 초기에 일반 백성들이 주로 착용한 건모는 사방평전건과 육합일통모 외에도 망건網巾이 있다. 전하는 바에 따르면, 태조 주원장이 신락관神樂觀의 도사가 쓴 것을 보고 편리하다 싶어 그 형태 그대로 만들도록 하면서 전국에 유행하기 시작했다고 한다. 규칙에 따라 조복이나 관복을 입을 때 건모 아래 망건을 써서 머리카락을 단정하게 묶도록 했다. 하지만 일반 그림이나 조소에 반영된 모습은 그다지 구체적이지 않다. 『삼재도회三才圖會』에 망건의 양식이 그려져 있기는 하지만 대충대충 그린 것인지라 구체적으로 어떻게 활용되었는지 명확하지 않다. 그림에 나오는 모자는 대부분 사방건이나 육합모인데, 이 역시 말총으로 만들어 체처럼 투명하기 때문에 안에 두발을 묶은 모습을 볼 수 있다. 하지만 안에 망건이 보이지 않기 때문에 그 모자를 망건이라고 부를 수는 없다. 다만 이 그림에 다른 건모는 쓰지 않고 망건만 단독으로 착용한 인물이 나오기 때문에 명대에 망건을 건모 아래 쓰기도 하고 이처럼 단독으로 쓰기도 했음을 알 수 있다. 망건은 사방건이나 육합모에 비해 만들기 쉽고 일할 때 쓰기도 편했다. 하지만 이렇게 단독으로 쓰는 경우는 주로 노동자나 농민들의 경우에만 해당될 것이다. 이외에 조복이나 관복을 입을 경우 사모紗帽나 농건籠巾 아래 먼저 망건을 사용하여 두발을 묶는 데 사용했기 때문이다. 사방건이나 육합모를 착용한 일반 백성들의 경우 망건을 쓸 때도 있었지만 그러지 않을 때도 있었다. 격식을 갖춰야 할 때는 썼지만 그저 대충 두건을 쓸 때면 굳이 쓰지 않았다는 뜻이다. 일하는 이들, 특히 농민들은 그냥 뭉치머리로 상투를 틀어 올리는 것이 훨씬 품이 덜 드는 일이었기 때문이다.

명대 노동하는 백성들은 원대와 마찬가지로 오직 짙은 암갈색의 의복만 입을 수 있었다. 하지만 염색공들은 각종 식물의 뿌리나 줄기, 씨앗, 잎사귀 등을 이용하여 갈색 계통의 다양한 색깔의 염료를 만들어냈다. 『천공개물』에 그 일부가 기록되어 있는데, 명대 사람이 쓴 『다능비사』에는 조갈棗褐, 초갈椒褐, 명다갈明茶褐, 암다갈暗茶褐, 애갈艾褐, 형갈荊褐, 전갈磚褐 등 다양한 갈색을 만들기 위한 염색 방법과 재료 및 가공 과정이 상세하게 기록되어 있다. 이러한 염색 방법은 사실 원대나 그보다 이전 시대부터 전해져 온 것이다. 명대 도종의陶宗儀가 『남촌철경록』에서 언급한 갈색 명칭만 20여 종에 달하는데, 원·명대 통속 읽을거리인 『쇄금』 「잡색」편 제20에 기록된 명칭과 대체적으로 상동하기 때문이다. 어떤 시대이든 노동자나 농민, 그리고 평민의 숫자가 절대 다수를 점했다. 그러니 그들이 입는 옷 색깔인 갈색도 매우 많을 수밖에 없고 염료도 비교적 싸고 이에 필요한 원료도 비교적 쉽게 구할 수 있어야만 걱정하지 않을 수 있었다.

153

명초 제묵製墨, 먹 제조 노동자

그림218 (명) 원대 양식인 와릉모를 쓰고 장포를 입거나 짧은 상의를 입고 나무를 자르고, 먹을 만드는 장인들(명대 각본刻本 이효미의 『묵보』 삽화)

명대 홍치 연간 각본인 이효미李孝美의 『묵보墨譜』에 나오는 삽화 모사본이다.

『묵보』는 명대 홍치 연간의 각본이지만 일하는 이들은 대부분 원대 양식의 방정입자모方頂笠子帽, 즉 모자 꼭대기가 모난 입모[1]를 쓰고 있다. 그

1 입자모笠子帽는 입모笠帽, 입자笠子라고도 한다. 주로 갈대나 대나무껍질 등으로 만든다. 햇볕을 가리거나 비가 올 때 주로 사용했으며, 형태가 매우 다양하다.

중에서 두 사람은 웃옷을 벗고 있으며 나머지는 원대 몽골인들이 주로 입는 포복을 입었다. 만약 원대에 먹을 만드는 일에 익숙한 전문 수공업자가 아니라면 원래는 몽골 귀족 관리였다가 타의에 의해 남방으로 이주하여 이 분야에서 일하도록 지정된 이들일 것이다. 그들은 나름 경험을 축적하면서 대대로 이어져 이를 전업으로 삼았다.

입모笠帽는 원래 농민들이나 어부, 또는 나무꾼들이 쓰던 것인데, 명대에 오직 농민들만 쓰도록 법률로 규정했다. 그러나 이런 형태의 입모는 가는 대나무 껍질을 가늘게 쪼개 모자 속胎을 만들고 바깥은 말총에 옻칠한 얇은 비단을 뒤집어 씌웠기 때문에 가볍고 내구성이 강하다. 그래서 원대에는 가격이 비싸 주로 몽골족 중에서도 중급 관리 이상만 쓸 수 있었으며, 외출할 때면 별도로 모자를 보관하는 어린 노복이 따라 나설 정도였다. 그러니 먹을 만드는 노동자가 평소 일을 하면서 이처럼 비싼 모자를 썼을 리 만무하다. 이런 점에서 현존하는 『묵보』는 송대 사람 이효미가 찬술한 원본이 아니라 원대 관아에 소속된 장인의 손에서 가필된 이후의 판본이라고 할 수 있다.[2]

이 그림은 먹을 제작하는 일련의 복잡한 생산 과정을 보여주고 있다. 앞쪽은 유송油松[3]을 자르는 벌목 장면이고 뒤쪽은 그을음을 긁어내고 아교 등 재료와 섞으며, 무게를 재고 성형틀에 붓는 모습과 더불어 잘 굳도록 수백 수천 번 두들기는 모습이 그려져 있다. 유명 서예가나 화가들은 명묵明墨, 명나라 먹과 청묵清墨, 청나라 먹이 성격이 다르다는 것을 알기 때문에 서화용 먹을 고를 때도 나름 구별이 있었다. 수장가들은 명대 먹 제작의 대가인 방우로方于魯[4]의 『방씨묵보方氏墨譜』나 정군방程君房[5]의 『정씨묵보程氏墨譜』를 잘 알고 있다. 묵범墨範, 먹을 제작하는 모형 틀, 일명 묵인墨印은 유명 화가 정운붕丁雲鵬의 손에서 나왔다. 뛰어난 이들은 먹의 겉모습만 보아도 좋은지 나쁜지 감별할 수 있었으며, 특히 명대 나소화羅小華[6]가 만든 먹을 제일로

2 이효미는 송대 사람으로 자는 백양伯揚이며 조군趙郡, 지금의 하북성 출신이나 생존 연대는 미상이다. 그가 저술했다는 『묵보』는 현재 남아 있지 않고, 다만 몇 가지 각본刻本이나 초본抄本이 남아 있다. 명대 만력 42년1614년 반방개潘方凱의 각본과 중각본重刻本은 명대 초굉焦竑 소장본을 저본으로 삼았고, 청 건륭제 시절 사고전서본四庫全書本, 청각본清刻本 등은 천일각天一閣 소장본을 저본으로 삼았다. 원문에서 말한 명대 각본은 초굉이 소장본을 저본으로 한 반방개의 각본을 지칭한다. 따라서 저자의 말은 『묵보』의 삽화에 나오는 옷차림 등으로 볼 때 송대 사람 이효미의 원본이 아니라 원대 또는 명대 초기에 전해지던 각본이라는 뜻이다.

3 유송油松은 소나무과에 속하는 침엽상록교목으로 송진이 많아 그을음이 많이 나오기 때문에 먹의 재료로 사용되었다. 이외에 잣나무도 유송이라고 한다.

4 방우로方于魯는 명대 만력 연간에 유명한 묵공墨工으로 흡현歙縣, 지금의 안휘성 소재 사람이며, 생졸은 미상이다. 그는 원래 정程씨 집안에서 먹을 만드는 노동자로 일하면서 기술을 배워 일가를 이루었다. 그가 만들었다는 '구현삼극묵九玄三極墨'은 독창적인 제품으로 알려져 있다. 명대 먹 제조업의 일파인 '흡파歙派'의 대표적 인물이다. 『방씨묵보方氏墨譜』 6권을 남겼다.

5 정군방程君房은 명대 만련 연간에 유명한 묵공으로 신안新安, 안휘성 소재 사람이다. 『정씨묵범程氏墨苑』을 남겼다.

6 자소화羅小華, 1516?~1565년, 명대 가정嘉靖시대 묵공이다. 동유연桐油煙으로 만드는 방법을 고안하여 "돌처럼 견고하고 무소처럼 무늬가 아름다우며 옻칠처럼 검어 나螺, 먹 하나가 만전의 값어치가 있다"는 평을 들었다.

여겼다고 한다. 그러나 먹 제작 방법이나 과정을 언급한 것으로 이효미의 『묵보』만큼 상세하고 구체적인 책은 없다.

154

명대 남녀 악부樂部

그림219

왼쪽:(명) 머리에 쪽을 지어 올리고 교령交領 상의와 긴 치마를 입은 여악기女樂伎(명대 만력 각본 『비파기』 삽화)

오른쪽:(명) 홍영紅纓을 매단 입모를 쓴 고악鼓樂(북 연주자)과 오사모를 쓰고 보복補服[1]을 입은 관료(명대 만력 각본 『옥저지』 삽화)

명대 각인한 희곡 『옥저기玉杵記』와 『비파기琵琶記』에 나오는 삽화이다.

---

1 보복補服은 명 · 청대 관복이다. 앞가슴과 뒤쪽 등에 금실이나 채색 실로 수놓은 장식물인 보자補子를 붙였기 때문에 보복이라고 한다. 보자의 문양은 관직의 품급에 따라 달랐다. 예를 들어 명대 홍무 24년의 규정에 따르면, 공公, 후侯, 부마駙馬, 백伯 등은 기린과 백택白澤을 수놓고, 문관은 1품 선학仙鶴, 2품은 금계錦雞, 3품은 공작, 4품은 운안雲雁, 5품은 백한白鷴, 꿩의 일종, 6품은 노사鷺鷥, 해오라기), 7품은 계칙鸂鶒, 물새, 8품은 황리黃鸝, 꾀꼬리, 9품은 암순鵪鶉, 메추라기을 수놓았으며, 무관은 1, 2품 사자, 3, 4품 호표虎豹, 호랑이, 5품은 웅비熊羆, 곰, 6, 7품은 표彪, 표범, 8품은 서우犀牛, 무소, 9품은 해마海馬를 수놓았다.

오른쪽 그림은 남자 악사들이 차리差吏 옷차림으로 관아 앞 또는 대청 앞에서 음악을 연주하는 모습이다. 그래서 쇄납嗩吶[2]과 호통號筒[3]을 겸용하고 있다. 원대 양식의 홍영이 달린 입모를 쓰고 있는데, 동일한 형태의 모자가 처음 보이는 것은 요양遼陽 한묘漢墓 벽화에 나오는 기병의 모습이다. 이후 대략 1천여 년 동안 거의 사용하지 않다가 원대에 다시 군사들의 머리 위에 나타났으며, 귀족이나 평민들도 쓰기 시작했다. 다만 당시 귀족들이 쓰던 모자는 사용하는 재료가 다르고 모자 꼭대기에 진귀한 주옥 등을 장식했다는 점에서 차이가 있다. 평민들이 쓰는 모자는 법률에 의해 제한을 두었기 때문에 모자 꼭대기에 향목香木 등만 달 수 있었다.

명대로 들어오면서 제왕이나 관료들도 입모를 썼으며, 군리軍吏들도 그러했다. 다만 삿갓처럼 모자 허리 부분이 꺾인 것도 있지만 풍두風兜, 風帽처럼 꺾이지 않은 것도 있다. 상의의 소맷부리는 주먹이 거우 들어갈 정도로 좁았다. 이는 『사물감주事物紺珠』 등의 기록에 나오는데, 사실은 명대 홍무 23년1390년 무인들의 복장에 관한 법령에서 비롯된 것이다. 역대로 군복은 활동하기 편리하도록 소맷부리가 비교적 좁았다. 그러나 예외도 있다.[4] 특히 송대 장수들이 입던 전포는 소매가 한 자는 족히 될 정도로 넓었기 때문에 전투에 나설 때면 반드시 묶어야만 했다.

여악女樂은 일반적으로 명대 중엽 부녀자들의 옷차림과 같다. 실내악 편성으로 큰 거문고琴는 이동 가능한 악기 받침대 위에 올려놓았다. 그림에 현악기도 나오는데, 명대에 나온 『삼재도회三才圖會』를 보면 목이 긴 네 줄짜리 현악기를 완함阮咸[5]이라고 칭했다. 하지만 이는 완함의 본래 형태가 아니다. 다만 명대 사람들이 이처럼 줄을 타서 연주하는 악기를 완함이라고 불렀을 따름이다. 이 악기는 완함을 개량하여 손잡이와 목 부분을 줄인 월금月琴이다. 이외에 공후箜篌의 일종인 봉수공후鳳首箜篌도 보이는데, 사실 이는 명대에 그리 사용하지 않았다.

명대 궁중 여악의 관복은 규정된 제도가 있었다. 홍무 3년1370년 제도는 다음과 같다.

> 무릇 궁중 예인인 여악과 봉란奉鑾[6] 등의 관처官

2 쇄납嗩吶은 서기 3세기 무렵 비단길을 통해 동유럽, 서아시아 일대에서 전래한 목관악기이자 그 악기의 음역어이다. 갈대나 금속으로 얇고 편편하게 만든 겹서일명 리드 reed, 쌍황雙簧가 달린 악기로 우리나라에서는 태평소, 날라리, 호적, 새납이라고 부른다.

3 호통은 군대에서 주로 사용하는 관악기로 흔히 나팔이라고 부른다.

4 (원주) 남조 제량齊梁 연간에는 소맷부리가 넓은 대수구大袖口가 유행했는데, 병졸들도 예외가 아니었다. 다만 작전할 때는 반드시 소맷부리를 동여매야만 했다.

5 완함阮咸, 생졸 미상은 죽림칠현 가운데 한 명으로 서진시대 사람이다. 전하는 말에 따르면, 서역 구차龜茲에서 전래된 현악기로 4개의 줄이 있는 비파琵琶를 잘 탔다고 한다. 당대 개원 연간에 완함의 묘에서 동제銅製 비파가 발견되어 이를 '완함'이라고 불렀다. 월금月琴 비파와 비슷한 형태의 역시 4줄짜리 현악기이다. 우리나라의 경우 고구려시대부터 사용했으며, 조선조 때는 월금으로 개칭되어 사용되었다.

6 봉란奉鑾은 명대 예부禮部 교방사教坊司의 관리로 조회의 악률과 무의舞儀 등의 업무를 맡았다. 교방사는 당대의 교방教坊에서 시작되었으며, 명대에 교방사로 개칭하고

妻, 관리의 부인는 본색의 적계鬏髻[7]를 쓰고 푸른 비단의 원령복을 입는다. 악부의 우두머리인 제조여악提調女樂은 검게 옻칠한 당건을 쓰고 붉은 비단 바탕에 금실을 상감한 둥근 깃 의복인 대홍라소금화원령大紅羅銷金花圓領을 입고, 도금한 띠를 차고 검은 가죽신을 신는다. 음악을 담당하는 가장여악歌章女樂은 검게 옻칠한 당건을 쓰고 대홍라소금군오大紅羅銷金裙襖를 입으며, 대홍라흉대大紅羅胸帶, 가슴 띠를 차고 대홍라말액大紅羅抹額, 이마 띠을 차며, 청록색 비단에 채색 그림을 넣은 운견青綠羅彩畫雲肩을 걸치고, 금박으로 모란을 장식한 검은 가죽신을 신는다.[8]

악기를 연주하는 여악은 복색이 가장歌章과 같다. 근년에 강서성 남성현南城縣의 명대 익장왕益莊王[9] 분묘에서 대량의 채색 악용樂俑이 출토되었다.

예부에 예속시켰다. 주로 경전慶典이나 귀빈들을 영접할 때 음악을 연주하는 업무를 맡았지만 관방 기원妓院의 역할도 했다. 청대 순치제 때 관기官妓를 없애고 태감이 연주토록 했고, 옹정제는 기존의 교방사를 화성서和聲署로 개칭했다. 교방사의 여자들의 의복을 제한한 것은 관기에 대한 차별에서 비롯된 것으로 보인다.

7 적계鬏髻는 명대 기혼 여성이 공식적인 자리에서 쓰는 두발 장식물이다. 주로 금사나 은사, 말총, 머리카락, 철사, 가느다란 대나무껍질 등으로 만들었으며, 외부는 검은색 얇은 사紗로 감쌌다. 위로 틀어 올린 두발 위에 썼다. 적계와 어울리는 각종 머리 장식물을 명대에는 '두면頭面'이라고 칭했다.

8 『명사』「여복지」, "凡宮中供奉女樂, 奉鑾等官妻, 本色鬏髻, 青羅圓領. 提調女樂(樂部的頭目), 黑漆唐巾, 大紅羅銷金花圓領, 鍍金花帶, 皂鞾. 歌章女樂, 黑漆唐巾, 大紅羅銷金裙襖, 大紅羅胸帶, 大紅羅抹額, 青綠羅彩畫雲肩, 描金牡丹皂鞾". 宮中女樂冠服. 洪武三年定制. 奏樂女樂, 服色與歌章同".

9 익장왕益莊王은 명나라 제8대 황제인 성화제成化帝, 1447~1487년, 주견심朱見深의 6남이자 홍치제의 이복동생인 주우빈朱祐檳, 익단왕益端王의 장남이다. 이름은 주후엽朱厚燁,

채색은 이미 사라져 본래 면모를 잃었지만 옷차림은 매우 구체적이었다. 상의는 송대 양식으로 소매가 넓은 관삼寬衫이다. 당시 법령과 비교하여 인증할 수 있는데, 확실히 문헌 기록에 나오는 것보다 분명한 모습과 정보를 얻을 수 있다.

명대 교방사教坊司의 악기樂妓 관복은 홍무 3년에 제도가 정해졌다. 명각관을 쓰고, 검은 배자를 입으며, 민간의 부녀자와 같은 의복을 입지 못하도록 했다.[10] "교방사의 부인婦人, 여악은 관을 쓸 수 없고 배자는 입을 수 있다. 악인여악의 의복은 밝은 녹색, 연분홍색, 옥색, 수홍水紅, 회색빛이 감도는 핑크색, 다갈색을 사용할 수 없다".[11] 이렇듯 악기樂伎, 여악는 다만 옅은 색이나 어두운 색의 옷만 입을 수 있었으며, 간색間色이 아닌 정색正色은 사용할 수 없었다. 관복과 서로 섞이는 것을 방지하기 위함이었다. 평민 부녀자의 의복은 홍무 5년1372년에 제도가 정해졌는데, "대홍大紅, 진홍색과 아청鴉青, 암청색 및 황색을 불허했다". 악기는 더욱 더 이런 색깔의 옷을 입을 수 없었다. 다만 음악을 연주하거나 연희할 때는 제한을 받지 않았다. 명대 관복의 배색은 유난히 대홍, 대록大綠 등 짙은 정색正色이 많았다. 이에 반해 부녀자들은 평상시 주

가정 20년1541년 익왕益王의 자리를 승계했다. 강서성 남성현南城縣 동남쪽 장당촌長塘村에서 익장왕과 왕비 세 사람의 합장묘가 발굴되어 대량의 유물이 발견되었다.

10 『명사』「여복지」, "明角冠, 皂褙子, 不許與民處同". 명각관은 구체적으로 어떤 것인지 불분명하다. 각관은 원래 송대 여성들이 주로 쓰는 관의 명칭으로 주로 흰색이다. 그렇다면 명각관은 밝은 색 각관의 뜻일 수 있다.

11 『명사』「여복지」, "教坊司婦人, 不許戴冠, 穿褙子. 樂人衣服, 止用明綠, 桃紅, 玉色, 水紅, 茶褐色".

삽도139 명대 각본 『당시염일품唐詩艶逸品』에 실린 〈악무도樂舞圖〉

로 간색의 의복을 입어야만 했다. 홍무 5년의 규정에 따르면, "무릇 비첩이나 하녀婢使는 두발을 정수리 위로 높이 틀어 올린 고정계高頂髻로 하고, 견포絹布로 만든 협령狹領의 긴 상의長襖와 긴 치마만 입을 수 있으며, 어린 비시婢使는 쌍계雙髻에 소매가 긴 짧은 상의에 긴 치마를 입는다".[12] 그림에 나오는 여인들의 옷차림은 분명 악호樂户, 악적樂籍에 예속된 악기樂伎의 것이 아니라 관료 지주 집안의 노복이나 하녀들의 복식으로 궁중 여악과 공통점이 없다그림 219, 삽도 139.

12 『대명회전大明會典』 권61, "凡婢使, 高頂髻, 絹布狹領長襖, 長裙；小婢使, 雙髻, 長袖短衣, 長裙".

155

명대 부녀 유행복장과 머리 장식

그림220 (명) **눈썹을 가리는 머리 장식인 차미륵遮眉勒을 쓰거나 와토臥兎를 쓰고 운견雲肩을 걸치거나 소매와 옷깃이 없는 겉옷인 비갑比甲을 걸친 부녀자**(〈벽미도皕美圖〉에서 인용)

명 만력 연간의 유명한 통속소설 『금병매金瓶梅』 산절본刪節本, 일부 내용을 삭제한 판본 삽화와 명·청대 강남 화가가 그린 《연침이정燕寢怡情》[1] 그림책에서 따왔다.

『금병매』는 명말 사회의 풍속과 인정, 옷차림과 머리 장식을 상당히 구체적이고 사실적으로 묘사하고 있다. 『금병매』의 서사 방식은 이후 『홍루몽』에도 일정한 영향을 끼쳤다. 특히 주단綢緞, 의복, 머리 장식 등의 명칭은 『명회요』, 『명사』 「여복지」의 부족한 점을 보완해줄뿐더러 『천수빙산록天水冰山錄』에 나오는 의복 및 머리 장식 관련 기록과 상호 비교 및 검증을

1 〈연침이정燕寢怡情〉은 청대 초기 무명 화가가 그린 춘책春冊, 춘화첩이다. 하지만 노골적이고 외설적인 그림보다는 '이정怡情'이란 말에서 알 수 있다시피 남녀의 은근한 애정 표현을 주로 묘사하고 있다.

통해 당시 사회 중류층 부녀자들이 상의와 하의를 어떻게 조합하여 입었으며, 일상 생활에서 어떻게 활용했는지, 또한 백 가지가 넘는 금은 머리 장식으로 두발을 어떻게 장식했는지에 대해 보다 정확하게 이해하는 데 도움을 주었다. 예를 들면 다음과 같다.

(반금련이 들어오는데) 위에 노안주潞安州, 지금의 산서 장치長治에서 나오는 침향색다갈색 비단에 기러기가 갈대꽃을 물고 있는 문양이 있는 맞깃 저고리를 입고,[2] 흰색 비단으로 만든 올린 깃豎領, 명대 새로 나온 옷깃 형태을 달고 무늬가 있는 미자眉子, 올린 깃의 장식로 장식했으며, 유금溜金, 도금의 일종으로 만든 꿀벌이 국화를 향해 날아가는 모양의 도금한 단추를 달았다올린 깃에 달린 단추를 말함. 아래는 해마와 파도, 구름 문양으로 치마의 관란寬襴에 수를 놓고, 금실을 수놓은 양피금羊皮錦, 양가죽에 금박을 입힌 것으로 치맛단을 장식한 도선挑線 치마[3]를 입었으며, 붉은색 비단 바탕에 흰색 비단으로 아래를 장식한 밑창이 높은 신발을 신었고, 무늬가 있는 슬고膝袴, 무릎까지 올라오는 일종의 버선를 착용하고 청보석으로 만든 귀걸이를 달았으며, 구슬로 장식한 머리띠를 했다.[4]

다만 집 주인의 옷차림은 남달랐다.[5]

"짙은 붉은색 비단 웃옷에 모피로 안을 받친 청색 비단 외투를 입고, 사록색沙綠色 비단 치마를 입었으며, 틀어 올린 머리에 적계를 착용하고 담비 모피로 만든 털모자인 와토아를 썼다."[6]

이외에 『금병매』에 나오는 복장에 관한 예를 들면 다음과 같다.

"집에서는 평소 두발을 터부룩하게 돋아 올리고 항주 망사를 감싸 당긴 다음 금실을 땋아 만든金累絲 비녀를 꽂고 비취빛 매화 모양으로 이마를 장식하고 구슬로 장식한 머리띠를 했으며 등롱처럼 생긴 금 귀걸이를 달았다. 위에는 백릉白綾으로 만든 맞섶對襟 형식의 웃옷襖을 입고, 미자眉子를 장식했으며, 녹색 편지금遍地金, 직금금織金錦 도수掏袖, 비갑比甲를 착용했으며, 아래는 홍라紅羅 치마를 입었다……위에 침향색짙은 종갈색의 위라緯羅, 가로로 문양이 있는 비단 맞섶 형식의 저고리衫兒를 입고, 옥색 추사縐紗, 자연스럽게 쪼그라드는 비단 미자眉子로 장식했으며, 아래는 흰색 전광견碾光絹, 직물의 광택과 내마모성 및 방진防塵을 위해 가공한 견직물으로 만든 주름치마를 입었다.……머리에는 은실을 엮어 만든 적계를 썼고, 금테를 두른 옥에 섬궁에서 계수나무를 꺾는 모습을 새긴 분심分心을 꽂았으며,[7] 비취빛 청매화 화전花鈿을

2 대안함로大雁銜蘆는 기러기가 북쪽으로 돌아갈 때 갈대를 입에 물어 화살을 피한다는 뜻의 성어이다. 기러기는 봄철에 돌아가니 계절에 맞게 봄에 입는 웃옷 문양이다.

3 도선치마는 밑단까지 주름을 끝까지 잡은 마면군馬面裙의 주름에 재봉선을 넣어 치마에 솔기 주름을 잡은 치마이다.

4 『금병매』 제14회, "上穿香色潞綢雁北銜蘆花樣對衿襖兒, 白綾豎領, 妝花眉子, 溜金蜂趕菊鈕扣兒. 下着一尺寬海馬潮雲羊皮金沿邊挑綫裙子, 大紅緞子白綾高底鞋, 妝花膝袴, 青寶石墜子, 珠子箍".

5 여기서 집안의 주인이란 서문경의 정방부인正房夫人, 즉 정처인 오월랑吳月娘을 지칭한다.

6 『금병매』, "大紅緞子襖, 青素綾披襖, 沙綠綢裙, 頭上戴着䯼髻, 貂鼠卧兔兒".

7 "금상옥섬궁절계분심金廂玉蟾宮折桂分心." 섬궁절계蟾宮折桂

붙였다.……옷깃에 금으로 만든 이쑤시개, 귀이개, 족집게두발용 등을 달았다."

"머리에 '금영롱초충아두면金玲瓏草蟲兒頭面, 금영롱초충두면, 금으로 장식한 머리쓰개의 일종'을 쓰고, 금실을 엮어 만든 '송죽매세한삼우松竹梅歲寒三友' 비녀 빗을 꽂았다."

"위에 녹색 항주 비단으로 만든 대금의 웃옷을 입고 옅은 남색의 물빛 비단 치마를 입었으며, 신발 겉면이 금홍색이고 봉황 머리로 신발 코를 장식한 높은 굽의 신발을 신었다."

"위에 흑청색 무늬가 있는 비단 웃옷을 입고 아황색 비단 치마를 입었으며, 도홍색에 문양이 없는 바탕에 양피에 금박을 입혀 테를 두른 높은 굽의 가죽신을 신었다."

"위에 은홍색 사紗를 안감으로 하고 흰색 견絹을 겉감으로 한 대금 웃옷衫子을 입고 옅은 녹색 띠로 테두리를 장식하고 가운데가 금홍색인 비갑을 착용했으며, 항주 비단으로 만든 화타畫拖, 그림을 그리거나 수를 놓은 치마를 입고, 분홍색 문양의 비단으로 만든 높은 굽의 가죽신을 신었다."[8]

이상은 모두 부녀들의 옷차림에 관한 서술이다. 그림과 비교하여 검증해보면 보다 분명하고 명확하게 이해할 수 있다.

이 그림에서 볼 수 있는 비갑比甲과 운견雲肩, 겨울철에 머리에 쓰는 담비나 해달바다수달의 모피로 만든 와토兔兒의 형태 및 위치, 그리고 허리띠의 일종인 한건아汗巾兒[9]를 묶은 방식 등이 모두 사실에 가깝게 묘사되어 있다. 또한 부녀자들의 두발 양식에 대한 묘사도 상당히 구체적이다.

"적계를 높이 앉혀놓고 세밀하게 머리를 빗으며 수빈水鬢[10]을 머리에 길게 발랐다把鬏髻墊得高高的, 梳得密籠籠的, 把水鬢描得長長的."

"운계를 겹겹으로 쌓으니 옅은 안개가 자욱한 것 같았다雲鬢堆聳, 猶如輕烟密霧."

이외에 만명晩明 청화자青花瓷, 조칠雕漆[11], 나전螺鈿, 나전칠기 및 대량의 판화에 나오는 부녀자들의 화

는 섬궁, 즉 월궁에서 계수나무를 꺾는다는 말로 과거에 급제하는 것을 말한다. 분심分心은 두발 장식 가운데 하나로 머리 정중앙에 꽂는 도심挑心 아래에 꽂는다. 분심 안에 옥으로 '섬궁절계'를 상징하는 모습을 새긴 듯하다.

8 『금병매』, "家常挽着一窩絲杭州攢, 金累絲釵, 翠梅花鈿兒, 珠子箍兒, 金籠墜子. 上穿白綾對衿襖兒, 妝花眉子, 綠遍地金掏袖, 下着紅羅裙子.……上穿沉香色水緯羅對衿衫兒, 玉色縐紗眉子, 下着白碾光絹挑線裙子,……頭上銀絲鬏髻, 金廂玉蟾宮折桂分心翠梅鈿兒.……搽領子的金三事兒". "頭上戴着一副金玲瓏草蟲兒頭面, 並金累絲松竹梅歲寒三友梳背兒." "上穿柳綠杭絹對衿襖兒, 淺藍色水綢裙子, 金紅鳳頭高跟鞋兒." "上穿鴉青緞子襖兒, 鵝黄綢裙子, 桃紅素羅羊皮金滾口高底鞋兒." "上穿着銀紅紗白絹裏對衿衫子, 豆綠沿邊金紅心比甲兒, 白杭絹畫拖裙子, 粉紅花羅高底鞋兒."

9 한건아汗巾兒는 땀을 닦는 수건이란 뜻과 허리에 차는 허리띠라는 뜻 두 가지가 있다. 『금병매』에는 제2회, 제96회 등 전체 40여 곳에서 '한건아'가 나오며, 주로 허리띠의 뜻으로 사용되고 있다.

10 수빈水鬢은 포화수刨花水, 즉 느릅나무의 대팻밥이다. 이것을 물에 타면 점성黏性이 있어 부녀자들이 머리카락을 깨끗이 정돈하는 데 사용했다.

11 조칠雕漆은 기물에 여러 차례 칠漆을 바르고 말린 다음 여러 가지 무늬를 부조浮雕한 것을 말한다. 북경과 양주揚州의 조칠이 유명하다. 우리나라에서는 퇴주堆朱라고 칭한다.

장 형태나 양식은 대체적으로 이 그림에 나오는 것과 거의 비슷하다. 이런 점에서 상당히 보편적이었음을 알 수 있다. 책에 보면 가계假髻, 가발을 올린 두발 형태를 벗은 후에 "두발을 터부룩하게 돋아 올리고 항주 망사를 감싸 당긴 후에 검고 윤기 나는 머리카락을 빗었다頭上挽着個一窩絲杭州攢, 梳得黑簷簷油光光的", "머리에 반두사계로 쪽을 지었다頭上打着個盤頭楂髻",[12] "관을 벗고 항주에서 만든 망사를 당겼다去了冠兒, 挽着個杭州攢"라는 구절이 나오는데, '일와사一窩絲', '항주찬杭州攢'[13] 등 머리를 장식하는 모습은 이 그림에서도 확인할 수 있다. 비록 아주 구체적인 것은 아니지만 다른 그림에서 명청 시절 부녀자들의 두발 양식과 비교해보면 비교적 명확한 인상을 얻을 수 있다. 이러한 일상적인 치장은 원래 소주와 항주 부녀자들이 주로 하던 것인데, 명말 청초에 이미 부녀자들 사이에 일반화했다. 경덕진景德鎭에서 강희제 시절에 제작한 채색 도자기병에 『서상기』에 나오는 앵앵鶯鶯이 그려져 있는데, 앵앵의 두발 장식도 이와 같다.

12 반두사계盤頭楂髻는 여자의 두발 양식 가운데 하나로 머리카락을 이마 모서리 양쪽으로 틀어 올려 '아丫' 형태로 쪽을 짓는 것을 말한다. 이전에 '아환丫鬟'은 주로 하녀들의 두발 형태였다.

13 "일와사항주찬一窩絲杭州纘"은 두발 형태를 말한다. '일와사'는 작은 둥지와 같은 모양이라는 뜻이다. 머리카락을 잘 빗어 머리 뒤쪽으로 모아 작은 둥지처럼 터부룩하게 틀어올린 형태이기 때문에 '일와사'라고 했다. '항주찬'은 항주에서 만든 '찬'을 말한다. 두발이 흐트러지거나 아래로 떨어지지 않도록 머리카락을 감싸는 망사를 '찬纘'이라고 하는데, 항주에서 나오는 '찬'이 제일 좋았기 때문에 '항주찬'이라고 했다. '일와사', '항주찬'은 주로 '적계䯼髻'와 조화를 이루었다.

명대 두발 장식의 명칭과 활용 방법 등에 관해 비교적 상세하게 기록한 책으로 왕단구王丹丘의 『건업풍속기建業風俗記』, 『삼강식략三岡識略』[14], 범숙자范叔子의 『운간거목초雲間據目鈔』 등을 들 수 있다. 일부 지역 민간 사회에서 유행하던 두발 장식에 대해 구체적으로 언급하고 있는데, 예를 들면 다음과 같다.

첫째, 가계假髻는 '아계丫髻'와 '운계雲髻'가 있으며, 일상복에서 머리에 착용할 때는 금실이나 은실, 말총 또는 외올실紗로 만든 것을 사용한다. 또한 '고鼓'라고 부르는 것도 있는데, 철사로 둥글게 만들어 바깥쪽에서 두발을 묶으며, 높이는 쪽髻의 절반 정도이고 쪽 위에 덮은 후에 비녀를 찔러 떨어지지 않도록 한다. 비녀는 주로 길고 머리 쪽이 둥근 형태이며 잡화작雜花爵으로 장식하고, 금은이나 옥, 대모玳瑁, 마노瑪瑙, 호박琥珀 등으로 만든다. 한 개의 주화珠花를 내려뜨린 것을 '결자結子'라고 한다. '엄빈掩鬢'은 구름 모양이거나 단화團花 형태로 양쪽 귀밑털에서 위쪽으로 꽂는다. 화전花鈿은 발고髮鼓 아래에 찬다. 귀걸이는 '이새耳塞' 또는 '추墜'라고 부른다. '미간초眉間俏'란 것도 있는데 작은 꽃을 양미간에 붙인 것으로 고대 화자花子와 같은 것이다. 팔찌천자釧子는 '수탁手鐲'이라고 하며, 반지戒指는 '전자纏子'라고도 한다. 주로 금실을 꼬아 만든다. 노리개는 추령墜領 또는 칠사七事가

14 『삼강식략三岡識略』은 청대 진사 출신 문인 동함董含, 1624~1697년이 삼오三吳, 장강 하류 강남에 자리한 오군吳郡, 오흥吳興, 회계會稽의 풍속과 재이災異와 인사人事 등을 폭넓게 저술한 책이다.

있는데, 금이나 옥 등으로 다양한 형태를 만들어 사용한다. 상의에는 산운이나 화두가 있고, 하의에는 여러 가지를 내려뜨린다. 이는 고대 잡패雜佩의 전통을 답습한 것이다. 다만 위치가 다르다. 가슴에 다는 노리개는 '추령墜領', 치마허리에 다는 노리개는 '칠사七事'라고 한다. 옥으로 만든 것은 '금보禁步'라고 하며, 금이나 옥구슬로 화조花鳥를 만들어 귀밑털 옆에 길게 늘어뜨린 것은 '채釵'라고 하고, 작은 것은 '약자掠子'라고 한다.

둘째, 남방에서 새로운 복장이 유행했다. 예를 들어 명대 사람이 흔히 '와토이臥兔兒'[15]라고 부르는 것과 청대 초기 장편소설 『홍루몽』에 나오는 '소군투昭君套'가 그것이다. '소군투'는 송대 그림을 명대에 판각한 〈소군출새昭君出塞〉, 〈호가십팔박胡笳十八拍〉 등에 나오는 복장에서 영향을 받았거나 희문戲文의 간접적인 영향 때문에 크게 유행했다. 그래서 청대 문인 동함董含은 『삼강식략』에서 오중吳中, 지금의 강소성 소주蘇州의 복장에 관해 언급하면서, 관리 집안 사람들은 머리를 땋아 소라 모양처럼 틀어 올리고변발누계辮髮螺髻, 보석구슬을 뒤섞어 장식했으며주보착락珠寶錯落, 반질반질한 검은 가죽신을 신었으며烏靴禿禿, 담비 모피로 만든 이마 띠말액抹額를 동여맸는데 스스로 시대의 유행에 따른 것봉시지제逢時之制이라고 자부했다고 말했다. 하지만 보수적인 인물들은 이를 "차마 눈에 담을 수 없는 복장不堪寓目"이라고 여겼다. 이외에도 저인획褚人獲의 『견호집堅瓠集』[16]에 실린 풍속을 읊은 시에서도 당시 복장의 일면을 엿볼 수 있다.

연지 바르고 흰 분에 눈썹먹으로 얼굴 가득 치장하고滿面臙支粉黛奇

양쪽 살짝 바람에 날리니 얇은 깁사 따라 나부끼네飄飄兩鬢拂紗衣.

치맛단 오색으로 장식하여 붉은 속바지 가리고裙鑲五彩遮紅袴

발꿈치 까닥거리며 장기를 두네綽板脚跟着象棋.

담비 모피臥兎兒 목에 두르고 소맷부리 비단으로 장식하며貂鼠圍頭鑲錦袖

묘상의 가사 입고 두건 띠 허리 아래로 내려뜨렸네妙常巾帶下垂尻.[17]

15 와토아는 모피로 만든 장식물로 이마를 따뜻하게 보온하기 위한 방한구의 일종이다. 주로 담비나 해달의 모피를 사용하기 때문에 당시 사치품에 속했다. 소군투가 『홍루몽』에 나온다면, 와토아는 『금병매』에서 자주 나온다. 『홍루몽』에서는 한 번 밖에 나오지 않는다. 본서에서는 와토아 또는 와토로 썼다.

16 저인획褚人獲, 1625~1682년, 자는 가헌稼軒, 호는 석농石農, 강소 장주長洲, 지금의 소주 사람이다. 청초 문학가로 평생 관직에 오른 적이 없었다. 우동尤侗, 홍승洪昇, 고정顧貞, 모종강毛宗崗 등 청초 저명한 작가들과 어울리며 많은 작품을 남겼다. 『견호집堅瓠集』 외에도 『독사수필讀史隨筆』, 『퇴가쇄록退佳瑣錄』, 『독해집續蟹集』, 『송현군보록宋賢群輔錄』 등이 남아 있다.

17 원주 묘상건대妙常巾帶는 희곡에 나오는 비구니의 수전의水田衣와 도관道冠의 명주실로 만든 끈이다. 역주 묘상은 송대 고종高宗 소흥紹興 연간에 살았던 진묘상陳妙常을 지칭한다. 환관 집안에서 태어난 그녀는 어려서부터 병약하여 절간에 들어가 비구니가 되었다. 이후 그녀는 반법성潘法成과 만나 밀우密友가 되었다가 그의 아이를 임신하고, 곡절 끝에 그와 결혼하게 된다. 비구니 진묘상과 반법성의 사랑 이야기는 오랫동안 유전되면서 소설이나 희곡의 소재가 되었다. 명대 희곡작가인 고렴高濂의 전기傳奇 작품인 『옥잠기玉簪記』가 대표적이다. 특히

찬바람 부니 새로 가죽 오를 입었는데寒回猶着新皮襖

야생 꿩 털 한 쌍만 부족하구나只欠一雙野雉毛.

그래서 당시 유행하던 부녀자들의 의복에 '소군투昭君套, 피풍披風'[18]와 '관음두觀音兜, 풍모風帽' 등의 명칭이 생기게 된 것이다.

셋째, 범숙자范叔子는 『운간거목초』에서 부녀자들의 머리 장식과 두발 형태발계髮髻가 어떻게 조합을 이루었는가에 대해 이야기하고 있다.

부인의 두계頭髻는 융경隆慶 초년 둥글고 평편한 것을 좋아했는데, 머리 정수리 부분에 주옥을 상감한 보화寶花를 사용한 것을 일러 '도심挑心'이라고 했다. 머리 양쪽살쩍에는 비녀 발 위에 상서로운 구름 형태가 달린 봉빈捧鬢[19]을 사용했으며, 뒤편에 만관滿冠[20]을 거꾸로 꽂고, 양쪽 귀에 보석을 상감한 큰 고리를 달았다. 연소자는 머리띠두고頭箍[21]를 사용했는데, 방형의 단화團花 문양으로 장식했다. 몸에는 치마와 웃옷군오裙襖을 입고 넓은 소매에 둥근 깃을 주로 사용했으며 치마에 소금타銷金拖[22]가 있다. 이후로 도첨정계挑尖頂髻, 아담심계鵝膽心髻 등 도심계는 점차 길고 둥근 것으로 바뀌었는데, 앞의 장식을 제거하여 우아한 것을 숭상했다. 머리는 남자들처럼 곧게 빗고 양쪽으로 나누지 않았으며, 접빈계蝶鬢髻는 모두 뒤편으로 내려뜨렸는데, 이를 '타마계墮馬髻'라고도 한다.[23] 머리 옆에 금옥으로 만든 매화 한두 쌍을 꽂으며, 앞에는 금실을 꼬아 만든 등롱 모양의 비녀를 사용하고, 양쪽에 서번西番, 서역 일대에서 들여온 연초잠蓮俏簪 세 쌍을 꽂았으며, 발고髮股에는 서옥犀玉으로 만든 큰 비녀 한두 개를 가로로 꽂아 넣고 뒤쪽에는 점취권하點翠卷荷[24] 하나, 옆에는 비취를 상감하여 꽃 모양으로 만든 취화翠花 하나를 꽂았는데, 큰 것은 손바닥만 하다. 몇 알의 명주를 꿰맨 것을 일러 '빈변화鬢邊花'라고 하며, 양쪽 살쩍에 꽂은 것은 '표지화飄枝花'라고 한다. 귀에는 금을 상감한 구슬로 옥정향玉丁香 모양의 귀걸이를 사용한다. 상의는 깃이 세 개이며, 소매는 좁고 길이는 3자 남짓이며

강소성 소주 곤산昆山에서 시작된 곤곡昆曲의 중요 레퍼토리가 되어 전국적으로 널리 알려졌다.

18 소군투는 머리 위에 쓰는 방한모의 일종이다. 모피 가죽으로 만든다.

19 봉빈捧鬢은 긴 비녀 머리에 상서로운 구름 형태를 매단 머리 장식품이다. 주로 좌우 살쩍에 꽂기 때문에 위쪽으로 거꾸로 꽂으며, 좌우 쌍을 이룬다. 비녀의 자루는 평편하고 긴 막대 형태이다.

20 만관은 적계䯼髻 뒤편 아래쪽에 꽂는 머리 장식물이다. 일반적으로 활처럼 둥글게 굽은 형태로 고정하기 편하다.

21 두고頭箍는 말 그대로 머리에 두르는 띠로 '액파額帕'라고도 한다. 명대에는 노소를 불문하고 여자들이 주로 사용했다. 일설에 따르면, '포두包頭'에서 발전한 것이라고 하는데, 처음에는 실을 꼬아 두발을 묶는 끈처럼 사용하다가 점차 이마에 두르는 장식용 띠로 변화했다.

22 소금타銷金拖는 정확하게 어떤 뜻인지 모르겠다. 추측건대, 치마 밑단이 길어 땅에 끌리는 금색으로 치장한 치마인 듯하다.

23 타마계墮馬髻는 틀어 올린 두발을 한 쪽으로 치우치게 고정시켜 마치 말에서 떨어지는 듯한 형태를 취한 것을 말한다.

24 점취권하點翠卷荷는 점취 공예로 막 피려고 하는 연꽃 문양을 형상화한 비녀의 일종이다. 점취는 취조翠鳥의 깃을 넣어 만든 세공품으로 금이나 은으로 틀을 만들고 그 안에 취조의 진짜 깃을 넣어 만든다.

남자처럼 주름치마를 입되 치마단 아래를 2, 3푼 정도 올려 노출시켰다. 매조군타梅條裙拖와 슬고타膝袴拖는 처음에 각사刻絲를 숭상했다가 다시 본색本色을 숭상하고, 그림이나 수를 놓은 것이나 추사推紗를 숭상했는데, 근자에는 다시 우연군藕蓮裙과 같은 대홍녹수大紅綠繡를 숭상했다. 그러나 피풍披風, 망토와 비슷한 외투 평복은 매조梅條를 제거했다(피풍 평복은 치마를 입지 않았다는 뜻인데, 이는 「청초사비자도清初四妃子圖」에 나오는 기포旗袍의 양식과 비슷하다).[25]

그렇다면 북방의 기포旗袍, 치파오는 어쩌면 남방의 유행 복식에서 일정한 영향을 받았을 수도 있다고 말할 수 있을 것이다.

25 범숙자, 『운간거목초』 권2, 「기풍속記風俗」, "婦人頭髻在隆慶初年皆尚圓編, 頂用寶花, 謂之挑心, 兩邊用捧鬢, 後用滿冠倒插, 兩耳用寶嵌大環, 年少者用頭箍, 綴以團花方塊. 身穿裙襖, 用大袖圓領. 裙有銷金拖. 自後翻出桃尖頂髻. 鵝膽心髻, 漸見長圓, 併去前飾, 皆尚雅裝. 梳頭如男人直羅, 不用分髮, 蝶鬢髻皆後垂, 又名墮馬髻. 旁插金玉梅花一二對, 前用金絞絲燈籠簪, 兩邊用西番蓮俏簪插三對, 髮股中用犀玉大簪, 橫貫一二只, 後用點翠卷荷一朵, 旁加翠花一朵, 大如手掌, 裝綴明珠數顆, 謂之鬢邊花, 插兩鬢邊, 又謂之飄枝花. 耳用珠嵌金玉丁香. 衣用三領. 窄袖長三尺馀, 如男子穿褶, 僅露裙二三寸. 梅條裙拖, 膝袴拖, 初尚刻絲, 又尚本色, 尚畫, 尚插繡, 尚推紗. 近又尚大紅綠繡, 如藕蓮裙之類. 而披風便服, 並其梅條去之矣". 인용문 일부는 『운간거목초』 원문에 근거하여 수정했다.

명대 방한용 귀마개暖耳와 조갑罩甲[1]

그림221
왼쪽 위: (명) 조갑罩甲을 입은 장사將士(명대 만력 각본 『원곡선元曲選』 삽화)
왼쪽 가운데: (명) 조갑罩甲을 입은 병사(명대 만력 각본 『수호전전』 삽화)
왼쪽 아래: (명) 조갑罩甲을 입은 이졸吏卒(명대 만력 각본 『의열전義烈傳』 삽화)
오른쪽 위: (명) 조갑罩甲을 입은 제독提督(명대 〈왕경사적도〉)
오른쪽 아래: (명) 난이를 착용하고 보복을 입은 관료(명대 만력 각본 『어세인풍御世仁風』 삽화)

그림 221은 명대 각본인 『어세인풍』 삽화와 〈왕경정적도王瓊政績圖〉에 나오는 그림이다.

난이暖耳는 명대 관리들이 입조할 때 사용하는 방한용 귀마개로 일정한 직위가 있는 관리만 쓸 수 있었으며, 시기도 정해져 있었다. 『명궁사明宮史』 실제는 유약우劉若愚 『작중지酌中志』의 일부분[2]에 따르면, 궁정에서는 월령에 따라 입거나 쓰는 것이 달랐는데, 11월에는 "백관百官이 난이暖耳를 착용했다". 이렇듯 방한용구도 봉건황제의 허가가 있어야만 사용할 수 있었음을 알 수 있다. 그래서 명나라 대신이 상주한 내용 가운데 "때가 이미 엄동에 이르렀는데, 아직 난이를 착용하지 않았다"는 말이 나오곤 했던 것이다. 일반 백성 역시 제멋대로 착용할 수 없었으며, 만약 허가를 받지 않고 착용하면 범죄로 간주했다. 동일한 것으로 피견披肩, 방한구, 후대 어깨걸이와 다름, 풍령風領, 모피로 만든 목도리, 위발圍脖, 목도리 등등 명칭은 다르지만 실제 기능이나 효용은 같았다. 이는 모두 명대 관료 조복에 활용했으나 사용 재료나 만드는 방법이 동일한 것은 아니었다. 『명궁사明宮史』 「수집부水集部」 「피견披肩」조에서 이를 확인할 수 있다.

> 피견[3]은 담비 가죽으로 둥근 형태로 만드는데, 높이는 6치나 7치 정도로 크기는 모자와 같다. 다만 양쪽은 귀의 위치에 맞게 가죽을 장방형으로 재봉한다. 모피는 안쪽에 넣고, 귀에 이르게 하는데, 떠고리를 이용하여 관모의 뒤쪽 산자山子, 명대에는 관모 뒤에 있는 두 날개(양시兩翅)를 산자라고 했다 위에 비스듬하게 건다.

---

1 조갑은 일명 배갑背甲이라고 하며 괘자의 옛 이름이다. 원대 기마복장에서 시작했으며 포袍나 오襖 등 웃옷 위에 입으며, 혁대나 비단 띠로 묶는다. 명대에 유행했으며, 주로 둥근 깃의 대금이며 소매가 짧거나 없었다. 양옆이나 뒤편을 터서 활동하기 편리한 평상복이다.

2 『명궁사明宮史』는 명말 청초 도사道士 여비呂毖, 생졸미상가 편찬했다. 명조 환관宦官 유약우劉若愚가 만력제부터 숭정제 초년까지 궁정의 사적에 관해 저술한 『작중지酌中志』 24권 가운데 제16권부터 제21권까지 내용을 선집한 책이다.

3 피견은 일반적으로 어깨 부위를 덮는 의복으로 어깨걸이를 지칭한다. 하지만 여기에 나오는 '피견'은 이와 달리 일종의 모자 형태이다. 먼저 관모를 쓴 다음에 둥근 가죽으로 만든 피견을 위에서 아래로 뒤집어쓴다. 마치 관모 바깥에 테를 단 것과 비슷한 형태인데, 관모 뒤편의 '산자'에 연결시켜 떨어지지 않도록 했다. 피견에서 귀를 보호하는 부분은 장방형으로 만들어 어깨 쪽으로 내려뜨렸기 때문에 '피견'이라고 했다.

예전 제도에 따르면, 인공印公, 印公公, 장인掌印 태감 등도 난전패자暖殿牌子, 태감太監의 관명에 이르러야 비로소 착용할 수 있었으며, 나머지 가까운 곳에서 황제를 모시는 환관은 난이暖耳만 쓸 수 있었다. 겉은 검은색, 안은 흰색 모시로 둥근 테를 만드는데 높이는 2치이다. 양쪽에 담비 가죽으로 지금의 피견처럼 장방형으로 잘라 만든다. 사례감의 사자관寫字官, 등사謄寫 등의 업무를 맡은 환관[4]에서 제독提督, 사례감의 우두머리 태감에 이르기까지 모두 난이만 쓰고 피견은 착용할 수 없다. 무릇 스물네 군데 아문衙門의 내관內官 및 내사인內使人은 겉은 모직물이고 속은 모시로 만든 목도리인 위발圍脖만 허락되었는데 풍령과 같으나 매우 작았다. 성상황제이 조강朝講, 새벽에 황제에게 경서를 강독함에 임하실 때도 피견을 착용했다. 외정外朝에 나가실 때는 지금처럼 모투帽套, 모자에 덧댄 의복의 일종를 착용했는데, 이를 일러 '운자피견雲字披肩'이라고 한다. 듣자 하니 지금의 황상께서 등극하신 연후에 좌우 근신들에게 운자피견을 착용하고 시종하도록 했다고 한다. 그러니 옛 제도가 돌연 바뀐 듯하다.[5]

명대 판화를 보면 귀 부위에 4치 정도의 자그마한 모피 덮개가 달려 있는 것을 볼 수 있는데, 이는 청대 귀마개의 이전 형태이다. 이 그림의 경우처럼 완전히 모자에 덮어쓴 것은 모투帽套일 것이다. 다만 그림으로 볼 때 조정에서 조회할 때 착용한 것임에 틀림없다. 위발圍脖, 풍령風領은 모두 옷깃과 목 사이에 착용한 듯하다. 재료는 융단이고, 모피는 사용하지 않았다. '운자피견雲字披肩'이 운견雲肩과 비슷한 것인지는 확정하기 어렵다. 역사박물관에 소장된 〈헌종원소행락도憲宗元宵行樂圖〉는 궁정에서 정월 보름날 풍경을 묘사한 것이 틀림없는데, 분명 몹시 추운 날씨임에도 불구하고 태감이나 궁녀들 중에서 이를 착용한 이를 찾아볼 수 없으며, 위발이나 풍령 모습도 보이지 않는다. 이와 달리 일반 시민들을 묘사한 그림에서는 중·상류층 사회 사람들이 비교적 많이 사용했으며, 부녀자들이 오히려 남자들보다 많이 사용했음을 알 수 있다. 또한 '와토아臥兎兒'라는 것도 있는데, 만력 연간의 소설에서 흔

4 사자관寫字官은 사례감 아래 설치된 중요 비서秘書 기구인 문서방文書房에서 일하는 태감이다. 명대 태감 중에 황제의 '비홍批紅'을 대신하는 등의 업무를 맡은 태감을 병필태감秉筆太監이라고 불렀는데, 그중에서 가장 낮은 관직에 속한다. '비홍批紅'은 '비주批朱'라고도 한다. 내각 대신이 건의한 내용은 종이에 적혀 주장奏章에 붙여졌는데, 이를 표의票擬라고 한다. 황제는 붉은 글씨로 비준 표시를 한 것이 비홍, 또는 비주이다. 황제는 몇 본만 표시하고, 나머지는 태감이 황제의 뜻에 따라 대필했다. 명 태조는 환관의 발호를 막기 위해 글공부를 못하도록 했으나 명조 제5대 황제인 선종宣宗 주첨기朱瞻基는 이를 파기한 것도 모자라 아예 환관을 위한 학교인 내서당內書堂을 세워 글을 가르쳤다.

5 『명궁사』「수집부」「피견」, "披肩, 貂鼠製一圓圈, 高六七寸不等, 大如帽. 兩旁各製貂鼠二長方, 毛向裏, 至耳, 即用鈎帶斜掛於官帽之後山子上. 舊制, 自印公等至暖殿牌子方敢戴. 其餘常行近侍則只戴暖耳. 其製用玄色素紵作一圓箍, 二寸高, 兩旁用貂皮, 長方如披肩. 凡司禮監寫字起, 至提督止, 亦只戴暖耳, 不甚戴披肩也. 凡二十四衙門內官, 內使人等, 則止許戴絨紵圍脖, 如風領而緊小焉. 凡聖上臨朝講, 亦尚披肩. 至於外廷, 如今所戴帽套, 謂之曰'雲字披肩'. 聞今上登極後, 令左右漸次改戴雲字披肩隨侍, 然古制似已頓易也".

히 말하는 '담비 가죽으로 만든 와토아貂鼠卧兔兒', '해달 가죽으로 만든 와토아海獺卧兔兒'가 바로 그것이다. 현존하는 그림이나 판각 그림에도 나오기 때문에 그것이 구체적으로 부녀자의 머리 어느 위치에 자리했는지 알 수 있으며, 아울러 주로 장식 효과를 냈을 뿐 방한의 효능은 없었다는 것도 확인할 수 있다. 다만 '소군투昭君套'나 '관음두觀音兜'는 외출할 때 방한용으로 쓰던 모자로 확실히 방한 효과가 있었다. '차미륵遮眉勒'은 노인 여성의 경우 방한을 위해 사용했으나 젊은 부녀자들은 주로 장식용이었다.

『작중지酌中志』「조갑罩甲」조에 보면 이렇게 적혀 있다.

> 조갑罩甲은 좁은 소매의 군복戎衣 위에 입는데, 이것과 작은 띠를 합친 것이 모두 융복戎服, 군복이다. 직조한 금갑金甲은 순수純繡, 쇄수灑繡, 명대 유행한 쇄선수灑線繡, 투풍사透風紗 등이 있으며 등급에 따라 다르다.[6]

또한 명대 가정嘉靖 연간의 학자인 이후李詡는 『계암만필戒庵漫筆』에서 조갑에 대해 이렇게 말했다.

> 조갑은 비갑比甲보다 조금 길고, 겉에 입는 윗도리인 피오披襖에 비하면 짧다. 정덕正德, 1506~1521년 연간에 무종武宗, 주후조朱厚照의 명에 따라 만들었으며, 요즘은 사대부들도 입는 자들이 있다.[7]

회화 작품이나 판각 그림을 보면 조갑의 양식이 매우 다양하며, 짧은 것은 허리까지 내려와 비교적 실용적이며, 남북조시대에 유행하던 양당裲襠과 비슷하다는 것을 알 수 있다. 이 그림에서 총병 제독이 입은 것이 바로 그런 형태이다. 조갑은 어린魚鱗, 쇄자瑣子, 유엽柳葉 등 전체 세 가지 각기 다른 재료를 조합하여 만든다. 길이는 다리까지 내려오며, 아래 명주실로 만든 술을 내려뜨렸으며, 상의에 다양한 문양을 수놓았다. 그림에 나오는 기타 양식은 작은 꽃문양 채색 비단을 사용하거나 『작중지』에서 말한 투풍사를 이용하여 만들기도 했다. 당시 봉건통치자를 호위, 시종하며 위의威儀를 보여주기 위해 입는 것일 뿐 방한용이 아니며, 실제 군사 작전에 활용된 것도 아니다. 다시 말해 실용적인 의미가 없다는 뜻이다. 후대의 배심背心이나 감견坎肩 등 지금의 조끼와 비슷한 복장과 차이가 없다. 다만 시대가 달라 명칭이나 착용하는 계급이나 지위가 다를 뿐이다.

부녀자들이 입는 '비갑'은 명청 시절에 특히 유행했다. 주로 가을이나 겨울에 상용했는데, 여름에도 입었다. 왜냐하면 비갑을 입으면 옷차림의 배색에 도움을 줄 수 있기 때문이다. 명대 유명한 통속소설에 이에 대한 묘사가 적지 않다.

6 『작중지』「조갑」, "罩甲, 穿窄袖戎衣之上, 加此, 束小帶, 皆戎服也. 有織就金甲者, 有純繡, 灑繡, 透風紗不等".

7 이후李詡, 1506~1593년, 『계암만필』, "罩甲之制, 比甲稍長, 比披襖減短. 正德間創自武宗, 近士大夫有服者".

"……위에 흰색 모시白夏布로 만든 저고리를 입고 연분홍도홍桃紅 치마를 입었으며, 남색 비갑을 착용했다."

"……두 사람은 집에 있을 때 은실로 엮어 만든 적계를 쓰고, 살쩍을 노출했으며, 귀에 청보석 귀걸이를 하고 흰 깁사로 만든 저고리를 입고 연분홍은홍銀紅으로 만든 비갑을 입었으며, 주름이 많은 도선 치마를 입었다."

"……녹색 편지금遍地金, 직금금 비갑을 착용하고,……살쩍 뒤에 각양각색의 등롱 모양의 비녀를 꽂았다."

"……붉은색 저고리오襖 위에 검은색 비단 비갑을 착용하고 옥색 치마를 입었으며, 금실로 치장한 한건汗巾을 둘렀다."

"……집에서는 언제나 흰색 은조사銀條紗, 생사와 정련사로 직조한 은빛 견직물로 만든 저고리를 입고, 옅은 황백색 비단에 누금 기법으로 봉황 문양을 넣은 치마合色紗挑綫穿花鳳縷金拖泥를 입었다.……짙은 홍색 초포蕉布, 파초의 섬유로 짠 직물 비갑을 착용했다.……연분홍 비갑을 착용했다일반적으로 양가죽 테두리에 금을 상감했다."

"……위에 연분홍 추사縐紗, 자연스럽게 오글거리는 비단에 백견白絹으로 안감을 넣은 맞깃 저고리를 입고, 옅은 녹색 띠로 테두리를 장식하고 가운데가 금홍색의 비갑을 착용했으며, 흰색 항주 비단으로 만든 화타畵拖 치마를 입고, 분홍색 문양을 넣은 높은 굽의 신발을 신었다."

"……두발은 터부룩하게 돌아 올리고 항주 망사로 감싸 당긴 다음 비취색 매화청매화 모양으로 이마를 장식했으며, 금실을 땋아 만든 비녀와 빗을 꽂고 해달 모피로 만든 와토아를 썼다.……위에는 백릉白綾, 희고 얇은 비단으로 만든 웃옷襖을 입었고, 녹색 편지금으로 만든 비갑을 착용했으며, 아래는 큰 폭의 옅은 황색의 무늬 치마를 입었다."

"……백릉으로 만든 대금 웃옷을 입었고, 침향색짙은 종갈색 편지금직금금으로 만든 비갑을 착용했으며, 옥색 비단에 관란寬襴 치마[8]를 입었다또 다른 비갑은 자색의 편지금으로 만들었다."[9]

현존하는 회화 작품 중에서 부녀자들이 비갑을 입고 있는 모습은 일반적으로 원·명대 사람들이 그린 그림이거나 송대 화가의 원고를 모방한 것이 대부분이다. 그래서 송대 그림으로 알려져 있다. 하지만 실제로 그림이나 조소에 그려져 있는 송대 부녀자들은 주로 대금對襟 선오旋襖

---

8 관란寬襴치마는 오색의 실로 비교적 넓은 도안을 수놓은 치마를 말한다. 관란의 '난襴'은 원래 웃옷과 아래치마가 붙은 것을 말하는데, 고대에 상의와 치마를 연결하여 착용할 당시 연결 부위를 가로로 표시한 것이다. 따라 관란치마는 '난'이 비교적 넓은 치마이다.

9 『금병매』, "……上穿白夏布衫兒, 桃紅裙子, 藍比甲". "……二人家常都戴着銀絲䯼髻, 露着四鬢, 耳邊青寶石墜子, 白紗衫兒, 銀紅比甲, 挑綫裙子."“……綠遍地金比甲,……鬢後挑着許多各色燈籠兒." "……穿着紅襖, 玄色緞比甲, 玉色裙, 勒着銷金汗巾." "……家常都是白銀條紗衫兒, 蜜合色紗挑綫穿花鳳縷金拖泥裙子,……大紅蕉布比甲,……銀紅比甲." "……上穿为銀紅縐紗白絹裏對衿衫子, 豆綠沿邊金紅心比甲兒, 白杭絹畫拖裙子, 粉紅花羅高底鞋兒." "……頭挽一窩絲杭州攢, 翠梅花鈿兒, 金鉀釵梳, 海獺臥兔兒,……上穿白綾襖兒, 綠遍地金比甲, 下着大幅緗紋裙子." "……白綾對衿襖兒, 沉香色遍地金比甲, 玉色綾寬襴裙."

를 입고 있을 뿐 비갑을 착용한 경우가 거의 없다. 원대 그림에도 일부 반영된 것이 있기는 하나 크게 유행한 것은 아니었다. 명대에 들어와 비로소 부녀자들의 복장에서 비갑이 적지 않게 등장한다. 청대에는 집안 부인네들이 추위를 면하기 위해 면으로 만든 긴 배갑背甲을 입고 있는 경우를 제외하고 일반적으로는 거의 입지 않았다. 그러다가 청대 말기에 남자 가령歌伶, 노래하는 예인이 좁은 소매의 장삼 위에 옷깃이 높이 솟아 있는 비파금琵琶襟[10]이라는 짧은 배심背心을 입은 모습이 등장했으며, 면棉, 홑옷과 겹옷이 모두 보인다. 재료는 천아융天鵝絨, 장융漳絨, 장단漳緞, 유리사琉璃紗, 각사刻絲 등등 다양하다. 어떤 경우는 먼저 문양을 직조하여 오려낸 다음 바느질로 봉합하여 곧 바로 입기도 했다. 얼마 후 널리 퍼지면서 크게 유행했다. 또한 구리에 도금한 단추도 유행했는데, 그중에서도 특별하게 제작한 단추는 가운데 자신의 모습을 상감해 넣기도 했다. 이는 해상海上, 상해의 다른 이름의 배우나 기녀들이 처음 만들기 시작한 것 같다. '경양자京樣子, 북경 스타일'도 얼마 후 전국에 유행하기 시작했다. 이는 나랍씨那拉氏 자희태후慈禧太后[11]의 비교적 크고 가격도 비싼 배심背心인데, 궁정에서 문양을 만들어 소주로 보내 직조한 것이다. 적지 않은 문양과 실물이 고궁박물원에 보존되어 있다.

---

10 비파금琵琶襟은 배심背心, 즉 조끼의 일종이다. 소매가 없거나 짧으며, 마갑馬甲 또는 감견坎肩이라고 칭하기도 한다.

11 자희慈禧, 1835~1908년, 효흠현황후孝欽顯皇后, 엽혁나랍씨葉赫那拉氏 출신이며 함풍제咸豐帝의 비빈이자 동치제同治帝의 생모이다. 처음에는 난귀인蘭貴人에서 시작했으며, 동치제가 사망한 후 태황태후太皇太后가 되었으며, 그 다음날 죽었다. 함풍제 이후 실질적인 통치자가 되었다.

157

명대 귀족 남녀

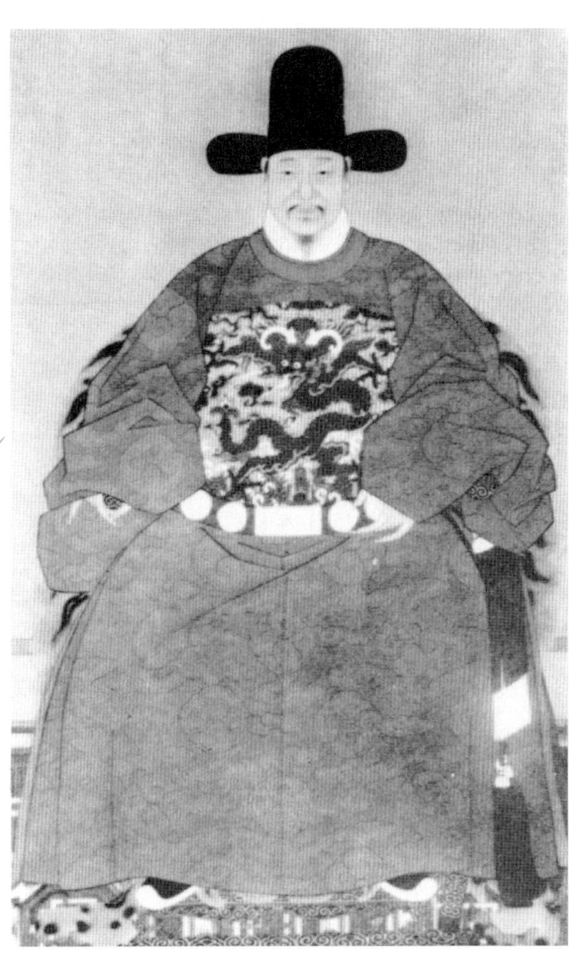

그림222 (명) 기양왕세가岐陽王[1]世家 삼세 조국부인曹國夫人 원씨 화상과 이방진李邦鎭 화상

명대 『기양왕세가문물岐陽王世家文物』 가운데 임회후臨淮侯 이언공李言恭과 조국부인 원씨의 화상이다. 원화는 중국역사박물관에 소장되어 있다. 이 그

1 기양왕岐陽王 이문충李文忠, 1339~1384년은 명 태조의 조카였으나 양자가 되어 주씨가 되었다. 전공을 세워 조국공曹國公에 봉해졌으며, 사후 기양왕에 추서되고 무정武靖이라는 시호를 받았다. 지금의 남경시에 있는 종산鐘山 북쪽에 능묘가 있는데, 명 태조 주원장과 황후의 합장묘인 명효릉明孝陵의 배장묘陪葬墓이다.

림은 원화의 사진이다. 이언공이 입고 있는 옷은 명대 투우보복鬪牛補服[2]이고, 원씨는 과견망복過肩蟒服을 입고 봉관鳳冠을 썼으며, 하피霞帔[3]를 걸쳤다.

명대 문무백관의 공복은 관품이나 등급에 따라 달랐으며, 색깔과 문양도 차이가 있었다.[4] 대관은 홍포紅袍를 입고 중급관리는 청색이나 녹색포를 입었으며, 하급관리는 단색檀色, 살색이나 갈록褐綠 색깔의 포복을 입었다. 문양도 크기가 달랐으며, 하급관리는 아예 문양이 이 당대 원령복과 비슷했으며, 폭이 비교적 넓었다. 이는 원대 남관南官의 복장제도를 답습한 것으로 약간 다를 뿐이다. 관복은 문양 외에도 등급에 따라 각기 다른 모나거나 둥근 보자補子와 흉胸, 배背를 각기 하나씩 사용했다. 보자는 일반적으로 청대의 것보다 약간 커서 시척市尺으로 1척尺 2촌寸에서 1척 5촌 정도였다. 일반적으로 옷감 재봉에 앞서 먼저 직조했다. 고급 문관은 선학仙鶴, 고급 무관은 사자를 문양으로 썼다. 『명사』「여복지」, 『사물감주』, 『신지적초新知摘抄』, 『삼재도회三才圖會』 등에 기록이 나오는데, 간략하게 핵심적인 내용만 간추리면 다음과 같다.

문무관 공복公服 : "반령盤領에 우임右衽 포복으로 저사紵絲나 사라견紗羅絹으로 만들며 소매 폭은 3척이다. 1품에서 4품은 붉은색 비포緋袍이며, 5품에서 7품은 청색짙은 남색, 8품과 9품은 녹포綠袍이고, 9급 18품에 속하지 않는 미입류未入流 잡직관雜職官은 포와 홀笏, 대帶 등이 8품 이하와 동일하다. 공복公服의 무늬로 1품은 대독과화大獨科花, 단일종의 큰 문양로 직경은 5치이고, 2품은 소독과화小獨科花로 직경은 3치이며, 3품은 산답화散答花인데 가지와 잎이 없고 직경은 2치이고, 4품과 5품은 작은 잡화雜花 문양으로 직경 1치 5푼分이며, 6품과 7품은 작은 잡화이고 직경은 1치이다. 8품 이하는 문양이 없다.[5]

2 투우복鬥牛服은 명조 시절 품계에 따른 관복이 아니라 특별한 경우 관원들에게 하사하는 사복賜服이다. 투우복은 규룡이 서로 싸우는 듯한 모양을 수놓은 비단옷으로 주로 일품 관원들에게 하사했다. 물론 파격적으로 그 아래 관원들에게 하사하는 경우도 있었다. 명대의 사복은 문양에 따라 망복蟒服, 비어복飛魚服, 투우복鬥牛服, 기린복麒麟服 등으로 나뉜다.

3 하피霞帔는 명대 한족 부녀자 예복의 일부로 지금의 숄과 비슷하다. 송대 이래로 부녀자의 명복命服의 일부로 백관의 보복補服과 마찬가지로 품급에 따라 장식이나 문양이 달랐다. 하피는 위진남북조시대에 나왔다고 하는데, 수·당대에 크게 성행했다. 이는 당시 도사들이 하피를 법의로 착용하여 도교를 신봉한 황제가 궁중 부녀자들에게 하피를 입도록 했기 때문이다. 송·명대 궁중 여인들도 이를 착용했으며, 신분에 따라 문양을 달리했다. 예를 들어 후궁은 주홍색에 금선으로 용봉 문양을 수놓은 하피를 착용했고, 백관 부인들은 청색의 문양이 없는 하피를 착용했다.

4 명대 문관의 복식은 조복朝服, 제복祭服, 공복公服, 상복常服, 사복賜服 등으로 나뉜다. 예를 들어 기린포麒麟袍는 관리의 조복이다. 대금大襟, 사령斜領, 넓은 소매, 전금前襟의 허리 부분에 주름이 있는 것이 특징이다. 상복은 반령포盤領袍로 가슴과 등 양쪽에 각기 다른 보자補子를 붙여 관품을 구별했다.

5 『명사』「여복지」, "文武官公服, 其制, 盤領右衽袍, 用紵絲或紗羅絹, 袖寬三尺. 一品至四品, 緋袍. 五品至七品, 青袍. 八品九品, 綠袍. 未入流雜職官, 袍笏帶與八品以下同. 公服花樣, 一品, 大獨科花, 徑五寸. 二品, 小獨科花, 徑三寸. 三品, 散答花, 無枝葉, 徑二寸. 四品, 五品, 小雜花紋, 徑一寸五分. 六品, 七品, 小雜花, 徑一寸, 八品以下無紋".

경관京官이 조회에 참석하여 상주하고 물러나거나 외관外官이 새벽에 공좌公座, 공무를 보는 자리에 있을 때는 복두복幞頭服을 입었다. 문관의 상복常服은 보자補子 문양이 관품에 따라 달랐는데, 1·2품은 선학仙鶴과 금계錦鷄, 3·4품은 공작과 운안雲雁, 5품은 백한白鷴, 흰꿩, 6·7품은 노사鷺鷥, 해오라기와 홍안鴻雁, 큰기러기, 8·9품은 황려黃鸝, 꾀고리, 암순鵪鶉, 메추라기, 연작練雀, 때가치 등을 수놓았다. 풍헌관風憲官, 관리의 기강을 감시하는 관원은 모두 해치獬豸를 사용했다. 기린麒麟을 수놓은 복장은 1품 사복賜服이었다. 무관의 상복 문양은 1·2품은 사자, 3·4품은 호랑이虎豹, 5품은 곰웅비熊羆, 6·7품은 표범彪, 8·9품은 무소서우犀牛와 해마海馬 등이며, 의빈儀賓은 무관과 같다.[6]

음력 11월, 날씨가 추워지면 황제가 조회에 참석하는 백관들에게 방한용 귀마개인 난이暖耳를 하사했으며, 일반적으로 여우 모피로 만들었다. 양쪽 귀 부분만 가린 것으로 후대 귀덮개耳帽套와 비슷하다. 또한 사모紗帽 전체를 덮는 것도 있었다. 난이暖耳를 하시한 것에 관해서는 환관 유약우가 쓴 『작중지』에 기록되어 있다. 평민들은 이를 사용할 수 없었다.

망복蟒服은 황제가 특별히 하사하는 복식으로 여러 가지 다양한 명칭이 있다. 당시 상층 관료들의 남녀 의복의 명칭이나 재료 및 비단의 다양한 품종 등에 대해 가장 상세하게 기록한 책은 흥미롭게도 명대 권신이었던 엄숭嚴嵩[7]의 재산을 몰수하여 그 세목을 기록한 저책底册, 재산목록을 적은 원장元帳, 원부原簿인 『천수빙산록天水冰山錄』이다.

수많은 사주絲綢, 채색 비단, 피륙匹頭 및 상의와 치마 중에서 금실로 문양을 넣은 것만 수백 종이었으며, 부녀자들이 쓰는 머리 장식이나 남자들이 특히 중시하는 요대腰帶도 값을 헤아릴 수 없을 정도로 비싼 것들이었다. 또한 당시 정가로 환매할 수 있는 일반 사직물이 수없이 많았는데, 우선 피륙은 온갖 다양한 색깔의 개기改機[8]를 비롯하여 남경南京, 조주潮州, 노주潞州, 온주温州, 소주蘇州, 운주雲州의 소주素綢, 제화提花하지 않은 비단, 각색各色의 가흥嘉興, 소주, 항주, 복주, 천주 등의 견絹, 각색의 송강松江 토릉土綾, 각색의 주름진 깁사縐紗, 각색의 운소사雲素紗, 각색의 사포絲布와 생사견生絲絹, 각색의 크고 작은 능棱 토면포土棉布, 각색 쇄백曬白, 괄백저刮白苧, 갈포葛布, 각색 모갈毛褐, 각색 연광령견碾光領絹, 이외에 서양포西洋布도 있음[9] 등이었다. 옷깃은 각색 중고반구半舊 금사로 문양을 넣은 직금원령織金

6 저자는 의빈을 찬례관으로 본 것 같다. 하지만 의빈은 관직명이 아니라 종실의 친왕親王이나 군왕郡王의 사위를 칭하는 말이고 찬례관은 궁중의 전례나 제사 등을 관장하는 관직이다.

7 엄숭嚴嵩, 1480~1567년은 명조 중엽 20여 년간 국정을 좌지우지한 권신으로 명조 6대 간신 가운데 한 명으로 칭해질 정도로 부정부패가 심했던 관리이다. 말년에 그의 아들을 포함한 그의 당파가 모조리 참살되었으나 그는 죽음을 면하고 가산을 몰수당했다.

8 개기改機는 명대 쌍층 자카드 직물이다. 염색한 명주실로 짠 평직의 얇고 도드라진 견직물이다. 명대 홍치弘治, 1488~1505년 연간에 복건 복주福州 출신 직공 임홍林洪이 기존의 5층 방직기를 4층으로 개량하여 신제품을 만든 것이라고 하여 기계를 고쳤다는 뜻에서 '개기'라고 부른다.

9 몰수한 물품 중에는 고려 저포 28필, 서양 홍백면포 8필도 포함되어 있다. 단, 견, 능, 라, 사, 주, 융, 면, 포 등 전체 피륙이 14,331점이었다.

圓領, 각색의 단緞, 나羅, 견絹, 사紗, 사絲, 포布 등으로 만든 원령圓領등이고, 이외에도 각색의 단사緞紗 친파襯襬, 각색의 단, 견, 능綾, 주綢, 융絨, 양털, 갈褐, 갈포로 만든 남녀 의복과 각색의 사라紗羅, 사絲, 포로 만든 남녀 의복, 그리고 각색의 신품이거나 중고품新舊인 금錦, 단緞, 견絹, 사紗로 만든 장만帳幔, 휘장과 이불, 솜으로 만든 요서욕絮褥, 각색의 신구 금錦, 단緞, 호虎, 호랑이가죽, 표豹, 표범가죽으로 만든 좌욕坐褥, 깔개, 각색의 금錦, 단緞, 견絹으로 만든 보자기포복包袱 등이다. 이는 옷감이나 의복 등만 간추려 열거한 것일 뿐 이외에도 금은보석과 금은 기물, 노리개, 장식물 등도 어마어마하게 많았다. 당시에는 위아래 할 것 없이 부정부패가 기승을 부리던 시절인지라 관직이 높으면 높을수록 부정과 부패가 더욱 심했다. 당시 조정에는 물자를 보관하는 대규모 창고가 10군데 있었는데, 특별히 장물을 보관하는 장벌고贓罰庫를 만들어 황친국척皇親國戚이나 문무 고급관리들의 장물을 별도로 보관했다.

현존하는 명대에 판각한 불경의 겉표지 가운데 금사를 넣은 비단이나 채색 비단으로 제작한 것이 거의 1만 개나 되는데, 그 중에 대부분 또는 적어도 일부분은 장벌고에 보관하고 있던 비단을 전용한 것일 가능성이 크다. 왜냐하면 『작중지』에서 명대 궁중에 문자주로 비단의 명칭가 적혀 있는 화금花錦, 채색 문양이 있는 비단이 있다고 하면서 계절에 따라 금호金虎, 옥토玉兔, 화시花紗 등의 특별한 명칭을 썼다고 했는데, 이러한 명칭이 불경의 겉표지에서 모두 발견되고 있기 때문이다. 또한 등롱경燈籠景, 오독五毒, 추천秋千[10] 및 『천수빙산록』에 기록된 각종 명칭의 사계절용 사직품도 불경 겉표지에 사용된 사직물을 통해 확인되고 있다.

정릉定陵, 만력제의 능묘에서 출토된 남녀 의복과 피륙 170여 점과 각지에 산재한 명대 초기 번왕藩王 능묘에서 출토된 의복과 피륙 등을 통해 명대 관복은 배색이 일반적으로 짙은 정색正色이고, 금실로 문양을 넣은 직물의 편금片金과 염금撚金이 모두 비교적 굵으며편금이 대부분이다, 금색은 적색赤色을 띠어 청대의 것과 확실하게 다르다는 것을 알 수 있다. 가는 실선을 잘라 만든 것은 '명금明金' 또는 '누금縷金'이라고 하고, 금실을 꼬아 만든 것은 '염금撚金'이라고 하는데, 이 두 가지를 병칭하여 '양색금兩色金'이라고 한다. 북송의 의복 가운데 금실로 치장한 것은 종류가 18가지인데 왕영王楙의 『연익이모록燕翼貽謀錄』에 기록되어 있다. 명대에는 종류가 크게 늘어나 호시胡侍의 『진주선珍珠船』[11]에 기록된 것을 보면 33종이나 된다. 수를 놓을 때 사용한 것은 그 중에 일부분일 따름이다.

---

10 등롱경燈籠景은 정월 대보름에 입는 의복의 옷감을 말한다. 정월 대보름에 등롱을 다는 풍속이 있기 때문이다. 오독五毒은 오월에 입는 의복의 옷감이다. 독성을 가진 지네, 독사, 두꺼비, 전갈, 도마뱀 등을 오독이라고 하는데, 오월 단오에는 이런 문양을 넣은 보자의補字衣를 입는다. 추천秋千, 그네은 삼월 청명절에 입는 의복의 옷감이다. 삼월 청명절에는 그네 문양이 들어간 보자의를 입는다.

11 호시胡侍, 1492~1553년, 명대 학자이자 문인이다. 『진주선珍珠船』은 경전, 사서 및 소설가들의 이야기를 잡다하게 모은 책이다. 진주를 가득 실은 배처럼 소중한 의미를 담았다고 했으나 기이한 괴담이 많고 고증이 제대로 되지 않아 오류가 적지 않다는 평가를 받았다.

명 〈헌종憲宗 행락도〉에 나오는 잡극인, 내감內監, 궁녀와 제왕

그림223 (명) 궁정의 새해맞이 연희를 하고 있는 잡기雜技 예인(〈명헌종원소행락도〉)

〈명헌종원소행락도明憲宗元宵行樂圖〉 모사본이며, 원화는 중국역사박물관에 소장되어 있다.

긴 두루마리 채색화로 궁정의 정원이나 담장 등 건물 배경이 상당히 구체적이고 색깔도 비교적 두텁게 칠했다. 명대 궁정을 주제로 한 회화 작품 가운데 비교적 사실에 가까운 그림이다. 내용은 궁정에서 새해맞이를 하는 모습이다. 민간의 풍속을 모방하여 등롱燈籠을 달고 오색 천으로 장식했으며, 오산등붕搭鰲山燈棚[1]을 만들고, 폭죽놀이연화烟火, 화포花砲를 하는 모습이 보이고, 사자춤을 추며, 여러 가지 희문戱文과 온갖 잡기를 공연하는 모습도 보인다. 또한 송대의 방물장수처럼 잡다한 물건을 파는 장사치가 손수레를 끌며 작은 완구나 장식 초롱, 폭죽 등을 팔고 있다. 유독 스스로 '고孤' 또는 '과寡, 과인'이라고 칭하던 황제만은 정말로 고독하기 이를 데 없는 모습이다. 그는 옅은 황토색 저황포赭黃袍를 입고 기름을 칠한 황색 비단으로 만든 휘장 아래 보좌에 앉아 있다. 돌난간에 기대어 있거나 멀리 떨어진 곳에서 시립하고 있는 비빈이나 자녀들은 궁중에서 벌어지는 새해맞이 행사를 구경하고 있다.

구중궁궐의 단조롭고 메마르며 음침한 생활의 일면을 보여주는 한편 4, 5백 년 전 도읍지나 민간에서 새해를 맞이하는 풍속의 면면을 보여주고 있기도 하다. 오산등붕을 설치한 패루에는 여덟 명의 신선이 장수를 축원하는 등燈을 들고 있는 모습이 보인다. 오산등붕 앞 정중앙 빈터에서 긴 장대 위에 사람이 올라가 연희를 하고 있다. 등을 갖고 노는 모습 중에는 땅에서 굴러다니는 곤등滾燈[2]도 보인다. 악사 중에는 활을 가지고 쟁箏을 켜는 이도 있다. 예인들은 '삼전여포三戰呂布'[3]를 공연하고 있는데, 종이로 만든 말 등馬燈을 타고 창을 휘두르고 있다. 또한 '백만진보百蠻進寶'[4], "월명 화상이 유취를 제도하다月明和尙度柳翠"라는 제목의 희문戱文 등도 보이는데, 이는 잡서雜書의 기록에 나오기는 하지만 〈명헌종원소행락도〉처럼 실제 그림이 나오는 경우는 거의 없었다. 당연히 이런 그림은 당시 사회 생활사를 이해하는 데 큰 도움을 준다삽도 140.

『명궁사』의 기록에 따르면, 궁중의 의복은 절기에 따라 사라紗羅, 저사紵絲 등으로 만든 것을 갈

---

1 원주 현존하는 그림 중에서 오산등붕을 가장 구체적으로 묘사한 것이다. 역주 오산등붕은 여러 개의 등롱을 매달아 울타리처럼 만든 것이 마치 거대한 바다거북巨鰲, 또는 자라처럼 생긴 산과 같다는 뜻이다. 그림에 보면 소나무나 측백나무 가지에 등불을 매달아 마치 울타리를 친 것처럼 보이며, 그 사이에 '팔선'이 돌아다니는 모습이다. 다만 아쉽게도 본서의 그림에는 오산등붕이 보이지 않는다.

2 곤등滾燈은 민간 예술 가운데 하나로 지역마다 다양한 형태로 연희된다. 예를 들어 절강, 청해, 해염海鹽 등지에 곤등 놀이가 있다. 외관은 둥근 공처럼 생겼으며, 그 안에 등불이 있다.

3 삼전여포三戰呂布는 『삼국연의』에서 유비, 관우, 장비가 여포와 싸워 승리한 이야기를 말한다. 제후 연합군이 동탁을 토벌하기 위해 출전했을 때 여포가 호뢰관虎牢關을 나와 연합군의 장수들을 연달아 격파했다. 이에 장비가 출전하여 그와 맞섰는데, 유비와 관우가 합세하여 마침내 여포를 물리쳤다. 이후 희극 소재로 활용되어 크게 유행했다.

4 백만진보百蠻進寶는 사방팔방의 온갖 이족들이 보물을 진상하기 위해 행진하는 모습이다. 이와 유사한 말로 '팔만진보八蠻進寶'가 있다.

아입어야 하며, 기일 또한 정해져 있었다. 정월이 되면 궁궐 황제와 비빈들이나 내신內臣들은 반드시 '호로경胡蘆景' 보자補子를 붙인 망의蟒衣를 입고, 새해 첫날에는 "모두 요아鬧蛾, 나비 모양으로 만든 머리 장식품를 머리에 찼는데, 풀이나 벌레, 나비 모양이다."봄맞이를 상징한다 정월 보름 원소절에는 모두 '등경燈景'을 수놓은 보자의補子衣를 입었다.[5] 오월에는 '오독애호五毒艾虎'[6] 보자를 붙인 망의蟒衣를 입었고, 칠월칠석에는 '까치 다리鵲橋'를 수놓은 보자를 입었다.[7] 구월 중양절에는 '국화' 보자를 붙인 망의를 입었고, 십일월에는 '양생陽生' 보자를 붙인 망의를 입었다. 이 그림은 채색 그림으로 오색이 선명하지만 헌종 시절에 그려진 것이기 때문에 이후에 생겨난 이러한 생생한 문양은 볼 수 없다. 이에 반해 내감(환관)이나 궁녀의 의복은 상대적으로 소박하고 문양이 많지 않았다. 또한 궁궐 모퉁이에 돛대처럼 높은 구조물 위에 여러 개의 등구燈球를 매단 것이 보이는데, 이는 다른 그림에서 거의 볼 수 없는 장면이다.

그림에 나오는 황제, 비빈, 궁녀, 어린아이, 궁감환관 및 방물장수나 잡극인 등의 옷차림은 명대 판화에 나오는 궁정이나 민간의 의복 형태와 다르며, 일반 회화 작품에서도 이런 모습은 보기 드물다. 황제는 자황포柘黃袍[8]를 입었는데, 허리 부위가 약간 들어가고 무릎까지 내려오는 것으로 보아 원대 변선오자辮綫襖子와 같은 양식이다. 원대 양식의 삿갓 형태의 회모盔帽를 쓴 것으로 보아 평상복에 가까운데 이 역시 모두 원대 양식이다. 비빈이나 궁녀가 쓰고 있는 뾰족한 형태의 모자도 여진족 부녀자들이 주로 쓰는 건과巾裹, 두건의 일종와 비슷하며, 좁은 소매에 긴 치마를 입고 허리 부위를 졸라매어 주름을 잡았으며, 치마 아래쪽은 넓게 펼쳐지게 만들었다. 아마도 치마 안에 둥글고 긴 조각을 붙여 형태를 유지할 수 있도록 한 것 같다. 이는 명대 일반 복식과 크게 다르며, 오히려 『대금국지大金國志』에 나오는 여진족 부녀자의 복장과 비슷하다. 방물장수나 잡극예인 등이 쓴 두건도 원대 사람들이 주로 쓰는 형태로 명대 사람들이 주로 쓰던 육합모가 아니다. 건자巾子, 두건은 원대 양식인 원과諢裹이다. 기록에 따르면, 궁정에 잡극이나 잡기 예인들을 불러들인 것은 민간의 새해맞이 풍속을 그대로 재현하기 위함이다. 물론 이는 황제를 위한 행사였다. 인원이 많게는 7백 명에 이를 정도로 성대했으나 가정, 만력 연간에 이르러 약간 줄어들었다고 한다.

고궁故宮, 고궁박물원에는 이외에도 명대 선종의 행락 모습을 그린 〈명선종행락도明宣宗行樂圖〉 두루마리 그림이 보관되어 있다. 그림에 보면 황제

5 〈원주〉『명사』에 따르면, 3월 청명절에는 '추천秋千' 보자의를 입었다.

6 애호艾虎는 쑥으로 만든 호랑이 형상이다.

7 〈원주〉『명사』에 따르면, 팔월 중추절에는 '천선天仙', '옥토끼玉兔'를 수놓은 보자의를 입었다.

8 자황포柘黃袍는 산뽕나무 껍질에서 채취한 황색 염료로 염색한 황포皇袍로 수나라 문제가 처음 입었다. 저자는 본문에서 황제가 저황포赭黃袍를 입었다고 했는데, 이는 갈청광이라는 광물 염료로 염색한 황포이며, 색깔은 붉은 기운이 감도는 홍갈색이다. 실제 그림을 보면 옅은 황색이니 자황포가 맞는 듯하다.

그림224 (명) 궁정 잡기 예인, 궁녀, 태감 및 모자 꼭지에 보석이 달리고 챙이 큰 입모大檐笠子를 쓴 황제(〈명헌종원소행락도〉)

와 몇 명의 내감이 활쏘기나 투호投壺, 타구打毬, 말을 타고 하는 공놀이 등을 하는 모습이 그려져 있다. 또한 명대 상희商喜가 그린 커다란 두루마리 그림인 〈금회도琴會圖〉를 보면 사람이나 말이 실물의 절반 정도의 크기로 그려져 있다. 일군의 문사 금객琴客들이 평복에 준마를 타고 있으며, 그 뒤에 금동琴童, 거문고를 들고 있는 시동이 따라가는 모습이다. 그림에는 늙은 태감과 화려하게 치장한 인물과 말도 보인다. 또한 준마에 단정하게 올라 탄 제왕도 나온다. 중국역사박물관에는 만명 시절 북경의 번화한 풍경을 그린 〈황도적성도皇都積盛圖〉[9]가 소장되어 있으며, 명대 남경의 번화한 모습은 개인이 소장하고 있는 〈남도번회도南都繁會圖〉에 잘 묘사되어 있다. 이러한 도회지를 묘사한 그림에는 잡극 연희집단의 다양한 공연은 물론이고 대각臺閣, 남녀 아동들이 화려하게 치장한 작은 간이 무대에서 연희하는 민간연희의 일종이나 고교高蹺, 긴 막대 위에 발을 묶고 돌아

9 〈황도적승도皇都積勝圖〉의 오기한 듯하다. 〈황도적승도〉는 세로 32cm, 가로 2,182.6cm에 달하는 매우 긴 두루마리 그림이다. 명대 중, 후기 북경성의 번화한 승경勝景을 잘 표현하고 있다. 그림은 북경 남서쪽 교외에 있는 노구교盧溝橋에서 광녕문廣寧門, 지금의 광안문廣安門을 지나 북경 내성의 남문인 정양문正陽門, 전문前門의 기반가棋盤街를 비롯하여 대명문大明門, 승천문承天門, 천안문天安門, 황궁 등의 풍경을 그렸으며, 북쪽으로 거용관居庸關까지 그렸다.

다니는 죽마놀이 등 각종 오락성 유희 등이 그려져 있으며, 일반 소시민들이 길가나 건물 위에서 구경하며 즐거워하는 모습도 잘 묘사되어 당시 사회를 현실적으로 반영하고 있다. 이렇듯 당시에는 궁정 생활이나 도회지의 모습과 민간 풍속을 주제로 삼은 회화 작품이 상당히 유행했음을 알 수 있다. 내용은 궁정에 제한되지 않고 명대 사회의 다양한 일면을 반영하고 있다. 다만 이처럼 대작에 속하는 두루마리 그림은 주로 궁정 화가들이 통치자의 수요에 부응하여 제작한 것이기 때문에 명대 사회의 진실한 풍속이나 인정을 담고 있기는 하되 '국태민안國泰民安'을 돋보이게 하려는 의도에서 완전히 벗어날 수 없었다. 또한 사실적인 묘사의 기술적 한계로 인해 예술적 성취 또한 일정한 한계가 있었다.

명대 궁정 내신內臣의 일반적인 복장을 살펴보면, 특별한 명칭이 많이 보인다. 예를 들어 상의의 경우 '예살曳撒', '원령친파圓領襯襬', '직신直身', '대습大褶', '순습順褶', '색의色衣' 등이 있고, 관모官帽에는 '강차모剛叉帽', '연돈모烟墩帽', '원모圓帽' 등이 있으며, 두건은 '사과편砂鍋片'이 있다. 또한 궁문을 출입할 때 허리에 차는 요패腰佩는 '아패牙牌'와 '오목패烏木牌'가 있고, 머리 장식품으로 머리 정중앙에 한 개를 꽂는 '탁침鐸針'과 양쪽에 대칭으로 꽂는 '지개枝箇'와 '도장桃杖'이란 것도 있다. 그 사용 재료나 만드는 방법 등은 유약우가 저술한 『작중지』에 비교적 상세하게 실려 있다. 다만 이 그림은 시대적으로 늦은 시기에 제작되었기 때문에 그림에 나오는 궁감이나 궁녀들의 옷차림과 비교 인증하기 어려우며, 서로 비슷한 것도

삽도140 (명) 원소절의 등놀이 모습을 그린 목각본

찾기 힘들다. 다양한 명칭의 옷차림이 어떻게 발전했으며, 같거나 다른 점은 무엇인지 확인하려면 일련의 다른 형상 자료를 기다려야만 할 것이다. 근년에 남북 각지에서 남녀 목제 도용이 대량으로 출토되었는데, 이를 시대에 따라 전후로 배열하여 심도 있게 분석해보면 비교적 구체적이고 확실한 이해가 가능할 것이다.

명대 황제와 황후의 금관

그림225 (명) 금관(정릉定陵 출토)

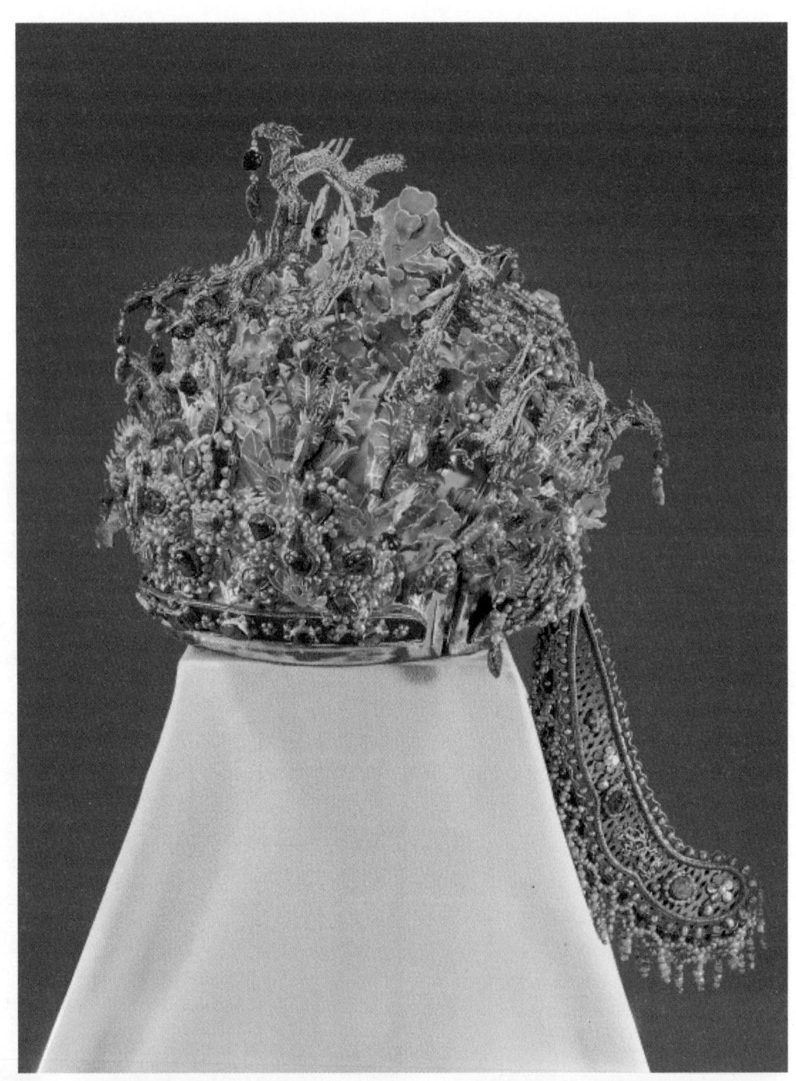

그림225(계속)
(명) 보석구슬을 상감한 금봉관金鳳冠(정릉 출토)
(명) 명대 익장왕益莊王 금비녀(금채金釵)

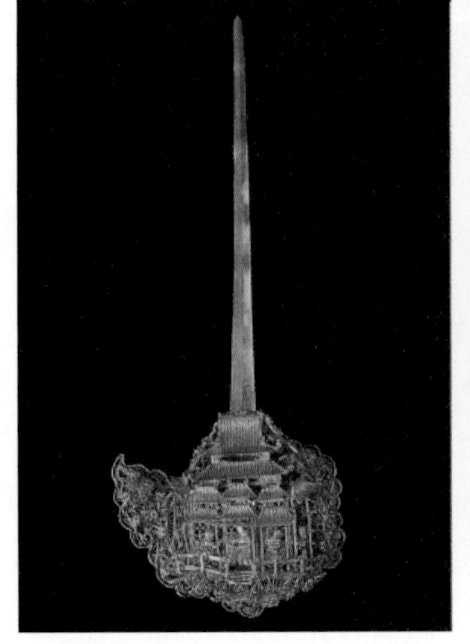

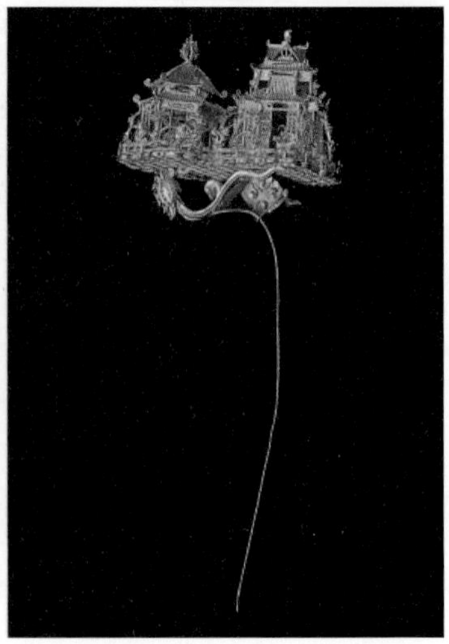

북경 교외에서 발굴된 명대 만력제의 능묘인 정릉에서 출토되었으며, 실물은 정릉박물관에 소장되어 있다.

명대 봉건 제왕은 다른 조대의 제왕들과 마찬가지로 백성들에게 극히 잔인하고 무정했으며, 생전에 백성들의 고혈을 빨아 극도로 사치스럽고 황음무도한 삶을 살았으며, 사후에는 대량의 귀하고 값비싼 기물을 순장 용도로 사용했다. 본절에서 나오는 황제와 황후의 금관은 해방 이후 중화인민공화국 건립 이후 명대 만력제와 황후의 합장묘인 정릉을 발굴할 당시에 출토된 유물이다. 보존상태가 매우 좋기 때문에 이를 통해 당시 금관의 제작 방법이나 규격, 공예 기술 등을 알 수 있다.

황제가 사용한 금관은 원래 송대 사람의 절상건折上巾에 관한 기록을 참조한 것인데, '절상'이란 두 글자의 함의를 오해하여 가느다란 금실로 그물처럼 망을 편직해서 만들고 원래 아래로 내려뜨려져 있는 두 개의 두건 띠를 위로 올려 쌍룡이 보물여의주을 물려고 달려드는 형태로 만들었다. 황후의 봉관鳳冠은 위에 주보珠寶를 상감했으며, 뒤편에 비취색 부채 모양으로 마치 위로 치켜 올라간 잎사귀처럼 생긴 시엽翅葉 여러 개를 내려뜨렸다. 이는 송대 황후 그림에 나오는 등견관等肩冠의 양식과 완전히 같다. 명대 만력제 황후의 화상에도 이와 같은 봉관이 보이는데, 평면적인 화면이기 때문에 건릉에서 발견된 실물을 통해 보다 구체적으로 확인할 수 있다. 『명사』「여복지」에 제후帝后의 관복에 대한 상세한 기록이 나오고, 몰수한 장물 목록인 『천수빙산록』에도 금은 화관의 명칭과 중량 등이 적혀 있다. 하지만 실물이 없었다면 보다 분명하게 알기 힘들었을 것이다. 예를 들어 '왕모대王母隊'라고 부르는 금봉관의 경우 실물을 보지 않았다면 가느다란 금실로 악무를 즐기는 110명의 신선들이 누각 앞에 나열하여 서왕모西王母에게 축수하는 광경을 묘사했다는 것을 알 수 없었을 것이다.

명대는 가느다란 금실로 상감하는 기술이 특히 발전하여 장식품에 많이 사용되었다. 남자의 경우 제왕 외에도 금관을 사용하는 경우가 적지 않았는데, 해방 이후 절강성에서 몇 가지 금관이 발굴된 적이 있다. 형태는 비교적 작아 약 3,4치 정도이며, 권량卷梁이 있고, 정수리에 틀어 올린 상투 위에 착용한 것이 도관道冠의 모습과 비슷하다백옥으로 만든 것도 있다. 하지만 당시 금관은 엄격하게 규제하여 아무나 쓸 수 없었다. 그래서 『명사』에 기록된 바와 같이 장거정張居正이 재산을 몰수할 때 금관이 나오자 범죄의 증거로 삼았던 것이다. 하지만 사실 황제의 은총을 입은 신하나 태감의 경우 황제보다 더 화려한 금관을 쓰기도 했다. 이는 유약우의 『작중지』 기록에도 나온다. 예를 들어 20여 년간 재상을 역임한 엄숭嚴嵩이 이후 가산을 몰수당했을 때 일체 토지와 재산 목록을 기록한 『천수빙산록』을 보면, 금으로 만든 기물이 3천여 점이고, 금에 주보를 상감한 기물이 367점, 이외에 훼손된 것이 253점으로 전체 3천 8백여 점이다. 또한 금 바탕에 주옥珠玉

을 상감한 머리 장식품이 23벌로 낱개로 따지면 284개이고, 금에 주보를 상감한 것은 159벌에 1,803개이다. 머리 장식품 한 벌마다 중량을 적어놓았는데, 가장 무거운 것은 한 벌에 39냥, 대략 2근 반이다. 이외에도 머리를 묶는 데 사용하는 두고頭箍, 위계圍髻, 귀걸이인 이환耳環, 이추耳墜, 가슴에 매다는 장식물인 추령墜領과 추흉墜胸, 치마에 매다는 금보禁步와 옷자락에 매다는 금칠사金七事와 금사사金四事 등등이 적혀 있다. 금이나 옥으로 만든 비녀가 3백여 점이고 이외에 잡다한 머리 장식품이 3백여 개였다. 금옥이나 주옥으로 만든 조환絛環, 끈을 달아 착용하는 둥근 장식품이 2백여 점이고, 조구絛鉤는 60여 점이었다. 이상 전체 3천 9백여 점이다. 남녀가 사용하는 금옥, 주보 띠도 3백여 개나 된다. 이외에 잡다한 보석 기물은 포함되지 않았다.

남녀가 사용한 금관이나 주보관珠寶冠은 명칭도 다양하다. 예를 들어 '금상옥선옥토金廂玉仙玉兔'는 달에서 상아嫦娥가 노니는 모습일 것이고, '금대주팔선金大珠八仙'은 금과 주옥으로 상감한 여덟 명의 신선이 축수하는 모습일 것이다. 또한 '금상대봉유해희섬金廂大鳳劉海戲蟾'이나 '금상누각군선金廂樓閣群仙', '금상왕모봉수감주보金廂王母捧壽嵌珠寶' 등등은 여러 신선이 장수를 축하하는 가운데 수십 명의 여악이 음악을 연주하고, 뒤편에 여러 누각이 배경이 되는 모습일 것이다. 근년에 강서성의 명대 번왕 분묘에서 금으로 만든 머리 장식품이 출토되었는데, 누각은 1촌, 사람은 겨우 1푼의 크기였다. 구조가 복잡하고 공예 기술이 정교하여 그림에 나오는 황후의 금관이 크게 못 미칠 정도였다.

『명사』 권308 「간신전」에 실려 있는 「엄자세번嚴子世蕃」조에 따르면, "엄숭의 자산을 몰수하여 장부에 적었는데, 황금이 3만여 냥, 백금은이 2백여만 냥이다……" 또한 명대 낭영郎瑛의 『칠수류고七修類稿』 권13 「유주화재劉朱貨財」조에는 이런 내용이 적혀 있다.

> 정덕 연간에 앞에는 중관中官 유근劉瑾, 뒤에는 지휘指揮 주녕朱寧이 권력을 전횡했다. 가산을 몰수하여 장부에 적은 것은 다음과 같다. 유근은 금 24만 정錠, 금화 50냥에 다시 금화 5만 7천 8백 냥, 원보元寶, 은 5백만 정, 은화 8백만에 다시 158만 3천 6백 냥. 보석은 두 말, 금갑金甲, 갑옷은 두 벌, 금구金鉤, 고리는 3천 개, 옥대는 4,162개, 사만대獅蠻帶, 사자나 만왕蠻王 문양으로 장식한 옥대玉帶 2개, 금은金銀 탕고湯鼓, 기물 명칭 5백 개, 망의蟒衣 470벌.……팔조금룡회갑八爪金龍盔甲, 투구와 갑옷 3천 벌,……이상 금金 도합 1,205만 7,800냥, 은 2만 5,958만 3천 6백 냥. 주녕은 금 70짐강扛 도합 10만 5천 냥, 은 490짐 도합 499만 냥. 쇄금碎金, 금싸라기 4상자, 쇄은碎銀 10상자궤櫃. 금은 탕고 400개, 금 장신구 511상자, 진주 2상자궤. 금은 대잔臺盞, 받침이 있는 잔 420벌……[1]

1 낭영郎瑛, 『칠수류고』 권13, "正德間, 前有中官劉瑾, 後有指揮朱寧, 皆擅主權, 及籍家资, 劉瑾計有金二十四萬錠, 又五萬七千八百两. 元寶五百萬錠, 銀八百萬, 又一百五十八萬三千六百两. 寶石二斗. 金甲二, 金鉤

엄숭 집안에 몰수한 금은 기물은 이처럼 엄청났지만 사실 당시 내감이었던 왕진王振[2]이나 총신寵臣 강빈江彬과 전녕錢寧[3] 등이 탐욕스럽게 긁어모은 재물에 비할 수 없었다.

명대 만력 연간의 통속소설『금병매』에도 당시 민간에서 사용했던 금은 장신구 110여 종의 명칭을 언급한 대목이 나오는데, 이는 당시 금은 공예의 발전을 반영하는 것이기도 하다. 일부를 살펴보면 다음과 같다.

> 기러기가 갈대를 물고 있는 고안함로孤雁銜蘆, 두 마리 물고기가 수초를 희롱하는 쌍어희조雙魚戲藻, 모란을 교묘하게 상감한 비취를 금으로 장식한 모란교감취함금牡丹巧嵌翠含金, 묘안석으로 만든 비녀에 화염 문양이 있는 묘안채두화염랍貓眼釵頭火燄蠟 등이 있고, 또한 사자가 자수로 만든 공을 갖고 노는 사자곤수구獅子滾繡球, 낙타가 진상할 보물을 등에 짊어지고 있는 낙타헌보駱駝獻寶도 있었다. 만관滿冠에 광한궁廣寒宮을 장식하고, 엄빈掩鬢에 도원경桃源境을 장식한 비녀도 있었다. 좌우 위발圍髮, 두발 장식물의 일종은 길상吉祥의 여지荔枝를 대충으로 장식했다. 앞뒤에 있는 분심分心은 관음보살이 연화좌蓮花座에 앉은 모습을 새겼다. 또한 겨울에 참새들이 매화 사이로 노니는 모양의 장식물도 있고, 외로운 난새가 봉황을 희롱하는 장식물도 있다. 이는 끈이 달린 고리 장식으로 평안을 기원하는 조모록祖母綠, 외국에서 수입한 짙은 녹색 보석으로 한 냥이 황금 수백 냥의 값어치가 있었다으로 만든 것이며, 모자 꼭대기에는 부처의 머리를 상감한 불두청佛頭青, 짙은 남색의 보석도 있었다.[4]

인용문을 통해 당시 금은 장신구 공예가 얼마나 발전했는지 알 수 있다. 원·명대 통속 읽을거리 가운데『쇄금碎金』은 남방과 북방의 조금씩 다른 장신구에 관해 비교적 상세하게 기록하고 있는데, 그 가운데 일부는 명대에 이르러 더 이상 사용되지 않았다.

三千. 玉帶四千一百六十二束, 獅蠻帶二束. 金銀湯鼓五百. 蟒衣四百七十袭.……八爪金龍盔甲三千.…… 以上金共一千二百五萬七千八百两, 銀共二萬五千九百五十八萬三千六百两. 朱寧計有金七十扛, 共十萬五千兩 ; 銀二千四百九十扛, 共四百九十九萬两. 碎金四箱. 碎銀十櫃. 金銀湯鼓四百. 金首飾五百十一箱. 珍珠二櫃. 金銀台監四百二十副,……".

2 왕진王振은 명나라 제6대 영종 주기진朱祁鎭, 1427~1464년 시절 전횡을 일삼은 환관이다.

3 전녕錢寧과 강반江彬은 명나라 제10대 무종武宗 주후조朱厚照, 1491~1521년가 총애한 간신이다. 명대 황제 중에서 황음무도하여 4대 암군暗君으로 칭해졌던 무종은 태자 시절 동궁 환관이었던 유근劉瑾 등을 신뢰하여 그들의 전횡을 묵인했다. 그래서 세상 사람들은 유근을 포함한 여덟 명의 환관을 일러 여덟 명의 호랑이八虎라고 불렀다.

4 『금병매』 제90회, "孤雁銜蘆, 雙魚戲藻. 牡丹巧嵌翠含金, 貓眼釵頭火燄蠟. 也有獅子滾繡球, 駱駝獻寶. 滿冠擊出廣寒宮, 掩鬢擊出桃源境. 左右圍髮, 利市相對荔枝叢. 前後分心, 觀音盤膝蓮花座. 也有寒雀争梅, 也有孤鸞戲鳳. 正是絛環平安祖綠, 帽頂高嵌佛頭青".

160

명대 비단사주紗綢

그림226 (명) 청색 바탕에 모란꽃 문양에 금을 입힌 비단(『중국사주도안中國絲綢圖案』)

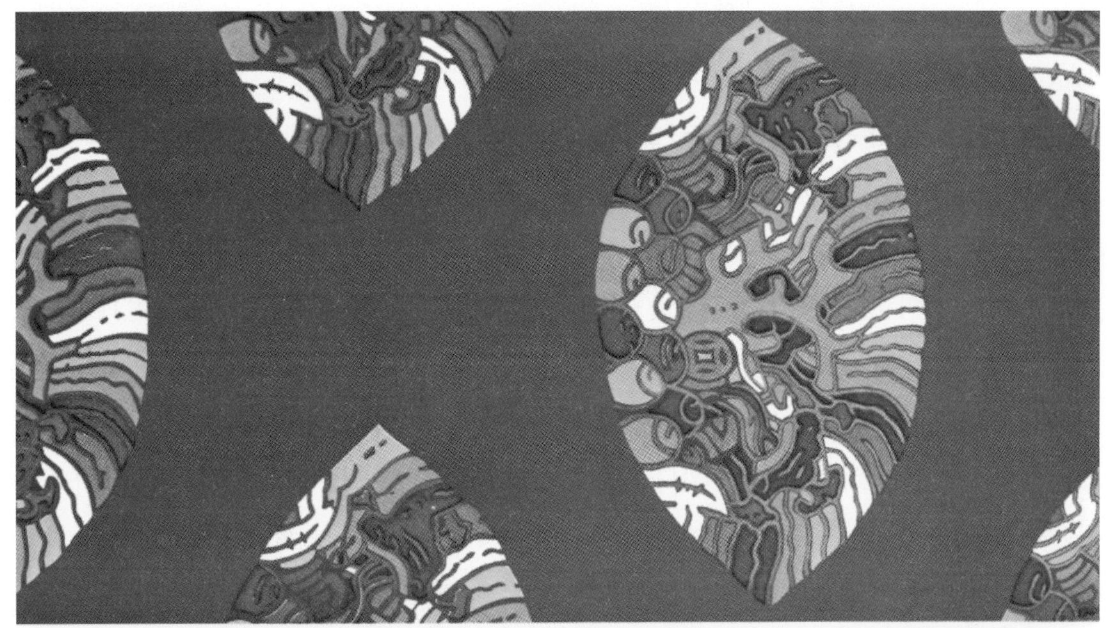

그림227

위 : (명) 붉은 바탕에 저포樗蒲 문양을 넣은 채색 비단(고궁박물원)

아래 : (명) 녹색 바탕에 모란꽃 문양을 넣은 주단(중국역사박물관)

명조는 백성들을 착취하고 봉건통치 체제를 보다 견고하게 다지기 위해 건국 초기부터 법령을 통해 농가는 한 가구마다 반드시 두 그루의 뽕나무를 심도록 했다. 또한 방직 분양의 장인 제도도 일부 남아 있었다. 강소와 절강 지역의 방직업을 강화하기 위해 특별히 믿을 만한 내감內監을 파견하여 궁정에 필요한 직조를 감독하도록 했다. 이로 인해 비단 생산 지역과 면적이 부단히 확대되어 거의 전국에 미치게 되었다. 남쪽은 복건[1], 북쪽은 산서山西, 안휘安徽 지역이 비교적 대량의 비단을 생산했고, 하북의 하간부河間府도 점차 생산력을 회복하기에 이르렀다. 지역마다 각기 나름의 성과를 거두었는데, 남경은 금단錦緞과 사융絲絨, 소주는 사라紗羅와 주단綢緞, 항주는 방주紡綢와 추시縐紗 등을 전국에 공급했으며, 일부는 멀리 해외까지 수출되었다. 공예 기술도 날로 향상하여 청대 비단 생산에 양호한 토대를 마련했다.

명대 통치자들은 황권의 권위를 과시하기 위해 제왕과 대신들의 특별한 망복蟒服, 관리들은 품급에 따라 입는 보복補服, 무릎 부위에 가로로 띠 문양을 넣은 슬란단膝襴緞도 있다[2], 그리고 귀부인들이 입는 관복의 운견雲肩,[3] 하피霞帔 등에 수를 놓아 더욱 화려한 색깔과 문양을 추구했다. 용봉龍鳳과 운수雲水, 화석花石 및 온갖 조류나 짐승의 문양이 주조를 이루었고, 문양의 구도나 설계 또한 대단히 복잡했다. 또한 계절마다 옷감이 각기 달랐으며, 특히 얇은 비단인 사라紗羅에 제화提花 기법으로 야들야들한 느낌을 주는 옷감은 제작 비용이 매우 비쌌다. 금실을 넣은 부분도 많았는데, 주로 편금片金, 금조각이나 금실을 꼬아 만들었다. 금실을 넣어 만든 직금은 청대에 비해 붉은 기운이 감돌고 비교적 굵었다. 상의나 치마에 수를 놓은 경우 주로 금채의金彩衣에 평포平鋪로 직조한 바탕에 격자格子 형태로 바느질하여 만드는데, 이를 일러 '쇄선수灑綫繡'라고 한다. 이는 당시의 특징적인 직물이다. 이러한 가공 기술은 송대 '각색작刻色作'[4]에서 비롯되었다.

원대에는 고급 비단에 금실을 넣어 직조한 직금금織金錦인 '납석실納石失'[5]을 근 1세기에 걸쳐 직

---

1 원주 장주漳州, 천주泉州에서 주로 생산했다. 또한 해외 판매가 많아지면서 생산량과 품목이 더욱 향상되었다.

2 스란단은 치마의 무릎 부분 또는 밑단 부분에 가로의 띠 형태로 각종 무늬를 금사金絲로 짜 넣거나, 금박을 찍어 장식한 것이다.

3 운견雲肩은 피견披肩이라고도 한다. 고대 어깨 부위에 착용하는 장식용 직물이다. 처음에는 어깨와 옷깃을 보호하는 작용을 했으나 이후에는 장식물로 바뀌었으며, 자수로 장식했다.

4 원주 『홍루몽紅樓夢』에 보면 청문晴雯이 이른바 '작금니雀金泥'를 입었다고 한다. 현존하는 실물을 살펴보면, 공작의 꼬리털을 꼬아 만든 굵은 실을 이용하여 쇄선수灑綫繡 기법으로 만든 것이다. 역주 각색작刻色作은 각사刻絲, 극사克絲라고도 하며, 실이 가늘고 짜임새가 섬세한 것이 특징이다.

5 직금금織金錦은 가늘고 긴 금루金縷나 금박을 잘라 만든 금실을 씨실로 삼아 짠 비단이다. 직물에 금을 사용한 것은 전국시대부터라고 하는데, 당시 열여섯 나라에서 이미 직금금을 생산했다고 한다. 북방 유목 민족은 금실로 직조하는 것을 좋아하여 몽골, 거란, 여진족 귀족층에서 크게 유행했다. 특히 원대에는 직금금이 크게 발전했다. 원조는 홍주弘州, 지금의 산서 원양原陽에 납석실국納石失局을 설치했다. 몽골어로 직금금을 의미하는 '납석실納石失'은 페르시아어 'Nasich'의 음역이다.

조했는데, 대량의 천지화串枝花와 각종 운문雲紋 길상 문양이 남아 명대까지 영향을 주었다. 예를 들어 명대 보복補服은 가슴과 등에 각종 짐승 문양을 넣으며, 나머지 부분은 본색 천지화나 연속되는 여의운문如意雲紋으로 이루어져 있다. 이는 원대의 양식에서 비롯된 것이다. 이를 더욱 발전시킨 것은 명대 선덕, 가정, 만력 연간의 일이다. 이전에 비해 문양의 품목도 다양해졌고, 생산량 또한 많아졌다. 『천수빙안록天水冰山録』에 나오는 몰수한 비단의 품목을 보면, 직금織金, 장화단妝花緞, 견絹, 능綾, 나羅, 사紗, 주綢, 개기改機, 융絨, 금錦, 쇄폭瑣幅 647필, 각종 화사花紗 1,147필, 각종 화주花綢 814필, 각종 개기改機 274필, 각종 화융花絨 591필, 각종 금錦, 백여 필의 송금宋錦 포함 214필 등이며, 이외에도 사포絲布, 생사와 면사를 교직한 직물, 운포雲布, 생사와 면사 교직물로 당시 제화기법으로 만든 직금은 한 필에 백금의 값어치가 있었다 576필을 포함하여 전체 1만 4천 3백여 필이다. 또한 각종 비단으로 만든 남녀 의복이 1천 4백여 벌이었으며, 서양에서 들어온 직물도 적지 않았다. 당시 강서에 있는 엄숭의 집안에서 몰수한 각종 비단은 2만 7천여 필이고, 모피는 1만 7천여 벌이었으며, 주녕의 집안에서 몰수한 주단과 능견을 3천 9백여 짐이었다.

이러한 기록을 통해 명대 정치의 부패와 관료, 권신들의 탐욕이 어느 지경에 이르렀는지 알 수 있을 뿐만 아니라 당시 농업과 수공업 및 대외무역이 발전하면서 방직업도 따라 발전하고 기술도 크게 향상되었다는 사실도 확인할 수 있다. 이는 당시 방직업에 종사하던 노동자들의 뛰어난 창조력이 비단 공예와 미술사에 크게 공헌했다는 뜻이기도 하다.

하지만 당시 방직공들이 생산한 수많은 직물은 대부분 소수 통치자들이 차지했고, 실제 생산자들의 생활은 여전히 가난하고 심지어 처참한 지경이었다. 명나라는 소주와 항주 등 강남 지역에 직조織造를 설치하고[6] 측근 태감을 보내 관리, 감독하도록 했으나 오히려 직공들에게 쫓겨나는 사태가 벌어지기도 했다.

명대 염색업도 방직업이 발달하면서 크게 발전했다. 『쇄금碎金』, 『편민도찬便民圖纂』, 『다능비사多能鄙事』, 『농정전서農政全書』, 『격고요론格古要論』, 『천공개물天工開物』, 그리고 『박물요람博物要覽』 등에 염료와 염색에 관한 상세한 기록이 남아 있다.

명대 특별한 금단錦緞 등 비단 실물이 출토된 것도 당시 비단 연구에 매우 중요하다. 특히 북경 창평昌平의 만력제 능묘인 정릉을 발굴하면서 금은과 주옥 등으로 만든 왕관과 요대뿐만 아니라 남녀 복식 179여 벌과 피륙 100여 필이 발견되었다. 출토 당시 유물은 마치 새것인 것처럼 매우 완전한 상태였으며, 특히 두루마리 형태로 말아놓은 피륙은 황색 종이로 포장되었으며, 그 위에 품종의 명칭원대 방식으로 전체 이름을 썼다과 길이, 제작 연월, 직공 성명, 감독관 및 검사관의 관명 등

---

6 강녕江寧, 지금의 남경직조織造, 소주蘇州직조, 항주杭州직조 등이 있었다.

삽도141 **명대 비단 문양**

❶ 낙화유수 문양의 능綾　❷ 구로球路 문양의 금錦

❸ 등롱燈籠 단자緞子　❹ 용봉천화龍鳳穿花(용과 봉이 꽃문양과 섞여 있는 도안) 직금단織金緞

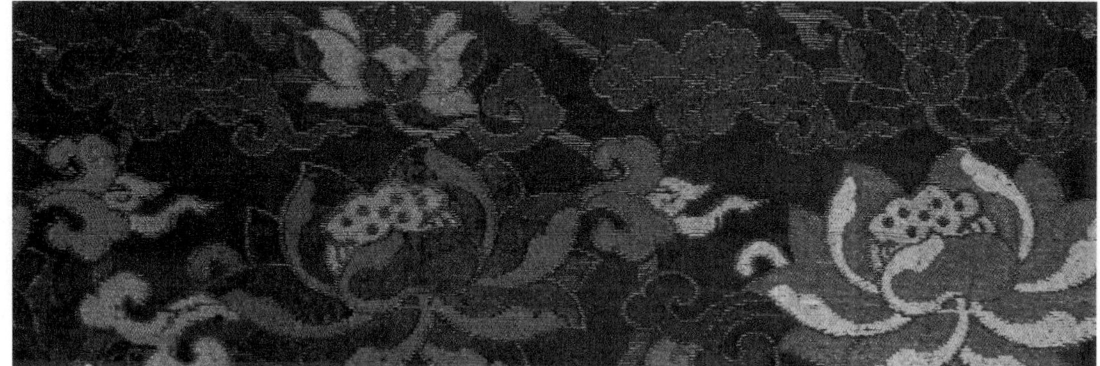

삽도142 명대 직금
위:남색 바탕의 잡화금雜花錦
아래:남색 바탕의 연화금蓮花錦

이 적혀 있었다.[7]

현존하는 금단 비단은 종류나 수량이 사람들이 놀랄 정도로 매우 풍부하다. 특히 명대 정통, 만력 연간에 각인한 『대장경』의 겉표지와 보자기 등도 직금금으로 제작한 것이 많이 남아 있다. 이러한 유물들은 국내 각지의 박물관과 도서관, 각 지역의 문물관리회나 문물관리국 및 유명한 사찰이나 묘우廟宇 등지에 소장되어 있다. 전체 수량은 적어도 10만 점이 넘을 것이다. 이는 이후 명대 3세기에 걸쳐 생산된 비단을 연구하는 데 매우 편리할뿐더러 실질적인 도움을 줄 수 있을 것이다삽도 141, 142, 143.

금·원대 이래로 법령에 따라 꽃송이의 크기로 관품의 존비를 결정하는 제도가 마련되었다. 명대에도 이를 그대로 답습하여 가지가 달려 있는 크고 작은 모란꽃을 문양으로 삼은 금단, 능라가 대량으로 생산되었

7 (원주) 이외에도 거의 수백 개에 달하는 한 치 정도의 주석으로 만든 음식 명기冥器도 발견되었는데, 그 위에 '탕고湯鹽', '대잔臺盞' 등 그릇의 명칭이 적혀 있었다. 이를 통해 금은 식기의 형태와 명칭을 확인할 수 있다.

삽도143 명대 직금금
왼쪽과 가운데: 호로경葫蘆景 직금금
오른쪽: 오호사해五湖四海 직금금

으며, 일부는 명대 관복의 재료가 되었다. 그중에는 당대에 시작된 베틀북 도안의 저포문樗蒲紋도 있고, 오대 남당 시절 명화를 포구할 때 사용하던 묵란작금墨鸞雀錦, 송대의 팔답훈八答暈, 대보조大寶照, 등롱燈籠, 사자곤구獅子滾球 등의 문양, 금대 관고官誥, 황제가 작위나 관직을 하사할 때 사용하던 조령詔令에 사용하던 어희조魚戲藻, 원대 십양금十樣錦 등 110여 종의 고급 금단錦緞 문양 등이 있으며, 명대『대장경』에 사용하던 경보經袱, 경전을 싸는 보자기와 겉표지 재료 등등 없는 것이 없을 정도이다. 또한 문양의 발전 과정도 확인할 수 있다. 이러한 재료는 당·송·원대 비단을 연구하는 데 무엇보다 중요한 열쇠가 아닐 수 없다.

송대 이래로 명주실과 무명실을 겸직한 조목면皂木棉에 관한 기록이 남아 있고, 명대에는 명주실을 날실로 삼고 무명실을 씨실로 삼아 직조한 운포雲布가 있었다. 또한 금박이나 은박으로 문양을 찍은 주단과 화마花麻, 면포棉布 등은 명대 경전의 겉표지로 사용되었는데, 거의 완전한 형태의 실물이 대단히 많이 남아 있다. 명대에는 면화棉花가 이미 남북 각지에서 재배되었으나 면방직업은 여전히 장강 하류 지역에서 주로 이루어졌다. 비교적 이른 시기에 명주실과 무명실을 교직한 대홍운포大紅雲布가 유행했는데, 한 필에 은자 백 냥에 이를 정도로 매우 비쌌다. 이는 명대 문헌에서 확인할 수 있다. 얼마 지나지 않아 일반 면포가 기존의 저마苧麻나 거친 명주를 대체하여 남북을 막론하고 일반 백성들의 방한복 재료로 널리 사용되기 시작했다. 면포棉布는 푸른색으로 염색하기가 좋았기 때문에 각지의 남색 염색업이 크게 발전했으며, 대도시는 물론이고 중소도시까지 염색업이 따라서 발전했다. 대규모 면포 염색업은 무호蕪湖, 송강松江, 양주揚州, 소주蘇州 등이 유명했으며, 특히 무호의 염색업은 전국적으로 널리 알려졌다. 고염무顧炎武는 『일지록日知錄』에서 북방에서 나오는 면화를 매년 대량으로 남쪽으로 운송하여 염색 가공한 후에 다시 북방으로 올려 보냈다고 하면서 매우 비경제적이라고 비판한 바 있다.[8] 이외에도 외국에서 수입한 고급 방직물도 품종이 상당히 많았다. 예를 들어 동남아의 미얀마 등지에서 문화 교류를 통해 들어온 식물 섬유등나무 껍질이나 칡로 만든 직물의 경우 명칭이 1백여 가지가 넘었다. 이러한 직물의 명칭은 언어상의 문제 및 현재 우리의 지식이 부족하기 때문에 진일보한 연구가 있어야만 보다 정확하게 이해할 수 있을 것이다.

8 원주 산서성에 포장布莊, 포목점이 발달하여 청대까지 이어진 것은 이와 무관치 않다.

청초清初 〈경직도耕織圖〉

그림228 (청) **삿갓을 쓰거나 상투만 맨 채로 짧은 상의와 바지를 입거나 도롱이를 쓴 농민**(청대 초기에 각인한 〈강희경직도康熙耕織圖〉)

청대 초병정焦秉貞이 그리고 주규朱圭가 각인한 〈경직도耕織圖〉에서 따온 것이다. 별도로 채색 그림책이 있다. 고궁 박물관에 소장되어 있으며, 전체 46폭이고, 농경과 방직에 관계되는 그림은 23폭이다.

대대로 〈경직도〉를 그리거나 각인하여 농경의 생산 과정을 묘사한 것은 오랜 사회적 관습이었다. 전국시대 청동기물에도 뽕잎을 채취하는 그림이 묘사되어 있으며, 한대 석각에도 베를 짜는 과정을 그린 그림에 새

그림229 (청) 두건을 쓰거나 상투만 맨 채로 맞깃 상의나 무릎까지 내려오는 긴 웃옷을 입고, 또는 긴 바지를 입거나 다리에 행전을 찬 농민(청대 초기에 각인한 〈강희경직도〉)

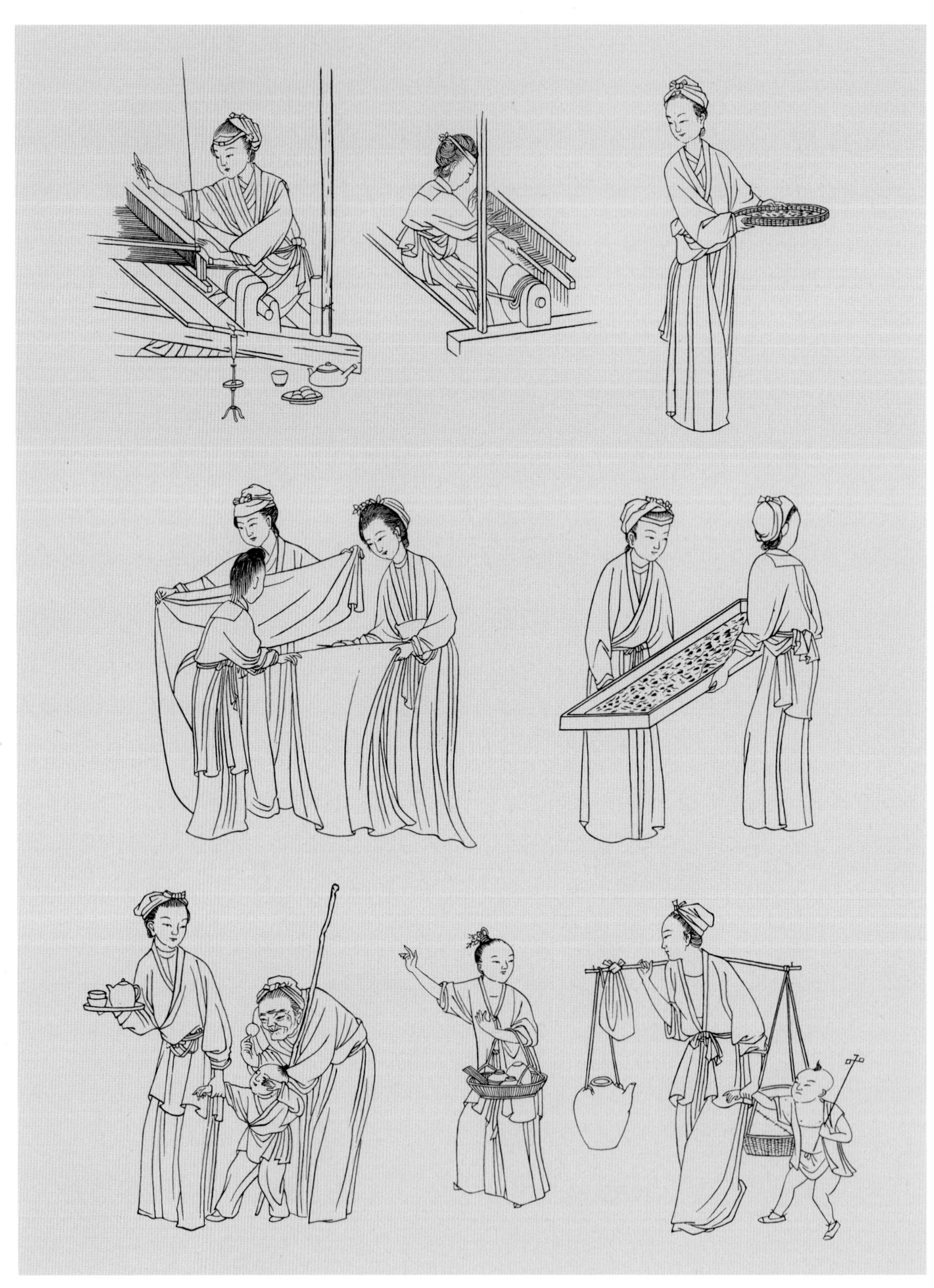

그림230 (청) 두건을 쓰거나 차미륵을 매고, 저고리에 긴 치마를 입은 농촌 아낙(〈강희경직도〉)

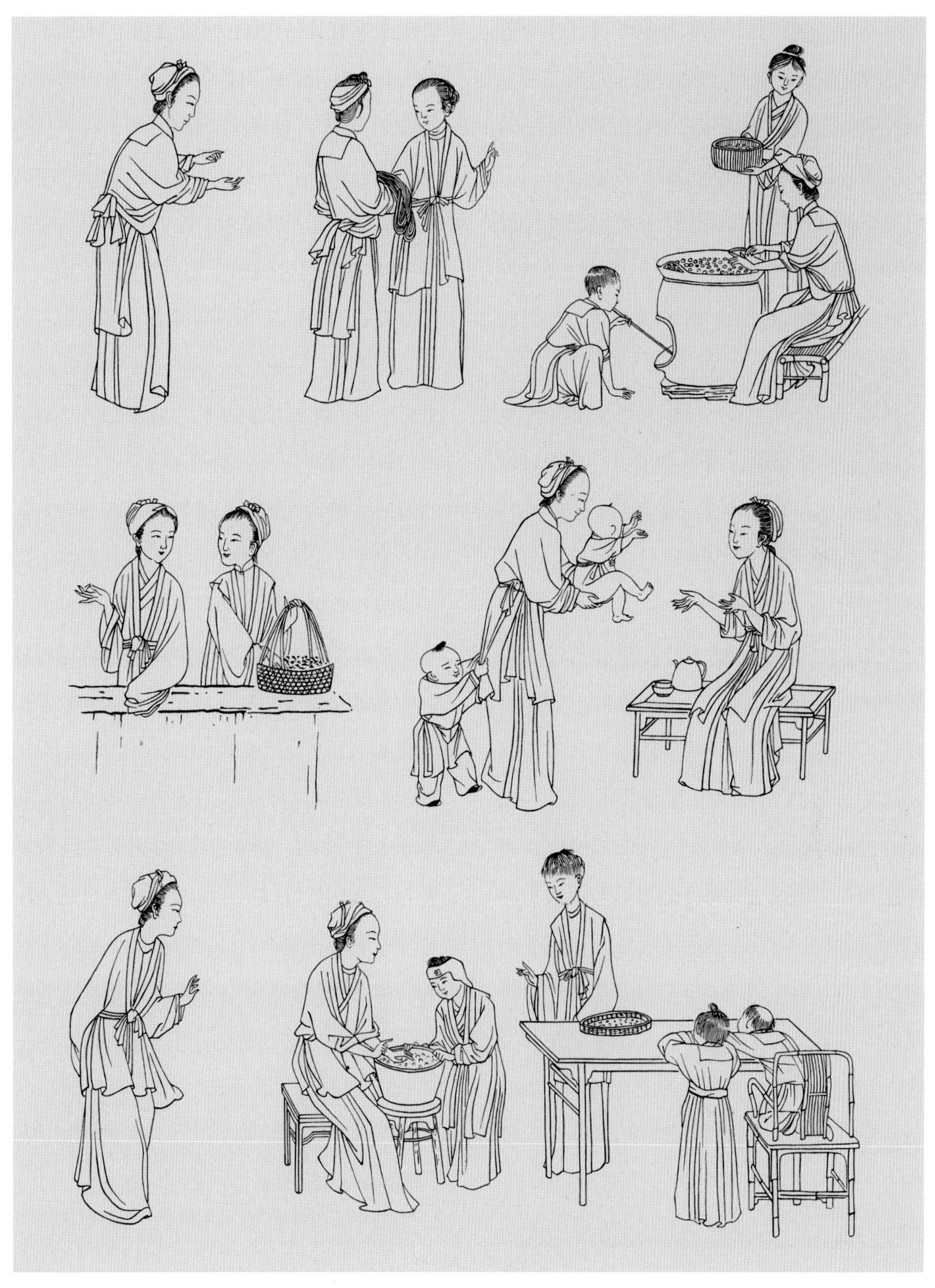

그림231 (청) 두건을 쓰고 맞깃 또는 교령 상의를 입고 긴 치마를 두른 농촌 아낙(〈강희경직도〉)

겨져 있다. 또한 당대 명화 가운데 하나인 장훤張萱의 〈도련도搗練圖〉그림 132도 이런 유형의 그림으로 현존하고 있다. 송대에도 생산을 격려하는 의미의 주제화가 두루 제작되었다. 예를 들어 현존하는 〈궁잠도宮蠶圖〉는 잠상蠶桑과 관련하여 뽕잎을 따는 것부터 직조하여 비단을 만드는 것까지 일련의 생산 과정을 묘사한 채색 두루마리 그림이다.

비록 궁정에서 이루어지는 행태를 묘사한 것이나 당·송대 이래로 생산 과정에서 일어나는 문제들을 이해하는 데 도움을 줄 수 있다. 예를 들어 직기織機 중에 수기竪機의 형태는 다른 그림에서 거의 볼 수 없다. 이외에도 남송시대 모익牟益이 그린 〈도련도〉는 만당 사람 주방周昉의 그림을 저본으로 하여 그린 것이다. 명대 판각版刻 중에는 시가지의 염방染坊, 염색공장 문 앞에 높은 장대를 걸어놓고 그 위에 피륙을 햇살에 말리는 모습도 그려져 있다. 근년에 강남에서 출토된 송대 분묘 벽화 가운데 염색하는 과정이 그려져 있는 〈도련도〉에서 나무로 만든 방형의 염색용 통이 발견되었다. 비록 가내 수공업 범위를 벗어나지 못하나 매우 중요한 것임에 틀림없다. 남송 누숙樓璹[1]의 〈경직도耕織圖〉가 석각으로 전해지고 있기 때문에 명대 각본 『편민도찬便民圖纂』에서 이를 삽화로 활용할 수 있었다. 청대 초병정焦秉貞[2]의 그림도 누숙의 작품을 저본으로 삼아 좀 더 풍부하게 그린 것이다. 본 절의 〈강희경직도〉는 파종播種에 앞서 씨앗을 물에 담가 불리는 일침종浸種부터 추수가 끝나고 신에게 제사를 지내는 것까지 전체 23폭의 그림이 그려져 있다. 경작 과정은 신에게 제를 올리는 것을 제외하고 전체 22가지이다. 잠사蠶事는 누에알을 씻는 욕종浴種부터 옷을 만드는 일까지 전체 23폭의 그림에 23가지 과정이 그려져 있다.

청조는 산해관山海關을 넘어 북경을 도읍지로 삼은 후 한인들을 복종시키기 위해 가혹한 민족 탄압 정책을 실시했다. 얼마 후 머리카락을 깎고 복식을 바꾸는 치발역복薙髮易服의 법령이 제정되면서 특히 남방 주민들에게 이를 따르도록 강요했다. 하지만 당시 "남자는 굴복해도 여자는 굴복하지 않으며, 살아서는 굴복해도 죽어서는 굴복하지 않았다"는 말이 전해지듯이 누구나 굴복한 것은 아니었다. 명·청대 그림을 분석해보면, 관직에 있는 인물의 경우 보복補服이나 모자 장식인 영정翎頂[3] 등을 모두 구비하고 있지만 일반 부녀자들이나 촌로, 농민이나 노동자들의 평소

1 누숙樓璹, 1090~1162년, 자는 수옥壽玉, 국기國器. 은현鄞縣, 지금의 영파寧波 사람으로 북송 고종 시절 임안부臨安府 잠현령潛縣令을 역임했으며, 강남의 농업상황을 보여주는 〈경직도耕織圖〉를 제작했다.

2 초병정焦秉貞, 생졸미상, 자는 이정爾正, 산동 제녕濟寧 사람으로 청대 강희제 시절 흠천관을 역임한 천문가이자 궁정화가로 〈사녀도仕女圖〉, 〈경직도〉 등이 있다.

3 영정翎頂은 청대 관리의 예모禮帽 장식으로 매다는 공작새의 깃털이다. 관직의 직급에 따라 모자에 다는 장식품이 각기 달랐는데, 최고급 관리는 산호珊瑚로 정주頂珠, 모자에 다는 구슬장식를 삼고 영정을 달았다. 이를 일러 '영정휘황翎頂輝煌, 일명 홍정화령紅頂花翎'이라고 한다.

복장은 명대의 옷차림과 크게 다르지 않았다. 또한 사후 순장할 때 사용하는 기물 등도 이전 명조의 예제를 따랐다. 일부 그림 역시 명대의 것을 답습했다. 본 그림은 청대 강희제 시절에 궁중 화가가 그린 작품으로 생산 과정 부분에서 누숙이 그린 〈경직도〉의 영향을 받은 것이 분명하지만 농민들의 옷차림 등은 강소, 절강 지역 농촌 마을의 실제 생활 모습을 묘사했다. 실제 힘든 농사를 미화하여 현실을 오도하는 점이 없지 않으나 기본적으로 농업 생산이 회복되기 시작한 강남의 풍경에 부합한다. 의복은 명말 강남 농민들의 옷차림으로 남자는 머리에 상투를 그대로 노출한 모습으로 명대 방식으로 망건을 쓰거나 과피모瓜皮帽[4]를 쓴 경우는 많지 않다. 하지만 머리카락을 길게 땋은 모습은 전혀 보이지 않는다. 부녀자들의 옷차림도 거의 변화가 없다. 남녀 의복은 등과 깃 사이에 수건 한 쪽을 끼워 꿰맸는데, 만명 시절 일하는 농민이나 노동자들에게서 흔히 볼 수 있는 일종의 표식이다. 건륭 이후 그림에서는 거의 반영되어 있지 않다. 본 그림은 황제에게 바치는 상주본上奏本으로 권농勸農의 의미를 두루 전하는 것이나 매우 정교하고 아름답게 제작되어 필시 총신들이나 고급 관료들에게 하사했을 뿐 일반 경관京官들은 얻을 수 없었을 것이다. 화가의 본래 의도는 경직耕織 생산 과정을 주도면밀하게 묘사함이었으나 궁중의 〈도련도〉나 〈궁잠도宮蠶圖〉 등의 영향을 받아 〈궁정행락도宮廷行樂圖〉에 가깝게 된 것으로 보인다.

내용이 비슷한 작품으로 〈옹정경직도雍正耕織圖〉 채색 두루마리 그림이 있다. 여기서는 옹정제가 주요 생산자로 등장한다. 그래서 당시 또는 이후에도 전국 농업 생산을 촉진하는 효과는 그다지 없었다. 명대에 나온 『편민도찬』, 『농정전서農政全書』, 『천공개물天工開物』 등이 농업 관련 지식을 보급하기 위해 판각하여 널리 유전토록 한 것과는 크게 다르다. 또한 청조 건륭제 초년에 편찬한 『수시통고授時通考』[5]와도 효능적인 측면에서 함께 다룰 수 없다. 다만 청나라 초기 강남의 농업 생산, 특히 잠업 생산 과정, 즉 원료를 얻고 가공하는 과정 등에 대해 비교적 구체적인 지식을 알려준다는 점에서 특기할 만하다. 이외에 건륭 연간에 〈면화도棉花圖〉가 제작되었는데, 파종 및 가공 과정을 잘 묘사하고 있다는 점에서 상당히 중요할뿐더러 판각이나 탁본을 통해 널리 보급되었기 때문에 영향력 또한 비교적 컸다.

이외에 주목할 회화 작품은 청나라 초기 산수화가로 유명한 왕휘王翬[6]가 주도하고 수많은 화가

4 과피모瓜皮帽는 여섯 개의 천을 이어서 꿰매 만든 반원 모양의 모자이다. 차양은 없고, 정수리에 꼭지가 달려 있어 마치 호박을 반으로 자른 것처럼 생겼다.

5 『수시통고授時通考』는 중국 청나라의 종합 농서이다. 1742년 악이태, 장정옥 등이 편찬하였다. 청나라 중기의 농업 발전 정도와 중농 정책 따위를 알 수 있는 자료이다. 78권.

6 왕휘王翬, 1632~1717년의 자는 석곡石谷, 호는 경연산인耕煙散人, 검문초객劍門樵客 등이다. 강남 소주부 상숙常熟, 지금의 강소 상숙 사람으로 청대 유명 화가이다. 산수화에 능했으며,

들이 합작하여 완성한 12권의 두루마리 그림인 〈강희만수도康熙萬壽圖〉와 서양徐揚[7]을 위시로 한 여러 화가들이 그린 〈건륭남순도乾隆南巡圖〉 16권 및 서양의 또 다른 두루마리 그림인 〈고소번화도姑蘇繁華圖〉가 있다. 이는 모두 길이가 수 장丈, 한 척의 열배로 대략 3m 정도이나 되는 두루마리 그림이다. 그림에 나오는 인물 형상이나 생활 모습은 모두 사실에 근사하다. 그림에 등장하는 만한滿漢 문무백관은 모두 포복袍服을 입고 있으며 일반 평민들의 옷차림은 이 그림과 크게 차이가 없다. 이로 보건대, 건륭 시절에 이르기까지 비록 관복은 법률 규정에 따라 등급이 분명하게 구분되었으나 변화는 그리 많지 않았음을 알 수 있다. 이두는 『양주화방록』에서 건륭제 시절 소주와 양주 지역이 다른 지역에 비해 사회 풍조가 앞섰다고 하면서 특히 옷차림의 변화가 컸다고 말한 바 있다. 하지만 이는 비교적 특별한 계층의 부녀자들에 한정되는 듯하다. 이는 『소정잡록嘯亭雜錄』[8]에서 의복의 변화에 대한 서술 내용이 주로 경사京師에 살고 있는 특수 계층의 상황에 국한된 것과 비슷하다. 이에 반해 사회 하층의 백성들은 오히려 영향이 그리 크지 않았으며, 변화 또한 비교적 완만했다.

면화 파종과 생산은 이미 중국 각지에 널리 퍼졌기 때문에 일반 백성들도 면화로 만든 옷을 입기 시작했다. 장강 일대에서 생산된 면화는 꽃이 자색이며, 섬유가 가늘고 유연했는데, 농민들이 집안에서 직조한 가기포家機布, 집안에서 베틀로 짠 면직물는 가공하기 전 옅은 황색을 띠었다. 또한 내구성이 강해 외지까지 널리 이름을 날렸다. 이를 '남경포南京布'[9]라고 한다.

남북 여러 화가들의 장점을 받아들여 이른바 "남종필묵南宗筆墨, 북종구학北宗丘壑"이라는 새로운 면모를 창안하여 '청초화성淸初畫聖'으로 칭해졌다. 왕시민王時敏, 왕감王鑑, 왕원기王原祁 등과 함께 산수화의 '사왕四王'으로 칭해지기도 한다.

7 서양徐揚, 생졸미상, 자는 운정雲亭, 강소 소주 사람으로 청대 화가이다. 인물, 화조화 등에 능했다.

8 『소정잡록嘯亭雜錄』은 청대 애신각라愛新覺羅 소련昭槤, 1776~1830년이 편찬한 필기筆記, 야사野史나 일사逸史 등 역사 내용을 수필체로 기록한 문체의 일종이다. 청조 도광제 초년 이전의 정치, 군사, 문화, 전장 제도, 사회 습속 및 문무 관리들에 대한 이야기까지 자신이 경험하거나 보고 들은 이야기를 잡다하게 기록한 책이다. 그래서 이후 위원魏源이 쓴 『성무기聖武記』나 『청사고淸史稿』 등을 편찬할 때 참고 자료로 쓰였다. 저자는 애신각라씨로 청 태조 누루하치의 7대 후손이다.

9 원주〉 '남경포'라고 했으나 사실은 장강 유역에서 생산되는 제품이다. 남경에서 생산되는 양이 비교적 많고, 집산하기가 쉬웠기 때문에 '남경포'라고 통칭했을 따름이다.

청초 부녀 장속裝束

그림232 (청) 고계高髻에 화채花釵를 꽂고 맞깃의 외투를 입거나 수전의水田衣에 긴 치마를 입거나 운견雲肩을 착용한 중, 상류 부녀 (『연침이정燕寢怡情』 인용)

청나라 초기 『연침이정』 그림책에서 인용했다. 신해년辛亥年 이후1911년 신해혁명 이후에 나온 영인본影印本은 〈고궁진장벽미도故宮珍藏皕美圖〉라고 통칭한다.

명청 교체기 남방의 중류층 사회 부녀자들이 집안에서 입는 옷차림이다. 의복의 특징은 옷깃을 약간 올려 한두 개의 단추로 여몄다는 것이다. 이처럼 단추를 활용하기 시작한 것은 명대 만력 연간의 관복을 입은 부녀자의 모습에서 볼 수 있다. 근년에 북경 서쪽 교외 청룡교青龍橋 부근에서 발굴된 만력제 일곱 번째 비七妃子의 분묘 및 정릉定陵에서 발견된 만력제 황후의 의령에서 실물이 발견되었다. 이는 모두 금은으로 만든 단추였다. 『천수빙산록天水冰山錄』에도 '금은구金銀扣', 즉 금은으로 만든 단추가 적혀 있는데, 바로 이런 형태였을 것이다. 이로 보건대, 금은으로 만든 흡구揿扣, 두 개의 단추에 요철凹凸이 있어 눌러 닫는 단추는 이미 명대 만력 연간부터 사용하기 시작했으며, 청대 강희, 옹정 시절에도 여전히 유행했음을 알 수 있다. 형태는 나비 모양이고, 후대 똑딱단추안구按扣와 비슷하다. 청대 초기에도 이런 단추를 사용하다가 이후 비단을 엮어 만든 작은 단추를 대신 사용했다. 하지만 허리 부위에는 여전히 허리띠를 사용했다. 옷깃에는 한 가닥 좁은 띠처럼 작은 이빨 모양의 테두리 장식을 했다牙子花邊. 고궁에 강희제와 옹정제 시절의 실물이 남아 있다. 금실을 꼬아 만든 것도 있고, 채색실로 직조한 것도 있다. 의복 가운데 둥근 문양 안에 두 마리 나비가 봄바람에 노니는 모습을 수놓거나 그린 단화쌍엽뇨춘풍團花雙蝶鬧春風이란 것이 있는데, 이를 '희상봉喜相逢'이라고 한다.[1] 명·청대에 민간 부녀들 사이에서 자수나 인염 문양으로 유행하다가 나중에 궁정까지 전해졌으며, 건륭제 시절에는 황제의 평상복에도 이런 문양을 사용했다. 이런 종류의 단화團花[2]는 옅은 수묵水墨으로 상아처럼 하얗고 얇은 비단에 그린 것도 있으며, 웃옷이나 치마 외에도 휘장이나 거울을 가리는 얇은 천 등으로 활용하기도 했다. 대략 만명晩明 시절부터 시작하여 강희, 옹정제 시절까지 유행했으며, 특히 옹정제 시절에 유행했던 담묵淡墨으로 채색한 도자기는 이것에서 영향을 받았다.[3] 청대 초기 비단 문양은 날로 청아한 쪽으로 발전했으며, 재질이 얇고 문양은 작은 것을 선호했다. 특히 옹정제가 치세하던 13년 동안 공예 도안은 담묵으로 산수, 화조, 수목 등을 그리는 것이 일반적인 추세였다. 청신하고 아름다웠는데, 사실 나름의 원류가 있었다.

저인획褚人穫의 『견포집堅瓠集』에 따르면, 청나라 초기 어떤 이가 북송시대 역대 명필의 글씨를 탁본하여 모아놓은 『순화각첩淳化閣帖』[4]을 표구하는 데 사용된 화금花錦 20개를 떼어내어 오중吳中, 지금의 소주蘇州의 기방機坊, 방직공장에 팔았는데, 문양을 모방한 제품으로 큰 이익을 보았다고 한다. 지금도 당시 표구에 사용하던, 문양이 작고 옅은 채색의 얇은 비단이 수십 종 남아 있다. 이를 살펴보면 도안의 조직이 뛰어나고 아름다울뿐더러 색채

1 (원주) '희상봉喜相逢'이란 말은 명대에 처음 나왔다. 당시 망복蟒服 어깨 부위에 두 마리 용이 서로 어울리는 부분이 있었기 때문이다. 유약우劉若愚의 『작중지酌中志』에 자세하게 나온다.

2 단화는 사방으로 퍼져가는 방사형 또는 회전식 원형 장식 문양이다. 한국어 뜻풀이는 둥근 자수 무늬이다.

3 (원주) 강희제 시절 자기 가운데 소삼채素三彩, 옹정제 시절의 두채자豆彩瓷가 그러하다.

4 『순화각첩淳化閣帖』은 송대 태종 순화 3년992년 내부內府에 소장되어 있던 역대 명필가의 문장을 골라내어 순화각에 모아 놓고 한림시서翰林侍書 왕저王著에게 명하여 새기게 한 법첩法帖으로 전체 10권이다.

가 담담하고 우아하여 부드러운 느낌을 준다. 이는 명대 포복袍服에 사용되던 무거운 색깔의 채색 비단과 크게 다르다. 어쩌면 청대 초기에 송대의 양식을 따라 만든 것일 수 있다. 실제로 강희, 옹정, 건륭 세 명의 황제가 치세하던 시절 강녕江寧과 소주, 항주 등에서 궁정용으로 특별히 직조한 금단錦緞은 의도적으로 한漢, 진晉, 당唐, 송대의 양식을 약간 변화시켜 만든 것이 적지 않다. 고궁에 소장되어 있는 대량의 청대 초기 채색 비단을 분석해보면, 확실히 기존의 문양 가운데 단점을 제거하고 장점을 살려 우수한 전통을 바탕으로 새롭게 창조했음을 알 수 있다. 또한 소재 부분도 단순히 사직絲織 도안에 국한된 것이 아니었다. 예를 들어 근년에 신강에서 출토된 당금唐錦 도안과 비교해보면 옹정제 시절 소족초화小簇草花로 구성된 주제 도안이 두채자기豆彩瓷[5]에서 비교적 간단하게 효과적으로 처리되고 있음을 확인할 수 있다. 이러한 문양은 원래 당대 소족화 문양이 주제 도안인 촉금蜀錦 문양에서 따온 것이다. 이처럼 문양을 상호 전용하는 습관은 상대商代 이래로 청동기나 백도白陶 및 상아나 옥 등으로 만든 공예품에서 이미 이루어지고 있었다. 주나라나 한나라로 들어오면서 이러한 응용 범위가 더욱 확대되었기 때문에 이 분야를 연구하는 데 매우 편리하다. 무릇 어떤 일이든 홀로 생겨나는 법은 없다. 모든 것이 서로 연계되어 발전하기 마련이라는 뜻이다. 이런 관점에서 비교 분석하고 추측, 판단한다면 보다 분명하고 구체적인 지식을 얻을 수 있을 것이다.

청대 초기 중류층 부녀자들의 평상복을 보면 옷깃 아래 버드나무 잎처럼 생긴 작은 운견이 씌워져 있는데, 이는 17・18세기 옷차림의 특징이다. 원대 귀족 남녀들이 상용한 사합여의식四合如意式[6] 대운견大雲肩은 수대隋代 돈황 벽화에 나오는 관음상에서 비교적 이른 시기의 형태를 확인할 수 있으며, 당대에는 돈황 벽화의 토번 귀족 부녀자들의 옷차림에서 볼 수 있다. 또한 당말 오대 왕건王建 분묘의 석각에 나오는 악무기樂舞伎와 남당의 무용舞俑 어깨에서도 발견된다. 사합여의식 문양은 한대 이래로 칠기와 동기, 벽돌과 도기 및 비단에서 흔히 발견되는데, 원대에 들어와 관복의 문양으로 채택되었다. 당연히 귀족 남녀들이 모두 사용했으며, 지손연只孫宴, 질손연 때 입는 특별한 관복의 경우도 마찬가지이다. 출토 유물은 그리 많지 않지만 명・청대 화병이나 항아리의 어깨 부분을 장식할 때도 운견식雲肩式의 문양을 많이 사용했기 때문에 비교하거나 참고할 수 있는 재료가 대단히 많다.

고궁박물원에 소장되어 있는 원대 유일의 실물은 직금금織金錦으로 만들었으며, 불상의 복중

5 원주 큰 것은 천구병天球瓶, 비교적 긴 목에 몸통이 둥근 병으로 명대에 제작되기 시작했다 만하고, 작은 것은 6치 쟁반六寸盤이나 3치 잔三寸杯 크기이다.

6 사합여의식四合如意式은 운견雲肩에서 가장 많이 보이는 문양 방식이다. 네 개의 구름문양으로 이루어져 있다. 구름문양은 예로부터 길상의 상징으로 여겨졌다.

腹中, 복장물腹藏物이란 뜻에서 발견되었다. 버드나무 잎처럼 생긴 작은 운견은 명청 교체기에 일시 유행했다. 양식이나 배색이 서로 달라 한 가지 색으로 작은 절지화를 수놓은 것도 있고, 다섯 가지 색으로 작은 이빨처럼 테두리를 장식하고 양가죽에 금박이나 은박으로 휘갑치기일명 오버로크를 한 것도 있으며, 착사수戳紗繡[7] 기법으로 만든 것이나, 융모를 우벼내고 구슬로 테두리를 장식한 것도 있다. 이 그림에 나오는 것은 그 가운데 하나로 강희제 시절 제작된 단색유래복준單色釉萊菔尊[8]이라는 술병의 어깨와 다리 부분의 문양과 비슷하다. 자기瓷器에 이런 문양을 넣게 된 것은 분명 당시 운견 문양에서 영향을 받은 것이 틀림없다.

두발 형태는 정수리 부분에 나사 모양으로 빙빙 비틀려 올린 누선식螺旋式이다. 이 역시 당시 남방의 강소, 절강 지역 부녀자들의 일반적인 양식이다. 만명 통속 장회소설章回小說[9]에서 자주 언급되는 '일와사항주찬一窩絲杭州攢'의 형태로 집안에서 평상복을 입고 있을 때 흔히 하던 두발 형태이다. 다만 양식은 크게 바뀌었다. 우선 두면頭面[10]의 꽃모양 머리 꾸밈새首飾의 경우 초기에는 주옥에 비취새의 깃을 넣어 만든 점취點翠가 유행했으나 이후에는 은 바탕에 넓은 법람法藍, 법랑琺瑯으로 만든 것을 사용했다. 명대 가정, 만력 연간에 귀족 부녀자들은 금은이나 주취珠翠 수십 냥으로 열 개 남짓한 머리 꾸밈새를 만들었으며, 중류층의 부녀자들은 금은이나 주취로 만든 비교적 작고 종류가 많은 머리 꾸밈새를 사용했다. 하지만 청대로 들어오면서 이런 형태는 자취를 감추었다. 다만 의복이나 문양의 색깔과 양식 및 두발 형태, 신발 등은 남방에 상업 대도시의 생산 발전에 따라 날로 품종이 새로워졌다.

이두李斗의 『양주화방록揚州畵舫錄』 권9에서 그 일단을 살필 수 있다.

> 양군揚郡, 양주의 옷차림은 새로운 양식을 숭상한다. 10여 년 전건륭 초기에는 비단에 주로 팔단八團을 사용했으나 나중에는 대양련大洋蓮, 공벽란拱璧蘭 문양으로 바뀌었다. 색깔은 삼람색三藍色, 세 가지 남색 계열, 주묵색硃墨色, 고회색庫灰色, 이금황색泥金黃色 등을 쓰더니 근자에는 고량홍색膏梁紅色, 앵도홍색櫻桃紅色을 '복색福色, 길상을 주는 색깔'이라고 부르며 즐겨 쓴다.[11]

7 착사수戳紗繡는 일반적으로 방형의 격자로 된 사紗를 바탕 직물로 사용하여 수 땀을 규칙적으로 놓아 마치 직조한 것처럼 표현하는 자수 기법이다. 주로 소수蘇繡, 소주蘇州 자수에서 많이 사용되며, 납금納錦, 납사수納紗繡라고 부르기도 한다.

8 단색유래복준單色釉萊菔尊은 단색의 유약을 발라 소성한 술병이다. '내복萊菔'은 먹는 무의 별칭인데, 병의 생김새가 병목은 길고 몸통은 무처럼 생겼기 때문이다. 목 부분 아래 부위에 세 개의 현처럼 생긴 문양이 고대 악기인 삼현三弦과 비슷하다고 하여 '삼현병三弦甁'이라고 부르기도 한다.

9 장회소설章回小說은 고대 중국소설의 한 체재이다. 분량이 많은 장편소설을 장과 회로 구분했기 때문에 이런 이름이 붙었다.

10 두면頭面은 부녀자의 두발 장식을 말한다.

11 이두, 『양주화방록』, "揚郡着衣尚爲新樣, 十數年前緞用八團, 後變爲大洋蓮, 拱璧蘭. 顏色在前尚三藍, 硃墨, 庫灰, 泥金黃, 近尚膏梁紅, 櫻桃紅, 謂之福色". (원주) 『소정잡록嘯亭雜錄』에서는 복안강福康安이 대만의 비적들을 토벌하고 돌아오면서 양주를 지날 때 이런 색깔의 옷을

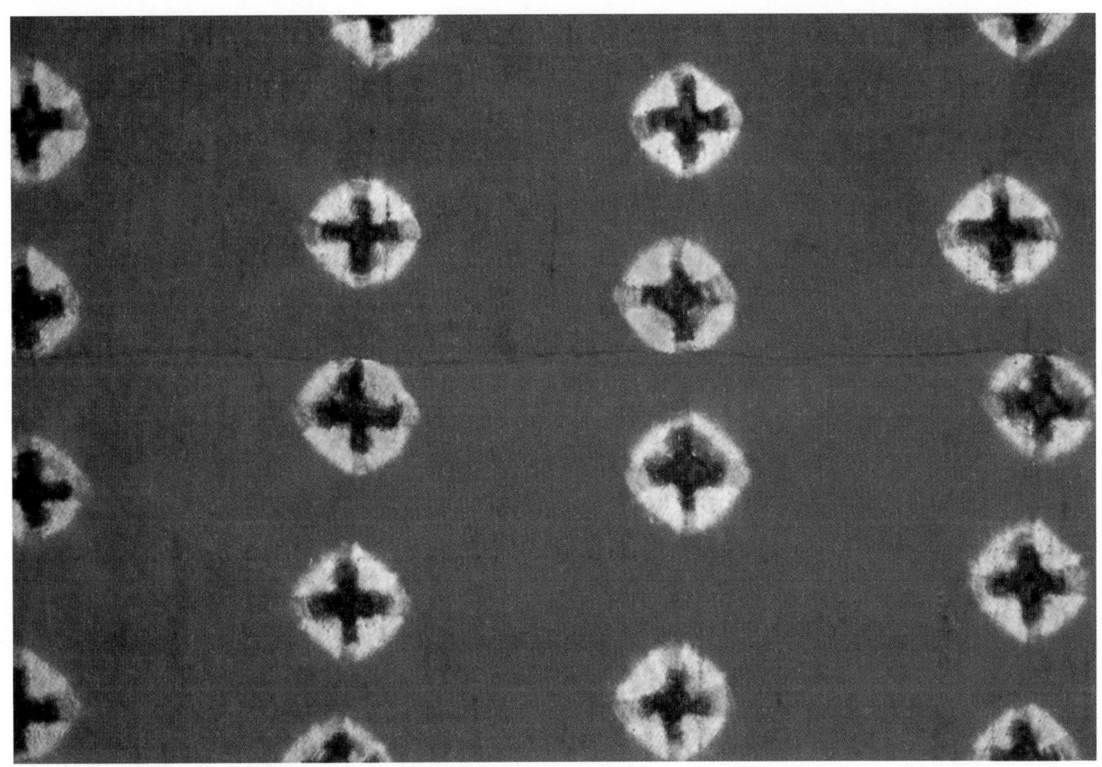

삽도144 보로氆氌[12](광동성 박물관 소장)

부녀자들의 두발 형태와 신발 및 의복에 관해서는 다음과 같이 이야기하고 있다.

양주揚州의 적륵鬏勒, 적계와 차미륵, 즉 두발을 고정시키는 머리 장식과 눈썹을 가리는 머리 장식은 다른 지역과 달랐는데, 호접망월蝴蝶望月, 화람花藍, 절정折项, 나한적羅漢鬏, 나소두懶梳頭, 쌍비연雙飛燕, 도침송到枕鬆, 팔면관음제의계八面觀音諸義髻 등의 머리 장식과 담비 가죽으로 만든 초복액貂覆額, 어파륵자漁婆勒子 등의 양식이 있다. 여자들이 신는 신발은 향장목香樟木을 대서 밑창을 높였다. 바깥쪽에 대는 것은 행엽杏葉, 연자蓮子, 하화荷花 등의 양식이 있고, 안쪽에 대는 것은 신발 바닥을 높이기 위함인데, 이를 '도사관道士冠'이라고 불렀다. 바

입었다고 해서 '복색'이라고 한다고 했다. 역주 복안강1754~1796은 만주족 양황기鑲黃旗 사람이다. 훈척인 데다 대만과 서장의 반란을 진압하는 등 전공을 쌓아 건륭제의 총애를 받았다. 운귀, 사천총독을 비롯하여 공부상서, 병부상서 등을 거쳐 총관내무부대신總管內務府大臣 등을 역임했다. 그가 대만에서 돌아올 때 옷 색깔 운운은 『양주화방록』에도 실려 있다.

12 보로氆氌는 장어藏语의 음역으로 양털이나 야크 털로 짠 모직물이다. 일명 보라普羅이다.

닥이 평평하고 낮은 것은 '저아향底兒香'이라고 한다. 여자의 저고리는 길이가 2자 8치, 소매의 너비는 1자 2치이다. 바깥에 착용하는 호수護袖[13]는 수를 놓은 채색 비단으로 만든다. 겨울에는 담비나 여우 모피 등을 쓴다. 치마를 만드는 방식은 먼저 비단을 마름질하여 치마폭으로 쓸 조각을 만들고 각 조각마다 수를 놓고 양쪽 테두리에 금선을 두른 다음 조각을 맞춰 재봉하면 치마가 된다. 이를 일러 '봉미鳳尾'봉미치마라고 한다. 요즘은 치마에 들어가는 비단 전체를 접어서 가는 주름을 잡는데, 이를 일러 '백절百折'백절치마이라고 한다. 그중에서 24번 접은 것을 옥군玉裙이라고 하며 평상시에 입는다.[14]

물론 여기서 언급한 내용은 양주라는 특정 지역의 일정한 시기에 관한 것이지만 머지 않아 전국에 영향을 끼쳐 중류층 부녀자 사이에서 널리 유행했다. 궁정의 의복 양식은 서로 달랐지만 주된 의복 재료인 비단이 남방에서 만들어졌기 때문에 재질이나 배색 등이 궁정의 복식에 일정한 영향을 끼치지 않을 수 없었다.

건륭 연간에 나온 사회사적 의미가 다분한 소설『홍루몽』을 보면, 청대 초기 사회 상류층 부녀자들과 남녀 노복들의 의복 양식 및 사용한 비단의 품목이 상당히 상세하게 서술되어 있다. 일부 억지로 갖다 붙인 부분이 없지 않으나 대체적으로 현실에 가깝다는 점에서 매우 중요하다.

고궁에 소장된 직조 또는 자수품은 당시 궁중에서 비빈들이 입던 평상복 사진이나 그림과 상호 인증할 수 있다. 특별한 재료로 제작한 의복 가운데 '청문보구晴雯補裘'는 공작의 깃털로 짠 '작금니雀金泥'[15]이고 '부엽구鳧靨裘'는 직조한 것이 아니라 실제 들오리의 볼검협臉頰에 난 털을 잘라 겹겹으로 붙여 만든 것이다. 이외에 외래 직물로 '치라니哆羅呢', '성성전猩猩氈', '필기嗶嘰', '우사羽紗', '잡랄咔剌' 그리고 서장西藏의 모직물인 '보로氆氌' 등이 있다. 이는 모두 고궁박물원에서 실물을 확인할 수 있다. 또한 건륭 연간이나 그보다 이른 시기에 나온 비교적 큰 천지화串枝花 채색 비단과 천아융天鵝絨의 문양은 원명원圓明園 서양루西洋樓[16]의 석각 테두리에 있는 문양과 완전히 같다. 이는 16·17세기 이탈리아 건축물의 가장자리 장식에 주로 사용하는 도안을 모방하여 직조한 것으로 문헌에는 '서양단자西洋緞子'라고 적혀 있다. 고궁박물원에 각기 다른 색깔의 실물이 남아 있

13 호수護袖는 소매를 보호하는 지금의 토시와 같은 것으로 만수挽袖라고도 한다. 건륭제 시절부터 유행했다.

14 이두,『양주화방록』, "揚州鬏勒異於他地, 有蝴蝶望月, 花藍, 折项, 羅漢鬏, 懶梳頭, 雙飛燕, 到枕鬆, 八面觀音諸義髻及貂覆額, 漁婆勒子諸式. 女鞋以香樟木爲高底. 在外爲高底, 有杏葉, 蓮子, 荷花諸式. 在裏者爲裏高底, 謂之道士冠. 平底謂之底兒香. 女衫以二尺八寸爲長, 袖廣尺二, 外護袖以錦繡鑲之. 冬則用貂孤之類. 裙式以緞裁剪作條, 每條繡花, 兩畔鑲以金錢, 碎逗成裙, 謂之'鳳尾'. 近則以整緞摺以細繝道, 謂之百折. 其二十四折者爲玉裙, 恒服也".

15 원주〉실제는 공작의 깃털을 평평하게 펴서 명주실로 격자 형태로 경계를 나누어 만든 것으로 명대 쇄선수灑綫繡 기법을 활용했다.

16 원명원 장춘원 북쪽에는 프랑스 로코코 양식을 본뜬 '서양루西洋樓'가 있었는데, 유명한 화가 낭세녕이 설계했다.

기 때문에 비교 연구할 수 있다.

이러한 재료는 주로 휘장이나 온돌 덮개, 지면에 까는 방직물地衣 등에 사용했으며, 의복에는 거의 사용하지 않았다. 이는 주로 영국이나 프랑스, 이탈리아 등지에서 예품禮品으로 보내온 것인데, 이후 소주와 항주의 방직 공장에서 이를 모방하여 다양한 색깔의 천아융天鵝絨, 금초융金貂絨, 지마조융芝麻雕絨 등을 생산했다. 이 역시 실물이 적지 않게 남아 있다. 고궁박물원에 남아 있는 일부 문헌에 따르면, 강희제와 건륭제 시절 고급 석청단자石青緞子의 경우 직문直紋, 가로세로 줄무늬 한 자에 은전으로 1냥 7전이었으며, 천아융은 직문 한 자에 3냥 5전이었다고 한다. 외래 직물은 통칭하여 '아라사俄羅斯, 러시아'에서 들여왔다고 했는데, 이는 명대 외래 직물을 '대서양大西洋'이라고 통칭한 것과 비슷하다. 함의가 애매하나 해방 이전 상해 상인들이 구어로 '내로화來路貨' 또는 약간 문아文雅하게 '박래품舶來品'이라고 부르던 것과 의미가 같다.

163

청초 회족回族 남녀

그림233 (청) **홍정초피연변모紅頂貂皮沿邊帽[1]를 쓰고 좁은 소매에 교령의 긴 상의를 입은 회족 남녀** (청대 건륭제 시절 채색화 〈황청직공도〉)

〈황청직공도〉에서 따온 그림이다. 이외에 화가 금정표金廷標[2]가 그린 두 루마리 그림이 있으며, 현재 중국역사박물관에 소장되어 있다.

1 홍정초피연변모紅頂貂皮沿邊帽는 모자 꼭대기에 붉은색 장식이 있고, 모자 옆면을 담비 가죽으로 만든 모자이다.

2 금정표金廷標, ?~1767년의 자는 사규士揆, 오정烏程, 지금의 절강 호주湖州 사람으로 청대 화가이다. 부친인 화가 금홍金鴻의 재주를 이어받아 산수, 인물, 불상화를 잘 그렸으며, 특히 백묘白描 수법이 뛰어났다고 한다.

또한『광여승람廣輿勝覽』[3]이라는 채색 삽화가 그려진 상주서上奏書에도 관련 그림이 나온다. 내용은 비슷하고 시기적으로 보다 이르다. 그림책에 국내 여러 민족의 풍속과 습관 및 생산품에 대한 간단한 설명이 덧붙여 있다. 서언의 설명에 따르면, 특별히 사람을 보내 직접 관련 인물을 만나 민족 고유의 의상을 입은 모습을 그린 것이라고 한다. 당시 북경에 왕래하거나 거주하던 이들은 대부분 사회적 지위가 높은 이들일 것이다. 이외에 일부는 비교적 이른 시기의 그림 자료에 근거하여 그린 것이기 때문에 실제 모습에 부합하는지 여부는 상대적일 수밖에 없다. 그림에 나오는 옷차림과 설명문의 내용이 완전히 부합하지 않는 것도 있다.

회족回族은 당시 주로 신강과 감숙 등지에서 살았다. 옷차림은 남자의 경우 홍정초모紅頂貂帽를 쓰고 금실로 짠 직금의織錦衣를 입었으며, 비단 띠를 매고 감화嵌花[4] 기법으로 문양을 집어넣은 가죽신을 신었다. 여자는 쌍갈래로 머리를 땋아 아래로 내려뜨리고 붉은색 비단으로 묶었으며, 꿴 구슬로 장식했다. 관복은 남자와 동일하다. 번금番錦을 직조할 수 있었는데, 회회족이 직조한 비단을 속칭俗稱 '회회금回回錦'이라고 한다. 꽃문양이 자잘하고 주로 두 가지 이상의 실로 짠交織 금금金錦이다. 이전에 귀한 서예나 회화 두루마리의 포수包首[5] 부분에 많이 사용했기 때문에 '왜금倭錦'으로 잘못 알았다. 근년에 고궁에 있는 실물과 비교한 결과 회금이 분명하며, 일본이 아닌 중국 서북에서 생산된 것이었다. 주로 얇은 재질에 작은 꽃문양을 넣은 채색 비단이다. 고궁박물원에 강희 연간에 두터운 흰색 모단毛氈으로 만든 몽골 포장막이 소장되어 있는데, 회족이 만든 금금으로 가장자리를 장식했다. 늦어도 17세기에 제작된 것이다. 회족의 공예품은 예전부터 수준이 높기로 유명하여 서한 이래로 금錦과 계罽, 융단가 병칭될 정도였다. 뿐만 아니라 음악이나 가무 또한 중국 문화에 큰 영향을 주었다.『남사南史』에 따르면, 직금금은 원래 페르시아 사람들의 장기였다고 한다. 수나라 시절 하조何稠가 이를 모방하여 제작하기 시작했는데, 정교하고 아름답기가 기존의 페르시아 금금金錦을 넘어섰다고 한다. 이러한 염금撚金 및 직조 기술은 서북 형제 민족소수민족 직공, 장인들의 손을 통해 끊임없이 이어졌다. 그래서 송대 사신으로 서역에 출사한 홍호洪皓는 자신이 저술한『송막기문松漠紀聞』에서 회골回鶻의 직

3 금정표 등이 〈직공도〉를 완성한 이후 청나라 조정은 그림을 모본으로 사본寫本과 간본刊本 〈직공도〉를 제작했다. 또한 〈직공도〉 그림의 모사본인 〈광여승람〉은 원본의 그림을 그림책 형식으로 제작한 것이다. 원래 그림에는 만주족의 문자가 적혀 있지만 〈광여승람〉은 한문으로만 기록했다는 점이 다를 뿐이다.

4 감화嵌花는 서로 다른 색깔로 실을 짜서 편직물을 만드는 기법이다. 서로 다른 색깔의 실이 마치 상감한 것처럼 다른 색의 실 안으로 끼어들어 있기 때문에 문양이 끼어들어 있다는 뜻에서 '감화'라고 했다. 자카드 기법으로 짠 직물보다 깔끔하고 뚜렷한 시각 효과를 지닌다.

5 포수包首는 두루마리 그림을 말았을 때 바깥 면을 싸는 비단으로 견絹, 능綾, 송금宋錦 등으로 만든다. 두루마리 그림을 말았을 때 화축畵軸의 맨 앞에 오기 때문에 머리를 감싼다는 뜻에서 '포수'라고 했다. 외부로 노출되는 배접지의 손상을 방지할뿐더러 장식미를 더한다는 점에서 매우 중요하다.

염금금織捻金錦, 각사刻絲, 그리고 모단자毛緞子 등의 제품에 대해 상세하게 기록할 수 있었던 것이다. 또한 그는 『속송막기문續松漠紀聞』정식 명칭은 『송막기문속보유松漠紀聞續補遺』에서 다양한 색깔의 모단자 및 명주실과 양털을 섞어 만든 혼방직물混紡織物 몇 가지를 기록하면서, 이는 진중秦中, 지금의 섬서 중부 평원지역으로 들어와 한인들과 통혼한 회골 직공들이 만든 것이라고 했다. 원대에 납석실페르시아 금금金錦을 대량으로 직조하면서 각 성路의 중요 생산지마다 염직제거사染織提擧司를 설치하여 금금 직조를 감독했다. 이는 마르코 폴로의 『동방견문록』에도 기록되어 있다. 신강과 산서山西, 굉주宏州 대동大同에도 각기 하나씩 이러한 금금을 생산하는 공방을 개설했다.[6] 회족 직공들은 천촉이나 강절江浙의 노동자들과 마찬가지로 고급 사직품 생산에 특별한 업적을 남겼다. 그들은 기술적으로 우수한 전통을 유지함과 동시에 부단히 발전시켜 탁월한 성과를 얻었다.

고궁박물원에 소장된 고급스럽고 특별한 방직물과 모毛, 마麻, 사絲, 갈葛 등으로 만든 방직품은 거의 천 백여 종이나 된다. 이는 17·18세기이보다 이른 시기의 것도 있다에 회족들이 제작한 직금금이다. 재료도 풍부하고 또한 아름답기 그지없다. 회족이 제작한 전담氈毯, 양탄자도 특별한 예술 풍격을 갖추고 있다. 도안이 정교하고 아름다우며 구도는 복잡하고 배색은 조화롭다. 제작 기술이 지금까지 신강의 직공들에게 전수되어 이미 세계적으로 유명세를 떨치고 있다. 고궁박물원에 17·18세기에 제작된 작품들이 적지 않게 남아 있어 당시 직공들의 특별하고 우수한 성과를 그대로 보여주고 있다.

6 원주 문헌에서는 산서에서 만든 금금을 '회골금기공回鶻金綺工'이라고 말하고 있는데, 금대에 이미 시작되었다.

청초 장족藏族 남녀

그림234 (청) 입모笠帽를 쓰고 모직으로 직조한 교령交領에 긴 갈의褐衣[1]를 입고 있으며, 구슬꿰미를 걸고 붉은색 모전毛氈으로 만든 양모涼帽(여름에 쓰는 차양모자)를 쓰고 머리는 묶지않고 풀어헤치고 긴 두루마리 겉옷을 입은 장족 남녀(청대 건륭제 시절 채색화 〈황청직공도〉)

〈황청직공도皇清職貢圖〉에서 따온 그림이다.

1 갈의褐衣는 거친 털로 만든 모직물이다. 때로 베로 만든 옷이나 갈색 옷을 뜻풀이하기도 한다. 『시경』「빈풍豳風」「칠월七月」에 보면, "옷옷이며 털옷도 없이 어찌 한 해를 넘길거나無衣無褐, 何以卒歲"라는 구절이 나오는데, 정현鄭玄의 주에 따르면, "갈褐은 모포毛布이다". '모'와 '포'는 분명 다르다. 하나는 동물의 털로 만든 것이고 다른 하나는 식물 섬유로 만든 베이기 때문이다. 그런데 '모포'라고 썼다. 어떤 의미일까? 갈의는 실이 거칠기 때문에 주로 빈한하거나 지위가 낮은 이들이 입는 옷이었다. 그래서 천한 자를 지칭하기도 한다. 역서에서는 털로 만든 옷으로 풀이한다.

그림의 원주原注를 살펴보면 다음과 같다.

남자는 정수리 부분이 높고高頂 붉은 끈이 달린 전모氈帽[2]를 쓰고 긴 깃의 갈의를 입었으며, 목에 소주素珠, 염주念珠를 걸었다. 여자는 두발을 묶지 않고 그대로 어깨까지 내려뜨렸으며, 두발을 땋는 경우도 있다. 때로 붉은 모전으로 만든 양모涼帽를 썼다. 부유한 집안 부녀자는 주기珠璣, 주옥를 꿰어 달고 서로 자랑했다. 상의는 겉옷은 짧고 그 안에 입는 옷은 긴데, 다섯 가지 색의 갈포褐布로 만든다. 번금番錦과 모계毛罽, 융단의 일종를 직조할 줄 알며 주로 가죽신을 신는다.[3]

장족은 오랜 문화 전통을 유지해 온 민족이다. 수공예품 중에서 특히 금속공예와 모직물은 1천 년 전 당대부터 이미 유명했다. 비교적 소형인 방직기로 가는 양모를 직조하여 만든 보로氆氌, 양털로 만든 카페트와 손으로 직접 짠 양모 장담藏毯, 장족 담요은 명·청대에 상당한 수준에 이르러 구하기 힘든 귀중품으로 여겨졌다. 청대 초기 궁정 문헌 기록에 따르면, 이를 주로 서북부 왕공들에게 보내는 예물로 활용했다. 또한 장족 지역에서 나오는 붉은색 꽃으로 염색하면 특히 오랫동안 선명한 색깔을 유지할 수 있었다. 이처럼 정교하고 아름다운 장족의 담요와 보로는 17·18세기 제품인데, 지금도 고궁박물원에 많이 소장되어 있다. 보로는 다양한 색깔로 가늘고 부드러운데, 한 폭은 대략 33cm 정도이다. 염색은 협힐법夾纈法[4]으로 문양을 찍어내거나 교힐법絞纈法[5]으로 햇무리처럼 번지는 문양을 만들었는데, 이는 당대 인염印染의 풍격風格과 유사하다. 당대 사서에 보면, 당시 장안으로 보낸 예물로 조하금朝霞錦, 화계花罽, 금은 기물, 보장도寶裝刀 등이 있었는데, 먼저 궁전에 진열하여 여러 신료들이 감상하도록 한 후에 내부의 창고에 보관했다고 한다. 명대 문진형이 저술한 『장물지』에 보면 "서번에 오색 보로가 있다"[6]고 했고, 융단絨單, 모포나 양탄자로 일명 융담絨毯은 "섬서와 감숙에서 나오는데, 붉은 융단은 색깔이 산호와 같다"[7]고 했다. 또한 원·명대 자서의 일종인 『쇄금碎金』에 원말 명초에 사용한 모직물인 모자毷子, 자용紫茸, 사갈斜褐, 전융단자剪絨緞子, 융금絨錦等 등의 명칭이 나온다. 또한 『명실록明實錄』에는 영락 연간에 "섬서에서 낙타털로 만든 털옷인 타갈駝褐을 직조하도록 했다令陝西織造駝褐"는 기록

2 전모氈帽는 양털이나 야크 등의 털로 만든 것으로 지금의 중절모처럼 생겼으며, 일반적으로 펠트felt모자라고 부른다.

3 『황청직공도』 권4, "男戴高頂紅纓氈帽, 穿長領褐衣, 項掛素珠. 女披髮垂肩, 亦有辮髮者. 或時戴紅氈涼帽, 富家則多綴珠璣以相炫耀. 衣外短內長, 以五色褐布爲之. 能織番錦, 毛罽. 足皆履革鞮".

4 두 개의 판에 같은 문양을 대칭되게 투각하거나 조각한 후, 양면판에 염료 흡입 구멍을 뚫어 그 사이에 천을 접어 끼워 염액을 칠하여 염색하는 방법이다.

5 실이나 철사 따위로 직물을 잡아매어 물이 들지 않게 하여 무늬를 만드는 염색 방법이다.

6 『장물지』 권8 「의식衣飾」, "西蕃有五色氆氌". 원문은 "이불은 오색의 보라로 만든다被以五色氆氌爲之"로 약간 다르다.

7 『장물지』권8, 「의식」, "陝西, 甘肅出紅絨, 其色美如珊瑚". 융단에 관한 내용이다.

이 실려 있다. 청초 기록에 따르면, 이처럼 정교하고 세밀한 모직물은 회족이나 장족의 장인들이 주로 만든 것이다.

금속공예 가운데 도검은 칼집과 칼자루 끝 부분을 금은으로 장식하고 공작석孔雀石과 산호 및 여러 가지 보석을 상감했다. 조형이 뛰어날뿐더러 대단히 정교하고 아름답게 제작하여 사서에서도 수차례 언급된 바 있다. 18세기에 제작된 제품이나 당대唐代 병기의 화려하고 정교한 장점이 그대로 남아 있다. 이로 보건대, 당대 초기 문성공주文成公主가 당시 토번吐蕃 왕국지금의 서장西藏으로 시집가면서 수공예 장인들이 함께 따라간 것과 관련이 있는 듯하다. 다시 말해 한족과 장족의 문화 융합이 이러한 흔적을 남겼다는 뜻이다. 물론 이러한 수공예의 성과는 중국의 물질 문화를 더욱 풍부하게 만들었다. 지금도 서장의 장인들이 생산하는 장족의 융단이나 양탄자, 보로 등은 예술 풍격이 남달라 장족의 특징이 선명하게 드러난다. 이는 신강이나 감숙 회족의 보담氆毯, 담요 등 모직물과 더불어 세계의 특별한 수공예품으로 명성을 이어가고 있다.

청초 유족維族, 위구르족 남녀

그림235 (청) **전모氈帽를 쓰고 교령에 가죽으로 만든 포皮袍를 입었으며, 비교적 작은 과피모瓜皮帽를 쓰고 두발을 묶지 않고 그대로 내려뜨린 위구르족 남녀**(청대 건륭제 시절 채색화 〈황청직공도〉)

〈황청직공도皇清職貢圖〉에서 따온 그림이다.

그림 설명에 따르면, 당시 위구르족은 신강 준갈이準噶爾[1] 일대에 거주했

1 중국 명대 오아리트 몽골 4부 가운데 하나이다. 중국에서는 와랄, 서부 몽골이라 불렀다. 처음에는 예니세이강 상류에서 유목 생활을 하다가 15세기 중엽에 남하하기 시작하여 천산산맥과 준갈이분지로 이주하여 살았다. 16세기 후반에 두이백특, 준갈이, 토이호특, 석특 등 4부로 나뉘어 있었는데, 17세기에 준갈이부가 세력이 커지면서 나머지 3부를 통합했다. 1672년 제3대 갈단噶丹에 이르러 알타이산맥, 천산산맥 남북로에서 외몽골까지 세력을 넓히며 전성기를 맞이했다. 이후 내분으로 세력이 약해지면서 청대 건륭제 시절인 1755년과 1758년 2차례에 걸친 청나라의 공격으로 망하고 말았다.

다. 옷차림의 특징은 "남자의 경우 모자 정수리 부분이 붉은색이고 검은색 차양이 있는 모자를 썼으며, 상의는 무릎까지 내려왔다. 부녀는 두발을 묶지 않고 그대로 내려뜨렸으며, 과피모를 쓰고 다양한 색깔의 갈포로 만들어 입었다".[2]

위구르족은 서북에서 오랫동안 살면서 유구한 문화 전통을 지닌 민족이다. 거주 지역은 고도가 높고 추우며, 비교적 보드랍고 가는 양모가 많이 생산된다. 그렇기 때문에 특히 모직물로 유명하다. 역사 문헌에 보면 위구르족이 생산하는 모직물로 구수氍毹, 탑등毾㲪, 사문갈斜紋褐, 화계花罽, 세전細旃 등의 명칭이 나온다. 이는 모두 서북에서 생산되는 고급 전직품氈織品, 즉 모직물이다. 앞서 말한 바대로 서한 이래로 사서에서 금錦과 계罽를 병칭하였는데, 그만큼 중요한 직물이었기 때문이다. '계罽'는 모직물의 일종으로 여러 가지 색깔로 염색한 융단이다. 진晉나라 육귀陸翽의 『업중기鄴中記』[3]에 따르면 석호石虎[4]의 궁중에 표두계豹頭罽, 녹문계鹿文罽, 화계花罽 등이 있었다고 한다. 앞서 언급한 '탑등'과 '구수'는 전담氈毯, 즉 모전이나 담요, 융단을 지칭한다. 동한 시대 반고班固가 동생인 반초班超에게 보내는 서신「여제초서與弟超書」를 말함에서 두시중竇侍中이 자신에게 서역의 융단 10여 장을 구매해달라고 부탁하면서 수십만 냥을 비용으로 냈다고 쓴 적이 있다. 이렇듯 값비싼 전계氈罽, 즉 융단은 대부분 당시 서북에서 거주하던 여러 민족의 손에서 나온 것이다. 송대북송과 남송에 그 지역은 서하西夏가 통치하거나 서하와 가까운 곳에 위치했다. 그렇기 때문에 광대한 주변 지역에서 생산된 가는 털로 만든 모직품은 서하를 통해 송·요·금나라로 운반되었다. 당시 모직품의 명칭으로 갈리사褐里絲, 갈흑사褐黑絲, 문득사門得絲, 파리가帕里呵 등이 있는데, 대부분 가는 털로 만든 고급 직물로 2장丈이 한 필이었다. 다만 구체적으로 어떤 제품이었는지는 상세하게 알 수 없다. 위구르족 장인들이 17·18세기에 짠 양탄자地毯는 고궁박물원에 적지 않게 소장되어 있는데, 특이할 정도로 정교하고 아름다운 것도 있으며, 금이나 은을 꼬아 만든 것도 있다. 채색이 화려하고 천지화 문양이나 오색찬란한 기하 도안도 있다. 지금도 신강 위구르족이 제작한 양탄자는 세계적으로 유명하다. 이는 중외 문화 교류를 통해 수공예품 가운데 매우 중요한 위치를 차지하고 있으며, 지금도 여전히 발전하고 있다.

---

2 『황청직공도』 권4, "男戴紅頂黑簷帽, 衣長領齊膝衣. 婦女披髮四垂, 戴瓜皮小帽, 衣着各色褐布".

3 『수서』「경적지」에 따르면, 2권으로 진나라 국자조교國子助教였던 육귀생졸미상가 저술했다. 다만 현재는 잔본만 남아 있다.

4 석호石虎, 295~349년는 중국 오호십육국 시대 후조後趙의 제3대 황제로 334년부터 349년까지 재위했다.

청초 묘족苗族 남녀

그림236 (청) **짧은 상의와 바지를 입고 갈대 줄기로 만든 노생蘆笙을 연주하는 묘족 남자와 짧은 상의와 치마를 입고 행전처럼 다리를 가느다란 천으로 두른 묘족 여자**(청대 건륭제 시절 채색화 〈황청직공도〉)

〈황청직공도皇清職貢圖〉에서 따온 그림이다.

묘족은 중국 여러 형제 민족들 가운데 특히 오랜 역사를 지닌 민족 가운데 하나이다. 주거지 분포가 매우 광범위하여 남쪽으로 해남도, 서북쪽으로 영하寧夏와 신강 등에 이르기까지 묘족의 집단 거주지가 없는 곳이 없을 정도이다. 다만 집중적으로 살고 있는 곳은 귀주와 호남 두 군데 성省이다. 시대가 바뀌면서 묘족은 여러 부족으로 분기되었는데, 이 그림에 나오는 것은 귀주貴州 화묘花苗[1]의 모습이다.

상의는 밀랍으로 바탕에 문양을 그린 다음 염색하는데, 염색이 끝나 밀랍을 제거하면 채색 비단처럼 화려한 문양이 나온다. 옷깃은 따로 없고, 옷의 목 부위를 잡고 머리부터 집어넣어 입는다. 남자는 청포로 머리를 싸고, 여자는 말총 등으로 만든 가발을 본래 두발에 얹어 틀어 올렸는데 한쪽으로 치우친 모습이 말斗처럼 생겼으며, 나무빗으로 두발을 정리했다.[2]

식물 섬유로 만든 토포土布에 납염蠟染 방식으로 가공하는 것은 서남 형제 민족들의 장기이다. 송대 개인 필기에 보면 이를 '점랍만點蠟幔'이라고 칭했다. 당대 인염印染 방식은 대략 세 가지, 즉 협힐夾纈, 교힐絞纈, 납힐蠟纈 등으로 구분한다당대 비단 참조. 그중에서 납힐은 대나무 가지에 밀랍을 발라 세포細布에 화조나 기하 도안 등을 그려 넣는 방식이다. 도안이 완성되면 염색을 하는데, 염색이 끝나 밀랍을 제거하면 아름다운 문양이나 도안이 드러난다. 송대 주거비周去非는 『영외대답嶺外代答』[3]에서 '점랍만' 문양이 매우 치밀하다고 말한 바 있다. 이런 가공 기술은 고대 묘족의 선조들로부터 전해져오는 방식으로 『후한서』「서남이전西南夷傳」에서 말한 '난간반포闌干斑布'[4]와 관련이 있다.

이러한 납염 공예는 지금도 묘족과 포의족布依族의 일상 생활에서 여전히 활용되고 있으며, 전업이 아닌, 다시 말해 상품으로 판매하지 않는 수공업 제품의 중요한 부분을 차지하고 있다. 가공 기술은 집안 대대로 전수된 것이다. 문양이 아름답고 매우 치밀하여 예술적 수준이 상당이 높다. 일반적으로 남청색 위주이나 여러 가지 다른 색을 겸한 것도 있으며, 염료는 주로 현지의 전청색靛青色, 짙은 남색을 사용한다.

묘족의 일파인 화묘花苗는 가무를 좋아하고 갈대로 관을 만든 생황을 불 줄 안다. 관습에 따르면 6월이 새해의 첫 달이며 매해 맹춘孟春, 음력 정월이 되면 평지를 택해 월장月場[5]을 만들고, 남자는 노생을 불고 여자는 요령이나 둥근 북을 치며 가무를

1 화묘花苗는 묘족의 여러 지파 가운데 하나이다. 부녀자들이 입는 상의에 다른 지파보다 꽃문양의 자수가 많기 때문에 '화'라는 이름이 붙었다. 계림, 귀주, 운남의 깊은 산속에 살고 있어 고유의 전통으로 잘 보존하고 있으며, 인구가 희박하여 천여 명에 지나지 않는다. 방직과 자수 등 수공예 및 산가山歌로 유명하다.

2 『황청직공도』 권4, "衣以蠟繪花於布而染之, 既染, 去蠟, 則花紋似錦. 衣無襟衽, 挈領自首以貫於身. 男以青布裹頭, 女以馬尾雜髮, 偏髻大如斗, 攏以木梳".

3 주거비周去非, 1134~1189년는 영가永嘉, 지금의 절강 온주溫州 사람으로 저명한 지리학자이다. 그가 저술한 『영외대답嶺外代答』은 오령五嶺 남쪽에 있는 광서廣西의 지리, 연역, 풍속, 인물 등을 소개한 지방지이자 송대 해상 교통에 관한 중요한 사료이기도 하다.

4 난간반포闌干斑布는 요족이 밀랍을 이용하여 염색한 천을 말한다. '난간'은 종횡으로 엇걸려 뒤섞인다는 뜻이니 다양한 문양이 반점처럼 교착하는 독특한 형태의 천이라고 풀이할 수 있다. 요족은 이미 한대부터 납힐蠟纈 방식으로 염색한 옷을 입었다.

5 월장은 묘족의 미혼 남녀들이 달밤에 서로 모여 구혼하며 노는 장소이다.

즐겼다. 이를 일러 '달놀이도월跳月'라고 한다.[6]

'도월跳月'하는 날이 되면 청춘 남녀들이 성장盛裝하고 백은으로 만든 장신구를 차고 참가한다. 가슴에는 특별히 정성껏 수를 놓아 만든 천을 달기도 하는데, 도월에 참가한 햇수에 따라 층층으로 겹쳐 달아 기념으로 삼았다.[7] 젊은 남녀가 노생을 불고 달밤에 춤을 추며 노니는 풍속은 지금도 여전하여 귀주 묘족 거주지에서 매년 성대한 '도월' 축제가 벌어지고 있다. 노생의 형태는 근년에 호남 전국시대 초나라 분묘에서 출토된 실물과 거의 비슷하다.

묘족은 화묘 외에도 청묘青苗, 백묘白苗, 홍묘紅苗, 흑묘黑苗, 농묘儂苗, 천묘天苗, 채묘蔡苗, 가묘家苗 등이 있는데, 주로 귀주 일대에서 거주하고 있으며, 특히 안순安順에 비교적 집중되어 있다. 이외에도 호남 서부 영수永綏, 건성乾城, 봉황鳳凰 일대에도 다수가 살고 있다. 복장이나 풍속, 언어 등은 각 지역보다 서로 다르다. 문자는 없으며, 노래의 가사 등은 노래에 능한 이의 입과 귀를 통해 대대로 전해지고 있다.

6 『황청직공도』 권4, "花苗善歌舞, 能吹蘆笙, 俗以六月爲歲首, 每歲孟春, 擇平地爲月場, 男吹蘆笙, 女搖鈴盤鼓歌舞, 謂之'跳月'".

7 요즘 묘족의 도월 사진을 보면 가슴이 아니라 허리 아래쪽에 수놓은 천을 내려뜨렸으며, 노생도 예전처럼 갈대가 아닌 대나무로 만들고 길이 또한 상당히 길다.

청초 이족彝族 남녀

그림237 (청) 두립斗笠을 쓰고 피풍披風을 두르고 긴 상의를 입은 이족 남자와 화모花帽를 쓰고 피풍을 두른 이족 여자(청대 건륭제 시절 채색화 〈황청직공도〉)

〈황청직공도皇清職貢圖〉에서 따온 그림이다.

원주에 따르면, 이족彝族은 당시 "운남 곡정曲靖, 임안臨安, 징강澂江, 무정武定" 등지에 살다가 이후 천전川滇, 사천, 운남 지역의 대량산大涼山과 소량산 일대로 이주했다.[1] 옷차림은 다음과 같다.

1 현재 양산이족자치주涼山彝族自治州를 말한다. 양산은 운남에서 동남아로 통하는 교통 요지이기 때문에 예로부터 남방 실크로드의 중요 거점이었다. 주변에 대소 양산 외에도

남자는 청포青布로 머리를 감싸거나 삿갓을 썼으며, 베로 만든 장삼을 입었다. 여자는 청포를 머리를 덮어씌우고 포의布衣에 양가죽을 둘렀으며, 다리에 천을 동여매고 신발을 신었다.[2]

서남 지역의 여러 민족들 중에 전국시대 이래로 문자가 있는 민족이 있다. 예를 들어 파촉巴蜀이 그러한데, 이후 한족에 동화되면서 실전되고 말았다. 또한 처음부터 문자가 없는 민족도 있다. 이외에 문자가 있어 일부 역사나 문화자료를 보존하고 있는 민족도 있다. 이족과 고종古宗이 그러한데, 이족의 문자는 '찬문爨文', 고종의 문자는 '마사문麽些文'이라고 한다. 고종은 지금의 운남 여강麗江 중전中甸과 검천劍川 일대에 거주하는 민족이다.

찬문으로 적힌 문헌의 내용이 주로 무사巫師의 경전인 것을 보면 당시 무사, 즉 무당의 사회적 지위가 상당히 높았음을 알 수 있다. 마사문은 내용이 비교적 풍부한데, 주로 경전이고 옛 일이나 전설에 관한 내용도 적지 않다. 찬문은 이미 사용되지 않지만 마사문은 일부 지역에서 계속 사용하고 있다. 고종古宗은 고대 강족羌族의 일파로 유구한 역사를 지녔다. 그렇기 때문에 문자 역시 상형자가 비교적 많다. 일반적으로 패엽경貝葉經[3]처럼 가로로 글을 썼는데, 어쩌면 장족藏族의 영향을 받은 것일 수도 있다. 왜냐하면 한때 장족이 남쪽 가장 먼 지역까지 영토를 확장했을 때 그들이 살고 있는 지역이 장족 영토에 포함되었기 때문이다. 그러나 근년에 운남 진녕晉寧 석채산石寨山에서 발견된 한나라 말기 청동기 유물 가운데 고전인古滇人[4]이 사용한 마사문과 유사한 상형문자가 발견되었다. 따라서 고종의 문자인 마사문은 적어도 2천 년 이전에 이미 사용되고 있었다.

나계산螺髻山, 모우산牦牛山, 금병산錦屛山 등이 산맥을 이루고 있다.

2 『황청직공도』 권4, "男子青布纏頭, 或戴斗笠, 布衣長衫. 婦女青布蒙首, 布衣扯羊皮, 纏足着履".

3 패엽경貝葉經은 종이가 나오기 이전에 다라수多羅樹 나뭇잎에 경전 내용을 적은 것을 말한다. 고대 인도에서 주로 사용했다. 범어 'Pattra'의 음역인 패다라貝多羅는 나뭇잎이란 뜻이다.

4 고전인은 고전국古滇國 사람을 지칭한다. 사료에 따르면, 고전국은 전국 초기부터 서한 초기까지 운남 전지滇池 일대에 있었던 고대 왕국이다. 대략 5백 년의 역사를 지녔으며, 고도로 발달한 청동문화를 창조했다. 한나라 때 한족에 흡수되면서 역사에서 사라지고 말았다.

청초 장족壯族 남녀

〈황청직공도皇清職貢圖〉에서 따온 그림이다.

청초 장족은 주로 계림, 평남, 오주梧州 등지에서 거주했다. 의복은 "남자는 남포藍布로 머리를 싸매고" "여자는 둥근 고리 모양의 환계環髻에 은비녀를 꽂고, 채색 비단으로 테두리를 장식한 짧은 저고리와 순색의 비단치마를 입었으며 자신의 화려한 모습에 스스로 즐거워했다. 장금壯錦과 건파巾帕를 짤 수 있다. 남자들이 착용하고 있는 옷은 틀림없이 집에서 직접 짠

그림238 (청) **남자는 두건을 쓰고 교령에 무릎까지 내려오는 긴 웃옷과 바지를 입을 입었으며, 여자는 두발을 소라처럼 틀어 올린 나계螺髻를 하고 은으로 만든 목걸이를 했으며, 맞깃의 짧은 상의와 긴 치마를 입었다**(청대 건륭제 시절 채색화 〈황청직공도〉)

것들이다".[1]

서남에 거주하는 민족 부녀자들은 대부분 가무에 능하며, 일반적으로 비단을 직조하거나 자수를 잘했다. 장족은 태족傣族, 토가족土家族과 함께 직금織錦으로 유명하다. 각종 동식물 섬유를 이용하여 방직하여 현지에서 얻은 염료로 염색하는데, 간단한 나무 방직기로 문양이 아름다운 격자금格子錦, 격자 문양의 비단을 직조했으며, 도안이 풍부하고 변화무쌍하며 채색이 찬란하여 장족의 특색을 잘 드러내고 있다. 침구, 가방, 손수건 등을 만드는 데 적합하다. 결혼할 때 혼수로 장만하는 비단 이불보는 대부분 신부의 모친이 직접 직조했기 때문에 도안이나 설계 및 예술 풍격이 모두 다를 수밖에 없었다. 고궁박물원에 소장되어 있는 17·18세기 비단 이불보는 눈이 부실 정도로 아름답다.

18세기 이래로 천촉川蜀, 지금의 사천성, 강절江浙, 강소와 절강 등지에서 격자금을 모방한 비단과 서화의 포수包首 및 각사刻絲 제품을 만들었는데, 특히 궁중에서 인기를 얻었다. 19세기 성도成都에서 이불보용 격자금을 직조했는데, 그 기본 도안 역시 장금壯錦에서 유래했으며, 예술적으로 또 다른 풍격을 지녔다. 당시 궁정에서 사용하던 탁자보, 의자 등받이에 걸치는 의피椅披, 염낭하포荷包[2] 등도 장금의 도안을 사용한 것이 많았으며, 납사법納絲法으로 수놓은 착사戳紗, 수놓은 얇은 비단나 포융법鋪絨法을 사용한 자수刺繡를 만들기도 했다.

장금은 지금도 여전히 현지인들이 제작한 고도의 예술적 가치가 있는 수공예 미술품이다. 이는 태족, 요족瑶族, 토가족土家族의 면금棉錦과 제작 방법은 다르지만 탁월한 솜씨는 똑같다. 수많은 도안 조직과 색채 배합의 예술적 성취는 중국 고대 직금을 연구하는 데 매우 중요한 참고 자료이다. 예를 들어 연속 구문矩紋 채직彩織 도안圖案은 서남 지역 일부 민족이 비교적 원시적이고 간단한 직기로 직조할 때 흔히 채용하는 도안이다. 다만 사실 근년에 출토된 상대 석각 인형의 의복 문양에서 이와 매우 흡사한 문양이 발견되었다. 이러한 도안이 상당히 오래 전에 이미 생겨났음을 알 수 있다.

1 『황청직공도』 권4, "男藍布褁頭", "女環髻, 遍插銀簪, 衣錦邊短衫繫純錦裙, 華麗自喜. 能織壯錦及巾帕. 其男子所携, 必家自織者".

2 하포荷包는 복주머니처럼 생긴 휴대용 작은 주머니인 염낭이다. 전대錢袋로 사용하기도 한다. 옷에 부착된 주머니도 하포라고 한다.

청초 요족瑤族 남녀

그림239 (청) 속발束髮하고 무릎까지 내려오는 긴 웃옷을 입었으며, 생황을 들고 서 있는 요족 남자와 유모帷帽를 쓰고 짧은 웃옷과 치마를 입었으며, 다리를 천으로 동여맨 요족 여자(청대 건륭제 시절 채색화 〈황청직공도〉)

원주原註에 따르면, 당시 요족瑤族은 주로 "호남 안화安化, 영향寧鄕, 무강武岡, 서포溆浦 등지에 거주했다". 요족이 좋아하는 옷차림과 그 특징은 다음과 같다. "남녀 모두 푸른색 짧은 상의를 입는 것을 좋아했고 짙은 색으로 옷 가장자리를 장식했다.……때로 화파花帕, 꽃문양의 수건로 머리를 감쌌다. 요족 부녀자의 두발 형태는 반계盤髻이며 여러 개의 죽전을 꽂았다.[1] 짧은 상

1 원주 죽전竹箭, 대나무로 만든 화살을 비녀簪로 삼은 것인데, 길이는 한 자 남짓이다. 세 개나 다

의와 치마를 입었으며, 맨발로 산을 오를 수 있었다."[2] 현재 강화江華 요족瑤族 자치현自治縣이 개설되어 있다.

요족 역시 중국에서 매우 오래된 민족 가운데 하나이다. 그림에 나오는 부녀자의 머리에 있는 비녀처럼 생긴 머리꾸미개는 죽전竹箭, 즉 대나무로 만든 화살이다. 이는 주대 이래로 한·당대까지 이어진 채계釵笄 제도와 관련이 있다. 『시경』에 보면 '육계六笄', '육가六珈'[3]라는 말이 나오는데, 이는 필시 이러한 잠채簪釵의 활용과 관련이 있으며, 한대에도 여전히 유행했다. 진대晉代 사람들은 오병五兵, 다섯 가지 병기을 비녀로 활용했다는데, 비록 실물이 발견되지는 않았지만 당대 유행한 금은으로 만든 비녀 가운데 칼과 창도삭刀槊 형태가 있으며, 여섯 가지 도삭 형태의 비녀를 두발 양쪽에 꽂았다. 돈황에서 발견된 당·오대 및 북송시대 벽화를 보면 성장盛裝한 부녀자의 머리에서 여섯 개의 비녀가 꽂혀 있는 모습을 확인할 수 있다. 지금도 복건성에 거주하는 여민畬民[4]들은 세 개의 칼 모양의 비녀를 사용하고 있다. 이 역시 앞서 언급한 옛 전통에 따른 것이다. 요족 부녀자들이 머리에 세 개나 다섯 개, 또는 일곱 개의 죽전을 꽂고 있는 것이나 일부 서남 민족들의 머리에 나무빗이 꽂혀 있는 것은 멀리는 주나라와 한나라, 가깝게는 당·송나라 시절에 이미 문화 융합이 이루어졌음을 보여주는 예증이다. 또한 요족을 비롯한 일부 민족의 두발 형태나 비녀와 빗의 형태는 당·송대 또는 그보다 이른 시기에 중원에서 유행하던 양식을 보존하고 있는데, 이는 현존하는 그림이나 조각 및 실물과 비교하면 확인할 수 있다.

섯 개, 또는 일곱 개를 틀어 올린 두발에 꽂는다.

2 『황청직공도』 권4, "湖南安化, 寧鄕, 武岡, 溆浦". "男女喜着青藍短衣, 緣以深色.……或時用花帕纏頭. 瑤婦亦盤髻貫箭(用竹箭爲簪, 長尺馀, 或七枝, 五枝, 三枝不等, 插於髮髻). 短衣短裙, 能跣足登山."

3 『시경』 「용풍鄘風」 「군자해로君子偕老」, "군자와 함께 늙어갈 때까지 부와 계(비녀) 여섯 개를 꽂으려 하네君子偕老, 副笄六珈". 『시경』에는 '육계六笄'라는 말은 나오지 않는다.

4 여민畬民은 여족畬族으로 중국 소수 민족 가운데 하나이다. 대략 7,80여만 명 정도이며, 복건, 절강, 광동, 안휘, 호남, 귀주, 강서 등지에 분포하며, 90% 이상이 복건과 절강 산지에 살고 있다.

청초 카자흐족哈薩克族 남녀

그림240 (청) 모자 꼭대기가 방형이고 네 변을 가죽으로 만든 높은 피변모皮邊帽를 쓰고 교령이 좁에 소매의 장포를 입은 카자흐족 남녀(청대 건륭제 시절 채색화 〈황청직공도〉)

〈황청직공도皇清職貢圖〉에서 따온 그림이다.

원주에 따르면, 당시 카자흐족은 주로 "준갈이 서북쪽"한대에는 대완大宛이라고 칭했으며, 동부와 서부로 나뉘었다에 살았다. 옷차림의 특징과 습속은 다음과 같다.

두목頭目, 수장 등은 꼭대기가 홍백색이고 방형인 피변모를 썼고 소매가 긴 채색 비단옷을 입었고 명주끈으로 묶었으며 가죽 신을 신었다. 부녀자는 머리를 땋아 양쪽으로 내려뜨리고 귀에 구슬 귀걸이를 달았으며, 긴 소매의 금양의錦鑲衣를 입었다. 관과 신발은 남자와 동일하다. 일반 백성 남녀는 주로 털로 만든 전모氈帽를 쓰고 갈의褐衣, 털옷만 입었을 따름이다.……유목 생활이 위주이나 농사를 짓는 법을 알고 있다.[1]

서북은 명마의 출산지로 유명하다. 한대의 이른바 천마天馬는 서북 대완에서 온 말을 지칭한다. 장열張說의 『개원마정기開元馬政記』[2]에 따르면, 개원, 천보 연간에 당대 명마와 종자를 개량한 말이 45만 필에 달했는데, 이는 신강 이리伊犁의 말 종자를 통해 일반 말을 개량할 수 있었기 때문이다. 카자흐족은 유목 민족으로 승마에 능하고 좋은 말을 생산했다. 한대 이래로 서북 여러 민족의 군장들은 중원에서 생산한 비단 자수 의복을 좋아하여 매년 1만 필 이상의 금수錦繡가 장안에서 서북 지역으로 운송되었다. 『사기』나 『한서』에 보면 흉노의 군장에게 금수로 만든 협포夾袍, 솜을 집어넣지 않은 이중으로 된 비단 장포長袍를 보냈다는 기록이 자주 보인다. 근년에 서북에서 한·진·당대 금수가 출토되어 사서의 기록이 정확하다는 것을 확인할 수 있었다. 『당육전唐六典』에는 촉중 금공錦工은 매년 '번객금포 200벌蕃客錦袍二百領'을 반드시 직조해야 한다고 적혀 있고, 두우杜佑의 『통전通典』에는 광릉廣陵에서 250벌을 직조하여 장안으로 올려 보냈다는 기록이 나온다. 이로 보건대 당대까지 금수로 만든 포복을 직조하여 서북 여러 민족에서 보낸 사신들에게 증여했음을 알 수 있다. 이런 종류의 금포錦袍는 지금도 신강 일대에서 발견되고 있다.

비단에 문자를 직조한 것도 있는데, 당대에는 그 글자를 '강족문자羌族文字'라고 불렀다. 때로 중원의 비단 생산 지역에서 직조를 금지하는 명을 내리거나 직조해야 할 공물을 지정하는 경우도 있었다. 이는 대부분 당시 정치 현실과 관련이 있다. 18세기에 입었던 금의錦衣는 그림에서 볼 수 있다시피 비단 옷감에 단색이나 복색複色의 문양이 가득한 산화금散花錦이 대부분이었는데, 이는 당시 회족 직금금의 문양이었다. 왜냐하면 당대 이래로 화전和闐에서도 이미 잠업이 가능해 명주비단을 직조할 수 있을뿐더러 제품도 훌륭했기 때문이다. 문양이나 도안은 일부 촉금을 본받거나 페르시아의 영향을 받기도 했으나 대부분은 현지에서 새롭게 창안한 것들이다. 이후 1천여 년 동안 지속적으로 비단을 생산하여 서북 여러 민족들의 수요에 부합했다. 문양도 현지의 지역 특색이 풍부할뿐더러 당대에 유행한 '소족화

1 『황청직공도』 권4, "頭目等戴紅白方高頂皮邊帽, 衣長袖錦衣, 絲絛, 革鞮. 婦人辮髮雙垂, 耳貫珠環, 錦鑲長袖衣, 冠履與男子同. 其民人男婦, 則多氈帽褐衣而已", "其俗以游牧爲生, 亦知耕種".

2 『개원마정기開元馬政記』는 당대 개원 연간의 말에 관한 기록이다. '마정'은 중국 고대 관방에서 말을 관리하는 제도이다. 본문에서는 장열의 저작으로 본 것 같은데, 개원 연간에 장열이 재상을 역임하면서 이를 저술했다고 보기 어렵다.

小簇花[3] 문양도 습관처럼 계속 사용했다. 근년에 신강에서 발견된 당·송대 금단錦緞, 고급스러운 무늬 비단을 보면 멧돼지 머리나 사슴 문양 등 동물을 장식 도안으로 삼고 있다. 또한 17·18세기에 금을 꼬아 만든 '소족화' 문양으로 장식한 회금은 대부분 현지 직공들이 직조한 것으로 화전 일대의 원료로 만든 제품일 것이다.

---

3 소족화小簇花는 당대에 유행한 문양으로 대칭 효과에 중점을 둔다. '족簇'은 '무리聚'의 뜻으로 여러 개의 작은 꽃무리를 이룬다는 뜻이다. 소족화의 외형은 일반적으로 원형이나 표현 형식은 매우 다채로워 절지折枝 형태도 있고, 위쪽으로 직립하는 형태도 있으며, 둥글게 도는 형태도 있다. 가지나 잎과 꽃이 들어간 것도 있고, 꽃과 잎만 들어간 것도 있으며, 잎만 있고 꽃은 없는 것도 있다. 소족화는 도안 형태도 있지만 실제 꽃 모양을 본뜬 것도 있다. 도안은 세련되고 간결하며, 실제 꽃 모양을 본뜬 것은 매우 사실적이다. 북송시대에 꽃 모양을 본뜬 '생색절지화生色折枝花'로 대체되면서 때로 생색화生色花라고 부르기도 했다.

171

청초 백족白族 남녀

그림241 (청) **삿갓을 쓰고 교령의 짧은 웃옷과 바지를 입은 백족 남자와 건자巾子를 쓰고 맞깃 짧은 웃옷과 바지를 입은 백족 여자**(청대 건륭제 시절 채색화 〈황청직공도〉)

〈황청직공도皇清職貢圖〉에서 따온 그림이다.

원주에 따르면, 당시 백족白族의 주요 거주지는 "운남 임안臨安, 곡정曲靖, 개화開化, 대리大理, 초웅楚雄, 요안姚安, 승창承昌, 영북永北, 여강麗江 등지이며, 일반 백성들의 의식衣食이나 풍속은 일반 한인들과 큰 차이가 없다. 두발을 휘감아 묶고 짧은 상의에 양가죽을 걸친 이들도 있다".[1] 대리大理는 당대 인

1 『황청직공도』 권4, "雲南臨安, 曲靖, 開化, 大理, 楚雄, 姚安, 承昌, 永北, 麗江等地. 人民

근의 여러 민족이 합병 과정을 거쳐 육조六詔[2]를 형성했을 당시 남조南詔 정권이 도읍지로 삼은 곳이다. 일찍이 성도를 침략하여 1만여 명의 숙련된 수공업 관련 장인들을 확보하면서 각종 공예 생산이 가능해졌고, 아울러 사회 생활이나 문화 수준도 향상되었다. 대리에 비교적 완정한 형태로 보존된 쌍백탑雙白塔은 조형미가 매우 뛰어날뿐더러 당대 중원 문화의 전형적인 면모를 그대로 보여주고 있다.[3] 량쓰청梁思成[4] 선생의 의견에 따르면, 여강麗江 등지의 민가民家는 당대 민가 건축 양식을 그대로 보존하고 있다고 한다. 백족 사람들은 가무에 능하며 근대에 들어와 부녀자들의 의복은 짧은 웃옷에 소맷부리가 넓고 크며, 웃옷과 아래 바지에도 화변花邊을 넣어 장식했다. 백족 여자는 신발 코가 약간 솟아 있는 수놓은 신발을 신었다. 머리는 비교적 넓은 두건으로 싸매고 은으로 장식했는데, 청대 동치, 광서제 시절의 양식과 비슷하다. 옷차림은 19세기 한인들의 영향을 받은 것으로 보인다. 서남 여러 민족들 중에서도 문화 수준이 상당이 높다.

衣食風俗和一般漢人無多區別, 亦有纏頭衣短衣披羊裘者".

2 당대 초기 대리 북서쪽에 위치한 담수호 이해洱海 지역에 여러 민족들이 거주했다. 그들은 겸병 또는 흡수되면서 몽휴조蒙巂詔, 월석조越析詔, 낭궁조浪穹詔, 등탐조邆賧詔, 시랑조施浪詔, 몽사조蒙舍詔 등 여섯 개 큰 부락이 남게 되었는데, 이를 '육조六詔'라고 한다. 그중에서 몽사조는 여러 '조詔'의 남쪽에 위치하고 있기 때문에 '남조南詔'라고 불렀다.

3 원문은 '쌍백탑'이라고 했는데, 대리에 있는 백탑은 두 개가 아니라 하나이다. 인도 아육왕阿育王이 친히 운남으로 와서 세운 동보존성탑東寶尊聖塔이 바로 백탑이다. 하지만 이후 훼손되었으며, 당대 남조왕南昭王이 중건했으나 다시 전화로 인해 무너졌으며, 이후에 다시 세웠다. 중국 문화대혁명 시기에 또다시 수난을 받아 훼손되었다가 근년에 새롭게 중건했다. 이외에 대리 고성古城 서북쪽에 숭성사崇聖寺 삼탑三塔이 있는데, 비교적 완전한 형태로 보존되어 있다. 저자가 지칭하는 "비교적 완정한 형태로 보존된 쌍백탑"이 어떤 것인지 불분명하다.

4 량쓰청梁思成, 1901~1972년은 청말 사상가인 량치차오梁啓超의 장남으로 중국의 유명한 건축가이다.

청초 태족傣族 남녀

그림242 (청) 대나무 삿갓竹笠을 쓰고 무릎까지 내려오는 짧은 상의와 바지를 입고 다리에 행전을 찬 태족 남자와 두발을 둘둘 말아 똬리처럼 틀어 올린 반발盤髮에 얇은 비단으로 만든 사건紗巾을 덮어쓰고 갓끈처럼 생긴 실 가닥을 내려뜨린 태족 여자(청대 건륭제 시절 채색화 〈황청직공도〉)

〈황청직공도皇清職貢圖〉에서 따온 그림이다.

청초 태족 사람들은 "운남 곡정曲靖, 임안臨安, 무정武定, 광남廣南, 원강元江, 개화開化, 진원鎮沅, 보이普洱, 대리大理, 초웅楚雄, 요안姚安, 영북永北, 여강麗江, 경동景東 일대에 살았다". 17·18세기 태족 일반인들의 옷차림은 다음과 같다.

남자는 청포로 머리를 감싸고 잠화簪花를 다섯 가지 색실로 장식했으며, 대나무로 엮은 모자를 썼다. 상의는 청남색이고, 폭이 좁은 흰색 베로 정강이를 감쌌다. 항시 수건건세巾帨을 들고 다닌다. 여자는 두발을 둘둘 말아 똬리처럼 틀어 올리고 채색 비단으로 동여맸으며, 여러 가닥의 채색 실을 내려뜨렸다. 귀에는 은고리를 달았다. 의복의 색깔은 홍색이나 녹색이며, 때로 백금을 넣은 작은 합포合包, 荷包, 염낭 두세 개를 휴대하고 다닌다.[1]

태족 장인들은 특히 비단 직조에 능했다. 비교적 간단한 목제 제화기提花機, 자카드 직물을 짤 수 있는 방직기로 격자 문양의 비단인 격자금格子錦이나 줄무늬 바탕에 격자문양이 있는 조문간도금條紋間道錦을 직조했다. 문양이 오색찬란하여 화려하고 강건한 느낌을 주며 예술적 수준이 높아 진귀한 제품이 아닐 수 없다. 지금까지 직조 기술이 유전되고 있으며, 해방 이후에 더욱 발전했다. 이런 전통 방직 예술은 한대 이래로 계속 유지된 것으로 보인다. 『후한서』에 최초의 태족 정권인 고애뢰국古哀牢國을 소개하면서 백첩난간세포帛疊闌干細布에 대해 언급하고 있기 때문이다. 백첩帛疊은 목면 직물로 가늘고 부드러우며 깨끗하고 윤이 나는 것이 장점이고, 난간세포闌干細布는 능금綾錦처럼 아름답고 화려한 문양의 가는 면직물이다. 일명 '난간반포闌干斑布'라고 한다. 문헌 기록에 따르면, 염색한 면포에 속한다. 송대 이래로 '두라금兜羅錦, 또는 면綿', '제갈금諸葛錦'이라고 칭하던 직물은 주로 작은 제화기로 명주실과 면실을 겸직하여 만든 채색 비단이다. 이러한 직물은 서남 여러 민족의 장인들이 공동으로 만들어낸 성과이다. 물론 그중에서 적지 않은 성과는 태족 부녀자들의 손에 의해 이루어졌다. 17·18세기 이래로 태족이 직조한 격자금 이부자리 천은 지금도 고궁박물원에 거의 완전한 상태로 보존되어 있다.

1 『황청직공도』 권4, "男子青布裹頭, 簪花, 飾以五色綫. 編竹絲爲帽, 青藍布衣, 白布纏脛. 恒持帨. 婦盤髮於首, 裹以色帛, 繫彩綫分垂之. 耳綴銀環, 着紅綠衣裙, 以小合包二三枚各貯白金於內, 時時携之".

청초 여족黎族 남녀

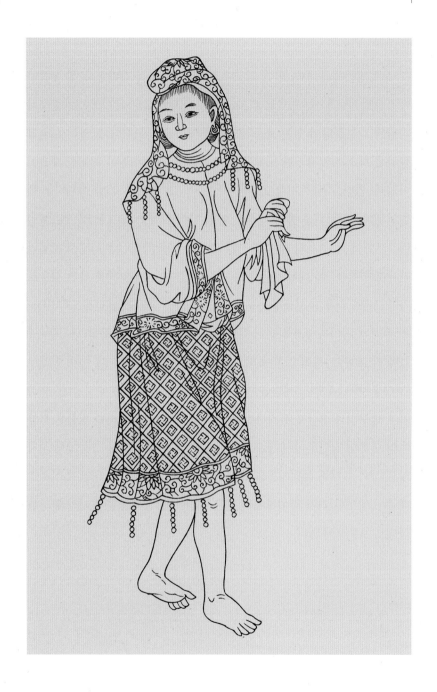

그림273 (청) **두건을 쓰고 짧은 상의와 치마를 입은 여족 부녀**
(청대 건륭제 시절 채색화 〈황청직공도〉)

〈황청직공도皇清職貢圖〉에서 따온 그림이다.

여족 역시 중국에서 오랜 역사를 지닌 민족 가운데 하나이다. 주로 해남도 오지산五指山 및 광동 흠주欽州, 지금의 광서장족자치구, 염주廉州 등지에 거주하고 있다. 청대 초기 옷차림의 특징은 다음과 같다.

> 남자는 머리 앞쪽에 상투를 틀고 홍포로 묶으며, 귀에 구리로 만든 고리를 단다.……여족의 부녀자는 머리 뒤편에 쪽을 짓고 청색 수건으로 감싼다. 시집을 갈 때면 얼굴에 벌레나 누에, 화훼 등의 문양을 얼굴에 새기며, 수놓은 길패吉貝[1], 면직물를 입고 화결통花結桶[2]을 걸친다. 통桶은 치마처럼 생겼으며, 주위를 모두 재봉하며, 길이는 무릎 아래까지 내려온다매우 가늘고 치밀한 문양이 있다.[3]

인용문에 '길패'라는 것이 나온다. 송대 『제번지諸蕃志』에 따르면, "해남의 면포길패 중에서 가장 견고하고 두터운 것은 '두라면兜羅棉'이고 그 다음은 '번포番布', 또 그 다음은 '목면木棉'이며 그 다음 것은 '길포吉布'라고 한다. 여러 가지 색깔로 염색하며 기이한 문양이 선명하다".[4] 『영외대답嶺外代答』은 해남도 여족의 직조에 관해 이렇게 말하고 있다.

> 해남에서 직조하는 천은 품종이 다양하고 폭이 매우 넓어 단필端匹, 고대 비단 등 직물을 계량하는 단위로 계산할 수 없다. 두 폭을 이으면 이불 홑청을 만들 수 있는데, 이를 일러 '여단黎單'이라고 한다. 다섯 가지 색깔로 기이한 문양을 만들어 매우 선명하다. 네 폭을 이으면 장막을 만들 수 있는데, 이를 '여금黎錦'이라고 하며 오색이 선명하다. 문서나 책상을 덮을 수 있는 것은 '안탑鞍搭'이라고 한다. 긴 천은 여족들이 허리에 감는 데 사용한다.[5]

이외에 일반 평민 출신으로 방직과 면화 재배에 탁월한 솜씨를 지닌 황도파黃道婆[6]를 주목하

1 길패吉貝는 범어梵语 또는 말레이시아어의 음역으로 면화棉花나 목면의 뜻이다. 중국 중원 지역에서 면화를 두루 재배한 이후로 문헌에 나오는 길패는 대부분 초면草棉을 지칭했으며, 때로 혼용하기도 했다.

2 화결통은 여족이 즐겨 입는 꽃문양 치마 화통군花筒裙을 말하는 듯하다.

3 『황청직공도』 권4, "男椎髻在前, 首纏紅布, 耳垂銅環.……黎婦椎髻在後, 首蒙青帕. 嫁時以針刺面爲蟲蛾花卉狀, 服繡吉貝, 繫花結桶, 桶似裙而四圍合縫, 長僅過膝(也有極細緻花紋)".

4 『제번지諸蕃志』, "海南的棉布, 最堅厚者謂之兜羅棉, 次曰番布, 次曰木棉, 又次曰吉布. 或染雜色, 異文炳然". 『제번지諸蕃志』는 송대 이종理宗 시절에 조여적趙汝適이 저술한 해외 지리서이다. 상권은 해외 여러 나라의 풍토와 인정, 하권은 외국의 물산과 자원에 대해 기록했다. 중국 인근의 도서나 일본은 물론이고 아프리카의 소말리아와 모로코, 지중해 연안의 여러 나라 등이 모두 포함되어 있다. 관련 내용은 주로 주거비의 『영외대답』의 내용을 참조했으며, 중국을 왕래하는 외국 상인들에게 얻은 지식을 바탕으로 삼았기 때문에 일부 착오가 있다고 한다.

5 『영외대답嶺外代答』, "海南所織, 品更多類, 幅極闊, 不成端匹. 聯二幅可爲臥單, 名曰黎單. 間以五彩, 異文炳然. 聯四幅可爲幕者, 名曰黎錦, 五色鮮明. 可蓋文書几案者, 名曰鞍搭. 其長者, 黎人用以繚腰".

6 황도파黃道婆, 1245?~1330년?는 송말 원초 방직 기술을 개선한 방직 전문가이다. 황파黃婆 또는 황모黃母라고 칭해지며 원래 송강부松江府 오니경烏泥涇, 지금의 상해시에 속함 사람이나 어려서 고된 시집살이 끝에 해남 애주崖州, 지금의 해남성 삼아시三亞市 애성진崖城鎮로 쫓겨나 40여 년 동안 그곳에 살면서 여족 부녀자들에게 방직 기술을 배웠다. 이후 고향으로 돌아와 마을사람들에게 기술을 가르치는 한편 방직

지 않을 수 없다. 그녀는 원대 해남도 경애瓊崖에서 면직綿織 기술을 배워 송강松江 오니경烏泥涇, 지금의 상해 지명으로 돌아온 후 현지 농민들에게 이를 전수하여 중국 면직 수공업 발전에 큰 공헌을 했기 때문이다. 문헌 기록에 따르면 그녀가 직조한 면직품의 문양은 절지折枝, 기국棋局, 바둑판 문양, 단봉團鳳 및 문자 도안 등이었다고 한다.

여족은 특히 자수에 능하여 문양이 세밀하고 아름답다. 도안도 오랜 세월 고유의 전통을 지켜오고 있다. 고궁박물원에 17·18세기 자수직물과 뼈에 조각한 장신구 등이 소장되어 있으며,[7] 아울러 청대 초기에 공물로 보내온 방직 공구工具 일습도 보관되어 있다. 특이할 정도로 정교하고 아름다워 그 자체로 고급 예술품이라고 할 수 있다. 이는 당시 현지 장인들이 탁월한 예술 능력 외에도 상당한 심미능력을 지녔음을 보여주는 예증이다. 방직 공구는 상·주대의 옥장玉璋이나 옥종玉琮과 형태가 매우 비슷하다. 어쩌면 옛 사람들이 말하는 옥장과 옥종이 고대 방직에 활용되던 도구와 일정한 연관이 있음을 간접적으로 증명하는 것인지도 모른다. 이러한 도구 형태는 여족에 국한되는 것이 아니며 서남, 서북 먼 지역에 사는 여러 형제 민족들의 좌식 요기腰機, 바닥에 앉아서 날실의 장력張力을 허리로 유지하는 직기에 사용하는 베틀 북이나 눌림대잉아 뒤에서 날실을 누르는 막대 등의 형태도 매우 유사하다. 따라서 이러한 방직 도구로 직조하는 기술을 이용하여 중국 고대 최초의 채색 직조에 관한 기본 지식을 얻을 수 있을 것이다.

기를 개선하여 다양한 문양의 면직품을 생산했다.

7 원주 뼈로 만든 빗은 길고 빗살은 성기다. 이 역시 상나라 시절 뼈로 만든 빗의 형태와 비슷하다.

청초 고산족高山族 남녀

〈황청직공도皇清職貢圖〉에서 따온 그림이다.

대만 고산족은 다른 형제 민족과 마찬가지로 중국 민족 대가정의 구성원 가운데 하나이다. 청대 초기 문헌『황청직공도』 기록에 나오는 그들의 옷차림은 다음과 같다.

그림274 (청) **맞깃의 짧은 웃옷을 입고 손에 팔찌를 찬 고산족 남자와 맞깃의 짧은 웃옷을 입고 구슬을 꿴 목걸이를 착용하고 손에 팔찌를 찬 고산족 여자**(청대 건륭제 시절 채색화 〈황청직공도〉)

> 남자는 두발을 뒤로 넘겨 붉은 비단으로 묶었다. 상의는 베 두 폭을 연결하여 만들었는데, 반비半臂처럼 소매가 짧아 팔꿈치까지 내려온다. 허리에는 무늬가 있는 화포를 둘렀다. 겨울에는 '만피縵披'라는 옷을 입었는데, 길이는 다리를 덮을 정도였고, 부녀자의 경우도 같았다. 남녀 모두 동전처럼 생긴 팔찌를 양쪽 팔뚝에 찼는데, 때로 수십 개에 이르렀다.[1]

고산족은 예술 창조력이 풍부하고 특히 조각에 능했다. 입체 또는 평면 목제 조각은 예술적 구성이나 공예 수준이 상당히 높은 것으로 유명하다. 또한 조개 등을 엮어 만든 갑옷도 매우 정교하고 아름답다. 이는『시경』에 나오는 "패주주침貝冑朱綅"[2]의 제작 방법을 떠올리게 만든다. 이외에도 대만에서 만든 비단은 오색찬란할뿐더러 바둑판처럼 생긴 격자 문양이 특색인데, 고대 요기腰機로 짠 자카드 직물의 일종이다. 직조 방법은 장금壯錦, 장족 부녀자가 짠 비단의 직조 방식과 대동소이하다. 다만 사용한 실이 비교적 굵고 주로 식물 섬유를 사용한 것이 많다. 현재 고궁박물원에 17·18세기에 제작된 이부자리 천 등의 작품이 적지 않게 남아 있다. 그 가운데 일부는 착사납금법戳紗納錦法, 얇은 비단에 수를 놓는 기법. 착사수가 곧 납금이다을 이용하여 만들었는데, 복건 장주漳州와 천주泉州의 부녀자들이 만들어 궁중의 이부자리용으로 공납한 것들이다. 다만 도안이나 문양은 모두 고산족이 창안한 것이다.

1 『황청직공도』 권4, "男剪髮束以紅帛. 衣用布二幅, 聯如半臂, 垂尺許於肩肘. 腰圍花布. 寒衣曰'縵披, 其長覆足, 婦女亦然. 俱以銅鐵環束兩腕, 或疊至數十'".

2 『시경』「노송」, "공의 보병이 삼 만이니 자개로 꾸민 투구와 붉은 끈이며 모든 무리가 많고 많도다公徒三萬, 貝冑朱綅, 烝徒增增".

청초 혁철족赫哲族[1] 남녀

그림275 (청) 담비 가죽으로 만든 초모貂帽를 쓰고 여우 가죽옷狐裘을 입었으며, 투구 형태의 가죽모자와 물고기 껍질 옷을 입고 개가 끄는 썰매를 타고 있는 혁철족 남녀(청대 건륭제 시절 채색화 〈황청직공도〉)

〈황청직공도皇清職貢圖〉에서 따온 그림이다.

혁철족은 중국 동북지역에서 어로와 수렵으로 삶을 영위하는 민족 가

1 혁철족赫哲族은 거주 지역이 매우 광범위하여 일률적으로 한 지역을 말할 수 없지만 대략 송화강松花江과 우수리강烏蘇里江 연안 지역에 주로 거주한다. 지역에 따라 '나패那貝', '나내那乃', '나니오那尼傲' 등으로 부르기도 하는데, '나那'는 본래 땅이란 뜻이고, '패'나 '내', '니오' 등은 사람의 뜻이라고 한다. '혁철'은 우수리강 연안에 사는 이들을 칭하는 '혁진赫真'이나 '혁길사륵赫吉斯勒'하류 사람, 동방 사람이란 뜻에서 온 것으로 최초 문헌 기록은 청조 강희 2년1663년이다. 혁철족은 알타이어계 만주 퉁구스 어족의 만주어에 속하며, 문자는 없다.

운데 하나이다. 원주에 따르면, 청대 초기 "칠성七姓[2]이 사는 지방인 오찰랍공과烏扎拉供科와 서로 접한 곳"에서 살았다. 거주 지역이 매우 추운 곳이고 어로와 수렵으로 생계를 유지했기 때문에 옷차림 또한 비교적 특별했다.

> 여름에는 자작나무 껍질로 모자를 만들어 쓰고, 겨울에는 담비 모자에 여우 가죽옷을 입었다. 부녀자의 모자는 투구처럼 생겼고, 웃옷은 주로 물고기 껍질로 만들었고 채색 천으로 테두리를 하고 구리방울을 달아 마치 갑옷을 입은 것 같았다. 어로와 수렵으로 생활을 영위했다. 여름에는 큰 배를 탔으며, 겨울에는 빙판에서 개가 끄는 빙상冰床, 썰매을 탔다.[3]

이는 2, 3백 년 전의 모습이나 그 이전부터 이러했을 것이라고 말할 수 있다.

중국 동북 지역주로 흑룡강 이북의 외동북을 지칭함은 고산이 많고 춥기 때문에 1년에 7, 8개월이나 빙설로 뒤덮인 동토와 끝없이 펼쳐진 삼림으로 이루어져 있다. 그렇기 때문에 예로부터 귀중한 자색담비, 은여우, 검은여우, 시라소니, 호랑이, 표범 등의 가죽 생산으로 유명했다. 춘추·전국시대 이래로 여러 문헌에서 이를 확인할 수 있다. 원대에는 모피가 공부貢賦의 항목이었다. 주로 담비 가죽을 계량 단위로 삼았는데, 앞서 『원전장元典章』에서 언급한 바대로 호랑이 가죽 한 장은 담비 가죽 몇 장이라는 식으로 계산했다. 청대에도 원대 제도를 그대로 답습했으며, 가격의 비율만 약간 변동이 있을 뿐이었다. 또한 법령에 따라 왕공대신이나 고급 관료들도 특별한 하사품이 아닐 경우 검은여우나 자색담비의 가죽을 사용할 수 없었다. 이처럼 귀하게 여긴 모피는 대부분 혁철족과 동북 지역의 관륜작郭倫綽, 기릉奇楞, 고야庫野, 비아객費雅喀, 흡객랍恰喀拉, 칠성七姓 등 수렵을 위주로 하는 형제 민족이 사냥하여 만든 가죽을 수탈한 것이다.

---

2 칠성은 동북 지역에 살고 있는 민족 이름이다. 원문에 나오다시피 혁철족을 비롯하여 관륜작郭倫綽, 기릉奇楞, 고야庫野, 비아객費雅喀, 니부혁인尼夫赫人, 흡객랍恰喀拉, Kyakala 등과 이웃하며 사는 민족이다.

3 『황청직공도』 권4, "夏以樺皮爲帽, 冬則貂帽狐裘. 婦女帽如兜鍪. 衣服多用魚皮而緣以色布, 邊綴銅鈴, 亦與鎧甲相似. 以捕魚, 射獵爲生. 夏航大舟, 冬月冰堅則乘冰床, 用犬挽之".

176 청대清代 연회석상의 몽골 왕공 그림

그림246 (청) 〈열하만수원사연도축熱河萬樹園賜宴圖軸〉(고궁박물원 소장)

몽골족몽고족蒙古族은 중국 서북부에 거주하는 오래된 민족이다. 오랜 세월 초원에서 유목하면서 전장氈帳, 모전으로 만든 장막, 게르에서 생활했다. 서기 13세기에 당시 강회江淮 이북을 점거하고 있던 여진족 정권인 금나라를 공략한 후 장강을 건너 남침했다. 철기군을 앞세운 몽골 군대는 남송 정권을 무너뜨리고 중국 전체를 통일시켰다. 연경燕京을 도읍지로 삼아 대도大都라 칭하고 남송 관리들의 도움을 받아 정사를 처리했다. 하지만 몽골 황제 본인은 고립된 궁정에서 정착 생활을 하는 데 익숙치 않아 대부분의 세월을 수초가 많고 비옥한 초원에 건립한 도성에서 예전처럼 게르에서 생활했다. 그렇기 때문에 정권이 붕괴된 후에도 북방에 여전히 막강한 무력을 보유하여 명나라 정권에게 심각한 위협으로 존재했다. 명대 초기에 특별히 대녕위大寧衛를 설치하여 중무장 병사를 배치하고 몽골의 위협에 대처하고자 했으나 끝내 문제를 해결하지 못했다. 성조成祖 주체朱棣가 북경을 도읍지로 삼고 기존의 정책을 바꿨다. 그는 대녕위를 폐지하는 대신 몽골과 우호적인 관계 개선에 나섰다.

청대 초기 강희제는 한 걸음 더 나아가 상호 관계를 강화하는 한편 만주滿洲 제도에 따라 몽고팔기蒙古八旗를 설립하고 각각의 맹장盟長, 맹은 행정구역이다을 세워 몽골 왕공으로 봉했다. 또한 화친 정책을 통해 몽골족 귀족 여자를 황후로 삼기도 했으며, 몇 명의 공주를 몽골 왕에게 시집보내기도 했다. 이처럼 서로 단결한 것은 "만리장성은 북방의 우환주로 러시아를 지칭함을 방지하기 위함이니 몽골인 자체가 만리장성이다"라는 말처럼 전략적인 방책이기도 했다. 또한 지금의 승덕承德에 피서산장避暑山莊을 건립한 것도 북방의 방어력을 강화시키겠다는 심원한 의도가 담겨 있다. 이를 통해 청조는 2세기에 걸쳐 비교적 안정적인 시대를 맞이할 수 있었다. 강희제와 건륭제는 매년 피서산장에서 한 해 거의 절반의 시간을 보냈으며, 북경과 열하熱河를 잇는 길에 역참驛站을 설치하여 하루 안에 소식이 전해질 수 있도록 했다. 중요한 국사도 거의 그곳에서 해결했을 뿐만 아니라 외국 사신 접견도 그곳에서 이루어졌다. 상당히 넓은 면적에 비교적 소박한 행궁을 건설하고, 매년 대규모 연회를 거행했다. 그때마다 몽골 왕공과 여러 민족의 맹장盟長과 대표들을 초청하여 우호 관계와 단결을 강화하는 한편 북방 변경의 우환을 사전에 제거할 수 있도록 했다. 중국의 민족 영웅 임칙서林則徐는 일찍이 "중국의 가장 큰 우환은 러시아인가?"라고 말한 바 있다. 이는 비교적 이후의 국제 정세에 대한 인식에서 나온 것인데, 청대 전기에 몇몇 통치자들은 이미 이를 깨닫고 있었다. 이것이 바로 청조가 몽골과 관계 개선을 중시한 근본 원인이기도 하다.

몽골족은 초원 생활에 익숙하고 가무에 능하며 질박하면서도 호방한 민족이다. 초원의 기후에 적응하기 위해 그들은 좁은 소매에 긴 포복을 입었으며, 명주실로 만든 허리띠를 착용하고 긴 가죽신을 신었다. 남녀의 옷차림은 그다지 차이가 없으되 모자와 두발 형태만 다를 뿐이다. 특히 강홍대자絳紅大紫, 즉 짙은 붉은색과 자주색을 선호했다. 전장氈帳, 몽골인의 게르 안에는 그들이 좋아하는 도안으로 직조한 모전 깔개카페트를 깔았고, 오랜 세월 소야크를 말함나 양을 방목하기 좋은 수초 지역을 찾아 다니며 살았다. 전장은 일반적으로 야크나 양의 털로 만들었다. 왕공의 맹장이 거주하는 곳은 흰 양모 바탕에 융단이나 금단錦緞으로 테두리를 장식했다. 이 그림에 나오는 커다란 전장은 건륭제가 여러 민족의 왕공과 외국 사절을 접견할 때 사용하던 것이다. 이런 대형 천막으로 이루어진 가옥은 1천여 명이 앉거나 누울 수 있을 정도로 컸으며, 언제라도 철거하여 이동할 수 있는 행궁이나 다를 바 없었다.

청대 제왕의 포복袍服

그림247

왼쪽 : (청) 황귀비皇貴妃 조복(「혜현慧賢 황귀비皇貴妃 조복상朝服像」, 후추이胡錘 촬영)

가운데 : (청) 황제 조복(「건륭제상, 후추이 촬영)

오른쪽 : (청) 황제 조복(「강희제상, 후추이 촬영)

청대 황제의 복식 제도는 기존 역사에서 보기 힘들 정도로 상당히 번쇄하다. 왕공 대신들의 조복에는 전수箭袖, 망복蟒服, 피견披肩, 영정翎頂 등을 반드시 갖춰야만 했다. 이외에도 사계절마다 복식이 각기 달랐고, 외투에 사용하는 모피도 달랐으며, 모자 위에 있는 정자頂子의 재료도 다르고 모자 위에 다는 공작새의 깃털인 영자翎子, 영모翎毛의 눈공작새 깃털에 있는 눈처럼 생긴 모양 숫자도 달랐다. 또한 가슴에 붙이는 보자補子나 조주朝珠[1] 등도 등급에 따라

1 조주朝珠는 청대 예복에 사용되는 패식佩飾이다. 전체 108개 둥근 구슬을 꿰어서 만든다. 구슬의 재질은 산호, 진주특히 송화강에서 나는 대합조개의 진주인 동주東珠가 귀했다, 비취, 마노, 수정, 청금석 등 다양하며, 관직의 직급황제, 친왕에서 문관 5품, 무관 4품 이상에 따라 달랐다. 조주는 네 조로 나누어 사계절을 상징하는 네 개의 청금석으로 만든 큰 구슬을 끼웠는데, 이를 불두佛頭라고 하며, 중앙에 수직으로 내려뜨린 호리병처럼 생긴 것은 불탑佛塔이라고 한다.

확연하게 차이가 났기 때문에 누구나 한눈에 알 수 있었다. 중급 이상의 관료들이 모여 연회를 할 때면 음식을 먹고 마시는 과정에서 한두 차례 옷을 갈아입었다. 이외에도 남자들이 평상시에 의복에 착용하는 패물도 청초에는 두세 가지였으나 이후 점점 더 불어나 허리춤에 차는 것만도 향하포香荷包, 향을 넣는 주머니, 부채주머니, 안경집, 담배통, 부시화겸火鐮 및 고개를 썰어먹을 때 사용하는 칼刀叉, 칼과 나이프까지 다양했으며, 형태 또한 서로 달랐다. 때로 봉건 황제가 특별히 자신의 수하 노재奴才[2]에게 의복을 하사하기도 했다. 이를 받은 노예는 당연히 영광이 아닐 수 없었을 것이고, 다른 신료들에게 은총을 과시하는 한편 더욱 더 목숨을 걸고 충성을 다짐했을 것이다.

통치자 자신도 평상복에 연하포烟荷包, 담배를 넣는 주머니나 부시, '경팔촌京八寸'[3]이라는 작은 담뱃대를 차고 다녔다. 당시 가장 특별하고 중요한 의복은 '흠사황마괘欽賜黃馬褂'로 황제가 하사한 황색 마괘마괘자이다. 사실 〈강희만수도康熙萬壽圖〉, 〈건륭남순도乾隆南巡圖〉에 보면, 64명의 수레꾼이 들고 가는 황제의 대창교大敞轎 앞에서 열을 지어 걸어가는 친왕이나 대신들이 조복 위에 덧입은 짧지도 길지도 않은 황색 마괘가 다를 바 없다.

청초에 담배는 여전히 새로운 물건이었기 때문에 일반인들은 사용할 수 없었다. 기록에 따르면, 안경은 명나라 선덕宣德 연간에 중국에 들어왔다. 고궁박물원에 명대 선덕 연간의 실물이 소장되어 있다. 청초에 이르러 비교적 많이 사용되었다. 관료나 문인들의 허리춤에 둥근 안경집을 매달기 시작한 것은 제7대 가경제1796~1820년와 도광제1820~1850년, 재위기간 이후의 일이다. 관료의 신분을 상징하는 새롭고 신기한 장식품이 날로 증가하면서 수요 또한 폭발적으로 늘었다. 옹정, 건륭제 연간에 반영폐潘榮陛가 저술한 『제경세시기승帝京歲時記勝』 「황도품휘皇都品彙」조條에 보면, 당시 북경에서 계절마다 다른 복장을 판매하는 유명 점포를 열거하고 있는데, 비록 간략하기는 하지만 당시 사회의 실제 상황을 반영하고 있다.

> 제경帝京의 물품은 하늘 아래 모든 것을 차지하여 짝할 곳이 없고, 융성한 시대의 의관은 고금을 능가하여 견줄 것이 없다. 금은 보식寶飾, 주옥을 상감한 장신구는 '돈화루敦華樓'와 '원길루元吉樓'에서 개업하고, 채단綵緞, 능라는 '광신廣信'과 '항풍恒豐' 상호商號가 유명하며, 담비 가죽옷과 여우 겨드랑이 가죽호액狐腋은 강미江米, 찹쌀의 뜻 거리, 산호와 진주는 낭방廊房, 지금의 북경 전문 앞 대책란大柵欄[4] 골목에서 판매한다.

또한 조주 양쪽에 매달려 있는 세 개의 작은 구슬꿰미는 기념紀念이라고 하며, 등 쪽으로 내려뜨린 것은 배운背雲이라고 한다.

2 원문은 "노재조아奴才爪牙"이다. 황제의 손과 발이 되는 노예라는 뜻이다. 청대 신료나 환관들은 황제 앞에서 자신을 노재, 즉 노예라고 칭했다.

3 당시 북경에서 유행하던 길이가 여덟 치인 담뱃대이다.

4 대책란大柵欄은 북경 자금성 남쪽 전문前門 일대에 자리한 가장 번화한 상업가이다. 특히 황실의 보호를 받아 크게 흥성했다. 강희 9년1670년 골목 입구에 울타리를 세우고 밤이 되면 닫도록 하여 통금을 실시했는데, 상업 지역은 더욱 큰 울타리를 세워 자신들의 재산과 상업 권리를 보호했다. '대책란'이란 말은 여기에서 비롯되었

짙은 남색 사포梭布[5]는 '진경장陳慶長'의 세밀하고 넓은 베틀로 만든 것이 유명하며, 우단羽緞과 성전猩氈[6]은 '오소서伍少西'의 대양청수大洋清水가 널리 알려져 있다. 겨울 모자와 여름 옷감은 '북우北于'와 '교리橋李'가 명성을 나란히 하고, 만주 버선滿洲襪, 만주족의 버선과 조화朝靴, 입조할 때 신는 가죽신 조화朝鞾는 '삼진三進'과 '천기天奇'의 제품이 가장 성행한다. 직염국織染局 앞에 가죽허리띠정대鞓帶는 내부內府, 궁중 창고에서 경영하는 곳이고, 융복사隆福寺 안에서 파는 하포荷包는 문양을 대궁大宮의 것을 본떴다. '마공도馬公道'廣錫鑄重皮紉扣, '왕마자王麻子'는 서양 쇠줄서철좌西鐵銼로 3대에 걸쳐 동침銅針, 여기서는 칼과 가위을 만들었고, 화장 상자장렴粧奩와 골동품은 유리창琉璃廠 동문에 점포가 널려 있으며, 말 안장과 고삐, 행장 등은 패루牌樓 서대시西大市[7]에 점포가 개설되어 있다.[8]

이는 북경의 유명한 점포를 소개한 것에 불과하다. 당시 청조 귀족 관료들은 교만하고 탐욕한 데다 사치스러워 모정帽頂, 모자 꼭대기에 박아 넣는 홍보석 하나가 은자로 수천 냥이나 되고, 조복 입을 때 목에 패용하는 조주朝珠 가격이 만 냥을 넘었다. 청인들이 쓴 필기에 보면, 청대 초기 유행했던 대옥피帶玉皮[9]로 만든 비취영관翡翠翎管[10]은 일반적으로 백은 8백 냥이었다. 이러한 점포나 상점에서 판매하는 금은의 수량이 어느 정도인지 능히 짐작하고 남음이 있다. 궁정이나 왕부王府, 친왕의 저택에서 혼례나 상례 또는 축수祝壽, 생일잔치 등을 거행할 때면 때로 전국의 관련 업자들을 동원하여 필요한 물품을 공급받았다. 엄청난 재력과 물력이 낭비되었으니, 역사상 이런 시대가 없을 정도였다.

황제의 용포 제작을 예로 들면 다음과 같다.

우선 관례에 따라 여의관如意館, 지금의 북해공원 화방재

다.

5 사포梭布는 집안에서 나무 베틀로 직조한 베를 말한다.

6 우단羽緞은 짧고 고운 털이 촘촘히 박힌 모직물이다. 성전猩氈은 성성이, 즉 오랑우탕의 피로 염색하여 영원히 퇴색하지 않는 모직물이라고 한다. 하지만 이는 전설일 따름이고, 색깔이 붉은 것을 강조한 것일 따름이다. 『홍루몽』에서 보옥이 입는 망토처럼 생긴 방한복 대홍성성전大紅猩猩氈이 바로 성전이다.

7 패루牌樓는 황성 서쪽에 있기 때문에 '서사패루西四牌樓'라고 칭한다. 나중에는 간단히 '서시西四'라고 불렀다. 명나라 때는 서대시가西大市街, 간칭하여 서시西市라고 했다.

8 반영폐潘榮陛, 생졸미상, 『제경세시기승帝京歲時記勝』, 「황도품휘皇都品彙」조條, "帝京品物, 擅天下以無雙, 盛世衣冠, 邁古今而莫並. 金銀寶飾, 開敦華, 元吉之樓. 綵緞綾羅, 置廣信, 恒豐之號. 貂裘狐腋, 江米街頭, 珊瑚珍珠, 廊房巷口. 靛青梭布, 陳慶長細密寬機. 羽緞猩氈, 伍少西大洋清水. 冬冠夏緯, 北于, 橋李齊名. 滿襪朝靴, 三進, 天奇並盛. 織染局前鞓帶, 經從內府分來. 隆福寺裏荷包, 樣自大宮描出. 馬公道廣錫鑄重皮紉扣, 王麻子西鐵銼三代銅針. 粧奩古玩, 店開琉璃廠東門. 鞍轡行裝, 舖設牌樓西大市". 저자인 반영폐는 청조 황궁 독초국督銷局에서 식염食鹽 운송과 판매를 담당했다. 퇴직 후 자신의 궁정 생활을 바탕으로 사계절에 따른 습속과 종교 활동 및 과일, 채소 등 식품에 관한 일까지 다양하고 세세하게 기록하여 『제경세시기승』이라고 이름 붙였다. 이외에도 『공무기유工務紀由』, 『혼의편속昏儀便俗』, 『독찰수지讀札須知』 등을 저술했다.

9 대옥피大玉皮, 일명 대피나 옥피는 가공하지 않은 자연 상태의 옥을 말한다.

10 비취영관翡翠翎管은 비취로 만든 영관이다. 영관翎管은 청대 관원의 예모에 화령을 꽂는 데 사용하는 장식물로 비취나 백옥으로 만든 것은 최고 문무관리의 상징이다. 둥근 기둥처럼 생겼고, 가운데가 비었으며 한쪽 끝에 반원형의 가운데가 뚫려 있는 고리가 달려 있다. 황제가 공훈이 있는 신하에게 공작 깃털로 만든 화령花翎을 하사하는데, 화령을 꽂는 것이 바로 영관이다. 화령은 공작 깃털에 눈처럼 생긴 무늬가 한 개, 두 개, 세 개 있는 것으로 구분하며, 세 개가 가장 높다.

畫舫齋 안에 있다의 최일류 기술자가 세밀하게 설계하여 도안과 문양을 만든 다음 황제가 친히 살펴 윤허가 떨어지면 전담 차사를 남경이나 소주 항주의 직조織造로 보낸다. 직조의 감독 아래 용포 제작 공정에 필요한 재료와 노동에 필요한 경비가 얼마나 필요한지 계산한다. 어떤 것은 면적에 따라 평방척으로 계산하고, 금선金線과 은선銀線은 약간의 묶음에 따라 계산하며, 금은 누사縷絲는 1만 개를 단위로 계산하고, 색사色絲는 근斤으로 계산한다. 용포 한 벌을 제작하려면 필시 오랜 시간이 걸리지 않을 수 없었다. 제작이 끝나면 상세한 보고서를 필사한 후 꼼꼼히 포장하여 상장에 넣고 적시에 전담 관리가 북경으로 호송한다. 고궁박물원에 이렇게 직조한 용포에 관해 상주한 보초報銷, 일종의 결산보고서 책자 90여 본내용은 수만 가지에 달한다이 보관되어 있다. 의복을 직조하는 데 필요한 비용 외에도 포장 비용, 담당 관리의 숙식 비용, 운하와 강을 건너는 데 필요한 비용 등이 일일이 하나도 빠지지 않고 기록되어 있다. 잠시 살펴보니, 법도가 엄격하여 전혀 허투루 기록한 것이 없었다. 하지만 전후 2백여 년 동안 가격이 전혀 변하지 않았다. 이로 보건대, 이러한 보초는 단지 관례에 따른 행정 사무일 뿐 실제 비용과 반드시 부합하는 것이 아님을 알 수 있다. 당시 직조는 그저 당시 관가官價, 관에서 정한 가격에 따라 수량을 발주하고 직호織户, 직조 노동자가 정해진 시간에 맞춰 납품하면 관가에 따른 비용을 지불했으니, 실제 가격에 크게 못 미쳤을 것이다. 『소주직조국지蘇州織造局志』 권3 '기장機張' 부분에 따르면, 소주蘇州 직조織造가 관할하는 염직국染織局과 총직국總織局에 각기 직조기 4백 대, 장인 2천 3백여 명이 소속되어 장기간에 걸쳐 관용 단필緞匹, 비단을 생산했는데, 매월 구량口糧, 관아에서 제공하는 양식이 1천여 섬이었다. 용포 한 벌의 재료와 수공비가 190일치 구량에 달했다.

제왕이 입는 특별한 포복은 공작새 꼬리털을 꼬아 바탕을 만들고 가느다란 명주실로 수를 놓은 곳을 표시하고,[11] 바탕에 다시 쌀알만 한 진주로 용봉이나 단화 도안을 수놓았다. 이렇듯 사치스럽기 그지없는 재료와 막대한 비용은 전대에 보기 드문 것이었다. 현재 고궁박물원에 이처럼 화려하고 다양한 품종의 의복이 적지 않게 실물로 보관되고 있다. 이는 한편으로 마지막 봉건왕조의 사치와 탐욕이 어떠했는지를 보여주는 예이고, 다른 한편으로 남방의 비단 생산 지역의 백성들이 지닌 탁월한 직조 기술과 우수한 재료, 배색의 아름다움, 수예의 공교로움 등을 보여주는 실례이기도 하다.

11 원주 송대에는 '각색직刻色作', 명대에는 '쇄선灑綫'이라고 불렀다.

178

청대 옹정제 4명의 비妃 편복便服, 일상복

그림248

왼쪽, 가운데 왼쪽 : (청) 기포旗袍(치파오)를 입은 황비皇妃(「옹정행락도雍正行樂圖」 네 명의 비妃 부분)

오른쪽, 가운데 오른쪽 : (청) 비갑을 두르고 길고 주름을 많이 잡은 백습군百褶裙[1]을 입었으며 영구領釦(옷깃 단추)를 채우고 운견을 착용하고 귀걸이를 한 황비皇妃(「옹정행락도」 네 명의 비 부분)

〈황청직공도〉에서 따왔으며, 원화는 고궁박물원에 소장되어 있다. 채색 회화로 17·18세기 유럽의 유화처럼 매우 정교하고 세밀하게 그렸다. 비교적 초기 청대 최고 통치계층의 부녀자들이 입는 옷차림으로 양식이 서로 다르다. 두 사람은 치마를 입고 명대 양식의 깃 단추領扣[2]를 사용했고, 진주와 비취 귀걸이를 달았다. 그 가운데 한 명은 차미륵遮眉勒을 이마

1 백습군百褶裙은 주름을 많이 잡은 치마이다. 일명 백간군百襉裙이라고 한다.

2 원주 일반적으로 금은으로 만들었다. 만력제의 능묘인 정릉定陵 및 만력제의 일곱 번째 비 분묘에서 실물이 출토되었다.

에 둘러 머리카락이 이마에 흘러내리지 않도록 했다. 두발 형태는 명대 양식인 적계䯼髻이다. 긴 비갑을 둘렀으며, 잔주름이 많은 주름치마를 입었다. 이는 명청 시절에 남방에서 유행하던 양식이다. 나머지 두 명은 치마는 입지 않고 대신 긴 포복袍服을 입었다. 비교적 간단하기는 하나 이후 치파오의 형태를 갖추었다. 세 사람 모두 머리에 가득 장식물을 달고 있다. 두발을 장식하는 화전花鈿 방식은 남방 한족 부녀자들은 거의 사용하지 않았다. 재료는 주로 금이나 진주가 가미된 비취옥인데, 위쪽이 평평하고 모자 겉에 장식한 것을 일러 '전지鈿子'라고 부르며, 등급에 따라 구분했다. 『대청회전大清會典』의 삽화에서 다양한 형태를 볼 수 있으며, 〈황조예기도皇朝禮器圖〉에 나오는 채색 그림이 특히 구체적이다.

만인滿人, 즉 만주족은 원래 여진女眞에서 나왔다. 산해관을 넘어 내륙으로 들어오기 이전까지 '대금大金' 또는 '후금後金'이라고 불렸는데, 부녀자들의 옷차림은 멀리는 요遼와 금金의 양식을 본떴고, 원대 몽골족 부녀자들의 장포長袍 영향도 받았다. 다만 더 이상 좌임左衽하지 않았다.[3] 초기에는 그림에서 보다시피 여윈 몸매에 따라 의복도 품이 좁고 길며, 소맷부리도 좁은 편이다. 옷차림의 배색은 매우 조화롭고 전아하다. 이는 남방 지주地主 문화의 영향을 받은 것이다. 그러나 청말에는 변화가 극심했다. 머리에서 발끝까지 거의 벼락부자나 다를 바 없었다. 일반적으로 치파오는 배색이나 미관이 그리 좋지 않았다. 이는 봉건시대 말기 상류층의 병태적인 감상 수준을 반영한다.

금·원대 이래로 남북의 복식은 현저하게 달랐다. 원·명대에 유행했던 『쇄금』에서 복식 부분을 서술하고 있는 내용을 보면, 매번 남방에서는 모모, 북방에서는 모모라는 식으로 서로 다른 명칭을 주석을 통해 밝히고 있다. 남방의 양식은 북방에 비해 훨씬 복잡하고 변화가 많았다. 풍속, 습관이 다르고, 기후와 물산이 다르니 남과 북이 다른 것은 필연적인 일이 아닐 수 없다. 17·18세기 남녀의 관복제도는 남과 북이 그다지 차이가 없지만 일상복의 경우는 현저하게 다르다. 일단 법률의 규제를 받지 않기 때문에 더욱 더 그러한데, 주로 남방에서 북방으로 영향을 끼치는 것이 일반적이었다. 왜냐하면 강남이 당시 주된 옷감인 비단의 중요 생산지이고, 상업이 발달했을 뿐만 아니라 비단의 색깔이나 문양, 옷차림 양식의 신진대사가 비교적 빨랐기 때문이다. 이에 반해 북방은 기후가 한랭하고 회사灰砂, 회색 먼지나 가루, 황사가 매우 많으며, 강남에 비해 비교적 보수적이었다.

『홍루몽』에 나오는 왕부王府나 저택의 구조는 주로 북경 건축 양식을 딴 것이나 부녀자들의 옷차림은 대부분 강남 소주나 양주의 양식에 따른 것이 분명하다. 고궁에 소장되어 있는 〈옹정십이

3 좌임左衽은 옷의 오른쪽 섶을 왼쪽 섶 위로 여미는 것을 말하며, 우임과 반대이다. 중국 한인들은 이를 오랑캐의 습속이라고 하여 천시했다. 하지만 유목 민족은 말을 탈 때 좌임이 우임보다 편하다.

기자도雍正十二妃子圖〉에 그려진 옷차림을 보면, 당시 궁중의 비빈들이 평상시에 입던 옷들이 주로 남방의 양식임을 알 수 있다. 〈옹정십이기자도〉에 나오는 그림을 『홍루몽』, 즉 금릉십이채金陵十二釵[4]의 옷차림으로 본다면, 후대 비소루費小樓, 개기改琦, 왕소매王小梅 등이 그린 그림에 비해 훨씬 현실에 가깝다.[5] 게다가 여러 가지 기물이나 배경도 당시 상황에 부합한다삽도 144, 145. 네 명의 비를 그린 그림을 통해 우리는 남방과 북방의 평상복이 각기 지역의 특징을 지니고 있기는 하지만 여전히 종합의 흔적, 다시 말해 남북의 양식이 섞여 있음을 알 수 있다. 비교적 후대의 만주족 성장盛裝은 대계잠주취화大髻簪珠翠花처럼 한 자 정도의 납작하고 넓은 비취옥잠翡翠玉簪을 가로로 찔러 넣고, 이마에 지분을 바르며, 눈썹 화장을 짙게 하고, 양쪽 볼에 둥근 연지를 바르며, 신발 밑창 가운데가 2치 정도 볼록 튀어나온 고저자高底子, 밑창이 높은 신발를 신었다. 긴 치파오는 소매가 비교적 넓고 인제나 비파금琵琶襟, 가슴 가운데에서 옷깃이 겹치게 된 형태의 짧은 배심背心, 조끼을 입고, 그 위에 여러 가지 문양으로 옷 테두리를 장식했다. 이런 옷차림은 만청 동치제와 광서제 시절에 성숙해졌다.

청대 통치자를 포함한 상부 계층의 사계절 관복 제도나 재료와 품목 등은 극히 복잡하고 장황하다. 이에 관한 기록은 전장제도나 기물 등등을 삽화와 더불어 기록한 『황조예기도皇朝禮器圖』정식명칭은 『황조예기도식皇朝禮器圖式』에 자세하게 실려 있다. 『소정잡록嘯亭雜錄』에서 건륭제 시절 약간 변화한 상황에 대해 언급한 바 있다. 또한 『청패류초清稗類鈔』[6]에도 비교적 많은 내용이 실려 있을뿐더러 서술도 상당히 구체적이다. 다만 비교 인증할 수 있는 삽화가 없다.

청조는 3세기에 걸쳐 정권을 유지했다. 복식이나 장식 등도 시대에 따라 변화의 폭이 컸으며, 지역적인 차이 또한 현저했다. 그렇기 때문에 어떤 기록이든 그저 "대나무 통으로 표범을 보는 것이관규표以管窺豹"처럼 그저 어느 한 면만 본 것일 수 있다. 다만 관제官制에 속한 복식은 엄격한 법률 규제를 받기 때문에 변화가 그다지 크지 않았다. 부녀자의 관복도 예외가 아니다. 다만 제국주의 침략으로 인해 약 한 세기 동안 화학 염료가 저가로 밀려들고, 모직물인 가라咔喇, 경면니鏡面呢, 우사羽紗와 왜융倭絨[7] 등이 수입되면서 복식을 포함한 여러 방면에 영향을 끼쳤다. 비단 색채 가

4 금릉십이채는 『홍루몽』의 별명이자 책에 나오는 금릉 출신 여성인 임대옥林黛玉, 설보채, 薛寶釵, 가원춘賈元春, 가심춘賈探春, 사상운史湘雲, 묘옥妙玉, 가영춘賈迎春, 가석춘賈惜春, 왕희봉王熙鳳, 가교저賈巧姐, 이환李紈, 진가경秦可卿 등 12명을 지칭한다.

5 비소루費小樓, 1802~1850년, 원명은 단욱丹旭, 효루曉樓는 호, 개기改琦, 1773~1828년, 회족回族, 왕소매王小梅, 1794~1877년, 이름은 소素, 소매는 자 등은 모두 청말 화가이다. 관련 그림은 비소루의 〈십이금채도十二金釵圖〉, 개기의 〈홍루몽도영紅樓夢圖咏〉책의 삽화, 왕소매의 〈사녀화仕女畵〉이다.

6 『청패류초清稗類鈔』는 청말 학자 서가徐珂, 1869~1928년가 편찬한 총집으로 청대 군국대사軍國大事, 전장제도典章制度, 사회와 경제, 학술문화, 명신名臣과 석유碩儒, 재해와 질병, 도적과 건달, 민속, 고적명승 등 다양한 내용을 담았다.

7 경면니鏡面呢는 거울처럼 윤기가 나는 모직물. 우사羽紗는 매우 얇은 혼방직물. 왜융은 일본에서 수입한 융단이다.

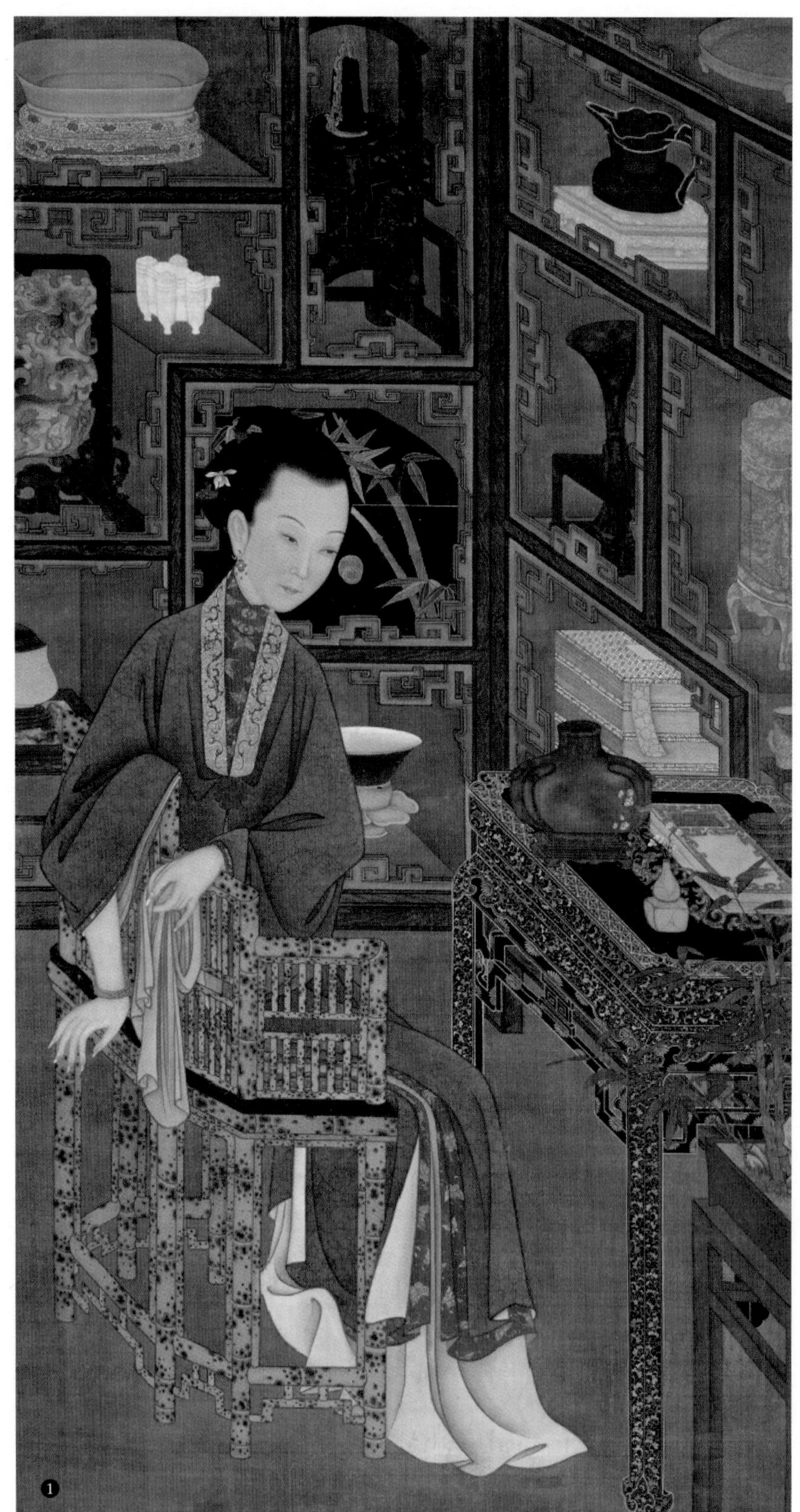

삽도145 옹정황비雍正皇妃

❶「옹정십이비자도雍正十二妃子圖」 가운데 일부(고궁박물원 소장, 후추이胡錘 촬영)

❷「옹정십이비자도」 가운데 일부(고궁박물원 소장, 후추이 촬영)

2

공 역시 중국 고유의 장점이 사라지고 반半식민지화의 추세에서 벗어날 수 없었으며, 옷차림이나 양식 또한 마찬가지였다. 근인이 편집한 「도문죽지사都門竹枝詞」[8]는 건륭제에서 선통제에 이르기까지 오랜 세월 북경의 이모저모 변화하는 모습을 묘사했는데 아쉽게도 삽화 등이 부재하여 보다 명확하고 구체적인 인상을 얻기 힘들다.

8 「도문죽지사」는 안휘성 동성桐城 출신인 양미인楊米人, 1740?~1815년, 본명은 영창映昶이 쓴 작품으로 북경의 풍속과 경물 등을 읊었다. '죽지사'는 원래 죽지라는 민가에서 출발하여 유우석劉禹錫이 시가의 한 형식으로 만든 것이다. 죽지사의 기원은 죽간을 들고 춤을 추며 노래한 것에서 시작되었다거나 고대 순舜 임금의 두 부인아황娥皇과 여영女英이 남편이 죽은 후 슬픔에 겨워 흘린 눈물이 대나무에 튀어 반죽斑竹이 되었다는 등 여러 가지 설이 있으나 기본적으로 여러 가지 풍물이나 습속 등 생활 모습을 통해 현지 사람들의 삶의 애환을 노래한다는 점에서 크게 다르지 않다. 저자는 근인이 편집한 「도문죽시사」라고 했는데, 아마도 「도문죽지사」 외에 「연구죽지사燕九竹枝詞」, 「백희죽지사百戲竹枝詞」, 「경화백이죽지사京華百二竹枝詞」 등 전체 13종의 죽지사를 모은 『청대북경죽지사清代北京竹枝詞』를 지칭하는 듯하다.

179

청대 비단

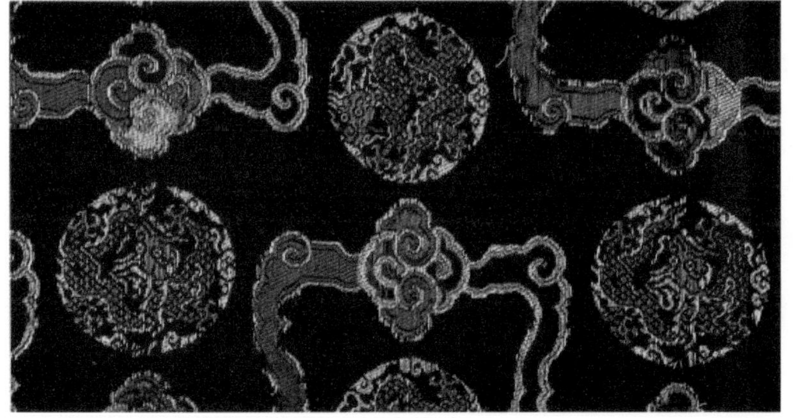

그림249
위쪽 : (청) 황색 바탕에 자잘한 문양이 새겨진 창살의 격자 문양과 둥근 원 안에 용 문양이 그려진 황지쇄창격자단용가금금黃地瑣窗格子團龍加金錦
아래쪽 : (청) 짙은 남색 바탕에 두 가지 금실로 구름 문양과 이무기 문양이 있는 심람지양색금운문망단深藍地兩色金雲紋蟒緞

청대에 강녕江寧, 남경, 소주 항주에 3대 직조국을 개설하여 현지 비단 생산을 감독하면서 일반 상품으로 가깝게는 국내 수요를 충당하고 멀리는 해외 시장에 공급하기 위해 수천 수백만 필의 비단을 생산한 것 외에도 북경 청 정부에서 지정한 대량의 특별한 능라 비단, 금수각사錦繡刻絲를 직조했다. 이러한 특별한 비단은 직조국의 장인들이 전례에 따라 생산한 것외에도 북경 여의관如意館[1] 기술자들이 문양을 설계하여 직조국으로 보내 정해진 시간에 정량이 완성되면 북경으로 올려 보낸 것도 있다. 고궁박물원 당안관檔案館, 자료보관실에 당시 문양과 관련 서류 등이 보관되어 있는데, 이를 통해 특별하게 직조된 옷감의 명칭과 품목, 가격, 노임 계산 방법 및 시공 과정 등을 알 수 있다. 예를 들어 특별한 옷감용 비단의 노임 계산이나 가격 등은 주로 방척方尺을 단위로 삼았다. 이는 이전까지 모르던 사실이다. 『소주직조국지』에 보면 공납하는 비단의 품목을 완성 시기에 따라 분류했다는 기록이 나오고, 재료나 염색의 가격에 관한 기록도 있으며, 직금織金과 명금明金은 1만 개를 기준으로 계산하고, 염금撚金은 묶음으로 계산했다는 내용도 있는데, 상상하기 힘들 정도로 매우 복잡하다.

명대 중엽 이래로 남방 지주 관료들의 봉건 문화가 점점 발전하면서 예술 생활 방면에서 사회적으로 큰 영향을 끼치게 되었다. 특히 의복의 경우 더욱 더 현저하게 달라졌다. 이는 남방의 경제 발전과 일정한 관련이 있다. 왜냐하면 북방의 궁정 문화나 남방의 관료 지주 문화 모두 농민과 수공업 장인들의 극히 불공평하고 잔혹한 착취의 기반에서 이루어진 것이기 때문이다. 이러한 변화 발전은 당시 예술의 각 분야에서 골고루 드러났다. 회화와 수공예, 문완文玩, 골동품 등 완상용 기물 등이 그러한데, 예를 들면 다음과 같다. 송강松江의 조죽雕竹, 소주蘇州의 옥공예, 강천리江千里[2]가 만든 나전螺鈿, 양주揚州 주저周翥[3]가 만든 온갖 보석을 상감하여 만든 칠기인 팔보감칠作八寶嵌漆 등등은 소박하든 아니면 정교하든 탁월한 예술품임에 틀림없다. 이는 물론 당시 사대부들의 감상하던 애완물이었다. 옷차림 역시 예외가 아니었다. 명대 관복의 무겁고 장려한 복식과 달리 남방 사대부들이 평소에 입는 일상복은 점점 더 우아하고 소박하며 조화를 중시했다. 부녀자들의 복식 또한 보다 구체적으로 이런 추세를 따랐다. 이런 기풍은 당시뿐만 아니라 청조가 들어선 이후에도 여전히 강세를 보여, 청나라 초기 강희제서 건륭제에 이르는 한 세기 동안 궁중 문화 중에서 비단 의복의 설계와 골동품과 가구의 양식 및 공예미술 각 분야에 심대한 영향을 끼쳤다. 예를 들어 고궁에 고대 서예 작품이나 명화를 수장하고 있는 삼희당三希堂[4]은 고궁박물원 養心殿 서

1 여의관如意館은 청대 강희제 시절 궁정에 설치한 화원畫院 기구機構이다. 청조 황실은 그림을 좋아하여 자금성 계상궁啓祥宮 외에 원명원에도 여의관을 설치했으며, 국내 화가들뿐만 아니라 이탈리아 예수회 선교사인 주세페 카스틸리오네Giuseppe Castiglione, 1688~1766년, 중국명 낭세녕郎世寧, 이그나티우스 시켈바르트Ignatius Sickeltart, 1708~1780년, 중국명 애계몽艾啓蒙 등 서양화가들을 고용하기도 했다.

2 강천리江千里, 생몰미상는 절강 가흥嘉興, 일설에는 양주揚州 사람으로 상감 기법을 활용한 칠기 제작의 명인이다. 양주에서 오랫동안 생활하면서 다양한 나전칠기를 제작했다.

3 주저周翥, 생몰미상는 양주 출신의 장인으로 칠기에 온갖 보석을 상감百寶鑲嵌하는 기법을 창안한 인물로 알려져 있다. 지금도 양주는 칠기로 유명한데, 백보양감百寶鑲嵌의 제품을 여전히 '주저'라고 부른다.

4 삼희당三希堂은 청조 고종 홍력宗弘曆, 즉 건륭제의 서재이다. 건륭 11년1746년부터 15년까지 진대 왕희지의 〈쾌설

그림250 (청) 짙은 남색 바탕에 수를 놓은 운견雲肩 일부분

난각西暖閣에 위치하고 있는데, 나무판으로 공간을 나눈 사방 2장丈 정도밖에 되지 않는 작은 방은 남방의 선창船艙 양식을 본떠 만들었다. 또한 세계적으로 유명할뿐더러 제국주의 열강의 침탈로 인해 불타고 훼손된 원명원圓明園의 건축물은 비록 이탈리아 건축 양식을 본뜬 것이 적지 않으나 주요 부분이나 내부의 배치나 구조는 주로 남방 소주와 양주의 정원 배치나 구조를 모방했다. 강소와 절강의 3대 직조織造에서 매년 대량의 주단과 나사羅紗를 생산하고, 아울러 보좌와 탁자, 상탑床榻, 휘장과 이부자리, 서화 표구 등에 사용하는 자수 금단錦緞 등을 만들었는데, 대부분 당·송대의 양식을 모방하여 문양이 우아하고 아름다우며 색조가 청신하지 않은 것이 없었다. 이로 인해 남방의 예술 풍격이 궁정 내부로 깊이 파고들어 거의 점거하다시피 했다.

의복 재료의 다양화는 강소와 절강의 농업과 수공업 생산이 명말 청초

시청첩快雪時晴帖〉, 왕헌지王獻之의 〈중추첩中秋帖〉, 왕순王珣의 〈백원첩伯遠帖〉 등을 포함하여 134명의 역대 유명 작가의 작품묵적墨跡 340점, 탁본 495점을 수집하여 보관했다.

의 전란으로 인한 파괴에서 회복되어 진일보 발전했다는 것을 의미한다. 소주蘇州의 일반적인 비단을 예로 들면 다음과 같다.

우선 채색 비단인 금錦은 해마海馬, 운학雲鶴, 보상寶相, 구문球門 등의 문양이 있고, 화축畵軸, 즉 두루마리 그림인 '서금당기書錦堂記'[5] 같은 화축畵軸의 바탕천을 직조하기도 했으며, 사곡詞曲 연작을 도안으로 한 휘장도 직조했다. 또한 자백紫白, 흰 기운이 도는 자색의 낙화유수落花流水 문양을 넣어 권축을 장황裝潢, 표구, 장식하기 위해 직조한 것도 있다. 금을 사용한 것으로는 간금間金과 만지금滿地金, 그리고 혼금渾金, 제련하지 않은 금이 있다. 금 재료는 편금片金과 염금撚金으로 구분한다. 은을 넣어 직조하기도 하는데, 은실은 동물의 가을 털처럼 매우 가늘다. 강희제 시절에 제작한 실물이 남아 있는데, 지금도 전혀 변색되지 않았다. 기술적인 면에서 연구해볼 만한 가치가 있다. 서북 지역에 들여온 회회금回回錦 역시 은실로 직조한 것이 있다. 시대도 비슷하고, 문양이나 품종도 매우 다양하여 참으로 놀랄 정도이다.

저사紵絲[6] 중에서 으뜸인 것은 청수淸水라고 부르며, 그 다음은 겸생兼生으로 생사와 다른 섬유를 섞어 직조한 것이다. 그 다음은 모료帽料, 일명 모단帽段, 그 다음은 장팔두丈八頭라고 하는데, 전분장분漿粉을 바른 것으로 품질이 가장 떨어진다. 직조부織造府에서 만들어 경사로 올려 보내는 것으로 평화平花, 운망雲蟒 등이 있는데 정교하기 이를 데 없이 신묘한 경지에 이르렀다.[7]

나羅, 밀도가 성긴 얇은 비단에는 화花, 문양이 있는 것, 소素, 문양이 없는 것의 구분이 있고, 별도로 도라刀羅, 하서라河西羅가 있다. 사紗, 날실과 씨실을 성기게 직조하거나 작은 구멍이 있는 얇은 비단 중에서 무늬가 없는 것은 은조銀條라고 했는데, 한나라 시절에 방공方空이라고 부르던 것이다. 무늬가 있는 것은 협직夾織이라고 한다. 견絹은 생견生絹과 숙견熟絹으로 구분된다. 화견畵絹, 그림에 사용하는 비단은 폭과 너비가 4자이며, 매미의 날개처럼 섬세하고 치밀하다. 또한 공물로 바치는 견은 별도의 베틀에서 직조하는데, 세 사람이 베틀 북을 움직이며 너비는 2장이나 될 정도로 넓다.[8]

---

5 서금당기書錦堂記는 〈서금당도書錦堂圖〉에 적혀 있는 제기題記이다. 〈서금당도〉는 비단 바탕에 그린 채색화이며, 상당히 긴 두루마리 그림이다.

6 저사紵絲는 윤기가 있고 무늬가 두터운 견직물이다. 명대에는 단자緞子라는 명칭으로 통용되었다. 『명회전明會典』에 따르면, 저사는 관영 직염국織染局에서 매년 제작하는 단緞의 주요 품종이다. 단직물緞織物은 겉면이 빛나고 매끄러운 견직물을 뜻한다. 특히 무늬가 없는 소단素緞은 그 특징이 도드라지기 때문에 '광소단자光素段子'라고 부르기도 한다.

7 『고금도서집성』, 「방여휘편직방전方輿彙編職方典」 제681권 「소주부부蘇州府部」, "錦, 五色眩耀, 花樣有海馬, 雲鶴, 寶相, 球門之類. 明宣德間, 嘗織『晝錦堂記』, 如畫軸, 或織詞曲聯為帷帳. 又有紫白落花流水充裝潢. 卷軸用紵絲, 出郡城, 有素, 有花紋, 有金縷, 其製不一, 『禹貢』所謂織文是也. 上者曰清水, 次曰兼生, 以生絲雜織之. 次帽料, 又次丈八頭, 皆以漿粉塗飾, 品最下. 織造府所製, 上供平花雲蟒諸緞, 尤極精巧, 幾奪天工". 원서의 일부 내용은 별도의 인용문 표시 없이 『고금도서집성』 「소주부부」의 내용을 그대로 인용했다. 원서에 따라 따옴표를 사용하지 않고 인용한 원문만 적었다.

8 〈원주〉 고궁박물원과 중국역사박물관에 다양한 색깔의 실물이 소장되어 있다.

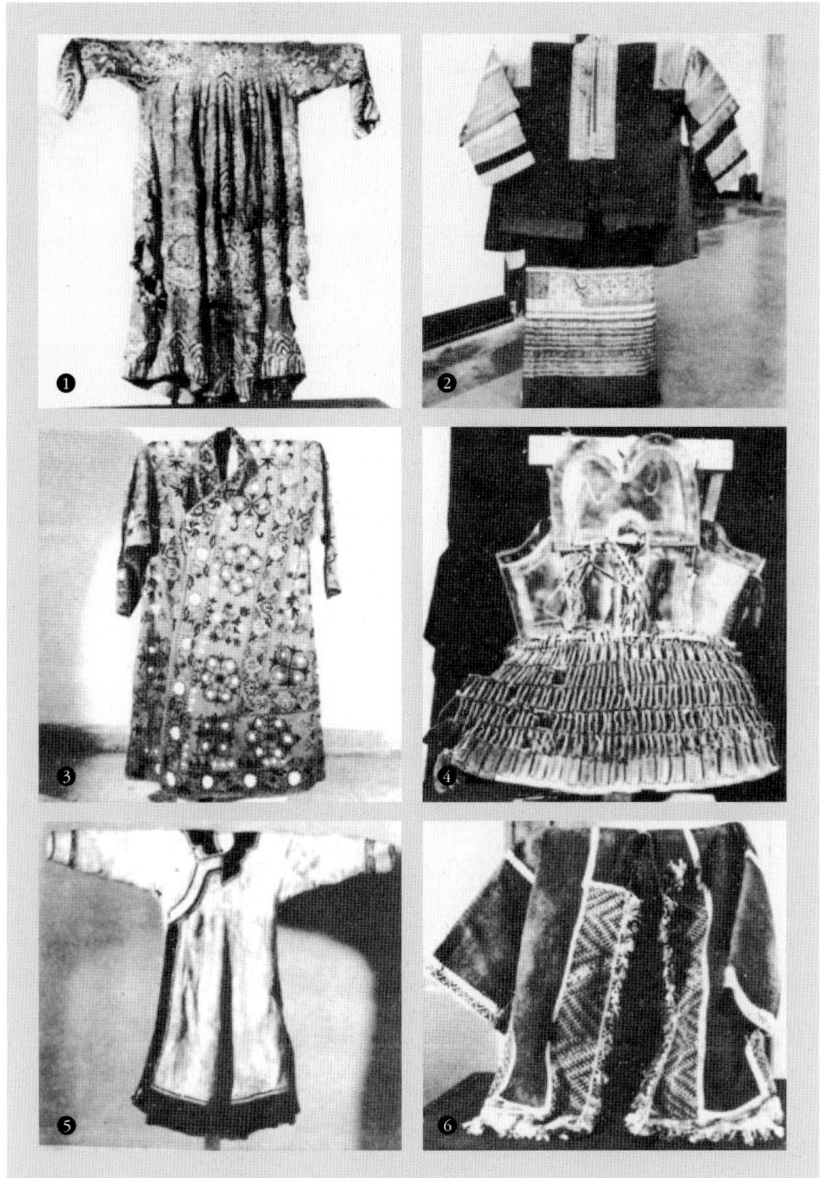

삽도146 청대 민족 복장

❶ 위구르족의 남색 주단에 채색으로 수를 놓은 연의군連衣裙(상의와 치마가 붙은 의복)

❷ 묘족苗族의 수를 놓고 납염기법으로 염색한 상의와 치마

❸ 카자흐족(합살극哈薩克族)의 수 놓은 두루마리 장포長袍

❹ 이족彝族의 옻칠한 채색 피갑皮甲(가죽 갑옷)

❺ 오르죤족(악륜춘족鄂倫春族)의 두루마리

❻ 여족黎族 여인의 결혼식 예복

(이상 중국역사박물관 소장)

주綢, 촘촘하게 직조한 비단이자 단緞과 더불어 비단의 범칭는 선주線綢, 면주綿綢, 사주絲綢, 두직주杜織綢, 능기주綾機綢, 추주縐綢, 문주紋綢, 춘주春綢, 날주捺綢 등 여러 양식이 있다. 추라秋羅는 편지금遍地錦이 있다. 추사縐紗는 문양이 있는 것과 없는 것이 있다. 약반포藥斑布[9]는 청색과 백색이 서로 섞여 있으며, 인물, 화조, 시사

9 약반포는 가정嘉定 및 안정진安亭鎭에서 나오는 면포이다. 송대 영종 가태嘉泰, 1201~1205년 연간에 성이 귀씨歸氏인 사람이 창안했다. 면포에 회약灰藥을 발라 푸른색으로 염색한 다음 천이 마르면 회약을 제거하는 방식으로 만든다.

詩詞 등의 문양을 넣고 이불이나 휘장으로 사용한다. 괄백포刮白布[10]는 저마苧麻로 만드는데, 가늘기가 나곡羅縠, 엷은 비단과 같으며, 하얗게 빛나는 것이 매우 아름답다. 비화포飛花布는 면綿처럼 가늘고 부드럽다. 문양을 수놓은 품종도 매우 많다. 쇄융刷絨은 채색 융에 아교를 칠해 꽃문양을 만든 모직물이다.[11]

탄묵彈墨은 취관吹管, 대롱의 일종으로 다섯 가지 색깔을 소견素絹에 뿌려 색깔이 뒤섞이게 만든 화조궁금花鳥宮錦이다. 각사刻絲는 다섯 가지 색깔이 서로 뒤섞이고 그 사이에 금루金縷, 금으로 만든 실를 집어넣은 견직물이다전체를 금실로 장식한 것은 각금刻金이라고 부른다. 염색으로 가장 유명한 곳은 누문婁門, 소주蘇州성 동북쪽에 있다 밖에 있는 유정維亭이다.[12] 송강松江은 원료 생산지를 겸하고 있는데, 특히 면棉, 쪽풀藍이 유명하다. 쪽풀에는 청앙青秧, 착청斮青, 회청淮青 등 서로 다른 품종이 있다.

목면포木棉布는 폭이 넓은 것은 3자 정도이다. 쌍묘교雙廟橋에 있는 정낭자포丁娘子布가 특히 정교하고 연하다. 또 자화포紫花布도 있는데, 색깔이 붉은색이며 담박하다유럽에서 유명한 남경포를 말한다. 성화成化, 명나라 제8대 헌종의 연호, 1464~1487년 연간에 명주실과 면사를 교직하여 만든 운포雲布는 자황赭黃, 황토색, 대홍大紅, 짙은 홍색, 진자眞紫, 짙은 자색 등이 있으며, 용봉, 투우鬪牛, 기린 등의 문양을 넣었다. 한 필에 백 금이나 될 정도로 매우 비쌌다. 또한 명주와 베를 교직한 겸사포兼絲布, 약반포藥斑布, 납포衲布 등도 있다.[13] 자백금紫白錦은 자리깔개나 잠옷 등에 많이 사용되며 우아하고 소박하여 촉금蜀錦과 다르다.[14] 전융화탄剪絨花毯, 양모 등으로 만든 무늬가 있는 담요는 면실로 날실을 삼고 채색 양모를 씨실로 삼아 직조한 것으로 문양이 기이하고 교묘하다. 황제의 속옷한의汗衣은 반드시 삼사포三梭布로 만들었는데, 이 역시 송강에서 직조했다.[15]

이두의 『양주화방록』 권1에 기록된 내용을 살펴보면 다음과 같다.

> 강남의 염색은 소주에서 성행한다. 양주의 염색은 소동문가小東門街 대씨戴氏 집안을 최고로 여긴다. 붉은색은 회안홍淮安紅, 도홍桃紅, 은홍銀紅, 고홍靠紅, 분홍粉紅, 육홍肉紅 등이 있고, 자색은 대자大紫, 매괴자玫瑰紫, 장미빛 자주색, 가화자茄花紫, 가지꽃처럼 연한 보라색가 있다. 백색은 표백漂白과 월백月白이 있다.

10 괄백포는 태창太倉의 부녀자들이 2, 3월에 최상품 저마苧麻를 맑은 물에 담갔다가 꺼내 잘 말린 후 조개껍질 등으로 문질러 씻어내어 광택을 낸 다음에 그 실로 직조한 포목이다.

11 원주 이외에 괄융刮絨도 있다. 채색 실을 매우 얇게 쪼개 원하는 문양대로 바탕에 붙인 모직물이다.

12 원주 『고금도화집성』 권681 「소주부부」 참조.

13 원주 원대 귀족들이 궁중 연회에서 입던 지손복只孫服, 질손복은 저사紵絲로 만들며 단화團花 문양으로 청, 녹, 홍 세 가지 색깔이 있다. 명대에는 의장대가 주로 이런 의복을 입었는데, 이 역시 송강에서 직조한 것을 사용했다. 명대 그림이나 근년에 명조 익장왕益莊王 분묘에서 출토된 의위용儀衛俑의 옷차림에서 원대 지손복의 일부 형상을 확인할 수 있다. 역주 지손복은 직금금織金錦으로 만든 화려한 비단옷이다.

14 원주 고궁박물원에 진열되어 있는 직물 가운데 '개기改機'라고 적혀 있는 것이 있는데, 실은 송강松江에서 직조한 자백소금紫白素錦이다.

15 원주 『고금도서집성』 권700 「송강부부松江府部」 참조.

삽도147 청초 직금 문양

❶ 번연문금番蓮紋錦

❷ 귀배여의금龜背如意錦

❸ 삼다귀배금三多龜背錦

❹ 기반격자납금棋盤格子納錦

황색은 눈황嫩黃, 옅은 황색, 행황杏黃, 단황丹黃, 붉은빛이 도는 황색, 아황蛾黃, 늙은 누에의 색깔처럼 옅은 황색이 있다. 청색에는 홍청紅青, 청적색, 아청鴉青, 금청金青, 원청元青, 합청合青, 하청蝦青, 면양청沔陽青, 불두청佛頭青, 태사청太師青, 소항청小缸青이 있다. 녹색에는 관록官綠, 유록油綠, 포도록葡萄綠, 빈파록蘋婆綠, 총근록葱根綠, 앵가록鸚哥綠이

삽도148 청초 소화격자금小花格子錦

삽도149 청초 짙은 청색 바탕에 두 가지 색깔의 금실로 여의운문如意雲紋을 장식한 망단蟒緞(용을 수놓은 비단)

삽도150 청초 '수壽'자를 수놓은 채색 비단

있다. 남색에는 조람潮藍, 휴람睢藍, 취람翠藍, 작두삼람雀頭三藍[16]이 있다. 황흑색은 다갈茶褐이 있다. 짙은 황적색黃赤色은 타용駝茸이 있고, 짙은 청자색青紫色은 고동古銅이라고 부르며, 자흑색紫黑色은 화훈火薰, 백록색白綠色은 여백餘白이라고 부른다. 옅은 홍백색紅白色은 출로은出爐銀, 옅은 황백색은 밀합密合, 蜜合, 짙은 자록색紫綠色은 우합藕合, 색깔에 붉은색이 많고 검은색 기운이 적은 홍종紅棕이라고 하고, 검은색이 많고 붉은색 기운이 적은 것은 흑종黑棕이라고 한다. 양자 모두 자색 계통이다. 자록색紫綠色은 고회枯灰라고 하는데, 그중에서 옅은 색은 주흑硃黑, 朱墨이라고 한다. 이외에도 가화茄花, 난화蘭花, 율화栗花, 율색栗色 등 그 종류가 여러 가지이다.[17]

16 『통지』에 따르면, "남색에는 세 가지가 있는데, 요람蓼藍은 초록, 대람大藍은 연한 푸른색, 괴람槐藍은 푸른색이니, 이를 일러 '작두삼람'이라고 한다".

17 이두, 『양주화방록』, "江南染色, 盛於蘇州. 揚州染色, 以小東門街戴家爲最. 如紅有淮

이외에 베를 염색하는 데 가장 널리 알려진 것은 안휘성 무호蕪湖에서 사용하는 남청색이다. 인용문에서 언급한 각종 색깔은 당시 능라, 주단, 포목에 사용한 것들이다. 청초 17·18세기에 두루 사용되었으며, 다른 분야의 수공업에도 간접적인 영향을 끼치면서 상호 발전을 촉진했다. 예를 들어 당시 채색 요기料器[18], 경덕진 등지에서 만든 단색유單色釉 자기, 그리고 복건 등지에서 만든 채색 칠기 등은 기술이나 생산 방면에서 기존의 것을 벗어나 보다 참신한 성과를 거두었다.

18세기 봉건 사회 말기 관료 지주 대가정의 몰락 과정을 그린 소설『홍루몽』은 청초 비단 금수 및 특별한 외래 방직물이 의복이나 일상 생활 각 방면에 어떻게 활용되었는지 잘 보여주고 있다. 일부 허구에 불과한 내용이 없지 않으나 대부분은 지금도 고궁박물원에서 실물을 확인할 수 있다. 보존 상태 또한 매우 좋다.

가경제와 도광제 이후 청조는 하강 국면으로 접어들었지만 방직물은 오히려 새로운 품종이 끊임없이 개발되면서 더욱 아름답고 정교한 제품이 쏟아져 나왔다. 예를 들어 식물 섬유로 직조한 고급 제품인 침향갈沉香葛, 명주실이나 아용鵝茸, 거위털으로 직조한 오채색의 자카드 문양의 모직물인 오채제화천아융織成的有五彩提花天鵝絨,[19] 명주실로 직조한 양면에 각기 다른 문양을 넣은 원앙단鴛鴦緞 및 앵도홍색櫻桃紅色, 죽청색竹青色, 보람색寶藍色으로 자카드 문양을 직조한 천아융 옷감 등이 있다. 그중에는 한 그루 매화, 총란叢蘭, 무더기 난화, 세한삼우歲寒三友, 가지치기를 한 모란牡丹, 옥란玉蘭 등의 문양이 들어간 제품도 포함된다. 이러한 직물은 자못 새로운 의경을 창조했다고 말할 수 있다. 사융絲絨, 명주와 면사 등을 섞어 만든 혼방직물로 벨벳, 비로드, 우단 중에서 '기하관조綺霞館造'기하관에서 제작함라는 글자가 직조된 서회금어鼠灰金魚, 분록색粉綠色 피구화皮球花 등 옷감 도안 설계가 가장 정교하고 아름답다. 또한 외국 직물의 영향을 받아 극히 얇고 채색이 다양하며 꽃무늬가 자잘하여 또 다른 풍격을 지닌 광주 채단彩緞, 무늬가 있는 비단, 옷감이 두툼하고 견실하며 촘촘하게 직조되어 관복의 외투인 마괘馬褂, 마괘자에 적합한 남경 영주寧綢, 남경, 소주 등지에서 생산되는 주단, 재질이 특히 유연하고 염색하지 않은 바탕에 은근한 꽃문양이 들어 있어 치마나 웃옷 또는 이부자리 겉감에 적합한 다양한 색깔의 호추湖縐[20], 외국 직물을 모방하여 보드라운 털이 두텁고 조

安紅, 桃紅, 銀紅, 靠紅, 粉紅, 肉紅. 紫有大紫, 玫瑰紫, 茄花紫. 白有漂白, 月白. 黃有嫩黃, 杏黃, 丹黃, 蛾黃. 青有紅青, 鴉青, 金青, 元青, 合青, 蝦青, 沔陽青, 佛頭青, 太師青, 小缸青. 綠有官綠, 油綠, 葡萄綠, 蘋婆綠, 葱根綠, 鸚哥綠. 藍有潮藍, 睢藍, 翠藍, 雀頭三藍. 黃黑色有茶褐. 深黃赤色有駝茸, 深青紫色曰古銅, 紫黑色曰火薰, 白綠色曰餘白, 淺紅白色曰出爐銀, 淺黃白色曰密合, 深紫綠色曰藕合, 紅多黑少曰紅綜, 黑多紅少曰黑綜(二者皆紫類), 紫綠色曰枯灰, 淺者曰硃黑. 外此如茄花, 蘭花, 栗花, 絨色, 其類不一".

18 규산염을 함유하고 있는 암석 분말과 소다를 혼합하여 안료를 칠하고 가열한 다음 냉각시켜 만든 유리질 재료 또는 제품을 말한다.

19 천아융天鵝絨은 짧고 고운 털이 촘촘히 심어진 직물이다.

20 호추湖縐는 절강성 호주湖州에서 생산되는 견직물로 바탕이 오글쪼글한 것이 특징이다.

삽도151 청초 전통적인 자수기법에 따라 흰 바탕에 다양한 기하문양을 수놓은 납금納錦

밀한 사융絲絨 등이 유명한데, 그중에서도 금초융金貂絨[21]과 은회색 바탕에 참깨처럼 작은 점무늬가 있는 모직물인 서회지마점융鼠灰芝蔴點絨이 특히 아름답다. 만청 시절 사천 성도에서 작은 베틀 북소사小梭을 이용하여 둥근 문양으로 직조한 천융단穿絨緞과 1촌3.3cm 크기의 격자 무늬를 집어넣은 잡색 이부자리 겉감용 금단錦緞도 상당히 정교하고 아름답다.

수많은 견직물 중에서 옛것을 개량하여 지금 사용하거나 진부한 것은 없애고 새것을 창출하는 방식으로 실제 생산에 응용하고자 한다면 우수한 전통에서 본받을 만한 것이 적지 않으며 유용한 재료 또한 대단히 풍부하다. 청대 3백여 년 동안 강소와 절강 등지에서 생산된 비단과 서북 형제 민족들이 생산한 모직, 면직, 포목, 견직 등의 가내수공업 직물들은 지금도 고궁박물원을 비롯하여 성과 시 박물관, 민족학원 등 여러 기관에 소장되어 있다. 본 절에서는 단지 몇 가지 예를 들어 일부를 엿보았을 따름이다그림 249, 250. 삽도 146~151. 이처럼 풍부하게 남아 있는 자료들은 보다 진지한 연구와 학습을 통해 생산에 응용될 수 있을 것이며, 방직물의 문양과 품종을 개발하고 의복 등에 관한 예술적 수준을 높이며 장식이나 문양의 내용을 더욱 풍부하게 만들어 사회주의 신중국의 방직 산업을 발전시킴으로서 국내뿐만 아니라 세계에도 더욱 새롭고 큰 기여를 할 수 있을 것이다.

---

21 금초융金貂絨은 일명 산호珊瑚 벨벳이라고 하는데, 요즘 흔히 사용하는 밍크 담요와 유사한 직물로 보들보들하여 착용감이 좋고 보온 효과가 뛰어나다.

후기

본서는 원고가 인쇄되어 독자들과 만남에 이르기까지 많은 우여곡절을 겪으며 대략 17년이 지난 뒤에야 비로소 세상에 나왔다. 본서의 전반부 작업은 중국역사박물관 보관조保管組와 미공조美工組, 디지털 아트 부서에 있는 여러 동료들의 노고와 불가분의 관계가 있다. 초기 도판 제작과 배열 작업레이아웃은 재경財經출판사 여러 선생님들의 열정과 책임감의 산물이다. 하지만 이 책이 세상에 나올 수 있게 된 것은 중국사회과학원이 양호한 작업 여건을 마련해주고 인적, 물적 지원을 아끼지 않은 결과이다. 특히 중국사회과학원 소속 고고考古연구소에서 많은 연구원들의 협조 덕분에 본서의 증보 작업이 비교적 순조롭게 이루어질 수 있었다. 만약 이런 도움과 여러 방면의 지원이 없었다면 지금처럼 본서를 독자 여러분들 앞에 내놓을 수 없었을 것이다.

나는 1949년부터 중국역사박물관에서 주로 잡다한 문물에 대해 연구해왔다. 규정에 따르면, 여러 가지 문물의 각 분야를 조금씩 알고 있어야 한다. 일상적인 업무는 문물 수집과 감별, 새로 출토된 문물 전시회에 참여하는 것 외에도 관내에서 역사인물화나 조각을 제작하는 데 필요한 관련 자료를 제공하는 일도 있었다. 또한 일반 대중들을 상대할 때 최선을 다하고, 외부 기관의 과학 연구, 생산과 교학 등 잡다한 일을 위해 나름의 의무를 다하는 것도 중요했다.

나는 명목상 진열조에 속하기는 했으나 어떤 부서든지 나를 쓸 일이 있다고 하면 기꺼이 가서 응했다. 비록 능력이 부족하고 연관 문제가 광범위한 데다 작업이 복잡하고 자질구레하여 공들인 보람이 확연하게 드러나는 것은 아니었지만 제대로만 한다면 매우 의의가 있는 일임을 알고 있었다. 나는 새로운 업무를 맡을 때마다 낯설기는 마찬가지였으나 10년이 지나고 다시 20년이 될 때까지 열심히 배우고 노력하여 상식常識이 쌓이면 틀림없이 진전이 있을 것이라고 믿어 의심치 않았다.

최근 30년 동안 새로 출토된 문물은 수도 없이 많을뿐더러 지금도 계속 증가하고 있어 중국 물질 문화사 연구에 비할 바 없이 풍부한 자료를 제공하고 있다. 문물 연구자가 열심히 학습하여 넓게 보고 듣되 핵심을 취하고, 관련 분야에 정통하여 두루 활용할 수 있다면 문물 연구의 공백을 하나씩 메워가면서 참신한 기록을 창조해낼 수 있을 것이다.

나는 이러한 인식과 신념에서 출발하여 대다수 사람들이 이해하기 힘든 상황에서도 자신이 맡은 직무를 지키면서 꼬박 30년이란 세월을 보냈다. 처음 10년간은 비교적 순조로워 각종 문물을 직접 대면하고 접촉하는 기회가 수도 없이 많았지만 어떤 한 분야에 깊이 파고들어 정통할 정도까지 이르지는 못했다. 이후 20년 동안은 사실 태반의 세월을 전국 여건이 어떠하든 간에 본업을 위해 성실하게 공부하고 생산이나 교학 방면에서 잡다한 일을 하거나 건의를 하는 데 최선을 다하는 일 외에 다른 것은 말할 수조차 없었다.

내가 본서를 편찬하고 정리한 것은 우연인 듯 하나 완전히 우연이라고 말할 수도 없다. 1964년 봄에서 여름으로 넘어갈 즈음 저우언라이周恩來 총리가 몇몇 문화계 인사들과 만났다. 그 자리에서 그는 매번 외국에 나가게 되면 항상 복장服裝박물관의 초청을 받아 방문하게 되는데, 이는 한 나라의 문화 발전과 공예 수준을 대표하기 때문이라고 말했다. 계속해서 그는 일반적인 인상은 대략 중고시대부터 17·18세기까지 유물인 것 같았다고 하면서 우리나라중국도 역사와 문화가 오래되고 신구新舊 유물이 매우 많으니 비교적 체계적으로 의복과 관련된 책을 편찬하여 이후 출국할 때 외국 인사들에게 문화적인 선물로 사용하고 싶다고 말했다. 이에 당시 문화부 차관을 맡고 있던 치옌밍齊燕銘 선생이 나를 추천했다. 역사박물관 룽첸龍潛 관장은 내가 하는 일에 대해 어느 정도 이해하고 있었기 때문에 적극적으로 지지하면서 미공조에 소속된 유능한 인원 세 명에게 나를 돕도록 했다. 처음에는 시험 삼아 박물관에 있는 재료와 나 자신이 배우고 익힌 재료를 연대순으로 배열하고 개별적인 작업부터 시작했다. 나는 각각의 그림 원고에 근거하여 서로 다른 체례를 시험해 보고, 문헌을 적당히 인용하면서 종합적인 분석 및 비교 작업을 진행했다. 아울러 1,100자 정도의 설명문을 작성하여 약간의 문제를 해석하는 한편 새로운 문제를 제기하여 이후 진일보한 연구에 보탬이 되도록 했다.

전반적으로 독자들이 다방면에서 중국 고대 의복 스타일의 발전과 변화를 비교적 명확하게 이해하는 데 역점을 두었다. 작업은 지금까지 해본 적이 없는 새로운 창조나 다를 바 없었으며, 때로 탐색하면서 비로소 이해하게 된 것들도 있다. 당연히 완벽을 기할 수 없음은 이미 예상하고 있는 바이다. 방법이나 판단에서 혹여 조금이라도 취할 만한 것이 있어 국내외 전문가들에게 사소한 힌트라도 줄 수 있거나, 본서에 근거하여 보다 충실하게 보완할 수 있다면, 또한 다른 각도나 방법론으로 새로운 탐색을 진행하여 보다 많은 성과를 얻게 된다면 저자 역시 매우 기쁠 것이다.

기본적인 작업이 끝났기 때문에 당시 예상대로라면 10년 이내에 다른 간섭 없이 순조롭게 작업이 진행될 경우 계속해서 몇 권을 더 출간해도 재료가 부족하지는 않을 것이라는 생각이 들었다. 1964년 초여름부터 역사박물관 미공조 소속 몇몇 동료들이 열심히 노력하고, 나 또한 여러 재료와 관련된 문제에 대해 비교적 잘 알고 있었기 때문에 후속 작업이 의외로 신속하게 진행되었다. 채 8개월이 되기도 전에 도판 200장, 설명문 약 20만 자가 완성되었다. 견본 원고도 완성되었으니 교감을 통해 뺄 것은 빼고 더할 것은 더하는 보완 작업이 끝나면 1964년 겨울 인쇄에 들어가 출판할 수 있을 것이라고 생각했다. 하지만 정치적 동란문화대혁명이 이미 그 전조를 보이고 있었다. 모든 출판물의 가치와 의의는 재평가되었고, 본서의 인쇄 또한 자연스럽게 보류되었다.

문화대혁명이 시작되고 얼마 되지 않아 인쇄할 날만 기다리고 있을 때 돌연 내용에 대한 구체적이고 진지한 분석도 없이 본서가 '제왕장상帝王將相'을 고취하고 '재자가인才子佳人'을 제창하는 흑서黑書, 반동적인 내용의 책이자 독초毒草라고 주장하는 이들이 있었다. 이로 인해 본서의 편찬에 찬성한 박물관장은 물론이고 그 아래 부서 책임자들도 큰 충격을 받지 않을 수 없었다. 나 자신도 책임과 비난을 면하기 어려웠다. 결국 나는 1969년 겨울 호북 함녕호咸寧湖 인근으로 하방下放되어 세상과 격절된 생활을 해야만 했다. 1년 남짓한 시간에 거처를 전후 여섯 차례나 옮겼으며, 마지막으로 악남鄂南, 호북성 남쪽에서 악서鄂西 북쪽 구석빼기로 쫓겨났다. 내 손에는 참고 서적도 없고 다른 자료도 없는 터라 단지 기억만으로 원고에서 누락되거나 중언부언한 부분을 일일이 쪽지에 메모하여 훗날 기회가 있을 때 수정하려고 했다. 1971년 베이징으로 돌아온 후 오랜 동료의 전언을 통해 이번에 새로 온 주임이 본서를 살펴본 후 분량이 상당하고 비교적 참신한 내용이 담겼으니 인쇄하여 참고 도서로 활용하라고 말했다는 이야기를 들었다. 그래서 도판 원고를 되돌려 받아 약 1개월 동안 일부 삽화나 사진을 새것으로 교체하고 문장을 수정하여 상부에 제출했다. 그러나 또다시 종종무소식이었다. 그렇게 4, 5년이 후딱 흘러갔다. 여전히 '십년호겁十年浩劫'10년의 재난이란 뜻으로 문화대혁명 시기를 말함의 시기였으니 그저 늘 일어나는 일인지라 그리 놀랄 것도 없었다.

1978년 5월, 나는 중국사회과학원 역사연구소로 전입한 후 공작보고서를 작성하여 사회과학원 지도자의 전폭적인 지지를 얻어 인적, 물적 후원을 통해 여러 가지 구체적인 문제를 해결하고 적지 않은 편의를 얻을 수 있었다. 같은 해 10월 자그마한 작업반을 결성하여 본서에 대한 최종 보완과 수정 작업을 진행했다. 무엇보다 기존의 내용과 다른 점은 새롭게 발견된 문물 자료를 가능한 많이 수록하는 한편 기존의 내용을 보충하고 새로운 장절을 첨가했다는 것인데, 이로써 전체 분량이 25만 자로 크게 늘어났으며, 새로 그린 삽화도 150여 점이나 되었다. 1979년 증보판이 완성되어 경공업출판사에 인쇄를 맡겼다. 이후 몇 군데 국내외 출판사와 연락을 주고받다가 우여곡절 끝에 상무인서관商務印書館 홍콩 분관分館에서 출판했다.

누구보다 그리운 이는 치옌밍 선생, 룽첸 선생, 그리고 류양차오劉仰嶠 선생이다. 세 사람 모두 '십년호겁'에 시달리다가 병을 얻어 앞뒤로 불귀의 객이 되고 말았다. 특히 저우언라이 총리는 끝내 본서의 출판을 보지 못했는데, 참으로 유감스러운 일이 아닐 수 없다. 만약 본서가 독자들에게 약간이라도 도움이 될 수 있다면, 이는 그들 몇 분의 격려와 지지 덕분이라고 생각한다.

본서를 증보, 개정하는 과정에서 국가문물국의 지속적인 관심에 감사

드린다. 또한 호남성박물관, 운남성박물관, 섬서성박물관, 호북성박물관, 고궁박물원, 남경박물원, 해외 문물전람 사무처對外文展辦公室, 중앙미술학원, 음악연구소와 영보재榮寶齊 등 문물, 학술기구의 우호적이고 열정적인 도움에 고마움을 전한다. 다음으로 그림 모사와 촬영, 조판과 인쇄 등에 직접 참여한 여러분들에게도 감사의 말씀을 드린다. 나 자신은 그저 마땅히 직무를 다하면서 배운 내용을 비교적 체계적이고 집중적으로 논의하여 자그마한 임무를 완수했을 따름이다.

선충원沈從文

1981년 5월 1일 베이징에서

본서 초판이 홍콩에서 출간된 후 각 방면의 독자와 전문가들의 열렬한 관심과 격려를 받았으며, 아울러 좋은 의견도 많이 듣고 나름 깨우침을 얻었다. 이를 참작하여 재판을 낼 기회가 있다면 가능한 최선을 다해 수정할 것이라고 다짐했다. 그럼에도 불구하고 여전히 언급된 문제가 적지 않고 작업의 역량이나 여건에 한계가 있기 때문에 경솔하게 처리하거나 부족한 부분, 또한 잘못된 부분은 여전히 피할 수 없을 것이다. 마땅히 향후에도 끊임없이 보다 깊이 탐색하고 새로운 문제를 제시해야만 비로소 향상될 수 있을 터이다. 다행히 현재 보다 많은 전문가들이 가슴 가득 열정과 노력을 쏟아 부어 중국 복식역사에 큰 진전이 이루어졌다. 내가 한 일은 마치 산을 개척하기 위해 길을 닦은 것에 불과하며 이를 위해 미력이나마 최선을 다했을 따름이다.

이번 재판은 홍콩 상무인서관 리쭈쩌李祖澤 선생과 천완슝陳萬雄 선생의 전폭적인 지지 덕분이다. 1개월 동안 관련 사항을 상의하면서 비교적 빠른 시일내에 증보와 수정 작업에 착수할 수 있기를 기대했는데, 4월 22일 뇌졸중으로 인해 반신불수가 되는 바람에 병원에 입원할 수밖에 없었다. 문장을 증보하는 일은 왕쉬王抒에게 위임하여 선사시대 부분을 보완하고, 전국시대 부분에 강릉江陵 마초산馬楚山 분묘에서 새로 발견된 복식과 비단 등에 관한 자료를 첨가하도록 했다. 사진이나 그림은 수십 점, 글자는 대략 3만 자 정도 늘었다. 인용 서적과 인용문 부분도 새로 교정하도록 하고 참고 도서 목록과 색인을 첨부하도록 했다.

색인은 왕샤오창王曉强이 수고해주었다. 이는 품이 많이 드는 일이나 명칭에 따른 분류에 완벽을 기하기가 쉽지 않다. 그럼에도 색인을 집어넣은 것은 독자들, 특히 젊은 공예, 미술 전공자들이 업무상 참고할 때 조금이라도 편의를 제공하기 위함이다. 도판 자료의 추가 선정과 분석, 문물 사진 촬영, 도판 교체와 일부 그림의 수정 등의 작업은 왕야룽王亞蓉과 구서우잉谷守英 두 사람이 맡아 완성했다.

증보개정판은 문화부 주무즈朱穆之 장관의 지지와 관심 하에 진행되었다. 국가문물국, 고궁박물원, 중국역사박물관, 호북 형주荊州지구地區박물관, 요녕성 문화청, 요녕성박물관 등도 본서를 위해 자료를 제공하는 등 협조와 편의를 아끼지 않았다. 이로써 본서는 내용이나 형식면에서 초판본보다 더 나아질 수 있었다. 삼가 이번 기회를 통해 심심한 고마움을 전한다.

선충원 구술, 왕쉬王抒, 1930~1997년 기록

1983년 10월 24일

선충원 선생님이 만년에 온 힘을 경주하여 저술한 『중국고대복식연구』는 1981년 9월 상무인서관 홍콩 분관에서 출판되었다. 원래 얼마 후에 국내에서 축약본을 출간하여 대다수 청년 독자들의 수요에 부합하기로 했었다. 이렇게 정해지자 선생님은 일부 수정하거나 보완할 내용이 있다고 생각했다. 선생님은 지금까지 그래왔던 것처럼 견본이 도착하자 책상에 펼쳐놓고 처음부터 차례대로 읽어가면서 고칠 부분을 수정했으며, 선사시대 자료도 증보할 생각을 가지고 있었다. 1983년 상무인서관 홍콩 분관의 리쭈쩌李祖澤 선생과 천완슝陳萬雄 선생, 그리고 국내 삼련서점의 판융范用 선생이 함께 회동하여 국내판은 상해에서 인쇄하기로 결정했다. 편집자들이 전력을 다해 그림이나 도안 자료를 수집하는 등 보완 작업을 하고 있을 때 뜻하지 않게 선충원 선생님이 병환으로 중일中日병원에 입원하여 더 이상 집필을 지속할 수 없게 되었다. 일이 이렇게 되자 어쩔 수 없이 선생님의 요청에 따라 내가 나머지 보완 작업을 맡았다. 원고를 완성한 후 다행히 선생님께서 보실 수 있어 지적하신 것을 고쳤다. 아울러 색인 작업도 끝나 홍콩으로 보내 조판을 의뢰하고 글자체나 격식 등이 전후가 일치되도록 했다. 그러나 연말이 되자 출판계의 상황이 여의치 않아 국내 출판이 또다시 보류되고 말았다. 백방으로 노력했지만 끝내 출판의 희망이 보이지 않았다. 1988년 5월 10일, 선 선생님은 여전히 맑은 정신으로 고요하게 계시다가 끝내 세상을 뜨시고 말았다. 본서의 재판을 끝내 보여드리지 못한 것이 양심에 가책이 되어 도저히 나 자신을 용서할 수 없었다. 작년에 출판가 리쭈쩌 선생과 천완슝 선생이 북경에 왔다. 그들은 선

선생님 생전에 좋은 친구들로 여전히 깊은 우정을 간직하고 있었다. 그분들과 만나 올해 홍콩 상무인서관에서 증보개정판을 다시 인쇄하여 오랫동안 출간을 기다려온 독자들에게 선보이는 한편 선생님 서거 4주년을 기념하기로 약속했다.

'재판 후기'는 선생님이 살아계실 때 자신의 책에 대해 마지막으로 하신 말을 적은 것이다. 이미 근 10여 년의 세월이 흘렀지만 선생님 모습이 여전히 눈에 선하기만 하다. 삼가 몇 마디 덧붙인다. 늘 생각하며.

왕쉬王㐨

1992년 4월 22일

일부 문헌과 문물을 다원적으로 결합시킨 학술 명저

선충원의 『중국고대복식연구』

왕야룽 王亞蓉

상무인서관에서 나온 선충원 선생님의 『중국고대복식연구』 재판再版의 모본은 1983년의 증보개정판증정판增訂版이다. 증정판은 1981년에 나온 초판본에 없는 구석기 시대의 봉제와 장식품, 신석기 시대의 인형과 복장 자료 및 강릉 마산 초나라 분묘에서 발견된 의복과 모피이불 등 세 부분이 첨가되었다. 이는 왕쉬 선생님이 집필하고 선 선생님이 직접 보시고 교정한 내용이다.

이번에 상무인서관에서 21세기에 나온 중인본重印本, 재판과 달리 수정 부분이 거의 없이 새로 인쇄한 판본을 내놓으면서 필자에게 본서의 길라잡이를 할 수 있는 글 한 편을 써달라고 요청했다.

생각해보면, 오랜 세월 밤에도 잠을 이루지 못해 전전반측輾轉反側하면서 선충원 선생님을 따라 배우고 일한 것이 마치 어제 일인 듯한데, 벌써 40여 년의 세월이 흘렀다. 처음에 복식 연구에 입문하여 도상과 실물 자료를 대조 정리하는 일부터 시작하여 지금까지 이룬 것을 생각하면 여전히 큰 바다에 던져진 한 알의 좁쌀滄海一粟에 불과함을 절감한다. 선 선생님은 지난 세기 80년대에 작고하셨고, 왕쉬 선생님도 세상을 뜨셨다. 한때 따라다니며 모셨던 스승이자 함께 작업하던 동료이셨던 두 분 선생님은 이처럼 힘써 가꿔야 할 방대한 토지를 남겨주셨으니, 지금 와 생각하건대 여전히 걱정이 앞서지만 또한 부끄럽고 두렵기만 하다.

『중국고대복식연구』는 선 선생님이 1962년 저우언라이 총리의 부탁을 받고 쓰신 책이다. 온갖 우여곡절과 고난의 18년이란 세월이 지난 후 마침내 1981년 홍콩 상무인서관에서 출간되었다. 당시 홍콩에서 최우수 인쇄상출판상을 받았으며, 이후 중국사회과학 도서 가운데 1등상에 선정되었다. 또한 중국을 국빈 방문한 일본 일왕, 영국 여왕, 미국 대통령 등에게 선물로 증정되기도 했다. 본서는 중국 고대 비단, 복식 연구 영역에서 그 시작을 알린 개산지작開山之作이자 중국 전통복식과 공예 문화에 대한 선 선생님의 깊이 있는 연구와 중국 고대 문화, 물질 연구에 대한 책임감이 절절히 담긴 저작이다.

궈모뤄 선생이 서언에서 밝힌 바처럼 민족 문화의 수준을 측정하는 표준으로서 예술은 생활과 밀접하게 연결되어 있다. 그렇기 때문에 특히 "고대 복식은 공예미술의 중요 구성 부분으로 자료가 방대하여 집중 연구할 만하다. 이를 통해 민족 문화의 발전 궤적과 여러 형제 민족 간의 상호 영향을 살필 수 있으며, 역대 생산 방식, 계급 관계, 풍속 습관, 문물 제도 등을 한눈에 볼 수 있는 가장 좋은 사료이다". 또한 "유물은 대부분 무명 작가의 손에서 나왔다. 역대 근로자들은 남녀를 막론하고 자신들의 창조 정신, 자연과 사회를 개조하려는 굳센 의지 속에 강렬한 생명의 맥박을 지니고 있어 천만 년이 지나도 사람들이 직접 느낄 수 있다. 이 점이 특히 중시할 만하다".

선생님은 70세에 가까운 나이에 호북 간부학교[1]로 하방되어 고혈압으로 고생하시면서도 여전히 지치지 않고 『중국고대복식연구』 원고 작성에 몰두하셨다. 만약 국가와 중국 문화, 문물에 대한 깊은 애착과 전통 문화 전승에 대한 강렬한 애정이 없었다면 어찌 선생님께서 "농촌의 '오칠五七' 간교幹校에서 지낼 때는 두뇌로 간단히 어려운 고비를 넘겼다"고 말씀하실 수 있었겠는가? 선생님은 그저 우스개처럼 말하셨지만 학생인 나는 그것이 어떤 의미인지 깊이 이해한다.

거의 20여 년의 세월이 지난 후에야 비로소 세상에 나온 『중국고대복식연구』는 선 선생님의 전통 공예 문화에 대한 뜨거운 사랑과 집념의 산물이다. 지난 세기 60년대 선생님은 다른 나라에 중국 복식 문화를 소개하는 국빈용 서적을 편찬해달라는 저우언라이 총리의 부탁을 받고 향후 10년간에 걸친 연구와 정리를 통해 전체 10권의 관련 서적을 출간하겠다고 작심하셨다. 이미 출간된 책의 내용은 역대 복식사와 관련한 쟁점을 정리하고 의혹을 해소하는 데 주안점을 두었다. 선생님이 하신 말씀에 의하면, 단지 시험적으로 진행한 일종의 예비 연구로서 역대로 학계에서 쟁점이 되는 문제를 평이하게 분석한 것일 뿐이니, 그 뒤로 사학 방법론을 통해 일일이 체계적으로 정리해야 할 방대한 내용이 여전히 남아 있었다.

---

1 문화대혁명 시절 간부를 훈련, 교육하는 학교, 마오쩌둥의 5월 7일 지시五七指示에 따라 세워졌기 때문에 오칠간교五七幹校라고 한다.

상무인서관에서 본서의 길라잡이가 될 수 있는 문장을 써달라는 부탁을 받고 나는 주저할 수 밖에 없었다. 본서 자체로 말하자면, 선생님께서 이미 당신의 취지와 지향점, 그리고 중국 복식 문화에 대한 자신의 탐색 방법 등을 서언에서 상세하게 설명하셨기 때문에 더 이상의 군말은 사족이나 다를 바 없었기 때문이다.

그럼에도 몇 마디를 남긴 까닭은 선생님께서 이 책을 쓰시게 된 배경과 구상을 일일이 말씀드려 독자 여러분들이 전체 25만 자, 900여 장의 삽화를 통해 중국 복식의 역정歷程을 개술하고, 아울러 선생님의 반평생에 걸친 학문적 성과를 집약했을 뿐만 아니라 한없는 동경과 유감이 담겨 있는 본서를 보다 거시적이고 객관적으로 활용할 수 있도록 하기 위함이다.

현대 독자들에게 『중국고대복식연구』는 어쩌면 한 어르신네가 중국문화라는 대지를 묵묵히 갈고 김을 매면서 보고 느낀 점을 기록한 필기로 보는 것이 더 적합할지도 모른다. 본서는 고금을 뛰어넘어 실물을 통해 역사를 증언하는 길을 열어주었다. 사람들은 그 길을 따라 중국 고대 복식의 역정을 이해할 수 있다.

그래서 우리는 상대商代부터 시작하여 제사와 장례 등에 반영된 선민들의 공예 기술 상황과 등급 제도의 연혁을 살필 수 있으며, 주대의 경우 아는 것도 별로 없고 실증도 드물지만 확실히 나름의 방직 기술이 존재했음을 확인할 수 있다. 예를 들어 2007년 강서 정안靖安 동주東周시대 분묘에서 출토된 고급스러운 금수錦繡가 바로 그 증거이다. 이어서 기술 발전으로 더 이상 묘당廟堂에 깊이 감춰지지 않게 된 주옥과 금수, 춘추전국시대 상품 유통의 발달, 그리고 군웅 패주霸主들이 패자가 될 수 있었던 물질적 토대 등이 복식에 어떻게 반영되었는지도 알 수 있다. 강대한 통일 제국이 등장한 진한 이래로 봉건 왕조에서 복식에 관한 제도가 확립되기 시작했다. 복식은 기존의 경우처럼 실용적인 의미 외에도 정치 색채가 다분히 표출되기 시작했다. 기술이 발전하고 물질이 더욱 풍부해지면서 정신적인 만족을 추구하는 경향이 더욱 심해졌다. 이러한 세 가지는 상호 영향을 주고받으면서 각 조대 특유의 공예와 문화 발전을 추동하는 톱니바퀴가 되었다.

선 선생님의 인도를 따라가다 보면 중국 고대 복식의 축약판 연혁과 맥락이 여러분들의 눈앞에 나타날 것이다. 그것은 역사를 축으로 삼아 복식을 포진시킨 것으로 보이지만 사실은 동시에 복식을 선으로 삼아 중국 고대 각 시기의 정치, 군사, 경제, 문화, 민속, 철학, 윤리 등 온갖 풍운의 변화와 같은 궤적을 연계시킨 것이라 할 수 있다. 예를 들어 복식은 원래 추위를 막기 위한 실용적인 필요에 의해 생겨났으며, 이어서 수렵이나 전쟁 등에 필요한 방호용으로 활용되면서 전쟁의 수요에 따라 부단히 복장의 공용 양식이 변화 발전했다. 그리고 이러한 의복 양식이 점차 생활에 침투하면서 일상에 응용되었으며, 일상 생활을 위한 기본적인 요구가 충족되자 정신적인 측면에서 더욱 아름다워지고 싶은 욕구가 점차 증가하면서 미관이나 독특함을 강조하기 시작했고, 심지어 이를 통해 차별성을 추구하는 정신적 욕구가 실질적으로 기술이나 제도의 정립과 발전으로 이어지면서 자체적으로도 순환 반복을 거듭했다. 만약 진실로 믿을 만한 사진이나 그림, 그리고 세밀하고 성실한 연구 작업이 없었다면 사람들이 어찌 역사의 발전과 사회의 연혁을 직관적으로 이해할 수 있었겠는가?

따라서 '사실'을 핵심으로 삼은 『중국고대복식연구』는 매우 쉽게 읽을 수 있는 역사, 복식 등에 관한 입문서이자 후학들에게 방대한 정보를 담은 종합적인 색인이라고 말할 수 있다.

동시에 본서는 복식의 관점에서 실증적인 역사를 편찬하는 프로젝트이자 전통 문화를 현대 문화로 전환하는 중요한 표지라고 말할 수도 있다. 중국문인들은 역대로 '지상강산紙上江山', 즉 문헌이나 자신의 시문을 통해 강산의 아름다움을 그려보는 일에 익숙했다. 문자의 천지天地 사이에서 천마가 하늘을 나는 셈이다. 더 나아가 『천공개물天工開物』과 같은 대작 역시 저자가 비록 부끄러움을 감추지 못하겠다고 언급하기도 했으나 생전에 큰 뜻이 없어 어쩔 수 없이 이것으로나마 스스로 기뻐하며 즐겼던 것이다.

『중국고대복식연구』는 '전통' 사학자들의 눈에 들지 않을지 모르나 수백 또는 1천여 자로 하나의 단원을 설명하고 독자들과 함께 그림을 감상하면서 더 이상의 군더더기 설명도 하지 않고, 억측을 강요하지도 않으며, 실물을 전시 주체로 삼아 사실을 논하고, 문헌을 배경 자료로 삼아 깊이 들어가되 쉽게 나올 수 있도록 하여 독자들에게 전통 복식 문화 발전의 베일을 벗겨준다.

열거된 모든 현상은 비록 실물의 수량에 비해 크게 못 미치지만 매 작품의 선정은 결코 마음대로 이루어진 것이 아니다. 이는 선 선생님이 30여 년간 문물과 문헌 연구에 몰두한 결과의 산물이자 실물과 문헌 연구에서 발견한 문제와 연관되며, 전통 문헌의 논법과 고고학적 발굴을 통한 실물을 비교할 때 무엇보다 관심을 기울여야 할 대목과 관련이 있기도 하다.

선충원 선생님의 『중국고대복식연구』는 중국 고대 복식 연구 체계화 사업의 첫걸음이자 역사 연구에 실물을 통한 검증이라는 새로운 방법을 제시한 저작이다. 필자는 선생님의 학생이자 조수로서 선생님을 따라 배우면서 평생 은덕을 입었다. 그러나 다른 한편으로 무거운 책임감과 강박감을 느끼지 않을 수 없다. 선생님이 다하시지 못한 사업이 만약 내 손에서 끊어진다면 이는 단순히 개인적인 아쉬움만으로 남지 않을 것이다. 선생님께서 살아생전에 모든 힘을 쏟으신 사업은 지금도 여전히 유지되고 있지만 보다 많은 분들이 선생님이 여러분을 위해 만들어놓으신 길을 따라 가시기를 바라며, 또한 선생님이 원하신 것처럼 더욱 많은 분들이 전통 복식 문화의 전당으로 들어갈 수 있기를 바라마지 않는다.

선생님은 평생 손에서 책을 놓지 않으셨으며, 박식하고 뛰어난 기억력으로 착실하게 지식을 추구하고 후학들을 길러내셨다. 젊은이들을 교육할 때도 절대로 교조적으로 이끌지 않으셨다. 선생님은 연구할 때 문제를 고립적으로 간주하지 말 것을 강조하셨다. 매사가 연계되어 있기 때문에 위아래로 탐색하는 방법을 택해야만 일의 근본 경로를 알 수 있게 된다는 말씀이셨다. 그래서 역사 문제를 연구할 때마다 선생님이 우리를 이끌어 주신 것은 문헌과 문물을 다원적으로 결합하여 비교 분석하는 방법이었다. 선생님은 중국 고대 복식 문화 연구에서 친히 문헌과 문물을 상호 결합시키는 유물론적 방법을 확고히 추진하셨다. 그야말로 역사 연구의 대가라는 칭호에 부끄럽지 않다.

마지막으로 선생님이 하신 말을 여러분들에게 전하려고 한다. 이를 통해 보다 많은 분들이 애정과 꾸준함, 그리고 시간의 축적 없이는 나아갈 수 없는 진정으로 국가를 위해 필요한 길로 접어들 수 있기를 희망하며, 또한 본서를 통해 선생님의 깊은 마음 씀씀이를 느끼시기를 바라마지 않는다.

선생님은 이렇게 말씀하셨다.

"중국 고대인들은 24사라는 대작을 남겼지만 지하에는 보다 중요한 24사가 묻혀 있다. 지하의 그것은 앞으로 끊임없이 정정訂正하고 수정 보완하여 세상에 널리 퍼뜨려야 할 지상의 24사이다."

선충원 학술연표

1902청 광서光緒 28년 12월 28일(음력 10월 29일) 후난성 평황청鳳凰廳의 군인 집안에서 태어났다. 본명은 선웨환沈岳煥이다.

1906광서 32년 모친이 그에게 글자를 가르쳤다.

1908광서 34년 사숙私塾에 들어가 공부했다.

1915 신식 제2초급소학교에 입학했다가 반년 후에 제1초급소학교(지금이 문창각文昌閣 소학)으로 전입하여 국어교사이자 남사시인南社詩人인 톈밍위田名瑜에게 은연중에서 영향을 받았다.

1917 고급소학교高小를 졸업했다. 가세가 기울어 학업을 지속하지 못하고 입대했다. 그가 입대한 무대는 상서정국연합군湘西靖國聯軍 제2군 유격遊擊 제1지부이며, 천저우辰州(지금의 위안링沅陵)에 주둔했다.

1919 군법장軍法長 샤오쉬엔칭蕭選卿의 지도를 받으며 몇 개월 동안 구체시舊體詩를 배웠다. 이듬해 12월 부대가 피습 받아 해산되자 귀가했다.

1921 외삼촌 황쥐촨黃巨川과 이모부 슝제산熊捷三(슝시링熊希齡의 동생) 평소 시를 읊고 창화唱和할 때 그가 시문을 베끼며 "반쯤만 통하고 반쯤은 통하지 않는" 구체시를 지었다. 외가 슝씨 집안에서 린쉬林紓가 번역한 소설을 읽었다.

1922 상서순방군통령부湘西巡防軍統領部에서 사서직司書職을 얻었다.
여가 시간에 구체시를 계속 배우고 지었으며, 각종 신구新舊 서적으로 탐독했다.

1923 통령관統領官 천취전陳渠珍 휘하에서 서기로 반년 동안 근무하면서 고서화나 문자, 시첩 등을 대신 관리하며 이에 관심과 지식을 갖추게 되었다. 고서 해독의 토대를 쌓았다. 여름 천취전이 운영하는 인쇄소에 파견되어 교열 업무를 맡았다.

8월 하순 학업을 위해 베이징으로 갔다.

처음 베이징에서 생활하면서 매일 유리창琉璃廠에서 천교天橋까지 길게 늘어진 골동품 가게나 잡화점을 둘러보았으며, 거의 매일 경사도서관 분관에서 고서와 신서를 두루 읽었다.

1924 베이징대학에서 방청했다.

1925 11월 베이징대학 도서관에서 연수생으로 있으면서 이듬해 2,3월까지 위안퉁리袁同禮에게 목록학 등 관련 업무를 배웠다.

1926 3월 28일 향산香山 자유원慈幼院에서 도서관 관리 및 편집업무를 맡았다. 9월 향산 자유원에서 나왔다. 이후 전업 작가로 들어섰다.

1929 1월 후예빈胡也頻, 딩링丁玲과 함께 『홍흑紅黑』, 『인간人間』 월간을 창간하여 세상에 내놓았으며, 『인간』 편집장을 맡았다.

8월 중국 공학公學 교장인 후스胡適가 파격적으로 그를 국문과 강사로 초빙하고 문학과 소설 습작과정을 개설했다.

겨울 상하이 지난暨南 대학에서 중국 소설사 과정을 맡았다.

1930 7~8월 학교 하계수업에서 중국 신시新詩를 가르치는 한편 신시 강의 초고를 정리했다.

7월 26일 현대문학을 강의하면서 「우리는 왜 신시를 읽어야 하는가我們怎樣去讀新詩」를 써서 10월 『현대학생』에 발표했다. 9월 우한武漢 대학 국문과로 초빙되어 신문학과정 강의를 맡았다. 가을에 신시의 발전에 관한 내용을 담은 『신문학연구』를 우한대학에서 출간했다.

1931 8월 칭다오青島 대학 국문과 강사로 초빙되어 중국소설사와 고급작문과정을 강의했다.

1932 10월 린겅林庚, 가오즈高植, 청이룽程一戎 등과 함께 『소설월간』을 편집하여 항저우 창산蒼山서점에서 출간했다.

1933 8월 교직에서 물러났다. 교장 양전성楊振聲의 요청에 따라 베이핑北平에서 중학과 소학교 교재 편찬 작업에 참여했다. 당시 함께 작업한 이들로 주쯔칭朱自淸, 우한吳晗 등이 있다.

9월 23일부터 양전성과 함께 『대공보大公報·문예부간文藝副刊』을 창간하여 주관했다.

1937 4월 4일 서법에 관한 첫 번째 논문 「담사자談寫字」를 『대공보·문예부간』에 발표하고, 5월 『월부月報』에 전재했다.

5월 주광첸朱光潛이 편집장, 선충원과 양전성, 위핑보兪平伯, 주쯔칭, 저우쭤런周作人, 린후이林徽 등이 편집위원을 맡은 『문학잡지』 창간.

8월 12일 교육부의 비밀 통지에 따라 함락 직전의 베이핑을 떠나 우한으로 갔다.

9월부터 양전성 등과 함께 우한 대학 도서관 자료를 이용하여 교과서 편찬 작업을 진행했다. 당시 샤오첸蕭乾 등도 참가했다.

12월 하순 우한대학이 휴교하고 교과서 편찬도 잠시 중지되자 우창武昌을 떠나 창사長沙로 갔다.

1938 1월 중순 정부는 임시 대학을 쿤밍昆明으로 이전시키는 계획안을 비준했다. 이에 따라 교과서 편찬 사무실도 쿤밍으로 이주하기로 결정했다.

1939 1월 천다이쑨陳岱孫, 판광간潘光旦의 주편한 『금일평론』 주간이 창간되고, 그는 문예란 편집 작업을 맡았다.

3월 국문교과서 편집을 끝내고 교육부에 보냈다.

6월 27일 시난西南 연합대학 사범학원 국문과 부교수로 초빙되었다. 대학교 1,2학년 필수과목인 국문, 각종 문체 습작(1), 선택과목인 각종 문체 습작(3), 중국소설사, 현대중국문학, 창작실습 등을 맡았다.

1940 봄 린통지林同濟, 허융지何永佶 등이 창간한 『전국책戰國策』에 편집위원으로 참가하고 몇 편의 글을 발표했다. 편집위원으로 펑즈馮至, 허린賀麟 등이 있었으며, 그들을 '전국책파'라고 불렀다.

1942 6월 10일 윈난성雲南省 교육청과 시난 연합대학 사범대학에서 마련한 중등교원 하계 강습반에서 강사로 초빙되었다.

연합대학 사범대학 국문과에서 출간하는 『국문월간』 편집위원이 되었다.

1943 7월 22일 시난 연합대학 국문과 교수로 초빙되었다.

1945 쿤밍에서 출간된 『관찰보觀察報 · 신희망新希望』 부간을 주편했다.

1946 5월 4일 시난 연합대학을 사직하고 베이징 대학 국문과 교수로 초빙되어 8월 27일 항공편으로 베이핑으로 갔다.

10월 13일 양전성, 펑즈 등과 톈진天津에서 『대공보 · 성기문예부간星期文藝副刊』을 창간했다.

10월 톈진 『익세보益世報 · 문학주간』 주편을 맡았다.

12월 주광첸, 양전성, 펑즈, 쉬잉徐盈 등과 함께 편집한 『현대문록現代文錄』을 출간했다. 12월 29일 베이핑에서 『평명일보平明日報 · 성기문예부간』을 창간했다.

1947 2월부터 자신이 수장하고 있던 적지 않은 자기瓷器, 패엽경貝葉經 등 고대 유물과 민간 공예품, 윈난에서 수집한 칠기 등을 베이징대학 박물관에 기증하고 진열 작업에 참가했다. 새로 건립한 박물관 전공 학과에 자료가 부족하여 또 다시 『세계미술전집』, 『서도전집』 등 소장하고 있던 전적을 기증했다.

가을과 겨울 박물관 전공 학과를 위해 '도자사陶瓷史' 과정을 준비하면서 관련 참고서를 편찬했다.

10월 1일과 9일 『논어』 반월간과 톈진 『대공보』에 「잔해를 수습하며收拾殘破-문물보호에 관한 한 가지 관점文物保衛的一種看法」과 「베이핑의 특별한 수공예 전람회에 관한 의견關於北平特種手工藝展覽會一點意見」을 발표했다.

1949 4월 상하이 『자왈子曰 · 예주부간藝舟副刊』에 1947년 7월에 쓴 「독춘유도유감讀春游圖有感」을 발표했으며, 이후 「전자간의 「유춘도」를 읽고讀展子虔游春圖」로 제목을 바꾸었다.

6월말 『중국도자사』 강의를 위한 원고를 완성했으나 출간하지는 않았다.

8월 베이핑 역사박물관으로 이직했다. 베이징대학 국문과 교수를 그만 둔 후에도 박물관 전공학과 제1기 학생들을 위해 공예미술 가운데 도자기 역사 등을 강의했다.

겨울 중국 옥공예 문제를 연구했다. 「중국 옥공예사」라는 제목으로 전공학과 참고서를 완성했으나 발표하지 않았다.

1950 3월 2일부터 화베이華北대학 사부오반四部五班에서 학습했다. 얼마 후 화베이 인민혁명대학으로 전입하여 정치연구원 제2기 연수생을 학습했으며, 12월에 졸업한 후 박물관에서 근무하는 것으로 결정되었다.

1951 1월 원시사회 전람 해설서를 편집했다. 봄에 개학하자 푸런輔仁대학에서 매주 산문습작 과목을 강의했다.

4월 「돈황문물전」 진열 작업에 참가하는 한편 설명문 초안을 작성했으며 『문물참고자료』 전람 목록 특간特刊에서 평론을 작성했으나 발표하지는 않았다.

1952 7월 4일 역사박물관에 총원 4명의 문물수집조가 편성되자 그도 참가했다. 이후 수년 간 박물관 수장을 위해 여러 가지 문물을 수집, 구매했으며, 여러 대학의 문학, 사학과 및 예술원 등을 위해 교학용 문물을 대신 구매했다. 때로 자비로 구매한 유물을 대학이나 연구소 등에 기증하기도 했다.

1953 1월 역사박물관에 출판조出版組(출판소조)가 만들어지자 편집, 출간 업무를 맡았다.

3월 28일 중앙미술학원 도안과 교육을 위해 1백여 종의 모란꽃 도안을 만들었다.(『일기육칙日記六則』에 따르면, 4월 4일 "원溫 동학이 백 가지 꽃 도안을 만들었는데, 이는 각종 기물과 시대를 대표하는 도안이다.") 이는 그가 비교적 일찍부터 타인이나 사회 기타 기관이 참고하도록 해당 제목의 참고 도안이나 문헌 자료의 초안 목록을 일일이 작성한 기록이다.

하반기에 그는 초빙을 받아 중앙미술원에서 유학생과 대학원생에게 중국 직물염색 미술사 등의 과목을 강의했다.

7월 26일 『광명일보』에 『명대직금금문제明代織金錦問題』를 발표했다.

9월 3일 『신건설新建設』에 「중국 금근단의 역사 발전中國織金錦緞的歷史發展」을 발표했다.

9월 23일부터 10월 6일까지 공예미술계 대표자 신분으로 제2차 전국문학예술공작자 대표대회에 참가했다.

일찍부터 관심을 가지고 있던 직수織繡(자수) 또는 기물 자체의 공예 역사에 관한 관심에서 출발하여 비단 문양의 역사, 도자기, 칠기, 동기 등의 다양한 문양의 상호 관계와 영향 및 제약 등의 문제로 시야를 확대하고, 이를 더욱 확장시켜 복식, 제도 및 물질 문화사와 관련된 영역까지 넘나들었다.

1954 5월 「전국 기본 건설 공정 출토 문물전」에 간여했으며, 해설가 역할을 맡았다. 8월 19일 화동문물 공작자들과 만남 자리에서 새롭게 발견된 전시물을 예로 들면서 출토 문물에 대한 학술 연구의 특별한 의미에 대해 발표했다.

10월 3일 『광명일보·문학유산』에 「고증 공작 및 문헌과 실물 결합에 관한 약론略談考證工作及

須文獻與實物相結合」을 발표했다. 그가 주편한 『장사 출토 고대 칠기 도안 선집長沙出土古代漆器圖案選集』을 박물관 명의로 인민미술출판사에서 출판했다.

1955 상반기에 인민문학출판사에서 『홍루몽』에 나오는 복장과 기물 등에 주석을 달았다.

6월 고궁故宮 비단 전문가 리싱난李杏南과 함께 1952년 3월부터 시작해온 『명금明錦』 도록을 인민미술철판사에서 출판했다. 1954년에 쓴 「제기題記」를 실었다.

9월 『중국고대칠기도안선中國古代漆器圖案選』을 박물관 명의로 베이징 영보재榮寶齋에서 투색목각套色木刻 수인水印 방식으로 출판했다. 출간 전후로 「제기」를 썼으며, 「우리는 고대 칠기에서 무엇을 배울 수 있는가?我們從古漆器可學些什麽」, 「칠기 도안 소개介紹一個漆器圖案」라는 제목의 논문을 썼으나 발표하지 않았다.

겨울, 출판 총서總署에서 계획한 『중국역사도설中國歷史圖說』 문물 부분의 편집에 참가하여 1957년까지 편집위원을 맡았다.

1956 1월 10일 전국 정협政協(정치협상회의) 특별 초빙위원에 선임되었으며, 1월 30일 제2기 전국 위원회 제2차 회의에 참석했다.

5월 우중차오吳仲超 원장 초청으로 고궁박물원 직수織繡 연구조의 고문을 맡아 직수조 직능 훈련 업무를 도왔다. 고궁에 수장된 문물을 접할 기회가 많아지면서 연구 시야가 더욱 확대되었다.

가을, 『중국자수』 일명 『자수를 말하다(談刺繡)』 초고를 완성했다. 10월 직수조에서 그의 초고를 학습 및 교류 자료로 활용했다.

당시 베이징의 골동품 상인이 명대에 표구한 불경 봉면封面 금편錦片(불경의 겉표지를 비단으로 장식한 것을 말함)을 처분하는데 가격이 비교적 저렴하다는 소식을 듣고 명대 비단 공예와 복식 연구에 가치가 크다고 생각하여 인민미술출판사에 구매할 것을 건의했다.

1957 2월 15일 베이징 역사박물관 학술위원으로 초빙되었다.

4월 12일 난징, 쑤저우, 상하이, 항저우로 가서 비단 생산 현장을 방문하고 각지의 박물관을 직접 탐방하면서 사주絲綢(비단)박물관 건립을 위한 사전 준비를 했다.

10월 정릉定陵 박물관이 초빙하여 출토 복식, 비단에 대한 정리 작업을 진행했다.

12월 중국 고전예술출판사에서 그와 왕자수王家樹가 공동으로 편찬한 『중국사주도안中國絲綢圖案』을 출간하고 「후기」를 썼다.

1958 6월 논문 「용봉도안의 응용과 발전龍鳳圖案的應用和發展」을 탈고하고, 9월 『장식裝飾』 잡지 창간호에 발표했다. 이후 「용봉예술」로 제목을 바꾸었다.

8월 하순 고궁박물원, 베이징 역사박물관에서 수장된 명,청대 일부 비단, 자수를 항저우, 쑤저우, 난징 등으로 반출하여 3개월 동안 순회 전시했다. 순회 전시가 끝난 후 고궁은 재차 유물을 선별하여 우한에서 「명청문물전」을 개최했다. 선충원은 당시 문물전의 진열 및 안내서 제작에 참여했다.

9월 『장식』 잡지 편집위원에 선임되어 1961년 5월까지 근무했다.

11월 『당송동경唐宋銅鏡』을 편찬하여 고전예술출판사에서 출판했다. 그가 쓴 논문 「고대 거울의 예술 특징」은 본서의 「제기」이다.

1959 4월 1955년에 쓴 「문희귀한도」를 말하다談談「文姬歸漢圖」 원고를 다시 써서 6월 『문물』에 발표했다. 4월 17일부터 29일까지 정협 제3기 전국위원회 제1차 회의에 참석하여 「문물의 '고위금용' 문제에 관하여關於文物古爲今用問題」를 서면으로 발표했다.

7월 5일 선윈루沈雲麓에게 보낸 편지에서 이렇게 말했다. "『복장사服裝史(복식사)』의 기초 작업을 완수하여 전국에서 사용할 수 있도록 제공하고자 한다. 내년에 두 세 명의 조수를 뽑아 1년 정도 함께 작업을 한다면 효과를 볼 수 있을 것이다." 이는 그가 자신의 『복장사』에 편찬 계획을 언급한 가장 이른 시기의 발언이다.

당시 그는 고궁박물원에서 직수자수 진열관 설계에 참여하여 고궁의 동료들과 배열, 진열 작업에 참가하여 대중들에게 개방할 수 있도록 했다.

1960 3월 선충원이 저술한 첫 번째 물질문화사 관련 논문집 『용봉예술』을 베이징 작가출판사에서 출판했다. 「제기」, 「직금금」 「담염힐談染纈」 등 15편의 논문이 실려 있다.

4월 경공업출판사를 위해 『중국복식자료』 목록를 만들었다.

5월 중순 『중국복식자료』의 초보적인 작업을 완수했다. 6,7백여 종의 그림과 석각 등을 삽입하여 10권으로 편찬하기로 했다. 6월 문화부는 그가 제출한 계획안에 대한 심의를 통해 사업 진행을 허가했다. 겨울에 도안 및 그림 자료를 위해 3명의 전문가가 합류했다.

6월 베이징에서 개최된 전국 문교文敎 '군영회群英會'에 참가했다.

7~8월 최초로 작가 신분으로 제3차 중국문학예술 공작자 대표대회에 참석했다.

10월 24일, 25일 양일간 정릉에서 출토 비단 감정에 참가했다.

인민예술극원 연극 『호부虎符』 연극 조원들에게 고대 복식제도와 생활 습속에 대해 설명했다. 각종 이미지 자료, 문물, 문헌을 통해 복식 및 무용미술 관련 인원들이 참고할 수 있도록 했다. 이후 『채문희蔡文姬』, 『관한경關漢卿』, 『무측천武則天』 등 고대사를 배경으로 한 연극과 영화 제작 관련자들에게 이와 유사한 강연을 실시했다.

1961 상반기에 문화부 초청으로 고등예술원교 공업미술 통일 교재 편찬조 고문을 맡아 10여 명의 교사들을 초빙하여 『중국공업미술사』, 『중국도자사』, 『중국칠공예사』, 『중국염직문양사』 등을 편찬했다. 5~6월 각종 교재의 제강提綱과 참고자료 목록을 집필하는 한편 편찬에 참가한 교사들을 대동하고 고궁과 역사박물관 등을 방문했다. 칭다오青島에서 경덕진 도자연구소를 위해 『중국도자사中國陶瓷史』를 편찬했다.

8월 6일 「광명일보」에 『홍루몽』에 나오는 기물에 관한 논문을 발표했다.

10월 21일부터 『광명일보·문학유산』에 두 차례에 걸쳐 「문물을 통해 고인의 수염 문제에 대해 논함從文物談談古人的鬍子問題」를 발표했다.

1962 3월 『중국의 자기』 원고를 보완했다.

초여름 논문 「도자기 장식 예술의 진전陶瓷裝飾藝術的進展」을 작성했다. 탈고 이후 『중국의 자기』 편찬조원들이 인용할 수 있도록 전달하고, 발표하지 않았다.

6월 『중국의 자기』 「서언」을 쓰고, 이듬해 베이징 재경財經출판사에서 출판했다.

12월 논문 「우리가 「굴원」을 재연한다면假若我們再演屈原」을 통해 극중 인물 창조와 복장, 도구 등 고대 기물을 현대에 어떻게 사용한 것인가에 관한 문제를 논의했다.

1963 6월 중순부터 향산香山에서 새로 편집한 공예미술 관련 교재에 대한 원고 심사가 이루어졌다. 천즈푸陳之佛, 뤄수쯔羅叔子의 『중국공예미술사』를 심사하고 수정, 보완했다.

그 해 출판된 린즈쥔林志鈞 선생의 유고 『북운집北雲集』에 그가 쓴 「발跋발문」을 수록했다. 『중국역사상식』 제5책에 그가 쓴 「내 나라의 고대인들은 어떤 복장이었을까?(我國古代人怎麽穿衣打扮」을 실었다.

그 해 계속해서 『중국복식자료』 작업을 실시했다.

겨울, 저우언라이 총리가 국빈들을 위한 선물용으로 역대 복장 도록 제작을 제안했다. 12월, 문화부에서 문물국을 거쳐 중국역사박물관이 「중국고대복식자료」 편찬사업을 시행하도록 하는 한편, 이에 대해 선충원이 편집장을 맡았다.

1964 연초,「중국고대복식자료」 사업이 전면 개시되었다. 선충원이 편집장을 맡아 구체적인 도판 목록을 제안했다. 묘화 작업과 함께 선충원이 이에 대한 문자 설명문을 쓰고 이에 대한 수차례 반복 수정을 거쳐 초고가 완성되었다.

4월 30일, 수, 당, 오대 도안과 글에 대한 초고를 완성했다.

7월 4일, 예정된 날짜에 전체 도판과 글을 중국 재경출판사에 보냈다.

7월 하순, 휴양을 위해 다롄으로 간 후 계속 공예 관련 교재에 대한 심사, 수정작업을 했다.

1965 봄, 정치적 환경의 악화로『중국고대복식자료』출판이 보류되었다.

12월, 복식자료에 대한 수정 작업이 계속해서 이루어졌다.

1970 6월, 일후?? 박물관의 '통사진열通史陳列'에 대한 수정 작업에 참가하여 계속 원고를 읽었다. 십 여 개의 유형문화재 역사 연구 전문 주제 원고가 빠른 시일 내에 제대로 된 틀을 갖추기를 기대했다. 또한 기억에만 의존하여 복식자료 수정, 보완할 부분을 기록했다.

10월 14일, 장편의 문화 서사시「문자서법발전」 초고를 완성했다. 이후 몇 차례 수정을 거치고, 장초章草와 행초行草 부분을「서법 진전에 대해 서술하다敍書法進展」로 수정하여 단독으로 편집했다.

1971 1월, 문화사를 소재로 한 시「서주는 어떻게 동주시대로 넘어갔는가?西周如何過渡到東周」를 쓰고, 이후 제목을「서주 및 동주－상층문화의 형성」으로 수정했으나 발표하진 않았다.

3월, 기억에 의존해 전문 주제에 대한 연구를 시작하여「말에 관한 응용 역사 발전關於馬的應用歷史發展」,「사자는 어떻게 중국에서 뿌리를 내렸는가?獅子如何在中國落脚生根」 등을 작성했다. 이후 계속 새로운 글을 쓰거나 기존의 논문을 수정하여 점차 연구 범위를 확대했다.

6월, 박물관 '전시' 수정 작업을 시작했다. 전시 부스에 대한 수정 작업 관련, 8월 전에 부스 60여 곳에 대한 개선 의견을 내놓았다.

7월 초,「수레에 대해 말하다談輦轝」를 썼다.

가을, 겨울, 기억에 의존해 생각나는 복식 자료 관련 문제를 쪽지로 기록하여 이후 문서 수정 작업에 참고가 되도록 했다. 이후 계속해서 기억이 나는대로 전문 분야에 대한 연구서를 기록했다. 그 중「문화재에 북의 형상 반영鼓的刑象在文物中的反映」과 미완성 단편 기록이 있다. 문화사 관련 시가「전국시대」를 완성했다. 모두 발표되지 않았다.

1972 1월 「대표성이 있는 도안 형태有代表性的案形」 단문을 작성했다. 1월 10일, 「악무잡기와 희극」을 완성했다.

3월, 『중국고대복식자료』 원고의 수정, 증보 및 삭제 작업을 실시했다.

4월 하순, 박물관 지도의 요구로 「중국고대복식자료」 원고를 20만 자에서 5만 자로 축소했다.

7월 20일, 『문물』에 들어갈 「창사 서한묘에서 출토된 칠기와 견직 의복」을 저술하고 마왕퇴 1호 한묘에서 출토된 일부 문화재에 대해 토론했다.

여름, 계속 구 도서를 매입하여 상실된 장서와 문화재 도록을 보충했다.

8월 초, 베이징 특별 공예품 전시회가 역사박물관에서 예비 전시되었다. 그는 매일 전시회장을 찾아 사람들을 만났고 그들의 환영을 받았다.

1973 5월 7일, 「중국 고대복식 자료」 원고를 수정한 후 정식으로 제출했는데 분량에 큰 변화는 없었다.

6월부터 매주 월, 수, 금요일에 역사박물관에서 통사에 관한 전시품을 둘러보고 각각에 대한 개선 사항을 새로 써서 박물관에 제공했다. 대략 4개월 정도가 소요되었다.

가을, 겨울에는 역사박물관과 함께 안후이 마안산시에 건설하는 이백 기념관, 이백 동상 건설 사업에 협조했다.

같은 기간, 자신의 연구 성과를 정리하고 '부채 응용 확대 전시扇子應用進展 등 새로운 제목을 확충했다. 모두 약 50여 개의 크고 작은 항목에 대한 초고를 작성했다. 이 모두 물질문화사 연구영역에서 공백 상태였던 분야이다.

11월, 과학원 문학연구소 소장 허치팡何其芳에게 서한을 보내 고전문학연구에서 문헌과 문화재의 연결작업이 얼마나 중요한지 거듭 천명했다.

1974 1월, 박물관에서 1차적으로 그의 업무를 이어갈 인원 서너 명을 확정하여 복식, 비단, 가구, 도안 등 업무를 배분했다.

8월 하순, 원고 수정 및 도안 첨가를 위해 지속적인 신청을 한 결과 박물관에서는 『중국고대 복식자료』 원고를 돌려주었다.

가을, 겨울에 『중국고대복식자료』 원고를 재작성할 때 도안을 보충하기 위해 그는 과학원 고고연구소의 왕쉬王㐨에게 필요한 이미지 자료를 사진으로 촬영하여 확대해달라고 요청했다. 또한 영보재, 공예미술학원 등 기관으로부터 도안을 모사할 해결방법을 찾았다. 더불어 몇몇 연구 주제의 경우 '유수작업流水作業' 방식으로 교차 진행했다.

1975 1월 말, 양셴루楊織如가 소개한 왕야룽王亞蓉이 그의 회화 작업을 도와주었고 또 다른 교사가 묘사 작업을 도와주면서 전문 주제 연구 작업에 큰 진전을 거두었다.

1976 1월, 두 친구의 도움으로 약 20만 자에 달하는 「중국 고대 복식 자료」 한 부를 필사하여 교정 작업을 시작했다.

12월 5일, 장자오허張兆和와 배를 타고 녹진진甪直鎮에 도착하여 두 번째로 보성사保聖寺를 찾아가 자세하게 답사했으며, 문화재 관리 전문가와 의견을 교환했다.

같은 해, 그는 동당자東堂子 호동胡同(골목)에서 몇몇 교사, 편집자, 문화재 고고 작업자와 함께 기거하며 다양한 문화재 전문 주제와 기초 지식을 체계적으로 설명했다.

1977 그 해 새로운 연구 제목에 대한 재 첨가 없이 이미 진행해 온 몇몇 전문 주제에 대한 원고를 보충, 수정하여 일부 원고를 마감하고자 했다.

11월, 두 해 전에 작성한 「선자응용진전」에 대한 논문을 작성했다.

1978 2월, 정치협상회의 제5차 전국 위원회 제 1차 회의에 출석했다.

3월, 중국 사회과학원 역사연구소로 자리를 옮겨 연구원으로 재직했다.

5월, 왕마, 왕야룽의 협조를 받아 「선자응용진전」을 완성했다.

10월 6일부터, 사회과학원은 우의빈관友誼賓館에 임시작업실을 열었다. 그와 장자오허, 왕마, 왕야룽 등과 함께 『중국고대복식자료』에 대한 대폭 수정, 보충 작업이 이루어졌다. 가능한 한 새로 발견한 문화재 자료와 새로 그린 도안 150여 개를 첨가했다. 세 달 반에 걸친 작업을 통해 이듬해 1월에 전체 원고를 경공업출판사에 보냈다.

1979 2월, 복식연구조 설립을 준비했다.

3월 하순부터 4월 말까지 상하이, 항저우, 쑤저우, 난징, 전장 등 지역으로 출장을 가서 당시 최근 출토된 문화재를 둘러보았다.

8월, 경공업부 공예미술 예인설계창작회의에 출석했다. 8월 하순부터 9월 상순까지 란저우, 둔황을 답사하여 30년 소원을 성취했다.

11월, 제4차 전국문학예술공작자 대표대회에 출석했다.

그 해 『중국고대복식자료』 출판기관의 변동으로 인쇄가 늦어진 한편 원고 편집이 엉망이 되었다. 겨울, 그는 할 수 없이 재정리, 수정 작업에 들어갔다.

1980 1월 15일, 복식자료를 수정, 정리해 중국사회과학원 과학연구국에 제출했다. 이후 홍콩 상무인서관에서 출판하기로 확정한 후, 서명을 『중국고대복식연구인언中國古代服飾研究引言』으로 수정하여 탈고했다.

4월, 재차 『중국고대복식연구인언』으로 서명을 수정하여 탈고했다.

7월 24일, 국가문물국 자문위원회 위원으로 초빙되었다.

10월 27일, 예일대학 가오신용, 위잉시, 니미와 푸한쓰 교수의 초청을 받아 장자허와 함께 미국을 방문했다. 예일대학, 콜롬비아대학, 성바오로대학, 하버드대학, 워싱턴대학, 프린스턴대학, 시카고대학, 스탠포드대학, 캘리포니아대학 버클리 분교, 캘리포니아주립대학, 하와이대학 등 15개 학교를 방문하여 23차례 연설을 했다. 주로 1920년대 중국문학, 선자응용진전 및 중국고대복식에 대한 내용이었다.

그 해, 역사연구소에서는 초보적으로 고대복식연구실을 만들었다.

1981 5월 1일, 「중국고대복식연구 후기」를 완성했다.

여름, 미국 랜덤하우스와 『중국고대복식연구』 영어 번역본 출간의 가능성에 대해 논의했다. 이후 시험 번역 작업이 어려움에 봉착하여 3월에 잠정 중단되었다.

9월, 『중국고대복식연구』가 홍콩 상무인서관에서 출판되었다. 중국 역사박물관과 중국사회과학원에서 중점 사업으로 지원을 받아 온 저사가 수 차례 원고 수정을 거쳐 17년 만에 세상에 선보였다. 그러나 이는 당초 계획했던 10권~12권 가운데 중국복장사 저서 가운데 첫번째 책에 불과했다.

1982 연초, 『중국고대복식연구』 초판에 대해 채색도안 100장을 수정 교체하여 국내 출판의 개정본을 준비했다.

3월 20일에서 4월 초까지 후베이 강릉으로 가서 마산馬山 초묘楚墓에서 출토된 견직물과 장링 박물관 소장품을 답사했다. 마산 초묘의 고고 결과 『중국고대복식연구』 증보 및 기타 연구에 새로운 중요 자료를 얻었다. 방직물과 복장이 출토된 후 훼손, 변색되었기 때문에 그는 기존의 염직수공예기술에 대한 연구를 실시, 이를 본격적으로 복제하여 고대의 것을 응용하자고 제안했다.

8월 20일, 일본 고대복식학자 카오루 탄노丹野郁의 초청으로 다음 해 도쿄에서 열린 '동아시아 고대복식 연구대회'에 참가하는 한편, '국제복식학회' 고문 또는 이사로 초빙을 받았다. 이에 서한을 보내 대회 참석의 의사를 밝혔다.

9월 중순, 일본 복식학자 나가야마 치요中山千代여사가 방문했다.

9월 27일부터 10월 12일까지 방일대표단으로 중일수교정상화 10주년 기념식에 참가했다. 재일 기간 동안 도쿄박물관을 방문해 일본 전문가들과 교류했다.

1983 1월, 홍콩 상무인서관 책임자 리주쩌, 천완슝과 홍콩 및 내지에서 각각『중국고대복식연구』 증보판 출판 사업을 논의했다.

6월 4일, 정치협상회의 제6차 전국위원회 제1차 회의가 개막했다. 그는 입원을 하고 있던 상태라 출석할 수 없었다. 그 때부터 그는 전국 정치협상회 '무당파 민주인사'로 분류되었고 미참석 상태에서 6월 17일 전국정협 상무위원에 선정되었다. 그러나 그 후 지병으로 인해 더 이상 정치협상회의 및 기타활동에 참석할 수 없었다.

10월 24일, 왕쉬에게 구두로『중국고대복식연구』 증보판의「개정판 후기」를 전달했다. 그가 병이 든 후 왕쉬가 고대복식연구실의 증보판 작업에 대한 책임을 맡았다. 왕쉬는 서기전 부분을 보충하였고 전국시기에 대해서도 강릉 마산 초묘에서 새로 발견된 중요 복식, 비단 자료를 첨가했다. 모두 3만 여 자에 달한다.

1984 7~8월까지 일본 정부기관에서 파견한 전문가 무라야마 히데키村山英樹가 중국을 방문하여 1만 엔화 지폐에 인쇄된 고대 황태자 초상화 문제를 자문했다. 일본 엔화 지폐에 인쇄된 복식 제도 관련 그의 분석을 듣는 한편, 상호 의견 교환을 통해 이에 대한 문제가 명확해졌다.

1986 2월, 지서우吉首 대학에 선충원 연구실이 설립되었다.

5월, 홍콩 상무인서관에서 선충원의 문학 창작과 문화재연구 60주년을 기념하기 위해 새로 편집한『용봉예술』을 출판했다. 유형문화재 역사에 대한 논문 37편을 수록했다.

5월 초, 산시성 푸평현 법문사 지하궁에서 대량의 견직물이 발견되었다. 그는 이에 대한 소개를 들은 후 법문사 고고 발견에 대한 견직물 연구의 의의를 상세히 서술하는 한편, 구두로 산시성 부성장 쑨다런孫達人이 보낸 전보에 대한 답변을 전달했다.

11월, 지서우 대학 선충원 연구실에서 소규모 학술좌담회가 열렸다. 좌담회에 참석한 각지의 선충원 연구자들은 이듬해 선충원 국제 학술심포지움을 열기로 결정하여 홍콩, 타이베이 및 해외 연구자들을 초청했다.

1988년 5월 10일 오후, 선충원은 심장병으로 저녁 8시 30분 집에서 별세했다. 향년 86세였다. (본 연표는 상무인서관 편집부에서 편집하였으며 선후추沈虎雛가 편집 「선충원 연표 간편」을 저본으로 북악北岳 문예출판사 2003년 판 「선충원 전집」 부록권에 수록되었다)

찾아보기

1. 두발형태(발계류髮髻類)

2. 얼굴 화장(면장류面妝類)

〈ㄱ〉
거미개액去眉開額 /남조 354
검도황분臉塗黃粉 /당 원화 이후 431
경홍불화검輕紅拂花臉 /당 원화 연간 478
궁빈누금어면宮嬪縷金於面 /남당 551
〈ㄷ〉
다유화자茶油花子 /남당 551
담소아미淡掃蛾眉 /당 개원 천보 연간 452
〈ㅁ〉
마창형馬廠型 인두人頭 채도권彩陶罐 /신석기 35
면화面花 /송 /원 701
무도문舞蹈紋 채도분彩陶盆 /신석기 33, 36
미간초眉間俏 /명 787
〈ㅂ〉
부분시주傅粉施朱 /남조 양梁 301
북원장北苑妝 /남당 551
분백대흑粉白黛黑 /전국 100
〈ㅅ〉
삼류수三綹鬚 /당 362
시세장時世妝 /당 원화 연간 20, 431, 441, 457, 477
〈ㅇ〉
아시미蛾翅眉 /당 원화 연간 436, 479
오고주순烏膏注唇 /당 원화 연간 20, 431
원화장元和妝 /당 431
월아아점月牙兒點(초생달 화장) /당 전기 431
인두를 그린 질그릇 덮개(人頭器蓋) /신석기 35, 38
인두 모양의 질그릇 /신석기 35
인면문양人面紋 /신석기 33, 34
인면문人面紋 채도분彩陶盆 조각 /신석기 36
인두人頭 형태의 입구가 달린 채도 병甁 /신석기 36
인두 형태의 입구가 달린 홍도紅陶 병 /신석기 36
〈ㅈ〉
지분脂粉 /청 동치 · 광서 연간 296, 452
〈ㅊ〉
채도彩陶 인형人形 기물덮개 /신석기 37
〈ㅎ〉
호수鬍鬚 /354
화자花子 /오대 · 송 787

3. 머리장식류首飾類

〈ㄱ〉
가화假花 /송 473
감식嵌飾 /신석기 39
견화絹花(장교將校 이하에게 하사함) /송 474
결玦 /신석기 42
결자結子 /명 165, 167, 235, 465, 787
계笄 /신석기 /한 /진 39, 74, 678
계모笄帽 /신석기고두菰頭 /송 /원 9, 41
골계骨笄(뼈 비녀) /신석기 39, 41, 76
관管 /신석기 39
관소冠梳 /송 611, 640
교량빈채橋梁鬢釵 /송 /원 701
구슬로 장식한 머리띠(주자고珠子箍) /명 785
구슬 목걸이(천주항련串珠項鏈) /청초 , 고산高山 462
귀고리(이환耳環) /요 /명 200, 670, 729, 810
귀통소龜筒梳 /송 /원 701
금보요金步搖 /서하西夏 /당 468
금비채소金錍釵梳 /명 795
금롱추자金籠墜子 /명 786
금상옥섬궁절계분심취매전金廂玉蟾宮折桂分心翠梅鈿 /명 786
금실을 엮어 만든 '송죽매세한삼우' 비녀 빗(金纍絲松竹梅歲寒三友梳背) /명 786
금영롱초충아두金玲瓏草蟲兒頭 /명 786
금옥 매화梅花 /명 790
금원요화禁苑瑤花 /송 572
금은 주취珠翠 비녀 /송 830
금을 상감한 슬슬瑟瑟(보석) 머리장식(金相瑟瑟首飾) /송 · 회골 678, 789
금작채(비녀)金爵(雀)釵 / 서한 /삼국三國 75, 212
금조탈金條脫 /당 · 송 · 명 /당 204
금채金釵 /중당 /당 천보 이후 /명 808
금채십이행金釵十二行 /중당至송 564
금탁金鐲(금빛 팔찌) /서한 , 전滇 204
급계及笄 /주 74
〈ㄴ〉
나무빗 /송 /청초 /묘苗 611, 843, 850
나화羅花(賜百官) /송 474
난지欒枝 /송 474
남자男子 잠화簪花 /송 857
녹송석綠松石을 꿰어 만든 골돌자骨突子 /신석기 42

4. 관건류冠巾類

5. 포삼류袍衫類

6. 패류佩類

7. 치마와 바지류

8. 버선, 신발류

9. 갑기류甲騎類

10. 채금류彩錦類

11. 병장기류

12. 고악류鼓樂類

13. 수레와 가마류

14. 가재도구류

역자후기

이럴 때 감회가 새롭다고 하나. 나름 적절한 말인 듯하다. 본서를 처음 접한 곳은 호남성 봉황현의 선충원 선생 고향집에서 그가 쓴 책들을 판매하는 진열대였다. 선충원 하면 제일 먼저 떠오르는 책이 『변성』인지라 제일 먼저 그 책을 손에 들었을 것이다. 책 표지에 노란빛이 감도는 『중국고대복식연구』는 의외였지만 그다지 관심이 없었다. 그리고 세월이 흘러 한중수교 30주년을 기념하여 양국의 명저를 번역 출간하면서 중국에서 추천한 책 가운데 하나인 본서를 보았을 때 심히 기뻤을 뿐만 아니라 본인이 번역하고 싶다는 갈망에 사로잡혔다. 그건 분명 만용에 가까웠다. 유일하게 믿을 수 있는 것은 얼마 전에 『중국음식문화사』를 번역하면서 비록 전공은 아니지만 내심 묘한 즐거움을 만끽하며 어려움을 감내할 수 있었다는 자신감이었다. 일단 열댓 권의 복식 관련 서적을 구비하고 읽기 시작했다. 문제는 중국 복식 관련 고유명사나 용어를 한국어로 적절하게 번역하는 것인데, 아쉽게도 마땅한 책을 찾을 수 없었다. 다행히 한국학중앙연구원의 이민주 선임연구원께서 감수를 맡아주신다고 하여 안도할 수 있었다.

독자 여러분이 본서를 읽어보시면 선충원이란 인물이 어떤 이인지 능히 짐작하실 수 있으리라 생각한다. 선생은 가난한 집안에서 태어나 소학교도 제대로 졸업하지 못하고 15세에 군대에 들어갔다. 이후 무턱대고 북경으로 가서 북경대학 청강생으로 잠시 공부했을 뿐 딱히 학력이라고 할 만한 것이 없다. 하지만 글재주가 남달라 20대 중반부터 소설을 쓰기 시작하여 나름 문단에 알려지기 시작했다. 그가 본명인 선웨환沈岳煥 대신 필명을 종문從文, 자는 숭문崇文으로 택한 것을 보면 얼마나 문학에 관심이 있었는지 짐작할 수 있다.

때마침 시인 쉬즈모徐志摩가 그를 눈여겨보다 당시 중국공학中國公學(중국혁명당원들이 1906년에 상해에서 설립한 최초의 사립대학)의 교장으로 있던 후스胡適에게 추천하여 그곳에서 강사 생활을 했다. 상해에서 그는 딩링丁玲, 후예빈胡也頻과 『홍흑紅黑』 잡지를 편집하는 등 문단에서 활동하면서 계속 작품을 발표했고, 1933년 장자오허張兆和와 결혼한 그 해에 대표작인 『변경』을 출판하면서 큰 반향을 일으켰다. 목가적 분위기가 가득한 그 책은 그의 대표작이기도 하지만 또한 평생 그의 발목을 잡은 소설이기도 하다. 선충원이 산동대학, 서남연립대학, 북경대학 등에서 계속 강단에 섰지만 좌익작가연맹左聯의 날카로운 비판에서 벗어날 수 없었던 것도 바로 그의 소설이 지향하는 부분과 무관치 않다.

1949년 중국 건국 이후 그가 북경대학을 떠나 역사박물관으로 전직하여 고대 문물 연구를 하게 된 것도 나름 이유가 있는 셈이다. 그가 처음 고대 문물에 관심을 갖게 된 것은 우연하게 발견한 동경銅鏡 때문이라고 한다. 이후 그는 고대 문물 가운데 특히 방직, 복식 등에 관심을 갖고 지속적으로 연구했다. 그 완정한 결과물이 바로 본서『중국고대복식연구』이다.

본서가 출간되기까지 겪게 되는 여러 난관에 대해서는 저자 스스로 머리말에서 언급한 바 있다. 황제의 복식 연구가 곧 봉건 잔재에 대한 관심으로 여겨지던 우매한 시대를 겪어야만 했기 때문이다. 호북성 함녕咸寧의 5·7간부학교로 하방되어 노동 개조를 당하면서도 끝내 손에서 놓지 않은 덕분에 본서가 세상에 나올 수 있었다. 학자는 어떻게 살아야 하는가를 잘 보여주는 실례가 아닐 수 없다.

번역 기한이 정해진 터라 전투적으로 임했다. 모르는 부분은 다른 책이나 자료를 찾아보고, 적절하게 주석을 달았다. 그럼에도 불구하고 오류가 있을 수 있다. 선충원 선생이 보여주신 바대로 이후 수정하고 증보하는 데 게으르지 않겠다.

이제 중국음식사와 더불어 복식사를 끝냈다. 남은 것은 중국건축사인데, 이미 좋은 책이 나와 있으니 다른 책을 넘볼 생각이다. 올해 유소영 선생과 역자는 아침부터 밤까지 번역에 몰두했다. 좋은 책은 어려움과 더불어 큰 즐거움을 준다. 그 어려움과 즐거움이 교차하는 날들의 성과가 독자들에게 도움과 기쁨이 되기를 바란다. 편집하기 어려운 책을 선뜻 맡아준 소명출판 편집부와 감수해주신 이민주 선임연구원에게 고마움을 전하며, 한국출판문화산업진흥원의 노고에 거듭 사의를 표한다.

월두 마을에서 역자